Jugendrecht

dtv

Schnellübersicht

Jugendrecht

Textausgabe mit ausführlichem Stichwortverzeichnis
und einer Einführung von
Dr. Werner Dürbeck, Vorsitzender Richter
am Oberlandesgericht
Frankfurt am Main

43., überarbeitete Auflage
Stand: 1. Januar 2022

dtv

www.dtv.de
www.beck.de

Sonderausgabe
dtv Verlagsgesellschaft mbH & Co. KG,
Tumblingerstraße 21, 80337 München

Gesamtherstellung: Druckerei C. H. Beck, Nördlingen
(Adresse der Druckerei: Wilhelmstraße 9, 80801 München)
Umschlagtypographie auf der Grundlage
der Gestaltung von Celestino Piatti

CO_2 neutral
chbeck.de/nachhaltig

ISBN 978-3-423-53142-9 (dtv)
ISBN 978-3-406-78792-8 (C. H. Beck)

9 783406 787928

Inhaltsverzeichnis

Abkürzungsverzeichnis

ABl.	Amtsblatt
Abs.	Absatz
AdVermiG	Adoptionsvermittlungsgesetz
a. F.	alte Fassung
Art.	Artikel
AVG	Angestellten-Versicherungsgesetz
BAföG	Bundesausbildungsförderungsgesetz
BerBG	Berufsbildungsgesetz
BGB	Bürgerliches Gesetzbuch
BGBl.	Bundesgesetzblatt (Teil I oder Teil II)
BGBl. III	Bereinigte Sammlung des Bundesrechts, abgeschlossen am 28. 12. 1968 (in Nachweisform fortgeführt durch FNA)
BGS-JArbSchV	Verordnung über Ausnahmen von Vorschriften des Jugendarbeitsschutzgesetzes für jugendliche Polizeivollzugsbeamte in der Bundespolizei
BiBhG	Bildungsbeihilfen-Gesetz
BImSchG	Bundes-Immissionsschutzgesetz
BwVollzO	Bundeswehrvollzugsordnung
BZRG	Bundeszentralregistergesetz
DVO	Durchführungsverordnung
EGBGB	Einführungsgesetz zum Bürgerlichen Gesetzbuch
EGOWiG	Einführungsgesetz zum Gesetz über Ordnungswidrigkeiten
EGStGB	Einführungsgesetz zum Strafgesetzbuch
FamFG	Gesetz über das Verfahren in Familiensachen und in den Angelegenheiten der freiwilligen Gerichtsbarkeit
FNA	Bundesgesetzblatt Teil I, Fundstellennachweis A (Bundesrecht ohne völkerrechtliche Vereinbarungen)
gem.	gemäß
GesBl	Gesetzblatt
GewO	Gewerbeordnung
GG	Grundgesetz für die Bundesrepublik Deutschland
GVBl.	Gesetz- und Verordnungsblatt
HambSLR	Sammlung des hamburgischen Landesrechts
HandwO	Handwerksordnung
HGB	Handelsgesetzbuch
i. d. F.	in der Fassung
i. Verb. m.	in Verbindung mit
JArbSchG	Jugendarbeitsschutzgesetz
JAVollzO	Jugendarrestvollzugsordnung
JFDG	Jugendfreiwilligendienstegesetz
JGG	Jugendgerichtsgesetz
JuSchG	Jugendschutzgesetz
JMStV	Jugendmedienschutz-Staatsvertrag

Abkürzungsverzeichnis

JWG	Gesetz für Jugendwohlfahrt
KJHG	Kinder- und Jugendhilfegesetz
KKG	Gesetz zur Kooperation und Information im Kinderschutz
KRABl	Amtsblatt des Kontrollrats in Deutschland
KSÜ	Haager Kinderschutzübereinkommen
MStV	Medienstaatsvertrag
NEhelG	Gesetz über die rechtliche Stellung der nichtehelichen Kinder
Nr.	Nummer
OWiG	Gesetz über Ordnungswidrigkeiten
RGBl.	Reichsgesetzblatt
RJWG	Reichsjugendwohlfahrtsgesetz
RVO	Reichsversicherungsordnung
S.	Seite
SGB	Sozialgesetzbuch
StGB	Strafgesetzbuch
StrRG	Gesetz zur Reform des Strafrechts
StVollzG	Strafvollzugsgesetz
V, VO	Verordnung
vgl.	vergleiche
WaffG	Waffengesetz
ZBlJR	Zentralblatt für Jugendrecht und Jugendwohlfahrt

Einführung

von Dr. jur. Werner Dürbeck, Vorsitzender Richter am Oberlandesgericht
Frankfurt am Main

I. Die Stellung von Minderjährigen im Verfassungsrecht

Wirft man einen Blick in die Verfassung der Bundesrepublik Deutschland, das **Grundgesetz** (hier in einem Auszug abgedruckt als Nr. **1**), so stellt man fest, dass dieses in Art. 6 nur Aussagen *über* Kinder trifft, nicht aber spezielle Rechte *für* Kinder beinhaltet. Auch wenn heute unbestritten ist, dass Minderjährige Träger von *Grundrechten*, insbesondere des aus Art. 2 Abs. 1 iVm Art. 1 Abs. 1 GG hergeleiteten allgemeinen Persönlichkeitsrechtes, sind, so ist es doch bis heute nicht gelungen, ihnen ein eigenes Grundrecht in der Verfassung zu gewähren. Dies verwundert umso mehr, als dass gegenwärtig 15 von insgesamt 16 Bundesländern Kinderrechte in ihren Landesverfassungen vorsehen. Zuletzt wurde ein solches am 28.10.2018 in Hessen per Volksabstimmung in Art. 4 Abs. 2 der dortigen Landesverfassung eingeführt. Art. 125 Abs. 1 S. 1 der Verfassung des Freistaates Bayern spricht gar sehr treffend davon, Kinder seien „das köstlichste Gut eines Volkes". Schließlich gewähren auch in Deutschland geltende völker- und europarechtliche Vorgaben, wie die UN-Kinderrechtekonvention und Art. 24 der Charta der Grundrechte der Europäischen Union, Kindern besondere Schutzrechte. Das Vorhaben der vormaligen Regierungsparteien von CDU, CSU und SPD, noch in der 19. Legislaturperiode ein Kindergrundrecht im Grundgesetz zu verankern, ist abermals gescheitert. Eine entsprechende Absichtserklärung zur Schaffung eines Kindergrundrechts – gemäß der Vorgaben der UN-Kinderrechtekonvention – findet sich nunmehr erneut – fast traditionell – im Koalitionsvertrag v. 7.12.2021 der neue Regierungskoalition (dort Rz. 3279). Noch nicht abgeschlossen ist dagegen die Diskussion, ob Minderjährigen auch ein aktives *Wahlrecht* gewährt werden sollte. Während nur in vier Bundesländern bei Landtagswahlen ein aktives Wahlrecht für Personen ab dem 16. Lebensjahr besteht, sehen immerhin bereits zehn Bundesländer ein solches Wahlrecht für Jugendliche auf kommunaler Ebene vor. Die neue Regierungskoalition hat in ihrem Koalitionsvertrag v. 7.12.2021 angekündigt, das Wahlalter für die Wahl des Europäischen Parlaments auf 16 Jahre zu senken (Rz. 276). Im Bereich des Bundes knüpft gleichwohl Art. 38 Abs 2 GG das Wahlrecht (noch) an den Eintritt der Volljährigkeit. Auch hier ist im aktuellen Koalitionsvertrag bestimmt, dass eine Grundgesetzänderung dahin angestrebt wird, das aktive Wahlalter auf 16 Jahre zu senken (Rz. 277).

II. Was ist Jugendrecht?

Eine allgemein gültige Definition des Begriffs *„Jugendrecht"* existiert im deutschen Recht nicht. So kennt etwa das Bürgerliche Recht (BGB) den Begriff des Jugendlichen nicht. Im öffentlichen Recht finden sich demgegenüber Gesetze, die den Begriff der Jugend in ihre Regelungen aufgenommen haben, wie etwa das Jugendschutzgesetz (JuSchG) oder das für das Strafrecht geltende Jugendgerichtsgesetz (JGG). Er ist dabei nicht identisch mit dem Begriff des

„Kindschaftsrechts", da letzterer vor allem die Rechtsverhältnisse des Kindes im Familienrecht (BGB, FamFG) unter Einschluss des Kinder- und Jugendhilferechts des SGB VIII beinhaltet. Hinterfragt man den Begriff der Jugend in sozial-wissenschaftlicher Hinsicht, so versteht man hierunter eine Phase im menschlichen Lebenslauf, die den Übergang von der Kindheit in das Erwachsensein beschreibt. Diese heute selbstverständliche Definition und Anerkennung einer besonderen Lebensphase in der Entwicklung von jungen Menschen hat sich historisch betrachtet erst im 19. und 20. Jahrhundert durch geänderte soziale, entwicklungspsychologische und pädagogische Anschauungen etabliert (vgl. Hurrelmann/Quenzel, Lebensphase Jugend, 13. Aufl., 2016, S. 9 ff.). Was das Schutzbedürfnis speziell von Jugendlichen in diesem Sinn anbelangt, so ergeben sich gegenüber demjenigen von Kindern kaum Unterschiede, so dass die dem Minderjährigenschutz dienenden Gesetze folglich hier keine Differenzierungen treffen. Soweit allerdings das mit dem Eintritt der Jugend entstehende Bedürfnis junger Menschen nach Mitentscheidung über ihre Belange oder Mitwirkung in Verwaltungs- oder Gerichtsverfahren in den Vordergrund rückt, haben die Gesetze dieses Anliegen zu berücksichtigen. Das Jugendrecht umfasst daher all jene zivil- und öffentlich-rechtlichen Rechtsmaterien, die die Rechtsverhältnisse von Minderjährigen regeln und der besonderen schutzwürdigen Situation von Jugendlichen in der Gesellschaft Rechnung tragen. Es beschränkt sich dabei nicht darauf, ihnen spezielle Rechte oder Schutz zu gewähren, sondern legt ihnen auch Pflichten auf (man denke an die Schulpflicht) und regelt für den Fall von schuldhaftem Fehlverhalten ihre zivil- und strafrechtliche Verantwortung.

III. Altersschwellen

Die wichtigste Altersschwelle ist die Grenze zwischen der Minder- und der Volljährigkeit. Erst der Volljährige ist uneingeschränkt handlungsfähig und verantwortlich, mündig und frei. Bis zum Jahr 1974 war der hier maßgebliche Zeitpunkt die Vollendung des 21. Lebensjahres. Seit dem 1. Januar 1975 ist jedoch diese Altersgrenze auf das vollendete *18. Lebensjahr* vorverlegt (§ 2 des **Bürgerlichen Gesetzbuchs – BGB,** hier in einem Auszug abgedruckt als Nr. **2**). Damit wurde zu Recht der eintretenden Entwicklungsbeschleunigung bei jungen Menschen (sog. Akzeleration) Rechnung getragen, auch wenn dies mit der Annahme verknüpft ist, dass die mit dem früheren Volljährigwerden verbundenen Vorteile den Verlust von Schutzfunktionen kompensieren. Im Bereich des **Strafrechts** wurde dies freilich nicht konsequent umgesetzt, da heranwachsende Straftäter im Alter zwischen 18 und 21 Jahren in den meisten Fällen unter den Voraussetzungen von § 105 Abs. 1 JGG Jugendlichen gleichgestellt werden.

Eine einheitliche Festlegung, ab welchem Alter ein Minderjähriger als Jugendlicher gilt, besteht in rechtlicher Hinsicht nicht. Nach dem Kinder- und Jugendhilferecht des SGB VIII ist Jugendlicher, wer das *14.* und noch nicht das 18. Lebensjahr vollendet hat (§ 7 Abs. 1 Nr. 2 SGB VIII). Dem folgt das Jugendstrafrecht in § 1 Abs. 2 JGG und auch dem materiellen Strafrecht liegt nach § 19 StGB zu Grunde, dass Minderjährige erst mit Eintritt des 14. Lebensjahres strafmündig sind. Im Familienrecht ist im gerichtlichen Verfahren vor den Familiengerichten ebenfalls die Altersgrenze von 14 Jahren von besonderer Bedeutung, insbesondere was die Mitwirkungsrechte des Kindes im Verfahren anbelangt (vgl. etwa §§ 9 Abs. 1 Nr. 3, 60, 164, 167 Abs. 3 FamFG). Im materiellen Kindschaftsrecht finden sich besondere Rechte von mindestens 14-jährigen Kindern etwa im Sorgerecht in § 1671 Abs. 1 S. 2 Nr. 1 und Abs. 2 Nr. 1 BGB, im Adoptionsrecht in § 1746 Abs. 2 BGB und im Vormundschaftsrecht in § 1887 Abs. 2 BGB. Demgegenüber befindet sich im Erbrecht in § 2229 Abs. 1 BGB eine Altersgrenze von *16 Jahren* für die sog. Testierfähigkeit. Eine Altersgrenze von 16 Jahren sah das deutsche Eherecht bis zum 22.7.2017 auch für die Ehemündigkeit vor, wonach nach § 1303 Abs. 2 BGB aF mindestens 16-Jährigen eine Genehmigung zur Eheschließung mit einem Volljährigen vom Familiengericht erteilt werden konnte. Mit dem Gesetz zur Bekämpfung von Kinderehen vom 17.7.2017 (BGBl. 2017 I 2429) wurde das Ehemündigkeitsalter durch § 1303 BGB nF ohne Ausnahme auf 18 Jahre erhöht. Eine Altersschwelle von 16 Jahren besteht auch im Jugendschutzrecht, zB in Bezug auf den Konsum bestimmter alkoholischer Getränke (§ 9 Abs. 1 Nr. JuSchG) oder des Aufenthalts in Gaststätten (§ 4 Abs. 1 JuSchG) bzw. bei Tanzveranstaltungen (§ 5 Abs. 1 JuSchG). Auf die Altersgrenze von 16 Jahren in Bezug auf das aktive Wahlrecht nach den Landesverfassungen bestimmter Bundesländer wurde bereits verwiesen (oben I.).

Im Bereich der religiösen Erziehung von Kindern besteht nach § 5 S. 2 des **Gesetzes über die religiöse Kindererziehung** (Nr. **3**) bereits ab dem *12. Lebensjahr* ein Recht des Kindes, den Wechsel seines religiösen Bekenntnisses zu verweigern. Ein Anhörungsrecht des Kindes vor dem Familiengericht besteht in den Fällen von §§ 2 Abs. 3 S. 5, 3 Abs. 2 S. 5 des Gesetzes über die religiöse Kindererziehung schon mit Vollendung des *10. Lebensjahres*. Auch bei der Regelung des Kindesunterhalts sehen die Altersgruppen der sog. Düsseldorfer Tabelle bereits mit Eintritt des 12. Lebensjahres des Kindes – abweichend vom Regelbedarf von Kindern im Sozialrecht nach § 20 SGB II – einen höheren Elementarbedarf vor. Jugendlicher im Sinne des Jugendarbeitsschutzgesetzes ist nach § 2 Abs. 2 dagegen nur derjenige, der bereits das *15. Lebensjahr* vollendet hat. In § 5 Abs. 3 JArbSchG findet sich eine weitere Altersgrenze von *13 Jahren* für die geringfügige Beschäftigung von Kindern. Das BGB sieht dagegen bereits eine Altersgrenze von *7 Jahren* für den Eintritt der beschränkten Geschäftsfähigkeit (§ 106 BGB) und der Deliktsfähigkeit (§ 828 Abs. 1 BGB) vor.

All diese Beispiele zeigen, dass die für das Jugendrecht maßgeblichen Altersgrenzen jeweils im Einzelfall nach dem Schutzzweck des betreffenden Gesetzes bestimmt werden müssen. Manche Gesetze aus dem Jugendrecht verzichten sogar auf die Vorgabe von Altersgrenzen, so knüpft etwa das BAföG nicht an ein Mindestalter, sondern an das Vorliegen bestimmter förderungsfähiger Ausbildungsstätten iSd §§ 2 ff. BAföG an.

IV. Jugendrecht im Privat- und öffentlichem Recht

Die Unterscheidung zwischen *öffentlichem* und *privatem* Recht ist für das Recht der jungen Menschen in verschiedener Hinsicht bedeutsam. Sie soll auch bei der folgenden Darstellung zugrunde gelegt werden, wobei das Jugendstrafrecht und Jugendstrafverfahrensrecht, obwohl sie Teile des öffentlichen Rechts sind, in einem eigenen Abschnitt behandelt werden sollen.

Einführung

1. Die besondere Stellung der Minderjährigen im Privatrecht

Sie ergibt sich vor allem aus dem seit dem Beginn dieses Jahrhunderts in Deutschland geltenden *Bürgerlichen Gesetzbuch* (BGB). Für das gerichtliche Verfahren vor den Familiengerichten gilt das am 1.9.2009 in Kraft getretene *Gesetz über das Verfahren in Familiensachen* und in den Angelegenheiten der freiwilligen Gerichtsbarkeit (FamFG).

1.1. Um die Stellung von Minderjährigen zu erfassen, sind zunächst einige **Grundbegriffe des Privatrechts** kurz zu erläutern:

Die *Rechtsfähigkeit*, das ist die Fähigkeit, Träger von Rechten und Pflichten zu sein, kommt jedem Menschen ohne Rücksicht auf sein Alter zu und beginnt nach § 1 BGB mit der Vollendung der Geburt. Auch der Säugling kann daher schon Eigentum erwerben, ihm stehen bereits Unterhaltsansprüche (§ 1601 BGB) zu, er kann sogar, wenn er zur Zeit des Todes des Erblassers schon gezeugt war, mit seiner Geburt nach § 1923 Abs. 2 BGB Erbe und damit Inhaber eines ihm hinterlassenen Vermögens, aber auch Schuldner der zugehörigen Nachlassverbindlichkeiten werden. Auch auf anderem Wege kann er alsbald in die Stellung des Schuldners kommen, nämlich dadurch, dass seine gesetzlichen Vertreter (Eltern, Vormund, Pfleger) in seinem Namen eine Verpflichtung eingehen, wozu sie freilich bei allen wichtigeren Geschäften der Genehmigung des Familiengerichts bedürfen (vgl. §§ 1643, 1821 ff. BGB). Zum Schutz von betreffenden Kindern besteht darüber hinaus eine gesetzliche Beschränkung der Haftung für in ihrem Namen eingegangene Verbindlichkeiten nach § 1629a BGB, damit ihnen die Möglichkeit gewährt wird, schuldenfrei in die Volljährigkeit zu starten.

Von der Rechtsfähigkeit ist die *Handlungsfähigkeit* zu unterscheiden, d. h. die Fähigkeit, selbst in rechtlich erheblicher Weise zu handeln. Dieses Handeln kann bestehen in der Abgabe einer rechtsgeschäftlichen Willenserklärung – insoweit spricht man von der *Geschäftsfähigkeit* eines Menschen – oder in einem sonstigen rechtserheblichen Verhalten, vor allem in einer unerlaubten Handlung, wobei es hier auf die *Deliktsfähigkeit* ankommt. Die privatrechtliche Deliktsfähigkeit stimmt zwar im Prinzip mit der strafrechtlichen überein; denn hier wie dort ist als Beginn der unbeschränkten Deliktsfähigkeit die Vollendung des 18. Lebensjahres festgesetzt (vgl. §§ 828 BGB, 105 JGG). Dennoch gibt es zentrale Unterschiede im Einzelnen, weil nach dem Privatrecht gemäß § 828 BGB eine Haftung von Kindern bereits ab dem 7. Lebensjahr in Betracht kommt, während das Strafrecht nach § 19 StGB für die Strafmündigkeit das Erreichen des 14. Lebensjahres voraussetzt.

Die *Geschäftsfähigkeit*, also die Fähigkeit, sich durch die Abgabe von Willenserklärungen rechtsgeschäftlich zu binden, fehlt dem Minderjährigen bis zur Vollendung des siebten Lebensjahres gänzlich (§ 104 Nr. 1 BGB), von da an bis zum Erreichen der Volljährigkeit ist sie nach §§ 106 ff. BGB beschränkt. Der Minderjährige benötigt im Allgemeinen zur Abgabe von Willenserklärungen nach § 107 BGB die Einwilligung seines gesetzlichen Vertreters, das sind beim ehelichen Kind oder sonstiger gemeinsamer elterlicher Sorge grundsätzlich beide Elternteile (§§ 1626, 1629 BGB). Die wichtigsten Ausnahmen bilden solche Erklärungen, durch die der Minderjährige lediglich einen rechtlichen Vorteil erlangt (§ 107 BGB), wie bei der Annahme einer Schenkung, sodann der Abschluss von Verträgen, die der Minderjährige mit seinem Taschengeld erfüllt (§ 110 BGB), und die mit dem Betrieb eines Erwerbsgeschäfts (§ 112 BGB) oder dem Abschluss eines Dienst- oder Arbeitsverhältnisses (§ 113 BGB) zusammenhängenden Rechtsgeschäfte, sofern der gesetzliche Vertreter ihn zum selbständigen Betrieb des Erwerbsgeschäftes oder zur Eingehung des Dienstverhältnisses ermächtigt hat.

Auch bei der privatrechtlichen Verantwortung für unerlaubte Handlungen bildet die Vollendung des 7. Lebensjahres die Grenze zwischen der Deliktsunfähigkeit und der beschränkten *Deliktsfähigkeit* (§ 828 BGB). Ab Vollendung des 7. bis zum 18. Lebensjahr hängt die Haftung des Minderjährigen davon ab, ob er bei der Begehung der unerlaubten Handlung die zur Erkenntnis seiner Verantwortlichkeit erforderliche Einsicht und die nötige Willensreife hatte. Doch kommt daneben noch, nämlich bei dem deliktsunfähigen Kind bis zum vollendeten 7. Lebensjahr, eine Billigkeitshaftung im Einzelfall nach § 829 BGB in Betracht. Ob daneben auch die Eltern wegen der Verletzung ihrer Aufsichtspflicht (§ 832 BGB) haften, ist eine andere Frage.

1.2. Die rechtlichen *Beziehungen zwischen den Eltern und ihren ehelichen Kindern* waren früher geprägt durch den Begriff der elterlichen Gewalt. Vom 1. Januar 1980 an verschwand diese Bezeichnung aus dem Gesetz und wurde durch den Begriff der ***elterlichen Sorge*** (§ 1626 BGB) ersetzt (Gesetz zur Neuregelung des Rechts der elterlichen Sorge vom 18. Juli 1979 – BGBl. I 1061).

Die Veränderungen der Rechtsbeziehungen zwischen Eltern und ihren Kindern zeigen sich schon beim *Namen des ehelichen Kindes.* Während es früher den Familiennamen des Vaters erhielt, kommt ihm seit dem 1. Juli 1976 der „Ehename seiner Eltern" zu (§ 1616 BGB). Soweit die Eltern keinen gemeinsamen Ehenamen führen, bestimmen sie nach § 1617 Abs. 1 BGB durch öffentlich beglaubigte Erklärungen innerhalb eines Monats nach Geburt des Kindes den Geburtsnamen des Kindes (und damit auch für weitere Kinder). Sie können dabei zwischen dem Namen des Vaters und der Mutter wählen. Treffen die Eltern in der genannten Frist keine Bestimmung, überträgt das Familiengericht das Bestimmungsrecht einem Elternteil (§ 1617 Abs. 2 BGB). Bei allein sorgeberechtigten Elternteilen ist nach § 1617a BGB grundsätzlich dessen Name maßgeblich. Eine anstehende Reform des Namensrechts, die auch von der aktuellen Regierungskoalition angestrebt wird (vgl. Rz. 3412f. des Koalitionsvertrages v. 7.12.2021) soll hier jedoch künftig die Gestaltungsspielräume der Eltern – etwa durch die Möglichkeit eines Doppelnamens für das Kind – erweitern.

Das heute geltende ***Eherecht*** handelt zwar überwiegend von den Beziehungen der Eltern untereinander, insbesondere von dem vom Schuldprinzip auf das Zerrüttungsprinzip gewandelten Recht der Ehescheidung, berührt aber dabei auch die Belange der ehelichen Kinder. Kaum wird allerdings die Vorschrift des § 1568 BGB praktisch, dass eine Ehe nicht geschieden werden soll, wenn und solange ihre Aufrechterhaltung im Interesse der aus der Ehe hervorgegangenen Kinder „aus besonderen Gründen ausnahmsweise" notwendig ist. Wird die Scheidung jedoch trotz des Vorhandenseins eines oder mehrerer gemeinschaftlicher minderjähriger Kinder ausgesprochen, so kann die Tatsache, dass ein Ehegatte sich der Pflege oder Erziehung eines Kindes widmet, dafür den Ausschlag geben, dass ihm ein Unterhaltsanspruch gegen den anderen Ehegatten zu gewähren ist. Durch die Unterhaltsrechtsreform aus dem Jahr 2008 besteht aber auch in diesem Fall heute im Regelfall nur noch ein zeitlich befristeter Betreuungsunterhaltanspruch nach § 1570 BGB.

Für das Verfahren in Familiensachen ist in Ehescheidungssachen bedeutsam, dass grundsätzlich mit der Ehescheidung nach § 137 FamFG gleichzeitig und zusammen über die sog. Folgesachen zu verhandeln und, sofern dem Scheidungsantrag stattgegeben wird, zu entscheiden ist (sog. *Scheidungsverbund*). Folgesachen sind nach § 137 Abs. 3 FamFG auch Sorge- und Umgangsrechtssachen in Bezug auf ein Kind, soweit ein Ehegatte dies beantragt und nicht das Kindeswohl einer Einbeziehung in den Scheidungsverbund entgegensteht.

Eine bedeutsame Änderung im Eherecht wurde mit dem bereits erwähnten Gesetz zur Bekämpfung von *Kinderehen* v. 19.7.2018 vollzogen. Nach dem neu gefassten § 1303 BGB gilt nunmehr ohne Ausnahme eine Ehemündigkeitsschwelle von 18. Lebensjahren, wobei gleichwohl geschlossene Ehen von Jugendlichen unter 16 Jahren unwirksam und in den verbleibenden Fällen (ab 16 Jahren) aufhebbar sind. Gemäß Art. 13 EGBGB gilt dies sogar auch für im Ausland geschlossene Kinderehen von ausländischen Staatsangehörigen, insbesondere auch von Flüchtlingen. Allerdings wird das Bundesverfassungsgericht in einem derzeit bei ihm noch anhängigen Verfahren bald darüber zu entscheiden haben, ob das KinderehenG den verfassungs- und europarechtlichen Vorgaben Stand hält.

Das heute geltende Recht der *elterlichen Sorge* geht in seinen wesentlichen Grundstrukturen auf das bereits erwähnte Gesetz zur Neuregelung des Rechts der elterlichen Sorge vom 18. Juli 1979 (BGBl. I 1061) zurück. Durch diese Reform wurden Benachteiligungen für nichteheliche Kinder und deren Väter in erheblicher Weise beseitigt. So wurde die Möglichkeit geschaffen, durch Sorgeerklärungen von Mutter und Vater ein gemeinsames Sorgerecht zu begründen (§ 1626a Abs. 1 Nr. 1 BGB) und der Fortbestand der gemeinsamen elterlichen Sorge durch § 1671 Abs. 1 BGB auch für den Fall der Ehescheidung durch ein Antragserfordernis für eine begehrte Alleinsorge gestärkt. Letzteres hat dazu geführt, dass heute nur in etwa 4% aller Ehescheidungen die gemeinsame elterliche Sorge aufgehoben wird. Das staatliche Wächteramt (Art. 6 Abs. 2 S. 2 GG) findet seinen Niederschlag heute nur noch darin, dass im Scheidungsantrag nach § 133 Abs. 1 Nr. 1 FamFG die minderjährigen Kinder erwähnt sein müssen, der Richter bei der Anhörung der Eltern die Fragen der elterlichen Sorge und des Umgangsrechts anspricht (§ 128 Abs. 2 FamFG) und das örtlich zuständige Jugendamt vom Gericht eine Mitteilung erhält (§ 17 Abs. 3 SGB VIII), damit den Eltern Beratung angeboten werden kann. Im Bereich des elterlichen Umgangsrechts wurde die Ungleichbehandlung von ehelichen und nicht ehelichen Vätern beseitigt und in § 1684 BGB ein einheitliches elterliches Umgangsrecht geschaffen, das zudem auch als Umgangsrecht des Kindes und zugleich als Elternpflicht ausgestaltet ist. Mit § 1685 BGB wurde ein Umgangsrecht für Großeltern, Geschwister und sonstige sozialen Bezugspersonen des Kindes geschaffen. Es steht zu erwarten, dass künftig hier auch das Kind ein eigenes Umgangsrecht erhalten wird (vgl. Rz. 3412 des Koalitionsvertrages v. 7.12.2021).

Kaum eine andere Norm als § 1626 Abs. 2 BGB bringt die Bedeutung von Jugend als besondere Lebensphase eines jungen Menschen besser zum Ausdruck: Nach dem Leitbild dieser Vorschrift müssen Eltern bei der Erziehung und Pflege ihres Kindes seine *wachsende Fähigkeit* und sein *wachsendes Bedürfnis zu selbständigem verantwortungsvollem Handeln* berücksichtigen und Fragen der elterlichen Sorge, abhängig vom Entwicklungsstand des Kindes, mit ihm besprechen und Einvernehmen mit ihm anstreben. Dieses Gebot kann auch bei einem Elternstreit um die Corona- Schutzimpfung des Kindes nach § 1628 BGB Bedeutung erlangen, wenn ein bereits einsichtsfähiger Jugendlicher selbst die Impfung wünscht (vgl. OLG Frankfurt NJW-RR 2021, 1301). Soweit es die Berufs- oder Ausbildungswahl des Kindes betrifft, konkretisiert § 1631a BGB diesen Gedanken dahin, dass Eltern hierbei Rücksicht auf die Eignung und Neigung ihres Kindes nehmen sollen. Auch das am 8.11.2000 (BGBl. I 1479) in Kraft getretene Recht des Kindes auf *gewaltfreie Erziehung* (§ 1631 Abs. 2 BGB) gehört heute zu den rechtlichen Eckpfeilern des Umgangs von Eltern mit ihren Kindern. Letztere Erziehungsleitbilder korrespondieren mit Art. 6 Abs. 2 GG, welcher ebenfalls bezweckt, die Stellung des Kindes unter Einräumung einer zunehmenden Selbstverantwortlichkeit zu stärken und den Schutz gefährdeter Kinder zu verbessern. Wie dabei im Einzelnen die Abgrenzung zwischen dem „natürlichen" Elternrecht und den Eingriffsbefugnissen, die der staatlichen Gemeinschaft kraft ihres Wächteramtes zukommen, richtig gezogen werden soll, ist zum Teil sehr schwierig zu beantworten und im Bereich des *zivilrechtlichen Kinderschutzes nach § 1666 BGB* ist diese Aufgabe den Familiengerichten übertragen. Im Mittelpunkt der Diskussion um den Kinderschutz steht, vor allem nach den tragischen und in der Öffentlichkeit kritisch kommentierten Fällen des sexuellen Missbrauchs in Staufen, Bergisch-Gladbach, Lügde und Münster, die Frage, wie die Familiengerichte bei der Beteiligung von pädo- oder hebesexuellen Vätern oder Lebenspartnern von Müttern die Prognose treffen sollen, ob durch die betroffenen Männer auch eine Gefährdung der eigenen bzw. Kinder der Mütter ausgeht, zumal auch psychologische Sachverständige häufig nicht dazu imstande sind, die Wahrscheinlichkeit eines sexuellen Übergriffs auf das eigene oder das Kind der Lebensgefährten verlässlich zu beurteilen. Hier wurden durch das G zur Bekämpfung sexualisierter Gewalt gegen Kinder v. 16.6.2021 (BGBl. I 1810) bedeutsame Änderungen im Familienverfahrensrecht (vor allem in §§ 68, 158, 159 FamFG) vorgenommen, die Fehlprognosen der Familiengerichte künftig verhindern sollen.

Ein Verschulden der Eltern, wie es § 1666 BGB a.F. als Vorbedingung für ein staatliches Eingreifen verlangte, ist jedenfalls heute nicht mehr nötig. Im Übrigen nur als letztes Mittel im Sinne der Verhältnismäßigkeit dürfen gerichtliche Anordnungen getroffen werden, mit denen eine Trennung des Kindes von der Elternfamilie verbunden ist (§§ 1666 Abs. 3 Nr. 6, 1666a BGB). Die Entziehung der gesamten Personensorge ist nur zulässig, wenn andere Maßnahmen erfolglos geblieben sind oder wenn anzunehmen ist, dass sie zur Abwendung der Gefahr nicht ausreichen.

Geblieben ist die klassische Aufteilung des Sorgerechts in die *Personen- und Vermögenssorge* sowie die gesetzliche Vertretung des Kindes durch die – im Falle gemeinsamer Sorge – gleichberechtigten Eltern in beiden Bereichen (§§ 1626 Abs. 1, 1627 BGB).

Von den *Änderungen* durch das KindschaftsrechtsreformG verdienen weiterhin besonderes Interesse § 1628 Abs. 1 (Übertragung einer unter den Eltern umstrittenen einzelnen Sorgeangelegenheit, wie zB Kindergarten- oder Schulwahl, Impfung, gefährliche Urlaubsreise), der gerade im Kontext der Gefahren durch die Corona-Pandemie große Bedeutung in der Gerichtspraxis erlangt hat. Zu nennen sind weiter § 1631b (mit Freiheitsentziehung verbundene Unterbringung des Kindes und freiheitsbeschränkende Maßnahmen nur mit Genehmigung des Familiengerichts) und § 1632 Abs. 4 (Anordnung des Familiengerichts über den Verbleib des Kindes in Familienpflege auch gegen den Willen der Eltern). Letztere Vorschrift hat durch die Einführung einer sog. Dauerverbleibanordnung durch das G zur Stärkung von Kindern und Jugendlichen (KJSG) v. 3.6.2021(BGBl. I 1444) den Schutz von Pflegekindern – wie auch der neu gefasste § 1697a BGB – erheblich gestärkt. Jüngere Änderungen des Rechts der elterlichen Sorge betrafen die gesetzliche Regelung der Beschneidung des männlichen Kindes (§ 1631d BGB), die Einführung eines familiengerichtlichen Genehmigungsvorbehalts durch § 1631b Abs. 2 BGB bei sog. freiheitsentziehenden Maßnahmen (zB Fixierungen) gegenüber Kindern und Jugendlichen, die sich in einem Krankenhaus oder einem Heim befinden (BGBl. 2017 I 2424) und die Regelung eines Verbots bzw. Genehmigungsvorbehalts bei der Behandlung von Kindern mit Varianten der Geschlechtsentwicklung (§§ 1631e BGB, 167b FamFG) durch das entsprechende Gesetz v. 12.5.2021 (BGBl. I 1082). Ein begrenztes Mitspracherecht des mindestens 14 Jahre alten Kindes sehen § 1671 Abs. 1 S. 2 Nr. 1 und Abs. 2 Nr. 1 BGB bei einvernehmlicher Änderung der Sorgerechtsaufteilung unter Eltern vor. Hier kann das Kind der Aufhebung der gemeinsamen Sorge oder dem Wechsel des Sorgerechts auf den anderen Elternteil widersprechen. Das Widerspruchsrecht des Kindes wirkt aber nicht absolut, sondern führt lediglich dazu, dass das Familiengericht eine kindeswohlorientierte Entscheidung über die Elternanträge nach Nr. 2 der jeweiligen Vorschriften zu treffen hat.

Aus der jüngeren Vergangenheit sind auch Gesetzesänderungen zu nennen, die auf Beanstandungen des deutschen Sorge- und Umgangsrechts durch den *Europäischen Gerichtshof für Menschenrechte* beruhen. So wurde im Jahr 2013 die Möglichkeit für nicht sorgeberechtigte Väter nichtehelicher Kinder durch § 1626a Abs. 1 Nr. 3 und Abs. 2 BGB, § 155a FamFG geschaffen, auch gegen den Willen der Mutter Zugang zum gemeinsamen Sorgerecht durch eine Entscheidung des Familiengerichts zu erhalten (BGBl. 2013 I 795). Nach dem Willen der gegenwärtigen Regierungskoalition soll das gemeinsame Sorgerecht künftig dadurch gestärkt werden, dass Väter nicht ehelicher Kinder eine Teilhabe am Sorgerecht durch eine einseitige Erklärung erhalten sollen (vgl. Rz. 3420 des Koalitionsvertrages v. 7.12.2021). Durch eine Änderung von § 1671 Abs. 2 BGB gilt dies auch für die Übertragung der alleinigen elterlichen Sorge. Ebenfalls im Jahr 2013 war der deutsche Gesetzgeber gezwungen, mit § 1686a BGB und § 167a FamFG ein gesetzliches Umgangs- und Auskunftsrecht des leiblichen, nicht rechtlichen Vaters mit dem Kind zu schaffen (BGBl. 2013 I 2176). Die Entwicklung des Kindschaftsrechts ist auch in der Gegenwart keinesfalls abgeschlossen. So wurde bereits mit dem Gesetz zur Reform des Vormundschafts- und Betreuungsrechts v. 4.5.2021 (BGBl. I 882) nunmehr endlich das Vormundschaftsrecht reformiert. Dies wird am 1.1.2023 in Kraft treten und ist hier in der aktuellen Auflage – in kursiver Schriftform – bereits berücksichtigt. Das Gesetz will betroffene Mündel besser schützen, betont den Vorrang ehrenamtlicher Vormünder und reformiert das veraltete Recht der Vermögenssorge. Im Bereich des BGB kommt es dabei zu einer großen „Paragraphenwanderung“ dergestalt, dass eine Vielzahl von Vorschriften (zB betreffend die Vermögensverwaltung und die gerichtliche Aufsicht), die sich bisher im Vormundschaftsrecht befanden, nunmehr in das Betreuungsrecht verlagert werden, wo sie in der Praxis eine weitaus größere Bedeutung haben. Über Verweisungsnormen sind sie dann auch im Recht der Vormundschaft und Pflegschaft anzuwenden. Eine grundlegende Reform des Sorge- und Umgangsrecht lässt dagegen weiter auf sich warten, obwohl sich in den vergangenen Jahren die gesellschaftliche Entwicklung um die Betreuung von Kindern grundlegend verändert hat. Das vor allem in Großstädten verbreitete Wechselmodell im Sinne einer hälftigen Aufteilung der Kinderbetreuung und weitere Betreuungsformen könnten gesetzlich geregelt werden, auch wenn nicht damit zu rechnen ist, dass die paritätische Betreuung gesetzlich als Regelfall der Kinderbetreuung vorgegeben wird.

Das elterliche Sorgerecht unter dem Gesichtspunkt der gesetzlichen Vertretung des Kindes betrifft auch das **Gesetz zur Abschaffung der gesetzlichen Amtspflegschaft und Neuordnung des Rechts der Beistandschaft** vom 4.12.1997 (BGBl. I 2846). Dieses hat mit den §§ 1712ff. BGB anstelle der vormaligen obligatorischen Amtspflegschaft für nichteheliche Kinder (§§ 1706ff. BGB a. F.) die Möglichkeit einer antragsgebundenen „Beistandschaft" geschaffen. Damit wurde auch eine unbefriedigende Rechtszersplitterung beendet, die Amtspflegschaft gab es aufgrund einer Sonderregelung im Einigungsvertrag nicht in den neuen Bundesländern. Die Beistandschaft des Jugendamts ermöglicht es allein sorgeberechtigten Elternteilen und gemeinsam sorgeberechtigten Elternteilen, bei denen das Kind in Obhut ist, Unterhaltsansprüche des Kindes geltend zu machen und darüber hinaus Müttern, die Feststellung des Vaters herbeizuführen (vgl. §§ 1712, 1713 BGB).

1.3 Im Bereich des Kindesunterhalts hat das **Gesetz zur Vereinheitlichung des Unterhaltsrechts minderjähriger Kinder – KindUG –** vom 6.4.1998 (BGBl. I 666) neben einer Harmonisierung des Rechts für eheliche und nichteheliche Kinder weitere Zielsetzungen verfolgt. Die Vereinheitlichung wurde dadurch erreicht, dass die Sondervorschriften für nichteheliche Kinder (§§ 1615b–1615k BGB) aufgehoben wurden und dadurch heute dieselben Vorschriften (§§ 1601ff. BGB) für beide Personengruppen gelten. Es wurde eine Regelbetrag-VO geschaffen, welche aber zum 31. Dezember 2007 wieder aufgehoben wurde, weil nunmehr der Kindesmindestunterhalt gemäß § 1612a Abs. 1 S. 2 BGB an den steuerlichen Kinderfreibetrag geknüpft wird. Die Anrechnung des Kindergelds wurde generell gesetzlich geregelt (§ 1612b BGB). Schließlich hat der Gesetzgeber ein vereinfachtes Verfahren zur Festsetzung des Unterhalts geschaffen (heute §§ 249ff. FamFG), gleichzeitig eine automatische Dynamisierung einzelner Unterhaltstitel ermöglicht (§ 1612a Abs. 1 S. 1 BGB), die eine Vollstreckung parallel zur mehrjährigen Anpassung der Beträge der Regelbetrag-VO ermöglichen sollte. Das **Gesetz zur Änderung des Unterhaltsrechts** vom 21. Dezember 2007 (BGBl. I 3189) hat die Rechtsposition der minderjährigen Kinder sowie einer Gruppe privilegierter volljähriger Kinder, die noch die Schule besuchen (§ 1603 Abs. 2 S. 2 BGB), im Unterhaltsrecht stark verbessert. Während bis Ende 2007 im sog. Mangelfall das verfügbare Einkommen eines Unterhaltspflichtigen nach Quoten zwischen Ehefrau(en) und Kindern des Unterhaltspflichtigen aufgeteilt wurde, sind jetzt die minderjährigen Kinder nach § 1609 Nr. 1 BGB vorrangig. Auch im Bereich des Kindesunterhalts stellt sich durch gesellschaftliche Veränderungen und der zunehmenden Einbindung der Väter in die Betreuung und Erziehung der Kinder bis hin zum Wechselmodell die Frage, ob das gegenwärtige Recht an diese Veränderungen anzupassen ist und es ist – wie im Kindschaftsrecht – nach den Vereinbarungen im aktuellen Koalitionsvertrag v. 7.12.2021 (Rz. 3407ff.) mit grundlegenden Gesetzesreformen zu rechnen.

Die *Sicherung* und erleichterte Durchsetzung von Kindesunterhaltsansprüchen bezweckt auch das „Gesetz zur Sicherung des Unterhalts von Kindern alleinstehender Mütter und Väter durch Unterhaltsvorschüsse oder -ausfallleistungen" – **Unterhaltsvorschussgesetz** – vom 23. Juli 1979 (BGBl. I 1184), neu gefasst durch Gesetz vom 17. Juli 2007 (BGBl. I 1446) und zuletzt geändert durch Gesetz vom 12. Dezember 2019 (BGBl. I 2451), hier abgedruckt als Nr. **15.** Aufgrund der zuletzt genannten Gesetzesänderung ist nicht mehr generelle Voraussetzung, dass die Kinder noch nicht zwölf Jahre alt sind. Nach

§ 1a Abs. 1 UnterhVorschG kann heute für Kinder bis zum 18. Lebensjahr Unterhaltsvorschuss beansprucht werden, wenn das Kind nicht Leistungen nach dem SGB II bezieht oder der betreuende Elternteil im SGB II-Bezug mindestens 600 Euro brutto verdient. Die betroffenen Kinder müssen bei einem Elternteil wohnen, der ledig, verwitwet oder geschieden ist oder von seinem Ehegatten dauernd getrennt lebt, und der andere Elternteil darf seinen Verpflichtungen nicht oder nicht regelmäßig nachkommen. Ebenfalls in Wegfall geraten ist die Begrenzung des Unterhaltsvorschusses für längstens 72 Monate. In Bezug auf die Höhe des Vorschusses wird allerdings das volle staatliche Kindergeld vom Mindestunterhalt iSd § 1612a BGB abgezogen. Der Unterhaltsanspruch geht gemäß § 7 UnterhVorschG in Höhe der vorgestreckten Leistung auf das Land über, das sich beim anderen Unterhaltsschuldner schadlos halten kann.

1.4. Im Bereich des ***Abstammungsrechts*** gelten §§ 1591 ff. BGB und im gerichtlichen Verfahren die §§ 169 ff. FamFG. Hier ist zuletzt durch das Gesetz zur besseren Durchsetzung der Ausreisepflicht v. 20.7.2017 (BGBl. I 2780) in § 1597a BGB ein Verbot der missbräuchlichen Anerkennung der Vaterschaft zur Erlangung eines aufenthaltsrechtlichen Titels geschaffen worden, das aber heute durch seine restriktive Handhabung durch das BVerwG weitgehend leer läuft. Auch das Abstammungsrecht steht vor einschneidenden Reformen, da es Antworten geben muss auf Entwicklungen der modernen Fortpflanzungsmedizin, auf in Deutschland noch verbotene Formen der Elternschaft durch Leihmutterschaften oder Embryonenspenden sowie auf Zuordnungsfragen bei transsexuellen oder homosexuellen Eltern. Dies gilt umso mehr, als gleichgeschlechtlichen Ehen heute eingegangen werden können und sich auch aus verfassungsrechtlichen Gründen die Frage stellt, ob der Gesetzgeber nicht in diesem Bereich Mitmutterschaften vorsehen muss. Drei entsprechende Verfahren nach Art. 100 Abs. 1 GG sind beim BVerfG seit 2021 anhängig.

1.5. Ein Eltern- und Kindesverhältnis kann auch rechtlich geschaffen werden durch die „Annahme als Kind", sog. **Adoption**. Das Adoptionsgesetz vom 2. Juli 1976 (BGBl. I 1749), dessen Kern, die in Art. 1 enthaltenen Änderungen des BGB, hier in den Text des BGB eingearbeitet wurde, stellte die Adoption als Rechtsinstitut auf eine neue Grundlage: Es unterscheidet zwischen der – vom Gesetzgeber durch Erleichterungen mannigfacher Art geförderten – Annahme Minderjähriger und der Annahme Volljähriger. Erstere wurde zur „Volladoption" ausgebaut, d.h. dass grundsätzlich mit der Annahme das Verwandtschaftsverhältnis des Kindes und seiner Abkömmlinge zu den bisherigen Verwandten und die sich hieraus ergebenden Rechte und Pflichten erlöschen (§ 1755 BGB). Andererseits erlangt das Kind durch die Annahme die volle Rechtsstellung eines ehelichen Kindes, auch in erbrechtlicher Hinsicht zu seinen neuen Eltern. Letzteres gilt zwar, abgesehen von der Übergangsregelung des Art. 12 § 1 Abs. 4 und 5 des Adoptionsgesetzes, auch für die Annahme Volljähriger, doch bleiben in diesen Fällen die Rechte und Pflichten aus dem Verwandtschaftsverhältnis des Angenommenen zu seinen Verwandten grundsätzlich unberührt. Beiden Arten der Adoption ist gemeinsam, dass nicht mehr ein Vertrag zwischen dem Annehmenden und dem Angenommenen die Grundlage des neuen Eltern-Kind-Verhältnisses bildet, sondern ein staatlicher Akt, der Beschluss des Familiengerichts, der auf Antrag des Annehmenden die Annahme als Kind ausspricht (§ 1752 BGB).

Zusammen mit dem privatrechtlichen Adoptionsgesetz trat am 1. Januar 1977 das öffentlich-rechtliche **Adoptionsvermittlungsgesetz** vom 2. Juli 1976 (BGBl. I 1762, AdVermiG) – hier als Nr. **8** abgedruckt – in Kraft. Es regelt die Adoptionsvermittlung durch die Jugendämter und Landesjugendämter und das Verbot der Leihmutterschaft. Nach § 68 Nr. 12 SGB I gilt es als besonderer Teil des Sozialgesetzbuches. Am 1.4.2021 ist das Gesetz zur Verbesserung der Hilfen für Familien bei Adoption (Adoptionshilfegesetz) in Kraft getreten (BGBl. I 226). Neben einer Anpassung des AdVermiG sieht das Adoptionshilfegesetz auch Änderungen des Adoptionswirkungsgesetzes (AdWirkG) sowie des FamFG vor, die Auswirkungen auf die Anerkennung von ausländischen Adoptionsentscheidungen haben. Eine wesentliche Zielsetzung des Adoptionshilfegesetzes ist die Eindämmung von internationalen Adoptionen, die nicht durch eine Adoptionsvermittlungsstelle begleitet wurden.

Durch das Gesetz zur Einführung des Rechts auf Eheschließung für Personen gleichen Geschlechts v. 20.7.2017 (BGBl. I 2787) sind seit dem 1.10.2017 Adoptionen nunmehr auch homosexuellen Ehepaaren zugänglich. Das BVerfG hat das damals geltende Adoptionsrecht in Bezug auf den Ausschluss der Stiefkindadoption für stabile nichteheliche Lebensgemeinschaften im Hinblick auf den Gleichheitsgrundsatz (Art. 3 Abs. 1 GG) für verfassungswidrig erklärt und den Gesetzgeber zu einer gesetzlichen Neuregelung der Stiefkindadoption aufgefordert. Seit dem 31.3.2020 ist das entsprechende Gesetz durch den neuen § 1766a BGB in Kraft (BGBl. 2020 I 541).

1.6. Schließlich sind wichtige Gesetzesregelungen in Bezug auf die Rechte von Minderjährigen auch im *familiengerichtlichen Verfahrensrecht* enthalten, dem seit dem 1.9.2009 geltenden *Gesetz über das Verfahren in Familiensachen und die Angelegenheiten der freiwilligen Gerichtsbarkeit* (**FamFG** – hier auszugsweise abgedruckt unter Nr. **9**). Eine besondere Altersschwelle stellt hier die Vollendung des 14. Lebensjahres dar. Sie ist maßgeblich für Fragen der Verfahrensfähigkeit von Kindern (§§ 9 Abs. 1 Nr. 3, 167 Abs. 3 FamFG), für ihr Beschwerderecht (§ 60 FamFG) und die Bekanntgabe von Entscheidungen in Kindschaftssachen (§ 164 BGB). Im Bereich der Kindesanhörung wurde mit der Neufassung von § 159 FamFG durch das G zur Bekämpfung sexualisierter Gewalt gegen Kinder v. 16.6.2021 (BGBl. I 1810) die vormalige altersmäßige Differenzierung zugunsten einer hiervon unabhängigen Anhörungspflicht aufgegeben. Weitere bedeutsame Änderungen betreffen die Regelung betreffend den Verfahrensbeistand als „Anwalt" des Kindes (§§ 158–158c FamFG) und das Beschwerdeverfahrensrecht (§ 68 Abs. 4 und 5 FamFG). Durch die zum 1.1.2023 in Kraft tretende Reform des Vormundschaftsrechts werden im FamFG (§§ 168–168f nF) eigene für das Vormundschafts- und Pflegschaftsverfahren geltende Verfahrensvorschriften in Kraft treten. Neben allgemeinen Vorschriften und denjenigen, die das Verfahren in Kindschaftssachen betreffen (§§ 151 ff.), sind im FamFG auch wichtige Vorschriften betreffend den Kindesunterhalt (§§ 231 ff.) berücksichtigt.

1.7. Wichtige Änderungen des **Erbrechts** von Kindern sind durch das *Gesetz zur erbrechtlichen Gleichstellung nichtehelicher Kinder* vom 16.12.1997 (BGBl. I 2968), nochmals verbessert durch das 2. Gesetz zur erbrechtlichen Gleichstellung nichtehelicher Kinder vom 12. April 2011 (BGBl. I 615), zu verzeichnen. Ein Unterschied in der erbrechtlichen Stellung von ehelichen und nichtehelichen Kindern besteht damit heute nicht mehr. Auf die für die Testierfähigkeit geltende Altersschwelle von 16 Jahren (§ 2229 Abs. 1 BGB) wurde bereits hingewiesen.

1.8. Wegen der Zunahme der Fälle mit *Auslandsberührung* wurden – bereits in der 19. Auflage – einschlägige Vorschriften des Einführungsgesetzes zum Bürgerlichen Gesetzbuch (**EGBGB**) in die Textausgabe unter Nr. **5** aufgenommen sowie unter Nr. **6** und **7** die wichtigsten Artikel der Verordnung (EG) Nr. 2201/2003 über die Zuständigkeit und die Anerkennung und Vollstreckung von Entscheidungen in Ehesachen und in Verfahren betreffend die elterliche Verantwortung (**Brüssel IIa-VO**) und des Haager Übereinkommens über die Zuständigkeit, das anzuwendende Recht, die Anerkennung, Vollstreckung und Zusammenarbeit auf dem Gebiet der elterlichen Verantwortung und der Maßnahmen zum Schutz von Kindern (**KSÜ**). Am 25.6.2019 hat der Rat der Europäischen Union eine neue Fassung der Brüssel-IIa-VO beschlossen (Abl. EU L 178/1 v. 2.7.2019), die als **Brüssel-IIb-VO** (abgedruckt unter Nr. **6/1**) am 1.8.2022 in Kraft treten wird. Sie führt zu erheblichen Veränderungen in grenzüberschreitenden Eheverfahren sowie in Verfahren betreffend die elterliche Verantwortung und in Rückführungsverfahren nach dem Haager Übereinkommen über die zivilrechtlichen Aspekte internationaler Kindesentführung (HKÜ). Das internationale Recht kann im Übrigen dazu führen, dass *über 18-jährige* Personen noch als minderjährig gelten, wenn ihr Heimatland die Volljährigkeit an eine spätere Altersgrenze knüpft und das Recht des Heimatlandes zur Anwendung gelangt, wie dies z. B. bei der Frage der Beendigung einer Vormundschaft gemäß Art. 24, 7 EGBGB der Fall sein kann. Durch die am 1.1.2023 in Kraft tretende Reform des Vormundschaftsrechts wird Art. 24 EGBGB jedoch dahin geändert, dass statt der Staatsangehörigkeit der gewöhnliche Aufenthaltsort des Betroffenen für die Anwendung des betreffenden Rechts maßgeblich sein wird, sodass für die Frage des Eintritts der Volljährigkeit im Ergebnis regelmäßig das deutsche Recht zur Anwendung gelangen wird.

2. Die besondere Stellung der jungen Menschen im öffentlichen Recht (ohne Jugendstrafrecht und Strafprozessrecht)

Auch im Bereich des öffentlichen Jugendrechts finden sich bei der *Begriffsbestimmung von Jugendlichen nicht einheitliche Altersstufen.* So ist etwa im Recht der Kinder- und Jugendhilfe nach § 7 Abs. 1 Nr. 2 SGB VIII für die Unterscheidung von Kindern und Jugendlichen die Vollendung des 14. Lebensjahres maßgeblich, ebenso bei § 1 Abs. 1 Nr. 2 JuSchG. In Bezug auf den Jugendarbeitsschutz ist nach § 2 Abs. 2 JArbSchG eine Altersgrenze von 15 Jahren geregelt. Diese Unterscheidungen stehen im Zusammenhang mit dem jeweiligen Schutzzweck der betreffenden Gesetzeswerke.

2.1. Versteht man den Begriff der **öffentlichen Jugendhilfe** in dem weiten Sinn, dass er alle staatlichen Maßnahmen zur Förderung der Jugendwohlfahrt umfasst, so muss als der entscheidende Schritt, mit dem sich der deutsche Staat einer zielgerichteten Arbeit in diesem Bereich zuwandte, der Erlass des **Reichsjugendwohlfahrtsgesetzes – RJWG** – vom 9. Juli 1922 (RGBl. I, 633) angesehen werden. Zwar gingen dem bereits in dem von der Industrialisierung geprägten späten 19. Jahrhundert Gesetze über die Beschäftigung von jugendlichen Arbeitern in Fabriken und über die Zwangserziehung strafunmündiger

Minderjähriger voraus. Doch in mehrfacher Hinsicht war das RJWG bahnbrechend: Es billigte etwa jedem deutschen Kind ausdrücklich ein Recht auf Erziehung zur leiblichen, seelischen und gesellschaftlichen Tüchtigkeit zu. Zum anderen legte es das Verhältnis von Erziehungsrecht und -pflicht der Eltern, privater Jugendhilfe und dem Eingreifen der öffentlichen Gewalt fest: Verfassungsmäßig verankerte Rechte und Pflichten der Eltern sollten Vorrang besitzen. Erfüllten aber die Eltern den Erziehungsanspruch des Kindes nicht, so trat, „unbeschadet der Mitarbeit freiwilliger Tätigkeit", die öffentliche Jugendhilfe ein. Weiterhin regelte das RJWG den Aufbau und die Zuständigkeit der Jugendwohlfahrtsbehörden: Bei jedem Stadt- und Landkreis waren Jugendämter zu errichten. Sie bildeten das lückenlose Netz der unteren Verwaltungsbehörden für die öffentliche Jugendhilfe. Landesjugendämter sicherten die gleichmäßige Erfüllung der den Jugendämtern obliegenden Aufgaben und unterstützten sie bei ihrer Arbeit. Schließlich wurden die Aufgaben der Jugendpflege und Jugendfürsorge unter den Obergriff der Jugendhilfe zusammengefasst. Der Katalog der Pflichtaufgaben des Jugendamts enthielt aber vor allem Regelungen in Bezug auf die Jugendfürsorge, wie etwa die Mitwirkung bei der Fürsorgeerziehung und der Schutzaufsicht, den Schutz der Pflegekinder, die Jugendgerichtshilfe und eine Mitwirkung bei der Beaufsichtigung der Arbeit von Kindern und Jugendlichen. Ganz allgemein war das Jugendamt berufen, die Tätigkeit des Familiengerichts und des damals noch bestehenden Vormundschaftsgerichts in Gang zu setzen und zu unterstützen.

Auch wenn sich das RJWG jedenfalls im Bereich der Fürsorge bewährt hatte, erwies sich doch eine Überarbeitung und Anpassung an die veränderten Verhältnisse als notwendig. Der Neufassung vom 11. August 1961 (BGBl. I 1205) – unter der Bezeichnung **Gesetz für Jugendwohlfahrt, JWG** – folgten die Neufassung vom 6. August 1970 (BGBl. I 1197) und sodann die vom 25. April 1977 (BGBl. I 634), zuletzt geändert durch Gesetz vom 25.7.1986 (BGBl. I 1142). Diente die Neufassung von 1970 vor allem der im Gesetz zur Änderung des JWG vom 6. August 1970 (BGBl. I 920) durchgeführten Anpassung des JWG an das neue Nichtehelichenrecht, so gab den Anstoß zur Neufassung von 1977 die Einführung des § 78a und die Änderung des § 88 JWG durch § 20 AdVermiG vom 2. Juli 1976 (BGBl. I 1762).

Einen grundlegenden Wandel brachte das SGB VIII **(Kinder- und Jugendhilfegesetz – KJHG** vom 26. Juni 1990 – BGBl. I, 1163, neu gefasst am 11. September 2012 (BGBl. I, S. 2022), zuletzt geändert durch Gesetz vom 9.11.2020 (BGBl. I 2075), hier abgedruckt unter **10.**

Nach mehreren vergeblichen Anläufen in den vorausgegangenen Legislaturperioden gelang die Schaffung eines völlig neuen Gesetzes als Rechtsgrundlage für die Tätigkeit der *Jugendämter* im Zusammenwirken mit den *Trägern der freien* Jugendhilfe. Ziel war die Ablösung des eingriffs- und ordnungsrechtlichen Instrumentariums des vormaligen Gesetzes durch ein modernes, präventiv orientiertes Leistungsgesetz. Die Erziehungssituation von Kindern und Jugendlichen sollte dadurch verbessert werden, dass die Eltern, denen grundsätzlich die Erziehungsverantwortung obliegt, bei der Durchführung ihrer Aufgaben unterstützt werden. Im Jugendwohlfahrtsgesetz war die Jugendarbeit noch als Jugendpflege bezeichnet und trotz ihrer gleichrangigen Bedeutung neben der Jugendfürsorge nur in Ansätzen geregelt. Im KJHG wird der Bedeutung der Jugendarbeit durch Schaffung neuer Vorschriften Rechnung getragen. Gleichzeitig sind die Übergänge zwischen den Angeboten der Jugendfürsorge und der Jugendarbeit fließend geworden, die strikte Unterscheidung beider Bereiche in der Jugendhilfe gilt heute als überholt. Das Eingriffsrecht des Staates wurde bewusst nahezu völlig den Familiengerichten belassen, das Jugendamt hat nach dem neuen KJHG nur noch eine Kompetenz zur *Inobhutnahme* von Kindern in Eilfällen (§§ 8a, 42 SGB VIII). Auch dadurch wird die Regelung in Art. 6 Abs. 2 GG umgesetzt, wonach die Pflege und Erziehung junger Menschen vorrangig in den Händen der Eltern liegt und der Staat grundsätzlich zunächst nur Hilfen anbieten soll, damit Eltern ihrer Aufgabe bei der Erziehung und Pflege der Kinder gerecht werden können.

Das Hilfsangebot des Staates wurde in konsequenter Fortsetzung der bisherigen Entwicklung auch dadurch erweitert, dass die *Beratungstätigkeit* des Jugendamtes nochmals ausgeweitet wurde.

Der Schutz personenbezogener *Daten* wurde gesetzlich in §§ 61 ff. SGB VIII normiert. Schließlich wurden die einzelnen Maßnahmen der Jugendfürsorge innerhalb des KJHG aufeinander abgestimmt, aber auch mit Maßnahmen und dem Inhalt anderer Gesetze harmonisiert.
Die Unterscheidung zwischen *Jugendlichen* und Kindern iSd § 7 Abs. 1 Nr. 1 und 2 SGB VIII hat im Übrigen nur punktuell Bedeutung im Jugendhilferecht, so können etwa Leistungen nach den §§ 19, 20 SGB VIII nur bei Kindern erbracht werden. Ein Beratungsanspruch wird dagegen nach § 18 Abs. 3 SGB VIII allen Minderjährigen unabhängig von ihrem Alter gewährt.

Das SGB VIII als Teil des Sozialrechts unterscheidet dabei zwischen Leistungen und anderen Aufgaben der Jugendhilfe (§ 2 SGB VIII).
Zu den **Leistungen** der Jugendhilfe gehören u. a.:
- Angebote der Jugendarbeit und Jugendsozialarbeit
- Angebote zur Förderung der Erziehung in der Familie, insbesondere auch im Fall der Trennung oder Ehescheidung
- Angebote zur Förderung von Kindern in Tageseinrichtungen und in Tagespflege
- Hilfe für seelisch behindere Kinder und Jugendliche
- Angebote von ambulanten und teilstationären Erziehungshilfen neben den klassischen Formen der Inpflegenahme und der Heimerziehung
- die Verbesserung der Hilfen für junge Volljährige

Andere Aufgaben der Jugendhilfe sind u. a.:
- die Inobhutnahme von Kindern und Jugendlichen
- die vorläufige Inobhutnahme von unbegleiteten minderjährigen Flüchtlingen
- die Mitwirkung im familiengerichtlichen Verfahren
- die Beurkundung und Aufnahme vollstreckbarer Urkunden
- die Wahrnehmung der Aufgaben der Beistandschaft, Amtsvormundschaft, Amtspflegschaft
- die Erteilung der Erlaubnis von Pflegeerlaubnissen

Das neue Gesetz trat am 1. Januar 1991 in Kraft. Das SGB VIII wurde aber in einzelnen Teilen nicht unwesentlich geändert, bis heute über vierzigmal. Wesentliche Änderungen sind etwa bereits 1992 durch das Schwangeren- und Familienhilfegesetz (BGBl. I 1398) erfolgt, u. a. durch Einführung eines Anspruchs auf einen Kindergartenplatz ab dem 3. Lebensjahr. Durch das Gesetz zur Weiterentwicklung der Kinder- und Jugendhilfe vom 8. September 2005 – KICK – (BGBl. I 2729) wurde vor dem Hintergrund spektakulärer Fälle von Kindesmisshandlungen die repressive Seite der Tätigkeit des Jugendamts im

Rahmen der Gefahrenabwehr ausgeweitet und näher gesetzlich geregelt. Zu erwähnen ist auch das **Bundeskinderschutzgesetz** vom 22. Dezember 2011 (BGBl. I 2975), durch das das Beratungs- und Hilfsangebot für Eltern und Jugendliche erweitert wurde und in der neu gefassten Bestimmung von § 8a Abs. 1 S. 2 SGB VIII wurde beim Verdacht einer Kindeswohlgefährdung die Notwendigkeit eines Hausbesuchs geregelt.

Im Rahmen des BundeskinderschutzG wurde gleichzeitig das **Gesetz zur Kooperation und Information im Kinderschutz** (abgedruckt unter Nr. **11**, zuletzt geändert durch Art. 2 Kinder- und JugendstärkungsG vom 3.6.2021 (BGBl. I 1444), erlassen, das die – vorher nicht hinreichende – Zusammenarbeit von Institutionen im Kinderschutz durch Schaffung eines Netzwerkes wesentlich verbessern soll und gleichzeitig notwendige Einschränkungen der Schweigepflicht und Beratungsansprüche für bestimmte Berufe (z.B. Kinderärzte, Hebammen und Kindergärtnerinnen) enthält.

Im Jahr 2015 wurde durch das **Gesetz zur Verbesserung der Unterbringung, Versorgung und Betreuung ausländischer Kinder und Jugendlicher** (BGBl. I 1802) die im Zuge der Flüchtlingswelle zu verzeichnende Einreise von unbegleiteten minderjährigen Flüchtlingen näher in §§ 42a ff. SGB VIII durch Schaffung einer vorläufigen Inobhutnahme gesetzlich ausgestaltet. Hierdurch sollte vor allem eine gerechte Verteilung der betroffenen Minderjährigen auf alle Bundesländer und Kommunen erreicht werden, was durch das vormalige Recht und seine starre Regelung der örtlichen Zuständigkeit der Jugendämter nicht gewährleistet war.
Durch das am 9.6.2021 in Kraft getretene **Gesetz zur Stärkung von Kindern und Jugendlichen** (BGBl. I 1444) sollen nach dem Willen des Gesetzgebers die Lebensbedingungen der Kinder und Jugendlichen verbessert werden, die an Benachteiligungen leiden und besonderer Unterstützung bedürfen. So ist der Gedanke der Inklusion (Hilfen aus einer Hand auch für behinderte Kinder) gesetzlich verankert worden und durch neue gesetzliche Bestimmungen sollen sowohl der Kinderschutz verbessert als auch mehr Prävention vor Ort erfolgen.

2.2. Soweit es um öffentliche Hilfen für Kinder und Jugendliche geht, sind auch weitere Gesetzesregelungen des **Sozialgesetzbuches** von Bedeutung. So sind etwa im SGB II (Grundsicherung für Arbeitssuchende) spezielle Bedarfe von Kindern und Jugendlichen für *Bildung und Teilhabe am sozialen und kulturellen Leben* vorgesehen (auszugsweise abgedruckt unter Nr. **13**). Im SGB XII (Sozialhilfe) finden sich entsprechende Regelungen (auszugsweise abgedruckt unter Nr. **14**). Die *allgemeinen Vorschriften* des Sozialgesetzbuches befinden sich demgegenüber im SGB I, auszugsweise abgedruckt unter Nr. **12**).

2.3. Die gerade in jüngerer Zeit durch die Verbreitung neuer Medien und umfangreicher Freizeitangebote bestehende Reizüberflutung bergen gerade für Jugendliche in ihrer Entwicklung zu wachsender Selbständigkeit Gefahren, denen sie außerhalb von Elternhaus und Schule ausgesetzt sind und fordern das Eingreifen des Staates zum *Schutze der Jugend* heraus. Das **deutsche Jugendschutzrecht** hat diese Aufgabe bis in die jüngste Vergangenheit vor allem durch zwei Gesetze wahrgenommen, das Gesetz zum Schutz der Jugend in der Öffentlichkeit (JÖSchG) und das Gesetz über die Verbreitung jugendgefährdender Schriften und Medieninhalte (GjSM). Es wurde allerdings im Zuge der Verbreitung des Internets und neuer Telemedien offenbar, dass das letztgenannte Gesetz Lücken aufwies. Dazu kam als politischer Anstoß der Amoklauf eines entlassenen Schülers in seiner früheren Schule in Erfurt. So entstand das **Jugendschutzgesetz – JuSchG** – vom 23. Juli 2002 (BGBl. I 2730), zuletzt geändert durch Gesetz vom 9. April 2021 (BGBl. I 742), abgedruckt als Nr. **18**. Um den Jugendschutz an die Risiken des digitalen Zeitalters, wie Cybermobbing oder –grooming, Kostenfallen und Mobbing, anzupassen, ist das Jugendschutzgesetz durch das zuletzt genannte Änderungsgesetz mit Wirkung zum 1.5.2021 weiter modernisiert worden. Die bisherige Bundesprüfstelle für jugendgefährdende Medien wurde zur Bundeszentralstelle für Kinder- und Jugendmedienschutz weiterentwickelt.

Gleichzeitig wurde der neue **Jugendmedienschutz-Staatsvertrag (JMStV)** abgeschlossen, der inzwischen von allen Bundesländern ratifiziert wurde – hier abgedruckt als Nr. **20**. Beide Regelungen sind zum 1. April 2003 in Kraft getreten. Die Tatsache, dass neben einem Bundesgesetz ein Staatsvertrag die einschlägigen Fragen im Jugendschutz löst, ist dadurch zu erklären, dass unterschiedliche Gesetzgebungskompetenzen des Bundes und der Länder nach dem Grundgesetz bestehen.

Das **Jugendschutzgesetz** enthält im 2. Abschnitt im Wesentlichen die früheren Regeln des JÖSchG mit nur geringen Abweichungen. Das Gesetz wendet sich mit Straf- und Bußgeldvorschriften vor allem an die Erwachsenen, insbesondere Trägermedienanbieter, andere Gewerbetreibende (z. B. Gastwirte) und an die Eltern der Jugendlichen selbst. Das *Rauchverbot* bzw. das Verbot der Abgabe von Tabakwaren an Personen unter 18 Jahren wurde bereits 2007 durch Art. 3 des Gesetzes zum Schutz der Gefahren des Passivrauchens (BGBl. I 1595) verschärft und die vormalige Altersgrenze von 16 Jahren aufgegeben. 2016 wurde es erweitert auf andere nikotinhaltige Erzeugnisse und elektronische Zigaretten sowie auf elektronische Shishas. Auch der Schutz vor Gefahren des *Alkohols* („Alkopop-Getränke“) wurde verbessert durch Gesetz vom 23. Juli 2004 (BGBl. I 1857).

Gelockert wurden dagegen die Vorschriften über den Aufenthalt junger Menschen an Orten, die typischerweise für Jugendliche nicht geeignet erscheinen, so etwa *Gaststätten* oder *Tanzveranstaltungen* (§§ 4, 5 JuSchG). Die Altersgrenzen für solche Aufenthalte wurden nach unten verschoben, soweit sich der junge Mensch in Begleitung der Eltern oder einer „erziehungsbeauftragten Person“ befindet. Das könnte auch ein volljähriger Bruder/Schwester des jungen Menschen sein. Im Übrigen darf Jugendlichen ab 16 Jahren ohne Begleitung eines Erziehungsberechtigten oder Erziehungsbeauftragten der Aufenthalt in Gaststätten oder Discotheken nur bis 24 Uhr erlaubt werden. *Spielhallen* dürfen nach § 6 JuSchG von Jugendlichen nicht betreten werden.

Im 3. Abschnitt des JuSchG wird der Jugendschutz im Bereich der **Medien** geregelt, ergänzt werden diese Normen allerdings durch den JMStV. Der Unterschied beruht darauf, dass das JuSchG für Trägermedien und der JMStV für Telemedien gelten. Zur Unterscheidung sei ausgeführt:

Trägermedien sind (vgl. § 1 Abs. 2 JuSchG) alle „Medien mit Texten, Bildern oder Tönen auf gegenständlichen Trägern, die zur Weitergabe geeignet, zur unmittelbaren Wahrnehmung bestimmt oder in einem Vorführ- oder Spielgerät eingebaut sind …“. Demnach sind typische Trägermedien Filmrollen, DVDs und Blue Rays, Druckschriften, Video- und Audiokassetten sowie CD-ROMs.

Telemedien sind (vgl. § 1 Abs. 3 JuSchG) dagegen „Medien, die nach dem Telemediengesetz übermittelt oder zugänglich gemacht werden …“. Diese Definition soll den gesamten Online-Bereich mit Ausnahme des Rundfunks erfassen.

Wie schon oben angedeutet, enthält das JuSchG alle Regelungen im Bereich der Trägermedien. Dagegen sind wichtige Vorschriften betreffend die Telemedien und den Rundfunkbereich im JMStV angesiedelt. Von Bedeutung ist hier auch der Staatsvertrag für Rundfunk und Telemedien (RStV), hier auszugsweise abgedruckt unter Nr. **21**. Am 9. September 2003 (BGBl. I 1791) wurde die **Verordnung zur Durchführung des Jugendschutzgesetzes (DVO-JuSchG)** erlassen – hier abgedruckt unter Nr. **19**. Sie regelt näheres über Sitz und Verfahren der Bundesprüfstelle für jugendgefährdende Medien.

2.4. Außer in dem Spezialgesetz JuSchG finden sich Jugendschutzvorschriften vereinzelt auch in *anderen Gesetzen.*

Vornehmlich handelt es sich hier um Vorschriften des **Strafgesetzbuchs – StGB,** im Auszug abgedruckt unter Nr. **38** –, unter Berücksichtigung mehrfacher Änderungen neu gefasst in der Bekanntmachung vom 13. November 1998 (BGBl. I 3322) und zuletzt geändert durch Gesetz vom 22.11.2021 (BGBl. I 4906) mit Wirkung zum 24.11.2021. Eine wesentliche Verschärfung des Sexualstrafrechts ist dabei – als Folge schwerer Fälle von sexuellen Kindesmissbrauchs in den vergangenen Jahren – durch das Gesetz zur Bekämpfung sexualisierter Gewalt gegen Kinder v. 16.6.2021 (BGBl. I 1810) erfolgt. Zu nennen sind hier § 131 StGB, eine gegen die Verherrlichung und Verharmlosung von exzessiver Gewalt und die Aufstachelung zum Rassenhass gerichtete Strafbestimmung, die u. a. das Anbieten, Überlassen und Zugänglichmachen von diese Tatbestände erfüllenden Schriften und sonstigen Darbietungen an Personen unter 18 Jahren verpönt. Ferner kommen grobe Verstöße gegen die Fürsorge- und Erziehungspflicht (§ 171 StGB), der Missbrauch von Schutzbefohlenen (§ 225 StGB) und die Verletzung der Unterhaltspflicht (§ 170 StGB) in Betracht. Sodann dienen viele Vorschriften des *Sexualstrafrechts*, teils ausschließlich, teils auch dem Schutz von Kindern und Jugendlichen (§§ 173, 174, 174a, 174b, 176, 176a 176b, 180, 180a Abs. 2 Nr. 1, 182, 184, 184b, 184c, 184d, 184e, 184i, 184l StGB). Bezeichnend ist im Übrigen, dass der einschlägige Abschnitt des StGB inzwischen die Überschrift trägt „Straftaten gegen die sexuelle Selbstbestimmung". Homosexuelle Handlungen mit Minderjährigen sind nach Wegfall von § 175 StGB aF heute nicht mehr für sich gesehen strafbar.

Besonderes Augenmerk verdienen § 184 StGB (Verbreitung pornographischer Schriften) und §§ 184b – 184e StGB im Zusammenhang mit der Verbreitung, dem Erwerb, dem Besitz und dem Abruf von Schriften und Telemedien. Bemerkenswert ist dabei insbesondere, dass schon der Besitz kinderpornographischer Inhalte nach § 184b Abs. 3 StGB nunmehr als Verbrechen mit einer Mindeststrafe von einem Jahr geahndet wird. Aufgenommen in die Sammlung wurden die §§ 232 ff. StGB betreffend Straftaten gegen die persönliche Freiheit, wie den Menschenhandel (§ 232 StGB), Zwangsprostitution (§ 232a StGB), Ausbeutung der Arbeitskraft (§ 233 StGB), Entziehung Minderjähriger (§ 235 StGB) oder Kinderhandel (§ 236 StGB). Im Bereich des Nebenstrafrechts ist § 31 Abs. 1 Nr. 1 BtMG zu nennen, der die Abgabe von Betäubungsmitteln an einen Minderjährigen durch einen mindestens 21 Jahre alten Täter als Verbrechen qualifiziert.

2.5. Erwähnt werden soll auch die Einfügung von Nr. **16,** eines Auszugs aus dem **Bundesimmissionsschutzgesetz:** Lärm, der von Kindertageseinrichtungen oder Kinderspielplätzen ausgeht, unterliegt nicht den strengen Grenz- und Richtwerten dieses Gesetzes.

2.6. Abschließend ist zu den vorstehend als öffentlicher Jugendschutz zusammenzufassenden Gesetzen zu bemerken: Die Gesetzgebung in diesem Bereich, teilweise auch die Ausführung der Gesetze, greift in erheblicher Weise auch in die Rechte Dritter, vor allem von Gewerbetreibenden ein. So ist etwa heute der Versand von Tabakerzeugnissen, Alkohol oder Filmen mit Altersfreigabe ab 18 Jahren streng reglementiert und der Schutz von Minderjährigen verursacht hohe Kosten. Wer von der Notwendigkeit eines umfassenden Jugendschutzes nicht überzeugt ist, wird dazu neigen, manche Freiheiten, die das Grundgesetz als Grundrechte anerkannt und gesichert hat, als allzu lästige Schranken für die Verwirklichung seiner Bestrebungen anzusehen. Gleichwohl sind es die Kinder und Jugendlichen, denen die Zukunft gehört und deren Schutz vor schädlichen Einflüssen und Erzeugnissen der Gesellschaft einen hohen Preis wert sein muss.

2.7. Eingefügt wurde in Auszügen in die vorliegende Sammlung das **Waffengesetz** unter Nr. **17.** § 2 dieses Gesetzes enthält ein generelles Verbot der Abgabe von Waffen an Jugendliche. Entsprechende Strafvorschriften sollen die Durchsetzung strenger Regeln bezüglich aller Waffen gewährleisten.

2.8. Mit ihren Anfängen weit ins 19. Jahrhundert zurück reicht die Gesetzgebung über den **Schutz der Arbeitskraft** von Kindern und Jugendlichen. Brachte die Industrialisierung einerseits schlimme Auswüchse in der Ausnutzung der menschlichen Arbeitskraft mit sich, so gewann andererseits die Erkenntnis an Boden, dass einem solchen Missbrauch junger, noch in der Entwicklung begriffener Menschen gegengesteuert werden müsse. Das erwachende soziale Gewissen zwang auch den Gesetzgeber zum Handeln. Der Weg führte vom preußischen Regulativ über die Beschäftigung jugendlicher Arbeiter in Fabriken vom 9. März 1839 über das Arbeitsschutzgesetz von 1891, das Kinderschutzgesetz von 1903, das Gesetz über die Kinderarbeit und über die Arbeitszeit der Jugendlichen von 1938 (damals als Jugendschutzgesetz bezeichnet) zum Jugendarbeitsschutzgesetz vom 9. August 1960 und schließlich zum **Gesetz zum Schutze der arbeitenden Jugend** (Jugendarbeitsschutzgesetz – JArbSchG) vom 12. April 1976 (BGBl. I 965), in Kraft getreten am 1. Mai 1976, zuletzt geändert mit Gesetz v. 16.7.2021 (BGBl. I 2970), hier abgedruckt als Nr. **22**. Das Jugendarbeitsschutzgesetz gilt auch für die Helferinnen und Helfer, die nach dem **Gesetz zur Förderung von Jugendfreiwilligendiensten** vom 16. Mai 2008 (BGBl. I 842) – abgedruckt als Nr. **27** – tätig werden. Neu geschaffen wurde dieses Gesetz als Ersatz für die beiden vormaligen Gesetze zur Förderung eines freiwilligen sozialen Jahres und zur Förderung eines freiwilligen ökologischen Jahres. Der Jugendfreiwilligendienst kann neben sozialen und kulturellen Einrichtungen jetzt auch in Einrichtungen des Sports geleistet werden. Als Altersgrenze für den Begriff des Jugendlichen nennt § 2 Abs. 2 JArbSchG das Erreichen des 15. Lebensjahres.

In der Beschränkung der Kinderarbeit bedeutet diese Entwicklung, dass allmählich sowohl die Altersgrenze, unter der Kinder nicht beschäftigt werden durften, von 9 Jahren bis zur Beendigung der Vollzeitschulpflicht, mindestens aber das 15. Lebensjahr, angehoben wurde als auch der Bereich der Beschäftigungsarten, für die das Verbot galt, von der Fabrik- und Bergwerksarbeit ausgehend, so weit ausgedehnt wurde, dass schließlich nur noch wenige Ausnahmen blieben (Mitwirkung bei Theatervorstellungen und ähnlichen Veranstaltungen, Mithilfe in der Landwirtschaft durch Kinder über 13 Jahre). Die Arbeitszeit ist nach § 8 JArbSchG für Jugendliche auf 8 Stunden täglich, 40 Stunden wöchentlich begrenzt. Auch insoweit gilt eine Ausnahme für die in der Landwirtschaft beschäftigten Jugendlichen (§ 8 Abs. 3 JArbSchG). Weitgehend werden die Jugendlichen besser gestellt als die Erwachsenen. Die Vergünstigungen zeigen sich in der Rücksichtnahme auf den Besuch der Berufsschule, in der Bemessung der Ruhepausen und der Freizeit, in der Dauer der Nachtruhe usw. Der Urlaub für Jugendliche wird, abgestuft nach dem Lebensalter und auf 25 bis 30 Werktage verlängert (§ 19 JArbSchG).

Verboten ist die Beschäftigung von Kindern und Jugendlichen mit Akkordarbeit und Fließarbeit mit vorgeschriebenem Arbeitstempo, ferner die Beschäftigung Jugendlicher mit Arbeiten, die ihre Körperkräfte übersteigen oder bei denen sie sittlichen Gefahren ausgesetzt sind. In diesen Zusammenhang gehört auch die **Verordnung über das Verbot der Beschäftigung von Personen unter 18 Jahren mit sittlich gefährdenden Tätigkeiten** vom 3. April 1964 (BGBl. I 262) geändert durch § 69 Abs. 4 des JArbSchG – abgedruckt als Nr. **24**. Danach dürfen noch nicht 18-jährige Mädchen und Frauen nicht als Nackt-, Schönheits- oder Schleiertänzerinnen, als Tanzdamen, Eintänzerinnen, Tisch- oder Bardamen engagiert werden. Für Kinder über 13 Jahre ist inzwischen durch die **Verordnung über den Kinderarbeitsschutz** (KindArbSchV) vom 23. Juni 1998 (BGBl. I 1508) ein Katalog der für diese Personengruppe zulässigen Beschäftigungen aufgestellt worden. Die VO ist abgedruckt unter Nr. **26.**

Durch das Erste Gesetz zur Änderung des Jugendarbeitsschutzgesetzes vom 15. Oktober 1984 (BGBl. I 1277) wurde nach heftiger Diskussion der Schutz der jungen Menschen etwas gelockert. Ziel dieser Reform war es, allzu starre und im Arbeitsleben unbrauchbare Regeln flexibler zu gestalten, um dem Handwerk zu helfen und der Jugendarbeitslosigkeit entgegenzuwirken. Ein Bäckerlehrling würde beispielsweise kaum einen Ausbildungsplatz finden, wenn er erst Stunden nach der übrigen Belegschaft mit der Arbeit beginnen dürfte.

Auch die gesundheitliche Betreuung der jugendlichen Beschäftigten ist eingehend geregelt. Die in Verbindung hiermit vom Bundesarbeitsminister zum JArbSchG von 1976 erlassene **Verordnung über die ärztlichen Untersuchungen nach dem Jugendarbeitsschutzgesetz** (Jugendarbeitsschutzuntersuchungsverordnung – JArbSchUV –) datiert vom 16. Oktober 1990 (BGBl. I 2221) und ist hier abgedruckt als Nr. **23.** Dazu kommt als Nr. **25** die VO vom 11. November 1977 über Ausnahmen von Vorschriften des Jugendarbeitsschutzgesetzes für jugendliche Polizeibeamte in der Bundespolizei – **BGS-JArbSchG** – (BGBl. I 2071). Verstärkte Überwachungsbestimmungen und härtere Bußgeld- und Strafvorschriften sollen den Gesetzesvollzug sicherstellen.

2.9. Auf dem Gebiet der *beruflichen Bildung* herrschte eine auf die Dauer immer schädlicher wirkende Rechtszersplitterung. Der Ruf nach einer bundeseinheitlichen gesetzlichen Regelung, im Bundestag erstmals 1962 erhoben, verstummte nicht mehr, bis schließlich das **Berufsbildungsgesetz** vom 14. August 1969 (BGBl. I 1112) – **BBiG**, hier auszugsweise abgedruckt als Nr. **28,** zuletzt geändert durch Gesetz vom 28.3.2021 (BGBl. I 591) – zustande kam. Am 1. September 1969 ist es in Kraft getreten. Teils ersetzt, teils ergänzt wurde das BBiG 1969 durch das **Berufsbildungsförderungsgesetz** – BerBiFG – vom 23. Dezember 1981 (BGBl. I S. 1692), mehrmals geändert, zuletzt durch Gesetz vom 24. Dezember 2003 (BGBl. I 2954/2993). Danach wurde der Aufgabenbereich des schon im BerBG 1969 vorgesehenen Instituts für Berufsbildungsforschung, heute Bundesinstitut für Berufsbildung, erheblich erweitert. Inzwischen wurden durch das Berufsbildungsreformgesetz vom 23. März 2005 (BGBl. I 931) das Berufsbildungsförderungsgesetz und das ursprüngliche Berufsbildungsgesetz aufgehoben, an ihre Stelle ist das neue **Berufsbildungsgesetz** getreten.

Allerdings mussten nach § 3 Abs. 2 BBiG die der Schulhoheit der Länder unterstehenden berufsbildenden Schulen vom Anwendungsbereich des Gesetzes ausgespart werden. Auch die Berufsbildung in einem öffentlich-rechtlichen Dienstverhältnis, d. h. die Ausbildung von Beamten, Richtern und Soldaten, auch von Beamtenanwärtern mit diesem ausschließlichen Berufsziel, steht außerhalb des BBiG. Schließlich ist auch die Berufsbildung in der Seeschifffahrt ausgenommen.

Besondere Rücksicht wurde darauf genommen, dass die Systematik und die Geschlossenheit der **Handwerksordnung** – hier auszugsweise abgedruckt unter Nr. **30** und zuletzt geändert mit Gesetz vom 9.6.2021 (BGBl. I 1654) – gewahrt bleiben. Gemäß § 3 Abs. 3 BBiG gelten für die *Berufsbildung* in Berufen der Handwerksordnung die dort genannten Vorschriften des BBiG nicht. Insoweit finden die im Wesentlichen gleich lautenden Normen der HandwO Anwendung. Für die *Berufsausbildung* gelten aber auch in den Handwerksberufen die Vorschriften des BBiG (insbes. §§ 10–26 BBiG).

Im Einzelnen stellt das BBiG, das auch die berufliche *Fortbildung* und die berufliche *Umschulung* regelt, vor allem die Berufs*ausbildung* in eine klare rechtliche Ordnung, angefangen von der Begründung des Ausbildungsverhältnisses durch einen schriftlichen Vertrag, der gewissen Mindesterfordernissen genügen muss, über die Gestaltung der beiderseitigen Rechte und Pflichten während der Dauer der Ausbildung und bei deren Beendigung bis hin zum Prüfungswesen, der Bildung von Ausschüssen für Berufsbildung, zur Berufsbildungsforschung und zu besonderen Vorschriften für einzelne Wirtschafts- und Berufszweige, z. B. die Landwirtschaft. Die rechtliche Stellung gerade der jugendlichen „Auszubildenden" erfährt eine wesentliche Stärkung.

Im Rahmen des **Gesetzes zur Modernisierung und Stärkung der beruflichen Bildung** (s. o.) wurde das BBiG zum 1.1.2020 geändert. Vorgesehen sind u. a. nunmehr ein – jährlich neu anzupassender – ***„Azubi-Mindestlohn"***, Lernmittelfreiheit und mehr Möglichkeiten für Berufsausbildung in Teilzeit.

2.10. Um die Besserstellung der Auszubildenden geht es auch bei dem **Bundesgesetz über individuelle Förderung der Ausbildung** (Bundesausbildungsförderungsgesetz) vom 26. August 1971 (BGBl. I 1409), geändert am 27. Juli 2015 (BGBl. I 1386/1398), letzte Änderung am 22. November 2021 (BGBl. I 4906) – **BAföG,** hier abgedruckt als Nr. **31** –, das seit 1. Oktober 1971 an die Stelle des Ersten Ausbildungsförderungsgesetzes vom 19. September 1969 getreten ist. Dem einzelnen Auszubildenden sollen dadurch die nötigen Mittel für den Lebensunterhalt und die Ausbildungskosten zur Verfügung gestellt werden. Während die **Förderung der betrieblichen Ausbildung im SGB III** (Arbeitsförderung – auszugsweise abgedruckt unter Nr. **29**) geregelt ist und in die Zuständigkeit der Bundesagentur für Arbeit fällt, erfasst das BAföG alle Arten schulischer bzw. universitärer Ausbildung einschließlich eines zugehörigen Praktikums. Geregelt sind insbesondere die – gegenüber der ursprünglichen Fassung erhöhten – Bedarfssätze, die Förderungsdauer und die Einkommens- und Vermögensanrechnung. Das BAföG wurde weitgehend auf Darlehensbasis umgestellt (§§ 17 ff. BAföG), seit 1.10.1990 wird die Hälfte des Leistungsbetrags wieder als Zuschuss gewährt (§ 17 Abs. 2 BAföG). Die in § 14a BAföG vorgesehene **Verordnung über Zusatzleistungen in Härtefällen** – zur Deckung außergewöhnlicher Aufwendungen – hat die Bundesregierung am 15. Juli 1974 erlassen (BGBl. I 1449). Sie ist hier i. d. F. der

2. HärteVÄndV vom 11. August 1980 (BGBl. I 1293) als Nr. **32** abgedruckt und zuletzt geändert durch Gesetz vom 19. März 2001 (BGBl. I 390). Als Nr. **33** schließt sich an die **VO über die Einziehung der nach dem Bundesausbildungsförderungsgesetz geleisteten Darlehen** vom 28. Oktober 1983 – DarlehensV (BGBl. I 1340), geändert zuletzt durch VO vom 16. Juli 2019 (BGBl. I 1095). Am 6. Januar 2004 (BGBl. I 42) wurde eine neue **Verordnung über die örtliche Zuständigkeit für Ausbildungsförderung im Ausland** (BAföG-AuslandszuständigkeitsV) erlassen – abgedruckt als **Nr. 34.** Sie wurde geändert durch VO vom 19. Oktober 2011 (BGBl. I 2098). Als Nr. **35** schließt sich an die **Verordnung über den leistungsabhängigen Teilerlass von Ausbildungsförderungsdarlehen** – BAföG – TeilerlassV – vom 14. Dezember 1983 (BGBl. I 1439). Sie wurde zuletzt geändert durch Gesetz vom 29. März 2017 (BGBl. I 626/639). Bezüglich der Ausbildungsförderung für den **Besuch von Ausbildungsstätten für Psychotherapie und Kinder- und Jugendlichenpsychotherapie** wurde am 27. Juli 2000 (BGBl. I 1237) eine Verordnung erlassen, die unter Nr. **36** in die Sammlung aufgenommen wurde.

Mit dem 1.8.2019 in Kraft getretenen 26. Änderungsgesetz wurde im BAföG der Wohnzuschlag von vormals 250 EUR auf 325 EUR und der Förderungshöchstsatz von vormals 735 EUR auf 861 EUR angehoben. Erhöht wurde auch der Kranken- und Pflegeversicherungszuschlag. Weiterhin wurden zur Entlastung der Mittelschicht die Einkommensfreibeträge erhöht und höhere Rücklagen auf der Seite des Auszubildenden zugelassen. Auch das vormalige System der Darlehensdeckelung wurde geändert und die Rückzahlungspflicht grundsätzlich auf maximal 77 Monatsraten begrenzt. Die vormalige Förderung mit einem Darlehn der KfW – insbesondere als Hilfe zum Studienabschluss nach Überschreitung der Regelstudiendauer – wurde durch ein zinsloses Staatsdarlehn und in bestimmten Fällen sogar durch Normalförderung mit hälftigem Zuschussanteil ersetzt.

3. Jugendstrafrecht und -strafverfahrensrecht einschließlich des Ordnungswidrigkeitenrechts

Aus heutiger Sicht kaum mehr vorstellbar ist es, dass sich bis 1923 die *strafrechtliche Sonderstellung von Jugendlichen* in einigen wenigen Paragraphen des Strafgesetzbuches erschöpfen konnte. Die Erkenntnis, dass der heranreifende Mensch nicht nur kein unvollkommener Erwachsener ist, sondern grundlegend anders denkt, fühlt, handelt, reagiert, ja anders ist als der Erwachsene, ist inzwischen so sehr Gemeingut geworden, dass die Eigenständigkeit des für die Jugend geltenden Strafrechts und Strafverfahrensrechts heute allgemein anerkannt ist. Kerngedanke des Jugendstrafrechts ist es, vorrangig mit *Erziehungsmitteln* statt mit Strafe auf den Jugendlichen einzuwirken.

In seiner jetzigen Fassung – vom 11. Dezember 1974 (BGBl. I 3427) – erfasst das **Jugendgerichtsgesetz** – JGG, abgedruckt als Nr. **37** – auch die *Heranwachsenden* von 18 bis 21 Jahren. Sie werden nach § 105 JGG wie Jugendliche behandelt, sofern sie nach ihrer sittlichen und geistigen Entwicklung noch einem Jugendlichen gleichstehen oder sofern es sich um eine typische Jugendverfehlung handelt. Diese Einbeziehung der Heranwachsenden ist wohl der wichtigste Fortschritt gegenüber dem Reichsjugendgerichtsgesetz – RJGG – von 1943. Sie ist aber bis heute gesellschaftlich nicht unbestritten, wie die öffentlichen

Diskussionen gerade bei vorsätzlichen Tötungsdelikten durch heranwachsende Täter zeigen. Im Jahr 2019 wurde das JGG durch das **Gesetz zur Stärkung der Verfahrensrechte von Beschuldigten im Jugendstrafverfahren** vom 9. Dezember 2019 (BGBl. I 2146) geändert. Bemerkenswert ist zu der jüngsten Gesetzesänderung der in § 1 JGG neu eingefügte Absatz 3. Danach sind bei Zweifeln an der Volljährigkeit des Beschuldigten – die in der Praxis nicht selten bei jungen Flüchtlingen, die ohne Passdokumente eingereist sind, bestehen – die für Jugendliche geltenden Verfahrensvorschriften anzuwenden. Weitere Änderungen betreffen die Aufgaben der Jugendgerichtshilfe, die Beteiligung der Eltern, die audiovisuelle Aufzeichnung von Beschuldigtenvernehmungen und der Mitwirkung von Verteidigern. Durch Art. 6 des Gesetzes zur Bekämpfung sexualisierter Gewalt gegenüber Kinder v. 16.6.2021 (BGBl. I 1810) wurden in § 37 JGG die Qualifikationsanforderungen für im Jugendstrafrecht tätige Richter und Staatsanwälte erhöht. Zuletzt geändert wurde das JGG durch Art. 21 des Gesetzes zur Fortentwicklung der Strafprozessordnung und zur Änderung weiterer Vorschriften v. 25.6.2021 (BGBl. I 2099).

Das Jugendstrafrecht regelt dabei vorwiegend das formelle Strafrecht, während hinsichtlich der gesetzlich geregelten Straftaten in materieller Hinsicht das StGB und die strafrechtlichen Nebengesetze auch für Jugendliche gelten.

An Stelle der allgemeinen Strafgerichte entscheiden in Jugendstrafsachen nach § 33 JGG besondere *Jugendgerichte*, deren Mitglieder, Berufsrichter wie Schöffen, nach ihrer erzieherischen Befähigung und ihrer Erfahrung in der Jugenderziehung ausgewählt werden (§ 37 JGG). Das für die Jugendlichen und die ihnen gleichzustellenden Heranwachsenden anzuwendende *materielle* Strafrecht unterscheidet sich vom Erwachsenenstrafrecht sowohl in den Voraussetzungen der Bestrafung wie hinsichtlich der Tatfolgen erheblich. Strafmündig ist ein Jugendlicher nach § 19 StGB nur, wenn er bereits das 14. Lebensjahr erreicht hat. Ist dies der Fall, ist er gleichwohl für eine Tat nur dann verantwortlich, wenn er zur Zeit der Tat nach seiner intellektuellen und ethischen Reife in der Lage war, das Unrecht der Tat einzusehen und nach dieser Einsicht zu handeln (§ 3 JGG). Trifft dies zu und ist der objektive und subjektive Tatbestand einer strafbaren Handlung erfüllt, so können, je nach der Schwere der Tat und dem Entwicklungsgrad des Täters, *Erziehungsmaßregeln* nach § 10 JGG (Weisungen, Erziehungshilfen), *Zuchtmittel* in Form von Auflagen nach § 13 JGG (Verwarnung, Erteilung von Auflagen wie Geldbußen oder gemeinnützige Arbeit) oder aber *Jugendarrest* nach § 16 JGG oder *Jugendstrafe* nach § 17 JGG (von bestimmter, nicht unter sechs Monate bis höchstens 10 Jahre betragender Dauer) verhängt werden. Als *Maßregeln der Besserung und Sicherung* im Sinne des allgemeinen Strafrechts können nach § 7 JGG die Unterbringung in einem psychiatrischen Krankenhaus oder einer Entziehungsanstalt, die Führungsaufsicht oder die Entziehung der Fahrerlaubnis angeordnet werden. Im Falle der Unterbringung in einer der genannten Anstalten wird von Zuchtmitteln und Jugendstrafe abgesehen, wenn neben der Unterbringung die Ahndung durch den Richter entbehrlich erscheint. Auf Erziehungsmaßnahmen und Zuchtmittel kann auch nebeneinander erkannt werden, ebenso können zu einer Jugendstrafe die Erteilung von Weisungen oder Auflagen oder die Anordnung der Erziehungsbeistandschaft treten. *Jugendarrest* kann nach § 16 JGG als Freizeitarrest von einer bis zu vier Wochenfreizeiten, als Kurzarrest bis zu sechs Tagen oder als Dauerarrest von einer bis zu vier Wochen ausgesprochen werden. Der Vollzug richtet sich nach der als Nr. **40** abgedruckten **Jugendarrestvollzugsordnung** i. d. F.

vom 30. November 1976 (BGBl. I 3271), zuletzt geändert durch Gesetz vom 8.12.2010 (BGBl. I 1864/1872). Insbesondere in den Jahren 2015 und 2016 haben verschiedene Bundesländer Gesetze zum Vollzug des Jugendarrests erlassen.

Für die Auswahl unter den möglichen Maßnahmen und für deren Bemessung soll Richtschnur allein der *Erziehungsgedanke* sein. Die gegenüber Erwachsenen legitimen Strafzwecke der Sühne und der Abschreckung der Allgemeinheit haben in der Jugendgerichtsbarkeit zurückzutreten. Ein weiterer wesentlicher Unterschied gegenüber dem Erwachsenenstrafrecht besteht darin, dass der Richter auch auf mehrere Straftaten eines Jugendlichen nur mit einheitlichen Folgen, ohne Zumessung von Einzelsanktionen, auf die einzelnen Taten reagiert (§ 31 JGG).

Das Jugendstraf*verfahren* zeichnet sich auch durch die Anpassung an die Besonderheiten von Täter und Tat aus. Es weicht in zahlreichen Regelungen vom allgemeinen Strafprozess ab. So ist dem Jugendrichter auch die *Vollstreckung* nach § 82 JGG zugewiesen. *Untersuchungshaft* darf nach § 72 JGG nur eingeschränkt angeordnet und vollstreckt werden. Die erzieherischen, sozialen und fürsorgerischen Gesichtspunkte werden gemäß § 38 JGG durch das beteiligte Jugendamt in seiner Rolle als *Jugendgerichtshilfe* eingebracht. Zu beteiligen sind auch die gesetzlichen Vertreter des Jugendlichen bzw. seine Erziehungsberechtigten (vgl. §§ 50 Abs. 2, 67 JGG).

Der Strafvollzug gegen *Soldaten* bestimmt sich nach der Verordnung über den Vollzug von Freiheitsstrafe, Strafarrest, Jugendarrest und Disziplinararrest durch Behörden der Bundeswehr – **Bundeswehrvollzugsordnung,** BwVollzO – vom 29. November 1972 (BGBl. I 2205), hier abgedruckt als Nr. **41** – zuletzt geändert durch Gesetz vom 16. März 1976 (BGBl. I 581). Im Übrigen war beim Strafvollzug gegen Jugendliche das bis zur 28. Aufl. unter Nr. 16d auszugsweise abgedruckte Gesetz über den Vollzug der Freiheitsstrafe und der freiheitsentziehenden Maßnahmen der Besserung und Sicherung – **Strafvollzugsgesetz,** StVollzG vom 16. März 1976 (BGBl. I 581) – zuletzt geändert durch Art. 12 des Gesetzes v. 25.6.2021 (BGBl. I 2099) – zu beachten. Dieses Gesetz ist aber von allen Bundesländern durch eigene Gesetze zum Jugendstrafvollzug teilweise abgelöst und teilweise ergänzt worden. Eine Übersicht über diese Regelungen wurde eingefügt unter Nr. **43.** Die einschlägigen Vorschriften für Nordrhein-Westfalen und Bayern wurden unter Nr. **44** und **45** in die Sammlung aufgenommen.

Die Vergünstigungen, die für Jugendliche und Heranwachsende hinsichtlich der *Eintragungen und Löschungen im Strafregister* galten, waren bis 1. Januar 1972 im JGG mit geregelt. Seit diesem Zeitpunkt ergeben sie sich aus den Vorschriften des **Gesetzes über das Zentralregister und das Erziehungsregister** (Bundeszentralregistergesetz – BZRG –) in der Fassung vom 21. September 1984 (BGBl. I 2075), zuletzt geändert durch Gesetz vom 10.8.2021 (BGBl. I 3420), auszugsweise abgedruckt als Nr. **42**. Grundsatz ist, dass Verurteilungen zu Jugendstrafe sowie solche nach § 27 JGG (Aussetzung der Verhängung der Jugendstrafe) ins allgemeine Strafregister, sonstige gerichtliche Maßnahmen gegen Jugendliche in das *Erziehungsregister* aufgenommen werden. Die Erteilung von Auskünften aus diesem Register ist nur in den engen Grenzen des § 61 BZRG zulässig; Eintragungen in das Erziehungsregister braucht der Betroffene nach § 64 BZRG nicht zu offenbaren, sie werden im Allgemeinen aus dem Register entfernt, sobald der Betroffene das 24. Lebensjahr vollendet hat (§ 63 BZRG). Hat dieser das 24. Lebensjahr vollendet, so wird nur noch den Staatsanwaltschaften und Strafgerichten Auskunft erteilt. Bei Verurteilungen zu Jugendstrafe oder Strafarrest gilt diese Privilegierung aber nicht.

Im Zusammenhang mit dem Straf- und Strafverfahrensrecht für die Jugendlichen und Heranwachsenden ist ein Hinweis auf die Stellung dieser Altersgruppen im ***Ordnungswidrigkeitenrecht*** angebracht. Das an die Stelle des OWiG 1952 getretene **Gesetz über Ordnungswidrigkeiten** vom 24. Mai 1968 (OWiG) in der durch mehrfache Änderungen veranlassten Neufassung vom 2. Januar 1975 (BGBl. I 80), zuletzt geändert durch Gesetz vom 25.6.2021 (BGBl. I 2099)– auszugsweise abgedruckt als Nr. **39** – hat sowohl den sachlich-rechtlichen wie den verfahrensrechtlichen Teil des OWiG 1952 ausgebaut und den Erfordernissen einer auf Bewältigung des massenhaften Anfalls gleichartiger Verfehlungen abgestellten Verwaltungspraxis angepasst. Die Jugendlichen und Heranwachsenden werden zwar im Verfahren bis zum Erlass des Bußgeldbescheids durch die Verwaltungsbehörde ebenso wie die Erwachsenen behandelt; nach Einlegung des Einspruchs unterstehen sie aber dem Jugendrichter, der gegenüber Jugendlichen – wie im sog. vereinfachten Jugendverfahren (§ 76 JGG) – zur Vereinfachung, Beschleunigung und jugendgemäßen Gestaltung des Verfahrens von allgemeinen Vorschriften abweichen darf (§ 78 Abs. 3 OWiG). Als ein besonders wichtiger Fortschritt gegenüber dem OWiG v. 1952 ist es zu werten, dass in der Vollstreckung der Bußgeldentscheidungen gegen Jugendliche und Heranwachsende erzieherische Maßnahmen statt Erzwingungshaft zur Wahl stehen (§ 98 OWiG).

Die vorliegende Sammlung unternimmt den Versuch, die verstreuten Vorschriften über das Recht der Jugend in einem handlichen Band zusammenzufassen. Die Einführung setzt sich zum Ziel, dem Leser einen Leitfaden an die Hand zu geben und die Schwerpunkte des in Deutschland geltenden Jugendrechts herauszustellen.

1. Grundgesetz für die Bundesrepublik Deutschland

Vom 23. Mai 1949
(BGBl. S. 1)

BGBl. III/FNA 100-1

zuletzt geänd. durch Art. 1 und 2 ÄndG (Art. 104a, 143h) v. 29.9.2020 (BGBl. I S. 2048)

– Auszug –

I. Die Grundrechte

Art. 1 [Schutz der Menschenwürde, Menschenrechte, Grundrechtsbindung] (1) [1]Die Würde des Menschen ist unantastbar. [2]Sie zu achten und zu schützen ist Verpflichtung aller staatlichen Gewalt.

(2) Das Deutsche Volk bekennt sich darum zu unverletzlichen und unveräußerlichen Menschenrechten als Grundlage jeder menschlichen Gemeinschaft, des Friedens und der Gerechtigkeit in der Welt.

(3) Die nachfolgenden Grundrechte binden Gesetzgebung, vollziehende Gewalt und Rechtsprechung als unmittelbar geltendes Recht.

Art. 2 [Freie Entfaltung der Persönlichkeit, Recht auf Leben, körperliche Unversehrtheit, Freiheit der Person] (1) Jeder hat das Recht auf die freie Entfaltung seiner Persönlichkeit, soweit er nicht die Rechte anderer verletzt und nicht gegen die verfassungsmäßige Ordnung oder das Sittengesetz verstößt.

(2) [1]Jeder hat das Recht auf Leben und körperliche Unversehrtheit. [2]Die Freiheit der Person ist unverletzlich. [3]In diese Rechte darf nur auf Grund eines Gesetzes eingegriffen werden.

Art. 3 [Gleichheit vor dem Gesetz] (1) Alle Menschen sind vor dem Gesetz gleich.

(2) [1]Männer und Frauen sind gleichberechtigt. [2]Der Staat fördert die tatsächliche Durchsetzung der Gleichberechtigung von Frauen und Männern und wirkt auf die Beseitigung bestehender Nachteile hin.

(3) [1]Niemand darf wegen seines Geschlechtes, seiner Abstammung, seiner Rasse, seiner Sprache, seiner Heimat und Herkunft, seines Glaubens, seiner religiösen oder politischen Anschauungen benachteiligt oder bevorzugt werden. [2]Niemand darf wegen seiner Behinderung benachteiligt werden.

Art. 4 [Glaubens-, Gewissens- und Bekenntnisfreiheit, Kriegsdienstverweigerung] (1) Die Freiheit des Glaubens, des Gewissens und die Freiheit des religiösen und weltanschaulichen Bekenntnisses sind unverletzlich.

(2) Die ungestörte Religionsausübung wird gewährleistet.

(3) [1]Niemand darf gegen sein Gewissen zum Kriegsdienst mit der Waffe gezwungen werden. [2]Das Nähere regelt ein Bundesgesetz.

Art. 5 [Recht der freien Meinungsäußerung, Medienfreiheit, Kunst- und Wissenschaftsfreiheit] (1) [1]Jeder hat das Recht, seine Meinung in Wort, Schrift und Bild frei zu äußern und zu verbreiten und sich aus allgemein zugänglichen Quellen ungehindert zu unterrichten. [2]Die Pressefreiheit und die Freiheit der Berichterstattung durch Rundfunk und Film werden gewährleistet. [3]Eine Zensur findet nicht statt.

(2) Diese Rechte finden ihre Schranken in den Vorschriften der allgemeinen Gesetze, den gesetzlichen Bestimmungen zum Schutze der Jugend und in dem Recht der persönlichen Ehre.

(3) [1]Kunst und Wissenschaft, Forschung und Lehre sind frei. [2]Die Freiheit der Lehre entbindet nicht von der Treue zur Verfassung.

Art. 6[1)] [Ehe, Familie, nicht eheliche Kinder] (1) Ehe und Familie stehen unter dem besonderen Schutze der staatlichen Ordnung.

(2) [1]Pflege und Erziehung der Kinder sind das natürliche Recht der Eltern und die zuvörderst ihnen obliegende Pflicht. [2]Über ihre Betätigung wacht die staatliche Gemeinschaft.

(3) Gegen den Willen der Erziehungsberechtigten dürfen Kinder nur auf Grund eines Gesetzes von der Familie getrennt werden, wenn die Erziehungsberechtigten versagen oder wenn die Kinder aus anderen Gründen zu verwahrlosen drohen.

(4) Jede Mutter hat Anspruch auf den Schutz und die Fürsorge der Gemeinschaft.

(5) Den unehelichen[2)] Kindern sind durch die Gesetzgebung die gleichen Bedingungen für ihre leibliche und seelische Entwicklung und ihre Stellung in der Gesellschaft zu schaffen wie den ehelichen Kindern.

Art. 7 [Schulwesen] (1) Das gesamte Schulwesen steht unter der Aufsicht des Staates.

(2) Die Erziehungsberechtigten haben das Recht, über die Teilnahme des Kindes am Religionsunterricht zu bestimmen.

(3) [1]Der Religionsunterricht ist in den öffentlichen Schulen mit Ausnahme der bekenntnisfreien Schulen ordentliches Lehrfach. [2]Unbeschadet des staatlichen Aufsichtsrechtes wird der Religionsunterricht in Übereinstimmung mit den Grundsätzen der Religionsgemeinschaften erteilt. [3]Kein Lehrer darf gegen seinen Willen verpflichtet werden, Religionsunterricht zu erteilen.

(4) [1]Das Recht zur Errichtung von privaten Schulen wird gewährleistet. [2]Private Schulen als Ersatz für öffentliche Schulen bedürfen der Genehmigung des Staates und unterstehen den Landesgesetzen. [3]Die Genehmigung ist zu erteilen, wenn die privaten Schulen in ihren Lehrzielen und Einrichtungen sowie in der wissenschaftlichen Ausbildung ihrer Lehrkräfte nicht hinter den öffentlichen Schulen zurückstehen und eine Sonderung der Schüler nach den Besitzverhältnissen der Eltern nicht gefördert wird. [4]Die Genehmigung ist zu versagen, wenn die wirtschaftliche und rechtliche Stellung der Lehrkräfte nicht genügend gesichert ist.

(5) Eine private Volksschule ist nur zuzulassen, wenn die Unterrichtsverwaltung ein besonderes pädagogisches Interesse anerkennt oder, auf Antrag von

---

[1)] Siehe hierzu das G über die rechtliche Stellung der nichtehelichen Kinder (auszugsweise abgedruckt unter Nr. **4**).

[2)] Der Begriff „unehelich" ist durch Art. 9 § 2 G zur Neuregelung des Rechts der elterlichen Sorge v. 18.7.1979 (BGBl. I S. 1061) in allen Bundesgesetzen mit Ausnahme des GG durch den Begriff „nicht ehelich" ersetzt worden.

Erziehungsberechtigten, wenn sie als Gemeinschaftsschule, als Bekenntnis- oder Weltanschauungsschule errichtet werden soll und eine öffentliche Volksschule dieser Art in der Gemeinde nicht besteht.

(6) Vorschulen bleiben aufgehoben.

III. Der Bundestag

Art. 38 [Wahl] (1) [1] Die Abgeordneten des Deutschen Bundestages werden in allgemeiner, unmittelbarer, freier, gleicher und geheimer Wahl gewählt. [2] Sie sind Vertreter des ganzen Volkes, an Aufträge und Weisungen nicht gebunden und nur ihrem Gewissen unterworfen.

(2) Wahlberechtigt ist, wer das achtzehnte Lebensjahr vollendet hat; wählbar ist, wer das Alter erreicht hat, mit dem die Volljährigkeit eintritt.

(3) Das Nähere bestimmt ein Bundesgesetz.

2. Bürgerliches Gesetzbuch (BGB)

In der Fassung der Bekanntmachung vom 2. Januar 2002[1)]
(BGBl. I S. 42, ber. S. 2909 und 2003 I S. 738)

FNA 400-2

zuletzt geänd. durch Art. 2 G zur Herstellung materieller Gerechtigkeit v. 21.12.2021 (BGBl. I S. 5252)

– Auszug –

Buch 1. Allgemeiner Teil

Abschnitt 1. Personen

Titel 1. Natürliche Personen, Verbraucher, Unternehmer

§ 1 Beginn der Rechtsfähigkeit. Die Rechtsfähigkeit des Menschen beginnt mit der Vollendung der Geburt.

§ 2 Eintritt der Volljährigkeit. Die Volljährigkeit tritt mit der Vollendung des 18. Lebensjahres ein.

§ 8 Wohnsitz nicht voll Geschäftsfähiger. Wer geschäftsunfähig oder in der Geschäftsfähigkeit beschränkt ist, kann ohne den Willen seines gesetzlichen Vertreters einen Wohnsitz weder begründen noch aufheben.

§ 11 Wohnsitz des Kindes. [1]Ein minderjähriges Kind teilt den Wohnsitz der Eltern; es teilt nicht den Wohnsitz eines Elternteils, dem das Recht fehlt, für die Person des Kindes zu sorgen. [2]Steht keinem Elternteil das Recht zu, für die Person des Kindes zu sorgen, so teilt das Kind den Wohnsitz desjenigen, dem dieses Recht zusteht. [3]Das Kind behält den Wohnsitz, bis es ihn rechtsgültig aufhebt.

Abschnitt 3. Rechtsgeschäfte

Titel 1. Geschäftsfähigkeit

§ 104 Geschäftsunfähigkeit. Geschäftsunfähig ist:

1. wer nicht das siebente Lebensjahr vollendet hat,
2. wer sich in einem die freie Willensbestimmung ausschließenden Zustand krankhafter Störung der Geistestätigkeit befindet, sofern nicht der Zustand seiner Natur nach ein vorübergehender ist.

§ 105 Nichtigkeit der Willenserklärung. (1) Die Willenserklärung eines Geschäftsunfähigen ist nichtig.

(2) Nichtig ist auch eine Willenserklärung, die im Zustand der Bewusstlosigkeit oder vorübergehender Störung der Geistestätigkeit abgegeben wird.

[1)] Neubekanntmachung des BGB v. 18.8.1896 (RGBl. S. 195) in der ab 1.1.2002 geltenden Fassung.

§ 105a Geschäfte des täglichen Lebens. [1]Tätigt ein volljähriger Geschäftsunfähiger ein Geschäft des täglichen Lebens, das mit geringwertigen Mitteln bewirkt werden kann, so gilt der von ihm geschlossene Vertrag in Ansehung von Leistung und, soweit vereinbart, Gegenleistung als wirksam, sobald Leistung und Gegenleistung bewirkt sind. [2]Satz 1 gilt nicht bei einer erheblichen Gefahr für die Person oder das Vermögen des Geschäftsunfähigen.

§ 106 Beschränkte Geschäftsfähigkeit Minderjähriger. Ein Minderjähriger, der das siebente Lebensjahr vollendet hat, ist nach Maßgabe der §§ 107 bis 113 in der Geschäftsfähigkeit beschränkt.

§ 107 Einwilligung des gesetzlichen Vertreters. Der Minderjährige bedarf zu einer Willenserklärung, durch die er nicht lediglich einen rechtlichen Vorteil erlangt, der Einwilligung seines gesetzlichen Vertreters.

§ 108 Vertragsschluss ohne Einwilligung. (1) Schließt der Minderjährige einen Vertrag ohne die erforderliche Einwilligung des gesetzlichen Vertreters, so hängt die Wirksamkeit des Vertrags von der Genehmigung des Vertreters ab.

(2) [1]Fordert der andere Teil den Vertreter zur Erklärung über die Genehmigung auf, so kann die Erklärung nur ihm gegenüber erfolgen; eine vor der Aufforderung dem Minderjährigen gegenüber erklärte Genehmigung oder Verweigerung der Genehmigung wird unwirksam. [2]Die Genehmigung kann nur bis zum Ablauf von zwei Wochen nach dem Empfang der Aufforderung erklärt werden; wird sie nicht erklärt, so gilt sie als verweigert.

(3) Ist der Minderjährige unbeschränkt geschäftsfähig geworden, so tritt seine Genehmigung an die Stelle der Genehmigung des Vertreters.

§ 109 Widerrufsrecht des anderen Teils. (1) [1]Bis zur Genehmigung des Vertrags ist der andere Teil zum Widerruf berechtigt. [2]Der Widerruf kann auch dem Minderjährigen gegenüber erklärt werden.

(2) Hat der andere Teil die Minderjährigkeit gekannt, so kann er nur widerrufen, wenn der Minderjährige der Wahrheit zuwider die Einwilligung des Vertreters behauptet hat; er kann auch in diesem Falle nicht widerrufen, wenn ihm das Fehlen der Einwilligung bei dem Abschluss des Vertrags bekannt war.

§ 110 Bewirken der Leistung mit eigenen Mitteln. Ein von dem Minderjährigen ohne Zustimmung des gesetzlichen Vertreters geschlossener Vertrag gilt als von Anfang an wirksam, wenn der Minderjährige die vertragsmäßige Leistung mit Mitteln bewirkt, die ihm zu diesem Zweck oder zu freier Verfügung von dem Vertreter oder mit dessen Zustimmung von einem Dritten überlassen worden sind.

§ 111 Einseitige Rechtsgeschäfte. [1]Ein einseitiges Rechtsgeschäft, das der Minderjährige ohne die erforderliche Einwilligung des gesetzlichen Vertreters vornimmt, ist unwirksam. [2]Nimmt der Minderjährige mit dieser Einwilligung ein solches Rechtsgeschäft einem anderen gegenüber vor, so ist das Rechtsgeschäft unwirksam, wenn der Minderjährige die Einwilligung nicht in schriftlicher Form vorlegt und der andere das Rechtsgeschäft aus diesem Grunde unverzüglich zurückweist. [3]Die Zurückweisung ist ausgeschlossen, wenn der Vertreter den anderen von der Einwilligung in Kenntnis gesetzt hatte.

§ 112 Selbständiger Betrieb eines Erwerbsgeschäfts. (1) [1] Ermächtigt der gesetzliche Vertreter mit Genehmigung des Familiengerichts den Minderjährigen zum selbständigen Betrieb eines Erwerbsgeschäfts, so ist der Minderjährige für solche Rechtsgeschäfte unbeschränkt geschäftsfähig, welche der Geschäftsbetrieb mit sich bringt. [2] Ausgenommen sind Rechtsgeschäfte, zu denen der Vertreter der Genehmigung des Familiengerichts bedarf.

(2) Die Ermächtigung kann von dem Vertreter nur mit Genehmigung des Familiengerichts zurückgenommen werden.

§ 113 Dienst- oder Arbeitsverhältnis. (1) [1] Ermächtigt der gesetzliche Vertreter den Minderjährigen, in Dienst oder in Arbeit zu treten, so ist der Minderjährige für solche Rechtsgeschäfte unbeschränkt geschäftsfähig, welche die Eingehung oder Aufhebung eines Dienst- oder Arbeitsverhältnisses der gestatteten Art oder die Erfüllung der sich aus einem solchen Verhältnis ergebenden Verpflichtungen betreffen. [2] Ausgenommen sind Verträge, zu denen der Vertreter der Genehmigung des Familiengerichts bedarf.

(2) Die Ermächtigung kann von dem Vertreter zurückgenommen oder eingeschränkt werden.

(3) [1] Ist der gesetzliche Vertreter ein Vormund, so kann die Ermächtigung, wenn sie von ihm verweigert wird, auf Antrag des Minderjährigen durch das Familiengericht ersetzt werden. [2] Das Familiengericht hat die Ermächtigung zu ersetzen, wenn sie im Interesse des Mündels liegt.

(4) Die für einen einzelnen Fall erteilte Ermächtigung gilt im Zweifel als allgemeine Ermächtigung zur Eingehung von Verhältnissen derselben Art.

Buch 2. Recht der Schuldverhältnisse

Abschnitt 1. Inhalt der Schuldverhältnisse

Titel 1. Verpflichtung zur Leistung

§ 278 Verantwortlichkeit des Schuldners für Dritte. [1] Der Schuldner hat ein Verschulden seines gesetzlichen Vertreters und der Personen, deren er sich zur Erfüllung seiner Verbindlichkeit bedient, in gleichem Umfang zu vertreten wie eigenes Verschulden. [2] Die Vorschrift des § 276 Abs. 3 findet keine Anwendung.

Abschnitt 8. Einzelne Schuldverhältnisse

Titel 16. Gesellschaft

§ 723 Kündigung durch Gesellschafter. (1) [1] Ist die Gesellschaft nicht für eine bestimmte Zeit eingegangen, so kann jeder Gesellschafter sie jederzeit kündigen. [2] Ist eine Zeitdauer bestimmt, so ist die Kündigung vor dem Ablauf der Zeit zulässig, wenn ein wichtiger Grund vorliegt. [3] Ein wichtiger Grund liegt insbesondere vor,

1. wenn ein anderer Gesellschafter eine ihm nach dem Gesellschaftsvertrag obliegende wesentliche Verpflichtung vorsätzlich oder aus grober Fahrlässigkeit verletzt hat oder wenn die Erfüllung einer solchen Verpflichtung unmöglich wird,
2. wenn der Gesellschafter das 18. Lebensjahr vollendet hat.

[4] Der volljährig Gewordene kann die Kündigung nach Nummer 2 nur binnen drei Monaten von dem Zeitpunkt an erklären, in welchem er von seiner Gesellschafterstellung Kenntnis hatte oder haben musste. [5] Das Kündigungsrecht besteht nicht, wenn der Gesellschafter bezüglich des Gegenstands der Gesellschaft zum selbständigen Betrieb eines Erwerbsgeschäfts gemäß § 112 ermächtigt war oder der Zweck der Gesellschaft allein der Befriedigung seiner persönlichen Bedürfnisse diente. [6] Unter den gleichen Voraussetzungen ist, wenn eine Kündigungsfrist bestimmt ist, die Kündigung ohne Einhaltung der Frist zulässig.

(2) [1] Die Kündigung darf nicht zur Unzeit geschehen, es sei denn, dass ein wichtiger Grund für die unzeitige Kündigung vorliegt. [2] Kündigt ein Gesellschafter ohne solchen Grund zur Unzeit, so hat er den übrigen Gesellschaftern den daraus entstehenden Schaden zu ersetzen.

(3) Eine Vereinbarung, durch welche das Kündigungsrecht ausgeschlossen oder diesen Vorschriften zuwider beschränkt wird, ist nichtig.

Titel 27. Unerlaubte Handlungen

§ 823 Schadensersatzpflicht. (1) Wer vorsätzlich oder fahrlässig das Leben, den Körper, die Gesundheit, die Freiheit, das Eigentum oder ein sonstiges Recht eines anderen widerrechtlich verletzt, ist dem anderen zum Ersatz des daraus entstehenden Schadens verpflichtet.

(2) [1] Die gleiche Verpflichtung trifft denjenigen, welcher gegen ein den Schutz eines anderen bezweckendes Gesetz verstößt. [2] Ist nach dem Inhalt des Gesetzes ein Verstoß gegen dieses auch ohne Verschulden möglich, so tritt die Ersatzpflicht nur im Falle des Verschuldens ein.

§ 828 Minderjährige. (1) Wer nicht das siebente Lebensjahr vollendet hat, ist für einen Schaden, den er einem anderen zufügt, nicht verantwortlich.

(2) [1] Wer das siebente, aber nicht das zehnte Lebensjahr vollendet hat, ist für den Schaden, den er bei einem Unfall mit einem Kraftfahrzeug, einer Schienenbahn oder einer Schwebebahn einem anderen zufügt, nicht verantwortlich. [2] Dies gilt nicht, wenn er die Verletzung vorsätzlich herbeigeführt hat.

(3) Wer das 18. Lebensjahr noch nicht vollendet hat, ist, sofern seine Verantwortlichkeit nicht nach Absatz 1 oder 2 ausgeschlossen ist, für den Schaden, den er einem anderen zufügt, nicht verantwortlich, wenn er bei der Begehung der schädigenden Handlung nicht die zur Erkenntnis der Verantwortlichkeit erforderliche Einsicht hat.

§ 829 Ersatzpflicht aus Billigkeitsgründen. Wer in einem der in den §§ 823 bis 826 bezeichneten Fälle für einen von ihm verursachten Schaden auf Grund der §§ 827, 828 nicht verantwortlich ist, hat gleichwohl, sofern der Ersatz des Schadens nicht von einem aufsichtspflichtigen Dritten erlangt werden kann, den Schaden insoweit zu ersetzen, als die Billigkeit nach den Umständen, insbesondere nach den Verhältnissen der Beteiligten, eine Schadloshaltung erfordert und ihm nicht die Mittel entzogen werden, deren er zum angemessenen Unterhalt sowie zur Erfüllung seiner gesetzlichen Unterhaltspflichten bedarf.

§ 831 Haftung für den Verrichtungsgehilfen. (1) [1] Wer einen anderen zu einer Verrichtung bestellt, ist zum Ersatz des Schadens verpflichtet, den der andere in Ausführung der Verrichtung einem Dritten widerrechtlich zufügt. [2]Die Ersatzpflicht tritt nicht ein, wenn der Geschäftsherr bei der Auswahl der bestellten Person und, sofern er Vorrichtungen oder Gerätschaften zu beschaffen oder die Ausführung der Verrichtung zu leiten hat, bei der Beschaffung oder der Leitung die im Verkehr erforderliche Sorgfalt beobachtet oder wenn der Schaden auch bei Anwendung dieser Sorgfalt entstanden sein würde.

(2) Die gleiche Verantwortlichkeit trifft denjenigen, welcher für den Geschäftsherrn die Besorgung eines der im Absatz 1 Satz 2 bezeichneten Geschäfte durch Vertrag übernimmt.

§ 832 Haftung des Aufsichtspflichtigen. (1) [1]Wer kraft Gesetzes zur Führung der Aufsicht über eine Person verpflichtet ist, die wegen Minderjährigkeit oder wegen ihres geistigen oder körperlichen Zustands der Beaufsichtigung bedarf, ist zum Ersatz des Schadens verpflichtet, den diese Person einem Dritten widerrechtlich zufügt. [2]Die Ersatzpflicht tritt nicht ein, wenn er seiner Aufsichtspflicht genügt oder wenn der Schaden auch bei gehöriger Aufsichtsführung entstanden sein würde.

(2) Die gleiche Verantwortlichkeit trifft denjenigen, welcher die Führung der Aufsicht durch Vertrag übernimmt.

Buch 4. Familienrecht

Abschnitt 1. Bürgerliche Ehe

Titel 2. Eingehung der Ehe

Untertitel 1. Ehefähigkeit

§ 1303 Ehemündigkeit. [1]Eine Ehe darf nicht vor Eintritt der Volljährigkeit eingegangen werden. [2]Mit einer Person, die das 16. Lebensjahr nicht vollendet hat, kann eine Ehe nicht wirksam eingegangen werden.

§ 1304 Geschäftsunfähigkeit. Wer geschäftsunfähig ist, kann eine Ehe nicht eingehen.

Untertitel 2. Eheverbote

§ 1307 Verwandtschaft. [1]Eine Ehe darf nicht geschlossen werden zwischen Verwandten in gerader Linie sowie zwischen vollbürtigen und halbbürtigen Geschwistern. [2]Dies gilt auch, wenn das Verwandtschaftsverhältnis durch Annahme als Kind erloschen ist.

§ 1308 Annahme als Kind. (1) [1]Eine Ehe soll nicht geschlossen werden zwischen Personen, deren Verwandtschaft im Sinne des § 1307 durch Annahme als Kind begründet worden ist. [2]Dies gilt nicht, wenn das Annahmeverhältnis aufgelöst worden ist.

(2) [1]Das Familiengericht kann auf Antrag von dieser Vorschrift Befreiung erteilen, wenn zwischen dem Antragsteller und seinem künftigen Ehegatten durch die Annahme als Kind eine Verwandtschaft in der Seitenlinie begründet worden ist. [2]Die Befreiung soll versagt werden, wenn wichtige Gründe der Eingehung der Ehe entgegenstehen.

Titel 3. Aufhebung der Ehe

§ 1314 Aufhebungsgründe. (1) Eine Ehe kann aufgehoben werden, wenn sie

1. entgegen § 1303 Satz 1 mit einem Minderjährigen geschlossen worden ist, der im Zeitpunkt der Eheschließung das 16. Lebensjahr vollendet hatte, oder
2. entgegen den §§ 1304, 1306, 1307, 1311 geschlossen worden ist.

(2) Eine Ehe kann ferner aufgehoben werden, wenn

1. ein Ehegatte sich bei der Eheschließung im Zustand der Bewusstlosigkeit oder vorübergehender Störung der Geistestätigkeit befand;
2. ein Ehegatte bei der Eheschließung nicht gewusst hat, dass es sich um eine Eheschließung handelt;
3. ein Ehegatte zur Eingehung der Ehe durch arglistige Täuschung über solche Umstände bestimmt worden ist, die ihn bei Kenntnis der Sachlage und bei richtiger Würdigung des Wesens der Ehe von der Eingehung der Ehe abgehalten hätten; dies gilt nicht, wenn die Täuschung Vermögensverhältnisse betrifft oder von einem Dritten ohne Wissen des anderen Ehegatten verübt worden ist;
4. ein Ehegatte zur Eingehung der Ehe widerrechtlich durch Drohung bestimmt worden ist;
5. beide Ehegatten sich bei der Eheschließung darüber einig waren, dass sie keine Verpflichtung gemäß § 1353 Abs. 1 begründen wollen.

§ 1315 Ausschluss der Aufhebung. (1) [1] Eine Aufhebung der Ehe ist ausgeschlossen

1. bei Verstoß gegen § 1303 Satz 1, wenn
   a) der minderjährige Ehegatte, nachdem er volljährig geworden ist, zu erkennen gegeben hat, dass er die Ehe fortsetzen will (Bestätigung), oder
   b) auf Grund außergewöhnlicher Umstände die Aufhebung der Ehe eine so schwere Härte für den minderjährigen Ehegatten darstellen würde, dass die Aufrechterhaltung der Ehe ausnahmsweise geboten erscheint;
2. bei Verstoß gegen § 1304, wenn der Ehegatte nach Wegfall der Geschäftsunfähigkeit zu erkennen gegeben hat, dass er die Ehe fortsetzen will (Bestätigung),
3. im Falle des § 1314 Abs. 2 Nr. 1, wenn der Ehegatte nach Wegfall der Bewusstlosigkeit oder der Störung der Geistestätigkeit zu erkennen gegeben hat, dass er die Ehe fortsetzen will (Bestätigung),
4. in den Fällen des § 1314 Abs. 2 Nr. 2 bis 4, wenn der Ehegatte nach Entdeckung des Irrtums oder der Täuschung oder nach Aufhören der Zwangslage zu erkennen gegeben hat, dass er die Ehe fortsetzen will (Bestätigung),
5. in den Fällen des § 1314 Abs. 2 Nr. 5, wenn die Ehegatten nach der Eheschließung als Ehegatten miteinander gelebt haben.

[2] Die Bestätigung eines Geschäftsunfähigen ist unwirksam.

(2) Eine Aufhebung der Ehe ist ferner ausgeschlossen

1. bei Verstoß gegen § 1306, wenn vor der Schließung der neuen Ehe die Scheidung oder Aufhebung der früheren Ehe oder die Aufhebung der

Lebenspartnerschaft ausgesprochen ist und dieser Ausspruch nach der Schließung der neuen Ehe rechtskräftig wird;
2. bei Verstoß gegen § 1311, wenn die Ehegatten nach der Eheschließung fünf Jahre oder, falls einer von ihnen vorher verstorben ist, bis zu dessen Tode, jedoch mindestens drei Jahre als Ehegatten miteinander gelebt haben, es sei denn, dass bei Ablauf der fünf Jahre oder zur Zeit des Todes die Aufhebung beantragt ist.

§ 1316 Antragsberechtigung. (1) Antragsberechtigt
1. sind bei Verstoß gegen § 1303 Satz 1, die §§ 1304, 1306, 1307, 1311 sowie in den Fällen des § 1314 Abs. 2 Nr. 1 und 5 jeder Ehegatte, die zuständige Verwaltungsbehörde und in den Fällen des § 1306 auch die dritte Person. Die zuständige Verwaltungsbehörde wird durch Rechtsverordnung der Landesregierungen bestimmt. Die Landesregierungen können die Ermächtigung nach Satz 2 durch Rechtsverordnung auf die zuständigen obersten Landesbehörden übertragen;
2. ist in den Fällen des § 1314 Abs. 2 Nr. 2 bis 4 der dort genannte Ehegatte.

(2) [1] Der Antrag kann für einen geschäftsunfähigen Ehegatten nur von seinem gesetzlichen Vertreter gestellt werden. [2] Bei einem Verstoß gegen § 1303 Satz 1 kann ein minderjähriger Ehegatte den Antrag nur selbst stellen; er bedarf dazu nicht der Zustimmung seines gesetzlichen Vertreters.

(3) [1] Bei Verstoß gegen die §§ 1304, 1306, 1307 sowie in den Fällen des § 1314 Abs. 2 Nr. 1 und 5 soll die zuständige Verwaltungsbehörde den Antrag stellen, wenn nicht die Aufhebung der Ehe für einen Ehegatten oder für die aus der Ehe hervorgegangenen Kinder eine so schwere Härte darstellen würde, dass die Aufrechterhaltung der Ehe ausnahmsweise geboten erscheint. [2] Bei einem Verstoß gegen § 1303 Satz 1 muss die zuständige Behörde den Antrag stellen, es sei denn, der minderjährige Ehegatte ist zwischenzeitlich volljährig geworden und hat zu erkennen gegeben, dass er die Ehe fortsetzen will.

Titel 7. Scheidung der Ehe

Untertitel 1. Scheidungsgründe

§ 1568 Härteklausel. (1) Die Ehe soll nicht geschieden werden, obwohl sie gescheitert ist, wenn und solange die Aufrechterhaltung der Ehe im Interesse der aus der Ehe hervorgegangenen minderjährigen Kinder aus besonderen Gründen ausnahmsweise notwendig ist oder wenn und solange die Scheidung für den Antragsgegner, der sie ablehnt, auf Grund außergewöhnlicher Umstände eine so schwere Härte darstellen würde, dass die Aufrechterhaltung der Ehe auch unter Berücksichtigung der Belange des Antragstellers ausnahmsweise geboten erscheint.

(2) (weggefallen)

Untertitel 2. Unterhalt des geschiedenen Ehegatten

Kapitel 2. Unterhaltsberechtigung

§ 1570 Unterhalt wegen Betreuung eines Kindes. (1) [1] Ein geschiedener Ehegatte kann von dem anderen wegen der Pflege oder Erziehung eines gemeinschaftlichen Kindes für mindestens drei Jahre nach der Geburt Unterhalt verlangen. [2] Die Dauer des Unterhaltsanspruchs verlängert sich, solange und soweit dies der Billigkeit entspricht. [3] Dabei sind die Belange des Kindes und die bestehenden Möglichkeiten der Kinderbetreuung zu berücksichtigen.

(2) Die Dauer des Unterhaltsanspruchs verlängert sich darüber hinaus, wenn dies unter Berücksichtigung der Gestaltung von Kinderbetreuung und Erwerbstätigkeit in der Ehe sowie der Dauer der Ehe der Billigkeit entspricht.

Abschnitt 2. Verwandtschaft

Titel 1. Allgemeine Vorschriften

§ 1589 Verwandtschaft. (1) [1] Personen, deren eine von der anderen abstammt, sind in gerader Linie verwandt. [2] Personen, die nicht in gerader Linie verwandt sind, aber von derselben dritten Person abstammen, sind in der Seitenlinie verwandt. [3] Der Grad der Verwandtschaft bestimmt sich nach der Zahl der sie vermittelnden Geburten.

(2) (weggefallen)

Titel 2. Abstammung

§ 1591 Mutterschaft. Mutter eines Kindes ist die Frau, die es geboren hat.

§ 1592 Vaterschaft. Vater eines Kindes ist der Mann,

1. der zum Zeitpunkt der Geburt mit der Mutter des Kindes verheiratet ist,
2. der die Vaterschaft anerkannt hat oder
3. dessen Vaterschaft nach § 1600d oder § 182 Abs. 1 des Gesetzes über das Verfahren in Familiensachen und in den Angelegenheiten der freiwilligen Gerichtsbarkeit gerichtlich festgestellt ist.

§ 1593 Vaterschaft bei Auflösung der Ehe durch Tod. [1] § 1592 Nr. 1 gilt entsprechend, wenn die Ehe durch Tod aufgelöst wurde und innerhalb von 300 Tagen nach der Auflösung ein Kind geboren wird. [2] Steht fest, dass das Kind mehr als 300 Tage vor seiner Geburt empfangen wurde, so ist dieser Zeitraum maßgebend. [3] Wird von einer Frau, die eine weitere Ehe geschlossen hat, ein Kind geboren, das sowohl nach den Sätzen 1 und 2 Kind des früheren Ehemanns als auch nach § 1592 Nr. 1 Kind des neuen Ehemanns wäre, so ist es nur als Kind des neuen Ehemanns anzusehen. [4] Wird die Vaterschaft angefochten und wird rechtskräftig festgestellt, dass der neue Ehemann nicht Vater des Kindes ist, so ist es Kind des früheren Ehemanns.

§ 1594 Anerkennung der Vaterschaft. (1) Die Rechtswirkungen der Anerkennung können, soweit sich nicht aus dem Gesetz anderes ergibt, erst von dem Zeitpunkt an geltend gemacht werden, zu dem die Anerkennung wirksam wird.

(2) Eine Anerkennung der Vaterschaft ist nicht wirksam, solange die Vaterschaft eines anderen Mannes besteht.

(3) Eine Anerkennung unter einer Bedingung oder Zeitbestimmung ist unwirksam.

(4) Die Anerkennung ist schon vor der Geburt des Kindes zulässig.

§ 1595 Zustimmungsbedürftigkeit der Anerkennung. (1) Die Anerkennung bedarf der Zustimmung der Mutter.

(2) Die Anerkennung bedarf auch der Zustimmung des Kindes, wenn der Mutter insoweit die elterliche Sorge nicht zusteht.

(3) Für die Zustimmung gilt § 1594 Abs. 3 und 4 entsprechend.

§ 1596 Anerkennung und Zustimmung bei fehlender oder beschränkter Geschäftsfähigkeit. (1) [1] Wer in der Geschäftsfähigkeit beschränkt ist, kann nur selbst anerkennen. [2] Die Zustimmung des gesetzlichen Vertreters ist erforderlich. [3] Für einen Geschäftsunfähigen kann der gesetzliche Vertreter mit Genehmigung des Familiengerichts anerkennen; ist der gesetzliche Vertreter ein Betreuer, ist die Genehmigung des Betreuungsgerichts erforderlich. [4] Für die Zustimmung der Mutter gelten die Sätze 1 bis 3 entsprechend.

(2) [1] Für ein Kind, das geschäftsunfähig oder noch nicht 14 Jahre alt ist, kann nur der gesetzliche Vertreter der Anerkennung zustimmen. [2] Im Übrigen kann ein Kind, das in der Geschäftsfähigkeit beschränkt ist, nur selbst zustimmen; es bedarf hierzu der Zustimmung des gesetzlichen Vertreters.

(3) Ein geschäftsfähiger Betreuter kann nur selbst anerkennen oder zustimmen; ***[bis 31.12.2022:*** § 1903***][ab 1.1.2023:*** *§ 1825**]*** bleibt unberührt.

(4) Anerkennung und Zustimmung können nicht durch einen Bevollmächtigten erklärt werden.

§ 1597 Formerfordernisse; Widerruf. (1) Anerkennung und Zustimmung müssen öffentlich beurkundet werden.

(2) Beglaubigte Abschriften der Anerkennung und aller Erklärungen, die für die Wirksamkeit der Anerkennung bedeutsam sind, sind dem Vater, der Mutter und dem Kind sowie dem Standesamt zu übersenden.

(3) [1] Der Mann kann die Anerkennung widerrufen, wenn sie ein Jahr nach der Beurkundung noch nicht wirksam geworden ist. [2] Für den Widerruf gelten die Absätze 1 und 2 sowie § 1594 Abs. 3 und § 1596 Abs. 1, 3 und 4 entsprechend.

§ 1597a Verbot der missbräuchlichen Anerkennung der Vaterschaft.

(1) Die Vaterschaft darf nicht gezielt gerade zu dem Zweck anerkannt werden, die rechtlichen Voraussetzungen für die erlaubte Einreise oder den erlaubten Aufenthalt des Kindes, des Anerkennenden oder der Mutter zu schaffen, auch nicht, um die rechtlichen Voraussetzungen für die erlaubte Einreise oder den erlaubten Aufenthalt des Kindes durch den Erwerb der deutschen Staatsangehörigkeit des Kindes nach § 4 Absatz 1 oder Absatz 3 Satz 1 des Staatsangehörigkeitsgesetzes zu schaffen (missbräuchliche Anerkennung der Vaterschaft).

(2) [1] Bestehen konkrete Anhaltspunkte für eine missbräuchliche Anerkennung der Vaterschaft, hat die beurkundende Behörde oder die Urkundsperson dies der nach § 85a des Aufenthaltsgesetzes zuständigen Behörde nach Anhörung des Anerkennenden und der Mutter mitzuteilen und die Beurkundung auszusetzen. [2] Ein Anzeichen für das Vorliegen konkreter Anhaltspunkte ist insbesondere:

1. das Bestehen einer vollziehbaren Ausreisepflicht des Anerkennenden oder der Mutter oder des Kindes,

2. wenn der Anerkennende oder die Mutter oder das Kind einen Asylantrag gestellt hat und die Staatsangehörigkeit eines sicheren Herkunftsstaates nach § 29a des Asylgesetzes besitzt,
3. das Fehlen von persönlichen Beziehungen zwischen dem Anerkennenden und der Mutter oder dem Kind,
4. der Verdacht, dass der Anerkennende bereits mehrfach die Vaterschaft von Kindern verschiedener ausländischer Mütter anerkannt hat und jeweils die rechtlichen Voraussetzungen für die erlaubte Einreise oder den erlaubten Aufenthalt des Kindes oder der Mutter durch die Anerkennung geschaffen hat, auch wenn das Kind durch die Anerkennung die deutsche Staatsangehörigkeit erworben hat, oder
5. der Verdacht, dass dem Anerkennenden oder der Mutter ein Vermögensvorteil für die Anerkennung der Vaterschaft oder die Zustimmung hierzu gewährt oder versprochen worden ist.

[3] Die beurkundende Behörde oder die Urkundsperson hat die Aussetzung dem Anerkennenden, der Mutter und dem Standesamt mitzuteilen. [4] Hat die nach § 85a des Aufenthaltsgesetzes zuständige Behörde gemäß § 85a Absatz 1 des Aufenthaltsgesetzes das Vorliegen einer missbräuchlichen Anerkennung der Vaterschaft festgestellt und ist diese Entscheidung unanfechtbar, so ist die Beurkundung abzulehnen.

(3) [1] Solange die Beurkundung gemäß Absatz 2 Satz 1 ausgesetzt ist, kann die Anerkennung auch nicht wirksam von einer anderen beurkundenden Behörde oder Urkundsperson beurkundet werden. [2] Das Gleiche gilt, wenn die Voraussetzungen des Absatzes 2 Satz 4 vorliegen.

(4) Für die Zustimmung der Mutter nach § 1595 Absatz 1 gelten die Absätze 1 bis 3 entsprechend.

(5) Eine Anerkennung der Vaterschaft kann nicht missbräuchlich sein, wenn der Anerkennende der leibliche Vater des anzuerkennenden Kindes ist.

§ 1598 Unwirksamkeit von Anerkennung, Zustimmung und Widerruf. (1) [1] Anerkennung, Zustimmung und Widerruf sind nur unwirksam, wenn sie den Erfordernissen nach § 1594 Absatz 2 bis 4 und der §§ 1595 bis 1597 nicht genügen. [2] Anerkennung und Zustimmung sind auch im Fall des § 1597a Absatz 3 und im Fall des § 1597a Absatz 4 in Verbindung mit Absatz 3 unwirksam.

(2) Sind seit der Eintragung in ein deutsches Personenstandsregister fünf Jahre verstrichen, so ist die Anerkennung wirksam, auch wenn sie den Erfordernissen der vorstehenden Vorschriften nicht genügt.

§ 1598a Anspruch auf Einwilligung in eine genetische Untersuchung zur Klärung der leiblichen Abstammung. (1) [1] Zur Klärung der leiblichen Abstammung des Kindes können

1. der Vater jeweils von Mutter und Kind,
2. die Mutter jeweils von Vater und Kind und
3. das Kind jeweils von beiden Elternteilen

verlangen, dass diese in eine genetische Abstammungsuntersuchung einwilligen und die Entnahme einer für die Untersuchung geeigneten genetischen Probe dulden. [2] Die Probe muss nach den anerkannten Grundsätzen der Wissenschaft entnommen werden.

(2) Auf Antrag eines Klärungsberechtigten hat das Familiengericht eine nicht erteilte Einwilligung zu ersetzen und die Duldung einer Probeentnahme anzuordnen.

(3) Das Gericht setzt das Verfahren aus, wenn und solange die Klärung der leiblichen Abstammung eine erhebliche Beeinträchtigung des Wohls des minderjährigen Kindes begründen würde, die auch unter Berücksichtigung der Belange des Klärungsberechtigten für das Kind unzumutbar wäre.

(4) [1] Wer in eine genetische Abstammungsuntersuchung eingewilligt und eine genetische Probe abgegeben hat, kann von dem Klärungsberechtigten, der eine Abstammungsuntersuchung hat durchführen lassen, Einsicht in das Abstammungsgutachten oder Aushändigung einer Abschrift verlangen. [2] Über Streitigkeiten aus dem Anspruch nach Satz 1 entscheidet das Familiengericht.

§ 1599 Nichtbestehen der Vaterschaft. (1) § 1592 Nr. 1 und 2 und § 1593 gelten nicht, wenn auf Grund einer Anfechtung rechtskräftig festgestellt ist, dass der Mann nicht der Vater des Kindes ist.

(2) [1] § 1592 Nr. 1 und § 1593 gelten auch nicht, wenn das Kind nach Anhängigkeit eines Scheidungsantrags geboren wird und ein Dritter spätestens bis zum Ablauf eines Jahres nach Rechtskraft des dem Scheidungsantrag stattgebenden Beschlusses die Vaterschaft anerkennt; § 1594 Abs. 2 ist nicht anzuwenden. [2] Neben den nach den §§ 1595 und 1596 notwendigen Erklärungen bedarf die Anerkennung der Zustimmung des Mannes, der im Zeitpunkt der Geburt mit der Mutter des Kindes verheiratet ist; für diese Zustimmung gelten § 1594 Abs. 3 und 4, § 1596 Abs. 1 Satz 1 bis 3, Abs. 3 und 4, § 1597 Abs. 1 und 2 und § 1598 Abs. 1 entsprechend. [3] Die Anerkennung wird frühestens mit Rechtskraft des dem Scheidungsantrag stattgebenden Beschlusses wirksam.

§ 1600 Anfechtungsberechtigte. (1) Berechtigt, die Vaterschaft anzufechten, sind:

1. der Mann, dessen Vaterschaft nach § 1592 Nr. 1 und 2, § 1593 besteht,
2. der Mann, der an Eides statt versichert, der Mutter des Kindes während der Empfängniszeit beigewohnt zu haben,
3. die Mutter und
4. das Kind.

(2) Die Anfechtung nach Absatz 1 Nr. 2 setzt voraus, dass zwischen dem Kind und seinem Vater im Sinne von Absatz 1 Nr. 1 keine sozial-familiäre Beziehung besteht oder im Zeitpunkt seines Todes bestanden hat und dass der Anfechtende leiblicher Vater des Kindes ist.

(3) [1] Eine sozial-familiäre Beziehung nach Absatz 2 besteht, wenn der Vater im Sinne von Absatz 1 Nr. 1 zum maßgeblichen Zeitpunkt für das Kind tatsächliche Verantwortung trägt oder getragen hat. [2] Eine Übernahme tatsächlicher Verantwortung liegt in der Regel vor, wenn der Vater im Sinne von Absatz 1 Nr. 1 mit der Mutter des Kindes verheiratet ist oder mit dem Kind längere Zeit in häuslicher Gemeinschaft zusammengelebt hat.

(4) Ist das Kind mit Einwilligung des Mannes und der Mutter durch künstliche Befruchtung mittels Samenspende eines Dritten gezeugt worden, so ist die Anfechtung der Vaterschaft durch den Mann oder die Mutter ausgeschlossen.

§ 1600a Persönliche Anfechtung; Anfechtung bei fehlender oder beschränkter Geschäftsfähigkeit. (1) Die Anfechtung kann nicht durch einen Bevollmächtigten erfolgen.

(2) [1]Die Anfechtungsberechtigten im Sinne von § 1600 Abs. 1 Nr. 1 bis 3 können die Vaterschaft nur selbst anfechten. [2]Dies gilt auch, wenn sie in der Geschäftsfähigkeit beschränkt sind; sie bedürfen hierzu nicht der Zustimmung ihres gesetzlichen Vertreters. [3]Sind sie geschäftsunfähig, so kann nur ihr gesetzlicher Vertreter anfechten.

(3) Für ein geschäftsunfähiges oder in der Geschäftsfähigkeit beschränktes Kind kann nur der gesetzliche Vertreter anfechten.

(4) Die Anfechtung durch den gesetzlichen Vertreter ist nur zulässig, wenn sie dem Wohl des Vertretenen dient.

(5) Ein geschäftsfähiger Betreuter kann die Vaterschaft nur selbst anfechten.

§ 1600b Anfechtungsfristen. (1) [1]Die Vaterschaft kann binnen zwei Jahren gerichtlich angefochten werden. [2]Die Frist beginnt mit dem Zeitpunkt, in dem der Berechtigte von den Umständen erfährt, die gegen die Vaterschaft sprechen; das Vorliegen einer sozial-familiären Beziehung im Sinne des § 1600 Abs. 2 erste Alternative hindert den Lauf der Frist nicht.

(2) [1]Die Frist beginnt nicht vor der Geburt des Kindes und nicht, bevor die Anerkennung wirksam geworden ist. [2]In den Fällen des § 1593 Satz 4 beginnt die Frist nicht vor der Rechtskraft der Entscheidung, durch die festgestellt wird, dass der neue Ehemann der Mutter nicht der Vater des Kindes ist.

(3) [1]Hat der gesetzliche Vertreter eines minderjährigen Kindes die Vaterschaft nicht rechtzeitig angefochten, so kann das Kind nach dem Eintritt der Volljährigkeit selbst anfechten. [2]In diesem Falle beginnt die Frist nicht vor Eintritt der Volljährigkeit und nicht vor dem Zeitpunkt, in dem das Kind von den Umständen erfährt, die gegen die Vaterschaft sprechen.

(4) [1]Hat der gesetzliche Vertreter eines Geschäftsunfähigen die Vaterschaft nicht rechtzeitig angefochten, so kann der Anfechtungsberechtigte nach dem Wegfall der Geschäftsunfähigkeit selbst anfechten. [2]Absatz 3 Satz 2 gilt entsprechend.

(5) [1]Die Frist wird durch die Einleitung eines Verfahrens nach § 1598a Abs. 2 gehemmt; § 204 Abs. 2 gilt entsprechend. [2]Die Frist ist auch gehemmt, solange der Anfechtungsberechtigte widerrechtlich durch Drohung an der Anfechtung gehindert wird. [3]Im Übrigen sind § 204 Absatz 1 Nummer 4, 8, 13, 14 und Absatz 2 sowie die §§ 206 und 210 entsprechend anzuwenden.

(6) Erlangt das Kind Kenntnis von Umständen, auf Grund derer die Folgen der Vaterschaft für es unzumutbar werden, so beginnt für das Kind mit diesem Zeitpunkt die Frist des Absatzes 1 Satz 1 erneut.

§ 1600c Vaterschaftsvermutung im Anfechtungsverfahren. (1) In dem Verfahren auf Anfechtung der Vaterschaft wird vermutet, dass das Kind von dem Mann abstammt, dessen Vaterschaft nach § 1592 Nr. 1 und 2, § 1593 besteht.

(2) Die Vermutung nach Absatz 1 gilt nicht, wenn der Mann, der die Vaterschaft anerkannt hat, die Vaterschaft anficht und seine Anerkennung unter einem Willensmangel nach § 119 Abs. 1, § 123 leidet; in diesem Falle ist § 1600d Abs. 2 und 3 entsprechend anzuwenden.

§ 1600d Gerichtliche Feststellung der Vaterschaft. (1) Besteht keine Vaterschaft nach § 1592 Nr. 1 und 2, § 1593, so ist die Vaterschaft gerichtlich festzustellen.

(2) [1] Im Verfahren auf gerichtliche Feststellung der Vaterschaft wird als Vater vermutet, wer der Mutter während der Empfängniszeit beigewohnt hat. [2] Die Vermutung gilt nicht, wenn schwerwiegende Zweifel an der Vaterschaft bestehen.

(3) [1] Als Empfängniszeit gilt die Zeit von dem 300. bis zu dem 181. Tage vor der Geburt des Kindes, mit Einschluss sowohl des 300. als auch des 181. Tages. [2] Steht fest, dass das Kind außerhalb des Zeitraums des Satzes 1 empfangen worden ist, so gilt dieser abweichende Zeitraum als Empfängniszeit.

(4) Ist das Kind durch eine ärztlich unterstützte künstliche Befruchtung in einer Einrichtung der medizinischen Versorgung im Sinne von § 1a Nummer 9 des Transplantationsgesetzes unter heterologer Verwendung von Samen gezeugt worden, der vom Spender einer Entnahmeeinrichtung im Sinne von § 2 Absatz 1 Satz 1 des Samenspenderregistergesetzes zur Verfügung gestellt wurde, so kann der Samenspender nicht als Vater dieses Kindes festgestellt werden.

(5) Die Rechtswirkungen der Vaterschaft können, soweit sich nicht aus dem Gesetz anderes ergibt, erst vom Zeitpunkt ihrer Feststellung an geltend gemacht werden.

§ 1600e *(aufgehoben)*

Titel 3. Unterhaltspflicht

Untertitel 1. Allgemeine Vorschriften

§ 1601 Unterhaltsverpflichtete. Verwandte in gerader Linie sind verpflichtet, einander Unterhalt zu gewähren.

§ 1602 Bedürftigkeit. (1) Unterhaltsberechtigt ist nur, wer außerstande ist, sich selbst zu unterhalten.

(2) Ein minderjähriges Kind kann von seinen Eltern, auch wenn es Vermögen hat, die Gewährung des Unterhalts insoweit verlangen, als die Einkünfte seines Vermögens und der Ertrag seiner Arbeit zum Unterhalt nicht ausreichen.

§ 1603 Leistungsfähigkeit. (1) Unterhaltspflichtig ist nicht, wer bei Berücksichtigung seiner sonstigen Verpflichtungen außerstande ist, ohne Gefährdung seines angemessenen Unterhalts den Unterhalt zu gewähren.

(2) [1] Befinden sich Eltern in dieser Lage, so sind sie ihren minderjährigen Kindern gegenüber verpflichtet, alle verfügbaren Mittel zu ihrem und der Kinder Unterhalt gleichmäßig zu verwenden. [2] Den minderjährigen Kindern stehen volljährige unverheiratete Kinder bis zur Vollendung des 21. Lebensjahrs gleich, solange sie im Haushalt der Eltern oder eines Elternteils leben und sich in der allgemeinen Schulausbildung befinden. [3] Diese Verpflichtung tritt nicht ein, wenn ein anderer unterhaltspflichtiger Verwandter vorhanden ist; sie tritt auch nicht ein gegenüber einem Kind, dessen Unterhalt aus dem Stamme seines Vermögens bestritten werden kann.

§ 1604 Einfluss des Güterstands. [1] Lebt der Unterhaltspflichtige in Gütergemeinschaft, bestimmt sich seine Unterhaltspflicht Verwandten gegenüber so, als ob das Gesamtgut ihm gehörte. [2] Haben beide in Gütergemeinschaft lebende

Personen bedürftige Verwandte, ist der Unterhalt aus dem Gesamtgut so zu gewähren, als ob die Bedürftigen zu beiden Unterhaltspflichtigen in dem Verwandtschaftsverhältnis stünden, auf dem die Unterhaltspflicht des Verpflichteten beruht.

§ 1605 Auskunftspflicht. (1) [1] Verwandte in gerader Linie sind einander verpflichtet, auf Verlangen über ihre Einkünfte und ihr Vermögen Auskunft zu erteilen, soweit dies zur Feststellung eines Unterhaltsanspruchs oder einer Unterhaltsverpflichtung erforderlich ist. [2] Über die Höhe der Einkünfte sind auf Verlangen Belege, insbesondere Bescheinigungen des Arbeitgebers, vorzulegen. [3] Die §§ 260, 261 sind entsprechend anzuwenden.

(2) Vor Ablauf von zwei Jahren kann Auskunft erneut nur verlangt werden, wenn glaubhaft gemacht wird, dass der zur Auskunft Verpflichtete später wesentlich höhere Einkünfte oder weiteres Vermögen erworben hat.

§ 1606 Rangverhältnisse mehrerer Pflichtiger. (1) Die Abkömmlinge sind vor den Verwandten der aufsteigenden Linie unterhaltspflichtig.

(2) Unter den Abkömmlingen und unter den Verwandten der aufsteigenden Linie haften die näheren vor den entfernteren.

(3) [1] Mehrere gleich nahe Verwandte haften anteilig nach ihren Erwerbs- und Vermögensverhältnissen. [2] Der Elternteil, der ein minderjähriges Kind betreut, erfüllt seine Verpflichtung, zum Unterhalt des Kindes beizutragen, in der Regel durch die Pflege und die Erziehung des Kindes.

§ 1607 Ersatzhaftung und gesetzlicher Forderungsübergang.

(1) Soweit ein Verwandter auf Grund des § 1603 nicht unterhaltspflichtig ist, hat der nach ihm haftende Verwandte den Unterhalt zu gewähren.

(2) [1] Das Gleiche gilt, wenn die Rechtsverfolgung gegen einen Verwandten im Inland ausgeschlossen oder erheblich erschwert ist. [2] Der Anspruch gegen einen solchen Verwandten geht, soweit ein anderer nach Absatz 1 verpflichteter Verwandter den Unterhalt gewährt, auf diesen über.

(3) [1] Der Unterhaltsanspruch eines Kindes gegen einen Elternteil geht, soweit unter den Voraussetzungen des Absatzes 2 Satz 1 anstelle des Elternteils ein anderer, nicht unterhaltspflichtiger Verwandter oder der Ehegatte des anderen Elternteils Unterhalt leistet, auf diesen über. [2] Satz 1 gilt entsprechend, wenn dem Kind ein Dritter als Vater Unterhalt gewährt.

(4) Der Übergang des Unterhaltsanspruchs kann nicht zum Nachteil des Unterhaltsberechtigten geltend gemacht werden.

§ 1608 Haftung des Ehegatten oder Lebenspartners. (1) [1] Der Ehegatte des Bedürftigen haftet vor dessen Verwandten. [2] Soweit jedoch der Ehegatte bei Berücksichtigung seiner sonstigen Verpflichtungen außerstande ist, ohne Gefährdung seines angemessenen Unterhalts den Unterhalt zu gewähren, haften die Verwandten vor dem Ehegatten. [3] § 1607 Abs. 2 und 4 gilt entsprechend. [4] Der Lebenspartner des Bedürftigen haftet in gleicher Weise wie ein Ehegatte.

(2) (weggefallen)

§ 1609 Rangfolge mehrerer Unterhaltsberechtigter. Sind mehrere Unterhaltsberechtigte vorhanden und ist der Unterhaltspflichtige außerstande, allen Unterhalt zu gewähren, gilt folgende Rangfolge:

1. minderjährige Kinder und Kinder im Sinne des § 1603 Abs. 2 Satz 2,
2. Elternteile, die wegen der Betreuung eines Kindes unterhaltsberechtigt sind oder im Fall einer Scheidung wären, sowie Ehegatten und geschiedene Ehegatten bei einer Ehe von langer Dauer; bei der Feststellung einer Ehe von langer Dauer sind auch Nachteile im Sinne des § 1578b Abs. 1 Satz 2 und 3 zu berücksichtigen,
3. Ehegatten und geschiedene Ehegatten, die nicht unter Nummer 2 fallen,
4. Kinder, die nicht unter Nummer 1 fallen,
5. Enkelkinder und weitere Abkömmlinge,
6. Eltern,
7. weitere Verwandte der aufsteigenden Linie; unter ihnen gehen die Näheren den Entfernteren vor.

§ 1610 Maß des Unterhalts. (1) Das Maß des zu gewährenden Unterhalts bestimmt sich nach der Lebensstellung des Bedürftigen (angemessener Unterhalt).

(2) Der Unterhalt umfasst den gesamten Lebensbedarf einschließlich der Kosten einer angemessenen Vorbildung zu einem Beruf, bei einer der Erziehung bedürftigen Person auch die Kosten der Erziehung.

§ 1610a Deckungsvermutung bei schadensbedingten Mehraufwendungen. Werden für Aufwendungen infolge eines Körper- oder Gesundheitsschadens Sozialleistungen in Anspruch genommen, wird bei der Feststellung eines Unterhaltsanspruchs vermutet, dass die Kosten der Aufwendungen nicht geringer sind als die Höhe dieser Sozialleistungen.

§ 1611 Beschränkung oder Wegfall der Verpflichtung. (1) [1] Ist der Unterhaltsberechtigte durch sein sittliches Verschulden bedürftig geworden, hat er seine eigene Unterhaltspflicht gegenüber dem Unterhaltspflichtigen gröblich vernachlässigt oder sich vorsätzlich einer schweren Verfehlung gegen den Unterhaltspflichtigen oder einen nahen Angehörigen des Unterhaltspflichtigen schuldig gemacht, so braucht der Verpflichtete nur einen Beitrag zum Unterhalt in der Höhe zu leisten, die der Billigkeit entspricht. [2] Die Verpflichtung fällt ganz weg, wenn die Inanspruchnahme des Verpflichteten grob unbillig wäre.

(2) Die Vorschriften des Absatzes 1 sind auf die Unterhaltspflicht von Eltern gegenüber ihren minderjährigen Kindern nicht anzuwenden.

(3) Der Bedürftige kann wegen einer nach diesen Vorschriften eintretenden Beschränkung seines Anspruchs nicht andere Unterhaltspflichtige in Anspruch nehmen.

§ 1612[1)] Art der Unterhaltsgewährung. (1) [1] Der Unterhalt ist durch Entrichtung einer Geldrente zu gewähren. [2] Der Verpflichtete kann verlangen, dass ihm die Gewährung des Unterhalts in anderer Art gestattet wird, wenn besondere Gründe es rechtfertigen.

(2) [1] Haben Eltern einem unverheirateten Kind Unterhalt zu gewähren, können sie bestimmen, in welcher Art und für welche Zeit im Voraus der Unterhalt gewährt werden soll, sofern auf die Belange des Kindes die gebotene

---

1) Beachte hierzu auch G zur Sicherung des Unterhalts von Kindern alleinstehender Mütter und Väter durch Unterhaltsvorschüsse oder -ausfallleistungen (Unterhaltsvorschussgesetz) (Nr. **15**).

Rücksicht genommen wird. [2]Ist das Kind minderjährig, kann ein Elternteil, dem die Sorge für die Person des Kindes nicht zusteht, eine Bestimmung nur für die Zeit treffen, in der das Kind in seinen Haushalt aufgenommen ist.

(3) [1]Eine Geldrente ist monatlich im Voraus zu zahlen. [2]Der Verpflichtete schuldet den vollen Monatsbetrag auch dann, wenn der Berechtigte im Laufe des Monats stirbt.

§ 1612a Mindestunterhalt minderjähriger Kinder; Verordnungsermächtigung. (1) [1]Ein minderjähriges Kind kann von einem Elternteil, mit dem es nicht in einem Haushalt lebt, den Unterhalt als Prozentsatz des jeweiligen Mindestunterhalts verlangen. [2]Der Mindestunterhalt richtet sich nach dem steuerfrei zu stellenden sächlichen Existenzminimum des minderjährigen Kindes. [3]Er beträgt monatlich entsprechend dem Alter des Kindes

1. für die Zeit bis zur Vollendung des sechsten Lebensjahrs (erste Altersstufe) 87 Prozent,
2. für die Zeit vom siebten bis zur Vollendung des zwölften Lebensjahrs (zweite Altersstufe) 100 Prozent und
3. für die Zeit vom 13. Lebensjahr an (dritte Altersstufe) 117 Prozent

des steuerfrei zu stellenden sächlichen Existenzminimums des minderjährigen Kindes.

(2) [1]Der Prozentsatz ist auf eine Dezimalstelle zu begrenzen; jede weitere sich ergebende Dezimalstelle wird nicht berücksichtigt. [2]Der sich bei der Berechnung des Unterhalts ergebende Betrag ist auf volle Euro aufzurunden.

(3) Der Unterhalt einer höheren Altersstufe ist ab dem Beginn des Monats maßgebend, in dem das Kind das betreffende Lebensjahr vollendet.

(4) Das Bundesministerium der Justiz und für Verbraucherschutz hat den Mindestunterhalt erstmals zum 1. Januar 2016 und dann alle zwei Jahre durch Rechtsverordnung[1)], die nicht der Zustimmung des Bundesrates bedarf, festzulegen.

§ 1612b Deckung des Barbedarfs durch Kindergeld. (1) [1]Das auf das Kind entfallende Kindergeld ist zur Deckung seines Barbedarfs zu verwenden:

1. zur Hälfte, wenn ein Elternteil seine Unterhaltspflicht durch Betreuung des Kindes erfüllt (§ 1606 Abs. 3 Satz 2);
2. in allen anderen Fällen in voller Höhe.

[2]In diesem Umfang mindert es den Barbedarf des Kindes.

[1)] Siehe die Mindestunterhaltsverordnung v. 3.12.2015 (BGBl. I S. 2188), zuletzt geänd. durch VO v. 30.11.2021 (BGBl. I S. 5066):

„**§ 1 Festlegung des Mindestunterhalts.** Der Mindestunterhalt minderjähriger Kinder gemäß § 1612a Absatz 1 des Bürgerlichen Gesetzbuchs beträgt monatlich

1. in der ersten Altersstufe (§ 1612a Absatz 1 Satz 3 Nummer 1 des Bürgerlichen Gesetzbuchs) 396 Euro ab dem 1. Januar 2022 und 404 Euro ab dem 1. Januar 2023,
2. in der zweiten Altersstufe (§ 1612a Absatz 1 Satz 3 Nummer 2 des Bürgerlichen Gesetzbuchs) 455 Euro ab dem 1. Januar 2022 und 464 Euro ab dem 1. Januar 2023,
3. in der dritten Altersstufe (§ 1612a Absatz 1 Satz 3 Nummer 3 des Bürgerlichen Gesetzbuchs) 533 Euro ab dem 1. Januar 2022 und 543 Euro ab dem 1. Januar 2023.

§ 2 Inkrafttreten. Diese Verordnung tritt am 1. Januar 2016 in Kraft."

(2) Ist das Kindergeld wegen der Berücksichtigung eines nicht gemeinschaftlichen Kindes erhöht, ist es im Umfang der Erhöhung nicht bedarfsmindernd zu berücksichtigen.

§ 1612c Anrechnung anderer kindbezogener Leistungen. § 1612b gilt entsprechend für regelmäßig wiederkehrende kindbezogene Leistungen, soweit sie den Anspruch auf Kindergeld ausschließen.

§ 1613 Unterhalt für die Vergangenheit. (1) [1] Für die Vergangenheit kann der Berechtigte Erfüllung oder Schadensersatz wegen Nichterfüllung nur von dem Zeitpunkt an fordern, zu welchem der Verpflichtete zum Zwecke der Geltendmachung des Unterhaltsanspruchs aufgefordert worden ist, über seine Einkünfte und sein Vermögen Auskunft zu erteilen, zu welchem der Verpflichtete in Verzug gekommen oder der Unterhaltsanspruch rechtshängig geworden ist. [2] Der Unterhalt wird ab dem Ersten des Monats, in den die bezeichneten Ereignisse fallen, geschuldet, wenn der Unterhaltsanspruch dem Grunde nach zu diesem Zeitpunkt bestanden hat.

(2) Der Berechtigte kann für die Vergangenheit ohne die Einschränkung des Absatzes 1 Erfüllung verlangen

1. wegen eines unregelmäßigen außergewöhnlich hohen Bedarfs (Sonderbedarf); nach Ablauf eines Jahres seit seiner Entstehung kann dieser Anspruch nur geltend gemacht werden, wenn vorher der Verpflichtete in Verzug gekommen oder der Anspruch rechtshängig geworden ist;
2. für den Zeitraum, in dem er
   a) aus rechtlichen Gründen oder
   b) aus tatsächlichen Gründen, die in den Verantwortungsbereich des Unterhaltspflichtigen fallen,

   an der Geltendmachung des Unterhaltsanspruchs gehindert war.

(3) [1] In den Fällen des Absatzes 2 Nr. 2 kann Erfüllung nicht, nur in Teilbeträgen oder erst zu einem späteren Zeitpunkt verlangt werden, soweit die volle oder die sofortige Erfüllung für den Verpflichteten eine unbillige Härte bedeuten würde. [2] Dies gilt auch, soweit ein Dritter vom Verpflichteten Ersatz verlangt, weil er anstelle des Verpflichteten Unterhalt gewährt hat.

§ 1614 Verzicht auf den Unterhaltsanspruch; Vorausleistung.

(1) Für die Zukunft kann auf den Unterhalt nicht verzichtet werden.

(2) Durch eine Vorausleistung wird der Verpflichtete bei erneuter Bedürftigkeit des Berechtigten nur für den im § 760 Abs. 2 bestimmten Zeitabschnitt oder, wenn er selbst den Zeitabschnitt zu bestimmen hatte, für einen den Umständen nach angemessenen Zeitabschnitt befreit.

§ 1615 Erlöschen des Unterhaltsanspruchs. (1) Der Unterhaltsanspruch erlischt mit dem Tode des Berechtigten oder des Verpflichteten, soweit er nicht auf Erfüllung oder Schadensersatz wegen Nichterfüllung für die Vergangenheit oder auf solche im Voraus zu bewirkende Leistungen gerichtet ist, die zur Zeit des Todes des Berechtigten oder des Verpflichteten fällig sind.

(2) Im Falle des Todes des Berechtigten hat der Verpflichtete die Kosten der Beerdigung zu tragen, soweit ihre Bezahlung nicht von dem Erben zu erlangen ist.

Untertitel 2. Besondere Vorschriften für das Kind und seine nicht miteinander verheirateten Eltern

§ 1615a Anwendbare Vorschriften. Besteht für ein Kind keine Vaterschaft nach § 1592 Nr. 1, § 1593 und haben die Eltern das Kind auch nicht während ihrer Ehe gezeugt oder nach seiner Geburt die Ehe miteinander geschlossen, gelten die allgemeinen Vorschriften, soweit sich nichts anderes aus den folgenden Vorschriften ergibt.

§§ 1615b bis 1615k (weggefallen)

§ 1615l Unterhaltsanspruch von Mutter und Vater aus Anlass der Geburt. (1) [1] Der Vater hat der Mutter für die Dauer von sechs Wochen vor und acht Wochen nach der Geburt des Kindes Unterhalt zu gewähren. [2] Dies gilt auch hinsichtlich der Kosten, die infolge der Schwangerschaft oder der Entbindung außerhalb dieses Zeitraums entstehen.

(2) [1] Soweit die Mutter einer Erwerbstätigkeit nicht nachgeht, weil sie infolge der Schwangerschaft oder einer durch die Schwangerschaft oder die Entbindung verursachten Krankheit dazu außerstande ist, ist der Vater verpflichtet, ihr über die in Absatz 1 Satz 1 bezeichnete Zeit hinaus Unterhalt zu gewähren. [2] Das Gleiche gilt, soweit von der Mutter wegen der Pflege oder Erziehung des Kindes eine Erwerbstätigkeit nicht erwartet werden kann. [3] Die Unterhaltspflicht beginnt frühestens vier Monate vor der Geburt und besteht für mindestens drei Jahre nach der Geburt. [4] Sie verlängert sich, solange und soweit dies der Billigkeit entspricht. [5] Dabei sind insbesondere die Belange des Kindes und die bestehenden Möglichkeiten der Kinderbetreuung zu berücksichtigen.

(3) [1] Die Vorschriften über die Unterhaltspflicht zwischen Verwandten sind entsprechend anzuwenden. [2] Die Verpflichtung des Vaters geht der Verpflichtung der Verwandten der Mutter vor. [3] § 1613 Abs. 2 gilt entsprechend. [4] Der Anspruch erlischt nicht mit dem Tode des Vaters.

(4) [1] Wenn der Vater das Kind betreut, steht ihm der Anspruch nach Absatz 2 Satz 2 gegen die Mutter zu. [2] In diesem Falle gilt Absatz 3 entsprechend.

§ 1615m Beerdigungskosten für die Mutter. Stirbt die Mutter infolge der Schwangerschaft oder der Entbindung, so hat der Vater die Kosten der Beerdigung zu tragen, soweit ihre Bezahlung nicht von dem Erben der Mutter zu erlangen ist.

§ 1615n Kein Erlöschen bei Tod des Vaters oder Totgeburt. [1] Die Ansprüche nach den §§ 1615l, 1615m bestehen auch dann, wenn der Vater vor der Geburt des Kindes gestorben oder wenn das Kind tot geboren ist. [2] Bei einer Fehlgeburt gelten die Vorschriften der §§ 1615l, 1615m sinngemäß.

§ 1615o *(aufgehoben)*

Titel 4. Rechtsverhältnis zwischen den Eltern und dem Kind im Allgemeinen

§ 1616 Geburtsname bei Eltern mit Ehenamen. Das Kind erhält den Ehenamen seiner Eltern als Geburtsnamen.

§ 1617 Geburtsname bei Eltern ohne Ehenamen und gemeinsamer Sorge. (1) [1]Führen die Eltern keinen Ehenamen und steht ihnen die Sorge gemeinsam zu, so bestimmen sie durch Erklärung gegenüber dem Standesamt den Namen, den der Vater oder die Mutter zur Zeit der Erklärung führt, zum Geburtsnamen des Kindes[1)]. [2]Eine nach der Beurkundung der Geburt abgegebene Erklärung muss öffentlich beglaubigt werden. [3]Die Bestimmung der Eltern gilt auch für ihre weiteren Kinder.

(2) [1]Treffen die Eltern binnen eines Monats nach der Geburt des Kindes keine Bestimmung, überträgt das Familiengericht das Bestimmungsrecht einem Elternteil. [2]Absatz 1 gilt entsprechend. [3]Das Gericht kann dem Elternteil für die Ausübung des Bestimmungsrechts eine Frist setzen. [4]Ist nach Ablauf der Frist das Bestimmungsrecht nicht ausgeübt worden, so erhält das Kind den Namen des Elternteils, dem das Bestimmungsrecht übertragen ist.

(3) Ist ein Kind nicht im Inland geboren, so überträgt das Gericht einem Elternteil das Bestimmungsrecht nach Absatz 2 nur dann, wenn ein Elternteil oder das Kind dies beantragt oder die Eintragung des Namens des Kindes in ein deutsches Personenstandsregister oder in ein amtliches deutsches Identitätspapier erforderlich wird.

§ 1617a Geburtsname bei Eltern ohne Ehenamen und Alleinsorge.

(1) Führen die Eltern keinen Ehenamen und steht die elterliche Sorge nur einem Elternteil zu, so erhält das Kind den Namen, den dieser Elternteil im Zeitpunkt der Geburt des Kindes führt.

(2) [1]Der Elternteil, dem die elterliche Sorge für ein Kind allein zusteht, kann dem Kind durch Erklärung gegenüber dem Standesamt den Namen des anderen Elternteils erteilen. [2]Die Erteilung des Namens bedarf der Einwilligung des anderen Elternteils und, wenn das Kind das fünfte Lebensjahr vollendet hat, auch der Einwilligung des Kindes. [3]Die Erklärungen müssen öffentlich beglaubigt werden. [4]Für die Einwilligung des Kindes gilt § 1617c Abs. 1 entsprechend.

§ 1617b Name bei nachträglicher gemeinsamer Sorge oder Scheinvaterschaft. (1) [1]Wird eine gemeinsame Sorge der Eltern erst begründet, wenn das Kind bereits einen Namen führt, so kann der Name des Kindes binnen drei Monaten nach der Begründung der gemeinsamen Sorge neu bestimmt werden. [2]Die Frist endet, wenn ein Elternteil bei Begründung der gemeinsamen Sorge seinen gewöhnlichen Aufenthalt nicht im Inland hat, nicht vor Ablauf eines Monats nach Rückkehr in das Inland. [3]Hat das Kind das fünfte Lebensjahr vollendet, so ist die Bestimmung nur wirksam, wenn es sich der Bestimmung anschließt. [4]§ 1617 Abs. 1 und § 1617c Abs. 1 Satz 2 und 3 und Abs. 3 gelten entsprechend.

(2) [1]Wird rechtskräftig festgestellt, dass ein Mann, dessen Familienname Geburtsname des Kindes geworden ist, nicht der Vater des Kindes ist, so erhält das Kind auf seinen Antrag oder, wenn das Kind das fünfte Lebensjahr noch nicht vollendet hat, auch auf Antrag des Mannes den Namen, den die Mutter im Zeitpunkt der Geburt des Kindes führt, als Geburtsnamen. [2]Der Antrag erfolgt durch Erklärung gegenüber dem Standesamt, die öffentlich beglaubigt

[1)] § 1617 Abs. 1 Satz 1 ist mit dem Grundgesetz vereinbar, vgl. Entsch. des BVerfG v. 30.1.2002 – 1 BvL 23/96 – (BGBl. I S. 950).

werden muss. [3]Für den Antrag des Kindes gilt § 1617c Abs. 1 Satz 2 und 3 entsprechend.

§ 1617c Name bei Namensänderung der Eltern. (1) [1]Bestimmen die Eltern einen Ehenamen oder Lebenspartnerschaftsnamen, nachdem das Kind das fünfte Lebensjahr vollendet hat, so erstreckt sich der Ehename oder Lebenspartnerschaftsname auf den Geburtsnamen des Kindes nur dann, wenn es sich der Namensgebung anschließt. [2]Ein in der Geschäftsfähigkeit beschränktes Kind, welches das 14. Lebensjahr vollendet hat, kann die Erklärung nur selbst abgeben; es bedarf hierzu der Zustimmung seines gesetzlichen Vertreters. [3]Die Erklärung ist gegenüber dem Standesamt abzugeben; sie muss öffentlich beglaubigt werden.

(2) Absatz 1 gilt entsprechend,

1. wenn sich der Ehename oder Lebenspartnerschaftsname, der Geburtsname eines Kindes geworden ist, ändert oder
2. wenn sich in den Fällen der §§ 1617, 1617a und 1617b der Familienname eines Elternteils, der Geburtsname eines Kindes geworden ist, auf andere Weise als durch Eheschließung oder Begründung einer Lebenspartnerschaft ändert.

(3) Eine Änderung des Geburtsnamens erstreckt sich auf den Ehenamen oder den Lebenspartnerschaftsnamen des Kindes nur dann, wenn sich auch der Ehegatte oder der Lebenspartner der Namensänderung anschließt; Absatz 1 Satz 3 gilt entsprechend.

§ 1618 Einbenennung. [1]Der Elternteil, dem die elterliche Sorge für ein Kind allein oder gemeinsam mit dem anderen Elternteil zusteht, und sein Ehegatte, der nicht Elternteil des Kindes ist, können dem Kind, das sie in ihren gemeinsamen Haushalt aufgenommen haben, durch Erklärung gegenüber dem Standesamt ihren Ehenamen erteilen. [2]Sie können diesen Namen auch dem von dem Kind zur Zeit der Erklärung geführten Namen voranstellen oder anfügen; ein bereits zuvor nach Halbsatz 1 vorangestellter oder angefügter Ehename entfällt. [3]Die Erteilung, Voranstellung oder Anfügung des Namens bedarf der Einwilligung des anderen Elternteils, wenn ihm die elterliche Sorge gemeinsam mit dem den Namen erteilenden Elternteil zusteht oder das Kind seinen Namen führt, und, wenn das Kind das fünfte Lebensjahr vollendet hat, auch der Einwilligung des Kindes. [4]Das Familiengericht kann die Einwilligung des anderen Elternteils ersetzen, wenn die Erteilung, Voranstellung oder Anfügung des Namens zum Wohl des Kindes erforderlich ist. [5]Die Erklärungen müssen öffentlich beglaubigt werden. [6]§ 1617c gilt entsprechend.

§ 1618a Pflicht zu Beistand und Rücksicht. Eltern und Kinder sind einander Beistand und Rücksicht schuldig.

§ 1619 Dienstleistungen in Haus und Geschäft. Das Kind ist, solange es dem elterlichen Hausstand angehört und von den Eltern erzogen oder unterhalten wird, verpflichtet, in einer seinen Kräften und seiner Lebensstellung entsprechenden Weise den Eltern in ihrem Hauswesen und Geschäft Dienste zu leisten.

§ 1620 Aufwendungen des Kindes für den elterlichen Haushalt. Macht ein dem elterlichen Hausstand angehörendes volljähriges Kind zur Bestreitung der Kosten des Haushalts aus seinem Vermögen eine Aufwendung oder überlässt es den Eltern zu diesem Zwecke etwas aus seinem Vermögen, so ist im Zweifel anzunehmen, dass die Absicht fehlt, Ersatz zu verlangen.

§§ 1621 bis 1623 (weggefallen)

§ 1624 Ausstattung aus dem Elternvermögen. (1) Was einem Kind mit Rücksicht auf seine Verheiratung, auf seine Begründung einer Lebenspartnerschaft oder auf die Erlangung einer selbständigen Lebensstellung zur Begründung oder zur Erhaltung der Wirtschaft oder der Lebensstellung von dem Vater oder der Mutter zugewendet wird (Ausstattung), gilt, auch wenn eine Verpflichtung nicht besteht, nur insoweit als Schenkung, als die Ausstattung das den Umständen, insbesondere den Vermögensverhältnissen des Vaters oder der Mutter, entsprechende Maß übersteigt.

(2) Die Verpflichtung des Ausstattenden zur Gewährleistung wegen eines Mangels im Recht oder wegen eines Fehlers der Sache bestimmt sich, auch soweit die Ausstattung nicht als Schenkung gilt, nach den für die Gewährleistungspflicht des Schenkers geltenden Vorschriften.

§ 1625 Ausstattung aus dem Kindesvermögen. [1] Gewährt der Vater einem Kind, dessen Vermögen kraft elterlicher Sorge, Vormundschaft oder Betreuung seiner Verwaltung unterliegt, eine Ausstattung, so ist im Zweifel anzunehmen, dass er sie aus diesem Vermögen gewährt. [2] Diese Vorschrift findet auf die Mutter entsprechende Anwendung.

Titel 5.[1] Elterliche Sorge

§ 1626 Elterliche Sorge, Grundsätze. (1) [1] Die Eltern haben die Pflicht und das Recht, für das minderjährige Kind zu sorgen (elterliche Sorge). [2] Die elterliche Sorge umfasst die Sorge für die Person des Kindes (Personensorge) und das Vermögen des Kindes (Vermögenssorge).

(2) [1] Bei der Pflege und Erziehung berücksichtigen die Eltern die wachsende Fähigkeit und das wachsende Bedürfnis des Kindes zu selbständigem verantwortungsbewusstem Handeln. [2] Sie besprechen mit dem Kind, soweit es nach dessen Entwicklungsstand angezeigt ist, Fragen der elterlichen Sorge und streben Einvernehmen an.

(3) [1] Zum Wohl des Kindes gehört in der Regel der Umgang mit beiden Elternteilen. [2] Gleiches gilt für den Umgang mit anderen Personen, zu denen das Kind Bindungen besitzt, wenn ihre Aufrechterhaltung für seine Entwicklung förderlich ist.

§ 1626a Elterliche Sorge nicht miteinander verheirateter Eltern; Sorgeerklärungen. (1) Sind die Eltern bei der Geburt des Kindes nicht miteinander verheiratet, so steht ihnen die elterliche Sorge gemeinsam zu,

1. wenn sie erklären, dass sie die Sorge gemeinsam übernehmen wollen (Sorgeerklärungen),
2. wenn sie einander heiraten oder
3. soweit ihnen das Familiengericht die elterliche Sorge gemeinsam überträgt.

---

[1] Beachte auch das G über die religiöse Kindererziehung (Nr. **3**).

(2) [1]Das Familiengericht überträgt gemäß Absatz 1 Nummer 3 auf Antrag eines Elternteils die elterliche Sorge oder einen Teil der elterlichen Sorge beiden Eltern gemeinsam, wenn die Übertragung dem Kindeswohl nicht widerspricht. [2]Trägt der andere Elternteil keine Gründe vor, die der Übertragung der gemeinsamen elterlichen Sorge entgegenstehen können, und sind solche Gründe auch sonst nicht ersichtlich, wird vermutet, dass die gemeinsame elterliche Sorge dem Kindeswohl nicht widerspricht.

(3) Im Übrigen hat die Mutter die elterliche Sorge.

§ 1626b Besondere Wirksamkeitsvoraussetzungen der Sorgeerklärung. (1) Eine Sorgeerklärung unter einer Bedingung oder einer Zeitbestimmung ist unwirksam.

(2) Die Sorgeerklärung kann schon vor der Geburt des Kindes abgegeben werden.

(3) Eine Sorgeerklärung ist unwirksam, soweit eine gerichtliche Entscheidung über die elterliche Sorge *nach den*[1)] § 1626a Absatz 1 Nummer 3 oder § 1671 getroffen oder eine solche Entscheidung nach § 1696 Absatz 1 Satz 1 geändert wurde.

§ 1626c Persönliche Abgabe; beschränkt geschäftsfähiger Elternteil. (1) Die Eltern können die Sorgeerklärungen nur selbst abgeben.

(2) [1]Die Sorgeerklärung eines beschränkt geschäftsfähigen Elternteils bedarf der Zustimmung seines gesetzlichen Vertreters. [2]Die Zustimmung kann nur von diesem selbst abgegeben werden; § 1626b Abs. 1 und 2 gilt entsprechend. [3]Das Familiengericht hat die Zustimmung auf Antrag des beschränkt geschäftsfähigen Elternteils zu ersetzen, wenn die Sorgeerklärung dem Wohl dieses Elternteils nicht widerspricht.

§ 1626d Form; Mitteilungspflicht. (1) Sorgeerklärungen und Zustimmungen müssen öffentlich beurkundet werden.

(2) Die beurkundende Stelle teilt die Abgabe von Sorgeerklärungen und Zustimmungen unter Angabe des Geburtsdatums und des Geburtsorts des Kindes sowie des Namens, den das Kind zur Zeit der Beurkundung seiner Geburt geführt hat, dem nach § 87c Abs. 6 Satz 2 des Achten Buches Sozialgesetzbuch[2)] zuständigen Jugendamt zu den in ***[bis 31.12.2022:** § 58a**][ab 1.1.2023:** § 58**]*** des Achten Buches Sozialgesetzbuch genannten Zwecken unverzüglich mit.

§ 1626e Unwirksamkeit. Sorgeerklärungen und Zustimmungen sind nur unwirksam, wenn sie den Erfordernissen der vorstehenden Vorschriften nicht genügen.

§ 1627 Ausübung der elterlichen Sorge. [1]Die Eltern haben die elterliche Sorge in eigener Verantwortung und in gegenseitigem Einvernehmen zum Wohl des Kindes auszuüben. [2]Bei Meinungsverschiedenheiten müssen sie versuchen, sich zu einigen.

[1)] Richtig wohl: „nach".
[2)] Nr. **10**.

§ 1628 Gerichtliche Entscheidung bei Meinungsverschiedenheiten der Eltern. [1]Können sich die Eltern in einer einzelnen Angelegenheit oder in einer bestimmten Art von Angelegenheiten der elterlichen Sorge, deren Regelung für das Kind von erheblicher Bedeutung ist, nicht einigen, so kann das Familiengericht auf Antrag eines Elternteils die Entscheidung einem Elternteil übertragen. [2]Die Übertragung kann mit Beschränkungen oder mit Auflagen verbunden werden.

§ 1629 Vertretung des Kindes. (1) [1]Die elterliche Sorge umfasst die Vertretung des Kindes. [2]Die Eltern vertreten das Kind gemeinschaftlich; ist eine Willenserklärung gegenüber dem Kind abzugeben, so genügt die Abgabe gegenüber einem Elternteil. [3]Ein Elternteil vertritt das Kind allein, soweit er die elterliche Sorge allein ausübt oder ihm die Entscheidung nach § 1628 übertragen ist. [4]Bei Gefahr im Verzug ist jeder Elternteil dazu berechtigt, alle Rechtshandlungen vorzunehmen, die zum Wohl des Kindes notwendig sind; der andere Elternteil ist unverzüglich zu unterrichten.

(2) [1]Der Vater und die Mutter können das Kind insoweit nicht vertreten, als nach ***[bis 31.12.2022:*** § 1795 ein Vormund von der Vertretung des Kindes***][ab 1.1.2023:*** *§ 1824 ein Betreuer von der Vertretung des Betreuten****]*** ausgeschlossen ist. [2]Steht die elterliche Sorge für ein Kind den Eltern gemeinsam zu, so kann der Elternteil, in dessen Obhut sich das Kind befindet, Unterhaltsansprüche des Kindes gegen den anderen Elternteil geltend machen. [3]Das Familiengericht kann dem Vater und der Mutter nach ***[bis 31.12.2022:*** § 1796***][ab 1.1.2023:*** *§ 1789 Absatz 2 Satz 3 und 4****]*** die Vertretung entziehen; dies gilt nicht für die Feststellung der Vaterschaft.

(2a) Der Vater und die Mutter können das Kind in einem gerichtlichen Verfahren nach § 1598a Abs. 2 nicht vertreten.

(3) [1]Sind die Eltern des Kindes miteinander verheiratet oder besteht zwischen ihnen eine Lebenspartnerschaft, so kann ein Elternteil Unterhaltsansprüche des Kindes gegen den anderen Elternteil nur im eigenen Namen geltend machen, solange

1. die Eltern getrennt leben oder
2. eine Ehesache oder eine Lebenspartnerschaftssache im Sinne von § 269 Absatz 1 Nummer 1 oder 2 des Gesetzes über das Verfahren in Familiensachen und in den Angelegenheiten der freiwilligen Gerichtsbarkeit zwischen ihnen anhängig ist.

[2]Eine von einem Elternteil erwirkte gerichtliche Entscheidung und ein zwischen den Eltern geschlossener gerichtlicher Vergleich wirken auch für und gegen das Kind.

§ 1629a Beschränkung der Minderjährigenhaftung. (1) [1]Die Haftung für Verbindlichkeiten, die die Eltern im Rahmen ihrer gesetzlichen Vertretungsmacht oder sonstige vertretungsberechtigte Personen im Rahmen ihrer Vertretungsmacht durch Rechtsgeschäft oder eine sonstige Handlung mit Wirkung für das Kind begründet haben, oder die auf Grund eines während der Minderjährigkeit erfolgten Erwerbs von Todes wegen entstanden sind, beschränkt sich auf den Bestand des bei Eintritt der Volljährigkeit vorhandenen Vermögens des Kindes; dasselbe gilt für Verbindlichkeiten aus Rechtsgeschäften, die der Minderjährige gemäß §§ 107, 108 oder § 111 mit Zustimmung seiner Eltern vorgenommen hat oder für Verbindlichkeiten aus Rechtsgeschäften, zu denen die Eltern die Genehmigung des Familiengerichts erhalten haben. [2] Beruft sich der volljährig Gewordene auf die Beschränkung der Haftung, so finden die für die Haftung des Erben geltenden Vorschriften der §§ 1990, 1991 entsprechende Anwendung.

(2) Absatz 1 gilt nicht für Verbindlichkeiten aus dem selbständigen Betrieb eines Erwerbsgeschäfts, soweit der Minderjährige hierzu nach § 112 ermächtigt war, und für Verbindlichkeiten aus Rechtsgeschäften, die allein der Befriedigung seiner persönlichen Bedürfnisse dienten.

(3) Die Rechte der Gläubiger gegen Mitschuldner und Mithaftende sowie deren Rechte aus einer für die Forderung bestellten Sicherheit oder aus einer deren Bestellung sichernden Vormerkung werden von Absatz 1 nicht berührt.

(4) [1] Hat das volljährig gewordene Mitglied einer Erbengemeinschaft oder Gesellschaft nicht binnen drei Monaten nach Eintritt der Volljährigkeit die Auseinandersetzung des Nachlasses verlangt oder die Kündigung der Gesellschaft erklärt, ist im Zweifel anzunehmen, dass die aus einem solchen Verhältnis herrührende Verbindlichkeit nach dem Eintritt der Volljährigkeit entstanden ist; Entsprechendes gilt für den volljährig gewordenen Inhaber eines Handelsgeschäfts, der dieses nicht binnen drei Monaten nach Eintritt der Volljährigkeit einstellt. [2] Unter den in Satz 1 bezeichneten Voraussetzungen wird ferner vermutet, dass das gegenwärtige Vermögen des volljährig Gewordenen bereits bei Eintritt der Volljährigkeit vorhanden war.

§ 1630 Elterliche Sorge bei Pflegerbestellung oder Familienpflege.

(1) Die elterliche Sorge erstreckt sich nicht auf Angelegenheiten des Kindes, für die ein Pfleger bestellt ist.

(2) Steht die Personensorge oder die Vermögenssorge einem Pfleger zu, so entscheidet das Familiengericht, falls sich die Eltern und der Pfleger in einer Angelegenheit nicht einigen können, die sowohl die Person als auch das Vermögen des Kindes betrifft.

(3) [1] Geben die Eltern das Kind für längere Zeit in Familienpflege, so kann das Familiengericht auf Antrag der Eltern oder der Pflegeperson Angelegenheiten der elterlichen Sorge auf die Pflegeperson übertragen. [2] Für die Übertragung auf Antrag der Pflegeperson ist die Zustimmung der Eltern erforderlich. [3] Im Umfang der Übertragung hat die Pflegeperson die Rechte und Pflichten eines Pflegers.[1)]

§ 1631 Inhalt und Grenzen der Personensorge. (1) Die Personensorge umfasst insbesondere die Pflicht und das Recht, das Kind zu pflegen, zu erziehen, zu beaufsichtigen und seinen Aufenthalt zu bestimmen.

[Abs. 2 bis 31.12.2022:]

(2) [1] Kinder haben ein Recht auf gewaltfreie Erziehung. [2] Körperliche Bestrafungen, seelische Verletzungen und andere entwürdigende Maßnahmen sind unzulässig.

[1)] In Verfahren nach § 1630 Abs. 3, § 1631 Abs. 3, § 1631b und § 1632 hat das Jugendamt mitzuwirken; vgl. § 50 Abs. 1 Satz 1 SGB VIII (Nr. **10**).

[Abs. 2 ab 1.1.2023:]

(2) Das Kind hat ein Recht auf Pflege und Erziehung unter Ausschluss von Gewalt, körperlichen Bestrafungen, seelischen Verletzungen und anderen entwürdigenden Maßnahmen.

(3) Das Familiengericht hat die Eltern auf Antrag bei der Ausübung der Personensorge in geeigneten Fällen zu unterstützen.[1)]

§ 1631a Ausbildung und Beruf. [1] In Angelegenheiten der Ausbildung und des Berufs nehmen die Eltern insbesondere auf Eignung und Neigung des Kindes Rücksicht. [2] Bestehen Zweifel, so soll der Rat eines Lehrers oder einer anderen geeigneten Person eingeholt werden.

§ 1631b[1)] Freiheitsentziehende Unterbringung und freiheitsentziehende Maßnahmen. (1) [1] Eine Unterbringung des Kindes, die mit Freiheitsentziehung verbunden ist, bedarf der Genehmigung des Familiengerichts. [2] Die Unterbringung ist zulässig, solange sie zum Wohl des Kindes, insbesondere zur Abwendung einer erheblichen Selbst- oder Fremdgefährdung, erforderlich ist und der Gefahr nicht auf andere Weise, auch nicht durch andere öffentliche Hilfen, begegnet werden kann. [3] Ohne die Genehmigung ist die Unterbringung nur zulässig, wenn mit dem Aufschub Gefahr verbunden ist; die Genehmigung ist unverzüglich nachzuholen.

(2) [1] Die Genehmigung des Familiengerichts ist auch erforderlich, wenn dem Kind, das sich in einem Krankenhaus, einem Heim oder einer sonstigen Einrichtung aufhält, durch mechanische Vorrichtungen, Medikamente oder auf andere Weise über einen längeren Zeitraum oder regelmäßig in nicht altersgerechter Weise die Freiheit entzogen werden soll. [2] Absatz 1 Satz 2 und 3 gilt entsprechend.

§ 1631c Verbot der Sterilisation. [1] Die Eltern können nicht in eine Sterilisation des Kindes einwilligen. [2] Auch das Kind selbst kann nicht in die Sterilisation einwilligen. [3] ***[bis 31.12.2022:*** § 1909***][ab 1.1.2023:*** *§ 1809****]*** findet keine Anwendung.

§ 1631d Beschneidung des männlichen Kindes. (1) [1] Die Personensorge umfasst auch das Recht, in eine medizinisch nicht erforderliche Beschneidung des nicht einsichts- und urteilsfähigen männlichen Kindes einzuwilligen, wenn diese nach den Regeln der ärztlichen Kunst durchgeführt werden soll. [2] Dies gilt nicht, wenn durch die Beschneidung auch unter Berücksichtigung ihres Zwecks das Kindeswohl gefährdet wird.

(2) In den ersten sechs Monaten nach der Geburt des Kindes dürfen auch von einer Religionsgesellschaft dazu vorgesehene Personen Beschneidungen gemäß Absatz 1 durchführen, wenn sie dafür besonders ausgebildet und, ohne Arzt zu sein, für die Durchführung der Beschneidung vergleichbar befähigt sind.

§ 1631e Behandlung von Kindern mit Varianten der Geschlechtsentwicklung. (1) Die Personensorge umfasst nicht das Recht, in eine Behandlung eines nicht einwilligungsfähigen Kindes mit einer Variante der Geschlechts-

---

[1)] In Verfahren nach § 1630 Abs. 3, § 1631 Abs. 3, § 1631b und § 1632 hat das Jugendamt mitzuwirken; vgl. § 50 Abs. 1 Satz 1 SGB VIII (Nr. **10**).

entwicklung einzuwilligen oder selbst diese Behandlung durchzuführen, die, ohne dass ein weiterer Grund für die Behandlung hinzutritt, allein in der Absicht erfolgt, das körperliche Erscheinungsbild des Kindes an das des männlichen oder des weiblichen Geschlechts anzugleichen.

(2) [1] In operative Eingriffe an den inneren oder äußeren Geschlechtsmerkmalen des nicht einwilligungsfähigen Kindes mit einer Variante der Geschlechtsentwicklung, die eine Angleichung des körperlichen Erscheinungsbilds des Kindes an das des männlichen oder des weiblichen Geschlechts zur Folge haben könnten und für die nicht bereits nach Absatz 1 die Einwilligungsbefugnis fehlt, können die Eltern nur einwilligen, wenn der Eingriff nicht bis zu einer selbstbestimmten Entscheidung des Kindes aufgeschoben werden kann. [2] § 1909 ist nicht anzuwenden.

(3) [1] Die Einwilligung nach Absatz 2 Satz 1 bedarf der Genehmigung des Familiengerichts, es sei denn, der operative Eingriff ist zur Abwehr einer Gefahr für das Leben oder für die Gesundheit des Kindes erforderlich und kann nicht bis zur Erteilung der Genehmigung aufgeschoben werden. [2] Die Genehmigung ist auf Antrag der Eltern zu erteilen, wenn der geplante Eingriff dem Wohl des Kindes am besten entspricht. [3] Legen die Eltern dem Familiengericht eine den Eingriff befürwortende Stellungnahme einer interdisziplinären Kommission nach Absatz 4 vor, wird vermutet, dass der geplante Eingriff dem Wohl des Kindes am besten entspricht.

(4) [1] Einer interdisziplinären Kommission sollen zumindest die folgenden Personen angehören:

1. der das Kind Behandelnde gemäß § 630a,
2. mindestens eine weitere ärztliche Person,
3. eine Person, die über eine psychologische, kinder- und jugendlichenpsychotherapeutische oder kinder- und jugendpsychiatrische Berufsqualifikation verfügt, und
4. eine in Ethik aus-, weiter- oder fortgebildete Person.

[2] Die ärztlichen Kommissionsmitglieder müssen unterschiedliche kinderheilkundliche Spezialisierungen aufweisen. [3] Unter ihnen muss ein Facharzt für Kinder- und Jugendmedizin mit dem Schwerpunkt Kinderendokrinologie und -diabetologie sein. [4] Ein Kommissionsmitglied nach Satz 1 Nummer 2 darf nicht in der Einrichtung der medizinischen Versorgung beschäftigt sein, in der der operative Eingriff durchgeführt werden soll. [5] Sämtliche Kommissionsmitglieder müssen Erfahrung im Umgang mit Kindern mit Varianten der Geschlechtsentwicklung haben. [6] Auf Wunsch der Eltern soll die Kommission eine Beratungsperson mit einer Variante der Geschlechtsentwicklung beteiligen.

(5) [1] Die den operativen Eingriff nach Absatz 2 Satz 1 befürwortende Stellungnahme der interdisziplinären Kommission hat insbesondere folgende Angaben zu enthalten:

1. die Bezeichnung der Mitglieder der Kommission und Informationen zu ihrer Befähigung,
2. das Alter des Kindes und ob und welche Variante der Geschlechtsentwicklung es aufweist,
3. die Bezeichnung des geplanten Eingriffs und welche Indikation für diesen besteht,

4. warum die Kommission den Eingriff unter Berücksichtigung des Kindeswohls befürwortet und ob er aus ihrer Sicht dem Wohl des Kindes am besten entspricht, insbesondere welche Risiken mit diesem Eingriff, mit einer anderen Behandlung oder mit dem Verzicht auf einen Eingriff bis zu einer selbstbestimmten Entscheidung des Kindes verbunden sind,
5. ob und durch welche Kommissionsmitglieder ein Gespräch mit den Eltern und dem Kind geführt wurde und ob und durch welche Kommissionsmitglieder die Eltern und das Kind zum Umgang mit dieser Variante der Geschlechtsentwicklung aufgeklärt und beraten wurden,
6. ob eine Beratung der Eltern und des Kindes durch eine Beratungsperson mit einer Variante der Geschlechtsentwicklung stattgefunden hat,
7. inwieweit das Kind in der Lage ist, sich eine Meinung zu bilden und zu äußern und ob der geplante Eingriff seinem Willen entspricht, sowie
8. ob die nach Absatz 4 Satz 6 beteiligte Beratungsperson mit einer Variante der Geschlechtsentwicklung die befürwortende Stellungnahme mitträgt.

[2] Die Stellungnahme muss von allen Mitgliedern der interdisziplinären Kommission unterschrieben sein.

(6) Der Behandelnde gemäß § 630a hat, wenn eine Behandlung an den inneren oder äußeren Geschlechtsmerkmalen erfolgt ist, die Patientenakte bis zu dem Tag aufzubewahren, an dem die behandelte Person ihr 48. Lebensjahr vollendet.

§ 1632[1)] Herausgabe des Kindes; Bestimmung des Umgangs; Verbleibensanordnung bei Familienpflege. (1) Die Personensorge umfasst das Recht, die Herausgabe des Kindes von jedem zu verlangen, der es den Eltern oder einem Elternteil widerrechtlich vorenthält.

(2) Die Personensorge umfasst ferner das Recht, den Umgang des Kindes auch mit Wirkung für und gegen Dritte zu bestimmen.

(3) Über Streitigkeiten, die eine Angelegenheit nach Absatz 1 oder 2 betreffen, entscheidet das Familiengericht auf Antrag eines Elternteils.

(4) [1] Lebt das Kind seit längerer Zeit in Familienpflege und wollen die Eltern das Kind von der Pflegeperson wegnehmen, so kann das Familiengericht von Amts wegen oder auf Antrag der Pflegeperson anordnen, dass das Kind bei der Pflegeperson verbleibt, wenn und solange das Kindeswohl durch die Wegnahme gefährdet würde. [2] Das Familiengericht kann in Verfahren nach Satz 1 von Amts wegen oder auf Antrag der Pflegeperson zusätzlich anordnen, dass der Verbleib bei der Pflegeperson auf Dauer ist, wenn

1. sich innerhalb eines im Hinblick auf die Entwicklung des Kindes vertretbaren Zeitraums trotz angebotener geeigneter Beratungs- und Unterstützungsmaßnahmen die Erziehungsverhältnisse bei den Eltern nicht nachhaltig verbessert haben und eine derartige Verbesserung mit hoher Wahrscheinlichkeit auch zukünftig nicht zu erwarten ist und
2. die Anordnung zum Wohl des Kindes erforderlich ist.

§ 1633 *(aufgehoben)*

[1)] In Verfahren nach § 1630 Abs. 3, § 1631 Abs. 3, § 1631b und § 1632 hat das Jugendamt mitzuwirken; vgl. § 50 Abs. 1 Satz 1 SGB VIII (Nr. **10**).

§§ 1634 bis 1637 (weggefallen)

§ 1638 Beschränkung der Vermögenssorge.
[Abs. 1 bis 31.12.2022:]

(1) Die Vermögenssorge erstreckt sich nicht auf das Vermögen, welches das Kind von Todes wegen erwirbt oder welches ihm unter Lebenden unentgeltlich zugewendet wird, wenn der Erblasser durch letztwillige Verfügung, der Zuwendende bei der Zuwendung bestimmt hat, dass die Eltern das Vermögen nicht verwalten sollen.

[Abs. 1 ab 1.1.2023:]

(1) Die Vermögenssorge erstreckt sich nicht auf das Vermögen, welches das Kind von Todes wegen, durch unentgeltliche Zuwendung auf den Todesfall oder unter Lebenden erwirbt, wenn der Erblasser durch letztwillige Verfügung, der Zuwendende bei der Zuwendung bestimmt hat, dass die Eltern das Vermögen nicht verwalten sollen.

(2) Was das Kind auf Grund eines zu einem solchen Vermögen gehörenden Rechts oder als Ersatz für die Zerstörung, Beschädigung oder Entziehung eines zu dem Vermögen gehörenden Gegenstands oder durch ein Rechtsgeschäft erwirbt, das sich auf das Vermögen bezieht, können die Eltern gleichfalls nicht verwalten.

(3) [1] Ist durch letztwillige Verfügung oder bei der Zuwendung bestimmt, dass ein Elternteil das Vermögen nicht verwalten soll, so verwaltet es der andere Elternteil. [2] Insoweit vertritt dieser das Kind.

[§ 1639 bis 31.12.2022:]

§ 1639 Anordnungen des Erblassers oder Zuwendenden. (1) Was das Kind von Todes wegen erwirbt oder was ihm unter Lebenden unentgeltlich zugewendet wird, haben die Eltern nach den Anordnungen zu verwalten, die durch letztwillige Verfügung oder bei der Zuwendung getroffen worden sind.

(2) Die Eltern dürfen von den Anordnungen insoweit abweichen, als es nach § 1803 Abs. 2, 3 einem Vormund gestattet ist.

[§ 1639 ab 1.1.2023:]

§ 1639 Anordnungen des Erblassers oder Zuwendenden. *(1) Was das Kind von Todes wegen, durch unentgeltliche Zuwendung auf den Todesfall oder unter Lebenden erwirbt, haben die Eltern nach den Anordnungen zu verwalten, die durch letztwillige Verfügung oder bei der Zuwendung getroffen worden sind.*

(2) § 1837 Absatz 2 gilt entsprechend.

§ 1640 Vermögensverzeichnis. (1) [1] Die Eltern haben das ihrer Verwaltung unterliegende Vermögen, welches das Kind von Todes wegen erwirbt, zu verzeichnen, das Verzeichnis mit der Versicherung der Richtigkeit und Vollständigkeit zu versehen und dem Familiengericht einzureichen. [2] Gleiches gilt für Vermögen, welches das Kind sonst anlässlich eines Sterbefalls erwirbt, sowie für Abfindungen, die anstelle von Unterhalt gewährt werden, und unentgeltliche Zuwendungen. [3] Bei Haushaltsgegenständen genügt die Angabe des Gesamtwerts.

(2) Absatz 1 gilt nicht,

1. wenn der Wert eines Vermögenserwerbs 15 000 Euro nicht übersteigt oder

2. soweit der Erblasser durch letztwillige Verfügung oder der Zuwendende bei der Zuwendung eine abweichende Anordnung getroffen hat.

(3) Reichen die Eltern entgegen Absatz 1, 2 ein Verzeichnis nicht ein oder ist das eingereichte Verzeichnis ungenügend, so kann das Familiengericht anordnen, dass das Verzeichnis durch eine zuständige Behörde oder einen zuständigen Beamten oder Notar aufgenommen wird.

§ 1641 Schenkungsverbot. [1] Die Eltern können nicht in Vertretung des Kindes Schenkungen machen. [2] Ausgenommen sind Schenkungen, durch die einer sittlichen Pflicht oder einer auf den Anstand zu nehmenden Rücksicht entsprochen wird.

§ 1642 Anlegung von Geld. Die Eltern haben das ihrer Verwaltung unterliegende Geld des Kindes nach den Grundsätzen einer wirtschaftlichen Vermögensverwaltung anzulegen, soweit es nicht zur Bestreitung von Ausgaben bereitzuhalten ist.

[§ 1643 bis 31.12.2022:]
§ 1643 Genehmigungspflichtige Rechtsgeschäfte. (1) Zu Rechtsgeschäften für das Kind bedürfen die Eltern der Genehmigung des Familiengerichts in den Fällen, in denen nach § 1821 und nach § 1822 Nr. 1, 3, 5, 8 bis 11 ein Vormund der Genehmigung bedarf.

(2) [1] Das Gleiche gilt für die Ausschlagung einer Erbschaft oder eines Vermächtnisses sowie für den Verzicht auf einen Pflichtteil. [2] Tritt der Anfall an das Kind erst infolge der Ausschlagung eines Elternteils ein, der das Kind allein oder gemeinsam mit dem anderen Elternteil vertritt, so ist die Genehmigung nur erforderlich, wenn dieser neben dem Kind berufen war.

(3) Die Vorschriften der §§ 1825, 1828 bis 1831 sind entsprechend anzuwenden.

[§ 1643 ab 1.1.2023:]
§ 1643 Genehmigungsbedürftige Rechtsgeschäfte. *(1) Die Eltern bedürfen der Genehmigung des Familiengerichts in den Fällen, in denen ein Betreuer nach den §§ 1850 bis 1854 der Genehmigung des Betreuungsgerichts bedarf, soweit sich nicht aus den Absätzen 2 bis 5 etwas anderes ergibt.*

(2) Nicht genehmigungsbedürftig gemäß § 1850 sind Verfügungen über Grundpfandrechte sowie Verpflichtungen zu einer solchen Verfügung.

(3) [1] Tritt der Anfall einer Erbschaft oder eines Vermächtnisses an das Kind erst infolge der Ausschlagung eines Elternteils ein, der das Kind allein oder gemeinsam mit dem anderen Elternteil vertritt, ist die Genehmigung abweichend von § 1851 Nummer 1 nur dann erforderlich, wenn der Elternteil neben dem Kind berufen war. [2] Ein Auseinandersetzungsvertrag und eine Vereinbarung, mit der das Kind aus einer Erbengemeinschaft ausscheidet, bedarf keiner Genehmigung.

(4) [1] Die Eltern bedürfen abweichend von § 1853 Satz 1 Nummer 1 der Genehmigung zum Abschluss eines Miet- oder Pachtvertrags oder eines anderen Vertrags, durch den das Kind zu wiederkehrenden Leistungen verpflichtet wird, wenn das Vertragsverhältnis länger als ein Jahr nach dem Eintritt der Volljährigkeit des Kindes fortdauern soll. [2] Eine Genehmigung ist nicht erforderlich, wenn

1. es sich um einen Ausbildungs-, Dienst- oder Arbeitsvertrag handelt,

2. der Vertrag geringe wirtschaftliche Bedeutung für das Kind hat oder

3. das Vertragsverhältnis von dem Kind nach Eintritt der Volljährigkeit spätestens zum Ablauf des 19. Lebensjahres ohne eigene Nachteile gekündigt werden kann.

[3] § 1853 Satz 1 Nummer 2 ist nicht anzuwenden.

(5) § 1854 Nummer 6 bis 8 ist nicht anzuwenden.

[§ 1644 bis 31.12.2022:]

§ 1644 Überlassung von Vermögensgegenständen an das Kind. Die Eltern können Gegenstände, die sie nur mit Genehmigung des Familiengerichts veräußern dürfen, dem Kind nicht ohne diese Genehmigung zur Erfüllung eines von dem Kind geschlossenen Vertrags oder zu freier Verfügung überlassen.

[§ 1644 ab 1.1.2023:]

§ 1644 Ergänzende Vorschriften für genehmigungsbedürftige Rechtsgeschäfte.

(1) Das Familiengericht erteilt die Genehmigung, wenn das Rechtsgeschäft dem Wohl des Kindes unter Berücksichtigung der Grundsätze einer wirtschaftlichen Vermögensverwaltung nicht widerspricht.

(2) § 1860 Absatz 2 gilt entsprechend.

(3) [1] Für die Erteilung der Genehmigung gelten die §§ 1855 bis 1856 Absatz 2 sowie die §§ 1857 und 1858 entsprechend. [2] Ist das Kind volljährig geworden, so tritt seine Genehmigung an die Stelle der Genehmigung des Familiengerichts.

[§ 1645 bis 31.12.2022:]

§ 1645 Neues Erwerbsgeschäft. Die Eltern sollen nicht ohne Genehmigung des Familiengerichts ein neues Erwerbsgeschäft im Namen des Kindes beginnen.

[§ 1645 ab 1.1.2023:]

§ 1645 Anzeigepflicht für Erwerbsgeschäfte. *Die Eltern haben Beginn, Art und Umfang eines neuen Erwerbsgeschäfts im Namen des Kindes beim Familiengericht anzuzeigen.*

§ 1646 Erwerb mit Mitteln des Kindes. (1) [1] Erwerben die Eltern mit Mitteln des Kindes bewegliche Sachen, so geht mit dem Erwerb das Eigentum auf das Kind über, es sei denn, dass die Eltern nicht für Rechnung des Kindes erwerben wollen. [2] Dies gilt insbesondere auch von Inhaberpapieren und von Orderpapieren, die mit Blankoindossament versehen sind.

(2) Die Vorschriften des Absatzes 1 sind entsprechend anzuwenden, wenn die Eltern mit Mitteln des Kindes ein Recht an Sachen der bezeichneten Art oder ein anderes Recht erwerben, zu dessen Übertragung der Abtretungsvertrag genügt.

§ 1647 (weggefallen)

§ 1648 Ersatz von Aufwendungen. Machen die Eltern bei der Ausübung der Personensorge oder der Vermögenssorge Aufwendungen, die sie den Umständen nach für erforderlich halten dürfen, so können sie von dem Kind Ersatz verlangen, sofern nicht die Aufwendungen ihnen selbst zur Last fallen.

§ 1649 Verwendung der Einkünfte des Kindesvermögens. (1) [1]Die Einkünfte des Kindesvermögens, die zur ordnungsmäßigen Verwaltung des Vermögens nicht benötigt werden, sind für den Unterhalt des Kindes zu verwenden. [2]Soweit die Vermögenseinkünfte nicht ausreichen, können die Einkünfte verwendet werden, die das Kind durch seine Arbeit oder durch den ihm nach § 112 gestatteten selbständigen Betrieb eines Erwerbsgeschäfts erwirbt.

(2) Die Eltern können die Einkünfte des Vermögens, die zur ordnungsmäßigen Verwaltung des Vermögens und für den Unterhalt des Kindes nicht benötigt werden, für ihren eigenen Unterhalt und für den Unterhalt der minderjährigen Geschwister des Kindes verwenden, soweit dies unter Berücksichtigung der Vermögens- und Erwerbsverhältnisse der Beteiligten der Billigkeit entspricht.

§§ 1650 bis 1663 (weggefallen)

§ 1664 Beschränkte Haftung der Eltern. (1) Die Eltern haben bei der Ausübung der elterlichen Sorge dem Kind gegenüber nur für die Sorgfalt einzustehen, die sie in eigenen Angelegenheiten anzuwenden pflegen.

(2) Sind für einen Schaden beide Eltern verantwortlich, so haften sie als Gesamtschuldner.

§ 1665 (weggefallen)

§ 1666 Gerichtliche Maßnahmen bei Gefährdung des Kindeswohls.

(1) Wird das körperliche, geistige oder seelische Wohl des Kindes oder sein Vermögen gefährdet und sind die Eltern nicht gewillt oder nicht in der Lage, die Gefahr abzuwenden, so hat das Familiengericht die Maßnahmen zu treffen, die zur Abwendung der Gefahr erforderlich sind.

(2) In der Regel ist anzunehmen, dass das Vermögen des Kindes gefährdet ist, wenn der Inhaber der Vermögenssorge seine Unterhaltspflicht gegenüber dem Kind oder seine mit der Vermögenssorge verbundenen Pflichten verletzt oder Anordnungen des Gerichts, die sich auf die Vermögenssorge beziehen, nicht befolgt.

(3) Zu den gerichtlichen Maßnahmen nach Absatz 1 gehören insbesondere

1. Gebote, öffentliche Hilfen wie zum Beispiel Leistungen der Kinder- und Jugendhilfe und der Gesundheitsfürsorge in Anspruch zu nehmen,
2. Gebote, für die Einhaltung der Schulpflicht zu sorgen,
3. Verbote, vorübergehend oder auf unbestimmte Zeit die Familienwohnung oder eine andere Wohnung zu nutzen, sich in einem bestimmten Umkreis der Wohnung aufzuhalten oder zu bestimmende andere Orte aufzusuchen, an denen sich das Kind regelmäßig aufhält,
4. Verbote, Verbindung zum Kind aufzunehmen oder ein Zusammentreffen mit dem Kind herbeizuführen,
5. die Ersetzung von Erklärungen des Inhabers der elterlichen Sorge,
6. die teilweise oder vollständige Entziehung der elterlichen Sorge.

(4) In Angelegenheiten der Personensorge kann das Gericht auch Maßnahmen mit Wirkung gegen einen Dritten treffen.

§ 1666a Grundsatz der Verhältnismäßigkeit; Vorrang öffentlicher Hilfen. (1) [1] Maßnahmen, mit denen eine Trennung des Kindes von der elterlichen Familie verbunden ist, sind nur zulässig, wenn der Gefahr nicht auf andere Weise, auch nicht durch öffentliche Hilfen, begegnet werden kann. [2] Dies gilt auch, wenn einem Elternteil vorübergehend oder auf unbestimmte Zeit die Nutzung der Familienwohnung untersagt werden soll. [3] Wird einem Elternteil oder einem Dritten die Nutzung der vom Kind mitbewohnten oder einer anderen Wohnung untersagt, ist bei der Bemessung der Dauer der Maßnahme auch zu berücksichtigen, ob diesem das Eigentum, das Erbbaurecht oder der Nießbrauch an dem Grundstück zusteht, auf dem sich die Wohnung befindet; Entsprechendes gilt für das Wohnungseigentum, das Dauerwohnrecht, das dingliche Wohnrecht oder wenn der Elternteil oder Dritte Mieter der Wohnung ist.

(2) Die gesamte Personensorge darf nur entzogen werden, wenn andere Maßnahmen erfolglos geblieben sind oder wenn anzunehmen ist, dass sie zur Abwendung der Gefahr nicht ausreichen.

§ 1667 Gerichtliche Maßnahmen bei Gefährdung des Kindesvermögens. (1) [1] Das Familiengericht kann anordnen, dass die Eltern ein Verzeichnis des Vermögens des Kindes einreichen und über die Verwaltung Rechnung legen. [2] Die Eltern haben das Verzeichnis mit der Versicherung der Richtigkeit und Vollständigkeit zu versehen. [3] Ist das eingereichte Verzeichnis ungenügend, so kann das Familiengericht anordnen, dass das Verzeichnis durch eine zuständige Behörde oder durch einen zuständigen Beamten oder Notar aufgenommen wird.

[Abs. 2 bis 31.12.2022:]

(2) [1] Das Familiengericht kann anordnen, dass das Geld des Kindes in bestimmter Weise anzulegen und dass zur Abhebung seine Genehmigung erforderlich ist. [2] Gehören Wertpapiere, Kostbarkeiten oder Schuldbuchforderungen gegen den Bund oder ein Land zum Vermögen des Kindes, so kann das Familiengericht dem Elternteil, der das Kind vertritt, die gleichen Verpflichtungen auferlegen, die nach §§ 1814 bis 1816, 1818 einem Vormund obliegen; die §§ 1819, 1820 sind entsprechend anzuwenden.

[Abs. 2 ab 1.1.2023:]

(2) [1] Das Familiengericht kann anordnen, dass das Geld des Kindes in bestimmter Weise anzulegen und zur Abhebung seine Genehmigung erforderlich ist. [2] Gehören Wertpapiere oder Wertgegenstände zum Vermögen des Kindes, so kann das Familiengericht dem Elternteil, der das Kind vertritt, die gleichen Verpflichtungen auferlegen, die nach den §§ 1843 bis 1845 einem Betreuer obliegen; die §§ 1842 und 1849 Absatz 1 sind entsprechend anzuwenden.

(3) [1] Das Familiengericht kann dem Elternteil, der das Vermögen des Kindes gefährdet, Sicherheitsleistung für das seiner Verwaltung unterliegende Vermögen auferlegen. [2] Die Art und den Umfang der Sicherheitsleistung bestimmt das Familiengericht nach seinem Ermessen. [3] Bei der Bestellung und Aufhebung der Sicherheit wird die Mitwirkung des Kindes durch die Anordnung des Familiengerichts ersetzt. [4] Die Sicherheitsleistung darf nur dadurch erzwungen werden, dass die Vermögenssorge gemäß § 1666 Abs. 1 ganz oder teilweise entzogen wird.

(4) Die Kosten der angeordneten Maßnahmen trägt der Elternteil, der sie veranlasst hat.

§§ 1668 bis 1670 (weggefallen)

§ 1671 Übertragung der Alleinsorge bei Getrenntleben der Eltern.

(1) [1]Leben Eltern nicht nur vorübergehend getrennt und steht ihnen die elterliche Sorge gemeinsam zu, so kann jeder Elternteil beantragen, dass ihm das Familiengericht die elterliche Sorge oder einen Teil der elterlichen Sorge allein überträgt. [2]Dem Antrag ist stattzugeben, soweit

1. der andere Elternteil zustimmt, es sei denn, das Kind hat das 14. Lebensjahr vollendet und widerspricht der Übertragung, oder
2. zu erwarten ist, dass die Aufhebung der gemeinsamen Sorge und die Übertragung auf den Antragsteller dem Wohl des Kindes am besten entspricht.

(2) [1]Leben Eltern nicht nur vorübergehend getrennt und steht die elterliche Sorge nach § 1626a Absatz 3 der Mutter zu, so kann der Vater beantragen, dass ihm das Familiengericht die elterliche Sorge oder einen Teil der elterlichen Sorge allein überträgt. [2]Dem Antrag ist stattzugeben, soweit

1. die Mutter zustimmt, es sei denn, die Übertragung widerspricht dem Wohl des Kindes oder das Kind hat das 14. Lebensjahr vollendet und widerspricht der Übertragung, oder
2. eine gemeinsame Sorge nicht in Betracht kommt und zu erwarten ist, dass die Übertragung auf den Vater dem Wohl des Kindes am besten entspricht.

(3) [1]Ruht die elterliche Sorge der Mutter nach § 1751 Absatz 1 Satz 1, so gilt der Antrag des Vaters auf Übertragung der gemeinsamen elterlichen Sorge nach § 1626a Absatz 2 als Antrag nach Absatz 2. [2]Dem Antrag ist stattzugeben, soweit die Übertragung der elterlichen Sorge auf den Vater dem Wohl des Kindes nicht widerspricht.

(4) Den Anträgen nach den Absätzen 1 und 2 ist nicht stattzugeben, soweit die elterliche Sorge auf Grund anderer Vorschriften abweichend geregelt werden muss.

§ 1672 *(aufgehoben)*

§ 1673 Ruhen der elterlichen Sorge bei rechtlichem Hindernis.

(1) Die elterliche Sorge eines Elternteils ruht, wenn er geschäftsunfähig ist.

(2) [1]Das Gleiche gilt, wenn er in der Geschäftsfähigkeit beschränkt ist. [2]Die Personensorge für das Kind steht ihm neben dem gesetzlichen Vertreter des Kindes zu; zur Vertretung des Kindes ist er nicht berechtigt. [3]Bei einer Meinungsverschiedenheit geht die Meinung des minderjährigen Elternteils vor, wenn der gesetzliche Vertreter des Kindes ein Vormund oder Pfleger ist; andernfalls gelten § 1627 Satz 2 und § 1628.

§ 1674 Ruhen der elterlichen Sorge bei tatsächlichem Hindernis.

(1) Die elterliche Sorge eines Elternteils ruht, wenn das Familiengericht feststellt, dass er auf längere Zeit die elterliche Sorge tatsächlich nicht ausüben kann.

(2) Die elterliche Sorge lebt wieder auf, wenn das Familiengericht feststellt, dass der Grund des Ruhens nicht mehr besteht.

[§ 1674a bis 31.12.2022:]

§ 1674a Ruhen der elterlichen Sorge der Mutter für ein vertraulich geborenes Kind. [1] Die elterliche Sorge der Mutter für ein nach § 25 Absatz 1 des Schwangerschaftskonfliktgesetzes vertraulich geborenes Kind ruht. [2] Ihre elterliche Sorge lebt wieder auf, wenn das Familiengericht feststellt, dass sie ihm gegenüber die für den Geburtseintrag ihres Kindes erforderlichen Angaben gemacht hat.

[§ 1674a ab 1.1.2023:]

§ 1674a ***Ruhen der elterlichen Sorge für ein vertraulich geborenes Kind.***

[1] Die elterliche Sorge der Eltern für ein nach § 25 Absatz 1 des Schwangerschaftskonfliktgesetzes vertraulich geborenes Kind ruht. [2] Die elterliche Sorge lebt wieder auf, wenn das Familiengericht feststellt, dass ein Elternteil ihm gegenüber die für den Geburtseintrag des Kindes erforderlichen Angaben gemacht hat.

§ 1675 Wirkung des Ruhens. Solange die elterliche Sorge ruht, ist ein Elternteil nicht berechtigt, sie auszuüben.

§ 1676 (weggefallen)

§ 1677 Beendigung der Sorge durch Todeserklärung. Die elterliche Sorge eines Elternteils endet, wenn er für tot erklärt oder seine Todeszeit nach den Vorschriften des Verschollenheitsgesetzes festgestellt wird, mit dem Zeitpunkt, der als Zeitpunkt des Todes gilt.

§ 1678 Folgen der tatsächlichen Verhinderung oder des Ruhens für den anderen Elternteil. (1) Ist ein Elternteil tatsächlich verhindert, die elterliche Sorge auszuüben, oder ruht seine elterliche Sorge, so übt der andere Teil die elterliche Sorge allein aus; dies gilt nicht, wenn die elterliche Sorge dem Elternteil nach § 1626a Absatz 3 oder § 1671 allein zustand.

(2) Ruht die elterliche Sorge des Elternteils, dem sie gemäß § 1626a Absatz 3 oder § 1671 allein zustand, und besteht keine Aussicht, dass der Grund des Ruhens wegfallen werde, so hat das Familiengericht die elterliche Sorge dem anderen Elternteil zu übertragen, wenn dies dem Wohl des Kindes nicht widerspricht.

§ 1679 (weggefallen)

§ 1680 Tod eines Elternteils oder Entziehung des Sorgerechts.

(1) Stand die elterliche Sorge den Eltern gemeinsam zu und ist ein Elternteil gestorben, so steht die elterliche Sorge dem überlebenden Elternteil zu.

(2) Ist ein Elternteil, dem die elterliche Sorge gemäß § 1626a Absatz 3 oder § 1671 allein zustand, gestorben, so hat das Familiengericht die elterliche Sorge dem überlebenden Elternteil zu übertragen, wenn dies dem Wohl des Kindes nicht widerspricht.

(3) Die Absätze 1 und 2 gelten entsprechend, soweit einem Elternteil die elterliche Sorge entzogen wird.

§ 1681 Todeserklärung eines Elternteils. (1) § 1680 Abs. 1 und 2 gilt entsprechend, wenn die elterliche Sorge eines Elternteils endet, weil er für tot erklärt oder seine Todeszeit nach den Vorschriften des Verschollenheitsgesetzes festgestellt worden ist.

(2) Lebt dieser Elternteil noch, so hat ihm das Familiengericht auf Antrag die elterliche Sorge in dem Umfang zu übertragen, in dem sie ihm vor dem nach § 1677 maßgebenden Zeitpunkt zustand, wenn dies dem Wohl des Kindes nicht widerspricht.

§ 1682 Verbleibensanordnung zugunsten von Bezugspersonen. [1]Hat das Kind seit längerer Zeit in einem Haushalt mit einem Elternteil und dessen Ehegatten gelebt und will der andere Elternteil, der nach den §§ 1678, 1680, 1681 den Aufenthalt des Kindes nunmehr allein bestimmen kann, das Kind von dem Ehegatten wegnehmen, so kann das Familiengericht von Amts wegen oder auf Antrag des Ehegatten anordnen, dass das Kind bei dem Ehegatten verbleibt, wenn und solange das Kindeswohl durch die Wegnahme gefährdet würde. [2]Satz 1 gilt entsprechend, wenn das Kind seit längerer Zeit in einem Haushalt mit einem Elternteil und dessen Lebenspartner oder einer nach § 1685 Abs. 1 umgangsberechtigten volljährigen Person gelebt hat.

§ 1683 *(aufgehoben)*

§ 1684 Umgang des Kindes mit den Eltern. (1) Das Kind hat das Recht auf Umgang mit jedem Elternteil; jeder Elternteil ist zum Umgang mit dem Kind verpflichtet und berechtigt.

(2) [1]Die Eltern haben alles zu unterlassen, was das Verhältnis des Kindes zum jeweils anderen Elternteil beeinträchtigt oder die Erziehung erschwert. [2]Entsprechendes gilt, wenn sich das Kind in der Obhut einer anderen Person befindet.

(3) [1]Das Familiengericht kann über den Umfang des Umgangsrechts entscheiden und seine Ausübung, auch gegenüber Dritten, näher regeln. [2]Es kann die Beteiligten durch Anordnungen zur Erfüllung der in Absatz 2 geregelten Pflicht anhalten. [3]Wird die Pflicht nach Absatz 2 dauerhaft oder wiederholt erheblich verletzt, kann das Familiengericht auch eine Pflegschaft für die Durchführung des Umgangs anordnen (Umgangspflegschaft). [4]Die Umgangspflegschaft umfasst das Recht, die Herausgabe des Kindes zur Durchführung des Umgangs zu verlangen und für die Dauer des Umgangs dessen Aufenthalt zu bestimmen. [5]Die Anordnung ist zu befristen. [6]Für den Ersatz von Aufwendungen und die Vergütung des Umgangspflegers gilt § 277 des Gesetzes über das Verfahren in Familiensachen und in den Angelegenheiten der freiwilligen Gerichtsbarkeit entsprechend.

(4) [1]Das Familiengericht kann das Umgangsrecht oder den Vollzug früherer Entscheidungen über das Umgangsrecht einschränken oder ausschließen, soweit dies zum Wohl des Kindes erforderlich ist. [2]Eine Entscheidung, die das Umgangsrecht oder seinen Vollzug für längere Zeit oder auf Dauer einschränkt oder ausschließt, kann nur ergehen, wenn andernfalls das Wohl des Kindes gefährdet wäre. [3]Das Familiengericht kann insbesondere anordnen, dass der Umgang nur stattfinden darf, wenn ein mitwirkungsbereiter Dritter anwesend ist. [4]Dritter kann auch ein Träger der Jugendhilfe oder ein Verein sein; dieser bestimmt dann jeweils, welche Einzelperson die Aufgabe wahrnimmt.

§ 1685 Umgang des Kindes mit anderen Bezugspersonen. (1) Großeltern und Geschwister haben ein Recht auf Umgang mit dem Kind, wenn dieser dem Wohl des Kindes dient.

(2) [1] Gleiches gilt für enge Bezugspersonen des Kindes, wenn diese für das Kind tatsächliche Verantwortung tragen oder getragen haben (sozial-familiäre Beziehung). [2] Eine Übernahme tatsächlicher Verantwortung ist in der Regel anzunehmen, wenn die Person mit dem Kind längere Zeit in häuslicher Gemeinschaft zusammengelebt hat.

(3) [1] § 1684 Abs. 2 bis 4 gilt entsprechend. [2] Eine Umgangspflegschaft nach § 1684 Abs. 3 Satz 3 bis 5 kann das Familiengericht nur anordnen, wenn die Voraussetzungen des § 1666 Abs. 1 erfüllt sind.

§ 1686 Auskunft über die persönlichen Verhältnisse des Kindes.

Jeder Elternteil kann vom anderen Elternteil bei berechtigtem Interesse Auskunft über die persönlichen Verhältnisse des Kindes verlangen, soweit dies dem Wohl des Kindes nicht widerspricht.

§ 1686a Rechte des leiblichen, nicht rechtlichen Vaters. (1) Solange die Vaterschaft eines anderen Mannes besteht, hat der leibliche Vater, der ernsthaftes Interesse an dem Kind gezeigt hat,

1. ein Recht auf Umgang mit dem Kind, wenn der Umgang dem Kindeswohl dient, und
2. ein Recht auf Auskunft von jedem Elternteil über die persönlichen Verhältnisse des Kindes, soweit er ein berechtigtes Interesse hat und dies dem Wohl des Kindes nicht widerspricht.

(2) [1] Hinsichtlich des Rechts auf Umgang mit dem Kind nach Absatz 1 Nummer 1 gilt § 1684 Absatz 2 bis 4 entsprechend. [2] Eine Umgangspflegschaft nach § 1684 Absatz 3 Satz 3 bis 5 kann das Familiengericht nur anordnen, wenn die Voraussetzungen des § 1666 Absatz 1 erfüllt sind.

§ 1687 Ausübung der gemeinsamen Sorge bei Getrenntleben.

(1) [1] Leben Eltern, denen die elterliche Sorge gemeinsam zusteht, nicht nur vorübergehend getrennt, so ist bei Entscheidungen in Angelegenheiten, deren Regelung für das Kind von erheblicher Bedeutung ist, ihr gegenseitiges Einvernehmen erforderlich. [2] Der Elternteil, bei dem sich das Kind mit Einwilligung des anderen Elternteils oder auf Grund einer gerichtlichen Entscheidung gewöhnlich aufhält, hat die Befugnis zur alleinigen Entscheidung in Angelegenheiten des täglichen Lebens. [3] Entscheidungen in Angelegenheiten des täglichen Lebens sind in der Regel solche, die häufig vorkommen und die keine schwer abzuändernden Auswirkungen auf die Entwicklung des Kindes haben. [4] Solange sich das Kind mit Einwilligung dieses Elternteils oder auf Grund einer gerichtlichen Entscheidung bei dem anderen Elternteil aufhält, hat dieser die Befugnis zur alleinigen Entscheidung in Angelegenheiten der tatsächlichen Betreuung. [5] § 1629 Abs. 1 Satz 4 und § 1684 Abs. 2 Satz 1 gelten entsprechend.

(2) Das Familiengericht kann die Befugnisse nach Absatz 1 Satz 2 und 4 einschränken oder ausschließen, wenn dies zum Wohl des Kindes erforderlich ist.

§ 1687a Entscheidungsbefugnisse des nicht sorgeberechtigten Elternteils. Für jeden Elternteil, der nicht Inhaber der elterlichen Sorge ist und bei dem sich das Kind mit Einwilligung des anderen Elternteils oder eines sonstigen Inhabers der Sorge oder auf Grund einer gerichtlichen Entscheidung aufhält, gilt § 1687 Abs. 1 Satz 4 und 5 und Abs. 2 entsprechend.

§ 1687b Sorgerechtliche Befugnisse des Ehegatten. (1) [1] Der Ehegatte eines allein sorgeberechtigten Elternteils, der nicht Elternteil des Kindes ist, hat im Einvernehmen mit dem sorgeberechtigten Elternteil die Befugnis zur Mitentscheidung in Angelegenheiten des täglichen Lebens des Kindes. [2] § 1629 Abs. 2 Satz 1 gilt entsprechend.

(2) Bei Gefahr im Verzug ist der Ehegatte dazu berechtigt, alle Rechtshandlungen vorzunehmen, die zum Wohl des Kindes notwendig sind; der sorgeberechtigte Elternteil ist unverzüglich zu unterrichten.

(3) Das Familiengericht kann die Befugnisse nach Absatz 1 einschränken oder ausschließen, wenn dies zum Wohl des Kindes erforderlich ist.

(4) Die Befugnisse nach Absatz 1 bestehen nicht, wenn die Ehegatten nicht nur vorübergehend getrennt leben.

§ 1688 Entscheidungsbefugnisse der Pflegeperson. (1) [1] Lebt ein Kind für längere Zeit in Familienpflege, so ist die Pflegeperson berechtigt, in Angelegenheiten des täglichen Lebens zu entscheiden sowie den Inhaber der elterlichen Sorge in solchen Angelegenheiten zu vertreten. [2] Sie ist befugt, den Arbeitsverdienst des Kindes zu verwalten sowie Unterhalts-, Versicherungs-, Versorgungs- und sonstige Sozialleistungen für das Kind geltend zu machen und zu verwalten. [3] § 1629 Abs. 1 Satz 4 gilt entsprechend.

(2) Der Pflegeperson steht eine Person gleich, die im Rahmen der Hilfe nach den §§ 34, 35 und 35a Absatz 2 Nummer 3 und 4 des Achten Buches Sozialgesetzbuch[1)] die Erziehung und Betreuung eines Kindes übernommen hat.

(3) [1] Die Absätze 1 und 2 gelten nicht, wenn der Inhaber der elterlichen Sorge etwas anderes erklärt. [2] Das Familiengericht kann die Befugnisse nach den Absätzen 1 und 2 einschränken oder ausschließen, wenn dies zum Wohl des Kindes erforderlich ist.

(4) Für eine Person, bei der sich das Kind auf Grund einer gerichtlichen Entscheidung nach § 1632 Abs. 4 oder § 1682 aufhält, gelten die Absätze 1 und 3 mit der Maßgabe, dass die genannten Befugnisse nur das Familiengericht einschränken oder ausschließen kann.

§§ 1689 bis 1692 (weggefallen)

§ 1693 Gerichtliche Maßnahmen bei Verhinderung der Eltern. Sind die Eltern verhindert, die elterliche Sorge auszuüben, so hat das Familiengericht die im Interesse des Kindes erforderlichen Maßregeln zu treffen.

§§ 1694, 1695 (weggefallen)

§ 1696 Abänderung gerichtlicher Entscheidungen und gerichtlich gebilligter Vergleiche. (1) [1] Eine Entscheidung zum Sorge- oder Umgangsrecht

---

1) Nr. **10**.

oder ein gerichtlich gebilligter Vergleich ist zu ändern, wenn dies aus triftigen, das Wohl des Kindes nachhaltig berührenden Gründen angezeigt ist. [2] Entscheidungen nach § 1626a Absatz 2 können gemäß § 1671 Absatz 1 geändert werden; § 1671 Absatz 4 gilt entsprechend. [3] § 1678 Absatz 2, § 1680 Absatz 2 sowie § 1681 Absatz 1 und 2 bleiben unberührt.

(2) Eine Maßnahme nach den §§ 1666 bis 1667 oder einer anderen Vorschrift des Bürgerlichen Gesetzbuchs, die nur ergriffen werden darf, wenn dies zur Abwendung einer Kindeswohlgefährdung oder zum Wohl des Kindes erforderlich ist (kindesschutzrechtliche Maßnahme), ist aufzuheben, wenn eine Gefahr für das Wohl des Kindes nicht mehr besteht oder die Erforderlichkeit der Maßnahme entfallen ist.

(3) Eine Anordnung nach § 1632 Absatz 4 ist auf Antrag der Eltern aufzuheben, wenn die Wegnahme des Kindes von der Pflegeperson das Kindeswohl nicht gefährdet.

§ 1697 *(aufgehoben)*

§ 1697a Kindeswohlprinzip. (1) Soweit nichts anderes bestimmt ist, trifft das Gericht in Verfahren über die in diesem Titel geregelten Angelegenheiten diejenige Entscheidung, die unter Berücksichtigung der tatsächlichen Gegebenheiten und Möglichkeiten sowie der berechtigten Interessen der Beteiligten dem Wohl des Kindes am besten entspricht.

(2) [1] Lebt das Kind in Familienpflege, so hat das Gericht, soweit nichts anderes bestimmt ist, in Verfahren über die in diesem Titel geregelten Angelegenheiten auch zu berücksichtigen, ob und inwieweit sich innerhalb eines im Hinblick auf die Entwicklung des Kindes vertretbaren Zeitraums die Erziehungsverhältnisse bei den Eltern derart verbessert haben, dass diese das Kind selbst erziehen können. [2] Liegen die Voraussetzungen des § 1632 Absatz 4 Satz 2 Nummer 1 vor, so hat das Gericht bei seiner Entscheidung auch das Bedürfnis des Kindes nach kontinuierlichen und stabilen Lebensverhältnissen zu berücksichtigen. [3] Die Sätze 1 und 2 gelten entsprechend, wenn das Kind im Rahmen einer Hilfe nach § 34 oder 35a Absatz 2 Nummer 4 des Achten Buches Sozialgesetzbuch[1)] erzogen und betreut wird.

§ 1698 Herausgabe des Kindesvermögens; Rechnungslegung.

(1) Endet oder ruht die elterliche Sorge der Eltern oder hört aus einem anderen Grunde ihre Vermögenssorge auf, so haben sie dem Kind das Vermögen herauszugeben und auf Verlangen über die Verwaltung Rechenschaft abzulegen.

(2) Über die Nutzungen des Kindesvermögens brauchen die Eltern nur insoweit Rechenschaft abzulegen, als Grund zu der Annahme besteht, dass sie die Nutzungen entgegen der Vorschrift des § 1649 verwendet haben.

§ 1698a Fortführung der Geschäfte in Unkenntnis der Beendigung der elterlichen Sorge. (1) [1] Die Eltern dürfen die mit der Personensorge und mit der Vermögenssorge für das Kind verbundenen Geschäfte fortführen, bis sie von der Beendigung der elterlichen Sorge Kenntnis erlangen oder sie kennen

---

[1)] Nr. **10**.

müssen. [2] Ein Dritter kann sich auf diese Befugnis nicht berufen, wenn er bei der Vornahme eines Rechtsgeschäfts die Beendigung kennt oder kennen muss.

(2) Diese Vorschriften sind entsprechend anzuwenden, wenn die elterliche Sorge ruht.

§ 1698b Fortführung dringender Geschäfte nach Tod des Kindes.

Endet die elterliche Sorge durch den Tod des Kindes, so haben die Eltern die Geschäfte, die nicht ohne Gefahr aufgeschoben werden können, zu besorgen, bis der Erbe anderweit Fürsorge treffen kann.

§§ 1699 bis 1711 (weggefallen)

Titel 6. Beistandschaft

§ 1712 Beistandschaft des Jugendamts; Aufgaben. (1) Auf schriftlichen Antrag eines Elternteils wird das Jugendamt Beistand des Kindes für folgende Aufgaben:

1. die Feststellung der Vaterschaft,
2. die Geltendmachung von Unterhaltsansprüchen sowie die Verfügung über diese Ansprüche; ist das Kind bei einem Dritten entgeltlich in Pflege, so ist der Beistand berechtigt, aus dem vom Unterhaltspflichtigen Geleisteten den Dritten zu befriedigen.

(2) Der Antrag kann auf einzelne der in Absatz 1 bezeichneten Aufgaben beschränkt werden.

§ 1713 Antragsberechtigte. (1) [1] Den Antrag kann ein Elternteil stellen, dem für den Aufgabenkreis der beantragten Beistandschaft die alleinige elterliche Sorge zusteht oder zustünde, wenn das Kind bereits geboren wäre. [2] Steht die elterliche Sorge für das Kind den Eltern gemeinsam zu, kann der Antrag von dem Elternteil gestellt werden, in dessen Obhut sich das Kind befindet. [3] Der Antrag kann auch von einem ***[bis 31.12.2022:*** nach § 1776 berufenen Vormund***][ab 1.1.2023:*** *ehrenamtlichen Vormund, sowie von einer Pflegeperson, der nach § 1630 Absatz 3 Angelegenheiten der elterlichen Sorge übertragen wurden,]* gestellt werden. [4] Er kann nicht durch einen Vertreter gestellt werden.

(2) [1] Vor der Geburt des Kindes kann die werdende Mutter den Antrag auch dann stellen, wenn das Kind, sofern es bereits geboren wäre, unter Vormundschaft stünde. [2] Ist die werdende Mutter in der Geschäftsfähigkeit beschränkt, so kann sie den Antrag nur selbst stellen; sie bedarf hierzu nicht der Zustimmung ihres gesetzlichen Vertreters. [3] Für eine geschäftsunfähige werdende Mutter kann nur ihr gesetzlicher Vertreter den Antrag stellen.

§ 1714 Eintritt der Beistandschaft. [1] Die Beistandschaft tritt ein, sobald der Antrag dem Jugendamt zugeht. [2] Dies gilt auch, wenn der Antrag vor der Geburt des Kindes gestellt wird.

§ 1715 Beendigung der Beistandschaft. (1) [1] Die Beistandschaft endet, wenn der Antragsteller dies schriftlich verlangt. [2] § 1712 Abs. 2 und § 1714 gelten entsprechend.

(2) Die Beistandschaft endet auch, sobald der Antragsteller keine der in § 1713 genannten Voraussetzungen mehr erfüllt.

§ 1716 Wirkungen der Beistandschaft. [1]Durch die Beistandschaft wird die elterliche Sorge nicht eingeschränkt. ***[Satz 2 bis 31.12.2022:]*** [2]Im Übrigen gelten die Vorschriften über die Pflegschaft mit Ausnahme derjenigen über die Aufsicht des Familiengerichts und die Rechnungslegung sinngemäß; die §§ 1791, 1791c Abs. 3 sind nicht anzuwenden. ***[Satz 2 ab 1.1.2023:]*** *[2]Im Übrigen gelten die Vorschriften über die Pflegschaft für Minderjährige mit Ausnahme derjenigen über die Aufsicht des Familiengerichts und die Rechnungslegung sinngemäß.*

§ 1717 Erfordernis des gewöhnlichen Aufenthalts im Inland. [1]Die Beistandschaft tritt nur ein, wenn das Kind seinen gewöhnlichen Aufenthalt im Inland hat; sie endet, wenn das Kind seinen gewöhnlichen Aufenthalt im Ausland begründet. [2]Dies gilt für die Beistandschaft vor der Geburt des Kindes entsprechend.

§§ 1718 bis 1740 (weggefallen)

Titel 7.[1] Annahme als Kind

Untertitel 1. Annahme Minderjähriger

§ 1741 Zulässigkeit der Annahme. (1) [1]Die Annahme als Kind ist zulässig, wenn sie dem Wohl des Kindes dient und zu erwarten ist, dass zwischen dem Annehmenden und dem Kind ein Eltern-Kind-Verhältnis entsteht. [2]Wer an einer gesetzes- oder sittenwidrigen Vermittlung oder Verbringung eines Kindes zum Zwecke der Annahme mitgewirkt oder einen Dritten hiermit beauftragt oder hierfür belohnt hat, soll ein Kind nur dann annehmen, wenn dies zum Wohl des Kindes erforderlich ist.

(2) [1]Wer nicht verheiratet ist, kann ein Kind nur allein annehmen. [2]Ein Ehepaar kann ein Kind nur gemeinschaftlich annehmen. [3]Ein Ehegatte kann ein Kind seines Ehegatten allein annehmen. [4]Er kann ein Kind auch dann allein annehmen, wenn der andere Ehegatte das Kind nicht annehmen kann, weil er geschäftsunfähig ist oder das 21. Lebensjahr noch nicht vollendet hat.

§ 1742 Annahme nur als gemeinschaftliches Kind. Ein angenommenes Kind kann, solange das Annahmeverhältnis besteht, bei Lebzeiten eines Annehmenden nur von dessen Ehegatten angenommen werden.

§ 1743 Mindestalter. [1]Der Annehmende muss das 25., in den Fällen des § 1741 Abs. 2 Satz 3 das 21. Lebensjahr vollendet haben. [2]In den Fällen des § 1741 Abs. 2 Satz 2 muss ein Ehegatte das 25. Lebensjahr, der andere Ehegatte das 21. Lebensjahr vollendet haben.

§ 1744 Probezeit. Die Annahme soll in der Regel erst ausgesprochen werden, wenn der Annehmende das Kind eine angemessene Zeit in Pflege gehabt hat.

§ 1745 Verbot der Annahme. [1]Die Annahme darf nicht ausgesprochen werden, wenn ihr überwiegende Interessen der Kinder des Annehmenden oder des Anzunehmenden entgegenstehen oder wenn zu befürchten ist, dass Interes-

---

[1] Beachte auch Adoptionsvermittlungsgesetz (Nr. **8**). Die Adoptionsvermittlung ist Aufgabe des Jugendamtes und des Landesjugendamtes.

sen des Anzunehmenden durch Kinder des Annehmenden gefährdet werden. [2] Vermögensrechtliche Interessen sollen nicht ausschlaggebend sein.

§ 1746 Einwilligung des Kindes. (1) [1] Zur Annahme ist die Einwilligung des Kindes erforderlich. [2] Für ein Kind, das geschäftsunfähig oder noch nicht 14 Jahre alt ist, kann nur sein gesetzlicher Vertreter die Einwilligung erteilen. [3] Im Übrigen kann das Kind die Einwilligung nur selbst erteilen; es bedarf hierzu der Zustimmung seines gesetzlichen Vertreters.

(2) [1] Hat das Kind das 14. Lebensjahr vollendet und ist es nicht geschäftsunfähig, so kann es die Einwilligung bis zum Wirksamwerden des Ausspruchs der Annahme gegenüber dem Familiengericht widerrufen. [2] Der Widerruf bedarf der öffentlichen Beurkundung. [3] Eine Zustimmung des gesetzlichen Vertreters ist nicht erforderlich.

(3) Verweigert der Vormund oder Pfleger die Einwilligung oder Zustimmung ohne triftigen Grund, so kann das Familiengericht sie ersetzen; einer Erklärung nach Absatz 1 durch die Eltern bedarf es nicht, soweit diese nach den §§ 1747, 1750 unwiderruflich in die Annahme eingewilligt haben oder ihre Einwilligung nach § 1748 durch das Familiengericht ersetzt worden ist.

§ 1747 Einwilligung der Eltern des Kindes. (1) [1] Zur Annahme eines Kindes ist die Einwilligung der Eltern erforderlich. [2] Sofern kein anderer Mann nach § 1592 als Vater anzusehen ist, gilt im Sinne des Satzes 1 und des § 1748 Abs. 4 als Vater, wer die Voraussetzung des § 1600d Abs. 2 Satz 1 glaubhaft macht.

(2) [1] Die Einwilligung kann erst erteilt werden, wenn das Kind acht Wochen alt ist. [2] Sie ist auch dann wirksam, wenn der Einwilligende die schon feststehenden Annehmenden nicht kennt.

(3) Steht nicht miteinander verheirateten Eltern die elterliche Sorge nicht gemeinsam zu, so

1. kann die Einwilligung des Vaters bereits vor der Geburt erteilt werden;
2. kann der Vater durch öffentlich beurkundete Erklärung darauf verzichten, die Übertragung der Sorge nach § 1626a Absatz 2 und § 1671 Absatz 2 zu beantragen; § 1750 gilt sinngemäß mit Ausnahme von Absatz 1 Satz 2 und Absatz 4 Satz 1;
3. darf, wenn der Vater die Übertragung der Sorge nach § 1626a Absatz 2 oder § 1671 Absatz 2 beantragt hat, eine Annahme erst ausgesprochen werden, nachdem über den Antrag des Vaters entschieden worden ist.

(4) [1] Die Einwilligung eines Elternteils ist nicht erforderlich, wenn er zur Abgabe einer Erklärung dauernd außerstande oder sein Aufenthalt dauernd unbekannt ist. [2] Der Aufenthalt der Mutter eines gemäß § 25 Absatz 1 des Schwangerschaftskonfliktgesetzes vertraulich geborenen Kindes gilt als dauernd unbekannt, bis sie gegenüber dem Familiengericht die für den Geburtseintrag ihres Kindes erforderlichen Angaben macht.

§ 1748 Ersetzung der Einwilligung eines Elternteils. (1) [1] Das Familiengericht hat auf Antrag des Kindes die Einwilligung eines Elternteils zu ersetzen, wenn dieser seine Pflichten gegenüber dem Kind anhaltend gröblich verletzt hat oder durch sein Verhalten gezeigt hat, dass ihm das Kind gleichgültig ist, und wenn das Unterbleiben der Annahme dem Kind zu unverhältnismäßigem

Nachteil gereichen würde. [2]Die Einwilligung kann auch ersetzt werden, wenn die Pflichtverletzung zwar nicht anhaltend, aber besonders schwer ist und das Kind voraussichtlich dauernd nicht mehr der Obhut des Elternteils anvertraut werden kann.

(2) [1]Wegen Gleichgültigkeit, die nicht zugleich eine anhaltende gröbliche Pflichtverletzung ist, darf die Einwilligung nicht ersetzt werden, bevor der Elternteil vom Jugendamt über die Möglichkeit ihrer Ersetzung belehrt und nach Maßgabe des § 51 Abs. 2 des Achten Buches Sozialgesetzbuch[1)] beraten worden ist und seit der Belehrung wenigstens drei Monate verstrichen sind; in der Belehrung ist auf die Frist hinzuweisen. [2]Der Belehrung bedarf es nicht, wenn der Elternteil seinen Aufenthaltsort ohne Hinterlassung seiner neuen Anschrift gewechselt hat und der Aufenthaltsort vom Jugendamt während eines Zeitraums von drei Monaten trotz angemessener Nachforschungen nicht ermittelt werden konnte; in diesem Falle beginnt die Frist mit der ersten auf die Belehrung und Beratung oder auf die Ermittlung des Aufenthaltsorts gerichteten Handlung des Jugendamts. [3]Die Fristen laufen frühestens fünf Monate nach der Geburt des Kindes ab.

(3) Die Einwilligung eines Elternteils kann ferner ersetzt werden, wenn er wegen einer besonders schweren psychischen Krankheit oder einer besonders schweren geistigen oder seelischen Behinderung zur Pflege und Erziehung des Kindes dauernd unfähig ist und wenn das Kind bei Unterbleiben der Annahme nicht in einer Familie aufwachsen könnte und dadurch in seiner Entwicklung schwer gefährdet wäre.

(4) In den Fällen des § 1626a Absatz 3 hat das Familiengericht die Einwilligung des Vaters zu ersetzen, wenn das Unterbleiben der Annahme dem Kind zu unverhältnismäßigem Nachteil gereichen würde.

§ 1749 Einwilligung des Ehegatten. (1) [1]Zur Annahme eines Kindes durch einen Ehegatten allein ist die Einwilligung des anderen Ehegatten erforderlich. [2]Das Familiengericht kann auf Antrag des Annehmenden die Einwilligung ersetzen. [3]Die Einwilligung darf nicht ersetzt werden, wenn berechtigte Interessen des anderen Ehegatten und der Familie der Annahme entgegenstehen.

(2) Die Einwilligung des Ehegatten ist nicht erforderlich, wenn er zur Abgabe der Erklärung dauernd außerstande oder sein Aufenthalt dauernd unbekannt ist.

§ 1750 Einwilligungserklärung. (1) [1]Die Einwilligung nach §§ 1746, 1747 und 1749 ist dem Familiengericht gegenüber zu erklären. [2]Die Erklärung bedarf der notariellen Beurkundung. [3]Die Einwilligung wird in dem Zeitpunkt wirksam, in dem sie dem Familiengericht zugeht.

(2) [1]Die Einwilligung kann nicht unter einer Bedingung oder einer Zeitbestimmung erteilt werden. [2]Sie ist unwiderruflich; die Vorschrift des § 1746 Abs. 2 bleibt unberührt.

(3) [1]Die Einwilligung kann nicht durch einen Vertreter erteilt werden. [2]Ist der Einwilligende in der Geschäftsfähigkeit beschränkt, so bedarf seine Einwilligung nicht der Zustimmung seines gesetzlichen Vertreters. [3]Die Vorschrift des § 1746 Abs. 1 Satz 2, 3 bleibt unberührt.

---

1) Nr. **10**.

(4) [1]Die Einwilligung verliert ihre Kraft, wenn der Antrag zurückgenommen oder die Annahme versagt wird. [2]Die Einwilligung eines Elternteils verliert ferner ihre Kraft, wenn das Kind nicht innerhalb von drei Jahren seit dem Wirksamwerden der Einwilligung angenommen wird.

§ 1751 Wirkung der elterlichen Einwilligung, Verpflichtung zum Unterhalt. (1) [1]Mit der Einwilligung eines Elternteils in die Annahme ruht die elterliche Sorge dieses Elternteils; die Befugnis zum persönlichen Umgang mit dem Kind darf nicht ausgeübt werden. [2]Das Jugendamt wird Vormund; dies gilt nicht, wenn der andere Elternteil die elterliche Sorge allein ausübt oder wenn bereits ein Vormund bestellt ist. [3]Eine bestehende Pflegschaft bleibt unberührt. [4]Für den Annehmenden gilt während der Zeit der Adoptionspflege § 1688 Abs. 1 und 3 entsprechend.

(2) Absatz 1 ist nicht anzuwenden auf einen Ehegatten, dessen Kind vom anderen Ehegatten angenommen wird.

(3) Hat die Einwilligung eines Elternteils ihre Kraft verloren, so hat das Familiengericht die elterliche Sorge dem Elternteil zu übertragen, wenn und soweit dies dem Wohl des Kindes nicht widerspricht.[1)]

(4) [1]Der Annehmende ist dem Kind vor den Verwandten des Kindes zur Gewährung des Unterhalts verpflichtet, sobald die Eltern des Kindes die erforderliche Einwilligung erteilt haben und das Kind in die Obhut des Annehmenden mit dem Ziel der Annahme aufgenommen ist. [2]Will ein Ehegatte ein Kind seines Ehegatten annehmen, so sind die Ehegatten dem Kind vor den anderen Verwandten des Kindes zur Gewährung des Unterhalts verpflichtet, sobald die erforderliche Einwilligung der Eltern des Kindes erteilt und das Kind in die Obhut der Ehegatten aufgenommen ist.

§ 1752 Beschluss des Familiengerichts, Antrag. (1) Die Annahme als Kind wird auf Antrag des Annehmenden vom Familiengericht ausgesprochen.

(2) [1]Der Antrag kann nicht unter einer Bedingung oder einer Zeitbestimmung oder durch einen Vertreter gestellt werden. [2]Er bedarf der notariellen Beurkundung.

§ 1753 Annahme nach dem Tode. (1) Der Ausspruch der Annahme kann nicht nach dem Tode des Kindes erfolgen.

(2) Nach dem Tode des Annehmenden ist der Ausspruch nur zulässig, wenn der Annehmende den Antrag beim Familiengericht eingereicht oder bei oder nach der notariellen Beurkundung des Antrags den Notar damit betraut hat, den Antrag einzureichen.

(3) Wird die Annahme nach dem Tode des Annehmenden ausgesprochen, so hat sie die gleiche Wirkung, wie wenn sie vor dem Tode erfolgt wäre.

[1)] Im Verfahren nach § 1751 Abs. 3 hat das Jugendamt mitzuwirken; vgl. § 50 Abs. 1 Satz 1 SGB VIII (Nr. **10**).

§ 1754 Wirkung der Annahme. (1)[1)] Nimmt ein Ehepaar ein Kind an oder nimmt ein Ehegatte ein Kind des anderen Ehegatten an, so erlangt das Kind die rechtliche Stellung eines gemeinschaftlichen Kindes der Ehegatten.

(2)[1)] In den anderen Fällen erlangt das Kind die rechtliche Stellung eines Kindes des Annehmenden.

(3) Die elterliche Sorge steht in den Fällen des Absatzes 1 den Ehegatten gemeinsam, in den Fällen des Absatzes 2 dem Annehmenden zu.

§ 1755 Erlöschen von Verwandtschaftsverhältnissen. (1) [1]Mit der Annahme erlöschen das Verwandtschaftsverhältnis des Kindes und seiner Abkömmlinge zu den bisherigen Verwandten und die sich aus ihm ergebenden Rechte und Pflichten.[1)] [2]Ansprüche des Kindes, die bis zur Annahme entstanden sind, insbesondere auf Renten, Waisengeld und andere entsprechende wiederkehrende Leistungen, werden durch die Annahme nicht berührt; dies gilt nicht für Unterhaltsansprüche.

(2)[1)] Nimmt ein Ehegatte das Kind seines Ehegatten an, so tritt das Erlöschen nur im Verhältnis zu dem anderen Elternteil und dessen Verwandten ein.

§ 1756 Bestehenbleiben von Verwandtschaftsverhältnissen. (1) Sind die Annehmenden mit dem Kind im zweiten oder dritten Grad verwandt oder verschwägert, so erlöschen nur das Verwandtschaftsverhältnis des Kindes und seiner Abkömmlinge zu den Eltern des Kindes und die sich aus ihm ergebenden Rechte und Pflichten.

(2) Nimmt ein Ehegatte das Kind seines Ehegatten an, so erlischt das Verwandtschaftsverhältnis nicht im Verhältnis zu den Verwandten des anderen Elternteils, wenn dieser die elterliche Sorge hatte und verstorben ist.

§ 1757 Name des Kindes. (1) [1]Das Kind erhält als Geburtsnamen den Familiennamen des Annehmenden. [2]Als Familienname gilt nicht der dem Ehenamen oder dem Lebenspartnerschaftsnamen hinzugefügte Name (§ 1355 Abs. 4; § 3 Abs. 2 des Lebenspartnerschaftsgesetzes).

(2) [1]Nimmt ein Ehepaar ein Kind an oder nimmt ein Ehegatte ein Kind des anderen Ehegatten an und führen die Ehegatten keinen Ehenamen, so bestimmen sie den Geburtsnamen des Kindes vor dem Ausspruch der Annahme durch Erklärung gegenüber dem Familiengericht; § 1617 Abs. 1 gilt entsprechend. [2]Hat das Kind das fünfte Lebensjahr vollendet, so ist die Bestimmung nur wirksam, wenn es sich der Bestimmung vor dem Ausspruch der Annahme durch Erklärung gegenüber dem Familiengericht anschließt; § 1617c Abs. 1 Satz 2 gilt entsprechend.

---

1) Beachte hierzu Beschl. des BVerfG v. 26.3.2019 (BGBl. I S. 737):

„1. § 1754 Absatz 1 und Absatz 2 und § 1755 Absatz 1 Satz 1 und Absatz 2 des Bürgerlichen Gesetzbuchs (BGB) in der Fassung des Gesetzes zur Reform des Kindschaftsrechts (Kindschaftsrechtsreformgesetz) vom 16. Dezember 1997 (Bundesgesetzblatt I Seite 2949) sind mit Artikel 3 Absatz 1 des Grundgesetzes insoweit unvereinbar, als danach ein Kind von seinem mit einem rechtlichen Elternteil in nichtehelicher Lebensgemeinschaft lebenden Stiefelternteil unter keinen Umständen adoptiert werden kann, ohne dass die verwandtschaftliche Beziehung zum rechtlichen Elternteil erlischt.

2. Der Gesetzgeber ist verpflichtet, bis zum 31. März 2020 eine verfassungsgemäße Regelung zu treffen. Bis zur gesetzlichen Neuregelung ist das geltende Recht auf nichteheliche Stiefkindfamilien nicht anwendbar; Verfahren sind insoweit bis zu dieser Neuregelung auszusetzen."

(3) [1]Das Familiengericht kann auf Antrag des Annehmenden mit Einwilligung des Kindes mit dem Ausspruch der Annahme

1. Vornamen des Kindes ändern oder ihm einen oder mehrere neue Vornamen beigeben, wenn dies dem Wohl des Kindes entspricht;
2. dem neuen Familiennamen des Kindes den bisherigen Familiennamen voranstellen oder anfügen, wenn dies aus schwerwiegenden Gründen zum Wohl des Kindes erforderlich ist.

[2]§ 1746 Abs. 1 Satz 2, 3, Abs. 3 erster Halbsatz ist entsprechend anzuwenden.

§ 1758 Offenbarungs- und Ausforschungsverbot. (1) Tatsachen, die geeignet sind, die Annahme und ihre Umstände aufzudecken, dürfen ohne Zustimmung des Annehmenden und des Kindes nicht offenbart oder ausgeforscht werden, es sei denn, dass besondere Gründe des öffentlichen Interesses dies erfordern.

(2) [1]Absatz 1 gilt sinngemäß, wenn die nach § 1747 erforderliche Einwilligung erteilt ist. [2]Das Familiengericht kann anordnen, dass die Wirkungen des Absatzes 1 eintreten, wenn ein Antrag auf Ersetzung der Einwilligung eines Elternteils gestellt worden ist.

§ 1759 Aufhebung des Annahmeverhältnisses. Das Annahmeverhältnis kann nur in den Fällen der §§ 1760, 1763 aufgehoben werden.

§ 1760[1)] Aufhebung wegen fehlender Erklärungen. (1) Das Annahmeverhältnis kann auf Antrag vom Familiengericht aufgehoben werden, wenn es ohne Antrag des Annehmenden, ohne die Einwilligung des Kindes oder ohne die erforderliche Einwilligung eines Elternteils begründet worden ist.

(2) Der Antrag oder eine Einwilligung ist nur dann unwirksam, wenn der Erklärende

a) zur Zeit der Erklärung sich im Zustand der Bewusstlosigkeit oder vorübergehenden Störung der Geistestätigkeit befand, wenn der Antragsteller geschäftsunfähig war oder das geschäftsunfähige oder noch nicht 14 Jahre alte Kind die Einwilligung selbst erteilt hat,
b) nicht gewusst hat, dass es sich um eine Annahme als Kind handelt, oder wenn er dies zwar gewusst hat, aber einen Annahmeantrag nicht hat stellen oder eine Einwilligung zur Annahme nicht hat abgeben wollen oder wenn sich der Annehmende in der Person des anzunehmenden Kindes oder wenn sich das anzunehmende Kind in der Person des Annehmenden geirrt hat,
c) durch arglistige Täuschung über wesentliche Umstände zur Erklärung bestimmt worden ist,
d) widerrechtlich durch Drohung zur Erklärung bestimmt worden ist,
e) die Einwilligung vor Ablauf der in § 1747 Abs. 2 Satz 1 bestimmten Frist erteilt hat.

(3) [1]Die Aufhebung ist ausgeschlossen, wenn der Erklärende nach Wegfall der Geschäftsunfähigkeit, der Bewusstlosigkeit, der Störung der Geistestätigkeit, der durch die Drohung bestimmten Zwangslage, nach der Entdeckung des Irrtums oder nach Ablauf der in § 1747 Abs. 2 Satz 1 bestimmten Frist den

---

[1)] Im Verfahren nach § 1760 hat das Jugendamt mitzuwirken; vgl. § 50 Abs. 1 Satz 1 SGB VIII (Nr. **10**).

Antrag oder die Einwilligung nachgeholt oder sonst zu erkennen gegeben hat, dass das Annahmeverhältnis aufrechterhalten werden soll. [2] Die Vorschriften des § 1746 Abs. 1 Satz 2, 3 und des § 1750 Abs. 3 Satz 1, 2 sind entsprechend anzuwenden.

(4) Die Aufhebung wegen arglistiger Täuschung über wesentliche Umstände ist ferner ausgeschlossen, wenn über Vermögensverhältnisse des Annehmenden oder des Kindes getäuscht worden ist oder wenn die Täuschung ohne Wissen eines Antrags- oder Einwilligungsberechtigten von jemand verübt worden ist, der weder antrags- noch einwilligungsberechtigt noch zur Vermittlung der Annahme befugt war.

(5) [1] Ist beim Ausspruch der Annahme zu Unrecht angenommen worden, dass ein Elternteil zur Abgabe der Erklärung dauernd außerstande oder sein Aufenthalt dauernd unbekannt sei, so ist die Aufhebung ausgeschlossen, wenn der Elternteil die Einwilligung nachgeholt oder sonst zu erkennen gegeben hat, dass das Annahmeverhältnis aufrechterhalten werden soll. [2] Die Vorschrift des § 1750 Abs. 3 Satz 1, 2 ist entsprechend anzuwenden.

§ 1761 Aufhebungshindernisse. (1) Das Annahmeverhältnis kann nicht aufgehoben werden, weil eine erforderliche Einwilligung nicht eingeholt worden oder nach § 1760 Abs. 2 unwirksam ist, wenn die Voraussetzungen für die Ersetzung der Einwilligung beim Ausspruch der Annahme vorgelegen haben oder wenn sie zum Zeitpunkt der Entscheidung über den Aufhebungsantrag vorliegen; dabei ist es unschädlich, wenn eine Belehrung oder Beratung nach § 1748 Abs. 2 nicht erfolgt ist.

(2) Das Annahmeverhältnis darf nicht aufgehoben werden, wenn dadurch das Wohl des Kindes erheblich gefährdet würde, es sei denn, dass überwiegende Interessen des Annehmenden die Aufhebung erfordern.

§ 1762 Antragsberechtigung; Antragsfrist, Form. (1) [1] Antragsberechtigt ist nur derjenige, ohne dessen Antrag oder Einwilligung das Kind angenommen worden ist. [2] Für ein Kind, das geschäftsunfähig oder noch nicht 14 Jahre alt ist, und für den Annehmenden, der geschäftsunfähig ist, können die gesetzlichen Vertreter den Antrag stellen. [3] Im Übrigen kann der Antrag nicht durch einen Vertreter gestellt werden. [4] Ist der Antragsberechtigte in der Geschäftsfähigkeit beschränkt, so ist die Zustimmung des gesetzlichen Vertreters nicht erforderlich.

(2) [1] Der Antrag kann nur innerhalb eines Jahres gestellt werden, wenn seit der Annahme noch keine drei Jahre verstrichen sind. [2] Die Frist beginnt

a) in den Fällen des § 1760 Abs. 2 Buchstabe a mit dem Zeitpunkt, in dem der Erklärende zumindest die beschränkte Geschäftsfähigkeit erlangt hat oder in dem dem gesetzlichen Vertreter des geschäftsunfähigen Annehmenden oder des noch nicht 14 Jahre alten oder geschäftsunfähigen Kindes die Erklärung bekannt wird;

b) in den Fällen des § 1760 Abs. 2 Buchstabe b, c mit dem Zeitpunkt, in dem der Erklärende den Irrtum oder die Täuschung entdeckt;

c) in dem Falle des § 1760 Abs. 2 Buchstabe d mit dem Zeitpunkt, in dem die Zwangslage aufhört;

d) in dem Falle des § 1760 Abs. 2 Buchstabe e nach Ablauf der in § 1747 Abs. 2 Satz 1 bestimmten Frist;

e) in den Fällen des § 1760 Abs. 5 mit dem Zeitpunkt, in dem dem Elternteil bekannt wird, dass die Annahme ohne seine Einwilligung erfolgt ist.

[3] Die für die Verjährung geltenden Vorschriften der §§ 206, 210 sind entsprechend anzuwenden.

(3) Der Antrag bedarf der notariellen Beurkundung.

§ 1763[1)] Aufhebung von Amts wegen. (1) Während der Minderjährigkeit des Kindes kann das Familiengericht das Annahmeverhältnis von Amts wegen aufheben, wenn dies aus schwerwiegenden Gründen zum Wohl des Kindes erforderlich ist.

(2) Ist das Kind von einem Ehepaar angenommen, so kann auch das zwischen dem Kind und einem Ehegatten bestehende Annahmeverhältnis aufgehoben werden.

(3) Das Annahmeverhältnis darf nur aufgehoben werden,

a) wenn in dem Falle des Absatzes 2 der andere Ehegatte oder wenn ein leiblicher Elternteil bereit ist, die Pflege und Erziehung des Kindes zu übernehmen, und wenn die Ausübung der elterlichen Sorge durch ihn dem Wohl des Kindes nicht widersprechen würde oder

b) wenn die Aufhebung eine erneute Annahme des Kindes ermöglichen soll.

§ 1764 Wirkung der Aufhebung. (1) [1] Die Aufhebung wirkt nur für die Zukunft. [2] Hebt das Familiengericht das Annahmeverhältnis nach dem Tode des Annehmenden auf dessen Antrag oder nach dem Tode des Kindes auf dessen Antrag auf, so hat dies die gleiche Wirkung, wie wenn das Annahmeverhältnis vor dem Tode aufgehoben worden wäre.

(2) Mit der Aufhebung der Annahme als Kind erlöschen das durch die Annahme begründete Verwandtschaftsverhältnis des Kindes und seiner Abkömmlinge zu den bisherigen Verwandten und die sich aus ihm ergebenden Rechte und Pflichten.

(3) Gleichzeitig leben das Verwandtschaftsverhältnis des Kindes und seiner Abkömmlinge zu den leiblichen Verwandten des Kindes und die sich aus ihm ergebenden Rechte und Pflichten, mit Ausnahme der elterlichen Sorge, wieder auf.

(4) Das Familiengericht hat den leiblichen Eltern die elterliche Sorge zurückzuübertragen, wenn und soweit dies dem Wohl des Kindes nicht widerspricht; andernfalls bestellt es einen Vormund oder Pfleger.[2)]

(5) Besteht das Annahmeverhältnis zu einem Ehepaar und erfolgt die Aufhebung nur im Verhältnis zu einem Ehegatten, so treten die Wirkungen des Absatzes 2 nur zwischen dem Kind und seinen Abkömmlingen und diesem Ehegatten und dessen Verwandten ein; die Wirkungen des Absatzes 3 treten nicht ein.

§ 1765 Name des Kindes nach der Aufhebung. (1) [1] Mit der Aufhebung der Annahme als Kind verliert das Kind das Recht, den Familiennamen des

---

[1)] Im Verfahren nach § 1763 hat das Jugendamt mitzuwirken; vgl. § 50 Abs. 1 Satz 1 SGB VIII (Nr. **10**).

[2)] Im Verfahren nach § 1764 Abs. 4 hat das Jugendamt mitzuwirken; vgl. § 50 Abs. 1 Satz 1 SGB VIII (Nr. **10**).

Annehmenden als Geburtsnamen zu führen. [2] Satz 1 ist in den Fällen des § 1754 Abs. 1 nicht anzuwenden, wenn das Kind einen Geburtsnamen nach § 1757 Abs. 1 führt und das Annahmeverhältnis zu einem Ehegatten allein aufgehoben wird. [3] Ist der Geburtsname zum Ehenamen oder Lebenspartnerschaftsnamen des Kindes geworden, so bleibt dieser unberührt.

(2) [1] Auf Antrag des Kindes kann das Familiengericht mit der Aufhebung anordnen, dass das Kind den Familiennamen behält, den es durch die Annahme erworben hat, wenn das Kind ein berechtigtes Interesse an der Führung dieses Namens hat. [2] § 1746 Abs. 1 Satz 2, 3 ist entsprechend anzuwenden.

(3) Ist der durch die Annahme erworbene Name zum Ehenamen oder Lebenspartnerschaftsnamen geworden, so hat das Familiengericht auf gemeinsamen Antrag der Ehegatten oder Lebenspartner mit der Aufhebung anzuordnen, dass die Ehegatten oder Lebenspartner als Ehenamen oder Lebenspartnerschaftsnamen den Geburtsnamen führen, den das Kind vor der Annahme geführt hat.

§ 1766 Ehe zwischen Annehmendem und Kind. [1] Schließt ein Annehmender mit dem Angenommenen oder einem seiner Abkömmlinge den eherechtlichen Vorschriften zuwider die Ehe, so wird mit der Eheschließung das durch die Annahme zwischen ihnen begründete Rechtsverhältnis aufgehoben. [2] §§ 1764, 1765 sind nicht anzuwenden.

§ 1766a Annahme von Kindern des nichtehelichen Partners.

(1) Für zwei Personen, die in einer verfestigten Lebensgemeinschaft in einem gemeinsamen Haushalt leben, gelten die Vorschriften dieses Untertitels über die Annahme eines Kindes des anderen Ehegatten entsprechend.

(2) [1] Eine verfestigte Lebensgemeinschaft im Sinne des Absatzes 1 liegt in der Regel vor, wenn die Personen

1. seit mindestens vier Jahren oder
2. als Eltern eines gemeinschaftlichen Kindes mit diesem

eheähnlich zusammenleben. [2] Sie liegt in der Regel nicht vor, wenn ein Partner mit einem Dritten verheiratet ist.

(3) [1] Ist der Annehmende mit einem Dritten verheiratet, so kann er das Kind seines Partners nur allein annehmen. [2] Die Einwilligung des Dritten in die Annahme ist erforderlich. [3] § 1749 Absatz 1 Satz 2 und 3 und Absatz 2 gilt entsprechend.

Untertitel 2. Annahme Volljähriger

§ 1767 Zulässigkeit der Annahme, anzuwendende Vorschriften.

(1) Ein Volljähriger kann als Kind angenommen werden, wenn die Annahme sittlich gerechtfertigt ist; dies ist insbesondere anzunehmen, wenn zwischen dem Annehmenden und dem Anzunehmenden ein Eltern-Kind-Verhältnis bereits entstanden ist.

(2) [1] Für die Annahme Volljähriger gelten die Vorschriften über die Annahme Minderjähriger sinngemäß, soweit sich aus den folgenden Vorschriften nichts anderes ergibt. [2] Zur Annahme eines Verheirateten oder einer Person, die eine Lebenspartnerschaft führt, ist die Einwilligung seines Ehegatten oder ihres Lebenspartners erforderlich. [3] Die Änderung des Geburtsnamens erstreckt sich auf den Ehe- oder Lebenspartnerschaftsnamen des Angenommenen nur dann,

wenn sich auch der Ehegatte oder Lebenspartner der Namensänderung vor dem Ausspruch der Annahme durch Erklärung gegenüber dem Familiengericht anschließt; die Erklärung muss öffentlich beglaubigt werden.

§ 1768 Antrag. (1) [1]Die Annahme eines Volljährigen wird auf Antrag des Annehmenden und des Anzunehmenden vom Familiengericht ausgesprochen. [2]§§ 1742, 1744, 1745, 1746 Abs. 1, 2, § 1747 sind nicht anzuwenden.

(2) Für einen Anzunehmenden, der geschäftsunfähig ist, kann der Antrag nur von seinem gesetzlichen Vertreter gestellt werden.

§ 1769 Verbot der Annahme. Die Annahme eines Volljährigen darf nicht ausgesprochen werden, wenn ihr überwiegende Interessen der Kinder des Annehmenden oder des Anzunehmenden entgegenstehen.

§ 1770 Wirkung der Annahme. (1) [1]Die Wirkungen der Annahme eines Volljährigen erstrecken sich nicht auf die Verwandten des Annehmenden. [2]Der Ehegatte oder Lebenspartner des Annehmenden wird nicht mit dem Angenommenen, dessen Ehegatte oder Lebenspartner wird nicht mit dem Annehmenden verschwägert.

(2) Die Rechte und Pflichten aus dem Verwandtschaftsverhältnis des Angenommenen und seiner Abkömmlinge zu ihren Verwandten werden durch die Annahme nicht berührt, soweit das Gesetz nichts anderes vorschreibt.

(3) Der Annehmende ist dem Angenommenen und dessen Abkömmlingen vor den leiblichen Verwandten des Angenommenen zur Gewährung des Unterhalts verpflichtet.

§ 1771 Aufhebung des Annahmeverhältnisses. [1]Das Familiengericht kann das Annahmeverhältnis, das zu einem Volljährigen begründet worden ist, auf Antrag des Annehmenden und des Angenommenen aufheben, wenn ein wichtiger Grund vorliegt. [2]Im Übrigen kann das Annahmeverhältnis nur in sinngemäßer Anwendung der Vorschrift des § 1760 Abs. 1 bis 5 aufgehoben werden. [3]An die Stelle der Einwilligung des Kindes tritt der Antrag des Anzunehmenden.

§ 1772 Annahme mit den Wirkungen der Minderjährigenannahme.

(1) [1]Das Familiengericht kann beim Ausspruch der Annahme eines Volljährigen auf Antrag des Annehmenden und des Anzunehmenden bestimmen, dass sich die Wirkungen der Annahme nach den Vorschriften über die Annahme eines Minderjährigen oder eines verwandten Minderjährigen richten (§§ 1754 bis 1756), wenn

a) ein minderjähriger Bruder oder eine minderjährige Schwester des Anzunehmenden von dem Annehmenden als Kind angenommen worden ist oder gleichzeitig angenommen wird oder
b) der Anzunehmende bereits als Minderjähriger in die Familie des Annehmenden aufgenommen worden ist oder
c) der Annehmende das Kind seines Ehegatten annimmt oder
d) der Anzunehmende in dem Zeitpunkt, in dem der Antrag auf Annahme bei dem Familiengericht eingereicht wird, noch nicht volljährig ist.

[2]Eine solche Bestimmung darf nicht getroffen werden, wenn ihr überwiegende Interessen der Eltern des Anzunehmenden entgegenstehen.

(2) [1] Das Annahmeverhältnis kann in den Fällen des Absatzes 1 nur in sinngemäßer Anwendung der Vorschrift des § 1760 Abs. 1 bis 5 aufgehoben werden. [2] An die Stelle der Einwilligung des Kindes tritt der Antrag des Anzunehmenden.

[Abschnitt 3 bis 31.12.2022:]

Abschnitt 3. Vormundschaft, Rechtliche Betreuung, Pflegschaft

Titel 1. Vormundschaft

Untertitel 1. Begründung der Vormundschaft

§ 1773 Voraussetzungen. (1) Ein Minderjähriger erhält einen Vormund, wenn er nicht unter elterlicher Sorge steht oder wenn die Eltern weder in den die Person noch in den das Vermögen betreffenden Angelegenheiten zur Vertretung des Minderjährigen berechtigt sind.

(2) Ein Minderjähriger erhält einen Vormund auch dann, wenn sein Familienstand nicht zu ermitteln ist.

§ 1774 Anordnung von Amts wegen. [1] Das Familiengericht hat die Vormundschaft von Amts wegen anzuordnen. [2] Ist anzunehmen, dass ein Kind mit seiner Geburt eines Vormunds bedarf, so kann schon vor der Geburt des Kindes ein Vormund bestellt werden; die Bestellung wird mit der Geburt des Kindes wirksam.

§ 1775 Mehrere Vormünder. [1] Das Familiengericht kann ein Ehepaar gemeinschaftlich zu Vormündern bestellen. [2] Im Übrigen soll das Familiengericht, sofern nicht besondere Gründe für die Bestellung mehrerer Vormünder vorliegen, für den Mündel und, wenn Geschwister zu bevormunden sind, für alle Mündel nur einen Vormund bestellen.

§ 1776 Benennungsrecht der Eltern. (1) Als Vormund ist berufen, wer von den Eltern des Mündels als Vormund benannt ist.

(2) Haben der Vater und die Mutter verschiedene Personen benannt, so gilt die Benennung durch den zuletzt verstorbenen Elternteil.

§ 1777 Voraussetzungen des Benennungsrechts. (1) Die Eltern können einen Vormund nur benennen, wenn ihnen zur Zeit ihres Todes die Sorge für die Person und das Vermögen des Kindes zusteht.

(2) Der Vater kann für ein Kind, das erst nach seinem Tode geboren wird, einen Vormund benennen, wenn er dazu berechtigt sein würde, falls das Kind vor seinem Tode geboren wäre.

(3) Der Vormund wird durch letztwillige Verfügung benannt.

§ 1778 Übergehen des benannten Vormunds. (1) Wer nach § 1776 als Vormund berufen ist, darf ohne seine Zustimmung nur übergangen werden,

1. wenn er nach den §§ 1780 bis 1784 nicht zum Vormund bestellt werden kann oder soll,
2. wenn er an der Übernahme der Vormundschaft verhindert ist,
3. wenn er die Übernahme verzögert,
4. wenn seine Bestellung das Wohl des Mündels gefährden würde,

5. wenn der Mündel, der das 14. Lebensjahr vollendet hat, der Bestellung widerspricht, es sei denn, der Mündel ist geschäftsunfähig.

(2) Ist der Berufene nur vorübergehend verhindert, so hat ihn das Familiengericht nach dem Wegfall des Hindernisses auf seinen Antrag anstelle des bisherigen Vormunds zum Vormund zu bestellen.

(3) Neben dem Berufenen darf nur mit dessen Zustimmung ein Mitvormund bestellt werden.

§ 1779 Auswahl durch das Familiengericht. (1) Ist die Vormundschaft nicht einem nach § 1776 Berufenen zu übertragen, so hat das Familiengericht nach Anhörung des Jugendamts den Vormund auszuwählen.

(2) [1] Das Familiengericht soll eine Person auswählen, die nach ihren persönlichen Verhältnissen und ihrer Vermögenslage sowie nach den sonstigen Umständen zur Führung der Vormundschaft geeignet ist. [2] Bei der Auswahl unter mehreren geeigneten Personen sind der mutmaßliche Wille der Eltern, die persönlichen Bindungen des Mündels, die Verwandtschaft oder Schwägerschaft mit dem Mündel sowie das religiöse Bekenntnis des Mündels zu berücksichtigen.

(3) [1] Das Familiengericht soll bei der Auswahl des Vormunds Verwandte oder Verschwägerte des Mündels hören, wenn dies ohne erhebliche Verzögerung und ohne unverhältnismäßige Kosten geschehen kann. [2] Die Verwandten und Verschwägerten können von dem Mündel Ersatz ihrer Auslagen verlangen; der Betrag der Auslagen wird von dem Familiengericht festgesetzt.

§ 1780 Unfähigkeit zur Vormundschaft. Zum Vormund kann nicht bestellt werden, wer geschäftsunfähig ist.

§ 1781 Untauglichkeit zur Vormundschaft. Zum Vormund soll nicht bestellt werden:

1. wer minderjährig ist,
2. derjenige, für den ein Betreuer bestellt ist.

§ 1782 Ausschluss durch die Eltern. (1) [1] Zum Vormund soll nicht bestellt werden, wer durch Anordnung der Eltern des Mündels von der Vormundschaft ausgeschlossen ist. [2] Haben die Eltern einander widersprechende Anordnungen getroffen, so gilt die Anordnung des zuletzt verstorbenen Elternteils.

(2) Auf die Ausschließung ist die Vorschrift des § 1777 anzuwenden.

§ 1783 (weggefallen)

§ 1784 Beamter oder Religionsdiener als Vormund. (1) Ein Beamter oder Religionsdiener, der nach den Landesgesetzen einer besonderen Erlaubnis zur Übernahme einer Vormundschaft bedarf, soll nicht ohne die vorgeschriebene Erlaubnis zum Vormund bestellt werden.

(2) Diese Erlaubnis darf nur versagt werden, wenn ein wichtiger dienstlicher Grund vorliegt.

§ 1785 Übernahmepflicht. Jeder Deutsche hat die Vormundschaft, für die er von dem Familiengericht ausgewählt wird, zu übernehmen, sofern nicht seiner Bestellung zum Vormund einer der in den §§ 1780 bis 1784 bestimmten Gründe entgegensteht.

§ 1786 Ablehnungsrecht. (1) Die Übernahme der Vormundschaft kann ablehnen:

1. ein Elternteil, welcher zwei oder mehr noch nicht schulpflichtige Kinder überwiegend betreut oder glaubhaft macht, dass die ihm obliegende Fürsorge für die Familie die Ausübung des Amts dauernd besonders erschwert,
2. wer das 60. Lebensjahr vollendet hat,
3. wem die Sorge für die Person oder das Vermögen von mehr als drei minderjährigen Kindern zusteht,
4. wer durch Krankheit oder durch Gebrechen verhindert ist, die Vormundschaft ordnungsmäßig zu führen,
5. wer wegen Entfernung seines Wohnsitzes von dem Sitz des Familiengerichts die Vormundschaft nicht ohne besondere Belästigung führen kann,
6. (weggefallen)
7. wer mit einem anderen zur gemeinschaftlichen Führung der Vormundschaft bestellt werden soll,
8. wer mehr als eine Vormundschaft, Betreuung oder Pflegschaft führt; die Vormundschaft oder Pflegschaft über mehrere Geschwister gilt nur als eine; die Führung von zwei Gegenvormundschaften steht der Führung einer Vormundschaft gleich.

(2) Das Ablehnungsrecht erlischt, wenn es nicht vor der Bestellung bei dem Familiengericht geltend gemacht wird.

§ 1787 Folgen der unbegründeten Ablehnung. (1) Wer die Übernahme der Vormundschaft ohne Grund ablehnt, ist, wenn ihm ein Verschulden zur Last fällt, für den Schaden verantwortlich, der dem Mündel dadurch entsteht, dass sich die Bestellung des Vormunds verzögert.

(2) Erklärt das Familiengericht die Ablehnung für unbegründet, so hat der Ablehnende, unbeschadet der ihm zustehenden Rechtsmittel, die Vormundschaft auf Erfordern des Familiengerichts vorläufig zu übernehmen.

§ 1788 Zwangsgeld. (1) Das Familiengericht kann den zum Vormund Ausgewählten durch Festsetzung von Zwangsgeld zur Übernahme der Vormundschaft anhalten.

(2) [1] Die Zwangsgelder dürfen nur in Zwischenräumen von mindestens einer Woche festgesetzt werden. [2] Mehr als drei Zwangsgelder dürfen nicht festgesetzt werden.

§ 1789 Bestellung durch das Familiengericht. [1] Der Vormund wird von dem Familiengericht durch Verpflichtung zu treuer und gewissenhafter Führung der Vormundschaft bestellt. [2] Die Verpflichtung soll mittels Handschlags an Eides statt erfolgen.

§ 1790 Bestellung unter Vorbehalt. Bei der Bestellung des Vormunds kann die Entlassung für den Fall vorbehalten werden, dass ein bestimmtes Ereignis eintritt oder nicht eintritt.

§ 1791 Bestallungsurkunde. (1) Der Vormund erhält eine Bestallung.

(2) Die Bestallung soll enthalten den Namen und die Zeit der Geburt des Mündels, die Namen des Vormunds, des Gegenvormunds und der Mitvormünder sowie im Falle der Teilung der Vormundschaft die Art der Teilung.

§ 1791a Vereinsvormundschaft. (1) [1] Ein rechtsfähiger Verein kann zum Vormund bestellt werden, wenn er vom Landesjugendamt hierzu für geeignet erklärt worden ist. [2] Der Verein darf nur zum Vormund bestellt werden, wenn eine als ehrenamtlicher Einzelvormund geeignete Person nicht vorhanden ist oder wenn er nach § 1776 als Vormund berufen ist; die Bestellung bedarf der Einwilligung des Vereins.

(2) Die Bestellung erfolgt durch Beschluss des Familiengerichts; die §§ 1789, 1791 sind nicht anzuwenden.

(3) [1] Der Verein bedient sich bei der Führung der Vormundschaft einzelner seiner Mitglieder oder Mitarbeiter; eine Person, die den Mündel in einem Heim des Vereins als Erzieher betreut, darf die Aufgaben des Vormunds nicht ausüben. [2] Für ein Verschulden des Mitglieds oder des Mitarbeiters ist der Verein dem Mündel in gleicher Weise verantwortlich wie für ein Verschulden eines verfassungsmäßig berufenen Vertreters.

(4) Will das Familiengericht neben dem Verein einen Mitvormund oder will es einen Gegenvormund bestellen, so soll es vor der Entscheidung den Verein hören.

§ 1791b Bestellte Amtsvormundschaft des Jugendamts. (1) [1] Ist eine als ehrenamtlicher Einzelvormund geeignete Person nicht vorhanden, so kann auch das Jugendamt zum Vormund bestellt werden. [2] Das Jugendamt kann von den Eltern des Mündels weder benannt noch ausgeschlossen werden.

(2) Die Bestellung erfolgt durch Beschluss des Familiengerichts; die §§ 1789, 1791 sind nicht anzuwenden.

§ 1791c Gesetzliche Amtsvormundschaft des Jugendamts. (1) [1] Mit der Geburt eines Kindes, dessen Eltern nicht miteinander verheiratet sind und das eines Vormunds bedarf, wird das Jugendamt Vormund, wenn das Kind seinen gewöhnlichen Aufenthalt im Geltungsbereich dieses Gesetzes hat; dies gilt nicht, wenn bereits vor der Geburt des Kindes ein Vormund bestellt ist. [2] Wurde die Vaterschaft nach § 1592 Nr. 1 oder 2 durch Anfechtung beseitigt und bedarf das Kind eines Vormunds, so wird das Jugendamt in dem Zeitpunkt Vormund, in dem die Entscheidung rechtskräftig wird.

(2) War das Jugendamt Pfleger eines Kindes, dessen Eltern nicht miteinander verheiratet sind, endet die Pflegschaft kraft Gesetzes und bedarf das Kind eines Vormunds, so wird das Jugendamt Vormund, das bisher Pfleger war.

(3) Das Familiengericht hat dem Jugendamt unverzüglich eine Bescheinigung über den Eintritt der Vormundschaft zu erteilen; § 1791 ist nicht anzuwenden.

§ 1792 Gegenvormund. (1) [1] Neben dem Vormund kann ein Gegenvormund bestellt werden. [2] Ist das Jugendamt Vormund, so kann kein Gegenvormund bestellt werden; das Jugendamt kann Gegenvormund sein.

(2) Ein Gegenvormund soll bestellt werden, wenn mit der Vormundschaft eine Vermögensverwaltung verbunden ist, es sei denn, dass die Verwaltung

nicht erheblich oder dass die Vormundschaft von mehreren Vormündern gemeinschaftlich zu führen ist.

(3) Ist die Vormundschaft von mehreren Vormündern nicht gemeinschaftlich zu führen, so kann der eine Vormund zum Gegenvormund des anderen bestellt werden.

(4) Auf die Berufung und Bestellung des Gegenvormunds sind die für die Begründung der Vormundschaft geltenden Vorschriften anzuwenden.

Untertitel 2. Führung der Vormundschaft

§ 1793 Aufgaben des Vormunds, Haftung des Mündels. (1) [1] Der Vormund hat das Recht und die Pflicht, für die Person und das Vermögen des Mündels zu sorgen, insbesondere den Mündel zu vertreten. [2] § 1626 Abs. 2 gilt entsprechend. [3] Ist der Mündel auf längere Dauer in den Haushalt des Vormunds aufgenommen, so gelten auch die §§ 1618a, 1619, 1664 entsprechend.

(1a) [1] Der Vormund hat mit dem Mündel persönlichen Kontakt zu halten. [2] Er soll den Mündel in der Regel einmal im Monat in dessen üblicher Umgebung aufsuchen, es sei denn, im Einzelfall sind kürzere oder längere Besuchsabstände oder ein anderer Ort geboten.

(2) Für Verbindlichkeiten, die im Rahmen der Vertretungsmacht nach Absatz 1 gegenüber dem Mündel begründet werden, haftet der Mündel entsprechend § 1629a.

§ 1794 Beschränkung durch Pflegschaft. Das Recht und die Pflicht des Vormunds, für die Person und das Vermögen des Mündels zu sorgen, erstreckt sich nicht auf Angelegenheiten des Mündels, für die ein Pfleger bestellt ist.

§ 1795 Ausschluss der Vertretungsmacht. (1) Der Vormund kann den Mündel nicht vertreten:

1. bei einem Rechtsgeschäft zwischen seinem Ehegatten, seinem Lebenspartner oder einem seiner Verwandten in gerader Linie einerseits und dem Mündel andererseits, es sei denn, dass das Rechtsgeschäft ausschließlich in der Erfüllung einer Verbindlichkeit besteht,
2. bei einem Rechtsgeschäft, das die Übertragung oder Belastung einer durch Pfandrecht, Hypothek, Schiffshypothek oder Bürgschaft gesicherten Forderung des Mündels gegen den Vormund oder die Aufhebung oder Minderung dieser Sicherheit zum Gegenstand hat oder die Verpflichtung des Mündels zu einer solchen Übertragung, Belastung, Aufhebung oder Minderung begründet,
3. bei einem Rechtsstreit zwischen den in Nummer 1 bezeichneten Personen sowie bei einem Rechtsstreit über eine Angelegenheit der in Nummer 2 bezeichneten Art.

(2) Die Vorschrift des § 181 bleibt unberührt.

§ 1796 Entziehung der Vertretungsmacht. (1) Das Familiengericht kann dem Vormund die Vertretung für einzelne Angelegenheiten oder für einen bestimmten Kreis von Angelegenheiten entziehen.

(2) Die Entziehung soll nur erfolgen, wenn das Interesse des Mündels zu dem Interesse des Vormunds oder eines von diesem vertretenen Dritten oder

einer der in § 1795 Nr. 1 bezeichneten Personen in erheblichem Gegensatz steht.

§ 1797 Mehrere Vormünder. (1) [1]Mehrere Vormünder führen die Vormundschaft gemeinschaftlich. [2]Bei einer Meinungsverschiedenheit entscheidet das Familiengericht, sofern nicht bei der Bestellung ein anderes bestimmt wird.

(2) [1]Das Familiengericht kann die Führung der Vormundschaft unter mehrere Vormünder nach bestimmten Wirkungskreisen verteilen. [2]Innerhalb des ihm überwiesenen Wirkungskreises führt jeder Vormund die Vormundschaft selbständig.

(3) Bestimmungen, die der Vater oder die Mutter für die Entscheidung von Meinungsverschiedenheiten zwischen den von ihnen benannten Vormündern und für die Verteilung der Geschäfte unter diese nach Maßgabe des § 1777 getroffen hat, sind von dem Familiengericht zu befolgen, sofern nicht ihre Befolgung das Interesse des Mündels gefährden würde.

§ 1798 Meinungsverschiedenheiten. Steht die Sorge für die Person und die Sorge für das Vermögen des Mündels verschiedenen Vormündern zu, so entscheidet bei einer Meinungsverschiedenheit über die Vornahme einer sowohl die Person als das Vermögen des Mündels betreffenden Handlung das Familiengericht.

§ 1799 Pflichten und Rechte des Gegenvormunds. (1) [1]Der Gegenvormund hat darauf zu achten, dass der Vormund die Vormundschaft pflichtmäßig führt. [2]Er hat dem Familiengericht Pflichtwidrigkeiten des Vormunds sowie jeden Fall unverzüglich anzuzeigen, in welchem das Familiengericht zum Einschreiten berufen ist, insbesondere den Tod des Vormunds oder den Eintritt eines anderen Umstands, infolgedessen das Amt des Vormunds endigt oder die Entlassung des Vormunds erforderlich wird.

(2) Der Vormund hat dem Gegenvormund auf Verlangen über die Führung der Vormundschaft Auskunft zu erteilen und die Einsicht der sich auf die Vormundschaft beziehenden Papiere zu gestatten.

§ 1800 Umfang der Personensorge. [1]Das Recht und die Pflicht des Vormunds, für die Person des Mündels zu sorgen, bestimmen sich nach §§ 1631 bis 1632 Absatz 4 Satz 1. [2]Der Vormund hat die Pflege und Erziehung des Mündels persönlich zu fördern und zu gewährleisten.

§ 1801[1] Religiöse Erziehung. (1) Die Sorge für die religiöse Erziehung des Mündels kann dem Einzelvormund von dem Familiengericht entzogen werden, wenn der Vormund nicht dem Bekenntnis angehört, in dem der Mündel zu erziehen ist.

(2) Hat das Jugendamt oder ein Verein als Vormund über die Unterbringung des Mündels zu entscheiden, so ist hierbei auf das religiöse Bekenntnis oder die Weltanschauung des Mündels und seiner Familie Rücksicht zu nehmen.

§ 1802 Vermögensverzeichnis. (1) [1]Der Vormund hat das Vermögen, das bei der Anordnung der Vormundschaft vorhanden ist oder später dem Mündel zufällt, zu verzeichnen und das Verzeichnis, nachdem er es mit der Versicherung

---

[1] Das G über die religiöse Kindererziehung (Nr. **3**) hat an dieser Vorschrift nichts geändert.

der Richtigkeit und Vollständigkeit versehen hat, dem Familiengericht einzureichen. [2] Ist ein Gegenvormund vorhanden, so hat ihn der Vormund bei der Aufnahme des Verzeichnisses zuzuziehen; das Verzeichnis ist auch von dem Gegenvormund mit der Versicherung der Richtigkeit und Vollständigkeit zu versehen.

(2) Der Vormund kann sich bei der Aufnahme des Verzeichnisses der Hilfe eines Beamten, eines Notars oder eines anderen Sachverständigen bedienen.

(3) Ist das eingereichte Verzeichnis ungenügend, so kann das Familiengericht anordnen, dass das Verzeichnis durch eine zuständige Behörde oder durch einen zuständigen Beamten oder Notar aufgenommen wird.

§ 1803 Vermögensverwaltung bei Erbschaft oder Schenkung.

(1) Was der Mündel von Todes wegen erwirbt oder was ihm unter Lebenden von einem Dritten unentgeltlich zugewendet wird, hat der Vormund nach den Anordnungen des Erblassers oder des Dritten zu verwalten, wenn die Anordnungen von dem Erblasser durch letztwillige Verfügung, von dem Dritten bei der Zuwendung getroffen worden sind.

(2) Der Vormund darf mit Genehmigung des Familiengerichts von den Anordnungen abweichen, wenn ihre Befolgung das Interesse des Mündels gefährden würde.

(3) [1] Zu einer Abweichung von den Anordnungen, die ein Dritter bei einer Zuwendung unter Lebenden getroffen hat, ist, solange er lebt, seine Zustimmung erforderlich und genügend. [2] Die Zustimmung des Dritten kann durch das Familiengericht ersetzt werden, wenn der Dritte zur Abgabe einer Erklärung dauernd außerstande oder sein Aufenthalt dauernd unbekannt ist.

§ 1804 Schenkungen des Vormunds. [1] Der Vormund kann nicht in Vertretung des Mündels Schenkungen machen. [2] Ausgenommen sind Schenkungen, durch die einer sittlichen Pflicht oder einer auf den Anstand zu nehmenden Rücksicht entsprochen wird.

§ 1805 Verwendung für den Vormund. [1] Der Vormund darf Vermögen des Mündels weder für sich noch für den Gegenvormund verwenden. [2] Ist das Jugendamt Vormund oder Gegenvormund, so ist die Anlegung von Mündelgeld gemäß § 1807 auch bei der Körperschaft zulässig, bei der das Jugendamt errichtet ist.

§ 1806 Anlegung von Mündelgeld. Der Vormund hat das zum Vermögen des Mündels gehörende Geld verzinslich anzulegen, soweit es nicht zur Bestreitung von Ausgaben bereitzuhalten ist.

§ 1807 Art der Anlegung. (1) Die im § 1806 vorgeschriebene Anlegung von Mündelgeld soll nur erfolgen:

1. in Forderungen, für die eine sichere Hypothek an einem inländischen Grundstück besteht, oder in sicheren Grundschulden oder Rentenschulden an inländischen Grundstücken;
2. in verbrieften Forderungen gegen den Bund oder ein Land sowie in Forderungen, die in das Bundesschuldbuch oder in das Landesschuldbuch eines Landes eingetragen sind;

3. in verbrieften Forderungen, deren Verzinsung vom Bund oder einem Land gewährleistet ist;
4. in Wertpapieren, insbesondere Pfandbriefen, sowie in verbrieften Forderungen jeder Art gegen eine inländische kommunale Körperschaft oder die Kreditanstalt einer solchen Körperschaft, sofern die Wertpapiere oder die Forderungen von der Bundesregierung mit Zustimmung des Bundesrates zur Anlegung von Mündelgeld für geeignet erklärt sind;
5. bei einer inländischen öffentlichen Sparkasse, wenn sie von der zuständigen Behörde des Landes, in welchem sie ihren Sitz hat, zur Anlegung von Mündelgeld für geeignet erklärt ist, oder bei einem anderen Kreditinstitut, das einer für die Anlage ausreichenden Sicherungseinrichtung angehört.

(2) Die Landesgesetze können für die innerhalb ihres Geltungsbereichs belegenen Grundstücke die Grundsätze bestimmen, nach denen die Sicherheit einer Hypothek, einer Grundschuld oder einer Rentenschuld festzustellen ist.

§ 1808 (weggefallen)

§ 1809 Anlegung mit Sperrvermerk. Der Vormund soll Mündelgeld nach § 1807 Abs. 1 Nr. 5 nur mit der Bestimmung anlegen, dass zur Erhebung des Geldes die Genehmigung des Gegenvormunds oder des Familiengerichts erforderlich ist.

§ 1810 Mitwirkung von Gegenvormund oder Familiengericht. [1]Der Vormund soll die in den §§ 1806, 1807 vorgeschriebene Anlegung nur mit Genehmigung des Gegenvormunds bewirken; die Genehmigung des Gegenvormunds wird durch die Genehmigung des Familiengerichts ersetzt. [2]Ist ein Gegenvormund nicht vorhanden, so soll die Anlegung nur mit Genehmigung des Familiengerichts erfolgen, sofern nicht die Vormundschaft von mehreren Vormündern gemeinschaftlich geführt wird.

§ 1811 Andere Anlegung. [1]Das Familiengericht kann dem Vormund eine andere Anlegung als die in § 1807 vorgeschriebene gestatten. [2]Die Erlaubnis soll nur verweigert werden, wenn die beabsichtigte Art der Anlegung nach Lage des Falles den Grundsätzen einer wirtschaftlichen Vermögensverwaltung zuwiderlaufen würde.

§ 1812 Verfügungen über Forderungen und Wertpapiere. (1) [1]Der Vormund kann über eine Forderung oder über ein anderes Recht, kraft dessen der Mündel eine Leistung verlangen kann, sowie über ein Wertpapier des Mündels nur mit Genehmigung des Gegenvormunds verfügen, sofern nicht nach den §§ 1819 bis 1822 die Genehmigung des Familiengerichts erforderlich ist. [2]Das Gleiche gilt von der Eingehung der Verpflichtung zu einer solchen Verfügung.

(2) Die Genehmigung des Gegenvormunds wird durch die Genehmigung des Familiengerichts ersetzt.

(3) Ist ein Gegenvormund nicht vorhanden, so tritt an die Stelle der Genehmigung des Gegenvormunds die Genehmigung des Familiengerichts, sofern nicht die Vormundschaft von mehreren Vormündern gemeinschaftlich geführt wird.

§ 1813 Genehmigungsfreie Geschäfte. (1) Der Vormund bedarf nicht der Genehmigung des Gegenvormunds zur Annahme einer geschuldeten Leistung:

1. wenn der Gegenstand der Leistung nicht in Geld oder Wertpapieren besteht,
2. wenn der Anspruch nicht mehr als 3 000 Euro beträgt,
3. wenn der Anspruch das Guthaben auf einem Giro- oder Kontokorrentkonto zum Gegenstand hat oder Geld zurückgezahlt wird, das der Vormund angelegt hat,
4. wenn der Anspruch zu den Nutzungen des Mündelvermögens gehört,
5. wenn der Anspruch auf Erstattung von Kosten der Kündigung oder der Rechtsverfolgung oder auf sonstige Nebenleistungen gerichtet ist.

(2) [1]Die Befreiung nach Absatz 1 Nr. 2, 3 erstreckt sich nicht auf die Erhebung von Geld, bei dessen Anlegung ein anderes bestimmt worden ist. [2]Die Befreiung nach Absatz 1 Nr. 3 gilt auch nicht für die Erhebung von Geld, das nach § 1807 Abs. 1 Nr. 1 bis 4 angelegt ist.

§ 1814 Hinterlegung von Inhaberpapieren. [1]Der Vormund hat die zu dem Vermögen des Mündels gehörenden Inhaberpapiere nebst den Erneuerungsscheinen bei einer Hinterlegungsstelle oder bei einem der in § 1807 Abs. 1 Nr. 5 genannten Kreditinstitute mit der Bestimmung zu hinterlegen, dass die Herausgabe der Papiere nur mit Genehmigung des Familiengerichts verlangt werden kann. [2]Die Hinterlegung von Inhaberpapieren, die nach § 92 zu den verbrauchbaren Sachen gehören, sowie von Zins-, Renten- oder Gewinnanteilscheinen ist nicht erforderlich. [3]Den Inhaberpapieren stehen Orderpapiere gleich, die mit Blankoindossament versehen sind.

§ 1815 Umschreibung und Umwandlung von Inhaberpapieren.

(1) [1]Der Vormund kann die Inhaberpapiere, statt sie nach § 1814 zu hinterlegen, auf den Namen des Mündels mit der Bestimmung umschreiben lassen, dass er über sie nur mit Genehmigung des Familiengerichts verfügen kann. [2]Sind die Papiere vom Bund oder einem Land ausgestellt, so kann er sie mit der gleichen Bestimmung in Schuldbuchforderungen gegen den Bund oder das Land umwandeln lassen.

(2) Sind Inhaberpapiere zu hinterlegen, die in Schuldbuchforderungen gegen den Bund oder ein Land umgewandelt werden können, so kann das Familiengericht anordnen, dass sie nach Absatz 1 in Schuldbuchforderungen umgewandelt werden.

§ 1816 Sperrung von Buchforderungen. Gehören Schuldbuchforderungen gegen den Bund oder ein Land bei der Anordnung der Vormundschaft zu dem Vermögen des Mündels oder erwirbt der Mündel später solche Forderungen, so hat der Vormund in das Schuldbuch den Vermerk eintragen zu lassen, dass er über die Forderungen nur mit Genehmigung des Familiengerichts verfügen kann.

§ 1817 Befreiung. (1) [1]Das Familiengericht kann den Vormund auf dessen Antrag von den ihm nach den §§ 1806 bis 1816 obliegenden Verpflichtungen entbinden, soweit

1. der Umfang der Vermögensverwaltung dies rechtfertigt und
2. eine Gefährdung des Vermögens nicht zu besorgen ist.

[2]Die Voraussetzungen der Nummer 1 liegen im Regelfall vor, wenn der Wert des Vermögens ohne Berücksichtigung von Grundbesitz 6 000 Euro nicht übersteigt.

(2) Das Familiengericht kann aus besonderen Gründen den Vormund von den ihm nach den §§ 1814, 1816 obliegenden Verpflichtungen auch dann entbinden, wenn die Voraussetzungen des Absatzes 1 Nr. 1 nicht vorliegen.

§ 1818 Anordnung der Hinterlegung. Das Familiengericht kann aus besonderen Gründen anordnen, dass der Vormund auch solche zu dem Vermögen des Mündels gehörende Wertpapiere, zu deren Hinterlegung er nach § 1814 nicht verpflichtet ist, sowie Kostbarkeiten des Mündels in der in § 1814 bezeichneten Weise zu hinterlegen hat; auf Antrag des Vormunds kann die Hinterlegung von Zins-, Renten- und Gewinnanteilscheinen angeordnet werden, auch wenn ein besonderer Grund nicht vorliegt.

§ 1819 Genehmigung bei Hinterlegung. [1]Solange die nach § 1814 oder nach § 1818 hinterlegten Wertpapiere oder Kostbarkeiten nicht zurückgenommen sind, bedarf der Vormund zu einer Verfügung über sie und, wenn Hypotheken-, Grundschuld- oder Rentenschuldbriefe hinterlegt sind, zu einer Verfügung über die Hypothekenforderung, die Grundschuld oder die Rentenschuld der Genehmigung des Familiengerichts. [2]Das Gleiche gilt von der Eingehung der Verpflichtung zu einer solchen Verfügung.

§ 1820 Genehmigung nach Umschreibung und Umwandlung.

(1) Sind Inhaberpapiere nach § 1815 auf den Namen des Mündels umgeschrieben oder in Schuldbuchforderungen umgewandelt, so bedarf der Vormund auch zur Eingehung der Verpflichtung zu einer Verfügung über die sich aus der Umschreibung oder der Umwandlung ergebenden Stammforderungen der Genehmigung des Familiengerichts.

(2) Das Gleiche gilt, wenn bei einer Schuldbuchforderung des Mündels der im § 1816 bezeichnete Vermerk eingetragen ist.

§ 1821 Genehmigung für Geschäfte über Grundstücke, Schiffe oder Schiffsbauwerke. (1) Der Vormund bedarf der Genehmigung des Familiengerichts:

1. zur Verfügung über ein Grundstück oder über ein Recht an einem Grundstück;
2. zur Verfügung über eine Forderung, die auf Übertragung des Eigentums an einem Grundstück oder auf Begründung oder Übertragung eines Rechts an einem Grundstück oder auf Befreiung eines Grundstücks von einem solchen Recht gerichtet ist;
3. zur Verfügung über ein eingetragenes Schiff oder Schiffsbauwerk oder über eine Forderung, die auf Übertragung des Eigentums an einem eingetragenen Schiff oder Schiffsbauwerk gerichtet ist;
4. zur Eingehung einer Verpflichtung zu einer der in den Nummern 1 bis 3 bezeichneten Verfügungen;
5. zu einem Vertrag, der auf den entgeltlichen Erwerb eines Grundstücks, eines eingetragenen Schiffes oder Schiffsbauwerks oder eines Rechts an einem Grundstück gerichtet ist.

(2) Zu den Rechten an einem Grundstück im Sinne dieser Vorschriften gehören nicht Hypotheken, Grundschulden und Rentenschulden.

§ 1822 Genehmigung für sonstige Geschäfte. Der Vormund bedarf der Genehmigung des Familiengerichts:

1. zu einem Rechtsgeschäft, durch das der Mündel zu einer Verfügung über sein Vermögen im Ganzen oder über eine ihm angefallene Erbschaft oder über seinen künftigen gesetzlichen Erbteil oder seinen künftigen Pflichtteil verpflichtet wird, sowie zu einer Verfügung über den Anteil des Mündels an einer Erbschaft,
2. zur Ausschlagung einer Erbschaft oder eines Vermächtnisses, zum Verzicht auf einen Pflichtteil sowie zu einem Erbteilungsvertrag,
3. zu einem Vertrag, der auf den entgeltlichen Erwerb oder die Veräußerung eines Erwerbsgeschäfts gerichtet ist, sowie zu einem Gesellschaftsvertrag, der zum Betrieb eines Erwerbsgeschäfts eingegangen wird,
4. zu einem Pachtvertrag über ein Landgut oder einen gewerblichen Betrieb,
5. zu einem Miet- oder Pachtvertrag oder einem anderen Vertrag, durch den der Mündel zu wiederkehrenden Leistungen verpflichtet wird, wenn das Vertragsverhältnis länger als ein Jahr nach dem Eintritt der Volljährigkeit des Mündels fortdauern soll,
6. zu einem Lehrvertrag, der für längere Zeit als ein Jahr geschlossen wird,
7. zu einem auf die Eingehung eines Dienst- oder Arbeitsverhältnisses gerichteten Vertrag, wenn der Mündel zu persönlichen Leistungen für längere Zeit als ein Jahr verpflichtet werden soll,
8. zur Aufnahme von Geld auf den Kredit des Mündels,
9. zur Ausstellung einer Schuldverschreibung auf den Inhaber oder zur Eingehung einer Verbindlichkeit aus einem Wechsel oder einem anderen Papier, das durch Indossament übertragen werden kann,
10. zur Übernahme einer fremden Verbindlichkeit, insbesondere zur Eingehung einer Bürgschaft,
11. zur Erteilung einer Prokura,
12. zu einem Vergleich oder einem Schiedsvertrag, es sei denn, dass der Gegenstand des Streites oder der Ungewissheit in Geld schätzbar ist und den Wert von 3 000 Euro nicht übersteigt oder der Vergleich einem schriftlichen oder protokollierten gerichtlichen Vergleichsvorschlag entspricht,
13. zu einem Rechtsgeschäft, durch das die für eine Forderung des Mündels bestehende Sicherheit aufgehoben oder gemindert oder die Verpflichtung dazu begründet wird.

§ 1823 Genehmigung bei einem Erwerbsgeschäft des Mündels. Der Vormund soll nicht ohne Genehmigung des Familiengerichts ein neues Erwerbsgeschäft im Namen des Mündels beginnen oder ein bestehendes Erwerbsgeschäft des Mündels auflösen.

§ 1824 Genehmigung für die Überlassung von Gegenständen an den Mündel. Der Vormund kann Gegenstände, zu deren Veräußerung die Genehmigung des Gegenvormunds oder des Familiengerichts erforderlich ist, dem Mündel nicht ohne diese Genehmigung zur Erfüllung eines von diesem geschlossenen Vertrags oder zu freier Verfügung überlassen.

§ 1825 Allgemeine Ermächtigung. (1) Das Familiengericht kann dem Vormund zu Rechtsgeschäften, zu denen nach § 1812 die Genehmigung des Gegenvormunds erforderlich ist, sowie zu den in § 1822 Nr. 8 bis 10 bezeichneten Rechtsgeschäften eine allgemeine Ermächtigung erteilen.

(2) Die Ermächtigung soll nur erteilt werden, wenn sie zum Zwecke der Vermögensverwaltung, insbesondere zum Betrieb eines Erwerbsgeschäfts, erforderlich ist.

§ 1826 Anhörung des Gegenvormunds vor Erteilung der Genehmigung. Das Familiengericht soll vor der Entscheidung über die zu einer Handlung des Vormunds erforderliche Genehmigung den Gegenvormund hören, sofern ein solcher vorhanden und die Anhörung tunlich ist.

§ 1827 (weggefallen)

§ 1828 Erklärung der Genehmigung. Das Familiengericht kann die Genehmigung zu einem Rechtsgeschäft nur dem Vormund gegenüber erklären.

§ 1829 Nachträgliche Genehmigung. (1) [1] Schließt der Vormund einen Vertrag ohne die erforderliche Genehmigung des Familiengerichts, so hängt die Wirksamkeit des Vertrags von der nachträglichen Genehmigung des Familiengerichts ab. [2] Die Genehmigung sowie deren Verweigerung wird dem anderen Teil gegenüber erst wirksam, wenn sie ihm durch den Vormund mitgeteilt wird.

(2) Fordert der andere Teil den Vormund zur Mitteilung darüber auf, ob die Genehmigung erteilt sei, so kann die Mitteilung der Genehmigung nur bis zum Ablauf von vier Wochen nach dem Empfang der Aufforderung erfolgen; erfolgt sie nicht, so gilt die Genehmigung als verweigert.

(3) Ist der Mündel volljährig geworden, so tritt seine Genehmigung an die Stelle der Genehmigung des Familiengerichts.

§ 1830 Widerrufsrecht des Geschäftspartners. Hat der Vormund dem anderen Teil gegenüber der Wahrheit zuwider die Genehmigung des Familiengerichts behauptet, so ist der andere Teil bis zur Mitteilung der nachträglichen Genehmigung des Familiengerichts zum Widerruf berechtigt, es sei denn, dass ihm das Fehlen der Genehmigung bei dem Abschluss des Vertrags bekannt war.

§ 1831 Einseitiges Rechtsgeschäft ohne Genehmigung. [1] Ein einseitiges Rechtsgeschäft, das der Vormund ohne die erforderliche Genehmigung des Familiengerichts vornimmt, ist unwirksam. [2] Nimmt der Vormund mit dieser Genehmigung ein solches Rechtsgeschäft einem anderen gegenüber vor, so ist das Rechtsgeschäft unwirksam, wenn der Vormund die Genehmigung nicht vorlegt und der andere das Rechtsgeschäft aus diesem Grunde unverzüglich zurückweist.

§ 1832 Genehmigung des Gegenvormunds. Soweit der Vormund zu einem Rechtsgeschäft der Genehmigung des Gegenvormunds bedarf, finden die Vorschriften der §§ 1828 bis 1831 entsprechende Anwendung; abweichend von § 1829 Abs. 2 beträgt die Frist für die Mitteilung der Genehmigung des Gegenvormunds zwei Wochen.

§ 1833 Haftung des Vormunds. (1) [1]Der Vormund ist dem Mündel für den aus einer Pflichtverletzung entstehenden Schaden verantwortlich, wenn ihm ein Verschulden zur Last fällt. [2]Das Gleiche gilt von dem Gegenvormund.

(2) [1]Sind für den Schaden mehrere nebeneinander verantwortlich, so haften sie als Gesamtschuldner. [2]Ist neben dem Vormund für den von diesem verursachten Schaden der Gegenvormund oder ein Mitvormund nur wegen Verletzung seiner Aufsichtspflicht verantwortlich, so ist in ihrem Verhältnis zueinander der Vormund allein verpflichtet.

§ 1834 Verzinsungspflicht. Verwendet der Vormund Geld des Mündels für sich, so hat er es von der Zeit der Verwendung an zu verzinsen.

§ 1835 Aufwendungsersatz. (1) [1]Macht der Vormund zum Zwecke der Führung der Vormundschaft Aufwendungen, so kann er nach den für den Auftrag geltenden Vorschriften der §§ 669, 670 von dem Mündel Vorschuss oder Ersatz verlangen; für den Ersatz von Fahrtkosten gilt die in § 5 des Justizvergütungs- und -entschädigungsgesetzes für Sachverständige getroffene Regelung entsprechend. [2]Das gleiche Recht steht dem Gegenvormund zu. [3]Ersatzansprüche erlöschen, wenn sie nicht binnen 15 Monaten nach ihrer Entstehung gerichtlich geltend gemacht werden; die Geltendmachung des Anspruchs beim Familiengericht gilt dabei auch als Geltendmachung gegenüber dem Mündel.

(1a) [1]Das Familiengericht kann eine von Absatz 1 Satz 3 abweichende Frist von mindestens zwei Monaten bestimmen. [2]In der Fristbestimmung ist über die Folgen der Versäumung der Frist zu belehren. [3]Die Frist kann auf Antrag vom Familiengericht verlängert werden. [4]Der Anspruch erlischt, soweit er nicht innerhalb der Frist beziffert wird.

(2) [1]Aufwendungen sind auch die Kosten einer angemessenen Versicherung gegen Schäden, die dem Mündel durch den Vormund oder Gegenvormund zugefügt werden können oder die dem Vormund oder Gegenvormund dadurch entstehen können, dass er einem Dritten zum Ersatz eines durch die Führung der Vormundschaft verursachten Schadens verpflichtet ist; dies gilt nicht für die Kosten der Haftpflichtversicherung des Halters eines Kraftfahrzeugs. [2]Satz 1 ist nicht anzuwenden, wenn der Vormund oder Gegenvormund eine Vergütung nach § 1836 Abs. 1 Satz 2 in Verbindung mit dem Vormünder- und Betreuervergütungsgesetz erhält.

(3) Als Aufwendungen gelten auch solche Dienste des Vormunds oder des Gegenvormunds, die zu seinem Gewerbe oder seinem Beruf gehören.

(4) [1]Ist der Mündel mittellos, so kann der Vormund Vorschuss und Ersatz aus der Staatskasse verlangen. [2]Absatz 1 Satz 3 und Absatz 1a gelten entsprechend.

(5) [1]Das Jugendamt oder ein Verein kann als Vormund oder Gegenvormund für Aufwendungen keinen Vorschuss und Ersatz nur insoweit verlangen, als das einzusetzende Einkommen und Vermögen des Mündels ausreicht. [2]Allgemeine Verwaltungskosten einschließlich der Kosten nach Absatz 2 werden nicht ersetzt.

§ 1835a Aufwandsentschädigung. (1) [1]Zur Abgeltung seines Anspruchs auf Aufwendungsersatz kann der Vormund als Aufwandsentschädigung für jede Vormundschaft, für die ihm keine Vergütung zusteht, einen Geldbetrag verlangen, der für ein Jahr dem Sechzehnfachen dessen entspricht, was einem Zeugen als Höchstbetrag der Entschädigung für eine Stunde versäumter Arbeitszeit (§ 22 des Justizvergütungs- und -entschädigungsgesetzes) gewährt werden kann (Aufwandsentschädigung). [2] Hat der Vormund für solche Aufwendungen bereits Vorschuss oder Ersatz erhalten, so verringert sich die Aufwandsentschädigung entsprechend.

(2) Die Aufwandsentschädigung ist jährlich zu zahlen, erstmals ein Jahr nach Bestellung des Vormunds.

(3) Ist der Mündel mittellos, so kann der Vormund die Aufwandsentschädigung aus der Staatskasse verlangen; Unterhaltsansprüche des Mündels gegen den Vormund sind insoweit bei der Bestimmung des Einkommens nach § 1836c Nr. 1 nicht zu berücksichtigen.

(4) Der Anspruch auf Aufwandsentschädigung erlischt, wenn er nicht binnen drei Monaten nach Ablauf des Jahres, in dem der Anspruch entsteht, geltend gemacht wird; die Geltendmachung des Anspruchs beim Familiengericht gilt auch als Geltendmachung gegenüber dem Mündel.

(5) Dem Jugendamt oder einem Verein kann keine Aufwandsentschädigung gewährt werden.

§ 1836 Vergütung des Vormunds. (1) [1] Die Vormundschaft wird unentgeltlich geführt. [2] Sie wird ausnahmsweise entgeltlich geführt, wenn das Gericht bei der Bestellung des Vormunds feststellt, dass der Vormund die Vormundschaft berufsmäßig führt. [3] Das Nähere regelt das Vormünder- und Betreuervergütungsgesetz.

(2) Trifft das Gericht keine Feststellung nach Absatz 1 Satz 2, so kann es dem Vormund und aus besonderen Gründen auch dem Gegenvormund gleichwohl eine angemessene Vergütung bewilligen, soweit der Umfang oder die Schwierigkeit der vormundschaftlichen Geschäfte dies rechtfertigen; dies gilt nicht, wenn der Mündel mittellos ist.

(3) Dem Jugendamt oder einem Verein kann keine Vergütung bewilligt werden.

§§ 1836a, 1836b *(aufgehoben)*

§ 1836c Einzusetzende Mittel des Mündels. Der Mündel hat einzusetzen:

1. nach Maßgabe des § 87 des Zwölften Buches Sozialgesetzbuch[1)] sein Einkommen, soweit es zusammen mit dem Einkommen seines nicht getrennt lebenden Ehegatten oder Lebenspartners die nach den §§ 82, 85 Abs. 1 und § 86 des Zwölften Buches Sozialgesetzbuch[1)] maßgebende Einkommensgrenze für die Hilfe nach dem Fünften bis Neunten Kapitel des Zwölften Buches Sozialgesetzbuch[2)] übersteigt. Wird im Einzelfall der Einsatz eines Teils des Einkommens zur Deckung eines bestimmten Bedarfs im Rahmen der Hilfe nach dem Fünften bis Neunten Kapitel des Zwölften Buches Sozialgesetzbuch[2)] zugemutet oder verlangt, darf dieser Teil des Einkommens bei der Prüfung, inwieweit der Einsatz des Einkommens zur Deckung der Kosten der Vormundschaft einzusetzen ist, nicht mehr berücksichtigt wer-

---

[1)] Nr. **14**.
[2)] Auszugsweise abgedruckt unter Nr. **14**.

den. Als Einkommen gelten auch Unterhaltsansprüche sowie die wegen Entziehung einer solchen Forderung zu entrichtenden Renten;
2. sein Vermögen nach Maßgabe des § 90 des Zwölften Buches Sozialgesetzbuch[1].

§ 1836d Mittellosigkeit des Mündels. Der Mündel gilt als mittellos, wenn er den Aufwendungsersatz oder die Vergütung aus seinem einzusetzenden Einkommen oder Vermögen
1. nicht oder nur zum Teil oder nur in Raten oder
2. nur im Wege gerichtlicher Geltendmachung von Unterhaltsansprüchen

aufbringen kann.

§ 1836e Gesetzlicher Forderungsübergang. (1) [1]Soweit die Staatskasse den Vormund oder Gegenvormund befriedigt, gehen Ansprüche des Vormundes oder Gegenvormunds gegen den Mündel auf die Staatskasse über. [2]Nach dem Tode des Mündels haftet sein Erbe nur mit dem Wert des im Zeitpunkt des Erbfalls vorhandenen Nachlasses; § 102 Abs. 3 und 4 des Zwölften Buches Sozialgesetzbuch gilt entsprechend, § 1836c findet auf den Erben keine Anwendung.

(2) Soweit Ansprüche gemäß § 1836c Nr. 1 Satz 3 einzusetzen sind, findet zugunsten der Staatskasse § 850b der Zivilprozessordnung keine Anwendung.

Untertitel 3. Fürsorge und Aufsicht des Familiengerichts

§ 1837 Beratung und Aufsicht. (1) [1]Das Familiengericht berät die Vormünder. [2]Es wirkt dabei mit, sie in ihre Aufgaben einzuführen.

(2) [1]Das Familiengericht hat über die gesamte Tätigkeit des Vormunds und des Gegenvormunds die Aufsicht zu führen und gegen Pflichtwidrigkeiten durch geeignete Gebote und Verbote einzuschreiten. [2]Es hat insbesondere die Einhaltung der erforderlichen persönlichen Kontakte des Vormunds zu dem Mündel zu beaufsichtigen. [3]Es kann dem Vormund und dem Gegenvormund aufgeben, eine Versicherung gegen Schäden, die sie dem Mündel zufügen können, einzugehen.

(3) [1]Das Familiengericht kann den Vormund und den Gegenvormund zur Befolgung seiner Anordnungen durch Festsetzung von Zwangsgeld anhalten. [2]Gegen das Jugendamt oder einen Verein wird kein Zwangsgeld festgesetzt.

(4) §§ 1666, 1666a und 1696 gelten entsprechend.

§ 1838 (weggefallen)

§ 1839 Auskunftspflicht des Vormunds. Der Vormund sowie der Gegenvormund hat dem Familiengericht auf Verlangen jederzeit über die Führung der Vormundschaft und über die persönlichen Verhältnisse des Mündels Auskunft zu erteilen.

§ 1840 Bericht und Rechnungslegung. (1) [1]Der Vormund hat über die persönlichen Verhältnisse des Mündels dem Familiengericht mindestens einmal jährlich zu berichten. [2]Der Bericht hat auch Angaben zu den persönlichen Kontakten des Vormunds zu dem Mündel zu enthalten.

---

[1] Nr. **14**.

(2) Der Vormund hat über seine Vermögensverwaltung dem Familiengericht Rechnung zu legen.

(3) [1] Die Rechnung ist jährlich zu legen. [2] Das Rechnungsjahr wird von dem Familiengericht bestimmt.

(4) Ist die Verwaltung von geringem Umfang, so kann das Familiengericht, nachdem die Rechnung für das erste Jahr gelegt worden ist, anordnen, dass die Rechnung für längere, höchstens dreijährige Zeitabschnitte zu legen ist.

§ 1841 Inhalt der Rechnungslegung. (1) Die Rechnung soll eine geordnete Zusammenstellung der Einnahmen und Ausgaben enthalten, über den Ab- und Zugang des Vermögens Auskunft geben und, soweit Belege erteilt zu werden pflegen, mit Belegen versehen sein.

(2) [1] Wird ein Erwerbsgeschäft mit kaufmännischer Buchführung betrieben, so genügt als Rechnung ein aus den Büchern gezogener Jahresabschluss. [2] Das Familiengericht kann jedoch die Vorlegung der Bücher und sonstigen Belege verlangen.

§ 1842 Mitwirkung des Gegenvormunds. [1] Ist ein Gegenvormund vorhanden oder zu bestellen, so hat ihm der Vormund die Rechnung unter Nachweisung des Vermögensbestands vorzulegen. [2] Der Gegenvormund hat die Rechnung mit den Bemerkungen zu versehen, zu denen die Prüfung ihm Anlass gibt.

§ 1843 Prüfung durch das Familiengericht. (1) Das Familiengericht hat die Rechnung rechnungsmäßig und sachlich zu prüfen und, soweit erforderlich, ihre Berichtigung und Ergänzung herbeizuführen.

(2) Ansprüche, die zwischen dem Vormund und dem Mündel streitig bleiben, können schon vor der Beendigung des Vormundschaftsverhältnisses im Rechtsweg geltend gemacht werden.

§ 1844 (weggefallen)

§ 1845 *(aufgehoben)*

§ 1846 Einstweilige Maßregeln des Familiengerichts. Ist ein Vormund noch nicht bestellt oder ist der Vormund an der Erfüllung seiner Pflichten verhindert, so hat das Familiengericht die im Interesse des Betroffenen erforderlichen Maßregeln zu treffen.

§ 1847 Anhörung der Angehörigen. [1] Das Familiengericht soll in wichtigen Angelegenheiten Verwandte oder Verschwägerte des Mündels hören, wenn dies ohne erhebliche Verzögerung und ohne unverhältnismäßige Kosten geschehen kann. [2] § 1779 Abs. 3 Satz 2 gilt entsprechend.

§ 1848 (weggefallen)

Untertitel 4. Mitwirkung des Jugendamts

§§ 1849, 1850 (weggefallen)

§ 1851 Mitteilungspflichten. (1) Das Familiengericht hat dem Jugendamt die Anordnung der Vormundschaft unter Bezeichnung des Vormunds und des

Gegenvormunds sowie einen Wechsel in der Person und die Beendigung der Vormundschaft mitzuteilen.

(2) Wird der gewöhnliche Aufenthalt eines Mündels in den Bezirk eines anderen Jugendamts verlegt, so hat der Vormund dem Jugendamt des bisherigen gewöhnlichen Aufenthalts und dieses dem Jugendamt des neuen gewöhnlichen Aufenthalts die Verlegung mitzuteilen.

(3) Ist ein Verein Vormund, so sind die Absätze 1 und 2 nicht anzuwenden.

Untertitel 5. Befreite Vormundschaft

§ 1852 Befreiung durch den Vater. (1) Der Vater kann, wenn er einen Vormund benennt, die Bestellung eines Gegenvormunds ausschließen.

(2) [1] Der Vater kann anordnen, dass der von ihm benannte Vormund bei der Anlegung von Geld den in den §§ 1809, 1810 bestimmten Beschränkungen nicht unterliegen und zu den im § 1812 bezeichneten Rechtsgeschäften der Genehmigung des Gegenvormunds oder des Familiengerichts nicht bedürfen soll. [2] Diese Anordnungen sind als getroffen anzusehen, wenn der Vater die Bestellung eines Gegenvormunds ausgeschlossen hat.

§ 1853 Befreiung von Hinterlegung und Sperrung. Der Vater kann den von ihm benannten Vormund von der Verpflichtung entbinden, Inhaber- und Orderpapiere zu hinterlegen und den in § 1816 bezeichneten Vermerk in das Bundesschuldbuch oder das Schuldbuch eines Landes eintragen zu lassen.

§ 1854 Befreiung von der Rechnungslegungspflicht. (1) Der Vater kann den von ihm benannten Vormund von der Verpflichtung entbinden, während der Dauer seines Amtes Rechnung zu legen.

(2) [1] Der Vormund hat in einem solchen Falle nach dem Ablauf von je zwei Jahren eine Übersicht über den Bestand des seiner Verwaltung unterliegenden Vermögens dem Familiengericht einzureichen. [2] Das Familiengericht kann anordnen, dass die Übersicht in längeren, höchstens fünfjährigen Zwischenräumen einzureichen ist.

(3) [1] Ist ein Gegenvormund vorhanden oder zu bestellen, so hat ihm der Vormund die Übersicht unter Nachweisung des Vermögensbestands vorzulegen. [2] Der Gegenvormund hat die Übersicht mit den Bemerkungen zu versehen, zu denen die Prüfung ihm Anlass gibt.

§ 1855 Befreiung durch die Mutter. Benennt die Mutter einen Vormund, so kann sie die gleichen Anordnungen treffen wie nach den §§ 1852 bis 1854 der Vater.

§ 1856 Voraussetzungen der Befreiung. [1] Auf die nach den §§ 1852 bis 1855 zulässigen Anordnungen ist die Vorschrift des § 1777 anzuwenden. [2] Haben die Eltern denselben Vormund benannt, aber einander widersprechende Anordnungen getroffen, so gelten die Anordnungen des zuletzt verstorbenen Elternteils.

§ 1857 Aufhebung der Befreiung durch das Familiengericht. Die Anordnungen des Vaters oder der Mutter können von dem Familiengericht außer Kraft gesetzt werden, wenn ihre Befolgung das Interesse des Mündels gefährden würde.

§ 1857a Befreiung des Jugendamts und des Vereins. Dem Jugendamt und einem Verein als Vormund stehen die nach § 1852 Abs. 2, §§ 1853, 1854 zulässigen Befreiungen zu.

§§ 1858 bis 1881 (weggefallen)

Untertitel 6. Beendigung der Vormundschaft

§ 1882 Wegfall der Voraussetzungen. Die Vormundschaft endigt mit dem Wegfall der in § 1773 für die Begründung der Vormundschaft bestimmten Voraussetzungen.

§ 1883 (weggefallen)

§ 1884 Verschollenheit und Todeserklärung des Mündels. (1) [1] Ist der Mündel verschollen, so endigt die Vormundschaft erst mit der Aufhebung durch das Familiengericht. [2] Das Familiengericht hat die Vormundschaft aufzuheben, wenn ihm der Tod des Mündels bekannt wird.

(2) Wird der Mündel für tot erklärt oder wird seine Todeszeit nach den Vorschriften des Verschollenheitsgesetzes festgestellt, so endigt die Vormundschaft mit der Rechtskraft des Beschlusses über die Todeserklärung oder die Feststellung der Todeszeit.

§ 1885 (weggefallen)

§ 1886 Entlassung des Einzelvormunds. Das Familiengericht hat den Einzelvormund zu entlassen, wenn die Fortführung des Amts, insbesondere wegen pflichtwidrigen Verhaltens des Vormunds, das Interesse des Mündels gefährden würde oder wenn in der Person des Vormunds einer der in § 1781 bestimmten Gründe vorliegt.

§ 1887 Entlassung des Jugendamts oder Vereins. (1) Das Familiengericht hat das Jugendamt oder den Verein als Vormund zu entlassen und einen anderen Vormund zu bestellen, wenn dies dem Wohl des Mündels dient und eine andere als Vormund geeignete Person vorhanden ist.

(2) [1] Die Entscheidung ergeht von Amts wegen oder auf Antrag. [2] Zum Antrag ist berechtigt der Mündel, der das 14. Lebensjahr vollendet hat, sowie jeder, der ein berechtigtes Interesse des Mündels geltend macht. [3] Das Jugendamt oder der Verein sollen den Antrag stellen, sobald sie erfahren, dass die Voraussetzungen des Absatzes 1 vorliegen.

(3) Das Familiengericht soll vor seiner Entscheidung auch das Jugendamt oder den Verein hören.

§ 1888 Entlassung von Beamten und Religionsdienern. Ist ein Beamter oder ein Religionsdiener zum Vormund bestellt, so hat ihn das Familiengericht zu entlassen, wenn die Erlaubnis, die nach den Landesgesetzen zur Übernahme der Vormundschaft oder zur Fortführung der vor dem Eintritt in das Amts- oder Dienstverhältnis übernommenen Vormundschaft erforderlich ist, versagt oder zurückgenommen wird oder wenn die nach den Landesgesetzen zulässige Untersagung der Fortführung der Vormundschaft erfolgt.

§ 1889 Entlassung auf eigenen Antrag. (1) Das Familiengericht hat den Einzelvormund auf seinen Antrag zu entlassen, wenn ein wichtiger Grund vorliegt; ein wichtiger Grund ist insbesondere der Eintritt eines Umstands, der den Vormund nach § 1786 Abs. 1 Nr. 2 bis 7 berechtigen würde, die Übernahme der Vormundschaft abzulehnen.

(2) [1] Das Familiengericht hat das Jugendamt oder den Verein als Vormund auf seinen Antrag zu entlassen, wenn eine andere als Vormund geeignete Person vorhanden ist und das Wohl des Mündels dieser Maßnahme nicht entgegensteht. [2] Ein Verein ist auf seinen Antrag ferner zu entlassen, wenn ein wichtiger Grund vorliegt.

§ 1890 Vermögensherausgabe und Rechnungslegung. [1] Der Vormund hat nach der Beendigung seines Amts dem Mündel das verwaltete Vermögen herauszugeben und über die Verwaltung Rechenschaft abzulegen. [2] Soweit er dem Familiengericht Rechnung gelegt hat, genügt die Bezugnahme auf diese Rechnung.

§ 1891 Mitwirkung des Gegenvormunds. (1) [1] Ist ein Gegenvormund vorhanden, so hat ihm der Vormund die Rechnung vorzulegen. [2] Der Gegenvormund hat die Rechnung mit den Bemerkungen zu versehen, zu denen die Prüfung ihm Anlass gibt.

(2) Der Gegenvormund hat über die Führung der Gegenvormundschaft und, soweit er dazu imstande ist, über das von dem Vormund verwaltete Vermögen auf Verlangen Auskunft zu erteilen.

§ 1892 Rechnungsprüfung und -anerkennung. (1) Der Vormund hat die Rechnung, nachdem er sie dem Gegenvormund vorgelegt hat, dem Familiengericht einzureichen.

(2) [1] Das Familiengericht hat die Rechnung rechnungsmäßig und sachlich zu prüfen und deren Abnahme durch Verhandlung mit den Beteiligten unter Zuziehung des Gegenvormunds zu vermitteln. [2] Soweit die Rechnung als richtig anerkannt wird, hat das Familiengericht das Anerkenntnis zu beurkunden.

§ 1893 Fortführung der Geschäfte nach Beendigung der Vormundschaft, Rückgabe von Urkunden. (1) Im Falle der Beendigung der Vormundschaft oder des vormundschaftlichen Amts finden die Vorschriften der §§ 1698a, 1698b entsprechende Anwendung.

(2) [1] Der Vormund hat nach Beendigung seines Amts die Bestallung dem Familiengericht zurückzugeben. [2] In den Fällen der §§ 1791a, 1791b ist der Beschluss des Familiengerichts, im Falle des § 1791c die Bescheinigung über den Eintritt der Vormundschaft zurückzugeben.

§ 1894 Anzeige bei Tod des Vormunds. (1) Den Tod des Vormunds hat dessen Erbe dem Familiengericht unverzüglich anzuzeigen.

(2) Den Tod des Gegenvormunds oder eines Mitvormunds hat der Vormund unverzüglich anzuzeigen.

§ 1895 Amtsende des Gegenvormunds. Die Vorschriften der §§ 1886 bis 1889, 1893, 1894 finden auf den Gegenvormund entsprechende Anwendung.

Titel 3. Pflegschaft

§ 1909 Ergänzungspflegschaft. (1) [1] Wer unter elterlicher Sorge oder unter Vormundschaft steht, erhält für Angelegenheiten, an deren Besorgung die Eltern oder der Vormund verhindert sind, einen Pfleger. [2] Er erhält insbesondere einen Pfleger zur Verwaltung des Vermögens, das er von Todes wegen erwirbt oder das ihm unter Lebenden unentgeltlich zugewendet wird, wenn der Erblasser durch letztwillige Verfügung, der Zuwendende bei der Zuwendung bestimmt hat, dass die Eltern oder der Vormund das Vermögen nicht verwalten sollen.

(2) Wird eine Pflegschaft erforderlich, so haben die Eltern oder der Vormund dies dem Familiengericht unverzüglich anzuzeigen.

(3) Die Pflegschaft ist auch dann anzuordnen, wenn die Voraussetzungen für die Anordnung einer Vormundschaft vorliegen, ein Vormund aber noch nicht bestellt ist.

§ 1915 Anwendung des Vormundschaftsrechts. (1) [1] Auf die Pflegschaft finden die für die Vormundschaft geltenden Vorschriften entsprechende Anwendung, soweit sich nicht aus dem Gesetz ein anderes ergibt. [2] Abweichend von § 3 Abs. 1 bis 3 des Vormünder- und Betreuervergütungsgesetzes bestimmt sich die Höhe einer nach § 1836 Abs. 1 zu bewilligenden Vergütung nach den für die Führung der Pflegschaftsgeschäfte nutzbaren Fachkenntnissen des Pflegers sowie nach dem Umfang und der Schwierigkeit der Pflegschaftsgeschäfte, sofern der Pflegling nicht mittellos ist. [3] An die Stelle des Familiengerichts tritt das Betreuungsgericht; dies gilt nicht bei der Pflegschaft für Minderjährige oder für eine Leibesfrucht.

(2) Die Bestellung eines Gegenvormunds ist nicht erforderlich.

(3) § 1793 Abs. 2 findet auf die Pflegschaft für Volljährige keine Anwendung.

[Abschnitt 3 ab 1.1.2023:]

Abschnitt 3. Vormundschaft, Pflegschaft für Minderjährige, rechtliche Betreuung, sonstige Pflegschaft

Titel 1. Vormundschaft

Untertitel 1. Begründung der Vormundschaft

Kapitel 1. Bestellte Vormundschaft

Unterkapitel 1. Allgemeine Vorschriften

§ 1773 Voraussetzungen der Vormundschaft; Bestellung des Vormunds.

(1) Das Familiengericht hat die Vormundschaft für einen Minderjährigen anzuordnen und ihm einen Vormund zu bestellen, wenn

1. er nicht unter elterlicher Sorge steht,

2. seine Eltern nicht berechtigt sind, ihn in den seine Person und sein Vermögen betreffenden Angelegenheiten zu vertreten, oder

3. sein Familienstand nicht zu ermitteln ist.

(2) [1] Ist anzunehmen, dass ein Kind mit seiner Geburt einen Vormund benötigt, so kann schon vor der Geburt des Kindes eine Vormundschaft angeordnet und ein Vormund bestellt werden. [2] Die Bestellung wird mit der Geburt des Kindes wirksam.

§ 1774 ***Vormund.*** *(1) Zum Vormund kann bestellt werden:*

1. eine natürliche Person, die die Vormundschaft ehrenamtlich führt,

2. eine natürliche Person, die die Vormundschaft beruflich selbständig führt (Berufsvormund),

3. ein Mitarbeiter eines vom überörtlichen Träger der Jugendhilfe anerkannten Vormundschaftsvereins, wenn der Mitarbeiter dort ausschließlich oder teilweise als Vormund tätig ist (Vereinsvormund), oder

4. das Jugendamt.

(2) Zum vorläufigen Vormund kann bestellt werden:

1. ein vom überörtlichen Träger der Jugendhilfe anerkannter Vormundschaftsverein,

2. das Jugendamt.

§ 1775 ***Mehrere Vormünder.*** *(1) Ehegatten können gemeinschaftlich zu Vormündern bestellt werden.*

(2) Für Geschwister soll nur ein Vormund bestellt werden, es sei denn, es liegen besondere Gründe vor, jeweils einen Vormund für einzelne Geschwister zu bestellen.

§ 1776 ***Zusätzlicher Pfleger.*** *(1) [1] Das Familiengericht kann bei Bestellung eines ehrenamtlichen Vormunds mit dessen Einverständnis einzelne Sorgeangelegenheiten oder eine bestimmte Art von Sorgeangelegenheiten auf einen Pfleger übertragen, wenn die Übertragung dieser Angelegenheiten dem Wohl des Mündels dient. [2] Die Übertragung ist auch nachträglich möglich, wenn der Vormund zustimmt.*

(2) [1] Die Übertragung ist ganz oder teilweise aufzuheben,

1. wenn sie dem Wohl des Mündels widerspricht,

2. auf Antrag des Vormunds oder des Pflegers, wenn der jeweils andere Teil zustimmt und die Aufhebung dem Wohl des Mündels nicht widerspricht, oder

3. auf Antrag des Mündels, der das 14. Lebensjahr vollendet hat, wenn Vormund und Pfleger der Aufhebung zustimmen.

[2] Die Zustimmung gemäß Satz 1 Nummer 2 und 3 ist entbehrlich, wenn ein wichtiger Grund für die Aufhebung vorliegt.

(3) [1] Im Übrigen gelten die Vorschriften über die Pflegschaft für Minderjährige entsprechend. [2] Neben einem Pfleger nach § 1809 oder § 1777 kann ein Pfleger nach Absatz 1 nicht bestellt werden.

§ 1777 ***Übertragung von Sorgeangelegenheiten auf die Pflegeperson als Pfleger.*** *(1) [1] Das Familiengericht überträgt auf Antrag des Vormunds oder der Pflegeperson einzelne Sorgeangelegenheiten oder eine bestimmte Art von Sorgeangelegenheiten auf die Pflegeperson als Pfleger, wenn*

1. der Mündel seit längerer Zeit bei der Pflegeperson lebt oder bereits bei Begründung des Pflegeverhältnisses eine persönliche Bindung zwischen dem Mündel und der Pflegeperson besteht,

2. die Pflegeperson oder der Vormund dem Antrag des jeweils anderen auf Übertragung zustimmt und

3. die Übertragung dem Wohl des Mündels dient.

[2] Ein entgegenstehender Wille des Mündels ist zu berücksichtigen.

(2) Sorgeangelegenheiten, deren Regelung für den Mündel von erheblicher Bedeutung ist, werden der Pflegeperson nur zur gemeinsamen Wahrnehmung mit dem Vormund übertragen.

(3) [1] Den Antrag auf Übertragung nach Absatz 1 Satz 1 kann auch der Mündel stellen, wenn er das 14. Lebensjahr vollendet hat. [2] Für die Übertragung ist die Zustimmung des Vormunds und der Pflegeperson erforderlich.

(4) [1] § 1776 Absatz 2 gilt entsprechend. [2] Im Übrigen gelten die Vorschriften über die Pflegschaft für Minderjährige entsprechend. [3] Neben einem Pfleger nach § 1809 oder § 1776 kann die Pflegeperson nicht zum Pfleger bestellt werden.

Unterkapitel 2. Auswahl des Vormunds

§ 1778 Auswahl des Vormunds durch das Familiengericht. *(1) Ist die Vormundschaft nicht einem nach § 1782 Benannten zu übertragen, hat das Familiengericht den Vormund auszuwählen, der am besten geeignet ist, für die Person und das Vermögen des Mündels zu sorgen.*

(2) Bei der Auswahl sind insbesondere zu berücksichtigen:

1. der Wille des Mündels, seine familiären Beziehungen, seine persönlichen Bindungen, sein religiöses Bekenntnis und sein kultureller Hintergrund,
2. der wirkliche oder mutmaßliche Wille der Eltern und
3. die Lebensumstände des Mündels.

§ 1779 Eignung der Person; Vorrang des ehrenamtlichen Vormunds.

(1) Eine natürliche Person muss nach

1. ihren Kenntnissen und Erfahrungen,
2. ihren persönlichen Eigenschaften,
3. ihren persönlichen Verhältnissen und ihrer Vermögenslage sowie
4. ihrer Fähigkeit und Bereitschaft zur Zusammenarbeit mit den anderen an der Erziehung des Mündels beteiligten Personen

geeignet sein, die Vormundschaft so zu führen, wie es das Wohl des Mündels erfordert.

(2) [1] Eine natürliche Person, die geeignet und bereit ist, die Vormundschaft ehrenamtlich zu führen, hat gegenüber den in § 1774 Absatz 1 Nummer 2 bis 4 genannten Vormündern Vorrang. [2] Von ihrer Eignung ist auch dann auszugehen, wenn ein zusätzlicher Pfleger nach § 1776 bestellt wird.

§ 1780 Berücksichtigung der beruflichen Belastung des Berufs- und Vereinsvormunds. *[1] Soll ein Berufsvormund oder ein Vereinsvormund bestellt werden, ist seine berufliche Arbeitsbelastung, insbesondere die Anzahl und der Umfang der bereits zu führenden Vormundschaften und Pflegschaften zu berücksichtigen. [2] Er ist dem Familiengericht zur Auskunft hierüber verpflichtet.*

§ 1781 Bestellung eines vorläufigen Vormunds. *(1) Sind die erforderlichen Ermittlungen zur Auswahl des geeigneten Vormunds insbesondere im persönlichen Umfeld des Mündels im Zeitpunkt der Anordnung der Vormundschaft noch nicht abgeschlossen oder besteht ein vorübergehendes Hindernis für die Bestellung des Vormunds, bestellt das Familiengericht einen vorläufigen Vormund.*

(2) [1] Der Vormundschaftsverein überträgt die Aufgaben des vorläufigen Vormunds einzelnen seiner Mitarbeiter; § 1784 gilt entsprechend. [2] Der Vormundschaftsverein hat dem Familiengericht alsbald, spätestens binnen zwei Wochen nach seiner Bestellung zum

vorläufigen Vormund mitzuteilen, welchem Mitarbeiter die Ausübung der Aufgaben des vorläufigen Vormunds übertragen worden sind.

(3) [1] Das Familiengericht hat den Vormund alsbald, längstens aber binnen drei Monaten ab Bestellung des vorläufigen Vormunds zu bestellen. [2] Die Frist kann durch Beschluss des Gerichts nach Anhörung der Beteiligten um höchstens weitere drei Monate verlängert werden, wenn trotz eingeleiteter Ermittlungen des Familiengerichts der für den Mündel am besten geeignete Vormund noch nicht bestellt werden konnte.

(4) Die Bestellung des Jugendamtes oder eines Vereinsmitarbeiters zum Vormund ist auch erforderlich, wenn das Familiengericht das Jugendamt oder einen Vormundschaftsverein zuvor als vorläufigen Vormund ausgewählt hat.

(5) Mit der Bestellung des Vormunds endet das Amt des vorläufigen Vormunds.

§ 1782 *Benennung und Ausschluss als Vormund durch die Eltern.* *(1) [1] Die Eltern können durch letztwillige Verfügung eine natürliche Person als Vormund oder Ehegatten als gemeinschaftliche Vormünder benennen oder von der Vormundschaft ausschließen, wenn ihnen zur Zeit ihres Todes die Sorge für die Person und das Vermögen des Kindes zusteht. [2] Die Benennung und der Ausschluss können schon vor der Geburt des Kindes erfolgen, wenn dem jeweiligen Elternteil die Sorge für die Person und das Vermögen des Kindes zustünde, falls es vor dem Tod des Elternteils geboren wäre.*

(2) Haben die Eltern widersprüchliche letztwillige Verfügungen zur Benennung oder zum Ausschluss von Vormündern getroffen, so gilt die Verfügung durch den zuletzt verstorbenen Elternteil.

§ 1783 *Übergehen der benannten Person.* *(1) Die benannte Person darf als Vormund ohne ihre Zustimmung nur übergangen werden, wenn*

1. sie nach § 1784 nicht zum Vormund bestellt werden kann oder soll,

2. ihre Bestellung dem Wohl des Mündels widersprechen würde,

3. der Mündel, der das 14. Lebensjahr vollendet hat, der Bestellung widerspricht,

4. sie aus rechtlichen oder tatsächlichen Gründen an der Übernahme der Vormundschaft verhindert ist oder

5. sie sich nicht binnen vier Wochen ab der Aufforderung des Familiengerichts zur Übernahme der Vormundschaft bereit erklärt hat.

(2) Wurde die benannte Person gemäß Absatz 1 Nummer 4 übergangen und war sie nur vorübergehend verhindert, so ist sie auf ihren Antrag anstelle des bisherigen Vormunds zum Vormund zu bestellen, wenn

1. sie den Antrag innerhalb von sechs Monaten nach der Bestellung des bisherigen Vormunds gestellt hat,

2. die Entlassung des bisherigen Vormunds dem Wohl des Mündels nicht widerspricht und

3. der Mündel, der das 14. Lebensjahr vollendet hat, der Entlassung des bisherigen Vormunds nicht widerspricht.

§ 1784 *Ausschlussgründe.* *(1) Nicht zum Vormund bestellt werden kann, wer geschäftsunfähig ist.*

(2) Nicht zum Vormund bestellt werden soll in der Regel eine Person,

1. die minderjährig ist,

2. für die ein Betreuer bestellt ist, sofern die Betreuung die für die Führung der Vormundschaft wesentlichen Angelegenheiten umfasst, oder für die ein Einwilligungsvorbehalt nach § 1825 angeordnet ist,
3. die die Eltern gemäß § 1782 als Vormund ausgeschlossen haben, oder
4. die zu einer Einrichtung, in der der Mündel lebt, in einem Abhängigkeitsverhältnis oder in einer anderen engen Beziehung steht.

§ 1785 Übernahmepflicht; weitere Bestellungsvoraussetzungen. *(1) Die vom Familiengericht ausgewählte Person ist verpflichtet, die Vormundschaft zu übernehmen, wenn ihr die Übernahme unter Berücksichtigung ihrer familiären, beruflichen und sonstigen Verhältnisse zugemutet werden kann.*

(2) Die ausgewählte Person darf erst dann zum Vormund bestellt werden, wenn sie sich zur Übernahme der Vormundschaft bereit erklärt hat.

(3) Der Vormundschaftsverein und der Vereinsvormund dürfen nur mit Einwilligung des Vereins bestellt werden.

Kapitel 2. Gesetzliche Amtsvormundschaft

§ 1786 Amtsvormundschaft bei Fehlen eines sorgeberechtigten Elternteils.
[1] Mit der Geburt eines Kindes, dessen Eltern nicht miteinander verheiratet sind und das eines Vormunds bedarf, wird das Jugendamt Vormund, wenn das Kind seinen gewöhnlichen Aufenthalt im Inland hat. [2] Dies gilt nicht, wenn bereits vor der Geburt des Kindes ein Vormund bestellt ist. [3] Wurde die Vaterschaft nach § 1592 Nummer 1 oder 2 durch Anfechtung beseitigt und bedarf das Kind eines Vormunds, so wird das Jugendamt in dem Zeitpunkt Vormund, in dem die Entscheidung rechtskräftig wird.

§ 1787 Amtsvormundschaft bei vertraulicher Geburt. *Wird ein Kind vertraulich geboren (§ 25 Absatz 1 Satz 2 des Schwangerschaftskonfliktgesetzes), wird das Jugendamt mit der Geburt des Kindes Vormund.*

Untertitel 2. Führung der Vormundschaft

Kapitel 1. Allgemeine Vorschriften

§ 1788 Rechte des Mündels. *Der Mündel hat insbesondere das Recht auf*
1. Förderung seiner Entwicklung und Erziehung zu einer eigenverantwortlichen und gemeinschaftsfähigen Persönlichkeit,
2. Pflege und Erziehung unter Ausschluss von Gewalt, körperlichen Bestrafungen, seelischen Verletzungen und anderen entwürdigenden Maßnahmen,
3. persönlichen Kontakt mit dem Vormund,
4. Achtung seines Willens, seiner persönlichen Bindungen, seines religiösen Bekenntnisses und kulturellen Hintergrunds sowie
5. Beteiligung an ihn betreffenden Angelegenheiten, soweit es nach seinem Entwicklungsstand angezeigt ist.

§ 1789 Sorge des Vormunds; Vertretung und Haftung des Mündels. *(1) [1] Der Vormund hat die Pflicht und das Recht, für die Person und das Vermögen des Mündels zu sorgen. [2] Ausgenommen sind Angelegenheiten, für die ein Pfleger bestellt ist, es sei denn, die Angelegenheiten sind dem Pfleger mit dem Vormund zur gemeinsamen Wahrnehmung übertragen.*

(2) [1] Der Vormund vertritt den Mündel. [2] § 1824 gilt entsprechend. [3] Das Familiengericht kann dem Vormund die Vertretung für einzelne Angelegenheiten entziehen. [4] Die

Entziehung soll nur erfolgen, wenn das Interesse des Mündels zu dem Interesse des Vormunds, eines von diesem vertretenen Dritten oder einer der in § 1824 Absatz 1 Nummer 1 bezeichneten Personen in erheblichem Gegensatz steht.

(3) Für Verbindlichkeiten, die im Rahmen der Vertretungsmacht nach Absatz 2 gegenüber dem Mündel begründet werden, haftet der Mündel entsprechend § 1629a.

§ 1790 Amtsführung des Vormunds; Auskunftspflicht. *(1) Der Vormund ist unabhängig und hat die Vormundschaft im Interesse des Mündels zu dessen Wohl zu führen.*

(2) [1] Der Vormund hat die wachsende Fähigkeit und das wachsende Bedürfnis des Mündels zu selbständigem und verantwortungsbewusstem Handeln zu berücksichtigen und zu fördern. [2] Der Vormund hat Angelegenheiten der Personen- und der Vermögenssorge mit dem Mündel zu besprechen und ihn an Entscheidungen zu beteiligen, soweit es nach dessen Entwicklungsstand angezeigt ist; Einvernehmen ist anzustreben. [3] Der Vormund soll bei seiner Amtsführung im Interesse des Mündels zu dessen Wohl die Beziehung des Mündels zu seinen Eltern einbeziehen.

(3) [1] Der Vormund ist zum persönlichen Kontakt mit dem Mündel verpflichtet und berechtigt. [2] Er soll den Mündel in der Regel einmal im Monat in dessen üblicher Umgebung aufsuchen, es sei denn, im Einzelfall sind kürzere oder längere Besuchsabstände oder ein anderer Ort geboten.

(4) Der Vormund hat bei berechtigtem Interesse nahestehenden Angehörigen oder sonstigen Vertrauenspersonen auf Verlangen Auskunft über die persönlichen Verhältnisse des Mündels zu erteilen, soweit dies dem Wohl des Mündels nicht widerspricht und dem Vormund zuzumuten ist.

(5) [1] Wird der gewöhnliche Aufenthalt eines Mündels in den Bezirk eines anderen Jugendamts verlegt, so hat der Vormund dem Jugendamt des bisherigen gewöhnlichen Aufenthalts die Verlegung mitzuteilen. [2] Satz 1 gilt nicht für den Vereinsvormund und den Vormundschaftsverein.

§ 1791 Aufnahme des Mündels in den Haushalt des Vormunds. *[1] Der Vormund kann den Mündel zur Pflege und Erziehung in seinen Haushalt aufnehmen. [2] In diesem Fall sind Vormund und Mündel einander Beistand und Rücksicht schuldig; § 1619 gilt entsprechend.*

§ 1792 Gemeinschaftliche Führung der Vormundschaft, Zusammenarbeit von Vormund und Pfleger. *(1) Ehegatten führen die ihnen übertragene Vormundschaft gemeinschaftlich.*

(2) Vormünder und Pfleger sind zur gegenseitigen Information und Zusammenarbeit im Interesse des Mündels zu dessen Wohl verpflichtet.

(3) Der nach § 1776 bestellte Pfleger hat bei seinen Entscheidungen die Auffassung des Vormunds einzubeziehen.

(4) Der nach § 1777 bestellte Pfleger und der Vormund entscheiden in Angelegenheiten, für die ihnen die Sorge gemeinsam zusteht, in gegenseitigem Einvernehmen.

(5) In den Fällen der Absätze 1 und 4 gilt § 1629 Absatz 1 Satz 2 und 4 entsprechend.

§ 1793 Entscheidung bei Meinungsverschiedenheiten. *(1) Das Familiengericht entscheidet auf Antrag über die hinsichtlich einer Sorgeangelegenheit bestehenden Meinungsverschiedenheiten zwischen*

1. gemeinschaftlichen Vormündern,

2. mehreren Vormündern bei Sorgeangelegenheiten, die Geschwister gemeinsam betreffen,
3. dem Vormund und dem nach § 1776 oder § 1777 bestellten Pfleger.

(2) Antragsberechtigt sind der Vormund, der Pfleger und der Mündel, der das 14. Lebensjahr vollendet hat.

§ 1794 Haftung des Vormunds. (1) [1] Der Vormund ist dem Mündel für den aus einer Pflichtverletzung entstehenden Schaden verantwortlich. [2] Dies gilt nicht, wenn der Vormund die Pflichtverletzung nicht zu vertreten hat. [3] Im Übrigen gilt § 1826 entsprechend.

(2) Ist der Mündel zur Pflege und Erziehung in den Haushalt des Vormunds, der die Vormundschaft ehrenamtlich führt, aufgenommen, gilt § 1664 entsprechend.

Kapitel 2. Personensorge

§ 1795 Gegenstand der Personensorge; Genehmigungspflichten. (1) [1] Die Personensorge umfasst insbesondere die Bestimmung des Aufenthalts sowie die Pflege, Erziehung und Beaufsichtigung des Mündels unter Berücksichtigung seiner Rechte aus § 1788. [2] Der Vormund ist auch dann für die Personensorge verantwortlich und hat die Pflege und Erziehung des Mündels persönlich zu fördern und zu gewährleisten, wenn er den Mündel nicht in seinem Haushalt pflegt und erzieht. [3] Die §§ 1631a bis 1632 Absatz 4 Satz 1 gelten entsprechend.

(2) Der Vormund bedarf der Genehmigung des Familiengerichts

1. zu einem Ausbildungsvertrag, der für längere Zeit als ein Jahr geschlossen wird,
2. zu einem auf die Eingehung eines Dienst- oder Arbeitsverhältnisses gerichteten Vertrag, wenn der Mündel zu persönlichen Leistungen für längere Zeit als ein Jahr verpflichtet werden soll und
3. zum Wechsel des gewöhnlichen Aufenthalts des Mündels ins Ausland.

(3) Das Familiengericht erteilt die Genehmigung nach Absatz 2, wenn das Rechtsgeschäft oder der Aufenthaltswechsel unter Berücksichtigung der Rechte des Mündels aus § 1788 dem Wohl des Mündels nicht widerspricht.

(4) [1] Für die Erteilung der Genehmigung gelten die §§ 1855 bis 1856 Absatz 2 sowie die §§ 1857 und 1858 entsprechend. [2] Ist der Mündel volljährig geworden, so tritt seine Genehmigung an die Stelle der Genehmigung des Familiengerichts.

§ 1796 Verhältnis zwischen Vormund und Pflegeperson. (1) [1] Der Vormund hat auf die Belange der Pflegeperson Rücksicht zu nehmen. [2] Bei Entscheidungen der Personensorge soll er die Auffassung der Pflegeperson einbeziehen.

(2) Für das Zusammenwirken von Vormund und Pflegeperson gilt § 1792 Absatz 2 entsprechend.

(3) Der Pflegeperson steht eine Person gleich, die

1. den Mündel
   a) in einer Einrichtung über Tag und Nacht oder
   b) in sonstigen Wohnformen
   betreut und erzieht oder
2. die intensive sozialpädagogische Betreuung des Mündels übernommen hat.

§ 1797 Entscheidungsbefugnis der Pflegeperson. (1) [1] Lebt der Mündel für längere Zeit bei der Pflegeperson, ist diese berechtigt, in Angelegenheiten des täglichen Lebens *zu entscheiden und den Vormund insoweit zu vertreten. [2] § 1629 Absatz 1 Satz 4 gilt entsprechend.*

(2) Absatz 1 ist auf die Person gemäß § 1796 Absatz 3 entsprechend anzuwenden.

(3) Der Vormund kann die Befugnisse nach den Absätzen 1 und 2 durch Erklärung gegenüber der Pflegeperson einschränken oder ausschließen, wenn dies zum Wohl des Mündels erforderlich ist.

Kapitel 3. Vermögenssorge

§ 1798 ***Grundsätze und Pflichten des Vormunds in der Vermögenssorge.***

(1) [1] Der Vormund hat die Vermögenssorge zum Wohl des Mündels unter Berücksichtigung der Grundsätze einer wirtschaftlichen Vermögensverwaltung und der wachsenden Bedürfnisse des Mündels zu selbständigem und verantwortungsbewusstem Handeln wahrzunehmen. [2] Er ist dabei zum Schutz und Erhalt des Mündelvermögens verpflichtet.

(2) [1] Für die Pflichten des Vormunds bei der Vermögenssorge gelten im Übrigen § 1835 Absatz 1 bis 5 sowie die §§ 1836, 1837 und 1839 bis 1847 entsprechend. [2] Das Vermögensverzeichnis soll das bei Anordnung der Vormundschaft vorhandene Vermögen erfassen. [3] Das Familiengericht hat das Vermögensverzeichnis dem Mündel zur Kenntnis zu geben, soweit dies dem Wohl des Mündels nicht widerspricht und der Mündel aufgrund seines Entwicklungsstands in der Lage ist, das Verzeichnis zur Kenntnis zu nehmen.

(3) [1] Der Vormund kann nicht in Vertretung des Mündels Schenkungen machen. [2] Ausgenommen sind Schenkungen, durch die einer sittlichen Pflicht oder einer auf den Anstand zu nehmenden Rücksicht entsprochen wird.

§ 1799 ***Genehmigungsbedürftige Rechtsgeschäfte.*** *(1) Der Vormund bedarf der Genehmigung des Familiengerichts in den Fällen, in denen ein Betreuer nach den §§ 1848 bis 1854 Nummer 1 bis 7 der Genehmigung des Betreuungsgerichts bedarf, soweit sich nicht aus Absatz 2 etwas anderes ergibt.*

(2) [1] Der Vormund bedarf abweichend von § 1853 Satz 1 Nummer 1 der Genehmigung des Familiengerichts zum Abschluss eines Miet- oder Pachtvertrags oder eines anderen Vertrags, durch den der Mündel zu wiederkehrenden Leistungen verpflichtet wird, wenn das Vertragsverhältnis länger als ein Jahr nach dem Eintritt seiner Volljährigkeit fortdauern soll. [2] Eine Genehmigung ist nicht erforderlich, wenn

1. *der Vertrag geringe wirtschaftliche Bedeutung für den Mündel hat oder*
2. *das Vertragsverhältnis von dem Mündel nach Eintritt der Volljährigkeit spätestens zum Ablauf des 19. Lebensjahres ohne eigene Nachteile gekündigt werden kann.*

§ 1800 ***Erteilung der Genehmigung.*** *(1) Das Familiengericht erteilt die Genehmigung, wenn das Rechtgeschäft den Grundsätzen nach § 1798 Absatz 1 nicht widerspricht.*

(2) [1] Für die Erteilung der Genehmigung gelten die §§ 1855 bis 1856 Absatz 2 sowie die §§ 1857 und 1858 entsprechend. [2] Ist der Mündel volljährig geworden, so tritt seine Genehmigung an die Stelle der Genehmigung des Familiengerichts.

§ 1801 ***Befreite Vormundschaft.*** *(1) Für das Jugendamt, den Vereinsvormund und den Vormundschaftsverein als Vormund gilt § 1859 Absatz 1 entsprechend.*

(2) [1] Das Familiengericht kann auf Antrag Vormünder von den Beschränkungen bei der Vermögenssorge befreien, wenn eine Gefährdung des Mündelvermögens nicht zu besorgen ist. [2] § 1860 Absatz 1 bis 3 gilt entsprechend.

(3) [1] Eltern können unter Beachtung der Voraussetzungen des § 1782 einen von ihnen benannten Vormund von den Beschränkungen nach den §§ 1845, 1848 und 1849 Absatz 1 Satz 1 Nummer 1 und 2, Satz 2 sowie § 1865 Absatz 1 befreien. [2] § 1859 Absatz 1 Satz 2 und 3 gilt entsprechend.

(4) Das Familiengericht hat die Befreiungen aufzuheben, wenn ihre Voraussetzungen nicht mehr vorliegen oder bei ihrer Fortgeltung eine Gefährdung des Mündelvermögens zu besorgen wäre.

Untertitel 3. Beratung und Aufsicht durch das Familiengericht

§ 1802 ***Allgemeine Vorschriften.*** *(1) [1] Das Familiengericht unterstützt den Vormund und berät ihn über seine Rechte und Pflichten bei der Wahrnehmung seiner Aufgaben. [2] § 1861 Absatz 2 gilt entsprechend.*

(2) [1] Das Familiengericht führt über die gesamte Tätigkeit des Vormunds die Aufsicht. [2] Es hat dabei insbesondere auf die Einhaltung der Pflichten der Amtsführung des Vormunds unter Berücksichtigung der Rechte des Mündels sowie der Grundsätze und Pflichten des Vormunds in der Personen- und Vermögenssorge zu achten. [3] § 1862 Absatz 3 und 4 sowie die §§ 1863 bis 1867, 1666, 1666a und 1696 gelten entsprechend. [4] Das Familiengericht kann dem Vormund aufgeben, eine Versicherung gegen Schäden, die er dem Mündel zufügen kann, einzugehen.

§ 1803 ***Persönliche Anhörung; Besprechung mit dem Mündel.*** *In geeigneten Fällen und soweit es nach dem Entwicklungstand des Mündels angezeigt ist,*

1. *hat das Familiengericht den Mündel persönlich anzuhören, wenn Anhaltspunkte bestehen, dass der Vormund pflichtwidrig die Rechte des Mündels nicht oder nicht in geeigneter Weise beachtet oder seinen Pflichten als Vormund in anderer Weise nicht nachkommt,*
2. *soll das Familiengericht den Anfangs- und Jahresbericht des Vormunds über die persönlichen Verhältnisse des Mündels, die Rechnungslegung des Vormunds, wenn der Umfang des zu verwaltenden Vermögens dies rechtfertigt, sowie wesentliche Änderungen der persönlichen oder wirtschaftlichen Verhältnisse des Mündels mit dem Mündel persönlich besprechen; der Vormund kann hinzugezogen werden.*

Untertitel 4. Beendigung der Vormundschaft

§ 1804 ***Entlassung des Vormunds.*** *(1) Das Familiengericht hat den Vormund zu entlassen, wenn*

1. *die Fortführung des Amtes durch ihn, insbesondere wegen Verletzung seiner Pflichten, das Interesse oder Wohl des Mündels gefährden würde,*
2. *er als Vormund gemäß § 1774 Absatz 1 Nummer 2 bis 4 bestellt wurde und jetzt eine andere Person geeignet und bereit ist, die Vormundschaft ehrenamtlich zu führen, es sei denn, die Entlassung widerspricht dem Wohl des Mündels,*
3. *er als Vereinsvormund bestellt wurde und aus dem Arbeitsverhältnis mit dem Verein ausscheidet,*
4. *nach seiner Bestellung Umstände bekannt werden oder eintreten, die seiner Bestellung gemäß § 1784 entgegenstehen oder*
5. *ein sonstiger wichtiger Grund für die Entlassung vorliegt.*

(2) Das Familiengericht hat den Vormund außerdem zu entlassen, wenn

1. *nach dessen Bestellung Umstände eintreten, aufgrund derer ihm die Fortführung des Amtes nicht mehr zugemutet werden kann, und der Vormund seine Entlassung beantragt oder*
2. *er als Vereinsvormund bestellt wurde und der Verein seine Entlassung beantragt.*

(3) [1] Das Familiengericht soll auf Antrag den bisherigen Vormund entlassen, wenn der Wechsel des Vormunds dem Wohl des Mündels dient. [2] Ein entgegenstehender Wille des Mündels und der Vorrang des ehrenamtlichen Vormunds sind zu berücksichtigen. [3] Den Antrag nach Satz 1 können stellen:

1. *der Vormund,*
2. *derjenige, der sich im Interesse des Mündels als neuer Vormund anbietet,*
3. *der Mündel, der das 14. Lebensjahr vollendet hat, sowie*
4. *jeder andere, der ein berechtigtes Interesse des Mündels geltend macht.*

§ 1805 ***Bestellung eines neuen Vormunds.*** *(1) [1] Wird der Vormund entlassen oder verstirbt er, hat das Familiengericht unverzüglich einen neuen Vormund zu bestellen. [2] Die §§ 1778 bis 1785 gelten entsprechend.*

(2) Wird der Vereinsvormund gemäß § 1804 Absatz 1 Nummer 3 oder Absatz 2 Nummer 2 entlassen, kann das Familiengericht statt der Entlassung des Vereinsvormunds feststellen, dass dieser die Vormundschaft künftig als Privatperson weiterführt, wenn dies dem Wohl des Mündels dient.

§ 1806 ***Ende der Vormundschaft.*** *Die Vormundschaft endet, wenn die Voraussetzungen für ihre Begründung gemäß § 1773 nicht mehr gegeben sind.*

§ 1807 ***Vermögensherausgabe, Schlussrechnungslegung und Fortführung der Geschäfte.*** *Bei Beendigung der Vormundschaft finden die §§ 1872 bis 1874 mit der Maßgabe entsprechende Anwendung, dass § 1872 Absatz 5 für Vormünder gilt, die bei Beendigung ihres Amtes gemäß § 1801 Absatz 1 und 3 befreit waren.*

Untertitel 5. Vergütung und Aufwendungsersatz

§ 1808 ***Vergütung und Aufwendungsersatz.*** *(1) Die Vormundschaft wird grundsätzlich unentgeltlich geführt.*

(2) [1] Der ehrenamtliche Vormund kann vom Mündel für seine zur Führung der Vormundschaft erforderlichen Aufwendungen Vorschuss oder Ersatz gemäß § 1877 oder stattdessen die Aufwandspauschale gemäß § 1878 verlangen; die §§ 1879 und 1880 gelten entsprechend. [2] Das Familiengericht kann ihm abweichend von Absatz 1 eine angemessene Vergütung bewilligen. [3] § 1876 Satz 2 gilt entsprechend.

(3) [1] Die Vormundschaft wird ausnahmsweise berufsmäßig geführt. [2] Die Berufsmäßigkeit sowie Ansprüche des berufsmäßig tätigen Vormunds und des Vormundschaftsvereins auf Vergütung und Aufwendungsersatz bestimmen sich nach dem Vormünder- und Betreuervergütungsgesetz.

Titel 2. Pflegschaft für Minderjährige

§ 1809 ***Ergänzungspflegschaft.*** *(1) [1] Wer unter elterlicher Sorge oder unter Vormundschaft steht, erhält für Angelegenheiten, an deren Besorgung die Eltern oder der Vormund verhindert sind, einen Pfleger. [2] Der Pfleger hat die Pflicht und das Recht, die ihm übertragenen Angelegenheiten im Interesse des Pfleglings zu dessen Wohl zu besorgen und diesen zu vertreten.*

(2) Wird eine Pflegschaft erforderlich, so haben die Eltern oder der Vormund dies dem Familiengericht unverzüglich anzuzeigen.

§ 1810 Pflegschaft für ein ungeborenes Kind. *[1] Für ein bereits gezeugtes Kind kann zur Wahrung seiner künftigen Rechte ein Pfleger bestellt werden, sofern die Eltern an der Ausübung der elterlichen Sorge verhindert wären, wenn das Kind bereits geboren wäre. [2] Mit der Geburt des Kindes endet die Pflegschaft.*

§ 1811 Zuwendungspflegschaft. *(1) Der Minderjährige erhält einen Zuwendungspfleger, wenn*

1. *der Minderjährige von Todes wegen, durch unentgeltliche Zuwendung auf den Todesfall oder unter Lebenden Vermögen erwirbt und*
2. *der Erblasser durch letztwillige Verfügung, der Zuwendende bei der Zuwendung bestimmt hat, dass die Eltern oder der Vormund das Vermögen nicht verwalten sollen.*

(2) [1] Der Erblasser kann durch letztwillige Verfügung, der Zuwendende bei der Zuwendung

1. *einen Zuwendungspfleger benennen,*
2. *den Zuwendungspfleger von den Beschränkungen gemäß den §§ 1843, 1845, 1846, 1848, 1849 Absatz 1 Satz 1 Nummer 1 und 2 und Satz 2 sowie § 1865 befreien.*

[2] In den Fällen des Satzes 1 Nummer 1 gilt § 1783 entsprechend. [3] In den Fällen des Satzes 1 Nummer 2 gilt § 1859 Absatz 1 Satz 2 und 3 entsprechend.

(3) [1] Das Familiengericht hat die Befreiungen nach Absatz 2 Satz 1 Nummer 2 aufzuheben, wenn sie das Vermögen des Pfleglings erheblich gefährden. [2] Solange der Zuwendende lebt, ist zu einer Abweichung der von ihm erteilten Befreiungen seine Zustimmung erforderlich und genügend. [3] Ist er zur Abgabe einer Erklärung dauerhaft außerstande oder ist sein Aufenthalt dauerhaft unbekannt, so hat das Familiengericht unter Beachtung der Voraussetzung des Satzes 1 die Zustimmung zu ersetzen.

(4) [1] Sofern der Pflegling nicht mittellos ist, bestimmt sich die Höhe des Stundensatzes des Zuwendungspflegers nach seinen für die Führung der Pflegschaftsgeschäfte nutzbaren Fachkenntnissen sowie nach dem Umfang und der Schwierigkeit der Pflegschaftsgeschäfte. [2] § 1881 gilt entsprechend.

§ 1812 Aufhebung und Ende der Pflegschaft. *(1) Die Pflegschaft ist aufzuheben, wenn der Grund für die Anordnung der Pflegschaft weggefallen ist.*

(2) Die Pflegschaft endet mit der Beendigung der elterlichen Sorge oder der Vormundschaft, im Falle der Pflegschaft zur Besorgung einer einzelnen Angelegenheit mit deren Erledigung.

§ 1813 Anwendung des Vormundschaftsrechts. *(1) Auf die Pflegschaften nach diesem Titel finden die für die Vormundschaft geltenden Vorschriften entsprechende Anwendung, soweit sich aus dem Gesetz nichts anderes ergibt.*

(2) Für Pflegschaften nach § 1809 Absatz 1 Satz 1 gelten die §§ 1782 und 1783 nicht.

Buch 5. Erbrecht

Abschnitt 1. Erbfolge

§ 1923 Erbfähigkeit. (1) Erbe kann nur werden, wer zur Zeit des Erbfalls lebt.

(2) Wer zur Zeit des Erbfalls noch nicht lebte, aber bereits gezeugt war, gilt als vor dem Erbfall geboren.

Abschnitt 3. Testament

Titel 7. Errichtung und Aufhebung eines Testaments

§ 2229 Testierfähigkeit Minderjähriger, Testierunfähigkeit. (1) Ein Minderjähriger kann ein Testament erst errichten, wenn er das 16. Lebensjahr vollendet hat.

(2) Der Minderjährige bedarf zur Errichtung eines Testaments nicht der Zustimmung seines gesetzlichen Vertreters.

(3) (weggefallen)

(4) Wer wegen krankhafter Störung der Geistestätigkeit, wegen Geistesschwäche oder wegen Bewusstseinsstörung nicht in der Lage ist, die Bedeutung einer von ihm abgegebenen Willenserklärung einzusehen und nach dieser Einsicht zu handeln, kann ein Testament nicht errichten.

3. Gesetz über die religiöse Kindererziehung

Vom 15. Juli 1921
(RGBl. I S. 939)

FNA 404-9

zuletzt geänd. durch Art. 15 Abs. 21 G zur Reform des Vormundschafts- und Betreuungsrechts v. 4.5. 2021 (BGBl. I S. 882)

§ 1 [Einigung der Eltern] [1] Über die religiöse Erziehung eines Kindes bestimmt die freie Einigung der Eltern, soweit ihnen das Recht und die Pflicht zusteht, für die Person des Kindes zu sorgen. [2] Die Einigung ist jederzeit widerruflich und wird durch den Tod eines Ehegatten gelöst.

§ 2 [Mangel der Einigung; Änderungen] (1) Besteht eine solche Einigung nicht oder nicht mehr, so gelten auch für die religiöse Erziehung die Vorschriften des Bürgerlichen Gesetzbuchs[1] über das Recht und die Pflicht, für die Person des Kindes zu sorgen.

(2) Es kann jedoch während bestehender Ehe von keinem Elternteil ohne die Zustimmung des anderen bestimmt werden, daß das Kind in einem anderen als dem zur Zeit der Eheschließung gemeinsamen Bekenntnis oder in einem anderen Bekenntnis als bisher erzogen, oder daß ein Kind vom Religionsunterricht abgemeldet werden soll.

(3) [1] Wird die Zustimmung nicht erteilt, so kann die Vermittlung oder Entscheidung des Familiengerichts beantragt werden. [2] Für die Entscheidung sind, auch soweit ein Mißbrauch im Sinne des § 1666 des Bürgerlichen Gesetzbuchs nicht vorliegt, die Zwecke der Erziehung maßgebend. [3] Vor der Entscheidung sind die Ehegatten sowie erforderlichenfalls Verwandte, Verschwägerte und die Lehrer des Kindes zu hören, wenn es ohne erhebliche Verzögerung oder unverhältnismäßige Kosten geschehen kann. ***[Satz 4 bis 31.12.2022:]*** [4] Der § 1779 Abs. 3 Satz 2 des Bürgerlichen Gesetzbuchs findet entsprechende Anwendung. [5] *[ab 1.1.2023: 4]* Das Kind ist zu hören, wenn es das zehnte Jahr vollendet hat.

§ 3 [Vormund, Pfleger] (1) Steht dem Vater oder der Mutter das Recht und die Pflicht, für die Person des Kindes zu sorgen, neben einem dem Kinde bestellten Vormund oder Pfleger zu, so geht bei einer Meinungsverschiedenheit über die Bestimmung des religiösen Bekenntnisses, in dem das Kind erzogen werden soll, die Meinung des Vaters oder der Mutter vor, es sei denn, daß dem Vater oder der Mutter das Recht der religiösen Erziehung auf Grund des § 1666 des Bürgerlichen Gesetzbuchs[2] entzogen ist.

(2) [1] Steht die Sorge für die Person eines Kindes einem Vormund oder Pfleger allein zu, so hat dieser auch über die religiöse Erziehung des Kindes zu bestimmen. [2] Er bedarf dazu der Genehmigung des Familiengerichts. [3] Vor der Genehmigung sind die Eltern sowie erforderlichenfalls Verwandte, Verschwägerte und die Lehrer des Kindes zu hören, wenn es ohne erhebliche Verzögerung oder unverhältnismäßige Kosten geschehen kann. ***[Satz 4 bis 31.12.***

---

[1] Auszugsweise abgedruckt unter Nr. **2**.
[2] Nr. **2**.

2022:] [4]Der § 1779 Abs. 3 Satz 2 des Bürgerlichen Gesetzbuchs findet entsprechende Anwendung. [5]*[ab 1.1.2023: 4]* Auch ist das Kind zu hören, wenn es das zehnte Lebensjahr vollendet hat. [6]*[ab 1.1.2023: 5]* Weder der Vormund noch der Pfleger können eine schon erfolgte Bestimmung über die religiöse Erziehung ändern.

§ 4 [Verträge über die religiöse Erziehung] Verträge über die religiöse Erziehung eines Kindes sind ohne bürgerliche Wirkung.

§ 5 [Entscheidungsrecht des Kindes] [1]Nach der Vollendung des vierzehnten Lebensjahrs steht dem Kinde die Entscheidung darüber zu, zu welchem religiösen Bekenntnis es sich halten will. [2]Hat das Kind das zwölfte Lebensjahr vollendet, so kann es nicht gegen seinen Willen in einem anderen Bekenntnis als bisher erzogen werden.

§ 6 [Erziehung in einer Weltanschauung] Die vorstehenden Bestimmungen finden auf die Erziehung der Kinder in einer nicht bekenntnismäßigen Weltanschauung entsprechende Anwendung.

§ 7 [Zuständigkeit des Familiengerichts] [1]Für Streitigkeiten aus diesem Gesetz ist das Familiengericht zuständig. [2]Ein Einschreiten von Amts wegen findet dabei nicht statt, es sei denn, daß die Voraussetzungen des § 1666 des Bürgerlichen Gesetzbuchs vorliegen.

§ 8 [Aufgehobene Vorschriften] Alle diesem Gesetz entgegenstehenden Bestimmungen der Landesgesetze sowie Artikel 134 des Einführungsgesetzes zum Bürgerlichen Gesetzbuch werden aufgehoben.

§§ 9, 10 *(gegenstandslos)*

§ 11 [Inkrafttreten] Das Gesetz tritt am 1. Januar 1922 in Kraft.

4. Gesetz über die rechtliche Stellung der nichtehelichen Kinder

Vom 19. August 1969
(BGBl. I S. 1243)

FNA 404-18

zuletzt geänd. durch Art. 1 Zweites Erbrechtsgleichstellungsgesetz v. 12.4.2011 (BGBl. I S. 615)

– Auszug –

Art. 1–11 *(hier nicht wiedergegeben)*

Artikel 12. Übergangs- und Schlußvorschriften

I. Übergangsvorschriften

§ 1 [Rechtliche Stellung der vor dem 1.7.1970 geborenen Kinder] Die rechtliche Stellung eines vor dem Inkrafttreten dieses Gesetzes geborenen Kindes und seiner Verwandten bestimmt sich für die Zeit nach dem Inkrafttreten dieses Gesetzes nach dessen Vorschriften, soweit sich nicht aus den §§ 2 bis 23 ein anderes ergibt.

§ 2 [Vaterschaft nach bisher geltendem Recht] Unter welchen Voraussetzungen ein Mann als Vater anzusehen ist, wird auch für Rechtsverhältnisse, die sich nach dem bisher geltenden Recht bestimmen, nach den Vorschriften dieses Gesetzes beurteilt.

§ 3 [Bisherige Vaterschaftsanerkenntnisse; Anfechtung der Vaterschaft]

(1) [1] Hat ein Mann vor dem Inkrafttreten dieses Gesetzes in einer öffentlichen Urkunde seine Vaterschaft anerkannt oder in einem vollstreckbaren Schuldtitel sich zur Erfüllung eines Anspruchs nach § 1708 des Bürgerlichen Gesetzbuchs verpflichtet, so ist er als Vater im Sinne dieses Gesetzes anzusehen. [2] Das gleiche gilt, wenn ein Mann in einer rechtskräftigen Entscheidung, die vor dem Inkrafttreten dieses Gesetzes erlassen worden ist, zur Erfüllung eines Anspruchs nach § 1708 des Bürgerlichen Gesetzbuchs verurteilt worden ist. [3] Die vorstehenden Vorschriften sind nicht anzuwenden, wenn beim Inkrafttreten dieses Gesetzes sowohl der Mann als auch die Mutter und das Kind verstorben sind.

(2) [1] Die Vaterschaft kann durch Klage oder Antrag auf Feststellung, daß der Mann nicht der Vater des Kindes ist, angefochten werden. [2] Berechtigt anzufechten sind der Mann, die Mutter und das Kind sowie nach dem Tode des Mannes auch seine Eltern, seine überlebende Ehefrau oder sein überlebender Lebenspartner und seine Abkömmlinge, nach dem Tode des Kindes auch sein überlebender Ehegatte oder sein überlebender Lebenspartner und seine Abkömmlinge. [3] Nach dem Tode eines Elternteils steht das Anfechtungsrecht dem überlebenden Elternteil zu. [4] § 1600a des Bürgerlichen Gesetzbuchs[1] sowie die Vorschriften des Gesetzes über das Verfahren in Familiensachen und in den Angelegenheiten der freiwilligen Gerichtsbarkeit[2] über die Anfechtung der Va-

---

[1] Nr. 2.
[2] Auszugsweise abgedruckt unter Nr. 9.

terschaft sind entsprechend anzuwenden. [5]Es wird vermutet, dass der Mann der Mutter in der Empfängniszeit beigewohnt hat; im Übrigen bestimmt sich die Vermutung der Vaterschaft nach § 1600d Absatz 2 des Bürgerlichen Gesetzbuchs.

§ 4 *(aufgehoben)*

§ 5 [Geltungsbereich früherer Abfindungsverträge über den Unterhalt]

Ein Vertrag zur Abfindung des Unterhaltsanspruchs, der vor dem Inkrafttreten dieses Gesetzes zwischen dem Kinde und dem Vater oder dem Erben des Vaters geschlossen worden ist, erstreckt sich im Zweifel nicht auf die Unterhaltsansprüche des Kindes gegen die Verwandten des Vaters und auf den Unterhalt, der dem Kinde nach Vollendung des achtzehnten Lebensjahres zu gewähren ist.

§§ 6 und 7 *(aufgehoben)*

§ 8 [Rechtskräftige Feststellung der Legitimation nichtehelicher Kinder] Hat das Vormundschaftsgericht vor dem Inkrafttreten dieses Gesetzes rechtskräftig festgestellt, daß ein nichteheliches Kind durch die Eheschließung seiner Eltern ehelich geworden ist, oder ist ein nichteheliches Kind vor diesem Zeitpunkt für ehelich erklärt worden, so sind die §§ 2, 3 nicht anzuwenden.

§ 9 *(aufgehoben)*

§ 10 [Erbrechtliche Verhältnisse] (1) [1]Für die erbrechtlichen Verhältnisse bleiben, wenn der Erblasser vor dem Inkrafttreten dieses Gesetzes gestorben ist, die bisher geltenden Vorschriften maßgebend. [2]Das gleiche gilt für den Anspruch des nichtehelichen Kindes gegen den Erben des Vaters auf Leistung von Unterhalt.

(2) [1]Ein vor dem 1. Juli 1949 geborenes nichteheliches Kind, dem vor dem 29. Mai 2009 kein gesetzliches Erbrecht nach seinem Vater oder dessen Verwandten zustand, kann vom Bund oder einem Land Ersatz in Höhe des Wertes der ihm entgangenen erbrechtlichen Ansprüche verlangen, wenn der Bund oder das Land gemäß § 1936 des Bürgerlichen Gesetzbuchs Erbe geworden ist. [2]Der Bund oder das Land hat dem nichtehelichen Kind auf Verlangen Auskunft über den Wert des Nachlasses zu erteilen. [3]Für die Verjährung des Anspruchs gelten die Vorschriften des Bürgerlichen Gesetzbuchs; § 199 Absatz 3a des Bürgerlichen Gesetzbuchs ist nicht anzuwenden.

(3) § 2079 des Bürgerlichen Gesetzbuchs ist nicht anzuwenden, wenn ein Pflichtteilsrecht eines nichtehelichen Kindes oder seiner Abkömmlinge durch das Zweite Gesetz zur erbrechtlichen Gleichstellung nichtehelicher Kinder, zur Änderung der Zivilprozessordnung und der Abgabenordnung entstanden ist.

§ 10a *(aufgehoben)*

§ 11 [Rechtsverhältnisse aus der Zeit vor dem 1.1.1900] Soweit nach den Artikeln 208, 209 des Einführungsgesetzes zum Bürgerlichen Gesetzbuch Vorschriften aus der Zeit vor dem Inkrafttreten des Bürgerlichen Gesetzbuchs[1)] anzuwenden sind, bleiben diese Vorschriften weiterhin maßgebend; die §§ 2 bis 10 gelten in diesem Falle nicht.

[1)] Auszugsweise abgedruckt unter Nr. **2**.

§ 12 *(aufgehoben)*

§ 13 [Verhältnis vom Unterhalts- zum Abstammungsurteil] [1] Für das Verhältnis einer vor dem Inkrafttreten dieses Gesetzes erlassenen Entscheidung über Ansprüche nach § 1708 des Bürgerlichen Gesetzbuchs und einer abweichenden Entscheidung über die Vaterschaft ist § 644 der Zivilprozeßordnung in der Fassung des Familienrechtsänderungsgesetzes vom 11. August 1961 (Bundesgesetzbl. I S. 1221) weiterhin anzuwenden. [2] Dies gilt auch in den Fällen des § 3 Abs. 2.

§§ 14–22 *(aufgehoben)*

§ 23 [Personenstandsrecht] (1) [1] In den Fällen des § 3 Abs. 1 wird, soweit dies nach den bisherigen Vorschriften noch nicht geschehen ist, der Vater eines nichtehelichen Kindes am Rande des Geburtseintrags vermerkt, wenn das Kind, der Vater, deren Erben oder die Mutter dies beantragen; der Standesbeamte kann den Randvermerk auch von Amts wegen eintragen. [2] Das gleiche gilt, wenn in einer rechtskräftigen Entscheidung, die vor dem Inkrafttreten dieses Gesetzes erlassen worden ist, im Verfahren nach § 640 der Zivilprozeßordnung festgestellt wurde, daß ein Mann der Vater eines nichtehelichen Kindes ist.

(2) [1] Ist für das Kind ein Familienbuch angelegt, so wird sein Vater in das Familienbuch eingetragen, sobald er nach Absatz 1 am Rande des Geburtseintrags vermerkt wird. [2] Ist der Vater bereits vor dem Inkrafttreten dieses Gesetzes am Rande des Geburtseintrags vermerkt worden, oder ist die Geburt im Geltungsbereich des Personenstandsgesetzes nicht beurkundet, so wird der Vater im Familienbuch vermerkt, wenn das Kind, der Vater, deren Erben oder die Mutter dies beantragen; der Standesbeamte kann den Vermerk auch von Amts wegen eintragen.

II. Schlußvorschriften

§ 24 Übergangsvorschriften. (1) Ein ab dem 29. Mai 2009 und vor dem 15. April 2011 erteilter Erbschein, der wegen der durch das Zweite Gesetz zur erbrechtlichen Gleichstellung nichtehelicher Kinder, zur Änderung der Zivilprozessordnung und der Abgabenordnung vom 12. April 2011 (BGBl. I S. 615) bewirkten Änderungen der erbrechtlichen Verhältnisse unrichtig geworden ist, wird nur auf Antrag eingezogen oder für kraftlos erklärt.

(2) [1] In den in Absatz 1 genannten Fällen werden keine Gerichtskosten erhoben. [2] Das gilt auch, wenn in diesen Fällen ein neuer Erbschein erteilt wird.

(3) Ist eine erbrechtliche Streitigkeit ab dem 29. Mai 2009 und vor dem 15. April 2011 rechtskräftig entschieden worden und beruht die Entscheidung auf Artikel 12 § 10 Absatz 2 Satz 1 in der Fassung vom 19. August 1969, so kann in einem neuen Rechtsstreit über das Erbrecht des nichtehelichen Kindes nicht eingewandt werden, dass hierüber bereits rechtskräftig entschieden wurde.

§§ 25, 26 *(aufgehoben)*

§ 27 [Inkrafttreten] Dieses Gesetz tritt am 1. Juli 1970 in Kraft.

5. Einführungsgesetz zum Bürgerlichen Gesetzbuche[1)]

In der Fassung der Bekanntmachung vom 21. September 1994[2)]
(BGBl. I S. 2494, ber. 1997 I S. 1061)

FNA 400-1

zuletzt geänd. durch Art. 3 G zur Herstellung materieller Gerechtigkeit v. 21.12.2021 (BGBl. I S. 5252)

– Auszug –

Erster Teil. Allgemeine Vorschriften

Zweites Kapitel. Internationales Privatrecht

Zweiter Abschnitt. Recht der natürlichen Personen und der Rechtsgeschäfte

Art. 10 Name. (1) Der Name einer Person unterliegt dem Recht des Staates, dem die Person angehört.

(2) [1] Ehegatten können bei oder nach der Eheschließung gegenüber dem Standesamt ihren künftig zu führenden Namen wählen

1. nach dem Recht eines Staates, dem einer der Ehegatten angehört, ungeachtet des Artikels 5 Abs. 1, oder
2. nach deutschem Recht, wenn einer von ihnen seinen gewöhnlichen Aufenthalt im Inland hat.

[2] Nach der Eheschließung abgegebene Erklärungen müssen öffentlich beglaubigt werden. [3] Für die Auswirkungen der Wahl auf den Namen eines Kindes ist § 1617c des Bürgerlichen Gesetzbuchs[3)] sinngemäß anzuwenden.

(3) [1] Der Inhaber der Sorge kann gegenüber dem Standesamt bestimmen, daß ein Kind den Familiennamen erhalten soll

1. nach dem Recht eines Staates, dem ein Elternteil angehört, ungeachtet des Artikels 5 Abs. 1,
2. nach deutschem Recht, wenn ein Elternteil seinen gewöhnlichen Aufenthalt im Inland hat, oder

---

[1)] Zu Art. 19 bis 24 EGBGB sind folgende internationale Übereinkommen von Bedeutung:
– Übereinkommen über das auf Unterhaltsverpflichtungen gegenüber Kindern anzuwendende Recht v. 24.10.1956 (BGBl. 1961 II S. 1012, 1013)
– Haager Übereinkommen über die Anerkennung und Vollstreckung von Entscheidungen auf dem Gebiet der Unterhaltspflicht gegenüber Kindern v. 15.4.1958 (BGBl. 1961 II S. 1006)
– Übereinkommen über die gerichtliche Zuständigkeit und die Vollstreckung gerichtlicher Entscheidungen in Zivil- und Handelssachen v. 27.9.1968 (BGBl. 1972 II S. 774)
– Übereinkommen über die Erweiterung der Zuständigkeit der Behörden, von denen nichteheliche Kinder anerkannt werden können v. 14.9.1961 (BGBl. 1965 II S. 19)
– Übereinkommen über die Feststellung der mütterlichen Abstammung nichtehelicher Kinder v. 12.9.1962 (BGBl. 1965 II S. 23)
– Übereinkommen über die Zuständigkeit der Behörden und das anzuwendende Recht auf dem Gebiet des Schutzes von Minderjährigen v. 5.10.1961 (BGBl. 1971 II S. 217)

[2)] Neubekanntmachung des EGBGB v. 18.8.1896 (RGBl. S. 604) in der ab 1.10.1994 geltenden Fassung.

[3)] Nr. 2.

3. nach dem Recht des Staates, dem ein den Namen Erteilender angehört.

[2]Nach der Beurkundung der Geburt abgegebene Erklärungen müssen öffentlich beglaubigt werden.

Dritter Abschnitt. Familienrecht

Art. 19 Abstammung. (1) [1]Die Abstammung eines Kindes unterliegt dem Recht des Staates, in dem das Kind seinen gewöhnlichen Aufenthalt hat. [2]Sie kann im Verhältnis zu jedem Elternteil auch nach dem Recht des Staates bestimmt werden, dem dieser Elternteil angehört. [3]Ist die Mutter verheiratet, so kann die Abstammung ferner nach dem Recht bestimmt werden, dem die allgemeinen Wirkungen ihrer Ehe bei der Geburt nach Artikel 14 Absatz 2 unterliegen; ist die Ehe vorher durch Tod aufgelöst worden, so ist der Zeitpunkt der Auflösung maßgebend.

(2) Sind die Eltern nicht miteinander verheiratet, so unterliegen Verpflichtungen des Vaters gegenüber der Mutter auf Grund der Schwangerschaft dem Recht des Staates, in dem die Mutter ihren gewöhnlichen Aufenthalt hat.

Art. 20 Anfechtung der Abstammung. [1]Die Abstammung kann nach jedem Recht angefochten werden, aus dem sich ihre Voraussetzungen ergeben. [2]Das Kind kann die Abstammung in jedem Fall nach dem Recht des Staates anfechten, in dem es seinen gewöhnlichen Aufenthalt hat.

Art. 21 Wirkungen des Eltern-Kind-Verhältnisses. Das Rechtsverhältnis zwischen einem Kind und seinen Eltern unterliegt dem Recht des Staates, in dem das Kind seinen gewöhnlichen Aufenthalt hat.

Art. 22[1)] Annahme als Kind. (1) [1]Die Annahme als Kind im Inland unterliegt dem deutschen Recht. [2]Im Übrigen unterliegt sie dem Recht des Staates, in dem der Anzunehmende zum Zeitpunkt der Annahme seinen gewöhnlichen Aufenthalt hat.

(2) Die Folgen der Annahme in Bezug auf das Verwandtschaftsverhältnis zwischen dem Kind und dem Annehmenden sowie den Personen, zu denen das Kind in einem familienrechtlichen Verhältnis steht, unterliegen dem nach Absatz 1 anzuwendenden Recht.

(3) [1]In Ansehung der Rechtsnachfolge von Todes wegen nach dem Annehmenden, dessen Ehegatten, Lebenspartner oder Verwandten steht der Angenommene ungeachtet des nach den Absätzen 1 und 2 anzuwendenden Rechts einem nach den deutschen Sachvorschriften angenommenen Kind gleich, wenn der Erblasser dies in der Form einer Verfügung von Todes wegen angeordnet hat und die Rechtsnachfolge deutschem Recht unterliegt. [2]Satz 1 gilt entsprechend, wenn die Annahme auf einer ausländischen Entscheidung beruht. [3]Die Sätze 1 und 2 finden keine Anwendung, wenn der Angenommene im Zeitpunkt der Annahme das achtzehnte Lebensjahr vollendet hatte.

Art. 23 Zustimmung. [1]Die Erforderlichkeit und die Erteilung der Zustimmung des Kindes und einer Person, zu der das Kind in einem familienrecht-

---

[1)] Beachte auch das G zu dem Europäischen Übereinkommen vom 24. April 1967 über die Adoption von Kindern v. 25.8.1980 (BGBl. II S. 1093) und Bek. über das Inkrafttreten v. 21.1.1981 (BGBl. II S. 72) sowie v. 28.11.2000 (BGBl. II 2001 S. 14).

lichen Verhältnis steht, zu einer Abstammungserklärung oder einer Namenserteilung unterliegen zusätzlich dem Recht des Staates, dem das Kind angehört. [2] Soweit es zum Wohl des Kindes erforderlich ist, ist statt dessen das deutsche Recht anzuwenden.

[Art. 24 bis 31.12.2022:]

Art. 24 Vormundschaft, Betreuung und Pflegschaft. (1) [1] Die Entstehung, die Änderung und das Ende der Vormundschaft, Betreuung und Pflegschaft sowie der Inhalt der gesetzlichen Vormundschaft und Pflegschaft unterliegen dem Recht des Staates, dem der Mündel, Betreute oder Pflegling angehört. [2] Für einen Angehörigen eines fremden Staates, der seinen gewöhnlichen Aufenthalt oder, mangels eines solchen, seinen Aufenthalt im Inland hat, kann ein Betreuer nach deutschem Recht bestellt werden.

(2) Ist eine Pflegschaft erforderlich, weil nicht feststeht, wer an einer Angelegenheit beteiligt ist, oder weil ein Beteiligter sich in einem anderen Staat befindet, so ist das Recht anzuwenden, das für die Angelegenheit maßgebend ist.

(3) Vorläufige Maßregeln sowie der Inhalt der Betreuung und der angeordneten Vormundschaft und Pflegschaft unterliegen dem Recht des anordnenden Staates.

[Art. 24 ab 1.1.2023:]

Art. 24 Vormundschaft, Betreuung und Pflegschaft. *(1) Die Entstehung, die Ausübung, die Änderung und das Ende eines Fürsorgeverhältnisses (Vormundschaft, Betreuung, Pflegschaft), das kraft Gesetzes oder durch Rechtsgeschäft begründet wird, unterliegen dem Recht des Staates, in dem der Fürsorgebedürftige seinen gewöhnlichen Aufenthalt hat.*

(2) [1] Maßnahmen, die im Inland in Bezug auf ein Fürsorgeverhältnis angeordnet werden, und die Ausübung dieses Fürsorgeverhältnisses unterliegen deutschem Recht. [2] Besteht mit dem Recht eines anderen Staates eine wesentlich engere Verbindung als mit dem deutschen Recht, so kann jenes Recht angewendet werden.

(3) Die Ausübung eines Fürsorgeverhältnisses aufgrund einer anzuerkennenden ausländischen Entscheidung richtet sich im Inland nach deutschem Recht.

Sechster Teil. Inkrafttreten und Übergangsrecht aus Anlaß der Einführung des Bürgerlichen Gesetzbuchs und dieses Einführungsgesetzes in dem in Artikel 3 des Einigungsvertrages genannten Gebiet

Art. 234 Viertes Buch. Familienrecht

§ 7 Abstammung. (1) [1] Entscheidungen, die vor dem Wirksamwerden des Beitritts ergangen sind und feststellen, daß der Ehemann der Mutter nicht der Vater des Kindes ist, wer der Vater des Kindes ist oder daß eine Anerkennung der Vaterschaft unwirksam ist, bleiben unberührt. [2] Dasselbe gilt für eine Anerkennung der Vaterschaft, die nach dem 31. März 1966 und vor dem Wirksamwerden des Beitritts wirksam geworden ist.

(2) Die Fristen für Klagen, durch welche die Ehelichkeit eines Kindes oder die Anerkennung der Vaterschaft angefochten wird, beginnen nicht vor dem

Wirksamwerden des Beitritts, wenn der Anfechtungsberechtigte nach dem bisher geltenden Recht nicht klageberechtigt war.

(3) Ist vor dem Wirksamwerden des Beitritts die Vaterschaft angefochten oder Klage auf Feststellung der Unwirksamkeit einer Anerkennung der Vaterschaft erhoben und über die Klagen nicht vor dem Wirksamwerden des Beitritts rechtskräftig entschieden worden, so wird der Zeitraum von der Klageerhebung bis zum Wirksamwerden des Beitritts in die in Absatz 2 genannten Fristen nicht eingerechnet, wenn die Klage aufgrund des Inkrafttretens des Bürgerlichen Gesetzbuchs nicht mehr von dem Kläger erhoben oder nicht mehr gegen den Beklagten gerichtet werden kann.

(4) Andere als die in Absatz 1 genannten Entscheidungen und Erklärungen, die nach dem bisherigen Recht die Wirkung einer Vaterschaftsfeststellung haben, stehen einer Anerkennung der Vaterschaft im Sinne des Absatzes 1 Satz 2 gleich.

§§ 8, 9 *(aufgehoben)*

§ 10 Rechtsverhältnis zwischen den Eltern und dem Kind im allgemeinen. Der Familienname eines vor dem Wirksamwerden des Beitritts geborenen Kindes bestimmt sich in Ansehung der bis zum Wirksamwerden des Beitritts eingetretenen namensrechtlichen Folgen nach dem bisherigen Recht.

§ 11 *(aufgehoben)*

§ 12 Legitimation nichtehelicher Kinder. Die Frist nach *§ 1740e Abs. 1 Satz 1* des Bürgerlichen Gesetzbuchs[1)] beginnt nicht vor dem Wirksamwerden des Beitritts.

§ 13 Annahme als Kind. (1) [1] Für Annahmeverhältnisse, die vor dem Wirksamwerden des Beitritts begründet worden sind, gelten § 1755 Abs. 1 Satz 2, §§ 1756, 1760 Abs. 2 Buchstabe e, § 1762 Abs. 2 und §§ 1767 bis 1772 des Bürgerlichen Gesetzbuchs[2)] nicht. [2] § 1766 des Bürgerlichen Gesetzbuchs[2)] gilt nicht, wenn die Ehe vor dem Wirksamwerden des Beitritts geschlossen worden ist.

(2) [1] Vor dem Wirksamwerden des Beitritts ergangene Entscheidungen des Gerichts, durch die ein Annahmeverhältnis aufgehoben worden ist, bleiben unberührt. [2] Dasselbe gilt für Entscheidungen eines staatlichen Organs, durch die ein Annahmeverhältnis aufgehoben worden ist und die vor dem Wirksamwerden des Beitritts wirksam geworden sind.

(3) Ist ein Annahmeverhältnis vor dem Wirksamwerden des Beitritts ohne die Einwilligung des Kindes oder eines Elternteils begründet worden, so kann es aus diesem Grund nur aufgehoben werden, wenn die Einwilligung nach dem bisherigen Recht erforderlich war.

(4) [1] Ist ein Annahmeverhältnis vor dem Wirksamwerden des Beitritts begründet worden und war die Einwilligung eines Elternteils nach dem bisherigen Recht nicht erforderlich, weil

1) § 1740e BGB aufgeh. durch KindschaftsrechtsreformG v. 16.12.1997 (BGBl. I S. 2942).
2) Nr. **2**.

1. dieser Elternteil zur Abgabe einer Erklärung für eine nicht absehbare Zeit außerstande war,
2. diesem Elternteil das Erziehungsrecht entzogen war oder
3. der Aufenthalt dieses Elternteils nicht ermittelt werden konnte,

so kann das Annahmeverhältnis gleichwohl auf Antrag dieses Elternteils aufgehoben werden. [2] § 1761 des Bürgerlichen Gesetzbuchs[1)] gilt entsprechend.

(5) Ist ein Annahmeverhältnis vor dem Wirksamwerden des Beitritts begründet worden und ist die Einwilligung eines Elternteils ersetzt worden, so gilt Absatz 4 entsprechend.

(6) [1] Ein Antrag auf Aufhebung eines vor dem Wirksamwerden des Beitritts begründeten Annahmeverhältnisses kann nur bis zum Ablauf von drei Jahren nach dem Wirksamwerden des Beitritts gestellt werden. [2] Für die Entgegennahme des Antrags ist jedes Vormundschaftsgericht zuständig.

(7) [1] Ist über die Klage eines leiblichen Elternteils auf Aufhebung eines Annahmeverhältnisses am Tag des Wirksamwerdens des Beitritts noch nicht rechtskräftig entschieden worden, so gilt die Klage als Antrag auf Aufhebung des Annahmeverhältnisses. [2] § 1762 Abs. 3 des Bürgerlichen Gesetzbuchs[1)] gilt nicht.

§ 14 Vormundschaft. (1) Ab dem Wirksamwerden des Beitritts gelten für die bestehenden Vormundschaften und vorläufigen Vormundschaften die Vorschriften des Bürgerlichen Gesetzbuchs.

(2) [1] Bisherige Bestellungen von Vormündern bleiben wirksam. [2] Sind Ehegatten nach § 90 Abs. 1 des Familiengesetzbuchs der Deutschen Demokratischen Republik gemeinsam zu Vormündern bestellt, so gilt bei Verhinderung eines Mitvormunds § 1678 Abs. 1 erster Halbsatz des Bürgerlichen Gesetzbuchs[1)] entsprechend.

(3) Führt das Jugendamt oder das Staatliche Notariat selbst eine Vormundschaft, so wird diese als bestellte Amtsvormundschaft fortgeführt (§§ 1791b, 1897 Satz 1 des Bürgerlichen Gesetzbuchs[1)]).

(4) Die Vorschriften des Bürgerlichen Gesetzbuchs über die Anlegung von Mündelgeld sind erst ab 1. Januar 1992 anzuwenden.

(5) Für Ansprüche des Vormunds auf Vergütungen für die Zeit bis zum Wirksamwerden des Beitritts sowie auf Ersatz für Aufwendungen, die er in dieser Zeit gemacht hat, gilt das bisherige Recht.

(6) § 11 Abs. 4 gilt entsprechend.

§ 15 Pflegschaft. (1) [1] Am Tag des Wirksamwerdens des Beitritts werden die bestehenden Pflegschaften zu den entsprechenden Pflegschaften nach dem Bürgerlichen Gesetzbuch[2)]. [2] Der Wirkungskreis entspricht dem bisher festgelegten Wirkungskreis.

(2) § 14 Abs. 2 bis 6 gilt entsprechend.

[1)] Nr. 2.
[2)] Auszugsweise abgedruckt unter Nr. 2.

6. Verordnung (EG) Nr. 2201/2003 des Rates vom 27. November 2003 über die Zuständigkeit und die Anerkennung und Vollstreckung von Entscheidungen in Ehesachen und in Verfahren betreffend die elterliche Verantwortung und zur Aufhebung der Verordnung (EG) Nr. 1347/2000[1)]

(ABl. L 338 S. 1, ber. 2016 L 99 S. 34)

Celex-Nr. 3 2003 R 2201

zuletzt geänd. durch Art. 104 Abs. 1 Brüssel IIa-VO 2022 v. 25.6.2019 (ABl. L 178 S. 1)

– Auszug –

Kapitel I. Anwendungsbereich und Begriffsbestimmungen

Art. 1 Anwendungsbereich. (1) Diese Verordnung gilt, ungeachtet der Art der Gerichtsbarkeit, für Zivilsachen mit folgendem Gegenstand:

a) die Ehescheidung, die Trennung ohne Auflösung des Ehebandes und die Ungültigerklärung einer Ehe,

b) die Zuweisung, die Ausübung, die Übertragung sowie die vollständige oder teilweise Entziehung der elterlichen Verantwortung.

(2) Die in Absatz 1 Buchstabe b) genannten Zivilsachen betreffen insbesondere:

a) das Sorgerecht und das Umgangsrecht,

b) die Vormundschaft, die Pflegschaft und entsprechende Rechtsinstitute,

c) die Bestimmung und den Aufgabenbereich jeder Person oder Stelle, die für die Person oder das Vermögen des Kindes verantwortlich ist, es vertritt oder ihm beisteht,

d) die Unterbringung des Kindes in einer Pflegefamilie oder einem Heim,

e) die Maßnahmen zum Schutz des Kindes im Zusammenhang mit der Verwaltung und Erhaltung seines Vermögens oder der Verfügung darüber.

(3) Diese Verordnung gilt nicht für

a) die Feststellung und die Anfechtung des Eltern-Kind-Verhältnisses,

b) Adoptionsentscheidungen und Maßnahmen zur Vorbereitung einer Adoption sowie die Ungültigerklärung und den Widerruf der Adoption,

c) Namen und Vornamen des Kindes,

d) die Volljährigkeitserklärung,

e) Unterhaltspflichten,

f) Trusts und Erbschaften,

g) Maßnahmen infolge von Straftaten, die von Kindern begangen wurden.

[1)] **Aufgehoben mit Ablauf des 31.7.2022** durch Art. 104 Abs. 1 Brüssel IIa-Verordnung 2022 v. 25.6.2019 (ABl. L 178 S. 1); siehe ab dem 1.8.2022 die Brüssel IIb-VO (Nr. **6/1**)

Art. 2 Begriffsbestimmungen. Für die Zwecke dieser Verordnung bezeichnet der Ausdruck

1. „Gericht" alle Behörden der Mitgliedstaaten, die für Rechtssachen zuständig sind, die gemäß Artikel 1 in den Anwendungsbereich dieser Verordnung fallen;
2. „Richter" einen Richter oder Amtsträger, dessen Zuständigkeiten denen eines Richters in Rechtssachen entsprechen, die in den Anwendungsbereich dieser Verordnung fallen;
3. „Mitgliedstaat" jeden Mitgliedstaat mit Ausnahme Dänemarks;
4. „Entscheidung" jede von einem Gericht eines Mitgliedstaats erlassene Entscheidung über die Ehescheidung, die Trennung ohne Auflösung des Ehebandes oder die Ungültigerklärung einer Ehe sowie jede Entscheidung über die elterliche Verantwortung, ohne Rücksicht auf die Bezeichnung der jeweiligen Entscheidung, wie Urteil oder Beschluss;
5. „Ursprungsmitgliedstaat" den Mitgliedstaat, in dem die zu vollstreckende Entscheidung ergangen ist;
6. „Vollstreckungsmitgliedstaat" den Mitgliedstaat, in dem die Entscheidung vollstreckt werden soll;
7. „elterliche Verantwortung" die gesamten Rechte und Pflichten, die einer natürlichen oder juristischen Person durch Entscheidung oder kraft Gesetzes oder durch eine rechtlich verbindliche Vereinbarung betreffend die Person oder das Vermögen eines Kindes übertragen wurden. Elterliche Verantwortung umfasst insbesondere das Sorge- und das Umgangsrecht;
8. „Träger der elterlichen Verantwortung" jede Person, die die elterliche Verantwortung für ein Kind ausübt;
9. „Sorgerecht" die Rechte und Pflichten, die mit der Sorge für die Person eines Kindes verbunden sind, insbesondere das Recht auf die Bestimmung des Aufenthaltsortes des Kindes;
10. „Umgangsrecht" insbesondere auch das Recht, das Kind für eine begrenzte Zeit an einen anderen Ort als seinen gewöhnlichen Aufenthaltsort zu bringen;
11. „widerrechtliches Verbringen oder Zurückhalten eines Kindes" das Verbringen oder Zurückhalten eines Kindes, wenn
    a) dadurch das Sorgerecht verletzt wird, das aufgrund einer Entscheidung oder kraft Gesetzes oder aufgrund einer rechtlich verbindlichen Vereinbarung nach dem Recht des Mitgliedstaats besteht, in dem das Kind unmittelbar vor dem Verbringen oder Zurückhalten seinen gewöhnlichen Aufenthalt hatte,
    und
    b) das Sorgerecht zum Zeitpunkt des Verbringens oder Zurückhaltens allein oder gemeinsam tatsächlich ausgeübt wurde oder ausgeübt worden wäre, wenn das Verbringen oder Zurückhalten nicht stattgefunden hätte. Von einer gemeinsamen Ausübung des Sorgerechts ist auszugehen, wenn einer der Träger der elterlichen Verantwortung aufgrund einer Entscheidung oder kraft Gesetzes nicht ohne die Zustimmung des anderen Trägers der elterlichen Verantwortung über den Aufenthaltsort des Kindes bestimmen kann.

Kapitel II. Zuständigkeit

Abschnitt 2. Elterliche Verantwortung

Art. 8 Allgemeine Zuständigkeit. (1) Für Entscheidungen, die die elterliche Verantwortung betreffen, sind die Gerichte des Mitgliedstaats zuständig, in dem das Kind zum Zeitpunkt der Antragstellung seinen gewöhnlichen Aufenthalt hat.

(2) Absatz 1 findet vorbehaltlich der Artikel 9, 10 und 12 Anwendung.

Art. 9 Aufrechterhaltung der Zuständigkeit des früheren gewöhnlichen Aufenthaltsortes des Kindes. (1) Beim rechtmäßigen Umzug eines Kindes von einem Mitgliedstaat in einen anderen, durch den es dort einen neuen gewöhnlichen Aufenthalt erlangt, verbleibt abweichend von Artikel 8 die Zuständigkeit für eine Änderung einer vor dem Umzug des Kindes in diesem Mitgliedstaat ergangenen Entscheidung über das Umgangsrecht während einer Dauer von drei Monaten nach dem Umzug bei den Gerichten des früheren gewöhnlichen Aufenthalts des Kindes, wenn sich der laut der Entscheidung über das Umgangsrecht umgangsberechtigte Elternteil weiterhin gewöhnlich in dem Mitgliedstaat des früheren gewöhnlichen Aufenthalts des Kindes aufhält.

(2) Absatz 1 findet keine Anwendung, wenn der umgangsberechtigte Elternteil im Sinne des Absatzes 1 die Zuständigkeit der Gerichte des Mitgliedstaats des neuen gewöhnlichen Aufenthalts des Kindes dadurch anerkannt hat, dass er sich an Verfahren vor diesen Gerichten beteiligt, ohne ihre Zuständigkeit anzufechten.

Art. 10 Zuständigkeit in Fällen von Kindesentführung. Bei widerrechtlichem Verbringen oder Zurückhalten eines Kindes bleiben die Gerichte des Mitgliedstaats, in dem das Kind unmittelbar vor dem widerrechtlichen Verbringen oder Zurückhalten seinen gewöhnlichen Aufenthalt hatte, so lange zuständig, bis das Kind einen gewöhnlichen Aufenthalt in einem anderen Mitgliedstaat erlangt hat und

a) jede sorgeberechtigte Person, Behörde oder sonstige Stelle dem Verbringen oder Zurückhalten zugestimmt hat

oder

b) das Kind sich in diesem anderen Mitgliedstaat mindestens ein Jahr aufgehalten hat, nachdem die sorgeberechtigte Person, Behörde oder sonstige Stelle seinen Aufenthaltsort kannte oder hätte kennen müssen und sich das Kind in seiner neuen Umgebung eingelebt hat, sofern eine der folgenden Bedingungen erfüllt ist:

   i) Innerhalb eines Jahres, nachdem der Sorgeberechtigte den Aufenthaltsort des Kindes kannte oder hätte kennen müssen, wurde kein Antrag auf Rückgabe des Kindes bei den zuständigen Behörden des Mitgliedstaats gestellt, in den das Kind verbracht wurde oder in dem es zurückgehalten wird;

   ii) ein von dem Sorgeberechtigten gestellter Antrag auf Rückgabe wurde zurückgezogen, und innerhalb der in Ziffer i) genannten Frist wurde kein neuer Antrag gestellt;

iii) ein Verfahren vor dem Gericht des Mitgliedstaats, in dem das Kind unmittelbar vor dem widerrechtlichen Verbringen oder Zurückhalten seinen gewöhnlichen Aufenthalt hatte, wurde gemäß Artikel 11 Absatz 7 abgeschlossen;

iv) von den Gerichten des Mitgliedstaats, in dem das Kind unmittelbar vor dem widerrechtlichen Verbringen oder Zurückhalten seinen gewöhnlichen Aufenthalt hatte, wurde eine Sorgerechtsentscheidung erlassen, in der die Rückgabe des Kindes nicht angeordnet wird.

Art. 11 Rückgabe des Kindes. (1) Beantragt eine sorgeberechtigte Person, Behörde oder sonstige Stelle bei den zuständigen Behörden eines Mitgliedstaats eine Entscheidung auf der Grundlage des Haager Übereinkommens vom 25. Oktober 1980 über die zivilrechtlichen Aspekte internationaler Kindesentführung (nachstehend „Haager Übereinkommen von 1980" genannt), um die Rückgabe eines Kindes zu erwirken, das widerrechtlich in einen anderen als den Mitgliedstaat verbracht wurde oder dort zurückgehalten wird, in dem das Kind unmittelbar vor dem widerrechtlichen Verbringen oder Zurückhalten seinen gewöhnlichen Aufenthalt hatte, so gelten die Absätze 2 bis 8.

(2) Bei Anwendung der Artikel 12 und 13 des Haager Übereinkommens von 1980 ist sicherzustellen, dass das Kind die Möglichkeit hat, während des Verfahrens gehört zu werden, sofern dies nicht aufgrund seines Alters oder seines Reifegrads unangebracht erscheint.

(3) *[1]* Das Gericht, bei dem die Rückgabe eines Kindes nach Absatz 1 beantragt wird, befasst sich mit gebotener Eile mit dem Antrag und bedient sich dabei der zügigsten Verfahren des nationalen Rechts.

[2] Unbeschadet des Unterabsatzes 1 erlässt das Gericht seine Anordnung spätestens sechs Wochen nach seiner Befassung mit dem Antrag, es sei denn, dass dies aufgrund außergewöhnlicher Umstände nicht möglich ist

(4) Ein Gericht kann die Rückgabe eines Kindes aufgrund des Artikels 13 Buchstabe b) des Haager Übereinkommens von 1980 nicht verweigern, wenn nachgewiesen ist, dass angemessene Vorkehrungen getroffen wurden, um den Schutz des Kindes nach seiner Rückkehr zu gewährleisten.

(5) Ein Gericht kann die Rückgabe eines Kindes nicht verweigern, wenn der Person, die die Rückgabe des Kindes beantragt hat, nicht die Gelegenheit gegeben wurde, gehört zu werden.

(6) [1] Hat ein Gericht entschieden, die Rückgabe des Kindes gemäß Artikel 13 des Haager Übereinkommens von 1980 abzulehnen, so muss es nach dem nationalen Recht dem zuständigen Gericht oder der Zentralen Behörde des Mitgliedstaats, in dem das Kind unmittelbar vor dem widerrechtlichen Verbringen oder Zurückhalten seinen gewöhnlichen Aufenthalt hatte, unverzüglich entweder direkt oder über seine Zentrale Behörde eine Abschrift der gerichtlichen Entscheidung, die Rückgabe abzulehnen, und die entsprechenden Unterlagen, insbesondere eine Niederschrift der Anhörung, übermitteln. [2] Alle genannten Unterlagen müssen dem Gericht binnen einem Monat ab dem Datum der Entscheidung, die Rückgabe abzulehnen, vorgelegt werden.

(7) *[1]* Sofern die Gerichte des Mitgliedstaats, in dem das Kind unmittelbar vor dem widerrechtlichen Verbringen oder Zurückhalten seinen gewöhnlichen Aufenthalt hatte, nicht bereits von einer der Parteien befasst wurden, muss das Gericht oder die Zentrale Behörde, das/die die Mitteilung gemäß Absatz 6

erhält, die Parteien hiervon unterrichten und sie einladen, binnen drei Monaten ab Zustellung der Mitteilung Anträge gemäß dem nationalen Recht beim Gericht einzureichen, damit das Gericht die Frage des Sorgerechts prüfen kann.

[2] Unbeschadet der in dieser Verordnung festgelegten Zuständigkeitsregeln schließt das Gericht den Fall ab, wenn innerhalb dieser Frist keine Anträge bei dem Gericht eingegangen sind.

(8) Ungeachtet einer nach Artikel 13 des Haager Übereinkommens von 1980 ergangenen Entscheidung, mit der die Rückgabe des Kindes verweigert wird, ist eine spätere Entscheidung, mit der die Rückgabe des Kindes angeordnet wird und die von einem nach dieser Verordnung zuständigen Gericht erlassen wird, im Einklang mit Kapitel III Abschnitt 4 vollstreckbar, um die Rückgabe des Kindes sicherzustellen.

Art. 12 Vereinbarung über die Zuständigkeit. (1) Die Gerichte des Mitgliedstaats, in dem nach Artikel 3 über einen Antrag auf Ehescheidung, Trennung ohne Auflösung des Ehebandes oder Ungültigerklärung einer Ehe zu entscheiden ist, sind für alle Entscheidungen zuständig, die die mit diesem Antrag verbundene elterliche Verantwortung betreffen, wenn

a) zumindest einer der Ehegatten die elterliche Verantwortung für das Kind hat

und

b) die Zuständigkeit der betreffenden Gerichte von den Ehegatten oder von den Trägern der elterlichen Verantwortung zum Zeitpunkt der Anrufung des Gerichts ausdrücklich oder auf andere eindeutige Weise anerkannt wurde und im Einklang mit dem Wohl des Kindes steht.

(2) Die Zuständigkeit gemäß Absatz 1 endet,

a) sobald die stattgebende oder abweisende Entscheidung über den Antrag auf Ehescheidung, Trennung ohne Auflösung des Ehebandes oder Ungültigerklärung einer Ehe rechtskräftig geworden ist,

b) oder in den Fällen, in denen zu dem unter Buchstabe a) genannten Zeitpunkt noch ein Verfahren betreffend die elterliche Verantwortung anhängig ist, sobald die Entscheidung in diesem Verfahren rechtskräftig geworden ist,

c) oder sobald die unter den Buchstaben a) und b) genannten Verfahren aus einem anderen Grund beendet worden sind.

(3) Die Gerichte eines Mitgliedstaats sind ebenfalls zuständig in Bezug auf die elterliche Verantwortung in anderen als den in Absatz 1 genannten Verfahren, wenn

a) eine wesentliche Bindung des Kindes zu diesem Mitgliedstaat besteht, insbesondere weil einer der Träger der elterlichen Verantwortung in diesem Mitgliedstaat seinen gewöhnlichen Aufenthalt hat oder das Kind die Staatsangehörigkeit dieses Mitgliedstaats besitzt,

und

b) alle Parteien des Verfahrens zum Zeitpunkt der Anrufung des Gerichts die Zuständigkeit ausdrücklich oder auf andere eindeutige Weise anerkannt haben und die Zuständigkeit in Einklang mit dem Wohl des Kindes steht.

(4) Hat das Kind seinen gewöhnlichen Aufenthalt in einem Drittstaat, der nicht Vertragspartei des Haager Übereinkommens vom 19. Oktober 1996 über

die Zuständigkeit, das anzuwendende Recht, die Anerkennung, Vollstreckung und Zusammenarbeit auf dem Gebiet der elterlichen Verantwortung und der Maßnahmen zum Schutz von Kindern ist, so ist davon auszugehen, dass die auf diesen Artikel gestützte Zuständigkeit insbesondere dann in Einklang mit dem Wohl des Kindes steht, wenn sich ein Verfahren in dem betreffenden Drittstaat als unmöglich erweist.

Art. 13 Zuständigkeit aufgrund der Anwesenheit des Kindes. (1) Kann der gewöhnliche Aufenthalt des Kindes nicht festgestellt werden und kann die Zuständigkeit nicht gemäß Artikel 12 bestimmt werden, so sind die Gerichte des Mitgliedstaats zuständig, in dem sich das Kind befindet.

(2) Absatz 1 gilt auch für Kinder, die Flüchtlinge oder, aufgrund von Unruhen in ihrem Land, ihres Landes Vertriebene sind.

Art. 14 Restzuständigkeit. Soweit sich aus den Artikeln 8 bis 13 keine Zuständigkeit eines Gerichts eines Mitgliedstaats ergibt, bestimmt sich die Zuständigkeit in jedem Mitgliedstaat nach dem Recht dieses Staates.

Art. 15 Verweisung an ein Gericht, das den Fall besser beurteilen kann. (1) In Ausnahmefällen und sofern dies dem Wohl des Kindes entspricht, kann das Gericht eines Mitgliedstaats, das für die Entscheidung in der Hauptsache zuständig ist, in dem Fall, dass seines Erachtens ein Gericht eines anderen Mitgliedstaats, zu dem das Kind eine besondere Bindung hat, den Fall oder einen bestimmten Teil des Falls besser beurteilen kann,

a) die Prüfung des Falls oder des betreffenden Teils des Falls aussetzen und die Parteien einladen, beim Gericht dieses anderen Mitgliedstaats einen Antrag gemäß Absatz 4 zu stellen, oder
b) ein Gericht eines anderen Mitgliedstaats ersuchen, sich gemäß Absatz 5 für zuständig zu erklären.

(2) *[1]* Absatz 1 findet Anwendung

a) auf Antrag einer der Parteien oder
b) von Amts wegen oder
c) auf Antrag des Gerichts eines anderen Mitgliedstaats, zu dem das Kind eine besondere Bindung gemäß Absatz 3 hat.

[2] Die Verweisung von Amts wegen oder auf Antrag des Gerichts eines anderen Mitgliedstaats erfolgt jedoch nur, wenn mindestens eine der Parteien ihr zustimmt.

(3) Es wird davon ausgegangen, dass das Kind eine besondere Bindung im Sinne des Absatzes 1 zu dem Mitgliedstaat hat, wenn

a) nach Anrufung des Gerichts im Sinne des Absatzes 1 das Kind seinen gewöhnlichen Aufenthalt in diesem Mitgliedstaat erworben hat oder
b) das Kind seinen gewöhnlichen Aufenthalt in diesem Mitgliedstaat hatte oder
c) das Kind die Staatsangehörigkeit dieses Mitgliedstaats besitzt oder
d) ein Träger der elterlichen Verantwortung seinen gewöhnlichen Aufenthalt in diesem Mitgliedstaat hat oder
e) die Streitsache Maßnahmen zum Schutz des Kindes im Zusammenhang mit der Verwaltung oder der Erhaltung des Vermögens des Kindes oder der

Verfügung über dieses Vermögen betrifft und sich dieses Vermögen im Hoheitsgebiet dieses Mitgliedstaats befindet.

(4) *[1]* Das Gericht des Mitgliedstaats, das für die Entscheidung in der Hauptsache zuständig ist, setzt eine Frist, innerhalb deren die Gerichte des anderen Mitgliedstaats gemäß Absatz 1 angerufen werden müssen.

[2] Werden die Gerichte innerhalb dieser Frist nicht angerufen, so ist das befasste Gericht weiterhin nach den Artikeln 8 bis 14 zuständig.

(5) [1] Diese Gerichte dieses anderen Mitgliedstaats können sich, wenn dies aufgrund der besonderen Umstände des Falls dem Wohl des Kindes entspricht, innerhalb von sechs Wochen nach ihrer Anrufung gemäß Absatz 1 Buchstabe a) oder b) für zuständig erklären. [2] In diesem Fall erklärt sich das zuerst angerufene Gericht für unzuständig. [3] Anderenfalls ist das zuerst angerufene Gericht weiterhin nach den Artikeln 8 bis 14 zuständig.

(6) Die Gerichte arbeiten für die Zwecke dieses Artikels entweder direkt oder über die nach Artikel 53 bestimmten Zentralen Behörden zusammen.

Abschnitt 3. Gemeinsame Bestimmungen

Art. 16 Anrufung eines Gerichts. (1) Ein Gericht gilt als angerufen

a) zu dem Zeitpunkt, zu dem das verfahrenseinleitende Schriftstück oder ein gleichwertiges Schriftstück bei Gericht eingereicht wurde, vorausgesetzt, dass der Antragsteller es in der Folge nicht versäumt hat, die ihm obliegenden Maßnahmen zu treffen, um die Zustellung des Schriftstücks an den Antragsgegner zu bewirken,

oder

b) falls die Zustellung an den Antragsgegner vor Einreichung des Schriftstücks bei Gericht zu bewirken ist, zu dem Zeitpunkt, zu dem die für die Zustellung verantwortliche Stelle das Schriftstück erhalten hat, vorausgesetzt, dass der Antragsteller es in der Folge nicht versäumt hat, die ihm obliegenden Maßnahmen zu treffen, um das Schriftstück bei Gericht einzureichen.

Art. 17 Prüfung der Zuständigkeit. Das Gericht eines Mitgliedstaats hat sich von Amts wegen für unzuständig zu erklären, wenn es in einer Sache angerufen wird, für die es nach dieser Verordnung keine Zuständigkeit hat und für die das Gericht eines anderen Mitgliedstaats aufgrund dieser Verordnung zuständig ist.

Art. 18 Prüfung der Zulässigkeit. (1) Lässt sich ein Antragsgegner, der seinen gewöhnlichen Aufenthalt nicht in dem Mitgliedstaat hat, in dem das Verfahren eingeleitet wurde, auf das Verfahren nicht ein, so hat das zuständige Gericht das Verfahren so lange auszusetzen, bis festgestellt ist, dass es dem Antragsgegner möglich war, das verfahrenseinleitende Schriftstück oder ein gleichwertiges Schriftstück so rechtzeitig zu empfangen, dass er sich verteidigen konnte, oder dass alle hierzu erforderlichen Maßnahmen getroffen wurden.

(2) Artikel 19 der Verordnung (EG) Nr. 1348/2000 findet statt Absatz 1 Anwendung, wenn das verfahrenseinleitende Schriftstück oder ein gleichwertiges Schriftstück nach Maßgabe jener Verordnung von einem Mitgliedstaat in einen anderen zu übermitteln war.

(3) Sind die Bestimmungen der Verordnung (EG) Nr. 1348/2000 nicht anwendbar, so gilt Artikel 15 des Haager Übereinkommens vom 15. November 1965 über die Zustellung gerichtlicher und außergerichtlicher Schriftstücke im Ausland in Zivil- und Handelssachen, wenn das verfahrenseinleitende Schriftstück oder ein gleichwertiges Schriftstück nach Maßgabe des genannten Übereinkommens ins Ausland zu übermitteln war.

Art. 19 Rechtshängigkeit und abhängige Verfahren. (1) Werden bei Gerichten verschiedener Mitgliedstaaten Anträge auf Ehescheidung, Trennung ohne Auflösung des Ehebandes oder Ungültigerklärung einer Ehe zwischen denselben Parteien gestellt, so setzt das später angerufene Gericht das Verfahren von Amts wegen aus, bis die Zuständigkeit des zuerst angerufenen Gerichts geklärt ist.

(2) Werden bei Gerichten verschiedener Mitgliedstaaten Verfahren bezüglich der elterlichen Verantwortung für ein Kind wegen desselben Anspruchs anhängig gemacht, so setzt das später angerufene Gericht das Verfahren von Amts wegen aus, bis die Zuständigkeit des zuerst angerufenen Gerichts geklärt ist.

(3) *[1]* Sobald die Zuständigkeit des zuerst angerufenen Gerichts feststeht, erklärt sich das später angerufene Gericht zugunsten dieses Gerichts für unzuständig.

[2] In diesem Fall kann der Antragsteller, der den Antrag bei dem später angerufenen Gericht gestellt hat, diesen Antrag dem zuerst angerufenen Gericht vorlegen.

Art. 20 Einstweilige Maßnahmen einschließlich Schutzmaßnahmen. (1) Die Gerichte eines Mitgliedstaats können in dringenden Fällen ungeachtet der Bestimmungen dieser Verordnung die nach dem Recht dieses Mitgliedstaats vorgesehenen einstweiligen Maßnahmen einschließlich Schutzmaßnahmen in Bezug auf in diesem Staat befindliche Personen oder Vermögensgegenstände auch dann anordnen, wenn für die Entscheidung in der Hauptsache gemäß dieser Verordnung ein Gericht eines anderen Mitgliedstaats zuständig ist.

(2) Die zur Durchführung des Absatzes 1 ergriffenen Maßnahmen treten außer Kraft, wenn das Gericht des Mitgliedstaats, das gemäß dieser Verordnung für die Entscheidung in der Hauptsache zuständig ist, die Maßnahmen getroffen hat, die es für angemessen hält.

Kapitel III. Anerkennung und Vollstreckung

Abschnitt 1. Anerkennung

Art. 21 Anerkennung einer Entscheidung. (1) Die in einem Mitgliedstaat ergangenen Entscheidungen werden in den anderen Mitgliedstaaten anerkannt, ohne dass es hierfür eines besonderen Verfahrens bedarf.

(2) Unbeschadet des Absatzes 3 bedarf es insbesondere keines besonderen Verfahrens für die Beschreibung in den Personenstandsbüchern eines Mitgliedstaats auf der Grundlage einer in einem anderen Mitgliedstaat ergangenen Entscheidung über Ehescheidung, Trennung ohne Auflösung des Ehebandes oder Ungültigerklärung einer Ehe, gegen die nach dem Recht dieses Mitgliedstaats keine weiteren Rechtsbehelfe eingelegt werden können.

(3) *[1]* Unbeschadet des Abschnitts 4 kann jede Partei, die ein Interesse hat, gemäß den Verfahren des Abschnitts 2 eine Entscheidung über die Anerkennung oder Nichtanerkennung der Entscheidung beantragen.

[2] Das örtlich zuständige Gericht, das in der Liste aufgeführt ist, die jeder Mitgliedstaat der Kommission gemäß Artikel 68 mitteilt, wird durch das nationale Recht des Mitgliedstaats bestimmt, in dem der Antrag auf Anerkennung oder Nichtanerkennung gestellt wird.

(4) Ist in einem Rechtsstreit vor einem Gericht eines Mitgliedstaats die Frage der Anerkennung einer Entscheidung als Vorfrage zu klären, so kann dieses Gericht hierüber befinden.

Art. 22 *(hier nicht wiedergegeben)*

Art. 23 Gründe für die Nichtanerkennung einer Entscheidung über die elterliche Verantwortung. Eine Entscheidung über die elterliche Verantwortung wird nicht anerkannt,

a) wenn die Anerkennung der öffentlichen Ordnung des Mitgliedstaats, in dem sie beantragt wird, offensichtlich widerspricht, wobei das Wohl des Kindes zu berücksichtigen ist;

b) wenn die Entscheidung – ausgenommen in dringenden Fällen – ergangen ist, ohne dass das Kind die Möglichkeit hatte, gehört zu werden, und damit wesentliche verfahrensrechtliche Grundsätze des Mitgliedstaats, in dem die Anerkennung beantragt wird, verletzt werden;

c) wenn der betreffenden Person, die sich auf das Verfahren nicht eingelassen hat, das verfahrenseinleitende Schriftstück oder ein gleichwertiges Schriftstück nicht so rechtzeitig und in einer Weise zugestellt wurde, dass sie sich verteidigen konnte, es sei denn, es wird festgestellt, dass sie mit der Entscheidung eindeutig einverstanden ist;

d) wenn eine Person dies mit der Begründung beantragt, dass die Entscheidung in ihre elterliche Verantwortung eingreift, falls die Entscheidung ergangen ist, ohne dass diese Person die Möglichkeit hatte, gehört zu werden;

e) wenn die Entscheidung mit einer späteren Entscheidung über die elterliche Verantwortung unvereinbar ist, die in dem Mitgliedstaat, in dem die Anerkennung beantragt wird, ergangen ist;

f) wenn die Entscheidung mit einer späteren Entscheidung über die elterliche Verantwortung unvereinbar ist, die in einem anderen Mitgliedstaat oder in dem Drittstaat, in dem das Kind seinen gewöhnlichen Aufenthalt hat, ergangen ist, sofern die spätere Entscheidung die notwendigen Voraussetzungen für ihre Anerkennung in dem Mitgliedstaat erfüllt, in dem die Anerkennung beantragt wird;

oder

g) wenn das Verfahren des Artikels 56 nicht eingehalten wurde.

Art. 24 Verbot der Nachprüfung der Zuständigkeit des Gerichts des Ursprungsmitgliedstaats. [1] Die Zuständigkeit des Gerichts des Ursprungsmitgliedstaats darf nicht überprüft werden. [2] Die Überprüfung der Vereinbarkeit mit der öffentlichen Ordnung gemäß Artikel 22 Buchstabe a) und Artikel 23 Buchstabe a) darf sich nicht auf die Zuständigkeitsvorschriften der Artikel 3 bis 14 erstrecken.

Abschnitt 4. Vollstreckbarkeit bestimmter Entscheidungen über das Umgangsrecht und bestimmter Entscheidungen, mit denen die Rückgabe des Kindes angeordnet wird

Art. 40 Anwendungsbereich. (1) Dieser Abschnitt gilt für

a) das Umgangsrecht
und

b) die Rückgabe eines Kindes infolge einer die Rückgabe des Kindes anordnenden Entscheidung gemäß Artikel 11 Absatz 8.

(2) Der Träger der elterlichen Verantwortung kann ungeachtet der Bestimmungen dieses Abschnitts die Anerkennung und Vollstreckung nach Maßgabe der Abschnitte 1 und 2 dieses Kapitels beantragen.

Art. 41 Umgangsrecht. (1) *[1]* Eine in einem Mitgliedstaat ergangene vollstreckbare Entscheidung über das Umgangsrecht im Sinne des Artikels 40 Absatz 1 Buchstabe a), für die eine Bescheinigung nach Absatz 2 im Ursprungsmitgliedstaat ausgestellt wurde, wird in einem anderen Mitgliedstaat anerkannt und kann dort vollstreckt werden, ohne dass es einer Vollstreckbarerklärung bedarf und ohne dass die Anerkennung angefochten werden kann.

[2] Auch wenn das nationale Recht nicht vorsieht, dass eine Entscheidung über das Umgangsrecht ungeachtet der Einlegung eines Rechtsbehelfs von Rechts wegen vollstreckbar ist, kann das Gericht des Ursprungsmitgliedstaats die Entscheidung für vollstreckbar erklären.

(2) *[1]* Der Richter des Ursprungsmitgliedstaats stellt die Bescheinigung nach Absatz 1 unter Verwendung des Formblatts in Anhang III (Bescheinigung über das Umgangsrecht) nur aus, wenn

a) im Fall eines Versäumnisverfahrens das verfahrenseinleitende Schriftstück oder ein gleichwertiges Schriftstück der Partei, die sich nicht auf das Verfahren eingelassen hat, so rechtzeitig und in einer Weise zugestellt wurde, dass sie sich verteidigen konnte, oder wenn in Fällen, in denen bei der Zustellung des betreffenden Schriftstücks diese Bedingungen nicht eingehalten wurden, dennoch festgestellt wird, dass sie mit der Entscheidung eindeutig einverstanden ist;

b) alle betroffenen Parteien Gelegenheit hatten, gehört zu werden,
und

c) das Kind die Möglichkeit hatte, gehört zu werden, sofern eine Anhörung nicht aufgrund seines Alters oder seines Reifegrads unangebracht erschien.

[2] Das Formblatt wird in der Sprache ausgefüllt, in der die Entscheidung abgefasst ist.

(3) [1] Betrifft das Umgangsrecht einen Fall, der bei der Verkündung der Entscheidung einen grenzüberschreitenden Bezug aufweist, so wird die Bescheinigung von Amts wegen ausgestellt, sobald die Entscheidung vollstreckbar oder vorläufig vollstreckbar wird. [2] Wird der Fall erst später zu einem Fall mit grenzüberschreitendem Bezug, so wird die Bescheinigung auf Antrag einer der Parteien ausgestellt.

Art. 42 Rückgabe des Kindes. (1) *[1]* Eine in einem Mitgliedstaat ergangene vollstreckbare Entscheidung über die Rückgabe des Kindes im Sinne des Artikels 40 Absatz 1 Buchstabe b), für die eine Bescheinigung nach Absatz 2 im Ursprungsmitgliedstaat ausgestellt wurde, wird in einem anderen Mitgliedstaat anerkannt und kann dort vollstreckt werden, ohne dass es einer Vollstreckbarerklärung bedarf und ohne dass die Anerkennung angefochten werden kann.

[2] Auch wenn das nationale Recht nicht vorsieht, dass eine in Artikel 11 Absatz 8 genannte Entscheidung über die Rückgabe des Kindes ungeachtet der Einlegung eines Rechtsbehelfs von Rechts wegen vollstreckbar ist, kann das Gericht des Ursprungsmitgliedstaats die Entscheidung für vollstreckbar erklären.

(2) *[1]* Der Richter des Ursprungsmitgliedstaats, der die Entscheidung nach Artikel 40 Absatz 1 Buchstabe b) erlassen hat, stellt die Bescheinigung nach Absatz 1 nur aus, wenn

a) das Kind die Möglichkeit hatte, gehört zu werden, sofern eine Anhörung nicht aufgrund seines Alters oder seines Reifegrads unangebracht erschien,

b) die Parteien die Gelegenheit hatten, gehört zu werden, und

c) das Gericht beim Erlass seiner Entscheidung die Gründe und Beweismittel berücksichtigt hat, die der nach Artikel 13 des Haager Übereinkommens von 1980 ergangenen Entscheidung zugrunde liegen.

[2] Ergreift das Gericht oder eine andere Behörde Maßnahmen, um den Schutz des Kindes nach seiner Rückkehr in den Staat des gewöhnlichen Aufenthalts sicherzustellen, so sind diese Maßnahmen in der Bescheinigung anzugeben.

[3] Der Richter des Ursprungsmitgliedstaats stellt die Bescheinigung von Amts wegen unter Verwendung des Formblatts in Anhang IV (Bescheinigung über die Rückgabe des Kindes) aus.

[4] Das Formblatt wird in der Sprache ausgefüllt, in der die Entscheidung abgefasst ist.

6/1. Verordnung (EU) 2019/1111 des Rates vom 25. Juni 2019 über die Zuständigkeit, die Anerkennung und Vollstreckung von Entscheidungen in Ehesachen und in Verfahren betreffend die elterliche Verantwortung und über internationale Kindesentführungen

(Neufassung ab 1.8.2022)

(ABl. L 178 S. 1)

Celex-Nr. 3 2019 R 1111

– Auszug –

Kapitel I. Anwendungsbereich und Begriffsbestimmungen

Art. 1 Anwendungsbereich. *(1) Diese Verordnung gilt für Zivilsachen mit folgendem Gegenstand:*

a) die Ehescheidung, die Trennung ohne Auflösung des Ehebandes und die Ungültigerklärung einer Ehe,

b) die Zuweisung, die Ausübung, die Übertragung sowie die vollständige oder teilweise Entziehung der elterlichen Verantwortung.

(2) Die in Absatz 1 Buchstabe b genannten Zivilsachen umfassen insbesondere:

a) das Sorgerecht und das Umgangsrecht,

b) die Vormundschaft, die Pflegschaft und entsprechende Rechtsinstitute,

c) die Bestimmung und den Aufgabenbereich jeder Person oder Stelle, die für die Person oder das Vermögen eines Kindes verantwortlich ist, oder ein Kind vertritt oder ihm beisteht,

d) die Heim- oder Pflegeunterbringung eines Kindes,

e) die Maßnahmen zum Schutz eines Kindes im Zusammenhang mit der Verwaltung und Erhaltung seines Vermögens oder der Verfügung darüber.

(3) [1] Die Kapitel III und VI dieser Verordnung gelten bei widerrechtlichem Verbringen oder Zurückhalten eines Kindes, von dem mehr als ein Mitgliedstaat betroffen ist, in Ergänzung des Haager Übereinkommens von 1980. [2] Kapitel IV dieser Verordnung gilt für Entscheidungen, in denen nach dem Haager Übereinkommen von 1980 die Rückgabe eines Kindes in einen anderen Mitgliedstaat angeordnet wird und die in einem anderen Mitgliedstaat vollstreckt werden müssen als in dem Mitgliedstaat, in dem sie ergangen sind.

(4) Diese Verordnung gilt nicht für

a) die Feststellung und die Anfechtung des Eltern-Kind-Verhältnisses,

b) Adoptionsentscheidungen und Maßnahmen zur Vorbereitung einer Adoption sowie die Ungültigerklärung und den Widerruf der Adoption,

c) Namen und Vornamen eines Kindes,

d) die Volljährigkeitserklärung,

e) Unterhaltspflichten,

f) Trusts oder Erbschaften,

g) Maßnahmen infolge von Straftaten, die von Kindern begangen wurden.

Art. 2 Begriffsbestimmungen. *(1) [1] Für die Zwecke dieser Verordnung bezeichnet der Ausdruck „Entscheidung" eine Entscheidung eines Gerichts eines Mitgliedstaats einschließlich einer Verfügung, eines Beschlusses oder eines Urteils, mit der die Ehescheidung, die Trennung ohne Auflösung des Ehebandes oder die Ungültigerklärung einer Ehe ausgesprochen wird, oder in Verfahren betreffend die elterliche Verantwortung;*

[2] Für die Zwecke des Kapitels IV schließt der Ausdruck „Entscheidung" Folgendes ein:

a) eine in einem Mitgliedstaat ergangene Entscheidung, in der nach dem Haager Übereinkommen von 1980 die Rückgabe eines Kindes in einen anderen Mitgliedstaat angeordnet wird und die in einem anderen Mitgliedstaat vollstreckt werden muss als in dem Mitgliedstaat, in dem sie ergangen ist;

b) einstweilige Maßnahmen einschließlich Schutzmaßnahmen, die von einem Gericht, das nach dieser Verordnung in der Hauptsache zuständig ist, angeordnet werden, oder Maßnahmen, die gemäß Artikel 27 Absatz 5 in Verbindung mit Artikel 15 angeordnet werden;

[3] Für die Zwecke des Kapitels IV schließt der Ausdruck „Entscheidung" keine einstweiligen Maßnahmen einschließlich Schutzmaßnahmen ein, die ohne Ladung des Antragsgegners angeordnet wurden, es sei denn, die die Maßnahme enthaltende Entscheidung wird dem Antragsgegner vor der Vollstreckung zugestellt;

(2) Für die Zwecke dieser Verordnung bezeichnet ferner der Ausdruck

1. *„Gericht" jede Behörde der Mitgliedstaaten, die für Rechtssachen zuständig ist, die in den Anwendungsbereich dieser Verordnung fallen;*
2. *„öffentliche Urkunde" ein Schriftstück, das in den in den Anwendungsbereich dieser Verordnung fallenden Angelegenheiten als öffentliche Urkunde in einem Mitgliedstaat förmlich errichtet oder eingetragen worden ist und dessen Beweiskraft*
   a) sich auf die Unterschrift und den Inhalt der Urkunde bezieht und
   b) durch eine Behörde oder eine andere hierzu ermächtigte Stelle festgestellt worden ist. Die Mitgliedstaaten teilen der Kommission gemäß Artikel 103 die betreffenden Behörden und Stellen mit;
3. *„Vereinbarung" für die Zwecke des Kapitels IV ein Schriftstück, das keine öffentliche Urkunde ist, in den in den Anwendungsbereich dieser Verordnung fallenden Angelegenheiten von den Parteien erstellt wurde und von einer von einem Mitgliedstaat der Kommission hierzu gemäß Artikel 103 mitgeteilten Behörde eingetragen wurde;*
4. *„Ursprungsmitgliedstaat" den Mitgliedstaat, in dem die Entscheidung ergangen ist, die öffentliche Urkunde förmlich errichtet oder eingetragen worden ist oder die Vereinbarung eingetragen worden ist;*
5. *„Vollstreckungsmitgliedstaat" den Mitgliedstaat, in dem die Entscheidung, öffentliche Urkunde oder Vereinbarung vollstreckt werden soll;*
6. *„Kind" jede Person unter 18 Jahren;*
7. *„elterliche Verantwortung" die gesamten Rechte und Pflichten, die einer natürlichen oder juristischen Person durch Entscheidung oder kraft Gesetzes oder durch eine rechtlich verbindliche Vereinbarung betreffend die Person oder das Vermögen eines Kindes übertragen wurden, einschließlich des Sorge- und des Umgangsrechts;*
8. *„Träger der elterlichen Verantwortung" jede Person, Einrichtung oder sonstige Stelle, die die elterliche Verantwortung für ein Kind ausübt;*

9. *„Sorgerecht" die Rechte und Pflichten, die mit der Sorge für die Person eines Kindes verbunden sind, und insbesondere das Recht auf die Bestimmung des Aufenthaltsortes eines Kindes;*
10. *„Umgangsrecht" das Recht auf Umgang mit dem Kind, einschließlich des Rechts, das Kind für eine begrenzte Zeit an einen anderen Ort als seinen gewöhnlichen Aufenthaltsort zu bringen;*
11. *„widerrechtliches Verbringen oder Zurückhalten eines Kindes" das Verbringen oder Zurückhalten eines Kindes, wenn*
    a) *durch eine solches Verbringen oder Zurückhalten das Sorgerecht verletzt wird, das aufgrund einer Entscheidung, kraft Gesetzes oder durch eine rechtlich verbindliche Vereinbarung nach dem Recht des Mitgliedstaats besteht, in dem das Kind unmittelbar vor dem Verbringen oder Zurückhalten seinen gewöhnlichen Aufenthalt hatte, und*
    b) *das Sorgerecht zum Zeitpunkt des Verbringens oder Zurückhaltens allein oder gemeinsam tatsächlich ausgeübt wurde oder ausgeübt worden wäre, wenn das Verbringen oder Zurückhalten nicht stattgefunden hätte.*

(3) Für die Zwecke der Artikel 3, 6, 10, 12, 13, 51, 59, 75, 94 und 102 ersetzt für Irland und das Vereinigte Königreich das Konzept des „domicile" jenes der „Staatsangehörigkeit", und dieser Begriff hat dieselbe Bedeutung wie nach jeder der Rechtsordnungen jener Mitgliedstaaten.

Kapitel II. Zuständigkeit in Ehesachen und in Verfahren betreffend die elterliche Verantwortung

Abschnitt 2. Elterliche Verantwortung

Art. 7 Allgemeine Zuständigkeit. *(1) Für Verfahren betreffend die elterliche Verantwortung sind die Gerichte des Mitgliedstaats zuständig, in dem das Kind zum Zeitpunkt der Antragstellung seinen gewöhnlichen Aufenthalt hat.*

(2) Absatz 1 dieses Artikels findet vorbehaltlich der Artikel 8 bis 10 Anwendung.

Art. 8 Aufrechterhaltung der Zuständigkeit in Bezug auf das Umgangsrecht.

(1) Beim rechtmäßigen Umzug eines Kindes von einem Mitgliedstaat in einen anderen, durch den es dort einen neuen gewöhnlichen Aufenthalt erlangt, verbleibt abweichend von Artikel 7 die Zuständigkeit für eine Änderung einer vor dem Umzug des Kindes in jenem Mitgliedstaat ergangenen Entscheidung über das Umgangsrecht nach dem Umzug drei Monate lang bei den Gerichten des früheren gewöhnlichen Aufenthalts des Kindes, wenn sich die laut der Entscheidung umgangsberechtigte Person weiterhin gewöhnlich in dem Mitgliedstaat des früheren gewöhnlichen Aufenthalts des Kindes aufhält.

(2) Absatz 1 findet keine Anwendung, wenn die umgangsberechtigte Person im Sinne des Absatzes 1 die Zuständigkeit der Gerichte des Mitgliedstaats des neuen gewöhnlichen Aufenthalts des Kindes dadurch anerkannt hat, dass sie sich an Verfahren vor diesen Gerichten beteiligt, ohne ihre Zuständigkeit anzufechten.

Art. 9 Zuständigkeit im Fall eines widerrechtlichen Verbringens oder Zurückhaltens eines Kindes. *Vorbehaltlich des Artikels 10 bleiben bei widerrechtlichem Verbringen oder Zurückhalten eines Kindes die Gerichte des Mitgliedstaats, in dem das Kind unmittelbar vor dem widerrechtlichen Verbringen oder Zurückhalten seinen ge-*

wöhnlichen Aufenthalt hatte, so lange zuständig, bis das Kind einen gewöhnlichen Aufenthalt in einem anderen Mitgliedstaat erlangt hat und

a) jede sorgeberechtigte Person, Behörde oder sonstige Stelle dem Verbringen oder Zurückhalten zugestimmt hat oder

b) das Kind sich in diesem anderen Mitgliedstaat mindestens ein Jahr aufgehalten hat, nachdem die sorgeberechtigte Person, Behörde oder sonstige Stelle seinen Aufenthaltsort kannte oder hätte kennen müssen und sich das Kind in seiner neuen Umgebung eingelebt hat, sofern eine der folgenden Bedingungen erfüllt ist:

i) Innerhalb eines Jahres, nachdem der Sorgeberechtigte den Aufenthaltsort des Kindes kannte oder hätte kennen müssen, wurde kein Antrag auf Rückgabe des Kindes bei den zuständigen Behörden des Mitgliedstaats gestellt, in den das Kind verbracht wurde oder in dem das Kind zurückgehalten wird;

ii) ein von dem Sorgeberechtigten gestellter Rückgabeantrag wurde zurückgezogen, und innerhalb der in Ziffer i genannten Frist wurde kein neuer Antrag gestellt;

iii) ein vom Sorgeberechtigten gestellter Rückgabeantrag wurde von einem Gericht eines Mitgliedstaats aus anderen als den in Artikel 13 Absatz 1 Buchstabe b oder Artikel 13 Absatz 2 des Haager Übereinkommens von 1980 angegebenen Gründen abgelehnt und gegen diese Entscheidung kann kein ordentlicher Rechtsbehelf mehr eingelegt werden;

iv) in dem Mitgliedstaat, in dem das Kind unmittelbar vor dem widerrechtlichen Verbringen oder Zurückhalten seinen gewöhnlichen Aufenthalt hatte, wurde kein Gericht angerufen, wie in Artikel 29 Absätze 3 und 5 vorgesehen;

v) von den Gerichten des Mitgliedstaats, in dem das Kind unmittelbar vor dem widerrechtlichen Verbringen oder Zurückhalten seinen gewöhnlichen Aufenthalt hatte, wurde eine Sorgerechtsentscheidung erlassen, in der die Rückgabe des Kindes nicht angeordnet wurde.

Art. 10 Gerichtsstandsvereinbarungen. *(1) Die Gerichte eines Mitgliedstaats sind zuständig für Verfahren betreffend die elterliche Verantwortung, wenn*

a) eine wesentliche Bindung des Kindes zu diesem Mitgliedstaat besteht, insbesondere weil

i) mindestens einer der Träger der elterlichen Verantwortung in diesem Mitgliedstaat seinen gewöhnlichen Aufenthalt hat;

ii) das Kind in diesem Mitgliedstaat früher seinen gewöhnlichen Aufenthalt hatte; oder

iii) das Kind die Staatsangehörigkeit dieses Mitgliedstaats besitzt;

b) die Parteien sowie alle anderen Träger der elterlichen Verantwortung

i) spätestens zum Zeitpunkt der Anrufung des Gerichts die Zuständigkeit frei vereinbart haben; oder

ii) die Zuständigkeit im Laufe des Verfahrens ausdrücklich anerkannt haben und das Gericht dafür Sorge getragen hat, dass alle Parteien von ihrem Recht, die Zuständigkeit des Gerichts anzufechten, in Kenntnis gesetzt wurden; und

c) die Wahrnehmung der Zuständigkeit im Einklang mit dem Kindeswohl steht.

(2) [1] 1 Eine Gerichtsstandsvereinbarung gemäß Absatz 1 Buchstabe b wird von den betreffenden Parteien schriftlich niedergelegt, datiert und unterzeichnet oder gemäß den nationalen Rechtsvorschriften und Verfahren in das Gerichtsprotokoll aufgenommen. 2 Elektronische Übermittlungen, die eine dauerhafte Aufzeichnung der Vereinbarung ermöglichen, sind der Schriftform gleichgestellt.

[2] [1] Personen, die nach der Anrufung des Gerichts Verfahrensparteien werden, können ihre Zustimmung nach Anrufung des Gerichts bekunden. [2] Widersprechen sie nicht, wird ihr Einverständnis als stillschweigend gegeben angenommen.

(3) Sofern die Parteien nichts anderes vereinbaren, endet die Zuständigkeit gemäß Absatz 1, sobald

a) gegen die in diesem Verfahren ergangene Entscheidung kein ordentlicher Rechtsbehelf mehr eingelegt werden kann oder

b) das Verfahren aus einem anderen Grund beendet wurde.

(4) Die Zuständigkeit gemäß Absatz 1 Buchstabe b Ziffer ii ist ausschließlich.

Art. 11 Zuständigkeit aufgrund der Anwesenheit des Kindes. *(1) Kann weder der gewöhnliche Aufenthalt eines Kindes festgestellt noch die Zuständigkeit gemäß Artikel 10 bestimmt werden, sind die Gerichte des Mitgliedstaats zuständig, in dem sich das Kind befindet.*

(2) Die Zuständigkeit nach Absatz 1 gilt auch für Kinder, die Flüchtlinge oder aufgrund von Unruhen in dem Mitgliedstaat ihres gewöhnlichen Aufenthalts ihres Landes Vertriebene sind.

Art. 12 Übertragung der Zuständigkeit an ein Gericht eines anderen Mitgliedstaats. *(1) Ist ein für die Entscheidung in der Hauptsache zuständiges Gericht eines Mitgliedstaats der Auffassung, dass ein Gericht eines anderen Mitgliedstaats, zu dem das Kind eine besondere Bindung hat, das Kindeswohl in dem konkreten Fall besser beurteilen kann, so kann es unter außergewöhnlichen Umständen auf Antrag einer der Parteien oder von Amts wegen das Verfahren oder einen bestimmten Teil des Verfahrens aussetzen und entweder*

a) einer oder mehreren Parteien eine Frist setzen, um das Gericht dieses anderen Mitgliedstaats vom anhängigen Verfahren und der Möglichkeit einer Übertragung der Zuständigkeit zu unterrichten und einen Antrag bei diesem Gericht einzureichen, oder

b) ein Gericht eines anderen Mitgliedstaats ersuchen, sich gemäß Absatz 2 für zuständig zu erklären.

(2) [1] Das Gericht dieses anderen Mitgliedstaats kann sich, wenn dies aufgrund der besonderen Umstände des Falls dem Kindeswohl entspricht, innerhalb von sechs Wochen für zuständig erklären, nachdem es

a) gemäß Absatz 1 Buchstabe a angerufen wurde, oder

b) das Ersuchen gemäß Absatz 1 Buchstabe b erhalten hat.

[2] [1] Das Gericht, das als zweites angerufen oder ersucht wurde, sich für zuständig zu erklären, unterrichtet unverzüglich das zuerst angerufene Gericht. [2] Übernimmt es die Zuständigkeit, erklärt sich das zuerst angerufene Gericht für unzuständig.

(3) Das zuerst angerufene Gericht seine Zuständigkeit weiter wahrnimmt, wenn es die Erklärung des Gerichts des anderen Mitgliedstaats betreffend die Übernahme der Zuständigkeit nicht binnen sieben Wochen erhalten hat, nachdem

a) die den Parteien gesetzte Frist für die Einreichung eines Antrags bei dem Gericht eines anderen Mitgliedstaats gemäß Absatz 1 Buchstabe a verstrichen ist; oder

b) dieses Gericht das Ersuchen gemäß Absatz 1 Buchstabe b erhalten hat.

(4) Für die Zwecke des Absatzes 1 wird davon ausgegangen, dass das Kind eine besondere Bindung zu dem Mitgliedstaat hat, wenn

a) das Kind seinen gewöhnlichen Aufenthalt in diesem Mitgliedstaat erworben hat, nachdem das Gericht gemäß Absatz 1 angerufen wurde;

b) das Kind seinen gewöhnlichen Aufenthalt in diesem Mitgliedstaat hatte;

c) das Kind die Staatsangehörigkeit dieses Mitgliedstaats besitzt;

d) ein Träger der elterlichen Verantwortung seinen gewöhnlichen Aufenthalt in diesem Mitgliedstaat hat; oder

e) die Streitsache Maßnahmen zum Schutz des Kindes im Zusammenhang mit der Verwaltung oder der Erhaltung des Vermögens des Kindes oder der Verfügung über dieses Vermögen betrifft und sich dieses Vermögen im Hoheitsgebiet dieses Mitgliedstaats befindet.

(5) Wenn nach Artikel 10 die ausschließliche Zuständigkeit des Gerichts bestimmt wurde, kann dieses Gericht die Zuständigkeit nicht einem Gericht eines anderen Mitgliedstaats übertragen.

Art. 13 Ersuchen um Übertragung der Zuständigkeit durch ein Gericht eines nicht zuständigen Mitgliedstaats. *(1) Vertritt ein Gericht eines Mitgliedstaats, der nach dieser Verordnung nicht zuständig ist, zu dem das Kind jedoch eine besondere Bindung gemäß Artikel 12 Absatz 4 besitzt, die Auffassung, dass es das Kindeswohl in dem Einzelfall besser beurteilen kann, so kann es unter außergewöhnlichen Umständen vorbehaltlich des Artikels 9 um Übertragung der Zuständigkeit vom Gericht des Mitgliedstaats des gewöhnlichen Aufenthalts des Kindes ersuchen.*

(2) [1] Binnen sechs Wochen nach Eingang des Ersuchens gemäß Absatz 1 kann das ersuchte Gericht zustimmen, seine Zuständigkeit zu übertragen, wenn eine solche Übertragung nach seiner Auffassung aufgrund der besonderen Umstände des Falls dem Kindeswohl entspricht. [2] Wenn das ersuchte Gericht der Übertragung seiner Zuständigkeit zustimmt, setzt es das ersuchende Gericht unverzüglich davon in Kenntnis. [3] Wurde dem Ersuchen innerhalb der Frist nicht stattgegeben, dann ist das ersuchende Gericht nicht zuständig.

Art. 14 Restzuständigkeit. *Soweit sich aus den Artikeln 7 bis 11 keine Zuständigkeit eines Gerichts eines Mitgliedstaats ergibt, bestimmt sich die Zuständigkeit in jedem Mitgliedstaat nach dem Recht dieses Mitgliedstaats.*

Art. 15 Einstweilige Maßnahmen, einschließlich Schutzmaßnahmen, in dringenden Fällen. *(1) Selbst wenn das Gericht eines anderen Mitgliedstaats für die Entscheidung in der Hauptsache zuständig ist, sind in dringenden Fällen die Gerichte eines Mitgliedstaats für die einstweiligen Maßnahmen einschließlich Schutzmaßnahmen zuständig, die nach dem Recht dieses Mitgliedstaats vorgesehen sind für*

a) ein Kind, das sich in diesem Mitgliedstaat aufhält; oder

b) Vermögen, das einem Kind gehört und sich in diesem Mitgliedstaat befindet.

(2) Sofern der Schutz des Kindeswohls es erfordert, informiert das Gericht, das diese Maßnahmen nach Absatz 1 dieses Artikels ergriffen hat, unverzüglich das Gericht oder die zuständige Behörde des Mitgliedstaats, der nach Artikel 7 zuständig ist, oder gegebenenfalls ein Gericht eines Mitgliedstaats, das die Zuständigkeit nach dieser Verordnung für die Entscheidung in der Hauptsache ausübt, entweder direkt gemäß Artikel 86 oder über die nach Artikel 76 benannten Zentralen Behörden.

(3) [1] Die Maßnahmen nach Absatz 1 treten außer Kraft, sobald das Gericht des Mitgliedstaats, der gemäß dieser Verordnung für die Entscheidung in der Hauptsache zuständig ist, die Maßnahmen getroffen hat, die es für angemessen hält.

[2] Gegebenenfalls kann dieses Gericht das Gericht, das einstweilige Maßnahmen einschließlich Schutzmaßnahmen getroffen hat, entweder direkt gemäß Artikel 86 oder über die nach Artikel 76 benannten Zentralen Behörden von seiner Entscheidung in Kenntnis setzen.

Art. 16 Vorfragen. *(1) Hängt der Ausgang eines Verfahrens in einer nicht in den Anwendungsbereich dieser Verordnung fallenden Sache vor einem Gericht eines Mitgliedstaats von der Beurteilung einer Vorfrage zur elterlichen Verantwortung ab, so kann ein Gericht in dem betreffenden Mitgliedstaat diese Vorfrage für die Zwecke dieses Verfahrens beurteilen, selbst wenn dieser Mitgliedstaat nach dieser Verordnung nicht zuständig ist.*

(2) Die Beurteilung einer Vorfrage gemäß Absatz 1 entfaltet nur in dem Verfahren, für das diese Beurteilung vorgenommen wurde, rechtliche Wirkung.

(3) Ist für die Gültigkeit einer Rechtshandlung, die im Namen eines Kindes in Erbsachen bei einem Gericht eines Mitgliedstaats vorgenommen wurde oder vorzunehmen ist, die Einwilligung oder Genehmigung seitens eines Gerichts erforderlich, so kann ein Gericht in diesem Mitgliedstaat entscheiden, ob es in diese Rechtshandlung einwilligt oder sie genehmigt, selbst wenn es nach dieser Verordnung nicht zuständig ist.

(4) Artikel 15 Absatz 2 gilt entsprechend.

Abschnitt 3. Gemeinsame Bestimmungen

Art. 17 Anrufung eines Gerichts. *Ein Gericht gilt als angerufen*

a) zu dem Zeitpunkt, zu dem das verfahrenseinleitende Schriftstück oder ein gleichwertiges Schriftstück bei Gericht eingereicht wurde, vorausgesetzt, dass der Antragsteller es in der Folge nicht versäumt hat, die ihm obliegenden Maßnahmen zu treffen, um die Zustellung des Schriftstücks an den Antragsgegner zu bewirken;

b) falls die Zustellung an den Antragsgegner vor Einreichung des Schriftstücks bei Gericht zu bewirken ist, zu dem Zeitpunkt, zu dem die für die Zustellung verantwortliche Stelle das Schriftstück erhalten hat, vorausgesetzt, dass der Antragsteller es in der Folge nicht versäumt hat, die ihm obliegenden Maßnahmen zu treffen, um das Schriftstück bei Gericht einzureichen; oder

c) falls das Gericht das Verfahren von Amts wegen einleitet, zu dem Zeitpunkt, zu dem der Beschluss über die Einleitung des Verfahrens vom Gericht gefasst oder, wenn ein solcher Beschluss nicht erforderlich ist, zu dem Zeitpunkt, zu dem die Sache beim Gericht eingetragen wird.

Art. 18 Prüfung der Zuständigkeit. *Das Gericht eines Mitgliedstaats hat sich von Amts wegen für unzuständig zu erklären, wenn es in einer Sache angerufen wird, für die es nach dieser Verordnung keine Zuständigkeit in der Hauptsache hat und für die das Gericht eines anderen Mitgliedstaats aufgrund dieser Verordnung in der Hauptsache zuständig ist.*

Art. 19 Prüfung der Zulässigkeit. *(1) Lässt sich ein Antragsgegner, der seinen gewöhnlichen Aufenthalt nicht in dem Mitgliedstaat hat, in dem das Verfahren eingeleitet wurde, auf das Verfahren nicht ein, so hat das zuständige Gericht das Verfahren so lange auszusetzen, bis festgestellt ist, dass es dem Antragsgegner möglich war, das verfahrenseinleitende Schriftstück oder ein gleichwertiges Schriftstück so rechtzeitig zu empfangen, dass er sich verteidigen konnte, oder dass alle hierzu erforderlichen Maßnahmen getroffen wurden.*

(2) Artikel 19 der Verordnung (EG) Nr. 1393/2007 findet statt Absatz 1 Anwendung, wenn das verfahrenseinleitende Schriftstück oder ein gleichwertiges Schriftstück nach Maßgabe jener Verordnung von einem Mitgliedstaat in einen anderen zu übermitteln war.

(3) Ist die Verordnung (EG) Nr. 1393/2007 nicht anwendbar, so gilt Artikel 15 des Haager Übereinkommens vom 15. November 1965 über die Zustellung gerichtlicher und außergerichtlicher Schriftstücke im Ausland in Zivil- und Handelssachen, wenn das verfahrenseinleitende Schriftstück oder ein gleichwertiges Schriftstück nach Maßgabe des genannten Übereinkommens ins Ausland zu übermitteln war.

Art. 20 Rechtshängigkeit und abhängige Verfahren. *(1) Werden bei Gerichten verschiedener Mitgliedstaaten Anträge auf Ehescheidung, Trennung ohne Auflösung des Ehebandes oder Ungültigerklärung einer Ehe zwischen denselben Parteien gestellt, so setzt das später angerufene Gericht das Verfahren von Amts wegen aus, bis die Zuständigkeit des zuerst angerufenen Gerichts geklärt ist.*

(2) Sofern sich die Zuständigkeit eines der Gerichte nicht nur auf Artikel 15 stützt und bei Gerichten verschiedener Mitgliedstaaten Verfahren bezüglich der elterlichen Verantwortung für ein Kind wegen desselben Anspruchs anhängig gemacht werden, so setzt das später angerufene Gericht das Verfahren von Amts wegen aus, bis die Zuständigkeit des zuerst angerufenen Gerichts geklärt ist.

(3) [1] Sobald die Zuständigkeit des zuerst angerufenen Gerichts feststeht, erklärt sich das später angerufene Gericht zugunsten des zuerst angerufenen Gerichts für unzuständig.

[2] In diesem Fall kann die Partei, die das Verfahren bei dem später angerufenen Gericht anhängig gemacht hat, dieses Verfahren bei dem zuerst angerufenen Gericht vorlegen.

(4) Wird ein Gericht eines Mitgliedstaats angerufen, dem durch eine Anerkennung der Zuständigkeit nach Artikel 10a die ausschließliche Zuständigkeit übertragen wurde, so setzen die Gerichte eines anderen Mitgliedstaats das Verfahren so lange aus, bis das auf der Grundlage der Vereinbarung oder Anerkennung angerufene Gericht erklärt hat, dass es gemäß der Vereinbarung oder Anerkennung nicht zuständig ist.

(5) Sobald und soweit das Gericht die ausschließliche Zuständigkeit durch eine Anerkennung der Zuständigkeit nach Artikel 10 festgestellt hat, erklären sich die Gerichte eines anderen Mitgliedstaats zugunsten dieses Gerichts für unzuständig.

Art. 21 Recht des Kindes auf Meinungsäußerung. *(1) Bei der Ausübung ihrer Zuständigkeit nach Abschnitt 2 geben die Gerichte der Mitgliedstaaten im Einklang mit den nationalen Rechtsvorschriften und Verfahren dem Kind, das fähig ist, sich seine eigene Meinung zu bilden, eine echte und wirksame Gelegenheit, diese Meinung direkt oder durch einen Vertreter oder eine geeignete Stelle zu äußern.*

(2) Gibt das Gericht im Einklang mit den nationalen Rechtsvorschriften und Verfahren einem Kind Gelegenheit zur Meinungsäußerung gemäß diesem Artikel, so misst es der Meinung des Kindes entsprechend seinem Alter und seiner Reife gebührendes Gewicht bei.

Kapitel III. Internationale Kindesentführung

Art. 22 Rückgabe des Kindes nach dem Haager Übereinkommen von 1980.

Beantragt eine Person, Behörde oder sonstige Stelle direkt oder mit Hilfe einer Zentralen Behörde unter Berufung auf eine Verletzung des Sorgerechts bei dem Gericht eines Mitgliedstaats eine Entscheidung auf der Grundlage des Haager Übereinkommens von 1980, mit der die Rückgabe eines Kindes unter 16 Jahren angeordnet wird, das widerrechtlich in einen anderen Mitgliedstaat als den Mitgliedstaat, in dem das Kind unmittelbar vor dem widerrechtlichen Verbringen oder Zurückhalten seinen gewöhnlichen Aufenthalt hatte, verbracht wurde oder dort zurückgehalten wird, so gelten die Artikel 23 bis 29 und Kapitel VI der vorliegenden Verordnung ergänzend zum Haager Übereinkommen von 1980.

Art. 23 Entgegennahme und Bearbeitung von Anträgen durch die Zentralen Behörden. *(1) Die ersuchte Zentrale Behörde bearbeitet einen auf das Haager Übereinkommen von 1980 gestützten Antrag im Sinne von Artikel 22 mit gebotener Eile.*

(2) [1] Geht bei der Zentralen Behörde des ersuchten Mitgliedstaats ein Antrag gemäß Artikel 22 ein, bestätigt sie dessen Empfang binnen fünf Arbeitstagen nach Eingang des Antrags. [2] Sie unterrichtet ohne ungebührliche Verzögerung die Zentrale Behörde des ersuchenden Mitgliedstaats oder gegebenenfalls den Antragsteller über die ersten Maßnahmen, die im Hinblick auf den Antrag getroffen wurden oder noch getroffen werden, und kann weitere erforderliche Unterlagen und Informationen anfordern.

Art. 24 Zügige Gerichtsverfahren. *(1) Das Gericht, bei dem die Rückgabe eines Kindes nach Artikel 22 beantragt wird, befasst sich mit gebotener Eile mit dem Antrag und bedient sich dabei der zügigsten im nationalen Recht vorgesehenen Verfahren.*

(2) Unbeschadet des Absatzes 1 erlässt ein Gericht erster Instanz seine Entscheidung spätestens sechs Wochen nach seiner Anrufung, es sei denn, dass dies aufgrund außergewöhnlicher Umstände nicht möglich ist.

(3) Außer wenn dies aufgrund außergewöhnlicher Umstände nicht möglich ist, erlässt ein Gericht höherer Instanz seine Entscheidung spätestens sechs Wochen, nachdem alle erforderlichen Verfahrensschritte durchgeführt wurden und das Gericht in der Lage ist, den Rechtsbehelf entweder in einer Anhörung oder auf andere Weise zu prüfen.

Art. 25 Alternative Streitbeilegungsverfahren. *Das Gericht fordert die Parteien zum frühestmöglichen Zeitpunkt und in jeder Lage des Verfahrens entweder direkt oder gegebenenfalls mit Hilfe der Zentralen Behörden auf, zu prüfen, ob sie gewillt sind, eine Mediation oder andere alternative Streitbeilegungsverfahren in Anspruch zu nehmen, es sei denn, dass dies dem Kindeswohl widerspricht, im Einzelfall nicht angebracht wäre oder das Verfahren hierdurch über Gebühr verzögert würde.*

Art. 26 Recht des Kindes auf Meinungsäußerung im Rückgabeverfahren.

Artikel 21 dieser Verordnung gilt auch für Rückgabeverfahren nach dem Haager Übereinkommen von 1980.

Art. 27 Verfahren für die Rückgabe des Kindes. *(1) Ein Gericht kann die Rückgabe eines Kindes nicht verweigern, wenn der Person, die die Rückgabe des Kindes beantragt hat, nicht die Gelegenheit gegeben wurde, gehört zu werden.*

(2) Das Gericht kann im Einklang mit Artikel 15 in jeder Lage des Verfahrens prüfen, ob der Kontakt zwischen dem Kind und der Person, die dessen Rückgabe beantragt, gewährleistet werden soll, wobei das Kindeswohl zu berücksichtigen ist.

(3) Zieht ein Gericht in Erwägung, die Rückgabe eines Kindes nur aufgrund von Artikel 13 Absatz 1 Buchstabe b des Haager Übereinkommens von 1980 abzulehnen, lehnt es die Rückgabe des Kindes nicht ab, wenn die Partei, die sich um die Rückgabe des Kindes bemüht, das Gericht durch Vorlage hinreichender Nachweise davon überzeugt oder das Gericht auf andere Weise zu der Überzeugung gelangt, dass angemessene Vorkehrungen getroffen wurden, um den Schutz des Kindes nach seiner Rückgabe zu gewährleisten.

(4) Für die Zwecke des Absatzes 3 dieses Artikels kann das Gericht entweder direkt nach Artikel 86 oder mit Hilfe der Zentralen Behörden mit den zuständigen Behörden des Mitgliedstaats kommunizieren, in dem das Kind unmittelbar vor dem widerrechtlichen Verbringen oder Zurückhalten seinen gewöhnlichen Aufenthalt hatte.

(5) Wenn das Gericht die Rückgabe des Kindes anordnet, kann das Gericht gegebenenfalls einstweilige Maßnahmen einschließlich Schutzmaßnahmen nach Artikel 15 dieser Verordnung anordnen, um das Kind vor der schwerwiegenden Gefahr im Sinne des Artikels 13 Absatz 1 Buchstabe b des Haager Übereinkommens von 1980 zu schützen, sofern die Prüfung und Anordnung dieser Maßnahmen das Rückgabeverfahren nicht über Gebühr verzögern würde.

(6) Eine Entscheidung, mit der die Rückgabe des Kindes angeordnet wird, kann ungeachtet der Einlegung eines Rechtsbehelfs für vorläufig vollstreckbar erklärt werden, wenn die Rückgabe des Kindes vor der Entscheidung über den Rechtsbehelf aus Gründen des Kindeswohls erforderlich ist.

Art. 28 Vollstreckung von Entscheidungen, mit denen die Rückgabe des Kindes angeordnet wird. *(1) Eine für die Vollstreckung zuständige Behörde, bei der die Vollstreckung einer Entscheidung beantragt wird, mit der die Rückgabe eines Kindes in einen anderen Mitgliedstaat angeordnet wird, bearbeitet den Antrag mit gebotener Eile.*

(2) Wurde eine Entscheidung gemäß Absatz 1 nicht binnen sechs Wochen nach dem Tag der Einleitung des Vollstreckungsverfahrens vollstreckt, hat die die Vollstreckung betreibende Partei oder die Zentrale Behörde des Vollstreckungsmitgliedstaats das Recht, von der für die Vollstreckung zuständige Behörde eine Angabe der Gründe für die Verzögerung zu verlangen.

Art. 29 Verfahren im Anschluss an die Ablehnung der Rückgabe des Kindes gemäß Artikel 13 Absatz 1 Buchstabe b und Artikel 13 Absatz 2 des Haager Übereinkommens von 1980. *(1) Dieser Artikel kommt zur Anwendung, wenn eine Entscheidung, die Rückgabe eines Kindes in einen anderen Mitgliedstaat abzulehnen, sich nur auf Artikel 13 Absatz 1 Buchstabe b oder Artikel 13 Absatz 2 des Haager Übereinkommens von 1980 stützt.*

(2) [1] Das Gericht, das eine Entscheidung gemäß Absatz 1 fällt, stellt unter Verwendung des in Anhang I wiedergegebenen Formblatts von Amts wegen eine Bescheinigung aus. [2] Die Bescheinigung wird in der Sprache ausgefüllt und ausgestellt, in der die Entscheidung abgefasst ist. [3] Die Bescheinigung kann auch in einer anderen Amtssprache der Organe der Europäischen Union, die von einer Partei gewünscht wird, ausgestellt werden. [4] Dies verpflichtet das die Bescheinigung ausstellende Gericht nicht dazu, eine Übersetzung oder Transliteration der übersetzbaren Inhalte der Freitextfelder bereitzustellen.

(3) Wenn zu dem Zeitpunkt, zu dem das Gericht eine Entscheidung gemäß Absatz 1 fällt, ein Gericht in dem Mitgliedstaat, in dem das Kind unmittelbar vor dem widerrechtlichen Verbringen oder Zurückhalten seinen gewöhnlichen Aufenthalt hatte, bereits mit einem Verfahren zur Prüfung des Sorgerechts befasst wurde, übermittelt das Gericht, wenn es Kenntnis von diesem Verfahren hat, binnen eines Monats ab der Entscheidung nach Absatz 1 dem Gericht dieses Mitgliedstaats direkt oder über die Zentralen Behörden folgende Unterlagen:

a) eine Abschrift seiner Entscheidung gemäß Absatz 1;

b) die nach Absatz 2 ausgestellte Bescheinigung; und

c) gegebenenfalls ein Protokoll, eine Zusammenfassung oder eine Niederschrift der Anhörung und alle anderen Unterlagen, die es als sachdienlich erachtet.

(4) Das Gericht in dem Mitgliedstaat, in dem das Kind unmittelbar vor dem widerrechtlichen Verbringen oder Zurückhalten seinen gewöhnlichen Aufenthalt hatte, kann erforderlichenfalls eine Partei auffordern, gemäß Artikel 91 eine Übersetzung oder Transliteration der Entscheidung gemäß Absatz 1 und aller anderen der Bescheinigung gemäß Absatz 3 Buchstabe c des vorliegenden Artikels beigefügten Unterlagen vorzulegen.

(5) Wenn in anderen als den in Absatz 3 genannten Fällen eine der Parteien binnen drei Monaten nach Mitteilung der Entscheidung nach Absatz 1 ein Gericht in dem Mitgliedstaat, in dem das Kind unmittelbar vor dem widerrechtlichen Verbringen oder Zurückhalten seinen gewöhnlichen Aufenthalt hatte, mit der Prüfung des Sorgerechts befasst, legt sie dem Gericht folgende Unterlagen vor:

a) eine Abschrift der Entscheidung gemäß Absatz 1;

b) die nach Absatz 2 ausgestellte Bescheinigung; und

c) gegebenenfalls ein Protokoll, eine Zusammenfassung oder eine Niederschrift der Anhörung vor dem Gericht, das die Rückgabe des Kindes abgelehnt hat.

(6) Unbeschadet einer Entscheidung gemäß Absatz 1, ein Kind nicht zurückzugeben, ist jede Sorgerechtsentscheidung, die in einem Verfahren gemäß den Absätzen 3 und 5 ergeht und die Rückgabe des Kindes zur Folge hat, gemäß Kapitel IV in einem anderen Mitgliedstaat vollstreckbar.

Kapitel IV. Anerkennung und Vollstreckung

Abschnitt 1. Allgemeine Bestimmungen über die Anerkennung und die Vollstreckung

Unterabschnitt 1. Anerkennung

Art. 30 Anerkennung einer Entscheidung. *(1) Die in einem Mitgliedstaat ergangenen Entscheidungen werden in den anderen Mitgliedstaaten anerkannt, ohne dass es hierfür eines besonderen Verfahrens bedarf.*

(2) Unbeschadet des Absatzes 3 bedarf es keines besonderen Verfahrens für die Aktualisierung der Personenstandsbücher eines Mitgliedstaats auf der Grundlage einer in einem anderen Mitgliedstaat ergangenen Entscheidung über Ehescheidung, Trennung ohne Auflösung des Ehebandes oder Ungültigerklärung einer Ehe, gegen die nach dem Recht dieses Mitgliedstaats keine weiteren Rechtsbehelfe eingelegt werden können.

(3) Jede interessierte Partei kann gemäß den Verfahren nach den Artikeln 59 bis 62 und gegebenenfalls nach Abschnitt 5 dieses Kapitels und nach Kapitel VI eine Ent-

scheidung beantragen, in der festgestellt wird, dass keiner der in den Artikeln 38 und 39 genannten Gründe für eine Versagung der Anerkennung gegeben ist.

(4) Das örtlich zuständige Gericht, das jeder Mitgliedstaat gemäß Artikel 103 der Kommission mitteilt, wird durch das nationale Recht des Mitgliedstaats bestimmt, in dem das Verfahren nach Absatz 3 des vorliegenden Artikels eingeleitet wird.

(5) Ist in einem Rechtsstreit vor einem Gericht eines Mitgliedstaats die Frage der Anerkennung einer Entscheidung als Vorfrage zu beurteilen, so kann dieses Gericht hierüber befinden.

Unterabschnitt 4. Versagung der Anerkennung und Vollstreckung

Art. 39 Gründe für die Versagung der Anerkennung von Entscheidungen in Verfahren betreffend die elterliche Verantwortung. *(1) Die Anerkennung einer Entscheidung in Verfahren betreffend die elterliche Verantwortung wird abgelehnt,*

a) wenn die Anerkennung der öffentlichen Ordnung des Mitgliedstaats, in dem sie geltend gemacht wird, offensichtlich widerspricht, wobei das Kindeswohl zu berücksichtigen ist;

b) wenn der betreffenden Person, die sich auf das Verfahren nicht eingelassen hat, das verfahrenseinleitende Schriftstück oder ein gleichwertiges Schriftstück nicht so rechtzeitig und in einer Weise zugestellt wurde, dass sie sich verteidigen konnte, es sei denn, es wird festgestellt, dass sie mit der Entscheidung eindeutig einverstanden ist;

c) wenn eine Person dies mit der Begründung beantragt, dass die Entscheidung in ihre elterliche Verantwortung eingreift, falls die Entscheidung ergangen ist, ohne dass diese Person die Möglichkeit hatte, gehört zu werden;

d) wenn und soweit die Entscheidung mit einer späteren Entscheidung über die elterliche Verantwortung unvereinbar ist, die in dem Mitgliedstaat, in dem die Anerkennung geltend gemacht wird, ergangen ist;

e) wenn und soweit die Entscheidung mit einer späteren Entscheidung über die elterliche Verantwortung unvereinbar ist, die in einem anderen Mitgliedstaat oder in dem Drittstaat des gewöhnlichen Aufenthalts des Kindes ergangen ist, sofern die spätere Entscheidung die notwendigen Voraussetzungen für ihre Anerkennung in dem Mitgliedstaat erfüllt, in dem die Anerkennung geltend gemacht wird, oder

f) wenn das Verfahren des Artikels 82 nicht eingehalten wurde.

(2) Die Anerkennung einer Entscheidung in Verfahren betreffend die elterliche Verantwortung kann abgelehnt werden, wenn sie ergangen ist, ohne dass dem Kind, das fähig ist, sich seine eigene Meinung zu bilden, Gelegenheit zur Meinungsäußerung gemäß Artikel 21 gegeben wurde, außer wenn

a) das Verfahren nur das Vermögen des Kindes betraf und sofern es in Anbetracht des Verfahrensgegenstandes nicht erforderlich war, ihm diese Gelegenheit zu geben; oder

b) es schwerwiegende Gründe gab, wobei insbesondere die Dringlichkeit des Falls zu berücksichtigen ist.

Art. 40 Verfahren für die Versagung der Anerkennung. *(1) Die Verfahren nach den Artikeln 59bis 62und – sofern zutreffend – nach Abschnitt 5 dieses Kapitels und nach Kapitel VI gelten entsprechend für einen Antrag auf Versagung der Anerkennung.*

(2) Das örtlich zuständige Gericht, das der Kommission gemäß Artikel 103 von jedem Mitgliedstaat mitgeteilt wird, wird durch das nationale Recht des Mitgliedstaats bestimmt, in dem das Verfahren zur Versagung der Anerkennung eingeleitet wird.

Art. 41 Gründe für die Versagung der Vollstreckung von Entscheidungen in Verfahren betreffend die elterliche Verantwortung. *Unbeschadet des Artikels 56 Absatz 6 wird die Vollstreckung einer Entscheidung in Verfahren betreffend die elterliche Verantwortung versagt, wenn festgestellt wurde, dass einer der Gründe für die Versagung der Anerkennung nach Artikel 39 vorliegt.*

Kapitel V. Zusammenarbeit bei Verfahren betreffend die elterliche Verantwortung

Art. 76 Bestimmung der Zentralen Behörden. *[1] Jeder Mitgliedstaat bestimmt eine oder mehrere Zentrale Behörden, die ihn bei der Anwendung dieser Verordnung in Verfahren betreffend die elterliche Verantwortung unterstützen, und legt ihre räumliche oder sachliche Zuständigkeit fest. [2] Hat ein Mitgliedstaat mehrere Zentrale Behörden bestimmt, so sind die Mitteilungen grundsätzlich direkt an die zuständige Zentrale Behörde zu richten. [3] Wurde eine Mitteilung an eine nicht zuständige Zentrale Behörde gerichtet, so leitet diese die Mitteilung an die zuständige Zentrale Behörde weiter und setzt den Absender davon in Kenntnis.*

Art. 77 Allgemeine Aufgaben der Zentralen Behörden. *(1) Die Zentralen Behörden stellen Informationen über nationale Rechtsvorschriften, Verfahren und Dienste, die in Verfahren betreffend die elterliche Verantwortung verfügbar sind, bereit und ergreifen die Maßnahmen, die sie als geeignet erachten, um die Anwendung dieser Verordnung zu verbessern.*

(2) Die Zentralen Behörden arbeiten zusammen und fördern die Zusammenarbeit der zuständigen Behörden ihrer Mitgliedstaaten, um die Ziele dieser Verordnung zu verwirklichen.

(3) Für die Zwecke der Absätze 1 und 2 kann das Europäische Justizielle Netz für Zivil- und Handelssachen genutzt werden.

Art. 78 Übermittlung von Ersuchen über die Zentralen Behörden. *(1) Die Zentralen Behörden arbeiten auf Ersuchen der Zentralen Behörde eines anderen Mitgliedstaats in Einzelfällen zusammen, um die Ziele dieser Verordnung zu verwirklichen.*

(2) [1] Ersuchen nach diesem Kapitel können von einem Gericht oder einer zuständigen Behörde gestellt werden. [2] Ersuchen nach Artikel 79 Buchstaben c und g sowie Artikel 80 Absatz 1 Buchstabe c können auch von Trägern der elterlichen Verantwortung gestellt werden.

(3) Außer in dringenden Fällen werden unbeschadet des Artikels 86 Ersuchen nach diesem Kapitel der Zentralen Behörde des Mitgliedstaats des ersuchenden Gerichts oder der ersuchenden zuständigen Behörde oder des Mitgliedstaats des gewöhnlichen Aufenthalts des Antragstellers vorgelegt.

(4) Durch diesen Artikel werden die Zentralen Behörden oder zuständigen Behörden nicht daran gehindert, Vereinbarungen oder Abmachungen mit den Zentralen Behörden oder zuständigen Behörden eines oder mehrerer anderer Mitgliedstaaten zu treffen oder beizubehalten, wonach eine direkte Kommunikation in ihren gegenseitigen Beziehungen zulässig ist.

(5) Durch dieses Kapitel wird kein Träger der elterlichen Verantwortung daran gehindert, Anträge direkt an die Gerichte eines anderen Mitgliedstaats zu richten.

(6) Die Artikel 79 und 80 verpflichten eine Zentrale Behörde nicht zur Ausübung von Befugnissen, die nach dem Recht des ersuchten Mitgliedstaats ausschließlich den Gerichten zustehen.

***Art. 79* Besondere Aufgaben der ersuchten Zentralen Behörden.** *Die ersuchten Zentralen Behörden treffen direkt oder durch Einschaltung von Gerichten, zuständigen Behörden oder anderen Stellen alle geeigneten Maßnahmen, um*

a) im Einklang mit ihren nationalen Rechtsvorschriften und Verfahren Unterstützung bei der Ermittlung des Aufenthaltsorts eines Kindes zu leisten, wenn der Anschein besteht, dass sich das Kind im Hoheitsgebiet des ersuchten Mitgliedstaats befinden könnte und die betreffende Information für die Erledigung eines Antrags oder eines Ersuchens nach dieser Verordnung erforderlich ist;

b) Informationen einzuholen und auszutauschen, die in Verfahren betreffend die elterliche Verantwortung nach Artikel 80 von Belang sind;

c) den Trägern der elterlichen Verantwortung, die die Anerkennung und Vollstreckung einer Entscheidung, insbesondere über das Umgangsrecht und die Rückgabe des Kindes, im Gebiet der ersuchten Zentralen Behörde begehren, Informationen und Unterstützung bereitzustellen, erforderlichenfalls auch Informationen darüber, wie Prozesskostenhilfe erlangt werden kann;

d) die Kommunikation zwischen den beteiligten Gerichten, zuständigen Behörden und sonstigen Stellen, insbesondere im Hinblick auf die Anwendung des Artikels 81, zu erleichtern;

e) erforderlichenfalls die Kommunikation zwischen Gerichten, insbesondere im Hinblick auf die Anwendung der Artikel 12, 13, 15 und 20, zu erleichtern;

f) alle Informationen und Hilfen, die von den Gerichten und zuständigen Behörden für die Anwendung des Artikels 82 benötigt werden, zur Verfügung zu stellen und

g) durch Mediation oder andere Mittel der alternativen Streitbeilegung eine gütliche Einigung zwischen den Trägern der elterlichen Verantwortung zu erleichtern und hierzu die grenzüberschreitende Zusammenarbeit zu fördern.

***Art. 80* Zusammenarbeit bei der Erhebung und dem Austausch von Informationen die in Verfahren betreffend die elterliche Verantwortung von Belang sind.**

(1) Auf ein begründetes Ersuchen verfährt die Zentrale Behörde des Mitgliedstaats, in dem das Kind seinen gewöhnlichen Aufenthalt hat bzw. hatte, oder in dem es sich befindet bzw. befand, direkt oder durch Einschaltung von Gerichten, zuständigen Behörden oder sonstigen Stellen wie folgt:

a) Sie stellt gegebenenfalls einen Bericht bereit bzw. erstellt ihn und legt ihn vor über
   i) die Situation des Kindes,
   ii) laufende Verfahren betreffend die elterliche Verantwortung für das Kind, oder
   iii) Entscheidungen in Verfahren betreffend die elterliche Verantwortung für das Kind;

b) sie legt alle anderen Informationen vor, die für Verfahren betreffend die elterliche Verantwortung im ersuchenden Mitgliedstaat von Belang sind, insbesondere über die Situation eines Elternteils, eines/einer Verwandten oder einer anderen Person, der/die für die Betreuung des Kindes geeignet wäre, wenn die Situation des Kindes es erfordert, oder

c) sie kann das Gericht oder die zuständige Behörde ihres Mitgliedstaats ersuchen, zu prüfen, ob Maßnahmen zum Schutz der Person oder des Vermögens des Kindes getroffen werden müssen.

(2) [1] Falls das Kind einer schwerwiegenden Gefahr ausgesetzt ist und das Gericht oder die zuständige Behörde, das/die Maßnahmen zum Schutz des Kindes erwägt oder ergriffen hat, feststellt, dass der Aufenthaltsort des Kindes in einen anderen Mitgliedstaat verlegt wurde oder das Kind sich dort befindet, unterrichtet es die Gerichte oder

zuständigen Behörden jenes anderen Mitgliedstaats über die bestehende Gefahr und die ergriffenen oder in Betracht gezogenen Maßnahmen. [2] Die betreffenden Informationen können direkt oder über die Zentralen Behörden übermittelt werden.

(3) [1] Den Ersuchen nach den Absätzen 1 und 2 und etwaigen zusätzlichen Unterlagen wird eine Übersetzung in die Amtssprache des ersuchten Mitgliedstaats oder, wenn es in diesem Mitgliedstaat mehrere Amtssprachen gibt, in die Amtssprache oder eine der Amtssprachen des Ortes, an dem das Ersuchen ausgeführt werden soll, oder in eine andere Sprache, die der ersuchte Mitgliedstaat ausdrücklich akzeptiert, beigefügt. [2] Die Mitgliedstaaten teilen die zugelassenen Sprachen nach Artikel 103 der Kommission mit.

(4) Die Informationen gemäß Absatz 1 werden der ersuchenden Zentralen Behörde spätestens drei Monate nach Eingang des Ersuchens übermittelt, es sei denn, dass dies aufgrund außergewöhnlicher Umstände nicht möglich ist.

Art. 81 Umsetzung der Entscheidungen in Verfahren betreffend die elterliche Verantwortung in einem anderen Mitgliedstaat. *(1) Ein Gericht eines Mitgliedstaats kann die Gerichte oder zuständigen Behörden eines anderen Mitgliedstaats ersuchen, es bei der Umsetzung von Entscheidungen in Verfahren betreffend die elterliche Verantwortung nach dieser Verordnung zu unterstützen, insbesondere bei der Sicherstellung der wirksamen Ausübung des Umgangsrechts.*

(2) [1] Dem Ersuchen nach Absatz 1 und etwaigen zusätzlichen Unterlagen wird eine Übersetzung in die Amtssprache des ersuchten Mitgliedstaats oder, wenn es in diesem Mitgliedstaat mehrere Amtssprachen gibt, in die Amtssprache oder eine der Amtssprachen des Ortes, an dem das Ersuchen ausgeführt werden soll, oder in eine andere Sprache, die der ersuchte Mitgliedstaat ausdrücklich akzeptiert, beigefügt. [2] Die Mitgliedstaaten teilen die zugelassenen Sprachen nach Artikel 103 der Kommission mit.

Art. 82 Unterbringung eines Kindes in einem anderen Mitgliedstaat. *(1) [1] Erwägt ein Gericht oder eine zuständige Behörde die Unterbringung eines Kindes in einem anderen Mitgliedstaat, so holt es/sie vorher die Zustimmung der zuständigen Behörde jenes anderen Mitgliedstaats ein. [2] Zu diesem Zweck übermittelt die Zentrale Behörde des ersuchenden Mitgliedstaats der Zentralen Behörde des ersuchten Mitgliedstaats, in dem das Kind untergebracht werden soll, ein Ersuchen um Zustimmung, das einen Bericht über das Kind und die Gründe für die geplante Unterbringung oder Betreuung, Informationen über jede in Betracht gezogene Finanzierung und alle anderen als relevant erachteten Informationen wie z.B. die voraussichtliche Dauer der Unterbringung enthält.*

(2) [1] Absatz 1 gilt nicht, wenn das Kind bei einem Elternteil untergebracht werden soll.

[2] [1] Die Mitgliedstaaten können beschließen, dass ihre Zustimmung gemäß Absatz 1 für Unterbringungen in ihrem eigenen Hoheitsgebiet bei bestimmten Kategorien naher Verwandter über die Eltern hinaus nicht erforderlich ist. [2] Jeder Mitgliedstaat teilt der Kommission die entsprechenden Kategorien gemäß Artikel 103 mit.

(3) [1] Die Zentrale Behörde eines anderen Mitgliedstaats kann ein Gericht oder eine zuständige Behörde, die die Unterbringung eines Kindes in Betracht ziehen, über die enge Bindung des Kindes zu diesem Mitgliedstaat informieren. [2] Dadurch werden die nationalen Rechtsvorschriften und Verfahren des Mitgliedstaats, der die Unterbringung in Betracht zieht, nicht berührt.

(4) [1] Dem Ersuchen und etwaigen zusätzlichen Unterlagen nach Absatz 1 wird eine Übersetzung in die Amtssprache des ersuchten Mitgliedstaats oder, wenn es in diesem Mitgliedstaat mehrere Amtssprachen gibt, in die Amtssprache oder eine der Amtssprachen des Ortes, an dem das Ersuchen ausgeführt werden soll, oder in eine andere Sprache, die

der ersuchte Mitgliedstaat ausdrücklich akzeptiert, beigefügt. [2] Die Mitgliedstaaten teilen die zugelassenen Sprachen nach Artikel 103 der Kommission mit.

(5) Die Unterbringung nach Absatz 1 wird vom ersuchenden Mitgliedstaat erst angeordnet oder veranlasst, nachdem die zuständige Behörde des ersuchten Mitgliedstaats der Unterbringung zugestimmt hat.

(6) Die Entscheidung über die Erteilung oder Verweigerung der Zustimmung wird der ersuchenden Zentralen Behörde spätestens drei Monate nach Eingang des Ersuchens übermittelt, es sei denn, dass dies aufgrund außergewöhnlicher Umstände nicht möglich ist.

(7) Für das Verfahren zur Einholung der Zustimmung gilt das nationale Recht des ersuchten Mitgliedstaats.

(8) Durch diesen Artikel werden die Zentralen Behörden oder die zuständigen Behörden nicht daran gehindert, Vereinbarungen oder Abmachungen mit den Zentralen Behörden oder den zuständigen Behörden eines oder mehrerer anderer Mitgliedstaaten zu treffen oder beizubehalten, mit denen das Verfahren der Konsultation zur Einholung der Zustimmung in ihren gegenseitigen Beziehungen vereinfacht wird.

7. Übereinkommen über die Zuständigkeit, das anzuwendende Recht, die Anerkennung, Vollstreckung und Zusammenarbeit auf dem Gebiet der elterlichen Verantwortung und der Maßnahmen zum Schutz von Kindern

Vom 19. Oktober 1996[1)]
(BGBl. 2009 II S. 602, 603)
(ABl. 2003 L 48 S. 3)
(ABl. 2008 L 151 S. 39)
Celex-Nr. 2 2003 A 0221 (01)

– Auszug –

Kapitel I. Anwendungsbereich des Übereinkommens

Art. 1 [Ziel dieses Übereinkommens] (1) Ziel dieses Übereinkommens ist es,

a) den Staat zu bestimmen, dessen Behörden zuständig sind, Maßnahmen zum Schutz der Person oder des Vermögens des Kindes zu treffen;
b) das von diesen Behörden bei der Ausübung ihrer Zuständigkeit anzuwendende Recht zu bestimmen;
c) das auf die elterliche Verantwortung anzuwendende Recht zu bestimmen;
d) die Anerkennung und Vollstreckung der Schutzmaßnahmen in allen Vertragsstaaten sicherzustellen;
e) die zur Verwirklichung der Ziele dieses Übereinkommens notwendige Zusammenarbeit zwischen den Behörden der Vertragsstaaten einzurichten.

(2) Im Sinn dieses Übereinkommens umfasst der Begriff „elterliche Verantwortung“ die elterliche Sorge und jedes andere entsprechende Sorgeverhältnis, das die Rechte, Befugnisse und Pflichten der Eltern, des Vormunds oder eines anderen gesetzlichen Vertreters in Bezug auf die Person oder das Vermögen des Kindes bestimmt.

Art. 2 [Anwendung auf Kinder] Dieses Übereinkommen ist auf Kinder von ihrer Geburt bis zur Vollendung des 18. Lebensjahrs anzuwenden.

Art. 3 [Umfang der Maßnahmen] Die Maßnahmen, auf die in Artikel 1 Bezug genommen wird, können insbesondere Folgendes umfassen:

a) die Zuweisung, die Ausübung und die vollständige oder teilweise Entziehung der elterlichen Verantwortung sowie deren Übertragung;
b) das Sorgerecht einschließlich der Sorge für die Person des Kindes und insbesondere des Rechts, den Aufenthalt des Kindes zu bestimmen, sowie das Recht zum persönlichen Umgang einschließlich des Rechts, das Kind für

---

1) Das Übereinkommen wurde für die Bundesrepublik Deutschland durch G v. 25.6.2009 (BGBl. II S. 602) ratifiziert und trat gem. Bek. v. 7.12.2010 (BGBl. II S. 1527) für die Bundesrepublik Deutschland am **1.1.2011** in Kraft.

eine begrenzte Zeit an einen anderen Ort als den seines gewöhnlichen Aufenthalts zu bringen;
c) die Vormundschaft, die Pflegschaft und entsprechende Einrichtungen;
d) die Bestimmung und den Aufgabenbereich jeder Person oder Stelle, die für die Person oder das Vermögen des Kindes verantwortlich ist, das Kind vertritt oder ihm beisteht;
e) die Unterbringung des Kindes in einer Pflegefamilie oder einem Heim oder seine Betreuung durch Kafala oder eine entsprechende Einrichtung;
f) die behördliche Aufsicht über die Betreuung eines Kindes durch jede Person, die für das Kind verantwortlich ist;
g) die Verwaltung und Erhaltung des Vermögens des Kindes oder die Verfügung darüber.

Art. 4 [Nicht eingeschlossene Maßnahmen] Dieses Übereinkommen ist nicht anzuwenden
a) auf die Feststellung und Anfechtung des Eltern-Kind-Verhältnisses;
b) auf Adoptionsentscheidungen und Maßnahmen zur Vorbereitung einer Adoption sowie auf die Ungültigerklärung und den Widerruf der Adoption;
c) auf Namen und Vornamen des Kindes;
d) auf die Volljährigerklärung;
e) auf Unterhaltspflichten;
f) auf trusts und Erbschaften;
g) auf die soziale Sicherheit;
h) auf öffentliche Maßnahmen allgemeiner Art in Angelegenheiten der Erziehung und Gesundheit;
i) auf Maßnahmen infolge von Straftaten, die von Kindern begangen wurden;
j) auf Entscheidungen über Asylrecht und Einwanderung.

Kapitel II. Zuständigkeit

Art. 5 [Zuständigkeit bei Maßnahmen zum Schutz der Person oder des Vermögens des Kindes] (1) Die Behörden, seien es Gerichte oder Verwaltungsbehörden, des Vertragsstaats, in dem das Kind seinen gewöhnlichen Aufenthalt hat, sind zuständig, Maßnahmen zum Schutz der Person oder des Vermögens des Kindes zu treffen.

(2) Vorbehaltlich des Artikels 7 sind bei einem Wechsel des gewöhnlichen Aufenthalts des Kindes in einen anderen Vertragsstaat die Behörden des Staates des neuen gewöhnlichen Aufenthalts zuständig.

Art. 6 [Zuständigkeit über Flüchtlingskinder] (1) Über Flüchtlingskinder und Kinder, die infolge von Unruhen in ihrem Land in ein anderes Land gelangt sind, üben die Behörden des Vertragsstaats, in dessen Hoheitsgebiet sich die Kinder demzufolge befinden, die in Artikel 5 Absatz 1 vorgesehene Zuständigkeit aus.

(2) Absatz 1 ist auch auf Kinder anzuwenden, deren gewöhnlicher Aufenthalt nicht festgestellt werden kann.

Art. 7 [Zuständigkeit bei widerrechtlichem Verbringen oder Zurückhalten des Kindes] (1) Bei widerrechtlichem Verbringen oder Zurückhalten des Kindes bleiben die Behörden des Vertragsstaats, in dem das Kind unmittelbar vor dem Verbringen oder Zurückhalten seinen gewöhnlichen Aufenthalt hatte, so lange zuständig, bis das Kind einen gewöhnlichen Aufenthalt in einem anderen Staat erlangt hat und

a) jede sorgeberechtigte Person, Behörde oder sonstige Stelle das Verbringen oder Zurückhalten genehmigt hat, oder
b) das Kind sich in diesem anderen Staat mindestens ein Jahr aufgehalten hat, nachdem die sorgeberechtigte Person, Behörde oder sonstige Stelle seinen Aufenthaltsort kannte oder hätte kennen müssen, kein während dieses Zeitraums gestellter Antrag auf Rückgabe mehr anhängig ist und das Kind sich in seinem neuen Umfeld eingelebt hat.

(2) [1] Das Verbringen oder Zurückhalten eines Kindes gilt als widerrechtlich, wenn

a) dadurch das Sorgerecht verletzt wird, das einer Person, Behörde oder sonstigen Stelle allein oder gemeinsam nach dem Recht des Staates zusteht, in dem das Kind unmittelbar vor dem Verbringen oder Zurückhalten seinen gewöhnlichen Aufenthalt hatte, und
b) dieses Recht im Zeitpunkt des Verbringens oder Zurückhaltens allein oder gemeinsam tatsächlich ausgeübt wurde oder ausgeübt worden wäre, falls das Verbringen oder Zurückhalten nicht stattgefunden hätte.

[2] Das unter Buchstabe a genannte Sorgerecht kann insbesondere kraft Gesetzes, aufgrund einer gerichtlichen oder behördlichen Entscheidung oder aufgrund einer nach dem Recht des betreffenden Staates wirksamen Vereinbarung bestehen.

(3) Solange die in Absatz 1 genannten Behörden zuständig bleiben, können die Behörden des Vertragsstaats, in den das Kind verbracht oder in dem es zurückgehalten wurde, nur die nach Artikel 11 zum Schutz der Person oder des Vermögens des Kindes erforderlichen dringenden Maßnahmen treffen.

Art. 8 [Ausnahmen] (1) Ausnahmsweise kann die nach Artikel 5 oder 6 zuständige Behörde eines Vertragsstaats, wenn sie der Auffassung ist, dass die Behörde eines anderen Vertragsstaats besser in der Lage wäre, das Wohl des Kindes im Einzelfall zu beurteilen,

– entweder diese Behörde unmittelbar oder mit Unterstützung der Zentralen Behörde dieses Staates ersuchen, die Zuständigkeit zu übernehmen, um die Schutzmaßnahmen zu treffen, die sie für erforderlich hält,
– oder das Verfahren aussetzen und die Parteien einladen, bei der Behörde dieses anderen Staates einen solchen Antrag zu stellen.

(2) Die Vertragsstaaten, deren Behörden nach Absatz 1 ersucht werden können, sind

a) ein Staat, dem das Kind angehört,
b) ein Staat, in dem sich Vermögen des Kindes befindet,
c) ein Staat, bei dessen Behörden ein Antrag der Eltern des Kindes auf Scheidung, Trennung, Aufhebung oder Nichtigerklärung der Ehe anhängig ist,
d) ein Staat, zu dem das Kind eine enge Verbindung hat.

(3) Die betreffenden Behörden können einen Meinungsaustausch aufnehmen.

(4) Die nach Absatz 1 ersuchte Behörde kann die Zuständigkeit anstelle der nach Artikel 5 oder 6 zuständigen Behörde übernehmen, wenn sie der Auffassung ist, dass dies dem Wohl des Kindes dient.

Art. 9 [Gestattung der Zuständigkeitsausübung durch einen anderen Vertragsstaat] (1) Sind die in Artikel 8 Absatz 2 genannten Behörden eines Vertragsstaats der Auffassung, dass sie besser in der Lage sind, das Wohl des Kindes im Einzelfall zu beurteilen, so können sie

– entweder die zuständige Behörde des Vertragsstaats des gewöhnlichen Aufenthalts des Kindes unmittelbar oder mit Unterstützung der Zentralen Behörde dieses Staates ersuchen, ihnen zu gestatten, die Zuständigkeit auszuüben, um die von ihnen für erforderlich gehaltenen Schutzmaßnahmen zu treffen,
– oder die Parteien einladen, bei der Behörde des Vertragsstaats des gewöhnlichen Aufenthalts des Kindes einen solchen Antrag zu stellen.

(2) Die betreffenden Behörden können einen Meinungsaustausch aufnehmen.

(3) Die Behörde, von welcher der Antrag ausgeht, darf die Zuständigkeit anstelle der Behörde des Vertragsstaats des gewöhnlichen Aufenthalts des Kindes nur ausüben, wenn diese den Antrag angenommen hat.

Art. 10 [Entscheidung über einen Antrag auf Scheidung, Trennung, Aufhebung oder Nichtigerklärung der Ehe der Eltern eines Kindes]

(1) Unbeschadet der Artikel 5 bis 9 können die Behörden eines Vertragsstaats in Ausübung ihrer Zuständigkeit für die Entscheidung über einen Antrag auf Scheidung, Trennung, Aufhebung oder Nichtigerklärung der Ehe der Eltern eines Kindes, das seinen gewöhnlichen Aufenthalt in einem anderen Vertragsstaat hat, sofern das Recht ihres Staates dies zulässt, Maßnahmen zum Schutz der Person oder des Vermögens des Kindes treffen, wenn

a) einer der Eltern zu Beginn des Verfahrens seinen gewöhnlichen Aufenthalt in diesem Staat und ein Elternteil die elterliche Verantwortung für das Kind hat und
b) die Eltern und jede andere Person, welche die elterliche Verantwortung für das Kind hat, die Zuständigkeit dieser Behörden für das Ergreifen solcher Maßnahmen anerkannt haben und diese Zuständigkeit dem Wohl des Kindes entspricht.

(2) Die in Absatz 1 vorgesehene Zuständigkeit für das Ergreifen von Maßnahmen zum Schutz des Kindes endet, sobald die stattgebende oder abweisende Entscheidung über den Antrag auf Scheidung, Trennung, Aufhebung oder Nichtigerklärung der Ehe endgültig geworden ist oder das Verfahren aus einem anderen Grund beendet wurde.

Art. 11 [Zuständigkeit in dringenden Fällen] (1) In allen dringenden Fällen sind die Behörden jedes Vertragsstaats, in dessen Hoheitsgebiet sich das Kind oder ihm gehörendes Vermögen befindet, zuständig, die erforderlichen Schutzmaßnahmen zu treffen.

(2) Maßnahmen nach Absatz 1, die in Bezug auf ein Kind mit gewöhnlichem Aufenthalt in einem Vertragsstaat getroffen wurden, treten außer Kraft,

sobald die nach den Artikeln 5 bis 10 zuständigen Behörden die durch die Umstände gebotenen Maßnahmen getroffen haben.

(3) Maßnahmen nach Absatz 1, die in Bezug auf ein Kind mit gewöhnlichem Aufenthalt in einem Nichtvertragsstaat getroffen wurden, treten in jedem Vertragsstaat außer Kraft, sobald dort die durch die Umstände gebotenen und von den Behörden eines anderen Staates getroffenen Maßnahmen anerkannt werden.

Art. 12 [Vorläufige Maßnahmen zum Schutz der Person oder des Vermögens des Kindes] (1) Vorbehaltlich des Artikels 7 sind die Behörden eines Vertragsstaats, in dessen Hoheitsgebiet sich das Kind oder ihm gehörendes Vermögen befindet, zuständig, vorläufige und auf das Hoheitsgebiet dieses Staates beschränkte Maßnahmen zum Schutz der Person oder des Vermögens des Kindes zu treffen, soweit solche Maßnahmen nicht mit den Maßnahmen unvereinbar sind, welche die nach den Artikeln 5 bis 10 zuständigen Behörden bereits getroffen haben.

(2) Maßnahmen nach Absatz 1, die in Bezug auf ein Kind mit gewöhnlichem Aufenthalt in einem Vertragsstaat getroffen wurden, treten außer Kraft, sobald die nach den Artikeln 5 bis 10 zuständigen Behörden eine Entscheidung über die Schutzmaßnahmen getroffen haben, die durch die Umstände geboten sein könnten.

(3) Maßnahmen nach Absatz 1, die in Bezug auf ein Kind mit gewöhnlichem Aufenthalt in einem Nichtvertragsstaat getroffen wurden, treten in dem Vertragsstaat außer Kraft, in dem sie getroffen worden sind, sobald dort die durch die Umstände gebotenen und von den Behörden eines anderen Staates getroffenen Maßnahmen anerkannt werden.

Art. 13 [Ausschluss der Zuständigkeitsausübung] (1) Die Behörden eines Vertragsstaats, die nach den Artikeln 5 bis 10 zuständig sind, Maßnahmen zum Schutz der Person oder des Vermögens des Kindes zu treffen, dürfen diese Zuständigkeit nicht ausüben, wenn bei Einleitung des Verfahrens entsprechende Maßnahmen bei den Behörden eines anderen Vertragsstaats beantragt worden sind, die in jenem Zeitpunkt nach den Artikeln 5 bis 10 zuständig waren, und diese Maßnahmen noch geprüft werden.

(2) Absatz 1 ist nicht anzuwenden, wenn die Behörden, bei denen Maßnahmen zuerst beantragt wurden, auf ihre Zuständigkeit verzichtet haben.

Art. 14 [Weitergeltung der Maßnahmen bei Änderung der Umstände] Selbst wenn durch eine Änderung der Umstände die Grundlage der Zuständigkeit wegfällt, bleiben die nach den Artikeln 5 bis 10 getroffenen Maßnahmen innerhalb ihrer Reichweite so lange in Kraft, bis die nach diesem Übereinkommen zuständigen Behörden sie ändern, ersetzen oder aufheben.

Kapitel III. Anzuwendendes Recht

Art. 15 [Recht des Vertragsstaats] (1) Bei der Ausübung ihrer Zuständigkeit nach Kapitel II wenden die Behörden der Vertragsstaaten ihr eigenes Recht an.

(2) Soweit es der Schutz der Person oder des Vermögens des Kindes erfordert, können sie jedoch ausnahmsweise das Recht eines anderen Staates anwenden oder berücksichtigen, zu dem der Sachverhalt eine enge Verbindung hat.

(3) Wechselt der gewöhnliche Aufenthalt des Kindes in einen anderen Vertragsstaat, so bestimmt das Recht dieses anderen Staates vom Zeitpunkt des Wechsels an die Bedingungen, unter denen die im Staat des früheren gewöhnlichen Aufenthalts getroffenen Maßnahmen angewendet werden.

Art. 16 [Zuweisung oder Erlöschen der elterlichen Verantwortung]

(1) Die Zuweisung oder das Erlöschen der elterlichen Verantwortung kraft Gesetzes ohne Einschreiten eines Gerichts oder einer Verwaltungsbehörde bestimmt sich nach dem Recht des Staates des gewöhnlichen Aufenthalts des Kindes.

(2) Die Zuweisung oder das Erlöschen der elterlichen Verantwortung durch eine Vereinbarung oder ein einseitiges Rechtsgeschäft ohne Einschreiten eines Gerichts oder einer Verwaltungsbehörde bestimmt sich nach dem Recht des Staates des gewöhnlichen Aufenthalts des Kindes in dem Zeitpunkt, in dem die Vereinbarung oder das einseitige Rechtsgeschäft wirksam wird.

(3) Die elterliche Verantwortung nach dem Recht des Staates des gewöhnlichen Aufenthalts des Kindes besteht nach dem Wechsel dieses gewöhnlichen Aufenthalts in einen anderen Staat fort.

(4) Wechselt der gewöhnliche Aufenthalt des Kindes, so bestimmt sich die Zuweisung der elterlichen Verantwortung kraft Gesetzes an eine Person, die diese Verantwortung nicht bereits hat, nach dem Recht des Staates des neuen gewöhnlichen Aufenthalts.

Art. 17 [Ausübung der elterlichen Verantwortung] [1] Die Ausübung der elterlichen Verantwortung bestimmt sich nach dem Recht des Staates des gewöhnlichen Aufenthalts des Kindes. [2] Wechselt der gewöhnliche Aufenthalt des Kindes, so bestimmt sie sich nach dem Recht des Staates des neuen gewöhnlichen Aufenthalts.

Art. 18 [Entzug der elterlichen Verantwortung] Durch Maßnahmen nach diesem Übereinkommen kann die in Artikel 16 genannte elterliche Verantwortung entzogen oder können die Bedingungen ihrer Ausübung geändert werden.

8. Gesetz über die Vermittlung und Begleitung der Adoption und über das Verbot der Vermittlung von Ersatzmüttern (Adoptionsvermittlungsgesetz – AdVermiG)

In der Fassung der Bekanntmachung vom 21. Juni 2021[1)]
(BGBl. I S. 2010)

FNA 404-21

Nichtamtliche Inhaltsübersicht

[1)] Neubekanntmachung des AdVermiG idF der Bek. v. 22.12.2001 (BGBl. 2002 I S. 354) in der ab 1.4.2021 geltenden Fassung.

Erster Abschnitt. Adoptionsvermittlung und Begleitung

§ 1 Adoptionsvermittlung. [1] Adoptionsvermittlung ist das Zusammenführen von Kindern unter 18 Jahren und Personen, die ein Kind adoptieren wollen (Adoptionsbewerber), mit dem Ziel der Adoption. [2] Adoptionsvermittlung ist auch der Nachweis der Gelegenheit, ein Kind zu adoptieren oder adoptieren zu lassen, und zwar auch dann, wenn das Kind noch nicht geboren oder noch nicht gezeugt ist. [3] Die Ersatzmuttervermittlung gilt nicht als Adoptionsvermittlung.

§ 2 Adoptionsvermittlungsstellen. (1) [1] Die Adoptionsvermittlung ist Aufgabe des Jugendamtes und des Landesjugendamtes. [2] Das Jugendamt darf die Adoptionsvermittlung nur durchführen, wenn es eine Adoptionsvermittlungsstelle eingerichtet hat; das Landesjugendamt hat eine zentrale Adoptionsstelle einzurichten.

(2) [1] Jugendämter benachbarter Gemeinden oder Kreise können mit Zustimmung der zentralen Adoptionsstelle des Landesjugendamtes eine gemeinsame Adoptionsvermittlungsstelle errichten. [2] Landesjugendämter können eine gemeinsame zentrale Adoptionsstelle bilden. [3] In den Ländern Berlin, Hamburg und Saarland können dem jeweiligen Landesjugendamt die Aufgaben der Adoptionsvermittlungsstelle des Jugendamtes übertragen werden.

(3) [1] Zur Adoptionsvermittlung im Inland sind auch die örtlichen und zentralen Stellen befugt:

1. der Diakonie Deutschland,
2. des Deutschen Caritasverbandes,
3. der Arbeiterwohlfahrt,
4. der Fachverbände, die den in den Nummern 1 bis 3 genannten Verbänden angeschlossen sind, sowie
5. sonstiger Organisationen mit Sitz im Inland.

[2] Die in Satz 1 genannten Stellen müssen von der zentralen Adoptionsstelle des Landesjugendamtes als Adoptionsvermittlungsstelle anerkannt worden sein.

(4) Die Adoptionsvermittlungsstellen der Jugendämter und die zentralen Adoptionsstellen der Landesjugendämter arbeiten im Rahmen ihrer Vermittlungstätigkeit und der Begleitung nach § 9 mit den in Absatz 3 und in § 2a Absatz 4 Nummer 2 genannten Adoptionsvermittlungsstellen partnerschaftlich zusammen.

(5) Die Adoptionsvermittlungsstelle (§ 2 Absatz 1 und 3, § 2a Absatz 4) arbeitet übergreifend mit anderen Fachdiensten und Einrichtungen zusammen.

§ 2a[1)] Internationales Adoptionsverfahren; Vermittlungsgebot.

(1) [1] Ein internationales Adoptionsverfahren ist ein Adoptionsverfahren, bei dem ein Kind mit gewöhnlichem Aufenthalt im Ausland ins Inland gebracht worden ist, gebracht wird oder gebracht werden soll, entweder nach seiner Adoption im Heimatstaat durch Annehmende mit gewöhnlichem Aufenthalt im Inland oder im Hinblick auf eine Adoption im Inland oder im Heimatstaat. [2] Satz 1 gilt auch, wenn die Annehmenden ihren gewöhnlichen Aufenthalt im Inland haben und das Kind innerhalb von zwei Jahren vor Stellung des Antrags auf Adoption im Inland oder im Heimatstaat ins Inland gebracht worden ist. [3] Die Sätze 1 und 2 gelten entsprechend, wenn ein Kind mit gewöhnlichem Aufenthalt im Inland durch Annehmende mit gewöhnlichem Aufenthalt im Ausland ins Ausland gebracht worden ist, gebracht wird oder gebracht werden soll.

(2) In den Fällen des Absatzes 1 Satz 1 und 2 hat eine Vermittlung durch die Adoptionsvermittlungsstelle gemäß Absatz 4 stattzufinden, in den Fällen des Absatzes 1 Satz 3 durch die Adoptionsvermittlungsstelle gemäß Absatz 4 Nummer 1.

(3) Im Anwendungsbereich des Haager Übereinkommens vom 29. Mai 1993 über den Schutz von Kindern und die Zusammenarbeit auf dem Gebiet der internationalen Adoption (BGBl. 2001 II S. 1034) (Adoptionsübereinkommen) gelten ergänzend die Bestimmungen des Adoptionsübereinkommens-Ausführungsgesetzes vom 5. November 2001 (BGBl. I S. 2950) in der jeweils geltenden Fassung.

(4) Zur internationalen Adoptionsvermittlung sind befugt:

1. die zentrale Adoptionsstelle des Landesjugendamtes;
2. eine anerkannte Auslandsvermittlungsstelle nach § 4 Absatz 2 im Rahmen der ihr erteilten Zulassung.

(5) [1] Zur Koordination der internationalen Adoptionsvermittlung arbeiten die in Absatz 4 genannten Stellen mit dem Bundesamt für Justiz als Bundeszentralstelle für Auslandsadoption (Bundeszentralstelle) zusammen. [2] Die Bundeszentralstelle kann hierzu mit allen zuständigen Stellen im In- und Ausland unmittelbar verkehren.

(6) [1] Die in Absatz 4 genannten Stellen haben der Bundeszentralstelle[2)]

1. zu jedem Vermittlungsfall im Sinne des Absatzes 1 von der ersten Beteiligung einer ausländischen Stelle an die jeweils verfügbaren personenbezogenen Daten (Name, Geschlecht, Geburtsdatum, Geburtsort, Staatsangehörigkeit, Familienstand und Wohnsitz oder gewöhnlicher Aufenthalt) des Kindes, seiner Eltern und der Adoptionsbewerber sowie zum Stand des Vermittlungsverfahrens zu übermitteln,
2. jährlich zusammenfassend über Umfang, Verlauf und Ergebnisse ihrer Arbeit auf dem Gebiet der internationalen Adoptionsvermittlung zu berichten und
3. auf deren Ersuchen über einzelne Vermittlungsfälle im Sinne des Absatzes 1 Auskunft zu geben, soweit dies zur Erfüllung der Aufgaben nach Absatz 5

[1)] Siehe zu Adoptionen nach ausländischem Recht das Adoptionswirkungsgesetz v. 5.11.2001 (BGBl. I S. 2950), zuletzt geänd. durch G v. 12.2.2021 (BGBl. I S. 226).

[2)] Siehe die AuslAdMV v. 11.11.2002 (BGBl. I S. 4394), zuletzt geänd. durch G v. 12.2.2021 (BGBl. I S. 226).

und nach § 2 Absatz 2 Satz 1 des Adoptionsübereinkommens-Ausführungsgesetzes vom 5. November 2001 (BGBl. I S. 2950) in der jeweils geltenden Fassung erforderlich ist.

2 Die Übermittlungspflicht nach Satz 1 Nummer 1 beschränkt sich auf eine Übermittlung über den Abschluss des Vermittlungsverfahrens, sofern dieses nicht das Verhältnis zu anderen Vertragsstaaten des Adoptionsübereinkommens betrifft.

(7) 1 Die Bundeszentralstelle speichert die nach Absatz 6 Satz 1 Nummer 1 übermittelten Daten in einem zentralen Dateisystem. 2 Die Übermittlung der Daten ist zu protokollieren. 3 Die Daten zu einem einzelnen Vermittlungsfall sind 100 Jahre, gerechnet vom Geburtsdatum des vermittelten Kindes an, aufzubewahren und anschließend zu löschen.

§ 2b Unbegleitete Auslandsadoption. Ein internationales Adoptionsverfahren ist untersagt, wenn es ohne die Vermittlung durch eine Adoptionsvermittlungsstelle (§ 2a Absatz 4) durchgeführt werden soll.

§ 2c Grundsätze der internationalen Adoptionsvermittlung. (1) Bei der internationalen Adoptionsvermittlung (§ 2a Absatz 1 Satz 1 und 2 und Absatz 2) hat die Adoptionsvermittlungsstelle (§ 9b und § 2 Absatz 3) die allgemeine Eignung der Adoptionsbewerber nach den §§ 7 und 7b und die Adoptionsvermittlungsstelle (§ 2a Absatz 4) die länderspezifische Eignung der Adoptionsbewerber nach § 7c zu prüfen.

(2) Die Adoptionsvermittlungsstelle (§ 2a Absatz 4) hat sich zu vergewissern, dass im Heimatstaat des Kindes eine für die Adoptionsvermittlung zuständige und zur Zusammenarbeit bereite Fachstelle (Fachstelle des Heimatstaats) besteht und die Adoption gesetzlich zugelassen ist.

(3) 1 Die Adoptionsvermittlungsstelle (§ 2a Absatz 4) hat sich bei der Prüfung des Kindervorschlags der Fachstelle des Heimatstaats zu vergewissern, dass

1. die Adoption dem Kindeswohl dient,
2. das Kind adoptiert werden kann und dass keine Anhaltspunkte dafür vorliegen, dass eine geeignete Unterbringung des Kindes im Heimatstaat nach Prüfung durch die Fachstelle des Heimatstaats möglich ist,
3. die Eltern oder andere Personen, Behörden und Institutionen, deren Zustimmung zur Adoption erforderlich ist, über die Wirkungen der Adoption aufgeklärt wurden und freiwillig und in der gesetzlich vorgeschriebenen Form der Adoption des Kindes zugestimmt haben und die Eltern ihre Zustimmung nicht widerrufen haben,
4. unter Berücksichtigung des Alters und der Reife des Kindes das Kind über die Wirkungen der Adoption aufgeklärt wurde, seine Wünsche berücksichtigt wurden und das Kind freiwillig und in der gesetzlich vorgeschriebenen Form der Adoption zugestimmt hat und
5. keine Anhaltspunkte dafür vorliegen, dass die Zustimmung zur Adoption weder der Eltern noch des Kindes durch eine Geldzahlung oder eine andere Gegenleistung herbeigeführt wurde.

2 Die Adoptionsvermittlungsstelle hat den Kindervorschlag der Fachstelle des Heimatstaats daraufhin zu prüfen, ob die Adoptionsbewerber geeignet sind, für das Kind zu sorgen. 3 In den Fällen des § 2a Absatz 1 Satz 3 gilt Absatz 3 Satz 1

und 2 entsprechend. [4]Das Ergebnis der Prüfung nach den Sätzen 1 und 2 ist zu den Akten zu nehmen.

(4) Die Adoptionsvermittlungsstelle (§ 2a Absatz 4) kann den Vermittlungsvorschlag der Fachstelle des Heimatstaats nur billigen, wenn das Ergebnis der Eignungsprüfung, der länderspezifischen Eignungsprüfung sowie der Prüfung nach Absatz 3 Satz 2 positiv festgestellt ist.

(5) [1]Hat die Adoptionsvermittlungsstelle (§ 2a Absatz 4) den Vermittlungsvorschlag der Fachstelle des Heimatstaats gebilligt, so eröffnet sie den Adoptionsbewerbern den Vermittlungsvorschlag und berät sie über dessen Annahme. [2]Nehmen die Adoptionsbewerber den Vermittlungsvorschlag an, so gibt die Adoptionsvermittlungsstelle eine Erklärung ab, dass sie der Fortsetzung des Adoptionsverfahrens zustimmt.

(6) [1]Die Adoptionsvermittlungsstelle (§ 2a Absatz 4 Nummer 2) leitet die Erklärung nach Absatz 5 Satz 2 an die zentralen Adoptionsstellen des Landesjugendamtes nach § 11 Absatz 2 weiter. [2]Die Adoptionsvermittlungsstelle (§ 2a Absatz 4) leitet die Erklärung nach Absatz 5 Satz 2 an die Fachstelle des Heimatstaats weiter.

§ 2d Bescheinigung über ein internationales Vermittlungsverfahren.

(1) In einem internationalen Adoptionsverfahren hat die Adoptionsvermittlungsstelle (§ 2a Absatz 4), die die internationale Adoption vermittelt hat, den Annehmenden eine Bescheinigung darüber auszustellen, dass eine Vermittlung nach § 2a Absatz 2 stattgefunden hat, wenn

1. die Erklärung nach § 2c Absatz 5 Satz 2 vorliegt und an die Fachstelle des Heimatstaats weitergeleitet worden ist und
2. die Annehmenden einen Antrag auf Anerkennung nach § 1 Absatz 2 des Adoptionswirkungsgesetzes gestellt haben.

(2) [1]Die Bescheinigung hat das Datum der Erklärung nach § 2c Absatz 5 Satz 2 und Angaben zur Einhaltung der Grundsätze des § 2c Absatz 1 bis 3 zu beinhalten. [2]Die Bescheinigung ist zur Vorlage an deutsche Behörden bestimmt, die die Wirksamkeit einer Auslandsadoption vor der Entscheidung über deren Anerkennung im Inland gemäß § 7 des Adoptionswirkungsgesetzes zu beurteilen haben.

(3) [1]Die Geltungsdauer der Bescheinigung beträgt zwei Jahre. [2]Sie ist auf Antrag der Annehmenden um ein Jahr zu verlängern. [3]Die Geltung der Bescheinigung erlischt, wenn eine Entscheidung über die Anerkennung der Auslandsadoption ergangen ist.

§ 3 Persönliche und fachliche Eignung der Mitarbeiter. (1) [1]Mit der Adoptionsvermittlung dürfen nur Fachkräfte betraut werden, die dazu auf Grund ihrer Persönlichkeit, ihrer Ausbildung und ihrer beruflichen Erfahrung geeignet sind. [2]Die gleichen Anforderungen gelten für Personen, die den mit der Adoptionsvermittlung betrauten Beschäftigten fachliche Weisungen erteilen können. [3]Beschäftigte, die nicht unmittelbar mit Vermittlungsaufgaben betraut sind, müssen die Anforderungen erfüllen, die der ihnen übertragenen Verantwortung entsprechen.

(2) [1]Die Adoptionsvermittlungsstellen (§ 2 Absatz 1 und 3) sind mit mindestens zwei Vollzeitfachkräften oder einer entsprechenden Zahl von Teilzeitfachkräften zu besetzen; diese Fachkräfte dürfen nicht überwiegend mit vermitt-

lungsfremden Aufgaben befasst sein. [2]Die zentrale Adoptionsstelle des Landesjugendamtes kann Ausnahmen von Satz 1 zulassen.

§ 4 Anerkennung als Adoptionsvermittlungsstelle. (1) [1]Die Anerkennung als Adoptionsvermittlungsstelle im Sinne des § 2 Absatz 3 erfolgt durch die zentrale Adoptionsstelle des Landesjugendamtes, in deren Bereich die Adoptionsvermittlungsstelle ihren Sitz hat, und kann erteilt werden, wenn der Nachweis erbracht wird, dass die Stelle

1. die Voraussetzungen des § 3 erfüllt,
2. insbesondere nach ihrer Arbeitsweise und nach der Finanzlage ihres Rechtsträgers die ordnungsgemäße Erfüllung ihrer Aufgaben erwarten lässt und
3. von einer juristischen Person oder Personenvereinigung unterhalten wird, die steuerbegünstigte Zwecke im Sinne der §§ 51 bis 68 der Abgabenordnung verfolgt.

[2]Die Adoptionsvermittlung darf nicht Gegenstand eines steuerpflichtigen wirtschaftlichen Geschäftsbetriebs sein.

(2) [1]Zur Ausübung der internationalen Adoptionsvermittlung bedarf eine Adoptionsvermittlungsstelle im Sinne des § 2 Absatz 3 der besonderen Zulassung durch die zentrale Adoptionsstelle des Landesjugendamtes, in deren Bereich die Adoptionsvermittlungsstelle ihren Sitz hat. [2]Die Zulassung wird für die Vermittlung von Kindern aus einem oder mehreren bestimmten ausländischen Staaten (Heimatstaaten) erteilt. [3]Die Zulassung berechtigt dazu, die Bezeichnung „anerkannte Auslandsvermittlungsstelle" zu führen; ohne die Zulassung darf diese Bezeichnung nicht geführt werden. [4]Die Zulassung kann erteilt werden, wenn der Nachweis erbracht wird, dass die Stelle die Anerkennungsvoraussetzungen nach Absatz 1 in dem für die Arbeit auf dem Gebiet der internationalen Adoption erforderlichen besonderen Maße erfüllt; sie ist zu versagen, wenn ihr überwiegende Belange der Zusammenarbeit mit dem betreffenden Heimatstaat entgegenstehen. [5]Die zentrale Adoptionsstelle des Landesjugendamtes und die Bundeszentralstelle unterrichten einander über Erkenntnisse, die die in Absatz 1 genannten Verhältnisse der anerkannten Auslandsvermittlungsstelle betreffen.

(3) [1]Die Anerkennung nach Absatz 1 oder die Zulassung nach Absatz 2 sind zurückzunehmen, wenn die Voraussetzungen für ihre Erteilung nicht vorgelegen haben. [2]Sie sind zu widerrufen, wenn die Voraussetzungen nachträglich weggefallen sind. [3]Nebenbestimmungen zu einer Anerkennung oder Zulassung sowie die Folgen des Verstoßes gegen eine Auflage unterliegen den allgemeinen Vorschriften.

(4) [1]Zur Prüfung, ob die Voraussetzungen nach Absatz 1 oder Absatz 2 Satz 3 weiterhin vorliegen, ist die zentrale Adoptionsstelle des Landesjugendamtes berechtigt, sich über die Arbeit der Adoptionsvermittlungsstelle im Allgemeinen und im Einzelfall, über die persönliche und fachliche Eignung ihrer Leiter und Mitarbeiter sowie über die rechtlichen und organisatorischen Verhältnisse und die Finanzlage ihres Rechtsträgers zu unterrichten. [2]Soweit es zu diesem Zweck erforderlich ist,

1. kann die zentrale Adoptionsstelle des Landesjugendamtes Auskünfte, Einsicht in Unterlagen sowie die Vorlage von Nachweisen verlangen;
2. dürfen die mit der Prüfung beauftragten Bediensteten Grundstücke und Geschäftsräume innerhalb der üblichen Geschäftszeiten betreten; das Grund-

recht der Unverletzlichkeit der Wohnung (Artikel 13 des Grundgesetzes) wird insoweit eingeschränkt.

[3] Die Adoptionsvermittlungsstelle (§ 2 Absatz 3, § 2a Absatz 4 Nummer 2) informiert die zentrale Adoptionsstelle des Landesjugendamtes, in deren Bereich die Adoptionsvermittlungsstelle ihren Sitz hat, unverzüglich, sobald ihr Anhaltspunkte dafür vorliegen, dass sie nicht mehr in der Lage sein wird, ihre Aufgaben ordnungsgemäß zu erfüllen. [4] Dies ist insbesondere dann anzunehmen, wenn sie die Voraussetzungen des § 3 und des Absatzes 1 Satz 1 Nummer 2 nicht mehr erfüllt.

(5) Widerspruch und Anfechtungsklage gegen Verfügungen der zentralen Adoptionsstelle des Landesjugendamtes haben keine aufschiebende Wirkung.

§ 4a Verfahren bei der Schließung einer Adoptionsvermittlungsstelle.

(1) [1] Steht fest, dass die Adoptionsvermittlungsstelle (§ 2 Absatz 3, § 2a Absatz 4 Nummer 2) geschlossen wird, hat sie die zentrale Adoptionsstelle des Landesjugendamtes, in deren Bereich die Adoptionsvermittlungsstelle ihren Sitz hat, sowie die Adoptionsbewerber und die Annehmenden, die von ihr begleitet werden, unverzüglich über die bevorstehende Schließung zu informieren. [2] Sie hat darüber hinaus die Adoptionsbewerber und die Annehmenden über die Folgen der Schließung zu informieren, insbesondere über die Möglichkeit der Fortsetzung des Vermittlungsverfahrens und über die Aktenaufbewahrung. [3] Die Sätze 1 und 2 gelten entsprechend, wenn die Adoptionsvermittlungsstelle (§ 2a Absatz 4 Nummer 2) ihre Zulassung in einem Heimatstaat dauerhaft verliert.

(2) [1] Wird die Adoptionsvermittlungsstelle (§ 2 Absatz 3, § 2a Absatz 4 Nummer 2) geschlossen, übergibt sie die Aufzeichnungen und Unterlagen über jeden einzelnen Vermittlungsfall (Vermittlungsakten) der abgeschlossenen und der laufenden Vermittlungsverfahren unverzüglich an die zentrale Adoptionsstelle des Landesjugendamtes, in deren Bereich sie ihren Sitz hatte. [2] Wenn bei der Schließung der Adoptionsvermittlungsstelle (§ 2 Absatz 3, § 2a Absatz 4 Nummer 2) bereits feststeht, welche Adoptionsvermittlungsstelle (§ 9b, § 2 Absatz 3, § 2a Absatz 4) ein laufendes Vermittlungsverfahren fortsetzt, übergibt die schließende Adoptionsvermittlungsstelle die Vermittlungsakten unverzüglich an diese Adoptionsvermittlungsstelle.

(3) [1] Sind nach Schließung der Adoptionsvermittlungsstelle (§ 2a Absatz 4 Nummer 2) noch Berichte über die Entwicklung des Kindes (§ 9 Absatz 4 Satz 1) zu fertigen, so sind die Vermittlungsakten unverzüglich an die örtliche Adoptionsvermittlungsstelle (§ 9b) zu übergeben, die sodann die Berichte fertigt. [2] Die örtliche Adoptionsvermittlungsstelle übersendet die Berichte an die zentrale Adoptionsstelle des Landesjugendamtes, in deren Bereich die Annehmenden ihren gewöhnlichen Aufenthalt haben, zur weiteren Übermittlung nach § 9 Absatz 4 Satz 1 Nummer 2. [3] Nach der Fertigung des letzten Berichts sind die Vermittlungsakten der zentralen Adoptionsstelle des Landesjugendamtes, in deren Bereich die geschlossene Adoptionsvermittlungsstelle ihren Sitz hatte, zur Aufbewahrung nach § 9c Absatz 1 zu übergeben.

§ 5 Vermittlungsverbote. (1) Die Adoptionsvermittlung ist nur den nach § 2 Absatz 1 befugten Jugendämtern und Landesjugendämtern und den nach § 2 Absatz 3 berechtigten Stellen gestattet; anderen ist die Adoptionsvermittlung untersagt.

(2) Es ist untersagt, Schwangere, die ihren Wohnsitz oder gewöhnlichen Aufenthalt im Geltungsbereich dieses Gesetzes haben, gewerbs- oder geschäftsmäßig durch Gewähren oder Verschaffen von Gelegenheit zur Entbindung außerhalb des Geltungsbereichs dieses Gesetzes

1. zu bestimmen, dort ihr Kind zur Adoption wegzugeben,
2. ihnen zu einer solchen Weggabe Hilfe zu leisten.

(3) [1] Es ist untersagt, Vermittlungstätigkeiten auszuüben, die zum Ziel haben, dass ein Dritter ein Kind auf Dauer bei sich aufnimmt, insbesondere dadurch, dass ein Mann die Vaterschaft für ein Kind, das er nicht gezeugt hat, anerkennt. [2] Vermittlungsbefugnisse, die sich aus anderen Rechtsvorschriften ergeben, bleiben unberührt.

§ 6 Adoptionsanzeigen. (1) [1] Es ist untersagt, Kinder zur Adoption oder Adoptionsbewerber durch öffentliche Erklärungen, insbesondere durch Zeitungsanzeigen oder Zeitungsberichte, zu suchen oder anzubieten. [2] § 5 bleibt unberührt.

(2) Die Veröffentlichung der in Absatz 1 bezeichneten Erklärung unter Angabe eines Kennzeichens ist untersagt.

(3) Absatz 1 Satz 1 gilt entsprechend für öffentliche Erklärungen, die sich auf Vermittlungstätigkeiten nach § 5 Absatz 3 Satz 1 beziehen.

(4) Die Absätze 1 bis 3 gelten auch, wenn das Kind noch nicht geboren oder noch nicht gezeugt ist, es sei denn, dass sich die Erklärung auf eine Ersatzmutterschaft bezieht.

§ 7 Anspruch auf Durchführung der Eignungsprüfung bei der Adoption eines Kindes im Inland; Umfang der Prüfung. (1) [1] Auf Antrag der Adoptionsbewerber führt die Adoptionsvermittlungsstelle (§ 2 Absatz 1) eine Prüfung der allgemeinen Eignung der Adoptionsbewerber (Eignungsprüfung) zur Adoption eines Kindes mit gewöhnlichem Aufenthalt im Inland durch. [2] Zur Eignungsprüfung sind auch die Adoptionsvermittlungsstellen nach § 2 Absatz 3 berechtigt.

(2) Die Eignungsprüfung umfasst insbesondere:

1. die persönlichen und familiären Umstände der Adoptionsbewerber,
2. den Gesundheitszustand der Adoptionsbewerber,
3. das soziale Umfeld der Adoptionsbewerber,
4. die Beweggründe der Adoptionsbewerber für die Adoption sowie
5. die Eigenschaften der Kinder, für die zu sorgen die Adoptionsbewerber fähig und bereit sind.

(3) [1] Die Adoptionsvermittlungsstelle (§ 2 Absatz 1 und 3) verfasst über das Ergebnis ihrer Eignungsprüfung einen Bericht. [2] Das Ergebnis der Eignungsprüfung ist den Adoptionsbewerbern mitzuteilen. [3] Der Bericht, der die Eignung positiv feststellt, darf den Adoptionsbewerbern nicht ausgehändigt werden.

§ 7a Sachdienliche Ermittlungen bei der Adoption eines Kindes im Inland. (1) [1] Wird der Adoptionsvermittlungsstelle (§ 2 Absatz 1 und 3) bekannt, dass für ein Kind die Adoptionsvermittlung in Betracht kommt, so führt sie zur Vorbereitung der Adoptionsvermittlung unverzüglich die sachdienlichen

Ermittlungen bei den Adoptionsbewerbern, bei dem Kind und seiner Familie durch. [2]Dabei ist insbesondere zu prüfen, ob die Adoptionsbewerber unter Berücksichtigung der Persönlichkeit des Kindes und seiner besonderen Bedürfnisse für die Adoption des Kindes geeignet sind.

(2) Mit den sachdienlichen Ermittlungen bei den Adoptionsbewerbern und bei der Familie des Kindes soll schon vor der Geburt des Kindes begonnen werden, wenn zu erwarten ist, dass die Einwilligung in die Adoption des Kindes erteilt wird.

(3) Auf Ersuchen einer Adoptionsvermittlungsstelle (§ 2 Absatz 1 und 3) übernimmt die örtliche Adoptionsvermittlungsstelle (§ 9b), in deren Bereich die Adoptionsbewerber ihren gewöhnlichen Aufenthalt haben, die sachdienlichen Ermittlungen bei den Adoptionsbewerbern.

(4) Das Ergebnis der sachdienlichen Ermittlungen ist den jeweils Betroffenen mitzuteilen.

§ 7b Anspruch auf Durchführung der Eignungsprüfung bei der Adoption eines Kindes aus dem Ausland. (1) [1]Auf Antrag der Adoptionsbewerber erfolgt eine Eignungsprüfung der Adoptionsbewerber zur Adoption eines Kindes mit gewöhnlichem Aufenthalt im Ausland durch eine örtliche Adoptionsvermittlungsstelle nach § 9b. [2]Zur Eignungsprüfung sind auch die Adoptionsvermittlungsstellen nach § 2 Absatz 3 berechtigt.

(2) [1]Die Adoptionsvermittlungsstelle (§ 9b, § 2 Absatz 3) verfasst über das Ergebnis ihrer Eignungsprüfung einen Bericht, den sie einer von den Adoptionsbewerbern benannten Adoptionsvermittlungsstelle (§ 2a Absatz 4) zuleitet. [2]§ 7 Absatz 3 Satz 2 und 3 ist anzuwenden.

(3) Erfolgt die Eignungsprüfung durch eine Adoptionsvermittlungsstelle nach § 2 Absatz 3, so darf diese Adoptionsvermittlungsstelle nicht zugleich die von den Adoptionsbewerbern benannte Adoptionsvermittlungsstelle nach § 2a Absatz 4 Nummer 2 sein.

§ 7c Länderspezifische Eignungsprüfung bei der Adoption eines Kindes aus dem Ausland. (1) Ist das Ergebnis der Eignungsprüfung positiv festgestellt, prüft die von den Adoptionsbewerbern benannte Adoptionsvermittlungsstelle (§ 2a Absatz 4) die länderspezifische Eignung der Adoptionsbewerber.

(2) [1]Die länderspezifische Eignungsprüfung umfasst insbesondere:

1. das Wissen und die Auseinandersetzung der Adoptionsbewerber mit der Kultur und der sozialen Situation im Heimatstaat des Kindes,
2. die Bereitschaft der Adoptionsbewerber, die Herkunft des Kindes in das zukünftige Familienleben zu integrieren, sowie
3. die Bereitschaft der Adoptionsbewerber, sich auf die besonderen Bedürfnisse des Kindes auf Grund seiner Herkunft und auf Grund des Wechsels des Kulturkreises einzulassen.

[2]Hält die von den Adoptionsbewerbern benannte Adoptionsvermittlungsstelle (§ 2a Absatz 4) die länderspezifische Eignung der Adoptionsbewerber für gegeben, so ergänzt sie den Bericht zur Eignungsprüfung um das Ergebnis ihrer länderspezifischen Eignungsprüfung. [3]Das Ergebnis der länderspezifischen Eignungsprüfung ist den Adoptionsbewerbern mitzuteilen. [4]Der Bericht, der die

Eignung positiv feststellt, darf den Adoptionsbewerbern nicht ausgehändigt werden.

(3) Ist das Ergebnis der Eignungsprüfung und der länderspezifischen Eignungsprüfung positiv festgestellt, so leitet die von den Adoptionsbewerbern benannte Adoptionsvermittlungsstelle (§ 2a Absatz 4) den Bericht über das Ergebnis der Fachstelle des Heimatstaats des Kindes zu.

§ 7d Bescheinigung für im Ausland lebende Adoptionsbewerber.

(1) Auf Antrag deutscher Adoptionsbewerber mit gewöhnlichem Aufenthalt im Ausland prüft die Bundeszentralstelle, ob die Adoptionsbewerber nach den deutschen Sachvorschriften die rechtliche Befähigung zur Adoption eines Kindes besitzen.

(2) Stellt die Bundeszentralstelle die rechtliche Befähigung positiv fest, so stellt sie den Adoptionsbewerbern eine Bescheinigung über diese Feststellung aus.

(3) Die Prüfung und die Bescheinigung erstrecken sich weder auf die Gesundheit der Adoptionsbewerber noch auf deren Eignung nach den §§ 7b und 7c zur Adoption eines Kindes; hierauf ist in der Bescheinigung hinzuweisen.

§ 7e Mitwirkungspflicht der Adoptionsbewerber. [1] Den Adoptionsbewerbern obliegt es, die erforderlichen Angaben zu machen und geeignete Nachweise zu erbringen für:

1. die Eignungsprüfung (§ 7 und § 7b Absatz 1 und 2),
2. die sachdienlichen Ermittlungen (§ 7a Absatz 1 und 2),
3. die länderspezifische Eignungsprüfung (§ 7c Absatz 1 und 2),
4. die Prüfung nach § 7d Absatz 1.

[2] Die Vorschriften des Dritten Abschnitts des Dritten Titels des Ersten Buches Sozialgesetzbuch gelten entsprechend.

§ 8 Beginn der Adoptionspflege. Das Kind darf erst dann zur Eingewöhnung bei den Adoptionsbewerbern in Pflege gegeben werden (Adoptionspflege), wenn feststeht, dass die Adoptionsbewerber für die Annahme des Kindes geeignet sind.

§ 8a Informationsaustausch oder Kontakt vor und nach der Adoption. (1) [1] Die Adoptionsvermittlungsstelle (§ 2 Absatz 1 und 3) soll vor Beginn der Adoptionspflege sowohl mit den Adoptionsbewerbern als auch mit den Eltern erörtern, ob ein Informationsaustausch oder Kontakt zum Wohl des Kindes zwischen den Adoptionsbewerbern und dem Kind auf der einen Seite und den Eltern auf der anderen Seite zukünftig stattfinden kann und wie der Informationsaustausch oder Kontakt gestaltet werden kann. [2] Die Adoptionsvermittlungsstelle nimmt das Ergebnis der Erörterungen zu den Akten.

(2) [1] Mit dem Einverständnis der abgebenden Eltern und der Annehmenden soll die Adoptionsvermittlungsstelle (§ 2 Absatz 1 und 3) nach der Adoption die Erörterungen gemäß Absatz 1 Satz 1 in angemessenen Zeitabständen wiederholen. [2] Dies gilt, bis das Kind das 16. Lebensjahr vollendet hat. [3] Das Ergebnis jeder Erörterung ist zu den Akten zu nehmen. [4] Das Einverständnis soll vor dem Beschluss, spätestens muss es nach dem Beschluss, durch den das

Familiengericht die Adoption ausspricht, eingeholt werden. [5]Das Einverständnis kann jederzeit widerrufen werden.

(3) Das Kind ist bei den Erörterungen nach den Absätzen 1 und 2 entsprechend seinem Entwicklungsstand zu beteiligen und sein Interesse ist entsprechend zu berücksichtigen.

(4) Wird das Ergebnis der Erörterung zum Informationsaustausch oder Kontakt nicht umgesetzt oder besteht Uneinigkeit über die Umsetzung des Ergebnisses, so hat die Adoptionsvermittlungsstelle (§ 2 Absatz 1 und 3) im Rahmen der bestehenden Möglichkeiten auf eine Lösung hinzuwirken.

§ 8b Anspruch der abgebenden Eltern auf allgemeine Informationen über das Kind und seine Lebenssituation nach der Adoption. (1) [1]Die abgebenden Eltern haben gegen die Adoptionsvermittlungsstelle (§ 2 Absatz 1 und 3) einen Anspruch auf Zugang zu allgemeinen Informationen über das Kind und seine Lebenssituation, die der Adoptionsvermittlungsstelle von den Annehmenden zum Zweck der Weitergabe an die abgebenden Eltern freiwillig und unter Wahrung des Persönlichkeitsrechts des Kindes zur Verfügung gestellt wurden. [2]Die Adoptionsvermittlungsstelle gewährt den abgebenden Eltern den Zugang zu diesen Informationen, soweit dies dem Kindeswohl nicht widerspricht.

(2) [1]Mit dem Einverständnis der Annehmenden soll die Adoptionsvermittlungsstelle (§ 2 Absatz 1 und 3) darauf hinwirken, dass ihr die Annehmenden allgemeine Informationen nach Absatz 1 in regelmäßigen Abständen bis zur Vollendung des 16. Lebensjahres des Kindes schriftlich zukommen lassen, soweit dies dem Wohl des Kindes nicht widerspricht. [2]Das Kind ist entsprechend seinem Entwicklungsstand zu beteiligen. [3]Das Einverständnis soll vor dem Beschluss, spätestens muss es nach dem Beschluss, durch den das Familiengericht die Adoption ausspricht, eingeholt werden. [4]Das Einverständnis kann jederzeit widerrufen werden.

§ 9 Anspruch auf Adoptionsbegleitung. (1) [1]Die Adoptionsvermittlungsstelle (§ 2 Absatz 1, § 2a Absatz 4 Nummer 1) hat vor und während der Adoptionsvermittlung sowie während der Adoptionspflege die Adoptionsbewerber, die Eltern und das Kind zu begleiten. [2]Zur Adoptionsbegleitung sind auch die Adoptionsvermittlungsstellen nach § 2 Absatz 3 und § 2a Absatz 4 Nummer 2 berechtigt. [3]Die Adoptionsbegleitung umfasst insbesondere:

1. die allgemeine Beratung der Adoptionsbewerber, der Eltern und des Kindes zu Fragen im Zusammenhang mit der Adoption und die bedarfsgerechte Unterstützung,
2. die Information über die Voraussetzungen und den Ablauf des Adoptionsverfahrens sowie über die Rechtsfolgen der Adoption,
3. die Information für die abgebenden Eltern über unterstützende Maßnahmen im Rahmen der Kinder- und Jugendhilfe als Alternative zur Adoption sowie die Unterstützung der abgebenden Eltern bei der Bewältigung sozialer und psychischer Auswirkungen im Zusammenhang mit der bevorstehenden oder bereits erfolgten Einwilligung in die Adoption des Kindes,
4. die Information über die Rechte des Kindes, in der die Bedeutung der Kenntnis der Herkunft des Kindes für seine Entwicklung hervorzuheben ist,
5. das Hinwirken darauf, dass die Adoptionsbewerber das Kind von Beginn an entsprechend seinem Alter und seiner Reife über seine Herkunft aufklären,

6. die Information über die Möglichkeiten und Gestaltung von Informationsaustausch oder Kontakt zwischen den Adoptionsbewerbern und dem Kind auf der einen Seite und den Eltern auf der anderen Seite nach Maßgabe der §§ 8a und 8b,
7. die Erörterung der Gestaltung eines Informationsaustauschs oder von Kontakten zwischen den Adoptionsbewerbern und dem Kind auf der einen Seite und den Eltern auf der anderen Seite nach Maßgabe des § 8a sowie
8. die Information über das Recht zur Akteneinsicht nach § 9c Absatz 2 und die Information zu Möglichkeiten der Suche nach der Herkunft des Kindes.

(2) [1] Nach dem Beschluss, durch den das Familiengericht die Adoption ausspricht, haben das Kind, die Annehmenden und die abgebenden Eltern einen Anspruch auf nachgehende Adoptionsbegleitung durch die Adoptionsvermittlungsstelle (§ 2 Absatz 1, § 2a Absatz 4 Nummer 1). [2] Zur nachgehenden Adoptionsbegleitung sind auch die Adoptionsvermittlungsstellen nach § 2 Absatz 3 und § 2a Absatz 4 Nummer 2 berechtigt. [3] Die nachgehende Adoptionsbegleitung umfasst insbesondere:

1. die bedarfsgerechte Beratung und Unterstützung des Kindes, der Annehmenden und der abgebenden Eltern,
2. die Förderung und die Begleitung eines Informationsaustauschs oder von Kontakten zwischen den Annehmenden und dem Kind auf der einen Seite und den abgebenden Eltern auf der anderen Seite nach Maßgabe der §§ 8a und 8b,
3. die Unterstützung der abgebenden Eltern bei der Bewältigung sozialer und psychischer Auswirkungen auf Grund der Entscheidung zur Einwilligung in die Adoption des Kindes, insbesondere indem die Adoptionsvermittlungsstelle den abgebenden Eltern Hilfen durch andere Fachdienste aufzeigt,
4. die Unterstützung der Annehmenden bei der altersentsprechenden Aufklärung des Kindes über seine Herkunft sowie
5. die Begleitung des Kindes bei der Suche nach der Herkunft, einschließlich der Begleitung des vertraulich geborenen Kindes bei der Einsichtnahme in den Herkunftsnachweis nach § 31 Absatz 1 des Schwangerschaftskonfliktgesetzes.

(3) [1] Die Adoptionsvermittlungsstelle (§ 2 Absatz 1 und 3, § 2a Absatz 4) hat bei Bedarf und mit Einverständnis der zu Beratenden im Rahmen der Adoptionsbegleitung nach den Absätzen 1 und 2 Hilfen und Unterstützungsangebote durch andere Fachdienste aufzuzeigen. [2] Sie hat auf Wunsch der zu Beratenden den Kontakt zu diesen Fachdiensten herzustellen.

(4) [1] Soweit es zur Erfüllung der Adoptionsvoraussetzungen, die von einem Heimatstaat aufgestellt werden, erforderlich ist, können die Adoptionsbewerber und die Adoptionsvermittlungsstelle (§ 2a Absatz 4) schriftlich vereinbaren, dass die Adoptionsvermittlungsstelle

1. während eines in der Vereinbarung festzulegenden Zeitraums nach der Adoption die Entwicklung des Kindes beobachtet und
2. der zuständigen Stelle im Heimatstaat über die Entwicklung berichtet.

[2] Mit Zustimmung einer anderen Adoptionsvermittlungsstelle (§ 2 Absatz 1 und 3, § 2a Absatz 4) kann vereinbart werden, dass diese Stelle die Aufgabe nach Satz 1 Nummer 1 wahrnimmt und die Ergebnisse an die in Satz 1

genannte Adoptionsvermittlungsstelle weiterleitet. [3] Im Fall der Schließung einer Adoptionsvermittlungsstelle (§ 2a Absatz 4 Nummer 2) gilt § 4a Absatz 3.

§ 9a Verpflichtende Beratung bei Stiefkindadoption. (1) Nimmt ein Ehegatte ein Kind seines Ehegatten allein an, so müssen sich vor Abgabe ihrer notwendigen Erklärungen und Anträge zur Adoption von der Adoptionsvermittlungsstelle (§ 2 Absatz 1 und 3) nach § 9 Absatz 1 beraten lassen:

1. die Eltern des anzunehmenden Kindes,
2. der Annehmende und
3. das Kind gemäß § 8 des Achten Buches Sozialgesetzbuch[1)].

(2) Die Adoptionsvermittlungsstelle hat über die Beratung eine Bescheinigung auszustellen.

(3) Die Beratung eines Elternteils ist nicht erforderlich, wenn

1. er zur Abgabe einer Erklärung dauernd außerstande ist,
2. sein Aufenthalt dauernd unbekannt ist,
3. seine Einwilligung nach § 1748 des Bürgerlichen Gesetzbuchs[2)] ersetzt wird oder
4. es sich um den abgebenden Elternteil handelt und dieser seinen gewöhnlichen Aufenthalt im Ausland hat.

(4) [1] Die Beratungspflicht nach Absatz 1 besteht nicht, wenn der annehmende Elternteil zum Zeitpunkt der Geburt des Kindes mit dem Elternteil des Kindes verheiratet ist. [2] Die Beratungspflicht des annehmenden und des verbleibenden Elternteils bleibt bestehen, wenn das Kind im Ausland geboren wurde und der abgebende Elternteil seinen gewöhnlichen Aufenthalt im Ausland hat.

(5) In den Fällen des § 1766a des Bürgerlichen Gesetzbuchs gelten die Absätze 1 bis 4 entsprechend.

§ 9b Örtliche Adoptionsvermittlungsstelle; Pflichtaufgaben. [1] Die Jugendämter haben die Wahrnehmung der Aufgaben nach den §§ 7, 7a, 7b, 8a, 8b, 9 und 9a für ihren jeweiligen Bereich sicherzustellen. [2] Für die Adoptionsbewerber und die Annehmenden richtet sich die örtliche Zuständigkeit nach ihrem gewöhnlichen Aufenthalt.

§ 9c Vermittlungsakten. (1) Vermittlungsakten sind, gerechnet vom Geburtsdatum des Kindes an, 100 Jahre lang aufzubewahren.

(2) [1] Soweit die Vermittlungsakten die Herkunft und die Lebensgeschichte des Kindes betreffen oder ein sonstiges berechtigtes Interesse besteht, ist dem gesetzlichen Vertreter des Kindes und, wenn das Kind das 16. Lebensjahr vollendet hat, auch diesem selbst auf Antrag unter Anleitung durch eine Fachkraft Einsicht zu gewähren. [2] Die Einsichtnahme ist zu versagen, soweit überwiegende Belange einer betroffenen Person entgegenstehen.

(3) Die Adoptionsvermittlungsstelle (§ 2 Absatz 1 und 3, § 2a Absatz 4) hat die Annehmenden auf das Akteneinsichtsrecht des Kindes nach Absatz 2 Satz 1 hinzuweisen, sobald das Kind das 16. Lebensjahr vollendet hat.

---

1) Nr. **10**.
2) Nr. **2**.

§ 9d Durchführungsbestimmungen. (1) [1] Das Bundesministerium für Familie, Senioren, Frauen und Jugend wird ermächtigt, im Einvernehmen mit dem Bundesministerium der Justiz und für Verbraucherschutz durch Rechtsverordnung[1)] mit Zustimmung des Bundesrates das Nähere über die Anerkennung und Beaufsichtigung von Adoptionsvermittlungsstellen nach § 2 Absatz 3 und den §§ 3 und 4, die Zusammenarbeit auf dem Gebiet der internationalen Adoptionsvermittlung nach § 2a Absatz 5 und 6[2)], die sachdienlichen Ermittlungen nach § 7a, die Eignungsprüfung nach den §§ 7, 7b und 7c, die Bescheinigung nach § 7d, die Adoptionsbegleitung nach § 9 und die Gewährung von Akteneinsicht nach § 9c sowie über die von den Adoptionsvermittlungsstellen dabei zu beachtenden Grundsätze zu regeln. [2] Durch Rechtsverordnung nach Satz 1 können insbesondere geregelt werden:

1. Zeitpunkt, Gliederung und Form der Meldungen nach § 2a Absatz 6 Satz 1 Nummer 1 und 2 sowie Satz 2;
2. Anforderungen an die persönliche und fachliche Eignung des Personals einer Adoptionsvermittlungsstelle (§ 3, § 4 Absatz 1 Satz 1 Nummer 1);
3. Anforderungen an die Arbeitsweise und die Finanzlage des Rechtsträgers einer Adoptionsvermittlungsstelle (§ 4 Absatz 1 Satz 1 Nummer 2);
4. besondere Anforderungen für die Zulassung zur internationalen Adoptionsvermittlung (§ 4 Absatz 2);
5. Antragstellung und vorzulegende Nachweise im Verfahren nach § 7d;
6. Zeitpunkt und Form der Unterrichtung der Annehmenden über das Leistungsangebot der Adoptionsbegleitung nach § 9 Absatz 1 und 2;
7. das Verfahren bei der Schließung einer Adoptionsvermittlungsstelle nach § 4a.

(2) [1] Durch Rechtsverordnung nach Absatz 1 Satz 1 kann ferner vorgesehen werden, dass die Träger der staatlichen Adoptionsvermittlungsstellen von den Adoptionsbewerbern für eine Eignungsprüfung nach den §§ 7, 7b und 7c oder für eine internationale Adoptionsvermittlung Gebühren sowie Auslagen für die Beschaffung von Urkunden, für Übersetzungen und für die Vergütung von Sachverständigen erheben. [2] Die Gebührentatbestände und die Gebührenhöhe sind dabei zu bestimmen; für den einzelnen Vermittlungsfall darf die Gebührensumme 2 500 Euro nicht überschreiten. [3] Solange das Bundesministerium für Familie, Senioren, Frauen und Jugend von der Ermächtigung nach Absatz 1 Satz 1 in Verbindung mit Satz 1 keinen Gebrauch gemacht hat, kann diese durch die Landesregierungen ausgeübt werden; die Landesregierungen können diese Ermächtigung durch Rechtsverordnung auf oberste Landesbehörden übertragen.

§ 9e Datenschutz. (1) [1] Für die Verarbeitung personenbezogener Daten gilt das Zweite Kapitel des Zehnten Buches Sozialgesetzbuch mit der Maßgabe, dass Daten, die für die Adoptionsvermittlung und für andere Zwecke dieses Gesetzes erhoben worden sind, nur für folgende Zwecke verarbeitet werden dürfen:

[1)] Siehe hierzu die AdVermiStAnKoV v. 4.5.2005 (BGBl. I S. 1266), geänd. durch G v. 12.2.2021 (BGBl. I S. 226).

[2)] Siehe die AuslAdMV v. 11.11.2002 (BGBl. I S. 4394), zuletzt geänd. durch G v. 12.2.2021 (BGBl. I S. 226).

1. für die Adoptionsvermittlung oder Adoptionsbegleitung,
2. für die Anerkennung, Zulassung oder Beaufsichtigung von Adoptionsvermittlungsstellen,
3. für die Überwachung von Vermittlungsverboten,
4. für die Verfolgung von Verbrechen oder anderen Straftaten von erheblicher Bedeutung,
5. für die internationale Zusammenarbeit auf diesen Gebieten oder
6. für die Durchführung bestimmter wissenschaftlicher Vorhaben zur Erforschung möglicher politisch motivierter Adoptionsvermittlung in der DDR.

[2] In den Fällen des Satzes 1 Nummer 6 dürfen die betroffenen Personen nicht kontaktiert werden. [3] Die Vorschriften über die internationale Rechtshilfe bleiben unberührt.

(2) [1] Die Bundeszentralstelle übermittelt den zuständigen Stellen auf deren Ersuchen die zu den in Absatz 1 genannten Zwecken erforderlichen personenbezogenen Daten. [2] In dem Ersuchen ist anzugeben, zu welchem Zweck die Daten benötigt werden.

(3) [1] Die ersuchende Stelle trägt die Verantwortung für die Zulässigkeit der Übermittlung. [2] Die Bundeszentralstelle prüft nur, ob das Übermittlungsersuchen im Rahmen der Aufgaben der ersuchenden Stelle liegt, es sei denn, dass ein besonderer Anlass zur Prüfung der Zulässigkeit der Übermittlung besteht.

(4) Bei der Übermittlung an eine ausländische Stelle oder an eine inländische nicht öffentliche Stelle weist die Bundeszentralstelle darauf hin, dass die Daten nur für den Zweck verarbeitet werden dürfen, zu dem sie übermittelt werden.

§ 10 Unterrichtung der zentralen Adoptionsstelle des Landesjugendamtes. (1) [1] Die Adoptionsvermittlungsstelle hat die zentrale Adoptionsstelle des Landesjugendamtes zu unterrichten, wenn ein Kind nicht innerhalb von drei Monaten nach Abschluss der bei ihm durchgeführten Ermittlungen Adoptionsbewerbern mit dem Ziel der Adoption in Pflege gegeben werden kann. [2] Die Unterrichtung ist nicht erforderlich, wenn bei Fristablauf sichergestellt ist, dass das Kind in Adoptionspflege gegeben wird.

(2) Absatz 1 gilt entsprechend, wenn Adoptionsbewerber, bei denen Ermittlungen durchgeführt wurden, bereit und geeignet sind, ein schwer vermittelbares Kind aufzunehmen, sofern die Adoptionsbewerber der Unterrichtung der zentralen Adoptionsstelle zustimmen.

(3) [1] In den Fällen des Absatzes 1 Satz 1 sucht die Adoptionsvermittlungsstelle und die zentrale Adoptionsstelle nach geeigneten Adoptionsbewerbern. [2] Sie unterrichten sich gegenseitig vom jeweiligen Stand ihrer Bemühungen. [3] Im Einzelfall kann die zentrale Adoptionsstelle die Vermittlung eines Kindes selbst übernehmen.

§ 11 Aufgaben der zentralen Adoptionsstelle des Landesjugendamtes.

(1) Die zentrale Adoptionsstelle des Landesjugendamtes unterstützt die Adoptionsvermittlungsstelle bei ihrer Arbeit, insbesondere durch fachliche Beratung,

1. wenn ein Kind schwer zu vermitteln ist,
2. wenn ein Adoptionsbewerber oder das Kind eine ausländische Staatsangehörigkeit besitzt oder staatenlos ist,

3. wenn ein Adoptionsbewerber oder das Kind seinen Wohnsitz oder gewöhnlichen Aufenthalt außerhalb des Geltungsbereichs dieses Gesetzes hat,
4. in sonstigen schwierigen Einzelfällen.

(2) [1] Die Adoptionsvermittlungsstelle (§ 2 Absatz 1 und 3, § 2a Absatz 4 Nummer 2) hat in den Fällen des Absatzes 1 Nummer 2 und 3 die zentrale Adoptionsstelle des Landesjugendamtes, in deren Bereich die Adoptionsvermittlungsstelle ihren Sitz hat, und die zentrale Adoptionsstelle des Landesjugendamtes, in deren Bereich die Annehmenden ihren gewöhnlichen Aufenthalt haben, ab Beginn der sachdienlichen Ermittlungen nach § 7a zu beteiligen. [2] Unterlagen der in den Artikeln 15 und 16 des Adoptionsübereinkommens genannten Art sind den in Satz 1 genannten zentralen Adoptionsstellen zur Prüfung vorzulegen.

§ 12 (weggefallen)

§ 13 Ausstattung der zentralen Adoptionsstelle des Landesjugendamtes. Zur Erfüllung ihrer Aufgaben sollen der zentralen Adoptionsstelle mindestens ein Kinderarzt oder Kinderpsychiater, ein Psychologe mit Erfahrungen auf dem Gebiet der Kinderpsychologie und ein Jurist sowie Sozialpädagogen oder Sozialarbeiter mit mehrjähriger Berufserfahrung zur Verfügung stehen.

Zweiter Abschnitt. Ersatzmutterschaft

§ 13a Ersatzmutter. Ersatzmutter ist eine Frau, die auf Grund einer Vereinbarung bereit ist,

1. sich einer künstlichen oder natürlichen Befruchtung zu unterziehen oder
2. einen nicht von ihr stammenden Embryo auf sich übertragen zu lassen oder sonst auszutragen

und das Kind nach der Geburt Dritten zur Adoption oder zur sonstigen Aufnahme auf Dauer zu überlassen.

§ 13b Ersatzmuttervermittlung. [1] Ersatzmuttervermittlung ist das Zusammenführen von Personen, die das aus einer Ersatzmutterschaft entstandene Kind annehmen oder in sonstiger Weise auf Dauer bei sich aufnehmen wollen (Bestelleltern), mit einer Frau, die zur Übernahme einer Ersatzmutterschaft bereit ist. [2] Ersatzmuttervermittlung ist auch der Nachweis der Gelegenheit zu einer in § 13a bezeichneten Vereinbarung.

§ 13c Verbot der Ersatzmuttervermittlung. Die Ersatzmuttervermittlung ist untersagt.

§ 13d Anzeigenverbot. Es ist untersagt, Ersatzmütter oder Bestelleltern durch öffentliche Erklärungen, insbesondere durch Zeitungsanzeigen oder Zeitungsberichte, zu suchen oder anzubieten.

Dritter Abschnitt. Straf- und Bußgeldvorschriften

§ 14 Bußgeldvorschriften. (1) Ordnungswidrig handelt, wer

1. entgegen § 5 Absatz 1 oder 3 Satz 1 eine Vermittlungstätigkeit ausübt oder

2. entgegen § 6 Absatz 1 Satz 1, auch in Verbindung mit Absatz 2 oder 3, oder § 13d durch öffentliche Erklärungen
   a) Kinder zur Adoption oder Adoptionsbewerber,
   b) Kinder oder Dritte zu den in § 5 Absatz 3 Satz 1 genannten Zwecken oder
   c) Ersatzmütter oder Bestelleltern

   sucht oder anbietet.

(2) Ordnungswidrig handelt auch, wer
1. entgegen § 5 Absatz 1 oder 3 Satz 1 eine Vermittlungstätigkeit ausübt und dadurch bewirkt, dass das Kind in den Geltungsbereich dieses Gesetzes oder aus dem Geltungsbereich dieses Gesetzes verbracht wird, oder
2. gewerbs- oder geschäftsmäßig
   a) entgegen § 5 Absatz 2 Nummer 1 eine Schwangere zu der Weggabe ihres Kindes bestimmt oder
   b) entgegen § 5 Absatz 2 Nummer 2 einer Schwangeren zu der Weggabe ihres Kindes Hilfe leistet.

(3) Die Ordnungswidrigkeit kann in den Fällen des Absatzes 1 mit einer Geldbuße bis zu fünftausend Euro, in den Fällen des Absatzes 2 mit einer Geldbuße bis zu dreißigtausend Euro geahndet werden.

§ 14a (weggefallen)

§ 14b Strafvorschriften gegen Ersatzmuttervermittlung. (1) Wer entgegen § 13c Ersatzmuttervermittlung betreibt, wird mit Freiheitsstrafe bis zu einem Jahr oder mit Geldstrafe bestraft.

(2) [1] Wer für eine Ersatzmuttervermittlung einen Vermögensvorteil erhält oder sich versprechen lässt, wird mit Freiheitsstrafe bis zu zwei Jahren oder Geldstrafe bestraft. [2] Handelt der Täter gewerbs- oder geschäftsmäßig, so ist die Strafe Freiheitsstrafe bis zu drei Jahren oder Geldstrafe.

(3) In den Fällen der Absätze 1 und 2 werden die Ersatzmutter und die Bestelleltern nicht bestraft.

Vierter Abschnitt. Übergangs- und Schlussvorschriften

§ 15 Anzuwendendes Recht. Vom Zeitpunkt des Inkrafttretens einer Änderung dieses Gesetzes an richtet sich die weitere Durchführung einer vor dem Inkrafttreten der Änderung begonnenen Vermittlung, soweit nicht anders bestimmt, nach den geänderten Vorschriften.

§ 16 Bericht. [1] Die Bundesregierung legt dem Deutschen Bundestag bis zum 30. September 2026 einen Bericht über die Auswirkungen der §§ 2a, 2b, 2c, 2d, 8a, 8b und 9a sowie über die gegebenenfalls notwendigen Anpassungen dieser Vorschriften vor. [2] Der Bericht darf keine personenbezogenen Daten enthalten.

9. Gesetz über das Verfahren in Familiensachen und in den Angelegenheiten der freiwilligen Gerichtsbarkeit (FamFG)[1)]

Vom 17. Dezember 2008
(BGBl. I S. 2586, 2587)

FNA 315-24

zuletzt geänd. durch Art. 5 G zum Ausbau des elektronischen Rechtsverkehrs mit den Gerichten und zur Änd. weiterer Vorschriften v. 5.10.2021 (BGBl. I S. 4607)

– Auszug –

Buch 1. Allgemeiner Teil

Abschnitt 1. Allgemeine Vorschriften

§ 1 Anwendungsbereich. Dieses Gesetz gilt für das Verfahren in Familiensachen sowie in den Angelegenheiten der freiwilligen Gerichtsbarkeit, soweit sie durch Bundesgesetz den Gerichten zugewiesen sind.

§ 2 Örtliche Zuständigkeit. (1) Unter mehreren örtlich zuständigen Gerichten ist das Gericht zuständig, das zuerst mit der Angelegenheit befasst ist.

(2) Die örtliche Zuständigkeit eines Gerichts bleibt bei Veränderung der sie begründenden Umstände erhalten.

(3) Gerichtliche Handlungen sind nicht deswegen unwirksam, weil sie von einem örtlich unzuständigen Gericht vorgenommen worden sind.

§ 7 Beteiligte. (1) In Antragsverfahren ist der Antragsteller Beteiligter.

(2) Als Beteiligte sind hinzuzuziehen:

1. diejenigen, deren Recht durch das Verfahren unmittelbar betroffen wird,
2. diejenigen, die auf Grund dieses oder eines anderen Gesetzes von Amts wegen oder auf Antrag zu beteiligen sind.

(3) Das Gericht kann von Amts wegen oder auf Antrag weitere Personen als Beteiligte hinzuziehen, soweit dies in diesem oder einem anderen Gesetz vorgesehen ist.

(4) [1] Diejenigen, die auf ihren Antrag als Beteiligte zu dem Verfahren hinzuzuziehen sind oder hinzugezogen werden können, sind von der Einleitung des Verfahrens zu benachrichtigen, soweit sie dem Gericht bekannt sind. [2] Sie sind über ihr Antragsrecht zu belehren.

(5) [1] Das Gericht entscheidet durch Beschluss, wenn es einem Antrag auf Hinzuziehung gemäß Absatz 2 oder Absatz 3 nicht entspricht. [2] Der Beschluss ist mit der sofortigen Beschwerde in entsprechender Anwendung der §§ 567 bis 572 der Zivilprozessordnung anfechtbar.

---

1) Verkündet als Art. 1 G zur Reform des Verfahrens in Familiensachen und in den Angelegenheiten der freiwilligen Gerichtsbarkeit (FGG-Reformgesetz – FGG-RG) v. 17.12.2008 (BGBl. I S. 2586, zuletzt geänd. durch G v. 30.7.2009, BGBl. I S. 2449); Inkrafttreten gem. Art. 112 Abs. 1 dieses G am 1.9.2009 mit Ausnahme des § 376 Abs. 2 FamFG, der gem. Art. 14 Abs. 1 G v. 25.5.2009 (BGBl. I S. 1102) bereits am 29.5.2009 in Kraft getreten ist.

(6) Wer anzuhören ist oder eine Auskunft zu erteilen hat, ohne dass die Voraussetzungen des Absatzes 2 oder Absatzes 3 vorliegen, wird dadurch nicht Beteiligter.

§ 8 Beteiligtenfähigkeit. Beteiligtenfähig sind
1. natürliche und juristische Personen,
2. Vereinigungen, Personengruppen und Einrichtungen, soweit ihnen ein Recht zustehen kann,
3. Behörden.

§ 9 Verfahrensfähigkeit. (1) Verfahrensfähig sind
1. die nach bürgerlichem Recht Geschäftsfähigen,
2. die nach bürgerlichem Recht beschränkt Geschäftsfähigen, soweit sie für den Gegenstand des Verfahrens nach bürgerlichem Recht als geschäftsfähig anerkannt sind,
3. die nach bürgerlichem Recht beschränkt Geschäftsfähigen, soweit sie das 14. Lebensjahr vollendet haben und sie in einem Verfahren, das ihre Person betrifft, ein ihnen nach bürgerlichem Recht zustehendes Recht geltend machen,
4. diejenigen, die auf Grund dieses oder eines anderen Gesetzes dazu bestimmt werden.

(2) Soweit ein Geschäftsunfähiger oder in der Geschäftsfähigkeit Beschränkter nicht verfahrensfähig ist, handeln für ihn die nach bürgerlichem Recht dazu befugten Personen.

(3) Für Vereinigungen sowie für Behörden handeln ihre gesetzlichen Vertreter und Vorstände.

(4) Das Verschulden eines gesetzlichen Vertreters steht dem Verschulden eines Beteiligten gleich.

(5) Die §§ 53 bis 58 der Zivilprozessordnung gelten entsprechend.

§ 16 Fristen. (1) Der Lauf einer Frist beginnt, soweit nichts anderes bestimmt ist, mit der Bekanntgabe.

(2) Für die Fristen gelten die §§ 222 und 224 Abs. 2 und 3 sowie § 225 der Zivilprozessordnung entsprechend.

§ 22 Antragsrücknahme; Beendigungserklärung. (1) [1] Ein Antrag kann bis zur Rechtskraft der Endentscheidung zurückgenommen werden. [2] Die Rücknahme bedarf nach Erlass der Endentscheidung der Zustimmung der übrigen Beteiligten.

(2) [1] Eine bereits ergangene, noch nicht rechtskräftige Endentscheidung wird durch die Antragsrücknahme wirkungslos, ohne dass es einer ausdrücklichen Aufhebung bedarf. [2] Das Gericht stellt auf Antrag die nach Satz 1 eintretende Wirkung durch Beschluss fest. [3] Der Beschluss ist nicht anfechtbar.

(3) Eine Entscheidung über einen Antrag ergeht nicht, soweit sämtliche Beteiligte erklären, dass sie das Verfahren beenden wollen.

(4) Die Absätze 2 und 3 gelten nicht in Verfahren, die von Amts wegen eingeleitet werden können.

§ 22a Mitteilungen an die Familien- und Betreuungsgerichte.

(1) Wird infolge eines gerichtlichen Verfahrens eine Tätigkeit des Familien- oder Betreuungsgerichts erforderlich, hat das Gericht dem Familien- oder Betreuungsgericht Mitteilung zu machen.

(2) [1] Im Übrigen dürfen Gerichte und Behörden dem Familien- oder Betreuungsgericht personenbezogene Daten übermitteln, wenn deren Kenntnis aus ihrer Sicht für familien- oder betreuungsgerichtliche Maßnahmen erforderlich ist, soweit nicht für die übermittelnde Stelle erkennbar ist, dass schutzwürdige Interessen des Betroffenen an dem Ausschluss der Übermittlung das Schutzbedürfnis eines Minderjährigen oder Betreuten oder das öffentliche Interesse an der Übermittlung überwiegen. [2] Die Übermittlung unterbleibt, wenn ihr eine besondere bundes- oder entsprechende landesgesetzliche Verwendungsregelung entgegensteht.

Abschnitt 5. Rechtsmittel

Unterabschnitt 1. Beschwerde

§ 60 Beschwerderecht Minderjähriger. [1] Ein Kind, für das die elterliche Sorge besteht, oder ein unter Vormundschaft stehender Mündel kann in allen seine Person betreffenden Angelegenheiten ohne Mitwirkung seines gesetzlichen Vertreters das Beschwerderecht ausüben. [2] Das Gleiche gilt in sonstigen Angelegenheiten, in denen das Kind oder der Mündel vor einer Entscheidung des Gerichts gehört werden soll. [3] Dies gilt nicht für Personen, die geschäftsunfähig sind oder bei Erlass der Entscheidung das 14. Lebensjahr nicht vollendet haben.

Buch 2. Verfahren in Familiensachen

Abschnitt 2. Verfahren in Ehesachen; Verfahren in Scheidungssachen und Folgesachen

Unterabschnitt 1. Verfahren in Ehesachen

§ 128 Persönliches Erscheinen der Ehegatten. (1) ...

(2) Sind gemeinschaftliche minderjährige Kinder vorhanden, hat das Gericht die Ehegatten auch zur elterlichen Sorge und zum Umgangsrecht anzuhören und auf bestehende Möglichkeiten der Beratung hinzuweisen.

(3)-(4) ...

Unterabschnitt 2. Verfahren in Scheidungssachen und Folgesachen

§ 133 Inhalt der Antragsschrift. (1) Die Antragsschrift muss enthalten:

1. Namen und Geburtsdaten der gemeinschaftlichen minderjährigen Kinder sowie die Mitteilung ihres gewöhnlichen Aufenthalts,
2. die Erklärung, ob die Ehegatten eine Regelung über die elterliche Sorge, den Umgang und die Unterhaltspflicht gegenüber den gemeinschaftlichen minderjährigen Kindern sowie die durch die Ehe begründete gesetzliche Unterhaltspflicht, die Rechtsverhältnisse an der Ehewohnung und an den Haushaltsgegenständen getroffen haben, und
3. die Angabe, ob Familiensachen, an denen beide Ehegatten beteiligt sind, anderweitig anhängig sind.

(2) ...

§ 137 Verbund von Scheidungs- und Folgesachen. (1) Über Scheidung und Folgesachen ist zusammen zu verhandeln und zu entscheiden (Verbund).

(2) [1] Folgesachen sind

1. Versorgungsausgleichssachen,
2. Unterhaltssachen, sofern sie die Unterhaltspflicht gegenüber einem gemeinschaftlichen Kind oder die durch Ehe begründete gesetzliche Unterhaltspflicht betreffen mit Ausnahme des vereinfachten Verfahrens über den Unterhalt Minderjähriger,
3. Ehewohnungs- und Haushaltssachen und
4. Güterrechtssachen,

wenn eine Entscheidung für den Fall der Scheidung zu treffen ist und die Familiensache spätestens zwei Wochen vor der mündlichen Verhandlung im ersten Rechtszug in der Scheidungssache von einem Ehegatten anhängig gemacht wird. [2] Für den Versorgungsausgleich ist in den Fällen der §§ 6 bis 19 und 28 des Versorgungsausgleichsgesetzes kein Antrag notwendig.

(3) Folgesachen sind auch Kindschaftssachen, die die Übertragung oder Entziehung der elterlichen Sorge, das Umgangsrecht oder die Herausgabe eines gemeinschaftlichen Kindes der Ehegatten oder das Umgangsrecht eines Ehegatten mit dem Kind des anderen Ehegatten betreffen, wenn ein Ehegatte vor Schluss der mündlichen Verhandlung im ersten Rechtszug in der Scheidungssache die Einbeziehung in den Verbund beantragt, es sei denn, das Gericht hält die Einbeziehung aus Gründen des Kindeswohls nicht für sachgerecht.

(4) Im Fall der Verweisung oder Abgabe werden Verfahren, die die Voraussetzungen des Absatzes 2 oder des Absatzes 3 erfüllen, mit Anhängigkeit bei dem Gericht der Scheidungssache zu Folgesachen.

(5) [1] Abgetrennte Folgesachen nach Absatz 2 bleiben Folgesachen; sind mehrere Folgesachen abgetrennt, besteht der Verbund auch unter ihnen fort. [2] Folgesachen nach Absatz 3 werden nach der Abtrennung als selbständige Verfahren fortgeführt.

Abschnitt 3. Verfahren in Kindschaftssachen

§ 151 Kindschaftssachen. Kindschaftssachen sind die dem Familiengericht zugewiesenen Verfahren, die

1. die elterliche Sorge,
2. das Umgangsrecht und das Recht auf Auskunft über die persönlichen Verhältnisse des Kindes,
3. die Kindesherausgabe,
4. die Vormundschaft,
5. die Pflegschaft oder die gerichtliche Bestellung eines sonstigen Vertreters für einen Minderjährigen oder ***[bis 31.12.2022:*** für eine Leibesfrucht***][ab 1.1.2023:*** *für ein bereits gezeugtes Kind****]***,
6. die Genehmigung von freiheitsentziehender Unterbringung und freiheitsentziehenden Maßnahmen nach § 1631b des Bürgerlichen Gesetzbuchs[1)],

[1)] Nr. 2.

auch in Verbindung mit *[bis 31.12.2022:* den §§ 1800 und 1915 des Bürgerlichen Gesetzbuchs[1])*][ab 1.1.2023: § 1795 Absatz 1 Satz 3 und § 1813 Absatz 1 des Bürgerlichen Gesetzbuchs*[1])*]*,

7. die Genehmigung oder Anordnung einer freiheitsentziehenden Unterbringung, freiheitsentziehenden Maßnahme oder ärztlichen Zwangsmaßnahme bei einem Minderjährigen nach den Landesgesetzen über die Unterbringung psychisch Kranker oder
8. die Aufgaben nach dem Jugendgerichtsgesetz[2])

betreffen.

§ 152 Örtliche Zuständigkeit. (1) Während der Anhängigkeit einer Ehesache ist unter den deutschen Gerichten das Gericht, bei dem die Ehesache im ersten Rechtszug anhängig ist oder war, ausschließlich zuständig für Kindschaftssachen, sofern sie gemeinschaftliche Kinder der Ehegatten betreffen.

(2) Ansonsten ist das Gericht zuständig, in dessen Bezirk das Kind seinen gewöhnlichen Aufenthalt hat.

(3) Ist die Zuständigkeit eines deutschen Gerichts nach den Absätzen 1 und 2 nicht gegeben, ist das Gericht zuständig, in dessen Bezirk das Bedürfnis der Fürsorge bekannt wird.

(4) [1] Für die in den *[bis 31.12.2022:* §§ 1693 und 1846 des Bürgerlichen Gesetzbuchs[1]) und in Artikel 24 Abs. 3 des Einführungsgesetzes zum Bürgerlichen Gesetzbuche[3])*][ab 1.1.2023: §§ 1693 und 1802 Absatz 2 Satz 3 in Verbindung mit § 1867]* bezeichneten Maßnahmen ist auch das Gericht zuständig, in dessen Bezirk das Bedürfnis der Fürsorge bekannt wird. [2] Es soll die angeordneten Maßnahmen dem Gericht mitteilen, bei dem eine Vormundschaft oder Pflegschaft anhängig ist.

§ 153 Abgabe an das Gericht der Ehesache. [1] Wird eine Ehesache rechtshängig, während eine Kindschaftssache, die ein gemeinschaftliches Kind der Ehegatten betrifft, bei einem anderen Gericht im ersten Rechtszug anhängig ist, ist diese von Amts wegen an das Gericht der Ehesache abzugeben. [2] § 281 Abs. 2 und 3 Satz 1 der Zivilprozessordnung gilt entsprechend.

§ 154 Verweisung bei einseitiger Änderung des Aufenthalts des Kindes. [1] Das nach § 152 Abs. 2 zuständige Gericht kann ein Verfahren an das Gericht des früheren gewöhnlichen Aufenthaltsorts des Kindes verweisen, wenn ein Elternteil den Aufenthalt des Kindes ohne vorherige Zustimmung des anderen geändert hat. [2] Dies gilt nicht, wenn dem anderen Elternteil das Recht der Aufenthaltsbestimmung nicht zusteht oder die Änderung des Aufenthaltsorts zum Schutz des Kindes oder des betreuenden Elternteils erforderlich war.

§ 155 Vorrang- und Beschleunigungsgebot. (1) Kindschaftssachen, die den Aufenthalt des Kindes, das Umgangsrecht oder die Herausgabe des Kindes betreffen, sowie Verfahren wegen Gefährdung des Kindeswohls sind vorrangig und beschleunigt durchzuführen.

---

[1]) Nr. **2**.
[2]) Nr. **37**.
[3]) Nr. **5**.

(2) [1]Das Gericht erörtert in Verfahren nach Absatz 1 die Sache mit den Beteiligten in einem Termin. [2]Der Termin soll spätestens einen Monat nach Beginn des Verfahrens stattfinden. [3]Das Gericht hört in diesem Termin das Jugendamt an. [4]Eine Verlegung des Termins ist nur aus zwingenden Gründen zulässig. [5]Der Verlegungsgrund ist mit dem Verlegungsgesuch glaubhaft zu machen.

(3) Das Gericht soll das persönliche Erscheinen der verfahrensfähigen Beteiligten zu dem Termin anordnen.

(4) Hat das Gericht ein Verfahren nach Absatz 1 zur Durchführung einer Mediation oder eines anderen Verfahrens der außergerichtlichen Konfliktbeilegung ausgesetzt, nimmt es das Verfahren in der Regel nach drei Monaten wieder auf, wenn die Beteiligten keine einvernehmliche Regelung erzielen.

§ 155a Verfahren zur Übertragung der gemeinsamen elterlichen Sorge. (1) [1]Die nachfolgenden Bestimmungen dieses Paragrafen gelten für das Verfahren nach § 1626a Absatz 2 des Bürgerlichen Gesetzbuchs[1)]. [2]Im Antrag auf Übertragung der gemeinsamen Sorge sind Geburtsdatum und Geburtsort des Kindes anzugeben.

(2) [1]§ 155 Absatz 1 ist entsprechend anwendbar. [2]Das Gericht stellt dem anderen Elternteil den Antrag auf Übertragung der gemeinsamen Sorge nach den §§ 166 bis 195 der Zivilprozessordnung zu und setzt ihm eine Frist zur Stellungnahme, die für die Mutter frühestens sechs Wochen nach der Geburt des Kindes endet.

(3) [1]In den Fällen des § 1626a Absatz 2 Satz 2 des Bürgerlichen Gesetzbuchs[1)] soll das Gericht im schriftlichen Verfahren ohne Anhörung des Jugendamts und ohne persönliche Anhörung der Eltern entscheiden. [2]§ 162 ist nicht anzuwenden. [3]Das Gericht teilt dem nach § 87c Absatz 6 Satz 2 des Achten Buches Sozialgesetzbuch[2)] zuständigen Jugendamt seine Entscheidung unter Angabe des Geburtsdatums und des Geburtsorts des Kindes sowie des Namens, den das Kind zur Zeit der Beurkundung seiner Geburt geführt hat, zu den in ***[bis 31.12.2022:*** § 58a des Achten Buches Sozialgesetzbuch***][ab 1.1.2023:*** *§ 58 des Achten Buches Sozialgesetzbuch****]*** genannten Zwecken formlos mit.

(4) [1]Werden dem Gericht durch den Vortrag der Beteiligten oder auf sonstige Weise Gründe bekannt, die der gemeinsamen elterlichen Sorge entgegenstehen können, gilt § 155 Absatz 2 mit der Maßgabe entsprechend, dass der Termin nach Satz 2 spätestens einen Monat nach Bekanntwerden der Gründe stattfinden soll, jedoch nicht vor Ablauf der Stellungnahmefrist der Mutter nach Absatz 2 Satz 2. [2]§ 155 Absatz 3 und § 156 Absatz 1 gelten entsprechend.

(5) [1]Sorgeerklärungen und Zustimmungen des gesetzlichen Vertreters eines beschränkt geschäftsfähigen Elternteils können auch im Erörterungstermin zur Niederschrift des Gerichts erklärt werden. [2]§ 1626d Absatz 2 des Bürgerlichen Gesetzbuchs[1)] gilt entsprechend.

§ 155b Beschleunigungsrüge. (1) [1]Ein Beteiligter in einer in § 155 Absatz 1 bestimmten Kindschaftssache kann geltend machen, dass die bisherige Verfahrensdauer nicht dem Vorrang- und Beschleunigungsgebot nach der genannten Vorschrift entspricht (Beschleunigungsrüge). [2]Er hat dabei Umstände

---

[1)] Nr. **2**.
[2)] Nr. **10**.

darzulegen, aus denen sich ergibt, dass das Verfahren nicht vorrangig und beschleunigt durchgeführt worden ist.

(2) [1] Das Gericht entscheidet über die Beschleunigungsrüge spätestens innerhalb eines Monats nach deren Eingang durch Beschluss. [2] Hält das Gericht die Beschleunigungsrüge für begründet, hat es unverzüglich geeignete Maßnahmen zur vorrangigen und beschleunigten Durchführung des Verfahrens zu ergreifen; insbesondere ist der Erlass einer einstweiligen Anordnung zu prüfen.

(3) Die Beschleunigungsrüge gilt zugleich als Verzögerungsrüge im Sinne des § 198 Absatz 3 Satz 1 des Gerichtsverfassungsgesetzes.

§ 155c Beschleunigungsbeschwerde. (1) [1] Der Beschluss nach § 155b Absatz 2 Satz 1 kann von dem Beteiligten innerhalb einer Frist von zwei Wochen nach der schriftlichen Bekanntgabe mit der Beschwerde angefochten werden. [2] § 64 Absatz 1 gilt entsprechend. [3] Das Gericht ist zur Abhilfe nicht befugt; es hat die Akten unverzüglich dem Beschwerdegericht nach Absatz 2 vorzulegen.

(2) [1] Über die Beschleunigungsbeschwerde entscheidet das Oberlandesgericht, wenn das Amtsgericht den Beschluss nach § 155b Absatz 2 Satz 1 gefasst hat. [2] Hat das Oberlandesgericht oder der Bundesgerichtshof den Beschluss gefasst, so entscheidet ein anderer Spruchkörper desselben Gerichts.

(3) [1] Das Beschwerdegericht entscheidet unverzüglich nach Aktenlage; seine Entscheidung soll spätestens innerhalb eines Monats ergehen. [2] § 68 Absatz 2 gilt entsprechend. [3] Das Beschwerdegericht hat festzustellen, ob die bisherige Dauer des Verfahrens dem Vorrang- und Beschleunigungsgebot des § 155 Absatz 1 entspricht. [4] Stellt es fest, dass dies nicht der Fall ist, hat das Gericht, dessen Beschluss angefochten worden ist, das Verfahren unter Beachtung der rechtlichen Beurteilung des Beschwerdegerichts unverzüglich vorrangig und beschleunigt durchzuführen.

(4) [1] Hat das Gericht innerhalb der Monatsfrist des § 155b Absatz 2 Satz 1 keine Entscheidung über die Beschleunigungsrüge getroffen, kann der Beteiligte innerhalb einer Frist von zwei Monaten bei dem Beschwerdegericht nach Absatz 2 die Beschleunigungsbeschwerde einlegen. [2] Die Frist beginnt mit Eingang der Beschleunigungsrüge bei dem Gericht. [3] Die Absätze 2 und 3 gelten entsprechend.

§ 156 Hinwirken auf Einvernehmen. (1) [1] Das Gericht soll in Kindschaftssachen, die die elterliche Sorge bei Trennung und Scheidung, den Aufenthalt des Kindes, das Umgangsrecht oder die Herausgabe des Kindes betreffen, in jeder Lage des Verfahrens auf ein Einvernehmen der Beteiligten hinwirken, wenn dies dem Kindeswohl nicht widerspricht. [2] Es weist auf Möglichkeiten der Beratung durch die Beratungsstellen und -dienste der Träger der Kinder- und Jugendhilfe insbesondere zur Entwicklung eines einvernehmlichen Konzepts für die Wahrnehmung der elterlichen Sorge und der elterlichen Verantwortung hin. [3] Das Gericht kann anordnen, dass die Eltern einzeln oder gemeinsam an einem kostenfreien Informationsgespräch über Mediation oder über eine sonstige Möglichkeit der außergerichtlichen Konfliktbeilegung bei einer von dem Gericht benannten Person oder Stelle teilnehmen und eine Bestätigung hierüber vorlegen. [4] Es kann ferner anordnen, dass die Eltern an einer Beratung nach Satz 2 teilnehmen. [5] Die Anordnungen nach den Sätzen 3 und 4 sind nicht selbständig anfechtbar und nicht mit Zwangsmitteln durchsetzbar.

(2) [1]Erzielen die Beteiligten Einvernehmen über den Umgang oder die Herausgabe des Kindes, ist die einvernehmliche Regelung als Vergleich aufzunehmen, wenn das Gericht diese billigt (gerichtlich gebilligter Vergleich). [2]Das Gericht billigt die Umgangsregelung, wenn sie dem Kindeswohl nicht widerspricht.

(3) [1]Kann in Kindschaftssachen, die den Aufenthalt des Kindes, das Umgangsrecht oder die Herausgabe des Kindes betreffen, eine einvernehmliche Regelung im Termin nach § 155 Abs. 2 nicht erreicht werden, hat das Gericht mit den Beteiligten und dem Jugendamt den Erlass einer einstweiligen Anordnung zu erörtern. [2]Wird die Teilnahme an einer Beratung, an einem kostenfreien Informationsgespräch über Mediation oder einer sonstigen Möglichkeit der außergerichtlichen Konfliktbeilegung oder eine schriftliche Begutachtung angeordnet, soll das Gericht in Kindschaftssachen, die das Umgangsrecht betreffen, den Umgang durch einstweilige Anordnung regeln oder ausschließen. [3]Das Gericht soll das Kind vor dem Erlass einer einstweiligen Anordnung persönlich anhören.

§ 157 Erörterung der Kindeswohlgefährdung; einstweilige Anordnung. (1) In Verfahren nach den §§ 1666 und 1666a des Bürgerlichen Gesetzbuchs[1)] soll das Gericht mit den Eltern und in geeigneten Fällen auch mit dem Kind erörtern, wie einer möglichen Gefährdung des Kindeswohls, insbesondere durch öffentliche Hilfen, begegnet werden und welche Folgen die Nichtannahme notwendiger Hilfen haben kann.

(2) [1]Das Gericht hat das persönliche Erscheinen der Eltern zu dem Termin nach Absatz 1 anzuordnen. [2]Das Gericht führt die Erörterung in Abwesenheit eines Elternteils durch, wenn dies zum Schutz eines Beteiligten oder aus anderen Gründen erforderlich ist.

(3) In Verfahren nach den §§ 1666 und 1666a des Bürgerlichen Gesetzbuchs hat das Gericht unverzüglich den Erlass einer einstweiligen Anordnung zu prüfen.

§ 158 Bestellung des Verfahrensbeistands. (1) [1]Das Gericht hat dem minderjährigen Kind in Kindschaftssachen, die seine Person betreffen, einen fachlich und persönlich geeigneten Verfahrensbeistand zu bestellen, soweit dies zur Wahrnehmung der Interessen des Kindes erforderlich ist. [2]Der Verfahrensbeistand ist so früh wie möglich zu bestellen.

(2) Die Bestellung ist stets erforderlich, wenn eine der folgenden Entscheidungen in Betracht kommt:

1. die teilweise oder vollständige Entziehung der Personensorge nach den §§ 1666 und 1666a des Bürgerlichen Gesetzbuchs[1)],
2. der Ausschluss des Umgangsrechts nach § 1684 des Bürgerlichen Gesetzbuchs[1)] oder
3. eine Verbleibensanordnung nach § 1632 Absatz 4 oder § 1682 des Bürgerlichen Gesetzbuchs[1)].

(3) [1]Die Bestellung ist in der Regel erforderlich, wenn

1. das Interesse des Kindes zu dem seiner gesetzlichen Vertreter in erheblichem Gegensatz steht,

---

[1)] Nr. 2.

2. eine Trennung des Kindes von der Person erfolgen soll, in deren Obhut es sich befindet,
3. Verfahren die Herausgabe des Kindes zum Gegenstand haben oder
4. eine wesentliche Beschränkung des Umgangsrechts in Betracht kommt.

[2] Sieht das Gericht in den genannten Fällen von der Bestellung eines Verfahrensbeistands ab, ist dies in der Endentscheidung zu begründen.

(4) [1] Die Bestellung endet mit der Aufhebung der Bestellung, mit Rechtskraft der das Verfahren abschließenden Entscheidung oder mit dem sonstigen Abschluss des Verfahrens. [2] Das Gericht hebt die Bestellung auf, wenn

1. der Verfahrensbeistand dies beantragt und einer Entlassung keine erheblichen Gründe entgegenstehen oder
2. die Fortführung des Amtes die Interessen des Kindes gefährden würde.

(5) Die Bestellung eines Verfahrensbeistands oder deren Aufhebung sowie die Ablehnung einer derartigen Maßnahme sind nicht selbständig anfechtbar.

§ 158a[1)] Eignung des Verfahrensbeistands. (1) [1] Fachlich geeignet im Sinne des § 158 Absatz 1 ist eine Person, die Grundkenntnisse auf den Gebieten des Familienrechts, insbesondere des Kindschaftsrechts, des Verfahrensrechts in Kindschaftssachen und des Kinder- und Jugendhilferechts, sowie Kenntnisse der Entwicklungspsychologie des Kindes hat und über kindgerechte Gesprächstechniken verfügt. [2] Die nach Satz 1 erforderlichen Kenntnisse und Fähigkeiten sind auf Verlangen des Gerichts nachzuweisen. [3] Der Nachweis kann insbesondere über eine sozialpädagogische, pädagogische, juristische oder psychologische Berufsqualifikation sowie eine für die Tätigkeit als Verfahrensbeistand spezifische Zusatzqualifikation erbracht werden. [4] Der Verfahrensbeistand hat sich regelmäßig, mindestens alle zwei Jahre, fortzubilden und dies dem Gericht auf Verlangen nachzuweisen.

(2) [1] Persönlich geeignet im Sinne des § 158 Absatz 1 ist eine Person, die Gewähr bietet, die Interessen des Kindes gewissenhaft, unvoreingenommen und unabhängig wahrzunehmen. [2] Persönlich ungeeignet ist eine Person stets dann, wenn sie rechtskräftig wegen einer Straftat nach den §§ 171, 174 bis 174c, 176 bis 178, 180, 180a, 181a, 182 bis 184c, 184e bis 184g, 184i bis 184k, 201a Absatz 3, den §§ 225, 232 bis 233a, 234, 235 oder § 236 des Strafgesetzbuchs[2)] verurteilt worden ist. [3] Zur Überprüfung der Voraussetzungen des Satzes 2 soll sich das Gericht ein erweitertes Führungszeugnis von der betreffenden Person (§ 30a des Bundeszentralregistergesetzes[3)]) vorlegen lassen oder im Einverständnis mit der betreffenden Person anderweitig Einsicht in ein bereits vorliegendes erweitertes Führungszeugnis nehmen. [4] Ein solches darf nicht älter als drei Jahre sein. [5] Aktenkundig zu machen sind nur die Einsichtnahme in das erweiterte Führungszeugnis des bestellten Verfahrensbeistands, das Ausstellungsdatum sowie die Feststellung, dass das erweiterte Führungszeugnis keine Eintragung über eine rechtskräftige Verurteilung wegen einer in Satz 2 genannten Straftat enthält.

---

1) Beachte hierzu Übergangsvorschrift in § 493 Abs. 4.
2) Nr. **38**.
3) Nr. **42**.

§ 158b Aufgaben und Rechtsstellung des Verfahrensbeistands.

(1) [1] Der Verfahrensbeistand hat das Interesse des Kindes festzustellen und im gerichtlichen Verfahren zur Geltung zu bringen. [2] Er soll zu diesem Zweck auch eine schriftliche Stellungnahme erstatten. [3] Der Verfahrensbeistand hat das Kind über Gegenstand, Ablauf und möglichen Ausgang des Verfahrens in geeigneter Weise zu informieren. [4] Endet das Verfahren durch Endentscheidung, soll der Verfahrensbeistand den gerichtlichen Beschluss mit dem Kind erörtern.

(2) [1] Soweit erforderlich kann das Gericht dem Verfahrensbeistand die Aufgabe übertragen, Gespräche mit den Eltern und weiteren Bezugspersonen des Kindes zu führen sowie am Zustandekommen einer einvernehmlichen Regelung über den Verfahrensgegenstand mitzuwirken. [2] Das Gericht hat Art und Umfang der Beauftragung konkret festzulegen und die Beauftragung zu begründen.

(3) [1] Der Verfahrensbeistand wird durch seine Bestellung als Beteiligter zum Verfahren hinzugezogen. [2] Er kann im Interesse des Kindes Rechtsmittel einlegen. [3] Der Verfahrensbeistand ist nicht gesetzlicher Vertreter des Kindes.

§ 158c Vergütung; Kosten. (1) [1] Führt der Verfahrensbeistand die Verfahrensbeistandschaft berufsmäßig, erhält er für die Wahrnehmung seiner Aufgaben in jedem Rechtszug jeweils eine einmalige Vergütung von 350 Euro. [2] Im Fall der Übertragung von Aufgaben nach § 158b Absatz 2 erhöht sich die Vergütung auf 550 Euro. [3] Die Vergütung deckt auch Ansprüche auf Ersatz anlässlich der Verfahrensbeistandschaft entstandener Aufwendungen ab.

(2) Für den Ersatz von Aufwendungen des nicht berufsmäßigen Verfahrensbeistands ist § 277 Absatz 1 entsprechend anzuwenden.

(3) [1] Der Aufwendungsersatz und die Vergütung sind stets aus der Staatskasse zu zahlen. [2] Im Übrigen gilt § 168 Absatz 1 entsprechend.

(4) Dem Verfahrensbeistand sind keine Kosten aufzuerlegen.

§ 159 Persönliche Anhörung des Kindes. (1) Das Gericht hat das Kind persönlich anzuhören und sich einen persönlichen Eindruck von dem Kind zu verschaffen.

(2) [1] Von der persönlichen Anhörung und der Verschaffung eines persönlichen Eindrucks nach Absatz 1 kann das Gericht nur absehen, wenn

1. ein schwerwiegender Grund dafür vorliegt,
2. das Kind offensichtlich nicht in der Lage ist, seine Neigungen und seinen Willen kundzutun,
3. die Neigungen, Bindungen und der Wille des Kindes für die Entscheidung nicht von Bedeutung sind und eine persönliche Anhörung auch nicht aus anderen Gründen angezeigt ist oder
4. das Verfahren ausschließlich das Vermögen des Kindes betrifft und eine persönliche Anhörung nach der Art der Angelegenheit nicht angezeigt ist.

[2] Satz 1 Nummer 3 ist in Verfahren nach den §§ 1666 und 1666a des Bürgerlichen Gesetzbuchs[1)], die die Person des Kindes betreffen, nicht anzuwenden. [3] Das Gericht hat sich in diesen Verfahren einen persönlichen Eindruck von

---

[1)] Nr. 2.

dem Kind auch dann zu verschaffen, wenn das Kind offensichtlich nicht in der Lage ist, seine Neigungen und seinen Willen kundzutun.

(3) [1] Sieht das Gericht davon ab, das Kind persönlich anzuhören oder sich einen persönlichen Eindruck von dem Kind zu verschaffen, ist dies in der Endentscheidung zu begründen. [2] Unterbleibt eine Anhörung oder die Verschaffung eines persönlichen Eindrucks allein wegen Gefahr im Verzug, ist sie unverzüglich nachzuholen.

(4) [1] Das Kind soll über den Gegenstand, Ablauf und möglichen Ausgang des Verfahrens in einer geeigneten und seinem Alter entsprechenden Weise informiert werden, soweit nicht Nachteile für seine Entwicklung, Erziehung oder Gesundheit zu befürchten sind. [2] Ihm ist Gelegenheit zur Äußerung zu geben. [3] Hat das Gericht dem Kind nach § 158 einen Verfahrensbeistand bestellt, soll die persönliche Anhörung und die Verschaffung eines persönlichen Eindrucks in dessen Anwesenheit stattfinden. [4] Im Übrigen steht die Gestaltung der persönlichen Anhörung im Ermessen des Gerichts.

§ 160 Anhörung der Eltern. (1) [1] In Verfahren, die die Person des Kindes betreffen, soll das Gericht die Eltern persönlich anhören. [2] In Verfahren nach den §§ 1666 und 1666a des Bürgerlichen Gesetzbuchs[1)] sind die Eltern persönlich anzuhören.

(2) [1] In sonstigen Kindschaftssachen hat das Gericht die Eltern anzuhören. [2] Dies gilt nicht für einen Elternteil, dem die elterliche Sorge nicht zusteht, sofern von der Anhörung eine Aufklärung nicht erwartet werden kann.

(3) Von der Anhörung darf nur aus schwerwiegenden Gründen abgesehen werden.

(4) Unterbleibt die Anhörung allein wegen Gefahr im Verzug, ist sie unverzüglich nachzuholen.

§ 161 Mitwirkung der Pflegeperson. (1) [1] Das Gericht kann in Verfahren, die die Person des Kindes betreffen, die Pflegeperson im Interesse des Kindes als Beteiligte hinzuziehen, wenn das Kind seit längerer Zeit in Familienpflege lebt. [2] Satz 1 gilt entsprechend, wenn das Kind auf Grund einer Entscheidung nach § 1682 des Bürgerlichen Gesetzbuchs[1)] bei dem dort genannten Ehegatten, Lebenspartner oder Umgangsberechtigten lebt.

(2) Die in Absatz 1 genannten Personen sind anzuhören, wenn das Kind seit längerer Zeit in Familienpflege lebt.

§ 162 Mitwirkung des Jugendamts. (1) [1] Das Gericht hat in Verfahren, die die Person des Kindes betreffen, das Jugendamt anzuhören. [2] Unterbleibt die Anhörung wegen Gefahr im Verzug, ist sie unverzüglich nachzuholen.

(2) [1] In Verfahren nach den §§ 1666 und 1666a des Bürgerlichen Gesetzbuchs[1)] ist das Jugendamt zu beteiligen. [2] Im Übrigen ist das Jugendamt auf seinen Antrag am Verfahren zu beteiligen.

(3) [1] In Verfahren, die die Person des Kindes betreffen, ist das Jugendamt von Terminen zu benachrichtigen und ihm sind alle Entscheidungen des Gerichts bekannt zu machen. [2] Gegen den Beschluss steht dem Jugendamt die Beschwerde zu.

[1)] Nr. **2**.

§ 163 Sachverständigengutachten. (1) [1]In Verfahren nach § 151 Nummer 1 bis 3 ist das Gutachten durch einen geeigneten Sachverständigen zu erstatten, der mindestens über eine psychologische, psychotherapeutische, kinder- und jugendpsychiatrische, psychiatrische, ärztliche, pädagogische oder sozialpädagogische Berufsqualifikation verfügen soll. [2]Verfügt der Sachverständige über eine pädagogische oder sozialpädagogische Berufsqualifikation, ist der Erwerb ausreichender diagnostischer und analytischer Kenntnisse durch eine anerkannte Zusatzqualifikation nachzuweisen.

(2) Das Gericht kann in Verfahren, die die Person des Kindes betreffen, anordnen, dass der Sachverständige bei der Erstellung des Gutachtens auch auf die Herstellung des Einvernehmens zwischen den Beteiligten hinwirken soll.

§ 163a Ausschluss der Vernehmung des Kindes. Eine Vernehmung des Kindes als Zeuge oder als Beteiligter findet nicht statt.

§ 164 Bekanntgabe der Entscheidung an das Kind. [1]Die Entscheidung, gegen die das Kind das Beschwerderecht ausüben kann, ist dem Kind selbst bekannt zu machen, wenn es das 14. Lebensjahr vollendet hat und nicht geschäftsunfähig ist. [2]Eine Begründung soll dem Kind nicht mitgeteilt werden, wenn Nachteile für dessen Entwicklung, Erziehung oder Gesundheit zu befürchten sind. [3]§ 38 Abs. 4 Nr. 2 ist nicht anzuwenden.

§ 165 Vermittlungsverfahren. (1) [1]Macht ein Elternteil geltend, dass der andere Elternteil die Durchführung einer gerichtlichen Entscheidung oder eines gerichtlich gebilligten Vergleichs über den Umgang mit dem gemeinschaftlichen Kind vereitelt oder erschwert, vermittelt das Gericht auf Antrag eines Elternteils zwischen den Eltern. [2]Das Gericht kann die Vermittlung ablehnen, wenn bereits ein Vermittlungsverfahren oder eine anschließende außergerichtliche Beratung erfolglos geblieben ist.

(2) [1]Das Gericht lädt die Eltern unverzüglich zu einem Vermittlungstermin. [2]Zu diesem Termin ordnet das Gericht das persönliche Erscheinen der Eltern an. [3]In der Ladung weist das Gericht darauf hin, welche Rechtsfolgen ein erfolgloses Vermittlungsverfahren nach Absatz 5 haben kann. [4]In geeigneten Fällen lädt das Gericht auch das Jugendamt zu dem Termin.

(3) [1]In dem Termin erörtert das Gericht mit den Eltern, welche Folgen das Unterbleiben des Umgangs für das Wohl des Kindes haben kann. [2]Es weist auf die Rechtsfolgen hin, die sich ergeben können, wenn der Umgang vereitelt oder erschwert wird, insbesondere darauf, dass Ordnungsmittel verhängt werden können oder die elterliche Sorge eingeschränkt oder entzogen werden kann. [3]Es weist die Eltern auf die bestehenden Möglichkeiten der Beratung durch die Beratungsstellen und -dienste der Träger der Kinder- und Jugendhilfe hin.

(4) [1]Das Gericht soll darauf hinwirken, dass die Eltern Einvernehmen über die Ausübung des Umgangs erzielen. [2]Kommt ein gerichtlich gebilligter Vergleich zustande, tritt dieser an die Stelle der bisherigen Regelung. [3]Wird ein Einvernehmen nicht erzielt, sind die Streitpunkte im Vermerk festzuhalten.

(5) [1]Wird weder eine einvernehmliche Regelung des Umgangs noch Einvernehmen über eine nachfolgende Inanspruchnahme außergerichtlicher Beratung erreicht oder erscheint mindestens ein Elternteil in dem Vermittlungstermin nicht, stellt das Gericht durch nicht anfechtbaren Beschluss fest, dass das

Vermittlungsverfahren erfolglos geblieben ist. [2] In diesem Fall prüft das Gericht, ob Ordnungsmittel ergriffen, Änderungen der Umgangsregelung vorgenommen oder Maßnahmen in Bezug auf die Sorge ergriffen werden sollen. [3] Wird ein entsprechendes Verfahren von Amts wegen oder auf einen binnen eines Monats gestellten Antrag eines Elternteils eingeleitet, werden die Kosten des Vermittlungsverfahrens als Teil der Kosten des anschließenden Verfahrens behandelt.

§ 166 Abänderung und Überprüfung von Entscheidungen und gerichtlich gebilligten Vergleichen. (1) Das Gericht ändert eine Entscheidung oder einen gerichtlich gebilligten Vergleich nach Maßgabe des § 1696 des Bürgerlichen Gesetzbuchs[1)].

(2) Eine länger dauernde kindesschutzrechtliche Maßnahme, die von Amts wegen geändert werden kann, hat das Gericht in angemessenen Zeitabständen zu überprüfen.

(3) Sieht das Gericht von einer Maßnahme nach den §§ 1666 bis 1667 des Bürgerlichen Gesetzbuchs ab, soll es seine Entscheidung in einem angemessenen Zeitabstand, in der Regel nach drei Monaten, überprüfen.

§ 167 Anwendbare Vorschriften bei Unterbringung Minderjähriger und bei freiheitsentziehenden Maßnahmen bei Minderjährigen.

(1) [1] In Verfahren nach § 151 Nummer 6 sind die für Unterbringungssachen nach § 312 Nummer 1 und 2, in Verfahren nach § 151 Nummer 7 die für Unterbringungssachen nach § 312 Nummer 4 geltenden Vorschriften anzuwenden. [2] An die Stelle des Verfahrenspflegers tritt der Verfahrensbeistand. [3] Die Bestellung eines Verfahrensbeistands ist stets erforderlich.

(2) Ist für eine Kindschaftssache nach Absatz 1 ein anderes Gericht zuständig als dasjenige, bei dem eine Vormundschaft oder eine die Unterbringung erfassende Pflegschaft für den Minderjährigen eingeleitet ist, teilt dieses Gericht dem für das Verfahren nach Absatz 1 zuständigen Gericht die Anordnung und Aufhebung der Vormundschaft oder Pflegschaft, den Wegfall des Aufgabenbereichs Unterbringung und einen Wechsel in der Person des Vormunds oder Pflegers mit; das für das Verfahren nach Absatz 1 zuständige Gericht teilt dem anderen Gericht die Unterbringungsmaßnahme, ihre Änderung, Verlängerung und Aufhebung mit.

(3) Der Betroffene ist ohne Rücksicht auf seine Geschäftsfähigkeit verfahrensfähig, wenn er das 14. Lebensjahr vollendet hat.

(4) In den in Absatz 1 Satz 1 genannten Verfahren sind die Elternteile, denen die Personensorge zusteht, der gesetzliche Vertreter in persönlichen Angelegenheiten sowie die Pflegeeltern persönlich anzuhören.

(5) Das Jugendamt hat die Eltern, den Vormund oder den Pfleger auf deren Wunsch bei der Zuführung zur Unterbringung zu unterstützen.

(6) [1] In Verfahren nach § 151 Nr. 6 und 7 soll der Sachverständige Arzt für Kinder- und Jugendpsychiatrie und -psychotherapie sein. [2] In Verfahren nach § 151 Nr. 6 kann das Gutachten auch durch einen in Fragen der Heimerziehung ausgewiesenen Psychotherapeuten, Psychologen, Pädagogen oder Sozial-

---

1) Nr. 2.

pädagogen erstattet werden. [3] In Verfahren der Genehmigung freiheitsentziehender Maßnahmen genügt ein ärztliches Zeugnis; Satz 1 gilt entsprechend.

(7) Die freiheitsentziehende Unterbringung und freiheitsentziehende Maßnahmen enden spätestens mit Ablauf von sechs Monaten, bei offensichtlich langer Sicherungsbedürftigkeit spätestens mit Ablauf von einem Jahr, wenn sie nicht vorher verlängert werden.

§ 167a Besondere Vorschriften für Verfahren nach § 1686a des Bürgerlichen Gesetzbuchs. (1) Anträge auf Erteilung des Umgangs- oder Auskunftsrechts nach § 1686a des Bürgerlichen Gesetzbuchs[1)] sind nur zulässig, wenn der Antragsteller an Eides statt versichert, der Mutter des Kindes während der Empfängniszeit beigewohnt zu haben.

(2) Soweit es in einem Verfahren, das das Umgangs- oder Auskunftsrecht nach § 1686a des Bürgerlichen Gesetzbuchs[1)] betrifft, zur Klärung der leiblichen Vaterschaft erforderlich ist, hat jede Person Untersuchungen, insbesondere die Entnahme von Blutproben, zu dulden, es sei denn, dass ihr die Untersuchung nicht zugemutet werden kann.

(3) § 177 Absatz 2 Satz 2 und § 178 Absatz 2 gelten entsprechend.

§ 167b Genehmigungsverfahren nach § 1631e des Bürgerlichen Gesetzbuchs; Verordnungsermächtigung. (1) [1] In Verfahren nach § 1631e Absatz 3 des Bürgerlichen Gesetzbuchs[1)] erteilt das Gericht die Genehmigung im schriftlichen Verfahren, sofern die Eltern eine den Eingriff befürwortende Stellungnahme vorlegen und keine Gründe ersichtlich sind, die einer Genehmigung entgegenstehen. [2] Wenn das Gericht im schriftlichen Verfahren entscheidet, soll es von der Anhörung des Jugendamts, der persönlichen Anhörung der Eltern und der Bestellung eines Verfahrensbeistands absehen. [3] § 162 ist nicht anwendbar.

(2) [1] Legen die Eltern dem Gericht keine den Eingriff befürwortende Stellungnahme vor oder sind Gründe ersichtlich, die einer Genehmigung nach Absatz 1 entgegenstehen, erörtert das Gericht die Sache mit den Beteiligten in einem Termin. [2] Das Gericht weist auf Möglichkeiten der Beratung durch die Beratungsstellen und Beratungsdienste der Träger der Kinder- und Jugendhilfe hin. [3] Es kann anordnen, dass sich die Eltern über den Umgang mit Varianten der Geschlechtsentwicklung beraten lassen und dem Gericht eine Bestätigung hierüber vorlegen. [4] Diese Anordnung ist nicht selbständig anfechtbar und nicht mit Zwangsmitteln durchsetzbar.

(3) [1] Die Landesregierungen werden ermächtigt, durch Rechtsverordnung die Zuständigkeit für Verfahren nach den Absätzen 1 und 2 dem Familiengericht, in dessen Bezirk das Oberlandesgericht seinen Sitz hat, oder einem anderen Familiengericht zuzuweisen. [2] Diese Ermächtigung kann von der jeweiligen Landesregierung auf die Landesjustizverwaltung übertragen werden. [3] Mehrere Länder können die Zuständigkeit eines Gerichts für Verfahren nach dieser Vorschrift über die Landesgrenzen hinaus vereinbaren.

[1)] Nr. 2.

[§ 168 bis 31.12.2022:]

§ 168 Beschluss über Zahlungen des Mündels. (1) [1] Das Gericht setzt durch Beschluss fest, wenn der Vormund, Gegenvormund oder Mündel die gerichtliche Festsetzung beantragt oder das Gericht sie für angemessen hält:

1. Vorschuss, Ersatz von Aufwendungen, Aufwandsentschädigung, soweit der Vormund oder Gegenvormund sie aus der Staatskasse verlangen kann (§ 1835 Abs. 4 und § 1835a Abs. 3 des Bürgerlichen Gesetzbuchs[1)]) oder ihm nicht die Vermögenssorge übertragen wurde;
2. eine dem Vormund oder Gegenvormund zu bewilligende Vergütung oder Abschlagszahlung (§ 1836 des Bürgerlichen Gesetzbuchs).

[2] Mit der Festsetzung bestimmt das Gericht Höhe und Zeitpunkt der Zahlungen, die der Mündel an die Staatskasse nach den §§ 1836c und 1836e des Bürgerlichen Gesetzbuchs zu leisten hat. [3] Es kann die Zahlungen gesondert festsetzen, wenn dies zweckmäßig ist. [4] Erfolgt keine Festsetzung nach Satz 1 und richten sich die in Satz 1 bezeichneten Ansprüche gegen die Staatskasse, gelten die Vorschriften über das Verfahren bei der Entschädigung von Zeugen hinsichtlich ihrer baren Auslagen sinngemäß.

(2) [1] In dem Antrag sollen die persönlichen und wirtschaftlichen Verhältnisse des Mündels dargestellt werden. [2] § 118 Abs. 2 Satz 1 und 2 sowie § 120 Absatz 2 und 3 sowie § 120a Absatz 1 Satz 1 bis 3 der Zivilprozessordnung sind entsprechend anzuwenden.[2)] [3] Steht nach der freien Überzeugung des Gerichts der Aufwand zur Ermittlung der persönlichen und wirtschaftlichen Verhältnisse des Mündels außer Verhältnis zur Höhe des aus der Staatskasse zu begleichenden Anspruchs oder zur Höhe der voraussichtlich vom Mündel zu leistenden Zahlungen, kann das Gericht ohne weitere Prüfung den Anspruch festsetzen oder von einer Festsetzung der vom Mündel zu leistenden Zahlungen absehen.

(3) [1] Nach dem Tode des Mündels bestimmt das Gericht Höhe und Zeitpunkt der Zahlungen, die der Erbe des Mündels nach § 1836e des Bürgerlichen Gesetzbuchs an die Staatskasse zu leisten hat. [2] Der Erbe ist verpflichtet, dem Gericht über den Bestand des Nachlasses Auskunft zu erteilen. [3] Er hat dem Gericht auf Verlangen ein Verzeichnis der zur Erbschaft gehörenden Gegenstände vorzulegen und an Eides statt zu versichern, dass er nach bestem Wissen und Gewissen den Bestand so vollständig angegeben habe, als er dazu imstande sei.

(4) [1] Der Mündel ist zu hören, bevor nach Absatz 1 eine von ihm zu leistende Zahlung festgesetzt wird. [2] Vor einer Entscheidung nach Absatz 3 ist der Erbe zu hören.

(5) Auf die Pflegschaft sind die Absätze 1 bis 4 entsprechend anzuwenden.

[§ 168 ab 1.1.2023:]

§ 168 Auswahl des Vormunds. *(1) Hat das Gericht einen Vormund zu bestellen, so soll es bei der Auswahl auch nahestehende Familienangehörige sowie Personen des Vertrauens des betroffenen Kindes anhören, wenn dies ohne erhebliche Verzögerungen möglich ist.*

[1)] Nr. **2**.

[2)] Beachte hierzu Übergangsvorschrift in § 40 EGZPO v. 30.1.1877 (RGBl. S. 244), zuletzt geänd. durch G v. 10.9.2021 (BGBl. I S. 4147).

(2) [1] Vor der Bestellung einer Person als ehrenamtlicher Vormund oder als Berufsvormund, hat das Gericht eine Auskunft nach § 41 des Bundeszentralregistergesetzes[1)] einzuholen. [2] Das Gericht überprüft in angemessenen Zeitabständen, spätestens alle zwei Jahre nach der Bestellung, durch Einholung einer Auskunft, ob die Eignung des Vormunds fortbesteht.

(3) Für ein Mündel, der das 14. Lebensjahr vollendet hat und nicht geschäftsunfähig ist, gilt § 291 entsprechend.

[§ 168a ab 1.1.2023:]

§ 168a Inhalt der Beschlussformel und Wirksamwerden der Beschlüsse.

(1) Die Beschlussformel enthält im Fall der Bestellung eines Vormunds auch

1. bei Bestellung eines Berufsvormunds die Bezeichnung als Berufsvormund;

2. bei Bestellung eines Vereinsvormunds die Bezeichnung als Vereinsvormund und die des Vormundschaftsvereins;

3. bei Bestellung des Jugendamtes die Bezeichnung des zuständigen Amtes;

4. bei Bestellung eines Pflegers nach § 1776 oder § 1777 des Bürgerlichen Gesetzbuchs[2)] die Bezeichnung des Pflegers und die ihm übertragenen Angelegenheiten;

5. bei einer Bestellung nach § 1781 des Bürgerlichen Gesetzbuchs[2)] die Bezeichnung als vorläufiger Vormund.

(2) [1] Beschlüsse über Inhalt oder Bestand der Bestellung eines Vormunds werden mit Bekanntgabe an den Vormund wirksam. [2] § 287 Absatz 2 gilt entsprechend.

[§ 168b ab 1.1.2023:]

§ 168b Bestellungsurkunde. *(1) [1] Der Vormund erhält eine Urkunde über seine Bestellung. [2] Die Urkunde soll enthalten:*

1. die Bezeichnung des Mündels und des Vormunds;

2. in den Fällen des § 1776 oder § 1777 des Bürgerlichen Gesetzbuchs[2)] die Bezeichnung der dem Pfleger übertragenen Angelegenheiten;

3. Angaben über die Beschränkungen der Vertretungsmacht gemäß § 1789 Absatz 2 Satz 3 des Bürgerlichen Gesetzbuchs[2)];

4. Angaben über Befreiungen gemäß § 1801 des Bürgerlichen Gesetzbuchs[2)].

(2) Ist das Jugendamt nach § 1751 Absatz 1 Satz 2, § 1786 oder § 1787 des Bürgerlichen Gesetzbuchs[2)] Vormund geworden, hat das Gericht ihm unverzüglich eine Bescheinigung über den Eintritt der Vormundschaft zu erteilen.

(3) Nach Beendigung seines Amtes hat der Vormund die Bestellungsurkunde oder die Bescheinigung zurückzugeben.

[§ 168c ab 1.1.2023:]

§ 168c Anhörung in wichtigen Angelegenheiten. *Das Gericht soll vor Entscheidungen in wichtigen Angelegenheiten auch nahestehende Familienangehörige des Mündels anhören, wenn dies ohne erhebliche Verzögerung geschehen kann.*

[1)] Nr. 42.
[2)] Nr. 2.

[§ 168d ab 1.1.2023:]

§ 168d Verfahren zur Festsetzung von Zahlungen. *Für das Verfahren zur Festsetzung von Zahlungen an den Vormund ist § 292 Absatz 1 und Absatz 3 bis 6 entsprechend anzuwenden.*

[§ 168e ab 1.1.2023:]

§ 168e Beendigung der Vormundschaft. *Bestehen Zweifel oder Uneinigkeit, ob und wann die Vormundschaft beendet ist, stellt das Gericht die Beendigung der Vormundschaft und den Zeitpunkt der Beendigung durch Beschluss fest.*

[§ 168f ab 1.1.2023:]

§ 168f Pflegschaft für Minderjährige. *[1] Auf die Pflegschaft für Minderjährige sind die für die Vormundschaft geltenden Vorschriften entsprechend anzuwenden. [2] Die Beschlussformel und die Bestellungsurkunde enthalten die Bezeichnung des Pflegers und der ihm übertragenen Angelegenheiten.*

§ 168a *[ab 1.1.2023: § 168g]* **Mitteilungspflichten des Standesamts.**

(1) Wird dem Standesamt der Tod einer Person, die ein minderjähriges Kind hinterlassen hat, oder die Geburt eines Kindes nach dem Tod des Vaters oder das Auffinden eines Minderjährigen, dessen Familienstand nicht zu ermitteln ist, oder die Geburt eines Kindes im Wege der vertraulichen Geburt nach § 25 Absatz 1 des Schwangerschaftskonfliktgesetzes angezeigt, oder fehlt in den Fällen des § 45b Absatz 2 Satz 3 des Personenstandsgesetzes die Zustimmung des gesetzlichen Vertreters,[1)] hat das Standesamt dies dem Familiengericht mitzuteilen.

(2) Führen Eltern, die gemeinsam für ein Kind sorgeberechtigt sind, keinen Ehenamen und ist von ihnen binnen eines Monats nach der Geburt des Kindes der Geburtsname des Kindes nicht bestimmt worden, teilt das Standesamt dies dem Familiengericht mit.

Abschnitt 9. Verfahren in Unterhaltssachen

Unterabschnitt 1. Besondere Verfahrensvorschriften

§ 231 Unterhaltssachen. (1) Unterhaltssachen sind Verfahren, die

1. die durch Verwandtschaft begründete gesetzliche Unterhaltspflicht,
2. die durch Ehe begründete gesetzliche Unterhaltspflicht,
3. die Ansprüche nach § 1615l oder § 1615m des Bürgerlichen Gesetzbuchs[2)]

betreffen.

(2) [1] Unterhaltssachen sind auch Verfahren nach § 3 Abs. 2 Satz 3 des Bundeskindergeldgesetzes und § 64 Abs. 2 Satz 3 des Einkommensteuergesetzes. [2] Die §§ 235 bis 245 sind nicht anzuwenden.

§ 234 Vertretung eines Kindes durch einen Beistand. Wird das Kind durch das Jugendamt als Beistand vertreten, ist die Vertretung durch den sorgeberechtigten Elternteil ausgeschlossen.

[1)] Komma fehlt im BGBl. I.
[2)] Nr. **2**.

§ 238 Abänderung gerichtlicher Entscheidungen. (1) [1]Enthält eine in der Hauptsache ergangene Endentscheidung des Gerichts eine Verpflichtung zu künftig fällig werdenden wiederkehrenden Leistungen, kann jeder Teil die Abänderung beantragen. [2]Der Antrag ist zulässig, sofern der Antragsteller Tatsachen vorträgt, aus denen sich eine wesentliche Veränderung der der Entscheidung zugrunde liegenden tatsächlichen oder rechtlichen Verhältnisse ergibt.

(2) Der Antrag kann nur auf Gründe gestützt werden, die nach Schluss der Tatsachenverhandlung des vorausgegangenen Verfahrens entstanden sind und deren Geltendmachung durch Einspruch nicht möglich ist oder war.

(3) [1]Die Abänderung ist zulässig für die Zeit ab Rechtshängigkeit des Antrags. [2]Ist der Antrag auf Erhöhung des Unterhalts gerichtet, ist er auch zulässig für die Zeit, für die nach den Vorschriften des bürgerlichen Rechts Unterhalt für die Vergangenheit verlangt werden kann. [3]Ist der Antrag auf Herabsetzung des Unterhalts gerichtet, ist er auch zulässig für die Zeit ab dem Ersten des auf ein entsprechendes Auskunfts- oder Verzichtsverlangen des Antragstellers folgenden Monats. [4]Für eine mehr als ein Jahr vor Rechtshängigkeit liegende Zeit kann eine Herabsetzung nicht verlangt werden.

(4) Liegt eine wesentliche Veränderung der tatsächlichen oder rechtlichen Verhältnisse vor, ist die Entscheidung unter Wahrung ihrer Grundlagen anzupassen.

§ 239 Abänderung von Vergleichen und Urkunden. (1) [1]Enthält ein Vergleich nach § 794 Abs. 1 Nr. 1 der Zivilprozessordnung oder eine vollstreckbare Urkunde eine Verpflichtung zu künftig fällig werdenden wiederkehrenden Leistungen, kann jeder Teil die Abänderung beantragen. [2]Der Antrag ist zulässig, sofern der Antragsteller Tatsachen vorträgt, die die Abänderung rechtfertigen.

(2) Die weiteren Voraussetzungen und der Umfang der Abänderung richten sich nach den Vorschriften des bürgerlichen Rechts.

§ 240 Abänderung von Entscheidungen nach den §§ 237 und 253.

(1) Enthält eine rechtskräftige Endentscheidung nach § 237 oder § 253 eine Verpflichtung zu künftig fällig werdenden wiederkehrenden Leistungen, kann jeder Teil die Abänderung beantragen, sofern nicht bereits ein Antrag auf Durchführung des streitigen Verfahrens nach § 255 gestellt worden ist.

(2) [1]Wird ein Antrag auf Herabsetzung des Unterhalts nicht innerhalb eines Monats nach Rechtskraft gestellt, so ist die Abänderung nur zulässig für die Zeit ab Rechtshängigkeit des Antrags. [2]Ist innerhalb der Monatsfrist ein Antrag des anderen Beteiligten auf Erhöhung des Unterhalts anhängig geworden, läuft die Frist nicht vor Beendigung dieses Verfahrens ab. [3]Der nach Ablauf der Frist gestellte Antrag auf Herabsetzung ist auch zulässig für die Zeit ab dem Ersten des auf ein entsprechendes Auskunfts- oder Verzichtsverlangen des Antragstellers folgenden Monats. [4]§ 238 Abs. 3 Satz 4 gilt entsprechend.

Unterabschnitt 3. Vereinfachtes Verfahren über den Unterhalt Minderjähriger

§ 249 Statthaftigkeit des vereinfachten Verfahrens. (1) Auf Antrag wird der Unterhalt eines minderjährigen Kindes, das mit dem in Anspruch genommenen Elternteil nicht in einem Haushalt lebt, im vereinfachten Verfahren festgesetzt, soweit der Unterhalt vor Berücksichtigung der Leistungen nach § 1612b oder § 1612c des Bürgerlichen Gesetzbuchs[1] das 1,2fache des Mindestunterhalts nach § 1612a Abs. 1 des Bürgerlichen Gesetzbuchs nicht übersteigt.

(2) Das vereinfachte Verfahren ist nicht statthaft, wenn zum Zeitpunkt, in dem der Antrag oder eine Mitteilung über seinen Inhalt dem Antragsgegner zugestellt wird, über den Unterhaltsanspruch des Kindes entweder ein Gericht entschieden hat, ein gerichtliches Verfahren anhängig ist oder ein zur Zwangsvollstreckung geeigneter Schuldtitel errichtet worden ist.

§ 250 Antrag. (1) Der Antrag muss enthalten:
1. die Bezeichnung der Beteiligten, ihrer gesetzlichen Vertreter und der Verfahrensbevollmächtigten;
2. die Bezeichnung des Gerichts, bei dem der Antrag gestellt wird;
3. die Angabe des Geburtsdatums des Kindes;
4. die Angabe, ab welchem Zeitpunkt Unterhalt verlangt wird;
5. für den Fall, dass Unterhalt für die Vergangenheit verlangt wird, die Angabe, wann die Voraussetzungen des § 1613 Abs. 1 oder Abs. 2 Nr. 2 des Bürgerlichen Gesetzbuchs[1] eingetreten sind;
6. die Angabe der Höhe des verlangten Unterhalts;
7. die Angaben über Kindergeld und andere zu berücksichtigende Leistungen (§ 1612b oder § 1612c des Bürgerlichen Gesetzbuchs);
8. die Erklärung, dass zwischen dem Kind und dem Antragsgegner ein Eltern-Kind-Verhältnis nach den §§ 1591 bis 1593 des Bürgerlichen Gesetzbuchs besteht;
9. die Erklärung, dass das Kind nicht mit dem Antragsgegner in einem Haushalt lebt;
10. die Angabe der Höhe des Kindeseinkommens;
11. eine Erklärung darüber, ob der Anspruch aus eigenem, aus übergegangenem oder rückabgetretenem Recht geltend gemacht wird;
12. die Erklärung, dass Unterhalt nicht für Zeiträume verlangt wird, für die das Kind Hilfe nach dem Zwölften Buch Sozialgesetzbuch[2], Sozialgeld nach dem Zweiten Buch Sozialgesetzbuch[3], Hilfe zur Erziehung oder Eingliederungshilfe nach dem Achten Buch Sozialgesetzbuch[4], Leistungen nach dem Unterhaltsvorschussgesetz[5] oder Unterhalt nach § 1607 Abs. 2 oder Abs. 3 des Bürgerlichen Gesetzbuchs[1] erhalten hat, oder, soweit Unterhalt aus übergegangenem Recht oder nach § 94 Abs. 4 Satz 2 des Zwölften Buches Sozialgesetzbuch, § 33 Abs. 2 Satz 4 des Zweiten Buches Sozialgesetzbuch oder § 7 Abs. 4 Satz 1 des Unterhaltsvorschussgesetzes verlangt wird, die Erklärung, dass der beantragte Unterhalt die Leistung an oder für das Kind nicht übersteigt;
13. die Erklärung, dass die Festsetzung im vereinfachten Verfahren nicht nach § 249 Abs. 2 ausgeschlossen ist.

[1] Nr. **2**.
[2] Auszugsweise abgedruckt unter Nr. **14**.
[3] Auszugsweise abgedruckt unter Nr. **13**.
[4] Nr. **10**.
[5] Nr. **15**.

(2) [1]Entspricht der Antrag nicht den in Absatz 1 und den in § 249 bezeichneten Voraussetzungen, ist er zurückzuweisen. [2]Vor der Zurückweisung ist der Antragsteller zu hören. [3]Die Zurückweisung ist nicht anfechtbar.

(3) Sind vereinfachte Verfahren anderer Kinder des Antragsgegners bei dem Gericht anhängig, hat es die Verfahren zum Zweck gleichzeitiger Entscheidung zu verbinden.

§ 251 Maßnahmen des Gerichts. (1) [1]Erscheint nach dem Vorbringen des Antragstellers das vereinfachte Verfahren zulässig, verfügt das Gericht die Zustellung des Antrags oder einer Mitteilung über seinen Inhalt an den Antragsgegner. [2]Zugleich weist es ihn darauf hin,

1. ab welchem Zeitpunkt und in welcher Höhe der Unterhalt festgesetzt werden kann; hierbei sind zu bezeichnen:
   a) die Zeiträume nach dem Alter des Kindes, für das die Festsetzung des Unterhalts nach dem Mindestunterhalt der ersten, zweiten und dritten Altersstufe in Betracht kommt;
   b) im Fall des § 1612a des Bürgerlichen Gesetzbuchs[1)] auch der Prozentsatz des jeweiligen Mindestunterhalts;
   c) die nach § 1612b oder § 1612c des Bürgerlichen Gesetzbuchs[1)] zu berücksichtigenden Leistungen;
2. dass das Gericht nicht geprüft hat, ob der verlangte Unterhalt das im Antrag angegebene Kindeseinkommen berücksichtigt;
3. dass über den Unterhalt ein Festsetzungsbeschluss ergehen kann, aus dem der Antragsteller die Zwangsvollstreckung betreiben kann, wenn er nicht innerhalb eines Monats Einwendungen erhebt;
4. welche Einwendungen nach § 252 erhoben werden können, insbesondere, dass der Einwand eingeschränkter oder fehlender Leistungsfähigkeit nur erhoben werden kann, wenn die Auskunft nach § 252 Absatz 4 erteilt wird und Belege über die Einkünfte beigefügt werden.

[3]Ist der Antrag im Ausland zuzustellen, bestimmt das Gericht die Frist nach Satz 2 Nummer 3.

(2) § 167 der Zivilprozessordnung gilt entsprechend.

§ 252 Einwendungen des Antragsgegners. (1) [1]Der Antragsgegner kann Einwendungen gegen die Zulässigkeit des vereinfachten Verfahrens geltend machen. [2]Bei begründeten Einwendungen weist das Gericht den Antrag zurück. [3]Unbegründete Einwendungen weist das Gericht mit dem Festsetzungsbeschluss nach § 253 zurück.

(2) Andere als die in Absatz 1 Satz 1 genannten Einwendungen, insbesondere Einwendungen nach den Absätzen 3 und 4, sind nur zulässig, wenn der Antragsgegner zugleich erklärt, inwieweit er zur Unterhaltsleistung bereit ist und dass er sich insoweit zur Erfüllung des Unterhaltsanspruchs verpflichtet.

(3) Der Einwand der Erfüllung ist nur zulässig, wenn der Antragsgegner zugleich erklärt, inwieweit er Unterhalt geleistet hat und entsprechende Belege vorlegt.

---

1) Nr. 2.

(4) [1]Der Einwand eingeschränkter oder fehlender Leistungsfähigkeit ist nur zulässig, wenn der Antragsgegner zugleich Auskunft über seine Einkünfte und sein Vermögen erteilt und für die letzten zwölf Monate seine Einkünfte belegt. [2]Ein Antragsgegner, der Leistungen zur Sicherung des Lebensunterhalts nach dem Zweiten Buch Sozialgesetzbuch[1)] oder dem Zwölften Buch Sozialgesetzbuch[2)] bezieht, muss den aktuellen Bewilligungsbescheid darüber vorlegen. [3]Bei Einkünften aus selbständiger Arbeit, Gewerbebetrieb sowie Land- und Forstwirtschaft sind als Belege der letzte Einkommensteuerbescheid und für das letzte Wirtschaftsjahr die Gewinn-und-Verlust-Rechnung oder die Einnahmenüberschussrechnung vorzulegen.

(5) Die Einwendungen sind nur zu berücksichtigen, solange der Festsetzungsbeschluss nicht erlassen ist.

§ 253 Festsetzungsbeschluss. (1) [1]Ist der Antrag zulässig und werden keine oder keine nach § 252 Absatz 2 bis 4 zulässigen Einwendungen erhoben, wird der Unterhalt nach Ablauf der in § 251 Abs. 1 Satz 2 Nr. 3 bezeichneten Frist durch Beschluss festgesetzt. [2]Die Festsetzung durch Beschluss erfolgt auch, soweit sich der Antragsgegner nach § 252 Absatz 2 zur Zahlung von Unterhalt verpflichtet hat. [3]In dem Beschluss ist auszusprechen, dass der Antragsgegner den festgesetzten Unterhalt an den Unterhaltsberechtigten zu zahlen hat. [4]In dem Beschluss sind auch die bis dahin entstandenen erstattungsfähigen Kosten des Verfahrens festzusetzen, soweit sie ohne weiteres ermittelt werden können; es genügt, wenn der Antragsteller die zu ihrer Berechnung notwendigen Angaben dem Gericht mitteilt.

(2) In dem Beschluss ist darauf hinzuweisen, welche Einwendungen mit der Beschwerde geltend gemacht werden können und unter welchen Voraussetzungen eine Abänderung verlangt werden kann.

§ 254 Mitteilungen über Einwendungen. Hat der Antragsgegner zulässige Einwendungen (§ 252 Absatz 2 bis 4) erhoben, teilt das Gericht dem Antragsteller dies mit und weist darauf hin, dass das streitige Verfahren auf Antrag eines Beteiligten durchgeführt wird.

§ 255 Streitiges Verfahren. (1) Im Fall des § 254 wird auf Antrag eines Beteiligten das streitige Verfahren durchgeführt.

(2) [1]Beantragt ein Beteiligter die Durchführung des streitigen Verfahrens, ist wie nach Eingang eines Antrags in einer Unterhaltssache weiter zu verfahren. [2]Einwendungen nach § 252 gelten als Erwiderung.

(3) Das Verfahren gilt als mit der Zustellung des Festsetzungsantrags (§ 251 Abs. 1 Satz 1) rechtshängig geworden.

(4) Ist ein Festsetzungsbeschluss nach § 253 Absatz 1 Satz 2 vorausgegangen, soll für zukünftige wiederkehrende Leistungen der Unterhalt in einem Gesamtbetrag bestimmt und der Festsetzungsbeschluss insoweit aufgehoben werden.

(5) Die Kosten des vereinfachten Verfahrens werden als Teil der Kosten des streitigen Verfahrens behandelt.

(6) Wird der Antrag auf Durchführung des streitigen Verfahrens nicht vor Ablauf von sechs Monaten nach Zugang der Mitteilung nach § 254 gestellt, so

---

[1)] Auszugsweise abgedruckt unter Nr. **13**.
[2)] Auszugsweise abgedruckt unter Nr. **14**.

gilt der Festsetzungsantrag, der über den Festsetzungsbeschluss nach § 253 Absatz 1 Satz 2 hinausgeht, oder der Festsetzungsantrag, der über die Verpflichtungserklärung des Antragsgegners nach § 252 Absatz 2 hinausgeht, als zurückgenommen.

§ 256 Beschwerde. [1] Mit der Beschwerde können nur Einwendungen gegen die Zulässigkeit oder die Unzulässigkeit des vereinfachten Verfahrens, die Zulässigkeit von Einwendungen nach § 252 Absatz 2 bis 4 sowie die Unrichtigkeit der Kostenentscheidung oder Kostenfestsetzung, sofern sie nach allgemeinen Grundsätzen anfechtbar sind, geltend gemacht werden. [2] Die Beschwerde ist unzulässig, wenn sie sich auf Einwendungen nach § 252 Absatz 2 bis 4 stützt, die nicht erhoben waren, bevor der Festsetzungsbeschluss erlassen war.

§ 257 Besondere Verfahrensvorschriften. [1] In vereinfachten Verfahren können die Anträge und Erklärungen vor dem Urkundsbeamten der Geschäftsstelle abgegeben werden. [2] Soweit Formulare eingeführt sind, werden diese ausgefüllt; der Urkundsbeamte vermerkt unter Angabe des Gerichts und des Datums, dass er den Antrag oder die Erklärung aufgenommen hat.

§ 258 Sonderregelungen für maschinelle Bearbeitung. (1) [1] In vereinfachten Verfahren ist eine maschinelle Bearbeitung zulässig. [2] § 702 Absatz 2 Satz 1, 3 und 4 der Zivilprozessordnung gilt entsprechend.

(2) Bei maschineller Bearbeitung werden Beschlüsse, Verfügungen und Ausfertigungen mit dem Gerichtssiegel versehen; einer Unterschrift bedarf es nicht.

§ 259 Formulare. (1) [1] Das Bundesministerium der Justiz und für Verbraucherschutz wird ermächtigt, zur Vereinfachung und Vereinheitlichung der Verfahren durch Rechtsverordnung mit Zustimmung des Bundesrates Formulare für das vereinfachte Verfahren einzuführen. [2] Für Gerichte, die die Verfahren maschinell bearbeiten, und für Gerichte, die die Verfahren nicht maschinell bearbeiten, können unterschiedliche Formulare eingeführt werden.

(2) Soweit nach Absatz 1 Formulare für Anträge und Erklärungen der Beteiligten eingeführt sind, müssen sich die Beteiligten ihrer bedienen.

§ 260 Bestimmung des Amtsgerichts. (1) [1] Die Landesregierungen werden ermächtigt, die vereinfachten Verfahren über den Unterhalt Minderjähriger durch Rechtsverordnung einem Amtsgericht für die Bezirke mehrerer Amtsgerichte zuzuweisen, wenn dies ihrer schnelleren und kostengünstigeren Erledigung dient. [2] Die Landesregierungen können die Ermächtigung durch Rechtsverordnung auf die Landesjustizverwaltungen übertragen.

(2) Bei dem Amtsgericht, das zuständig wäre, wenn die Landesregierung oder die Landesjustizverwaltung das Verfahren nach Absatz 1 nicht einem anderen Amtsgericht zugewiesen hätte, kann das Kind Anträge und Erklärungen mit der gleichen Wirkung einreichen oder anbringen wie bei dem anderen Amtsgericht.

10. Sozialgesetzbuch (SGB) Achtes Buch (VIII) Kinder- und Jugendhilfe[1)]

In der Fassung der Bekanntmachung vom 11. September 2012[2)]
(BGBl. I S. 2022)

FNA 860-8

zuletzt geänd. durch Art. 32 G zum Ausbau des elektronischen Rechtsverkehrs mit den Gerichten und zur Änd. weiterer Vorschriften v. 5.10.2021 (BGBl. I S. 4607)

Inhaltsübersicht

Erstes Kapitel. Allgemeine Vorschriften

[1)] Änderungen, die nach dem 31.12.2023 in Kraft treten, sind hier nicht wiedergegeben.

[2)] Neubekanntmachung des SGB VIII idF der Bek. v. 14.12.2006 (BGBl. I S. 3134) in der ab 1.1. 2012 geltenden Fassung.

Erstes Kapitel. Allgemeine Vorschriften

§ 1 Recht auf Erziehung, Elternverantwortung, Jugendhilfe (1) Jeder junge Mensch hat ein Recht auf Förderung seiner Entwicklung und auf Erziehung zu einer selbstbestimmten, eigenverantwortlichen und gemeinschaftsfähigen Persönlichkeit.

(2) [1] Pflege und Erziehung der Kinder sind das natürliche Recht der Eltern und die zuvörderst ihnen obliegende Pflicht. [2] Über ihre Betätigung wacht die staatliche Gemeinschaft.

(3) Jugendhilfe soll zur Verwirklichung des Rechts nach Absatz 1 insbesondere

1. junge Menschen in ihrer individuellen und sozialen Entwicklung fördern und dazu beitragen, Benachteiligungen zu vermeiden oder abzubauen,
2. jungen Menschen ermöglichen oder erleichtern, entsprechend ihrem Alter und ihrer individuellen Fähigkeiten in allen sie betreffenden Lebensbereichen selbstbestimmt zu interagieren und damit gleichberechtigt am Leben in der Gesellschaft teilhaben zu können,
3. Eltern und andere Erziehungsberechtigte bei der Erziehung beraten und unterstützen,

4. Kinder und Jugendliche vor Gefahren für ihr Wohl schützen,
5. dazu beitragen, positive Lebensbedingungen für junge Menschen und ihre Familien sowie eine kinder- und familienfreundliche Umwelt zu erhalten oder zu schaffen.

§ 2 Aufgaben der Jugendhilfe. (1) Die Jugendhilfe umfasst Leistungen und andere Aufgaben zugunsten junger Menschen und Familien.

(2) Leistungen der Jugendhilfe sind:
1. Angebote der Jugendarbeit, der Jugendsozialarbeit, der Schulsozialarbeit und des erzieherischen Kinder- und Jugendschutzes (§§ 11 bis 14),
2. Angebote zur Förderung der Erziehung in der Familie (§§ 16 bis 21),
3. Angebote zur Förderung von Kindern in Tageseinrichtungen und in Kindertagespflege (§§ 22 bis 25),
4. Hilfe zur Erziehung und ergänzende Leistungen (§§ 27 bis 35, 36, 37, 39, 40),
5. Hilfe für seelisch behinderte Kinder und Jugendliche und ergänzende Leistungen (§§ 35a bis 37, 39, 40),
6. Hilfe für junge Volljährige und Nachbetreuung (§§ 41 und 41a).

(3) Andere Aufgaben der Jugendhilfe sind
1. die Inobhutnahme von Kindern und Jugendlichen (§ 42),
2. die vorläufige Inobhutnahme von ausländischen Kindern und Jugendlichen nach unbegleiteter Einreise (§ 42a),
3. die Erteilung, der Widerruf und die Zurücknahme der Pflegeerlaubnis (§§ 43, 44),
4. die Erteilung, der Widerruf und die Zurücknahme der Erlaubnis für den Betrieb einer Einrichtung sowie die Erteilung nachträglicher Auflagen und die damit verbundenen Aufgaben (§§ 45 bis 47, 48a),
5. die Tätigkeitsuntersagung (§§ 48, 48a),
6. die Mitwirkung in Verfahren vor den Familiengerichten (§ 50),
7. die Beratung und Belehrung in Verfahren zur Annahme als Kind (§ 51),
8. die Mitwirkung in Verfahren nach dem Jugendgerichtsgesetz[1] (§ 52),
9. die Beratung und Unterstützung von Müttern bei Vaterschaftsfeststellung und Geltendmachung von Unterhaltsansprüchen sowie von Pflegern und Vormündern (§§ 52a, ***[bis 31.12.2022:*** 53***][ab 1.1.2023:*** *53a**]***),

[Nr. 10 bis 31.12.2022:]

10. die Erteilung, der Widerruf und die Zurücknahme der Erlaubnis zur Übernahme von Vereinsvormundschaften (§ 54),

[Nr. 10 ab 1.1.2023:]

10. die Erteilung, der Widerruf und die Zurücknahme der Anerkennung als Vormundschaftsverein (§ 54),

[Nr. 11 bis 31.12.2022:]

11. Beistandschaft, Amtspflegschaft, Amtsvormundschaft und Gegenvormundschaft des Jugendamts (§§ 55 bis 58),

---

[1] Nr. **37**.

[Nr. 11 ab 1.1.2023:]
11. Beistandschaft, Pflegschaft und Vormundschaft des Jugendamts (§§ 55 bis 57),
12. Beurkundung (§ 59),
13. die Aufnahme von vollstreckbaren Urkunden (§ 60).

§ 3 Freie und öffentliche Jugendhilfe. (1) Die Jugendhilfe ist gekennzeichnet durch die Vielfalt von Trägern unterschiedlicher Wertorientierungen und die Vielfalt von Inhalten, Methoden und Arbeitsformen.

(2) [1] Leistungen der Jugendhilfe werden von Trägern der freien Jugendhilfe und von Trägern der öffentlichen Jugendhilfe erbracht. [2] Leistungsverpflichtungen, die durch dieses Buch begründet werden, richten sich an die Träger der öffentlichen Jugendhilfe.

(3) [1] Andere Aufgaben der Jugendhilfe werden von Trägern der öffentlichen Jugendhilfe wahrgenommen. [2] Soweit dies ausdrücklich bestimmt ist, können Träger der freien Jugendhilfe diese Aufgaben wahrnehmen oder mit ihrer Ausführung betraut werden.

§ 4 Zusammenarbeit der öffentlichen Jugendhilfe mit der freien Jugendhilfe. (1) [1] Die öffentliche Jugendhilfe soll mit der freien Jugendhilfe zum Wohl junger Menschen und ihrer Familien partnerschaftlich zusammenarbeiten. [2] Sie hat dabei die Selbständigkeit der freien Jugendhilfe in Zielsetzung und Durchführung ihrer Aufgaben sowie in der Gestaltung ihrer Organisationsstruktur zu achten.

(2) Soweit geeignete Einrichtungen, Dienste und Veranstaltungen von anerkannten Trägern der freien Jugendhilfe betrieben werden oder rechtzeitig geschaffen werden können, soll die öffentliche Jugendhilfe von eigenen Maßnahmen absehen.

(3) Die öffentliche Jugendhilfe soll die freie Jugendhilfe nach Maßgabe dieses Buches fördern und dabei die Beteiligung von Kindern, Jugendlichen und Eltern stärken.

§ 4a Selbstorganisierte Zusammenschlüsse zur Selbstvertretung.

(1) [1] Selbstorganisierte Zusammenschlüsse nach diesem Buch sind solche, in denen sich nicht in berufsständische Organisationen der Kinder- und Jugendhilfe eingebundene Personen, insbesondere Leistungsberechtigte und Leistungsempfänger nach diesem Buch sowie ehrenamtlich in der Kinder- und Jugendhilfe tätige Personen, nicht nur vorübergehend mit dem Ziel zusammenschließen, Adressatinnen und Adressaten der Kinder- und Jugendhilfe zu unterstützen, zu begleiten und zu fördern, sowie Selbsthilfekontaktstellen. [2] Sie umfassen Selbstvertretungen sowohl innerhalb von Einrichtungen und Institutionen als auch im Rahmen gesellschaftlichen Engagements zur Wahrnehmung eigener Interessen sowie die verschiedenen Formen der Selbsthilfe.

(2) Die öffentliche Jugendhilfe arbeitet mit den selbstorganisierten Zusammenschlüssen zusammen, insbesondere zur Lösung von Problemen im Gemeinwesen oder innerhalb von Einrichtungen zur Beteiligung in diese betreffenden Angelegenheiten, und wirkt auf eine partnerschaftliche Zusammenarbeit mit diesen innerhalb der freien Jugendhilfe hin.

(3) Die öffentliche Jugendhilfe soll die selbstorganisierten Zusammenschlüsse nach Maßgabe dieses Buches anregen und fördern.

§ 5 Wunsch- und Wahlrecht. (1) [1]Die Leistungsberechtigten haben das Recht, zwischen Einrichtungen und Diensten verschiedener Träger zu wählen und Wünsche hinsichtlich der Gestaltung der Hilfe zu äußern. [2]Sie sind auf dieses Recht hinzuweisen.

(2) [1]Der Wahl und den Wünschen soll entsprochen werden, sofern dies nicht mit unverhältnismäßigen Mehrkosten verbunden ist. [2]Wünscht der Leistungsberechtigte die Erbringung einer in § 78a genannten Leistung in einer Einrichtung, mit deren Träger keine Vereinbarungen nach § 78b bestehen, so soll der Wahl nur entsprochen werden, wenn die Erbringung der Leistung in dieser Einrichtung im Einzelfall oder nach Maßgabe des Hilfeplanes (§ 36) geboten ist.

§ 6 Geltungsbereich. (1) [1]Leistungen nach diesem Buch werden jungen Menschen, Müttern, Vätern und Personensorgeberechtigten von Kindern und Jugendlichen gewährt, die ihren tatsächlichen Aufenthalt im Inland haben. [2]Für die Erfüllung anderer Aufgaben gilt Satz 1 entsprechend. [3]Umgangsberechtigte haben unabhängig von ihrem tatsächlichen Aufenthalt Anspruch auf Beratung und Unterstützung bei der Ausübung des Umgangsrechts, wenn das Kind oder der Jugendliche seinen gewöhnlichen Aufenthalt im Inland hat.

(2) [1]Ausländer können Leistungen nach diesem Buch nur beanspruchen, wenn sie rechtmäßig oder auf Grund einer ausländerrechtlichen Duldung ihren gewöhnlichen Aufenthalt im Inland haben. [2]Absatz 1 Satz 2 bleibt unberührt.

(3) Deutschen können Leistungen nach diesem Buch auch gewährt werden, wenn sie ihren Aufenthalt im Ausland haben und soweit sie nicht Hilfe vom Aufenthaltsland erhalten.

(4) Regelungen des über- und zwischenstaatlichen Rechts bleiben unberührt.

§ 7 Begriffsbestimmungen. (1) Im Sinne dieses Buches ist

1. Kind, wer noch nicht 14 Jahre alt ist, soweit nicht die Absätze 2 bis 4 etwas anderes bestimmen,
2. Jugendlicher, wer 14, aber noch nicht 18 Jahre alt ist,
3. junger Volljähriger, wer 18, aber noch nicht 27 Jahre alt ist,
4. junger Mensch, wer noch nicht 27 Jahre alt ist,
5. Personensorgeberechtigter, wem allein oder gemeinsam mit einer anderen Person nach den Vorschriften des Bürgerlichen Gesetzbuchs[1)] die Personensorge zusteht,
6. Erziehungsberechtigter, der Personensorgeberechtigte und jede sonstige Person über 18 Jahre, soweit sie auf Grund einer Vereinbarung mit dem Personensorgeberechtigten nicht nur vorübergehend und nicht nur für einzelne Verrichtungen Aufgaben der Personensorge wahrnimmt.

(2) [1]Kinder, Jugendliche, junge Volljährige und junge Menschen mit Behinderungen im Sinne dieses Buches sind Menschen, die körperliche, seelische, geistige oder Sinnesbeeinträchtigungen haben, die sie in Wechselwirkung mit einstellungs- und umweltbedingten Barrieren an der gleichberechtigten Teilhabe an der Gesellschaft mit hoher Wahrscheinlichkeit länger als sechs Monate hindern können. [2]Eine Beeinträchtigung nach Satz 1 liegt vor, wenn der

---

[1)] Auszugsweise abgedruckt unter Nr. **2**.

Körper- und Gesundheitszustand von dem für das Lebensalter typischen Zustand abweicht. [3]Kinder, Jugendliche, junge Volljährige und junge Menschen sind von Behinderung bedroht, wenn eine Beeinträchtigung nach Satz 1 zu erwarten ist.

(3) Kind im Sinne des § 1 Absatz 2 ist, wer noch nicht 18 Jahre alt ist.

(4) Werktage im Sinne der §§ 42a bis 42c sind die Wochentage Montag bis Freitag; ausgenommen sind gesetzliche Feiertage.

(5) Die Bestimmungen dieses Buches, die sich auf die Annahme als Kind beziehen, gelten nur für Personen, die das 18. Lebensjahr noch nicht vollendet haben.

§ 8 Beteiligung von Kindern und Jugendlichen. (1) [1]Kinder und Jugendliche sind entsprechend ihrem Entwicklungsstand an allen sie betreffenden Entscheidungen der öffentlichen Jugendhilfe zu beteiligen. [2]Sie sind in geeigneter Weise auf ihre Rechte im Verwaltungsverfahren sowie im Verfahren vor dem Familiengericht und dem Verwaltungsgericht hinzuweisen.

(2) Kinder und Jugendliche haben das Recht, sich in allen Angelegenheiten der Erziehung und Entwicklung an das Jugendamt zu wenden.

(3) [1]Kinder und Jugendliche haben Anspruch auf Beratung ohne Kenntnis des Personensorgeberechtigten, solange durch die Mitteilung an den Personensorgeberechtigten der Beratungszweck vereitelt würde. [2]§ 36 des Ersten Buches[1)] bleibt unberührt. [3]Die Beratung kann auch durch einen Träger der freien Jugendhilfe erbracht werden; § 36a Absatz 2 Satz 1 bis 3 gilt entsprechend.

(4) Beteiligung und Beratung von Kindern und Jugendlichen nach diesem Buch erfolgen in einer für sie verständlichen, nachvollziehbaren und wahrnehmbaren Form.

§ 8a Schutzauftrag bei Kindeswohlgefährdung. (1) [1]Werden dem Jugendamt gewichtige Anhaltspunkte für die Gefährdung des Wohls eines Kindes oder Jugendlichen bekannt, so hat es das Gefährdungsrisiko im Zusammenwirken mehrerer Fachkräfte einzuschätzen. [2]Soweit der wirksame Schutz dieses Kindes oder dieses Jugendlichen nicht in Frage gestellt wird, hat das Jugendamt die Erziehungsberechtigten sowie das Kind oder den Jugendlichen in die Gefährdungseinschätzung einzubeziehen und, sofern dies nach fachlicher Einschätzung erforderlich ist,

1. sich dabei einen unmittelbaren Eindruck von dem Kind und von seiner persönlichen Umgebung zu verschaffen sowie
2. Personen, die gemäß § 4 Absatz 3 des Gesetzes zur Kooperation und Information im Kinderschutz[2)] dem Jugendamt Daten übermittelt haben, in geeigneter Weise an der Gefährdungseinschätzung zu beteiligen.

[3]Hält das Jugendamt zur Abwendung der Gefährdung die Gewährung von Hilfen für geeignet und notwendig, so hat es diese den Erziehungsberechtigten anzubieten.

(2) [1]Hält das Jugendamt das Tätigwerden des Familiengerichts für erforderlich, so hat es das Gericht anzurufen; dies gilt auch, wenn die Erziehungsberechtigten nicht bereit oder in der Lage sind, bei der Abschätzung des

---

[1)] Nr. **12**.
[2)] Nr. **11**.

Gefährdungsrisikos mitzuwirken. [2] Besteht eine dringende Gefahr und kann die Entscheidung des Gerichts nicht abgewartet werden, so ist das Jugendamt verpflichtet, das Kind oder den Jugendlichen in Obhut zu nehmen.

(3) [1] Soweit zur Abwendung der Gefährdung das Tätigwerden anderer Leistungsträger, der Einrichtungen der Gesundheitshilfe oder der Polizei notwendig ist, hat das Jugendamt auf die Inanspruchnahme durch die Erziehungsberechtigten hinzuwirken. [2] Ist ein sofortiges Tätigwerden erforderlich und wirken die Personensorgeberechtigten oder die Erziehungsberechtigten nicht mit, so schaltet das Jugendamt die anderen zur Abwendung der Gefährdung zuständigen Stellen selbst ein.

(4) [1] In Vereinbarungen mit den Trägern von Einrichtungen und Diensten, die Leistungen nach diesem Buch erbringen, ist sicherzustellen, dass

1. deren Fachkräfte bei Bekanntwerden gewichtiger Anhaltspunkte für die Gefährdung eines von ihnen betreuten Kindes oder Jugendlichen eine Gefährdungseinschätzung vornehmen,
2. bei der Gefährdungseinschätzung eine insoweit erfahrene Fachkraft beratend hinzugezogen wird sowie
3. die Erziehungsberechtigten sowie das Kind oder der Jugendliche in die Gefährdungseinschätzung einbezogen werden, soweit hierdurch der wirksame Schutz des Kindes oder Jugendlichen nicht in Frage gestellt wird.

[2] In den Vereinbarungen sind die Kriterien für die Qualifikation der beratend hinzuzuziehenden insoweit erfahrenen Fachkraft zu regeln, die insbesondere auch den spezifischen Schutzbedürfnissen von Kindern und Jugendlichen mit Behinderungen Rechnung tragen. [3] Daneben ist in die Vereinbarungen insbesondere die Verpflichtung aufzunehmen, dass die Fachkräfte der Träger bei den Erziehungsberechtigten auf die Inanspruchnahme von Hilfen hinwirken, wenn sie diese für erforderlich halten, und das Jugendamt informieren, falls die Gefährdung nicht anders abgewendet werden kann.

(5) [1] In Vereinbarungen mit Kindertagespflegepersonen, die Leistungen nach diesem Buch erbringen, ist sicherzustellen, dass diese bei Bekanntwerden gewichtiger Anhaltspunkte für die Gefährdung eines von ihnen betreuten Kindes eine Gefährdungseinschätzung vornehmen und dabei eine insoweit erfahrene Fachkraft beratend hinzuziehen. [2] Die Erziehungsberechtigten sowie das Kind sind in die Gefährdungseinschätzung einzubeziehen, soweit hierdurch der wirksame Schutz des Kindes nicht in Frage gestellt wird. [3] Absatz 4 Satz 2 und 3 gilt entsprechend.

(6) [1] Werden einem örtlichen Träger gewichtige Anhaltspunkte für die Gefährdung des Wohls eines Kindes oder eines Jugendlichen bekannt, so sind dem für die Gewährung von Leistungen zuständigen örtlichen Träger die Daten mitzuteilen, deren Kenntnis zur Wahrnehmung des Schutzauftrags bei Kindeswohlgefährdung nach § 8a erforderlich ist. [2] Die Mitteilung soll im Rahmen eines Gespräches zwischen den Fachkräften der beiden örtlichen Träger erfolgen, an dem die Personensorgeberechtigten sowie das Kind oder der Jugendliche beteiligt werden sollen, soweit hierdurch der wirksame Schutz des Kindes oder des Jugendlichen nicht in Frage gestellt wird.

§ 8b Fachliche Beratung und Begleitung zum Schutz von Kindern und Jugendlichen. (1) Personen, die beruflich in Kontakt mit Kindern oder Jugendlichen stehen, haben bei der Einschätzung einer Kindeswohlgefährdung im Einzelfall gegenüber dem örtlichen Träger der Jugendhilfe Anspruch auf Beratung durch eine insoweit erfahrene Fachkraft.

(2) Träger von Einrichtungen, in denen sich Kinder oder Jugendliche ganztägig oder für einen Teil des Tages aufhalten oder in denen sie Unterkunft erhalten, und die zuständigen Leistungsträger, haben gegenüber dem überörtlichen Träger der Jugendhilfe Anspruch auf Beratung bei der Entwicklung und Anwendung fachlicher Handlungsleitlinien

1. zur Sicherung des Kindeswohls und zum Schutz vor Gewalt sowie
2. zu Verfahren der Beteiligung von Kindern und Jugendlichen an strukturellen Entscheidungen in der Einrichtung sowie zu Beschwerdeverfahren in persönlichen Angelegenheiten.

(3) Bei der fachlichen Beratung nach den Absätzen 1 und 2 wird den spezifischen Schutzbedürfnissen von Kindern und Jugendlichen mit Behinderungen Rechnung getragen.

§ 9 Grundrichtung der Erziehung, Gleichberechtigung von jungen Menschen. Bei der Ausgestaltung der Leistungen und der Erfüllung der Aufgaben sind

1. die von den Personensorgeberechtigten bestimmte Grundrichtung der Erziehung sowie die Rechte der Personensorgeberechtigten und des Kindes oder des Jugendlichen bei der Bestimmung der religiösen Erziehung zu beachten,
2. die wachsende Fähigkeit und das wachsende Bedürfnis des Kindes oder des Jugendlichen zu selbständigem, verantwortungsbewusstem Handeln sowie die jeweiligen besonderen sozialen und kulturellen Bedürfnisse und Eigenarten junger Menschen und ihrer Familien zu berücksichtigen,
3. die unterschiedlichen Lebenslagen von Mädchen, Jungen sowie transidenten, nichtbinären und intergeschlechtlichen jungen Menschen zu berücksichtigen, Benachteiligungen abzubauen und die Gleichberechtigung der Geschlechter zu fördern,
4. die gleichberechtigte Teilhabe von jungen Menschen mit und ohne Behinderungen umzusetzen und vorhandene Barrieren abzubauen.

§ 9a Ombudsstellen. [1] In den Ländern wird sichergestellt, dass sich junge Menschen und ihre Familien zur Beratung in sowie Vermittlung und Klärung von Konflikten im Zusammenhang mit Aufgaben der Kinder- und Jugendhilfe nach § 2 und deren Wahrnehmung durch die öffentliche und freie Jugendhilfe an eine Ombudsstelle wenden können. [2] Die hierzu dem Bedarf von jungen Menschen und ihren Familien entsprechend errichteten Ombudsstellen arbeiten unabhängig und sind fachlich nicht weisungsgebunden. [3] § 17 Absatz 1 bis 2a des Ersten Buches[1)] gilt für die Beratung sowie die Vermittlung und Klärung von Konflikten durch die Ombudsstellen entsprechend. [4] Das Nähere regelt das Landesrecht.

§ 10 Verhältnis zu anderen Leistungen und Verpflichtungen. (1) [1] Verpflichtungen anderer, insbesondere der Träger anderer Sozialleistungen und der Schulen, werden durch dieses Buch nicht berührt. [2] Auf Rechtsvorschriften

---

[1)] Nr. **12**.

beruhende Leistungen anderer dürfen nicht deshalb versagt werden, weil nach diesem Buch entsprechende Leistungen vorgesehen sind.

(2) [1]Unterhaltspflichtige Personen werden nach Maßgabe der §§ 90 bis 97b an den Kosten für Leistungen und vorläufige Maßnahmen nach diesem Buch beteiligt. [2]Soweit die Zahlung des Kostenbeitrags die Leistungsfähigkeit des Unterhaltspflichtigen mindert oder der Bedarf des jungen Menschen durch Leistungen und vorläufige Maßnahmen nach diesem Buch gedeckt ist, ist dies bei der Berechnung des Unterhalts zu berücksichtigen.

(3) [1]Die Leistungen nach diesem Buch gehen Leistungen nach dem Zweiten Buch vor. [2]Abweichend von Satz 1 gehen Leistungen nach § 3 Absatz 2, den §§ 14 bis 16g, § 19 Absatz 2 in Verbindung mit § 28 Absatz 6 des Zweiten Buches[1)] sowie Leistungen nach § 6b Absatz 2 des Bundeskindergeldgesetzes in Verbindung mit § 28 Absatz 6 des Zweiten Buches[1)] den Leistungen nach diesem Buch vor.

(4) [1]Die Leistungen nach diesem Buch gehen Leistungen nach dem Neunten und Zwölften Buch vor. [2]Abweichend von Satz 1 gehen Leistungen nach § 27a Absatz 1 in Verbindung mit § 34 Absatz 6 des Zwölften Buches[2)] und Leistungen der Eingliederungshilfe nach dem Neunten Buch für junge Menschen, die körperlich oder geistig behindert oder von einer solchen Behinderung bedroht sind, den Leistungen nach diesem Buch vor. [3]Landesrecht kann regeln, dass Leistungen der Frühförderung für Kinder unabhängig von der Art der Behinderung vorrangig von anderen Leistungsträgern gewährt werden.

§ 10a Beratung. (1) Zur Wahrnehmung ihrer Rechte nach diesem Buch werden junge Menschen, Mütter, Väter, Personensorge- und Erziehungsberechtigte, die leistungsberechtigt sind oder Leistungen nach § 2 Absatz 2 erhalten sollen, in einer für sie verständlichen, nachvollziehbaren und wahrnehmbaren Form, auf ihren Wunsch auch im Beisein einer Person ihres Vertrauens, beraten.

(2) [1]Die Beratung umfasst insbesondere

1. die Familiensituation oder die persönliche Situation des jungen Menschen, Bedarfe, vorhandene Ressourcen sowie mögliche Hilfen,
2. die Leistungen der Kinder- und Jugendhilfe einschließlich des Zugangs zum Leistungssystem,
3. die Leistungen anderer Leistungsträger,
4. mögliche Auswirkungen und Folgen einer Hilfe,
5. die Verwaltungsabläufe,
6. Hinweise auf Leistungsanbieter und andere Hilfemöglichkeiten im Sozialraum und auf Möglichkeiten zur Leistungserbringung,
7. Hinweise auf andere Beratungsangebote im Sozialraum.

[2]Soweit erforderlich, gehört zur Beratung auch Hilfe bei der Antragstellung, bei der Klärung weiterer zuständiger Leistungsträger, bei der Inanspruchnahme von Leistungen sowie bei der Erfüllung von Mitwirkungspflichten.

(3) Bei minderjährigen Leistungsberechtigten nach § 99 des Neunten Buches nimmt der Träger der öffentlichen Jugendhilfe mit Zustimmung des

---

1) Nr. **13**.
2) Nr. **14**.

Personensorgeberechtigten am Gesamtplanverfahren nach § 117 Absatz 6 des Neunten Buches beratend teil.

Zweites Kapitel. Leistungen der Jugendhilfe

Erster Abschnitt. Jugendarbeit, Jugendsozialarbeit, erzieherischer Kinder- und Jugendschutz

§ 11 Jugendarbeit. (1) [1]Jungen Menschen sind die zur Förderung ihrer Entwicklung erforderlichen Angebote der Jugendarbeit zur Verfügung zu stellen. [2]Sie sollen an den Interessen junger Menschen anknüpfen und von ihnen mitbestimmt und mitgestaltet werden, sie zur Selbstbestimmung befähigen und zu gesellschaftlicher Mitverantwortung und zu sozialem Engagement anregen und hinführen. [3]Dabei sollen die Zugänglichkeit und Nutzbarkeit der Angebote für junge Menschen mit Behinderungen sichergestellt werden.

(2) [1]Jugendarbeit wird angeboten von Verbänden, Gruppen und Initiativen der Jugend, von anderen Trägern der Jugendarbeit und den Trägern der öffentlichen Jugendhilfe. [2]Sie umfasst für Mitglieder bestimmte Angebote, die offene Jugendarbeit und gemeinwesenorientierte Angebote.

(3) Zu den Schwerpunkten der Jugendarbeit gehören:
1. außerschulische Jugendbildung mit allgemeiner, politischer, sozialer, gesundheitlicher, kultureller, naturkundlicher und technischer Bildung,
2. Jugendarbeit in Sport, Spiel und Geselligkeit,
3. arbeitswelt-, schul- und familienbezogene Jugendarbeit,
4. internationale Jugendarbeit,
5. Kinder- und Jugenderholung,
6. Jugendberatung.

(4) Angebote der Jugendarbeit können auch Personen, die das 27. Lebensjahr vollendet haben, in angemessenem Umfang einbeziehen.

§ 12 Förderung der Jugendverbände. (1) Die eigenverantwortliche Tätigkeit der Jugendverbände und Jugendgruppen ist unter Wahrung ihres satzungsgemäßen Eigenlebens nach Maßgabe des § 74 zu fördern.

(2) [1]In Jugendverbänden und Jugendgruppen wird Jugendarbeit von jungen Menschen selbst organisiert, gemeinschaftlich gestaltet und mitverantwortet. [2]Ihre Arbeit ist auf Dauer angelegt und in der Regel auf die eigenen Mitglieder ausgerichtet, sie kann sich aber auch an junge Menschen wenden, die nicht Mitglieder sind. [3]Durch Jugendverbände und ihre Zusammenschlüsse werden Anliegen und Interessen junger Menschen zum Ausdruck gebracht und vertreten.

§ 13 Jugendsozialarbeit. (1) Jungen Menschen, die zum Ausgleich sozialer Benachteiligungen oder zur Überwindung individueller Beeinträchtigungen in erhöhtem Maße auf Unterstützung angewiesen sind, sollen im Rahmen der Jugendhilfe sozialpädagogische Hilfen angeboten werden, die ihre schulische und berufliche Ausbildung, Eingliederung in die Arbeitswelt und ihre soziale Integration fördern.

(2) Soweit die Ausbildung dieser jungen Menschen nicht durch Maßnahmen und Programme anderer Träger und Organisationen sichergestellt wird, kön-

nen geeignete sozialpädagogisch begleitete Ausbildungs- und Beschäftigungsmaßnahmen angeboten werden, die den Fähigkeiten und dem Entwicklungsstand dieser jungen Menschen Rechnung tragen.

(3) [1] Jungen Menschen kann während der Teilnahme an schulischen oder beruflichen Bildungsmaßnahmen oder bei der beruflichen Eingliederung Unterkunft in sozialpädagogisch begleiteten Wohnformen angeboten werden. [2] In diesen Fällen sollen auch der notwendige Unterhalt des jungen Menschen sichergestellt und Krankenhilfe nach Maßgabe des § 40 geleistet werden.

(4) Die Angebote sollen mit den Maßnahmen der Schulverwaltung, der Bundesagentur für Arbeit, der Jobcenter, der Träger betrieblicher und außerbetrieblicher Ausbildung sowie der Träger von Beschäftigungsangeboten abgestimmt werden.

§ 13a Schulsozialarbeit. [1] Schulsozialarbeit umfasst sozialpädagogische Angebote nach diesem Abschnitt, die jungen Menschen am Ort Schule zur Verfügung gestellt werden. [2] Die Träger der Schulsozialarbeit arbeiten bei der Erfüllung ihrer Aufgaben mit den Schulen zusammen. [3] Das Nähere über Inhalt und Umfang der Aufgaben der Schulsozialarbeit wird durch Landesrecht geregelt. [4] Dabei kann durch Landesrecht auch bestimmt werden, dass Aufgaben der Schulsozialarbeit durch andere Stellen nach anderen Rechtsvorschriften erbracht werden.

§ 14 Erzieherischer Kinder- und Jugendschutz. (1) Jungen Menschen und Erziehungsberechtigten sollen Angebote des erzieherischen Kinder- und Jugendschutzes gemacht werden.

(2) Die Maßnahmen sollen

1. junge Menschen befähigen, sich vor gefährdenden Einflüssen zu schützen und sie zu Kritikfähigkeit, Entscheidungsfähigkeit und Eigenverantwortlichkeit sowie zur Verantwortung gegenüber ihren Mitmenschen führen,
2. Eltern und andere Erziehungsberechtigte besser befähigen, Kinder und Jugendliche vor gefährdenden Einflüssen zu schützen.

§ 15 Landesrechtsvorbehalt. Das Nähere über Inhalt und Umfang der in diesem Abschnitt geregelten Aufgaben und Leistungen regelt das Landesrecht.

Zweiter Abschnitt. Förderung der Erziehung in der Familie

§ 16 Allgemeine Förderung der Erziehung in der Familie. (1) [1] Müttern, Vätern, anderen Erziehungsberechtigten und jungen Menschen sollen Leistungen der allgemeinen Förderung der Erziehung in der Familie angeboten werden. [2] Diese Leistungen sollen Erziehungsberechtigte bei der Wahrnehmung ihrer Erziehungsverantwortung unterstützen und dazu beitragen, dass Familien sich die für ihre jeweilige Erziehungs- und Familiensituation erforderlichen Kenntnisse und Fähigkeiten insbesondere in Fragen von Erziehung, Beziehung und Konfliktbewältigung, von Gesundheit, Bildung, Medienkompetenz, Hauswirtschaft sowie der Vereinbarkeit von Familie und Erwerbstätigkeit aneignen können und in ihren Fähigkeiten zur aktiven Teilhabe und Partizipation gestärkt werden. [3] Sie sollen auch Wege aufzeigen, wie Konfliktsituationen in der Familie gewaltfrei gelöst werden können.

(2) [1] Leistungen zur Förderung der Erziehung in der Familie sind insbesondere

1. Angebote der Familienbildung, die auf Bedürfnisse und Interessen sowie auf Erfahrungen von Familien in unterschiedlichen Lebenslagen und Erziehungssituationen eingehen, die Familien in ihrer Gesundheitskompetenz stärken, die Familie zur Mitarbeit in Erziehungseinrichtungen und in Formen der Selbst- und Nachbarschaftshilfe besser befähigen, zu ihrer Teilhabe beitragen sowie junge Menschen auf Ehe, Partnerschaft und das Zusammenleben mit Kindern vorbereiten,
2. Angebote der Beratung in allgemeinen Fragen der Erziehung und Entwicklung junger Menschen,
3. Angebote der Familienfreizeit und der Familienerholung, insbesondere in belastenden Familiensituationen, die bei Bedarf die erzieherische Betreuung der Kinder einschließen.

[2] Dabei soll die Entwicklung vernetzter, kooperativer, niedrigschwelliger, partizipativer und sozialraumorientierter Angebotsstrukturen unterstützt werden.

(3) Müttern und Vätern sowie schwangeren Frauen und werdenden Vätern sollen Beratung und Hilfe in Fragen der Partnerschaft und des Aufbaus elterlicher Erziehungs- und Beziehungskompetenzen angeboten werden.

(4) Das Nähere über Inhalt und Umfang der Aufgaben regelt das Landesrecht.

§ 17 Beratung in Fragen der Partnerschaft, Trennung und Scheidung.

(1) [1] Mütter und Väter haben im Rahmen der Jugendhilfe Anspruch auf Beratung in Fragen der Partnerschaft, wenn sie für ein Kind oder einen Jugendlichen zu sorgen haben oder tatsächlich sorgen. [2] Die Beratung soll helfen,

1. ein partnerschaftliches Zusammenleben in der Familie aufzubauen,
2. Konflikte und Krisen in der Familie zu bewältigen,
3. im Fall der Trennung oder Scheidung die Bedingungen für eine dem Wohl des Kindes oder des Jugendlichen förderliche Wahrnehmung der Elternverantwortung zu schaffen.

(2) Im Fall der Trennung und Scheidung sind Eltern unter angemessener Beteiligung des betroffenen Kindes oder Jugendlichen bei der Entwicklung eines einvernehmlichen Konzepts für die Wahrnehmung der elterlichen Sorge und der elterlichen Verantwortung zu unterstützen; dieses Konzept kann auch als Grundlage für einen Vergleich oder eine gerichtliche Entscheidung im familiengerichtlichen Verfahren dienen.

(3) Die Gerichte teilen die Rechtshängigkeit von Scheidungssachen, wenn gemeinschaftliche minderjährige Kinder vorhanden sind, sowie Namen und Anschriften der beteiligten Eheleute und Kinder dem Jugendamt mit, damit dieses die Eltern über das Leistungsangebot der Jugendhilfe nach Absatz 2 unterrichtet.

§ 18 Beratung und Unterstützung bei der Ausübung der Personensorge und des Umgangsrechts. (1) Mütter und Väter, die allein für ein Kind oder einen Jugendlichen zu sorgen haben oder tatsächlich sorgen, haben Anspruch auf Beratung und Unterstützung

1. bei der Ausübung der Personensorge einschließlich der Geltendmachung von Unterhalts- oder Unterhaltsersatzansprüchen des Kindes oder Jugendlichen,
2. bei der Geltendmachung ihrer Unterhaltsansprüche nach § 1615l des Bürgerlichen Gesetzbuchs[1].

(2) Mütter und Väter, die mit dem anderen Elternteil nicht verheiratet sind, haben Anspruch auf Beratung über die Abgabe einer Sorgeerklärung und die Möglichkeit der gerichtlichen Übertragung der gemeinsamen elterlichen Sorge.

(3) [1]Kinder und Jugendliche haben Anspruch auf Beratung und Unterstützung bei der Ausübung des Umgangsrechts nach § 1684 Absatz 1 des Bürgerlichen Gesetzbuchs[1]. [2]Sie sollen darin unterstützt werden, dass die Personen, die nach Maßgabe der §§ 1684, 1685 und 1686a des Bürgerlichen Gesetzbuchs[1] zum Umgang mit ihnen berechtigt sind, von diesem Recht zu ihrem Wohl Gebrauch machen. [3]Eltern, andere Umgangsberechtigte sowie Personen, in deren Obhut sich das Kind befindet, haben Anspruch auf Beratung und Unterstützung bei der Ausübung des Umgangsrechts. [4]Bei der Befugnis, Auskunft über die persönlichen Verhältnisse des Kindes zu verlangen, bei der Herstellung von Umgangskontakten und bei der Ausführung gerichtlicher oder vereinbarter Umgangsregelungen soll vermittelt und in geeigneten Fällen Hilfestellung geleistet werden.

(4) Ein junger Volljähriger hat bis zur Vollendung des 21. Lebensjahres Anspruch auf Beratung und Unterstützung bei der Geltendmachung von Unterhalts- oder Unterhaltsersatzansprüchen.

§ 19 Gemeinsame Wohnformen für Mütter/Väter und Kinder.

(1) [1]Mütter oder Väter, die allein für ein Kind unter sechs Jahren zu sorgen haben oder tatsächlich sorgen, sollen gemeinsam mit dem Kind in einer geeigneten Wohnform betreut werden, wenn und solange sie auf Grund ihrer Persönlichkeitsentwicklung dieser Form der Unterstützung bei der Pflege und Erziehung des Kindes bedürfen. [2]Die Betreuung schließt auch ältere Geschwister ein, sofern die Mutter oder der Vater für sie allein zu sorgen hat. [3]Die Betreuung umfasst Leistungen, die die Bedürfnisse der Mutter oder des Vaters sowie des Kindes und seiner Geschwister gleichermaßen berücksichtigen. [4]Eine schwangere Frau kann auch vor der Geburt des Kindes in der Wohnform betreut werden.

(2) [1]Mit Zustimmung des betreuten Elternteils soll auch der andere Elternteil oder eine Person, die für das Kind tatsächlich sorgt, in die Leistung einbezogen werden, wenn und soweit dies dem Leistungszweck dient. [2]Abweichend von Absatz 1 Satz 1 kann diese Einbeziehung die gemeinsame Betreuung der in Satz 1 genannten Personen mit dem Kind in einer geeigneten Wohnform umfassen, wenn und solange dies zur Erreichung des Leistungszwecks erforderlich ist.

(3) Während dieser Zeit soll darauf hingewirkt werden, dass die Mutter oder der Vater eine schulische oder berufliche Ausbildung beginnt oder fortführt oder eine Berufstätigkeit aufnimmt.

---

[1] Nr. 2.

(4) Die Leistung soll auch den notwendigen Unterhalt der betreuten Personen sowie die Krankenhilfe nach Maßgabe des § 40 umfassen.

§ 20 Betreuung und Versorgung des Kindes in Notsituationen.

(1) Eltern haben einen Anspruch auf Unterstützung bei der Betreuung und Versorgung des im Haushalt lebenden Kindes, wenn

1. ein Elternteil, der für die Betreuung des Kindes überwiegend verantwortlich ist, aus gesundheitlichen oder anderen zwingenden Gründen ausfällt,
2. das Wohl des Kindes nicht anderweitig, insbesondere durch Übernahme der Betreuung durch den anderen Elternteil, gewährleistet werden kann,
3. der familiäre Lebensraum für das Kind erhalten bleiben soll und
4. Angebote der Förderung des Kindes in Tageseinrichtungen oder in Kindertagespflege nicht ausreichen.

(2) [1] Unter der Voraussetzung, dass eine Vereinbarung nach Absatz 3 Satz 2 abgeschlossen wurde, können bei der Betreuung und Versorgung des Kindes auch ehrenamtlich tätige Patinnen und Paten zum Einsatz kommen. [2] Die Art und Weise der Unterstützung und der zeitliche Umfang der Betreuung und Versorgung des Kindes sollen sich nach dem Bedarf im Einzelfall richten.

(3) [1] § 36a Absatz 2 gilt mit der Maßgabe entsprechend, dass die niedrigschwellige unmittelbare Inanspruchnahme insbesondere zugelassen werden soll, wenn die Hilfe von einer Erziehungsberatungsstelle oder anderen Beratungsdiensten und -einrichtungen nach § 28 zusätzlich angeboten oder vermittelt wird. [2] In den Vereinbarungen entsprechend § 36a Absatz 2 Satz 2 sollen insbesondere auch die kontinuierliche und flexible Verfügbarkeit der Hilfe sowie die professionelle Anleitung und Begleitung beim Einsatz von ehrenamtlichen Patinnen und Paten sichergestellt werden.

§ 21 Unterstützung bei notwendiger Unterbringung zur Erfüllung der Schulpflicht. [1] Können Personensorgeberechtigte wegen des mit ihrer beruflichen Tätigkeit verbundenen ständigen Ortswechsels die Erfüllung der Schulpflicht ihres Kindes oder Jugendlichen nicht sicherstellen und ist deshalb eine anderweitige Unterbringung des Kindes oder des Jugendlichen notwendig, so haben sie Anspruch auf Beratung und Unterstützung. [2] In geeigneten Fällen können die Kosten der Unterbringung in einer für das Kind oder den Jugendlichen geeigneten Wohnform einschließlich des notwendigen Unterhalts sowie die Krankenhilfe übernommen werden. [3] Die Leistung kann über das schulpflichtige Alter hinaus gewährt werden, sofern eine begonnene Schulausbildung noch nicht abgeschlossen ist, längstens aber bis zur Vollendung des 21. Lebensjahres.

Dritter Abschnitt. Förderung von Kindern in Tageseinrichtungen und in Kindertagespflege

§ 22 Grundsätze der Förderung. (1) [1] Tageseinrichtungen sind Einrichtungen, in denen sich Kinder für einen Teil des Tages oder ganztägig aufhalten und in Gruppen gefördert werden. [2] Kindertagespflege wird von einer geeigneten Kindertagespflegeperson in ihrem Haushalt, im Haushalt des Erziehungsberechtigten oder in anderen geeigneten Räumen geleistet. [3] Nutzen mehrere Kindertagespflegepersonen Räumlichkeiten gemeinsam, ist die vertragliche und pädagogische Zuordnung jedes einzelnen Kindes zu einer bestimmten

Kindertagespflegeperson zu gewährleisten. [4] Eine gegenseitige kurzzeitige Vertretung der Kindertagespflegepersonen aus einem gewichtigen Grund steht dem nicht entgegen. [5] Das Nähere über die Abgrenzung von Tageseinrichtungen und Kindertagespflege regelt das Landesrecht.

(2) [1] Tageseinrichtungen für Kinder und Kindertagespflege sollen

1. die Entwicklung des Kindes zu einer selbstbestimmten, eigenverantwortlichen und gemeinschaftsfähigen Persönlichkeit fördern,
2. die Erziehung und Bildung in der Familie unterstützen und ergänzen,
3. den Eltern dabei helfen, Erwerbstätigkeit, Kindererziehung und familiäre Pflege besser miteinander vereinbaren zu können.

[2] Hierzu sollen sie die Erziehungsberechtigten einbeziehen und mit dem Träger der öffentlichen Jugendhilfe und anderen Personen, Diensten oder Einrichtungen, die bei der Leistungserbringung für das Kind tätig werden, zusammenarbeiten. [3] Sofern Kinder mit und ohne Behinderung gemeinsam gefördert werden, arbeiten die Tageseinrichtungen für Kinder und Kindertagespflege und der Träger der öffentlichen Jugendhilfe mit anderen beteiligten Rehabilitationsträgern zusammen.

(3) [1] Der Förderungsauftrag umfasst Erziehung, Bildung und Betreuung des Kindes und bezieht sich auf die soziale, emotionale, körperliche und geistige Entwicklung des Kindes. [2] Er schließt die Vermittlung orientierender Werte und Regeln ein. [3] Die Förderung soll sich am Alter und Entwicklungsstand, den sprachlichen und sonstigen Fähigkeiten, der Lebenssituation sowie den Interessen und Bedürfnissen des einzelnen Kindes orientieren und seine ethnische Herkunft berücksichtigen.

(4) [1] Für die Erfüllung des Förderungsauftrags nach Absatz 3 sollen geeignete Maßnahmen zur Gewährleistung der Qualität der Förderung von Kindern in Tageseinrichtungen und in der Kindertagespflege weiterentwickelt werden. [2] Das Nähere regelt das Landesrecht.

§ 22a Förderung in Tageseinrichtungen. (1) [1] Die Träger der öffentlichen Jugendhilfe sollen die Qualität der Förderung in ihren Einrichtungen durch geeignete Maßnahmen sicherstellen und weiterentwickeln. [2] Dazu gehören die Entwicklung und der Einsatz einer pädagogischen Konzeption als Grundlage für die Erfüllung des Förderungsauftrags sowie der Einsatz von Instrumenten und Verfahren zur Evaluation der Arbeit in den Einrichtungen.

(2) [1] Die Träger der öffentlichen Jugendhilfe sollen sicherstellen, dass die Fachkräfte in ihren Einrichtungen zusammenarbeiten

1. mit den Erziehungsberechtigten und Kindertagespflegepersonen zum Wohl der Kinder und zur Sicherung der Kontinuität des Erziehungsprozesses,
2. mit anderen kinder- und familienbezogenen Institutionen und Initiativen im Gemeinwesen, insbesondere solchen der Familienbildung und -beratung,
3. mit den Schulen, um den Kindern einen guten Übergang in die Schule zu sichern und um die Arbeit mit Schulkindern in Horten und altersgemischten Gruppen zu unterstützen.

[2] Die Erziehungsberechtigten sind an den Entscheidungen in wesentlichen Angelegenheiten der Erziehung, Bildung und Betreuung zu beteiligen.

(3) [1] Das Angebot soll sich pädagogisch und organisatorisch an den Bedürfnissen der Kinder und ihrer Familien orientieren. [2] Werden Einrichtungen in

den Ferienzeiten geschlossen, so hat der Träger der öffentlichen Jugendhilfe für die Kinder, die nicht von den Erziehungsberechtigten betreut werden können, eine anderweitige Betreuungsmöglichkeit sicherzustellen.

(4) [1] Kinder mit Behinderungen und Kinder ohne Behinderungen sollen gemeinsam gefördert werden. [2] Die besonderen Bedürfnisse von Kindern mit Behinderungen und von Kindern, die von Behinderung bedroht sind, sind zu berücksichtigen.

(5) Die Träger der öffentlichen Jugendhilfe sollen die Realisierung des Förderungsauftrags nach Maßgabe der Absätze 1 bis 4 in den Einrichtungen anderer Träger durch geeignete Maßnahmen sicherstellen.

§ 23 Förderung in Kindertagespflege. (1) Die Förderung in Kindertagespflege nach Maßgabe von § 24 umfasst die Vermittlung des Kindes zu einer geeigneten Kindertagespflegeperson, soweit diese nicht von der erziehungsberechtigten Person nachgewiesen wird, deren fachliche Beratung, Begleitung und weitere Qualifizierung sowie die Gewährung einer laufenden Geldleistung an die Kindertagespflegeperson.

(2) Die laufende Geldleistung nach Absatz 1 umfasst

1. die Erstattung angemessener Kosten, die der Kindertagespflegeperson für den Sachaufwand entstehen,
2. einen Betrag zur Anerkennung ihrer Förderungsleistung nach Maßgabe von Absatz 2a,
3. die Erstattung nachgewiesener Aufwendungen für Beiträge zu einer angemessenen Unfallversicherung sowie die hälftige Erstattung nachgewiesener Aufwendungen zu einer angemessenen Alterssicherung der Kindertagespflegeperson und
4. die hälftige Erstattung nachgewiesener Aufwendungen zu einer angemessenen Kranken- und Pflegeversicherung.

(2a) [1] Die Höhe der laufenden Geldleistung wird von den Trägern der öffentlichen Jugendhilfe festgelegt, soweit Landesrecht nicht etwas anderes bestimmt. [2] Der Betrag zur Anerkennung der Förderungsleistung der Kindertagespflegeperson ist leistungsgerecht auszugestalten. [3] Dabei sind der zeitliche Umfang der Leistung und die Anzahl sowie der Förderbedarf der betreuten Kinder zu berücksichtigen.

(3) [1] Geeignet im Sinne von Absatz 1 sind Personen, die sich durch ihre Persönlichkeit, Sachkompetenz und Kooperationsbereitschaft mit Erziehungsberechtigten und anderen Kindertagespflegepersonen auszeichnen und über kindgerechte Räumlichkeiten verfügen. [2] Sie sollen über vertiefte Kenntnisse hinsichtlich der Anforderungen der Kindertagespflege verfügen, die sie in qualifizierten Lehrgängen erworben oder in anderer Weise nachgewiesen haben.

(4) [1] Erziehungsberechtigte und Kindertagespflegepersonen haben Anspruch auf Beratung in allen Fragen der Kindertagespflege. [2] Für Ausfallzeiten einer Kindertagespflegeperson ist rechtzeitig eine andere Betreuungsmöglichkeit für das Kind sicherzustellen. [3] Zusammenschlüsse von Kindertagespflegepersonen sollen beraten, unterstützt und gefördert werden.

§ 24 Anspruch auf Förderung in Tageseinrichtungen und in Kindertagespflege. (1) [1] Ein Kind, das das erste Lebensjahr noch nicht vollendet hat, ist in einer Einrichtung oder in Kindertagespflege zu fördern, wenn

1. diese Leistung für seine Entwicklung zu einer selbstbestimmten, eigenverantwortlichen und gemeinschaftsfähigen Persönlichkeit geboten ist oder
2. die Erziehungsberechtigten
   a) einer Erwerbstätigkeit nachgehen, eine Erwerbstätigkeit aufnehmen oder Arbeit suchend sind,
   b) sich in einer beruflichen Bildungsmaßnahme, in der Schulausbildung oder Hochschulausbildung befinden oder
   c) Leistungen zur Eingliederung in Arbeit im Sinne des Zweiten Buches[1)] erhalten.

[2] Lebt das Kind nur mit einem Erziehungsberechtigten zusammen, so tritt diese Person an die Stelle der Erziehungsberechtigten. [3] Der Umfang der täglichen Förderung richtet sich nach dem individuellen Bedarf.

(2) [1] Ein Kind, das das erste Lebensjahr vollendet hat, hat bis zur Vollendung des dritten Lebensjahres Anspruch auf frühkindliche Förderung in einer Tageseinrichtung oder in Kindertagespflege. [2] Absatz 1 Satz 3 gilt entsprechend.

(3) [1] Ein Kind, das das dritte Lebensjahr vollendet hat, hat bis zum Schuleintritt Anspruch auf Förderung in einer Tageseinrichtung. [2] Die Träger der öffentlichen Jugendhilfe haben darauf hinzuwirken, dass für diese Altersgruppe ein bedarfsgerechtes Angebot an Ganztagsplätzen zur Verfügung steht. [3] Das Kind kann bei besonderem Bedarf oder ergänzend auch in Kindertagespflege gefördert werden.

(4) [1] Für Kinder im schulpflichtigen Alter ist ein bedarfsgerechtes Angebot in Tageseinrichtungen vorzuhalten. [2] Absatz 1 Satz 3 und Absatz 3 Satz 3 gelten entsprechend.

(5) [1] Die Träger der öffentlichen Jugendhilfe oder die von ihnen beauftragten Stellen sind verpflichtet, Eltern oder Elternteile, die Leistungen nach den Absätzen 1 bis 4 in Anspruch nehmen wollen, über das Platzangebot im örtlichen Einzugsbereich und die pädagogische Konzeption der Einrichtungen zu informieren und sie bei der Auswahl zu beraten. [2] Landesrecht kann bestimmen, dass die erziehungsberechtigten Personen den zuständigen Träger der öffentlichen Jugendhilfe oder die beauftragte Stelle innerhalb einer bestimmten Frist vor der beabsichtigten Inanspruchnahme der Leistung in Kenntnis setzen.

(6) Weitergehendes Landesrecht bleibt unberührt.

[§ 24a bis 31.12.2022:]
§ 24a *(aufgehoben)*

[§ 24a ab 1.1.2023:]
§ 24a Bericht zum Ausbaustand der ganztägigen Bildungs- und Betreuungsangebote für Grundschulkinder. *Die Bundesregierung hat dem Deutschen Bundestag jährlich einen Bericht über den Ausbaustand der ganztägigen Bildungs- und Betreuungsangebote für Grundschulkinder vorzulegen.*

---

1) Auszugsweise abgedruckt unter Nr. **13**.

§ 25 Unterstützung selbst organisierter Förderung von Kindern. Mütter, Väter und andere Erziehungsberechtigte, die die Förderung von Kindern selbst organisieren wollen, sollen beraten und unterstützt werden.

§ 26 Landesrechtsvorbehalt. [1] Das Nähere über Inhalt und Umfang der in diesem Abschnitt geregelten Aufgaben und Leistungen regelt das Landesrecht. [2] Am 31. Dezember 1990 geltende landesrechtliche Regelungen, die das Kindergartenwesen dem Bildungsbereich zuweisen, bleiben unberührt.

Vierter Abschnitt. Hilfe zur Erziehung, Eingliederungshilfe für seelisch behinderte Kinder und Jugendliche, Hilfe für junge Volljährige

Erster Unterabschnitt. Hilfe zur Erziehung

§ 27 Hilfe zur Erziehung. (1) Ein Personensorgeberechtigter hat bei der Erziehung eines Kindes oder eines Jugendlichen Anspruch auf Hilfe (Hilfe zur Erziehung), wenn eine dem Wohl des Kindes oder des Jugendlichen entsprechende Erziehung nicht gewährleistet ist und die Hilfe für seine Entwicklung geeignet und notwendig ist.

(2) [1] Hilfe zur Erziehung wird insbesondere nach Maßgabe der §§ 28 bis 35 gewährt. [2] Art und Umfang der Hilfe richten sich nach dem erzieherischen Bedarf im Einzelfall; dabei soll das engere soziale Umfeld des Kindes oder des Jugendlichen einbezogen werden. [3] Unterschiedliche Hilfearten können miteinander kombiniert werden, sofern dies dem erzieherischen Bedarf des Kindes oder Jugendlichen im Einzelfall entspricht.

(2a) Ist eine Erziehung des Kindes oder Jugendlichen außerhalb des Elternhauses erforderlich, so entfällt der Anspruch auf Hilfe zur Erziehung nicht dadurch, dass eine andere unterhaltspflichtige Person bereit ist, diese Aufgabe zu übernehmen; die Gewährung von Hilfe zur Erziehung setzt in diesem Fall voraus, dass diese Person bereit und geeignet ist, den Hilfebedarf in Zusammenarbeit mit dem Träger der öffentlichen Jugendhilfe nach Maßgabe der §§ 36 und 37 zu decken.

(3) [1] Hilfe zur Erziehung umfasst insbesondere die Gewährung pädagogischer und damit verbundener therapeutischer Leistungen. [2] Bei Bedarf soll sie Ausbildungs- und Beschäftigungsmaßnahmen im Sinne des § 13 Absatz 2 einschließen und kann mit anderen Leistungen nach diesem Buch kombiniert werden. [3] Die in der Schule oder Hochschule wegen des erzieherischen Bedarfs erforderliche Anleitung und Begleitung können als Gruppenangebote an Kinder oder Jugendliche gemeinsam erbracht werden, soweit dies dem Bedarf des Kindes oder Jugendlichen im Einzelfall entspricht.

(4) Wird ein Kind oder eine Jugendliche während ihres Aufenthaltes in einer Einrichtung oder einer Pflegefamilie selbst Mutter eines Kindes, so umfasst die Hilfe zur Erziehung auch die Unterstützung bei der Pflege und Erziehung dieses Kindes.

§ 28 Erziehungsberatung. [1] Erziehungsberatungsstellen und andere Beratungsdienste und -einrichtungen sollen Kinder, Jugendliche, Eltern und andere Erziehungsberechtigte bei der Klärung und Bewältigung individueller und familienbezogener Probleme und der zugrunde liegenden Faktoren, bei der Lösung von Erziehungsfragen sowie bei Trennung und Scheidung unterstützen. [2]Dabei sollen Fachkräfte verschiedener Fachrichtungen zusammenwirken, die mit unterschiedlichen methodischen Ansätzen vertraut sind.

§ 29 Soziale Gruppenarbeit. [1]Die Teilnahme an sozialer Gruppenarbeit soll älteren Kindern und Jugendlichen bei der Überwindung von Entwicklungsschwierigkeiten und Verhaltensproblemen helfen. [2]Soziale Gruppenarbeit soll auf der Grundlage eines gruppenpädagogischen Konzepts die Entwicklung älterer Kinder und Jugendlicher durch soziales Lernen in der Gruppe fördern.

§ 30 Erziehungsbeistand, Betreuungshelfer. Der Erziehungsbeistand und der Betreuungshelfer sollen das Kind oder den Jugendlichen bei der Bewältigung von Entwicklungsproblemen möglichst unter Einbeziehung des sozialen Umfelds unterstützen und unter Erhaltung des Lebensbezugs zur Familie seine Verselbständigung fördern.

§ 31 Sozialpädagogische Familienhilfe. [1]Sozialpädagogische Familienhilfe soll durch intensive Betreuung und Begleitung Familien in ihren Erziehungsaufgaben, bei der Bewältigung von Alltagsproblemen, der Lösung von Konflikten und Krisen sowie im Kontakt mit Ämtern und Institutionen unterstützen und Hilfe zur Selbsthilfe geben. [2]Sie ist in der Regel auf längere Dauer angelegt und erfordert die Mitarbeit der Familie.

§ 32 Erziehung in einer Tagesgruppe. [1]Hilfe zur Erziehung in einer Tagesgruppe soll die Entwicklung des Kindes oder des Jugendlichen durch soziales Lernen in der Gruppe, Begleitung der schulischen Förderung und Elternarbeit unterstützen und dadurch den Verbleib des Kindes oder des Jugendlichen in seiner Familie sichern. [2]Die Hilfe kann auch in geeigneten Formen der Familienpflege geleistet werden.

§ 33 Vollzeitpflege. [1]Hilfe zur Erziehung in Vollzeitpflege soll entsprechend dem Alter und Entwicklungsstand des Kindes oder des Jugendlichen und seinen persönlichen Bindungen sowie den Möglichkeiten der Verbesserung der Erziehungsbedingungen in der Herkunftsfamilie Kindern und Jugendlichen in einer anderen Familie eine zeitlich befristete Erziehungshilfe oder eine auf Dauer angelegte Lebensform bieten. [2]Für besonders entwicklungsbeeinträchtigte Kinder und Jugendliche sind geeignete Formen der Familienpflege zu schaffen und auszubauen.

§ 34 Heimerziehung, sonstige betreute Wohnform. [1]Hilfe zur Erziehung in einer Einrichtung über Tag und Nacht (Heimerziehung) oder in einer sonstigen betreuten Wohnform soll Kinder und Jugendliche durch eine Verbindung von Alltagserleben mit pädagogischen und therapeutischen Angeboten in ihrer Entwicklung fördern. [2]Sie soll entsprechend dem Alter und Entwicklungsstand des Kindes oder des Jugendlichen sowie den Möglichkeiten der Verbesserung der Erziehungsbedingungen in der Herkunftsfamilie

1. eine Rückkehr in die Familie zu erreichen versuchen oder
2. die Erziehung in einer anderen Familie vorbereiten oder
3. eine auf längere Zeit angelegte Lebensform bieten und auf ein selbständiges Leben vorbereiten.

[3]Jugendliche sollen in Fragen der Ausbildung und Beschäftigung sowie der allgemeinen Lebensführung beraten und unterstützt werden.

§ 35 Intensive sozialpädagogische Einzelbetreuung. [1] Intensive sozialpädagogische Einzelbetreuung soll Jugendlichen gewährt werden, die einer intensiven Unterstützung zur sozialen Integration und zu einer eigenverantwortlichen Lebensführung bedürfen. [2] Die Hilfe ist in der Regel auf längere Zeit angelegt und soll den individuellen Bedürfnissen des Jugendlichen Rechnung tragen.

Zweiter Unterabschnitt. Eingliederungshilfe für seelisch behinderte Kinder und Jugendliche

§ 35a Eingliederungshilfe für Kinder und Jugendliche mit seelischer Behinderung oder drohender seelischer Behinderung. (1) [1] Kinder oder Jugendliche haben Anspruch auf Eingliederungshilfe, wenn

1. ihre seelische Gesundheit mit hoher Wahrscheinlichkeit länger als sechs Monate von dem für ihr Lebensalter typischen Zustand abweicht, und
2. daher ihre Teilhabe am Leben in der Gesellschaft beeinträchtigt ist oder eine solche Beeinträchtigung zu erwarten ist.

[2] Von einer seelischen Behinderung bedroht im Sinne dieser Vorschrift sind Kinder oder Jugendliche, bei denen eine Beeinträchtigung ihrer Teilhabe am Leben in der Gesellschaft nach fachlicher Erkenntnis mit hoher Wahrscheinlichkeit zu erwarten ist. [3] § 27 Absatz 4 gilt entsprechend.

(1a) [1] Hinsichtlich der Abweichung der seelischen Gesundheit nach Absatz 1 Satz 1 Nummer 1 hat der Träger der öffentlichen Jugendhilfe die Stellungnahme

1. eines Arztes für Kinder- und Jugendpsychiatrie und -psychotherapie,
2. eines Kinder- und Jugendlichenpsychotherapeuten, eines Psychotherapeuten mit einer Weiterbildung für die Behandlung von Kindern und Jugendlichen oder
3. eines Arztes oder eines psychologischen Psychotherapeuten, der über besondere Erfahrungen auf dem Gebiet seelischer Störungen bei Kindern und Jugendlichen verfügt,

einzuholen. [2] Die Stellungnahme ist auf der Grundlage der Internationalen Klassifikation der Krankheiten in der vom Bundesinstitut für Arzneimittel und Medizinprodukte herausgegebenen deutschen Fassung zu erstellen. [3] Dabei ist auch darzulegen, ob die Abweichung Krankheitswert hat oder auf einer Krankheit beruht. [4] Enthält die Stellungnahme auch Ausführungen zu Absatz 1 Satz 1 Nummer 2, so sollen diese vom Träger der öffentlichen Jugendhilfe im Rahmen seiner Entscheidung angemessen berücksichtigt werden. [5] Die Hilfe soll nicht von der Person oder dem Dienst oder der Einrichtung, der die Person angehört, die die Stellungnahme abgibt, erbracht werden.

(2) Die Hilfe wird nach dem Bedarf im Einzelfall

1. in ambulanter Form,
2. in Tageseinrichtungen für Kinder oder in anderen teilstationären Einrichtungen,
3. durch geeignete Pflegepersonen und
4. in Einrichtungen über Tag und Nacht sowie sonstigen Wohnformen geleistet.

(3) Aufgabe und Ziele der Hilfe, die Bestimmung des Personenkreises sowie Art und Form der Leistungen richten sich nach Kapitel 6 des Teils 1 des Neunten Buches sowie § 90 und den Kapiteln 3 bis 6 des Teils 2 des Neunten Buches, soweit diese Bestimmungen auch auf seelisch behinderte oder von einer solchen Behinderung bedrohte Personen Anwendung finden und sich aus diesem Buch nichts anderes ergibt.

(4) [1] Ist gleichzeitig Hilfe zur Erziehung zu leisten, so sollen Einrichtungen, Dienste und Personen in Anspruch genommen werden, die geeignet sind, sowohl die Aufgaben der Eingliederungshilfe zu erfüllen als auch den erzieherischen Bedarf zu decken. [2] Sind heilpädagogische Maßnahmen für Kinder, die noch nicht im schulpflichtigen Alter sind, in Tageseinrichtungen für Kinder zu gewähren und lässt der Hilfebedarf es zu, so sollen Einrichtungen in Anspruch genommen werden, in denen behinderte und nicht behinderte Kinder gemeinsam betreut werden.

Dritter Unterabschnitt. Gemeinsame Vorschriften für die Hilfe zur Erziehung und die Eingliederungshilfe für seelisch behinderte Kinder und Jugendliche

§ 36 Mitwirkung, Hilfeplan. (1) [1] Der Personensorgeberechtigte und das Kind oder der Jugendliche sind vor der Entscheidung über die Inanspruchnahme einer Hilfe und vor einer notwendigen Änderung von Art und Umfang der Hilfe zu beraten und auf die möglichen Folgen für die Entwicklung des Kindes oder des Jugendlichen hinzuweisen. [2] Es ist sicherzustellen, dass Beratung und Aufklärung nach Satz 1 in einer für den Personensorgeberechtigten und das Kind oder den Jugendlichen verständlichen, nachvollziehbaren und wahrnehmbaren Form erfolgen.

(2) [1] Die Entscheidung über die im Einzelfall angezeigte Hilfeart soll, wenn Hilfe voraussichtlich für längere Zeit zu leisten ist, im Zusammenwirken mehrerer Fachkräfte getroffen werden. [2] Als Grundlage für die Ausgestaltung der Hilfe sollen sie zusammen mit dem Personensorgeberechtigten und dem Kind oder dem Jugendlichen einen Hilfeplan aufstellen, der Feststellungen über den Bedarf, die zu gewährende Art der Hilfe sowie die notwendigen Leistungen enthält; sie sollen regelmäßig prüfen, ob die gewählte Hilfeart weiterhin geeignet und notwendig ist. [3] Hat das Kind oder der Jugendliche ein oder mehrere Geschwister, so soll der Geschwisterbeziehung bei der Aufstellung und Überprüfung des Hilfeplans sowie bei der Durchführung der Hilfe Rechnung getragen werden.

(3) [1] Werden bei der Durchführung der Hilfe andere Personen, Dienste oder Einrichtungen tätig, so sind sie oder deren Mitarbeiterinnen und Mitarbeiter an der Aufstellung des Hilfeplans und seiner Überprüfung zu beteiligen. [2] Soweit dies zur Feststellung des Bedarfs, der zu gewährenden Art der Hilfe oder der notwendigen Leistungen nach Inhalt, Umfang und Dauer erforderlich ist, sollen öffentliche Stellen, insbesondere andere Sozialleistungsträger, Rehabilitationsträger oder die Schule beteiligt werden. [3] Gewährt der Träger der öffentlichen Jugendhilfe Leistungen zur Teilhabe, sind die Vorschriften zum Verfahren bei einer Mehrheit von Rehabilitationsträgern nach dem Neunten Buch zu beachten.

(4) Erscheinen Hilfen nach § 35a erforderlich, so soll bei der Aufstellung und Änderung des Hilfeplans sowie bei der Durchführung der Hilfe die Person, die eine Stellungnahme nach § 35a Absatz 1a abgegeben hat, beteiligt werden.

(5) Soweit dies zur Feststellung des Bedarfs, der zu gewährenden Art der Hilfe oder der notwendigen Leistungen nach Inhalt, Umfang und Dauer erforderlich ist und dadurch der Hilfezweck nicht in Frage gestellt wird, sollen Eltern, die nicht personensorgeberechtigt sind, an der Aufstellung des Hilfeplans und seiner Überprüfung beteiligt werden; die Entscheidung, ob, wie und in welchem Umfang deren Beteiligung erfolgt, soll im Zusammenwirken mehrerer Fachkräfte unter Berücksichtigung der Willensäußerung und der Interessen des Kindes oder Jugendlichen sowie der Willensäußerung des Personensorgeberechtigten getroffen werden.

§ 36a Steuerungsverantwortung, Selbstbeschaffung. (1) [1]Der Träger der öffentlichen Jugendhilfe trägt die Kosten der Hilfe grundsätzlich nur dann, wenn sie auf der Grundlage seiner Entscheidung nach Maßgabe des Hilfeplans unter Beachtung des Wunsch- und Wahlrechts erbracht wird; dies gilt auch in den Fällen, in denen Eltern durch das Familiengericht oder Jugendliche und junge Volljährige durch den Jugendrichter zur Inanspruchnahme von Hilfen verpflichtet werden. [2]Die Vorschriften über die Heranziehung zu den Kosten der Hilfe bleiben unberührt.

(2) [1]Abweichend von Absatz 1 soll der Träger der öffentlichen Jugendhilfe die niedrigschwellige unmittelbare Inanspruchnahme von ambulanten Hilfen, insbesondere der Erziehungsberatung nach § 28, zulassen. [2]Dazu soll der Träger der öffentlichen Jugendhilfe mit den Leistungserbringern Vereinbarungen schließen, in denen die Voraussetzungen und die Ausgestaltung der Leistungserbringung sowie die Übernahme der Kosten geregelt werden. [3]Dabei finden der nach § 80 Absatz 1 Nummer 2 ermittelte Bedarf, die Planungen zur Sicherstellung des bedarfsgerechten Zusammenwirkens der Angebote von Jugendhilfeleistungen in den Lebens- und Wohnbereichen von jungen Menschen und Familien nach § 80 Absatz 2 Nummer 3 sowie die geplanten Maßnahmen zur Qualitätsgewährleistung der Leistungserbringung nach § 80 Absatz 3 Beachtung.

(3) [1]Werden Hilfen abweichend von den Absätzen 1 und 2 vom Leistungsberechtigten selbst beschafft, so ist der Träger der öffentlichen Jugendhilfe zur Übernahme der erforderlichen Aufwendungen nur verpflichtet, wenn

1. der Leistungsberechtigte den Träger der öffentlichen Jugendhilfe vor der Selbstbeschaffung über den Hilfebedarf in Kenntnis gesetzt hat,
2. die Voraussetzungen für die Gewährung der Hilfe vorlagen und
3. die Deckung des Bedarfs
   a) bis zu einer Entscheidung des Trägers der öffentlichen Jugendhilfe über die Gewährung der Leistung oder
   b) bis zu einer Entscheidung über ein Rechtsmittel nach einer zu Unrecht abgelehnten Leistung

   keinen zeitlichen Aufschub geduldet hat.

[2]War es dem Leistungsberechtigten unmöglich, den Träger der öffentlichen Jugendhilfe rechtzeitig über den Hilfebedarf in Kenntnis zu setzen, so hat er dies unverzüglich nach Wegfall des Hinderungsgrundes nachzuholen.

§ 36b Zusammenarbeit beim Zuständigkeitsübergang. (1) [1] Zur Sicherstellung von Kontinuität und Bedarfsgerechtigkeit der Leistungsgewährung sind von den zuständigen öffentlichen Stellen, insbesondere von Sozialleistungsträgern oder Rehabilitationsträgern rechtzeitig im Rahmen des Hilfeplans Vereinbarungen zur Durchführung des Zuständigkeitsübergangs zu treffen. [2] Im Rahmen der Beratungen zum Zuständigkeitsübergang prüfen der Träger der öffentlichen Jugendhilfe und die andere öffentliche Stelle, insbesondere der andere Sozialleistungsträger oder Rehabilitationsträger gemeinsam, welche Leistung nach dem Zuständigkeitsübergang dem Bedarf des jungen Menschen entspricht.

(2) [1] Abweichend von Absatz 1 werden bei einem Zuständigkeitsübergang vom Träger der öffentlichen Jugendhilfe auf einen Träger der Eingliederungshilfe rechtzeitig im Rahmen eines Teilhabeplanverfahrens nach § 19 des Neunten Buches die Voraussetzungen für die Sicherstellung einer nahtlosen und bedarfsgerechten Leistungsgewährung nach dem Zuständigkeitsübergang geklärt. [2] Die Teilhabeplanung ist frühzeitig, in der Regel ein Jahr vor dem voraussichtlichen Zuständigkeitswechsel, vom Träger der Jugendhilfe einzuleiten. [3] Mit Zustimmung des Leistungsberechtigten oder seines Personensorgeberechtigten ist eine Teilhabeplankonferenz nach § 20 des Neunten Buches durchzuführen. [4] Stellt der beteiligte Träger der Eingliederungshilfe fest, dass seine Zuständigkeit sowie die Leistungsberechtigung absehbar gegeben sind, soll er entsprechend § 19 Absatz 5 des Neunten Buches die Teilhabeplanung vom Träger der öffentlichen Jugendhilfe übernehmen. [5] Dies beinhaltet gemäß § 21 des Neunten Buches auch die Durchführung des Verfahrens zur Gesamtplanung nach den §§ 117 bis 122 des Neunten Buches.

§ 37 Beratung und Unterstützung der Eltern, Zusammenarbeit bei Hilfen außerhalb der eigenen Familie. (1) [1] Werden Hilfen nach den §§ 32 bis 34 und 35a Absatz 2 Nummer 3 und 4 gewährt, haben die Eltern einen Anspruch auf Beratung und Unterstützung sowie Förderung der Beziehung zu ihrem Kind. [2] Durch Beratung und Unterstützung sollen die Entwicklungs-, Teilhabe- oder Erziehungsbedingungen in der Herkunftsfamilie innerhalb eines im Hinblick auf die Entwicklung des Kindes oder Jugendlichen vertretbaren Zeitraums so weit verbessert werden, dass sie das Kind oder den Jugendlichen wieder selbst erziehen kann. [3] Ist eine nachhaltige Verbesserung der Entwicklungs-, Teilhabe- oder Erziehungsbedingungen in der Herkunftsfamilie innerhalb dieses Zeitraums nicht erreichbar, so dienen die Beratung und Unterstützung der Eltern sowie die Förderung ihrer Beziehung zum Kind der Erarbeitung und Sicherung einer anderen, dem Wohl des Kindes oder Jugendlichen förderlichen und auf Dauer angelegten Lebensperspektive.

(2) [1] Bei den in Absatz 1 Satz 1 genannten Hilfen soll der Träger der öffentlichen Jugendhilfe die Zusammenarbeit der Pflegeperson oder der in der Einrichtung für die Erziehung verantwortlichen Person und der Eltern zum Wohl des Kindes oder Jugendlichen durch geeignete Maßnahmen fördern. [2] Der Träger der öffentlichen Jugendhilfe stellt dies durch eine abgestimmte Wahrnehmung der Aufgaben nach Absatz 1 und § 37a sicher.

(3) [1] Sofern der Inhaber der elterlichen Sorge durch eine Erklärung nach § 1688 Absatz 3 Satz 1 des Bürgerlichen Gesetzbuchs[1] die Entscheidungsbefug-

---

[1] Nr. 2.

nisse der Pflegeperson so weit einschränkt, dass die Einschränkung eine dem Wohl des Kindes oder des Jugendlichen förderliche Entwicklung nicht mehr ermöglicht, sollen die Beteiligten das Jugendamt einschalten. [2] Auch bei sonstigen Meinungsverschiedenheiten zwischen ihnen sollen die Beteiligten das Jugendamt einschalten.

§ 37a Beratung und Unterstützung der Pflegeperson. [1] Die Pflegeperson hat vor der Aufnahme des Kindes oder des Jugendlichen und während der Dauer des Pflegeverhältnisses Anspruch auf Beratung und Unterstützung. [2] Dies gilt auch in den Fällen, in denen für das Kind oder den Jugendlichen weder Hilfe zur Erziehung noch Eingliederungshilfe gewährt wird, und in den Fällen, in denen die Pflegeperson nicht der Erlaubnis zur Vollzeitpflege nach § 44 bedarf. [3] Lebt das Kind oder der Jugendliche bei einer Pflegeperson außerhalb des Bereichs des zuständigen Trägers der öffentlichen Jugendhilfe, so sind ortsnahe Beratung und Unterstützung sicherzustellen. [4] Der zuständige Träger der öffentlichen Jugendhilfe hat die aufgewendeten Kosten einschließlich der Verwaltungskosten auch in den Fällen zu erstatten, in denen die Beratung und Unterstützung im Wege der Amtshilfe geleistet werden. [5] Zusammenschlüsse von Pflegepersonen sollen beraten, unterstützt und gefördert werden.

§ 37b Sicherung der Rechte von Kindern und Jugendlichen in Familienpflege. (1) [1] Das Jugendamt stellt sicher, dass während der Dauer des Pflegeverhältnisses ein nach Maßgabe fachlicher Handlungsleitlinien gemäß § 79a Satz 2 entwickeltes Konzept zur Sicherung der Rechte des Kindes oder des Jugendlichen und zum Schutz vor Gewalt angewandt wird. [2] Hierzu sollen die Pflegeperson sowie das Kind oder der Jugendliche vor der Aufnahme und während der Dauer des Pflegeverhältnisses beraten und an der auf das konkrete Pflegeverhältnis bezogenen Ausgestaltung des Konzepts beteiligt werden.

(2) Das Jugendamt gewährleistet, dass das Kind oder der Jugendliche während der Dauer des Pflegeverhältnisses Möglichkeiten der Beschwerde in persönlichen Angelegenheiten hat und informiert das Kind oder den Jugendlichen hierüber.

(3) [1] Das Jugendamt soll den Erfordernissen des Einzelfalls entsprechend an Ort und Stelle überprüfen, ob eine dem Wohl des Kindes oder des Jugendlichen förderliche Entwicklung bei der Pflegeperson gewährleistet ist. [2] Die Pflegeperson hat das Jugendamt über wichtige Ereignisse zu unterrichten, die das Wohl des Kindes oder des Jugendlichen betreffen.

§ 37c Ergänzende Bestimmungen zur Hilfeplanung bei Hilfen außerhalb der eigenen Familie. (1) [1] Bei der Aufstellung und Überprüfung des Hilfeplans nach § 36 Absatz 2 Satz 2 ist bei Hilfen außerhalb der eigenen Familie prozesshaft auch die Perspektive der Hilfe zu klären. [2] Der Stand der Perspektivklärung nach Satz 1 ist im Hilfeplan zu dokumentieren.

(2) [1] Maßgeblich bei der Perspektivklärung nach Absatz 1 ist, ob durch Leistungen nach diesem Abschnitt die Entwicklungs-, Teilhabe- oder Erziehungsbedingungen in der Herkunftsfamilie innerhalb eines im Hinblick auf die Entwicklung des Kindes oder Jugendlichen vertretbaren Zeitraums so weit verbessert werden, dass die Herkunftsfamilie das Kind oder den Jugendlichen wieder selbst erziehen, betreuen und fördern kann. [2] Ist eine nachhaltige Verbesserung der Entwicklungs-, Teilhabe- oder Erziehungsbedingungen in der Herkunftsfamilie innerhalb eines im Hinblick auf die Entwicklung des Kindes

oder Jugendlichen vertretbaren Zeitraums nicht erreichbar, so soll mit den beteiligten Personen eine andere, dem Wohl des Kindes oder Jugendlichen förderliche und auf Dauer angelegte Lebensperspektive erarbeitet werden. [3]In diesem Fall ist vor und während der Gewährung der Hilfe insbesondere zu prüfen, ob die Annahme als Kind in Betracht kommt.

(3) [1]Bei der Auswahl der Einrichtung oder der Pflegeperson sind der Personensorgeberechtigte und das Kind oder der Jugendliche oder bei Hilfen nach § 41 der junge Volljährige zu beteiligen. [2]Der Wahl und den Wünschen des Leistungsberechtigten ist zu entsprechen, sofern sie nicht mit unverhältnismäßigen Mehrkosten verbunden sind. [3]Wünschen die in Satz 1 genannten Personen die Erbringung einer in § 78a genannten Leistung in einer Einrichtung, mit deren Träger keine Vereinbarungen nach § 78b bestehen, so soll der Wahl nur entsprochen werden, wenn die Erbringung der Leistung in dieser Einrichtung nach Maßgabe des Hilfeplans geboten ist. [4]Bei der Auswahl einer Pflegeperson, die ihren gewöhnlichen Aufenthalt außerhalb des Bereichs des örtlich zuständigen Trägers hat, soll der örtliche Träger der öffentlichen Jugendhilfe beteiligt werden, in dessen Bereich die Pflegeperson ihren gewöhnlichen Aufenthalt hat.

(4) [1]Die Art und Weise der Zusammenarbeit nach § 37 Absatz 2 sowie die damit im Einzelfall verbundenen Ziele sind im Hilfeplan zu dokumentieren. [2]Bei Hilfen nach den §§ 33, 35a Absatz 2 Nummer 3 zählen dazu auch der vereinbarte Umfang der Beratung und Unterstützung der Eltern nach § 37 Absatz 1 und der Pflegeperson nach § 37a Absatz 1 sowie die Höhe der laufenden Leistungen zum Unterhalt des Kindes oder Jugendlichen nach § 39. [3]Bei Hilfen für junge Volljährige nach § 41 gilt dies entsprechend in Bezug auf den vereinbarten Umfang der Beratung und Unterstützung der Pflegeperson sowie die Höhe der laufenden Leistungen zum Unterhalt. [4]Eine Abweichung von den im Hilfeplan gemäß den Sätzen 1 bis 3 getroffenen Feststellungen ist nur bei einer Änderung des Hilfebedarfs und entsprechender Änderung des Hilfeplans auch bei einem Wechsel der örtlichen Zuständigkeit zulässig.

§ 38 Zulässigkeit von Auslandsmaßnahmen. (1) [1]Hilfen nach diesem Abschnitt sind in der Regel im Inland zu erbringen. [2]Sie dürfen nur dann im Ausland erbracht werden, wenn dies nach Maßgabe der Hilfeplanung zur Erreichung des Hilfezieles im Einzelfall erforderlich ist und die aufenthaltsrechtlichen Vorschriften des aufnehmenden Staates sowie

[Nr. 1 bis 31.7.2022:]

1. im Anwendungsbereich der Verordnung (EG) Nr. 2201/2003[1)] des Rates vom 27. November 2003 über die Zuständigkeit und die Anerkennung und Vollstreckung von Entscheidungen in Ehesachen und in Verfahren betreffend die elterliche Verantwortung und zur Aufhebung der Verordnung (EG) Nr. 1347/2000 die Voraussetzungen des Artikels 56 oder

[Nr. 1 ab 1.8.2022:]

1. *im Anwendungsbereich der Verordnung (EU) 2019/1111*[2)] *des Rates vom 25. Juni 2019 über die Zuständigkeit, die Anerkennung und Vollstreckung von Entscheidungen in Ehesachen und in Verfahren betreffend die elterliche Verantwortung und über*

[1)] Auszugsweise abgedruckt unter Nr. **6**.
[2)] Auszugsweise abgedruckt unter Nr. **6/1**.

internationale Kindesentführungen (ABl. L 178 vom 2.7.2019, S. 1) die Voraussetzungen des Artikels 82 oder

2. im Anwendungsbereich des Haager Übereinkommens[1] vom 19. Oktober 1996 über die Zuständigkeit, das anzuwendende Recht, die Anerkennung, Vollstreckung und Zusammenarbeit auf dem Gebiet der elterlichen Verantwortung und der Maßnahmen zum Schutz von Kindern die Voraussetzungen des Artikels 33

erfüllt sind.

(2) Der Träger der öffentlichen Jugendhilfe soll vor der Entscheidung über die Gewährung einer Hilfe, die ganz oder teilweise im Ausland erbracht wird,

1. zur Feststellung einer seelischen Störung mit Krankheitswert die Stellungnahme einer in § 35a Absatz 1a Satz 1 genannten Person einholen,
2. sicherstellen, dass der Leistungserbringer
   a) über eine Betriebserlaubnis nach § 45 für eine Einrichtung im Inland verfügt, in der Hilfe zur Erziehung erbracht wird,
   b) Gewähr dafür bietet, dass er die Rechtsvorschriften des aufnehmenden Staates einschließlich des Aufenthaltsrechts einhält, insbesondere vor Beginn der Leistungserbringung die in Absatz 1 Satz 2 genannten Maßgaben erfüllt, und mit den Behörden des aufnehmenden Staates sowie den deutschen Vertretungen im Ausland zusammenarbeitet,
   c) mit der Erbringung der Hilfen nur Fachkräfte nach § 72 Absatz 1 betraut,
   d) über die Qualität der Maßnahme eine Vereinbarung abschließt; dabei sind die fachlichen Handlungsleitlinien des überörtlichen Trägers anzuwenden,
   e) Ereignisse oder Entwicklungen, die geeignet sind, das Wohl des Kindes oder Jugendlichen zu beeinträchtigen, dem Träger der öffentlichen Jugendhilfe unverzüglich anzeigt und
3. die Eignung der mit der Leistungserbringung zu betrauenden Einrichtung oder Person an Ort und Stelle überprüfen.

(3) [1] Überprüfung und Fortschreibung des Hilfeplans sollen nach Maßgabe von § 36 Absatz 2 Satz 2 am Ort der Leistungserbringung unter Beteiligung des Kindes oder des Jugendlichen erfolgen. [2] Unabhängig von der Überprüfung und Fortschreibung des Hilfeplans nach Satz 1 soll der Träger der öffentlichen Jugendhilfe nach den Erfordernissen im Einzelfall an Ort und Stelle überprüfen, ob die Anforderungen nach Absatz 2 Nummer 2 Buchstabe b und c sowie Nummer 3 weiter erfüllt sind.

(4) Besteht die Erfüllung der Anforderungen nach Absatz 2 Nummer 2 oder die Eignung der mit der Leistungserbringung betrauten Einrichtung oder Person nicht fort, soll die Leistungserbringung im Ausland unverzüglich beendet werden.

(5) [1] Der Träger der öffentlichen Jugendhilfe hat der erlaubniserteilenden Behörde unverzüglich

1. den Beginn und das geplante Ende der Leistungserbringung im Ausland unter Angabe von Namen und Anschrift des Leistungserbringers, des Aufenthaltsorts des Kindes oder Jugendlichen sowie der Namen der mit der Erbringung der Hilfe betrauten Fachkräfte,

---

[1] Auszugsweise abgedruckt unter Nr. 7.

2. Änderungen der in Nummer 1 bezeichneten Angaben sowie
3. die bevorstehende Beendigung der Leistungserbringung im Ausland

zu melden sowie

4. einen Nachweis zur Erfüllung der aufenthaltsrechtlichen Vorschriften des aufnehmenden Staates und im Anwendungsbereich

   [Buchst. a bis 31.7.2022:]

   a) der Verordnung (EG) Nr. 2201/2003[1] des Rates vom 27. November 2003 über die Zuständigkeit und die Anerkennung und Vollstreckung von Entscheidungen in Ehesachen und in Verfahren betreffend die elterliche Verantwortung und zur Aufhebung der Verordnung (EG) Nr. 1347/2000 zur Erfüllung der Maßgaben des Artikels 56,

   [Buchst. a ab 1.8.2022:]

   a) der Verordnung (EU) 2019/1111[2] zur Erfüllung der Maßgaben des Artikels 82,

   b) des Haager Übereinkommens[3] vom 19. Oktober 1996 über die Zuständigkeit, das anzuwendende Recht, die Anerkennung, Vollstreckung und Zusammenarbeit auf dem Gebiet der elterlichen Verantwortung und der Maßnahmen zum Schutz von Kindern zur Erfüllung der Maßgaben des Artikels 33

zu übermitteln. [2]Die erlaubniserteilende Behörde wirkt auf die unverzügliche Beendigung der Leistungserbringung im Ausland hin, wenn sich aus den Angaben nach Satz 1 ergibt, dass die an die Leistungserbringung im Ausland gestellten gesetzlichen Anforderungen nicht erfüllt sind.

§ 39 Leistungen zum Unterhalt des Kindes oder des Jugendlichen.

(1) [1]Wird Hilfe nach den §§ 32 bis 35 oder nach § 35a Absatz 2 Nummer 2 bis 4 gewährt, so ist auch der notwendige Unterhalt des Kindes oder Jugendlichen außerhalb des Elternhauses sicherzustellen. [2]Er umfasst die Kosten für den Sachaufwand sowie für die Pflege und Erziehung des Kindes oder Jugendlichen.

(2) [1]Der gesamte regelmäßig wiederkehrende Bedarf soll durch laufende Leistungen gedeckt werden. [2]Sie umfassen außer im Fall des § 32 und des § 35a Absatz 2 Nummer 2 auch einen angemessenen Barbetrag zur persönlichen Verfügung des Kindes oder des Jugendlichen. [3]Die Höhe des Betrages wird in den Fällen der §§ 34, 35, 35a Absatz 2 Nummer 4 von der nach Landesrecht zuständigen Behörde festgesetzt; die Beträge sollen nach Altersgruppen gestaffelt sein. [4]Die laufenden Leistungen im Rahmen der Hilfe in Vollzeitpflege (§ 33) oder bei einer geeigneten Pflegeperson (§ 35a Absatz 2 Nummer 3) sind nach den Absätzen 4 bis 6 zu bemessen.

(3) Einmalige Beihilfen oder Zuschüsse können insbesondere zur Erstausstattung einer Pflegestelle, bei wichtigen persönlichen Anlässen sowie für Urlaubs- und Ferienreisen des Kindes oder des Jugendlichen gewährt werden.

(4) [1]Die laufenden Leistungen sollen auf der Grundlage der tatsächlichen Kosten gewährt werden, sofern sie einen angemessenen Umfang nicht übersteigen. [2]Die laufenden Leistungen umfassen auch die Erstattung nachgewiesener Aufwendungen für Beiträge zu einer Unfallversicherung sowie die hälftige

---

[1] Auszugsweise abgedruckt unter Nr. **6**.
[2] Auszugsweise abgedruckt unter Nr. **6/1**.
[3] Auszugsweise abgedruckt unter Nr. **7**.

Erstattung nachgewiesener Aufwendungen zu einer angemessenen Alterssicherung der Pflegeperson. [3] Sie sollen in einem monatlichen Pauschalbetrag gewährt werden, soweit nicht nach der Besonderheit des Einzelfalls abweichende Leistungen geboten sind. [4] Ist die Pflegeperson in gerader Linie mit dem Kind oder Jugendlichen verwandt und kann sie diesem unter Berücksichtigung ihrer sonstigen Verpflichtungen und ohne Gefährdung ihres angemessenen Unterhalts Unterhalt gewähren, so kann der Teil des monatlichen Pauschalbetrages, der die Kosten für den Sachaufwand des Kindes oder Jugendlichen betrifft, angemessen gekürzt werden. [5] Wird ein Kind oder ein Jugendlicher im Bereich eines anderen Jugendamts untergebracht, so soll sich die Höhe des zu gewährenden Pauschalbetrages nach den Verhältnissen richten, die am Ort der Pflegestelle gelten.

(5) [1] Die Pauschalbeträge für laufende Leistungen zum Unterhalt sollen von den nach Landesrecht zuständigen Behörden festgesetzt werden. [2] Dabei ist dem altersbedingt unterschiedlichen Unterhaltsbedarf von Kindern und Jugendlichen durch eine Staffelung der Beträge nach Altersgruppen Rechnung zu tragen. [3] Das Nähere regelt Landesrecht.

(6) [1] Wird das Kind oder der Jugendliche im Rahmen des Familienleistungsausgleichs nach § 31 des Einkommensteuergesetzes bei der Pflegeperson berücksichtigt, so ist ein Betrag in Höhe der Hälfte des Betrages, der nach § 66 des Einkommensteuergesetzes für ein erstes Kind zu zahlen ist, auf die laufenden Leistungen anzurechnen. [2] Ist das Kind oder der Jugendliche nicht das älteste Kind in der Pflegefamilie, so ermäßigt sich der Anrechnungsbetrag für dieses Kind oder diesen Jugendlichen auf ein Viertel des Betrages, der für ein erstes Kind zu zahlen ist.

(7) Wird ein Kind oder eine Jugendliche während ihres Aufenthaltes in einer Einrichtung oder einer Pflegefamilie selbst Mutter eines Kindes, so ist auch der notwendige Unterhalt dieses Kindes sicherzustellen.

§ 40 Krankenhilfe. [1] Wird Hilfe nach den §§ 33 bis 35 oder nach § 35a Absatz 2 Nummer 3 oder 4 gewährt, so ist auch Krankenhilfe zu leisten; für den Umfang der Hilfe gelten die §§ 47 bis 52 des Zwölften Buches entsprechend. [2] Krankenhilfe muss den im Einzelfall notwendigen Bedarf in voller Höhe befriedigen. [3] Zuzahlungen und Eigenbeteiligungen sind zu übernehmen. [4] Das Jugendamt kann in geeigneten Fällen die Beiträge für eine freiwillige Krankenversicherung übernehmen, soweit sie angemessen sind.

Vierter Unterabschnitt. Hilfe für junge Volljährige

§ 41 Hilfe für junge Volljährige. (1) [1] Junge Volljährige erhalten geeignete und notwendige Hilfe nach diesem Abschnitt, wenn und solange ihre Persönlichkeitsentwicklung eine selbstbestimmte, eigenverantwortliche und selbständige Lebensführung nicht gewährleistet. [2] Die Hilfe wird in der Regel nur bis zur Vollendung des 21. Lebensjahres gewährt; in begründeten Einzelfällen soll sie für einen begrenzten Zeitraum darüber hinaus fortgesetzt werden. [3] Eine Beendigung der Hilfe schließt die erneute Gewährung oder Fortsetzung einer Hilfe nach Maßgabe der Sätze 1 und 2 nicht aus.

(2) Für die Ausgestaltung der Hilfe gelten § 27 Absatz 3 und 4 sowie die §§ 28 bis 30, 33 bis 36, 39 und 40 entsprechend mit der Maßgabe, dass an die Stelle des Personensorgeberechtigten oder des Kindes oder des Jugendlichen der junge Volljährige tritt.

(3) Soll eine Hilfe nach dieser Vorschrift nicht fortgesetzt oder beendet werden, prüft der Träger der öffentlichen Jugendhilfe ab einem Jahr vor dem hierfür im Hilfeplan vorgesehenen Zeitpunkt, ob im Hinblick auf den Bedarf des jungen Menschen ein Zuständigkeitsübergang auf andere Sozialleistungsträger in Betracht kommt; § 36b gilt entsprechend.

§ 41a Nachbetreuung. (1) Junge Volljährige werden innerhalb eines angemessenen Zeitraums nach Beendigung der Hilfe bei der Verselbständigung im notwendigen Umfang und in einer für sie verständlichen, nachvollziehbaren und wahrnehmbaren Form beraten und unterstützt.

(2) [1] Der angemessene Zeitraum sowie der notwendige Umfang der Beratung und Unterstützung nach Beendigung der Hilfe sollen in dem Hilfeplan nach § 36 Absatz 2 Satz 2, der die Beendigung der Hilfe nach § 41 feststellt, dokumentiert und regelmäßig überprüft werden. [2] Hierzu soll der Träger der öffentlichen Jugendhilfe in regelmäßigen Abständen Kontakt zu dem jungen Volljährigen aufnehmen.

Drittes Kapitel. Andere Aufgaben der Jugendhilfe

Erster Abschnitt. Vorläufige Maßnahmen zum Schutz von Kindern und Jugendlichen

§ 42 Inobhutnahme von Kindern und Jugendlichen. (1) [1] Das Jugendamt ist berechtigt und verpflichtet, ein Kind oder einen Jugendlichen in seine Obhut zu nehmen, wenn

1. das Kind oder der Jugendliche um Obhut bittet oder
2. eine dringende Gefahr für das Wohl des Kindes oder des Jugendlichen die Inobhutnahme erfordert und
   a) die Personensorgeberechtigten nicht widersprechen oder
   b) eine familiengerichtliche Entscheidung nicht rechtzeitig eingeholt werden kann oder
3. ein ausländisches Kind oder ein ausländischer Jugendlicher unbegleitet nach Deutschland kommt und sich weder Personensorge- noch Erziehungsberechtigte im Inland aufhalten.

[2] Die Inobhutnahme umfasst die Befugnis, ein Kind oder einen Jugendlichen bei einer geeigneten Person, in einer geeigneten Einrichtung oder in einer sonstigen Wohnform vorläufig unterzubringen; im Fall von Satz 1 Nummer 2 auch ein Kind oder einen Jugendlichen von einer anderen Person wegzunehmen.

(2) [1] Das Jugendamt hat während der Inobhutnahme unverzüglich das Kind oder den Jugendlichen umfassend und in einer verständlichen, nachvollziehbaren und wahrnehmbaren Form über diese Maßnahme aufzuklären, die Situation, die zur Inobhutnahme geführt hat, zusammen mit dem Kind oder dem Jugendlichen zu klären und Möglichkeiten der Hilfe und Unterstützung aufzuzeigen. [2] Dem Kind oder dem Jugendlichen ist unverzüglich Gelegenheit zu geben, eine Person seines Vertrauens zu benachrichtigen. [3] Das Jugendamt hat während der Inobhutnahme für das Wohl des Kindes oder des Jugendlichen zu sorgen und dabei den notwendigen Unterhalt und die Krankenhilfe sicherzustellen; § 39 Absatz 4 Satz 2 gilt entsprechend. [4] Das Jugendamt ist während der Inobhutnahme berechtigt, alle Rechtshandlungen vorzunehmen, die zum

Wohl des Kindes oder Jugendlichen notwendig sind; der mutmaßliche Wille der Personensorge- oder der Erziehungsberechtigten ist dabei angemessen zu berücksichtigen. [5] Im Fall des Absatzes 1 Satz 1 Nummer 3 gehört zu den Rechtshandlungen nach Satz 4, zu denen das Jugendamt verpflichtet ist, insbesondere die unverzügliche Stellung eines Asylantrags für das Kind oder den Jugendlichen in Fällen, in denen Tatsachen die Annahme rechtfertigen, dass das Kind oder der Jugendliche internationalen Schutz im Sinne des § 1 Absatz 1 Nummer 2 des Asylgesetzes benötigt; dabei ist das Kind oder der Jugendliche zu beteiligen.

(3) [1] Das Jugendamt hat im Fall des Absatzes 1 Satz 1 Nummer 1 und 2 die Personensorge- oder Erziehungsberechtigten unverzüglich von der Inobhutnahme zu unterrichten, sie in einer verständlichen, nachvollziehbaren und wahrnehmbaren Form umfassend über diese Maßnahme aufzuklären und mit ihnen das Gefährdungsrisiko abzuschätzen. [2] Widersprechen die Personensorge- oder Erziehungsberechtigten der Inobhutnahme, so hat das Jugendamt unverzüglich

1. das Kind oder den Jugendlichen den Personensorge- oder Erziehungsberechtigten zu übergeben, sofern nach der Einschätzung des Jugendamts eine Gefährdung des Kindeswohls nicht besteht oder die Personensorge- oder Erziehungsberechtigten bereit und in der Lage sind, die Gefährdung abzuwenden oder
2. eine Entscheidung des Familiengerichts über die erforderlichen Maßnahmen zum Wohl des Kindes oder des Jugendlichen herbeizuführen.

[3] Sind die Personensorge- oder Erziehungsberechtigten nicht erreichbar, so gilt Satz 2 Nummer 2 entsprechend. [4] Im Fall des Absatzes 1 Satz 1 Nummer 3 ist unverzüglich die Bestellung eines Vormunds oder Pflegers zu veranlassen. [5] Widersprechen die Personensorgeberechtigten der Inobhutnahme nicht, so ist unverzüglich ein Hilfeplanverfahren zur Gewährung einer Hilfe einzuleiten.

(4) Die Inobhutnahme endet mit

1. der Übergabe des Kindes oder Jugendlichen an die Personensorge- oder Erziehungsberechtigten,
2. der Entscheidung über die Gewährung von Hilfen nach dem Sozialgesetzbuch.

(5) [1] Freiheitsentziehende Maßnahmen im Rahmen der Inobhutnahme sind nur zulässig, wenn und soweit sie erforderlich sind, um eine Gefahr für Leib oder Leben des Kindes oder des Jugendlichen oder eine Gefahr für Leib oder Leben Dritter abzuwenden. [2] Die Freiheitsentziehung ist ohne gerichtliche Entscheidung spätestens mit Ablauf des Tages nach ihrem Beginn zu beenden.

(6) Ist bei der Inobhutnahme die Anwendung unmittelbaren Zwangs erforderlich, so sind die dazu befugten Stellen hinzuzuziehen.

§ 42a Vorläufige Inobhutnahme von ausländischen Kindern und Jugendlichen nach unbegleiteter Einreise. (1) [1] Das Jugendamt ist berechtigt und verpflichtet, ein ausländisches Kind oder einen ausländischen Jugendlichen vorläufig in Obhut zu nehmen, sobald dessen unbegleitete Einreise nach Deutschland festgestellt wird. [2] Ein ausländisches Kind oder ein ausländischer Jugendlicher ist grundsätzlich dann als unbegleitet zu betrachten, wenn die Einreise nicht in Begleitung eines Personensorgeberechtigten oder Erziehungsberechtigten erfolgt; dies gilt auch, wenn das Kind oder der Jugendliche verheiratet ist. [3] § 42 Absatz 1 Satz 2, Absatz 2 Satz 2 und 3, Absatz 5 sowie 6 gilt entsprechend.

(2) [1] Das Jugendamt hat während der vorläufigen Inobhutnahme zusammen mit dem Kind oder dem Jugendlichen einzuschätzen,

1. ob das Wohl des Kindes oder des Jugendlichen durch die Durchführung des Verteilungsverfahrens gefährdet würde,
2. ob sich eine mit dem Kind oder dem Jugendlichen verwandte Person im Inland oder im Ausland aufhält,
3. ob das Wohl des Kindes oder des Jugendlichen eine gemeinsame Inobhutnahme mit Geschwistern oder anderen unbegleiteten ausländischen Kindern oder Jugendlichen erfordert und
4. ob der Gesundheitszustand des Kindes oder des Jugendlichen die Durchführung des Verteilungsverfahrens innerhalb von 14 Werktagen nach Beginn der vorläufigen Inobhutnahme ausschließt; hierzu soll eine ärztliche Stellungnahme eingeholt werden.

[2] Auf der Grundlage des Ergebnisses der Einschätzung nach Satz 1 entscheidet das Jugendamt über die Anmeldung des Kindes oder des Jugendlichen zur Verteilung oder den Ausschluss der Verteilung.

(3) [1] Das Jugendamt ist während der vorläufigen Inobhutnahme berechtigt und verpflichtet, alle Rechtshandlungen vorzunehmen, die zum Wohl des Kindes oder des Jugendlichen notwendig sind. [2] Dabei ist das Kind oder der Jugendliche zu beteiligen und der mutmaßliche Wille der Personen- oder der Erziehungsberechtigten angemessen zu berücksichtigen.

(3a) Das Jugendamt hat dafür Sorge zu tragen, dass für die in Absatz 1 genannten Kinder oder Jugendlichen unverzüglich erkennungsdienstliche Maßnahmen nach § 49 Absatz 8 und 9 des Aufenthaltsgesetzes durchgeführt werden, wenn Zweifel über die Identität bestehen.

(4) [1] Das Jugendamt hat der nach Landesrecht für die Verteilung von unbegleiteten ausländischen Kindern und Jugendlichen zuständigen Stelle die vorläufige Inobhutnahme des Kindes oder des Jugendlichen innerhalb von sieben Werktagen nach Beginn der Maßnahme zur Erfüllung der in § 42b genannten Aufgaben mitzuteilen. [2] Zu diesem Zweck sind auch die Ergebnisse der Einschätzung nach Absatz 2 Satz 1 mitzuteilen. [3] Die nach Landesrecht zuständige Stelle hat gegenüber dem Bundesverwaltungsamt innerhalb von drei Werktagen das Kind oder den Jugendlichen zur Verteilung anzumelden oder den Ausschluss der Verteilung anzuzeigen.

(5) [1] Soll das Kind oder der Jugendliche im Rahmen eines Verteilungsverfahrens untergebracht werden, so umfasst die vorläufige Inobhutnahme auch die Pflicht,

1. die Begleitung des Kindes oder des Jugendlichen und dessen Übergabe durch eine insofern geeignete Person an das für die Inobhutnahme nach § 42 Absatz 1 Satz 1 Nummer 3 zuständige Jugendamt sicherzustellen sowie
2. dem für die Inobhutnahme nach § 42 Absatz 1 Satz 1 Nummer 3 zuständigen Jugendamt unverzüglich die personenbezogenen Daten zu übermitteln, die zur Wahrnehmung der Aufgaben nach § 42 erforderlich sind.

[2] Hält sich eine mit dem Kind oder dem Jugendlichen verwandte Person im Inland oder im Ausland auf, hat das Jugendamt auf eine Zusammenführung des Kindes oder des Jugendlichen mit dieser Person hinzuwirken, wenn dies dem Kindeswohl entspricht. [3] Das Kind oder der Jugendliche ist an der Übergabe und an der Entscheidung über die Familienzusammenführung angemessen zu beteiligen.

(6) Die vorläufige Inobhutnahme endet mit der Übergabe des Kindes oder des Jugendlichen an die Personensorge- oder Erziehungsberechtigten oder an das aufgrund der Zuweisungsentscheidung der zuständigen Landesbehörde nach § 88a Absatz 2 Satz 1 zuständige Jugendamt oder mit der Anzeige nach Absatz 4 Satz 3 über den Ausschluss des Verteilungsverfahrens nach § 42b Absatz 4.

§ 42b Verfahren zur Verteilung unbegleiteter ausländischer Kinder und Jugendlicher. (1) [1] Das Bundesverwaltungsamt benennt innerhalb von zwei Werktagen nach Anmeldung eines unbegleiteten ausländischen Kindes oder Jugendlichen zur Verteilung durch die zuständige Landesstelle das zu dessen Aufnahme verpflichtete Land. [2] Maßgebend dafür ist die Aufnahmequote nach § 42c.

(2) [1] Im Rahmen der Aufnahmequote nach § 42c soll vorrangig dasjenige Land benannt werden, in dessen Bereich das Jugendamt liegt, das das Kind oder den Jugendlichen nach § 42a vorläufig in Obhut genommen hat. [2] Hat dieses Land die Aufnahmequote nach § 42c bereits erfüllt, soll das nächstgelegene Land benannt werden.

(3) [1] Die nach Landesrecht für die Verteilung von unbegleiteten ausländischen Kindern oder Jugendlichen zuständige Stelle des nach Absatz 1 benannten Landes weist das Kind oder den Jugendlichen innerhalb von zwei Werktagen einem in seinem Bereich gelegenen Jugendamt zur Inobhutnahme nach § 42 Absatz 1 Satz 1 Nummer 3 zu und teilt dies demjenigen Jugendamt mit, welches das Kind oder den Jugendlichen nach § 42a vorläufig in Obhut genommen hat. [2] Maßgeblich für die Zuweisung sind die spezifischen Schutzbedürfnisse und Bedarfe unbegleiteter ausländischer Minderjähriger. [3] Für die Verteilung von unbegleiteten ausländischen Kindern oder Jugendlichen ist das Landesjugendamt zuständig, es sei denn, dass Landesrecht etwas anderes regelt.

(4) Die Durchführung eines Verteilungsverfahrens ist bei einem unbegleiteten ausländischen Kind oder Jugendlichen ausgeschlossen, wenn

1. dadurch dessen Wohl gefährdet würde,
2. dessen Gesundheitszustand die Durchführung eines Verteilungsverfahrens innerhalb von 14 Werktagen nach Beginn der vorläufigen Inobhutnahme gemäß § 42a nicht zulässt,
3. dessen Zusammenführung mit einer verwandten Person kurzfristig erfolgen kann, zum Beispiel aufgrund der Verordnung (EU) Nr. 604/2013 des Europäischen Parlaments und des Rates vom 26. Juni 2013 zur Festlegung der Kriterien und Verfahren zur Bestimmung des Mitgliedstaats, der für die Prüfung eines von einem Drittstaatsangehörigen oder Staatenlosen in einem Mitgliedstaat gestellten Antrags auf internationalen Schutz zuständig ist (ABl. L 180 vom 29.6.2013, S. 31), und dies dem Wohl des Kindes entspricht oder

4. die Durchführung des Verteilungsverfahrens nicht innerhalb von einem Monat nach Beginn der vorläufigen Inobhutnahme erfolgt.

(5) [1] Geschwister dürfen nicht getrennt werden, es sei denn, dass das Kindeswohl eine Trennung erfordert. [2] Im Übrigen sollen unbegleitete ausländische Kinder oder Jugendliche im Rahmen der Aufnahmequote nach § 42c nach Durchführung des Verteilungsverfahrens gemeinsam nach § 42 in Obhut genommen werden, wenn das Kindeswohl dies erfordert.

(6) [1] Der örtliche Träger stellt durch werktägliche Mitteilungen sicher, dass die nach Landesrecht für die Verteilung von unbegleiteten ausländischen Kindern und Jugendlichen zuständige Stelle jederzeit über die für die Zuweisung nach Absatz 3 erforderlichen Angaben unterrichtet wird. [2] Die nach Landesrecht für die Verteilung von unbegleiteten ausländischen Kindern oder Jugendlichen zuständige Stelle stellt durch werktägliche Mitteilungen sicher, dass das Bundesverwaltungsamt jederzeit über die Angaben unterrichtet wird, die für die Benennung des zur Aufnahme verpflichteten Landes nach Absatz 1 erforderlich sind.

(7) [1] Gegen Entscheidungen nach dieser Vorschrift findet kein Widerspruch statt. [2] Die Klage gegen Entscheidungen nach dieser Vorschrift hat keine aufschiebende Wirkung.

(8) Das Nähere regelt das Landesrecht.

§ 42c Aufnahmequote. (1) [1] Die Länder können durch Vereinbarung einen Schlüssel als Grundlage für die Benennung des zur Aufnahme verpflichteten Landes nach § 42b Absatz 1 festlegen. [2] Bis zum Zustandekommen dieser Vereinbarung oder bei deren Wegfall richtet sich die Aufnahmequote für das jeweilige Kalenderjahr nach dem von dem Büro der Gemeinsamen Wissenschaftskonferenz im Bundesanzeiger veröffentlichten Schlüssel, der für das vorangegangene Kalenderjahr entsprechend den Steuereinnahmen und der Bevölkerungszahl der Länder errechnet worden ist (Königsteiner Schlüssel), und nach dem Ausgleich für den Bestand der Anzahl unbegleiteter ausländischer Minderjähriger, denen am 1. November 2015 in den einzelnen Ländern Jugendhilfe gewährt wird. [3] Ein Land kann seiner Aufnahmepflicht eine höhere Quote als die Aufnahmequote nach Satz 1 oder 2 zugrunde legen; dies ist gegenüber dem Bundesverwaltungsamt anzuzeigen.

(2) [1] Ist die Durchführung des Verteilungsverfahrens ausgeschlossen, wird die Anzahl der im Land verbleibenden unbegleiteten ausländischen Kinder und Jugendlichen auf die Aufnahmequote nach Absatz 1 angerechnet. [2] Gleiches gilt, wenn der örtliche Träger eines anderen Landes die Zuständigkeit für die Inobhutnahme eines unbegleiteten ausländischen Kindes oder Jugendlichen von dem nach § 88a Absatz 2 zuständigen örtlichen Träger übernimmt.

(3) Bis zum 1. Mai 2017 wird die Aufnahmepflicht durch einen Abgleich der aktuellen Anzahl unbegleiteter ausländischer Minderjähriger in den Ländern mit der Aufnahmequote nach Absatz 1 werktäglich ermittelt.

§ 42d Übergangsregelung. (1) Kann ein Land die Anzahl von unbegleiteten ausländischen Kindern oder Jugendlichen, die seiner Aufnahmequote nach § 42c entspricht, nicht aufnehmen, so kann es dies gegenüber dem Bundesverwaltungsamt anzeigen.

(2) In diesem Fall reduziert sich für das Land die Aufnahmequote

1. bis zum 1. Dezember 2015 um zwei Drittel sowie
2. bis zum 1. Januar 2016 um ein Drittel.

(3) [1] Bis zum 31. Dezember 2016 kann die Ausschlussfrist nach § 42b Absatz 4 Nummer 4 um einen Monat verlängert werden, wenn die zuständige Landesstelle gegenüber dem Bundesverwaltungsamt anzeigt, dass die Durchführung des Verteilungsverfahrens in Bezug auf einen unbegleiteten ausländischen Minderjährigen nicht innerhalb dieser Frist erfolgen kann. [2] In diesem Fall hat das Jugendamt nach Ablauf eines Monats nach Beginn der vorläufigen Inobhutnahme die Bestellung eines Vormunds oder Pflegers zu veranlassen.

(4) [1] Ab dem 1. August 2016 ist die Geltendmachung des Anspruchs des örtlichen Trägers gegenüber dem nach § 89d Absatz 3 erstattungspflichtigen Land auf Erstattung der Kosten, die vor dem 1. November 2015 entstanden sind, ausgeschlossen. [2] Der Erstattungsanspruch des örtlichen Trägers gegenüber dem nach § 89d Absatz 3 erstattungspflichtigen Land verjährt in einem Jahr; im Übrigen gilt § 113 des Zehnten Buches entsprechend.

(5) [1] Die Geltendmachung des Anspruchs des örtlichen Trägers gegenüber dem nach § 89d Absatz 3 erstattungspflichtigen Land auf Erstattung der Kosten, die nach dem 1. November 2015 entstanden sind, ist ausgeschlossen. [2] Die Erstattung dieser Kosten richtet sich nach § 89d Absatz 1.

§ 42e Berichtspflicht. Die Bundesregierung hat dem Deutschen Bundestag jährlich einen Bericht über die Situation unbegleiteter ausländischer Minderjähriger in Deutschland vorzulegen.

§ 42f Behördliches Verfahren zur Altersfeststellung. (1) [1] Das Jugendamt hat im Rahmen der vorläufigen Inobhutnahme der ausländischen Person gemäß § 42a deren Minderjährigkeit durch Einsichtnahme in deren Ausweispapiere festzustellen oder hilfsweise mittels einer qualifizierten Inaugenscheinnahme einzuschätzen und festzustellen. [2] § 8 Absatz 1 und § 42 Absatz 2 Satz 2 sind entsprechend anzuwenden.

(2) [1] Auf Antrag des Betroffenen oder seines Vertreters oder von Amts wegen hat das Jugendamt in Zweifelsfällen eine ärztliche Untersuchung zur Altersbestimmung zu veranlassen. [2] Ist eine ärztliche Untersuchung durchzuführen, ist die betroffene Person durch das Jugendamt umfassend über die Untersuchungsmethode und über die möglichen Folgen der Altersbestimmung aufzuklären. [3] Ist die ärztliche Untersuchung von Amts wegen durchzuführen, ist die betroffene Person zusätzlich über die Folgen einer Weigerung, sich der ärztlichen Untersuchung zu unterziehen, aufzuklären; die Untersuchung darf nur mit Einwilligung der betroffenen Person und ihres Vertreters durchgeführt werden. [4] Die §§ 60, 62 und 65 bis 67 des Ersten Buches sind entsprechend anzuwenden.

(3) [1] Widerspruch und Klage gegen die Entscheidung des Jugendamts, aufgrund der Altersfeststellung nach dieser Vorschrift die vorläufige Inobhutnahme nach § 42a oder die Inobhutnahme nach § 42 Absatz 1 Satz 1 Nummer 3 abzulehnen oder zu beenden, haben keine aufschiebende Wirkung. [2] Landesrecht kann bestimmen, dass gegen diese Entscheidung Klage ohne Nachprüfung in einem Vorverfahren nach § 68 der Verwaltungsgerichtsordnung erhoben werden kann.

Zweiter Abschnitt. Schutz von Kindern und Jugendlichen in Familienpflege und in Einrichtungen

§ 43 Erlaubnis zur Kindertagespflege. (1) Eine Person, die ein Kind oder mehrere Kinder außerhalb des Haushalts des Erziehungsberechtigten während eines Teils des Tages und mehr als 15 Stunden wöchentlich gegen Entgelt länger als drei Monate betreuen will, bedarf der Erlaubnis.

(2) [1] Die Erlaubnis ist zu erteilen, wenn die Person für die Kindertagespflege geeignet ist. [2] Geeignet im Sinne des Satzes 1 sind Personen, die

1. sich durch ihre Persönlichkeit, Sachkompetenz und Kooperationsbereitschaft mit Erziehungsberechtigten und anderen Kindertagespflegepersonen auszeichnen und
2. über kindgerechte Räumlichkeiten verfügen.

[3] Sie sollen über vertiefte Kenntnisse hinsichtlich der Anforderungen der Kindertagespflege verfügen, die sie in qualifizierten Lehrgängen erworben oder in anderer Weise nachgewiesen haben. [4] § 72a Absatz 1 und 5 gilt entsprechend.

(3) [1] Die Erlaubnis befugt zur Betreuung von bis zu fünf gleichzeitig anwesenden, fremden Kindern. [2] Im Einzelfall kann die Erlaubnis für eine geringere Zahl von Kindern erteilt werden. [3] Landesrecht kann bestimmen, dass die Erlaubnis zur Betreuung von mehr als fünf gleichzeitig anwesenden, fremden Kindern erteilt werden kann, wenn die Person über eine pädagogische Ausbildung verfügt; in der Pflegestelle dürfen nicht mehr Kinder betreut werden als in einer vergleichbaren Gruppe einer Tageseinrichtung. [4] Die Erlaubnis ist auf fünf Jahre befristet. [5] Sie kann mit einer Nebenbestimmung versehen werden. [6] Die Kindertagespflegeperson hat den Träger der öffentlichen Jugendhilfe über wichtige Ereignisse zu unterrichten, die für die Betreuung des oder der Kinder bedeutsam sind.

(4) Erziehungsberechtigte und Kindertagespflegepersonen haben Anspruch auf Beratung in allen Fragen der Kindertagespflege einschließlich Fragen zur Sicherung des Kindeswohls und zum Schutz vor Gewalt.

(5) Das Nähere regelt das Landesrecht.

§ 44 Erlaubnis zur Vollzeitpflege. (1) [1] Wer ein Kind oder einen Jugendlichen über Tag und Nacht in seinem Haushalt aufnehmen will (Pflegeperson), bedarf der Erlaubnis. [2] Einer Erlaubnis bedarf nicht, wer ein Kind oder einen Jugendlichen

1. im Rahmen von Hilfe zur Erziehung oder von Eingliederungshilfe für seelisch behinderte Kinder und Jugendliche auf Grund einer Vermittlung durch das Jugendamt,
2. als Vormund oder Pfleger im Rahmen seines Wirkungskreises,
3. als Verwandter oder Verschwägerter bis zum dritten Grad,
4. bis zur Dauer von acht Wochen,
5. im Rahmen eines Schüler- oder Jugendaustausches,
6. in Adoptionspflege (§ 1744 des Bürgerlichen Gesetzbuchs[1])

über Tag und Nacht aufnimmt.

---

[1] Nr. 2.

(2) [1]Die Erlaubnis ist zu versagen, wenn das Wohl des Kindes oder des Jugendlichen in der Pflegestelle nicht gewährleistet ist. [2]§ 72a Absatz 1 und 5 gilt entsprechend.

(3) [1]Das Jugendamt soll den Erfordernissen des Einzelfalls entsprechend an Ort und Stelle überprüfen, ob die Voraussetzungen für die Erteilung der Erlaubnis weiter bestehen. [2]Ist das Wohl des Kindes oder des Jugendlichen in der Pflegestelle gefährdet und ist die Pflegeperson nicht bereit oder in der Lage, die Gefährdung abzuwenden, so ist die Erlaubnis zurückzunehmen oder zu widerrufen.

(4) Wer ein Kind oder einen Jugendlichen in erlaubnispflichtige Familienpflege aufgenommen hat, hat das Jugendamt über wichtige Ereignisse zu unterrichten, die das Wohl des Kindes oder des Jugendlichen betreffen.

§ 45 Erlaubnis für den Betrieb einer Einrichtung. (1) [1]Der Träger einer Einrichtung nach § 45a bedarf für den Betrieb der Einrichtung der Erlaubnis. [2]Einer Erlaubnis bedarf nicht, wer

1. eine Jugendfreizeiteinrichtung, eine Jugendbildungseinrichtung, eine Jugendherberge oder ein Schullandheim betreibt,
2. ein Schülerheim betreibt, das landesgesetzlich der Schulaufsicht untersteht,
3. eine Einrichtung betreibt, die außerhalb der Jugendhilfe liegende Aufgaben für Kinder oder Jugendliche wahrnimmt, wenn für sie eine entsprechende gesetzliche Aufsicht besteht oder im Rahmen des Hotel- und Gaststättengewerbes der Aufnahme von Kindern oder Jugendlichen dient.

(2) [1]Die Erlaubnis ist zu erteilen, wenn das Wohl der Kinder und Jugendlichen in der Einrichtung gewährleistet ist. [2]Dies ist in der Regel anzunehmen, wenn

1. der Träger die für den Betrieb der Einrichtung erforderliche Zuverlässigkeit besitzt,
2. die dem Zweck und der Konzeption der Einrichtung entsprechenden räumlichen, fachlichen, wirtschaftlichen und personellen Voraussetzungen für den Betrieb erfüllt sind und durch den Träger gewährleistet werden,
3. die gesellschaftliche und sprachliche Integration und ein gesundheitsförderliches Lebensumfeld in der Einrichtung unterstützt werden sowie die gesundheitliche Vorsorge und die medizinische Betreuung der Kinder und Jugendlichen nicht erschwert werden sowie
4. zur Sicherung der Rechte und des Wohls von Kindern und Jugendlichen in der Einrichtung die Entwicklung, Anwendung und Überprüfung eines Konzepts zum Schutz vor Gewalt, geeignete Verfahren der Selbstvertretung und Beteiligung sowie der Möglichkeit der Beschwerde in persönlichen Angelegenheiten innerhalb und außerhalb der Einrichtung gewährleistet werden.

[3]Die nach Satz 2 Nummer 1 erforderliche Zuverlässigkeit besitzt ein Träger insbesondere dann nicht, wenn er

1. in der Vergangenheit nachhaltig gegen seine Mitwirkungs- und Meldepflichten nach den §§ 46 und 47 verstoßen hat,
2. Personen entgegen eines behördlichen Beschäftigungsverbotes nach § 48 beschäftigt oder
3. wiederholt gegen behördliche Auflagen verstoßen hat.

(3) Zur Prüfung der Voraussetzungen hat der Träger der Einrichtung mit dem Antrag

1. die Konzeption der Einrichtung vorzulegen, die auch Auskunft über Maßnahmen zur Qualitätsentwicklung und -sicherung sowie zur ordnungsgemäßen Buch- und Aktenführung in Bezug auf den Betrieb der Einrichtung gibt, sowie
2. im Hinblick auf die Eignung des Personals nachzuweisen, dass die Vorlage und Prüfung von aufgabenspezifischen Ausbildungsnachweisen sowie von Führungszeugnissen nach § 30 Absatz 5 und § 30a Absatz 1 des Bundeszentralregistergesetzes[1)] sichergestellt sind; Führungszeugnisse sind von dem Träger der Einrichtung in regelmäßigen Abständen erneut anzufordern und zu prüfen.

(4) [1] Die Erlaubnis kann mit Nebenbestimmungen versehen werden. [2] Zur Gewährleistung des Wohls der Kinder und der Jugendlichen können nachträgliche Auflagen erteilt werden.

(5) [1] Besteht für eine erlaubnispflichtige Einrichtung eine Aufsicht nach anderen Rechtsvorschriften, so hat die zuständige Behörde ihr Tätigwerden zuvor mit der anderen Behörde abzustimmen. [2] Sie hat den Träger der Einrichtung rechtzeitig auf weitergehende Anforderungen nach anderen Rechtsvorschriften hinzuweisen.

(6) [1] Sind in einer Einrichtung Mängel festgestellt worden, so soll die zuständige Behörde zunächst den Träger der Einrichtung über die Möglichkeiten zur Beseitigung der Mängel beraten. [2] Wenn sich die Beseitigung der Mängel auf Entgelte oder Vergütungen nach § 134 des Neunten Buches oder nach § 76 des Zwölften Buches auswirken kann, so ist der Träger der Eingliederungshilfe oder der Sozialhilfe, mit dem Vereinbarungen nach diesen Vorschriften bestehen, an der Beratung zu beteiligen. [3] Werden festgestellte Mängel nicht behoben, so können dem Träger der Einrichtung Auflagen nach Absatz 4 Satz 2 erteilt werden. [4] Wenn sich eine Auflage auf Entgelte oder Vergütungen nach § 134 des Neunten Buches oder nach § 76 des Zwölften Buches auswirkt, so entscheidet die zuständige Behörde nach Anhörung des Trägers der Eingliederungshilfe oder der Sozialhilfe, mit dem Vereinbarungen nach diesen Vorschriften bestehen, über die Erteilung der Auflage. [5] Die Auflage ist nach Möglichkeit in Übereinstimmung mit den nach § 134 des Neunten Buches oder nach den §§ 75 bis 80 des Zwölften Buches getroffenen Vereinbarungen auszugestalten.

(7) [1] Die Erlaubnis ist aufzuheben, wenn das Wohl der Kinder oder der Jugendlichen in der Einrichtung gefährdet und der Träger nicht bereit oder nicht in der Lage ist, die Gefährdung abzuwenden. [2] Sie kann aufgehoben werden, wenn die Voraussetzungen für eine Erteilung nach Absatz 2 nicht oder nicht mehr vorliegen; Absatz 6 Satz 1 und 3 bleibt unberührt. [3] Die Vorschriften zum Widerruf nach § 47 Absatz 1 Nummer 2 und Absatz 3 des Zehnten Buches bleiben unberührt. Widerspruch und Anfechtungsklage gegen die Rücknahme oder den Widerruf der Erlaubnis haben keine aufschiebende Wirkung.

---

1) Nr. **42**.

§ 45a Einrichtung. [1] Eine Einrichtung ist eine auf gewisse Dauer und unter der Verantwortung eines Trägers angelegte förmliche Verbindung ortsgebundener räumlicher, personeller und sachlicher Mittel mit dem Zweck der ganztägigen oder über einen Teil des Tages erfolgenden Betreuung oder Unterkunftsgewährung sowie Beaufsichtigung, Erziehung, Bildung, Ausbildung von Kindern und Jugendlichen außerhalb ihrer Familie. [2] Familienähnliche Betreuungsformen der Unterbringung, bei denen der Bestand der Verbindung nicht unabhängig von bestimmten Kindern und Jugendlichen, den dort tätigen Personen und der Zuordnung bestimmter Kinder und Jugendlicher zu bestimmten dort tätigen Personen ist, sind nur dann Einrichtungen, wenn sie fachlich und organisatorisch in eine betriebserlaubnispflichtige Einrichtung eingebunden sind. [3] Eine fachliche und organisatorische Einbindung der familienähnlichen Betreuungsform liegt insbesondere vor, wenn die betriebserlaubnispflichtige Einrichtung das Konzept, die fachliche Steuerung der Hilfen, die Qualitätssicherung, die Auswahl, Überwachung, Weiterbildung und Vertretung des Personals sowie die Außenvertretung gewährleistet. [4] Landesrecht kann regeln, unter welchen Voraussetzungen auch familienähnliche Betreuungsformen Einrichtungen sind, die nicht fachlich und organisatorisch in eine betriebserlaubnispflichtige Einrichtung eingebunden sind.

§ 46 Prüfung vor Ort und nach Aktenlage. (1) [1] Die zuständige Behörde soll nach den Erfordernissen des Einzelfalls überprüfen, ob die Voraussetzungen für die Erteilung der Erlaubnis weiter bestehen. [2] Häufigkeit, Art und Umfang der Prüfung müssen nach fachlicher Einschätzung im Einzelfall zur Gewährleistung des Schutzes des Wohls der Kinder und Jugendlichen in der Einrichtung geeignet, erforderlich und angemessen sein. [3] Sie soll das Jugendamt und einen zentralen Träger der freien Jugendhilfe, wenn diesem der Träger der Einrichtung angehört, an der Überprüfung beteiligen. [4] Der Träger der Einrichtung hat der zuständigen Behörde insbesondere alle für die Prüfung erforderlichen Unterlagen vorzulegen.

(2) [1] Örtliche Prüfungen können jederzeit unangemeldet erfolgen. [2] Der Träger der Einrichtung soll bei der örtlichen Prüfung mitwirken.

(3) [1] Die von der zuständigen Behörde mit der Überprüfung der Einrichtung beauftragten Personen sind berechtigt, während der Tageszeit

1. die für die Einrichtung benutzten Grundstücke und Räume, soweit diese nicht einem Hausrecht der Bewohner unterliegen, zu betreten und dort Prüfungen und Besichtigungen vorzunehmen sowie
2. mit den Beschäftigten und mit den Kindern und Jugendlichen jeweils Gespräche zu führen, wenn die zuständige Behörde
   a) das Einverständnis der Personensorgeberechtigten zu den Gesprächen eingeholt hat und diesen eine Beteiligung an den Gesprächen ermöglicht sowie
   b) den Kindern und Jugendlichen die Hinzuziehung einer von ihnen benannten Vertrauensperson zu Gesprächen ermöglicht und sie auf dieses Recht hingewiesen hat; der Anspruch des Kindes oder Jugendlichen nach § 8 Absatz 3 bleibt unberührt.

   Die genannten Pflichten bestehen jedoch nicht, wenn durch deren Umsetzung die Sicherung der Rechte und der wirksame Schutz der Kinder und Jugendlichen in der Einrichtung in Frage gestellt würden.

[2] Zur Abwehr von Gefahren für das Wohl der Kinder und Jugendlichen können die Grundstücke und Räume auch außerhalb der in Satz 1 genannten Zeit und auch, wenn diese zugleich einem Hausrecht der Bewohner unterliegen, betreten und Gespräche mit den Beschäftigten sowie den Kindern und Jugendlichen nach Maßgabe von Satz 1 geführt werden. [3] Der Träger der Einrichtung hat die Maßnahmen nach den Sätzen 1 und 2 zu dulden.

§ 47 Melde- und Dokumentationspflichten, Aufbewahrung von Unterlagen. (1) [1] Der Träger einer erlaubnispflichtigen Einrichtung hat der zuständigen Behörde unverzüglich

1. die Betriebsaufnahme unter Angabe von Name und Anschrift des Trägers, Art und Standort der Einrichtung, der Zahl der verfügbaren Plätze sowie der Namen und der beruflichen Ausbildung des Leiters und der Betreuungskräfte,
2. Ereignisse oder Entwicklungen, die geeignet sind, das Wohl der Kinder und Jugendlichen zu beeinträchtigen, sowie
3. die bevorstehende Schließung der Einrichtung

anzuzeigen. [2] Änderungen der in Nummer 1 bezeichneten Angaben sowie der Konzeption sind der zuständigen Behörde unverzüglich, die Zahl der belegten Plätze ist jährlich einmal zu melden.

(2) [1] Der Träger einer erlaubnispflichtigen Einrichtung hat den Grundsätzen einer ordnungsgemäßen Buch- und Aktenführung entsprechend Aufzeichnungen über den Betrieb der Einrichtung und deren Ergebnisse anzufertigen sowie eine mindestens fünfjährige Aufbewahrung der einrichtungsbezogenen Aufzeichnungen sicherzustellen. [2] Auf Verlangen der Betriebserlaubnisbehörde hat der Träger der Einrichtung den Nachweis der ordnungsgemäßen Buchführung zu erbringen; dies kann insbesondere durch die Bestätigung eines unabhängigen Steuer-, Wirtschafts- oder Buchprüfers erfolgen. [3] Die Dokumentations- und Aufbewahrungspflicht umfasst auch die Unterlagen zu räumlichen, wirtschaftlichen und personellen Voraussetzungen nach § 45 Absatz 2 Satz 2 Nummer 2 sowie zur Belegung der Einrichtung.

(3) Der Träger der öffentlichen Jugendhilfe, in dessen Zuständigkeitsbereich erlaubnispflichtige Einrichtungen liegen oder der die erlaubnispflichtige Einrichtung mit Kindern und Jugendlichen belegt, und die zuständige Behörde haben sich gegenseitig unverzüglich über Ereignisse oder Entwicklungen zu informieren, die geeignet sind, das Wohl der Kinder und Jugendlichen zu beeinträchtigen.

§ 48 Tätigkeitsuntersagung. Die zuständige Behörde kann dem Träger einer erlaubnispflichtigen Einrichtung die weitere Beschäftigung des Leiters, eines Beschäftigten oder sonstigen Mitarbeiters ganz oder für bestimmte Funktionen oder Tätigkeiten untersagen, wenn Tatsachen die Annahme rechtfertigen, dass er die für seine Tätigkeit erforderliche Eignung nicht besitzt.

§ 48a Sonstige betreute Wohnform. (1) Für den Betrieb einer sonstigen Wohnform, in der Kinder oder Jugendliche betreut werden oder Unterkunft erhalten, gelten die §§ 45 bis 48 entsprechend.

(2) Ist die sonstige Wohnform organisatorisch mit einer Einrichtung verbunden, so gilt sie als Teil der Einrichtung.

§ 49 Landesrechtsvorbehalt. Das Nähere über die in diesem Abschnitt geregelten Aufgaben regelt das Landesrecht.

Dritter Abschnitt. Mitwirkung in gerichtlichen Verfahren

§ 50 Mitwirkung in Verfahren vor den Familiengerichten. (1) [1]Das Jugendamt unterstützt das Familiengericht bei allen Maßnahmen, die die Sorge für die Person von Kindern und Jugendlichen betreffen. [2]Es hat in folgenden Verfahren nach dem Gesetz über das Verfahren in Familiensachen und in den Angelegenheiten der freiwilligen Gerichtsbarkeit mitzuwirken:

1. Kindschaftssachen (§ 162 des Gesetzes über das Verfahren in Familiensachen und in den Angelegenheiten der freiwilligen Gerichtsbarkeit[1]),
2. Abstammungssachen (§ 176 des Gesetzes über das Verfahren in Familiensachen und in den Angelegenheiten der freiwilligen Gerichtsbarkeit),
3. Adoptionssachen (§ 188 Absatz 2, §§ 189, 194, 195 des Gesetzes über das Verfahren in Familiensachen und in den Angelegenheiten der freiwilligen Gerichtsbarkeit),
4. Ehewohnungssachen (§ 204 Absatz 2, § 205 des Gesetzes über das Verfahren in Familiensachen und in den Angelegenheiten der freiwilligen Gerichtsbarkeit) und
5. Gewaltschutzsachen (§§ 212, 213 des Gesetzes über das Verfahren in Familiensachen und in den Angelegenheiten der freiwilligen Gerichtsbarkeit).

(2) [1]Das Jugendamt unterrichtet insbesondere über angebotene und erbrachte Leistungen, bringt erzieherische und soziale Gesichtspunkte zur Entwicklung des Kindes oder des Jugendlichen ein und weist auf weitere Möglichkeiten der Hilfe hin. [2]In Verfahren nach den §§ 1631b, 1632 Absatz 4, den §§ 1666, 1666a und 1682 des Bürgerlichen Gesetzbuchs[2] sowie in Verfahren, die die Abänderung, Verlängerung oder Aufhebung von nach diesen Vorschriften getroffenen Maßnahmen betreffen, legt das Jugendamt dem Familiengericht den Hilfeplan nach § 36 Absatz 2 Satz 2 vor. [3]Dieses Dokument beinhaltet ausschließlich das Ergebnis der Bedarfsfeststellung, die vereinbarte Art der Hilfegewährung einschließlich der hiervon umfassten Leistungen sowie das Ergebnis etwaiger Überprüfungen dieser Feststellungen. [4]In anderen die Person des Kindes betreffenden Kindschaftssachen legt das Jugendamt den Hilfeplan auf Anforderung des Familiengerichts vor. [5]Das Jugendamt informiert das Familiengericht in dem Termin nach § 155 Absatz 2 des Gesetzes über das Verfahren in Familiensachen und in den Angelegenheiten der freiwilligen Gerichtsbarkeit[1] über den Stand des Beratungsprozesses. [6]§ 64 Absatz 2 und § 65 Absatz 1 Satz 1 Nummer 1 und 2 bleiben unberührt.

(3) [1]Das Jugendamt, das in Verfahren zur Übertragung der gemeinsamen Sorge nach § 155a Absatz 4 Satz 1 und § 162 des Gesetzes über das Verfahren in Familiensachen und in den Angelegenheiten der freiwilligen Gerichtsbarkeit[1] angehört wird, teilt

1. rechtskräftige gerichtliche Entscheidungen, aufgrund derer die Sorge gemäß § 1626a Absatz 2 Satz 1 des Bürgerlichen Gesetzbuchs[2] den Eltern ganz oder zum Teil gemeinsam übertragen wird oder

---

[1] Nr. **9**.
[2] Nr. **2**.

2. rechtskräftige gerichtliche Entscheidungen, die die elterliche Sorge ganz oder zum Teil der Mutter entziehen oder auf den Vater allein übertragen,

dem nach § 87c Absatz 6 Satz 2 zuständigen Jugendamt zu den in ***[bis 31.12. 2022:** § 58a**][ab 1.1.2023: § 58]*** genannten Zwecken unverzüglich mit. [2]Mitzuteilen sind auch das Geburtsdatum und der Geburtsort des Kindes oder des Jugendlichen sowie der Name, den das Kind oder der Jugendliche zur Zeit der Beurkundung seiner Geburt geführt hat.

§ 51 Beratung und Belehrung in Verfahren zur Annahme als Kind.

(1) [1]Das Jugendamt hat im Verfahren zur Ersetzung der Einwilligung eines Elternteils in die Annahme nach § 1748 Absatz 2 Satz 1 des Bürgerlichen Gesetzbuchs[1)] den Elternteil über die Möglichkeit der Ersetzung der Einwilligung zu belehren. [2]Es hat ihn darauf hinzuweisen, dass das Familiengericht die Einwilligung erst nach Ablauf von drei Monaten nach der Belehrung ersetzen darf. [3]Der Belehrung bedarf es nicht, wenn der Elternteil seinen Aufenthaltsort ohne Hinterlassung seiner neuen Anschrift gewechselt hat und der Aufenthaltsort vom Jugendamt während eines Zeitraums von drei Monaten trotz angemessener Nachforschungen nicht ermittelt werden konnte; in diesem Fall beginnt die Frist mit der ersten auf die Belehrung oder auf die Ermittlung des Aufenthaltsorts gerichteten Handlung des Jugendamts. [4]Die Fristen laufen frühestens fünf Monate nach der Geburt des Kindes ab.

(2) [1]Das Jugendamt soll den Elternteil mit der Belehrung nach Absatz 1 über Hilfen beraten, die die Erziehung des Kindes in der eigenen Familie ermöglichen könnten. [2]Einer Beratung bedarf es insbesondere nicht, wenn das Kind seit längerer Zeit bei den Annehmenden in Familienpflege lebt und bei seiner Herausgabe an den Elternteil eine schwere und nachhaltige Schädigung des körperlichen und seelischen Wohlbefindens des Kindes zu erwarten ist. [3]Das Jugendamt hat dem Familiengericht im Verfahren mitzuteilen, welche Leistungen erbracht oder angeboten worden sind oder aus welchem Grund davon abgesehen wurde.

(3) Steht nicht miteinander verheirateten Eltern die elterliche Sorge nicht gemeinsam zu, so hat das Jugendamt den Vater bei der Wahrnehmung seiner Rechte nach § 1747 Absatz 1 und 3 des Bürgerlichen Gesetzbuchs[1)] zu beraten.

§ 52 Mitwirkung in Verfahren nach dem Jugendgerichtsgesetz.

(1) [1]Das Jugendamt hat nach Maßgabe der §§ 38 und 50 Absatz 3 Satz 2 des Jugendgerichtsgesetzes[2)] im Verfahren nach dem Jugendgerichtsgesetz mitzuwirken. [2]Dabei soll das Jugendamt auch mit anderen öffentlichen Einrichtungen und sonstigen Stellen, wenn sich deren Tätigkeit auf die Lebenssituation des Jugendlichen oder jungen Volljährigen auswirkt, zusammenarbeiten, soweit dies zur Erfüllung seiner ihm dabei obliegenden Aufgaben erforderlich ist. [3]Die behördenübergreifende Zusammenarbeit kann im Rahmen von gemeinsamen Konferenzen oder vergleichbaren gemeinsamen Gremien oder in anderen nach fachlicher Einschätzung geeigneten Formen erfolgen.

(2) [1]Das Jugendamt hat frühzeitig zu prüfen, ob für den Jugendlichen oder den jungen Volljährigen Leistungen der Jugendhilfe oder anderer Sozialleistungsträger in Betracht kommen. [2]Ist dies der Fall oder ist eine geeignete

---

[1)] Nr. **2**.
[2)] Nr. **37**.

Leistung bereits eingeleitet oder gewährt worden, so hat das Jugendamt den Staatsanwalt oder den Richter umgehend davon zu unterrichten, damit geprüft werden kann, ob diese Leistung ein Absehen von der Verfolgung (§ 45 JGG) oder eine Einstellung des Verfahrens (§ 47 JGG) ermöglicht.

(3) Der Mitarbeiter des Jugendamts oder des anerkannten Trägers der freien Jugendhilfe, der nach § 38 Absatz 2 Satz 2 des Jugendgerichtsgesetzes tätig wird, soll den Jugendlichen oder den jungen Volljährigen während des gesamten Verfahrens betreuen.

Vierter Abschnitt. Beistandschaft, Pflegschaft und Vormundschaft für Kinder und Jugendliche, Auskunft über Nichtabgabe von Sorgeerklärungen

§ 52a Beratung und Unterstützung bei Vaterschaftsfeststellung und Geltendmachung von Unterhaltsansprüchen. (1) [1] Das Jugendamt hat unverzüglich nach der Geburt eines Kindes, dessen Eltern nicht miteinander verheiratet sind, der Mutter Beratung und Unterstützung insbesondere bei der Vaterschaftsfeststellung und der Geltendmachung von Unterhaltsansprüchen des Kindes anzubieten. [2] Hierbei hat es hinzuweisen auf

1. die Bedeutung der Vaterschaftsfeststellung,
2. die Möglichkeiten, wie die Vaterschaft festgestellt werden kann, insbesondere bei welchen Stellen die Vaterschaft anerkannt werden kann,
3. die Möglichkeit, die Verpflichtung zur Erfüllung von Unterhaltsansprüchen nach § 59 Absatz 1 Satz 1 Nummer 3 beurkunden zu lassen,
4. die Möglichkeit, eine Beistandschaft zu beantragen, sowie auf die Rechtsfolgen einer solchen Beistandschaft,
5. die Möglichkeit der gemeinsamen elterlichen Sorge.

[3] Das Jugendamt hat der Mutter ein persönliches Gespräch anzubieten. [4] Das Gespräch soll in der Regel in der persönlichen Umgebung der Mutter stattfinden, wenn diese es wünscht.

(2) Das Angebot nach Absatz 1 kann vor der Geburt des Kindes erfolgen, wenn anzunehmen ist, dass seine Eltern bei der Geburt nicht miteinander verheiratet sein werden.

(3) [1] Wurde eine nach § 1592 Nummer 1 oder 2 des Bürgerlichen Gesetzbuchs[1)] bestehende Vaterschaft zu einem Kind oder Jugendlichen durch eine gerichtliche Entscheidung beseitigt, so hat das Gericht dem Jugendamt Mitteilung zu machen. [2] Absatz 1 gilt entsprechend.

(4) Das Standesamt hat die Geburt eines Kindes, dessen Eltern nicht miteinander verheiratet sind, unverzüglich dem Jugendamt anzuzeigen.

[§ 53 bis 31.12.2022:]

§ 53 Beratung und Unterstützung von Pflegern und Vormündern.

(1) Das Jugendamt hat dem Familiengericht Personen und Vereine vorzuschlagen, die sich im Einzelfall zum Pfleger oder Vormund eignen.

[1)] Nr. 2.

(2) Pfleger und Vormünder haben Anspruch auf regelmäßige und dem jeweiligen erzieherischen Bedarf des Mündels entsprechende Beratung und Unterstützung.

(3) [1] Das Jugendamt hat darauf zu achten, dass die Vormünder und Pfleger für die Person der Mündel, insbesondere ihre Erziehung und Pflege, Sorge tragen. [2] Es hat beratend darauf hinzuwirken, dass festgestellte Mängel im Einvernehmen mit dem Vormund oder dem Pfleger behoben werden. [3] Soweit eine Behebung der Mängel nicht erfolgt, hat es dies dem Familiengericht mitzuteilen. [4] Es hat dem Familiengericht über das persönliche Ergehen und die Entwicklung eines Mündels Auskunft zu erteilen. [5] Erlangt das Jugendamt Kenntnis von der Gefährdung des Vermögens eines Mündels, so hat es dies dem Familiengericht anzuzeigen.

(4) [1] Für die Gegenvormundschaft gelten die Absätze 1 und 2 entsprechend. [2] Ist ein Verein Vormund, so findet Absatz 3 keine Anwendung.

[§ 53 ab 1.1.2023:]

§ 53 Mitwirkung bei der Auswahl von Vormündern und Pflegern durch das Familiengericht. *(1) Das Jugendamt hat dem Familiengericht Personen vorzuschlagen, die sich im Einzelfall zur Bestellung als Vormund eignen.*

(2) [1] Das Jugendamt hat seinen Vorschlag zu begründen. [2] Es hat dem Familiengericht darzulegen,

1. *welche Maßnahmen es zur Ermittlung des für den Mündel am besten geeigneten Vormunds unternommen hat und*
2. *wenn es einen Vormund gemäß § 1774 Absatz 1 Nummer 2 bis 4 des Bürgerlichen Gesetzbuchs[1)] vorschlägt, dass eine Person, die geeignet und bereit ist, die Vormundschaft ehrenamtlich zu führen, nicht gefunden werden konnte.*

(3) Für die Pflegschaft für Minderjährige gelten die Absätze 1 und 2 entsprechend.

[§ 53a ab 1.1.2023:]

§ 53a Beratung und Unterstützung von Vormündern und Pflegern. *(1) Vormünder haben Anspruch auf regelmäßige und dem jeweiligen erzieherischen Bedarf des Mündels entsprechende Beratung und Unterstützung durch das Jugendamt.*

(2) [1] Das Jugendamt hat darauf zu achten, dass die Vormünder für die Person der Mündel, insbesondere ihre Erziehung und Pflege, Sorge tragen. [2] Es hat beratend darauf hinzuwirken, dass festgestellte Mängel im Einvernehmen mit dem Vormund behoben werden.

(3) Ist ein Vormundschaftsverein als vorläufiger Vormund oder ein Vereinsvormund als Vormund bestellt, so ist Absatz 2 nicht anzuwenden.

(4) Für die Pflegschaft für Minderjährige gelten die Absätze 1 bis 3 entsprechend.

[§ 54 bis 31.12.2022:]

§ 54 Erlaubnis zur Übernahme von Vereinsvormundschaften.

(1) [1] Ein rechtsfähiger Verein kann Pflegschaften oder Vormundschaften übernehmen, wenn ihm das Landesjugendamt dazu eine Erlaubnis erteilt hat. [2] Er kann eine Beistandschaft übernehmen, soweit Landesrecht dies vorsieht.

(2) Die Erlaubnis ist zu erteilen, wenn der Verein gewährleistet, dass er

---

[1)] Nr. **2**.

1. eine ausreichende Zahl geeigneter Mitarbeiter hat und diese beaufsichtigen, weiterbilden und gegen Schäden, die diese anderen im Rahmen ihrer Tätigkeit zufügen können, angemessen versichern wird,
2. sich planmäßig um die Gewinnung von Einzelvormündern und Einzelpflegern bemüht und sie in ihre Aufgaben einführt, fortbildet und berät,
3. einen Erfahrungsaustausch zwischen den Mitarbeitern ermöglicht.

(3) [1] Die Erlaubnis gilt für das jeweilige Bundesland, in dem der Verein seinen Sitz hat. [2] Sie kann auf den Bereich eines Landesjugendamts beschränkt werden.

(4) [1] Das Nähere regelt das Landesrecht. [2] Es kann auch weitere Voraussetzungen für die Erteilung der Erlaubnis vorsehen.

[§ 54 ab 1.1.2023:]

§ 54 Anerkennung als Vormundschaftsverein. *(1) Ein rechtsfähiger Verein kann von dem überörtlichen Träger der Jugendhilfe als Vormundschaftsverein anerkannt werden, wenn er gewährleistet, dass*

1. *er eine ausreichende Zahl von als Pfleger oder Vormund geeigneten Mitarbeitern hat und diese beaufsichtigen, weiterbilden und gegen Schäden, die diese anderen im Rahmen ihrer Tätigkeit zufügen können, angemessen versichern wird,*
2. *die als Vereinspfleger oder Vereinsvormund bestellten Mitarbeiter höchstens 50 und bei gleichzeitiger Wahrnehmung anderer Aufgaben entsprechend weniger Pflegschaften oder Vormundschaften führen,*
3. *er sich planmäßig um die Gewinnung von ehrenamtlichen Pflegern und Vormündern bemüht und sie in ihre Aufgaben einführt, fortbildet und berät,*
4. *er einen Erfahrungsaustausch zwischen den Mitarbeitern ermöglicht.*

(2) [1] Die Anerkennung gilt für das jeweilige Land, in dem der Verein seinen Sitz hat. [2] Sie kann auf den Bereich eines überörtlichen Trägers der Jugendhilfe beschränkt werden.

(3) Der nach Absatz 1 anerkannte Vormundschaftsverein kann eine Beistandschaft übernehmen, soweit Landesrecht dies vorsieht.

(4) [1] Das Nähere regelt das Landesrecht. [2] Es kann auch weitere Voraussetzungen für die Erteilung der Anerkennung vorsehen.

(5) Eine bei Ablauf des 31. Dezember 2022 erteilte Erlaubnis zur Übernahme von Vereinsvormundschaften gilt als Anerkennung als Vormundschaftsverein fort.

[§ 55 bis 31.12.2022:]

§ 55 Beistandschaft, Amtspflegschaft und Amtsvormundschaft.

(1) Das Jugendamt wird Beistand, Pfleger oder Vormund in den durch das Bürgerliche Gesetzbuch vorgesehenen Fällen (Beistandschaft, Amtspflegschaft, Amtsvormundschaft).

(2) [1] Das Jugendamt überträgt die Ausübung der Aufgaben des Beistands, des Amtspflegers oder des Amtsvormunds einzelnen seiner Beamten oder Angestellten. [2] Vor der Übertragung der Aufgaben des Amtspflegers oder des Amtsvormunds soll das Jugendamt das Kind oder den Jugendlichen zur Auswahl des Beamten oder Angestellten mündlich anhören, soweit dies nach Alter und Entwicklungsstand des Kindes oder Jugendlichen möglich ist. [3] Eine ausnahmsweise vor der Übertragung unterbliebene Anhörung ist unverzüglich nachzuholen. [4] Ein vollzeitbeschäftigter Beamter oder Angestellter, der nur mit der Führung von Vormundschaften oder Pflegschaften betraut ist, soll höchstens 50

und bei gleichzeitiger Wahrnehmung anderer Aufgaben entsprechend weniger Vormundschaften oder Pflegschaften führen.

(3) [1]Die Übertragung gehört zu den Angelegenheiten der laufenden Verwaltung. [2]In dem durch die Übertragung umschriebenen Rahmen ist der Beamte oder Angestellte gesetzlicher Vertreter des Kindes oder Jugendlichen. [3]Amtspfleger und Amtsvormund haben den persönlichen Kontakt zu diesem zu halten sowie dessen Pflege und Erziehung nach Maßgabe des § 1793 Absatz 1a und § 1800 des Bürgerlichen Gesetzbuchs[1)] persönlich zu fördern und zu gewährleisten.

[§ 55 ab 1.1.2023:]

§ 55 Beistandschaft, Pflegschaft und Vormundschaft des Jugendamts. *(1) Das Jugendamt wird Beistand, Pfleger oder Vormund in den durch das Bürgerliche Gesetzbuch[2)] vorgesehenen Fällen (Beistandschaft, Amtspflegschaft, vorläufige Amtspflegschaft, Amtsvormundschaft, vorläufige Amtsvormundschaft).*

(2) [1]Das Jugendamt überträgt die Ausübung der Aufgaben des Beistands, des Pflegers oder des Vormunds einzelnen seiner Bediensteten. [2]Bei der Übertragung sind die Grundsätze für die Auswahl durch das Familiengericht zu beachten. [3]Vor der Übertragung der Aufgaben des Pflegers oder des Vormunds hat das Jugendamt das Kind oder den Jugendlichen zur Auswahl des Bediensteten mündlich anzuhören, soweit dies nach Alter und Entwicklungsstand des Kindes oder Jugendlichen möglich ist. [4]Eine ausnahmsweise vor der Übertragung unterbliebene Anhörung ist unverzüglich nachzuholen. [5]Wird das Jugendamt als vorläufiger Pfleger oder vorläufiger Vormund bestellt, so sind die Sätze 2 bis 4 nicht anzuwenden; § 1784 des Bürgerlichen Gesetzbuchs[1)] gilt entsprechend.

(3) Ein vollzeitbeschäftigter Bediensteter, der nur mit der Führung von Pflegschaften oder Vormundschaften betraut ist, soll höchstens 50 und bei gleichzeitiger Wahrnehmung anderer Aufgaben entsprechend weniger Pflegschaften oder Vormundschaften führen.

(4) [1]Die Übertragung gehört zu den Angelegenheiten der laufenden Verwaltung. [2]In dem durch die Übertragung umschriebenen Rahmen ist der Bedienstete gesetzlicher Vertreter des Kindes oder Jugendlichen. [3]Er hat den persönlichen Kontakt zu diesem nach Maßgabe des § 1790 Absatz 3 des Bürgerlichen Gesetzbuchs[1)] zu halten sowie dessen Pflege und Erziehung nach Maßgabe des § 1790 Absatz 1 und 2 und des § 1795 Absatz 1 des Bürgerlichen Gesetzbuchs[1)] persönlich zu fördern und zu gewährleisten.

(5) Die Aufgaben der Pflegschaft und Vormundschaft sind funktionell, organisatorisch und personell von den übrigen Aufgaben des Jugendamts zu trennen.

[§ 56 bis 31.12.2022:]

§ 56 Führung der Beistandschaft, der Amtspflegschaft und der Amtsvormundschaft. (1) Auf die Führung der Beistandschaft, der Amtspflegschaft und der Amtsvormundschaft sind die Bestimmungen des Bürgerlichen Gesetzbuchs anzuwenden, soweit dieses Gesetz nicht etwas anderes bestimmt.

(2) [1]Gegenüber dem Jugendamt als Amtsvormund und Amtspfleger werden die Vorschriften des § 1802 Absatz 3 und des § 1818 des Bürgerlichen Gesetzbuchs[1)] nicht angewandt. [2]In den Fällen des § 1803 Absatz 2, des § 1811 und des § 1822 Nummer 6 und 7 des Bürgerlichen Gesetzbuchs[1)] ist eine Genehmigung des Familiengerichts nicht erforderlich. [3]Landesrecht kann für das Ju-

---

[1)] Nr. **2**.
[2)] Auszugsweise abgedruckt unter Nr. **2**.

gendamt als Amtspfleger oder als Amtsvormund weitergehende Ausnahmen von der Anwendung der Bestimmungen des Bürgerlichen Gesetzbuchs über die Vormundschaft über Minderjährige (§§ 1773 bis 1895) vorsehen, die die Aufsicht des Familiengerichts in vermögensrechtlicher Hinsicht sowie beim Abschluss von Lehr- und Arbeitsverträgen betreffen.

(3) [1] Mündelgeld kann mit Genehmigung des Familiengerichts auf Sammelkonten des Jugendamts bereitgehalten und angelegt werden, wenn es den Interessen des Mündels dient und sofern die sichere Verwaltung, Trennbarkeit und Rechnungslegung des Geldes einschließlich der Zinsen jederzeit gewährleistet ist; Landesrecht kann bestimmen, dass eine Genehmigung des Familiengerichts nicht erforderlich ist. [2] Die Anlegung von Mündelgeld gemäß § 1807 des Bürgerlichen Gesetzbuchs[1)] ist auch bei der Körperschaft zulässig, die das Jugendamt errichtet hat.

(4) Das Jugendamt hat in der Regel jährlich zu prüfen, ob im Interesse des Kindes oder des Jugendlichen seine Entlassung als Amtspfleger oder Amtsvormund und die Bestellung einer Einzelperson oder eines Vereins angezeigt ist, und dies dem Familiengericht mitzuteilen.

[§ 56 ab 1.1.2023:]

§ 56 Führung der Beistandschaft, der Pflegschaft und der Vormundschaft durch das Jugendamt. *(1) Auf die Führung der Beistandschaft, der Pflegschaft und der Vormundschaft durch das Jugendamt sind die Bestimmungen des Bürgerlichen Gesetzbuchs[2)] anzuwenden, soweit dieses Gesetz nicht etwas anderes bestimmt.*

(2) [1] Gegenüber dem Jugendamt als Pfleger oder Vormund werden § 1835 Absatz 5 und § 1844 jeweils in Verbindung mit § 1798 Absatz 2 des Bürgerlichen Gesetzbuchs[1)] nicht angewandt. [2] In den Fällen des § 1848 in Verbindung mit § 1799 Absatz 1 und des § 1795 Absatz 2 Nummer 1 und 2 des Bürgerlichen Gesetzbuchs[1)] ist eine Genehmigung des Familiengerichts nicht erforderlich. [3] Landesrecht kann für das Jugendamt als Pfleger oder Vormund weitergehende Ausnahmen nach § 1862 Absatz 4 in Verbindung mit § 1802 Absatz 2 des Bürgerlichen Gesetzbuchs[1)] vorsehen.

(3) [1] Mündelgeld kann mit Genehmigung des Familiengerichts auf Sammelkonten des Jugendamts bereitgehalten und angelegt werden, wenn es den Interessen des Mündels dient und sofern die sichere Verwaltung, Trennbarkeit und Rechnungslegung des Geldes einschließlich der Zinsen jederzeit gewährleistet ist; Landesrecht kann bestimmen, dass eine Genehmigung des Familiengerichts nicht erforderlich ist. [2] Die Anlegung von Mündelgeld ist auch bei der Körperschaft zulässig, die das Jugendamt errichtet hat.

[§ 57 bis 31.12.2022:]

§ 57 Mitteilungspflicht des Jugendamts. Das Jugendamt hat dem Familiengericht unverzüglich den Eintritt einer Vormundschaft mitzuteilen.

[§ 57 ab 1.1.2023:]

§ 57 Mitteilungspflichten des Jugendamts. *(1) Das Jugendamt hat dem Familiengericht unverzüglich den Eintritt einer Vormundschaft sowie den Wegfall der Voraussetzungen der Vormundschaft mitzuteilen.*

(2) [1] Das Jugendamt hat dem Familiengericht vor seiner Bestellung zum Vormund mitzuteilen, welchem seiner Bediensteten es die Aufgaben der Amtsvormundschaft über-

---

1) Nr. **2**.
2) Auszugsweise abgedruckt unter Nr. **2**.

tragen wird. [2] Wird das Jugendamt zum vorläufigen Vormund bestellt, so hat es dem Familiengericht alsbald, spätestens binnen zwei Wochen nach seiner Bestellung mitzuteilen, welchem Bediensteten die Aufgaben des vorläufigen Vormunds übertragen worden sind.

(3) [1] Das Jugendamt hat dem Familiengericht über das persönliche Ergehen und die Entwicklung eines Mündels Auskunft zu erteilen. [2] Soweit eine Behebung der Mängel in der Personensorge trotz Beratung und Unterstützung nach § 53a Absatz 2 nicht erfolgt, hat es dies dem Familiengericht mitzuteilen. [3] Erlangt das Jugendamt Kenntnis von der Gefährdung des Vermögens eines Mündels, so hat es dies dem Familiengericht mitzuteilen. [4] Ist ein Vormundschaftsverein als vorläufiger Vormund oder ein Vereinsvormund als Vormund bestellt, so sind die Sätze 1 bis 3 nicht anzuwenden.

(4) [1] Das Jugendamt hat in der Regel jährlich zu prüfen, ob im Interesse des Kindes oder des Jugendlichen seine Entlassung als Vormund und die Bestellung einer natürlichen Person, die die Vormundschaft ehrenamtlich führt, angezeigt ist, und dies dem Familiengericht mitzuteilen. [2] Dasselbe gilt, wenn dem Jugendamt sonst Umstände bekannt werden, aus denen sich ergibt, dass die Vormundschaft nunmehr ehrenamtlich geführt werden kann.

(5) [1] Das Jugendamt des bisherigen gewöhnlichen Aufenthalts des Mündels hat dem Jugendamt des neuen gewöhnlichen Aufenthalts eine Verlegung des gewöhnlichen Aufenthalts des Mündels in den Bezirk eines anderen Jugendamts mitzuteilen. [2] Ist ein Vormundschaftsverein als vorläufiger Vormund oder ein Vereinsvormund als Vormund bestellt, so ist Satz 1 nicht anzuwenden.

(6) Für die Pflegschaft für Minderjährige gelten die Absätze 1 bis 5 entsprechend.

[§ 58 bis 31.12.2022:]

§ 58 Gegenvormundschaft des Jugendamts. Für die Tätigkeit des Jugendamts als Gegenvormund gelten die §§ 55 und 56 entsprechend.

§ 58a *[ab 1.1.2023: § 58]* **Auskunft über Alleinsorge aus dem Sorgeregister.** (1) [1] Zum Zwecke der Erteilung der schriftlichen Auskunft nach Absatz 2 wird für Kinder nicht miteinander verheirateter Eltern bei dem nach § 87c Absatz 6 Satz 2 zuständigen Jugendamt ein Sorgeregister geführt. [2] In das Sorgeregister erfolgt jeweils eine Eintragung, wenn

1. Sorgeerklärungen nach § 1626a Absatz 1 Nummer 1 des Bürgerlichen Gesetzbuchs[1)] abgegeben werden,
2. aufgrund einer rechtskräftigen gerichtlichen Entscheidung die elterliche Sorge den Eltern ganz oder zum Teil gemeinsam übertragen worden ist oder
3. die elterliche Sorge aufgrund einer rechtskräftigen gerichtlichen Entscheidung ganz oder zum Teil der Mutter entzogen oder auf den Vater allein übertragen worden ist.

(2) [1] Liegen keine Eintragungen im Sorgeregister vor, so erhält die mit dem Vater des Kindes nicht verheiratete Mutter auf Antrag hierüber eine schriftliche Auskunft von dem nach § 87c Absatz 6 Satz 1 zuständigen Jugendamt. [2] Die Mutter hat dafür Geburtsdatum und Geburtsort des Kindes oder des Jugendlichen anzugeben sowie den Namen, den das Kind oder der Jugendliche zur Zeit der Beurkundung seiner Geburt geführt hat. [3] Bezieht sich die gerichtliche Entscheidung nach Absatz 1 Satz 2 Nummer 2 oder Nummer 3 nur auf Teile

---

[1)] Nr. **2**.

der elterlichen Sorge, so erhält die mit dem Vater des Kindes nicht verheiratete Mutter auf Antrag eine schriftliche Auskunft darüber, dass Eintragungen nur in Bezug auf die durch die Entscheidung betroffenen Teile der elterlichen Sorge vorliegen. [4] Satz 2 gilt entsprechend.

Fünfter Abschnitt. Beurkundung, vollstreckbare Urkunden

§ 59 Beurkundung. (1) [1] Die Urkundsperson beim Jugendamt ist befugt,

1. die Erklärung, durch die die Vaterschaft anerkannt oder die Anerkennung widerrufen wird, die Zustimmungserklärung der Mutter sowie die etwa erforderliche Zustimmung des Mannes, der im Zeitpunkt der Geburt mit der Mutter verheiratet ist, des Kindes, des Jugendlichen oder eines gesetzlichen Vertreters zu einer solchen Erklärung (Erklärungen über die Anerkennung der Vaterschaft) zu beurkunden,
2. die Erklärung, durch die die Mutterschaft anerkannt wird, sowie die etwa erforderliche Zustimmung des gesetzlichen Vertreters der Mutter zu beurkunden (§ 44 Absatz 2 des Personenstandsgesetzes),
3. die Verpflichtung zur Erfüllung von Unterhaltsansprüchen eines Abkömmlings oder seines gesetzlichen Rechtsnachfolgers zu beurkunden, sofern der Abkömmling zum Zeitpunkt der Beurkundung das 21. Lebensjahr noch nicht vollendet hat,
4. die Verpflichtung zur Erfüllung von Ansprüchen auf Unterhalt (§ 1615l des Bürgerlichen Gesetzbuchs[1]), auch des gesetzlichen Rechtsnachfolgers, zu beurkunden,
5. die Bereiterklärung der Adoptionsbewerber zur Annahme eines ihnen zur internationalen Adoption vorgeschlagenen Kindes (§ 7 Absatz 1 des Adoptionsübereinkommens-Ausführungsgesetzes) zu beurkunden,
6. den Widerruf der Einwilligung des Kindes in die Annahme als Kind (§ 1746 Absatz 2 des Bürgerlichen Gesetzbuchs[1]) zu beurkunden,
7. die Erklärung, durch die der Vater auf die Übertragung der Sorge verzichtet (§ 1747 Absatz 3 Nummer 2 des Bürgerlichen Gesetzbuchs[1]) zu beurkunden,
8. die Sorgeerklärungen (§ 1626a Absatz 1 Nummer 1 des Bürgerlichen Gesetzbuchs[1]) sowie die etwa erforderliche Zustimmung des gesetzlichen Vertreters eines beschränkt geschäftsfähigen Elternteils (§ 1626c Absatz 2 des Bürgerlichen Gesetzbuchs[1]) zu beurkunden,
9. eine Erklärung des auf Unterhalt in Anspruch genommenen Elternteils nach § 252 des Gesetzes über das Verfahren in Familiensachen und in den Angelegenheiten der freiwilligen Gerichtsbarkeit[2] aufzunehmen; § 129a der Zivilprozessordnung gilt entsprechend.

[2] Die Zuständigkeit der Notare, anderer Urkundspersonen oder sonstiger Stellen für öffentliche Beurkundungen bleibt unberührt.

(2) Die Urkundsperson soll eine Beurkundung nicht vornehmen, wenn ihr in der betreffenden Angelegenheit die Vertretung eines Beteiligten obliegt.

---

[1] Nr. **2**.
[2] Nr. **9**.

(3) [1] Das Jugendamt hat geeignete Beamte und Angestellte zur Wahrnehmung der Aufgaben nach Absatz 1 zu ermächtigen. [2] Die Länder können Näheres hinsichtlich der fachlichen Anforderungen an diese Personen regeln.

§ 60 Vollstreckbare Urkunden. [1] Aus Urkunden, die eine Verpflichtung nach § 59 Absatz 1 Satz 1 Nummer 3 oder 4 zum Gegenstand haben und die von einem Beamten oder Angestellten des Jugendamts innerhalb der Grenzen seiner Amtsbefugnisse in der vorgeschriebenen Form aufgenommen worden sind, findet die Zwangsvollstreckung statt, wenn die Erklärung die Zahlung einer bestimmten Geldsumme betrifft und der Schuldner sich in der Urkunde der sofortigen Zwangsvollstreckung unterworfen hat. [2] Die Zustellung kann auch dadurch vollzogen werden, dass der Beamte oder Angestellte dem Schuldner eine beglaubigte Abschrift der Urkunde aushändigt; § 174 Satz 2 und 3 der Zivilprozessordnung gilt entsprechend. [3] Auf die Zwangsvollstreckung sind die Vorschriften, die für die Zwangsvollstreckung aus gerichtlichen Urkunden nach § 794 Absatz 1 Nummer 5 der Zivilprozessordnung gelten, mit folgenden Maßgaben entsprechend anzuwenden:

1. Die vollstreckbare Ausfertigung sowie die Bestätigungen nach § 1079 der Zivilprozessordnung werden von den Beamten oder Angestellten des Jugendamts erteilt, denen die Beurkundung der Verpflichtungserklärung übertragen ist. Das Gleiche gilt für die Bezifferung einer Verpflichtungserklärung nach § 790 der Zivilprozessordnung.
2. Über Einwendungen, die die Zulässigkeit der Vollstreckungsklausel oder die Zulässigkeit der Bezifferung nach § 790 der Zivilprozessordnung betreffen, über die Erteilung einer weiteren vollstreckbaren Ausfertigung sowie über Anträge nach § 1081 der Zivilprozessordnung entscheidet das für das Jugendamt zuständige Amtsgericht.

Viertes Kapitel. Schutz von Sozialdaten

§ 61 Anwendungsbereich. (1) [1] Für den Schutz von Sozialdaten bei ihrer Verarbeitung in der Jugendhilfe gelten § 35 des Ersten Buches[1)], §§ 67 bis 85a des Zehnten Buches sowie die nachfolgenden Vorschriften. [2] Sie gelten für alle Stellen des Trägers der öffentlichen Jugendhilfe, soweit sie Aufgaben nach diesem Buch wahrnehmen. [3] Für die Wahrnehmung von Aufgaben nach diesem Buch durch kreisangehörige Gemeinden und Gemeindeverbände, die nicht örtliche Träger sind, gelten die Sätze 1 und 2 entsprechend.

(2) Für den Schutz von Sozialdaten bei ihrer Verarbeitung im Rahmen der Tätigkeit des Jugendamts als Amtspfleger, Amtsvormund, Beistand und Gegenvormund gilt nur § 68.

(3) Werden Einrichtungen und Dienste der Träger der freien Jugendhilfe in Anspruch genommen, so ist sicherzustellen, dass der Schutz der personenbezogenen Daten bei der Verarbeitung in entsprechender Weise gewährleistet ist.

§ 62 Datenerhebung. (1) Sozialdaten dürfen nur erhoben werden, soweit ihre Kenntnis zur Erfüllung der jeweiligen Aufgabe erforderlich ist.

---

1) Nr. **12**.

(2) [1]Sozialdaten sind bei der betroffenen Person zu erheben. [2]Sie ist über die Rechtsgrundlage der Erhebung sowie die Zweckbestimmungen der Verarbeitung aufzuklären, soweit diese nicht offenkundig sind.

(3) Ohne Mitwirkung der betroffenen Person dürfen Sozialdaten nur erhoben werden, wenn

1. eine gesetzliche Bestimmung dies vorschreibt oder erlaubt oder
2. ihre Erhebung bei der betroffenen Person nicht möglich ist oder die jeweilige Aufgabe ihrer Art nach eine Erhebung bei anderen erfordert, die Kenntnis der Daten aber erforderlich ist für
   a) die Feststellung der Voraussetzungen oder für die Erfüllung einer Leistung nach diesem Buch oder
   b) die Feststellung der Voraussetzungen für die Erstattung einer Leistung nach § 50 des Zehnten Buches oder
   c) die Wahrnehmung einer Aufgabe nach den §§ 42 bis 48a und nach § 52 oder
   d) die Erfüllung des Schutzauftrages bei Kindeswohlgefährdung nach § 8a oder die Gefährdungsabwendung nach § 4 des Gesetzes zur Kooperation und Information im Kinderschutz[1)] oder
3. die Erhebung bei der betroffenen Person einen unverhältnismäßigen Aufwand erfordern würde und keine Anhaltspunkte dafür bestehen, dass schutzwürdige Interessen der betroffenen Person beeinträchtigt werden oder
4. die Erhebung bei der betroffenen Person den Zugang zur Hilfe ernsthaft gefährden würde.

(4) [1]Ist die betroffene Person nicht zugleich Leistungsberechtigter oder sonst an der Leistung beteiligt, so dürfen die Daten auch beim Leistungsberechtigten oder einer anderen Person, die sonst an der Leistung beteiligt ist, erhoben werden, wenn die Kenntnis der Daten für die Gewährung einer Leistung nach diesem Buch notwendig ist. [2]Satz 1 gilt bei der Erfüllung anderer Aufgaben im Sinne des § 2 Absatz 3 entsprechend.

§ 63 Datenspeicherung. (1) Sozialdaten dürfen gespeichert werden, soweit dies für die Erfüllung der jeweiligen Aufgabe erforderlich ist.

(2) [1]Daten, die zur Erfüllung unterschiedlicher Aufgaben der öffentlichen Jugendhilfe erhoben worden sind, dürfen nur zusammengeführt werden, wenn und solange dies wegen eines unmittelbaren Sachzusammenhangs erforderlich ist. [2]Daten, die zu Leistungszwecken im Sinne des § 2 Absatz 2 und Daten, die für andere Aufgaben im Sinne des § 2 Absatz 3 erhoben worden sind, dürfen nur zusammengeführt werden, soweit dies zur Erfüllung der jeweiligen Aufgabe erforderlich ist.

§ 64 Datenübermittlung und -nutzung. (1) Sozialdaten dürfen zu dem Zweck übermittelt oder genutzt werden, zu dem sie erhoben worden sind.

(2) Eine Übermittlung für die Erfüllung von Aufgaben nach § 69 des Zehnten Buches ist abweichend von Absatz 1 nur zulässig, soweit dadurch der Erfolg einer zu gewährenden Leistung nicht in Frage gestellt wird.

[1)] Nr. **11**.

(2a) Vor einer Übermittlung an eine Fachkraft, die nicht dem Verantwortlichen angehört, sind die Sozialdaten zu anonymisieren oder zu pseudonymisieren, soweit die Aufgabenerfüllung dies zulässt.

(2b) [1] Abweichend von Absatz 1 dürfen Sozialdaten übermittelt und genutzt werden, soweit dies für die Durchführung bestimmter wissenschaftlicher Vorhaben zur Erforschung möglicher politisch motivierter Adoptionsvermittlung in der DDR erforderlich ist, ohne dass es einer Anonymisierung oder Pseudonymisierung bedarf. [2] Die personenbezogenen Daten sind zu anonymisieren, sobald dies nach dem Forschungszweck möglich ist. [3] Vom Adoptionsverfahren betroffene Personen dürfen nicht kontaktiert werden.

(3) Sozialdaten dürfen beim Träger der öffentlichen Jugendhilfe zum Zwecke der Planung im Sinne des § 80 gespeichert oder genutzt werden; sie sind unverzüglich zu anonymisieren.

(4) Erhält ein Träger der öffentlichen Jugendhilfe nach Maßgabe des § 4 Absatz 3 des Gesetzes zur Kooperation und Information im Kinderschutz[1)] Informationen und Daten, soll er gegenüber der meldenden Person ausschließlich mitteilen, ob sich die von ihr mitgeteilten gewichtigen Anhaltspunkte für die Gefährdung des Wohls des Kindes oder Jugendlichen bestätigt haben und ob das Jugendamt zur Abwendung der Gefährdung tätig geworden ist und noch tätig ist.

§ 65 Besonderer Vertrauensschutz in der persönlichen und erzieherischen Hilfe. (1) [1] Sozialdaten, die dem Mitarbeiter eines Trägers der öffentlichen Jugendhilfe zum Zwecke persönlicher und erzieherischer Hilfe anvertraut worden sind, dürfen von diesem nur weitergegeben oder übermittelt werden

1. mit der Einwilligung dessen, der die Daten anvertraut hat, oder
2. dem Familiengericht zur Erfüllung der Aufgaben nach § 8a Absatz 2, wenn angesichts einer Gefährdung des Wohls eines Kindes oder eines Jugendlichen ohne diese Mitteilung eine für die Gewährung von Leistungen notwendige gerichtliche Entscheidung nicht ermöglicht werden könnte, oder
3. dem Mitarbeiter, der auf Grund eines Wechsels der Fallzuständigkeit im Jugendamt oder eines Wechsels der örtlichen Zuständigkeit für die Gewährung oder Erbringung der Leistung verantwortlich ist, wenn Anhaltspunkte für eine Gefährdung des Kindeswohls gegeben sind und die Daten für eine Abschätzung des Gefährdungsrisikos notwendig sind, oder
4. an die Fachkräfte, die zum Zwecke der Abschätzung des Gefährdungsrisikos nach § 8a hinzugezogen werden; § 64 Absatz 2a bleibt unberührt, oder
5. unter den Voraussetzungen, unter denen eine der in § 203 Absatz 1 oder 4 des Strafgesetzbuchs[2)] genannten Personen dazu befugt wäre, oder
6. wenn dies für die Durchführung bestimmter wissenschaftlicher Vorhaben zur Erforschung möglicher politisch motivierter Adoptionsvermittlung in der DDR erforderlich ist. Vom Adoptionsverfahren betroffene Personen dürfen nicht kontaktiert werden; § 64 Absatz 2b Satz 1 und 2 gilt entsprechend.

[2] Der Empfänger darf die Sozialdaten nur zu dem Zweck weitergeben oder übermitteln, zu dem er sie befugt erhalten hat.

---

1) Nr. **11**.
2) Nr. **38**.

(2) § 35 Absatz 3 des Ersten Buches[1] gilt auch, soweit ein behördeninternes Weitergabeverbot nach Absatz 1 besteht.

§§ 66, 67 (weggefallen)

§ 68 Sozialdaten im Bereich der Beistandschaft, Amtspflegschaft und der Amtsvormundschaft. (1) [1]Der Beamte oder Angestellte, dem die Ausübung der Beistandschaft, Amtspflegschaft oder Amtsvormundschaft übertragen ist, darf Sozialdaten nur verarbeiten, soweit dies zur Erfüllung seiner Aufgaben erforderlich ist. [2]Die Nutzung dieser Sozialdaten zum Zwecke der Aufsicht, Kontrolle oder Rechnungsprüfung durch die dafür zuständigen Stellen sowie die Übermittlung an diese ist im Hinblick auf den Einzelfall zulässig. [3]Die Informationspflichten nach Artikel 13 und 14 der Verordnung (EU) 2016/679 des Europäischen Parlaments und des Rates vom 27. April 2016 zum Schutz natürlicher Personen bei der Verarbeitung personenbezogener Daten, zum freien Datenverkehr und zur Aufhebung der Richtlinie 95/46/EG (Datenschutz-Grundverordnung) (ABl. L 119 vom 4.5.2016, S. 1; L 314 vom 22.11. 2016, S. 72; L 127 vom 23.5.2018, S. 2) in der jeweils geltenden Fassung bestehen nur, soweit die Erteilung der Informationen

1. mit der Wahrung der Interessen der minderjährigen Person vereinbar ist und
2. nicht die Erfüllung der Aufgaben gefährdet, die in der Zuständigkeit des Beistands, des Amtspflegers oder des Amtsvormundes liegen.

(2) § 84 des Zehnten Buches gilt entsprechend.

(3) [1]Das Recht auf Auskunft der betroffenen Person gemäß Artikel 15 der Verordnung (EU) 2016/679 besteht nicht, soweit die betroffene Person nach Absatz 1 Satz 3 nicht zu informieren ist oder durch die Auskunftserteilung berechtigte Interessen Dritter beeinträchtigt würden. [2]Einer Person, die unter Beistandschaft, Amtspflegschaft oder Amtsvormundschaft gestanden und ihr 18. Lebensjahr noch nicht vollendet hat, kann Auskunft erteilt werden, soweit sie die erforderliche Einsichts- und Urteilsfähigkeit besitzt und die Auskunftserteilung nicht nach Satz 1 ausgeschlossen ist. [3]Nach Beendigung einer Beistandschaft hat darüber hinaus der Elternteil, der die Beistandschaft beantragt hat, einen Anspruch auf Kenntnis der gespeicherten Daten, solange der junge Mensch minderjährig ist, der Elternteil antragsberechtigt ist und die Auskunftserteilung nicht nach Satz 1 ausgeschlossen ist.

(4) Personen oder Stellen, an die Sozialdaten übermittelt worden sind, dürfen diese nur zu dem Zweck speichern und nutzen, zu dem sie ihnen nach Absatz 1 befugt übermittelt worden sind.

(5) Für die Tätigkeit des Jugendamts als Gegenvormund gelten die Absätze 1 bis 4 entsprechend.

---

[1] Nr. **12**.

Fünftes Kapitel. Träger der Jugendhilfe, Zusammenarbeit, Gesamtverantwortung

Erster Abschnitt. Träger der öffentlichen Jugendhilfe

§ 69 Träger der öffentlichen Jugendhilfe, Jugendämter, Landesjugendämter. (1) Die Träger der öffentlichen Jugendhilfe werden durch Landesrecht bestimmt.

(2) (weggefallen)

(3) Für die Wahrnehmung der Aufgaben nach diesem Buch errichtet jeder örtliche Träger ein Jugendamt, jeder überörtliche Träger ein Landesjugendamt.

(4) Mehrere örtliche Träger und mehrere überörtliche Träger können, auch wenn sie verschiedenen Ländern angehören, zur Durchführung einzelner Aufgaben gemeinsame Einrichtungen und Dienste errichten.

§ 70 Organisation des Jugendamts und des Landesjugendamts.

(1) Die Aufgaben des Jugendamts werden durch den Jugendhilfeausschuss und durch die Verwaltung des Jugendamts wahrgenommen.

(2) Die Geschäfte der laufenden Verwaltung im Bereich der öffentlichen Jugendhilfe werden vom Leiter der Verwaltung der Gebietskörperschaft oder in seinem Auftrag vom Leiter der Verwaltung des Jugendamts im Rahmen der Satzung und der Beschlüsse der Vertretungskörperschaft und des Jugendhilfeausschusses geführt.

(3) [1] Die Aufgaben des Landesjugendamts werden durch den Landesjugendhilfeausschuss und durch die Verwaltung des Landesjugendamts im Rahmen der Satzung und der dem Landesjugendamt zur Verfügung gestellten Mittel wahrgenommen. [2] Die Geschäfte der laufenden Verwaltung werden von dem Leiter der Verwaltung des Landesjugendamts im Rahmen der Satzung und der Beschlüsse des Landesjugendhilfeausschusses geführt.

§ 71 Jugendhilfeausschuss, Landesjugendhilfeausschuss. (1) Dem Jugendhilfeausschuss gehören als stimmberechtigte Mitglieder an

1. mit drei Fünfteln des Anteils der Stimmen Mitglieder der Vertretungskörperschaft des Trägers der öffentlichen Jugendhilfe oder von ihr gewählte Frauen und Männer, die in der Jugendhilfe erfahren sind,
2. mit zwei Fünfteln des Anteils der Stimmen Frauen und Männer, die auf Vorschlag der im Bereich des öffentlichen Trägers wirkenden und anerkannten Träger der freien Jugendhilfe von der Vertretungskörperschaft gewählt werden; Vorschläge der Jugendverbände und der Wohlfahrtsverbände sind angemessen zu berücksichtigen.

(2) Dem Jugendhilfeausschuss sollen als beratende Mitglieder selbstorganisierte Zusammenschlüsse nach § 4a angehören.

(3) Der Jugendhilfeausschuss befasst sich mit allen Angelegenheiten der Jugendhilfe, insbesondere mit

1. der Erörterung aktueller Problemlagen junger Menschen und ihrer Familien sowie mit Anregungen und Vorschlägen für die Weiterentwicklung der Jugendhilfe,
2. der Jugendhilfeplanung und

3. der Förderung der freien Jugendhilfe.

(4) [1] Er hat Beschlussrecht in Angelegenheiten der Jugendhilfe im Rahmen der von der Vertretungskörperschaft bereitgestellten Mittel, der von ihr erlassenen Satzung und der von ihr gefassten Beschlüsse. [2] Er soll vor jeder Beschlussfassung der Vertretungskörperschaft in Fragen der Jugendhilfe und vor der Berufung eines Leiters des Jugendamts gehört werden und hat das Recht, an die Vertretungskörperschaft Anträge zu stellen. [3] Er tritt nach Bedarf zusammen und ist auf Antrag von mindestens einem Fünftel der Stimmberechtigten einzuberufen. [4] Seine Sitzungen sind öffentlich, soweit nicht das Wohl der Allgemeinheit, berechtigte Interessen einzelner Personen oder schutzbedürftiger Gruppen entgegenstehen.

(5) [1] Dem Landesjugendhilfeausschuss gehören mit zwei Fünfteln des Anteils der Stimmen Frauen und Männer an, die auf Vorschlag der im Bereich des Landesjugendamts wirkenden und anerkannten Träger der freien Jugendhilfe von der obersten Landesjugendbehörde zu berufen sind. [2] Die übrigen Mitglieder werden durch Landesrecht bestimmt. Absatz 3 gilt entsprechend.

(6) [1] Das Nähere regelt das Landesrecht. [2] Es regelt die Zugehörigkeit weiterer beratender Mitglieder zum Jugendhilfeausschuss. [3] Es kann bestimmen, dass der Leiter der Verwaltung der Gebietskörperschaft oder der Leiter der Verwaltung des Jugendamts nach Absatz 1 Nummer 1 stimmberechtigt ist.

§ 72 Mitarbeiter, Fortbildung. (1) [1] Die Träger der öffentlichen Jugendhilfe sollen bei den Jugendämtern und Landesjugendämtern hauptberuflich nur Personen beschäftigen, die sich für die jeweilige Aufgabe nach ihrer Persönlichkeit eignen und eine dieser Aufgabe entsprechende Ausbildung erhalten haben (Fachkräfte) oder auf Grund besonderer Erfahrungen in der sozialen Arbeit in der Lage sind, die Aufgabe zu erfüllen. [2] Soweit die jeweilige Aufgabe dies erfordert, sind mit ihrer Wahrnehmung nur Fachkräfte oder Fachkräfte mit entsprechender Zusatzausbildung zu betrauen. [3] Fachkräfte verschiedener Fachrichtungen sollen zusammenwirken, soweit die jeweilige Aufgabe dies erfordert.

(2) Leitende Funktionen des Jugendamts oder des Landesjugendamts sollen in der Regel nur Fachkräften übertragen werden.

(3) Die Träger der öffentlichen Jugendhilfe haben Fortbildung und Praxisberatung der Mitarbeiter des Jugendamts und des Landesjugendamts sicherzustellen.

§ 72a Tätigkeitsausschluss einschlägig vorbestrafter Personen.

(1) [1] Die Träger der öffentlichen Jugendhilfe dürfen für die Wahrnehmung der Aufgaben in der Kinder- und Jugendhilfe keine Person beschäftigen oder vermitteln, die rechtskräftig wegen einer Straftat nach den §§ 171, 174 bis 174c, 176 bis 180a, 181a, 182 bis 184g, 184i, 184j, 184k, 184l, 201a Absatz 3, den §§ 225, 232 bis 233a, 234, 235 oder 236 des Strafgesetzbuchs[1)] verurteilt worden ist. [2] Zu diesem Zweck sollen sie sich bei der Einstellung oder Vermittlung und in regelmäßigen Abständen von den betroffenen Personen ein Führungszeugnis nach § 30 Absatz 5 und § 30a Absatz 1 des Bundeszentralregistergesetzes[2)] vorlegen lassen.

[1)] Nr. **38**.
[2)] Nr. **42**.

(2) Die Träger der öffentlichen Jugendhilfe sollen durch Vereinbarungen mit den Trägern der freien Jugendhilfe ***[ab 1.1.2023:** sowie mit Vereinen im Sinne des § 54*] sicherstellen, dass diese keine Person, die wegen einer Straftat nach Absatz 1 Satz 1 rechtskräftig verurteilt worden ist, ***[ab 1.1.2023.** hauptamtlich*] beschäftigen.

(3) [1] Die Träger der öffentlichen Jugendhilfe sollen sicherstellen, dass unter ihrer Verantwortung keine neben- oder ehrenamtlich tätige Person, die wegen einer Straftat nach Absatz 1 Satz 1 rechtskräftig verurteilt worden ist, in Wahrnehmung von Aufgaben der Kinder- und Jugendhilfe Kinder oder Jugendliche beaufsichtigt, betreut, erzieht oder ausbildet oder einen vergleichbaren Kontakt hat. [2] Hierzu sollen die Träger der öffentlichen Jugendhilfe über die Tätigkeiten entscheiden, die von den in Satz 1 genannten Personen auf Grund von Art, Intensität und Dauer des Kontakts dieser Personen mit Kindern und Jugendlichen nur nach Einsichtnahme in das Führungszeugnis nach Absatz 1 Satz 2 wahrgenommen werden dürfen.

(4) [1] Die Träger der öffentlichen Jugendhilfe sollen durch Vereinbarungen mit den Trägern der freien Jugendhilfe sowie mit Vereinen im Sinne des § 54 sicherstellen, dass unter deren Verantwortung keine neben- oder ehrenamtlich tätige Person, die wegen einer Straftat nach Absatz 1 Satz 1 rechtskräftig verurteilt worden ist, in Wahrnehmung von Aufgaben der Kinder- und Jugendhilfe Kinder oder Jugendliche beaufsichtigt, betreut, erzieht oder ausbildet oder einen vergleichbaren Kontakt hat. [2] Hierzu sollen die Träger der öffentlichen Jugendhilfe mit den Trägern der freien Jugendhilfe Vereinbarungen über die Tätigkeiten schließen, die von den in Satz 1 genannten Personen auf Grund von Art, Intensität und Dauer des Kontakts dieser Personen mit Kindern und Jugendlichen nur nach Einsichtnahme in das Führungszeugnis nach Absatz 1 Satz 2 wahrgenommen werden dürfen.

(5) [1] Die Träger der öffentlichen und freien Jugendhilfe dürfen von den nach den Absätzen 3 und 4 eingesehenen Daten nur folgende Daten erheben und speichern:

1. den Umstand der Einsichtnahme,
2. das Datum des Führungszeugnisses und
3. die Information, ob die das Führungszeugnis betreffende Person wegen einer in Absatz 1 Satz 1 genannten Straftat rechtskräftig verurteilt worden ist.

[2] Die Träger der öffentlichen und freien Jugendhilfe dürfen die gespeicherten Daten nur verarbeiten, soweit dies erforderlich ist, um die Eignung einer Person für die Tätigkeit, die Anlass zu der Einsichtnahme in das Führungszeugnis gewesen ist, zu prüfen. [3] Die Daten sind vor dem Zugriff Unbefugter zu schützen. [4] Sie sind unverzüglich zu löschen, wenn im Anschluss an die Einsichtnahme keine Tätigkeit nach Absatz 3 Satz 2 oder Absatz 4 Satz 2 wahrgenommen wird. [5] Andernfalls sind die Daten spätestens sechs Monate nach Beendigung einer solchen Tätigkeit zu löschen.

Zweiter Abschnitt. Zusammenarbeit mit der freien Jugendhilfe, ehrenamtliche Tätigkeit

§ 73 Ehrenamtliche Tätigkeit. In der Jugendhilfe ehrenamtlich tätige Personen sollen bei ihrer Tätigkeit angeleitet, beraten und unterstützt werden.

§ 74 Förderung der freien Jugendhilfe. (1) [1]Die Träger der öffentlichen Jugendhilfe sollen die freiwillige Tätigkeit auf dem Gebiet der Jugendhilfe anregen; sie sollen sie fördern, wenn der jeweilige Träger

1. die fachlichen Voraussetzungen für die geplante Maßnahme erfüllt und die Beachtung der Grundsätze und Maßstäbe der Qualitätsentwicklung und Qualitätssicherung nach § 79a gewährleistet,
2. die Gewähr für eine zweckentsprechende und wirtschaftliche Verwendung der Mittel bietet,
3. gemeinnützige Ziele verfolgt,
4. eine angemessene Eigenleistung erbringt und
5. die Gewähr für eine den Zielen des Grundgesetzes[1)] förderliche Arbeit bietet.

[2]Eine auf Dauer angelegte Förderung setzt in der Regel die Anerkennung als Träger der freien Jugendhilfe nach § 75 voraus.

(2) [1]Soweit von der freien Jugendhilfe Einrichtungen, Dienste und Veranstaltungen geschaffen werden, um die Gewährung von Leistungen nach diesem Buch zu ermöglichen, kann die Förderung von der Bereitschaft abhängig gemacht werden, diese Einrichtungen, Dienste und Veranstaltungen nach Maßgabe der Jugendhilfeplanung und unter Beachtung der in § 9 genannten Grundsätze anzubieten. [2]§ 4 Absatz 1 bleibt unberührt.

(3) [1]Über die Art und Höhe der Förderung entscheidet der Träger der öffentlichen Jugendhilfe im Rahmen der verfügbaren Haushaltsmittel nach pflichtgemäßem Ermessen. [2]Entsprechendes gilt, wenn mehrere Antragsteller die Förderungsvoraussetzungen erfüllen und die von ihnen vorgesehenen Maßnahmen gleich geeignet sind, zur Befriedigung des Bedarfs jedoch nur eine Maßnahme notwendig ist. [3]Bei der Bemessung der Eigenleistung sind die unterschiedliche Finanzkraft und die sonstigen Verhältnisse zu berücksichtigen.

(4) Bei sonst gleich geeigneten Maßnahmen soll solchen der Vorzug gegeben werden, die stärker an den Interessen der Betroffenen orientiert sind und ihre Einflußnahme auf die Ausgestaltung der Maßnahme gewährleisten.

(5) [1]Bei der Förderung gleichartiger Maßnahmen mehrerer Träger sind unter Berücksichtigung ihrer Eigenleistungen gleiche Grundsätze und Maßstäbe anzulegen. [2]Werden gleichartige Maßnahmen von der freien und der öffentlichen Jugendhilfe durchgeführt, so sind bei der Förderung die Grundsätze und Maßstäbe anzuwenden, die für die Finanzierung der Maßnahmen der öffentlichen Jugendhilfe gelten.

(6) Die Förderung von anerkannten Trägern der Jugendhilfe soll auch Mittel für die Fortbildung der haupt-, neben- und ehrenamtlichen Mitarbeiter sowie im Bereich der Jugendarbeit Mittel für die Errichtung und Unterhaltung von Jugendfreizeit- und Jugendbildungsstätten einschließen.

§ 74a Finanzierung von Tageseinrichtungen für Kinder. [1]Die Finanzierung von Tageseinrichtungen regelt das Landesrecht. [2]Dabei können alle Träger von Einrichtungen, die die rechtlichen und fachlichen Voraussetzungen für den Betrieb der Einrichtung erfüllen, gefördert werden. [3]Die Erhebung von Teilnahmebeiträgen nach § 90 bleibt unberührt.

[1)] Auszugsweise abgedruckt unter Nr. **1**.

§ 75 Anerkennung als Träger der freien Jugendhilfe. (1) Als Träger der freien Jugendhilfe können juristische Personen und Personenvereinigungen anerkannt werden, wenn sie

1. auf dem Gebiet der Jugendhilfe im Sinne des § 1 tätig sind,
2. gemeinnützige Ziele verfolgen,
3. auf Grund der fachlichen und personellen Voraussetzungen erwarten lassen, dass sie einen nicht unwesentlichen Beitrag zur Erfüllung der Aufgaben der Jugendhilfe zu leisten imstande sind, und
4. die Gewähr für eine den Zielen des Grundgesetzes[1] förderliche Arbeit bieten.

(2) Einen Anspruch auf Anerkennung als Träger der freien Jugendhilfe hat unter den Voraussetzungen des Absatzes 1, wer auf dem Gebiet der Jugendhilfe mindestens drei Jahre tätig gewesen ist.

(3) Die Kirchen und Religionsgemeinschaften des öffentlichen Rechts sowie die auf Bundesebene zusammengeschlossenen Verbände der freien Wohlfahrtspflege sind anerkannte Träger der freien Jugendhilfe.

§ 76 Beteiligung anerkannter Träger der freien Jugendhilfe an der Wahrnehmung anderer Aufgaben. (1) Die Träger der öffentlichen Jugendhilfe können anerkannte Träger der freien Jugendhilfe an der Durchführung ihrer Aufgaben nach den §§ 42, 42a, 43, 50 bis 52a und ***[bis 31.12.2022:*** 53 Absatz 2 bis 4***][ab 1.1.2023:*** *53a]* beteiligen oder ihnen diese Aufgaben zur Ausführung übertragen.

(2) Die Träger der öffentlichen Jugendhilfe bleiben für die Erfüllung der Aufgaben verantwortlich.

§ 77 Vereinbarungen über Kostenübernahme und Qualitätsentwicklung bei ambulanten Leistungen. (1) [1]Werden Einrichtungen und Dienste der Träger der freien Jugendhilfe in Anspruch genommen, so sind Vereinbarungen über die Höhe der Kosten der Inanspruchnahme sowie über Inhalt, Umfang und Qualität der Leistung, über Grundsätze und Maßstäbe für die Bewertung der Qualität der Leistung und über geeignete Maßnahmen zu ihrer Gewährleistung zwischen der öffentlichen und der freien Jugendhilfe anzustreben. [2]Zu den Grundsätzen und Maßstäben für die Bewertung der Qualität der Leistung nach Satz 1 zählen auch Qualitätsmerkmale für die inklusive Ausrichtung der Aufgabenwahrnehmung und die Berücksichtigung der spezifischen Bedürfnisse von jungen Menschen mit Behinderungen. [3]Das Nähere regelt das Landesrecht. [4]Die §§ 78a bis 78g bleiben unberührt.

(2) Wird eine Leistung nach § 37 Absatz 1 oder § 37a erbracht, so ist der Träger der öffentlichen Jugendhilfe zur Übernahme der Kosten der Inanspruchnahme nur verpflichtet, wenn mit den Leistungserbringern Vereinbarungen über Inhalt, Umfang und Qualität der Leistung, über Grundsätze und Maßstäbe für die Bewertung der Qualität der Leistung sowie über geeignete Maßnahmen zu ihrer Gewährleistung geschlossen worden sind; § 78e gilt entsprechend.

§ 78 Arbeitsgemeinschaften. [1]Die Träger der öffentlichen Jugendhilfe sollen die Bildung von Arbeitsgemeinschaften anstreben, in denen neben ihnen

---

[1] Auszugsweise abgedruckt unter Nr. **1**.

die anerkannten Träger der freien Jugendhilfe sowie die Träger geförderter Maßnahmen vertreten sind. [2] In den Arbeitsgemeinschaften soll darauf hingewirkt werden, dass die geplanten Maßnahmen aufeinander abgestimmt werden, sich gegenseitig ergänzen und in den Lebens- und Wohnbereichen von jungen Menschen und Familien ihren Bedürfnissen, Wünschen und Interessen entsprechend zusammenwirken. [3] Dabei sollen selbstorganisierte Zusammenschlüsse nach § 4a beteiligt werden.

Dritter Abschnitt. Vereinbarungen über Leistungsangebote, Entgelte und Qualitätsentwicklung

§ 78a Anwendungsbereich. (1) Die Regelungen der §§ 78b bis 78g gelten für die Erbringung von

1. Leistungen für Betreuung und Unterkunft in einer sozialpädagogisch begleiteten Wohnform (§ 13 Absatz 3),
2. Leistungen in gemeinsamen Wohnformen für Mütter/Väter und Kinder (§ 19),
3. Leistungen zur Unterstützung bei notwendiger Unterbringung des Kindes oder Jugendlichen zur Erfüllung der Schulpflicht (§ 21 Satz 2),
4. Hilfe zur Erziehung
   a) in einer Tagesgruppe (§ 32),
   b) in einem Heim oder einer sonstigen betreuten Wohnform (§ 34) sowie
   c) in intensiver sozialpädagogischer Einzelbetreuung (§ 35), sofern sie außerhalb der eigenen Familie erfolgt,
   d) in sonstiger teilstationärer oder stationärer Form (§ 27),
5. Eingliederungshilfe für seelisch behinderte Kinder und Jugendliche in
   a) anderen teilstationären Einrichtungen (§ 35a Absatz 2 Nummer 2 Alternative 2),
   b) Einrichtungen über Tag und Nacht sowie sonstigen Wohnformen (§ 35a Absatz 2 Nummer 4),
6. Hilfe für junge Volljährige (§ 41), sofern diese den in den Nummern 4 und 5 genannten Leistungen entspricht, sowie
7. Leistungen zum Unterhalt (§ 39), sofern diese im Zusammenhang mit Leistungen nach den Nummern 4 bis 6 gewährt werden; § 39 Absatz 2 Satz 3 bleibt unberührt.

(2) Landesrecht kann bestimmen, dass die §§ 78b bis 78g auch für andere Leistungen nach diesem Buch sowie für vorläufige Maßnahmen zum Schutz von Kindern und Jugendlichen (§§ 42, 42a) gelten.

§ 78b Voraussetzungen für die Übernahme des Leistungsentgelts.

(1) Wird die Leistung ganz oder teilweise in einer Einrichtung erbracht, so ist der Träger der öffentlichen Jugendhilfe zur Übernahme des Entgelts gegenüber dem Leistungsberechtigten verpflichtet, wenn mit dem Träger der Einrichtungen oder seinem Verband Vereinbarungen über

1. Inhalt, Umfang und Qualität der Leistungsangebote (Leistungsvereinbarung),
2. differenzierte Entgelte für die Leistungsangebote und die betriebsnotwendigen Investitionen (Entgeltvereinbarung) und

3. Grundsätze und Maßstäbe für die Bewertung der Qualität der Leistungsangebote sowie über geeignete Maßnahmen zu ihrer Gewährleistung (Qualitätsentwicklungsvereinbarung)

abgeschlossen worden sind; dazu zählen auch die Qualitätsmerkmale nach § 79a Satz 2.

(2) [1] Die Vereinbarungen sind mit den Trägern abzuschließen, die unter Berücksichtigung der Grundsätze der Leistungsfähigkeit, Wirtschaftlichkeit und Sparsamkeit zur Erbringung der Leistung geeignet sind. [2] Vereinbarungen über die Erbringung von Auslandsmaßnahmen dürfen nur mit solchen Trägern abgeschlossen werden, die die Maßgaben nach § 38 Absatz 2 Nummer 2 Buchstabe a bis d erfüllen.

(3) Ist eine der Vereinbarungen nach Absatz 1 nicht abgeschlossen, so ist der Träger der öffentlichen Jugendhilfe zur Übernahme des Leistungsentgelts nur verpflichtet, wenn dies insbesondere nach Maßgabe der Hilfeplanung (§ 36) im Einzelfall geboten ist.

§ 78c Inhalt der Leistungs- und Entgeltvereinbarungen. (1) [1] Die Leistungsvereinbarung muss die wesentlichen Leistungsmerkmale, insbesondere

1. Art, Ziel und Qualität des Leistungsangebots,
2. den in der Einrichtung zu betreuenden Personenkreis,
3. die erforderliche sächliche und personelle Ausstattung,
4. die Qualifikation des Personals sowie
5. die betriebsnotwendigen Anlagen der Einrichtung

festlegen. [2] In die Vereinbarung ist aufzunehmen, unter welchen Voraussetzungen der Träger der Einrichtungen sich zur Erbringung von Leistungen verpflichtet. [3] Der Träger muss gewährleisten, dass die Leistungsangebote zur Erbringung von Leistungen nach § 78a Absatz 1 geeignet sowie ausreichend, zweckmäßig und wirtschaftlich sind.

(2) [1] Die Entgelte müssen leistungsgerecht sein. [2] Grundlage der Entgeltvereinbarung sind die in der Leistungs- und der Qualitätsentwicklungsvereinbarung festgelegten Leistungs- und Qualitätsmerkmale. [3] Eine Erhöhung der Vergütung für Investitionen kann nur dann verlangt werden, wenn der zuständige Träger der öffentlichen Jugendhilfe der Investitionsmaßnahme vorher zugestimmt hat. [4] Förderungen aus öffentlichen Mitteln sind anzurechnen.

§ 78d Vereinbarungszeitraum. (1) [1] Die Vereinbarungen nach § 78b Absatz 1 sind für einen zukünftigen Zeitraum (Vereinbarungszeitraum) abzuschließen. [2] Nachträgliche Ausgleiche sind nicht zulässig.

(2) [1] Die Vereinbarungen treten zu dem darin bestimmten Zeitpunkt in Kraft. [2] Wird ein Zeitpunkt nicht bestimmt, so werden die Vereinbarungen mit dem Tage ihres Abschlusses wirksam. [3] Eine Vereinbarung, die vor diesen Zeitpunkt zurückwirkt, ist nicht zulässig; dies gilt nicht für Vereinbarungen vor der Schiedsstelle für die Zeit ab Eingang des Antrages bei der Schiedsstelle. [4] Nach Ablauf des Vereinbarungszeitraums gelten die vereinbarten Vergütungen bis zum Inkrafttreten neuer Vereinbarungen weiter.

(3) [1] Bei unvorhersehbaren wesentlichen Veränderungen der Annahmen, die der Entgeltvereinbarung zugrunde lagen, sind die Entgelte auf Verlangen einer Vertragspartei für den laufenden Vereinbarungszeitraum neu zu verhandeln. [2] Die Absätze 1 und 2 gelten entsprechend.

(4) Vereinbarungen über die Erbringung von Leistungen nach § 78a Absatz 1, die vor dem 1. Januar 1999 abgeschlossen worden sind, gelten bis zum Inkrafttreten neuer Vereinbarungen weiter.

§ 78e Örtliche Zuständigkeit für den Abschluss von Vereinbarungen.

(1) [1] Soweit Landesrecht nicht etwas anderes bestimmt, ist für den Abschluss von Vereinbarungen nach § 78b Absatz 1 der örtliche Träger der Jugendhilfe zuständig, in dessen Bereich die Einrichtung gelegen ist. [2] Die von diesem Träger abgeschlossenen Vereinbarungen sind für alle örtlichen Träger bindend.

(2) Werden in der Einrichtung Leistungen erbracht, für deren Gewährung überwiegend ein anderer örtlicher Träger zuständig ist, so hat der nach Absatz 1 zuständige Träger diesen Träger zu hören.

(3) [1] Die kommunalen Spitzenverbände auf Landesebene und die Verbände der Träger der freien Jugendhilfe sowie die Vereinigungen sonstiger Leistungserbringer im jeweiligen Land können regionale oder landesweite Kommissionen bilden. [2] Die Kommissionen können im Auftrag der Mitglieder der in Satz 1 genannten Verbände und Vereinigungen Vereinbarungen nach § 78b Absatz 1 schließen. [3] Landesrecht kann die Beteiligung der für die Wahrnehmung der Aufgaben nach § 85 Absatz 2 Nummer 5 und 6 zuständigen Behörde vorsehen.

§ 78f Rahmenverträge. [1] Die kommunalen Spitzenverbände auf Landesebene schließen mit den Verbänden der Träger der freien Jugendhilfe und den Vereinigungen sonstiger Leistungserbringer auf Landesebene Rahmenverträge über den Inhalt der Vereinbarungen nach § 78b Absatz 1. [2] Die für die Wahrnehmung der Aufgaben nach § 85 Absatz 2 Nummer 5 und 6 zuständigen Behörden sind zu beteiligen.

§ 78g Schiedsstelle. (1) [1] In den Ländern sind Schiedsstellen für Streit- und Konfliktfälle einzurichten. [2] Sie sind mit einem unparteiischen Vorsitzenden und mit einer gleichen Zahl von Vertretern der Träger der öffentlichen Jugendhilfe sowie von Vertretern der Träger der Einrichtungen zu besetzen. [3] Der Zeitaufwand der Mitglieder ist zu entschädigen, bare Auslagen sind zu erstatten. [4] Für die Inanspruchnahme der Schiedsstellen können Gebühren erhoben werden.

(2) [1] Kommt eine Vereinbarung nach § 78b Absatz 1 innerhalb von sechs Wochen nicht zustande, nachdem eine Partei schriftlich zu Verhandlungen aufgefordert hat, so entscheidet die Schiedsstelle auf Antrag einer Partei unverzüglich über die Gegenstände, über die keine Einigung erreicht werden konnte. [2] Gegen die Entscheidung ist der Rechtsweg zu den Verwaltungsgerichten gegeben. [3] Die Klage richtet sich gegen eine der beiden Vertragsparteien, nicht gegen die Schiedsstelle. [4] Einer Nachprüfung der Entscheidung in einem Vorverfahren bedarf es nicht.

(3) [1] Entscheidungen der Schiedsstelle treten zu dem darin bestimmten Zeitpunkt in Kraft. [2] Wird ein Zeitpunkt für das Inkrafttreten nicht bestimmt, so werden die Festsetzungen der Schiedsstelle mit dem Tag wirksam, an dem der Antrag bei der Schiedsstelle eingegangen ist. [3] Die Festsetzung einer Vergütung, die vor diesen Zeitpunkt zurückwirkt, ist nicht zulässig. [4] Im Übrigen gilt § 78d Absatz 2 Satz 4 und Absatz 3 entsprechend.

(4) Die Landesregierungen werden ermächtigt, durch Rechtsverordnung das Nähere zu bestimmen über

1. die Errichtung der Schiedsstellen,
2. die Zahl, die Bestellung, die Amtsdauer und die Amtsführung ihrer Mitglieder,
3. die Erstattung der baren Auslagen und die Entschädigung für ihren Zeitaufwand,
4. die Geschäftsführung, das Verfahren, die Erhebung und die Höhe der Gebühren sowie die Verteilung der Kosten und
5. die Rechtsaufsicht.

Vierter Abschnitt. Gesamtverantwortung, Jugendhilfeplanung

§ 79 Gesamtverantwortung, Grundausstattung. (1) Die Träger der öffentlichen Jugendhilfe haben für die Erfüllung der Aufgaben nach diesem Buch die Gesamtverantwortung einschließlich der Planungsverantwortung.

(2) [1] Die Träger der öffentlichen Jugendhilfe sollen gewährleisten, dass zur Erfüllung der Aufgaben nach diesem Buch

1. die erforderlichen und geeigneten Einrichtungen, Dienste und Veranstaltungen den verschiedenen Grundrichtungen der Erziehung entsprechend rechtzeitig und ausreichend zur Verfügung stehen; hierzu zählen insbesondere auch Pfleger, Vormünder und Pflegepersonen;
2. die nach Nummer 1 vorgehaltenen Einrichtungen, Dienste und Veranstaltungen dem nach § 80 Absatz 1 Nummer 2 ermittelten Bedarf entsprechend zusammenwirken und hierfür verbindliche Strukturen der Zusammenarbeit aufgebaut und weiterentwickelt werden;
3. eine kontinuierliche Qualitätsentwicklung nach Maßgabe von § 79a erfolgt.

[2] Von den für die Jugendhilfe bereitgestellten Mitteln haben sie einen angemessenen Anteil für die Jugendarbeit zu verwenden.

(3) [1] Die Träger der öffentlichen Jugendhilfe haben für eine ausreichende Ausstattung der Jugendämter und der Landesjugendämter einschließlich der Möglichkeit der Nutzung digitaler Geräte zu sorgen; hierzu gehört auch eine dem Bedarf entsprechende Zahl von Fachkräften. [2] Zur Planung und Bereitstellung einer bedarfsgerechten Personalausstattung ist ein Verfahren zur Personalbemessung zu nutzen.

§ 79a Qualitätsentwicklung in der Kinder- und Jugendhilfe. [1] Um die Aufgaben der Kinder- und Jugendhilfe nach § 2 zu erfüllen, haben die Träger der öffentlichen Jugendhilfe Grundsätze und Maßstäbe für die Bewertung der Qualität sowie geeignete Maßnahmen zu ihrer Gewährleistung für

1. die Gewährung und Erbringung von Leistungen,
2. die Erfüllung anderer Aufgaben,
3. den Prozess der Gefährdungseinschätzung nach § 8a,
4. die Zusammenarbeit mit anderen Institutionen

weiterzuentwickeln, anzuwenden und regelmäßig zu überprüfen. [2] Dazu zählen auch Qualitätsmerkmale für die inklusive Ausrichtung der Aufgabenwahrnehmung und die Berücksichtigung der spezifischen Bedürfnisse von jungen Menschen mit Behinderungen sowie die Sicherung der Rechte von Kindern und

Jugendlichen in Einrichtungen und in Familienpflege und ihren Schutz vor Gewalt. [3] Die Träger der öffentlichen Jugendhilfe orientieren sich dabei an den fachlichen Empfehlungen der nach § 85 Absatz 2 zuständigen Behörden und an bereits angewandten Grundsätzen und Maßstäben für die Bewertung der Qualität sowie Maßnahmen zu ihrer Gewährleistung.

§ 80 Jugendhilfeplanung. (1) Die Träger der öffentlichen Jugendhilfe haben im Rahmen ihrer Planungsverantwortung

1. den Bestand an Einrichtungen und Diensten festzustellen,
2. den Bedarf unter Berücksichtigung der Wünsche, Bedürfnisse und Interessen der jungen Menschen und der Erziehungsberechtigten für einen mittelfristigen Zeitraum zu ermitteln und
3. die zur Befriedigung des Bedarfs notwendigen Vorhaben rechtzeitig und ausreichend zu planen; dabei ist Vorsorge zu treffen, dass auch ein unvorhergesehener Bedarf befriedigt werden kann.

(2) Einrichtungen und Dienste sollen so geplant werden, dass insbesondere

1. Kontakte in der Familie und im sozialen Umfeld erhalten und gepflegt werden können,
2. ein möglichst wirksames, vielfältiges, inklusives und aufeinander abgestimmtes Angebot von Jugendhilfeleistungen gewährleistet ist,
3. ein dem nach Absatz 1 Nummer 2 ermittelten Bedarf entsprechendes Zusammenwirken der Angebote von Jugendhilfeleistungen in den Lebens- und Wohnbereichen von jungen Menschen und Familien sichergestellt ist,
4. junge Menschen mit Behinderungen oder von Behinderung bedrohte junge Menschen mit jungen Menschen ohne Behinderung gemeinsam unter Berücksichtigung spezifischer Bedarfslagen gefördert werden können,
5. junge Menschen und Familien in gefährdeten Lebens- und Wohnbereichen besonders gefördert werden,
6. Mütter und Väter Aufgaben in der Familie und Erwerbstätigkeit besser miteinander vereinbaren können.

(3) Die Planung insbesondere von Diensten zur Gewährung niedrigschwelliger ambulanter Hilfen nach Maßgabe von § 36a Absatz 2 umfasst auch Maßnahmen zur Qualitätsgewährleistung der Leistungserbringung.

(4) [1] Die Träger der öffentlichen Jugendhilfe haben die anerkannten Träger der freien Jugendhilfe in allen Phasen ihrer Planung frühzeitig zu beteiligen. [2] Zu diesem Zwecke sind sie vom Jugendhilfeausschuss, soweit sie überörtlich tätig sind, im Rahmen der Jugendhilfeplanung des überörtlichen Trägers vom Landesjugendhilfeausschuss zu hören. [3] Das Nähere regelt das Landesrecht.

(5) Die Träger der öffentlichen Jugendhilfe sollen darauf hinwirken, dass die Jugendhilfeplanung und andere örtliche und überörtliche Planungen aufeinander abgestimmt werden und die Planungen insgesamt den Bedürfnissen und Interessen der jungen Menschen und ihrer Familien Rechnung tragen.

§ 81 Strukturelle Zusammenarbeit mit anderen Stellen und öffentlichen Einrichtungen. Die Träger der öffentlichen Jugendhilfe haben mit anderen Stellen und öffentlichen Einrichtungen, deren Tätigkeit sich auf die Lebenssituation junger Menschen und ihrer Familien auswirkt, insbesondere mit

1. den Trägern von Sozialleistungen nach dem Zweiten[1], Dritten[2], Vierten, Fünften, Sechsten*[bis 31.12.2023:* und dem *][bis 31.12.2023:* Zwölften Buch[3]*][bis 31.12.2023:* sowie Trägern von Leistungen nach dem Bundesversorgungsgesetz*]*,
2. Rehabilitationsträger nach § 6 Absatz 1 Nummer 7 des Neunten Buches,
3. den Familien- und Jugendgerichten, den Staatsanwaltschaften sowie den Justizvollzugsbehörden,
4. Schulen und Stellen der Schulverwaltung,
5. Einrichtungen und Stellen des öffentlichen Gesundheitsdienstes und sonstigen Einrichtungen und Diensten des Gesundheitswesens,
6. den Beratungsstellen nach den §§ 3 und 8 des Schwangerschaftskonfliktgesetzes und Suchtberatungsstellen,
7. Einrichtungen und Diensten zum Schutz gegen Gewalt in engen sozialen Beziehungen,
8. den Stellen der Bundesagentur für Arbeit,
9. Einrichtungen und Stellen der beruflichen Aus- und Weiterbildung,
10. den Polizei- und Ordnungsbehörden,
11. der Gewerbeaufsicht,
12. Einrichtungen der Ausbildung für Fachkräfte, der Weiterbildung und der Forschung und
13. Einrichtungen, die auf örtlicher Ebene Familien und den sozialen Zusammenhalt zwischen den Generationen stärken (Mehrgenerationenhäuser),

im Rahmen ihrer Aufgaben und Befugnisse zusammenzuarbeiten.

Sechstes Kapitel. Zentrale Aufgaben

§ 82 Aufgaben der Länder. (1) Die oberste Landesjugendbehörde hat die Tätigkeit der Träger der öffentlichen und der freien Jugendhilfe und die Weiterentwicklung der Jugendhilfe anzuregen und zu fördern.

(2) Die Länder haben auf einen gleichmäßigen Ausbau der Einrichtungen und Angebote hinzuwirken und die Jugendämter und Landesjugendämter bei der Wahrnehmung ihrer Aufgaben zu unterstützen.

§ 83 Aufgaben des Bundes, sachverständige Beratung. (1) [1]Die fachlich zuständige oberste Bundesbehörde soll die Tätigkeit der Jugendhilfe anregen und fördern, soweit sie von überregionaler Bedeutung ist und ihrer Art nach nicht durch ein Land allein wirksam gefördert werden kann. [2]Hierzu gehören auch die überregionalen Tätigkeiten der Jugendorganisationen der politischen Parteien auf dem Gebiet der Jugendarbeit.

(2) [1]Die Bundesregierung wird in grundsätzlichen Fragen der Jugendhilfe von einem Sachverständigengremium (Bundesjugendkuratorium) beraten. [2]Das Nähere regelt die Bundesregierung durch Verwaltungsvorschriften.

(3) Die fachlich zuständige oberste Bundesbehörde hat der Bundeselternvertretung der Kinder in Kindertageseinrichtungen und Kindertagespflege bei

[1] Auszugsweise abgedruckt unter Nr. **13**.
[2] Auszugsweise abgedruckt unter Nr. **29**.
[3] Auszugsweise abgedruckt unter Nr. **14**.

wesentlichen die Kindertagesbetreuung betreffenden Fragen die Möglichkeit der Beratung zu geben.

§ 84 Jugendbericht. (1) [1]Die Bundesregierung legt dem Deutschen Bundestag und dem Bundesrat in jeder Legislaturperiode einen Bericht über die Lage junger Menschen und die Bestrebungen und Leistungen der Jugendhilfe vor. [2]Neben der Bestandsaufnahme und Analyse sollen die Berichte Vorschläge zur Weiterentwicklung der Jugendhilfe enthalten; jeder dritte Bericht soll einen Überblick über die Gesamtsituation der Jugendhilfe vermitteln.

(2) [1]Die Bundesregierung beauftragt mit der Ausarbeitung der Berichte jeweils eine Kommission, der mindestens sieben Sachverständige (Jugendberichtskommission) angehören. [2]Die Bundesregierung fügt eine Stellungnahme mit den von ihr für notwendig gehaltenen Folgerungen bei.

Siebtes Kapitel. Zuständigkeit, Kostenerstattung

Erster Abschnitt. Sachliche Zuständigkeit

§ 85 Sachliche Zuständigkeit[1)]. (1) Für die Gewährung von Leistungen und die Erfüllung anderer Aufgaben nach diesem Buch ist der örtliche Träger sachlich zuständig, soweit nicht der überörtliche Träger sachlich zuständig ist.

[1)] Zum SGB VIII haben die Länder ua folgende Ausführungsvorschriften erlassen:
- **Baden-Württemberg:** Kinder- und JugendhilfeG für Baden-Württemberg idF der Bek. v. 14.4. 2005 (GBl. S. 376), zuletzt geänd. durch G v. 19.3.2020 (GBl. S. 149);
- **Bayern:** Gesetz zur Ausführung der Sozialgesetze (AGSG) v. 8.12.2006 (GVBl. S. 942), zuletzt geänd. durch G v. 23.4.2021 (GVBl. S. 196);
- **Berlin:** G zur Ausführung des Kinder- und JugendhilfeG (AG KJHG) v. 27.4.2001 (GVBl. S. 134), zuletzt geänd. durch G v. 27.8.2021 (GVBl. S. 995);
- **Brandenburg:** Erstes G zur Ausführung des Achten Buches des Sozialgesetzbuches – Kinder- und Jugendhilfe (AGKJHG-Org) idF der Bek. v. 26.6.1997 (GVBl. I S. 87), zuletzt geänd. durch G v. 25.6.2020 (GVBl. I Nr. 18) und Zweites G zur Ausführung des Achten Buches des Sozialgesetzbuches – Kinder- und Jugendhilfe – KindertagesstättenG (KitaG) idF der Bek. v. 27.6.2004 (GVBl. I S. 384), zuletzt geänd. durch G v. 17.12.2021 (GVBl. I Nr. 42);
- **Bremen:** Erstes G zur Ausführung des Achten Buches Sozialgesetzbuch – G zur Ausführung des Kinder- und JugendhilfeG im Lande Bremen (BremAGKJHG) v. 17.9.1991 (Brem.GBl. S. 318), zuletzt geänd. durch Bek. v. 20.10.2020 (Brem.GBl. S. 1172);
- **Hamburg:** Hamburgisches G zur Ausführung des Achten Buches Sozialgesetzbuch – Kinder- und Jugendhilfe – (AG SGB VIII) v. 25.6.1997 (HmbGVBl. S. 273), zuletzt geänd. durch G v. 3.2.2021 (HmbGVBl. S. 64);
- **Hessen:** Hessisches Kinder- und Jugendhilfegesetzbuch (HKJGB) v. 18.12.2006 (GVBl. I S. 698), zuletzt geänd. durch G v. 25.6.2020 (GVBl. S. 436);
- **Mecklenburg-Vorpommern:** Landesjugendhilfeorganisationsgesetz (KJHG-Org M-V) v. 23.2. 1993 (GVOBl. M-V S. 158), zuletzt geänd. durch G v. 22.6.2012 (GVOBl. M-V S. 208);
- **Niedersachsen:** G zur Ausführung des Kinder- und JugendhilfeG (AG KJHG) v. 5.2.1993 (Nds. GVBl. S. 45), zuletzt geänd. durch G v. 7.7.2021 (Nds. GVBl. S. 470);
- **Nordrhein-Westfalen:** Erstes G zur Ausführung des Kinder- und JugendhilfeG – AG-KJHG – v. 12.12.1990 (GV. NRW. S. 664), zuletzt geänd. durch G v. 21.7.2018 (GV. NRW. S. 414), Drittes G zur Ausführung des Kinder- und JugendhilfeG; G zur Förderung der Jugendarbeit, der Jugendsozialarbeit und des erzieherischen Kinder- und Jugendschutzes – Kinder- und JugendförderungsG – (3. AG-KJHG – KJFöG) v. 12.10.2004 (GV. NRW. S. 572), zuletzt geänd. durch G v. 26.2.2019 (GV. NRW. S. 151) und Fünftes G zur Ausführung des Kinder- und Jugendhilfegesetzes (5. AG-KJHG) v. 8.12.2015 (GV. NRW. S. 832);
- **Rheinland-Pfalz:** LandesG zur Ausführung des Kinder- und JugendhilfeG (AGKJHG) v. 21.12. 1993 (GVBl. S. 632), zuletzt geänd. durch G v. 3.9.2019 (GVBl. S. 213);
- **Saarland:** Erstes G zur Ausführung des Kinder- und JugendhilfeG (AG KJHG) v. 9.7.1993 (Amtsbl. S. 807), zuletzt geänd. durch G v. 8.12.2021 (Amtsbl. I S. 2629); →

(2) Der überörtliche Träger ist sachlich zuständig für
1. die Beratung der örtlichen Träger und die Entwicklung von Empfehlungen zur Erfüllung der Aufgaben nach diesem Buch,
2. die Förderung der Zusammenarbeit zwischen den örtlichen Trägern und den anerkannten Trägern der freien Jugendhilfe, insbesondere bei der Planung und Sicherstellung eines bedarfsgerechten Angebots an Hilfen zur Erziehung, Eingliederungshilfen für seelisch behinderte Kinder und Jugendliche und Hilfen für junge Volljährige,
3. die Anregung und Förderung von Einrichtungen, Diensten und Veranstaltungen sowie deren Schaffung und Betrieb, soweit sie den örtlichen Bedarf übersteigen; dazu gehören insbesondere Einrichtungen, die eine Schul- oder Berufsausbildung anbieten, sowie Jugendbildungsstätten,
4. die Planung, Anregung, Förderung und Durchführung von Modellvorhaben zur Weiterentwicklung der Jugendhilfe,
5. die Beratung der örtlichen Träger bei der Gewährung von Hilfe nach den §§ 32 bis 35a, insbesondere bei der Auswahl einer Einrichtung oder der Vermittlung einer Pflegeperson in schwierigen Einzelfällen,
6. die Wahrnehmung der Aufgaben zum Schutz von Kindern und Jugendlichen in Einrichtungen (§§ 45 bis 48a),
7. die Beratung der Träger von Einrichtungen während der Planung und Betriebsführung,
8. die Fortbildung von Mitarbeitern in der Jugendhilfe,
9. die Gewährung von Leistungen an Deutsche im Ausland (§ 6 Absatz 3), soweit es sich nicht um die Fortsetzung einer bereits im Inland gewährten Leistung handelt,

[Nr. 10 bis 31.12.2022:]

10. die Erteilung der Erlaubnis zur Übernahme von Pflegschaften oder Vormundschaften durch einen rechtsfähigen Verein (§ 54).

[Nr. 10 ab 1.1.2023:]

10. die Anerkennung als Vormundschaftsverein (§ 54).

(3) Für den örtlichen Bereich können die Aufgaben nach Absatz 2 Nummer 3, 4, 7 und 8 auch vom örtlichen Träger wahrgenommen werden.

(4) Unberührt bleiben die am Tage des Inkrafttretens dieses Gesetzes geltenden landesrechtlichen Regelungen, die die in den §§ 45 bis 48a bestimmten Aufgaben einschließlich der damit verbundenen Aufgaben nach Absatz 2 Nummer 2 bis 5 und 7 mittleren Landesbehörden oder, soweit sie sich auf Kinder-

---

(Fortsetzung der Anm. von voriger Seite)
- **Sachsen:** LandesjugendhilfeG idF der Bek. v. 4.9.2008 (SächsGVBl. S. 578), zuletzt geänd. durch G v. 11.5.2019 (SächsGVBl. S. 358) und Sächsisches G zur Ausführung des Sozialgesetzbuches (SächsAGSGB) v. 6.6.2002 (SächsGVBl. S. 169), zuletzt geänd. durch G v. 31.3.2021 (SächsGVBl. S. 411);
- **Sachsen-Anhalt:** Kinder- und JugendhilfeG des Landes Sachsen-Anhalt (KJHG-LSA) v. 5.5.2000 (GVBl. LSA S. 236), zuletzt geänd. durch G v. 7.7.2020 (GVBl. LSA S. 372);
- **Schleswig-Holstein:** JugendförderungsG (JuFöG) v. 5.2.1992 (GVOBl. Schl.-H. S. 158), zuletzt geänd. durch G v. 6.11.2020 (GVOBl. Schl.-H. S. 804);
- **Thüringen:** Thüringer Kinder- und Jugendhilfe-AusführungsG (ThürKJHAG) idF der Bek. v. 5.2. 2009 (GVBl. S. 1), zuletzt geänd. durch G v. 30.6.2020 (GVBl. S. 345) und Thüringer Kindergartengesetz (ThürKigaG) v. 18.12.2017 (GVBl. S. 276), zuletzt geänd. durch G v ErlDat (GVBl. 2021 S. 387).

gärten und andere Tageseinrichtungen für Kinder beziehen, unteren Landesbehörden zuweisen.

(5) Ist das Land überörtlicher Träger, so können durch Landesrecht bis zum 30. Juni 1993 einzelne seiner Aufgaben auf andere Körperschaften des öffentlichen Rechts, die nicht Träger der öffentlichen Jugendhilfe sind, übertragen werden.

Zweiter Abschnitt. Örtliche Zuständigkeit

Erster Unterabschnitt. Örtliche Zuständigkeit für Leistungen

§ 86 Örtliche Zuständigkeit für Leistungen an Kinder, Jugendliche und ihre Eltern. (1) [1] Für die Gewährung von Leistungen nach diesem Buch ist der örtliche Träger zuständig, in dessen Bereich die Eltern ihren gewöhnlichen Aufenthalt haben. [2] An die Stelle der Eltern tritt die Mutter, wenn und solange die Vaterschaft nicht anerkannt oder gerichtlich festgestellt ist. [3] Lebt nur ein Elternteil, so ist dessen gewöhnlicher Aufenthalt maßgebend.

(2) [1] Haben die Elternteile verschiedene gewöhnliche Aufenthalte, so ist der örtliche Träger zuständig, in dessen Bereich der personensorgeberechtigte Elternteil seinen gewöhnlichen Aufenthalt hat; dies gilt auch dann, wenn ihm einzelne Angelegenheiten der Personensorge entzogen sind. [2] Steht die Personensorge im Fall des Satzes 1 den Eltern gemeinsam zu, so richtet sich die Zuständigkeit nach dem gewöhnlichen Aufenthalt des Elternteils, bei dem das Kind oder der Jugendliche vor Beginn der Leistung zuletzt seinen gewöhnlichen Aufenthalt hatte. [3] Hatte das Kind oder der Jugendliche im Fall des Satzes 2 zuletzt bei beiden Elternteilen seinen gewöhnlichen Aufenthalt, so richtet sich die Zuständigkeit nach dem gewöhnlichen Aufenthalt des Elternteils, bei dem das Kind oder der Jugendliche vor Beginn der Leistung zuletzt seinen tatsächlichen Aufenthalt hatte. [4] Hatte das Kind oder der Jugendliche im Fall des Satzes 2 während der letzten sechs Monate vor Beginn der Leistung bei keinem Elternteil einen gewöhnlichen Aufenthalt, so ist der örtliche Träger zuständig, in dessen Bereich das Kind oder der Jugendliche vor Beginn der Leistung zuletzt seinen gewöhnlichen Aufenthalt hatte; hatte das Kind oder der Jugendliche während der letzten sechs Monate keinen gewöhnlichen Aufenthalt, so richtet sich die Zuständigkeit nach dem tatsächlichen Aufenthalt des Kindes oder des Jugendlichen vor Beginn der Leistung.

(3) Haben die Elternteile verschiedene gewöhnliche Aufenthalte und steht die Personensorge keinem Elternteil zu, so gilt Absatz 2 Satz 2 und 4 entsprechend.

(4) [1] Haben die Eltern oder der nach den Absätzen 1 bis 3 maßgebliche Elternteil im Inland keinen gewöhnlichen Aufenthalt, oder ist ein gewöhnlicher Aufenthalt nicht feststellbar, oder sind sie verstorben, so richtet sich die Zuständigkeit nach dem gewöhnlichen Aufenthalt des Kindes oder des Jugendlichen vor Beginn der Leistung. [2] Hatte das Kind oder der Jugendliche während der letzten sechs Monate vor Beginn der Leistung keinen gewöhnlichen Aufenthalt, so ist der örtliche Träger zuständig, in dessen Bereich sich das Kind oder der Jugendliche vor Beginn der Leistung tatsächlich aufhält.

(5) [1] Begründen die Elternteile nach Beginn der Leistung verschiedene gewöhnliche Aufenthalte, so wird der örtliche Träger zuständig, in dessen Bereich der personensorgeberechtigte Elternteil seinen gewöhnlichen Aufenthalt hat; dies gilt auch dann, wenn ihm einzelne Angelegenheiten der Personensorge

entzogen sind. [2] Solange in diesen Fällen die Personensorge beiden Elternteilen gemeinsam oder keinem Elternteil zusteht, bleibt die bisherige Zuständigkeit bestehen. [3] Absatz 4 gilt entsprechend.

(6) [1] Lebt ein Kind oder ein Jugendlicher zwei Jahre bei einer Pflegeperson und ist sein Verbleib bei dieser Pflegeperson auf Dauer zu erwarten, so ist oder wird abweichend von den Absätzen 1 bis 5 der örtliche Träger zuständig, in dessen Bereich die Pflegeperson ihren gewöhnlichen Aufenthalt hat. [2] Er hat die Eltern und, falls den Eltern die Personensorge nicht oder nur teilweise zusteht, den Personensorgeberechtigten über den Wechsel der Zuständigkeit zu unterrichten. [3] Endet der Aufenthalt bei der Pflegeperson, so endet die Zuständigkeit nach Satz 1.

(7) [1] Für Leistungen an Kinder oder Jugendliche, die um Asyl nachsuchen oder einen Asylantrag gestellt haben, ist der örtliche Träger zuständig, in dessen Bereich sich die Person vor Beginn der Leistung tatsächlich aufhält; geht der Leistungsgewährung eine Inobhutnahme voraus, so bleibt die nach § 87 begründete Zuständigkeit bestehen. [2] Unterliegt die Person einem Verteilungsverfahren, so richtet sich die örtliche Zuständigkeit nach der Zuweisungsentscheidung der zuständigen Landesbehörde; bis zur Zuweisungsentscheidung gilt Satz 1 entsprechend. [3] Die nach Satz 1 oder 2 begründete örtliche Zuständigkeit bleibt auch nach Abschluss des Asylverfahrens so lange bestehen, bis die für die Bestimmung der örtlichen Zuständigkeit maßgebliche Person einen gewöhnlichen Aufenthalt im Bereich eines anderen Trägers der öffentlichen Jugendhilfe begründet. [4] Eine Unterbrechung der Leistung von bis zu drei Monaten bleibt außer Betracht.

§ 86a Örtliche Zuständigkeit für Leistungen an junge Volljährige.

(1) Für Leistungen an junge Volljährige ist der örtliche Träger zuständig, in dessen Bereich der junge Volljährige vor Beginn der Leistung seinen gewöhnlichen Aufenthalt hat.

(2) Hält sich der junge Volljährige in einer Einrichtung oder sonstigen Wohnform auf, die der Erziehung, Pflege, Betreuung, Behandlung oder dem Strafvollzug dient, so richtet sich die örtliche Zuständigkeit nach dem gewöhnlichen Aufenthalt vor der Aufnahme in eine Einrichtung oder sonstige Wohnform.

(3) Hat der junge Volljährige keinen gewöhnlichen Aufenthalt, so richtet sich die Zuständigkeit nach seinem tatsächlichen Aufenthalt zu dem in Absatz 1 genannten Zeitpunkt; Absatz 2 bleibt unberührt.

(4) [1] Wird eine Leistung nach § 13 Absatz 3 oder nach § 21 über die Vollendung des 18. Lebensjahres hinaus weitergeführt oder geht der Hilfe für junge Volljährige nach § 41 eine dieser Leistungen, eine Leistung nach § 19 oder eine Hilfe nach den §§ 27 bis 35a voraus, so bleibt der örtliche Träger zuständig, der bis zu diesem Zeitpunkt zuständig war. [2] Eine Unterbrechung der Hilfeleistung von bis zu drei Monaten bleibt dabei außer Betracht. [3] Die Sätze 1 und 2 gelten entsprechend, wenn eine Hilfe für junge Volljährige nach § 41 beendet war und innerhalb von drei Monaten erneut Hilfe für junge Volljährige nach § 41 erforderlich wird.

§ 86b Örtliche Zuständigkeit für Leistungen in gemeinsamen Wohnformen für Mütter/Väter und Kinder. (1) [1] Für Leistungen in gemeinsamen Wohnformen für Mütter oder Väter und Kinder ist der örtliche Träger zuständig, in dessen Bereich der nach § 19 Leistungsberechtigte vor Beginn der Leistung seinen gewöhnlichen Aufenthalt hat. [2] § 86a Absatz 2 gilt entsprechend.

(2) Hat der Leistungsberechtigte keinen gewöhnlichen Aufenthalt, so richtet sich die Zuständigkeit nach seinem tatsächlichen Aufenthalt zu dem in Absatz 1 genannten Zeitpunkt.

(3) [1] Geht der Leistung Hilfe nach den §§ 27 bis 35a oder eine Leistung nach § 13 Absatz 3, § 21 oder § 41 voraus, so bleibt der örtliche Träger zuständig, der bisher zuständig war. [2] Eine Unterbrechung der Hilfeleistung von bis zu drei Monaten bleibt dabei außer Betracht.

§ 86c Fortdauernde Leistungsverpflichtung und Fallübergabe bei Zuständigkeitswechsel. (1) [1] Wechselt die örtliche Zuständigkeit für eine Leistung, so bleibt der bisher zuständige örtliche Träger so lange zur Gewährung der Leistung verpflichtet, bis der nunmehr zuständige örtliche Träger die Leistung fortsetzt. [2] Dieser hat dafür Sorge zu tragen, dass der Hilfeprozess und die im Rahmen der Hilfeplanung vereinbarten Hilfeziele durch den Zuständigkeitswechsel nicht gefährdet werden.

(2) [1] Der örtliche Träger, der von den Umständen Kenntnis erhält, die den Wechsel der Zuständigkeit begründen, hat den anderen davon unverzüglich zu unterrichten. [2] Der bisher zuständige örtliche Träger hat dem nunmehr zuständigen örtlichen Träger unverzüglich die für die Hilfegewährung sowie den Zuständigkeitswechsel maßgeblichen Sozialdaten zu übermitteln. [3] Bei der Fortsetzung von Leistungen, die der Hilfeplanung nach § 36 Absatz 2 unterliegen, ist die Fallverantwortung im Rahmen eines Gespräches zu übergeben. [4] Die Personensorgeberechtigten und das Kind oder der Jugendliche sowie der junge Volljährige oder der Leistungsberechtigte nach § 19 sind an der Übergabe angemessen zu beteiligen.

§ 86d Verpflichtung zum vorläufigen Tätigwerden. Steht die örtliche Zuständigkeit nicht fest oder wird der zuständige örtliche Träger nicht tätig, so ist der örtliche Träger vorläufig zum Tätigwerden verpflichtet, in dessen Bereich sich das Kind oder der Jugendliche, der junge Volljährige oder bei Leistungen nach § 19 der Leistungsberechtigte vor Beginn der Leistung tatsächlich aufhält.

Zweiter Unterabschnitt. Örtliche Zuständigkeit für andere Aufgaben

§ 87 Örtliche Zuständigkeit für vorläufige Maßnahmen zum Schutz von Kindern und Jugendlichen. [1] Für die Inobhutnahme eines Kindes oder eines Jugendlichen (§ 42) ist der örtliche Träger zuständig, in dessen Bereich sich das Kind oder der Jugendliche vor Beginn der Maßnahme tatsächlich aufhält. [2] Die örtliche Zuständigkeit für die Inobhutnahme eines unbegleiteten ausländischen Kindes oder Jugendlichen richtet sich nach § 88a Absatz 2.

§ 87a Örtliche Zuständigkeit für Erlaubnis, Meldepflichten und Untersagung. (1) [1] Für die Erteilung der Pflegeerlaubnis nach § 43 sowie für deren Rücknahme und Widerruf ist der örtliche Träger zuständig, in dessen Bereich die Kindertagespflegeperson ihre Tätigkeit ausübt. [2] Ist die Kindertagespflegeperson im Zuständigkeitsbereich mehrerer örtlicher Träger tätig, ist der örtliche Träger zuständig, in dessen Bereich die Kindertagespflegeperson ihren gewöhnlichen Aufenthalt hat. [3] Für die Erteilung der Pflegeerlaubnis nach § 44 sowie für deren Rücknahme und Widerruf ist der örtliche Träger zuständig, in dessen Bereich die Pflegeperson ihren gewöhnlichen Aufenthalt hat.

(2) Für die Erteilung der Erlaubnis zum Betrieb einer Einrichtung oder einer selbständigen sonstigen Wohnform sowie für die Rücknahme oder den Widerruf dieser Erlaubnis (§ 45 Absatz 1 und 2, § 48a), die örtliche Prüfung (§§ 46, 48a), die Entgegennahme von Meldungen (§ 47 Absatz 1 und 2, § 48a) und die Ausnahme von der Meldepflicht (§ 47 Absatz 3, § 48a) sowie die Untersagung der weiteren Beschäftigung des Leiters oder eines Mitarbeiters (§§ 48, 48a) ist der überörtliche Träger oder die nach Landesrecht bestimmte Behörde zuständig, in dessen oder deren Bereich die Einrichtung oder die sonstige Wohnform gelegen ist.

(3) Für die Mitwirkung an der örtlichen Prüfung (§§ 46, 48a) ist der örtliche Träger zuständig, in dessen Bereich die Einrichtung oder die selbständige sonstige Wohnform gelegen ist.

§ 87b Örtliche Zuständigkeit für die Mitwirkung in gerichtlichen Verfahren. (1) [1] Für die Zuständigkeit des Jugendamts zur Mitwirkung in gerichtlichen Verfahren (§§ 50 bis 52) gilt § 86 Absatz 1 bis 4 entsprechend. [2] Für die Mitwirkung im Verfahren nach dem Jugendgerichtsgesetz[1)] gegen einen jungen Menschen, der zu Beginn des Verfahrens das 18. Lebensjahr vollendet hat, gilt § 86a Absatz 1 und 3 entsprechend.

(2) [1] Die nach Absatz 1 begründete Zuständigkeit bleibt bis zum Abschluss des Verfahrens bestehen. [2] Hat ein Jugendlicher oder ein junger Volljähriger in einem Verfahren nach dem Jugendgerichtsgesetz die letzten sechs Monate vor Abschluss des Verfahrens in einer Justizvollzugsanstalt verbracht, so dauert die Zuständigkeit auch nach der Entlassung aus der Anstalt so lange fort, bis der Jugendliche oder junge Volljährige einen neuen gewöhnlichen Aufenthalt begründet hat, längstens aber bis zum Ablauf von sechs Monaten nach dem Entlassungszeitpunkt.

(3) Steht die örtliche Zuständigkeit nicht fest oder wird der zuständige örtliche Träger nicht tätig, so gilt § 86d entsprechend.

§ 87c Örtliche Zuständigkeit für die Beistandschaft, die *[bis 31.12.2022:* Amtspflegschaft, die Amtsvormundschaft und die schriftliche Auskunft nach § 58a*][ab 1.1.2023: Pflegschaft, die Vormundschaft und die schriftliche Auskunft nach § 58]*. (1) [1] Für die Vormundschaft nach § ***[bis 31.12.2022:*** 1791c***][ab 1.1.2023:*** *1786]* des Bürgerlichen Gesetzbuchs[2)] ist das Jugendamt zuständig, in dessen Bereich die Mutter ihren gewöhnlichen Aufenthalt hat. [2] Wurde die Vaterschaft nach § 1592 Nummer 1 oder 2 des Bürgerlichen Gesetzbuchs[2)] durch Anfechtung beseitigt, so ist der gewöhnliche Aufenthalt der Mutter zu dem Zeitpunkt maßgeblich, zu dem die Entscheidung rechtskräftig wird. [3] Ist ein gewöhnlicher Aufenthalt der Mutter nicht festzustellen, so richtet sich die örtliche Zuständigkeit nach ihrem tatsächlichen Aufenthalt.

(2) [1] Sobald die Mutter ihren gewöhnlichen Aufenthalt im Bereich eines anderen Jugendamts nimmt, hat das die Amtsvormundschaft führende Jugend-

---

[1)] Nr. **37**.
[2)] Nr. **2**.

amt bei dem Jugendamt des anderen Bereichs die Weiterführung der Amtsvormundschaft zu beantragen; der Antrag kann auch von dem anderen Jugendamt, von jedem Elternteil und von jedem, der ein berechtigtes Interesse des Kindes oder des Jugendlichen geltend macht, bei dem die Amtsvormundschaft führenden Jugendamt gestellt werden. 2 Die Vormundschaft geht mit der Erklärung des anderen Jugendamts auf dieses über. 3 Das abgebende Jugendamt hat den Übergang dem Familiengericht und jedem Elternteil unverzüglich mitzuteilen. 4 Gegen die Ablehnung des Antrags kann das Familiengericht angerufen werden.

[Abs. 2a ab 1.1.2023:]

(2a) Für die Vormundschaft nach § 1787 des Bürgerlichen Gesetzbuchs[1] ist das Jugendamt zuständig, in dessen Bereich der Geburtsort des Kindes liegt.

[Abs. 3 bis 31.12.2022:]

(3) 1 Für die Pflegschaft oder Vormundschaft, die durch Bestellung des Familiengerichts eintritt, ist das Jugendamt zuständig, in dessen Bereich das Kind oder der Jugendliche seinen gewöhnlichen Aufenthalt hat. 2 Hat das Kind oder der Jugendliche keinen gewöhnlichen Aufenthalt, so richtet sich die Zuständigkeit nach seinem tatsächlichen Aufenthalt zum Zeitpunkt der Bestellung. 3 Sobald das Kind oder der Jugendliche seinen gewöhnlichen Aufenthalt wechselt oder im Fall des Satzes 2 das Wohl des Kindes oder Jugendlichen es erfordert, hat das Jugendamt beim Familiengericht einen Antrag auf Entlassung zu stellen. 4 Die Sätze 1 bis 3 gelten für die Gegenvormundschaft des Jugendamts entsprechend.

[Abs. 3 ab 1.1.2023:]

(3) 1 Für die Pflegschaft oder Vormundschaft, die durch Bestellung des Familiengerichts eintritt, ist das Jugendamt zuständig, in dessen Bereich das Kind oder der Jugendliche zum Zeitpunkt der Bestellung seinen gewöhnlichen Aufenthalt hat. 2 Hat das Kind oder der Jugendliche keinen gewöhnlichen Aufenthalt, so richtet sich die Zuständigkeit nach seinem tatsächlichen Aufenthalt zum Zeitpunkt der Bestellung. 3 Sobald das Kind oder der Jugendliche seinen gewöhnlichen Aufenthalt nimmt oder wechselt, hat das Jugendamt beim Familiengericht einen Antrag auf Entlassung zu stellen.

(4) Für die Vormundschaft, die im Rahmen des Verfahrens zur Annahme als Kind eintritt, ist das Jugendamt zuständig, in dessen Bereich die annehmende Person ihren gewöhnlichen Aufenthalt hat.

(5) 1 Für die Beratung und Unterstützung nach § 52a sowie für die Beistandschaft gilt Absatz 1 Satz 1 und 3 entsprechend. 2 Sobald der allein sorgeberechtigte Elternteil seinen gewöhnlichen Aufenthalt im Bereich eines anderen Jugendamts nimmt, hat das die Beistandschaft führende Jugendamt bei dem Jugendamt des anderen Bereichs die Weiterführung der Beistandschaft zu beantragen; Absatz 2 Satz 2 und § 86c gelten entsprechend.

(6) 1 Für die Erteilung der schriftlichen Auskunft nach § ***[bis 31.12.2022:*** 58a***][ab 1.1.2023: 58]*** Absatz 2 gilt Absatz 1 entsprechend. 2 Die Mitteilungen nach § 1626d Absatz 2 des Bürgerlichen Gesetzbuchs[1], die Mitteilungen nach § 155a Absatz 3 Satz 3 und Absatz 5 Satz 2 des Gesetzes über das Verfahren in Familiensachen und in den Angelegenheiten der freiwilligen Gerichtsbarkeit[2] sowie die Mitteilungen nach § 50 Absatz 3 sind an das für den Geburtsort des

[1] Nr. **2**.
[2] Nr. **9**.

Kindes oder des Jugendlichen zuständige Jugendamt zu richten; § 88 Absatz 1 Satz 2 gilt entsprechend. [3]Das nach Satz 2 zuständige Jugendamt teilt dem nach Satz 1 zuständigen Jugendamt auf dessen Ersuchen mit, ob ihm Mitteilungen nach § 1626d Absatz 2 des Bürgerlichen Gesetzbuchs[1)], Mitteilungen nach § 155a Absatz 3 Satz 3 oder Absatz 5 Satz 2 des Gesetzes über das Verfahren in Familiensachen und in den Angelegenheiten der freiwilligen Gerichtsbarkeit[2)] oder Mitteilungen nach § 50 Absatz 3 vorliegen. [4]Betrifft die gerichtliche Entscheidung nur Teile der elterlichen Sorge, so enthalten die Mitteilungen auch die Angabe, in welchen Bereichen die elterliche Sorge der Mutter entzogen wurde, den Eltern gemeinsam übertragen wurde oder dem Vater allein übertragen wurde.

§ 87d Örtliche Zuständigkeit für weitere Aufgaben im Vormundschaftswesen. (1) Für die Wahrnehmung der Aufgaben nach ***[bis 31.12.2022:*** § 53***][ab 1.1.2023:*** *den §§ 53 und 53a****]*** ist der örtliche Träger zuständig, in dessen Bereich der Pfleger oder Vormund seinen gewöhnlichen Aufenthalt hat.

[Abs. 2 bis 31.12.2022:]

(2) Für die Erteilung der Erlaubnis zur Übernahme von Pflegschaften oder Vormundschaften durch einen rechtsfähigen Verein (§ 54) ist der überörtliche Träger zuständig, in dessen Bereich der Verein seinen Sitz hat.

[Abs. 2 ab 1.1.2023:]

(2) Für die Anerkennung als Vormundschaftsverein (§ 54) ist der überörtliche Träger zuständig, in dessen Bereich der Verein seinen Sitz hat.

§ 87e Örtliche Zuständigkeit für Beurkundung und Beglaubigung.

Für Beurkundungen und Beglaubigungen nach § 59 ist die Urkundsperson bei jedem Jugendamt zuständig.

Dritter Unterabschnitt. Örtliche Zuständigkeit bei Aufenthalt im Ausland

§ 88 Örtliche Zuständigkeit bei Aufenthalt im Ausland. (1) [1]Für die Gewährung von Leistungen der Jugendhilfe im Ausland ist der überörtliche Träger zuständig, in dessen Bereich der junge Mensch geboren ist. [2]Liegt der Geburtsort im Ausland oder ist er nicht zu ermitteln, so ist das Land Berlin zuständig.

(2) Wurden bereits vor der Ausreise Leistungen der Jugendhilfe gewährt, so bleibt der örtliche Träger zuständig, der bisher tätig geworden ist; eine Unterbrechung der Hilfeleistung von bis zu drei Monaten bleibt dabei außer Betracht.

Vierter Unterabschnitt. Örtliche Zuständigkeit für vorläufige Maßnahmen, Leistungen und die Amtsvormundschaft für unbegleitete ausländische Kinder und Jugendliche

§ 88a Örtliche Zuständigkeit für vorläufige Maßnahmen, Leistungen und die Amtsvormundschaft für unbegleitete ausländische Kinder und Jugendliche. (1) Für die vorläufige Inobhutnahme eines unbegleiteten ausländischen Kindes oder Jugendlichen (§ 42a) ist der örtliche Träger zuständig, in

---

[1)] Nr. **2**.
[2)] Nr. **9**.

dessen Bereich sich das Kind oder der Jugendliche vor Beginn der Maßnahme tatsächlich aufhält, soweit Landesrecht nichts anderes regelt.

(2) [1] Die örtliche Zuständigkeit für die Inobhutnahme eines unbegleiteten ausländischen Kindes oder Jugendlichen (§ 42) richtet sich nach der Zuweisungsentscheidung gemäß § 42b Absatz 3 Satz 1 der nach Landesrecht für die Verteilung von unbegleiteten ausländischen Kindern oder Jugendlichen zuständigen Stelle. [2] Ist die Verteilung nach § 42b Absatz 4 ausgeschlossen, so bleibt die nach Absatz 1 begründete Zuständigkeit bestehen. [3] Ein anderer Träger kann aus Gründen des Kindeswohls oder aus sonstigen humanitären Gründen von vergleichbarem Gewicht die örtliche Zuständigkeit von dem zuständigen Träger übernehmen.

(3) [1] Für Leistungen an unbegleitete ausländische Kinder oder Jugendliche ist der örtliche Träger zuständig, in dessen Bereich sich die Person vor Beginn der Leistung tatsächlich aufhält. [2] Geht der Leistungsgewährung eine Inobhutnahme voraus, so bleibt die nach Absatz 2 begründete Zuständigkeit bestehen, soweit Landesrecht nichts anderes regelt.

(4) Die örtliche Zuständigkeit für die Vormundschaft oder Pflegschaft, die für unbegleitete ausländische Kinder oder Jugendliche durch Bestellung des Familiengerichts eintritt, richtet sich während

1. der vorläufigen Inobhutnahme (§ 42a) nach Absatz 1,
2. der Inobhutnahme (§ 42) nach Absatz 2 und
3. der Leistungsgewährung nach Absatz 3.

Dritter Abschnitt. Kostenerstattung

§ 89 Kostenerstattung bei fehlendem gewöhnlichen Aufenthalt. Ist für die örtliche Zuständigkeit nach den §§ 86, 86a oder 86b der tatsächliche Aufenthalt maßgeblich, so sind die Kosten, die ein örtlicher Träger aufgewendet hat, von dem überörtlichen Träger zu erstatten, zu dessen Bereich der örtliche Träger gehört.

§ 89a Kostenerstattung bei fortdauernder Vollzeitpflege. (1) [1] Kosten, die ein örtlicher Träger auf Grund einer Zuständigkeit nach § 86 Absatz 6 aufgewendet hat, sind von dem örtlichen Träger zu erstatten, der zuvor zuständig war oder gewesen wäre. [2] Die Kostenerstattungspflicht bleibt bestehen, wenn die Pflegeperson ihren gewöhnlichen Aufenthalt ändert oder wenn die Leistung über die Volljährigkeit hinaus nach § 41 fortgesetzt wird.

(2) Hat oder hätte der nach Absatz 1 kostenerstattungspflichtig werdende örtliche Träger während der Gewährung einer Leistung selbst einen Kostenerstattungsanspruch gegen einen anderen örtlichen oder den überörtlichen Träger, so bleibt oder wird abweichend von Absatz 1 dieser Träger dem nunmehr nach § 86 Absatz 6 zuständig gewordenen örtlichen Träger kostenerstattungspflichtig.

(3) Ändert sich während der Gewährung der Leistung nach Absatz 1 der für die örtliche Zuständigkeit nach § 86 Absatz 1 bis 5 maßgebliche gewöhnliche Aufenthalt, so wird der örtliche Träger kostenerstattungspflichtig, der ohne Anwendung des § 86 Absatz 6 örtlich zuständig geworden wäre.

§ 89b Kostenerstattung bei vorläufigen Maßnahmen zum Schutz von Kindern und Jugendlichen. (1) Kosten, die ein örtlicher Träger im Rahmen der Inobhutnahme von Kindern und Jugendlichen (§ 42) aufgewendet hat, sind von dem örtlichen Träger zu erstatten, dessen Zuständigkeit durch den gewöhnlichen Aufenthalt nach § 86 begründet wird.

(2) Ist ein kostenerstattungspflichtiger örtlicher Träger nicht vorhanden, so sind die Kosten von dem überörtlichen Träger zu erstatten, zu dessen Bereich der örtliche Träger gehört.

(3) Eine nach Absatz 1 oder 2 begründete Pflicht zur Kostenerstattung bleibt bestehen, wenn und solange nach der Inobhutnahme Leistungen auf Grund einer Zuständigkeit nach § 86 Absatz 7 Satz 1 Halbsatz 2 gewährt werden.

§ 89c Kostenerstattung bei fortdauernder oder vorläufiger Leistungsverpflichtung. (1) [1]Kosten, die ein örtlicher Träger im Rahmen seiner Verpflichtung nach § 86c aufgewendet hat, sind von dem örtlichen Träger zu erstatten, der nach dem Wechsel der örtlichen Zuständigkeit zuständig geworden ist. [2]Kosten, die ein örtlicher Träger im Rahmen seiner Verpflichtung nach § 86d aufgewendet hat, sind von dem örtlichen Träger zu erstatten, dessen Zuständigkeit durch den gewöhnlichen Aufenthalt nach §§ 86, 86a und 86b begründet wird.

(2) Hat der örtliche Träger die Kosten deshalb aufgewendet, weil der zuständige örtliche Träger pflichtwidrig gehandelt hat, so hat dieser zusätzlich einen Betrag in Höhe eines Drittels der Kosten, mindestens jedoch 50 Euro, zu erstatten.

(3) Ist ein kostenerstattungspflichtiger örtlicher Träger nicht vorhanden, so sind die Kosten vom überörtlichen Träger zu erstatten, zu dessen Bereich der örtliche Träger gehört, der nach Absatz 1 tätig geworden ist.

§ 89d Kostenerstattung bei Gewährung von Jugendhilfe nach der Einreise. (1) [1]Kosten, die ein örtlicher Träger aufwendet, sind vom Land zu erstatten, wenn

1. innerhalb eines Monats nach der Einreise eines jungen Menschen oder eines Leistungsberechtigten nach § 19 Jugendhilfe gewährt wird und
2. sich die örtliche Zuständigkeit nach dem tatsächlichen Aufenthalt dieser Person oder nach der Zuweisungsentscheidung der zuständigen Landesbehörde richtet.

[2]Als Tag der Einreise gilt der Tag des Grenzübertritts, sofern dieser amtlich festgestellt wurde, oder der Tag, an dem der Aufenthalt im Inland erstmals festgestellt wurde, andernfalls der Tag der ersten Vorsprache bei einem Jugendamt. [3]Die Erstattungspflicht nach Satz 1 bleibt unberührt, wenn die Person um Asyl nachsucht oder einen Asylantrag stellt.

(2) Ist die Person im Inland geboren, so ist das Land erstattungspflichtig, in dessen Bereich die Person geboren ist.

(3) *(aufgehoben)*

(4) Die Verpflichtung zur Erstattung der aufgewendeten Kosten entfällt, wenn inzwischen für einen zusammenhängenden Zeitraum von drei Monaten Jugendhilfe nicht zu gewähren war.

(5) Kostenerstattungsansprüche nach den Absätzen 1 bis 3 gehen Ansprüchen nach den §§ 89 bis 89c und § 89e vor.

§ 89e Schutz der Einrichtungsorte. (1) [1] Richtet sich die Zuständigkeit nach dem gewöhnlichen Aufenthalt der Eltern, eines Elternteils, des Kindes oder des Jugendlichen und ist dieser in einer Einrichtung, einer anderen Familie oder sonstigen Wohnform begründet worden, die der Erziehung, Pflege, Betreuung, Behandlung oder dem Strafvollzug dient, so ist der örtliche Träger zur Erstattung der Kosten verpflichtet, in dessen Bereich die Person vor der Aufnahme in eine Einrichtung, eine andere Familie oder sonstige Wohnform den gewöhnlichen Aufenthalt hatte. [2] Eine nach Satz 1 begründete Erstattungspflicht bleibt bestehen, wenn und solange sich die örtliche Zuständigkeit nach § 86a Absatz 4 und § 86b Absatz 3 richtet.

(2) Ist ein kostenerstattungspflichtiger örtlicher Träger nicht vorhanden, so sind die Kosten von dem überörtlichen Träger zu erstatten, zu dessen Bereich der erstattungsberechtigte örtliche Träger gehört.

§ 89f Umfang der Kostenerstattung. (1) [1] Die aufgewendeten Kosten sind zu erstatten, soweit die Erfüllung der Aufgaben den Vorschriften dieses Buches entspricht. [2] Dabei gelten die Grundsätze, die im Bereich des tätig gewordenen örtlichen Trägers zur Zeit des Tätigwerdens angewandt werden.

(2) [1] Kosten unter 1 000 Euro werden nur bei vorläufigen Maßnahmen zum Schutz von Kindern und Jugendlichen (§ 89b), bei fortdauernder oder vorläufiger Leistungsverpflichtung (§ 89c) und bei Gewährung von Jugendhilfe nach der Einreise (§ 89d) erstattet. [2] Verzugszinsen können nicht verlangt werden.

§ 89g Landesrechtsvorbehalt. Durch Landesrecht können die Aufgaben des Landes und des überörtlichen Trägers nach diesem Abschnitt auf andere Körperschaften des öffentlichen Rechts übertragen werden.

§ 89h Übergangsvorschrift. (1) Für die Erstattung von Kosten für Maßnahmen der Jugendhilfe nach der Einreise gemäß § 89d, die vor dem 1. Juli 1998 begonnen haben, gilt die nachfolgende Übergangsvorschrift.

(2) [1] Kosten, für deren Erstattung das Bundesverwaltungsamt vor dem 1. Juli 1998 einen erstattungspflichtigen überörtlichen Träger bestimmt hat, sind nach den bis zu diesem Zeitpunkt geltenden Vorschriften zu erstatten. [2] Erfolgt die Bestimmung nach dem 30. Juni 1998, so sind § 86 Absatz 7, § 89b Absatz 3, die §§ 89d und 89g in der ab dem 1. Juli 1998 geltenden Fassung anzuwenden.

Achtes Kapitel. Kostenbeteiligung

Erster Abschnitt. Pauschalierte Kostenbeteiligung

§ 90 Pauschalierte Kostenbeteiligung. (1) Für die Inanspruchnahme von Angeboten

1. der Jugendarbeit nach § 11,
2. der allgemeinen Förderung der Erziehung in der Familie nach § 16 Absatz 1, Absatz 2 Nummer 1 und 3 und
3. der Förderung von Kindern in Tageseinrichtungen und Kindertagespflege nach den §§ 22 bis 24

können Kostenbeiträge festgesetzt werden.

(2) [1] In den Fällen des Absatzes 1 Nummer 1 und 2 kann der Kostenbeitrag auf Antrag ganz oder teilweise erlassen oder ein Teilnahmebeitrag auf Antrag ganz oder teilweise vom Träger der öffentlichen Jugendhilfe übernommen werden, wenn

1. die Belastung
   a) dem Kind oder dem Jugendlichen und seinen Eltern oder
   b) dem jungen Volljährigen

   nicht zuzumuten ist und
2. die Förderung für die Entwicklung des jungen Menschen erforderlich ist.

[2] Lebt das Kind oder der Jugendliche nur mit einem Elternteil zusammen, so tritt dieser an die Stelle der Eltern. [3] Für die Feststellung der zumutbaren Belastung gelten die §§ 82 bis 85, 87, 88 und 92 Absatz 1 Satz 1 und Absatz 2 des Zwölften Buches[1)] entsprechend, soweit nicht Landesrecht eine andere Regelung trifft. [4] Bei der Einkommensberechnung bleiben das Baukindergeld des Bundes sowie die Eigenheimzulage nach dem Eigenheimzulagengesetz außer Betracht.

(3) [1] Im Fall des Absatzes 1 Nummer 3 sind Kostenbeiträge zu staffeln. [2] Als Kriterien für die Staffelung können insbesondere das Einkommen der Eltern, die Anzahl der kindergeldberechtigten Kinder in der Familie und die tägliche Betreuungszeit des Kindes berücksichtigt werden. [3] Werden die Kostenbeiträge nach dem Einkommen berechnet, bleibt das Baukindergeld des Bundes außer Betracht. [4] Darüber hinaus können weitere Kriterien berücksichtigt werden.

(4) [1] Im Fall des Absatzes 1 Nummer 3 wird der Kostenbeitrag auf Antrag erlassen oder auf Antrag ein Teilnahmebeitrag vom Träger der öffentlichen Jugendhilfe übernommen, wenn die Belastung durch Kostenbeiträge den Eltern und dem Kind nicht zuzumuten ist. [2] Nicht zuzumuten sind Kostenbeiträge immer dann, wenn Eltern oder Kinder Leistungen zur Sicherung des Lebensunterhalts nach dem Zweiten Buch[2)], Leistungen nach dem dritten und vierten Kapitel des Zwölften Buches[3)] oder Leistungen nach den §§ 2 und 3 des Asylbewerberleistungsgesetzes beziehen oder wenn die Eltern des Kindes Kinderzuschlag gemäß § 6a des Bundeskindergeldgesetzes oder Wohngeld nach dem Wohngeldgesetz erhalten. [3] Der Träger der öffentlichen Jugendhilfe hat die Eltern über die Möglichkeit einer Antragstellung nach Satz 1 bei unzumutbarer Belastung durch Kostenbeiträge zu beraten. [4] Absatz 2 Satz 2 bis 4 gilt entsprechend.

Zweiter Abschnitt. Kostenbeiträge für stationäre und teilstationäre Leistungen sowie vorläufige Maßnahmen

§ 91 Anwendungsbereich. (1) Zu folgenden vollstationären Leistungen und vorläufigen Maßnahmen werden Kostenbeiträge erhoben:

1. der Unterkunft junger Menschen in einer sozialpädagogisch begleiteten Wohnform (§ 13 Absatz 3),
2. der Betreuung von Müttern oder Vätern und Kindern in gemeinsamen Wohnformen (§ 19),

---

[1)] Nr. **14**.
[2)] Auszugsweise abgedruckt unter Nr. **13**.
[3)] Auszugsweise abgedruckt unter Nr. **14**.

3. der Betreuung und Versorgung von Kindern in Notsituationen (§ 20),
4. der Unterstützung bei notwendiger Unterbringung junger Menschen zur Erfüllung der Schulpflicht und zum Abschluss der Schulausbildung (§ 21),
5. der Hilfe zur Erziehung
   a) in Vollzeitpflege (§ 33),
   b) in einem Heim oder einer sonstigen betreuten Wohnform (§ 34),
   c) in intensiver sozialpädagogischer Einzelbetreuung (§ 35), sofern sie außerhalb des Elternhauses erfolgt,
   d) auf der Grundlage von § 27 in stationärer Form,
6. der Eingliederungshilfe für seelisch behinderte Kinder und Jugendliche durch geeignete Pflegepersonen sowie in Einrichtungen über Tag und Nacht und in sonstigen Wohnformen (§ 35a Absatz 2 Nummer 3 und 4),
7. der Inobhutnahme von Kindern und Jugendlichen (§ 42),
8. der Hilfe für junge Volljährige, soweit sie den in den Nummern 5 und 6 genannten Leistungen entspricht (§ 41).

(2) Zu folgenden teilstationären Leistungen werden Kostenbeiträge erhoben:
1. der Betreuung und Versorgung von Kindern in Notsituationen nach § 20,
2. Hilfe zur Erziehung in einer Tagesgruppe nach § 32 und anderen teilstationären Leistungen nach § 27,
3. Eingliederungshilfe für seelisch behinderte Kinder und Jugendliche in Tageseinrichtungen und anderen teilstationären Einrichtungen nach § 35a Absatz 2 Nummer 2 und
4. Hilfe für junge Volljährige, soweit sie den in den Nummern 2 und 3 genannten Leistungen entspricht (§ 41).

(3) Die Kosten umfassen auch die Aufwendungen für den notwendigen Unterhalt und die Krankenhilfe.

(4) Verwaltungskosten bleiben außer Betracht.

(5) Die Träger der öffentlichen Jugendhilfe tragen die Kosten der in den Absätzen 1 und 2 genannten Leistungen unabhängig von der Erhebung eines Kostenbeitrags.

§ 92 Ausgestaltung der Heranziehung. (1) Aus ihrem Einkommen nach Maßgabe der §§ 93 und 94 heranzuziehen sind:
1. Kinder und Jugendliche zu den Kosten der in § 91 Absatz 1 Nummer 1 bis 7 genannten Leistungen und vorläufigen Maßnahmen,
2. junge Volljährige zu den Kosten der in § 91 Absatz 1 Nummer 1, 4 und 8 genannten Leistungen,
3. Leistungsberechtigte nach § 19 zu den Kosten der in § 91 Absatz 1 Nummer 2 genannten Leistungen,
4. Ehegatten und Lebenspartner junger Menschen und Leistungsberechtigter nach § 19 zu den Kosten der in § 91 Absatz 1 und 2 genannten Leistungen und vorläufigen Maßnahmen,
5. Elternteile zu den Kosten der in § 91 Absatz 1 genannten Leistungen und vorläufigen Maßnahmen; leben sie mit dem jungen Menschen zusammen, so werden sie auch zu den Kosten der in § 91 Absatz 2 genannten Leistungen herangezogen.

(1a) Zu den Kosten vollstationärer Leistungen sind volljährige Leistungsberechtigte nach § 19 zusätzlich aus ihrem Vermögen nach Maßgabe der §§ 90 und 91 des Zwölften Buches[1)] heranzuziehen.

(2) Die Heranziehung erfolgt durch Erhebung eines Kostenbeitrags, der durch Leistungsbescheid festgesetzt wird; Elternteile werden getrennt herangezogen.

(3) [1] Ein Kostenbeitrag kann bei Eltern, Ehegatten und Lebenspartnern ab dem Zeitpunkt erhoben werden, ab welchem dem Pflichtigen die Gewährung der Leistung mitgeteilt und er über die Folgen für seine Unterhaltspflicht gegenüber dem jungen Menschen aufgeklärt wurde. [2] Ohne vorherige Mitteilung kann ein Kostenbeitrag für den Zeitraum erhoben werden, in welchem der Träger der öffentlichen Jugendhilfe aus rechtlichen oder tatsächlichen Gründen, die in den Verantwortungsbereich des Pflichtigen fallen, an der Geltendmachung gehindert war. [3] Entfallen diese Gründe, ist der Pflichtige unverzüglich zu unterrichten.

(4) [1] Ein Kostenbeitrag kann nur erhoben werden, soweit Unterhaltsansprüche vorrangig oder gleichrangig Berechtigter nicht geschmälert werden. [2] Von der Heranziehung der Eltern ist abzusehen, wenn das Kind, die Jugendliche, die junge Volljährige oder die Leistungsberechtigte nach § 19 schwanger ist oder der junge Mensch oder die nach § 19 leistungsberechtigte Person ein leibliches Kind bis zur Vollendung des sechsten Lebensjahres betreut.

(5) [1] Von der Heranziehung soll im Einzelfall ganz oder teilweise abgesehen werden, wenn sonst Ziel und Zweck der Leistung gefährdet würden oder sich aus der Heranziehung eine besondere Härte ergäbe. [2] Von der Heranziehung kann abgesehen werden, wenn anzunehmen ist, dass der damit verbundene Verwaltungsaufwand in keinem angemessenen Verhältnis zu dem Kostenbeitrag stehen wird.

§ 93 Berechnung des Einkommens. (1) *[Satz 1 bis 31.12.2023:]* [1] Zum Einkommen gehören alle Einkünfte in Geld oder Geldeswert mit Ausnahme der Grundrente nach oder entsprechend dem Bundesversorgungsgesetz sowie der Renten und Beihilfen, die nach dem Bundesentschädigungsgesetz für einen Schaden an Leben sowie an Körper und Gesundheit gewährt werden bis zur Höhe der vergleichbaren Grundrente nach dem Bundesversorgungsgesetz. [2] Eine Entschädigung, die nach § 253 Absatz 2 des Bürgerlichen Gesetzbuchs wegen eines Schadens, der nicht Vermögensschaden ist, geleistet wird, ist nicht als Einkommen zu berücksichtigen. [3] Geldleistungen, die dem gleichen Zwecke wie die jeweilige Leistung der Jugendhilfe dienen, zählen nicht zum Einkommen und sind unabhängig von einem Kostenbeitrag einzusetzen. [4] Kindergeld und Leistungen, die auf Grund öffentlich-rechtlicher Vorschriften zu einem ausdrücklich genannten Zweck erbracht werden, sind nicht als Einkommen zu berücksichtigen.

(2) Von dem Einkommen sind abzusetzen

1. auf das Einkommen gezahlte Steuern und
2. Pflichtbeiträge zur Sozialversicherung einschließlich der Beiträge zur Arbeitsförderung sowie

---

[1)] Nr. **14**.

3. nach Grund und Höhe angemessene Beiträge zu öffentlichen oder privaten Versicherungen oder ähnlichen Einrichtungen zur Absicherung der Risiken Alter, Krankheit, Pflegebedürftigkeit und Arbeitslosigkeit.

(3) [1] Von dem nach den Absätzen 1 und 2 errechneten Betrag sind Belastungen der kostenbeitragspflichtigen Person abzuziehen. [2] Der Abzug erfolgt durch eine Kürzung des nach den Absätzen 1 und 2 errechneten Betrages um pauschal 25 vom Hundert. [3] Sind die Belastungen höher als der pauschale Abzug, so können sie abgezogen werden, soweit sie nach Grund und Höhe angemessen sind und die Grundsätze einer wirtschaftlichen Lebensführung nicht verletzen. [4] In Betracht kommen insbesondere

1. Beiträge zu öffentlichen oder privaten Versicherungen oder ähnlichen Einrichtungen,
2. die mit der Erzielung des Einkommens verbundenen notwendigen Ausgaben,
3. Schuldverpflichtungen.

[5] Die kostenbeitragspflichtige Person muss die Belastungen nachweisen.

(4) [1] Maßgeblich ist das durchschnittliche Monatseinkommen, das die kostenbeitragspflichtige Person in dem Kalenderjahr erzielt hat, welches dem jeweiligen Kalenderjahr der Leistung oder Maßnahme vorangeht. [2] Auf Antrag der kostenbeitragspflichtigen Person wird dieses Einkommen nachträglich durch das durchschnittliche Monatseinkommen ersetzt, welches die Person in dem jeweiligen Kalenderjahr der Leistung oder Maßnahme erzielt hat. [3] Der Antrag kann innerhalb eines Jahres nach Ablauf dieses Kalenderjahres gestellt werden. [4] Macht die kostenbeitragspflichtige Person glaubhaft, dass die Heranziehung zu den Kosten aus dem Einkommen nach Satz 1 in einem bestimmten Zeitraum eine besondere Härte für sie ergäbe, wird vorläufig von den glaubhaft gemachten, dem Zeitraum entsprechenden Monatseinkommen ausgegangen; endgültig ist in diesem Fall das nach Ablauf des Kalenderjahres zu ermittelnde durchschnittliche Monatseinkommen dieses Jahres maßgeblich.

§ 94 Umfang der Heranziehung. (1) [1] Die Kostenbeitragspflichtigen sind aus ihrem Einkommen in angemessenem Umfang zu den Kosten heranzuziehen. [2] Die Kostenbeiträge dürfen die tatsächlichen Aufwendungen nicht überschreiten. [3] Eltern sollen nachrangig zu den jungen Menschen herangezogen werden. [4] Ehegatten und Lebenspartner sollen nachrangig zu den jungen Menschen, aber vorrangig vor deren Eltern herangezogen werden.

(2) Für die Bestimmung des Umfangs sind bei jedem Elternteil, Ehegatten oder Lebenspartner die Höhe des nach § 93 ermittelten Einkommens und die Anzahl der Personen, die mindestens im gleichen Range wie der untergebrachte junge Mensch oder Leistungsberechtigte nach § 19 unterhaltsberechtigt sind, angemessen zu berücksichtigen.

(3) [1] Werden Leistungen über Tag und Nacht außerhalb des Elternhauses erbracht und bezieht einer der Elternteile Kindergeld für den jungen Menschen, so hat dieser unabhängig von einer Heranziehung nach Absatz 1 Satz 1 und 2 und nach Maßgabe des Absatzes 1 Satz 3 und 4 einen Kostenbeitrag in Höhe des Kindergeldes zu zahlen. [2] Zahlt der Elternteil den Kostenbeitrag nach Satz 1 nicht, so sind die Träger der öffentlichen Jugendhilfe insoweit berechtigt, das auf dieses Kind entfallende Kindergeld durch Geltendmachung eines Erstattungsanspruchs nach § 74 Absatz 2 des Einkommensteuergesetzes in Anspruch

zu nehmen. [3]Bezieht der Elternteil Kindergeld nach § 1 Absatz 1 des Bundeskindergeldgesetzes, gilt Satz 2 entsprechend. [4]Bezieht der junge Mensch das Kindergeld selbst, gelten die Sätze 1 und 2 entsprechend.

(4) Werden Leistungen über Tag und Nacht erbracht und hält sich der junge Mensch nicht nur im Rahmen von Umgangskontakten bei einem Kostenbeitragspflichtigen auf, so ist die tatsächliche Betreuungsleistung über Tag und Nacht auf den Kostenbeitrag anzurechnen.

(5) Für die Festsetzung der Kostenbeiträge von Eltern, Ehegatten und Lebenspartnern junger Menschen und Leistungsberechtigter nach § 19 werden nach Einkommensgruppen gestaffelte Pauschalbeträge durch Rechtsverordnung des zuständigen Bundesministeriums mit Zustimmung des Bundesrates bestimmt.

(6) [1]Bei vollstationären Leistungen haben junge Menschen und Leistungsberechtigte nach § 19 nach Abzug der in § 93 Absatz 2 genannten Beträge höchstens 25 Prozent ihres Einkommens als Kostenbeitrag einzusetzen. [2]Maßgeblich ist das Einkommen des Monats, in dem die Leistung oder die Maßnahme erbracht wird. [3]Folgendes Einkommen aus einer Erwerbstätigkeit innerhalb eines Monats bleibt für den Kostenbeitrag unberücksichtigt:

1. Einkommen aus Schülerjobs oder Praktika mit einer Vergütung bis zur Höhe von 150 Euro monatlich,
2. Einkommen aus Ferienjobs,
3. Einkommen aus einer ehrenamtlichen Tätigkeit oder
4. 150 Euro monatlich als Teil einer Ausbildungsvergütung.

Dritter Abschnitt. Überleitung von Ansprüchen

§ 95 Überleitung von Ansprüchen. (1) Hat eine der in § 92 Absatz 1 genannten Personen für die Zeit, für die Jugendhilfe gewährt wird, einen Anspruch gegen einen anderen, der weder Leistungsträger im Sinne des § 12 des Ersten Buches[1)] noch Kostenbeitragspflichtiger ist, so kann der Träger der öffentlichen Jugendhilfe durch schriftliche Anzeige an den anderen bewirken, dass dieser Anspruch bis zur Höhe seiner Aufwendungen auf ihn übergeht.

(2) [1]Der Übergang darf nur insoweit bewirkt werden, als bei rechtzeitiger Leistung des anderen entweder Jugendhilfe nicht gewährt worden oder ein Kostenbeitrag zu leisten wäre. [2]Der Übergang ist nicht dadurch ausgeschlossen, dass der Anspruch nicht übertragen, verpfändet oder gepfändet werden kann.

(3) Die schriftliche Anzeige bewirkt den Übergang des Anspruchs für die Zeit, für die die Hilfe ohne Unterbrechung gewährt wird; als Unterbrechung gilt ein Zeitraum von mehr als zwei Monaten.

(4) Widerspruch und Anfechtungsklage gegen den Verwaltungsakt, der den Übergang des Anspruchs bewirkt, haben keine aufschiebende Wirkung.

§ 96 (weggefallen)

---

1) Nr. **12**.

Vierter Abschnitt. Ergänzende Vorschriften

§ 97 Feststellung der Sozialleistungen. [1] Der erstattungsberechtigte Träger der öffentlichen Jugendhilfe kann die Feststellung einer Sozialleistung betreiben sowie Rechtsmittel einlegen. [2] Der Ablauf der Fristen, die ohne sein Verschulden verstrichen sind, wirkt nicht gegen ihn. [3] Dies gilt nicht für die Verfahrensfristen, soweit der Träger der öffentlichen Jugendhilfe das Verfahren selbst betreibt.

§ 97a Pflicht zur Auskunft. (1) [1] Soweit dies für die Berechnung oder den Erlass eines Kostenbeitrags oder die Übernahme eines Teilnahmebeitrags nach § 90 oder die Ermittlung eines Kostenbeitrags nach den §§ 92 bis 94 erforderlich ist, sind Eltern, Ehegatten und Lebenspartner junger Menschen sowie Leistungsberechtigter nach § 19 verpflichtet, dem örtlichen Träger über ihre Einkommensverhältnisse Auskunft zu geben. [2] Junge Volljährige und volljährige Leistungsberechtigte nach § 19 sind verpflichtet, dem örtlichen Träger über ihre Einkommens- und Vermögensverhältnisse Auskunft zu geben. [3] Eltern, denen die Sorge für das Vermögen des Kindes oder des Jugendlichen zusteht, sind auch zur Auskunft über dessen Einkommen verpflichtet. [4] Ist die Sorge über das Vermögen des Kindes oder des Jugendlichen anderen Personen übertragen, so treten diese an die Stelle der Eltern.

(2) [1] Soweit dies für die Berechnung der laufenden Leistung nach § 39 Absatz 6 erforderlich ist, sind Pflegepersonen verpflichtet, dem örtlichen Träger darüber Auskunft zu geben, ob der junge Mensch im Rahmen des Familienleistungsausgleichs nach § 31 des Einkommensteuergesetzes berücksichtigt wird oder berücksichtigt werden könnte und ob er ältestes Kind in der Pflegefamilie ist. [2] Pflegepersonen, die mit dem jungen Menschen in gerader Linie verwandt sind, sind verpflichtet, dem örtlichen Träger über ihre Einkommens- und Vermögensverhältnisse Auskunft zu geben.

(3) [1] Die Pflicht zur Auskunft nach den Absätzen 1 und 2 umfasst auch die Verpflichtung, Name und Anschrift des Arbeitgebers zu nennen, über die Art des Beschäftigungsverhältnisses Auskunft zu geben sowie auf Verlangen Beweisurkunden vorzulegen oder ihrer Vorlage zuzustimmen. [2] Sofern landesrechtliche Regelungen nach § 90 Absatz 1 Satz 2 bestehen, in denen nach Einkommensgruppen gestaffelte Pauschalbeträge vorgeschrieben oder festgesetzt sind, ist hinsichtlich der Höhe des Einkommens die Auskunftspflicht und die Pflicht zur Vorlage von Beweisurkunden für die Berechnung des Kostenbeitrags nach § 90 Absatz 1 Nummer 3 auf die Angabe der Zugehörigkeit zu einer bestimmten Einkommensgruppe beschränkt.

(4) [1] Kommt eine der nach den Absätzen 1 und 2 zur Auskunft verpflichteten Personen ihrer Pflicht nicht nach oder bestehen tatsächliche Anhaltspunkte für die Unrichtigkeit ihrer Auskunft, so ist der Arbeitgeber dieser Person verpflichtet, dem örtlichen Träger über die Art des Beschäftigungsverhältnisses und den Arbeitsverdienst dieser Person Auskunft zu geben; Absatz 3 Satz 2 gilt entsprechend. [2] Der zur Auskunft verpflichteten Person ist vor einer Nachfrage beim Arbeitgeber eine angemessene Frist zur Erteilung der Auskunft zu setzen. [3] Sie ist darauf hinzuweisen, dass nach Fristablauf die erforderlichen Auskünfte beim Arbeitgeber eingeholt werden.

(5) [1] Die nach den Absätzen 1 und 2 zur Erteilung einer Auskunft Verpflichteten können die Auskunft verweigern, soweit sie sich selbst oder einen der in § 383 Absatz 1 Nummer 1 bis 3 der Zivilprozessordnung bezeichneten Ange-

hörigen der Gefahr aussetzen würden, wegen einer Straftat oder einer Ordnungswidrigkeit verfolgt zu werden. [2]Die Auskunftspflichtigen sind auf ihr Auskunftsverweigerungsrecht hinzuweisen.

§ 97b (weggefallen)

§ 97c Erhebung von Gebühren und Auslagen. Landesrecht kann abweichend von § 64 des Zehnten Buches die Erhebung von Gebühren und Auslagen regeln.

Neuntes Kapitel. Kinder- und Jugendhilfestatistik

§ 98 Zweck und Umfang der Erhebung. (1) Zur Beurteilung der Auswirkungen der Bestimmungen dieses Buches und zu seiner Fortentwicklung sind laufende Erhebungen über

1. Kinder und tätige Personen in Tageseinrichtungen,

[Nr. 1a ab 1.7.2022:]

1a. Kinder in den Klassenstufen eins bis vier,

2. Kinder und tätige Personen in öffentlich geförderter Kindertagespflege,
3. Personen, die mit öffentlichen Mitteln geförderte Kindertagespflege gemeinsam oder auf Grund einer Erlaubnis nach § 43 Absatz 3 Satz 3 in Pflegestellen durchführen, und die von diesen betreuten Kinder,
4. die Empfänger
   a) der Hilfe zur Erziehung,
   b) der Hilfe für junge Volljährige und
   c) der Eingliederungshilfe für seelisch behinderte Kinder und Jugendliche,
5. Kinder und Jugendliche, zu deren Schutz vorläufige Maßnahmen getroffen worden sind,
6. Kinder und Jugendliche, die als Kind angenommen worden sind,
7. Kinder und Jugendliche, die unter Amtspflegschaft, Amtsvormundschaft oder Beistandschaft des Jugendamts stehen,
8. Kinder und Jugendliche, für die eine Pflegeerlaubnis erteilt worden ist,
9. Maßnahmen des Familiengerichts,
10. Angebote der Jugendarbeit nach § 11 sowie Fortbildungsmaßnahmen für ehrenamtliche Mitarbeiter anerkannter Träger der Jugendhilfe nach § 74 Absatz 6,
11. die Träger der Jugendhilfe, die dort tätigen Personen und deren Einrichtungen mit Ausnahme der Tageseinrichtungen
12. die Ausgaben und Einnahmen der öffentlichen Jugendhilfe sowie
13. Gefährdungseinschätzungen nach § 8a

als Bundesstatistik durchzuführen.

(2) Zur Verfolgung der gesellschaftlichen Entwicklung im Bereich der elterlichen Sorge sind im Rahmen der Kinder- und Jugendhilfestatistik auch laufende Erhebungen über Sorgeerklärungen durchzuführen.

§ 99 Erhebungsmerkmale. (1) Erhebungsmerkmale bei den Erhebungen über Hilfe zur Erziehung nach den §§ 27 bis 35, Eingliederungshilfe für seelisch behinderte Kinder und Jugendliche nach § 35a und Hilfe für junge Volljährige nach § 41 sind

1. im Hinblick auf die Hilfe
   a) Art des Trägers des Hilfe durchführenden Dienstes oder der Hilfe durchführenden Einrichtung sowie bei Trägern der freien Jugendhilfe deren Verbandszugehörigkeit,
   b) Art der Hilfe,
   c) Ort der Durchführung der Hilfe,
   d) Monat und Jahr des Beginns und Endes sowie Fortdauer der Hilfe,
   e) familienrichterliche Entscheidungen zu Beginn der Hilfe,
   f) Intensität der Hilfe,
   g) Hilfe anregende Institutionen oder Personen,
   h) Gründe für die Hilfegewährung,
   i) Grund für die Beendigung der Hilfe,
   j) vorangegangene Gefährdungseinschätzung nach § 8a Absatz 1,
   k) Einleitung der Hilfe im Anschluss an eine vorläufige Maßnahme zum Schutz von Kindern und Jugendlichen im Fall des § 42 Absatz 1 Satz 1,
   l) gleichzeitige Inanspruchnahme einer weiteren Hilfe zur Erziehung, Hilfe für junge Volljährige oder Eingliederungshilfe bei einer seelischen Behinderung oder einer drohenden seelischen Behinderung sowie
2. im Hinblick auf junge Menschen
   a) Geschlecht,
   b) Geburtsmonat und Geburtsjahr,
   c) Lebenssituation bei Beginn der Hilfe,
   d) ausländische Herkunft mindestens eines Elternteils,
   e) Deutsch als in der Familie vorrangig gesprochene Sprache,
   f) anschließender Aufenthalt,
   g) nachfolgende Hilfe;
3. bei sozialpädagogischer Familienhilfe nach § 31 und anderen familienorientierten Hilfen nach § 27 zusätzlich zu den unter den Nummern 1 und 2 genannten Merkmalen
   a) Geschlecht, Geburtsmonat und Geburtsjahr der in der Familie lebenden jungen Menschen sowie
   b) Zahl der außerhalb der Familie lebenden Kinder und Jugendlichen;
4. für Hilfen außerhalb des Elternhauses nach § 27 Absatz 1, 3 und 4, den §§ 29 und 30, 32 bis 35a und 41 zusätzlich zu den unter den Nummern 1 und 2 genannten Merkmalen der Schulbesuch sowie das Ausbildungsverhältnis.

(2) Erhebungsmerkmale bei den Erhebungen über vorläufige Maßnahmen zum Schutz von Kindern und Jugendlichen sind Kinder und Jugendliche, zu deren Schutz Maßnahmen nach § 42 oder § 42a getroffen worden sind, gegliedert nach

1. Art der Maßnahme, Art des Trägers der Maßnahme, Form der Unterbringung während der Maßnahme, hinweisgebender Institution oder Person, Zeitpunkt des Beginns und Dauer der Maßnahme, Durchführung aufgrund einer vorangegangenen Gefährdungseinschätzung nach § 8a Absatz 1, Maßnahmeanlass, im Kalenderjahr bereits wiederholt stattfindende Inobhutnah-

me, Widerspruch der Personensorge- oder Erziehungsberechtigten gegen die Maßnahme, im Fall des Widerspruchs gegen die Maßnahme Herbeiführung einer Entscheidung des Familiengerichts nach § 42 Absatz 3 Satz 2 Nummer 2, Grund für die Beendigung der Maßnahme, anschließendem Aufenthalt, Art der anschließenden Hilfe,

2. bei Kindern und Jugendlichen zusätzlich zu den unter Nummer 1 genannten Merkmalen nach Geschlecht, Altersgruppe zu Beginn der Maßnahme, ausländischer Herkunft mindestens eines Elternteils, Deutsch als in der Familie vorrangig gesprochene Sprache, Art des Aufenthalts vor Beginn der Maßnahme.

(3) Erhebungsmerkmale bei den Erhebungen über die Annahme als Kind sind

1. angenommene Kinder und Jugendliche, gegliedert
   a) nach nationaler Adoption und internationaler Adoption nach § 2a des Adoptionsvermittlungsgesetzes[1)],
   b) nach Geschlecht, Geburtsdatum, Staatsangehörigkeit und Art des Trägers des Adoptionsvermittlungsdienstes, Datum des Adoptionsbeschlusses,
   c) nach Herkunft des angenommenen Kindes, Art der Unterbringung vor der Adoptionspflege, Geschlecht und Familienstand der Eltern oder des sorgeberechtigten Elternteils oder Tod der Eltern zu Beginn der Adoptionspflege sowie Ersetzung der Einwilligung zur Annahme als Kind,
   d) zusätzlich bei nationalen Adoptionen nach Datum des Beginns und Endes der Adoptionspflege und bei Unterbringung vor der Adoptionspflege in Pflegefamilien nach Datum des Beginns und Endes dieser Unterbringung sowie bei Annahme durch die vorherige Pflegefamilie nach Datum des Beginns und Endes dieser Unterbringung,
   e) zusätzlich bei der internationalen Adoption (§ 2a des Adoptionsvermittlungsgesetzes) nach Staatsangehörigkeit vor Ausspruch der Adoption, nach Herkunftsland und gewöhnlichem Aufenthalt vor der Adoption sowie nach Ausspruch der Adoption im Ausland oder Inland,
   f) nach Staatsangehörigkeit, Geschlecht und Familienstand der oder des Annehmenden sowie nach dem Verwandtschaftsverhältnis zu dem Kind,
2. die Zahl der
   a) ausgesprochenen und aufgehobenen Annahmen sowie der abgebrochenen Adoptionspflegen, gegliedert nach Art des Trägers des Adoptionsvermittlungsdienstes,
   b) vorgemerkten Adoptionsbewerber, die zur Annahme als Kind vorgemerkten und in Adoptionspflege untergebrachten Kinder und Jugendlichen zusätzlich nach ihrem Geschlecht, gegliedert nach Art des Trägers des Adoptionsvermittlungsdienstes,
3. bei Anerkennungs- und Wirkungsfeststellung einer ausländischen Adoptionsentscheidung nach § 2 des Adoptionswirkungsgesetzes sowie eines Umwandlungsausspruchs nach § 3 des Adoptionswirkungsgesetzes die Zahl der
   a) eingeleiteten Verfahren nach den §§ 2 und 3 des Adoptionswirkungsgesetzes,

---

[1)] Nr. **8**.

b) beendeten Verfahren nach den §§ 2 und 3 des Adoptionswirkungsgesetzes, die ausländische Adoptionen nach § 2a des Adoptionsvermittlungsgesetzes zum Gegenstand haben, gegliedert nach

aa) dem Ergebnis des Verfahrens im Hinblick auf eine erfolgte und nicht erfolgte Vermittlung nach § 2a Absatz 2 des Adoptionsvermittlungsgesetzes,

bb) dem Vorliegen einer Bescheinigung nach Artikel 23 des Haager Übereinkommens vom 29. Mai 1993 über den Schutz von Kindern und die Zusammenarbeit auf dem Gebiet der internationalen Adoption und

cc) der Verfahrensdauer.

(4) Erhebungsmerkmal bei den Erhebungen über die Amtspflegschaft und die Amtsvormundschaft sowie die Beistandschaft ist die Zahl der Kinder und Jugendlichen unter

1. gesetzlicher Amtsvormundschaft,
2. bestellter Amtsvormundschaft,
3. bestellter Amtspflegschaft sowie
4. Beistandschaft,

gegliedert nach Geschlecht, Art des Tätigwerdens des Jugendamts sowie nach deutscher und ausländischer Staatsangehörigkeit (Deutsche/Ausländer).

(5) Erhebungsmerkmal bei den Erhebungen über

1. die Pflegeerlaubnis nach § 43 ist die Zahl der Tagespflegepersonen,
2. die Pflegeerlaubnis nach § 44 ist die Zahl der Kinder und Jugendlichen, gegliedert nach Geschlecht und Art der Pflege.

(6) Erhebungsmerkmale bei der Erhebung zum Schutzauftrag bei Kindeswohlgefährdung nach § 8a sind Kinder und Jugendliche, bei denen eine Gefährdungseinschätzung nach Absatz 1 vorgenommen worden ist, gegliedert

1. nach der hinweisgebenden Institution oder Person, der Art der Kindeswohlgefährdung, der Person, von der die Gefährdung ausgeht, dem Ergebnis der Gefährdungseinschätzung sowie wiederholter Meldung zu demselben Kind oder Jugendlichen im jeweiligen Kalenderjahr,
2. bei Kindern und Jugendlichen zusätzlich zu den in Nummer 1 genannten Merkmalen nach Geschlecht, Geburtsmonat, Geburtsjahr, ausländischer Herkunft mindestens eines Elternteils, Deutsch als in der Familie vorrangig gesprochene Sprache, Eingliederungshilfe und Aufenthaltsort des Kindes oder Jugendlichen zum Zeitpunkt der Meldung sowie den Altersgruppen der Eltern und der Inanspruchnahme einer Leistung gemäß den §§ 16 bis 19 sowie 27 bis 35a und der Durchführung einer Maßnahme nach § 42.

(6a) Erhebungsmerkmal bei den Erhebungen über Sorgeerklärungen und die gerichtliche Übertragung der gemeinsamen elterlichen Sorge nach § 1626a Absatz 1 Nummer 3 des Bürgerlichen Gesetzbuchs[1)] ist die gemeinsame elterliche Sorge nicht miteinander verheirateter Eltern, gegliedert danach, ob Sorgeerklärungen beider Eltern vorliegen, oder den Eltern die elterliche Sorge aufgrund einer gerichtlichen Entscheidung ganz oder zum Teil gemeinsam übertragen worden ist.

[1)] Nr. **2**.

(6b) [1] Erhebungsmerkmal bei den Erhebungen über Maßnahmen des Familiengerichts ist die Zahl der Kinder und Jugendlichen, bei denen wegen einer Gefährdung ihres Wohls das familiengerichtliche Verfahren auf Grund einer Anrufung durch das Jugendamt nach § 8a Absatz 2 Satz 1 oder § 42 Absatz 3 Satz 2 Nummer 2 oder auf andere Weise eingeleitet worden ist und

1. den Personensorgeberechtigten auferlegt worden ist, Leistungen nach diesem Buch in Anspruch zu nehmen,
2. andere Gebote oder Verbote gegenüber den Personensorgeberechtigten oder Dritten ausgesprochen worden sind,
3. Erklärungen der Personensorgeberechtigten ersetzt worden sind,
4. die elterliche Sorge ganz oder teilweise entzogen und auf das Jugendamt oder einen Dritten als Vormund oder Pfleger übertragen worden ist,

gegliedert nach Geschlecht, Altersgruppen und zusätzlich bei Nummer 4 nach dem Umfang der übertragenen Angelegenheit. [2] Zusätzlich sind die Fälle nach Geschlecht und Altersgruppen zu melden, in denen das Jugendamt insbesondere nach § 8a Absatz 2 Satz 1 oder § 42 Absatz 3 Satz 2 Nummer 2 das Familiengericht anruft, weil es dessen Tätigwerden für erforderlich hält.

(7) Erhebungsmerkmale bei den Erhebungen über Kinder und tätige Personen in Tageseinrichtungen sind

1. die Einrichtungen, gegliedert nach
   a) der Art und Rechtsform des Trägers sowie bei Trägern der freien Jugendhilfe deren Verbandszugehörigkeit sowie besonderen Merkmalen,
   b) der Zahl der genehmigten Plätze,
   c) der Art und Anzahl der Gruppen,
   d) die Anzahl der Kinder insgesamt,
   e) Anzahl der Schließtage an regulären Öffnungstagen im vorangegangenen Jahr sowie
   f) Öffnungszeiten,
2. für jede dort tätige Person
   a) Geschlecht und Beschäftigungsumfang,
   b) für das pädagogisch und in der Verwaltung tätige Personal zusätzlich Geburtsmonat und Geburtsjahr, die Art des Berufsausbildungsabschlusses, Stellung im Beruf, Art der Beschäftigung und Arbeitsbereiche einschließlich Gruppenzugehörigkeit, Monat und Jahr des Beginns der Tätigkeit in der derzeitigen Einrichtung,
3. für die dort geförderten Kinder
   a) Geschlecht, Geburtsmonat und Geburtsjahr sowie Schulbesuch ***[ab 1.7. 2022:** und Klassenstufe**]***,
   b) ausländische Herkunft mindestens eines Elternteils,
   c) Deutsch als in der Familie vorrangig gesprochene Sprache,
   d) Betreuungszeit und Mittagsverpflegung,
   e) Eingliederungshilfe,
   f) Gruppenzugehörigkeit,
   g) Monat und Jahr der Aufnahme in der Tageseinrichtung.

(7a) Erhebungsmerkmale bei den Erhebungen über Kinder in mit öffentlichen Mitteln geförderter Kindertagespflege sowie die die Kindertagespflege durchführenden Personen sind:

1. für jede tätige Person
   a) Geschlecht, Geburtsmonat und Geburtsjahr,
   b) Art und Umfang der Qualifikation, höchster allgemeinbildender Schulabschluss, höchster beruflicher Ausbildungs- und Hochschulabschluss, Anzahl der betreuten Kinder (Betreuungsverhältnisse am Stichtag) insgesamt und nach dem Ort der Betreuung,
2. für die dort geförderten Kinder
   a) Geschlecht, Geburtsmonat und Geburtsjahr sowie Schulbesuch,
   b) ausländische Herkunft mindestens eines Elternteils,
   c) Deutsch als in der Familie vorrangig gesprochene Sprache,
   d) Betreuungszeit und Mittagsverpflegung,
   e) Art und Umfang der öffentlichen Finanzierung und Förderung,
   f) Eingliederungshilfe,
   g) Verwandtschaftsverhältnis zur Pflegeperson,
   h) gleichzeitig bestehende andere Betreuungsarrangements,
   i) Monat und Jahr der Aufnahme in Kindertagespflege.

(7b) Erhebungsmerkmale bei den Erhebungen über Personen, die mit öffentlichen Mitteln geförderte Kindertagespflege gemeinsam oder auf Grund einer Erlaubnis nach § 43 Absatz 3 Satz 3 durchführen und die von diesen betreuten Kinder sind die Zahl der Kindertagespflegepersonen und die Zahl der von diesen betreuten Kinder jeweils gegliedert nach Pflegestellen.

[Abs. 7c ab 1.7.2022:]

(7c) Erhebungsmerkmale bei den Erhebungen über Kinder in den Klassenstufen eins bis vier sind

1. *Klassenstufe,*
2. *Anzahl der Wochenstunden, die das Kind in Angeboten nach § 24 Absatz 4 verbringt,*
3. *Art der Angebote nach § 24 Absatz 4.*

(8) Erhebungsmerkmale bei den Erhebungen über die Angebote der Jugendarbeit nach § 11 sowie bei den Erhebungen über Fortbildungsmaßnahmen für ehrenamtliche Mitarbeiter anerkannter Träger der Jugendhilfe nach § 74 Absatz 6 sind offene und Gruppenangebote sowie Veranstaltungen und Projekte der Jugendarbeit, soweit diese mit öffentlichen Mitteln pauschal oder maßnahmenbezogen gefördert werden oder der Träger eine öffentliche Förderung erhält, gegliedert nach

[Nr. 1 bis 31.12.2022:]

1. Art, Name und Rechtsform des Trägers,

[Nr. 1 ab 1.1.2023:]

1. *Art und Rechtsform des Trägers sowie bei Trägern der freien Jugendhilfe deren Verbandszugehörigkeit,*
2. Dauer, Häufigkeit, Durchführungsort und Art des Angebots; zusätzlich bei schulbezogenen Angeboten die Art der kooperierenden Schule,

[Nr. 3 bis 31.12.2022:]

3. Alter, Geschlecht sowie Art der Beschäftigung und Tätigkeit der bei der Durchführung des Angebots tätigen Personen,

[Nr. 3 ab 1.1.2023:]

3. Art der Beschäftigung und Tätigkeit der bei der Durchführung des Angebots tätigen Personen sowie, mit Ausnahme der sonstigen pädagogisch tätigen Personen, deren Altersgruppe und Geschlecht,

[Nr. 4 bis 31.12.2022:]

4. Zahl, Geschlecht und Alter der Teilnehmenden sowie der Besucher,

[Nr. 4 ab 1.1.2023:]

4. Zahl der Teilnehmenden und der Besucher sowie, mit Ausnahme von Festen, Feiern, Konzerten, Sportveranstaltungen und sonstigen Veranstaltungen, deren Geschlecht und Altersgruppe,

5. Partnerländer und Veranstaltungen im In- oder Ausland bei Veranstaltungen und Projekten der internationalen Jugendarbeit.

(9) Erhebungsmerkmale bei den Erhebungen über die Träger der Jugendhilfe, die dort tätigen Personen und deren Einrichtungen, soweit diese nicht in Absatz 7 erfasst werden, sind

1. die Träger gegliedert nach
   a) Art und Rechtsform des Trägers sowie bei Trägern der freien Jugendhilfe deren Verbandszugehörigkeit,
   b) den Betätigungsfeldern nach Aufgabenbereichen,
   c) deren Personalausstattung sowie
   d) Anzahl der Einrichtungen,
2. die Einrichtungen des Trägers mit Betriebserlaubnis nach § 45 und Betreuungsformen nach diesem Gesetz, soweit diese nicht in Absatz 7 erfasst werden, gegliedert nach
   a) Postleitzahl des Standorts,
   b) für jede vorhandene Gruppe und jede sonstige Betreuungsform nach diesem Gesetz, die von der Betriebserlaubnis umfasst ist, Angaben über die Art der Unterbringung oder Betreuung, deren Rechtsgrundlagen, Anzahl der genehmigten und belegten Plätze, Anzahl der Sollstellen des Personals und Hauptstelle der Einrichtung,
3. für jede im Bereich der Jugendhilfe pädagogisch und in der Verwaltung tätige Person des Trägers
   a) Geschlecht, Geburtsmonat und Geburtsjahr,
   b) Art des höchsten Berufsausbildungsabschlusses, Stellung im Beruf, Art der Beschäftigung, Beschäftigungsumfang und Arbeitsbereiche,
   c) Bundesland des überwiegenden Einsatzortes.

(10) Erhebungsmerkmale bei der Erhebung der Ausgaben und Einnahmen der öffentlichen Jugendhilfe sind

1. die Art des Trägers,
2. die Ausgaben für Einzel- und Gruppenhilfen, gegliedert nach Ausgabe- und Hilfeart sowie die Einnahmen nach Einnahmeart,
3. die Ausgaben und Einnahmen für Einrichtungen nach Arten gegliedert nach der Einrichtungsart,

4. die Ausgaben für das Personal, das bei den örtlichen und den überörtlichen Trägern sowie den kreisangehörigen Gemeinden und Gemeindeverbänden, die nicht örtliche Träger sind, Aufgaben der Jugendhilfe wahrnimmt.

§ 100 Hilfsmerkmale. Hilfsmerkmale sind

1. Name und Anschrift des Auskunftspflichtigen,
2. für die Erhebungen nach § 99 die Kenn-Nummer der hilfeleistenden Stelle oder der auskunftsgebenden Einrichtung; soweit eine Hilfe nach § 28 gebietsübergreifend erbracht wird, die Kenn-Nummer des Wohnsitzes des Hilfeempfängers,
3. für die Erhebungen nach § 99 Absatz 1, 2, 3 und 6 die Kenn-Nummer der betreffenden Person,
4. Name und Kontaktdaten der für eventuelle Rückfragen zur Verfügung stehenden Person.

§ 101 Periodizität und Berichtszeitraum. (1) [1]Die Erhebungen nach § 99 Absatz 1 bis 5, 6a bis ***[bis 30.6.2022:*** 7b***][ab 1.7.2022:*** *7c]* und 10 sind jährlich durchzuführen, die Erhebungen nach § 99 Absatz 3 Nummer 3 erstmalig für das Jahr 2022; die Erhebungen nach § 99 Absatz 1, soweit sie die Eingliederungshilfe für Kinder und Jugendliche mit seelischer Behinderung betreffen, sind 2007 beginnend jährlich durchzuführen. [2]Die Erhebung nach § 99 Absatz 6 erfolgt laufend. [3]Die übrigen Erhebungen nach § 99 sind alle zwei Jahre durchzuführen, die Erhebungen nach § 99 Absatz 8 erstmalig für das Jahr 2015 und die Erhebungen nach § 99 Absatz 9 erstmalig für das Jahr 2014.

(2) Die Angaben für die Erhebung nach

1. § 99 Absatz 1 sind zu dem Zeitpunkt, zu dem die Hilfe endet, bei fortdauernder Hilfe zum 31. Dezember,

2.–5. (weggefallen)

6. § 99 Absatz 2 sind zum Zeitpunkt des Endes einer vorläufigen Maßnahme,
7. § 99 Absatz 3 Nummer 1 sind zum Zeitpunkt der rechtskräftigen gerichtlichen Entscheidung über die Annahme als Kind,
8. § 99 Absatz 3 Nummer 2 Buchstabe a, Nummer 3 und Absatz 6a, 6b und 10 sind für das abgelaufene Kalenderjahr,
9. § 99 Absatz 3 Nummer 2 Buchstabe b und Absatz 4 und 5 sind zum 31. Dezember,
10. § 99 Absatz 7, 7a ***[bis 30.6.2022:*** und 7b***][ab 1.7.2022:*** *bis 7c]* sind zum 1. März,
11. § 99 Absatz 6 sind zum Zeitpunkt des Abschlusses der Gefährdungseinschätzung,
12. § 99 Absatz 8 sind für das abgelaufene Kalenderjahr,
13. § 99 Absatz 9 sind zum 15. Dezember

zu erteilen.

§ 102 Auskunftspflicht. (1) [1]Für die Erhebungen besteht Auskunftspflicht. [2]Die Angaben zu § 100 Nummer 4 sind freiwillig.

(2) ***[ab 1.7.2022:*** *1]* Auskunftspflichtig sind

1. die örtlichen Träger der Jugendhilfe für die Erhebungen nach § 99 Absatz 1 bis 10, nach Absatz 8 nur, soweit eigene Angebote gemacht wurden,
2. die überörtlichen Träger der Jugendhilfe für die Erhebungen nach § 99 Absatz 3 und 7 und 8 bis 10, nach Absatz 8 nur, soweit eigene Angebote gemacht wurden,
3. die obersten Landesjugendbehörden für die Erhebungen nach § 99 Absatz 7 und 8 bis 10,
4. die fachlich zuständige oberste Bundesbehörde für die Erhebung nach § 99 Absatz 10,
5. die kreisangehörigen Gemeinden und Gemeindeverbände, soweit sie Aufgaben der Jugendhilfe wahrnehmen, für die Erhebungen nach § 99 Absatz 7 bis 10,
6. die Träger der freien Jugendhilfe für Erhebungen nach § 99 Absatz 1, soweit sie eine Beratung nach § 28 oder § 41 betreffen, nach § 99 Absatz 8, soweit sie anerkannte Träger der freien Jugendhilfe nach § 75 Absatz 1 oder Absatz 3 sind, und nach § 99 Abs. 3, 7 und 9,
7. Adoptionsvermittlungsstellen nach § 2 Absatz 3 des Adoptionsvermittlungsgesetzes[1)] aufgrund ihrer Tätigkeit nach § 1 des Adoptionsvermittlungsgesetzes sowie anerkannte Auslandsvermittlungsstellen nach § 4 Absatz 2 Satz 3 des Adoptionsvermittlungsgesetzes aufgrund ihrer Tätigkeit nach § 2a Absatz 4 Nummer 2 des Adoptionsvermittlungsgesetzes gemäß § 99 Absatz 3 Nummer 1 sowie gemäß § 99 Absatz 3 Nummer 2a für die Zahl der ausgesprochenen Annahmen und gemäß § 99 Absatz 3 Nummer 2b für die Zahl der vorgemerkten Adoptionsbewerber,
8. die Leiter der Einrichtungen, Behörden und Geschäftsstellen in der Jugendhilfe für die Erhebungen nach § 99 Absatz 7.

[Satz 2 ab 1.7.2022:] *[2] Die Auskunftspflichtigen für Erhebungen nach § 99 Absatz 7c werden durch Landesrecht bestimmt.*

(3) Zur Durchführung der Erhebungen nach § 99 Absatz 1, 3, 7, 8 und 9 übermitteln die Träger der öffentlichen Jugendhilfe den statistischen Ämtern der Länder auf Anforderung die erforderlichen Anschriften der übrigen Auskunftspflichtigen.

§ 103 Übermittlung. (1) [1] An die fachlich zuständigen obersten Bundes- oder Landesbehörden dürfen für die Verwendung gegenüber den gesetzgebenden Körperschaften und für Zwecke der Planung, jedoch nicht für die Regelung von Einzelfällen, vom Statistischen Bundesamt und den statistischen Ämtern der Länder Tabellen mit statistischen Ergebnissen übermittelt werden, auch soweit Tabellenfelder nur einen einzigen Fall ausweisen. [2] Tabellen, deren Tabellenfelder nur einen einzigen Fall ausweisen, dürfen nur dann übermittelt werden, wenn sie nicht differenzierter als auf Regierungsbezirksebene, im Fall der Stadtstaaten auf Bezirksebene, aufbereitet sind.

(2) Für ausschließlich statistische Zwecke dürfen den zur Durchführung statistischer Aufgaben zuständigen Stellen der Gemeinden und Gemeindeverbände für ihren Zuständigkeitsbereich Einzelangaben aus der Erhebung nach § 99 mit Ausnahme der Hilfsmerkmale übermittelt werden, soweit die Voraussetzungen nach § 16 Absatz 5 des Bundesstatistikgesetzes gegeben sind.

---

1) Nr. 8.

(3) Die Ergebnisse der Kinder- und Jugendhilfestatistiken gemäß den §§ 98 und 99 dürfen auf der Ebene der einzelnen Gemeinde oder des einzelnen Jugendamtsbezirkes veröffentlicht werden.

(4) Die statistischen Landesämter übermitteln die erhobenen Einzeldaten auf Anforderung an das Statistische Bundesamt.

Zehntes Kapitel. Straf- und Bußgeldvorschriften

§ 104 Bußgeldvorschriften. (1) Ordnungswidrig handelt, wer

1. ohne Erlaubnis nach § 43 Absatz 1 oder § 44 Absatz 1 Satz 1 ein Kind oder einen Jugendlichen betreut oder ihm Unterkunft gewährt,
2. entgegen § 45 Absatz 1 Satz 1, auch in Verbindung mit § 48a Absatz 1, ohne Erlaubnis eine Einrichtung oder eine sonstige Wohnform betreibt oder
3. entgegen § 47 eine Anzeige nicht, nicht richtig, nicht vollständig oder nicht rechtzeitig erstattet oder eine Meldung nicht, nicht richtig, nicht vollständig oder nicht rechtzeitig macht oder vorsätzlich oder fahrlässig seiner Verpflichtung zur Dokumentation oder Aufbewahrung derselben oder zum Nachweis der ordnungsgemäßen Buchführung auf entsprechendes Verlangen nicht nachkommt oder
4. entgegen § 97a Absatz 4 vorsätzlich oder fahrlässig als Arbeitgeber eine Auskunft nicht, nicht richtig oder nicht vollständig erteilt.

(2) Die Ordnungswidrigkeiten nach Absatz 1 Nummer 1, 3 und 4 können mit einer Geldbuße bis zu fünfhundert Euro, die Ordnungswidrigkeit nach Absatz 1 Nummer 2 kann mit einer Geldbuße bis zu fünfzehntausend Euro geahndet werden.

§ 105 Strafvorschriften. Mit Freiheitsstrafe bis zu einem Jahr oder mit Geldstrafe wird bestraft, wer

1. eine in § 104 Absatz 1 Nummer 1 oder 2 bezeichnete Handlung begeht und dadurch leichtfertig ein Kind oder einen Jugendlichen in seiner körperlichen, geistigen oder sittlichen Entwicklung schwer gefährdet oder
2. eine in § 104 Absatz 1 Nummer 1 oder 2 bezeichnete vorsätzliche Handlung beharrlich wiederholt.

Elftes Kapitel. Übergangs- und Schlussvorschriften

§ 106 Einschränkung eines Grundrechts. Durch § 42 Absatz 5 und § 42a Absatz 1 Satz 2 wird das Grundrecht auf Freiheit der Person (Artikel 2 Absatz 2 Satz 3 des Grundgesetzes[1)]) eingeschränkt.

§ 107 Übergangsregelung. (1) [1]Das Bundesministerium für Familie, Senioren, Frauen und Jugend begleitet und untersucht

1. bis zum Inkrafttreten von § 10b am 1. Januar 2024 sowie
2. bis zum Inkrafttreten von § 10 Absatz 4 Satz 1 und 2 am 1. Januar 2028

die Umsetzung der für die Ausführung dieser Regelungen jeweils notwendigen Maßnahmen in den Ländern. [2]Bei der Untersuchung nach Satz 1 Nummer 1

[1)] Nr. **1**.

werden insbesondere auch die Erfahrungen der örtlichen Träger der öffentlichen Jugendhilfe einbezogen, die bereits vor dem 1. Januar 2024 Verfahrenslotsen entsprechend § 10b einsetzen. [3]Bei der Untersuchung nach Satz 1 Nummer 2 findet das Bundesgesetz nach § 10 Absatz 4 Satz 3 ab dem Zeitpunkt seiner Verkündung, die als Bedingung für das Inkrafttreten von § 10 Absatz 4 Satz 1 und 2 spätestens bis zum 1. Januar 2027 erfolgen muss, besondere Berücksichtigung.

(2) [1]Das Bundesministerium für Familie, Senioren, Frauen und Jugend untersucht in den Jahren 2022 bis 2024 die rechtlichen Wirkungen von § 10 Absatz 4 und legt dem Bundestag und dem Bundesrat bis zum 31. Dezember 2024 einen Bericht über das Ergebnis der Untersuchung vor. [2]Dabei sollen insbesondere die gesetzlichen Festlegungen des Achten und Neunten Buches

1. zur Bestimmung des leistungsberechtigten Personenkreises,
2. zur Bestimmung von Art und Umfang der Leistungen,
3. zur Ausgestaltung der Kostenbeteiligung bei diesen Leistungen und
4. zur Ausgestaltung des Verfahrens

untersucht werden mit dem Ziel, den leistungsberechtigten Personenkreis, Art und Umfang der Leistungen sowie den Umfang der Kostenbeteiligung für die hierzu Verpflichteten nach dem am 1. Januar 2023 für die Eingliederungshilfe geltenden Recht beizubehalten, insbesondere einerseits keine Verschlechterungen für leistungsberechtigte oder kostenbeitragspflichtige Personen und andererseits keine Ausweitung des Kreises der Leistungsberechtigten sowie des Leistungsumfangs im Vergleich zur Rechtslage am 1. Januar 2023 herbeizuführen, sowie Hinweise auf die zu bestimmenden Inhalte des Bundesgesetzes nach § 10 Absatz 4 Satz 3 zu geben. [3]In die Untersuchung werden auch mögliche finanzielle Auswirkungen gesetzlicher Gestaltungsoptionen einbezogen.

(3) Soweit das Bundesministerium für Familie, Senioren, Frauen und Jugend Dritte in die Durchführung der Untersuchungen nach den Absätzen 1 und 2 einbezieht, beteiligt es hierzu vorab die Länder.

(4) Das Bundesministerium für Familie, Senioren, Frauen und Jugend untersucht unter Beteiligung der Länder die Wirkungen dieses Gesetzes im Übrigen einschließlich seiner finanziellen Auswirkungen auf Länder und Kommunen und berichtet dem Deutschen Bundestag und dem Bundesrat über die Ergebnisse dieser Untersuchung.

11. Gesetz zur Kooperation und Information im Kinderschutz (KKG)[1)]

Vom 22. Dezember 2011
(BGBl. I S. 2975)

FNA 8601-6

zuletzt geänd. durch Art. 2 Kinder- und JugendstärkungsG v. 3.6.2021 (BGBl. I S. 1444)

§ 1 Kinderschutz und staatliche Mitverantwortung. (1) Ziel des Gesetzes ist es, das Wohl von Kindern und Jugendlichen zu schützen und ihre körperliche, geistige und seelische Entwicklung zu fördern.

(2) [1] Pflege und Erziehung der Kinder und Jugendlichen sind das natürliche Recht der Eltern und die zuvörderst ihnen obliegende Pflicht. [2] Über ihre Betätigung wacht die staatliche Gemeinschaft.

(3) Aufgabe der staatlichen Gemeinschaft ist es, soweit erforderlich, Eltern bei der Wahrnehmung ihres Erziehungsrechts und ihrer Erziehungsverantwortung zu unterstützen, damit

1. sie im Einzelfall dieser Verantwortung besser gerecht werden können,
2. im Einzelfall Risiken für die Entwicklung von Kindern und Jugendlichen frühzeitig erkannt werden und
3. im Einzelfall eine Gefährdung des Wohls eines Kindes oder eines Jugendlichen vermieden oder, falls dies im Einzelfall nicht mehr möglich ist, eine weitere Gefährdung oder Schädigung abgewendet werden kann.

(4) [1] Zu diesem Zweck umfasst die Unterstützung der Eltern bei der Wahrnehmung ihres Erziehungsrechts und ihrer Erziehungsverantwortung durch die staatliche Gemeinschaft insbesondere auch Information, Beratung und Hilfe. [2] Kern ist die Vorhaltung eines möglichst frühzeitigen, koordinierten und multiprofessionellen Angebots im Hinblick auf die Entwicklung von Kindern vor allem in den ersten Lebensjahren für Mütter und Väter sowie schwangere Frauen und werdende Väter (Frühe Hilfen).

§ 2 Information der Eltern über Unterstützungsangebote in Fragen der Kindesentwicklung. (1) Eltern sowie werdende Mütter und Väter sollen über Leistungsangebote im örtlichen Einzugsbereich zur Beratung und Hilfe in Fragen der Schwangerschaft, Geburt und der Entwicklung des Kindes in den ersten Lebensjahren informiert werden.

(2) [1] Zu diesem Zweck sind die nach Landesrecht für die Information der Eltern nach Absatz 1 zuständigen Stellen befugt, den Eltern ein persönliches Gespräch anzubieten. [2] Dieses kann auf Wunsch der Eltern in ihrer Wohnung stattfinden. [3] Sofern Landesrecht keine andere Regelung trifft, bezieht sich die in Satz 1 geregelte Befugnis auf die örtlichen Träger der Jugendhilfe.

§ 3 Rahmenbedingungen für verbindliche Netzwerkstrukturen im Kinderschutz. (1) In den Ländern werden insbesondere im Bereich Früher Hilfen flächendeckend verbindliche Strukturen der Zusammenarbeit der zu-

---

[1)] Verkündet als Art. 1 BundeskinderschutzG v. 22.12.2011 (BGBl. I S. 2975); Inkrafttreten gem. Art. 6 dieses G am 1.1.2012.

ständigen Leistungsträger und Institutionen im Kinderschutz mit dem Ziel aufgebaut und weiterentwickelt, sich gegenseitig über das jeweilige Angebots- und Aufgabenspektrum zu informieren, strukturelle Fragen der Angebotsgestaltung und -entwicklung zu klären sowie Verfahren im Kinderschutz aufeinander abzustimmen.

(2) In das Netzwerk sollen insbesondere Leistungserbringer, mit denen Verträge nach § 125 des Neunten Buches Sozialgesetzbuch bestehen, Gesundheitsämter, Sozialämter, Schulen, Polizei- und Ordnungsbehörden, Agenturen für Arbeit, Krankenhäuser, Sozialpädiatrische Zentren, Frühförderstellen, Beratungsstellen für soziale Problemlagen, Beratungsstellen nach den §§ 3 und 8 des Schwangerschaftskonfliktgesetzes, Einrichtungen und Dienste zur Müttergenesung sowie zum Schutz gegen Gewalt in engen sozialen Beziehungen, Mehrgenerationenhäuser, Familienbildungsstätten, Familiengerichte und Angehörige der Heilberufe einbezogen werden.

(3) [1] Sofern Landesrecht keine andere Regelung trifft, soll die verbindliche Zusammenarbeit im Kinderschutz als Netzwerk durch den örtlichen Träger der Jugendhilfe organisiert werden. [2] Die Beteiligten sollen die Grundsätze für eine verbindliche Zusammenarbeit in Vereinbarungen festlegen. [3] Auf vorhandene Strukturen soll zurückgegriffen werden.

(4) [1] Dieses Netzwerk soll zur Beförderung Früher Hilfen durch den Einsatz von Familienhebammen gestärkt werden. [2] Das Bundesministerium für Familie, Senioren, Frauen und Jugend unterstützt den Aus- und Aufbau der Netzwerke Frühe Hilfen und des Einsatzes von Familienhebammen auch unter Einbeziehung ehrenamtlicher Strukturen durch eine zeitlich auf vier Jahre befristete Bundesinitiative, die im Jahr 2012 mit 30 Millionen Euro, im Jahr 2013 mit 45 Millionen Euro und in den Jahren 2014 und 2015 mit 51 Millionen Euro ausgestattet wird. [3] Nach Ablauf dieser Befristung wird der Bund einen Fonds zur Sicherstellung der Netzwerke Frühe Hilfen und der psychosozialen Unterstützung von Familien einrichten, für den er jährlich 51 Millionen Euro zur Verfügung stellen wird. [4] Die Ausgestaltung der Bundesinitiative und des Fonds wird in Verwaltungsvereinbarungen geregelt, die das Bundesministerium für Familie, Senioren, Frauen und Jugend im Einvernehmen mit dem Bundesministerium der Finanzen mit den Ländern schließt.

§ 4 Beratung und Übermittlung von Informationen durch Geheimnisträger bei Kindeswohlgefährdung. (1) Werden

1. Ärztinnen oder Ärzten, Zahnärztinnen oder Zahnärzten, Hebammen oder Entbindungspflegern oder Angehörigen eines anderen Heilberufes, der für die Berufsausübung oder die Führung der Berufsbezeichnung eine staatlich geregelte Ausbildung erfordert,
2. Berufspsychologinnen oder -psychologen mit staatlich anerkannter wissenschaftlicher Abschlussprüfung,
3. Ehe-, Familien-, Erziehungs- oder Jugendberaterinnen oder -beratern sowie
4. Beraterinnen oder Beratern für Suchtfragen in einer Beratungsstelle, die von einer Behörde oder Körperschaft, Anstalt oder Stiftung des öffentlichen Rechts anerkannt ist,
5. Mitgliedern oder Beauftragten einer anerkannten Beratungsstelle nach den §§ 3 und 8 des Schwangerschaftskonfliktgesetzes,

6. staatlich anerkannten Sozialarbeiterinnen oder -arbeitern oder staatlich anerkannten Sozialpädagoginnen oder -pädagogen oder
7. Lehrerinnen oder Lehrern an öffentlichen und an staatlich anerkannten privaten Schulen

in Ausübung ihrer beruflichen Tätigkeit gewichtige Anhaltspunkte für die Gefährdung des Wohls eines Kindes oder eines Jugendlichen bekannt, so sollen sie mit dem Kind oder Jugendlichen und den Erziehungsberechtigten die Situation erörtern und, soweit erforderlich, bei den Erziehungsberechtigten auf die Inanspruchnahme von Hilfen hinwirken, soweit hierdurch der wirksame Schutz des Kindes oder des Jugendlichen nicht in Frage gestellt wird.

(2) [1] Die Personen nach Absatz 1 haben zur Einschätzung der Kindeswohlgefährdung gegenüber dem Träger der öffentlichen Jugendhilfe Anspruch auf Beratung durch eine insoweit erfahrene Fachkraft. [2] Sie sind zu diesem Zweck befugt, dieser Person die dafür erforderlichen Daten zu übermitteln; vor einer Übermittlung der Daten sind diese zu pseudonymisieren.

(3) [1] Scheidet eine Abwendung der Gefährdung nach Absatz 1 aus oder ist ein Vorgehen nach Absatz 1 erfolglos und halten die in Absatz 1 genannten Personen ein Tätigwerden des Jugendamtes für erforderlich, um eine Gefährdung des Wohls eines Kindes oder eines Jugendlichen abzuwenden, so sind sie befugt, das Jugendamt zu informieren; hierauf sind die Betroffenen vorab hinzuweisen, es sei denn, dass damit der wirksame Schutz des Kindes oder des Jugendlichen in Frage gestellt wird. [2] Zu diesem Zweck sind die Personen nach Satz 1 befugt, dem Jugendamt die erforderlichen Daten mitzuteilen. [3] Die Sätze 1 und 2 gelten für die in Absatz 1 Nummer 1 genannten Personen mit der Maßgabe, dass diese unverzüglich das Jugendamt informieren sollen, wenn nach deren Einschätzung eine dringende Gefahr für das Wohl des Kindes oder des Jugendlichen das Tätigwerden des Jugendamtes erfordert.

(4) [1] Wird das Jugendamt von einer in Absatz 1 genannten Person informiert, soll es dieser Person zeitnah eine Rückmeldung geben, ob es die gewichtigen Anhaltspunkte für die Gefährdung des Wohls des Kindes oder Jugendlichen bestätigt sieht und ob es zum Schutz des Kindes oder Jugendlichen tätig geworden ist und noch tätig ist. [2] Hierauf sind die Betroffenen vorab hinzuweisen, es sei denn, dass damit der wirksame Schutz des Kindes oder des Jugendlichen in Frage gestellt wird.

(5) Die Absätze 2 und 3 gelten entsprechend für Mitarbeiterinnen und Mitarbeiter von Zollbehörden.

(6) Zur praktischen Erprobung datenschutzrechtskonformer Umsetzungsformen und zur Evaluierung der Auswirkungen auf den Kinderschutz kann Landesrecht die Befugnis zu einem fallbezogenen interkollegialen Austausch von Ärztinnen und Ärzten regeln.

§ 5 Mitteilungen an das Jugendamt. (1) [1] Werden in einem Strafverfahren gewichtige Anhaltspunkte für die Gefährdung des Wohls eines Kindes oder eines Jugendlichen bekannt, informiert die Strafverfolgungsbehörde oder das Gericht unverzüglich den zuständigen örtlichen Träger der öffentlichen Jugendhilfe sowie im Falle seiner Zuständigkeit den überörtlichen Träger der öffentlichen Jugendhilfe und übermittelt die aus ihrer Sicht zur Einschätzung des Gefährdungsrisikos erforderlichen Daten. [2] Die Mitteilung ordnen Richterinnen oder Richter, Staatsanwältinnen oder Staatsanwälte an. [2]§ 4 Absatz 2 gilt entsprechend.

(2) Gewichtige Anhaltspunkte für eine Gefährdung können insbesondere dann vorliegen, wenn gegen eine Person, die mit einem Kind oder Jugendlichen in häuslicher Gemeinschaft lebt oder die regelmäßig Umgang mit ihm hat oder haben wird, der Verdacht besteht, eine Straftat nach den §§ 171, 174, 176 bis 180, 182, 184b bis 184e, 225, 232 bis 233a, 234, 235 oder 236 des Strafgesetzbuchs[1] begangen zu haben.

---

[1] Nr. **38**.

12. Sozialgesetzbuch (SGB) Erstes Buch (I) Allgemeiner Teil[1) 2)]

Vom 11. Dezember 1975
(BGBl. I S. 3015)

FNA 860-1

zuletzt geänd. durch Art. 32 G über die Entschädigung der Soldatinnen und Soldaten und zur Neuordnung des Soldatenversorgungsrechts v. 20.8.2021 (BGBl. I S. 3932)

– Auszug –

Erster Abschnitt. Aufgaben des Sozialgesetzbuchs und soziale Rechte

§ 1 Aufgaben des Sozialgesetzbuchs. (1) [1]Das Recht des Sozialgesetzbuchs soll zur Verwirklichung sozialer Gerechtigkeit und sozialer Sicherheit Sozialleistungen einschließlich sozialer und erzieherischer Hilfen gestalten. [2]Es soll dazu beitragen,
ein menschenwürdiges Dasein zu sichern,
gleiche Voraussetzungen für die freie Entfaltung der Persönlichkeit, insbesondere auch für junge Menschen zu schaffen,
die Familie zu schützen und zu fördern,
den Erwerb des Lebensunterhalts durch eine frei gewählte Tätigkeit zu ermöglichen und
besondere Belastungen des Lebens, auch durch Hilfe zur Selbsthilfe, abzuwenden oder auszugleichen.

(2) Das Recht des Sozialgesetzbuchs soll auch dazu beitragen, daß die zur Erfüllung der in Absatz 1 genannten Aufgaben erforderlichen sozialen Dienste und Einrichtungen rechtzeitig und ausreichend zur Verfügung stehen.

§ 2 Soziale Rechte. (1) [1]Der Erfüllung der in § 1 genannten Aufgaben dienen die nachfolgenden sozialen Rechte. [2]Aus ihnen können Ansprüche nur insoweit geltend gemacht oder hergeleitet werden, als deren Voraussetzungen und Inhalt durch die Vorschriften der besonderen Teile dieses Gesetzbuchs im einzelnen bestimmt sind.

(2) Die nachfolgenden sozialen Rechte sind bei der Auslegung der Vorschriften dieses Gesetzbuchs und bei der Ausübung von Ermessen zu beachten; dabei ist sicherzustellen, daß die sozialen Rechte möglichst weitgehend verwirklicht werden.

§ 3 Bildungs- und Arbeitsförderung. (1) Wer an einer Ausbildung teilnimmt, die seiner Neigung, Eignung und Leistung entspricht, hat ein Recht

---

[1)] Verkündet als Art. I Sozialgesetzbuch (SGB) – Allgemeiner Teil – v. 11.12.1975 (BGBl. I S. 3015); Inkrafttreten gem. Art. II § 23 Abs. 1 Satz 1 dieses G am 1.1.1976 mit Ausnahme des § 44, der gem. Art. II § 23 Abs. 2 Satz 1 am 1.1.1978 in Kraft getreten ist.

[2)] Änderungen, die nach dem 31.12.2023 in Kraft treten, sind hier nicht wiedergegeben.

auf individuelle Förderung seiner Ausbildung, wenn ihm die hierfür erforderlichen Mittel nicht anderweitig zur Verfügung stehen.

(2) Wer am Arbeitsleben teilnimmt oder teilnehmen will, hat ein Recht auf
1. Beratung bei der Wahl des Bildungswegs und des Berufs,
2. individuelle Förderung seiner beruflichen Weiterbildung,
3. Hilfe zur Erlangung und Erhaltung eines angemessenen Arbeitsplatzes und
4. wirtschaftliche Sicherung bei Arbeitslosigkeit und bei Zahlungsunfähigkeit des Arbeitgebers.

§ 4 Sozialversicherung. (1) Jeder hat im Rahmen dieses Gesetzbuchs ein Recht auf Zugang zur Sozialversicherung.

(2) [1] Wer in der Sozialversicherung versichert ist, hat im Rahmen der gesetzlichen Kranken-, Pflege-, Unfall- und Rentenversicherung einschließlich der Alterssicherung der Landwirte ein Recht auf
1. die notwendigen Maßnahmen zum Schutz, zur Erhaltung, zur Besserung und zur Wiederherstellung der Gesundheit und der Leistungsfähigkeit und
2. wirtschaftliche Sicherung bei Krankheit, Mutterschaft, Minderung der Erwerbsfähigkeit und Alter.

[2] Ein Recht auf wirtschaftliche Sicherung haben auch die Hinterbliebenen eines Versicherten.

§ 5 Soziale Entschädigung bei Gesundheitsschäden. [1] Wer einen Gesundheitsschaden erleidet, für dessen Folgen die staatliche Gemeinschaft in Abgeltung eines besonderen Opfers oder aus anderen Gründen nach versorgungsrechtlichen Grundsätzen einsteht, hat ein Recht auf
1. die notwendigen Maßnahmen zur Erhaltung, zur Besserung und zur Wiederherstellung der Gesundheit und der Leistungsfähigkeit und
2. angemessene wirtschaftliche Versorgung.

[2] Ein Recht auf angemessene wirtschaftliche Versorgung haben auch die Hinterbliebenen eines Beschädigten.

§ 6 Minderung des Familienaufwands. Wer Kindern Unterhalt zu leisten hat oder leistet, hat ein Recht auf Minderung der dadurch entstehenden wirtschaftlichen Belastungen.

§ 7 Zuschuß für eine angemessene Wohnung. Wer für eine angemessene Wohnung Aufwendungen erbringen muß, die ihm nicht zugemutet werden können, hat ein Recht auf Zuschuß zur Miete oder zu vergleichbaren Aufwendungen.

§ 8 Kinder- und Jugendhilfe. [1] Junge Menschen und Personensorgeberechtigte haben im Rahmen dieses Gesetzbuchs ein Recht, Leistungen der öffentlichen Jugendhilfe in Anspruch zu nehmen. [2] Sie sollen die Entwicklung junger Menschen fördern und die Erziehung in der Familie unterstützen und ergänzen.

§ 9 Sozialhilfe. [1] Wer nicht in der Lage ist, aus eigenen Kräften seinen Lebensunterhalt zu bestreiten oder in besonderen Lebenslagen sich selbst zu helfen, und auch von anderer Seite keine ausreichende Hilfe erhält, hat ein

Recht auf persönliche und wirtschaftliche Hilfe, die seinem besonderen Bedarf entspricht, ihn zur Selbsthilfe befähigt, die Teilnahme am Leben in der Gemeinschaft ermöglicht und die Führung eines menschenwürdigen Lebens sichert. [2] Hierbei müssen Leistungsberechtigte nach ihren Kräften mitwirken.

§ 10 Teilhabe behinderter Menschen. Menschen, die körperlich, geistig oder seelisch behindert sind oder denen eine solche Behinderung droht, haben unabhängig von der Ursache der Behinderung zur Förderung ihrer Selbstbestimmung und gleichberechtigten Teilhabe ein Recht auf Hilfe, die notwendig ist, um

1. die Behinderung abzuwenden, zu beseitigen, zu mindern, ihre Verschlimmerung zu verhüten oder ihre Folgen zu mildern,
2. Einschränkungen der Erwerbsfähigkeit oder Pflegebedürftigkeit zu vermeiden, zu überwinden, zu mindern oder eine Verschlimmerung zu verhüten sowie den vorzeitigen Bezug von Sozialleistungen zu vermeiden oder laufende Sozialleistungen zu mindern,
3. ihnen einen ihren Neigungen und Fähigkeiten entsprechenden Platz im Arbeitsleben zu sichern,
4. ihre Entwicklung zu fördern und ihre Teilhabe am Leben in der Gesellschaft und eine möglichst selbständige und selbstbestimmte Lebensführung zu ermöglichen oder zu erleichtern sowie
5. Benachteiligungen auf Grund der Behinderung entgegenzuwirken.

Zweiter Abschnitt. Einweisungsvorschriften

Erster Titel. Allgemeines über Sozialleistungen und Leistungsträger

§ 11 Leistungsarten. [1] Gegenstand der sozialen Rechte sind die in diesem Gesetzbuch vorgesehenen Dienst-, Sach- und Geldleistungen (Sozialleistungen). [2] Die persönliche und erzieherische Hilfe gehört zu den Dienstleistungen.

§ 12 Leistungsträger. [1] Zuständig für die Sozialleistungen sind die in den §§ 18 bis 29 genannten Körperschaften, Anstalten und Behörden (Leistungsträger). [2] Die Abgrenzung ihrer Zuständigkeit ergibt sich aus den besonderen Teilen dieses Gesetzbuchs.

§ 13 Aufklärung. Die Leistungsträger, ihre Verbände und die sonstigen in diesem Gesetzbuch genannten öffentlich-rechtlichen Vereinigungen sind verpflichtet, im Rahmen ihrer Zuständigkeit die Bevölkerung über die Rechte und Pflichten nach diesem Gesetzbuch aufzuklären.

§ 14 Beratung. [1] Jeder hat Anspruch auf Beratung über seine Rechte und Pflichten nach diesem Gesetzbuch. [2] Zuständig für die Beratung sind die Leistungsträger, denen gegenüber die Rechte geltend zu machen oder die Pflichten zu erfüllen sind.

§ 15 Auskunft. (1) Die nach Landesrecht zuständigen Stellen, die Träger der gesetzlichen Krankenversicherung und der sozialen Pflegeversicherung sind verpflichtet, über alle sozialen Angelegenheiten nach diesem Gesetzbuch Auskünfte zu erteilen.

(2) Die Auskunftspflicht erstreckt sich auf die Benennung der für die Sozialleistungen zuständigen Leistungsträger sowie auf alle Sach- und Rechtsfragen, die für die Auskunftsuchenden von Bedeutung sein können und zu deren Beantwortung die Auskunftsstelle imstande ist.

(3) Die Auskunftsstellen sind verpflichtet, untereinander und mit den anderen Leistungsträgern mit dem Ziel zusammenzuarbeiten, eine möglichst umfassende Auskunftserteilung durch eine Stelle sicherzustellen.

(4) Die Träger der gesetzlichen Rentenversicherung sollen über Möglichkeiten zum Aufbau einer staatlich geförderten zusätzlichen Altersvorsorge produkt- und anbieterneutral Auskünfte erteilen.

§ 16 Antragstellung. (1) [1] Anträge auf Sozialleistungen sind beim zuständigen Leistungsträger zu stellen. [2] Sie werden auch von allen anderen Leistungsträgern, von allen Gemeinden und bei Personen, die sich im Ausland aufhalten, auch von den amtlichen Vertretungen der Bundesrepublik Deutschland im Ausland entgegengenommen.

(2) [1] Anträge, die bei einem unzuständigen Leistungsträger, bei einer für die Sozialleistung nicht zuständigen Gemeinde oder bei einer amtlichen Vertretung der Bundesrepublik Deutschland im Ausland gestellt werden, sind unverzüglich an den zuständigen Leistungsträger weiterzuleiten. [2] Ist die Sozialleistung von einem Antrag abhängig, gilt der Antrag als zu dem Zeitpunkt gestellt, in dem er bei einer der in Satz 1 genannten Stellen eingegangen ist.

(3) Die Leistungsträger sind verpflichtet, darauf hinzuwirken, daß unverzüglich klare und sachdienliche Anträge gestellt und unvollständige Angaben ergänzt werden.

§ 17 Ausführung der Sozialleistungen. (1) Die Leistungsträger sind verpflichtet, darauf hinzuwirken, daß

1. jeder Berechtigte die ihm zustehenden Sozialleistungen in zeitgemäßer Weise, umfassend und zügig erhält,
2. die zur Ausführung von Sozialleistungen erforderlichen sozialen Dienste und Einrichtungen rechtzeitig und ausreichend zur Verfügung stehen,
3. der Zugang zu den Sozialleistungen möglichst einfach gestaltet wird, insbesondere durch Verwendung allgemein verständlicher Antragsvordrucke und
4. ihre Verwaltungs- und Dienstgebäude frei von Zugangs- und Kommunikationsbarrieren sind und Sozialleistungen in barrierefreien Räumen und Anlagen ausgeführt werden.

(2) [1] Menschen mit Hörbehinderungen und Menschen mit Sprachbehinderungen haben das Recht, bei der Ausführung von Sozialleistungen, insbesondere auch bei ärztlichen Untersuchungen und Behandlungen, in Deutscher Gebärdensprache, mit lautsprachbegleitenden Gebärden oder über andere geeignete Kommunikationshilfen zu kommunizieren. [2] Die für die Sozialleistung zuständigen Leistungsträger sind verpflichtet, die durch die Verwendung der Kommunikationshilfen entstehenden Kosten zu tragen. [3] § 5 der Kommunikationshilfenverordnung in der jeweils geltenden Fassung gilt entsprechend.

(2a) § 11 des Behindertengleichstellungsgesetzes gilt in seiner jeweils geltenden Fassung bei der Ausführung von Sozialleistungen entsprechend.

(3) [1] In der Zusammenarbeit mit gemeinnützigen und freien Einrichtungen und Organisationen wirken die Leistungsträger darauf hin, daß sich ihre Tätigkeit und die der genannten Einrichtungen und Organisationen zum Wohl der Leistungsempfänger wirksam ergänzen. [2] Sie haben dabei deren Selbständigkeit in Zielsetzung und Durchführung ihrer Aufgaben zu achten. [3] Die Nachprüfung zweckentsprechender Verwendung bei der Inanspruchnahme öffentlicher Mittel bleibt unberührt. [4] Im übrigen ergibt sich ihr Verhältnis zueinander aus den besonderen Teilen dieses Gesetzbuchs; § 97 Abs. 1 Satz 1 bis 4 und Abs. 2 des Zehnten Buches findet keine Anwendung.

[Abs. 4 ab 1.1.2023:]

(4) [1] Die Leistungsträger arbeiten mit den Betreuungsbehörden bei der Erfüllung ihrer Aufgaben zur Vermittlung geeigneter Hilfen zur Betreuungsvermeidung zusammen. [2] Soziale Rechte dürfen nicht deshalb abgelehnt, versagt oder eingeschränkt werden, weil ein rechtlicher Betreuer nach § 1814 Absatz 1 des Bürgerlichen Gesetzbuchs[1)] bestellt worden ist oder bestellt werden könnte.

Zweiter Titel. Einzelne Sozialleistungen und zuständige Leistungsträger

§ 18 Leistungen der Ausbildungsförderung. (1) Nach dem Recht der Ausbildungsförderung können Zuschüsse und Darlehen für den Lebensunterhalt und die Ausbildung in Anspruch genommen werden.

(2) Zuständig sind die Ämter und die Landesämter für Ausbildungsförderung nach Maßgabe der §§ 39, 40, 40a und 45 des Bundesausbildungsförderungsgesetzes[2)].

§ 19 Leistungen der Arbeitsförderung. (1) Nach dem Recht der Arbeitsförderung können in Anspruch genommen werden:
1. Berufsberatung und Arbeitsmarktberatung,
2. Ausbildungsvermittlung und Arbeitsvermittlung,
3. Leistungen
   a) zur Aktivierung und beruflichen Eingliederung,
   b) zur Berufswahl und Berufsausbildung,
   c) zur beruflichen Weiterbildung,
   d) zur Aufnahme einer Erwerbstätigkeit,
   e) zum Verbleib in Beschäftigung,
   f) der Teilhabe behinderter Menschen am Arbeitsleben,
4. Arbeitslosengeld, Teilarbeitslosengeld, Arbeitslosengeld bei Weiterbildung und Insolvenzgeld.

(2) Zuständig sind die Agenturen für Arbeit und die sonstigen Dienststellen der Bundesagentur für Arbeit.

§ 19a Leistungen der Grundsicherung für Arbeitsuchende. (1) Nach dem Recht der Grundsicherung für Arbeitsuchende können in Anspruch genommen werden
1. Leistungen zur Eingliederung in Arbeit,

---

1) Nr. **2**.
2) Nr. **31**.

2. Leistungen zur Sicherung des Lebensunterhalts.

(2) [1] Zuständig sind die Agenturen für Arbeit und die sonstigen Dienststellen der Bundesagentur für Arbeit, sowie die kreisfreien Städte und Kreise, soweit durch Landesrecht nicht andere Träger bestimmt sind. [2] In den Fällen des § 6a des Zweiten Buches ist abweichend von Satz 1 der zugelassene kommunale Träger zuständig.

§ 27 Leistungen der Kinder- und Jugendhilfe. (1) Nach dem Recht der Kinder- und Jugendhilfe können in Anspruch genommen werden:

1. Angebote der Jugendarbeit, der Jugendsozialarbeit und des erzieherischen Jugendschutzes,
2. Angebote zur Förderung der Erziehung in der Familie,
3. Angebote zur Förderung von Kindern in Tageseinrichtungen und in Tagespflege,
4. Hilfe zur Erziehung, Eingliederungshilfe für seelisch behinderte Kinder und Jugendliche sowie Hilfe für junge Volljährige.

(2) Zuständig sind die Kreise und die kreisfreien Städte, nach Maßgabe des Landesrechts auch kreisangehörige Gemeinden; sie arbeiten mit der freien Jugendhilfe zusammen.

§§ 28, 28a *(hier nicht wiedergegeben)*

§ 29 Leistungen zur Rehabilitation und Teilhabe behinderter Menschen. (1) Nach dem Recht der Rehabilitation und Teilhabe behinderter Menschen können in Anspruch genommen werden

1. Leistungen zur medizinischen Rehabilitation, insbesondere
   a) Frühförderung behinderter und von Behinderung bedrohter Kinder,
   b) ärztliche und zahnärztliche Behandlung,
   c) Arznei- und Verbandmittel sowie Heilmittel einschließlich physikalischer, Sprach- und Beschäftigungstherapie,
   d) Körperersatzstücke, orthopädische und andere Hilfsmittel,
   e) Belastungserprobung und Arbeitstherapie,
2. Leistungen zur Teilhabe am Arbeitsleben, insbesondere
   a) Hilfen zum Erhalten oder Erlangen eines Arbeitsplatzes,
   b) Berufsvorbereitung, berufliche Anpassung, Ausbildung und Weiterbildung,
   c) sonstige Hilfen zur Förderung der Teilhabe am Arbeitsleben,

2a. Leistungen zur Teilhabe an Bildung, insbesondere
   a) Hilfen zur Schulbildung, insbesondere im Rahmen der allgemeinen Schulpflicht und zum Besuch weiterführender Schulen einschließlich der Vorbereitung hierzu,
   b) Hilfen zur schulischen Berufsausbildung,
   c) Hilfen zur Hochschulbildung,
   d) Hilfen zur schulischen beruflichen Weiterbildung,

3. Leistungen zur Sozialen Teilhabe, insbesondere
   a) Leistungen für Wohnraum,
   b) Assistenzleistungen,

c) heilpädagogische Leistungen,
d) Leistungen zur Betreuung in einer Pflegefamilie,
e) Leistungen zum Erwerb und Erhalt praktischer Kenntnisse und Fähigkeiten,
f) Leistungen zur Förderung der Verständigung,
g) Leistungen zur Mobilität,
h) Hilfsmittel,

4. unterhaltssichernde und andere ergänzende Leistungen, insbesondere
a) Krankengeld, ***[bis 31.12.2023:*** Versorgungskrankengeld***]***, Verletztengeld, Übergangsgeld, Ausbildungsgeld oder Unterhaltsbeihilfe,
b) Beiträge zur gesetzlichen Kranken-, Unfall-, Renten- und Pflegeversicherung sowie zur Bundesagentur für Arbeit,
c) Reisekosten,
d) Haushalts- oder Betriebshilfe und Kinderbetreuungskosten,
e) Rehabilitationssport und Funktionstraining,

5. besondere Leistungen und sonstige Hilfen zur Teilhabe schwerbehinderter Menschen am Leben in der Gesellschaft, insbesondere am Arbeitsleben.

(2) Zuständig sind die in den §§ 19 bis 24, 27 und 28 genannten Leistungsträger und die Integrationsämter.

Dritter Abschnitt. Gemeinsame Vorschriften für alle Sozialleistungsbereiche dieses Gesetzbuchs

Erster Titel. Allgemeine Grundsätze

§ 30 Geltungsbereich. (1) Die Vorschriften dieses Gesetzbuchs gelten für alle Personen, die ihren Wohnsitz oder gewöhnlichen Aufenthalt in seinem Geltungsbereich haben.

(2) Regelungen des über- und zwischenstaatlichen Rechts bleiben unberührt.

(3) [1] Einen Wohnsitz hat jemand dort, wo er eine Wohnung unter Umständen innehat, die darauf schließen lassen, daß er die Wohnung beibehalten und benutzen wird. [2] Den gewöhnlichen Aufenthalt hat jemand dort, wo er sich unter Umständen aufhält, die erkennen lassen, daß er an diesem Ort oder in diesem Gebiet nicht nur vorübergehend verweilt.

§ 31 Vorbehalt des Gesetzes. Rechte und Pflichten in den Sozialleistungsbereichen dieses Gesetzbuchs dürfen nur begründet, festgestellt, geändert oder aufgehoben werden, soweit ein Gesetz es vorschreibt oder zuläßt.

§ 32 Verbot nachteiliger Vereinbarungen. Privatrechtliche Vereinbarungen, die zum Nachteil des Sozialleistungsberechtigten von Vorschriften dieses Gesetzbuchs abweichen, sind nichtig.

§ 33 Ausgestaltung von Rechten und Pflichten. [1] Ist der Inhalt von Rechten oder Pflichten nach Art oder Umfang nicht im einzelnen bestimmt, sind bei ihrer Ausgestaltung die persönlichen Verhältnisse des Berechtigten oder Verpflichteten, sein Bedarf und seine Leistungsfähigkeit sowie die örtlichen Verhältnisse zu berücksichtigen, soweit Rechtsvorschriften nicht entgegenstehen. [2]Dabei soll den Wünschen des Berechtigten oder Verpflichteten entsprochen werden, soweit sie angemessen sind.

§ 33a Altersabhängige Rechte und Pflichten. (1) Sind Rechte oder Pflichten davon abhängig, daß eine bestimmte Altersgrenze erreicht oder nicht überschritten ist, ist das Geburtsdatum maßgebend, das sich aus der ersten Angabe des Berechtigten oder Verpflichteten oder seiner Angehörigen gegenüber einem Sozialleistungsträger oder, soweit es sich um eine Angabe im Rahmen des Dritten oder Sechsten Abschnitts des Vierten Buches handelt, gegenüber dem Arbeitgeber ergibt.

(2) Von einem nach Absatz 1 maßgebenden Geburtsdatum darf nur abgewichen werden, wenn der zuständige Leistungsträger feststellt, daß

1. ein Schreibfehler vorliegt, oder
2. sich aus einer Urkunde, deren Original vor dem Zeitpunkt der Angabe nach Absatz 1 ausgestellt worden ist, ein anderes Geburtsdatum ergibt.

(3) Die Absätze 1 und 2 gelten für Geburtsdaten, die Bestandteil der Versicherungsnummer oder eines anderen in den Sozialleistungsbereichen dieses Gesetzbuchs verwendeten Kennzeichens sind, entsprechend.

§ 33b Lebenspartnerschaften. Lebenspartnerschaften im Sinne dieses Gesetzbuches sind Lebenspartnerschaften nach dem Lebenspartnerschaftsgesetz.

§ 33c Benachteiligungsverbot. [1]Bei der Inanspruchnahme sozialer Rechte darf niemand aus Gründen der Rasse, wegen der ethnischen Herkunft oder einer Behinderung benachteiligt werden. [2]Ansprüche können nur insoweit geltend gemacht oder hergeleitet werden, als deren Voraussetzungen und Inhalt durch die Vorschriften der besonderen Teile dieses Gesetzbuchs im Einzelnen bestimmt sind.

§ 34 Begrenzung von Rechten und Pflichten. (1) Soweit Rechte und Pflichten nach diesem Gesetzbuch ein familienrechtliches Rechtsverhältnis voraussetzen, reicht ein Rechtsverhältnis, das gemäß Internationalem Privatrecht dem Recht eines anderen Staates unterliegt und nach diesem Recht besteht, nur aus, wenn es dem Rechtsverhältnis im Geltungsbereich dieses Gesetzbuchs entspricht.

(2) Ansprüche mehrerer Ehegatten auf Witwenrente oder Witwerrente werden anteilig und endgültig aufgeteilt.

§ 35 Sozialgeheimnis. (1) [1]Jeder hat Anspruch darauf, dass die ihn betreffenden Sozialdaten (§ 67 Absatz 2 Zehntes Buch) von den Leistungsträgern nicht unbefugt verarbeitet werden (Sozialgeheimnis). [2]Die Wahrung des Sozialgeheimnisses umfasst die Verpflichtung, auch innerhalb des Leistungsträgers sicherzustellen, dass die Sozialdaten nur Befugten zugänglich sind oder nur an diese weitergegeben werden. [3]Sozialdaten der Beschäftigten und ihrer Angehörigen dürfen Personen, die Personalentscheidungen treffen oder daran mitwirken können, weder zugänglich sein noch von Zugriffsberechtigten weitergegeben werden. [4]Der Anspruch richtet sich auch gegen die Verbände der Leistungsträger, die Arbeitsgemeinschaften der Leistungsträger und ihrer Verbände, die Datenstelle der Rentenversicherung, die in diesem Gesetzbuch genannten öffentlich-rechtlichen Vereinigungen, Integrationsfachdienste, die Künstlersozialkasse, die Deutsche Post AG, soweit sie mit der Berechnung oder

Auszahlung von Sozialleistungen betraut ist, die Behörden der Zollverwaltung, soweit sie Aufgaben nach § 2 des Schwarzarbeitsbekämpfungsgesetzes und § 66 des Zehnten Buches durchführen, die Versicherungsämter und Gemeindebehörden sowie die anerkannten Adoptionsvermittlungsstellen (§ 2 Absatz 3 des Adoptionsvermittlungsgesetzes[1)]), soweit sie Aufgaben nach diesem Gesetzbuch wahrnehmen, und die Stellen, die Aufgaben nach § 67c Absatz 3 des Zehnten Buches wahrnehmen. [5] Die Beschäftigten haben auch nach Beendigung ihrer Tätigkeit bei den genannten Stellen das Sozialgeheimnis zu wahren.

(2) [1] Die Vorschriften des Zweiten Kapitels des Zehnten Buches und der übrigen Bücher des Sozialgesetzbuches regeln die Verarbeitung von Sozialdaten abschließend, soweit nicht die Verordnung (EU) 2016/679 des Europäischen Parlaments und des Rates vom 27. April 2016 zum Schutz natürlicher Personen bei der Verarbeitung personenbezogener Daten, zum freien Datenverkehr und zur Aufhebung der Richtlinie 95/46/EG (Datenschutz-Grundverordnung) (ABl. L 119 vom 4.5.2016, S. 1; L 314 vom 22.11.2016, S. 72; L 127 vom 23.5.2018, S. 2) in der jeweils geltenden Fassung unmittelbar gilt. [2] Für die Verarbeitungen von Sozialdaten im Rahmen von nicht in den Anwendungsbereich der Verordnung (EU) 2016/679 fallenden Tätigkeiten finden die Verordnung (EU) 2016/679 und dieses Gesetz entsprechende Anwendung, soweit nicht in diesem oder einem anderen Gesetz Abweichendes geregelt ist.

(2a) Die Verpflichtung zur Wahrung gesetzlicher Geheimhaltungspflichten oder von Berufs- oder besonderen Amtsgeheimnissen, die nicht auf gesetzlichen Vorschriften beruhen, bleibt unberührt.

(3) Soweit eine Übermittlung von Sozialdaten nicht zulässig ist, besteht keine Auskunftspflicht, keine Zeugnispflicht und keine Pflicht zur Vorlegung oder Auslieferung von Schriftstücken, nicht automatisierten Dateisystemen und automatisiert verarbeiteten Sozialdaten.

(4) Betriebs- und Geschäftsgeheimnisse stehen Sozialdaten gleich.

(5) [1] Sozialdaten Verstorbener dürfen nach Maßgabe des Zweiten Kapitels des Zehnten Buches verarbeitet werden. [2] Sie dürfen außerdem verarbeitet werden, wenn schutzwürdige Interessen des Verstorbenen oder seiner Angehörigen dadurch nicht beeinträchtigt werden können.

(6) [1] Die Absätze 1 bis 5 finden neben den in Absatz 1 genannten Stellen auch Anwendung auf solche Verantwortliche oder deren Auftragsverarbeiter,

1. die Sozialdaten im Inland verarbeiten, sofern die Verarbeitung nicht im Rahmen einer Niederlassung in einem anderen Mitgliedstaat der Europäischen Union oder in einem anderen Vertragsstaat des Abkommens über den Europäischen Wirtschaftsraum erfolgt, oder
2. die Sozialdaten im Rahmen der Tätigkeiten einer inländischen Niederlassung verarbeiten.

[2] Sofern die Absätze 1 bis 5 nicht gemäß Satz 1 anzuwenden sind, gelten für den Verantwortlichen oder dessen Auftragsverarbeiter nur die §§ 81 bis 81c des Zehnten Buches.

(7) [1] Bei der Verarbeitung zu Zwecken gemäß Artikel 2 der Verordnung (EU) 2016/679 stehen die Vertragsstaaten des Abkommens über den Europäi-

---

1) Nr. 8.

schen Wirtschaftsraum und die Schweiz den Mitgliedstaaten der Europäischen Union gleich. [2] Andere Staaten gelten insoweit als Drittstaaten.

§ 36 Handlungsfähigkeit. (1) [1] Wer das fünfzehnte Lebensjahr vollendet hat, kann Anträge auf Sozialleistungen stellen und verfolgen sowie Sozialleistungen entgegennehmen. [2] Der Leistungsträger soll den gesetzlichen Vertreter über die Antragstellung und die erbrachten Sozialleistungen unterrichten.

(2) [1] Die Handlungsfähigkeit nach Absatz 1 Satz 1 kann vom gesetzlichen Vertreter durch schriftliche Erklärung gegenüber dem Leistungsträger eingeschränkt werden. [2] Die Rücknahme von Anträgen, der Verzicht auf Sozialleistungen und die Entgegennahme von Darlehen bedürfen der Zustimmung des gesetzlichen Vertreters.

§§ 36a, 37 *(hier nicht wiedergegeben)*

Zweiter Titel. Grundsätze des Leistungsrechts

§ 38 Rechtsanspruch. Auf Sozialleistungen besteht ein Anspruch, soweit nicht nach den besonderen Teilen dieses Gesetzbuchs die Leistungsträger ermächtigt sind, bei der Entscheidung über die Leistung nach ihrem Ermessen zu handeln.

§ 39 Ermessensleistungen. (1) [1] Sind die Leistungsträger ermächtigt, bei der Entscheidung über Sozialleistungen nach ihrem Ermessen zu handeln, haben sie ihr Ermessen entsprechend dem Zweck der Ermächtigung auszuüben und die gesetzlichen Grenzen des Ermessens einzuhalten. [2] Auf pflichtgemäße Ausübung des Ermessens besteht ein Anspruch.

(2) Für Ermessensleistungen gelten die Vorschriften über Sozialleistungen, auf die ein Anspruch besteht, entsprechend, soweit sich aus den Vorschriften dieses Gesetzbuchs nichts Abweichendes ergibt.

§ 53 Übertragung und Verpfändung. (1) Ansprüche auf Dienst- und Sachleistungen können weder übertragen noch verpfändet werden.

(2) Ansprüche auf Geldleistungen können übertragen und verpfändet werden

1. zur Erfüllung oder zur Sicherung von Ansprüchen auf Rückzahlung von Darlehen und auf Erstattung von Aufwendungen, die im Vorgriff auf fällig gewordene Sozialleistungen zu einer angemessenen Lebensführung gegeben oder gemacht worden sind oder,
2. wenn der zuständige Leistungsträger feststellt, daß die Übertragung oder Verpfändung im wohlverstandenen Interesse des Berechtigten liegt.

(3) Ansprüche auf laufende Geldleistungen, die der Sicherung des Lebensunterhalts zu dienen bestimmt sind, können in anderen Fällen übertragen und verpfändet werden, soweit sie den für Arbeitseinkommen geltenden unpfändbaren Betrag übersteigen.

(4) Der Leistungsträger ist zur Auszahlung an den neuen Gläubiger nicht vor Ablauf des Monats verpflichtet, der dem Monat folgt, in dem er von der Übertragung oder Verpfändung Kenntnis erlangt hat.

(5) Eine Übertragung oder Verpfändung von Ansprüchen auf Geldleistungen steht einer Aufrechnung oder Verrechnung auch dann nicht entgegen, wenn

der Leistungsträger beim Erwerb des Anspruchs von der Übertragung oder Verpfändung Kenntnis hatte.

(6) [1] Soweit bei einer Übertragung oder Verpfändung Geldleistungen zu Unrecht erbracht worden sind, sind sowohl der Leistungsberechtigte als auch der neue Gläubiger als Gesamtschuldner dem Leistungsträger zur Erstattung des entsprechenden Betrages verpflichtet. [2] Der Leistungsträger hat den Erstattungsanspruch durch Verwaltungsakt geltend zu machen.

§ 54 Pfändung. (1) Ansprüche auf Dienst- und Sachleistungen können nicht gepfändet werden.

(2) Ansprüche auf einmalige Geldleistungen können nur gepfändet werden, soweit nach den Umständen des Falles, insbesondere nach den Einkommens- und Vermögensverhältnissen des Leistungsberechtigten, der Art des beizutreibenden Anspruchs sowie der Höhe und der Zweckbestimmung der Geldleistung, die Pfändung der Billigkeit entspricht.

(3) Unpfändbar sind Ansprüche auf

1. Elterngeld bis zur Höhe der nach § 10 des Bundeselterngeld- und Elternzeitgesetzes anrechnungsfreien Beträge sowie dem Erziehungsgeld vergleichbare Leistungen der Länder,
2. Mutterschaftsgeld nach § 19 Absatz 1 des Mutterschutzgesetzes, soweit das Mutterschaftsgeld nicht aus einer Teilzeitbeschäftigung während der Elternzeit herrührt, bis zur Höhe des Elterngeldes nach § 2 des Bundeselterngeld- und Elternzeitgesetzes, soweit es die anrechnungsfreien Beträge nach § 10 des Bundeselterngeld- und Elternzeitgesetzes nicht übersteigt,

2a. Wohngeld, soweit nicht die Pfändung wegen Ansprüchen erfolgt, die Gegenstand der §§ 9 und 10 des Wohngeldgesetzes sind,

3. Geldleistungen, die dafür bestimmt sind, den durch einen Körper- oder Gesundheitsschaden bedingten Mehraufwand auszugleichen.

(4) Im übrigen können Ansprüche auf laufende Geldleistungen wie Arbeitseinkommen gepfändet werden.

(5) [1] Ein Anspruch des Leistungsberechtigten auf Geldleistungen für Kinder (§ 48 Abs. 1 Satz 2) kann nur wegen gesetzlicher Unterhaltsansprüche eines Kindes, das bei der Festsetzung der Geldleistungen berücksichtigt wird, gepfändet werden. [2] Für die Höhe des pfändbaren Betrages bei Kindergeld gilt:

1. Gehört das unterhaltsberechtigte Kind zum Kreis der Kinder, für die dem Leistungsberechtigten Kindergeld gezahlt wird, so ist eine Pfändung bis zu dem Betrag möglich, der bei gleichmäßiger Verteilung des Kindergeldes auf jedes dieser Kinder entfällt. Ist das Kindergeld durch die Berücksichtigung eines weiteren Kindes erhöht, für das einer dritten Person Kindergeld oder dieser oder dem Leistungsberechtigten eine andere Geldleistung für Kinder zusteht, so bleibt der Erhöhungsbetrag bei der Bestimmung des pfändbaren Betrages des Kindergeldes nach Satz 1 außer Betracht.
2. Der Erhöhungsbetrag (Nummer 1 Satz 2) ist zugunsten jedes bei der Festsetzung des Kindergeldes berücksichtigten unterhaltsberechtigten Kindes zu dem Anteil pfändbar, der sich bei gleichmäßiger Verteilung auf alle Kinder, die bei der Festsetzung des Kindergeldes zugunsten des Leistungsberechtigten berücksichtigt werden, ergibt.

(6) In den Fällen der Absätze 2, 4 und 5 gilt § 53 Abs. 6 entsprechend.

13. Sozialgesetzbuch (SGB) Zweites Buch (II) – Grundsicherung für Arbeitsuchende –

In der Fassung der Bekanntmachung vom 13. Mai 2011[1)]
(BGBl. I S. 850, ber. S. 2094)

FNA 860-2

zuletzt geänd. durch Art. 3 G zur Änd. des InfektionsschutzG und weiterer Gesetze anlässlich der Aufhebung der Feststellung der epidemischen Lage von nationaler Tragweite v. 22.11.2021 (BGBl. I S. 4906)

– Auszug –

Kapitel 3. Leistungen

Abschnitt 2. Leistungen zur Sicherung des Lebensunterhalts

Unterabschnitt 2. Arbeitslosengeld II und Sozialgeld

§ 20 Regelbedarf zur Sicherung des Lebensunterhalts. (1) [1] Der Regelbedarf zur Sicherung des Lebensunterhalts umfasst insbesondere Ernährung, Kleidung, Körperpflege, Hausrat, Haushaltsenergie ohne die auf die Heizung und Erzeugung von Warmwasser entfallenden Anteile sowie persönliche Bedürfnisse des täglichen Lebens. [2] Zu den persönlichen Bedürfnissen des täglichen Lebens gehört in vertretbarem Umfang eine Teilhabe am sozialen und kulturellen Leben in der Gemeinschaft. [3] Der Regelbedarf wird als monatlicher Pauschalbetrag berücksichtigt. [4] Über die Verwendung der zur Deckung des Regelbedarfs erbrachten Leistungen entscheiden die Leistungsberechtigten eigenverantwortlich; dabei haben sie das Eintreten unregelmäßig anfallender Bedarfe zu berücksichtigen.

(1a) ...

(2) [1] Als Regelbedarf wird bei Personen, die alleinstehend oder alleinerziehend sind oder deren Partnerin oder Partner minderjährig ist, monatlich ein Betrag in Höhe der Regelbedarfsstufe 1 anerkannt. [2] Für sonstige erwerbsfähige Angehörige der Bedarfsgemeinschaft wird als Regelbedarf anerkannt:

1. monatlich ein Betrag in Höhe der Regelbedarfsstufe 4, sofern sie das 18. Lebensjahr noch nicht vollendet haben,
2. monatlich ein Betrag in Höhe der Regelbedarfsstufe 3 in den übrigen Fällen.

(3) Abweichend von Absatz 2 Satz 1 ist bei Personen, die das 25. Lebensjahr noch nicht vollendet haben und ohne Zusicherung des zuständigen kommunalen Trägers nach § 22 Absatz 5 umziehen, bis zur Vollendung des 25. Lebensjahres der in Absatz 2 Satz 2 Nummer 2 genannte Betrag als Regelbedarf anzuerkennen.

(4) Haben zwei Partner der Bedarfsgemeinschaft das 18. Lebensjahr vollendet, ist als Regelbedarf für jede dieser Personen monatlich ein Betrag in Höhe der Regelbedarfsstufe 2 anzuerkennen.

[1)] Neubekanntmachung des SGB II v. 24.12.2003 (BGBl. I S. 2954) in der ab 1.4.2011 geltenden Fassung.

§ 21 Mehrbedarfe. (1) Mehrbedarfe umfassen Bedarfe nach den Absätzen 2 bis 7, die nicht durch den Regelbedarf abgedeckt sind.

(2) Bei werdenden Müttern wird nach der zwölften Schwangerschaftswoche bis zum Ende des Monats, in welchen die Entbindung fällt, ein Mehrbedarf von 17 Prozent des nach § 20 maßgebenden Regelbedarfs anerkannt.

(3) Bei Personen, die mit einem oder mehreren minderjährigen Kindern zusammenleben und allein für deren Pflege und Erziehung sorgen, ist ein Mehrbedarf anzuerkennen

1. in Höhe von 36 Prozent des nach § 20 Absatz 2 maßgebenden Bedarfs, wenn sie mit einem Kind unter sieben Jahren oder mit zwei oder drei Kindern unter 16 Jahren zusammenleben, oder
2. in Höhe von 12 Prozent des nach § 20 Absatz 2 maßgebenden Bedarfs für jedes Kind, wenn sich dadurch ein höherer Prozentsatz als nach der Nummer 1 ergibt, höchstens jedoch in Höhe von 60 Prozent des nach § 20 Absatz 2 maßgebenden Regelbedarfs.

(4)–(8) ...

Unterabschnitt 4. Leistungen für Bildung und Teilhabe

§ 28 Bedarfe für Bildung und Teilhabe. (1) [1] Bedarfe für Bildung und Teilhabe am sozialen und kulturellen Leben in der Gemeinschaft werden bei Kindern, Jugendlichen und jungen Erwachsenen neben dem Regelbedarf nach Maßgabe der Absätze 2 bis 7 gesondert berücksichtigt. [2] Bedarfe für Bildung werden nur bei Personen berücksichtigt, die das 25. Lebensjahr noch nicht vollendet haben, eine allgemein- oder berufsbildende Schule besuchen und keine Ausbildungsvergütung erhalten (Schülerinnen und Schüler).

(2) [1] Bei Schülerinnen und Schülern werden die tatsächlichen Aufwendungen anerkannt für

1. Schulausflüge und
2. mehrtägige Klassenfahrten im Rahmen der schulrechtlichen Bestimmungen.

[2] Für Kinder, die eine Tageseinrichtung besuchen oder für die Kindertagespflege geleistet wird, gilt Satz 1 entsprechend.

(3) Für die Ausstattung von Schülerinnen und Schülern mit persönlichem Schulbedarf ist § 34 Absatz 3 und 3a des Zwölften Buches[1)] mit der Maßgabe entsprechend anzuwenden, dass der nach § 34 Absatz 3 Satz 1 und Absatz 3a des Zwölften Buches[1)] anzuerkennende Bedarf für das erste Schulhalbjahr regelmäßig zum 1. August und für das zweite Schulhalbjahr regelmäßig zum 1. Februar zu berücksichtigen ist.

(4) [1] Bei Schülerinnen und Schülern, die für den Besuch der nächstgelegenen Schule des gewählten Bildungsgangs auf Schülerbeförderung angewiesen sind, werden die dafür erforderlichen tatsächlichen Aufwendungen berücksichtigt, soweit sie nicht von Dritten übernommen werden. [2] Als nächstgelegene Schule des gewählten Bildungsgangs gilt auch eine Schule, die aufgrund ihres Profils gewählt wurde, soweit aus diesem Profil eine besondere inhaltliche oder organisatorische Ausgestaltung des Unterrichts folgt; dies sind insbesondere Schulen mit naturwissenschaftlichem, musischem, sportlichem oder sprach-

---

1) Nr. **14**.

lichem Profil sowie bilinguale Schulen, und Schulen mit ganztägiger Ausrichtung.

(5) [1] Bei Schülerinnen und Schülern wird eine schulische Angebote ergänzende angemessene Lernförderung berücksichtigt, soweit diese geeignet und zusätzlich erforderlich ist, um die nach den schulrechtlichen Bestimmungen festgelegten wesentlichen Lernziele zu erreichen. [2] Auf eine bestehende Versetzungsgefährdung kommt es dabei nicht an.

(6) [1] Bei Teilnahme an einer gemeinschaftlichen Mittagsverpflegung werden die entstehenden Aufwendungen berücksichtigt für

1. Schülerinnen und Schüler und
2. Kinder, die eine Tageseinrichtung besuchen oder für die Kindertagespflege geleistet wird.

[2] Für Schülerinnen und Schüler gilt dies unter der Voraussetzung, dass die Mittagsverpflegung in schulischer Verantwortung angeboten wird oder durch einen Kooperationsvertrag zwischen Schule und Tageseinrichtung vereinbart ist. [3] In den Fällen des Satzes 2 ist für die Ermittlung des monatlichen Bedarfs die Anzahl der Schultage in dem Land zugrunde zu legen, in dem der Schulbesuch stattfindet.

(7) [1] Für die Teilhabe am sozialen und kulturellen Leben in der Gemeinschaft werden pauschal 15 Euro monatlich berücksichtigt, sofern bei Leistungsberechtigten, die das 18. Lebensjahr noch nicht vollendet haben, tatsächliche Aufwendungen entstehen im Zusammenhang mit der Teilnahme an

1. Aktivitäten in den Bereichen Sport, Spiel, Kultur und Geselligkeit,
2. Unterricht in künstlerischen Fächern (zum Beispiel Musikunterricht) und vergleichbare angeleitete Aktivitäten der kulturellen Bildung und
3. Freizeiten.

[2] Neben der Berücksichtigung von Bedarfen nach Satz 1 können auch weitere tatsächliche Aufwendungen berücksichtigt werden, wenn sie im Zusammenhang mit der Teilnahme an Aktivitäten nach Satz 1 Nummer 1 bis 3 entstehen und es den Leistungsberechtigten im Einzelfall nicht zugemutet werden kann, diese aus den Leistungen nach Satz 1 und aus dem Regelbedarf zu bestreiten.

§ 29 Erbringung der Leistungen für Bildung und Teilhabe. (1) [1] Leistungen zur Deckung der Bedarfe nach § 28 Absatz 2 und 5 bis 7 werden erbracht durch

1. Sach- und Dienstleistungen, insbesondere in Form von personalisierten Gutscheinen,
2. Direktzahlungen an Anbieter von Leistungen zur Deckung dieser Bedarfe (Anbieter) oder
3. Geldleistungen.

[2] Die kommunalen Träger bestimmen, in welcher Form sie die Leistungen erbringen. [3] Die Leistungen zur Deckung der Bedarfe nach § 28 Absatz 3 und 4 werden jeweils durch Geldleistungen erbracht. [4] Die kommunalen Träger können mit Anbietern pauschal abrechnen.

(2) [1] Werden die Bedarfe durch Gutscheine gedeckt, gelten die Leistungen mit Ausgabe des jeweiligen Gutscheins als erbracht. [2] Die kommunalen Träger gewährleisten, dass Gutscheine bei geeigneten vorhandenen Anbietern oder zur

Wahrnehmung ihrer eigenen Angebote eingelöst werden können. [3]Gutscheine können für den gesamten Bewilligungszeitraum im Voraus ausgegeben werden. [4]Die Gültigkeit von Gutscheinen ist angemessen zu befristen. [5]Im Fall des Verlustes soll ein Gutschein erneut in dem Umfang ausgestellt werden, in dem er noch nicht in Anspruch genommen wurde.

(3) [1]Werden die Bedarfe durch Direktzahlungen an Anbieter gedeckt, gelten die Leistungen mit der Zahlung als erbracht. [2]Eine Direktzahlung ist für den gesamten Bewilligungszeitraum im Voraus möglich.

(4) Werden die Leistungen für Bedarfe nach § 28 Absatz 2 und 5 bis 7 durch Geldleistungen erbracht, erfolgt dies

1. monatlich in Höhe der im Bewilligungszeitraum bestehenden Bedarfe oder
2. nachträglich durch Erstattung verauslagter Beträge.

(5) [1]Im Einzelfall kann ein Nachweis über eine zweckentsprechende Verwendung der Leistung verlangt werden. [2]Soweit der Nachweis nicht geführt wird, soll die Bewilligungsentscheidung widerrufen werden.

(6) [1]Abweichend von den Absätzen 1 bis 4 können Leistungen nach § 28 Absatz 2 Satz 1 Nummer 1 gesammelt für Schülerinnen und Schüler an eine Schule ausgezahlt werden, wenn die Schule

1. dies bei dem örtlich zuständigen kommunalen Träger (§ 36 Absatz 3) beantragt,
2. die Leistungen für die leistungsberechtigten Schülerinnen und Schüler verauslagt und
3. sich die Leistungsberechtigung von den Leistungsberechtigten nachweisen lässt.

[2]Der kommunale Träger kann mit der Schule vereinbaren, dass monatliche oder schulhalbjährliche Abschlagszahlungen geleistet werden.

14. Sozialgesetzbuch (SGB) Zwölftes Buch (XII) – Sozialhilfe –[1)]

Vom 27. Dezember 2003
(BGBl. I S. 3022)

FNA 860-12

zuletzt geänd. durch Art. 16 G zur Stärkung der Impfprävention gegen COVID-19 und zur Änd. weiterer Vorschriften im Zusammenhang mit der COVID-19-Pandemie v. 10.12.2021 (BGBl. I S. 5162)

– Auszug –

Drittes Kapitel. Hilfe zum Lebensunterhalt

Dritter Abschnitt. Bildung und Teilhabe

§ 34[2)] Bedarfe für Bildung und Teilhabe. (1) [1] Bedarfe für Bildung nach den Absätzen 2 bis 6 von Schülerinnen und Schülern, die eine allgemein- oder berufsbildende Schule besuchen, sowie Bedarfe von Kindern und Jugendlichen für Teilhabe am sozialen und kulturellen Leben in der Gemeinschaft nach Absatz 7 werden neben den maßgebenden Regelbedarfsstufen gesondert berücksichtigt. [2] Leistungen hierfür werden nach den Maßgaben des § 34a gesondert erbracht.

(2) [1] Bedarfe werden bei Schülerinnen und Schülern in Höhe der tatsächlichen Aufwendungen anerkannt für

1. Schulausflüge und
2. mehrtägige Klassenfahrten im Rahmen der schulrechtlichen Bestimmungen.

[2] Für Kinder, die eine Tageseinrichtung besuchen oder für die Kindertagespflege geleistet wird, gilt Satz 1 entsprechend.

(3) [1] Bedarfe für die Ausstattung mit persönlichem Schulbedarf werden bei Schülerinnen und Schülern für den Monat, in dem der erste Schultag eines Schuljahres liegt, in Höhe von 100 Euro und für den Monat, in dem das zweite Schulhalbjahr eines Schuljahres beginnt, in Höhe von 50 Euro anerkannt. [2] Abweichend von Satz 1 ist Schülerinnen und Schülern für die Ausstattung mit persönlichem Schulbedarf ein Bedarf anzuerkennen

1. in Höhe von 100 Euro für das erste Schulhalbjahr, wenn die erstmalige Aufnahme innerhalb des Schuljahres nach dem Monat erfolgt in dem das

---

[1)] Verkündet als Art. 1 G zur Einordnung des Sozialhilferechts in das SGB v. 27.12.2003 (BGBl. I S. 3022, geänd. durch G v. 9.12.2004, BGBl. I S. 3220, und durch G v. 9.12.2004, BGBl. I S. 3305); Inkrafttreten gem. Art. 70 Abs. 1 dieses G am 1.1.2005 mit Ausnahme der §§ 40 und 133 Abs. 2, die gem. Art. 70 Abs. 2 Satz 1 am 31.12.2003, der §§ 24, 28 Abs. 2, §§ 132 und 133 Abs. 1, die gem. Art. 70 Abs. 2 Sätze 2 und 3 am 1.1.2004 sowie der §§ 57 und 61 Abs. 2 Sätze 3 und 4, die gem. Art. 70 Abs. 2 Satz 4 am 1.7.2004 in Kraft getreten sind; § 97 Abs. 3 ist gem. Art. 70 Abs. 2 Satz 5 am 1.1.2007 in Kraft getreten.

[2)] § 34 Abs. 1, Abs. 2 Satz 1 Nr. 1 und Satz 2, Abs. 4 bis 7 und § 34a SGB XII idF von Art. 3 Nr. 12 G v. 24.3.2011 (BGBl. I S. 453) sind iVm § 3 Abs. 2 Satz 1 SGB XII idF v. 27.12.2003 (BGBl. I S. 3022) mit Art. 28 Abs. 2 Satz 1 und Satz 3 iVm Art. 84 Abs. 1 Satz 7 GG unvereinbar. Die Vorschriften waren bis zum 31. Dezember 2021 weiter anwendbar.

erste Schulhalbjahr beginnt, aber vor Beginn des Monats, in dem das zweite Schulhalbjahr beginnt,

2. in Höhe des Betrags für das erste und das zweite Schulhalbjahr, wenn die erstmalige Aufnahme innerhalb des Schuljahres in oder nach dem Monat erfolgt, in dem das zweite Schulhalbjahr beginnt,

3. in Höhe von 50 Euro, wenn der Schulbesuch nach dem Monat, in dem das Schuljahr begonnen hat, unterbrochen wird und die Wiederaufnahme nach dem Monat erfolgt, in dem das zweite Schulhalbjahr beginnt.

(3a) [1] Der nach Absatz 3 anzuerkennende Teilbetrag für ein erstes Schulhalbjahr eines Schuljahres wird kalenderjährlich mit dem in der maßgeblichen Regelbedarfsstufen-Fortschreibungsverordnung[1)] nach den §§ 28a und 40 Nummer 1 bestimmten Prozentsatz fortgeschrieben; der fortgeschriebene Wert ist bis unter 0,50 Euro auf den nächsten vollen Euro abzurunden und ab 0,50 Euro auf den nächsten vollen Euro aufzurunden (Anlage). [2] Der Teilbetrag für das zweite Schulhalbjahr eines Schuljahres nach Absatz 3 beträgt 50 Prozent des sich nach Satz 1 für das jeweilige Kalenderjahr ergebenden Teilbetrags (Anlage). [3] Liegen die Ergebnisse einer bundesweiten neuen Einkommens- und Verbrauchsstichprobe vor, ist der Teilbetrag nach Satz 1 durch Bundesgesetz um den Betrag zu erhöhen, der sich aus der prozentualen Erhöhung der Regelbedarfsstufe 1 nach § 28 für das jeweilige Kalenderjahr durch Bundesgesetz ergibt, das Ergebnis ist entsprechend Satz 1 zweiter Teilsatz zu runden und die Anlage zu ergänzen. [4] Aus dem sich nach Satz 3 ergebenden Teilbetrag für das erste Schulhalbjahr ist der Teilbetrag für das zweite Schulhalbjahr des jeweiligen Kalenderjahres entsprechend Satz 2 durch Bundesgesetz zu bestimmen und die Anlage um den sich ergebenden Betrag zu ergänzen.

(4) [1] Bei Schülerinnen und Schülern, die für den Besuch der nächstgelegenen Schule des gewählten Bildungsgangs auf Schülerbeförderung angewiesen sind, werden die dafür erforderlichen tatsächlichen Aufwendungen berücksichtigt, soweit sie nicht von Dritten übernommen werden. [2] Als nächstgelegene Schule des gewählten Bildungsgangs gilt auch eine Schule, die aufgrund ihres Profils gewählt wurde, soweit aus diesem Profil eine besondere inhaltliche oder organisatorische Ausgestaltung des Unterrichts folgt; dies sind insbesondere Schulen mit naturwissenschaftlichem, musischem, sportlichem oder sprachlichem Profil sowie bilinguale Schulen, und Schulen mit ganztägiger Ausrichtung.

(5) [1] Für Schülerinnen und Schüler wird eine schulische Angebote ergänzende angemessene Lernförderung berücksichtigt, soweit diese geeignet und zusätzlich erforderlich ist, um die nach den schulrechtlichen Bestimmungen festgelegten wesentlichen Lernziele zu erreichen. [2] Auf eine bestehende Versetzungsgefährdung kommt es dabei nicht an.

(6) [1] Bei Teilnahme an einer gemeinschaftlichen Mittagsverpflegung werden die entstehenden Aufwendungen berücksichtigt für

1. Schülerinnen und Schüler und

2. Kinder, die eine Tageseinrichtung besuchen oder für die Kindertagespflege geleistet wird.

[1)] Siehe hierzu ua die Regelbedarfsstufen-FortschreibungsVO 2022 v. 13.10.2021 (BGBl. I S. 4674).

[2] Für Schülerinnen und Schüler gilt dies unter der Voraussetzung, dass die Mittagsverpflegung in schulischer Verantwortung angeboten wird oder durch einen Kooperationsvertrag zwischen Schule und Tageseinrichtung vereinbart ist. [3] In den Fällen des Satzes 2 ist für die Ermittlung des monatlichen Bedarfs die Anzahl der Schultage in dem Land zugrunde zu legen, in dem der Schulbesuch stattfindet.

(7) [1] Für die Teilhabe am sozialen und kulturellen Leben in der Gemeinschaft werden pauschal 15 Euro monatlich berücksichtigt, sofern bei Leistungsberechtigten, die das 18. Lebensjahr noch nicht vollendet haben, tatsächliche Aufwendungen entstehen im Zusammenhang mit der Teilnahme an

1. Aktivitäten in den Bereichen Sport, Spiel, Kultur und Geselligkeit,
2. Unterricht in künstlerischen Fächern (zum Beispiel Musikunterricht) und vergleichbare angeleitete Aktivitäten der kulturellen Bildung und
3. Freizeiten.

[2] Neben der Berücksichtigung von Bedarfen nach Satz 1 können auch weitere tatsächliche Aufwendungen berücksichtigt werden, wenn sie im Zusammenhang mit der Teilnahme an Aktivitäten nach Satz 1 Nummer 1 bis 3 entstehen und es den Leistungsberechtigten im Einzelfall nicht zugemutet werden kann, diese aus den Leistungen nach Satz 1 und aus dem Regelbedarf zu bestreiten.

§ 34a[1)] Erbringung der Leistungen für Bildung und Teilhabe.

(1) [1] Leistungen zur Deckung der Bedarfe nach § 34 Absatz 2 und 4 bis 7 werden auf Antrag erbracht; gesonderte Anträge sind nur für Leistungen nach § 34 Absatz 5 erforderlich. [2] Einer nachfragenden Person werden, auch wenn keine Regelsätze zu gewähren sind, für Bedarfe nach § 34 Leistungen erbracht, wenn sie diese nicht aus eigenen Kräften und Mitteln vollständig decken kann. [3] Die Leistungen zur Deckung der Bedarfe nach § 34 Absatz 7 bleiben bei der Erbringung von Leistungen nach Teil 2 des Neunten Buches unberücksichtigt.

(2) [1] Leistungen zur Deckung der Bedarfe nach § 34 Absatz 2 und 5 bis 7 werden erbracht durch

1. Sach- und Dienstleistungen, insbesondere in Form von personalisierten Gutscheinen,
2. Direktzahlungen an Anbieter von Leistungen zur Deckung dieser Bedarfe (Anbieter) oder
3. Geldleistungen.

[2] Die nach § 34c Absatz 1 zuständigen Träger der Sozialhilfe bestimmen, in welcher Form sie die Leistungen erbringen. [3] Die Leistungen zur Deckung der Bedarfe nach § 34 Absatz 3 und 4 werden jeweils durch Geldleistungen erbracht. [4] Die nach § 34c Absatz 1 zuständigen Träger der Sozialhilfe können mit Anbietern pauschal abrechnen.

(3) [1] Werden die Bedarfe durch Gutscheine gedeckt, gelten die Leistungen mit Ausgabe des jeweiligen Gutscheins als erbracht. [2] Die nach § 34c Absatz 1 zuständigen Träger der Sozialhilfe gewährleisten, dass Gutscheine bei geeig-

---

[1)] § 34 Abs. 1, Abs. 2 Satz 1 Nr. 1 und Satz 2, Abs. 4 bis 7 und § 34a SGB XII idF von Art. 3 Nr. 12 G v. 24.3.2011 (BGBl. I S. 453) sind iVm § 3 Abs. 2 Satz 1 SGB XII idF v. 27.12.2003 (BGBl. I S. 3022) mit Art. 28 Abs. 2 Satz 1 und Satz 3 iVm Art. 84 Abs. 1 Satz 7 GG unvereinbar. Die Vorschriften waren bis zum 31. Dezember 2021 weiter anwendbar.

neten vorhandenen Anbietern oder zur Wahrnehmung ihrer eigenen Angebote eingelöst werden können. [3] Gutscheine können für den gesamten Bewilligungszeitraum im Voraus ausgegeben werden. [4] Die Gültigkeit von Gutscheinen ist angemessen zu befristen. [5] Im Fall des Verlustes soll ein Gutschein erneut in dem Umfang ausgestellt werden, in dem er noch nicht in Anspruch genommen wurde.

(4) [1] Werden die Bedarfe durch Direktzahlungen an Anbieter gedeckt, gelten die Leistungen mit der Zahlung als erbracht. [2] Eine Direktzahlung ist für den gesamten Bewilligungszeitraum im Voraus möglich.

(5) Werden die Leistungen für Bedarfe nach § 34 Absatz 2 und 5 bis 7 durch Geldleistungen erbracht, erfolgt dies

1. monatlich in Höhe der im Bewilligungszeitraum bestehenden Bedarfe oder
2. nachträglich durch Erstattung verauslagter Beträge.

(6) [1] Im Einzelfall kann der nach § 34c Absatz 1 zuständige Träger der Sozialhilfe einen Nachweis über eine zweckentsprechende Verwendung der Leistung verlangen. [2] Soweit der Nachweis nicht geführt wird, soll die Bewilligungsentscheidung widerrufen werden.

(7) [1] Abweichend von den Absätzen 2 bis 5 können Leistungen nach § 34 Absatz 2 Satz 1 Nummer 1 gesammelt für Schülerinnen und Schüler an eine Schule ausgezahlt werden, wenn die Schule

1. dies bei dem nach § 34c Absatz 1 zuständigen Träger der Sozialhilfe beantragt,
2. die Leistungen für die leistungsberechtigten Schülerinnen und Schüler verauslagt und
3. sich die Leistungsberechtigung von den Leistungsberechtigten nachweisen lässt.

[2] Der nach § 34c Absatz 1 zuständige Träger der Sozialhilfe kann mit der Schule vereinbaren, dass monatliche oder schulhalbjährliche Abschlagszahlungen geleistet werden.

§ 34b Berechtigte Selbsthilfe. [1] Geht die leistungsberechtigte Person durch Zahlung an Anbieter in Vorleistung, ist der nach § 34c Absatz 1 zuständige Träger der Sozialhilfe zur Übernahme der berücksichtigungsfähigen Aufwendungen verpflichtet, soweit

1. unbeschadet des Satzes 2 die Voraussetzungen einer Leistungsgewährung zur Deckung der Bedarfe im Zeitpunkt der Selbsthilfe nach § 34 Absatz 2 und 5 bis 7 vorlagen und
2. zum Zeitpunkt der Selbsthilfe der Zweck der Leistung durch Erbringung als Sach- oder Dienstleistung ohne eigenes Verschulden nicht oder nicht rechtzeitig zu erreichen war.

[2] War es dem Leistungsberechtigten nicht möglich, rechtzeitig einen Antrag zu stellen, gilt dieser als zum Zeitpunkt der Selbstvornahme gestellt.

§ 34c Zuständigkeit. (1) Die für die Ausführung des Gesetzes nach diesem Abschnitt zuständigen Träger werden nach Landesrecht bestimmt.

(2) Die §§ 3, 6 und 7 sind nicht anzuwenden.

Elftes Kapitel. Einsatz des Einkommens und des Vermögens

Erster Abschnitt. Einkommen

§ 82 Begriff des Einkommens. (1) [1] Zum Einkommen gehören alle Einkünfte in Geld oder Geldeswert. [2] Nicht zum Einkommen gehören
1. Leistungen nach diesem Buch,
2. die Grundrente nach dem Bundesversorgungsgesetz und nach den Gesetzen, die eine entsprechende Anwendung des Bundesversorgungsgesetzes vorsehen,
3. Renten oder Beihilfen nach dem Bundesentschädigungsgesetz für Schaden an Leben sowie an Körper oder Gesundheit bis zur Höhe der vergleichbaren Grundrente nach dem Bundesversorgungsgesetz und
4. Aufwandsentschädigungen nach § 1835a des Bürgerlichen Gesetzbuchs[1)] kalenderjährlich bis zu dem in § 3 Nummer 26 Satz 1 des Einkommensteuergesetzes genannten Betrag.

[3] Einkünfte aus Rückerstattungen, die auf Vorauszahlungen beruhen, die Leistungsberechtigte aus dem Regelsatz erbracht haben, sind kein Einkommen. [4] Bei Minderjährigen ist das Kindergeld dem jeweiligen Kind als Einkommen zuzurechnen, soweit es bei diesem zur Deckung des notwendigen Lebensunterhaltes, mit Ausnahme der Bedarfe nach § 34, benötigt wird.

(2) [1] Von dem Einkommen sind abzusetzen
1. auf das Einkommen entrichtete Steuern,
2. Pflichtbeiträge zur Sozialversicherung einschließlich der Beiträge zur Arbeitsförderung,
3. Beiträge zu öffentlichen oder privaten Versicherungen oder ähnlichen Einrichtungen, soweit diese Beiträge gesetzlich vorgeschrieben oder nach Grund und Höhe angemessen sind, sowie geförderte Altersvorsorgebeiträge nach § 82 des Einkommensteuergesetzes, soweit sie den Mindesteigenbeitrag nach § 86 des Einkommensteuergesetzes nicht überschreiten, und
4. die mit der Erzielung des Einkommens verbundenen notwendigen Ausgaben.

[2] Erhält eine leistungsberechtigte Person aus einer Tätigkeit Bezüge oder Einnahmen, die nach § 3 Nummer 12, 26 oder 26a des Einkommensteuergesetzes steuerfrei sind oder die als Taschengeld nach § 2 Nummer 4 des Bundesfreiwilligendienstgesetzes oder nach § 2 Absatz 1 Nummer 4 des Jugendfreiwilligendienstegesetzes[2)] gezahlt werden, ist abweichend von Satz 1 Nummer 2 bis 4 und den Absätzen 3 und 6 ein Betrag von bis zu 250 Euro monatlich nicht als Einkommen zu berücksichtigen. [3] Soweit ein Betrag nach Satz 2 in Anspruch genommen wird, gelten die Beträge nach Absatz 3 Satz 1 zweiter Halbsatz und nach Absatz 6 Satz 1 zweiter Halbsatz insoweit als ausgeschöpft.

(3) [1] Bei der Hilfe zum Lebensunterhalt und Grundsicherung im Alter und bei Erwerbsminderung ist ferner ein Betrag in Höhe von 30 vom Hundert des Einkommens aus selbständiger und nichtselbständiger Tätigkeit der Leistungsberechtigten abzusetzen, höchstens jedoch 50 vom Hundert der Regelbedarfs-

---

[1)] Nr. **2**.
[2)] Nr. **27**.

stufe 1 nach der Anlage zu § 28. [2]Abweichend von Satz 1 ist bei einer Beschäftigung in einer Werkstatt für behinderte Menschen oder bei einem anderen Leistungsanbieter nach § 60 des Neunten Buches von dem Entgelt ein Achtel der Regelbedarfsstufe 1 nach der Anlage zu § 28 zuzüglich 50 vom Hundert des diesen Betrag übersteigenden Entgelts abzusetzen. [3]Im Übrigen kann in begründeten Fällen ein anderer als in Satz 1 festgelegter Betrag vom Einkommen abgesetzt werden.

(4) Bei der Hilfe zum Lebensunterhalt und Grundsicherung im Alter und bei Erwerbsminderung ist ferner ein Betrag von 100 Euro monatlich aus einer zusätzlichen Altersvorsorge der Leistungsberechtigten zuzüglich 30 vom Hundert des diesen Betrag übersteigenden Einkommens aus einer zusätzlichen Altersvorsorge der Leistungsberechtigten abzusetzen, höchstens jedoch 50 vom Hundert der Regelbedarfsstufe 1 nach der Anlage zu § 28.

(5) [1]Einkommen aus einer zusätzlichen Altersvorsorge im Sinne des Absatzes 4 ist jedes monatlich bis zum Lebensende ausgezahlte Einkommen, auf das der Leistungsberechtigte vor Erreichen der Regelaltersgrenze auf freiwilliger Grundlage Ansprüche erworben hat und das dazu bestimmt und geeignet ist, die Einkommenssituation des Leistungsberechtigten gegenüber möglichen Ansprüchen aus Zeiten einer Versicherungspflicht in der gesetzlichen Rentenversicherung nach den §§ 1 bis 4 des Sechsten Buches, nach § 1 des Gesetzes über die Alterssicherung der Landwirte, aus beamtenrechtlichen Versorgungsansprüchen und aus Ansprüchen aus Zeiten einer Versicherungspflicht in einer Versicherungs- und Versorgungseinrichtung, die für Angehörige bestimmter Berufe errichtet ist, zu verbessern. [2]Als Einkommen aus einer zusätzlichen Altersvorsorge gelten auch laufende Zahlungen aus

1. einer betrieblichen Altersversorgung im Sinne des Betriebsrentengesetzes,
2. einem nach § 5 des Altersvorsorgeverträge-Zertifizierungsgesetzes zertifizierten Altersvorsorgevertrag und
3. einem nach § 5a des Altersvorsorgeverträge-Zertifizierungsgesetzes zertifizierten Basisrentenvertrag.

[3]Werden bis zu zwölf Monatsleistungen aus einer zusätzlichen Altersvorsorge, insbesondere gemäß einer Vereinbarung nach § 10 Absatz 1 Nummer 2 Satz 3 erster Halbsatz des Einkommensteuergesetzes, zusammengefasst, so ist das Einkommen gleichmäßig auf den Zeitraum aufzuteilen, für den die Auszahlung erfolgte.

(6) Für Personen, die Leistungen der Hilfe zur Pflege, der Blindenhilfe oder Leistungen der Eingliederungshilfe nach dem Neunten Buch erhalten, ist ein Betrag in Höhe von 40 Prozent des Einkommens aus selbständiger und nichtselbständiger Tätigkeit der Leistungsberechtigten abzusetzen, höchstens jedoch 65 Prozent der Regelbedarfsstufe 1 nach der Anlage zu § 28.

(7) [1]Einmalige Einnahmen, bei denen für den Monat des Zuflusses bereits Leistungen ohne Berücksichtigung der Einnahme erbracht worden sind, werden im Folgemonat berücksichtigt. [2]Entfiele der Leistungsanspruch durch die Berücksichtigung in einem Monat, ist die einmalige Einnahme auf einen Zeitraum von sechs Monaten gleichmäßig zu verteilen und mit einem entsprechenden Teilbetrag zu berücksichtigen. [3]In begründeten Einzelfällen ist der Anrechnungszeitraum nach Satz 2 angemessen zu verkürzen. [4]Die Sätze 1 und 2 sind auch anzuwenden, soweit während des Leistungsbezugs eine Auszahlung zur Abfindung einer Kleinbetragsrente im Sinne des § 93 Absatz 3 Satz 2 des

Einkommensteuergesetzes oder nach § 3 Absatz 2 des Betriebsrentengesetzes erfolgt und durch den ausgezahlten Betrag das Vermögen überschritten wird, welches nach § 90 Absatz 2 Nummer 9 und Absatz 3 nicht einzusetzen ist.

§ 82a Freibetrag für Personen mit Grundrentenzeiten oder entsprechenden Zeiten aus anderweitigen Alterssicherungssystemen. (1) Bei der Hilfe zum Lebensunterhalt und Grundsicherung im Alter und bei Erwerbsminderung ist für Personen, die mindestens 33 Jahre an Grundrentenzeiten nach § 76g Absatz 2 des Sechsten Buches erreicht haben, ein Betrag in Höhe von 100 Euro monatlich aus der gesetzlichen Rente zuzüglich 30 Prozent des diesen Betrag übersteigenden Einkommens aus der gesetzlichen Rente vom Einkommen nach § 82 Absatz 1 abzusetzen, höchstens jedoch ein Betrag in Höhe von 50 Prozent der Regelbedarfsstufe 1 nach der Anlage zu § 28.

(2) [1] Absatz 1 gilt entsprechend für Personen, die mindestens 33 Jahre an Grundrentenzeiten vergleichbaren Zeiten in

1. einer Versicherungspflicht nach § 1 des Gesetzes über die Alterssicherung der Landwirte haben,
2. einer sonstigen Beschäftigung, in der Versicherungsfreiheit nach § 5 Absatz 1 Satz 1 Nummer 2 und 3 und Satz 2 des Sechsten Buches oder Befreiung von der Versicherungspflicht nach § 6 Absatz 1 Satz 1 Nummer 2 des Sechsten Buches bestand, haben oder
3. einer Versicherungspflicht in einer Versicherungsoder Versorgungseinrichtung, die für Angehörige bestimmter Berufe errichtet ist, haben.

[2] Absatz 1 gilt auch, wenn die 33 Jahre durch die Zusammenrechnung der Zeiten nach Satz 1 Nummer 1 bis 3 und der Grundrentenzeiten nach § 76g Absatz 2 des Sechsten Buches erfüllt werden. Je Kalendermonat wird eine Grundrentenzeit oder eine nach Satz 1 vergleichbare Zeit angerechnet.

§ 83 Nach Zweck und Inhalt bestimmte Leistungen. (1) Leistungen, die auf Grund öffentlich-rechtlicher Vorschriften zu einem ausdrücklich genannten Zweck erbracht werden, sind nur so weit als Einkommen zu berücksichtigen, als die Sozialhilfe im Einzelfall demselben Zweck dient.

(2) Eine Entschädigung, die wegen eines Schadens, der nicht Vermögensschaden ist, nach § 253 Abs. 2 des Bürgerlichen Gesetzbuches geleistet wird, ist nicht als Einkommen zu berücksichtigen.

§ 84 Zuwendungen. (1) [1] Zuwendungen der freien Wohlfahrtspflege bleiben als Einkommen außer Betracht. [2] Dies gilt nicht, soweit die Zuwendung die Lage der Leistungsberechtigten so günstig beeinflusst, dass daneben Sozialhilfe ungerechtfertigt wäre.

(2) Zuwendungen, die ein anderer erbringt, ohne hierzu eine rechtliche oder sittliche Pflicht zu haben, sollen als Einkommen außer Betracht bleiben, soweit ihre Berücksichtigung für die Leistungsberechtigten eine besondere Härte bedeuten würde.

Zweiter Abschnitt. Einkommensgrenzen für die Leistungen nach dem Fünften bis Neunten Kapitel

§ 85 Einkommensgrenze. (1) Bei der Hilfe nach dem Fünften bis Neunten Kapitel ist der nachfragenden Person und ihrem nicht getrennt lebenden

Ehegatten oder Lebenspartner die Aufbringung der Mittel nicht zuzumuten, wenn während der Dauer des Bedarfs ihr monatliches Einkommen zusammen eine Einkommensgrenze nicht übersteigt, die sich ergibt aus

1. einem Grundbetrag in Höhe des Zweifachen der Regelbedarfsstufe 1 nach der Anlage zu § 28,
2. den Aufwendungen für die Unterkunft, soweit diese den der Besonderheit des Einzelfalles angemessenen Umfang nicht übersteigen und
3. einem Familienzuschlag in Höhe des auf volle Euro aufgerundeten Betrages von 70 vom Hundert der Regelbedarfsstufe 1 nach der Anlage zu § 28 für den nicht getrennt lebenden Ehegatten oder Lebenspartner und für jede Person, die von der nachfragenden Person, ihrem nicht getrennt lebenden Ehegatten oder Lebenspartner überwiegend unterhalten worden ist oder für die sie nach der Entscheidung über die Erbringung der Sozialhilfe unterhaltspflichtig werden.

(2) [1] Ist die nachfragende Person minderjährig und unverheiratet, so ist ihr und ihren Eltern die Aufbringung der Mittel nicht zuzumuten, wenn während der Dauer des Bedarfs das monatliche Einkommen der nachfragenden Person und ihrer Eltern zusammen eine Einkommensgrenze nicht übersteigt, die sich ergibt aus

1. einem Grundbetrag in Höhe des Zweifachen der Regelbedarfsstufe 1 nach der Anlage zu § 28,
2. den Aufwendungen für die Unterkunft, soweit diese den der Besonderheit des Einzelfalles angemessenen Umfang nicht übersteigen und
3. einem Familienzuschlag in Höhe des auf volle Euro aufgerundeten Betrages von 70 vom Hundert der Regelbedarfsstufe 1 nach der Anlage zu § 28 für einen Elternteil, wenn die Eltern zusammenleben, sowie für die nachfragende Person und für jede Person, die von den Eltern oder der nachfragenden Person überwiegend unterhalten worden ist oder für die sie nach der Entscheidung über die Erbringung der Sozialhilfe unterhaltspflichtig werden.

[2] Leben die Eltern nicht zusammen, richtet sich die Einkommensgrenze nach dem Elternteil, bei dem die nachfragende Person lebt. [3] Lebt sie bei keinem Elternteil, bestimmt sich die Einkommensgrenze nach Absatz 1.

(3) [1] Die Regelbedarfsstufe 1 nach der Anlage zu § 28 bestimmt sich nach dem Ort, an dem der Leistungsberechtigte die Leistung erhält. [2] Bei der Leistung in einer Einrichtung sowie bei Unterbringung in einer anderen Familie oder bei den in § 107 genannten anderen Personen bestimmt er sich nach dem gewöhnlichen Aufenthalt des Leistungsberechtigten oder, wenn im Falle des Absatzes 2 auch das Einkommen seiner Eltern oder eines Elternteils maßgebend ist, nach deren gewöhnlichem Aufenthalt. [3] Ist ein gewöhnlicher Aufenthalt im Inland nicht vorhanden oder nicht zu ermitteln, ist Satz 1 anzuwenden.

§ 86 Abweichender Grundbetrag. Die Länder und, soweit landesrechtliche Vorschriften nicht entgegenstehen, auch die Träger der Sozialhilfe können für bestimmte Arten der Hilfe nach dem Fünften bis Neunten Kapitel der Einkommensgrenze einen höheren Grundbetrag zu Grunde legen.

§ 87 Einsatz des Einkommens über der Einkommensgrenze. (1) [1] Soweit das zu berücksichtigende Einkommen die Einkommensgrenze übersteigt, ist die Aufbringung der Mittel in angemessenem Umfang zuzumuten. [2]Bei der Prüfung, welcher Umfang angemessen ist, sind insbesondere die Art des Bedarfs, die Art oder Schwere der Behinderung oder der Pflegebedürftigkeit, die Dauer und Höhe der erforderlichen Aufwendungen sowie besondere Belastungen der nachfragenden Person und ihrer unterhaltsberechtigten Angehörigen zu berücksichtigen. [3]Bei Pflegebedürftigen der Pflegegrade 4 und 5 und blinden Menschen nach § 72 ist ein Einsatz des Einkommens über der Einkommensgrenze in Höhe von mindestens 60 vom Hundert nicht zuzumuten.

(2) Verliert die nachfragende Person durch den Eintritt eines Bedarfsfalles ihr Einkommen ganz oder teilweise und ist ihr Bedarf nur von kurzer Dauer, so kann die Aufbringung der Mittel auch aus dem Einkommen verlangt werden, das sie innerhalb eines angemessenen Zeitraumes nach dem Wegfall des Bedarfs erwirbt und das die Einkommensgrenze übersteigt, jedoch nur insoweit, als ihr ohne den Verlust des Einkommens die Aufbringung der Mittel zuzumuten gewesen wäre.

(3) Bei einmaligen Leistungen zur Beschaffung von Bedarfsgegenständen, deren Gebrauch für mindestens ein Jahr bestimmt ist, kann die Aufbringung der Mittel nach Maßgabe des Absatzes 1 auch aus dem Einkommen verlangt werden, das die in § 19 Abs. 3 genannten Personen innerhalb eines Zeitraumes von bis zu drei Monaten nach Ablauf des Monats, in dem über die Leistung entschieden worden ist, erwerben.

§ 88 Einsatz des Einkommens unter der Einkommensgrenze.

(1) [1]Die Aufbringung der Mittel kann, auch soweit das Einkommen unter der Einkommensgrenze liegt, verlangt werden,

1. soweit von einem anderen Leistungen für einen besonderen Zweck erbracht werden, für den sonst Sozialhilfe zu leisten wäre,
2. wenn zur Deckung des Bedarfs nur geringfügige Mittel erforderlich sind.

[2]Darüber hinaus soll in angemessenem Umfang die Aufbringung der Mittel verlangt werden, wenn eine Person für voraussichtlich längere Zeit Leistungen in einer stationären Einrichtung bedarf.

(2) [1]Bei einer stationären Leistung in einer stationären Einrichtung wird von dem Einkommen, das der Leistungsberechtigte aus einer entgeltlichen Beschäftigung erzielt, die Aufbringung der Mittel in Höhe von einem Achtel der Regelbedarfsstufe 1 nach der Anlage zu § 28 zuzüglich 50 vom Hundert des diesen Betrag übersteigenden Einkommens aus der Beschäftigung nicht verlangt. [2]§ 82 Absatz 3 und 6 ist nicht anzuwenden.

§ 89 Einsatz des Einkommens bei mehrfachem Bedarf. (1) Wird im Einzelfall der Einsatz eines Teils des Einkommens zur Deckung eines bestimmten Bedarfs zugemutet oder verlangt, darf dieser Teil des Einkommens bei der Prüfung, inwieweit der Einsatz des Einkommens für einen anderen gleichzeitig bestehenden Bedarf zuzumuten ist oder verlangt werden kann, nicht berücksichtigt werden.

(2) [1]Sind im Fall des Absatzes 1 für die Bedarfsfälle verschiedene Träger der Sozialhilfe zuständig, hat die Entscheidung über die Leistung für den zuerst eingetretenen Bedarf den Vorrang. [2]Treten die Bedarfsfälle gleichzeitig ein, ist das über der Einkommensgrenze liegende Einkommen zu gleichen Teilen bei den Bedarfsfällen zu berücksichtigen. [3]Bestehen neben den Bedarfen für Leis-

tungen nach diesem Buch gleichzeitig Bedarfe für Leistungen nach Teil 2 des Neunten Buches, so ist das über der Einkommensgrenze liegende Einkommen nur zur Hälfte zu berücksichtigen.

Dritter Abschnitt. Vermögen

§ 90[1)] Einzusetzendes Vermögen. (1) Einzusetzen ist das gesamte verwertbare Vermögen.

(2) Die Sozialhilfe darf nicht abhängig gemacht werden vom Einsatz oder von der Verwertung

1. eines Vermögens, das aus öffentlichen Mitteln zum Aufbau oder zur Sicherung einer Lebensgrundlage oder zur Gründung eines Hausstandes erbracht wird,
2. eines nach § 10a oder Abschnitt XI des Einkommensteuergesetzes geförderten Altersvorsorgevermögens im Sinne des § 92 des Einkommensteuergesetzes; dies gilt auch für das in der Auszahlungsphase insgesamt zur Verfügung stehende Kapital, soweit die Auszahlung als monatliche oder als sonstige regelmäßige Leistung im Sinne von § 82 Absatz 5 Satz 3 erfolgt; für diese Auszahlungen ist § 82 Absatz 4 und 5 anzuwenden,
3. eines sonstigen Vermögens, solange es nachweislich zur baldigen Beschaffung oder Erhaltung eines Hausgrundstücks im Sinne der Nummer 8 bestimmt ist, soweit dieses Wohnzwecken von Menschen mit einer wesentlichen Behinderung oder einer drohenden wesentlichen Behinderung (§ 99 Absatz 1 und 2 des Neunten Buches) oder von blinden Menschen (§ 72) oder pflegebedürftigen Menschen (§ 61) dient oder dienen soll und dieser Zweck durch den Einsatz oder die Verwertung des Vermögens gefährdet würde,
4. eines angemessenen Hausrats; dabei sind die bisherigen Lebensverhältnisse der nachfragenden Person zu berücksichtigen,
5. von Gegenständen, die zur Aufnahme oder Fortsetzung der Berufsausbildung oder der Erwerbstätigkeit unentbehrlich sind,
6. von Familien- und Erbstücken, deren Veräußerung für die nachfragende Person oder ihre Familie eine besondere Härte bedeuten würde,
7. von Gegenständen, die zur Befriedigung geistiger, insbesondere wissenschaftlicher oder künstlerischer Bedürfnisse dienen und deren Besitz nicht Luxus ist,
8. eines angemessenen Hausgrundstücks, das von der nachfragenden Person oder einer anderen in den § 19 Abs. 1 bis 3 genannten Person allein oder zusammen mit Angehörigen ganz oder teilweise bewohnt wird und nach ihrem Tod von ihren Angehörigen bewohnt werden soll. Die Angemessenheit bestimmt sich nach der Zahl der Bewohner, dem Wohnbedarf (zum Beispiel behinderter, blinder oder pflegebedürftiger Menschen), der Grundstücksgröße, der Hausgröße, dem Zuschnitt und der Ausstattung des Wohngebäudes sowie dem Wert des Grundstücks einschließlich des Wohngebäudes,
9. kleinerer Barbeträge oder sonstiger Geldwerte; dabei ist eine besondere Notlage der nachfragenden Person zu berücksichtigen.

[1)] Siehe hierzu ua die VO zur Durchführung des § 90 Abs. 2 Nr. 9 des Zwölften Buches Sozialgesetzbuch v. 11.2.1988 (BGBl. I S. 150), zuletzt geänd. durch VO v. 22.3.2017 (BGBl. I S. 519).

(3) [1]Die Sozialhilfe darf ferner nicht vom Einsatz oder von der Verwertung eines Vermögens abhängig gemacht werden, soweit dies für den, der das Vermögen einzusetzen hat, und für seine unterhaltsberechtigten Angehörigen eine Härte bedeuten würde. [2]Dies ist bei der Leistung nach dem Fünften bis Neunten Kapitel insbesondere der Fall, soweit eine angemessene Lebensführung oder die Aufrechterhaltung einer angemessenen Alterssicherung wesentlich erschwert würde.

§ 91 Darlehen. [1]Soweit nach § 90 für den Bedarf der nachfragenden Person Vermögen einzusetzen ist, jedoch der sofortige Verbrauch oder die sofortige Verwertung des Vermögens nicht möglich ist oder für die, die es einzusetzen hat, eine Härte bedeuten würde, soll die Sozialhilfe als Darlehen geleistet werden. [2]Die Leistungserbringung kann davon abhängig gemacht werden, dass der Anspruch auf Rückzahlung dinglich oder in anderer Weise gesichert wird.

15. Gesetz zur Sicherung des Unterhalts von Kindern alleinstehender Mütter und Väter durch Unterhaltsvorschüsse oder -ausfallleistungen (Unterhaltsvorschussgesetz)

In der Fassung der Bekanntmachung vom 17. Juli 2007[1]
(BGBl. I S. 1446)

FNA 2163-1

zuletzt geänd. durch Art. 37 und 38 G zur weiteren steuerl. Förderung der Elektromobilität und zur Änd. weiterer steuerl. Vorschriften v. 12.12.2019 (BGBl. I S. 2451)

§ 1 Berechtigte. (1) Anspruch auf Unterhaltsvorschuss oder -ausfallleistung nach diesem Gesetz (Unterhaltsleistung) hat, wer

1. das zwölfte Lebensjahr noch nicht vollendet hat,
2. im Geltungsbereich dieses Gesetzes bei einem seiner Elternteile lebt, der ledig, verwitwet oder geschieden ist oder von seinem Ehegatten oder Lebenspartner dauernd getrennt lebt, und
3. nicht oder nicht regelmäßig
   a) Unterhalt von dem anderen Elternteil oder,
   b) wenn dieser oder ein Stiefelternteil gestorben ist, Waisenbezüge

   mindestens in der in § 2 Abs. 1 und 2 bezeichneten Höhe erhält.

(1a) [1] Über Absatz 1 Nummer 1 hinaus besteht Anspruch auf Unterhaltsleistung bis zur Vollendung des 18. Lebensjahres des Kindes, wenn

1. das Kind keine Leistungen nach dem Zweiten Buch Sozialgesetzbuch[2] bezieht oder durch die Unterhaltsleistung die Hilfebedürftigkeit des Kindes nach § 9 des Zweiten Buches Sozialgesetzbuch vermieden werden kann oder
2. der Elternteil nach Absatz 1 Nummer 2 mit Ausnahme des Kindergeldes über Einkommen im Sinne des § 11 Absatz 1 Satz 1 des Zweiten Buches Sozialgesetzbuch in Höhe von mindestens 600 Euro verfügt, wobei Beträge nach § 11b des Zweiten Buches Sozialgesetzbuch nicht abzusetzen sind.

[2] Für die Feststellung der Vermeidung der Hilfebedürftigkeit und der Höhe des Einkommens nach Satz 1 ist der für den Monat der Vollendung des zwölften Lebensjahres, bei späterer Antragstellung der für diesen Monat und bei Überprüfung zu einem späteren Zeitpunkt der für diesen Monat zuletzt bekanntgegebene Bescheid des Jobcenters zugrunde zu legen. [3] Die jeweilige Feststellung wirkt für die Zeit von dem jeweiligen Monat bis einschließlich des Monats der nächsten Überprüfung.

(2) Ein Elternteil, bei dem das Kind lebt, gilt als dauernd getrennt lebend im Sinne des Absatzes 1 Nr. 2, wenn im Verhältnis zum Ehegatten oder Lebenspartner ein Getrenntleben im Sinne des § 1567 des Bürgerlichen Gesetzbuchs vorliegt oder wenn sein Ehegatte oder Lebenspartner wegen Krankheit oder

---

[1] Neubekanntmachung des UnterhaltsvorschussG idF der Bek. v. 2.1.2002 (BGBl. I S. 2, ber. S. 615) in der ab 1.1.2006 geltenden Fassung.

[2] Auszugsweise abgedruckt unter Nr. **13**.

Behinderung oder auf Grund gerichtlicher Anordnung für voraussichtlich wenigstens sechs Monate in einer Anstalt untergebracht ist.

(2a) [1] Ein nicht freizügigkeitsberechtigter Ausländer hat einen Anspruch nach Absatz 1 oder Absatz 1a nur, wenn er oder sein Elternteil nach Absatz 1 Nummer 2

1. eine Niederlassungserlaubnis oder eine Erlaubnis zum Daueraufenthalt-EU besitzt,
2. eine Blaue Karte EU, eine ICT-Karte, eine Mobiler- ICT-Karte oder eine Aufenthaltserlaubnis besitzt, die für einen Zeitraum von mindestens sechs Monaten zur Ausübung einer Erwerbstätigkeit berechtigen oder berechtigt haben oder diese erlauben, es sei denn, die Aufenthaltserlaubnis wurde
   a) nach § 16e des Aufenthaltsgesetzes zu Ausbildungszwecken, nach § 19c Absatz 1 des Aufenthaltsgesetzes zum Zweck der Beschäftigung als Au-Pair oder zum Zweck der Saisonbeschäftigung, nach § 19e des Aufenthaltsgesetzes zum Zweck der Teilnahme an einem Europäischen Freiwilligendienst oder nach § 20 Absatz 1 und 2 des Aufenthaltsgesetzes zur Arbeitsplatzsuche erteilt,
   b) nach § 16b des Aufenthaltsgesetzes zum Zweck eines Studiums, nach § 16d des Aufenthaltsgesetzes für Maßnahmen zur Anerkennung ausländischer Berufsqualifikationen oder nach § 20 Absatz 3 des Aufenthaltsgesetzes zur Arbeitsplatzsuche erteilt und er ist weder erwerbstätig noch nimmt er Elternzeit nach § 15 des Bundeselterngeld- und Elternzeitgesetzes oder laufende Geldleistungen nach dem Dritten Buch Sozialgesetzbuch[1)] in Anspruch,
   c) nach § 23 Absatz 1 des Aufenthaltsgesetzes wegen eines Krieges in seinem Heimatland oder nach den §§ 23a, 24 oder § 25 Absatz 3 bis 5 des Aufenthaltsgesetzes erteilt,
3. eine in Nummer 2 Buchstabe c genannte Aufenthaltserlaubnis besitzt und im Bundesgebiet berechtigt erwerbstätig ist oder Elternzeit nach § 15 des Bundeselterngeld- und Elternzeitgesetzes oder laufende Geldleistungen nach dem Dritten Buch Sozialgesetzbuch in Anspruch nimmt,
4. eine in Nummer 2 Buchstabe c genannte Aufenthaltserlaubnis besitzt und sich seit mindestens 15 Monaten erlaubt, gestattet oder geduldet im Bundesgebiet aufhält oder
5. eine Beschäftigungsduldung gemäß § 60d in Verbindung mit § 60a Absatz 2 Satz 3 des Aufenthaltsgesetzes besitzt.

[2] Abweichend von Satz 1 Nummer 3 erste Alternative ist ein minderjähriger nicht freizügigkeitsberechtigter Ausländer unabhängig von einer Erwerbstätigkeit anspruchsberechtigt.

(3) Anspruch auf Unterhaltsleistung nach diesem Gesetz besteht nicht, wenn der in Absatz 1 Nr. 2 bezeichnete Elternteil mit dem anderen Elternteil zusammenlebt oder sich weigert, die Auskünfte, die zur Durchführung dieses Gesetzes erforderlich sind, zu erteilen oder bei der Feststellung der Vaterschaft oder des Aufenthalts des anderen Elternteils mitzuwirken.

(4) [1] Anspruch auf Unterhaltsleistung nach diesem Gesetz besteht nicht für Monate, für die der andere Elternteil seine Unterhaltspflicht gegenüber dem

---

[1)] Auszugsweise abgedruckt unter Nr. **29**.

Berechtigten durch Vorausleistung erfüllt hat. [2] Soweit der Bedarf eines Kindes durch Leistungen nach dem Achten Buch Sozialgesetzbuch[1)] gedeckt ist, besteht kein Anspruch auf Unterhaltsleistung nach diesem Gesetz.

§ 2 Umfang der Unterhaltsleistung. (1) [1] Die Unterhaltsleistung wird monatlich in Höhe des sich nach § 1612a Absatz 1 Satz 3 Nummer 1, 2 oder 3 des Bürgerlichen Gesetzbuchs[2)] ergebenden monatlichen Mindestunterhalts gezahlt. [2] § 1612a Abs. 2 Satz 2 des Bürgerlichen Gesetzbuchs[2)] gilt entsprechend. [3] Liegen die Voraussetzungen des § 1 nur für den Teil eines Monats vor, wird die Unterhaltsleistung anteilig gezahlt.

(2) [1] Wenn der Elternteil, bei dem der Berechtigte lebt, für den Berechtigten Anspruch auf volles Kindergeld nach dem Einkommensteuergesetz oder nach dem Bundeskindergeldgesetz in der jeweils geltenden Fassung oder auf eine der in § 65 Abs. 1 des Einkommensteuergesetzes oder § 4 Abs. 1 des Bundeskindergeldgesetzes bezeichneten Leistungen hat, mindert sich die Unterhaltsleistung um das für ein erstes Kind zu zahlende Kindergeld nach § 66 des Einkommensteuergesetzes oder § 6 des Bundeskindergeldgesetzes. [2] Dasselbe gilt, wenn ein Dritter mit Ausnahme des anderen Elternteils diesen Anspruch hat.

(3) Auf die sich nach den Absätzen 1 und 2 ergebende Unterhaltsleistung werden folgende in demselben Monat erzielte Einkünfte des Berechtigten angerechnet:

1. Unterhaltszahlungen des Elternteils, bei dem der Berechtigte nicht lebt,
2. Waisenbezüge einschließlich entsprechender Schadenersatzleistungen, die wegen des Todes des in Nummer 1 bezeichneten Elternteils oder eines Stiefelternteils gezahlt werden.

(4) [1] Für Berechtigte, die keine allgemeinbildende Schule mehr besuchen, mindert sich die nach den Absätzen 1 bis 3 ergebende Unterhaltsleistung, soweit ihre in demselben Monat erzielten Einkünfte des Vermögens und der Ertrag ihrer zumutbaren Arbeit zum Unterhalt ausreichen. [2] Als Ertrag der zumutbaren Arbeit des Berechtigten aus nichtselbstständiger Arbeit gelten die Einnahmen in Geld entsprechend der für die maßgeblichen Monate erstellten Lohn- und Gehaltsbescheinigungen des Arbeitgebers abzüglich eines Zwölftels des Arbeitnehmer-Pauschbetrags; bei Auszubildenden sind zusätzlich pauschal 100 Euro als ausbildungsbedingter Aufwand abzuziehen. [3] Einkünfte und Erträge nach den Sätzen 1 und 2 sind nur zur Hälfte zu berücksichtigen.

§ 3 *(aufgehoben)*

§ 4 Beschränkte Rückwirkung. Die Unterhaltsleistung wird rückwirkend längstens für den letzten Monat vor dem Monat gezahlt, in dem der Antrag hierauf bei der zuständigen Stelle oder bei einer der in § 16 Abs. 2 Satz 1 des Ersten Buches Sozialgesetzbuch[3)] bezeichneten Stellen eingegangen ist; dies gilt nicht, soweit es an zumutbaren Bemühungen des Berechtigten gefehlt hat, den in § 1 Abs. 1 Nr. 3 bezeichneten Elternteil zu Unterhaltszahlungen zu veranlassen.

[1)] Nr. **10**.
[2)] Nr. **2**.
[3)] Nr. **12**.

§ 5 Ersatz- und Rückzahlungspflicht. (1) Haben die Voraussetzungen für die Zahlung der Unterhaltsleistung in dem Kalendermonat, für den sie gezahlt worden ist, nicht oder nicht durchgehend vorgelegen, so hat der Elternteil, bei dem der Berechtigte lebt, oder der gesetzliche Vertreter des Berechtigten den geleisteten Betrag insoweit zu ersetzen, als er

1. die Zahlung der Unterhaltsleistung dadurch herbeigeführt hat, dass er vorsätzlich oder fahrlässig falsche oder unvollständige Angaben gemacht oder eine Anzeige nach § 6 unterlassen hat, oder
2. gewusst oder infolge Fahrlässigkeit nicht gewusst hat, dass die Voraussetzungen für die Zahlung der Unterhaltsleistung nicht erfüllt waren.

(2) Haben die Voraussetzungen für die Zahlung der Unterhaltsleistung in dem Kalendermonat, für den sie gezahlt worden ist, nicht vorgelegen, weil der Berechtigte nach Stellung des Antrages auf Unterhaltsleistungen Einkommen im Sinne des § 2 Absatz 3 oder Einkünfte und Erträge im Sinne des § 2 Absatz 4 erzielt hat, die bei der Bewilligung der Unterhaltsleistung nicht berücksichtigt worden sind, so hat der Berechtigte insoweit den geleisteten Betrag zurückzuzahlen.

§ 6 Auskunfts- und Anzeigepflicht. (1) [1]Der Elternteil, bei dem der Berechtigte nicht lebt, ist verpflichtet, der zuständigen Stelle auf Verlangen die Auskünfte zu erteilen, die zur Durchführung dieses Gesetzes erforderlich sind. [2]Der Elternteil muss insbesondere darlegen, dass er seiner aufgrund der Minderjährigkeit des Berechtigten erhöhten Leistungsverpflichtung vollständig nachkommt.

(2) [1]Der Arbeitgeber des in Absatz 1 bezeichneten Elternteils ist verpflichtet, der zuständigen Stelle auf Verlangen über die Art und Dauer der Beschäftigung, die Arbeitsstätte und den Arbeitsverdienst des in Absatz 1 bezeichneten Elternteils Auskunft zu geben, soweit die Durchführung dieses Gesetzes es erfordert. [2]Versicherungsunternehmen sind auf Verlangen der zuständigen Stellen zu Auskünften über den Wohnort und über die Höhe von Einkünften des in Absatz 1 bezeichneten Elternteils verpflichtet, soweit die Durchführung dieses Gesetzes es erfordert.

(3) Die nach den Absätzen 1 und 2 zur Erteilung einer Auskunft Verpflichteten können die Auskunft auf solche Fragen verweigern, deren Beantwortung sie selbst oder einen der in § 383 Abs. 1 Nr. 1 bis 3 der Zivilprozessordnung bezeichneten Angehörigen der Gefahr strafgerichtlicher Verfolgung oder eines Verfahrens nach dem Gesetz über Ordnungswidrigkeiten[1] aussetzen würde.

(4) Der Elternteil, bei dem der Berechtigte lebt, und der gesetzliche Vertreter des Berechtigten sind verpflichtet, der zuständigen Stelle die Änderungen in den Verhältnissen, die für die Leistung erheblich sind oder über die im Zusammenhang mit der Leistung Erklärungen abgegeben worden sind, unverzüglich mitzuteilen.

(5) Die nach § 69 des Zehnten Buches Sozialgesetzbuch zur Auskunft befugten Sozialleistungsträger und anderen Stellen sowie die Finanzämter sind verpflichtet, der zuständigen Stelle auf Verlangen Auskünfte über den Wohnort, den Arbeitgeber und die Höhe der Einkünfte des in Absatz 1 bezeichneten Elternteils zu erteilen, soweit die Durchführung dieses Gesetzes es erfordert.

---

[1] Auszugsweise abgedruckt unter Nr. **39**.

(6) Die zuständigen Stellen dürfen das Bundeszentralamt für Steuern ersuchen, bei den Kreditinstituten die in § 93b Absatz 1 der Abgabenordnung bezeichneten Daten abzurufen, soweit die Durchführung des § 7 dies erfordert und ein vorheriges Auskunftsersuchen an den in Absatz 1 bezeichneten Elternteil nicht zum Ziel geführt hat oder keinen Erfolg verspricht (§ 93 Absatz 8 Satz 2 der Abgabenordnung).

(7) Die zuständige Stelle ist auf Antrag des Elternteils, bei dem der Berechtigte lebt, nach Maßgabe des § 74 Absatz 1 Satz 1 Nummer 2 Buchstabe a des Zehnten Buches Sozialgesetzbuch verpflichtet, ihm die in den Absätzen 1, 2 und 6 genannten Auskünfte zu übermitteln.

§ 7 Übergang von Ansprüchen des Berechtigten. (1) [1] Hat der Berechtigte für die Zeit, für die ihm die Unterhaltsleistung nach diesem Gesetz gezahlt wird, einen Unterhaltsanspruch gegen den Elternteil, bei dem er nicht lebt, oder einen Anspruch auf eine sonstige Leistung, die bei rechtzeitiger Gewährung nach § 2 Abs. 3 als Einkommen anzurechnen wäre, so geht dieser Anspruch in Höhe der Unterhaltsleistung nach diesem Gesetz zusammen mit dem unterhaltsrechtlichen Auskunftsanspruch auf das Land über. [2] Satz 1 gilt nicht, soweit ein Erstattungsanspruch nach den §§ 102 bis 105 des Zehnten Buches Sozialgesetzbuch besteht.

(2) Für die Vergangenheit kann der in Absatz 1 bezeichnete Elternteil nur von dem Zeitpunkt an in Anspruch genommen werden, in dem

1. die Voraussetzungen des § 1613 des Bürgerlichen Gesetzbuchs[1)] vorgelegen haben oder
2. der in Absatz 1 bezeichnete Elternteil von dem Antrag auf Unterhaltsleistung Kenntnis erhalten hat und er darüber belehrt worden ist, dass er für den geleisteten Unterhalt nach diesem Gesetz in Anspruch genommen werden kann.

(3) [1] Ansprüche nach Absatz 1 sind rechtzeitig und vollständig nach den Bestimmungen des Haushaltsrechts durchzusetzen. [2] Der Übergang eines Unterhaltsanspruchs kann nicht zum Nachteil des Unterhaltsberechtigten geltend gemacht werden, soweit dieser für eine spätere Zeit, für die er keine Unterhaltsleistung nach diesem Gesetz erhalten hat oder erhält, Unterhalt von dem Unterhaltspflichtigen verlangt.

(4) [1] Wenn die Unterhaltsleistung voraussichtlich auf längere Zeit gewährt werden muss, kann das Land auch einen Unterhaltsanspruch für die Zukunft in Höhe der bewilligten Unterhaltsleistung gerichtlich geltend machen. [2] Der Unterhalt kann als veränderlicher Mindestunterhalt entsprechend § 1612a Absatz 1 Satz 1 des Bürgerlichen Gesetzbuchs[1)] beantragt werden. [3] Das Land kann den auf ihn übergegangenen Unterhaltsanspruch im Einvernehmen mit dem Unterhaltsleistungsempfänger auf diesen zur gerichtlichen Geltendmachung rückübertragen und sich den geltend gemachten Unterhaltsanspruch abtreten lassen. [4] Kosten, mit denen der Unterhaltsleistungsempfänger dadurch selbst belastet wird, sind zu übernehmen.

(5) Betreibt das Land die Zwangsvollstreckung aus einem Vollstreckungsbescheid, ist zum Nachweis des nach Absatz 1 übergegangenen Unterhalts-

[1)] Nr. **2**.

anspruchs dem Vollstreckungsantrag der Bescheid gemäß § 9 Absatz 2 beizufügen.

§ 7a Übergegangene Ansprüche des Berechtigten bei Leistungsunfähigkeit. Solange der Elternteil, bei dem der Berechtigte nicht lebt, Leistungen nach dem Zweiten Buch Sozialgesetzbuch bezieht und über kein eigenes Einkommen im Sinne von § 11 Absatz 1 Satz 1 des Zweiten Buches Sozialgesetzbuch verfügt, wird der nach § 7 übergegangene Unterhaltsanspruch nicht verfolgt.

§ 8 Aufbringung der Mittel. (1) [1] Geldleistungen, die nach dem Gesetz zu zahlen sind, werden zu 40 Prozent vom Bund, im Übrigen von den Ländern getragen. [2] Eine angemessene Aufteilung der nicht vom Bund zu zahlenden Geldleistungen auf Länder und Gemeinden liegt in der Befugnis der Länder.

(2) Die nach § 7 eingezogenen Beträge führen die Länder zu 40 Prozent an den Bund ab.

§ 9 Verfahren und Zahlungsweise. (1) [1] Über die Zahlung der Unterhaltsleistung wird auf schriftlichen Antrag des Elternteils, bei dem der Berechtigte lebt, oder des gesetzlichen Vertreters des Berechtigten entschieden. [2] Der Antrag soll an die durch Landesrecht bestimmte Stelle, in deren Bezirk der Berechtigte seinen Wohnsitz hat, gerichtet werden.

(2) [1] Die Entscheidung ist dem Antragsteller schriftlich oder elektronisch mitzuteilen. [2] In dem Bescheid sind die nach § 2 Absatz 2 bis 4 angerechneten Beträge anzugeben.

(3) [1] Die Unterhaltsleistung ist monatlich im Voraus zu zahlen. [2] Auszuzahlende Beträge sind auf volle Euro aufzurunden. [3] Beträge unter 5 Euro werden nicht geleistet.

§ 10 Bußgeldvorschriften. (1) Ordnungswidrig handelt, wer vorsätzlich oder fahrlässig

1. entgegen § 6 Abs. 1 oder 2 auf Verlangen eine Auskunft nicht, nicht richtig, nicht vollständig oder nicht innerhalb der von der zuständigen Stelle gesetzten Frist erteilt oder
2. entgegen § 6 Abs. 4 eine Änderung in den dort bezeichneten Verhältnissen nicht richtig, nicht vollständig oder nicht unverzüglich mitteilt.

(2) Die Ordnungswidrigkeit kann mit einer Geldbuße geahndet werden.

(3) Verwaltungsbehörde im Sinne des § 36 Abs. 1 Nr. 1 des Gesetzes über Ordnungswidrigkeiten ist die durch Landesrecht bestimmte Stelle.

§ 11 Übergangsvorschriften. (1) [1] § 1 Abs. 2a in der am 19. Dezember 2006 geltenden Fassung ist in Fällen, in denen die Entscheidung über den Anspruch auf Unterhaltsvorschuss für Monate in dem Zeitraum zwischen dem 1. Januar 1994 und dem 18. Dezember 2006 noch nicht bestandskräftig geworden ist, anzuwenden, wenn dies für den Antragsteller günstiger ist. [2] In diesem Fall werden die Aufenthaltsgenehmigungen nach dem Ausländergesetz den Aufenthaltstiteln nach dem Aufenthaltsgesetz entsprechend den Fortgeltungsregelungen in § 101 des Aufenthaltsgesetzes gleichgestellt.

(2) [1] § 1 Absatz 2a Satz 1 Nummer 1 bis 4 in der Fassung des Artikels 38 des Gesetzes vom 12. Dezember 2019 (BGBl. I S. 2451) ist für Entscheidungen

anzuwenden, die Zeiträume betreffen, die nach dem 29. Februar 2020 beginnen. [2] § 1 Absatz 2a Satz 1 Nummer 5 in der Fassung des Artikels 38 des Gesetzes vom 12. Dezember 2019 (BGBl. I S. 2451) ist für Entscheidungen anzuwenden, die Zeiträume betreffen, die nach dem 31. Dezember 2019 beginnen.

§ 11a Anwendungsvorschrift. [1] Im Sinne dieses Gesetzes beträgt für die Zeit vom 1. Januar 2015 bis zum 30. Juni 2015 die Unterhaltsleistung nach § 2 Absatz 1 Satz 1 monatlich 317 Euro für ein Kind, das das sechste Lebensjahr noch nicht vollendet hat, und monatlich 364 Euro für ein Kind, das das zwölfte Lebensjahr noch nicht vollendet hat. [2] Für die Zeit vom 1. Juli 2015 bis zum 31. Dezember 2015 beträgt die Unterhaltsleistung nach § 2 Absatz 1 Satz 1 monatlich 328 Euro für ein Kind, das das sechste Lebensjahr noch nicht vollendet hat, und monatlich 376 Euro für ein Kind, das das zwölfte Lebensjahr noch nicht vollendet hat. [3] Bis zum 31. Dezember 2015 gilt als für ein erstes Kind zu zahlendes Kindergeld im Sinne von § 2 Absatz 2 Satz 1 ein Betrag in Höhe von monatlich 184 Euro.

§ 12 Bericht. [1] Die Bundesregierung legt dem Deutschen Bundestag bis zum 31. Juli 2018 einen Bericht über die Wirkung der Reform, die am 1. Juli 2017 in Kraft getreten ist, vor. [2] Der Bericht darf keine personenbezogenen Daten enthalten.

§§ 12a, 13 *(aufgehoben)*

16. Gesetz zum Schutz vor schädlichen Umwelteinwirkungen durch Luftverunreinigungen, Geräusche, Erschütterungen und ähnliche Vorgänge (Bundes-Immissionsschutzgesetz – BImSchG)

In der Fassung der Bekanntmachung vom 17. Mai 2013[1)]
(BGBl. I S. 1274, ber. 2021 S. 123)

FNA 2129-8

zuletzt geänd. durch Art. 1 G zur Weiterentwicklung der Treibhausgasminderungs-Quote v. 24.9. 2021 (BGBl. I S. 4458)

– Auszug –

Zweiter Teil. Errichtung und Betrieb von Anlagen

Zweiter Abschnitt. Nicht genehmigungsbedürftige Anlagen

§ 22 Pflichten der Betreiber nicht genehmigungsbedürftiger Anlagen.

(1) [1] Nicht genehmigungsbedürftige Anlagen sind so zu errichten und zu betreiben, dass

1. schädliche Umwelteinwirkungen verhindert werden, die nach dem Stand der Technik vermeidbar sind,
2. nach dem Stand der Technik unvermeidbare schädliche Umwelteinwirkungen auf ein Mindestmaß beschränkt werden und
3. ...

...

(1a) [1] Geräuscheinwirkungen, die von Kindertageseinrichtungen, Kinderspielplätzen und ähnlichen Einrichtungen wie beispielsweise Ballspielplätzen durch Kinder hervorgerufen werden, sind im Regelfall keine schädliche Umwelteinwirkung. [2] Bei der Beurteilung der Geräuscheinwirkungen dürfen Immissionsgrenz- und -richtwerte nicht herangezogen werden.

(2) ...

---

1) Neubekanntmachung des BImSchG idF der Bek. v. 26.9.2002 (BGBl. I S. 3830) in der ab 2.5. 2013 geltenden Fassung.

17. Waffengesetz (WaffG)[1)]

Vom 11. Oktober 2002
(BGBl. I S. 3970, ber. S. 4592 und 2003 I S. 1957)

FNA 7133-4

zuletzt geänd. durch Art. 228 Elfte ZuständigkeitsanpassungsVO v. 19.6.2020 (BGBl. I S. 1328)

– Auszug –

Abschnitt 1. Allgemeine Bestimmungen

§ 1 Gegenstand und Zweck des Gesetzes, Begriffsbestimmungen.

(1) Dieses Gesetz regelt den Umgang mit Waffen oder Munition unter Berücksichtigung der Belange der öffentlichen Sicherheit und Ordnung.

(2) Waffen sind

1. Schusswaffen oder ihnen gleichgestellte Gegenstände und
2. tragbare Gegenstände,
   a) die ihrem Wesen nach dazu bestimmt sind, die Angriffs- oder Abwehrfähigkeit von Menschen zu beseitigen oder herabzusetzen, insbesondere Hieb- und Stoßwaffen;
   b) die, ohne dazu bestimmt zu sein, insbesondere wegen ihrer Beschaffenheit, Handhabung oder Wirkungsweise geeignet sind, die Angriffs- oder Abwehrfähigkeit von Menschen zu beseitigen oder herabzusetzen, und die in diesem Gesetz genannt sind.

(3) [1] Umgang mit einer Waffe oder Munition hat, wer diese erwirbt, besitzt, überlässt, führt, verbringt, mitnimmt, damit schießt, herstellt, bearbeitet, instand setzt oder damit Handel treibt. [2] Umgang mit einer Schusswaffe hat auch, wer diese unbrauchbar macht.

(4) Die Begriffe der Waffen und Munition sowie die Einstufung von Gegenständen nach Absatz 2 Nr. 2 Buchstabe b als Waffen, die Begriffe der Arten des Umgangs und sonstige waffenrechtliche Begriffe sind in der Anlage 1 (Begriffsbestimmungen) zu diesem Gesetz näher geregelt.

§ 2 Grundsätze des Umgangs mit Waffen oder Munition, Waffenliste.

(1) Der Umgang mit Waffen oder Munition ist nur Personen gestattet, die das 18. Lebensjahr vollendet haben.

(2)–(5) ...

§ 3 Umgang mit Waffen oder Munition durch Kinder und Jugendliche. (1) Jugendliche dürfen im Rahmen eines Ausbildungs- oder Arbeitsverhältnisses abweichend von § 2 Abs. 1 unter Aufsicht eines weisungsbefugten Waffenberechtigten mit Waffen oder Munition umgehen.

(2) Jugendliche dürfen abweichend von § 2 Abs. 1 Umgang mit geprüften Reizstoffsprühgeräten haben.

[1)] Verkündet als Art. 1 Waffenrechts-NeuregelungsG v. 11.10.2002 (BGBl. I S. 3970); Inkrafttreten gem. Art. 19 Nr. 1 Satz 2 dieses G am 1.4.2003.

(3) Die zuständige Behörde kann für Kinder und Jugendliche allgemein oder für den Einzelfall Ausnahmen von Alterserfordernissen zulassen, wenn besondere Gründe vorliegen und öffentliche Interessen nicht entgegenstehen.

Abschnitt 4. Straf- und Bußgeldvorschriften

§ 51 Strafvorschriften. (1) Mit Freiheitsstrafe von einem Jahr bis zu fünf Jahren wird bestraft, wer entgegen § 2 Absatz 3 in Verbindung mit Anlage 2 Abschnitt 1 Nummer 1.2.1.1 oder 1.2.1.2 eine dort genannte Schusswaffe zum Verschießen von Patronenmunition nach Anlage 1 Abschnitt 1 Unterabschnitt 3 Nr. 1.1 erwirbt, besitzt, überlässt, führt, verbringt, mitnimmt, herstellt, bearbeitet, instand setzt oder damit Handel treibt.

(2) [1] In besonders schweren Fällen ist die Strafe Freiheitsstrafe von einem Jahr bis zu zehn Jahren. [2] Ein besonders schwerer Fall liegt in der Regel vor, wenn der Täter gewerbsmäßig oder als Mitglied einer Bande, die sich zur fortgesetzten Begehung solcher Straftaten verbunden hat, unter Mitwirkung eines anderen Bandenmitgliedes handelt.

(3) In minder schweren Fällen ist die Strafe Freiheitsstrafe bis zu drei Jahren oder Geldstrafe.

(4) Handelt der Täter fahrlässig, so ist die Strafe Freiheitsstrafe bis zu zwei Jahren oder Geldstrafe.

§ 52 Strafvorschriften. (1) Mit Freiheitsstrafe von sechs Monaten bis zu fünf Jahren wird bestraft, wer

1. entgegen § 2 Absatz 3 in Verbindung mit Anlage 2 Abschnitt 1 Nr. 1.1 oder 1.3.4 eine dort genannte Schusswaffe oder einen dort genannten Gegenstand erwirbt, besitzt, überlässt, führt, verbringt, mitnimmt, herstellt, bearbeitet, instand setzt oder damit Handel treibt,

2.–4. ...

(2) Der Versuch ist strafbar.

(3) Mit Freiheitsstrafe bis zu drei Jahren oder mit Geldstrafe wird bestraft, wer

1. entgegen § 2 Absatz 3 in Verbindung mit Anlage 2 Abschnitt 1 Nummer 1.2.2 bis 1.2.4.2, 1.2.5, 1.3.1 bis 1.3.3, 1.3.5 bis 1.3.8, 1.4.1 Satz 1, Nr. 1.4.2 bis 1.4.4 oder 1.5.3 bis 1.5.7 einen dort genannten Gegenstand erwirbt, besitzt, überlässt, führt, verbringt, mitnimmt, herstellt, bearbeitet, instand setzt oder damit Handel treibt,

2.–10. ...

(4) Handelt der Täter in den Fällen des Absatzes 1 Nr. 1, 2 Buchstabe b, c oder d oder Nr. 3 oder des Absatzes 3 Nummer 1 bis 7, 8, 9 oder 10 fahrlässig, so ist die Strafe bei den bezeichneten Taten nach Absatz 1 Freiheitsstrafe bis zu zwei Jahren oder Geldstrafe, bei Taten nach Absatz 3 Freiheitsstrafe bis zu einem Jahr oder Geldstrafe.

(5) [1] In besonders schweren Fällen des Absatzes 1 Nr. 1 ist die Strafe Freiheitsstrafe von einem Jahr bis zu zehn Jahren. [2] Ein besonders schwerer Fall liegt in der Regel vor, wenn der Täter gewerbsmäßig oder als Mitglied einer Bande, die sich zur fortgesetzten Begehung solcher Straftaten verbunden hat, unter Mitwirkung eines anderen Bandenmitgliedes handelt.

(6) In minder schweren Fällen des Absatzes 1 ist die Strafe Freiheitsstrafe bis zu drei Jahren oder Geldstrafe.

§ 52a *(aufgehoben)*

§ 53 Bußgeldvorschriften. (1) Ordnungswidrig handelt, wer vorsätzlich oder fahrlässig

1. entgegen § 2 Abs. 1 eine nicht erlaubnispflichtige Waffe oder nicht erlaubnispflichtige Munition erwirbt oder besitzt,
2. *(aufgehoben)*

3.–23. ...

(1a) ...

(2) Die Ordnungswidrigkeit kann mit einer Geldbuße bis zu zehntausend Euro geahndet werden.

(3) ...

§ 54 Einziehung. (1) Ist eine Straftat nach den §§ 51, 52 Abs. 1, 2 oder 3 Nr. 1, 2 oder 3 oder Abs. 5 begangen worden, so werden Gegenstände,

1. auf die sich diese Straftat bezieht oder
2. die durch sie hervorgebracht oder zu ihrer Begehung oder Vorbereitung gebraucht worden oder bestimmt gewesen sind,

eingezogen.

(2)–(4) ...

18. Jugendschutzgesetz (JuSchG)

Vom 23. Juli 2002
(BGBl. I S. 2730)

FNA 2161-6

zuletzt geänd. durch Art. 1 Zweites G zur Änd. des JugendschutzG v. 9.4.2021 (BGBl. I S. 742)

Nichtamtliche Inhaltsübersicht

Abschnitt 1. Allgemeines

§ 1 Begriffsbestimmungen. (1) Im Sinne dieses Gesetzes

1. sind Kinder Personen, die noch nicht 14 Jahre alt sind,
2. sind Jugendliche Personen, die 14, aber noch nicht 18 Jahre alt sind,
3. ist personensorgeberechtigte Person, wem allein oder gemeinsam mit einer anderen Person nach den Vorschriften des Bürgerlichen Gesetzbuchs[1)] die Personensorge zusteht,
4. ist erziehungsbeauftragte Person, jede Person über 18 Jahren, soweit sie auf Dauer oder zeitweise aufgrund einer Vereinbarung mit der personensorgeberechtigten Person Erziehungsaufgaben wahrnimmt oder soweit sie ein Kind oder eine jugendliche Person im Rahmen der Ausbildung oder der Jugendhilfe betreut.

(1a) Medien im Sinne dieses Gesetzes sind Trägermedien und Telemedien.

(2) [1] Trägermedien im Sinne dieses Gesetzes sind Medien mit Texten, Bildern oder Tönen auf gegenständlichen Trägern, die zur Weitergabe geeignet, zur unmittelbaren Wahrnehmung bestimmt oder in einem Vorführ- oder Spielgerät eingebaut sind. [2] Dem gegenständlichen Verbreiten, Überlassen, Anbieten oder Zugänglichmachen von Trägermedien steht das elektronische Verbreiten, Überlassen, Anbieten oder Zugänglichmachen gleich, soweit es sich nicht um Rundfunk im Sinne des § 2 des Rundfunkstaatsvertrages handelt.

(3) [1] Telemedien im Sinne dieses Gesetzes sind Medien, die nach dem Telemediengesetz übermittelt oder zugänglich gemacht werden. [2] Als Übermitteln oder Zugänglichmachen im Sinne von Satz 1 gilt das Bereithalten eigener oder fremder Inhalte.

(4) Versandhandel im Sinne dieses Gesetzes ist jedes entgeltliche Geschäft, das im Wege der Bestellung und Übersendung einer Ware durch Postversand oder elektronischen Versand ohne persönlichen Kontakt zwischen Lieferant und Besteller oder ohne dass durch technische oder sonstige Vorkehrungen sichergestellt ist, dass kein Versand an Kinder und Jugendliche erfolgt, vollzogen wird.

(5) Die Vorschriften der §§ 2 bis 14 dieses Gesetzes gelten nicht für verheiratete Jugendliche.

(6) Diensteanbieter im Sinne dieses Gesetzes sind Diensteanbieter nach dem Telemediengesetz vom 26. Februar 2007 (BGBl. I S. 179) in der jeweils geltenden Fassung.

§ 2 Prüfungs- und Nachweispflicht. (1) [1] Soweit es nach diesem Gesetz auf die Begleitung durch eine erziehungsbeauftragte Person ankommt, haben die in § 1 Abs. 1 Nr. 4 genannten Personen ihre Berechtigung auf Verlangen darzulegen. [2] Veranstalter und Gewerbetreibende haben in Zweifelsfällen die Berechtigung zu überprüfen.

(2) [1] Personen, bei denen nach diesem Gesetz Altersgrenzen zu beachten sind, haben ihr Lebensalter auf Verlangen in geeigneter Weise nachzuweisen.

[1)] Auszugsweise abgedruckt unter Nr. 2.

[2] Veranstalter und Gewerbetreibende haben in Zweifelsfällen das Lebensalter zu überprüfen.

§ 3 Bekanntmachung der Vorschriften. (1) Veranstalter und Gewerbetreibende haben die nach den §§ 4 bis 13 für ihre Betriebseinrichtungen und Veranstaltungen geltenden Vorschriften sowie bei öffentlichen Filmveranstaltungen die Alterseinstufung von Filmen oder die Anbieterkennzeichnung nach § 14 Abs. 7 durch deutlich sichtbaren und gut lesbaren Aushang bekannt zu machen.

(2) [1] Zur Bekanntmachung der Alterseinstufung von Filmen und von Spielprogrammen dürfen Veranstalter und Gewerbetreibende nur die in § 14 Abs. 2 genannten Kennzeichnungen verwenden. [2] Wer einen Film für öffentliche Filmveranstaltungen weitergibt, ist verpflichtet, den Veranstalter bei der Weitergabe auf die Alterseinstufung oder die Anbieterkennzeichnung nach § 14 Abs. 7 hinzuweisen. [3] Für Filme und Spielprogramme, die nach § 14 Abs. 2 von der obersten Landesbehörde oder einer Organisation der freiwilligen Selbstkontrolle im Rahmen des Verfahrens nach § 14 Abs. 6 gekennzeichnet sind, darf bei der Ankündigung oder Werbung weder auf jugendbeeinträchtigende Inhalte hingewiesen werden noch darf die Ankündigung oder Werbung in jugendbeeinträchtigender Weise erfolgen.

Abschnitt 2. Jugendschutz in der Öffentlichkeit

§ 4 Gaststätten. (1) [1] Der Aufenthalt in Gaststätten darf Kindern und Jugendlichen unter 16 Jahren nur gestattet werden, wenn eine personensorgeberechtigte oder erziehungsbeauftragte Person sie begleitet oder wenn sie in der Zeit zwischen 5 Uhr und 23 Uhr eine Mahlzeit oder ein Getränk einnehmen. [2] Jugendlichen ab 16 Jahren darf der Aufenthalt in Gaststätten ohne Begleitung einer personensorgeberechtigten oder erziehungsbeauftragten Person in der Zeit von 24 Uhr und 5 Uhr morgens nicht gestattet werden.

(2) Absatz 1 gilt nicht, wenn Kinder oder Jugendliche an einer Veranstaltung eines anerkannten Trägers der Jugendhilfe teilnehmen oder sich auf Reisen befinden.

(3) Der Aufenthalt in Gaststätten, die als Nachtbar oder Nachtclub geführt werden, und in vergleichbaren Vergnügungsbetrieben darf Kindern und Jugendlichen nicht gestattet werden.

(4) Die zuständige Behörde kann Ausnahmen von Absatz 1 genehmigen.

§ 5 Tanzveranstaltungen. (1) Die Anwesenheit bei öffentlichen Tanzveranstaltungen ohne Begleitung einer personensorgeberechtigten oder erziehungsbeauftragten Person darf Kindern und Jugendlichen unter 16 Jahren nicht und Jugendlichen ab 16 Jahren längstens bis 24 Uhr gestattet werden.

(2) Abweichend von Absatz 1 darf die Anwesenheit Kindern bis 22 Uhr und Jugendlichen unter 16 Jahren bis 24 Uhr gestattet werden, wenn die Tanzveranstaltung von einem anerkannten Träger der Jugendhilfe durchgeführt wird oder der künstlerischen Betätigung oder der Brauchtumspflege dient.

(3) Die zuständige Behörde kann Ausnahmen genehmigen.

§ 6 Spielhallen, Glücksspiele. (1) Die Anwesenheit in öffentlichen Spielhallen oder ähnlichen vorwiegend dem Spielbetrieb dienenden Räumen darf Kindern und Jugendlichen nicht gestattet werden.

(2) Die Teilnahme an Spielen mit Gewinnmöglichkeit in der Öffentlichkeit darf Kindern und Jugendlichen nur auf Volksfesten, Schützenfesten, Jahrmärkten, Spezialmärkten oder ähnlichen Veranstaltungen und nur unter der Voraussetzung gestattet werden, dass der Gewinn in Waren von geringem Wert besteht.

§ 7 Jugendgefährdende Veranstaltungen und Betriebe. [1] Geht von einer öffentlichen Veranstaltung oder einem Gewerbebetrieb eine Gefährdung für das körperliche, geistige oder seelische Wohl von Kindern oder Jugendlichen aus, so kann die zuständige Behörde anordnen, dass der Veranstalter oder Gewerbetreibende Kindern und Jugendlichen die Anwesenheit nicht gestatten darf. [2] Die Anordnung kann Altersbegrenzungen, Zeitbegrenzungen oder andere Auflagen enthalten, wenn dadurch die Gefährdung ausgeschlossen oder wesentlich gemindert wird.

§ 8 Jugendgefährdende Orte. [1] Hält sich ein Kind oder eine jugendliche Person an einem Ort auf, an dem ihm oder ihr eine unmittelbare Gefahr für das körperliche, geistige oder seelische Wohl droht, so hat die zuständige Behörde oder Stelle die zur Abwendung der Gefahr erforderlichen Maßnahmen zu treffen. [2] Wenn nötig, hat sie das Kind oder die jugendliche Person

1. zum Verlassen des Ortes anzuhalten,
2. der erziehungsberechtigten Person im Sinne des § 7 Abs. 1 Nr. 6 des Achten Buches Sozialgesetzbuch[1)] zuzuführen oder, wenn keine erziehungsberechtigte Person erreichbar ist, in die Obhut des Jugendamtes zu bringen.

[3] In schwierigen Fällen hat die zuständige Behörde oder Stelle das Jugendamt über den jugendgefährdenden Ort zu unterrichten.

§ 9 Alkoholische Getränke. (1) In Gaststätten, Verkaufsstellen oder sonst in der Öffentlichkeit dürfen

1. Bier, Wein, weinähnliche Getränke oder Schaumwein oder Mischungen von Bier, Wein, weinähnlichen Getränken oder Schaumwein mit nichtalkoholischen Getränken an Kinder und Jugendliche unter 16 Jahren,
2. andere alkoholische Getränke oder Lebensmittel, die andere alkoholische Getränke in nicht nur geringfügiger Menge enthalten, an Kinder und Jugendliche

weder abgegeben noch darf ihnen der Verzehr gestattet werden.

(2) [1] Absatz 1 Nummer 1 gilt nicht, wenn Jugendliche von einer personensorgeberechtigten Person begleitet werden.

(3) [1] In der Öffentlichkeit dürfen alkoholische Getränke nicht in Automaten angeboten werden. [2] Dies gilt nicht, wenn ein Automat

1. an einem für Kinder und Jugendliche unzugänglichen Ort aufgestellt ist oder
2. in einem gewerblich genutzten Raum aufgestellt und durch technische Vorrichtungen oder durch ständige Aufsicht sichergestellt ist, dass Kinder und Jugendliche alkoholische Getränke nicht entnehmen können.

[1)] Nr. **10**.

[3] § 20 Nr. 1 des Gaststättengesetzes bleibt unberührt.

(4) [1] Alkoholhaltige Süßgetränke im Sinne des § 1 Abs. 2 und 3 des Alkopopsteuergesetzes dürfen gewerbsmäßig nur mit dem Hinweis „Abgabe an Personen unter 18 Jahren verboten, § 9 Jugendschutzgesetz" in den Verkehr gebracht werden. [2] Dieser Hinweis ist auf der Fertigpackung in der gleichen Schriftart und in der gleichen Größe und Farbe wie die Marken- oder Phantasienamen oder, soweit nicht vorhanden, wie die Verkehrsbezeichnung zu halten und bei Flaschen auf dem Frontetikett anzubringen.

§ 10 Rauchen in der Öffentlichkeit, Tabakwaren. (1) In Gaststätten, Verkaufsstellen oder sonst in der Öffentlichkeit dürfen Tabakwaren und andere nikotinhaltige Erzeugnisse und deren Behältnisse an Kinder oder Jugendliche weder abgegeben noch darf ihnen das Rauchen oder der Konsum nikotinhaltiger Produkte gestattet werden.

(2) [1] In der Öffentlichkeit dürfen Tabakwaren und andere nikotinhaltige Erzeugnisse und deren Behältnisse nicht in Automaten angeboten werden. [2] Dies gilt nicht, wenn ein Automat

1. an einem Kindern und Jugendlichen unzugänglichen Ort aufgestellt ist oder
2. durch technische Vorrichtungen oder durch ständige Aufsicht sichergestellt ist, dass Kinder und Jugendliche Tabakwaren und andere nikotinhaltige Erzeugnisse und deren Behältnisse nicht entnehmen können.

(3) Tabakwaren und andere nikotinhaltige Erzeugnisse und deren Behältnisse dürfen Kindern und Jugendlichen weder im Versandhandel angeboten noch an Kinder und Jugendliche im Wege des Versandhandels abgegeben werden.

(4) Die Absätze 1 bis 3 gelten auch für nikotinfreie Erzeugnisse, wie elektronische Zigaretten oder elektronische Shishas, in denen Flüssigkeit durch ein elektronisches Heizelement verdampft und die entstehenden Aerosole mit dem Mund eingeatmet werden, sowie für deren Behältnisse.

Abschnitt 3. Jugendschutz im Bereich der Medien

§ 10a Schutzziele des Kinder- und Jugendmedienschutzes. Zum Schutz im Bereich der Medien gehören

1. der Schutz vor Medien, die geeignet sind, die Entwicklung von Kindern oder Jugendlichen oder ihre Erziehung zu einer eigenverantwortlichen und gemeinschaftsfähigen Persönlichkeit zu beeinträchtigen (entwicklungsbeeinträchtigende Medien),
2. der Schutz vor Medien, die geeignet sind, die Entwicklung von Kindern oder Jugendlichen oder ihre Erziehung zu einer eigenverantwortlichen und gemeinschaftsfähigen Persönlichkeit zu gefährden (jugendgefährdende Medien),
3. der Schutz der persönlichen Integrität von Kindern und Jugendlichen bei der Mediennutzung und
4. die Förderung von Orientierung für Kinder, Jugendliche, personensorgeberechtigte Personen sowie pädagogische Fachkräfte bei der Mediennutzung

und Medienerziehung; die Vorschriften des Achten Buches Sozialgesetzbuch[1] bleiben unberührt.

§ 10b Entwicklungsbeeinträchtigende Medien. (1) Zu den entwicklungsbeeinträchtigenden Medien nach § 10a Nummer 1 zählen insbesondere übermäßig ängstigende, Gewalt befürwortende oder das sozialethische Wertebild beeinträchtigende Medien.

(2) Bei der Beurteilung der Entwicklungsbeeinträchtigung können auch außerhalb der medieninhaltlichen Wirkung liegende Umstände der jeweiligen Nutzung des Mediums berücksichtigt werden, wenn diese auf Dauer angelegter Bestandteil des Mediums sind und eine abweichende Gesamtbeurteilung über eine Kennzeichnung nach § 14 Absatz 2a hinaus rechtfertigen.

(3) [1] Insbesondere sind nach konkreter Gefahrenprognose als erheblich einzustufende Risiken für die persönliche Integrität von Kindern und Jugendlichen, die im Rahmen der Nutzung des Mediums auftreten können, unter Einbeziehung etwaiger Vorsorgemaßnahmen im Sinne des § 24a Absatz 1 und 2 angemessen zu berücksichtigen. [2] Hierzu zählen insbesondere Risiken durch Kommunikations- und Kontaktfunktionen, durch Kauffunktionen, durch glücksspielähnliche Mechanismen, durch Mechanismen zur Förderung eines exzessiven Mediennutzungsverhaltens, durch die Weitergabe von Bestands- und Nutzungsdaten ohne Einwilligung an Dritte sowie durch nicht altersgerechte Kaufappelle insbesondere durch werbende Verweise auf andere Medien.

§ 11 Filmveranstaltungen. (1) Die Anwesenheit bei öffentlichen Filmveranstaltungen darf Kindern und Jugendlichen nur gestattet werden, wenn die Filme von der obersten Landesbehörde oder einer Organisation der freiwilligen Selbstkontrolle im Rahmen des Verfahrens nach § 14 Abs. 6 zur Vorführung vor ihnen freigegeben worden sind oder wenn es sich um Informations-, Instruktions- und Lehrfilme handelt, die vom Anbieter mit „Infoprogramm" oder „Lehrprogramm" gekennzeichnet sind.

(2) Abweichend von Absatz 1 darf die Anwesenheit bei öffentlichen Filmveranstaltungen mit Filmen, die für Kinder und Jugendliche ab zwölf Jahren freigegeben und gekennzeichnet sind, auch Kindern ab sechs Jahren gestattet werden, wenn sie von einer personensorgeberechtigten oder erziehungsbeauftragten Person begleitet sind.

(3) Unbeschadet der Voraussetzungen des Absatzes 1 darf die Anwesenheit bei öffentlichen Filmveranstaltungen nur mit Begleitung einer personensorgeberechtigten oder erziehungsbeauftragten Person gestattet werden

1. Kindern unter sechs Jahren,
2. Kindern ab sechs Jahren, wenn die Vorführung nach 20 Uhr beendet ist,
3. Jugendlichen unter 16 Jahren, wenn die Vorführung nach 22 Uhr beendet ist,
4. Jugendlichen ab 16 Jahren, wenn die Vorführung nach 24 Uhr beendet ist.

(4) [1] Die Absätze 1 bis 3 gelten für die öffentliche Vorführung von Filmen unabhängig von der Art der Aufzeichnung und Wiedergabe. [2] Sie gelten auch für Werbevorspanne und Beiprogramme. [3] Sie gelten nicht für Filme, die zu

---

[1] Nr. **10**.

nichtgewerblichen Zwecken hergestellt werden, solange die Filme nicht gewerblich genutzt werden.

(5) Werbefilme oder Werbeprogramme, die für alkoholische Getränke werben, dürfen unbeschadet der Voraussetzungen der Absätze 1 bis 4 nur nach 18 Uhr vorgeführt werden.

(6) Werbefilme oder Werbeprogramme, die für Tabakerzeugnisse, elektronische Zigaretten oder Nachfüllbehälter im Sinne des § 1 Absatz 1 Nummer 1 des Tabakerzeugnisgesetzes werben, dürfen nur im Zusammenhang mit Filmen vorgeführt werden, die

1. von der obersten Landesbehörde oder einer Organisation der freiwilligen Selbstkontrolle im Rahmen des Verfahrens nach § 14 Absatz 6 mit „Keine Jugendfreigabe" nach § 14 Absatz 2 gekennzeichnet sind oder
2. nicht nach den Vorschriften dieses Gesetzes gekennzeichnet sind.

§ 12 Bildträger mit Filmen oder Spielen. (1) Zur Weitergabe geeignete, für die Wiedergabe auf oder das Spiel an Bildschirmgeräten mit Filmen oder Spielen programmierte Datenträger (Bildträger) dürfen einem Kind oder einer jugendlichen Person in der Öffentlichkeit nur zugänglich gemacht werden, wenn die Programme von der obersten Landesbehörde oder einer Organisation der freiwilligen Selbstkontrolle im Rahmen des Verfahrens nach § 14 Abs. 6 für ihre Altersstufe freigegeben und gekennzeichnet worden sind oder wenn es sich um Informations-, Instruktions- und Lehrprogramme handelt, die vom Anbieter mit „Infoprogramm" oder „Lehrprogramm" gekennzeichnet sind.

(2) [1] Auf die Kennzeichnungen nach Absatz 1 ist auf dem Bildträger und der Hülle mit einem deutlich sichtbaren Zeichen hinzuweisen. [2] Das Zeichen ist auf der Frontseite der Hülle links unten auf einer Fläche von mindestens 1 200 Quadratmillimetern und dem Bildträger auf einer Fläche von mindestens 250 Quadratmillimetern anzubringen. [3] Die oberste Landesbehörde kann

1. Näheres über Inhalt, Größe, Form, Farbe und Anbringung der Zeichen anordnen und
2. Ausnahmen für die Anbringung auf dem Bildträger oder der Hülle genehmigen.

[4] Anbieter von Telemedien, die Filme und Spielprogramme verbreiten, müssen auf eine vorhandene Kennzeichnung in ihrem Angebot deutlich hinweisen.

(3) Bildträger, die nicht oder mit „Keine Jugendfreigabe" nach § 14 Abs. 2 von der obersten Landesbehörde oder einer Organisation der freiwilligen Selbstkontrolle im Rahmen des Verfahrens nach § 14 Abs. 6 oder nach § 14 Abs. 7 vom Anbieter gekennzeichnet sind, dürfen

1. einem Kind oder einer jugendlichen Person nicht angeboten, überlassen oder sonst zugänglich gemacht werden,
2. nicht im Einzelhandel außerhalb von Geschäftsräumen, in Kiosken oder anderen Verkaufsstellen, die Kunden nicht zu betreten pflegen, oder im Versandhandel angeboten oder überlassen werden.

(4) Automaten zur Abgabe bespielter Bildträger dürfen

1. auf Kindern oder Jugendlichen zugänglichen öffentlichen Verkehrsflächen,
2. außerhalb von gewerblich oder in sonstiger Weise beruflich oder geschäftlich genutzten Räumen oder

3. in deren unbeaufsichtigten Zugängen, Vorräumen oder Fluren

nur aufgestellt werden, wenn ausschließlich nach § 14 Abs. 2 Nr. 1 bis 4 gekennzeichnete Bildträger angeboten werden und durch technische Vorkehrungen gesichert ist, dass sie von Kindern und Jugendlichen, für deren Altersgruppe ihre Programme nicht nach § 14 Abs. 2 Nr. 1 bis 4 freigegeben sind, nicht bedient werden können.

(5) [1] Bildträger, die Auszüge von Filmen und Spielprogrammen enthalten, dürfen abweichend von den Absätzen 1 und 3 im Verbund mit periodischen Druckschriften nur vertrieben werden, wenn sie mit einem Hinweis des Anbieters versehen sind, der deutlich macht, dass eine Organisation der freiwilligen Selbstkontrolle festgestellt hat, dass diese Auszüge keine Jugendbeeinträchtigungen enthalten. [2] Der Hinweis ist sowohl auf der periodischen Druckschrift als auch auf dem Bildträger vor dem Vertrieb mit einem deutlich sichtbaren Zeichen anzubringen. [3] Absatz 2 Satz 1 bis 3 gilt entsprechend. [4] Die Berechtigung nach Satz 1 kann die oberste Landesbehörde für einzelne Anbieter ausschließen.

§ 13 Bildschirmspielgeräte. (1) Das Spielen an elektronischen Bildschirmspielgeräten ohne Gewinnmöglichkeit, die öffentlich aufgestellt sind, darf Kindern und Jugendlichen ohne Begleitung einer personensorgeberechtigten oder erziehungsbeauftragten Person nur gestattet werden, wenn die Programme von der obersten Landesbehörde oder einer Organisation der freiwilligen Selbstkontrolle im Rahmen des Verfahrens nach § 14 Abs. 6 für ihre Altersstufe freigegeben und gekennzeichnet worden sind oder wenn es sich um Informations-, Instruktions- oder Lehrprogramme handelt, die vom Anbieter mit „Infoprogramm" oder „Lehrprogramm" gekennzeichnet sind.

(2) Elektronische Bildschirmspielgeräte dürfen

1. auf Kindern oder Jugendlichen zugänglichen öffentlichen Verkehrsflächen,
2. außerhalb von gewerblich oder in sonstiger Weise beruflich oder geschäftlich genutzten Räumen oder
3. in deren unbeaufsichtigten Zugängen, Vorräumen oder Fluren

nur aufgestellt werden, wenn ihre Programme für Kinder ab sechs Jahren freigegeben und gekennzeichnet oder nach § 14 Abs. 7 mit „Infoprogramm" oder „Lehrprogramm" gekennzeichnet sind.

(3) Auf das Anbringen der Kennzeichnungen auf Bildschirmspielgeräten findet § 12 Abs. 2 Satz 1 bis 3 entsprechende Anwendung.

§ 14 Kennzeichnung von Filmen und Spielprogrammen. (1) Filme und Spielprogramme dürfen nicht für Kinder und Jugendliche freigegeben werden, wenn sie für Kinder und Jugendliche in der jeweiligen Altersstufe entwicklungsbeeinträchtigend sind.

(2) Die oberste Landesbehörde oder eine Organisation der freiwilligen Selbstkontrolle im Rahmen des Verfahrens nach Absatz 6 kennzeichnet die Filme und Spielprogramme mit

1. „Freigegeben ohne Altersbeschränkung",
2. „Freigegeben ab sechs Jahren",
3. „Freigegeben ab zwölf Jahren",
4. „Freigegeben ab sechzehn Jahren",

5. „Keine Jugendfreigabe“.

(2a) [1]Die oberste Landesbehörde oder eine Organisation der freiwilligen Selbstkontrolle soll im Rahmen des Verfahrens nach Absatz 6 über die Altersstufen des Absatzes 2 hinaus Filme und Spielprogramme mit Symbolen und weiteren Mitteln kennzeichnen, mit denen die wesentlichen Gründe für die Altersfreigabe des Mediums und dessen potenzielle Beeinträchtigung der persönlichen Integrität angegeben werden. [2]Die oberste Landesbehörde kann Näheres über die Ausgestaltung und Anbringung der Symbole und weiteren Mittel anordnen.

(3) [1]Hat ein Film oder ein Spielprogramm nach Einschätzung der obersten Landesbehörde oder einer Organisation der freiwilligen Selbstkontrolle im Rahmen des Verfahrens nach Absatz 6 einen der in § 15 Abs. 2 Nr. 1 bis 5 bezeichneten Inhalte oder ist es in die Liste nach § 18 aufgenommen, wird es nicht gekennzeichnet. [2]Die oberste Landesbehörde hat Tatsachen die auf einen Verstoß gegen § 15 Abs. 1 schließen lassen, der zuständigen Strafverfolgungsbehörde mitzuteilen.

(4) [1]Ist ein Film oder ein Spielprogramm mit einem in die Liste nach § 18 aufgenommenen Medium ganz oder im Wesentlichen inhaltsgleich, ist die Kennzeichnung ausgeschlossen. [2]Über das Vorliegen einer Inhaltsgleichheit entscheidet die Prüfstelle für jugendgefährdende Medien. [3]Satz 1 gilt entsprechend, wenn die Voraussetzungen für eine Aufnahme in die Liste vorliegen. [4]In Zweifelsfällen führt die oberste Landesbehörde oder eine Organisation der freiwilligen Selbstkontrolle im Rahmen des Verfahrens nach Absatz 6 eine Entscheidung der Prüfstelle für jugendgefährdende Medien herbei.

(4a) Absatz 4 gilt nicht für Freigabeentscheidungen nach § 11 Absatz 1.

(5) [1]Die Kennzeichnungen von Filmen gelten auch für die Vorführung in öffentlichen Filmveranstaltungen von inhaltsgleichen Filmen, wenn und soweit die obersten Landesbehörden nicht in der Vereinbarung zum Verfahren nach Absatz 6 etwas Anderes bestimmen. [2]Die Kennzeichnung von Filmen für öffentliche Filmveranstaltungen können auf inhaltsgleiche Filme für Bildträger, Bildschirmspielgeräte und Telemedien übertragen werden; Absatz 4 gilt entsprechend.

(6) [1]Die obersten Landesbehörden können ein gemeinsames Verfahren für die Freigabe und Kennzeichnung der Filme sowie Spielprogramme auf der Grundlage der Ergebnisse der Prüfung durch von Verbänden der Wirtschaft getragene oder unterstützte Organisationen freiwilliger Selbstkontrolle vereinbaren. [2]Im Rahmen dieser Vereinbarung kann bestimmt werden, dass die Freigaben und Kennzeichnungen durch eine Organisation der freiwilligen Selbstkontrolle Freigaben und Kennzeichnungen der obersten Landesbehörden aller Länder sind, soweit nicht eine oberste Landesbehörde für ihren Bereich eine abweichende Entscheidung trifft. [3]Nach den Bestimmungen des Jugendmedienschutz-Staatsvertrages[1)] anerkannte Einrichtungen der freiwilligen Selbstkontrolle können nach den Sätzen 1 und 2 eine Vereinbarung mit den obersten Landesbehörden schließen.

(6a) [1]Das gemeinsame Verfahren nach Absatz 6 soll vorsehen, dass von der zentralen Aufsichtsstelle der Länder für den Jugendmedienschutz bestätigte Altersbewertungen nach dem Jugendmedienschutz-Staatsvertrag oder Alters-

---

[1)] Nr. **20**.

bewertungen der Veranstalter des öffentlich-rechtlichen Rundfunks als Freigaben im Sinne des Absatzes 6 Satz 2 wirken, sofern dies mit der Spruchpraxis der obersten Landesbehörden nicht unvereinbar ist. [2]Die Absätze 3 und 4 bleiben unberührt.

(7) [1]Filme und Spielprogramme zu Informations-, Instruktions- oder Lehrzwecken dürfen vom Anbieter mit „Infoprogramm" oder „Lehrprogramm" nur gekennzeichnet werden, wenn sie offensichtlich nicht die Entwicklung oder Erziehung von Kindern und Jugendlichen beeinträchtigen. [2]Die Absätze 1 bis 5 finden keine Anwendung. [3]Die oberste Landesbehörde kann das Recht zur Anbieterkennzeichnung für einzelne Anbieter oder für besondere Filme und Spielprogramme ausschließen und durch den Anbieter vorgenommene Kennzeichnungen aufheben.

(8) Enthalten Filme, Bildträger oder Bildschirmspielgeräte neben den zu kennzeichnenden Filmen oder Spielprogrammen Titel, Zusätze oder weitere Darstellungen in Texten, Bildern oder Tönen, bei denen in Betracht kommt, dass sie die Entwicklung oder Erziehung von Kindern oder Jugendlichen beeinträchtigen, so sind diese bei der Entscheidung über die Kennzeichnung mit zu berücksichtigen.

(9) Die Absätze 1 bis 6 und 8 gelten für die Kennzeichnung von zur Verbreitung in Telemedien bestimmten und kennzeichnungsfähigen Filmen und Spielprogrammen entsprechend.

(10) Die oberste Landesbehörde kann Näheres über die Ausgestaltung und Anbringung der Kennzeichnung nach § 14a Absatz 1 mit den Einrichtungen der freiwilligen Selbstkontrolle vereinbaren.

§ 14a Kennzeichnung bei Film- und Spielplattformen. (1) [1]Film- und Spielplattformen sind Diensteanbieter, die Filme oder Spielprogramme in einem Gesamtangebot zusammenfassen und mit Gewinnerzielungsabsicht als eigene Inhalte zum individuellen Abruf zu einem von den Nutzerinnen und Nutzern gewählten Zeitpunkt bereithalten. [2]Film- und Spielplattformen nach Satz 1 dürfen einen Film oder ein Spielprogramm nur bereithalten, wenn sie gemäß den Altersstufen des § 14 Absatz 2 mit einer entsprechenden deutlich wahrnehmbaren Kennzeichnung versehen sind, die

1. im Rahmen des Verfahrens des § 14 Absatz 6 oder
2. durch eine nach § 19 des Jugendmedienschutz-Staatsvertrages[1)] anerkannte Einrichtung der freiwilligen Selbstkontrolle oder durch einen von einer Einrichtung der freiwilligen Selbstkontrolle zertifizierten Jugendschutzbeauftragten nach § 7 des Jugendmedienschutz-Staatsvertrages oder,
3. wenn keine Kennzeichnung im Sinne der Nummer 1 oder 2 gegeben ist, durch ein von den obersten Landesbehörden anerkanntes automatisiertes Bewertungssystem einer im Rahmen einer Vereinbarung nach § 14 Absatz 6 tätigen Einrichtung der freiwilligen Selbstkontrolle

vorgenommen wurde. [3]Die §§ 10b und 14 Absatz 2a gelten entsprechend.

(2) [1]Der Diensteanbieter ist von der Pflicht nach Absatz 1 Satz 2 befreit, wenn die Film- oder Spielplattform im Inland nachweislich weniger als eine Million Nutzerinnen und Nutzer hat. [2]Die Pflicht besteht zudem bei Filmen

---

[1)] Nr. **20**.

und Spielprogrammen nicht, bei denen sichergestellt ist, dass sie ausschließlich Erwachsenen zugänglich gemacht werden.

(3) [1]Die Vorschrift findet auch auf Diensteanbieter Anwendung, deren Sitzland nicht Deutschland ist. [2]Die §§ 2a und 3 des Telemediengesetzes bleiben unberührt.

§ 15 Jugendgefährdende Medien. (1) Medien, deren Aufnahme in die Liste jugendgefährdender Medien nach § 24 Abs. 3 Satz 1 bekannt gemacht ist, dürfen als Trägermedien nicht

1. einem Kind oder einer jugendlichen Person angeboten, überlassen oder sonst zugänglich gemacht werden,
2. an einem Ort, der Kindern oder Jugendlichen zugänglich ist oder von ihnen eingesehen werden kann, ausgestellt, angeschlagen, vorgeführt oder sonst zugänglich gemacht werden,
3. im Einzelhandel außerhalb von Geschäftsräumen, in Kiosken oder anderen Verkaufsstellen, die Kunden nicht zu betreten pflegen, im Versandhandel oder in gewerblichen Leihbüchereien oder Lesezirkeln einer anderen Person angeboten oder überlassen werden,
4. im Wege gewerblicher Vermietung oder vergleichbarer gewerblicher Gewährung des Gebrauchs, ausgenommen in Ladengeschäften, die Kindern und Jugendlichen nicht zugänglich sind und von ihnen nicht eingesehen werden können, einer anderen Person angeboten oder überlassen werden,
5. im Wege des Versandhandels eingeführt werden,
6. öffentlich an einem Ort, der Kindern oder Jugendlichen zugänglich ist oder von ihnen eingesehen werden kann, oder durch Verbreiten von Träger- oder Telemedien außerhalb des Geschäftsverkehrs mit dem einschlägigen Handel angeboten, angekündigt oder angepriesen werden,
7. hergestellt, bezogen, geliefert, vorrätig gehalten oder eingeführt werden, um sie oder aus ihnen gewonnene Stücke im Sinne der Nummern 1 bis 6 zu verwenden oder einer anderen Person eine solche Verwendung zu ermöglichen.

(1a) Medien, deren Aufnahme in die Liste jugendgefährdender Medien nach § 24 Absatz 3 Satz 1 bekannt gemacht ist, dürfen als Telemedien nicht an einem Ort, der Kindern oder Jugendlichen zugänglich ist oder von ihnen eingesehen werden kann, vorgeführt werden.

(2) Den Beschränkungen des Absatzes 1 unterliegen, ohne dass es einer Aufnahme in die Liste und einer Bekanntmachung bedarf, schwer jugendgefährdende Trägermedien, die

1. einen der in § 86, § 130, § 130a, § 131, § 184, § 184a, § 184b oder § 184c des Strafgesetzbuches[1)] bezeichneten Inhalte haben,
2. den Krieg verherrlichen,
3. Menschen, die sterben oder schweren körperlichen oder seelischen Leiden ausgesetzt sind oder waren, in einer die Menschenwürde verletzenden Weise darstellen und ein tatsächliches Geschehen wiedergeben, ohne dass ein überwiegendes berechtigtes Interesse gerade an dieser Form der Berichterstattung vorliegt,

---

[1)] Nr. **38**.

3a. besonders realistische, grausame und reißerische Darstellungen selbstzweckhafter Gewalt beinhalten, die das Geschehen beherrschen,
4. Kinder oder Jugendliche in unnatürlicher, geschlechtsbetonter Körperhaltung darstellen oder
5. offensichtlich geeignet sind, die Entwicklung von Kindern oder Jugendlichen oder ihre Erziehung zu einer eigenverantwortlichen und gemeinschaftsfähigen Persönlichkeit schwer zu gefährden.

(3) Den Beschränkungen des Absatzes 1 unterliegen auch, ohne dass es einer Aufnahme in die Liste und einer Bekanntmachung bedarf, Trägermedien, die mit einem Medium, dessen Aufnahme in die Liste bekannt gemacht ist, ganz oder im Wesentlichen inhaltsgleich sind.

(4) Die Liste der jugendgefährdenden Medien darf nicht zum Zweck der geschäftlichen Werbung abgedruckt oder veröffentlicht werden.

(5) Bei geschäftlicher Werbung für Trägermedien darf nicht darauf hingewiesen werden, dass ein Verfahren zur Aufnahme des Mediums oder eines inhaltsgleichen Mediums in die Liste anhängig ist oder gewesen ist.

(6) Soweit die Lieferung erfolgen darf, haben Gewerbetreibende vor Abgabe an den Handel die Händler auf die Vertriebsbeschränkungen des Absatzes 1 Nr. 1 bis 6 hinzuweisen.

§ 16 Landesrecht. [1]Die Länder können im Bereich der Telemedien über dieses Gesetz hinausgehende Regelungen zum Jugendschutz treffen. [2]Die an die Inhalte von Telemedien zu richtenden besonderen Anforderungen ergeben sich aus dem Jugendmedienschutz-Staatsvertrag[1)].

Abschnitt 4. Bundeszentrale für Kinder- und Jugendmedienschutz

§ 17 Zuständige Bundesbehörde und Leitung. (1) Zuständig für die Durchführung der Aufgaben, die nach diesem Gesetz in bundeseigener Verwaltung ausgeführt werden, ist die Bundesprüfstelle für jugendgefährdende Medien als selbstständige Bundesoberbehörde; sie erhält die Bezeichnung „Bundeszentrale für Kinder- und Jugendmedienschutz" (Bundeszentrale) und untersteht dem Bundesministerium für Familie, Senioren, Frauen und Jugend.

(2) Die Bundeszentrale wird von einer Direktorin oder einem Direktor geleitet (Behördenleitung).

§ 17a Aufgaben. (1) Die Bundeszentrale unterhält eine Prüfstelle für jugendgefährdende Medien, die über die Aufnahme von Medien in die Liste jugendgefährdender Medien nach § 18 und über Streichungen aus dieser Liste entscheidet.

(2) [1]Die Bundeszentrale fördert durch geeignete Maßnahmen die Weiterentwicklung des Kinder- und Jugendmedienschutzes. [2]Hierzu gehören insbesondere

1. die Förderung einer gemeinsamen Verantwortungsübernahme von Staat, Wirtschaft und Zivilgesellschaft zur Koordinierung einer Gesamtstrategie zur Verwirklichung der Schutzziele des § 10a,

---

1) Nr. **20**.

2. die Nutzbarmachung und Weiterentwicklung der aus der Gesamtheit der Spruchpraxis der Prüfstelle abzuleitenden Erkenntnisse hinsichtlich durch Medien verursachter sozialethischer Desorientierung von Kindern und Jugendlichen, insbesondere durch Orientierungshilfen für Kinder und Jugendliche, personensorgeberechtigte Personen, Fachkräfte und durch Förderung öffentlicher Diskurse sowie
3. ein regelmäßiger Informationsaustausch mit den im Bereich des Kinder- und Jugendmedienschutzes tätigen Institutionen hinsichtlich der jeweiligen Spruchpraxis.

(3) Die Bundeszentrale überprüft die von Diensteanbietern nach § 24a vorzuhaltenden Vorsorgemaßnahmen.

(4) Die Bundeszentrale kann zur Erfüllung ihrer Aufgabe aus Absatz 2 Maßnahmen, die von überregionaler Bedeutung sind, fördern oder selbst durchführen.

§ 17b Beirat. [1]Die Bundeszentrale richtet einen Beirat ein, der sie bei der Erfüllung der Aufgaben nach § 17a Absatz 2 Satz 1 berät. [2]Dem Beirat gehören bis zu zwölf Personen an, die sich in besonderer Weise für die Verwirklichung der Rechte und den Schutz von Kindern und Jugendlichen einsetzen. [3]Vertretungen der Interessen von Kindern und Jugendlichen stehen drei Plätze zu. [4]Hiervon sind zwei Sitze mit Personen zu besetzen, die zum Zeitpunkt ihrer Berufung höchstens 17 Jahre alt sind und von auf Bundesebene tätigen Vertretungen der Interessen von Kindern und Jugendlichen vorgeschlagen wurden. [5]Die Berufung von Beiratsmitgliedern erfolgt durch die Bundeszentrale für eine Dauer von jeweils drei Jahren. [6]Das Nähere regelt eine Geschäftsordnung.

§ 18 Liste jugendgefährdender Medien. (1) [1]Medien, die geeignet sind, die Entwicklung von Kindern oder Jugendlichen oder ihre Erziehung zu einer eigenverantwortlichen und gemeinschaftsfähigen Persönlichkeit zu gefährden, sind von der Bundeszentrale nach Entscheidung der Prüfstelle für jugendgefährdende Medien in eine Liste (Liste jugendgefährdender Medien) aufzunehmen. [2]Dazu zählen vor allem unsittliche, verrohend wirkende, zu Gewalttätigkeit, Verbrechen oder Rassenhass anreizende Medien sowie Medien, in denen
1. Gewalthandlungen wie Mord- und Metzelszenen selbstzweckhaft und detailliert dargestellt werden oder
2. Selbstjustiz als einzig bewährtes Mittel zur Durchsetzung der vermeintlichen Gerechtigkeit nahe gelegt wird.

(2) *(aufgehoben)*

(3) Ein Medium darf nicht in die Liste aufgenommen werden
1. allein wegen seines politischen, sozialen, religiösen oder weltanschaulichen Inhalts,
2. wenn es der Kunst oder der Wissenschaft, der Forschung oder der Lehre dient,
3. wenn es im öffentlichen Interesse liegt, es sei denn, dass die Art der Darstellung zu beanstanden ist.

(4) In Fällen von geringer Bedeutung kann davon abgesehen werden, ein Medium in die Liste aufzunehmen.

(5) [1] Medien sind in die Liste aufzunehmen, wenn ein Gericht in einer rechtskräftigen Entscheidung festgestellt hat, dass das Medium einen der in § 86, § 130, § 130a, § 131, § 184, § 184a, § 184b oder § 184c des Strafgesetzbuches[1)] bezeichneten Inhalte hat. [2] § 21 Absatz 5 Nummer 2 bleibt unberührt.

(5a) Erlangt die Prüfstelle für jugendgefährdende Medien davon Kenntnis, dass eine den Listeneintrag auslösende Entscheidung nach Absatz 5 Satz 1 aufgehoben wurde, hat sie unverzüglich von Amts wegen zu prüfen, ob die Voraussetzungen für den Verbleib des Mediums in der Liste weiterhin vorliegen.

(6) [1] Die Prüfstelle für jugendgefährdende Medien schätzt in ihren Entscheidungen ein, ob ein Medium einen der in den §§ 86, 130, 130a, 131, 184, 184a, 184b oder 184c des Strafgesetzbuches[1)] genannten Inhalte hat. [2] Im Bejahungsfall hat sie ihre auch insoweit begründete Entscheidung der zuständigen Strafverfolgungsbehörde zuzuleiten.

(7) [1] Medien sind aus der Liste zu streichen, wenn die Voraussetzungen für eine Aufnahme nicht mehr vorliegen. [2] Nach Ablauf von 25 Jahren verliert eine Aufnahme in die Liste ihre Wirkung.

(8) [1] Auf Filme und Spielprogramme, die nach § 14 Abs. 2 Nr. 1 bis 5, auch in Verbindung mit § 14 Absatz 9 gekennzeichnet sind, findet Absatz 1 keine Anwendung. [2] Absatz 1 ist außerdem nicht anzuwenden, wenn die zentrale Aufsichtsstelle der Länder für den Jugendmedienschutz über das Telemedium zuvor eine Entscheidung dahin gehend getroffen hat, dass die Voraussetzungen für die Aufnahme in die Liste jugendgefährdender Medien nach Absatz 1 nicht vorliegen. [3] Hat eine anerkannte Einrichtung der Selbstkontrolle das Telemedium zuvor bewertet, so findet Absatz 1 nur dann Anwendung, wenn die zentrale Aufsichtsstelle der Länder für den Jugendmedienschutz die Voraussetzungen für die Aufnahme in die Liste jugendgefährdender Medien nach Absatz 1 für gegeben hält oder eine Entscheidung der zentralen Aufsichtsstelle der Länder für den Jugendmedienschutz nicht vorliegt.

§ 19 Personelle Besetzung der Prüfstelle für jugendgefährdende Medien. (1) [1] Die Prüfstelle für jugendgefährdende Medien besteht aus

1. der oder dem Vorsitzenden,
2. je einer oder einem von jeder Landesregierung zu ernennenden Beisitzerin oder Beisitzer und
3. weiteren von dem Bundesministerium für Familie, Senioren, Frauen und Jugend zu ernennenden Beisitzerinnen oder Beisitzern.

[2] Die oder der Vorsitzende wird vom Bundesministerium für Familie, Senioren, Frauen und Jugend ernannt. [3] Die Behördenleitung schlägt hierfür eine bei der Bundeszentrale beschäftigte Person vor, die die Befähigung zum Richteramt nach dem Deutschen Richtergesetz besitzt. [4] Die Behördenleitung kann den Vorsitz auch selbst ausüben. [5] Für die Vorsitzende oder den Vorsitzenden und die Beisitzerinnen oder Beisitzer ist mindestens je eine Stellvertreterin oder ein Stellvertreter zu ernennen. [6] Die jeweilige Landesregierung kann ihr Ernennungsrecht nach Satz 1 Nummer 2 auf eine oberste Landesbehörde übertragen.

(2) [1] Die von dem Bundesministerium für Familie, Senioren, Frauen und Jugend zu ernennenden Beisitzerinnen und Beisitzer sind den Kreisen

[1)] Nr. **38**.

1. der Kunst,
2. der Literatur,
3. des Buchhandels und der Verlegerschaft,
4. der Anbieter von Bildträgern und von Telemedien,
5. der Träger der freien Jugendhilfe,
6. der Träger der öffentlichen Jugendhilfe,
7. der Lehrerschaft und
8. der Kirchen, der jüdischen Kultusgemeinden und anderer Religionsgemeinschaften, die Körperschaften des öffentlichen Rechts sind,

auf Vorschlag der genannten Gruppen zu entnehmen. [2] Dem Buchhandel und der Verlegerschaft sowie dem Anbieter von Bildträgern und von Telemedien stehen diejenigen Kreise gleich, die eine vergleichbare Tätigkeit bei der Auswertung und beim Vertrieb der Medien unabhängig von der Art der Aufzeichnung und der Wiedergabe ausüben.

(3) [1] Die oder der Vorsitzende und die Beisitzerinnen oder Beisitzer werden auf die Dauer von drei Jahren bestimmt. [2] Sie können von der Stelle, die sie bestimmt hat, vorzeitig abberufen werden, wenn sie der Verpflichtung zur Mitarbeit in der Bundesprüfstelle für jugendgefährdende Medien nicht nachkommen.

(4) Die Mitglieder der Prüfstelle für jugendgefährdende Medien sind bei ihren Entscheidungen an Weisungen nicht gebunden.

(5) [1] Die Prüfstelle für jugendgefährdende Medien entscheidet in der Besetzung von zwölf Mitgliedern, die aus der oder dem Vorsitzenden, drei Beisitzerinnen oder Beisitzern der Länder und je einer Beisitzerin oder einem Beisitzer aus den in Absatz 2 genannten Gruppen bestehen. [2] Erscheinen zur Sitzung einberufene Beisitzerinnen oder Beisitzer oder ihre Stellvertreterinnen oder Stellvertreter nicht, so ist die Prüfstelle für jugendgefährdende Medien auch in einer Besetzung von mindestens neun Mitgliedern beschlussfähig, von denen mindestens zwei den in Absatz 2 Nr. 1 bis 4 genannten Gruppen angehören müssen.

(6) [1] Zur Anordnung der Aufnahme in die Liste bedarf es einer Mehrheit von zwei Dritteln der an der Entscheidung mitwirkenden Mitglieder der Prüfstelle für jugendgefährdende Medien. [2] In der Besetzung des Absatzes 5 Satz 2 ist für die Listenaufnahme eine Mindestzahl von sieben Stimmen erforderlich.

§ 20 Vorschlagsberechtigte Verbände. (1) [1] Das Vorschlagsrecht nach § 19 Abs. 2 wird innerhalb der nachfolgenden Kreise durch folgende Organisationen für je eine Beisitzerin oder einen Beisitzer und eine Stellvertreterin oder einen Stellvertreter ausgeübt:

1. für die Kreise der Kunst durch
   Deutscher Kulturrat,
   Bund Deutscher Kunsterzieher e.V.,
   Künstlergilde e.V.,
   Bund Deutscher Grafik-Designer,
2. für die Kreise der Literatur durch
   Verband deutscher Schriftsteller,
   Freier Deutscher Autorenverband,
   Deutscher Autorenverband e.V.,

PEN-Zentrum,

3. für die Kreise des Buchhandels und der Verlegerschaft durch
Börsenverein des Deutschen Buchhandels e.V.,
Verband Deutscher Bahnhofsbuchhändler,
Bundesverband Deutscher Buch-, Zeitungs- und Zeitschriftengrossisten e.V.,
Bundesverband Deutscher Zeitungsverleger e.V.,
Verband Deutscher Zeitschriftenverleger e.V.,
Börsenverein des Deutschen Buchhandels e.V. – Verlegerausschuss,
Arbeitsgemeinschaft der Zeitschriftenverlage (AGZV) im Börsenverein des Deutschen Buchhandels,
4. für die Kreise der Anbieter von Bildträgern und von Telemedien durch
Bundesverband Video,
Verband der Unterhaltungssoftware Deutschland e.V.,
Spitzenorganisation der Filmwirtschaft e.V.,
Bundesverband Informationswirtschaft, Telekommunikation und neue Medien e.V.,
Deutscher Multimedia Verband e.V.,
Electronic Commerce Organisation e.V.,
Verband der Deutschen Automatenindustrie e.V.,
IVD Interessengemeinschaft der Videothekare Deutschlands e.V.,
5. für die Kreise der Träger der freien Jugendhilfe durch
Bundesarbeitsgemeinschaft der Freien Wohlfahrtspflege,
Deutscher Bundesjugendring,
Deutsche Sportjugend,
Bundesarbeitsgemeinschaft Kinder- und Jugendschutz (BAJ) e.V.,
6. für die Kreise der Träger der öffentlichen Jugendhilfe durch
Deutscher Landkreistag,
Deutscher Städtetag,
Deutscher Städte- und Gemeindebund,
7. für die Kreise der Lehrerschaft durch
Gewerkschaft Erziehung u. Wissenschaft im Deutschen Gewerkschaftsbund,
Deutscher Lehrerverband,
Verband Bildung und Erziehung,
Verein Katholischer deutscher Lehrerinnen und
8. für die Kreise der in § 19 Abs. 2 Nr. 8 genannten Körperschaften des öffentlichen Rechts durch
Bevollmächtigter des Rates der EKD am Sitz der Bundesrepublik Deutschland,
Kommissariat der deutschen Bischöfe – Katholisches Büro in Berlin,
Zentralrat der Juden in Deutschland.

[2] Für jede Organisation, die ihr Vorschlagsrecht ausübt, ist eine Beisitzerin oder ein Beisitzer und eine stellvertretende Beisitzerin oder ein stellvertretender Beisitzer zu ernennen. [3] Reicht eine der in Satz 1 genannten Organisationen mehrere Vorschläge ein, wählt das Bundesministerium für Familie, Senioren, Frauen und Jugend eine Beisitzerin oder einen Beisitzer aus.

(2) [1] Für die in § 19 Abs. 2 genannten Gruppen können Beisitzerinnen oder Beisitzer und stellvertretende Beisitzerinnen und Beisitzer auch durch namentlich nicht bestimmte Organisationen vorgeschlagen werden. [2] Das Bundesministerium für Familie, Senioren, Frauen und Jugend fordert im Januar jedes

Jahres im Bundesanzeiger dazu auf, innerhalb von sechs Wochen derartige Vorschläge einzureichen. [3] Aus den fristgerecht eingegangenen Vorschlägen hat es je Gruppe je eine zusätzliche Beisitzerin oder einen zusätzlichen Beisitzer und eine stellvertretende Beisitzerin oder einen stellvertretenden Beisitzer zu ernennen. [4] Vorschläge von Organisationen, die kein eigenes verbandliches Gewicht besitzen oder eine dauerhafte Tätigkeit nicht erwarten lassen, sind nicht zu berücksichtigen. [5] Zwischen den Vorschlägen mehrerer Interessenten entscheidet das Los, sofern diese sich nicht auf einen Vorschlag einigen; Absatz 1 Satz 3 gilt entsprechend. [6] Sofern es unter Berücksichtigung der Geschäftsbelastung der Bundesprüfstelle für jugendgefährdende Medien erforderlich erscheint und sofern die Vorschläge der innerhalb einer Gruppe namentlich bestimmten Organisationen zahlenmäßig nicht ausreichen, kann das Bundesministerium für Familie, Senioren, Frauen und Jugend auch mehrere Beisitzerinnen oder Beisitzer und stellvertretende Beisitzerinnen oder Beisitzer ernennen; Satz 5 gilt entsprechend.

§ 21 Verfahren der Prüfstelle für jugendgefährdende Medien. (1) Die Prüfstelle für jugendgefährdende Medien wird in der Regel auf Antrag tätig.

(2) Antragsberechtigt sind das Bundesministerium für Familie, Senioren, Frauen und Jugend, die obersten Landesjugendbehörden, die zentrale Aufsichtsstelle der Länder für den Jugendmedienschutz, die Landesjugendämter, die Jugendämter, die anerkannten Einrichtungen der freiwilligen Selbstkontrolle, die aus Mitteln des Bundes, der Länder oder der Landesmedienanstalten geförderten Internet-Beschwerdestellen sowie für den Antrag auf Streichung aus der Liste und für den Antrag auf Feststellung, dass ein Medium nicht mit einem bereits in die Liste aufgenommenen Medium ganz oder im Wesentlichen inhaltsgleich ist, auch die in Absatz 7 genannten Personen.

(3) Kommt eine Listenaufnahme oder eine Streichung aus der Liste offensichtlich nicht in Betracht, so kann die oder der Vorsitzende das Verfahren einstellen.

(4) Die Prüfstelle für jugendgefährdende Medien wird von Amts wegen tätig, wenn eine in Absatz 2 nicht genannte Behörde oder ein anerkannter Träger der freien Jugendhilfe dies anregt und die oder der Vorsitzende der Prüfstelle für jugendgefährdende Medien die Durchführung des Verfahrens im Interesse des Jugendschutzes für geboten hält.

(4a) Anträge und Anregungen, die sich auf Medien beziehen, die bei Kindern und Jugendlichen besonders verbreitet sind oder durch die die Belange des Jugendschutzes in besonderem Maße betroffen scheinen, können vorrangig behandelt werden.

(5) Die Prüfstelle für jugendgefährdende Medien wird auf Veranlassung der oder des Vorsitzenden von Amts wegen tätig,

1. wenn zweifelhaft ist, ob ein Medium mit einem bereits in die Liste aufgenommenen Medium ganz oder im Wesentlichen inhaltsgleich ist,
2. wenn bekannt wird, dass die Voraussetzungen für die Aufnahme eines Mediums in die Liste nach § 18 Abs. 7 Satz 1 nicht mehr vorliegen, oder
3. wenn die Aufnahme in die Liste nach § 18 Abs. 7 Satz 2 wirkungslos wird und weiterhin die Voraussetzungen für die Aufnahme in die Liste vorliegen.

(6) [1] Vor der Entscheidung über die Aufnahme eines Telemediums in die Liste hat die Prüfstelle für jugendgefährdende Medien der zentralen Aufsichts-

stelle der Länder für den Jugendmedienschutz Gelegenheit zu geben, zu dem Telemedium unverzüglich Stellung zu nehmen. [2] Stellungnahmen und Anträge der zentralen Stelle der Länder für den Jugendmedienschutz hat die Prüfstelle für jugendgefährdende Medien bei ihren Entscheidungen maßgeblich zu berücksichtigen. [3] Soweit der Prüfstelle für jugendgefährdende Medien eine Stellungnahme der zentralen Aufsichtsstelle der Länder für den Jugendmedienschutz innerhalb von fünf Werktagen nach Aufforderung nicht vorliegt, kann sie ohne diese Stellungnahme entscheiden.

(7) Der Urheberin oder dem Urheber, der Inhaberin oder dem Inhaber der Nutzungsrechte sowie bei Telemedien dem Anbieter ist Gelegenheit zur Stellungnahme zu geben, soweit der Prüfstelle für jugendgefährdende Medien die Anschriften bekannt sind oder die Prüfstelle für jugendgefährdende Medien die Anschriften durch Angaben im Zusammenhang mit dem Medium unter zumutbarem Aufwand aus öffentlich zugänglichen Quellen ermitteln kann.

(8) [1] Die Entscheidungen sind

1. bei Trägermedien der Urheberin oder dem Urheber sowie der Inhaberin oder dem Inhaber der Nutzungsrechte,
2. bei Telemedien der Urheberin oder dem Urheber sowie dem Anbieter und
3. der antragstellenden Behörde

zuzustellen. [2] Sie hat die sich aus der Entscheidung ergebenden Verbreitungs- und Werbebeschränkungen im Einzelnen aufzuführen. [3] Die Begründung ist beizufügen oder innerhalb einer Woche durch Zustellung nachzureichen. [4] Dem Bundesministerium für Familie, Senioren, Frauen und Jugend, den obersten Landesjugendbehörden, der zentralen Aufsichtsstelle der Länder für den Jugendmedienschutz und der das Verfahren anregenden Behörde oder Einrichtung oder dem das Verfahren nach Absatz 4 anregenden Träger ist die Entscheidung zu übermitteln.

(9) Die Prüfstelle für jugendgefährdende Medien soll mit der zentralen Aufsichtsstelle der Länder für den Jugendmedienschutz zusammenarbeiten und einen regelmäßigen Informationsaustausch pflegen.

§ 22 Aufnahme periodisch erscheinender Medien in die Liste jugendgefährdender Medien. [1] Periodisch erscheinende Medien können auf die Dauer von drei bis zwölf Monaten in die Liste jugendgefährdender Medien aufgenommen werden, wenn innerhalb von zwölf Monaten mehr als zwei ihrer Folgen in die Liste aufgenommen worden sind. [2] Dies gilt nicht für Tageszeitungen und politische Zeitschriften sowie für deren digitale Ausgaben.

§ 23 Vereinfachtes Verfahren. (1) [1] In einem vereinfachten Verfahren kann die Prüfstelle für jugendgefährdende Medien über die Aufnahme von Medien in die Liste jugendgefährdender Medien entscheiden, wenn

1. das Medium offensichtlich geeignet ist, die Entwicklung von Kindern oder Jugendlichen oder ihre Erziehung zu einer eigenverantwortlichen und gemeinschaftsfähigen Persönlichkeit zu gefährden oder
2. bei einem Telemedium auf Antrag oder nach einer Stellungnahme der zentralen Aufsichtsstelle der Länder für den Jugendmedienschutz entschieden wird.

[2] Im vereinfachten Verfahren treffen die oder der Vorsitzende und zwei weitere Mitglieder der Prüfstelle für jugendgefährdende Medien, von denen ein Mit-

glied einer der in § 19 Absatz 2 Nummer 1 bis 4 genannten Gruppen angehören muss, die Entscheidung. 3 Die Entscheidung kann im vereinfachten Verfahren nur einstimmig getroffen werden. 4 Kommt eine einstimmige Entscheidung nicht zustande, entscheidet die Prüfstelle für jugendgefährdende Medien in voller Besetzung (§ 19 Absatz 5).

(2) Eine Aufnahme in die Liste nach § 22 ist im vereinfachten Verfahren nicht möglich.

(3) Gegen die Entscheidung können die Betroffenen (§ 21 Abs. 7) innerhalb eines Monats nach Zustellung Antrag auf Entscheidung durch die Prüfstelle für jugendgefährdende Medien in voller Besetzung stellen.

(4) Nach Ablauf von zehn Jahren seit Aufnahme eines Mediums in die Liste kann die Prüfstelle für jugendgefährdende Medien die Streichung aus der Liste unter der Voraussetzung des § 21 Abs. 5 Nr. 2 im vereinfachten Verfahren beschließen.

(5) 1 Wenn die Gefahr besteht, dass ein Medium kurzfristig in großem Umfange vertrieben, verbreitet oder zugänglich gemacht wird und die endgültige Listenaufnahme offensichtlich zu erwarten ist, kann die Aufnahme in die Liste im vereinfachten Verfahren vorläufig angeordnet werden. 2 Absatz 2 gilt entsprechend.

(6) 1 Die vorläufige Anordnung ist mit der abschließenden Entscheidung der Prüfstelle für jugendgefährdende Medien, jedoch spätestens nach Ablauf eines Monats, aus der Liste zu streichen. 2 Die Frist des Satzes 1 kann vor ihrem Ablauf um höchstens einen Monat verlängert werden. 3 Absatz 1 gilt entsprechend. 4 Soweit die vorläufige Anordnung im Bundesanzeiger bekannt zu machen ist, gilt dies auch für die Verlängerung.

§ 24 Führung der Liste jugendgefährdender Medien. (1) Die Bundeszentrale führt die Liste jugendgefährdender Medien nach § 17a Absatz 1.

(2) 1 Entscheidungen über die Aufnahme in die Liste oder über Streichungen aus der Liste sind unverzüglich auszuführen. 2 Die Liste ist unverzüglich zu korrigieren, wenn Entscheidungen der Prüfstelle für jugendgefährdende Medien aufgehoben werden oder außer Kraft treten.

(2a) 1 Die Liste jugendgefährdender Medien ist als öffentliche Liste zu führen. 2 Würde die Bekanntmachung eines Mediums in der öffentlichen Liste jedoch der Wahrung des Kinder- und Jugendschutzes schaden, so ist dieses Medium in einem nichtöffentlichen Teil der Liste zu führen. 3 Ein solcher Schaden ist insbesondere dann anzunehmen, wenn eine Bezeichnung des Mediums in der öffentlichen Liste nur in der Weise erfolgen kann, dass durch die Bezeichnung für Kinder und Jugendliche zugleich der unmittelbare Zugang möglich wird.

(3) Wird ein Medium in den öffentlichen Teil der Liste aufgenommen oder aus ihm gestrichen, so ist dies unter Hinweis auf die zugrunde liegende Entscheidung im Bundesanzeiger bekannt zu machen.

(4) 1 Die Bundeszentrale kann die Liste der zentralen Aufsichtsstelle der Länder für den Jugendmedienschutz, den im Bereich der Telemedien anerkannten Einrichtungen der Selbstkontrolle und den aus Mitteln des Bundes, der Länder oder der Landesmedienanstalten geförderten Internet-Beschwerdestellen in geeigneter Form mitteilen, damit der Listeninhalt zum Abgleich von Angeboten in Telemedien mit in die Liste aufgenommenen Medien genutzt

werden kann, um Kindern und Jugendlichen möglichst ungefährdeten Zugang zu Angeboten zu ermöglichen und die Bearbeitung von Hinweisen auf jugendgefährdende Inhalte zu vereinfachen. [2]Die Mitteilung umfasst einen Hinweis auf Einschätzungen nach § 18 Absatz 6.

(5) [1]In Bezug auf die vor Ablauf des 30. April 2021 in die Liste jugendgefährdender Medien aufgenommenen Träger- und Telemedien gelten § 18 Absatz 2 und § 24 Absatz 2 in der bis zu diesem Tag geltenden Fassung fort. [2]Die Trägermedien, deren Aufnahme in die Liste jugendgefährdender Medien bis zum 30. April 2021 bekannt gemacht worden ist, können unter Benennung der Listenteile A oder B in eine gemeinsame Listenstruktur mit der ab diesem Tag zu führenden Liste überführt werden.

§ 24a Vorsorgemaßnahmen. (1) [1]Diensteanbieter, die fremde Informationen für Nutzerinnen und Nutzer mit Gewinnerzielungsabsicht speichern oder bereitstellen, haben unbeschadet des § 7 Absatz 2 und des § 10 des Telemediengesetzes durch angemessene und wirksame strukturelle Vorsorgemaßnahmen dafür Sorge zu tragen, dass die Schutzziele des § 10a Nummer 1 bis 3 gewahrt werden. [2]Die Pflicht nach Satz 1 besteht nicht für Diensteanbieter, deren Angebote sich nicht an Kinder und Jugendliche richten und von diesen üblicherweise nicht genutzt werden sowie für journalistisch-redaktionell gestaltete Angebote, die vom Diensteanbieter selbst verantwortet werden.

(2) Als Vorsorgemaßnahmen kommen insbesondere in Betracht:

1. die Bereitstellung eines Melde- und Abhilfeverfahrens, mit dem Nutzerinnen und Nutzer Beschwerden über
   a) unzulässige Angebote nach § 4 des Jugendmedienschutz-Staatsvertrages[1)] oder
   b) entwicklungsbeeinträchtigende Angebote nach § 5 Absatz 1 und 2 des Jugendmedienschutz-Staatsvertrages, die der Diensteanbieter der Allgemeinheit bereitstellt, ohne seiner Verpflichtung aus § 5 Absatz 1 des Jugendmedienschutz-Staatsvertrages durch Maßnahmen nach § 5 Absatz 3 bis 5 des Jugendmedienschutz-Staatsvertrages nachzukommen

   übermitteln können;
2. die Bereitstellung eines Melde- und Abhilfeverfahrens mit einer für Kinder und Jugendliche geeigneten Benutzerführung, im Rahmen dessen insbesondere minderjährige Nutzer und Nutzerinnen Beeinträchtigungen ihrer persönlichen Integrität durch nutzergenerierte Informationen dem Diensteanbieter melden können;
3. die Bereitstellung eines Einstufungssystems für nutzergenerierte audiovisuelle Inhalte, mit dem Nutzerinnen und Nutzer im Zusammenhang mit der Generierung standardmäßig insbesondere dazu aufgefordert werden, die Eignung eines Inhalts entsprechend der Altersstufe „ab 18 Jahren" als nur für Erwachsene zu bewerten;
4. die Bereitstellung technischer Mittel zur Altersverifikation für nutzergenerierte audiovisuelle Inhalte, die die Nutzerin oder der Nutzer im Zusammenhang mit der Generierung entsprechend der Altersstufe „ab 18 Jahren" als nur für Erwachsene geeignet bewertet hat;

---

1) Nr. **20**.

5. der leicht auffindbare Hinweis auf anbieterunabhängige Beratungsangebote, Hilfe- und Meldemöglichkeiten;
6. die Bereitstellung technischer Mittel zur Steuerung und Begleitung der Nutzung der Angebote durch personensorgeberechtigte Personen;
7. die Einrichtung von Voreinstellungen, die Nutzungsrisiken für Kinder und Jugendliche unter Berücksichtigung ihres Alters begrenzen, indem insbesondere ohne ausdrückliche anderslautende Einwilligung
   a) Nutzerprofile weder durch Suchdienste aufgefunden werden können noch für nicht angemeldete Personen einsehbar sind,
   b) Standort- und Kontaktdaten und die Kommunikation mit anderen Nutzerinnen und Nutzern nicht veröffentlicht werden,
   c) die Kommunikation mit anderen Nutzerinnen und Nutzern auf einen von den Nutzerinnen und Nutzern vorab selbst gewählten Kreis eingeschränkt ist und
   d) die Nutzung anonym oder unter Pseudonym erfolgt;
8. die Verwendung von Bestimmungen in den Allgemeinen Geschäftsbedingungen, die die für die Nutzung wesentlichen Bestimmungen der Allgemeinen Geschäftsbedingungen in kindgerechter Weise darstellen.

(3) Der Diensteanbieter ist von der Pflicht nach Absatz 1 befreit, wenn das Angebot im Inland nachweislich weniger als eine Million Nutzerinnen und Nutzer hat.

(4) [1]Die Vorschrift findet auch auf Diensteanbieter Anwendung, deren Sitzland nicht Deutschland ist. [2]Die Bestimmungen des Netzwerkdurchsetzungsgesetzes vom 1. September 2017 (BGBl. I S. 3352) in der jeweils geltenden Fassung gehen vor. [3]Weitergehende Anforderungen dieses Gesetzes zur Wahrung der Schutzziele des § 10a Nummer 1 bis 3 bleiben unberührt. [4]Die §§ 2a und 3 des Telemediengesetzes sowie die Bestimmungen der Verordnung (EU) 2016/679 des Europäischen Parlaments und des Rates vom 27. April 2016 zum Schutz natürlicher Personen bei der Verarbeitung personenbezogener Daten, zum freien Datenverkehr und zur Aufhebung der Richtlinie 95/46/EG (Datenschutz-Grundverordnung) (ABl. L 119 vom 4.5.2016, S. 1; L 314 vom 22.11.2016, S. 72; L 127 vom 23.5.2018, S. 2) bleiben unberührt.

§ 24b Überprüfung der Vorsorgemaßnahmen. (1) [1]Die Bundeszentrale überprüft die Umsetzung, die konkrete Ausgestaltung und die Angemessenheit der von Diensteanbietern nach § 24a Absatz 1 zu treffenden Vorsorgemaßnahmen. [2]Das gemeinsame Kompetenzzentrum von Bund und Ländern für den Jugendmedienschutz im Internet „jugendschutz.net“ nimmt erste Einschätzungen der von den Diensteanbietern getroffenen Vorsorgemaßnahmen vor. „jugendschutz.net“ unterrichtet die Bundeszentrale über seine ersten Einschätzungen nach Satz 2. [3]Im Rahmen der Prüfung nach Satz 1 berücksichtigt die Bundeszentrale die Stellungnahme der zentralen Aufsichtsstelle der Länder für den Jugendmedienschutz.

(2) Der Diensteanbieter kann die Pflicht nach § 24a Absatz 1 erfüllen, indem er in einer Leitlinie Maßnahmen festlegt und umsetzt, welche die Vorsorgemaßnahmen nach § 24a Absatz 1 für seinen Bereich konkretisieren und die Leitlinie

1. mit einer nach den Bestimmungen des Jugendmedienschutz-Staatsvertrages[1)] anerkannten Einrichtung der freiwilligen Selbstkontrolle, bei der der Diensteanbieter Mitglied ist, vereinbart wurde,
2. der Bundeszentrale zur Beurteilung der Angemessenheit gemäß § 24a Absatz 1 vorgelegt wurde und
3. nach Bestätigung der Angemessenheit durch die Bundeszentrale veröffentlicht wurde (§ 24c Absatz 2).

(3) Stellt die Bundeszentrale fest, dass ein Diensteanbieter keine oder nur unzureichende Vorsorgemaßnahmen nach § 24a Absatz 1 getroffen hat, gibt sie ihm Gelegenheit, Stellung zu nehmen und berät ihn über die erforderlichen Vorsorgemaßnahmen. Trifft der Diensteanbieter auch nach Abschluss der Beratung die erforderlichen Vorsorgemaßnahmen nicht, fordert die Bundeszentrale den Diensteanbieter unter angemessener Fristsetzung zur Abhilfe auf.

(4) Kommt der Diensteanbieter der Aufforderung nach Absatz 3 Satz 2 innerhalb der gesetzten Frist nicht oder nur unzureichend nach, kann die Bundeszentrale die erforderlichen Vorsorgemaßnahmen nach § 24a Absatz 1 unter erneuter angemessener Fristsetzung selbst anordnen. Vor der Anordnung gibt die Bundeszentrale der zentralen Aufsichtsstelle der Länder für den Jugendmedienschutz Gelegenheit zur Stellungnahme.

(5) Hat eine nach den Bestimmungen des Jugendmedienschutz-Staatsvertrages anerkannte Einrichtung der freiwilligen Selbstkontrolle eine Pflicht des Diensteanbieters gemäß § 24a Absatz 1 ausgeschlossen, ist der Prüfumfang der Bundeszentrale auf die Überschreitung der Grenzen des Beurteilungsspielraums durch die Einrichtung der freiwilligen Selbstkontrolle beschränkt.

§ 24c Leitlinie der freiwilligen Selbstkontrolle. (1) Bei der Erarbeitung einer Leitlinie nach § 24b Absatz 2 sind die Sichtweise von Kindern und Jugendlichen und deren Belange in geeigneter Weise angemessen zu berücksichtigen.

(2) [1]Die vereinbarte Leitlinie ist in deutscher Sprache im Bundesanzeiger, auf der Homepage des Diensteanbieters und der Homepage der Einrichtung der freiwilligen Selbstkontrolle spätestens einen Monat nach Ende des Quartals, in dem die Vereinbarung durch die Bundeszentrale als angemessen beurteilt wurde, zu veröffentlichen. [2]Die auf der Homepage veröffentlichte Leitlinie muss leicht erkennbar, unmittelbar erreichbar und ständig verfügbar sein.

§ 24d Inländischer Empfangsbevollmächtigter. [1]Diensteanbieter im Sinne des § 24a Absatz 1 Satz 1 in Verbindung mit Absatz 4 Satz 1 haben sicherzustellen, dass ein Empfangsbevollmächtigter im Inland benannt ist und auf ihn in ihrem Angebot in leicht erkennbarer und unmittelbar erreichbarer Weise aufmerksam gemacht wird. [2]An diesen Empfangsbevollmächtigten können unter Beachtung des § 24a Absatz 4 Bekanntgaben oder Zustellungen in Verfahren nach § 24b Absatz 3 und 4 bewirkt werden. [3]Das gilt auch für die Bekanntgabe oder die Zustellung von Schriftstücken, die solche Verfahren einleiten oder vorbereiten.

§ 25 Rechtsweg. (1) Für Klagen gegen eine Entscheidung der Prüfstelle für jugendgefährdende Medien, ein Medium in die Liste jugendgefährdender Me-

---

[1)] Nr. **20**.

dien aufzunehmen oder einen Antrag auf Streichung aus der Liste abzulehnen, ist der Verwaltungsrechtsweg gegeben.

(2) Gegen eine Entscheidung der Prüfstelle für jugendgefährdende Medien, ein Medium nicht in die Liste jugendgefährdender Medien aufzunehmen, sowie gegen eine Einstellung des Verfahrens kann die antragstellende Behörde im Verwaltungsrechtsweg Klage erheben.

(3) Die Klage ist gegen den Bund, vertreten durch die Bundeszentrale für Kinder- und Jugendmedienschutz, zu richten.

(4) [1] Die Klage hat keine aufschiebende Wirkung. [2] Vor Erhebung der Klage bedarf es keiner Nachprüfung in einem Vorverfahren, bei einer Entscheidung im vereinfachten Verfahren nach § 23 ist jedoch zunächst eine Entscheidung der Prüfstelle für jugendgefährdende Medien in der Besetzung nach § 19 Abs. 5 herbeizuführen.

Abschnitt 5. Verordnungsermächtigung

§ 26 Verordnungsermächtigung. Die Bundesregierung wird ermächtigt, durch Rechtsverordnung mit Zustimmung des Bundesrates Näheres über den Sitz und das Verfahren der Prüfstelle für jugendgefährdende Medien und die Führung der Liste jugendgefährdender Medien zu regeln.

Abschnitt 6. Ahndung von Verstößen

§ 27 Strafvorschriften. (1) Mit Freiheitsstrafe bis zu einem Jahr oder mit Geldstrafe wird bestraft, wer

1. entgegen § 15 Abs. 1 Nr. 1 bis 5 oder 6, jeweils auch in Verbindung mit Abs. 2, oder entgegen § 15 Absatz 1a ein dort genanntes Medium anbietet, überlässt, zugänglich macht, ausstellt, anschlägt, vorführt, einführt, ankündigt oder anpreist,
2. entgegen § 15 Abs. 1 Nr. 7, auch in Verbindung mit Abs. 2, ein Trägermedium herstellt, bezieht, liefert, vorrätig hält oder einführt,
3. entgegen § 15 Abs. 4 die Liste der jugendgefährdenden Medien abdruckt oder veröffentlicht,
4. entgegen § 15 Abs. 5 bei geschäftlicher Werbung einen dort genannten Hinweis gibt oder
5. einer vollziehbaren Entscheidung nach § 21 Abs. 8 Satz 1 Nr. 1 zuwiderhandelt.

(2) Ebenso wird bestraft, wer als Veranstalter oder Gewerbetreibender

1. eine in § 28 Abs. 1 Nr. 4 bis 18 oder 19 bezeichnete vorsätzliche Handlung begeht und dadurch wenigstens leichtfertig ein Kind oder eine jugendliche Person in der körperlichen, geistigen oder sittlichen Entwicklung schwer gefährdet oder
2. eine in § 28 Abs. 1 Nr. 4 bis 18 oder 19 bezeichnete vorsätzliche Handlung aus Gewinnsucht begeht oder beharrlich wiederholt.

(3) Wird die Tat in den Fällen

1. des Absatzes 1 Nr. 1 oder
2. des Absatzes 1 Nr. 3, 4 oder 5

fahrlässig begangen, so ist die Strafe Freiheitsstrafe bis zu sechs Monaten oder Geldstrafe bis zu hundertachtzig Tagessätzen.

(4) [1] Absatz 1 Nummer 1 und 2 und Absatz 3 Nummer 1 sind nicht anzuwenden, wenn eine personensorgeberechtigte Person oder eine Person, die im Einverständnis mit einer personensorgeberechtigten Person handelt, das Medium einem Kind oder einer jugendlichen Person anbietet, überlässt, zugänglich macht oder vorführt. [2] Dies gilt nicht, wenn die personensorgeberechtigte Person durch das Erteilen des Einverständnisses, das Anbieten, Überlassen, Zugänglichmachen oder Vorführen ihre Erziehungspflicht gröblich verletzt.

§ 28 Bußgeldvorschriften. (1) Ordnungswidrig handelt, wer als Veranstalter oder Gewerbetreibender vorsätzlich oder fahrlässig

1. entgegen § 3 Abs. 1 die für seine Betriebseinrichtung oder Veranstaltung geltenden Vorschriften nicht, nicht richtig oder nicht in der vorgeschriebenen Weise bekannt macht,
2. entgegen § 3 Abs. 2 Satz 1 eine Kennzeichnung verwendet,
3. entgegen § 3 Abs. 2 Satz 2 einen Hinweis nicht, nicht richtig oder nicht rechtzeitig gibt,
4. entgegen § 3 Abs. 2 Satz 3 einen Hinweis gibt, einen Film oder ein Spielprogramm ankündigt oder für einen Film oder ein Spielprogramm wirbt,
5. entgegen § 4 Abs. 1 oder 3 einem Kind oder einer jugendlichen Person den Aufenthalt in einer Gaststätte gestattet,
6. entgegen § 5 Abs. 1 einem Kind oder einer jugendlichen Person die Anwesenheit bei einer öffentlichen Tanzveranstaltung gestattet,
7. entgegen § 6 Abs. 1 einem Kind oder einer jugendlichen Person die Anwesenheit in einer öffentlichen Spielhalle oder einem dort genannten Raum gestattet,
8. entgegen § 6 Abs. 2 einem Kind oder einer jugendlichen Person die Teilnahme an einem Spiel mit Gewinnmöglichkeit gestattet,
9. einer vollziehbaren Anordnung nach § 7 Satz 1 zuwiderhandelt,
10. entgegen § 9 Abs. 1 ein alkoholisches Getränk an ein Kind oder eine jugendliche Person abgibt oder ihm oder ihr den Verzehr gestattet,
11. entgegen § 9 Abs. 3 Satz 1 ein alkoholisches Getränk in einem Automaten anbietet,

11a. entgegen § 9 Abs. 4 alkoholhaltige Süßgetränke in den Verkehr bringt,

12. entgegen § 10 Absatz 1, auch in Verbindung mit Absatz 4, ein dort genanntes Produkt an ein Kind oder eine jugendliche Person abgibt oder einem Kind oder einer jugendlichen Person das Rauchen oder den Konsum gestattet,
13. entgegen § 10 Absatz 2 Satz 1 oder Absatz 3, jeweils auch in Verbindung mit Absatz 4, ein dort genanntes Produkt anbietet oder abgibt,
14. entgegen § 11 Abs. 1 oder 3, jeweils auch in Verbindung mit Abs. 4 Satz 2, einem Kind oder einer jugendlichen Person die Anwesenheit bei einer öffentlichen Filmveranstaltung, einem Werbevorspann oder einem Beiprogramm gestattet,

14a. entgegen § 11 Absatz 5 oder 6 einen Werbefilm oder ein Werbeprogramm vorführt,

15. entgegen § 12 Abs. 1 einem Kind oder einer jugendlichen Person einen Bildträger zugänglich macht,
16. entgegen § 12 Abs. 3 Nr. 2 einen Bildträger anbietet oder überlässt,
17. entgegen § 12 Abs. 4 oder § 13 Abs. 2 einen Automaten oder ein Bildschirmspielgerät aufstellt,
18. entgegen § 12 Abs. 5 Satz 1 einen Bildträger vertreibt,
19. entgegen § 13 Abs. 1 einem Kind oder einer jugendlichen Person das Spielen an Bildschirmspielgeräten gestattet oder
20. entgegen § 15 Abs. 6 einen Hinweis nicht, nicht richtig oder nicht rechtzeitig gibt.

(2) Ordnungswidrig handelt, wer als Anbieter vorsätzlich oder fahrlässig

1. entgegen § 12 Abs. 2 Satz 1 und 2, auch in Verbindung mit Abs. 5 Satz 3 oder § 13 Abs. 3, einen Hinweis nicht, nicht richtig oder nicht in der vorgeschriebenen Weise gibt,
2. einer vollziehbaren Anordnung nach § 12 Abs. 2 Satz 3 Nr. 1, auch in Verbindung mit Abs. 5 Satz 3 oder § 13 Abs. 3, oder nach § 14 Abs. 7 Satz 3 zuwiderhandelt,
3. entgegen § 12 Abs. 5 Satz 2 einen Hinweis nicht, nicht richtig, nicht in der vorgeschriebenen Weise oder nicht rechtzeitig anbringt oder
4. entgegen § 14 Abs. 7 Satz 1 einen Film oder ein Spielprogramm mit „Infoprogramm" oder „Lehrprogramm" kennzeichnet.

(3) Ordnungswidrig handelt, wer vorsätzlich oder fahrlässig

1. entgegen § 12 Abs. 2 Satz 4 einen Hinweis nicht, nicht richtig oder nicht in der vorgeschriebenen Weise gibt,
2. entgegen § 14a Absatz 1 Satz 2 einen Film oder ein Spielprogramm bereithält,
3. entgegen § 24 Abs. 5 Satz 2 eine Mitteilung verwendet,
4. einer vollziehbaren Anordnung nach § 24b Absatz 4 Satz 1 zuwiderhandelt oder
5. entgegen § 24d Satz 1 nicht sicherstellt, dass ein Empfangsbevollmächtigter im Inland benannt ist.

(4) [1] Ordnungswidrig handelt, wer als Person über 18 Jahren ein Verhalten eines Kindes oder einer jugendlichen Person herbeiführt oder fördert, das durch ein in Absatz 1 Nr. 5 bis 8, 10, 12, 14 bis 16 oder 19 oder in § 27 Abs. 1 Nr. 1 oder 2 bezeichnetes oder in § 12 Abs. 3 Nr. 1 enthaltenes Verbot oder durch eine vollziehbare Anordnung nach § 7 Satz 1 verhindert werden soll. [2] Hinsichtlich des Verbots in § 12 Abs. 3 Nr. 1 gilt dies nicht für die personensorgeberechtigte Person und für eine Person, die im Einverständnis mit der personensorgeberechtigten Person handelt.

(5) [1] Die Ordnungswidrigkeit kann in den Fällen des Absatzes 3 Nummer 4 mit einer Geldbuße bis zu fünf Millionen Euro und in den übrigen Fällen mit einer Geldbuße bis zu fünfzigtausend Euro geahndet werden. [2] § 30 Absatz 2 Satz 3 des Gesetzes über Ordnungswidrigkeiten ist für die Fälle des Absatzes 3 Nummer 4 anzuwenden.

(6) In den Fällen des Absatzes 3 Nummer 2, 4 und 5 kann die Ordnungswidrigkeit auch dann geahndet werden, wenn sie nicht im Geltungsbereich dieses Gesetzes begangen wird.

(7) Verwaltungsbehörde im Sinne des § 36 Absatz 1 Nummer 1 des Gesetzes über Ordnungswidrigkeiten ist in den Fällen des Absatzes 3 Nummer 2, 4 und 5 die Bundeszentrale für Kinder- und Jugendmedienschutz.

Abschnitt 7. Schlussvorschriften

§ 29 Übergangsvorschriften. Auf die nach bisherigem Recht mit „Nicht freigegeben unter achtzehn Jahren" gekennzeichneten Filmprogramme für Bildträger findet § 18 Abs. 8 Satz 1 mit der Maßgabe Anwendung, dass an die Stelle der Angabe „§ 14 Abs. 2 Nr. 1 bis 5" die Angabe „§ 14 Abs. 2 Nr. 1 bis 4" tritt.

§ 29a Weitere Übergangsregelung. Beisitzerinnen und Beisitzer der Bundesprüfstelle für jugendgefährdende Medien und ihre Vertreterinnen und Vertreter, die sich am 1. Mai 2021 im Amt befinden, können unabhängig von ihrer bisherigen Mitgliedschaft in der Bundesprüfstelle noch höchstens zweimal als Beisitzerin oder Beisitzer oder als Vertreterin oder Vertreter berufen werden.

§ 29b Bericht und Evaluierung. [1] Dieses Gesetz wird drei Jahre nach Inkrafttreten evaluiert, um zu untersuchen, inwiefern die in § 10a niedergelegten Schutzziele erreicht wurden. [2] Die Bundesregierung unterrichtet den Deutschen Bundestag über das Ergebnis der Evaluation. [3] In der Folge wird alle zwei Jahre dem Beirat Bericht erstattet über die weitere Entwicklung bei dem Erreichen der Schutzziele des § 10a. [4] Alle vier Jahre ist dieser Bericht von der Bundesregierung dem Deutschen Bundestag vorzulegen.

§ 30 Inkrafttreten, Außerkrafttreten. (1) [1] Dieses Gesetz tritt an dem Tag in Kraft, an dem der Staatsvertrag der Länder über den Schutz der Menschenwürde und den Jugendschutz in Rundfunk und Telemedien[1)] in Kraft[2)] tritt. [2] Gleichzeitig treten das Gesetz zum Schutze der Jugend in der Öffentlichkeit vom 25. Februar 1985 (BGBl. I S. 425), zuletzt geändert durch Artikel 8a des Gesetzes vom 15. Dezember 2001 (BGBl. I S. 3762) und das Gesetz über die Verbreitung jugendgefährdender Schriften und Medieninhalte in der Fassung der Bekanntmachung vom 12. Juli 1985 (BGBl. I S. 1502), zuletzt geändert durch Artikel 8b des Gesetzes vom 15. Dezember 2001 (BGBl. I S. 3762) außer Kraft. [3] Das Bundesministerium für Familie, Senioren, Frauen und Jugend gibt das Datum des Inkrafttretens dieses Gesetzes im Bundesgesetzblatt bekannt[3)].

(2) Abweichend von Absatz 1 Satz 1 treten § 10 Abs. 2 und § 28 Abs. 1 Nr. 13 am 1. Januar 2007 in Kraft.

---

1) Nr. **20**.

2) Inkrafttreten des Jugendmedienschutz-StaatsV (Nr. **20**) gem. seinem § 28 Abs. 1 am 1.4.2003.

3) Siehe die Bek. v. 1.4.2003 (BGBl. I S. 476), wonach das JugendschutzG am 1.4.2003 in Kraft getreten ist.

19. Verordnung zur Durchführung des Jugendschutzgesetzes (DVO-JuSchG)

Vom 9. September 2003
(BGBl. I S. 1791)

FNA 2161-6-1

geänd. durch Art. 4 Abs. 11 KostenrechtsmodernisierungsG v. 5.5.2004 (BGBl. I S. 718)

Nichtamtliche Inhaltsübersicht

Auf Grund des § 26 des Jugendschutzgesetzes[1] vom 23. Juli 2002 (BGBl. I S. 2730, 2003 I S. 476) verordnet die Bundesregierung:

§ 1 Sitz der Bundesprüfstelle für jugendgefährdende Medien. Sitz der Bundesprüfstelle für jugendgefährdende Medien ist Bonn.

§ 2 Beginn des Verfahrens. (1) [1]Der Antrag auf Aufnahme eines Trägermediums (§ 1 Abs. 2 des Jugendschutzgesetzes[1]) oder eines Telemediums (§ 1 Abs. 3 des Jugendschutzgesetzes) in die Liste jugendgefährdender Medien durch eine in § 21 Abs. 2 des Jugendschutzgesetzes benannte Stelle ist schriftlich oder elektronisch zu stellen und zu begründen. [2]Dem Antrag soll bei Trägermedien mindestens ein Exemplar und bei Telemedien mindestens ein Ausdruck der dem Antrag zugrunde liegenden Web-Seiten beigefügt werden. [3]Wird der Antrag durch Telefax oder elektronisch übermittelt, so sollen die nach Satz 2 erforderlichen Anlagen nachgereicht werden.

(2) [1]Die Anregung auf Aufnahme eines Trägermediums oder eines Telemediums nach § 21 Abs. 4 des Jugendschutzgesetzes in die Liste jugendgefährdender Medien soll schriftlich begründet werden. [2]Der Anregung soll bei Trägermedien mindestens ein Exemplar beigefügt werden. [3]Erfolgt die Anregung durch einen anerkannten Träger der freien Jugendhilfe, soll dieser seine Anerkennung nach § 75 des Achten Buches Sozialgesetzbuch[2] nachweisen. [4]Die Begründung sowie der Nachweis der Anerkennung können auch durch Telefax oder elektronisch übermittelt werden.

---

[1] Nr. **18**.
[2] Nr. **10**.

§ 3 Einheitliches Verfahren. Werden wegen desselben Mediums mehrere Anträge gestellt oder Anregungen eingereicht, so ist über sämtliche Anträge und Anregungen in einem einheitlichen Verfahren zu verhandeln und zu entscheiden.

§ 4 Beteiligte. [1] Beteiligte des Verfahrens sind die Antragstellerin oder der Antragsteller, bei Trägermedien die Urheberin oder der Urheber oder die Inhaberin oder der Inhaber der Nutzungsrechte, bei Telemedien die Urheberin oder der Urheber oder der Anbieter. [2] Die Vorschriften der §§ 3, 4 Abs. 1 und des § 7 des Urheberrechtsgesetzes finden entsprechende Anwendung.

§ 5 Verhandlungstermin. (1) Die oder der Vorsitzende der Bundesprüfstelle bestimmt den Verhandlungstermin.

(2) [1] Die Benachrichtigung über den Verhandlungstermin ist den Beteiligten mindestens zwei Wochen vor der Verhandlung zuzustellen, wenn sie ihren Wohnsitz oder ihre gewerbliche Niederlassung im Inland haben. [2] Zustellungen erfolgen nach dem Verwaltungszustellungsgesetz. [3] Gleichzeitig sind den Beteiligten die zur Mitwirkung bei der Entscheidung berufenen Mitglieder der Bundesprüfstelle und deren Vertretung namhaft zu machen. [4] Den Benachrichtigungen der Beteiligten – ausgenommen der Antragstellerin oder des Antragstellers – ist ein Abdruck der Antragsschrift beizufügen.

(3) Die Bundesprüfstelle hat den Beteiligten einen Abdruck der Stellungnahme der Kommission für Jugendmedienschutz (§ 21 Abs. 6 des Jugendschutzgesetzes[1)]) zuzusenden.

(4) Die Beteiligten können auf die Benachrichtigung über den Termin und die Einhaltung der Frist verzichten.

(5) [1] Die fristgemäße Benachrichtigung (Absatz 2) ist vor Beginn der Verhandlung festzustellen. [2] Ist die Benachrichtigung nicht festzustellen oder nicht innerhalb der Frist des Absatzes 2 erfolgt, so ist die Verhandlung zu vertagen, wenn nicht auf die Benachrichtigung oder die Einhaltung der Frist verzichtet worden ist.

§ 6 Befangenheit von Mitgliedern der Bundesprüfstelle für jugendgefährdende Medien. (1) [1] Ein Mitglied der Bundesprüfstelle, das sich im Einzelfall für befangen erklärt, darf bei der Verhandlung und Entscheidung nicht mitwirken. [2] Diese Erklärung soll rechtzeitig vor Beginn der Verhandlung abgegeben werden.

(2) Die Beteiligten können ein Mitglied der Bundesprüfstelle wegen Befangenheit ablehnen, wenn ein Grund vorliegt, der geeignet ist, Misstrauen gegen die Unparteilichkeit des Mitglieds zu rechtfertigen.

(3) [1] Die Ablehnung durch eine oder einen der Beteiligten soll bei der Bundesprüfstelle schriftlich bis zum dritten Tage vor der Verhandlung vorliegen. [2] Der Ablehnungsgrund ist glaubhaft zu machen. [3] Über den Ablehnungsantrag entscheiden die übrigen Mitglieder der Bundesprüfstelle nach Anhörung des abgelehnten Mitglieds mit einfacher Stimmenmehrheit. [4] Der Beschluss ist nicht anfechtbar.

(4) In den Fällen der Absätze 1 und 2 tritt an die Stelle der oder des Vorsitzenden die zur Vertretung berechtigte Person.

[1)] Nr. **18**.

§ 7 Verhandlungsgrundsätze. (1) [1] Die Verhandlung ist mündlich. [2] Die oder der Vorsitzende kann Zeuginnen oder Zeugen und Sachverständige zur Verhandlung heranziehen. [3] Zeugnisse und Sachverständigengutachten sowie sonstige Urkunden können verlesen werden. [4] Für die Entschädigung von Zeuginnen und Zeugen sowie die Vergütung von Sachverständigen gelten die Vorschriften des Justizvergütungs- und -entschädigungsgesetzes entsprechend.

(2) [1] Die Verhandlung ist nicht öffentlich. [2] Die Beteiligten haben ein Recht auf Anwesenheit; die oder der Vorsitzende kann weiteren Personen die Anwesenheit gestatten.

(3) Die Beteiligten können sich durch schriftlich bevollmächtigte Personen vertreten lassen.

§ 8 Durchführung der Verhandlung. (1) [1] Die oder der Vorsitzende der Bundesprüfstelle eröffnet, leitet und schließt die Verhandlung. [2] Ihr oder ihm obliegt die Aufrechterhaltung der Ordnung in der Sitzung.

(2) Die anwesenden Beteiligten oder die zu ihrer Vertretung berechtigten Personen sind zu hören.

(3) Die Beisitzerinnen und Beisitzer sind berechtigt, Fragen an die Beteiligten zu richten.

(4) Über die Verhandlung ist eine Niederschrift zu fertigen.

§ 9 Beratung, Abstimmung, Entscheidung, Zustellung. (1) [1] Bei der Beratung und Abstimmung dürfen nur die zur Entscheidung berufenen Mitglieder der Bundesprüfstelle und mit Genehmigung der oder des Vorsitzenden auch solche Personen anwesend sein, die der Bundesprüfstelle zur Ausbildung im höheren Dienst zugeteilt sind. [2] Sie sind verpflichtet, über den Hergang bei der Beratung und Abstimmung Stillschweigen zu bewahren.

(2) [1] Die Entscheidung erfolgt auf Grund der mündlichen Verhandlung durch die ordnungsgemäß besetzte Bundesprüfstelle. [2] Sie wird im Anschluss an die Beratung und Abstimmung verkündet und ist von der oder dem Vorsitzenden zu unterzeichnen. [3] Die Zustellung der Entscheidung nach § 21 Abs. 8 des Jugendschutzgesetzes[1)] soll innerhalb von zwei Wochen nach dem Abschluss der Verhandlung erfolgen.

(3) Zustellungen erfolgen nach dem Verwaltungszustellungsgesetz.

§ 10 Vereinfachtes Verfahren. (1) [1] Soll ein Trägermedium oder ein Telemedium im vereinfachten Verfahren (§ 23 des Jugendschutzgesetzes[1)]) in die Liste aufgenommen werden, so hat die oder der Vorsitzende der Bundesprüfstelle die Beteiligten (§ 4) hiervon zu benachrichtigen. [2] § 5 Abs. 2 Satz 1 gilt entsprechend. [3] Die Benachrichtigung muss der Empfängerin oder dem Empfänger mindestens eine Woche vor der Entscheidung zugehen. [4] Den Benachrichtigungen der Beteiligten – ausgenommen der Antragstellerin oder des Antragstellers – ist ein Abdruck der Antragsschrift beizufügen. [5] § 5 Abs. 3 gilt entsprechend. [6] Die Antragstellerin oder der Antragsteller wird nicht benachrichtigt, wenn sie oder er darauf verzichtet oder die Entscheidung im vereinfachten Verfahren beantragt hat.

(2) Die Entscheidung nach § 23 des Jugendschutzgesetzes wird ohne mündliche Verhandlung erlassen.

---

1) Nr. **18**.

(3) [1] Der Antrag der Betroffenen nach § 23 Abs. 3 des Jugendschutzgesetzes ist schriftlich zu begründen und hat auf die in der Entscheidung benannten Punkte der Jugendgefährdung einzugehen. [2] Gleiches gilt für den Antrag auf Listenstreichung nach § 23 Abs. 4 des Jugendschutzgesetzes. [3] Sind Anträge nicht ausreichend begründet, so kann die oder der Vorsitzende veranlassen, dass die Bundesprüfstelle nicht tätig wird.

§ 11 Belehrungspflichten. [1] Die oder der Vorsitzende der Bundesprüfstelle hat die Beisitzerinnen und Beisitzer sowie Personen, denen sie oder er die Anwesenheit nach § 9 Abs. 1 Satz 1 gestattet hat, zu Beginn der ersten Sitzung, an der sie teilnehmen, über das Beratungs- und Abstimmungsgeheimnis (§ 9 Abs. 1 Satz 2), die Beisitzerinnen und Beisitzer außerdem über die Weisungsfreiheit (§ 19 Abs. 4 des Jugendschutzgesetzes[1)]) zu belehren. [2] Ferner sind die Gruppenbeisitzerinnen und -beisitzer (§ 19 Abs. 2 des Jugendschutzgesetzes) von der oder dem Vorsitzenden auf die gewissenhafte und unparteiische Ausübung ihres Amtes zu verpflichten. [3] Über die Verpflichtungsverhandlung ist eine Niederschrift aufzunehmen.

§ 12 Stellvertretende Mitglieder der Bundesprüfstelle für jugendgefährdende Medien. (1) [1] Das Bundesministerium für Familie, Senioren, Frauen und Jugend ernennt die zur Vertretung der oder des Vorsitzenden berechtigte Person. [2] Jede Landesregierung ernennt die zur Vertretung der von ihr ernannten Beisitzerinnen und Beisitzer berechtigten Personen. [3] Das Bundesministerium für Familie, Senioren, Frauen und Jugend ernennt aus jeder Gruppe des § 19 Abs. 2 des Jugendschutzgesetzes[1)] mehrere Beisitzerinnen und Beisitzer und die zu ihrer Vertretung berechtigten Personen.

(2) Die Reihenfolge, in der die Gruppenbeisitzerinnen und -beisitzer nach § 19 Abs. 2 des Jugendschutzgesetzes an den einzelnen Verhandlungen teilnehmen, wird von der oder dem Vorsitzenden der Bundesprüfstelle für einen bestimmten Zeitraum im Voraus festgelegt.

(3) Für den Wechsel der Länderbeisitzerinnen und -beisitzer wird durch die Vorsitzende oder den Vorsitzenden der Bundesprüfstelle im Einvernehmen mit den Länderbeisitzerinnen und -beisitzern für einen bestimmten Zeitraum im Voraus eine feste Reihenfolge festgelegt.

(4) Die beiden Beisitzerinnen oder Beisitzer, die bei Entscheidungen nach § 23 des Jugendschutzgesetzes mitzuwirken haben, und die zu ihrer Vertretung berechtigten Personen werden von der Bundesprüfstelle in der jeweiligen Verhandlungsbesetzung für einen bestimmten Zeitraum im Voraus festgestellt.

(5) An die Stelle von verhinderten oder ausgeschiedenen Beisitzerinnen und Beisitzern treten die zu ihrer Vertretung berechtigten Personen nach der in den Absätzen 2 bis 4 festgelegten Reihenfolge; an die Stelle einer oder eines verhinderten oder ausgeschiedenen Vorsitzenden tritt die zu ihrer oder seiner Vertretung berufene Person.

§ 13 Führung und Veröffentlichung der Liste. (1) [1] Die Bundesprüfstelle führt die Liste der jugendgefährdenden Medien nach § 18 Abs. 2 des Jugendschutzgesetzes[1)] in den Teilen A, B, C und D. [2] Für fortlaufende Aktualisierung

---

1) Nr. **18**.

durch Neueintrag bzw. Streichung, sowie für die Neuauflage der Liste ist Sorge zu tragen.

(2) [1] Die Bundesprüfstelle hat die Teile A und B der Liste in geeigneter Weise in einer übersichtlichen Zusammenstellung zu veröffentlichen. [2] Dies gilt auch für die den Teilen A und B entsprechenden Teile der bis zum 31. März 2003 bei der Bundesprüfstelle geführten Liste.

§ 14 Zusammenarbeit mit der Kommission für Jugendmedienschutz.

(1) [1] Die Bundesprüfstelle hat vor Entscheidung über die Aufnahme eines Telemediums in die Liste jugendgefährdender Medien die Stellungnahme der Kommission für Jugendmedienschutz einzuholen (§ 21 Abs. 6 des Jugendschutzgesetzes[1]), es sei denn, dass diese hierüber bereits entschieden (§ 18 Abs. 8 Satz 2 des Jugendschutzgesetzes) und die Bundesprüfstelle benachrichtigt hat. [2] Soweit diese Stellungnahme nicht innerhalb von fünf Werktagen nach Aufforderung vorliegt, kann die Bundesprüfstelle ohne diese Stellungnahme entscheiden.

(2) Zur Mitteilung von Entscheidungen über die Aufnahme eines Telemediums in die Liste jugendgefährdender Medien nach § 24 Abs. 5 des Jugendschutzgesetzes holt die Bundesprüfstelle von der Kommission für Jugendmedienschutz eine Übersicht über die anerkannten Einrichtungen der Selbstkontrolle ein.

(3) Zur Gewährleistung einer effektiven Zusammenarbeit informiert die Bundesprüfstelle die Kommission für Jugendmedienschutz neben ihren Entscheidungen über die Listenaufnahme von Telemedien auch über damit zusammenhängende relevante Fragen und Ereignisse.

§ 15 Mitteilungspflichten. (1) Wird ein Trägermedium in die Liste jugendgefährdender Medien aufgenommen, die Aufnahme in die Liste jedoch nach § 24 Abs. 3 Satz 2 des Jugendschutzgesetzes[1] nicht bekannt gemacht, so teilt die Bundesprüfstelle den obersten Landesjugendbehörden den Zeitpunkt der Zustellung der Entscheidung mit.

(2) Wird ein Telemedium in die Liste jugendgefährdender Medien aufgenommen und ist die Tat im Inland begangen worden, so teilt die Bundesprüfstelle der Kommission für Jugendmedienschutz den Zeitpunkt der Zustellung der Entscheidung mit.

(3) Bei erfolgloser Zustellung soll die Bundesprüfstelle die Entscheidungen in analoger Anwendung des § 24 Abs. 5 des Jugendschutzgesetzes den im Bereich der Telemedien anerkannten Einrichtungen der Selbstkontrolle mitteilen.

§ 16 Inkrafttreten, Außerkrafttreten. [1] Diese Verordnung tritt am Tag nach der Verkündung[2] in Kraft. [2] Gleichzeitig tritt die Verordnung zur Durchführung des Gesetzes über die Verbreitung jugendgefährdender Schriften in der im Bundesgesetzblatt Teil III, Gliederungsnummer 2161-1-1, veröffentlichten bereinigten Fassung, zuletzt geändert durch Artikel 48 der Verordnung vom 21. September 1997 (BGBl. I S. 2390) außer Kraft.

Der Bundesrat hat zugestimmt.

---

[1] Nr. **18**.
[2] Verkündet am 12.9.2003.

20. Staatsvertrag über den Schutz der Menschenwürde und den Jugendschutz in Rundfunk und Telemedien (Jugendmedienschutz-Staatsvertrag – JMStV)[1]

10.–27. September 2002

zuletzt geänd. durch Art. 3 Medienordnung-Modernisierungsstaatsvertrag v. 14.4.2020[2]

Das Land Baden-Württemberg,
der Freistaat Bayern,
das Land Berlin,
das Land Brandenburg,
die Freie Hansestadt Bremen,
die Freie und Hansestadt Hamburg,
das Land Hessen,
das Land Mecklenburg-Vorpommern,
das Land Niedersachsen,
das Land Nordrhein-Westfalen,
das Land Rheinland-Pfalz,
das Saarland,
der Freistaat Sachsen,
das Land Sachsen-Anhalt,
das Land Schleswig-Holstein und
der Freistaat Thüringen

---

[1] Der 14. RundfunkänderungsStV v. 10.6.2010, ber. S. 8, 2011 S. 51, aufgeh. durch Bek. v. 7.3. 2011 (GVBl. I Nr. 3 S. 1) ist gem. Art. 4 Abs. 2 gegenstandslos, nachdem bis zum 31.12.2010 nicht alle Vertragsparteien zugestimmt haben; siehe hierzu auch in Berlin: Bek. v. 25.1.2011 (GVBl. S. 18).

[2] Zur Ratifizierung und zum Inkrafttreten am **7.11.2020** siehe in:
Baden-Württemberg: G v. 30.6.2020 (GBl. S. 429), Bek. v. 13.11.2020 (GBl. S. 1063);
Bayern: Bek. v. 20.7.2020 (GVBl. S. 450), Bek. v. 13.1.2021 (GVBl. S. 14);
Berlin: G v. 12.9.2020 (GVBl. S. 698);
Brandenburg: G v. 25.6.2020 (GVBl. I Nr. 19);
Bremen: G v. 22.9.2020 (Brem.GBl. S. 974);
Hamburg: G v. 8.9.2020 (HmbGVBl. S. 433), Bek. v. 6.11.2020 (HmbGVBl. S. 572);
Hessen: G v. 30.9.2020 (GVBl. S. 606);
Mecklenburg-Vorpommern: G v. 28.10.2020 (GVOBl. M-V S. 1030), Bek. v. 17.11.2020 (GVOBl. M-V S. 1145);
Niedersachsen: G v. 14.9.2020 (Nds. GVBl. S. 289);
Nordrhein-Westfalen: Bek. v. 30.6.2020 (GV. NRW. S. 524), Bek. v. 24.11.2020 (GV. NRW. S. 1111);
Rheinland-Pfalz: G v. 3.9.2020 (GVBl. S. 372), Bek. v. 1.12.2020 (GVBl. S. 674);
Saarland: G v. 16.9.2020 (Amtsbl. I S. 820);
Sachsen: G v. 15.7.2020 (SächsGVBl. S. 379), Bek. v. 12.11.2020 (SächsGVBl. S. 661);
Land Sachsen-Anhalt: G v. 23.9.2020 (GVBl. LSA S. 492), Bek. v. 17.11.2020 (GVBl. LSA S. 666);
Schleswig-Holstein: G v. 8.9.2020 (GVOBl. Schl.-H. S. 582);
Thüringen: G v. 23.7.2020 (GVBl. S. 369), Bek. v. 22.12.2020 (GVBl. S. 684).

schließen nachstehenden Staatsvertrag:

Inhaltsverzeichnis:

I. Abschnitt. Allgemeine Vorschriften

§ 1 Zweck des Staatsvertrages. Zweck des Staatsvertrages ist der einheitliche Schutz der Kinder und Jugendlichen vor Angeboten in elektronischen Informations- und Kommunikationsmedien, die deren Entwicklung oder Erziehung beeinträchtigen oder gefährden, sowie der Schutz vor solchen Angeboten in elektronischen Informations- und Kommunikationsmedien, die die Menschenwürde oder sonstige durch das Strafgesetzbuch[1)] geschützte Rechtsgüter verletzen.

[1)] Auszugsweise abgedruckt unter Nr. **38**.

§ 2 Geltungsbereich. (1) [1]Dieser Staatsvertrag gilt für Rundfunk und Telemedien im Sinne des Medienstaatsvertrages[1)]. [2]Die Vorschriften dieses Staatsvertrages gelten auch für Anbieter, die ihren Sitz nach den Vorschriften des Telemediengesetzes sowie des Medienstaatsvertrages[1)] nicht in Deutschland haben, soweit die Angebote zur Nutzung in Deutschland bestimmt sind und unter Beachtung der Vorgaben der Artikel 3 und 4 der Richtlinie 2010/13/EU des Europäischen Parlaments und des Rates vom 10. März 2010 zur Koordinierung bestimmter Rechts- und Verwaltungsvorschriften der Mitgliedstaaten über die Bereitstellung audiovisueller Mediendienste (Richtlinie über audiovisuelle Mediendienste) (ABl. L 95 vom 15. April 2010, S. 1), die durch die Richtlinie 2018/1808/EU (ABl. L 303 vom 28. November 2018, S. 69) geändert wurde, sowie des Artikels 3 der Richtlinie 2000/31/EG des Europäischen Parlaments und des Rates vom 8. Juni 2000 über bestimmte rechtliche Aspekte der Dienste der Informationsgesellschaft, insbesondere des elektronischen Geschäftsverkehrs, im Binnenmarkt (Richtlinie über den elektronischen Geschäftsverkehr) (ABl. L 178 vom 17. Juli 2000, S. 1). [3]Von der Bestimmung zur Nutzung in Deutschland ist auszugehen, wenn sich die Angebote in der Gesamtschau, insbesondere durch die verwendete Sprache, die angebotenen Inhalte oder Marketingaktivitäten, an Nutzer in Deutschland richten oder in Deutschland einen nicht unwesentlichen Teil ihrer Refinanzierung erzielen.

(2) Das Telemediengesetz und die für Telemedien anwendbaren Bestimmungen des Medienstaatsvertrages[1)] bleiben unberührt.

§ 3 *(Begriffsbestimmungen)* Im Sinne dieses Staatsvertrages ist

1. Angebot eine Sendung oder der Inhalt von Telemedien,
2. Anbieter Rundfunkveranstalter oder Anbieter von Telemedien,
3. Kind, wer noch nicht 14 Jahre alt ist,
4. Jugendlicher, wer 14 Jahre, aber noch nicht 18 Jahre alt ist.

§ 4 Unzulässige Angebote. (1) [1]Unbeschadet strafrechtlicher Verantwortlichkeit sind Angebote unzulässig, wenn sie

1. Propagandamittel im Sinne des § 86 des Strafgesetzbuches darstellen, deren Inhalt gegen die freiheitliche demokratische Grundordnung oder den Gedanken der Völkerverständigung gerichtet ist,
2. Kennzeichen verfassungswidriger Organisationen im Sinne des § 86a des Strafgesetzbuches verwenden,
3. zum Hass gegen Teile der Bevölkerung oder gegen eine nationale, rassische, religiöse oder durch ihr Volkstum bestimmte Gruppe aufstacheln, zu Gewalt- oder Willkürmaßnahmen gegen sie auffordern oder die Menschenwürde anderer dadurch angreifen, dass Teile der Bevölkerung oder eine vorbezeichnete Gruppe beschimpft, böswillig verächtlich gemacht oder verleumdet werden,
4. eine unter der Herrschaft des Nationalsozialismus begangene Handlung der in § 6 Abs. 1 des Völkerstrafgesetzbuches bezeichneten Art in einer Weise, die geeignet ist, den öffentlichen Frieden zu stören, leugnen oder verharmlosen, oder den öffentlichen Frieden in einer die Würde der Opfer

---

[1)] Auszugsweise abgedruckt unter Nr. **21**.

verletzenden Weise dadurch stören, dass die nationalsozialistische Gewalt- und Willkürherrschaft gebilligt, verherrlicht oder gerechtfertigt wird,

5. grausame oder sonst unmenschliche Gewalttätigkeiten gegen Menschen in einer Art schildern, die eine Verherrlichung oder Verharmlosung solcher Gewalttätigkeiten ausdrückt oder die das Grausame oder Unmenschliche des Vorgangs in einer die Menschenwürde verletzenden Weise darstellt; dies gilt auch bei virtuellen Darstellungen,
6. als Anleitung zu einer in § 126 Abs. 1 des Strafgesetzbuches genannten rechtswidrigen Tat dienen,
7. den Krieg verherrlichen,
8. gegen die Menschenwürde verstoßen, insbesondere durch die Darstellung von Menschen, die sterben oder schweren körperlichen oder seelischen Leiden ausgesetzt sind oder waren, wobei ein tatsächliches Geschehen wiedergegeben wird, ohne dass ein berechtigtes Interesse gerade für diese Form der Darstellung oder Berichterstattung vorliegt; eine Einwilligung ist unbeachtlich,
9. Kinder oder Jugendliche in unnatürlich geschlechtsbetonter Körperhaltung darstellen; dies gilt auch bei virtuellen Darstellungen,
10. kinderpornografisch im Sinne des § 184b Abs. 1 des Strafgesetzbuches[1)] oder jugendpornografisch im Sinne des § 184c Abs. 1 des Strafgesetzbuches[1)] sind oder pornografisch sind und Gewalttätigkeiten oder sexuelle Handlungen von Menschen mit Tieren zum Gegenstand haben; dies gilt auch bei virtuellen Darstellungen, oder
11. in den Teilen B und D der Liste nach § 18 des Jugendschutzgesetzes[2)] aufgenommen sind oder mit einem in dieser Liste aufgenommenen Werk ganz oder im Wesentlichen inhaltsgleich sind.

[2] In den Fällen der Nummern 1 bis 4 und 6 gilt § 86 Abs. 3 des Strafgesetzbuches, im Falle der Nummer 5 § 131 Abs. 2 des Strafgesetzbuches[1)] entsprechend.

(2) [1] Unbeschadet strafrechtlicher Verantwortlichkeit sind Angebote ferner unzulässig, wenn sie

1. in sonstiger Weise pornografisch sind,
2. in den Teilen A und C der Liste nach § 18 des Jugendschutzgesetzes aufgenommen sind oder mit einem in dieser Liste aufgenommenen Werk ganz oder im Wesentlichen inhaltsgleich sind, oder
3. offensichtlich geeignet sind, die Entwicklung von Kindern und Jugendlichen oder ihre Erziehung zu einer eigenverantwortlichen und gemeinschaftsfähigen Persönlichkeit unter Berücksichtigung der besonderen Wirkungsform des Verbreitungsmediums schwer zu gefährden.

[2] In Telemedien sind Angebote abweichend von Satz 1 zulässig, wenn von Seiten des Anbieters sichergestellt ist, dass sie nur Erwachsenen zugänglich gemacht werden (geschlossene Benutzergruppe).

(3) Nach Aufnahme eines Angebotes in die Liste nach § 18 des Jugendschutzgesetzes wirken die Verbote nach Absatz 1 und 2 auch nach wesentlichen

---

1) Nr. **38**.
2) Nr. **18**.

inhaltlichen Veränderungen bis zu einer Entscheidung durch die Bundesprüfstelle für jugendgefährdende Medien.

§ 5 Entwicklungsbeeinträchtigende Angebote. (1) [1]Sofern Anbieter Angebote, die geeignet sind, die Entwicklung von Kindern oder Jugendlichen zu einer eigenverantwortlichen und gemeinschaftsfähigen Persönlichkeit zu beeinträchtigen, verbreiten oder zugänglich machen, haben sie dafür Sorge zu tragen, dass Kinder oder Jugendliche der betroffenen Altersstufen sie üblicherweise nicht wahrnehmen. [2]Die Altersstufen sind:

1. ab 6 Jahren,
2. ab 12 Jahren,
3. ab 16 Jahren,
4. ab 18 Jahren.

(2) [1]Bei Angeboten wird die Eignung zur Beeinträchtigung der Entwicklung im Sinne von Absatz 1 vermutet, wenn sie nach dem Jugendschutzgesetz[1)] für Kinder oder Jugendliche der jeweiligen Altersstufe nicht freigegeben sind. [2]Satz 1 gilt entsprechend für Angebote, die mit dem bewerteten Angebot im Wesentlichen inhaltsgleich sind. [3]Die Kommission für Jugendmedienschutz (KJM) bestätigt auf Antrag die Altersbewertungen, die durch eine anerkannte Einrichtung der Freiwilligen Selbstkontrolle vorgenommen wurden. [4]Für die Prüfung durch die KJM gilt § 20 Abs. 3 Satz 1 und Abs. 5 Satz 2 entsprechend. [5]Von der KJM bestätigte Altersbewertungen von anerkannten Einrichtungen der Freiwilligen Selbstkontrolle sind von den obersten Landesjugendbehörden für die Freigabe und Kennzeichnung inhaltsgleicher oder im Wesentlichen inhaltsgleicher Angebote nach dem Jugendschutzgesetz zu übernehmen.

(3) [1]Der Anbieter kann seiner Pflicht aus Absatz 1 dadurch entsprechen, dass er

1. durch technische oder sonstige Mittel die Wahrnehmung des Angebots durch Kinder oder Jugendliche der betroffenen Altersstufe unmöglich macht oder wesentlich erschwert, oder das Angebot mit einer Alterskennzeichnung versieht, die von geeigneten Jugendschutzprogrammen nach § 11 Abs. 1 und 2 ausgelesen werden kann, oder
2. die Zeit, in der die Angebote verbreitet oder zugänglich gemacht werden, so wählt, dass Kinder oder Jugendliche der betroffenen Altersstufe üblicherweise die Angebote nicht wahrnehmen.

[2]Nicht entwicklungsbeeinträchtigende Angebote können als „ohne Altersbeschränkung" gekennzeichnet und ohne Einschränkungen verbreitet werden.

(4) [1]Ist eine entwicklungsbeeinträchtigende Wirkung im Sinne von Absatz 1 auf Kinder oder Jugendliche anzunehmen, erfüllt der Anbieter seine Verpflichtung nach Absatz 1, wenn das Angebot nur zwischen 23 Uhr und 6 Uhr verbreitet oder zugänglich gemacht wird. [2]Gleiches gilt, wenn eine entwicklungsbeeinträchtigende Wirkung auf Kinder oder Jugendliche unter 16 Jahren anzunehmen ist, wenn das Angebot nur zwischen 22 Uhr und 6 Uhr verbreitet oder zugänglich gemacht wird. [3]Ist eine entwicklungsbeeinträchtigende Wirkung im Sinne von Absatz 1 auf Kinder unter zwölf Jahren anzunehmen, ist bei der Wahl der Sendezeit dem Wohl jüngerer Kinder Rechnung zu tragen.

[1)] Nr. **18**.

(5) Ist eine entwicklungsbeeinträchtigende Wirkung im Sinne von Absatz 1 nur auf Kinder unter 14 Jahren anzunehmen, erfüllt der Anbieter von Telemedien seine Verpflichtung nach Absatz 1, wenn das Angebot getrennt von für Kinder bestimmten Angeboten verbreitet wird oder abrufbar ist.

(6) Absatz 1 gilt nicht für Nachrichtensendungen, Sendungen zum politischen Zeitgeschehen im Rundfunk und vergleichbare Angebote bei Telemedien, es sei denn, es besteht kein berechtigtes Interesse an dieser Form der Darstellung oder Berichterstattung.

(7) Bei Angeboten, die Inhalte periodischer Druckerzeugnisse in Text und Bild wiedergeben, gelten die Beschränkungen des Absatzes 1 Satz 1 erst dann, wenn die KJM gegenüber dem Anbieter festgestellt hat, dass das Angebot entwicklungsbeeinträchtigend ist.

§ 5a Video-Sharing-Dienste. (1) Unbeschadet der Verpflichtungen nach den §§ 4 und 5 treffen Anbieter von Video-Sharing-Diensten angemessene Maßnahmen, um Kinder und Jugendliche vor entwicklungsbeeinträchtigenden Angeboten zu schützen.

(2) [1] Als Maßnahmen im Sinne des Absatzes 1 kommen insbesondere in Betracht:

1. die Einrichtung und der Betrieb von Systemen zur Altersverifikation,
2. die Einrichtung und der Betrieb von Systemen, durch die Eltern den Zugang zu entwicklungsbeeinträchtigenden Angeboten kontrollieren können.

[2] Anbieter von Video-Sharing-Diensten richten Systeme ein, mit denen Nutzer die von ihnen hochgeladenen Angebote bewerten können und die von den Systemen nach Satz 1 ausgelesen werden können.

§ 5b Meldung von Nutzerbeschwerden. Rechtswidrig im Sinne des § 10a des Telemediengesetzes sind solche Inhalte, die

1. nach § 4 unzulässig sind oder
2. entwicklungsbeeinträchtigende Angebote nach § 5 Abs. 1, 2 und 6 darstellen und die der Anbieter des Video-Sharing-Dienstes der Allgemeinheit bereitstellt, ohne seiner Verpflichtung aus § 5 Abs. 1, 3 bis 5 nachzukommen.

§ 5c Ankündigungen und Kennzeichnungspflicht. (1) Werden Sendungen außerhalb der für sie geltenden Sendezeitbeschränkung angekündigt, dürfen die Inhalte der Ankündigung nicht entwicklungsbeeinträchtigend sein.

(2) Sendungen, für die eine entwicklungsbeeinträchtigende Wirkung auf Kinder oder Jugendliche unter 16 Jahren anzunehmen ist, müssen durch akustische Zeichen angekündigt oder in geeigneter Weise durch optische Mittel als ungeeignet für die entsprechende Altersstufe kenntlich gemacht werden; § 12 bleibt unberührt.

§ 6 Jugendschutz in der Werbung und im Teleshopping. (1) [1] Werbung für indizierte Angebote ist nur unter den Bedingungen zulässig, die auch für die Verbreitung des Angebotes selbst gelten. [2] Gleiches gilt für Werbung für Angebote nach § 4 Abs. 1. [3] Die Liste der jugendgefährdenden Medien (§ 18 des Jugendschutzgesetzes[1)]) darf nicht zum Zwecke der Werbung verbreitet

---

[1)] Nr. **18**.

oder zugänglich gemacht werden. [4] Bei Werbung darf nicht darauf hingewiesen werden, dass ein Verfahren zur Aufnahme eines Angebotes oder eines inhaltsgleichen Trägermediums in die Liste nach § 18 des Jugendschutzgesetzes anhängig ist oder gewesen ist.

(2) Werbung darf Kinder und Jugendliche weder körperlich noch seelisch beeinträchtigen, darüber hinaus darf sie nicht

1. direkte Aufrufe zum Kaufen oder Mieten von Waren oder Dienstleistungen an Kinder oder Jugendliche enthalten, die deren Unerfahrenheit und Leichtgläubigkeit ausnutzen,
2. Kinder oder Jugendliche unmittelbar auffordern, ihre Eltern oder Dritte zum Kauf der beworbenen Waren oder Dienstleistungen zu bewegen,
3. das besondere Vertrauen ausnutzen, das Kinder oder Jugendliche zu Eltern, Lehrern und anderen Personen haben, oder
4. Kinder oder Jugendliche ohne berechtigten Grund in gefährlichen Situationen zeigen.

(3) Werbung, deren Inhalt geeignet ist, die Entwicklung von Kindern oder Jugendlichen zu einer eigenverantwortlichen und gemeinschaftsfähigen Persönlichkeit zu beeinträchtigen, muss getrennt von Angeboten erfolgen, die sich an Kinder oder Jugendliche richten.

(4) Werbung, die sich auch an Kinder oder Jugendliche richtet oder bei der Kinder oder Jugendliche als Darsteller eingesetzt werden, darf nicht den Interessen von Kindern oder Jugendlichen schaden oder deren Unerfahrenheit ausnutzen.

(5) Werbung für alkoholische Getränke darf sich weder an Kinder oder Jugendliche richten noch durch die Art der Darstellung Kinder und Jugendliche besonders ansprechen oder diese beim Alkoholgenuss darstellen.

(6) Teleshopping darf darüber hinaus Kinder oder Jugendliche nicht dazu anhalten, Kauf- oder Miet- bzw. Pachtverträge für Waren oder Dienstleistungen zu schließen.

(7) Die Anbieter treffen geeignete Maßnahmen, um die Einwirkung von im Umfeld von Kindersendungen verbreiteter Werbung für Lebensmittel, die Nährstoffe und Substanzen mit ernährungsbezogener oder physiologischer Wirkung enthalten, insbesondere Fett, Transfettsäuren, Salz, Natrium, Zucker, deren übermäßige Aufnahme im Rahmen der Gesamternährung nicht empfohlen wird, auf Kinder wirkungsvoll zu verringern.

§ 7 Jugendschutzbeauftragte. (1) [1] Wer länderübergreifendes zulassungspflichtiges Fernsehen veranstaltet, hat einen Jugendschutzbeauftragten zu bestellen. [2] Gleiches gilt für geschäftsmäßige Anbieter von zulassungsfreien Fernsehangeboten nach § 54 des Medienstaatsvertrages oder allgemein zugänglichen Telemedien, wenn die Angebote entwicklungsbeeinträchtigende oder jugendgefährdende Inhalte enthalten, sowie für Anbieter von Suchmaschinen. [3] Der Anbieter hat wesentliche Informationen über den Jugendschutzbeauftragten leicht erkennbar, unmittelbar erreichbar und ständig verfügbar zu halten. [4] Sie müssen insbesondere Namen und Daten enthalten, die eine schnelle elektronische Kontaktaufnahme ermöglichen.

(2) Anbieter von Telemedien mit weniger als 50 Mitarbeitern oder nachweislich weniger als zehn Millionen Zugriffen im Monatsdurchschnitt eines

Jahres sowie Veranstalter, die nicht bundesweit verbreitetes Fernsehen veranstalten, können auf die Bestellung verzichten, wenn sie sich einer Einrichtung der Freiwilligen Selbstkontrolle anschließen und diese zur Wahrnehmung der Aufgaben des Jugendschutzbeauftragten verpflichten sowie entsprechend Absatz 3 beteiligen und informieren.

(3) [1] Der Jugendschutzbeauftragte ist Ansprechpartner für die Nutzer und berät den Anbieter in Fragen des Jugendschutzes. [2] Er ist vom Anbieter bei Fragen der Herstellung, des Erwerbs, der Planung und der Gestaltung von Angeboten und bei allen Entscheidungen zur Wahrung des Jugendschutzes angemessen und rechtzeitig zu beteiligen und über das jeweilige Angebot vollständig zu informieren. [3] Er kann dem Anbieter eine Beschränkung oder Änderung von Angeboten vorschlagen.

(4) [1] Der Jugendschutzbeauftragte muss die zur Erfüllung seiner Aufgaben erforderliche Fachkunde besitzen. [2] Er ist in seiner Tätigkeit weisungsfrei. [3] Er darf wegen der Erfüllung seiner Aufgaben nicht benachteiligt werden. [4] Ihm sind die zur Erfüllung seiner Aufgaben notwendigen Sachmittel zur Verfügung zu stellen. [5] Er ist unter Fortzahlung seiner Bezüge soweit für seine Aufgaben erforderlich von der Arbeitsleistung freizustellen.

(5) Die Jugendschutzbeauftragten der Anbieter sollen in einen regelmäßigen Erfahrungsaustausch eintreten.

II. Abschnitt. Vorschriften für Rundfunk

§ 8 Festlegung der Sendezeit. (1) Die in der Arbeitsgemeinschaft der öffentlich-rechtlichen Rundfunkanstalten der Bundesrepublik Deutschland (ARD) zusammengeschlossenen Landesrundfunkanstalten, das Zweite Deutsche Fernsehen (ZDF), die KJM oder von dieser hierfür anerkannte Einrichtungen der Freiwilligen Selbstkontrolle können jeweils in Richtlinien oder für den Einzelfall für Filme, auf die das Jugendschutzgesetz[1)] keine Anwendung findet, zeitliche Beschränkungen vorsehen, um den Besonderheiten der Ausstrahlung von Filmen im Fernsehen, vor allem bei Fernsehserien, gerecht zu werden.

(2) Für sonstige Sendeformate können die in Absatz 1 genannten Stellen im Einzelfall zeitliche Beschränkungen vorsehen, wenn deren Ausgestaltung nach Thema, Themenbehandlung, Gestaltung oder Präsentation in einer Gesamtbewertung geeignet ist, Kinder oder Jugendliche in ihrer Entwicklung und Erziehung zu beeinträchtigen.

(3) Hat eine anerkannte Einrichtung der Freiwilligen Selbstkontrolle eine Richtlinie nach Absatz 1 in den rechtlichen Grenzen des Beurteilungsspielraums erlassen, ist diese vorrangig anzuwenden.

§ 9 Ausnahmeregelungen. (1) [1] Auf Antrag des Intendanten kann das jeweils zuständige Organ der in der ARD zusammengeschlossenen Landesrundfunkanstalten, des Deutschlandradios und des ZDF sowie auf Antrag eines privaten Rundfunkveranstalters die KJM oder eine von dieser hierfür anerkannte Einrichtung der Freiwilligen Selbstkontrolle jeweils in Richtlinien oder für den Einzelfall von der Vermutung nach § 5 Abs. 2 Satz 1 und 2 abweichen. [2] Dies gilt vor allem für Angebote, deren Bewertung länger als zehn Jahre

---

1) Nr. **18**.

zurückliegt. [3] Die obersten Landesjugendbehörden sind von der abweichenden Bewertung zu unterrichten. [4] § 8 Abs. 3 gilt entsprechend.

(2) [1] Die Landesmedienanstalten können für digital verbreitete Programme des privaten Fernsehens durch übereinstimmende Satzungen festlegen, unter welchen Voraussetzungen ein Rundfunkveranstalter seine Verpflichtung nach § 5 erfüllt. [2] Der Rundfunkveranstalter hat sicherzustellen, dass die Freischaltung durch den Nutzer nur für die Dauer der jeweiligen Sendung oder des jeweiligen Films möglich ist. [3] Die Landesmedienanstalten bestimmen in den Satzungen nach Satz 1, insbesondere welche Anforderungen an die Verschlüsselung und Vorsperrung von Sendungen zur Gewährleistung eines effektiven Jugendschutzes zu stellen sind.

§ 10 *(aufgehoben)*

III. Abschnitt. Vorschriften für Telemedien

§ 11 (1) [1] Jugendschutzprogramme sind Softwareprogramme, die Alterskennzeichnungen nach § 5 Abs. 3 Satz 1 Nr. 1 auslesen und Angebote erkennen, die geeignet sind, die Entwicklung von Kindern und Jugendlichen zu beeinträchtigen. [2] Sie müssen zur Beurteilung ihrer Eignung einer anerkannten Einrichtung der freiwilligen Selbstkontrolle vorgelegt werden. [3] Sie sind geeignet, wenn sie einen nach Altersstufen differenzierten Zugang zu Telemedien ermöglichen und eine dem Stand der Technik entsprechende Erkennungsleistung aufweisen. [4] Zudem müssen sie benutzerfreundlich ausgestaltet und nutzerautonom verwendbar sein.

(2) Zur Beurteilung der Eignung können auch solche Programme vorgelegt werden, die lediglich auf einzelne Altersstufen ausgelegt sind oder den Zugang zu Telemedien innerhalb geschlossener Systeme ermöglichen.

(3) Die KJM legt die Kriterien für die Eignungsanforderungen nach den Absätzen 1 und 2 im Benehmen mit den anerkannten Einrichtungen der Freiwilligen Selbstkontrolle fest.

(4) [1] Hat eine anerkannte Einrichtung der Freiwilligen Selbstkontrolle ein Jugendschutzprogramm als nach Absatz 1 oder 2 geeignet beurteilt, hat sie die Beurteilung mindestens alle drei Jahre zu überprüfen. [2] Sie hat auf die Behebung von Fehlfunktionen hinzuwirken. [3] Die Beurteilungen nach den Absätzen 1 und 2 und die Ergebnisse ihrer Überprüfung nach Satz 1 sind unverzüglich in geeigneter Form zu veröffentlichen.

(5) Wer gewerbsmäßig oder in großem Umfang Telemedien verbreitet oder zugänglich macht, soll auch die für Kinder oder Jugendliche unbedenklichen Angebote für ein geeignetes Jugendschutzprogramm nach den Absätzen 1 und 2 programmieren, soweit dies zumutbar und ohne unverhältnismäßige Kosten möglich ist.

(6) [1] Die anerkannten Einrichtungen der Freiwilligen Selbstkontrolle können im Benehmen mit der KJM zur Förderung des technischen Jugendschutzes Modellversuche durchführen und Verfahren vereinbaren. [2] Gleiches gilt für Altersklassifizierungssysteme, die von anerkannten Einrichtungen der Freiwilligen Selbstkontrolle zur Verfügung gestellt werden.

§ 12 Kennzeichnungspflicht. [1] Anbieter von Telemedien, die ganz oder im Wesentlichen inhaltsgleich mit Filmen oder Spielen auf Bildträgern im Sinne des Jugendschutzgesetzes[1] sind, müssen auf eine Kennzeichnung nach dem Jugendschutzgesetz in ihrem Angebot deutlich hinweisen. [2] Für Fassungen von Filmen und Spielen in Telemedien, die wie solche auf Trägermedien vorlagefähig sind, kann das Kennzeichnungsverfahren nach dem Jugendschutzgesetz durchgeführt werden.

IV. Abschnitt. Verfahren für Anbieter mit Ausnahme des öffentlich-rechtlichen Rundfunks

§ 13 Anwendungsbereich. Die §§ 14 bis 21 sowie § 24 Abs. 4 Satz 6 gelten nur für länderübergreifende Angebote.

§ 14 Kommission für Jugendmedienschutz. (1) [1] Die zuständige Landesmedienanstalt überprüft die Einhaltung der für die Anbieter geltenden Bestimmungen nach diesem Staatsvertrag und der Bestimmungen der §§ 10a und 10b des Telemediengesetzes. [2] Sie trifft entsprechend den Bestimmungen dieses Staatsvertrages die jeweiligen Entscheidungen.

(2) [1] Zur Erfüllung der Aufgaben nach Absatz 1 wird die Kommission für Jugendmedienschutz (KJM) gebildet. [2] Diese dient der jeweils zuständigen Landesmedienanstalt als Organ bei der Erfüllung ihrer Aufgaben nach Absatz 1. [3] Auf Antrag der zuständigen Landesmedienanstalt kann die KJM auch mit nichtländerübergreifenden Angeboten gutachtlich befasst werden. [4] Absatz 5 bleibt unberührt.

(3) [1] Die KJM besteht aus 12 Sachverständigen. [2] Hiervon werden entsandt

1. sechs Mitglieder aus dem Kreis der Direktoren der Landesmedienanstalten, die von den Landesmedienanstalten im Einvernehmen benannt werden,
2. vier Mitglieder von den für den Jugendschutz zuständigen obersten Landesbehörden,
3. zwei Mitglieder von der für den Jugendschutz zuständigen obersten Bundesbehörde.

[3] Für jedes Mitglied ist entsprechend Satz 2 ein Vertreter für den Fall seiner Verhinderung zu bestimmen. [4] Die Amtsdauer der Mitglieder oder stellvertretenden Mitglieder beträgt fünf Jahre. [5] Wiederberufung ist zulässig. [6] Mindestens vier Mitglieder und stellvertretende Mitglieder sollen die Befähigung zum Richteramt haben. [7] Den Vorsitz führt ein Direktor einer Landesmedienanstalt.

(4) Der KJM können nicht angehören Mitglieder und Bedienstete der Institutionen der Europäischen Union, der Verfassungsorgane des Bundes und der Länder, Gremienmitglieder und Bedienstete von Landesrundfunkanstalten der ARD, des ZDF, des Deutschlandradios, des Europäischen Fernsehkulturkanals „ARTE" und der privaten Rundfunkveranstalter oder Anbieter von Telemedien sowie Bedienstete von an ihnen unmittelbar oder mittelbar im Sinne von § 62 des Medienstaatsvertrages beteiligten Unternehmen.

(5) [1] Es können Prüfausschüsse gebildet werden. [2] Jedem Prüfausschuss muss mindestens jeweils ein in Absatz 3 Satz 2 Nrn. 1 bis 3 aufgeführtes Mitglied der KJM oder im Falle seiner Verhinderung dessen Vertreter angehören. [3] Die Prüfausschüsse entscheiden jeweils bei Einstimmigkeit anstelle der KJM. [4] Zu Beginn der Amtsperiode der KJM wird die Verteilung der Prüfverfahren von

[1] Nr. **18**.

der KJM festgelegt. [5] Das Nähere ist in der Geschäftsordnung der KJM festzulegen.

(6) [1] Die Entscheidung über die Bestätigung der Altersbewertungen nach § 5 Abs. 2 Satz 3 ist innerhalb von 14 Tagen zu treffen und dem Antragsteller mitzuteilen. [2] Für das Bestätigungsverfahren kann ein Einzelprüfer bestellt werden.

(7) [1] Die Mitglieder der KJM sind bei der Erfüllung ihrer Aufgaben nach diesem Staatsvertrag an Weisungen nicht gebunden. [2] Die Regelung zur Vertraulichkeit nach § 58 des Medienstaatsvertrages gilt auch im Verhältnis der Mitglieder der KJM zu anderen Organen der Landesmedienanstalten.

(8) [1] Die Mitglieder der KJM haben Anspruch auf Ersatz ihrer notwendigen Aufwendungen und Auslagen. [2] Näheres regeln die Landesmedienanstalten durch übereinstimmende Satzungen.

§ 15 Mitwirkung der Gremien der Landesmedienanstalten. (1) [1] Die KJM unterrichtet die Vorsitzenden der Gremien der Landesmedienanstalten fortlaufend über ihre Tätigkeit. [2] Sie bezieht die Gremienvorsitzenden in grundsätzlichen Angelegenheiten, insbesondere bei der Erstellung von Satzungs- und Richtlinienentwürfen, ein.

(2) [1] Die nach Landesrecht zuständigen Organe der Landesmedienanstalten erlassen übereinstimmende Satzungen und Richtlinien zur Durchführung dieses Staatsvertrages. [2] Sie stellen hierbei das Benehmen mit den nach § 19 anerkannten Einrichtungen der Freiwilligen Selbstkontrolle, den in der ARD zusammengeschlossenen Landesrundfunkanstalten und dem ZDF her und führen mit diesen und der KJM einen gemeinsamen Erfahrungsaustausch in der Anwendung des Jugendmedienschutzes durch.

§ 16 Zuständigkeit der KJM. [1] Die KJM ist zuständig für die abschließende Beurteilung von Angeboten nach diesem Staatsvertrag. [2] Sie ist unbeschadet der Befugnisse von anerkannten Einrichtungen der Freiwilligen Selbstkontrolle nach diesem Staatsvertrag im Rahmen des Satzes 1 insbesondere zuständig für

1. die Überwachung der Bestimmungen dieses Staatsvertrages,
2. die Anerkennung von Einrichtungen der Freiwilligen Selbstkontrolle und die Rücknahme oder den Widerruf der Anerkennung,
3. die Bestätigung der Altersbewertungen nach § 5 Abs. 2 Satz 3,
4. die Festlegung der Sendezeit nach § 8,
5. die Festlegung der Ausnahmen nach § 9,
6. die Prüfung und Genehmigung einer Verschlüsselungs- und Vorsperrtechnik,
7. die Aufsicht über Entscheidungen der Einrichtungen der Freiwilligen Selbstkontrolle nach § 19b Abs. 1 und 2,
8. die Stellungnahme zu Indizierungsanträgen bei der Bundesprüfstelle für jugendgefährdende Medien und für Anträge bei der Bundesprüfstelle auf Indizierung und
9. die Entscheidung über Ordnungswidrigkeiten nach diesem Staatsvertrag.

§ 17 Verfahren der KJM. (1) [1] Die KJM wird von Amts wegen tätig; leitet ihr eine Landesmedienanstalt oder eine oberste Landesjugendbehörde einen Prüffall zu, hat sie ein Prüfverfahren einzuleiten. [2] Sie fasst ihre Beschlüsse mit der Mehrheit ihrer gesetzlichen Mitglieder, bei Stimmengleichheit entscheidet die Stimme des Vorsitzenden. [3]Die Beschlüsse sind zu begründen. [4]In der Begründung sind die wesentlichen tatsächlichen und rechtlichen Gründe mitzuteilen. [5]Die Beschlüsse der KJM sind gegenüber den anderen Organen der zuständigen Landesmedienanstalt bindend. [6]Sie sind deren Entscheidungen zugrunde zu legen.

(2) Die KJM soll mit der Bundesprüfstelle für jugendgefährdende Medien und den obersten Landesjugendbehörden zusammenarbeiten und einen regelmäßigen Informationsaustausch pflegen.

(3) Die KJM erstattet den Gremien der Landesmedienanstalten, den für den Jugendschutz zuständigen obersten Landesjugendbehörden und der für den Jugendschutz zuständigen obersten Bundesbehörde alle zwei Jahre einen Bericht über die Durchführung der Bestimmungen dieses Staatsvertrages.

§ 18 „jugendschutz.net“. (1) [1]Die durch die obersten Landesjugendbehörden eingerichtete gemeinsame Stelle Jugendschutz aller Länder („jugendschutz.net“) ist organisatorisch an die KJM angebunden. [2]Die Stelle „jugendschutz.net“ wird von den Landesmedienanstalten und den Ländern gemeinsam finanziert. [3]Die näheren Einzelheiten der Finanzierung dieser Stelle durch die Länder legen die für den Jugendschutz zuständigen Minister der Länder in einem Statut durch Beschluss fest. [4]Das Statut regelt auch die fachliche und haushaltsmäßige Unabhängigkeit der Stelle.

(2) „jugendschutz.net“ unterstützt die KJM und die obersten Landesjugendbehörden bei deren Aufgaben.

(3) [1]„jugendschutz.net“ überprüft die Angebote der Telemedien. [2]Daneben nimmt „jugendschutz.net“ auch Aufgaben der Beratung und Schulung bei Telemedien wahr.

(4) [1]Bei möglichen Verstößen gegen Bestimmungen dieses Staatsvertrages weist „jugendschutz.net“ den Anbieter hierauf hin und informiert die KJM. [2]Bei möglichen Verstößen von Mitgliedern einer anerkannten Einrichtung der Freiwilligen Selbstkontrolle ergeht der Hinweis zunächst an diese Einrichtung. [3]Die anerkannten Einrichtungen der Freiwilligen Selbstkontrolle haben innerhalb einer Woche ein Verfahren einzuleiten und dies „jugendschutz.net“ mitzuteilen. [4]Bei Untätigkeit der anerkannten Einrichtungen der Freiwilligen Selbstkontrolle informiert „jugendschutz.net“ die KJM.

§ 19 Einrichtungen der Freiwilligen Selbstkontrolle. (1) Einrichtungen Freiwilliger Selbstkontrolle können für Rundfunk und Telemedien gebildet werden.

(2) Eine Einrichtung ist als Einrichtung der Freiwilligen Selbstkontrolle im Sinne dieses Staatsvertrages anzuerkennen, wenn

1. die Unabhängigkeit und Sachkunde ihrer benannten Prüfer gewährleistet ist und dabei auch Vertreter aus gesellschaftlichen Gruppen berücksichtigt sind, die sich in besonderer Weise mit Fragen des Jugendschutzes befassen,
2. eine sachgerechte Ausstattung durch eine Vielzahl von Anbietern sichergestellt ist,
3. Vorgaben für die Entscheidungen der Prüfer bestehen, die in der Spruchpraxis einen wirksamen Kinder- und Jugendschutz zu gewährleisten geeignet sind,

4. eine Verfahrensordnung besteht, die den Umfang der Überprüfung, bei Veranstaltern auch die Vorlagepflicht, sowie mögliche Sanktionen regelt und eine Möglichkeit der Überprüfung der Entscheidungen auch auf Antrag von landesrechtlich bestimmten Trägern der Jugendhilfe vorsieht,
5. gewährleistet ist, dass die betroffenen Anbieter vor einer Entscheidung gehört werden, die Entscheidung schriftlich begründet und den Beteiligten mitgeteilt wird und
6. eine Beschwerdestelle eingerichtet ist.

(3) [1] Die zuständige Landesmedienanstalt trifft die Entscheidung durch die KJM. [2] Zuständig ist die Landesmedienanstalt des Landes, in dem die Einrichtung der Freiwilligen Selbstkontrolle ihren Sitz hat. [3] Ergibt sich danach keine Zuständigkeit, so ist diejenige Landesmedienanstalt zuständig, bei der der Antrag auf Anerkennung gestellt wurde. [4] Die Einrichtung legt der KJM die für die Prüfung der Anerkennungsvoraussetzungen erforderlichen Unterlagen vor.

(4) [1] Die KJM kann die Anerkennung ganz oder teilweise widerrufen oder mit Nebenbestimmungen versehen, wenn Voraussetzungen für die Anerkennung nachträglich entfallen sind oder die Spruchpraxis der Einrichtung nicht mit den Bestimmungen dieses Staatsvertrages übereinstimmt. [2] Eine Entschädigung für Vermögensnachteile durch den Widerruf der Anerkennung wird nicht gewährt.

(5) Die anerkannten Einrichtungen der Freiwilligen Selbstkontrolle sollen sich über die Anwendung dieses Staatsvertrages abstimmen.

§ 19a Zuständigkeit und Verfahren der Einrichtungen der Freiwilligen Selbstkontrolle. (1) [1] Anerkannte Einrichtungen der Freiwilligen Selbstkontrolle überprüfen im Rahmen ihres satzungsgemäßen Aufgabenbereichs die Einhaltung der Bestimmungen dieses Staatsvertrages sowie der hierzu erlassenen Satzungen und Richtlinien bei ihnen angeschlossenen Anbietern. [2] Sie sind verpflichtet, gemäß ihrer Verfahrensordnung nach § 19 Abs. 2 Nr. 4 Beschwerden über die ihr angeschlossenen Anbieter unverzüglich nachzugehen.

(2) [1] Die anerkannten Einrichtungen der Freiwilligen Selbstkontrolle beurteilen die Eignung der Jugendschutzprogramme nach § 11 Abs. 1 und 2 und überprüfen ihre Eignung nach § 11 Abs. 4. [2] Zuständig ist die anerkannte Einrichtung der Freiwilligen Selbstkontrolle, bei der das Jugendschutzprogramm zur Beurteilung eingereicht wurde. [3] Die anerkannte Einrichtung der Freiwilligen Selbstkontrolle teilt der KJM die Entscheidung und ihre Begründung schriftlich mit.

§ 19b Aufsicht über Einrichtungen der Freiwilligen Selbstkontrolle.

(1) [1] Die zuständige Landesmedienanstalt kann durch die KJM Entscheidungen einer anerkannten Einrichtung der Freiwilligen Selbstkontrolle, die die Grenzen des Beurteilungsspielraums überschreiten, beanstanden und ihre Aufhebung verlangen. [2] Kommt eine anerkannte Einrichtung der Freiwilligen Selbstkontrolle ihren Aufgaben und Pflichten nach diesem Staatsvertrag nicht nach, kann die zuständige Landesmedienanstalt durch die KJM verlangen, dass sie diese erfüllen. [3] Eine Entschädigung für hierdurch entstehende Vermögensnachteile wird nicht gewährt.

(2) [1] Hat eine anerkannte Einrichtung der Freiwilligen Selbstkontrolle ein Jugendschutzprogramm nach § 11 Abs. 1 und 2 als geeignet beurteilt und dabei die rechtlichen Grenzen des Beurteilungsspielraums überschritten, kann die zuständige Landesmedienanstalt durch die KJM innerhalb von drei Monaten nach Entscheidung der anerkannten Einrichtung der Freiwilligen Selbstkontrolle diese Beurteilung für unwirksam erklären oder dem Anbieter des Jugendschutzprogramms gegenüber Auflagen erteilen. [2] Absatz 1 Satz 3 gilt entsprechend.

(3) Zuständig ist die Landesmedienanstalt des Landes, in dem die anerkannte Einrichtung der Freiwilligen Selbstkontrolle ihren Sitz hat.

V. Abschnitt. Vollzug für Anbieter mit Ausnahme des öffentlich-rechtlichen Rundfunks

§ 20 Aufsicht. (1) Stellt die zuständige Landesmedienanstalt fest, dass ein Anbieter gegen die Bestimmungen dieses Staatsvertrages verstoßen hat, trifft sie die erforderlichen Maßnahmen gegenüber dem Anbieter.

(2) Für Veranstalter von Rundfunk trifft die zuständige Landesmedienanstalt durch die KJM entsprechend den landesrechtlichen Regelungen die jeweilige Entscheidung.

(3) [1] Tritt die KJM an einen Rundfunkveranstalter mit dem Vorwurf heran, er habe gegen Bestimmungen dieses Staatsvertrages verstoßen, und weist der Veranstalter nach, dass die Sendung vor ihrer Ausstrahlung einer anerkannten Einrichtung der Freiwilligen Selbstkontrolle im Sinne dieses Staatsvertrages vorgelegen hat und deren Vorgaben beachtet wurden, so sind Maßnahmen durch die KJM nur dann zulässig, wenn die Entscheidung oder die Unterlassung einer Entscheidung der anerkannten Einrichtung der Freiwilligen Selbstkontrolle die rechtlichen Grenzen des Beurteilungsspielraums überschritten hat. [2] Die KJM teilt der anerkannten Einrichtung der Freiwilligen Selbstkontrolle ihre Entscheidung nebst Begründung mit. [3] Wird einem Anbieter einer nichtvorlagefähigen Sendung ein Verstoß gegen den Jugendschutz vorgeworfen, ist vor Maßnahmen durch die KJM die anerkannte Einrichtung der Freiwilligen Selbstkontrolle, der der Rundfunkveranstalter angeschlossen ist, zu befassen; Satz 1 gilt entsprechend. [4] Für Entscheidungen nach den §§ 8 und 9 gilt Satz 1 entsprechend. [5] Dieser Absatz gilt nicht bei Verstößen gegen § 4 Abs. 1.

(4) Für Anbieter von Telemedien trifft die zuständige Landesmedienanstalt durch die KJM entsprechend § 109 des Medienstaatsvertrages die jeweilige Entscheidung.

(5) [1] Gehört ein Anbieter von Telemedien einer anerkannten Einrichtung der Freiwilligen Selbstkontrolle im Sinne dieses Staatsvertrages an oder unterwirft er sich ihren Statuten, so ist bei behaupteten Verstößen gegen den Jugendschutz, mit Ausnahme von Verstößen gegen § 4 Abs. 1, durch die KJM zunächst diese Einrichtung mit den behaupteten Verstößen zu befassen. [2] Maßnahmen nach Absatz 1 gegen den Anbieter durch die KJM sind nur dann zulässig, wenn die Entscheidung oder die Unterlassung einer Entscheidung der anerkannten Einrichtung der Freiwilligen Selbstkontrolle die rechtlichen Grenzen des Beurteilungsspielraums überschreitet. [3] Bei Verstößen gegen § 4 haben

Widerspruch und Anfechtungsklage des Anbieters von Telemedien keine aufschiebende Wirkung.

(6) [1] Zuständig ist die Landesmedienanstalt des Landes, in dem der betroffene Anbieter seinen Sitz, Wohnsitz oder in Ermangelung dessen seinen ständigen Aufenthalt hat; § 119 des Medienstaatsvertrages gilt entsprechend. [2] Sind nach Satz 1 mehrere Landesmedienanstalten zuständig oder hat der Anbieter seinen Sitz im Ausland, entscheidet die Landesmedienanstalt, die zuerst mit der Sache befasst worden ist.

(7) Treten die KJM, eine Landesmedienanstalt oder „jugendschutz.net" an einen Anbieter mit dem Vorwurf heran, er habe gegen Bestimmungen dieses Staatsvertrages verstoßen, so weisen sie ihn auf die Möglichkeit einer Mitgliedschaft in einer anerkannten Einrichtung der Freiwilligen Selbstkontrolle und die damit verbundenen Rechtsfolgen hin.

§ 21 Auskunftsansprüche. (1) Ein Anbieter von Telemedien ist verpflichtet, der KJM Auskunft über die Angebote und über die zur Wahrung des Jugendschutzes getroffenen Maßnahmen zu geben und ihr auf Anforderung den unentgeltlichen Zugang zu den Angeboten zu Kontrollzwecken zu ermöglichen.

(2) [1] Anbieter, die ihren Sitz nach den Vorschriften des Telemediengesetzes sowie des Medienstaatsvertrages[1)] nicht in Deutschland haben, haben im Inland einen Zustellungsbevollmächtigten zu benennen und in ihrem Angebot in leicht erkennbarer und unmittelbar erreichbarer Weise auf ihn aufmerksam zu machen. [2] An diese Person können Zustellungen in Verfahren nach § 24 oder in Gerichtsverfahren vor deutschen Gerichten wegen der Verbreitung rechtswidriger Inhalte bewirkt werden. [3] Das gilt auch für die Zustellung von Schriftstücken, die solche Verfahren einleiten oder vorbereiten.

(3) [1] Der Abruf oder die Nutzung von Angeboten im Rahmen der Aufsicht, der Ahndung von Verstößen oder der Kontrolle ist unentgeltlich. [2] Anbieter haben dies sicherzustellen. [3] Der Anbieter darf seine Angebote nicht gegen den Abruf oder die Kenntnisnahme durch die zuständige Stelle sperren oder den Abruf oder die Kenntnisnahme erschweren.

§ 22 Revision zum Bundesverwaltungsgericht. In einem gerichtlichen Verfahren kann die Revision zum Bundesverwaltungsgericht auch darauf gestützt werden, dass das angefochtene Urteil auf der Verletzung der Bestimmungen dieses Staatsvertrages beruhe.

VI. Abschnitt. Ahndung von Verstößen der Anbieter mit Ausnahme des öffentlich-rechtlichen Rundfunks

§ 23 Strafbestimmung. [1] Mit Freiheitsstrafe bis zu einem Jahr oder mit Geldstrafe wird bestraft, wer entgegen § 4 Abs. 2 Satz 1 Nr. 3 und Satz 2 Angebote verbreitet oder zugänglich macht, die offensichtlich geeignet sind, die Entwicklung von Kindern oder Jugendlichen oder ihre Erziehung zu einer eigenverantwortlichen und gemeinschaftsfähigen Persönlichkeit unter Berücksichtigung der besonderen Wirkungsform des Verbreitungsmediums schwer zu

---

1) Auszugsweise abgedruckt unter Nr. **21**.

gefährden. [2] Handelt der Täter fahrlässig, so ist die Freiheitsstrafe bis zu 6 Monate oder die Geldstrafe bis zu 180 Tagessätze.

§ 24 Ordnungswidrigkeiten. (1) Ordnungswidrig handelt, wer als Anbieter vorsätzlich oder fahrlässig

1. Angebote verbreitet oder zugänglich macht, die
   a) entgegen § 4 Abs. 1 Satz 1 Nr. 1 Propagandamittel im Sinne des Strafgesetzbuches[1)] darstellen,
   b) entgegen § 4 Abs. 1 Satz 1 Nr. 2 Kennzeichen verfassungswidriger Organisationen verwenden,
   c) entgegen § 4 Abs. 1 Satz 1 Nr. 3 zum Hass gegen Teile der Bevölkerung oder gegen eine nationale, rassische, religiöse oder durch Volkstum bestimmte Gruppe aufstacheln, zu Gewalt- oder Willkürmaßnahmen gegen sie auffordern oder die Menschenwürde anderer dadurch angreifen, dass Teile der Bevölkerung oder eine vorbezeichnete Gruppe beschimpft, böswillig verächtlich gemacht oder verleumdet werden,
   d) entgegen § 4 Abs. 1 Satz 1 Nr. 4 1. Alternative eine unter der Herrschaft des Nationalsozialismus begangene Handlung der in § 6 Abs. 1 des Völkerstrafgesetzbuches bezeichneten Art in einer Weise, die geeignet ist, den öffentlichen Frieden zu stören, leugnen oder verharmlosen,
   e) entgegen § 4 Abs. 1 Satz 1 Nr. 4 2. Alternative den öffentlichen Frieden in einer die Würde der Opfer verletzenden Weise dadurch stören, dass die nationalsozialistische Gewalt- und Willkürherrschaft gebilligt, verherrlicht oder gerechtfertigt wird,
   f) entgegen § 4 Abs. 1 Satz 1 Nr. 5 grausame oder sonst unmenschliche Gewalttätigkeiten gegen Menschen in einer Art schildern, die eine Verherrlichung oder Verharmlosung solcher Gewalttätigkeiten ausdrückt oder die das Grausame oder Unmenschliche des Vorgangs in einer die Menschenwürde verletzenden Weise darstellt; dies gilt auch bei virtuellen Darstellungen,
   g) entgegen § 4 Abs. 1 Satz 1 Nr. 6 als Anleitung zu einer in § 126 Abs. 1 des Strafgesetzbuches genannten rechtswidrigen Tat dienen,
   h) entgegen § 4 Abs. 1 Satz 1 Nr. 7 den Krieg verherrlichen,
   i) entgegen § 4 Abs. 1 Satz 1 Nr. 8 gegen die Menschenwürde verstoßen, insbesondere durch die Darstellung von Menschen, die sterben oder schweren körperlichen oder seelischen Leiden ausgesetzt sind oder waren, wobei ein tatsächliches Geschehen wiedergegeben wird, ohne dass ein berechtigtes Interesse gerade für diese Form der Darstellung oder Berichterstattung vorliegt,
   j) entgegen § 4 Abs. 1 Satz 1 Nr. 9 Kinder oder Jugendliche in unnatürlich geschlechtsbetonter Körperhaltung darstellen; dies gilt auch bei virtuellen Darstellungen,
   k) entgegen § 4 Abs. 1 Satz 1 Nr. 10 kinderpornografisch im Sinne des § 184b Abs. 1 des Strafgesetzbuches[2)] oder jugendpornografisch im Sinne des § 184c Abs. 1 des Strafgesetzbuches[2)] oder pornografisch sind und Gewalttätigkeiten, den sexuellen Missbrauch von Kindern oder

---

[1)] Auszugsweise abgedruckt unter Nr. **38**.
[2)] Nr. **38**.

Jugendlichen oder sexuelle Handlungen von Menschen mit Tieren zum Gegenstand haben; dies gilt auch bei virtuellen Darstellungen, oder

l) entgegen § 4 Abs. 1 Satz 1 Nr. 11 in den Teilen B und D der Liste nach § 18 des Jugendschutzgesetzes[1] aufgenommen sind oder mit einem in dieser Liste aufgenommenen Werk ganz oder im Wesentlichen inhaltsgleich sind,

2. entgegen § 4 Abs. 2 Satz 1 Nr. 1 und Satz 2 Angebote verbreitet oder zugänglich macht, die in sonstiger Weise pornografisch sind,
3. entgegen § 4 Abs. 2 Satz 1 Nr. 2 und Satz 2 Angebote verbreitet oder zugänglich macht, die in den Teilen A und C der Liste nach § 18 des Jugendschutzgesetzes aufgenommen sind oder mit einem in dieser Liste aufgenommenen Werk ganz oder im Wesentlichen inhaltsgleich sind,
4. entgegen § 5 Abs. 1 Angebote verbreitet oder zugänglich macht, die geeignet sind, die Entwicklung von Kindern oder Jugendlichen zu einer eigenverantwortlichen und gemeinschaftsfähigen Persönlichkeit zu beeinträchtigen, ohne dafür Sorge zu tragen, dass Kinder oder Jugendliche der betroffenen Altersstufen sie üblicherweise nicht wahrnehmen, es sei denn, er kennzeichnet fahrlässig entgegen § 5 Abs. 3 Satz 1 Nr. 1 sein Angebot mit einer zu niedrigen Altersstufe,

4a. entgegen § 5a keine angemessenen Maßnahmen ergreift, um Kinder und Jugendliche vor entwicklungsbeeinträchtigenden Angeboten zu schützen,

4b. entgegen § 5c Abs. 1 Ankündigungen von Sendungen mit Bewegtbildern außerhalb der geeigneten Sendezeit und unverschlüsselt verbreitet,

4c. entgegen § 5c Abs. 2 Sendungen verbreitet, ohne ihre Ausstrahlung durch akustische Zeichen oder durch optische Mittel kenntlich zu machen,

5. entgegen § 6 Abs. 1 Satz 1 und Abs. 6 Werbung oder Teleshopping für indizierte Angebote verbreitet oder zugänglich macht,
6. entgegen § 6 Abs. 1 Satz 2 und Abs. 6 die Liste der jugendgefährdenden Medien verbreitet oder zugänglich macht,
7. entgegen § 6 Abs. 1 Satz 3 und Abs. 6 einen dort genannten Hinweis gibt,
8. entgegen § 7 keinen Jugendschutzbeauftragten bestellt,
9. Sendeformate entgegen Sendezeitbeschränkungen nach § 8 Abs. 2 verbreitet,
10. Sendungen, deren Eignung zur Beeinträchtigung der Entwicklung nach § 5 Abs. 2 vermutet wird, verbreitet, ohne dass die KJM oder eine von dieser hierfür anerkannte Einrichtung der Freiwilligen Selbstkontrolle von der Vermutung gemäß § 9 Abs. 1 Satz 1 abgewichen ist,
11. Angebote ohne den nach § 12 erforderlichen Hinweis verbreitet,
12. entgegen einer vollziehbaren Anordnung durch die zuständige Aufsichtsbehörde nach § 20 Abs. 1 nicht tätig wird,
13. entgegen § 21 Abs. 1 seiner Auskunftspflicht nicht nachkommt,

13a. entgegen § 21 Abs. 2 keinen Zustellungsbevollmächtigten benennt oder

14. entgegen § 21 Abs. 3 Satz 3 Angebote gegen den Abruf durch die zuständige Aufsichtsbehörde sperrt.

(2) Ordnungswidrig handelt ferner, wer vorsätzlich

---

[1] Nr. **18**.

1. entgegen § 11 Abs. 5 Telemedien als für Kinder oder Jugendliche der betreffenden Altersstufe geeignet falsch kennzeichnet oder
2. im Rahmen eines Verfahrens zur Anerkennung einer Einrichtung der Freiwilligen Selbstkontrolle nach § 19 Abs. 3 falsche Angaben macht.

(3) Die Ordnungswidrigkeit kann mit einer Geldbuße bis zu 500 000 Euro geahndet werden.

(4) [1] Zuständige Verwaltungsbehörde im Sinne des § 36 Abs. 1 Nr. 1 des Gesetzes über Ordnungswidrigkeiten ist die zuständige Landesmedienanstalt. [2] Zuständig ist in den Fällen des Absatzes 1 und des Absatzes 2 Nr. 1 die Landesmedienanstalt des Landes, in dem die Zulassung des Rundfunkveranstalters erteilt wurde oder der Anbieter von Telemedien seinen Sitz, Wohnsitz oder in Ermangelung dessen seinen ständigen Aufenthalt hat. [3] Ergibt sich danach keine Zuständigkeit, so ist diejenige Landesmedienanstalt zuständig, in deren Bezirk der Anlass für die Amtshandlung hervortritt. [4] Zuständig ist im Falle des Absatzes 2 Nr. 2 die Landesmedienanstalt des Landes, in dem die Einrichtung der Freiwilligen Selbstkontrolle ihren Sitz hat. [5] Ergibt sich danach keine Zuständigkeit, so ist diejenige Landesmedienanstalt zuständig, bei der der Antrag auf Anerkennung gestellt wurde. [6] Die zuständige Landesmedienanstalt trifft die Entscheidungen durch die KJM.

(5) [1] Über die Einleitung eines Verfahrens hat die zuständige Landesmedienanstalt die übrigen Landesmedienanstalten unverzüglich zu unterrichten. [2] Soweit ein Verfahren nach dieser Bestimmung in mehreren Ländern eingeleitet wurde, stimmen sich die beteiligten Behörden über die Frage ab, welche Behörde das Verfahren fortführt.

(6) [1] Die zuständige Landesmedienanstalt kann bestimmen, dass Beanstandungen nach einem Rechtsverstoß gegen Regelungen dieses Staatsvertrages sowie rechtskräftige Entscheidungen in einem Ordnungswidrigkeitsverfahren nach Absatz 1 oder 2 von dem betroffenen Anbieter in seinem Angebot verbreitet oder in diesem zugänglich gemacht werden. [2] Inhalt und Zeitpunkt der Bekanntgabe sind durch die zuständige Landesmedienanstalt nach pflichtgemäßem Ermessen festzulegen.

(7) Die Verfolgung der in Absatz 1 und 2 genannten Ordnungswidrigkeiten verjährt in sechs Monaten.

VII. Abschnitt. Schlussbestimmungen

§ 25 Übergangsbestimmung. Anerkannte Jugendschutzprogramme nach § 11 Abs. 2 des Jugendmedienschutz-Staatsvertrages vom 10. bis 27. September 2002, in der Fassung des Dreizehnten Staatsvertrages zur Änderung rundfunkrechtlicher Staatsverträge, bleiben vom Inkrafttreten dieses Staatsvertrages bis zum Ablauf des 30. September 2018 unberührt.

§ 26 Geltungsdauer, Kündigung. [1] Dieser Staatsvertrag gilt für unbestimmte Zeit. [2] Er kann von jedem der vertragschließenden Länder zum Schluss des Kalenderjahres mit einer Frist von einem Jahr gekündigt werden. [3] Wird der Staatsvertrag zu diesem Zeitpunkt nicht gekündigt, kann die Kündigung mit gleicher Frist jeweils zu einem zwei Jahre späteren Zeitpunkt erfolgen. [4] Die Kündigung ist gegenüber dem Vorsitzenden der Ministerpräsidentenkonferenz schriftlich zu erklären. [5] Die Kündigung eines Landes lässt das Vertragsverhältnis unter den übrigen Ländern unberührt, jedoch kann jedes der übrigen Länder das Vertragsverhältnis binnen einer Frist von drei Monaten nach Eingang der Kündigungserklärung zum gleichen Zeitpunkt kündigen.

§ 27 Notifizierung. Änderungen dieses Staatsvertrages unterliegen der Notifizierungspflicht gemäß der Richtlinie 2015/1535 des Europäischen Parlaments und des Rates vom 9. September 2015 über ein Informationsverfahren auf dem Gebiet der technischen Vorschriften und der Vorschriften für die Dienste der Informationsgesellschaft.

§ 28 *(aufgehoben)*

21. Medienstaatsvertrag (MStV)[1)]

Vom 14.–28. April 2020

– Auszug –

III. Abschnitt. Besondere Bestimmungen für den öffentlich-rechtlichen Rundfunk

§ 33 Jugendangebot. (1) [1] Die in der ARD zusammengeschlossenen Landesrundfunkanstalten und das ZDF bieten gemeinsam ein Jugendangebot an, das Rundfunk und Telemedien umfasst. [2] Das Jugendangebot soll inhaltlich die Lebenswirklichkeit und die Interessen junger Menschen als Zielgruppe in den Mittelpunkt stellen und dadurch einen besonderen Beitrag zur Erfüllung des öffentlich-rechtlichen Auftrags nach § 26 leisten. [3] Zu diesem Zweck sollen die in der ARD zusammengeschlossenen Landesrundfunkanstalten und das ZDF insbesondere eigenständige audiovisuelle Inhalte für das Jugendangebot herstellen oder herstellen lassen und Nutzungsrechte an Inhalten für das Jugendangebot erwerben. [4] Das Jugendangebot soll journalistisch-redaktionell veranlasste und journalistisch-redaktionell gestaltete interaktive Angebotsformen aufweisen und Inhalte anbieten, die die Nutzer selbst zur Verfügung stellen.

(2) [1] Zur Erfüllung der demokratischen, sozialen und kulturellen Bedürfnisse der Zielgruppe ist das Jugendangebot inhaltlich und technisch dynamisch und entwicklungsoffen zu gestalten und zu verbreiten. [2] Dazu soll auch durch eine zielgruppengerechte interaktive Kommunikation mit den Nutzern sowie durch verstetigte Möglichkeiten ihrer Partizipation beigetragen werden.

(3) [1] Andere Angebote der in der ARD zusammengeschlossenen Landesrundfunkanstalten und des ZDF nach Maßgabe dieses Staatsvertrages sollen mit dem Jugendangebot inhaltlich und technisch vernetzt werden. [2] Wird ein eigenständiger Inhalt des Jugendangebots auch in einem anderen Angebot der in der ARD zusammengeschlossenen Landesrundfunkanstalten oder des ZDF genutzt, sind die für das andere Angebot geltenden Maßgaben dieses Staatsvertrages einschließlich eines eventuellen Telemedienkonzepts zu beachten.

(4) [1] Die Verweildauer der Inhalte des Jugendangebots ist von den in der ARD zusammengeschlossenen Landesrundfunkanstalten und dem ZDF so zu bemessen, dass sie die Lebenswirklichkeit und die Interessen junger Menschen abbilden und die demokratischen, sozialen und kulturellen Bedürfnisse der jeweils zur Zielgruppe gehörenden Generationen erfüllen. [2] Die Grundsätze der Bemessung der Verweildauer sind von den in der ARD zusammengeschlossenen Landesrundfunkanstalten und dem ZDF regelmäßig zu prüfen. [3] Die Verweildauer von angekauften Spielfilmen und angekauften Folgen von Fernsehserien, die keine Auftragsproduktionen sind, ist zeitlich angemessen zu begrenzen.

(5) [1] Werbung mit Ausnahme von Produktplatzierung nach Maßgabe von § 8 Abs. 7 und § 38, flächendeckende lokale Berichterstattung, nicht auf das Jugendangebot bezogene presseähnliche Angebote, ein eigenständiges Hörfunkprogramm und die für das Jugendangebot in der Anlage zu diesem Staats-

---

[1)] Verkündet als Art. 1 StV v. 29.4.2020.

vertrag genannten Angebotsformen sind im Jugendangebot nicht zulässig. [2] Ist zur Erreichung der Zielgruppe aus journalistisch-redaktionellen Gründen die Verbreitung des Jugendangebots außerhalb des von den in der ARD zusammengeschlossenen Landesrundfunkanstalten und dem ZDF für das Jugendangebot eingerichteten eigenen Portals geboten, sollen die in der ARD zusammengeschlossenen Landesrundfunkanstalten und das ZDF für die Einhaltung der Bedingungen des Satzes 1 Sorge tragen. [3] Sie haben für diesen Verbreitungsweg übereinstimmende Richtlinien, insbesondere zur Konkretisierung des Jugendmedienschutzes und des Datenschutzes, zu erlassen. [4] Das Jugendangebot darf nicht über Rundfunkfrequenzen (Kabel, Satellit, Terrestrik) verbreitet werden.

(6) Die in der ARD zusammengeschlossenen Landesrundfunkanstalten und das ZDF haben gemeinsam in Bezug auf das Jugendangebot in dem nach § 31 Abs. 2 zu veröffentlichenden Bericht insbesondere darzustellen:

1. den besonderen Beitrag des Jugendangebots zur Erfüllung des öffentlich-rechtlichen Auftrags,
2. das Erreichen der Zielgruppe, die zielgruppengerechte Kommunikation sowie die verstetigten Möglichkeiten der Partizipation der Zielgruppe,
3. das Ergebnis der Prüfung der Verweildauer nach Absatz 4,
4. die Nutzung des Verbreitungswegs außerhalb des für das Jugendangebot eingerichteten eigenen Portals nach Absatz 5 Satz 2 und 3,
5. den jeweiligen Anteil der in Deutschland und in Europa für das Jugendangebot hergestellten Inhalte und
6. den jeweiligen Anteil an Eigenproduktionen, Auftragsproduktionen und erworbenen Nutzungsrechten für angekaufte Spielfilme und angekaufte Folgen von Fernsehserien für das Jugendangebot.

Anlage
(zu § 33 Abs. 5 Satz 1 des Medienstaatsvertrages)

Negativliste Jugendangebot

1. Anzeigenrubriken, Anzeigen oder Kleinanzeigen,
2. Branchenregister und -verzeichnisse,
3. Preisvergleichsrubriken sowie Berechnungsprogramme (zum Beispiel Preisrechner, Versicherungsrechner),
4. Rubriken für die Bewertung von Dienstleistungen, Einrichtungen und Produkten,
5. Partner-, Kontakt-, Stellen-, Tauschbörsen,
6. Ratgeberrubriken ohne journalistisch-redaktionellen Bezug zum Jugendangebot,
7. Business-Networks,
8. Telekommunikationsdienste im Sinne von § 3 Nr. 24 des Telekommunikationsgesetzes,
9. Wetten im Sinne von § 762 des Bürgerlichen Gesetzbuches,
10. Softwareangebote, soweit nicht zur Wahrnehmung des eigenen Angebots erforderlich,
11. Routenplaner,
12. Verlinkungen ohne redaktionelle Prüfung und Verlinkungen, die unmittelbar zu Kaufaufforderungen führen,

13. Musikdownload von kommerziellen Fremdproduktionen, soweit es sich um ein zeitlich unbefristetes nicht-aktionsbezogenes Angebot zum Download von Musiktiteln handelt,
14. Spieleangebote ohne journalistisch-redaktionellen Bezug zum Jugendangebot,
15. Fotodownload ohne journalistisch-redaktionellen Bezug zum Jugendangebot,
16. Veranstaltungskalender ohne journalistisch-redaktionellen Bezug zum Jugendangebot,
17. Foren und Chats ohne redaktionelle Begleitung. Im Übrigen dürfen Foren und Chats nicht inhaltlich auf Angebote ausgerichtet sein, die nach den Nummern 1 bis 16 unzulässig sind.

22. Gesetz zum Schutze der arbeitenden Jugend (Jugendarbeitsschutzgesetz – JArbSchG)

Vom 12. April 1976
(BGBl. I S. 965)

FNA 8051-10

zuletzt geänd. durch Art. 2 G zur Umsetzung der RL (EU) 2019/882 v. 16.7.2021 (BGBl. I S. 2970)

Inhaltsübersicht

Der Bundestag hat mit Zustimmung des Bundesrates das folgende Gesetz beschlossen:

Erster Abschnitt. Allgemeine Vorschriften

§ 1 Geltungsbereich (1) Dieses Gesetz gilt in der Bundesrepublik Deutschland und in der ausschließlichen Wirtschaftszone für die Beschäftigung von Personen, die noch nicht 18 Jahre alt sind,

1. in der Berufsausbildung,
2. als Arbeitnehmer oder Heimarbeiter,
3. mit sonstigen Dienstleistungen, die der Arbeitsleistung von Arbeitnehmern oder Heimarbeitern ähnlich sind,
4. in einem der Berufsausbildung ähnlichen Ausbildungsverhältnis.

(2) Dieses Gesetz gilt nicht

1. für geringfügige Hilfeleistungen, soweit sie gelegentlich
   a) aus Gefälligkeit,
   b) auf Grund familienrechtlicher Vorschriften,

c) in Einrichtungen der Jugendhilfe,
d) in Einrichtungen zur Eingliederung Behinderter
erbracht werden,
2. für die Beschäftigung durch die Personensorgeberechtigten im Familienhaushalt.

§ 2 Kind, Jugendlicher. (1) Kind im Sinne dieses Gesetzes ist, wer noch nicht 15 Jahre alt ist.

(2) Jugendlicher im Sinne dieses Gesetzes ist, wer 15, aber noch nicht 18 Jahre alt ist.

(3) Auf Jugendliche, die der Vollzeitschulpflicht unterliegen, finden die für Kinder geltenden Vorschriften Anwendung.

§ 3 Arbeitgeber. Arbeitgeber im Sinne dieses Gesetzes ist, wer ein Kind oder einen Jugendlichen gemäß § 1 beschäftigt.

§ 4 Arbeitszeit. (1) Tägliche Arbeitszeit ist die Zeit vom Beginn bis zum Ende der täglichen Beschäftigung ohne die Ruhepausen (§ 11).

(2) Schichtzeit ist die tägliche Arbeitszeit unter Hinzurechnung der Ruhepausen (§ 11).

(3) [1] Im Bergbau unter Tage gilt die Schichtzeit als Arbeitszeit. [2] Sie wird gerechnet vom Betreten des Förderkorbes bei der Einfahrt bis zum Verlassen des Förderkorbes bei der Ausfahrt oder vom Eintritt des einzelnen Beschäftigten in das Stollenmundloch bis zu seinem Wiederaustritt.

(4) [1] Für die Berechnung der wöchentlichen Arbeitszeit ist als Woche die Zeit von Montag bis einschließlich Sonntag zugrunde zu legen. [2] Die Arbeitszeit, die an einem Werktag infolge eines gesetzlichen Feiertags ausfällt, wird auf die wöchentliche Arbeitszeit angerechnet.

(5) Wird ein Kind oder ein Jugendlicher von mehreren Arbeitgebern beschäftigt, so werden die Arbeits- und Schichtzeiten sowie die Arbeitstage zusammengerechnet.

Zweiter Abschnitt. Beschäftigung von Kindern

§ 5 Verbot der Beschäftigung von Kindern. (1) Die Beschäftigung von Kindern (§ 2 Abs. 1) ist verboten.

(2) [1] Das Verbot des Absatzes 1 gilt nicht für die Beschäftigung von Kindern
1. zum Zwecke der Beschäftigungs- und Arbeitstherapie,
2. im Rahmen des Betriebspraktikums während der Vollzeitschulpflicht,
3. in Erfüllung einer richterlichen Weisung.

[2] Auf die Beschäftigung finden § 7 Satz 1 Nr. 2 und die §§ 9 bis 46 entsprechende Anwendung.

(3) [1] Das Verbot des Absatzes 1 gilt ferner nicht für die Beschäftigung von Kindern über 13 Jahre mit Einwilligung des Personensorgeberechtigten, soweit die Beschäftigung leicht und für Kinder geeignet ist. [2] Die Beschäftigung ist leicht, wenn sie auf Grund ihrer Beschaffenheit und der besonderen Bedingungen, unter denen sie ausgeführt wird,
1. die Sicherheit, Gesundheit und Entwicklung der Kinder,

2. ihren Schulbesuch, ihre Beteiligung an Maßnahmen zur Berufswahlvorbereitung oder Berufsausbildung, die von der zuständigen Stelle anerkannt sind, und
3. ihre Fähigkeit, dem Unterricht mit Nutzen zu folgen,

nicht nachteilig beeinflußt. [3]Die Kinder dürfen nicht mehr als zwei Stunden täglich, in landwirtschaftlichen Familienbetrieben nicht mehr als drei Stunden täglich, nicht zwischen 18 und 8 Uhr, nicht vor dem Schulunterricht und nicht während des Schulunterrichts beschäftigt werden. [4]Auf die Beschäftigung finden die §§ 15 bis 31 entsprechende Anwendung.

(4) [1]Das Verbot des Absatzes 1 gilt ferner nicht für die Beschäftigung von Jugendlichen (§ 2 Abs. 3) während der Schulferien für höchstens vier Wochen im Kalenderjahr. [2]Auf die Beschäftigung finden die §§ 8 bis 31 entsprechende Anwendung.

(4a) Die Bundesregierung[1)] hat durch Rechtsverordnung mit Zustimmung des Bundesrates die Beschäftigung nach Absatz 3 näher zu bestimmen.

(4b) Der Arbeitgeber unterrichtet die Personensorgeberechtigten der von ihm beschäftigten Kinder über mögliche Gefahren sowie über alle zu ihrer Sicherheit und ihrem Gesundheitsschutz getroffenen Maßnahmen.

(5) Für Veranstaltungen kann die Aufsichtsbehörde Ausnahmen gemäß § 6 bewilligen.

§ 6 Behördliche Ausnahmen für Veranstaltungen. (1) [1]Die Aufsichtsbehörde kann auf Antrag bewilligen, daß

1. bei Theatervorstellungen Kinder über sechs Jahre bis zu vier Stunden täglich in der Zeit von 10 bis 23 Uhr,
2. bei Musikaufführungen und anderen Aufführungen, bei Werbeveranstaltungen sowie bei Aufnahmen im Rundfunk (Hörfunk und Fernsehen), auf Ton- und Bildträger sowie bei Film- und Fotoaufnahmen
   a) Kinder über drei bis sechs Jahre bis zu zwei Stunden täglich in der Zeit von 8 bis 17 Uhr,
   b) Kinder über sechs Jahre bis zu drei Stunden täglich in der Zeit von 8 bis 22 Uhr

gestaltend mitwirken und an den erforderlichen Proben teilnehmen. [2]Eine Ausnahme darf nicht bewilligt werden für die Mitwirkung in Kabaretts, Tanzlokalen und ähnlichen Betrieben sowie auf Vergnügungsparks, Kirmessen, Jahrmärkten und bei ähnlichen Veranstaltungen, Schaustellungen oder Darbietungen.

(2) Die Aufsichtsbehörde darf nach Anhörung des zuständigen Jugendamtes die Beschäftigung nur bewilligen, wenn

1. die Personensorgeberechtigten in die Beschäftigung schriftlich eingewilligt haben,
2. der Aufsichtsbehörde eine nicht länger als vor drei Monaten ausgestellte ärztliche Bescheinigung vorgelegt wird, nach der gesundheitliche Bedenken gegen die Beschäftigung nicht bestehen,
3. die erforderlichen Vorkehrungen und Maßnahmen zum Schutze des Kindes gegen Gefahren für Leben und Gesundheit sowie zur Vermeidung einer

---

1) Siehe die KindArbSchV (Nr. **26**).

Beeinträchtigung der körperlichen oder seelisch-geistigen Entwicklung getroffen sind,
4. Betreuung und Beaufsichtigung des Kindes bei der Beschäftigung sichergestellt sind,
5. nach Beendigung der Beschäftigung eine ununterbrochene Freizeit von mindestens 14 Stunden eingehalten wird,
6. das Fortkommen in der Schule nicht beeinträchtigt wird.

(3) Die Aufsichtsbehörde bestimmt,
1. wie lange, zu welcher Zeit und an welchem Tage das Kind beschäftigt werden darf,
2. Dauer und Lage der Ruhepausen,
3. die Höchstdauer des täglichen Aufenthalts an der Beschäftigungsstätte.

(4) [1] Die Entscheidung der Aufsichtsbehörde ist dem Arbeitgeber schriftlich bekanntzugeben. [2] Er darf das Kind erst nach Empfang des Bewilligungsbescheides beschäftigen.

§ 7 Beschäftigung von nicht vollzeitschulpflichtigen Kindern. [1] Kinder, die der Vollzeitschulpflicht nicht mehr unterliegen, dürfen
1. im Berufsausbildungsverhältnis,
2. außerhalb eines Berufsausbildungsverhältnisses nur mit leichten und für sie geeigneten Tätigkeiten bis zu sieben Stunden täglich und 35 Stunden wöchentlich

beschäftigt werden. [2] Auf die Beschäftigung finden die §§ 8 bis 46 entsprechende Anwendung.

Dritter Abschnitt. Beschäftigung Jugendlicher

Erster Titel. Arbeitszeit und Freizeit

§ 8 Dauer der Arbeitszeit. (1) Jugendliche dürfen nicht mehr als acht Stunden täglich und nicht mehr als 40 Stunden wöchentlich beschäftigt werden.

(2) [1] Wenn in Verbindung mit Feiertagen an Werktagen nicht gearbeitet wird, damit die Beschäftigten eine längere zusammenhängende Freizeit haben, so darf die ausfallende Arbeitszeit auf die Werktage von fünf zusammenhängenden, die Ausfalltage einschließenden Wochen nur dergestalt verteilt werden, daß die Wochenarbeitszeit im Durchschnitt dieser fünf Wochen 40 Stunden nicht überschreitet. [2] Die tägliche Arbeitszeit darf hierbei achteinhalb Stunden nicht überschreiten.

(2a) Wenn an einzelnen Werktagen die Arbeitszeit auf weniger als acht Stunden verkürzt ist, können Jugendliche an den übrigen Werktagen derselben Woche achteinhalb Stunden beschäftigt werden.

(3) In der Landwirtschaft dürfen Jugendliche über 16 Jahre während der Erntezeit nicht mehr als neun Stunden täglich und nicht mehr als 85 Stunden in der Doppelwoche beschäftigt werden.

§ 9 Berufsschule. (1) [1] Der Arbeitgeber hat den Jugendlichen für die Teilnahme am Berufsschulunterricht freizustellen. [2] Er darf den Jugendlichen nicht beschäftigen

1. vor einem vor 9 Uhr beginnenden Unterricht; dies gilt auch für Personen, die über 18 Jahre alt und noch berufsschulpflichtig sind,
2. an einem Berufsschultag mit mehr als fünf Unterrichtsstunden von mindestens je 45 Minuten, einmal in der Woche,
3. in Berufsschulwochen mit einem planmäßigen Blockunterricht von mindestens 25 Stunden an mindestens fünf Tagen; zusätzliche betriebliche Ausbildungsveranstaltungen bis zu zwei Stunden wöchentlich sind zulässig.

(2) Auf die Arbeitszeit des Jugendlichen werden angerechnet
1. Berufsschultage nach Absatz 1 Satz 2 Nummer 2 mit der durchschnittlichen täglichen Arbeitszeit,
2. Berufsschulwochen nach Absatz 1 Satz 2 Nummer 3 mit der durchschnittlichen wöchentlichen Arbeitszeit,
3. im Übrigen die Unterrichtszeit einschließlich der Pausen.

(3) Ein Entgeltausfall darf durch den Besuch der Berufsschule nicht eintreten.

§ 10 Prüfungen und außerbetriebliche Ausbildungsmaßnahmen.
(1) Der Arbeitgeber hat den Jugendlichen
1. für die Teilnahme an Prüfungen und Ausbildungsmaßnahmen, die auf Grund öffentlich-rechtlicher oder vertraglicher Bestimmungen außerhalb der Ausbildungsstätte durchzuführen sind,
2. an dem Arbeitstag, der der schriftlichen Abschlußprüfung unmittelbar vorangeht,

freizustellen.

(2) [1] Auf die Arbeitszeit des Jugendlichen werden angerechnet
1. die Freistellung nach Absatz 1 Nr. 1 mit der Zeit der Teilnahme einschließlich der Pausen,
2. die Freistellung nach Absatz 1 Nr. 2 mit der durchschnittlichen täglichen Arbeitszeit.

[2] Ein Entgeltausfall darf nicht eintreten.

§ 11 Ruhepausen, Aufenthaltsräume. (1) [1] Jugendlichen müssen im voraus feststehende Ruhepausen von angemessener Dauer gewährt werden. [2] Die Ruhepausen müssen mindestens betragen
1. 30 Minuten bei einer Arbeitszeit von mehr als viereinhalb bis zu sechs Stunden,
2. 60 Minuten bei einer Arbeitszeit von mehr als sechs Stunden.

[3] Als Ruhepause gilt nur eine Arbeitsunterbrechung von mindestens 15 Minuten.

(2) [1] Die Ruhepausen müssen in angemessener zeitlicher Lage gewährt werden, frühestens eine Stunde nach Beginn und spätestens eine Stunde vor Ende der Arbeitszeit. [2] Länger als viereinhalb Stunden hintereinander dürfen Jugendliche nicht ohne Ruhepause beschäftigt werden.

(3) Der Aufenthalt während der Ruhepausen in Arbeitsräumen darf den Jugendlichen nur gestattet werden, wenn die Arbeit in diesen Räumen wäh-

rend dieser Zeit eingestellt ist und auch sonst die notwendige Erholung nicht beeinträchtigt wird.

(4) Absatz 3 gilt nicht für den Bergbau unter Tage.

§ 12 Schichtzeit. Bei der Beschäftigung Jugendlicher darf die Schichtzeit (§ 4 Abs. 2) 10 Stunden, im Bergbau unter Tage 8 Stunden, im Gaststättengewerbe, in der Landwirtschaft, in der Tierhaltung, auf Bau- und Montagestellen 11 Stunden nicht überschreiten.

§ 13 Tägliche Freizeit. Nach Beendigung der täglichen Arbeitszeit dürfen Jugendliche nicht vor Ablauf einer ununterbrochenen Freizeit von mindestens 12 Stunden beschäftigt werden.

§ 14 Nachtruhe. (1) Jugendliche dürfen nur in der Zeit von 6 bis 20 Uhr beschäftigt werden.

(2) Jugendliche über 16 Jahre dürfen
1. im Gaststätten- und Schaustellergewerbe bis 22 Uhr,
2. in mehrschichtigen Betrieben bis 23 Uhr,
3. in der Landwirtschaft ab 5 Uhr oder bis 21 Uhr,
4. in Bäckereien und Konditoreien ab 5 Uhr

beschäftigt werden.

(3) Jugendliche über 17 Jahre dürfen in Bäckereien ab 4 Uhr beschäftigt werden.

(4) An dem einem Berufsschultag unmittelbar vorangehenden Tag dürfen Jugendliche auch nach Absatz 2 Nr. 1 bis 3 nicht nach 20 Uhr beschäftigt werden, wenn der Berufsschulunterricht am Berufsschultag vor 9 Uhr beginnt.

(5) [1] Nach vorheriger Anzeige an die Aufsichtsbehörde dürfen in Betrieben, in denen die übliche Arbeitszeit aus verkehrstechnischen Gründen nach 20 Uhr endet, Jugendliche bis 21 Uhr beschäftigt werden, soweit sie hierdurch unnötige Wartezeiten vermeiden können. [2] Nach vorheriger Anzeige an die Aufsichtsbehörde dürfen ferner in mehrschichtigen Betrieben Jugendliche über 16 Jahre ab 5.30 Uhr oder bis 23.30 Uhr beschäftigt werden, soweit sie hierdurch unnötige Wartezeiten vermeiden können.

(6) [1] Jugendliche dürfen in Betrieben, in denen die Beschäftigten in außergewöhnlichem Grade der Einwirkung von Hitze ausgesetzt sind, in der warmen Jahreszeit ab 5 Uhr beschäftigt werden. [2] Die Jugendlichen sind berechtigt, sich vor Beginn der Beschäftigung und danach in regelmäßigen Zeitabständen arbeitsmedizinisch untersuchen zu lassen. [3] Die Kosten der Untersuchungen hat der Arbeitgeber zu tragen, sofern er diese nicht kostenlos durch einen Betriebsarzt oder einen überbetrieblichen Dienst von Betriebsärzten anbietet.

(7) [1] Jugendliche dürfen bei Musikaufführungen, Theatervorstellungen und anderen Aufführungen, bei Aufnahmen im Rundfunk (Hörfunk und Fernsehen), auf Ton- und Bildträger sowie bei Film- und Fotoaufnahmen bis 23 Uhr gestaltend mitwirken. [2] Eine Mitwirkung ist nicht zulässig bei Veranstaltungen, Schaustellungen oder Darbietungen, bei denen die Anwesenheit Jugendlicher nach den Vorschriften des Jugendschutzgesetzes[1)] verboten ist. [3] Nach Beendigung der Tätigkeit dürfen Jugendliche nicht vor Ablauf einer ununterbroche-

---

[1)] Nr. **18**.

nen Freizeit von mindestens 14 Stunden beschäftigt werden. [4]Die Sätze 1 bis 3 gelten entsprechend auch für die Tätigkeit von Jugendlichen als Sportler im Rahmen von Sportveranstaltungen.

§ 15 Fünf-Tage-Woche. [1]Jugendliche dürfen nur an fünf Tagen in der Woche beschäftigt werden. [2]Die beiden wöchentlichen Ruhetage sollen nach Möglichkeit aufeinander folgen.

§ 16 Samstagsruhe. (1) An Samstagen dürfen Jugendliche nicht beschäftigt werden.

(2) [1]Zulässig ist die Beschäftigung Jugendlicher an Samstagen nur

1. in Krankenanstalten sowie in Alten-, Pflege- und Kinderheimen,
2. in offenen Verkaufsstellen, in Betrieben mit offenen Verkaufsstellen, in Bäckereien und Konditoreien, im Friseurhandwerk und im Marktverkehr,
3. im Verkehrswesen,
4. in der Landwirtschaft und Tierhaltung,
5. im Familienhaushalt,
6. im Gaststätten- und Schaustellergewerbe,
7. bei Musikaufführungen, Theatervorstellungen und anderen Aufführungen, bei Aufnahmen im Rundfunk (Hörfunk und Fernsehen), auf Ton- und Bildträger sowie bei Film- und Fotoaufnahmen,
8. bei außerbetrieblichen Ausbildungsmaßnahmen,
9. beim Sport,
10. im ärztlichen Notdienst,
11. in Reparaturwerkstätten für Kraftfahrzeuge.

[2]Mindestens zwei Samstage im Monat sollen beschäftigungsfrei bleiben.

(3) [1]Werden Jugendliche am Samstag beschäftigt, ist ihnen die Fünf-Tage-Woche (§ 15) durch Freistellung an einem anderen berufsschulfreien Arbeitstag derselben Woche sicherzustellen. [2]In Betrieben mit einem Betriebsruhetag in der Woche kann die Freistellung auch an diesem Tage erfolgen, wenn die Jugendlichen an diesem Tage keinen Berufsschulunterricht haben.

(4) Können Jugendliche in den Fällen des Absatzes 2 Nr. 2 am Samstag nicht acht Stunden beschäftigt werden, kann der Unterschied zwischen der tatsächlichen und der nach § 8 Abs. 1 höchstzulässigen Arbeitszeit an dem Tage bis 13 Uhr ausgeglichen werden, an dem die Jugendlichen nach Absatz 3 Satz 1 freizustellen sind.

§ 17 Sonntagsruhe. (1) An Sonntagen dürfen Jugendliche nicht beschäftigt werden.

(2) [1]Zulässig ist die Beschäftigung Jugendlicher an Sonntagen nur

1. in Krankenanstalten sowie in Alten-, Pflege- und Kinderheimen,
2. in der Landwirtschaft und Tierhaltung mit Arbeiten, die auch an Sonn- und Feiertagen naturnotwendig vorgenommen werden müssen,
3. im Familienhaushalt, wenn der Jugendliche in die häusliche Gemeinschaft aufgenommen ist,
4. im Schaustellergewerbe,

5. bei Musikaufführungen, Theatervorstellungen und anderen Aufführungen sowie bei Direktsendungen im Rundfunk (Hörfunk und Fernsehen),
6. beim Sport,
7. im ärztlichen Notdienst,
8. im Gaststättengewerbe.

[2]Jeder zweite Sonntag soll, mindestens zwei Sonntage im Monat müssen beschäftigungsfrei bleiben.

(3) [1]Werden Jugendliche am Sonntag beschäftigt, ist ihnen die Fünf-Tage-Woche (§ 15) durch Freistellung an einem anderen berufsschulfreien Arbeitstag derselben Woche sicherzustellen. [2]In Betrieben mit einem Betriebsruhetag in der Woche kann die Freistellung auch an diesem Tage erfolgen, wenn die Jugendlichen an diesem Tage keinen Berufsschulunterricht haben.

§ 18 Feiertagsruhe. (1) Am 24. und 31. Dezember nach 14 Uhr und an gesetzlichen Feiertagen dürfen Jugendliche nicht beschäftigt werden.

(2) Zulässig ist die Beschäftigung Jugendlicher an gesetzlichen Feiertagen in den Fällen des § 17 Abs. 2, ausgenommen am 25. Dezember, am 1. Januar, am ersten Osterfeiertag und am 1. Mai.

(3) [1]Für die Beschäftigung an einem gesetzlichen Feiertag, der auf einen Werktag fällt, ist der Jugendliche an einem anderen berufsschulfreien Arbeitstag derselben oder der folgenden Woche freizustellen. [2]In Betrieben mit einem Betriebsruhetag in der Woche kann die Freistellung auch an diesem Tage erfolgen, wenn die Jugendlichen an diesem Tage keinen Berufsschulunterricht haben.

§ 19 Urlaub. (1) Der Arbeitgeber hat Jugendlichen für jedes Kalenderjahr einen bezahlten Erholungsurlaub zu gewähren.

(2) [1]Der Urlaub beträgt jährlich

1. mindestens 30 Werktage, wenn der Jugendliche zu Beginn des Kalenderjahres noch nicht 16 Jahre alt ist,
2. mindestens 27 Werktage, wenn der Jugendliche zu Beginn des Kalenderjahres noch nicht 17 Jahre alt ist,
3. mindestens 25 Werktage, wenn der Jugendliche zu Beginn des Kalenderjahres noch nicht 18 Jahre alt ist.

[2]Jugendliche, die im Bergbau unter Tage beschäftigt werden, erhalten in jeder Altersgruppe einen zusätzlichen Urlaub von drei Werktagen.

(3) [1]Der Urlaub soll Berufsschülern in der Zeit der Berufsschulferien gegeben werden. [2]Soweit er nicht in den Berufsschulferien gegeben wird, ist für jeden Berufsschultag, an dem die Berufsschule während des Urlaubs besucht wird, ein weiterer Urlaubstag zu gewähren.

(4) [1]Im übrigen gelten für den Urlaub der Jugendlichen § 3 Abs. 2, §§ 4 bis 12 und § 13 Abs. 3 des Bundesurlaubsgesetzes. [2]Der Auftraggeber oder Zwischenmeister hat jedoch abweichend von § 12 Nr. 1 des Bundesurlaubsgesetzes den jugendlichen Heimarbeitern für jedes Kalenderjahr einen bezahlten Erholungsurlaub entsprechend Absatz 2 zu gewähren; das Urlaubsentgelt der jugendlichen Heimarbeiter beträgt bei einem Urlaub von 30 Werktagen 11,6 vom Hundert, bei einem Urlaub von 27 Werktagen 10,3 vom Hundert und bei einem Urlaub von 25 Werktagen 9,5 vom Hundert.

§ 20 Binnenschiffahrt. (1) In der Binnenschiffahrt gelten folgende Abweichungen:

1. Abweichend von § 12 darf die Schichtzeit Jugendlicher über 16 Jahre während der Fahrt bis auf 14 Stunden täglich ausgedehnt werden, wenn ihre Arbeitszeit sechs Stunden täglich nicht überschreitet. Ihre tägliche Freizeit kann abweichend von § 13 der Ausdehnung der Schichtzeit entsprechend bis auf 10 Stunden verkürzt werden.
2. Abweichend von § 14 Abs. 1 dürfen Jugendliche über 16 Jahre während der Fahrt bis 22 Uhr beschäftigt werden.
3. Abweichend von §§ 15, 16 Abs. 1, § 17 Abs. 1 und § 18 Abs. 1 dürfen Jugendliche an jedem Tag der Woche beschäftigt werden, jedoch nicht am 24. Dezember, an den Weihnachtsfeiertagen, am 31. Dezember, am 1. Januar, an den Osterfeiertagen und am 1. Mai. Für die Beschäftigung an einem Samstag, Sonntag und an einem gesetzlichen Feiertag, der auf einen Werktag fällt, ist ihnen je ein freier Tag zu gewähren. Diese freien Tage sind den Jugendlichen in Verbindung mit anderen freien Tagen zu gewähren, spätestens, wenn ihnen 10 freie Tage zustehen.

(2) [1] In der gewerblichen Binnenschifffahrt hat der Arbeitgeber Aufzeichnungen nach Absatz 3 über die tägliche Arbeits- oder Freizeit jedes Jugendlichen zu führen, um eine Kontrolle der Einhaltung der §§ 8 bis 21a dieses Gesetzes zu ermöglichen. [2] Die Aufzeichnungen sind in geeigneten Zeitabständen, spätestens bis zum nächsten Monatsende, gemeinsam vom Arbeitgeber oder seinem Vertreter und von dem Jugendlichen zu prüfen und zu bestätigen. [3] Im Anschluss müssen die Aufzeichnungen für mindestens zwölf Monate an Bord aufbewahrt werden und dem Jugendlichen ist eine Kopie der bestätigten Aufzeichnungen auszuhändigen. [4] Der Jugendliche hat die Kopien daraufhin zwölf Monate für eine Kontrolle bereitzuhalten.

(3) Die Aufzeichnungen nach Absatz 2 müssen mindestens folgende Angaben enthalten:

1. Name des Schiffes,
2. Name des Jugendlichen,
3. Name des verantwortlichen Schiffsführers,
4. Datum des jeweiligen Arbeits- oder Ruhetages,
5. für jeden Tag der Beschäftigung, ob es sich um einen Arbeits- oder um einen Ruhetag handelt sowie
6. Beginn und Ende der täglichen Arbeitszeit oder der täglichen Freizeit.

§ 21 Ausnahmen in besonderen Fällen. (1) Die §§ 8 und 11 bis 18 finden keine Anwendung auf die Beschäftigung Jugendlicher mit vorübergehenden und unaufschiebbaren Arbeiten in Notfällen, soweit erwachsene Beschäftigte nicht zur Verfügung stehen.

(2) Wird in den Fällen des Absatzes 1 über die Arbeitszeit des § 8 hinaus Mehrarbeit geleistet, so ist sie durch entsprechende Verkürzung der Arbeitszeit innerhalb der folgenden drei Wochen auszugleichen.

§ 21a Abweichende Regelungen. (1) In einem Tarifvertrag oder auf Grund eines Tarifvertrages in einer Betriebsvereinbarung kann zugelassen werden

1. abweichend von den §§ 8, 15, 16 Abs. 3 und 4, § 17 Abs. 3 und § 18 Abs. 3 die Arbeitszeit bis zu neun Stunden täglich, 44 Stunden wöchentlich und bis zu fünfeinhalb Tagen in der Woche anders zu verteilen, jedoch nur unter Einhaltung einer durchschnittlichen Wochenarbeitszeit von 40 Stunden in einem Ausgleichszeitraum von zwei Monaten,
2. abweichend von § 11 Abs. 1 Satz 2 Nr. 2 und Abs. 2 die Ruhepausen bis zu 15 Minuten zu kürzen und die Lage der Pausen anders zu bestimmen,
3. abweichend von § 12 die Schichtzeit mit Ausnahme des Bergbaus unter Tage bis zu einer Stunde täglich zu verlängern,
4. abweichend von § 16 Abs. 1 und 2 Jugendliche an 26 Samstagen im Jahr oder an jedem Samstag zu beschäftigen, wenn statt dessen der Jugendliche an einem anderen Werktag derselben Woche von der Beschäftigung freigestellt wird,
5. abweichend von den §§ 15, 16 Abs. 3 und 4, § 17 Abs. 3 und § 18 Abs. 3 Jugendliche bei einer Beschäftigung an einem Samstag oder an einem Sonn- oder Feiertag unter vier Stunden an einem anderen Arbeitstag derselben oder der folgenden Woche vor- oder nachmittags von der Beschäftigung freizustellen,
6. abweichend von § 17 Abs. 2 Satz 2 Jugendliche im Gaststätten- und Schaustellergewerbe sowie in der Landwirtschaft während der Saison oder der Erntezeit an drei Sonntagen im Monat zu beschäftigen.

(2) Im Geltungsbereich eines Tarifvertrages nach Absatz 1 kann die abweichende tarifvertragliche Regelung im Betrieb eines nicht tarifgebundenen Arbeitgebers durch Betriebsvereinbarung oder, wenn ein Betriebsrat nicht besteht, durch schriftliche Vereinbarung zwischen dem Arbeitgeber und dem Jugendlichen übernommen werden.

(3) Die Kirchen und die öffentlich-rechtlichen Religionsgesellschaften können die in Absatz 1 genannten Abweichungen in ihren Regelungen vorsehen.

§ 21b Ermächtigung. Das Bundesministerium für Arbeit und Soziales kann im Interesse der Berufsausbildung oder der Zusammenarbeit von Jugendlichen und Erwachsenen durch Rechtsverordnung mit Zustimmung des Bundesrates Ausnahmen von den Vorschriften

1. des § 8, der §§ 11 und 12, der §§ 15 und 16, des § 17 Abs. 2 und 3 sowie des § 18 Abs. 3 im Rahmen des § 21a Abs. 1,
2. des § 14, jedoch nicht vor 5 Uhr und nicht nach 23 Uhr, sowie
3. des § 17 Abs. 1 und des § 18 Abs. 1 an höchstens 26 Sonn- und Feiertagen im Jahr

zulassen, soweit eine Beeinträchtigung der Gesundheit oder der körperlichen oder seelisch-geistigen Entwicklung der Jugendlichen nicht zu befürchten ist.

Zweiter Titel. Beschäftigungsverbote und -beschränkungen

§ 22 Gefährliche Arbeiten. (1) Jugendliche dürfen nicht beschäftigt werden

1. mit Arbeiten, die ihre physische oder psychische Leistungsfähigkeit übersteigen,
2. mit Arbeiten, bei denen sie sittlichen Gefahren ausgesetzt sind,

3. mit Arbeiten, die mit Unfallgefahren verbunden sind, von denen anzunehmen ist, daß Jugendliche sie wegen mangelnden Sicherheitsbewußtseins oder mangelnder Erfahrung nicht erkennen oder nicht abwenden können,
4. mit Arbeiten, bei denen ihre Gesundheit durch außergewöhnliche Hitze oder Kälte oder starke Nässe gefährdet wird,
5. mit Arbeiten, bei denen sie schädlichen Einwirkungen von Lärm, Erschütterungen oder Strahlen ausgesetzt sind,
6. mit Arbeiten, bei denen sie schädlichen Einwirkungen von Gefahrstoffen im Sinne der Gefahrstoffverordnung ausgesetzt sind,
7. mit Arbeiten, bei denen sie schädlichen Einwirkungen von biologischen Arbeitsstoffen im Sinne der Biostoffverordnung ausgesetzt sind.

(2) [1] Absatz 1 Nr. 3 bis 7 gilt nicht für die Beschäftigung Jugendlicher, soweit
1. dies zur Erreichung ihres Ausbildungszieles erforderlich ist,
2. ihr Schutz durch die Aufsicht eines Fachkundigen gewährleistet ist und
3. der Luftgrenzwert bei gefährlichen Stoffen (Absatz 1 Nr. 6) unterschritten wird.

[2] Satz 1 findet keine Anwendung auf gezielte Tätigkeiten mit biologischen Arbeitsstoffen der Risikogruppen 3 und 4 im Sinne der Biostoffverordnung sowie auf nicht gezielte Tätigkeiten, die nach der Biostoffverordnung der Schutzstufe 3 oder 4 zuzuordnen sind.

(3) Werden Jugendliche in einem Betrieb beschäftigt, für den ein Betriebsarzt oder eine Fachkraft für Arbeitssicherheit verpflichtet ist, muß ihre betriebsärztliche oder sicherheitstechnische Betreuung sichergestellt sein.

§ 23 Akkordarbeit; tempoabhängige Arbeiten. (1) Jugendliche dürfen nicht beschäftigt werden
1. mit Akkordarbeit und sonstigen Arbeiten, bei denen durch ein gesteigertes Arbeitstempo ein höheres Entgelt erzielt werden kann,
2. in einer Arbeitsgruppe mit erwachsenen Arbeitnehmern, die mit Arbeiten nach Nummer 1 beschäftigt werden,
3. mit Arbeiten, bei denen ihr Arbeitstempo nicht nur gelegentlich vorgeschrieben, vorgegeben oder auf andere Weise erzwungen wird.

(2) Absatz 1 Nr. 2 gilt nicht für die Beschäftigung Jugendlicher,
1. soweit dies zur Erreichung ihres Ausbildungszieles erforderlich ist oder
2. wenn sie eine Berufsausbildung für diese Beschäftigung abgeschlossen haben

und ihr Schutz durch die Aufsicht eines Fachkundigen gewährleistet ist.

§ 24 Arbeiten unter Tage. (1) Jugendliche dürfen nicht mit Arbeiten unter Tage beschäftigt werden.

(2) Absatz 1 gilt nicht für die Beschäftigung Jugendlicher über 16 Jahre,
1. soweit dies zur Erreichung ihres Ausbildungszieles erforderlich ist,
2. wenn sie eine Berufsausbildung für die Beschäftigung unter Tage abgeschlossen haben oder
3. wenn sie an einer von der Bergbehörde genehmigten Ausbildungsmaßnahme für Bergjungarbeiter teilnehmen oder teilgenommen haben

und ihr Schutz durch die Aufsicht eines Fachkundigen gewährleistet ist.

§ 25 Verbot der Beschäftigung durch bestimmte Personen. (1) [1] Personen, die

1. wegen eines Verbrechens zu einer Freiheitsstrafe von mindestens zwei Jahren,
2. wegen einer vorsätzlichen Straftat, die sie unter Verletzung der ihnen als Arbeitgeber, Ausbildender oder Ausbilder obliegenden Pflichten zum Nachteil von Kindern oder Jugendlichen begangen haben, zu einer Freiheitsstrafe von mehr als drei Monaten,
3. wegen einer Straftat nach den §§ 109h, 171, 174 bis 184l, 225, 232 bis 233a des Strafgesetzbuches[1)],
4. wegen einer Straftat nach dem Betäubungsmittelgesetz oder
5. wegen einer Straftat nach dem Jugendschutzgesetz oder nach dem Gesetz über die Verbreitung jugendgefährdender Schriften wenigstens zweimal

rechtskräftig verurteilt worden sind, dürfen Jugendliche nicht beschäftigen sowie im Rahmen eines Rechtsverhältnisses im Sinne des § 1 nicht beaufsichtigen, nicht anweisen, nicht ausbilden und nicht mit der Beaufsichtigung, Anweisung oder Ausbildung von Jugendlichen beauftragt werden. [2] Eine Verurteilung bleibt außer Betracht, wenn seit dem Tage ihrer Rechtskraft fünf Jahre verstrichen sind. [3] Die Zeit, in welcher der Täter auf behördliche Anordnung in einer Anstalt verwahrt worden ist, wird nicht eingerechnet.

(2) [1] Das Verbot des Absatzes 1 Satz 1 gilt auch für Personen, gegen die wegen einer Ordnungswidrigkeit nach § 58 Abs. 1 bis 4 wenigstens dreimal eine Geldbuße rechtskräftig festgesetzt worden ist. [2] Eine Geldbuße bleibt außer Betracht, wenn seit dem Tage ihrer rechtskräftigen Festsetzung fünf Jahre verstrichen sind.

(3) Das Verbot des Absatzes 1 und 2 gilt nicht für die Beschäftigung durch die Personensorgeberechtigten.

§ 26 Ermächtigungen. Das Bundesministerium für Arbeit und Soziales kann zum Schutze der Jugendlichen gegen Gefahren für Leben und Gesundheit sowie zur Vermeidung einer Beeinträchtigung der körperlichen oder seelisch-geistigen Entwicklung durch Rechtsverordnung[2)] mit Zustimmung des Bundesrates

1. die für Kinder, die der Vollzeitschulpflicht nicht mehr unterliegen, geeigneten und leichten Tätigkeiten nach § 7 Satz 1 Nr. 2 und die Arbeiten nach § 22 Abs. 1 und den §§ 23 und 24 näher bestimmen,
2. über die Beschäftigungsverbote in den §§ 22 bis 25 hinaus die Beschäftigung Jugendlicher in bestimmten Betriebsarten oder mit bestimmten Arbeiten verbieten oder beschränken, wenn sie bei diesen Arbeiten infolge ihres Entwicklungsstandes in besonderem Maße Gefahren ausgesetzt sind oder wenn das Verbot oder die Beschränkung der Beschäftigung infolge der technischen Entwicklung oder neuer arbeitsmedizinischer oder sicherheitstechnischer Erkenntnisse notwendig ist.

---

1) Nr. **38**.

2) Siehe hierzu die VO über das Verbot der Beschäftigung von Personen unter 18 Jahren mit sittlich gefährdenden Tätigkeiten (Nr. **24**).

§ 27 Behördliche Anordnungen und Ausnahmen. (1) [1] Die Aufsichtsbehörde kann in Einzelfällen feststellen, ob eine Arbeit unter die Beschäftigungsverbote oder -beschränkungen der §§ 22 bis 24 oder einer Rechtsverordnung nach § 26 fällt. [2] Sie kann in Einzelfällen die Beschäftigung Jugendlicher mit bestimmten Arbeiten über die Beschäftigungsverbote und -beschränkungen der §§ 22 bis 24 und einer Rechtsverordnung nach § 26 hinaus verbieten oder beschränken, wenn diese Arbeiten mit Gefahren für Leben, Gesundheit oder für die körperliche oder seelisch-geistige Entwicklung der Jugendlichen verbunden sind.

(2) Die zuständige Behörde kann

1. den Personen, die die Pflichten, die ihnen kraft Gesetzes zugunsten der von ihnen beschäftigten, beaufsichtigten, angewiesenen oder auszubildenden Kinder und Jugendlichen obliegen, wiederholt oder gröblich verletzt haben,
2. den Personen, gegen die Tatsachen vorliegen, die sie in sittlicher Beziehung zur Beschäftigung, Beaufsichtigung, Anweisung oder Ausbildung von Kindern und Jugendlichen ungeeignet erscheinen lassen,

verbieten, Kinder und Jugendliche zu beschäftigen oder im Rahmen eines Rechtsverhältnisses im Sinne des § 1 zu beaufsichtigen, anzuweisen oder auszubilden.

(3) Die Aufsichtsbehörde kann auf Antrag Ausnahmen von § 23 Abs. 1 Nr. 2 und 3 für Jugendliche über 16 Jahre bewilligen,

1. wenn die Art der Arbeit oder das Arbeitstempo eine Beeinträchtigung der Gesundheit oder der körperlichen oder seelisch-geistigen Entwicklung des Jugendlichen nicht befürchten lassen und
2. wenn eine nicht länger als vor drei Monaten ausgestellte ärztliche Bescheinigung vorgelegt wird, nach der gesundheitliche Bedenken gegen die Beschäftigung nicht bestehen.

Dritter Titel. Sonstige Pflichten des Arbeitgebers

§ 28 Menschengerechte Gestaltung der Arbeit. (1) [1] Der Arbeitgeber hat bei der Einrichtung und der Unterhaltung der Arbeitsstätte einschließlich der Maschinen, Werkzeuge und Geräte und bei der Regelung der Beschäftigung die Vorkehrungen und Maßnahmen zu treffen, die zum Schutze der Jugendlichen gegen Gefahren für Leben und Gesundheit sowie zur Vermeidung einer Beeinträchtigung der körperlichen oder seelisch-geistigen Entwicklung der Jugendlichen erforderlich sind. [2] Hierbei sind das mangelnde Sicherheitsbewußtsein, die mangelnde Erfahrung und der Entwicklungsstand der Jugendlichen zu berücksichtigen und die allgemein anerkannten sicherheitstechnischen und arbeitsmedizinischen Regeln sowie die sonstigen gesicherten arbeitswissenschaftlichen Erkenntnisse zu beachten.

(2) Das Bundesministerium für Arbeit und Soziales kann durch Rechtsverordnung mit Zustimmung des Bundesrates bestimmen, welche Vorkehrungen und Maßnahmen der Arbeitgeber zur Erfüllung der sich aus Absatz 1 ergebenden Pflichten zu treffen hat.

(3) Die Aufsichtsbehörde kann in Einzelfällen anordnen, welche Vorkehrungen und Maßnahmen zur Durchführung des Absatzes 1 oder einer vom Bundesministerium für Arbeit und Soziales gemäß Absatz 2 erlassenen Verordnung zu treffen sind.

§ 28a Beurteilung der Arbeitsbedingungen. [1] Vor Beginn der Beschäftigung Jugendlicher und bei wesentlicher Änderung der Arbeitsbedingungen hat der Arbeitgeber die mit der Beschäftigung verbundenen Gefährdungen Jugendlicher zu beurteilen. [2] Im übrigen gelten die Vorschriften des Arbeitsschutzgesetzes.

§ 29 Unterweisung über Gefahren. (1) [1] Der Arbeitgeber hat die Jugendlichen vor Beginn der Beschäftigung und bei wesentlicher Änderung der Arbeitsbedingungen über die Unfall- und Gesundheitsgefahren, denen sie bei der Beschäftigung ausgesetzt sind, sowie über die Einrichtungen und Maßnahmen zur Abwendung dieser Gefahren zu unterweisen. [2] Er hat die Jugendlichen vor der erstmaligen Beschäftigung an Maschinen oder gefährlichen Arbeitsstellen oder mit Arbeiten, bei denen sie mit gesundheitsgefährdenden Stoffen in Berührung kommen, über die besonderen Gefahren dieser Arbeiten sowie über das bei ihrer Verrichtung erforderliche Verhalten zu unterweisen.

(2) Die Unterweisungen sind in angemessenen Zeitabständen, mindestens aber halbjährlich, zu wiederholen.

(3) Der Arbeitgeber beteiligt die Betriebsärzte und die Fachkräfte für Arbeitssicherheit an der Planung, Durchführung und Überwachung der für die Sicherheit und den Gesundheitsschutz bei der Beschäftigung Jugendlicher geltenden Vorschriften.

§ 30 Häusliche Gemeinschaft. (1) Hat der Arbeitgeber einen Jugendlichen in die häusliche Gemeinschaft aufgenommen, so muß er

1. ihm eine Unterkunft zur Verfügung stellen und dafür sorgen, daß sie so beschaffen, ausgestattet und belegt ist und so benutzt wird, daß die Gesundheit des Jugendlichen nicht beeinträchtigt wird, und
2. ihm bei einer Erkrankung, jedoch nicht über die Beendigung der Beschäftigung hinaus, die erforderliche Pflege und ärztliche Behandlung zuteil werden lassen, soweit diese nicht von einem Sozialversicherungsträger geleistet wird.

(2) Die Aufsichtsbehörde kann im Einzelfall anordnen, welchen Anforderungen die Unterkunft (Absatz 1 Nr. 1) und die Pflege bei Erkrankungen (Absatz 1 Nr. 2) genügen müssen.

§ 31 Züchtigungsverbot; Verbot der Abgabe von Alkohol und Tabak.

(1) Wer Jugendliche beschäftigt oder im Rahmen eines Rechtsverhältnisses im Sinne des § 1 beaufsichtigt, anweist oder ausbildet, darf sie nicht körperlich züchtigen.

(2) [1] Wer Jugendliche beschäftigt, muß sie vor körperlicher Züchtigung und Mißhandlung und vor sittlicher Gefährdung durch andere bei ihm Beschäftigte und durch Mitglieder seines Haushalts an der Arbeitsstätte und in seinem Hause schützen. [2] Soweit deren Abgabe nach § 9 Absatz 1 oder § 10 Absatz 1 und 4 des Jugendschutzgesetzes[1)] verboten ist, darf der Arbeitgeber Jugendlichen keine alkoholischen Getränke, Tabakwaren oder anderen dort genannten Erzeugnisse geben.

[1)] Nr. **18**.

Vierter Titel. Gesundheitliche Betreuung

§ 32 Erstuntersuchung. (1) Ein Jugendlicher, der in das Berufsleben eintritt, darf nur beschäftigt werden, wenn

1. er innerhalb der letzten vierzehn Monate von einem Arzt untersucht worden ist (Erstuntersuchung) und
2. dem Arbeitgeber eine von diesem Arzt ausgestellte Bescheinigung vorliegt.

(2) Absatz 1 gilt nicht für eine nur geringfügige oder eine nicht länger als zwei Monate dauernde Beschäftigung mit leichten Arbeiten, von denen keine gesundheitlichen Nachteile für den Jugendlichen zu befürchten sind.

§ 33 Erste Nachuntersuchung. (1) [1] Ein Jahr nach Aufnahme der ersten Beschäftigung hat sich der Arbeitgeber die Bescheinigung eines Arztes darüber vorlegen zu lassen, daß der Jugendliche nachuntersucht worden ist (erste Nachuntersuchung). [2] Die Nachuntersuchung darf nicht länger als drei Monate zurückliegen. [3] Der Arbeitgeber soll den Jugendlichen neun Monate nach Aufnahme der ersten Beschäftigung nachdrücklich auf den Zeitpunkt, bis zu dem der Jugendliche ihm die ärztliche Bescheinigung nach Satz 1 vorzulegen hat, hinweisen und ihn auffordern, die Nachuntersuchung bis dahin durchführen zu lassen.

(2) [1] Legt der Jugendliche die Bescheinigung nicht nach Ablauf eines Jahres vor, hat ihn der Arbeitgeber innerhalb eines Monats unter Hinweis auf das Beschäftigungsverbot nach Absatz 3 schriftlich aufzufordern, ihm die Bescheinigung vorzulegen. [2] Je eine Durchschrift des Aufforderungsschreibens hat der Arbeitgeber dem Personensorgeberechtigten und dem Betriebs- oder Personalrat zuzusenden.

(3) Der Jugendliche darf nach Ablauf von 14 Monaten nach Aufnahme der ersten Beschäftigung nicht weiterbeschäftigt werden, solange er die Bescheinigung nicht vorgelegt hat.

§ 34 Weitere Nachuntersuchungen. [1] Nach Ablauf jedes weiteren Jahres nach der ersten Nachuntersuchung kann sich der Jugendliche erneut nachuntersuchen lassen (weitere Nachuntersuchungen). [2] Der Arbeitgeber soll ihn auf diese Möglichkeit rechtzeitig hinweisen und darauf hinwirken, daß der Jugendliche ihm die Bescheinigung über die weitere Nachuntersuchung vorlegt.

§ 35 Außerordentliche Nachuntersuchung. (1) Der Arzt soll eine außerordentliche Nachuntersuchung anordnen, wenn eine Untersuchung ergibt, daß

1. ein Jugendlicher hinter dem seinem Alter entsprechenden Entwicklungsstand zurückgeblieben ist,
2. gesundheitliche Schwächen oder Schäden vorhanden sind,
3. die Auswirkungen der Beschäftigung auf die Gesundheit oder Entwicklung des Jugendlichen noch nicht zu übersehen sind.

(2) Die in § 33 Abs. 1 festgelegten Fristen werden durch die Anordnung einer außerordentlichen Nachuntersuchung nicht berührt.

§ 36 Ärztliche Untersuchungen und Wechsel des Arbeitgebers. Wechselt der Jugendliche den Arbeitgeber, so darf ihn der neue Arbeitgeber erst beschäftigen, wenn ihm die Bescheinigung über die Erstuntersuchung (§ 32

Abs. 1) und, falls seit der Aufnahme der Beschäftigung ein Jahr vergangen ist, die Bescheinigung über die erste Nachuntersuchung (§ 33) vorliegen.

§ 37 Inhalt und Durchführung der ärztlichen Untersuchungen.

(1) Die ärztlichen Untersuchungen haben sich auf den Gesundheits- und Entwicklungsstand und die körperliche Beschaffenheit, die Nachuntersuchungen außerdem auf die Auswirkungen der Beschäftigung auf Gesundheit und Entwicklung des Jugendlichen zu erstrecken.

(2) Der Arzt hat unter Berücksichtigung der Krankheitsvorgeschichte des Jugendlichen auf Grund der Untersuchungen zu beurteilen,

1. ob die Gesundheit oder die Entwicklung des Jugendlichen durch die Ausführung bestimmter Arbeiten oder durch die Beschäftigung während bestimmter Zeiten gefährdet wird,
2. ob besondere der Gesundheit dienende Maßnahmen einschließlich Maßnahmen zur Verbesserung des Impfstatus erforderlich sind,
3. ob eine außerordentliche Nachuntersuchung (§ 35 Abs. 1) erforderlich ist.

(3) Der Arzt hat schriftlich festzuhalten:

1. den Untersuchungsbefund,
2. die Arbeiten, durch deren Ausführung er die Gesundheit oder die Entwicklung des Jugendlichen für gefährdet hält,
3. die besonderen der Gesundheit dienenden Maßnahmen einschließlich Maßnahmen zur Verbesserung des Impfstatus,
4. die Anordnung einer außerordentlichen Nachuntersuchung (§ 35 Abs. 1).

§ 38 Ergänzungsuntersuchung. Kann der Arzt den Gesundheits- und Entwicklungsstand des Jugendlichen nur beurteilen, wenn das Ergebnis einer Ergänzungsuntersuchung durch einen anderen Arzt oder einen Zahnarzt vorliegt, so hat er die Ergänzungsuntersuchung zu veranlassen und ihre Notwendigkeit schriftlich zu begründen.

§ 39 Mitteilung, Bescheinigung. (1) Der Arzt hat dem Personensorgeberechtigten schriftlich mitzuteilen:

1. das wesentliche Ergebnis der Untersuchung,
2. die Arbeiten, durch deren Ausführung er die Gesundheit oder die Entwicklung des Jugendlichen für gefährdet hält,
3. die besonderen der Gesundheit dienenden Maßnahmen einschließlich Maßnahmen zur Verbesserung des Impfstatus,
4. die Anordnung einer außerordentlichen Nachuntersuchung (§ 35 Abs. 1).

(2) Der Arzt hat eine für den Arbeitgeber bestimmte Bescheinigung darüber auszustellen, daß die Untersuchung stattgefunden hat und darin die Arbeiten zu vermerken, durch deren Ausführung er die Gesundheit oder die Entwicklung des Jugendlichen für gefährdet hält.

§ 40 Bescheinigung mit Gefährdungsvermerk. (1) Enthält die Bescheinigung des Arztes (§ 39 Abs. 2) einen Vermerk über Arbeiten, durch deren Ausführung er die Gesundheit oder die Entwicklung des Jugendlichen für gefährdet hält, so darf der Jugendliche mit solchen Arbeiten nicht beschäftigt werden.

(2) Die Aufsichtsbehörde kann die Beschäftigung des Jugendlichen mit den in der Bescheinigung des Arztes (§ 39 Abs. 2) vermerkten Arbeiten im Einvernehmen mit einem Arzt zulassen und die Zulassung mit Auflagen verbinden.

§ 41 Aufbewahren der ärztlichen Bescheinigungen. (1) Der Arbeitgeber hat die ärztlichen Bescheinigungen bis zur Beendigung der Beschäftigung, längstens jedoch bis zur Vollendung des 18. Lebensjahres des Jugendlichen aufzubewahren und der Aufsichtsbehörde sowie der Berufsgenossenschaft auf Verlangen zur Einsicht vorzulegen oder einzusenden.

(2) Scheidet der Jugendliche aus dem Beschäftigungsverhältnis aus, so hat ihm der Arbeitgeber die Bescheinigungen auszuhändigen.

§ 42 Eingreifen der Aufsichtsbehörde. Die Aufsichtsbehörde hat, wenn die dem Jugendlichen übertragenen Arbeiten Gefahren für seine Gesundheit befürchten lassen, dies dem Personensorgeberechtigten und dem Arbeitgeber mitzuteilen und den Jugendlichen aufzufordern, sich durch einen von ihr ermächtigten Arzt untersuchen zu lassen.

§ 43 Freistellung für Untersuchungen. [1] Der Arbeitgeber hat den Jugendlichen für die Durchführung der ärztlichen Untersuchungen nach diesem Abschnitt freizustellen. [2] Ein Entgeltausfall darf hierdurch nicht eintreten.

§ 44 Kosten der Untersuchungen. Die Kosten der Untersuchungen trägt das Land.

§ 45 Gegenseitige Unterrichtung der Ärzte. (1) Die Ärzte, die Untersuchungen nach diesem Abschnitt vorgenommen haben, müssen, wenn der Personensorgeberechtigte und der Jugendliche damit einverstanden sind,

1. dem staatlichen Gewerbearzt,
2. dem Arzt, der einen Jugendlichen nach diesem Abschnitt nachuntersucht,

auf Verlangen die Aufzeichnungen über die Untersuchungsbefunde zur Einsicht aushändigen.

(2) Unter den Voraussetzungen des Absatzes 1 kann der Amtsarzt des Gesundheitsamtes einem Arzt, der einen Jugendlichen nach diesem Abschnitt untersucht, Einsicht in andere in seiner Dienststelle vorhandene Unterlagen über Gesundheit und Entwicklung des Jugendlichen gewähren.

§ 46 Ermächtigungen. (1) Das Bundesministerium für Arbeit und Soziales kann zum Zwecke einer gleichmäßigen und wirksamen gesundheitlichen Betreuung durch Rechtsverordnung mit Zustimmung des Bundesrates Vorschriften[1)] über die Durchführung der ärztlichen Untersuchungen und über die für die Aufzeichnungen der Untersuchungsbefunde, die Bescheinigungen und Mitteilungen zu verwendenden Vordrucke erlassen.

(2) Die Landesregierung kann durch Rechtsverordnung

1. zur Vermeidung von mehreren Untersuchungen innerhalb eines kurzen Zeitraumes aus verschiedenen Anlässen bestimmen, daß die Untersuchungen nach den §§ 32 bis 34 zusammen mit Untersuchungen nach anderen Vor-

---

[1)] Siehe die Jugendarbeitsschutzuntersuchungsverordnung (Nr. **23**).

schriften durchzuführen sind, und hierbei von der Frist des § 32 Abs. 1 Nr. 1 bis zu drei Monaten abweichen,

2. zur Vereinfachung der Abrechnung
   a) Pauschbeträge für die Kosten der ärztlichen Untersuchungen im Rahmen der geltenden Gebührenordnungen festsetzen,
   b) Vorschriften über die Erstattung der Kosten beim Zusammentreffen mehrerer Untersuchungen nach Nummer 1 erlassen.

Vierter Abschnitt. Durchführung des Gesetzes

Erster Titel. Aushänge und Verzeichnisse

§ 47 Bekanntgabe des Gesetzes und der Aufsichtsbehörde. Arbeitgeber, die regelmäßig mindestens einen Jugendlichen beschäftigen, haben einen Abdruck dieses Gesetzes und die Anschrift der zuständigen Aufsichtsbehörde an geeigneter Stelle im Betrieb zur Einsicht auszulegen oder auszuhängen.

§ 48 Aushang über Arbeitszeit und Pausen. Arbeitgeber, die regelmäßig mindestens drei Jugendliche beschäftigen, haben einen Aushang über Beginn und Ende der regelmäßigen täglichen Arbeitszeit und der Pausen der Jugendlichen an geeigneter Stelle im Betrieb anzubringen.

§ 49 Verzeichnisse der Jugendlichen. Arbeitgeber haben Verzeichnisse der bei ihnen beschäftigten Jugendlichen unter Angabe des Vor- und Familiennamens, des Geburtsdatums und der Wohnanschrift zu führen, in denen das Datum des Beginns der Beschäftigung bei ihnen, bei einer Beschäftigung unter Tage auch das Datum des Beginns dieser Beschäftigung, enthalten ist.

§ 50 Auskunft; Vorlage der Verzeichnisse. (1) Der Arbeitgeber ist verpflichtet, der Aufsichtsbehörde auf Verlangen

1. die zur Erfüllung ihrer Aufgaben erforderlichen Angaben wahrheitsgemäß und vollständig zu machen,
2. die Verzeichnisse gemäß § 49, die Unterlagen, aus denen Name, Beschäftigungsart und -zeiten der Jugendlichen sowie Lohn- und Gehaltszahlungen ersichtlich sind, und alle sonstigen Unterlagen, die sich auf die nach Nummer 1 zu machenden Angaben beziehen, zur Einsicht vorzulegen oder einzusenden.

(2) Die Verzeichnisse und Unterlagen sind mindestens bis zum Ablauf von zwei Jahren nach der letzten Eintragung aufzubewahren.

Zweiter Titel. Aufsicht

§ 51 Aufsichtsbehörde; Besichtigungsrechte und Berichtspflicht.

(1) [1]Die Aufsicht über die Ausführung dieses Gesetzes und der auf Grund dieses Gesetzes erlassenen Rechtsverordnungen obliegt der nach Landesrecht zuständigen Behörde (Aufsichtsbehörde). [2]Die Landesregierung kann durch Rechtsverordnung die Aufsicht über die Ausführung dieser Vorschriften in Familienhaushalten auf gelegentliche Prüfungen beschränken.

(2) [1]Die Beauftragten der Aufsichtsbehörde sind berechtigt, die Arbeitsstätten während der üblichen Betriebs- und Arbeitszeit zu betreten und zu besich-

tigen; außerhalb dieser Zeit oder wenn sich die Arbeitsstätten in einer Wohnung befinden, dürfen sie nur zur Verhütung von dringenden Gefahren für die öffentliche Sicherheit und Ordnung betreten und besichtigt werden. [2]Der Arbeitgeber hat das Betreten und Besichtigen der Arbeitsstätten zu gestatten. [3]Das Grundrecht der Unverletzlichkeit der Wohnung (Artikel 13 des Grundgesetzes) wird insoweit eingeschränkt.

(3) Die Aufsichtsbehörden haben im Rahmen der Jahresberichte nach § 139b Abs. 3 der Gewerbeordnung über ihre Aufsichtstätigkeit gemäß Absatz 1 zu berichten.

§ 52 *(aufgehoben)*

§ 53 Mitteilung über Verstöße. [1]Die Aufsichtsbehörde teilt schwerwiegende Verstöße gegen die Vorschriften dieses Gesetzes oder gegen die auf Grund dieses Gesetzes erlassenen Rechtsverordnungen der nach dem Berufsbildungsgesetz[1)] oder der Handwerksordnung[2)] zuständigen Stelle mit. [2]Die zuständige Agentur für Arbeit erhält eine Durchschrift dieser Mitteilung.

§ 54 Ausnahmebewilligungen. (1) [1]Ausnahmen, die die Aufsichtsbehörde nach diesem Gesetz oder den auf Grund dieses Gesetzes erlassenen Rechtsverordnungen bewilligen kann, sind zu befristen. [2]Die Ausnahmebewilligungen können

1. mit einer Bedingung erlassen werden,
2. mit einer Auflage oder mit einem Vorbehalt der nachträglichen Aufnahme, Änderung oder Ergänzung einer Auflage verbunden werden und
3. jederzeit widerrufen werden.

(2) Ausnahmen können nur für einzelne Beschäftigte, einzelne Betriebe oder einzelne Teile des Betriebs bewilligt werden.

(3) Ist eine Ausnahme für einen Betrieb oder einen Teil des Betriebs bewilligt worden, so hat der Arbeitgeber hierüber an geeigneter Stelle im Betrieb einen Aushang anzubringen.

Dritter Titel. Ausschüsse für Jugendarbeitsschutz

§ 55 Bildung des Landesausschusses für Jugendarbeitsschutz. (1) Bei der von der Landesregierung bestimmten obersten Landesbehörde kann ein Landesausschuss für Jugendarbeitsschutz gebildet werden.

(2) Dem Landesausschuß gehören als Mitglieder an:

1. je sechs Vertreter der Arbeitgeber und der Arbeitnehmer,
2. ein Vertreter des Landesjugendringes,
3. ein von der Bundesagentur für Arbeit benannter Vertreter und je ein Vertreter des Landesjugendamtes, der für das Gesundheitswesen zuständigen obersten Landesbehörde und der für die berufsbildenden Schulen zuständigen obersten Landesbehörde und
4. ein Arzt.

---

1) Auszugsweise abgedruckt unter Nr. **28**.
2) Auszugsweise abgedruckt unter Nr. **30**.

(3) Die Mitglieder des Landesausschusses werden von der von der Landesregierung bestimmten obersten Landesbehörde berufen, die Vertreter der Arbeitgeber und Arbeitnehmer auf Vorschlag der auf Landesebene bestehenden Arbeitgeberverbände und Gewerkschaften, der Arzt auf Vorschlag der Landesärztekammer, die übrigen Vertreter auf Vorschlag der in Absatz 2 Nr. 2 und 3 genannten Stellen.

(4) [1] Die Tätigkeit im Landesausschuß ist ehrenamtlich. [2] Für bare Auslagen und für Entgeltausfall ist, soweit eine Entschädigung nicht von anderer Seite gewährt wird, eine angemessene Entschädigung zu zahlen, deren Höhe nach Landesrecht oder von der von der Landesregierung bestimmten obersten Landesbehörde festgesetzt wird.

(5) Die Mitglieder können nach Anhören der an ihrer Berufung beteiligten Stellen aus wichtigem Grund abberufen werden.

(6) [1] Die Mitglieder haben Stellvertreter. [2] Die Absätze 2 bis 5 gelten für die Stellvertreter entsprechend.

(7) [1] Der Landesausschuß wählt aus seiner Mitte einen Vorsitzenden und dessen Stellvertreter. [2] Der Vorsitzende und sein Stellvertreter sollen nicht derselben Mitgliedergruppe angehören.

(8) [1] Der Landesausschuß gibt sich eine Geschäftsordnung. [2] Die Geschäftsordnung kann die Bildung von Unterausschüssen vorsehen und bestimmen, daß ihnen ausnahmsweise nicht nur Mitglieder des Landesausschusses angehören. [3] Absatz 4 Satz 2 gilt für die Unterausschüsse hinsichtlich der Entschädigung entsprechend. [4] An den Sitzungen des Landesausschusses und der Unterausschüsse können Vertreter der beteiligten obersten Landesbehörden teilnehmen.

§ 56 Bildung des Ausschusses für Jugendarbeitsschutz bei der Aufsichtsbehörde. (1) [1] Bei der Aufsichtsbehörde kann ein Ausschuss für Jugendarbeitsschutz gebildet werden. [2] In Städten, in denen mehrere Aufsichtsbehörden ihren Sitz haben, kann ein gemeinsamer Ausschuss für Jugendarbeitsschutz gebildet werden. [3] In Ländern, in denen nicht mehr als zwei Aufsichtsbehörden eingerichtet sind, kann der Landesausschuss für Jugendarbeitsschutz die Aufgaben dieses Ausschusses übernehmen.

(2) Dem Ausschuß gehören als Mitglieder an:

1. je sechs Vertreter der Arbeitgeber und der Arbeitnehmer,
2. ein Vertreter des im Bezirk der Aufsichtsbehörde wirkenden Jugendringes,
3. je ein Vertreter eines Arbeits-, Jugend- und Gesundheitsamtes,
4. ein Arzt und ein Lehrer an einer berufsbildenden Schule.

(3) [1] Die Mitglieder des Jugendarbeitsschutzausschusses werden von der Aufsichtsbehörde berufen, die Vertreter der Arbeitgeber und Arbeitnehmer auf Vorschlag der im Aufsichtsbezirk bestehenden Arbeitgeberverbände und Gewerkschaften, der Arzt auf Vorschlag der Ärztekammer, der Lehrer auf Vorschlag der nach Landesrecht zuständigen Behörde, die übrigen Vertreter auf Vorschlag der in Absatz 2 Nr. 2 und 3 genannten Stellen. [2] § 55 Abs. 4 bis 8 gilt mit der Maßgabe entsprechend, daß die Entschädigung von der Aufsichtsbehörde mit Genehmigung der von der Landesregierung bestimmten obersten Landesbehörde festgesetzt wird.

§ 57 Aufgaben der Ausschüsse. (1) [1] Der Landesausschuß berät die oberste Landesbehörde in allen allgemeinen Angelegenheiten des Jugendarbeitsschutzes und macht Vorschläge für die Durchführung dieses Gesetzes. [2] Er klärt über Inhalt und Ziel des Jugendarbeitsschutzes auf.

(2) Die oberste Landesbehörde beteiligt den Landesausschuß in Angelegenheiten von besonderer Bedeutung, insbesondere vor Erlaß von Rechtsvorschriften zur Durchführung dieses Gesetzes.

(3) Der Landesausschuß hat über seine Tätigkeit im Zusammenhang mit dem Bericht der Aufsichtsbehörden nach § 51 Abs. 3 zu berichten.

(4) [1] Der Ausschuß für Jugendarbeitsschutz bei der Aufsichtsbehörde berät diese in allen allgemeinen Angelegenheiten des Jugendarbeitsschutzes und macht dem Landesausschuß Vorschläge für die Durchführung dieses Gesetzes. [2] Er klärt über Inhalt und Ziel des Jugendarbeitsschutzes auf.

Fünfter Abschnitt. Straf- und Bußgeldvorschriften

§ 58 Bußgeld- und Strafvorschriften. (1) Ordnungswidrig handelt, wer als Arbeitgeber vorsätzlich oder fahrlässig

1. entgegen § 5 Abs. 1, auch in Verbindung mit § 2 Abs. 3, ein Kind oder einen Jugendlichen, der der Vollzeitschulpflicht unterliegt, beschäftigt,
2. entgegen § 5 Abs. 3 Satz 1 oder Satz 3, jeweils auch in Verbindung mit § 2 Abs. 3, ein Kind über 13 Jahre oder einen Jugendlichen, der der Vollzeitschulpflicht unterliegt, in anderer als der zugelassenen Weise beschäftigt,
3. *(aufgehoben)*
4. entgegen § 7 Satz 1 Nr. 2, auch in Verbindung mit einer Rechtsverordnung nach § 26 Nr. 1, ein Kind, das der Vollzeitschulpflicht nicht mehr unterliegt, in anderer als der zugelassenen Weise beschäftigt,
5. entgegen § 8 einen Jugendlichen über die zulässige Dauer der Arbeitszeit hinaus beschäftigt,
6. entgegen § 9 Absatz 1 einen Jugendlichen beschäftigt oder nicht freistellt,
7. entgegen § 10 Abs. 1 einen Jugendlichen für die Teilnahme an Prüfungen oder Ausbildungsmaßnahmen oder an dem Arbeitstag, der der schriftlichen Abschlußprüfung unmittelbar vorangeht, nicht freistellt,
8. entgegen § 11 Abs. 1 oder 2 Ruhepausen nicht, nicht mit der vorgeschriebenen Mindestdauer oder nicht in der vorgeschriebenen zeitlichen Lage gewährt,
9. entgegen § 12 einen Jugendlichen über die zulässige Schichtzeit hinaus beschäftigt,
10. entgegen § 13 die Mindestfreizeit nicht gewährt,
11. entgegen § 14 Abs. 1 einen Jugendlichen außerhalb der Zeit von 6 bis 20 Uhr oder entgegen § 14 Abs. 7 Satz 3 vor Ablauf der Mindestfreizeit beschäftigt,
12. entgegen § 15 einen Jugendlichen an mehr als fünf Tagen in der Woche beschäftigt,
13. entgegen § 16 Abs. 1 einen Jugendlichen an Samstagen beschäftigt oder entgegen § 16 Abs. 3 Satz 1 den Jugendlichen nicht freistellt,

14. entgegen § 17 Abs. 1 einen Jugendlichen an Sonntagen beschäftigt oder entgegen § 17 Abs. 2 Satz 2 Halbsatz 2 oder Abs. 3 Satz 1 den Jugendlichen nicht freistellt,
15. entgegen § 18 Abs. 1 einen Jugendlichen am 24. oder 31. Dezember nach 14 Uhr oder an gesetzlichen Feiertagen beschäftigt oder entgegen § 18 Abs. 3 nicht freistellt,
16. entgegen § 19 Abs. 1, auch in Verbindung mit Abs. 2 Satz 1 oder 2, oder entgegen § 19 Abs. 3 Satz 2 oder Abs. 4 Satz 2 Urlaub nicht oder nicht mit der vorgeschriebenen Dauer gewährt,
17. entgegen § 21 Abs. 2 die geleistete Mehrarbeit durch Verkürzung der Arbeitszeit nicht ausgleicht,
18. entgegen § 22 Abs. 1, auch in Verbindung mit einer Rechtsverordnung nach § 26 Nr. 1, einen Jugendlichen mit den dort genannten Arbeiten beschäftigt,
19. entgegen § 23 Abs. 1, auch in Verbindung mit einer Rechtsverordnung nach § 26 Nr. 1, einen Jugendlichen mit Arbeiten mit Lohnanreiz, in einer Arbeitsgruppe mit Erwachsenen, deren Entgelt vom Ergebnis ihrer Arbeit abhängt, oder mit tempoabhängigen Arbeiten beschäftigt,
20. entgegen § 24 Abs. 1, auch in Verbindung mit einer Rechtsverordnung nach § 26 Nr. 1, einen Jugendlichen mit Arbeiten unter Tage beschäftigt,
21. entgegen § 31 Abs. 2 Satz 2 einem Jugendlichen ein dort genanntes Getränk, Tabakwaren oder ein dort genanntes Erzeugnis gibt,
22. entgegen § 32 Abs. 1 einen Jugendlichen ohne ärztliche Bescheinigung über die Erstuntersuchung beschäftigt,
23. entgegen § 33 Abs. 3 einen Jugendlichen ohne ärztliche Bescheinigung über die erste Nachuntersuchung weiterbeschäftigt,
24. entgegen § 36 einen Jugendlichen ohne Vorlage der erforderlichen ärztlichen Bescheinigungen beschäftigt,
25. entgegen § 40 Abs. 1 einen Jugendlichen mit Arbeiten beschäftigt, durch deren Ausführung der Arzt nach der von ihm erteilten Bescheinigung die Gesundheit oder die Entwicklung des Jugendlichen für gefährdet hält,
26. einer Rechtsverordnung nach
    a) § 26 Nr. 2 oder
    b) § 28 Abs. 2

    zuwiderhandelt, soweit sie für einen bestimmten Tatbestand auf diese Bußgeldvorschrift verweist,
27. einer vollziehbaren Anordnung der Aufsichtsbehörde nach § 6 Abs. 3, § 27 Abs. 1 Satz 2 oder Abs. 2, § 28 Abs. 3 oder § 30 Abs. 2 zuwiderhandelt,
28. einer vollziehbaren Auflage der Aufsichtsbehörde nach § 6 Abs. 1, § 14 Abs. 7, § 27 Abs. 3 oder § 40 Abs. 2, jeweils in Verbindung mit § 54 Abs. 1, zuwiderhandelt,
29. einer vollziehbaren Anordnung oder Auflage der Aufsichtsbehörde auf Grund einer Rechtsverordnung nach § 26 Nr. 2 oder § 28 Abs. 2 zuwiderhandelt, soweit die Rechtsverordnung für einen bestimmten Tatbestand auf die Bußgeldvorschrift verweist.

(2) Ordnungswidrig handelt, wer vorsätzlich oder fahrlässig entgegen § 25 Abs. 1 Satz 1 oder Abs. 2 Satz 1 einen Jugendlichen beschäftigt, beaufsichtigt, anweist oder ausbildet, obwohl ihm dies verboten ist, oder einen anderen, dem

dies verboten ist, mit der Beaufsichtigung, Anweisung oder Ausbildung eines Jugendlichen beauftragt.

(3) [1] Absatz 1 Nr. 4, 6 bis 29 und Absatz 2 gelten auch für die Beschäftigung von Kindern (§ 2 Abs. 1) oder Jugendlichen, die der Vollzeitschulpflicht unterliegen (§ 2 Abs. 3), nach § 5 Abs. 2. [2] Absatz 1 Nr. 6 bis 29 und Absatz 2 gelten auch für die Beschäftigung von Kindern, die der Vollzeitschulpflicht nicht mehr unterliegen, nach § 7.

(4) Die Ordnungswidrigkeit kann mit einer Geldbuße bis zu dreißigtausend Euro geahndet werden.

(5) [1] Wer vorsätzlich eine in Absatz 1, 2 oder 3 bezeichnete Handlung begeht und dadurch ein Kind, einen Jugendlichen oder im Falle des Absatzes 1 Nr. 6 eine Person, die noch nicht 21 Jahre alt ist, in ihrer Gesundheit oder Arbeitskraft gefährdet, wird mit Freiheitsstrafe bis zu einem Jahr oder mit Geldstrafe bestraft. [2] Ebenso wird bestraft, wer eine in Absatz 1, 2 oder 3 bezeichnete Handlung beharrlich wiederholt.

(6) Wer in den Fällen des Absatzes 5 Satz 1 die Gefahr fahrlässig verursacht, wird mit Freiheitsstrafe bis zu sechs Monaten oder mit Geldstrafe bis zu einhundertachtzig Tagessätzen bestraft.

§ 59 Bußgeldvorschriften. (1) Ordnungswidrig handelt, wer als Arbeitgeber vorsätzlich oder fahrlässig

1. entgegen § 6 Abs. 4 Satz 2 ein Kind vor Erhalt des Bewilligungsbescheides beschäftigt,
2. entgegen § 11 Abs. 3 den Aufenthalt in Arbeitsräumen gestattet,

2a. entgegen § 20 Absatz 2 Satz 1 eine Aufzeichnung nicht oder nicht richtig führt,

2b. entgegen § 20 Absatz 2 Satz 3 eine Aufzeichnung nicht oder nicht mindestens zwölf Monate aufbewahrt,

3. entgegen § 29 einen Jugendlichen über Gefahren nicht, nicht richtig oder nicht rechtzeitig unterweist,
4. entgegen § 33 Abs. 2 Satz 1 einen Jugendlichen nicht oder nicht rechtzeitig zur Vorlage einer ärztlichen Bescheinigung auffordert,
5. entgegen § 41 die ärztliche Bescheinigung nicht aufbewahrt, vorlegt, einsendet oder aushändigt,
6. entgegen § 43 Satz 1 einen Jugendlichen für ärztliche Untersuchungen nicht freistellt,
7. entgegen § 47 einen Abdruck des Gesetzes oder die Anschrift der zuständigen Aufsichtsbehörde nicht auslegt oder aushängt,
8. entgegen § 48 Arbeitszeit und Pausen nicht oder nicht in der vorgeschriebenen Weise aushängt,
9. entgegen § 49 ein Verzeichnis nicht oder nicht in der vorgeschriebenen Weise führt,
10. entgegen § 50 Abs. 1 Angaben nicht, nicht richtig oder nicht vollständig macht oder Verzeichnisse oder Unterlagen nicht vorlegt oder einsendet oder entgegen § 50 Abs. 2 Verzeichnisse oder Unterlagen nicht oder nicht vorschriftsmäßig aufbewahrt,
11. entgegen § 51 Abs. 2 Satz 2 das Betreten oder Besichtigen der Arbeitsstätten nicht gestattet,

12. entgegen § 54 Abs. 3 einen Aushang nicht anbringt.

(2) Absatz 1 Nr. 2 bis 6 gilt auch für die Beschäftigung von Kindern (§ 2 Abs. 1 und 3) nach § 5 Abs. 2 Satz 1.

(3) Die Ordnungswidrigkeit kann mit einer Geldbuße bis zu fünftausend Euro geahndet werden.

§ 60 Verwaltungsvorschriften für die Verfolgung und Ahndung von Ordnungswidrigkeiten. Der Bundesminister für Arbeit und Sozialordnung kann mit Zustimmung des Bundesrates allgemeine Verwaltungsvorschriften für die Verfolgung und Ahndung von Ordnungswidrigkeiten nach §§ 58 und 59 durch die Verwaltungsbehörde (§ 35 des Gesetzes über Ordnungswidrigkeiten) und über die Erteilung einer Verwarnung (§§ 56, 58 Abs. 2 des Gesetzes über Ordnungswidrigkeiten) wegen einer Ordnungswidrigkeit nach §§ 58 und 59 erlassen.

Sechster Abschnitt. Schlußvorschriften

§ 61 Beschäftigung von Jugendlichen auf Kauffahrteischiffen. Für die Beschäftigung von Jugendlichen als Besatzungsmitglieder auf Kauffahrteischiffen im Sinne des § 3 des Seearbeitsgesetzes gilt anstelle dieses Gesetzes das Seearbeitsgesetz.

§ 62 Beschäftigung im Vollzug einer Freiheitsentziehung. (1) Die Vorschriften dieses Gesetzes gelten für die Beschäftigung Jugendlicher (§ 2 Abs. 2) im Vollzuge einer gerichtlich angeordneten Freiheitsentziehung entsprechend, soweit es sich nicht nur um gelegentliche, geringfügige Hilfeleistungen handelt und soweit in den Absätzen 2 bis 4 nichts anderes bestimmt ist.

(2) Im Vollzug einer gerichtlich angeordneten Freiheitsentziehung finden § 19, §§ 47 bis 50 keine Anwendung.

(3) Die §§ 13, 14, 15, 16, 17 und 18 Abs. 1 und 2 gelten im Vollzug einer gerichtlich angeordneten Freiheitsentziehung nicht für die Beschäftigung jugendlicher Anstaltsinsassen mit der Zubereitung und Ausgabe der Anstaltsverpflegung.

(4) § 18 Abs. 1 und 2 gilt nicht für die Beschäftigung jugendlicher Anstaltsinsassen in landwirtschaftlichen Betrieben der Vollzugsanstalten mit Arbeiten, die auch an Sonn- und Feiertagen naturnotwendig vorgenommen werden müssen.

§§ 63–70 Änderungen weiterer Gesetze. *(hier nicht wiedergegeben)*

§ 71 *(aufgehoben)*

§ 72 Inkrafttreten. (1) Dieses Gesetz tritt am 1. Mai 1976 in Kraft.

(2) Zum gleichen Zeitpunkt treten außer Kraft:

1. das Jugendschutzgesetz v. 30. April 1938 (Reichsgesetzbl. I S. 437), zuletzt geändert durch das Zuständigkeitslockerungsgesetz vom 10. März 1975 (Bundesgesetzbl. I S. 685),
2. das Jugendarbeitsschutzgesetz v. 9. August 1960 (Bundesgesetzbl. I S. 665), zuletzt geändert durch Artikel 244 des Einführungsgesetzes zum Strafgesetzbuch vom 2. März 1974 (Bundesgesetzbl. I S. 469),

3. die auf § 80 Nr. 3 des Bundesbeamtengesetzes gestützten Rechtsvorschriften.

(3) [1] Die auf Grund des § 37 Abs. 2 und des § 53 des Jugendarbeitsschutzgesetzes vom 9. August 1960, des § 20 Abs. 1 des Jugendschutzgesetzes vom 30. April 1938 und des § 120e der Gewerbeordnung erlassenen Vorschriften bleiben unberührt. [2] Sie können, soweit sie den Geltungsbereich dieses Gesetzes betreffen, durch Rechtsverordnungen auf Grund des § 26 oder des § 46 geändert oder aufgehoben werden.

(4) Vorschriften in Rechtsverordnungen, die durch § 69 dieses Gesetzes geändert werden, können vom Bundesministerium für Arbeit und Soziales im Rahmen der bestehenden Ermächtigungen geändert oder aufgehoben werden.

(5) Verweisungen auf Vorschriften des Jugendarbeitsschutzgesetzes vom 9. August 1960 gelten als Verweisungen auf die entsprechenden Vorschriften dieses Gesetzes oder der auf Grund dieses Gesetzes erlassenen Rechtsverordnungen.

23. Verordnung über die ärztlichen Untersuchungen nach dem Jugendarbeitsschutzgesetz (Jugendarbeitsschutzuntersuchungsverordnung – JArbSchUV)

Vom 16. Oktober 1990
(BGBl. I S. 2221)

FNA 8051-1-5

Auf Grund des § 46 Abs. 1 und des § 72 Abs. 3 Satz 2 des Jugendarbeitsschutzgesetzes[1] vom 12. April 1976 (BGBl. I S. 965) verordnet der Bundesminister für Arbeit und Sozialordnung:

§ 1 Durchführung der Untersuchungen. (1) Der Arzt, der einen Jugendlichen nach den §§ 32 bis 35 oder nach § 42 des Jugendarbeitsschutzgesetzes[1] untersucht, hat unter Berücksichtigung der Krankheitsvorgeschichte des Jugendlichen auf Grund der Untersuchungen zu beurteilen, ob dessen Gesundheit und Entwicklung durch die Ausführung bestimmter Arbeiten oder durch die Beschäftigung während bestimmter Zeiten gefährdet wird, ob eine außerordentliche Nachuntersuchung oder eine Ergänzungsuntersuchung erforderlich ist oder ob besondere der Gesundheit dienende Maßnahmen nötig sind (§ 37 Jugendarbeitsschutzgesetz).

(2) Als Tag der Untersuchung (§ 32 Abs. 1 Nr. 1, § 33 Abs. 1 und § 34 Jugendarbeitsschutzgesetz) gilt der Tag der abschließenden Beurteilung.

§ 2 Untersuchungsberechtigungsschein. Die Kosten einer Untersuchung werden vom Land (§ 44 Jugendarbeitsschutzgesetz[1]) nur erstattet, wenn der Arzt der Kostenforderung einen von der nach Landesrecht zuständigen Stelle ausgegebenen Untersuchungsberechtigungsschein beifügt.

§ 3 Erhebungsbogen. [1]Zur Vorbereitung einer Untersuchung nach § 32 Abs. 1 des Jugendarbeitsschutzgesetzes[1] (Erstuntersuchung) erhält der Jugendliche von der nach Landesrecht zuständigen Stelle einen Erhebungsbogen nach dem Muster der Anlage 1[2] in weißer Farbe, zur Vorbereitung einer Untersuchung nach § 33 Abs. 1, §§ 34, 35 Abs. 1 oder § 42 des Jugendarbeitsschutzgesetzes (Nachuntersuchung) einen Erhebungsbogen nach dem Muster der Anlage 1a[2] in roter Farbe. [2]Der Erhebungsbogen soll, vom Personensorgeberechtigten ausgefüllt und von diesem und dem Jugendlichen unterschrieben, dem Arzt bei der Untersuchung vorgelegt werden.

§ 4 Untersuchungsbogen. (1) Für die Aufzeichnung der Ergebnisse einer Erstuntersuchung hat der Arzt einen Untersuchungsbogen nach dem Muster der Anlage 2[2] in weißer Farbe, für die Aufzeichnung der Ergebnisse einer Nachuntersuchung einen Untersuchungsbogen nach dem Muster der Anlage 2a[2] in roter Farbe zu verwenden.

(2) Der Arzt hat die Untersuchungsbogen 10 Jahre aufzubewahren.

---

[1] Nr. **22**.
[2] Hier nicht wiedergegeben.

§ 5 Ärztliche Mitteilung an den Personensorgeberechtigten. Für die ärztliche Mitteilung an den Personensorgeberechtigten nach § 39 Abs. 1 des Jugendarbeitsschutzgesetzes[1] hat der Arzt bei einer Erstuntersuchung einen Vordruck nach dem Muster der Anlage 3[2] in weißer Farbe, bei einer Nachuntersuchung einen Vordruck nach dem Muster der Anlage 3a[2] in roter Farbe zu verwenden.

§ 6 Ärztliche Bescheinigung für den Arbeitgeber. Für die ärztliche Bescheinigung für den Arbeitgeber nach § 39 Abs. 2 des Jugendarbeitsschutzgesetzes[1] hat der Arzt bei einer Erstuntersuchung einen Vordruck nach dem Muster der Anlage 4[2] in weißer Farbe, bei einer Nachuntersuchung einen Vordruck nach dem Muster der Anlage 4a[2] in roter Farbe zu verwenden.

§ 7 Berlin-Klausel. *(gegenstandslos)*

§ 8 Inkrafttreten, abgelöste Vorschrift. [1] Diese Verordnung tritt am ersten Tage des auf die Verkündung[3] folgenden vierten Kalendermonats in Kraft. [2] Gleichzeitig tritt die Verordnung über die ärztlichen Untersuchungen nach dem Jugendarbeitsschutzgesetz vom 2. Oktober 1961 (BGBl. I S. 1789), geändert durch Verordnung vom 5. September 1968 (BGBl. I S. 1013) außer Kraft.

---

[1] Nr. **22**.
[2] Hier nicht wiedergegeben.
[3] Verkündet am 25.10.1990.

24. Verordnung über das Verbot der Beschäftigung von Personen unter 18 Jahren mit sittlich gefährdenden Tätigkeiten

Vom 3. April 1964

(BGBl. I S. 262)

FNA 8051-1-4

zuletzt geänd. durch Art. 3 Zweite RechtsbereinigungsVO v. 8.10.1986 (BGBl. I S. 1634)

Auf Grund des § 37 Abs. 2 des Jugendarbeitsschutzgesetzes[1] vom 9. August 1960 (Bundesgesetzbl. I S. 665), zuletzt geändert durch das Bundesurlaubsgesetz vom 8. Januar 1963 (Bundesgesetzbl. I S. 2), wird mit Zustimmung des Bundesrates verordnet:

§ 1 Beschäftigungsverbote. (1) Weibliche Jugendliche dürfen in Betrieben und bei Veranstaltungen aller Art als Nackttänzerinnen, Schönheitstänzerinnen oder Schleiertänzerinnen oder mit ähnlichen sie sittlich gefährdenden Tätigkeiten, insbesondere wenn sie dabei unbekleidet oder fast unbekleidet sind, nicht beschäftigt werden.

(2) Weibliche Jugendliche dürfen als Tanzdamen, Eintänzerinnen, Tisch- oder Bardamen nicht beschäftigt werden.

§ 2 *(aufgehoben)*

§ 3 Hinweis auf Bußgeld- und Strafvorschriften des Jugendarbeitsschutzgesetzes[1]. Zuwiderhandlungen gegen § 22 Abs. 1 Nr. 2 des Jugendarbeitsschutzgesetzes in Verbindung mit einem Beschäftigungsverbot nach § 1 dieser Verordnung werden nach § 58 Abs. 1 Nr. 18, Abs. 3 bis 6 des Jugendarbeitsschutzgesetzes geahndet.

§ 4 Berlin-Klausel. *(gegenstandslos)*

§ 5 Inkrafttreten. Diese Verordnung tritt am ersten Tage des zweiten auf die Verkündung[2] folgenden Kalendermonats in Kraft.

---

[1] Nr. **22**.

[2] Verkündet am 14.4.1964.

25. Verordnung über Ausnahmen von Vorschriften des Jugendarbeitsschutzgesetzes für jugendliche Polizeivollzugsbeamte in der Bundespolizei (BGS-JArbSchV)

Vom 11. November 1977
(BGBl. I S. 2071)

FNA 2030-6-17

zuletzt geänd. durch Art. 53 Elfte ZuständigkeitsanpassungsVO v. 19.6.2020 (BGBl. I S. 1328)

Auf Grund des § 80a Abs. 2 des Bundesbeamtengesetzes in der Fassung der Bekanntmachung vom 3. Januar 1977 (BGBl. I S. 1) verordnet die Bundesregierung:

§ 1 [Ausnahmen zur Sicherung der Ausbildung] Für jugendliche Polizeivollzugsbeamte in der Bundespolizei, die Verbänden oder Einheiten angehören, werden folgende Ausnahmen von den Vorschriften des Jugendarbeitsschutzgesetzes[1)] vom 12. April 1976 (BGBl. I S. 965) zugelassen, soweit dies erforderlich ist, um die Ausbildung sicherzustellen:

1. [1] Die tägliche Arbeitszeit, die auch Zeiten einschließt, in denen die Jugendlichen nicht zur Arbeitsleistung herangezogen werden, darf bis zu zwölf Stunden betragen
   a) im ersten Ausbildungsjahr höchstens viermal im Monat, hiervon für die Ausbildung im Sicherungswachdienst höchstens dreimal im Monat, insgesamt jedoch nicht öfter als sechsunddreißigmal im Jahr,
   b) im zweiten Ausbildungsjahr höchstens sechsmal im Monat, hiervon für die Ausbildung im Sicherungswachdienst höchstens dreimal im Monat.

   [2] Die wöchentliche Arbeitszeit darf im ersten Ausbildungsjahr höchstens 48 Stunden, im zweiten Ausbildungsjahr höchstens 50 Stunden betragen.
2. Für den Aufenthalt in den Pausen können die Räume in der Unterkunft aufgesucht werden, soweit dies nicht wegen einer Ausbildung im Freien ausgeschlossen ist.
3. Die Schichtzeit darf betragen
   a) im ersten Ausbildungsjahr bis zu 14 Stunden höchstens viermal im Monat, hiervon für die Ausbildung im Sicherungswachdienst höchstens dreimal im Monat,
   b) im zweiten Ausbildungsjahr bis zu 16 Stunden höchstens sechsmal im Monat, hiervon für die Ausbildung im Sicherungswachdienst höchstens dreimal im Monat.
4. Die tägliche ununterbrochene Freizeit darf im Anschluß an die Ausbildung im Sicherungswachdienst und Bereitschaftsdienst im zweiten Ausbildungsjahr bis zu höchstens sechs Stunden eingeschränkt werden, jedoch nicht öfter als dreimal im Monat.
5. [1] Eine Beschäftigung in der Nacht ist zulässig

---

1) Nr. **22**.

a) im ersten Ausbildungsjahr höchstens viermal im Monat, hiervon für die Ausbildung im Sicherungswachdienst höchstens dreimal im Monat, insgesamt jedoch nicht öfter als sechsunddreißigmal im Jahr, und für die Kraftfahrausbildung begrenzt auf die Zeit bis 24 Uhr,

b) im zweiten Ausbildungsjahr höchstens sechsmal im Monat, hiervon für die Ausbildung im Sicherungswachdienst höchstens dreimal im Monat, insgesamt jedoch nicht öfter als achtundvierzigmal im Jahr.

2 Im Anschluß an eine Ausbildung in der Nacht, ausgenommen eine Ausbildung im Sicherungswachdienst und Bereitschaftsdienst, ist eine ununterbrochene Freizeit von mindestens zwölf Stunden zu gewähren; die Freizeit beträgt mindestens vierundzwanzig Stunden, wenn diese Ausbildung nach 24 Uhr endet.

6. Die Ausbildung an mehr als fünf Tagen in der Woche ist höchstens einmal im Monat zulässig, jedoch im ersten Ausbildungsjahr nur für die Ausbildung im Sicherungswachdienst.
7. Die Ausbildung am Samstag und Sonntag ist jeweils höchstens einmal im Monat zulässig, jedoch im ersten Ausbildungsjahr nur für die Ausbildung im Sicherungswachdienst.
8. Die Ausbildung am 24. oder 31. Dezember – jeweils nach 14 Uhr – sowie an gesetzlichen Feiertagen ist im Sicherungswachdienst und Bereitschaftsdienst insgesamt höchstens zweimal im Jahr zulässig, jedoch im ersten Ausbildungsjahr nur für die Ausbildung im Sicherungswachdienst.

§ 2 [Ausnahmen wegen zwingender dienstlicher Gründe] 1 Müssen aus zwingenden dienstlichen Gründen jugendliche Polizeivollzugsbeamte in der Bundespolizei, die die Grundausbildung beendet haben, zu Dienstleistungen herangezogen werden, weil auf Verbände und Einheiten mit ausschließlich volljährigen Polizeivollzugsbeamten nicht zurückgegriffen werden kann, so sind über den in § 1 genannten Umfang hinaus Ausnahmen von § 8 Abs. 1, § 11 Abs. 1 bis 4, §§ 12, 13 und 14 Abs. 1, §§ 15 bis 18 sowie 22 Abs. 1 Nr. 3 bis 5 des Jugendarbeitsschutzgesetzes[1)] zulässig, soweit dies erforderlich ist, um Aufgaben der Bundespolizei nach dem Ersten Abschnitt des Bundespolizeigesetzes zu erfüllen. 2 Auf die Leistungsfähigkeit und den Ausbildungsstand der Jugendlichen ist besonders Rücksicht zu nehmen; die Heranziehung jugendlicher Polizeivollzugsbeamter zu solchen Dienstleistungen, die voraussichtlich mit besonderen Gefährdungen sowie mit außergewöhnlichen physischen oder psychischen Belastungen verbunden sind, ist nicht zulässig.

§ 3 [Ausnahmen bei Katastrophenfällen] 1 Ausnahmen von den Vorschriften des Jugendarbeitsschutzgesetzes[1)] in dem in § 2 Satz 1 genannten Umfang sind auch für jugendliche Polizeivollzugsbeamte in der Bundespolizei während der Grundausbildung zulässig, wenn der Bundesminister des Innern, für Bau und Heimat unter den in § 2 Satz 1 genannten Voraussetzungen Dienstleistungen dieser Beamten bei Naturkatastrophen, besonders schweren Unglücksfällen oder in Fällen anderer Art, die die Kräfte der Polizei in außergewöhnlichem Maße in Anspruch nehmen, angeordnet hat. 2 Auf die Leistungsfähigkeit und den Ausbildungsstand der Jugendlichen ist besonders Rücksicht zu nehmen; die Heranziehung jugendlicher Polizeivollzugsbeamter zu solchen Dienst-

---

[1)] Nr. **22**.

leistungen, die voraussichtlich mit besonderen Gefährdungen sowie mit außergewöhnlichen physischen oder psychischen Belastungen verbunden sind, ist nicht zulässig.

§ 4 [Ausgleich der Mehrarbeit] Mehrarbeit, die jugendliche Polizeivollzugsbeamte in der Bundespolizei in den Fällen der §§ 1 bis 3 über die Arbeitszeit nach § 8 Abs. 1 des Jugendarbeitsschutzgesetzes[1)] hinaus leisten, ist innerhalb von vier Wochen durch Dienstbefreiung auszugleichen.

§ 5 [Inkrafttreten] Diese Verordnung tritt am Tage nach der Verkündung[2)] in Kraft.

[1)] Nr. **22**.
[2)] Verkündet am 18.11.1977.

26. Verordnung über den Kinderarbeitsschutz (Kinderarbeitsschutzverordnung – KindArbSchV)

Vom 23. Juni 1998
(BGBl. I S. 1508)
FNA 8051-10-2

Auf Grund des § 5 Abs. 4a des Jugendarbeitsschutzgesetzes[1)], der durch Artikel 1 Nr. 2 Buchstabe e des Gesetzes vom 24. Februar 1997 (BGBl. I S. 311) eingefügt worden ist, verordnet die Bundesregierung:

§ 1 Beschäftigungsverbot. Kinder über 13 Jahre und vollzeitschulpflichtige Jugendliche dürfen nicht beschäftigt werden, soweit nicht das Jugendarbeitsschutzgesetz[1)] und § 2 dieser Verordnung Ausnahmen vorsehen.

§ 2 Zulässige Beschäftigungen. (1) Kinder über 13 Jahre und vollzeitschulpflichtige Jugendliche dürfen nur beschäftigt werden

1. mit dem Austragen von Zeitungen, Zeitschriften, Anzeigenblättern und Werbeprospekten,
2. in privaten und landwirtschaftlichen Haushalten mit
   a) Tätigkeiten in Haushalt und Garten,
   b) Botengängen,
   c) der Betreuung von Kindern und anderen zum Haushalt gehörenden Personen,
   d) Nachhilfeunterricht,
   e) der Betreuung von Haustieren,
   f) Einkaufstätigkeiten mit Ausnahme des Einkaufs von alkoholischen Getränken und Tabakwaren,
3. in landwirtschaftlichen Betrieben mit Tätigkeiten bei
   a) der Ernte und der Feldbestellung,
   b) der Selbstvermarktung landwirtschaftlicher Erzeugnisse,
   c) der Versorgung von Tieren,
4. mit Handreichungen beim Sport,
5. mit Tätigkeiten bei nichtgewerblichen Aktionen und Veranstaltungen der Kirchen, Religionsgemeinschaften, Verbände, Vereine und Parteien,

wenn die Beschäftigung nach § 5 Abs. 3 des Jugendarbeitsschutzgesetzes[1)] leicht und für sie geeignet ist.

(2) [1] Eine Beschäftigung mit Arbeiten nach Absatz 1 ist nicht leicht und für Kinder über 13 Jahre und vollzeitschulpflichtige Jugendliche nicht geeignet, wenn sie insbesondere

1. mit einer manuellen Handhabung von Lasten verbunden ist, die regelmäßig das maximale Lastgewicht von 7,5 kg oder gelegentlich das maximale Lastgewicht von 10 kg überschreiten; manuelle Handhabung in diesem Sinne ist jedes Befördern oder Abstützen einer Last durch menschliche Kraft, unter

---

[1)] Nr. 22.

anderem das Heben, Absetzen, Schieben, Ziehen, Tragen und Bewegen einer Last,
2. infolge einer ungünstigen Körperhaltung physisch belastend ist oder
3. mit Unfallgefahren, insbesondere bei Arbeiten an Maschinen und bei der Betreuung von Tieren, verbunden ist, von denen anzunehmen ist, daß Kinder über 13 Jahre und vollzeitschulpflichtige Jugendliche sie wegen mangelnden Sicherheitsbewußtseins oder mangelnder Erfahrung nicht erkennen oder nicht abwenden können.

[2] Satz 1 Nr. 1 gilt nicht für vollzeitschulpflichtige Jugendliche.

(3) Die zulässigen Beschäftigungen müssen im übrigen den Schutzvorschriften des Jugendarbeitsschutzgesetzes entsprechen.

§ 3 Behördliche Befugnisse. Die Aufsichtsbehörde kann im Einzelfall feststellen, ob die Beschäftigung nach § 2 zulässig ist.

§ 4 Inkrafttreten. Diese Verordnung tritt am ersten Tage des auf die Verkündung[1)] folgenden Kalendermonats in Kraft.

[1)] Verkündet am 26.6.1998.

27. Gesetz zur Förderung von Jugendfreiwilligendiensten (Jugendfreiwilligendienstegesetz – JFDG)[1) 2)]

Vom 16. Mai 2008
(BGBl. I S. 842)

FNA 2160-3

zuletzt geänd. durch Art. 79 G über die Entschädigung der Soldatinnen und Soldaten und zur Neuordnung des Soldatenversorgungsrechts v. 20.8.2021 (BGBl. I S. 3932)

§ 1 Fördervoraussetzungen. (1) [1]Jugendfreiwilligendienste fördern die Bildungsfähigkeit der Jugendlichen und gehören zu den besonderen Formen des bürgerschaftlichen Engagements. [2]Ein Jugendfreiwilligendienst wird gefördert, wenn die in den §§ 2 bis 8 genannten Voraussetzungen erfüllt sind und der Dienst von einem nach § 10 zugelassenen Träger durchgeführt wird. [3]Die Förderung dient dazu, die Härten und Nachteile zu beseitigen, die mit der Ableistung des Jugendfreiwilligendienstes im Sinne dieses Gesetzes verbunden sind.

(2) Jugendfreiwilligendienste im Sinne des Gesetzes sind das freiwillige soziale Jahr (FSJ) und das freiwillige ökologische Jahr (FÖJ).

§ 2 Freiwillige. (1) Freiwillige im Sinne dieses Gesetzes sind Personen, die

1. die Vollzeitschulpflicht erfüllt haben, aber das 27. Lebensjahr noch nicht vollendet haben,
2. einen freiwilligen Dienst
   a) ohne Erwerbsabsicht, außerhalb einer Berufsausbildung und vergleichbar einer Vollzeitbeschäftigung leisten oder
   b) ohne Erwerbsabsicht, außerhalb einer Berufsausbildung und vergleichbar einer Teilzeitbeschäftigung von mehr als 20 Stunden pro Woche leisten, sofern ein berechtigtes Interesse der Freiwilligen an einer Teilzeitbeschäftigung vorliegt,
3. sich auf Grund einer Vereinbarung nach § 11 zur Leistung des freiwilligen Dienstes für eine Zeit von mindestens sechs Monaten und höchstens 24 Monaten verpflichtet haben und
4. für den freiwilligen Dienst
   a) nur unentgeltliche Unterkunft, Verpflegung und Arbeitskleidung sowie ein angemessenes Taschengeld erhalten dürfen oder
   b) anstelle von unentgeltlicher Unterkunft, Verpflegung und Arbeitskleidung entsprechende Geldersatzleistungen sowie ein angemessenes Taschengeld erhalten dürfen.

Angemessen ist ein Taschengeld, wenn es 6 Prozent der in der allgemeinen Rentenversicherung geltenden Beitragsbemessungsgrenze nicht übersteigt. Bei einem freiwilligen Dienst vergleichbar einer Teilzeitbeschäftigung ist dieser Prozentsatz zu kürzen.

[1)] Verkündet als Art. 1 G v. 16.5.2008 (BGBl. I S. 842); Inkrafttreten gem. Art. 3 dieses G am 1.6.2008.

[2)] Änderungen, die nach dem 31.12.2023 in Kraft treten, sind hier nicht wiedergegeben.

(2) Als Freiwillige gelten auch Personen, die durch einen nach § 10 zugelassenen Träger des Jugendfreiwilligendienstes darauf vorbereitet werden, einen Jugendfreiwilligendienst im Ausland zu leisten (Vorbereitungsdienst), für den Vorbereitungsdienst nur Leistungen erhalten, die dieses Gesetz vorsieht, und neben dem Vorbereitungsdienst keine Tätigkeit gegen Entgelt ausüben sowie die Voraussetzungen des Absatzes 1 Nummer 1 und 3 erfüllen.

§ 3 Freiwilliges soziales Jahr. (1) Das freiwillige soziale Jahr wird als überwiegend praktische Hilfstätigkeit, die an Lernzielen orientiert ist, in gemeinwohlorientierten Einrichtungen geleistet, insbesondere in Einrichtungen der Wohlfahrtspflege, in Einrichtungen der Kinder- und Jugendhilfe, einschließlich der Einrichtungen für außerschulische Jugendbildung und Einrichtungen für Jugendarbeit, in Einrichtungen der Gesundheitspflege, in Einrichtungen der Kultur und Denkmalpflege oder in Einrichtungen des Sports.

(2) [1] Das freiwillige soziale Jahr wird pädagogisch begleitet. [2] Die pädagogische Begleitung wird von einer zentralen Stelle eines nach § 10 zugelassenen Trägers des Jugendfreiwilligendienstes sichergestellt mit dem Ziel, soziale, kulturelle und interkulturelle Kompetenzen zu vermitteln und das Verantwortungsbewusstsein für das Gemeinwohl zu stärken.

§ 4 Freiwilliges ökologisches Jahr. (1) Das freiwillige ökologische Jahr wird als überwiegend praktische Hilfstätigkeit, die an Lernzielen orientiert ist, in geeigneten Stellen und Einrichtungen geleistet, die im Bereich des Natur- und Umweltschutzes einschließlich der Bildung zur Nachhaltigkeit tätig sind.

(2) [1] Das freiwillige ökologische Jahr wird pädagogisch begleitet. [2] Die pädagogische Begleitung wird von einer zentralen Stelle eines nach § 10 zugelassenen Trägers des Jugendfreiwilligendienstes sichergestellt mit dem Ziel, soziale, kulturelle und interkulturelle Kompetenzen zu vermitteln und das Verantwortungsbewusstsein für das Gemeinwohl zu stärken. [3] Im freiwilligen ökologischen Jahr sollen insbesondere der nachhaltige Umgang mit Natur und Umwelt gestärkt und Umweltbewusstsein entwickelt werden, um ein kompetentes Handeln für Natur und Umwelt zu fördern.

§ 5 Jugendfreiwilligendienste im Inland. (1) [1] Das freiwillige soziale Jahr und das freiwillige ökologische Jahr im Inland werden in der Regel für eine Dauer von zwölf zusammenhängenden Monaten geleistet. [2] Die Mindestdauer bei demselben nach § 10 anerkannten Träger beträgt sechs Monate, der Dienst kann bis zu der Gesamtdauer von insgesamt 18 Monaten verlängert werden. [3] Der Träger kann den Jugendfreiwilligendienst im Rahmen des pädagogischen Gesamtkonzepts auch unterbrochen zur Ableistung in Abschnitten anbieten, wenn ein Abschnitt mindestens drei Monate dauert.

(2) [1] Die pädagogische Begleitung umfasst die an Lernzielen orientierte fachliche Anleitung der Freiwilligen durch die Einsatzstelle, die individuelle Betreuung durch pädagogische Kräfte des Trägers und durch die Einsatzstelle sowie die Seminararbeit. [2] Es werden ein Einführungs-, ein Zwischen- und ein Abschlussseminar durchgeführt, deren Mindestdauer je fünf Tage beträgt. [3] Die Gesamtdauer der Seminare beträgt bezogen auf eine zwölfmonatige Teilnahme am Jugendfreiwilligendienst mindestens 25 Tage. [4] Wird ein Dienst über den Zeitraum von zwölf Monaten hinaus vereinbart oder verlängert, erhöht sich die Zahl der Seminartage um mindestens einen Tag je Monat der Verlängerung. [5] Die Seminarzeit gilt als Dienstzeit. [6] Die Teilnahme ist Pflicht. [7] Die

Freiwilligen wirken an der inhaltlichen Gestaltung und der Durchführung der Seminare mit.

(3) [1] Bis zu einer Höchstdauer von insgesamt 18 Monaten können ein freiwilliges soziales Jahr und ein freiwilliges ökologisches Jahr mit einer Mindestdienstdauer von sechs Monaten nacheinander geleistet werden. [2] In diesem Fall richtet sich die Zahl der Seminartage für jeden einzelnen Dienst nach Absatz 2. [3] Auf die Gesamtdauer ist ein Bundesfreiwilligendienst nach dem Bundesfreiwilligendienstgesetz anzurechnen.

(4) [1] Zur Durchführung des Jugendfreiwilligendienstes nach diesem Gesetz schließen zugelassene Träger und Einsatzstellen eine vertragliche Vereinbarung. [2] Die Vereinbarung legt fest, in welcher Weise Träger und Einsatzstellen die Ziele des Dienstes, insbesondere soziale Kompetenz, Persönlichkeitsbildung sowie die Förderung der Bildungs- und Beschäftigungsfähigkeit der Freiwilligen gemeinsam verfolgen.

§ 6 Jugendfreiwilligendienst im Ausland. (1) Ein freiwilliges soziales Jahr oder ein freiwilliges ökologisches Jahr im Sinne dieses Gesetzes kann auch im Ausland geleistet werden.

(2) [1] Der Jugendfreiwilligendienst im Ausland wird als Dienst gemäß § 2 Abs. 1 Nr. 1 und ausschließlich ununterbrochen geleistet. [2] § 5 gilt entsprechend, soweit keine abweichenden Regelungen für den Jugendfreiwilligendienst im Ausland vorgesehen sind. [3] Zum freiwilligen sozialen Jahr im Ausland gehört insbesondere auch der Dienst für Frieden und Versöhnung. [4] Der Jugendfreiwilligendienst im Ausland wird nach Maßgabe der Nummern 1 bis 3 pädagogisch begleitet:

1. Die pädagogische Begleitung wird von einem nach § 10 zugelassenen Träger sichergestellt,
2. zur Vorbereitung auf den Jugendfreiwilligendienst und während des Dienstes im Ausland erfolgt die pädagogische Begleitung in Form von Bildungsmaßnahmen (Seminaren oder pädagogischen Veranstaltungen), durch fachliche Anleitung durch die Einsatzstelle und die individuelle Betreuung durch pädagogische Kräfte der Einsatzstelle oder des Trägers; die Freiwilligen wirken an der inhaltlichen Gestaltung und Durchführung der Bildungsmaßnahmen mit,
3. die Gesamtdauer der Bildungsmaßnahmen beträgt, bezogen auf eine zwölfmonatige Teilnahme am Jugendfreiwilligendienst im Ausland, mindestens fünf Wochen.

[5] Die pädagogische Begleitung soll in der Weise erfolgen, dass jeweils in der Bundesrepublik Deutschland vorbereitende Veranstaltungen von mindestens vierwöchiger Dauer und nachbereitende Veranstaltungen von mindestens einwöchiger Dauer stattfinden. [6] Falls der Träger ein Zwischenseminar im Ausland sicherstellen kann, das regelmäßig bis zu zwei Wochen dauern kann, verkürzen sich die vorbereitenden Veranstaltungen entsprechend. [7] Die Teilnahme an den Bildungsmaßnahmen gilt als Dienstzeit. [8] Die Teilnahme ist Pflicht.

(3) [1] Der Dienst muss nach Maßgabe des § 11 Abs. 1 mit dem Träger vereinbart und gestaltet werden. [2] § 11 Abs. 2 findet keine Anwendung. [3] Die Höchstdauer der Entsendung beträgt 18 Monate. [4] Für die Zahl zusätzlicher Seminartage gilt § 5 Absatz 2 Satz 3 und 4 entsprechend.

§ 7 Kombinierter Jugendfreiwilligendienst. [1]Ein kombinierter Jugendfreiwilligendienst im In- und Ausland kann vom Träger angeboten werden, wenn insgesamt eine Dauer von 18 zusammenhängenden Monaten nicht überschritten wird und die Einsatzabschnitte im In- und Ausland jeweils mindestens drei Monate dauern. [2]Der Dienst ist für den Gesamtzeitraum nach § 11 Abs. 1 mit dem Träger zu vereinbaren und zu gestalten. [3]§ 11 Abs. 2 findet keine Anwendung. [4]Die pädagogische Begleitung soll nach Maßgabe des § 6 erfolgen; Zwischenseminare können auch im Inland stattfinden. [5]§ 5 Abs. 2 gilt für kürzer oder länger als zwölf Monate dauernde Dienste entsprechend.

§ 8 Zeitliche Ausnahmen. Der Jugendfreiwilligendienst nach den §§ 5, 6 und 7 kann ausnahmsweise bis zu einer Dauer von 24 Monaten geleistet werden, wenn dies im Rahmen eines besonderen pädagogischen Konzepts begründet ist.

§ 9 Förderung. Die Förderung des freiwilligen sozialen Jahres und des freiwilligen ökologischen Jahres richtet sich nach folgenden Rechtsnormen:

1. § 3 der Verordnung über Sonderurlaub für Bundesbeamte und Richter im Bundesdienst (Sonderurlaub),
2. § 2 Abs. 1 Nr. 8 des Arbeitsgerichtsgesetzes (Zuständigkeit von Gerichten),
3. § 32 Abs. 4 Satz 1 Nr. 2 Buchstabe b und d des Einkommensteuergesetzes (Berücksichtigung von Kindern),
4. § 265 Abs. 2 Satz 3 Nr. 2 des Gesetzes über den Lastenausgleich (Lastenausgleich),
5. § 27 Abs. 2 Satz 2 Nr. 1, § 150 Absatz 2 Satz 1 Nummer 2, § 344 Abs. 2 des Dritten Buches Sozialgesetzbuch (Arbeitsförderung),
6. § 20 Abs. 3 Satz 1 Nr. 2 des Vierten Buches Sozialgesetzbuch (Gesamtsozialversicherungsbeitrag),
7. § 67 Abs. 3 Satz 1 Nr. 2 Buchstabe b und c, § 82 Abs. 2 Satz 2 des Siebten Buches Sozialgesetzbuch (Gesetzliche Unfallversicherung),
8. § 33b Abs. 4 Satz 2 Nr. 2 Buchstabe d, § 45 Abs. 3 Satz 1 Buchstabe c des Bundesversorgungsgesetzes (Kinderzuschlag und Waisenrente bei Kriegsopferversorgung),
9. § 2 Abs. 2 Satz 1 Nr. 2 Buchstabe b und d des Bundeskindergeldgesetzes (Kindergeld),
10. § 10 Abs. 1 des Vierten Buches Sozialgesetzbuch (Beschäftigungsort),
11. § 7 Abs. 1 Satz 1 Nr. 2, § 10 Abs. 2 Nr. 3 des Fünften Buches Sozialgesetzbuch (Krankenversicherung),
12. § 6 Absatz 1b Satz 5, § 48 Abs. 4 Satz 1 Nr. 2 Buchstabe b und c des Sechsten Buches Sozialgesetzbuch (Rentenversicherung),
13. § 25 Abs. 2 Nr. 3 des Elften Buches Sozialgesetzbuch (Pflegeversicherung),
14. § 1 Abs. 1 Nr. 2 Buchstabe h der Verordnung über den Ausgleich gemeinwirtschaftlicher Leistungen im Straßenpersonenverkehr (Ermäßigungen im Straßenpersonenverkehr),
15. § 1 Abs. 1 Nr. 2 Buchstabe h der Verordnung über den Ausgleich gemeinwirtschaftlicher Leistungen im Eisenbahnverkehr (Ermäßigungen im Eisenbahnverkehr),
16. § 14c des Gesetzes über den Zivildienst der Kriegsdienstverweigerer (Anerkannte Kriegsdienstverweigerer).

§ 10 Träger. (1) Als Träger des freiwilligen sozialen Jahres im Inland im Sinne dieses Gesetzes sind zugelassen:

1. die Verbände, die in der Bundesarbeitsgemeinschaft der freien Wohlfahrtspflege zusammengeschlossen sind, und ihre Untergliederungen,
2. Religionsgemeinschaften mit dem Status einer öffentlich-rechtlichen Körperschaft und
3. die Gebietskörperschaften sowie nach näherer Bestimmung der Länder sonstige Körperschaften des öffentlichen Rechts.

(2) Als weitere Träger des freiwilligen sozialen Jahres im Inland und als Träger des freiwilligen ökologischen Jahres im Inland im Sinne dieses Gesetzes kann die zuständige Landesbehörde solche Einrichtungen zulassen, die für eine den Bestimmungen der §§ 2, 3 oder 4 und 5 entsprechende Durchführung Gewähr bieten.

(3) [1] Als Träger des freiwilligen sozialen Jahres im Ausland oder als Träger des freiwilligen ökologischen Jahres im Ausland im Sinne dieses Gesetzes werden juristische Personen zugelassen, die

1. Maßnahmen im Sinne der §§ 6 oder 7 durchführen und Freiwillige für einen Dienst im Ausland vorbereiten, entsenden und betreuen,
2. Gewähr dafür bieten, dass sie auf Grund ihrer nachgewiesenen Auslandserfahrungen ihre Aufgabe auf Dauer erfüllen und den ihnen nach dem Gesetz obliegenden Verpflichtungen nachkommen,
3. ausschließlich und unmittelbar steuerbegünstigten Zwecken im Sinne der §§ 51 bis 68 der Abgabenordnung dienen und
4. ihren Sitz in der Bundesrepublik Deutschland haben.

[2] Über die Zulassung eines Trägers des freiwilligen sozialen Jahres im Ausland und über die Zulassung eines Trägers des freiwilligen ökologischen Jahres im Ausland entscheidet die zuständige Landesbehörde.

(4) [1] Die zuständige Landesbehörde hat die Zulassung von Trägern im Sinne dieses Gesetzes zu widerrufen, wenn eine der in Absatz 2 oder 3 genannten Voraussetzungen nicht mehr vorliegt. [2] Die Zulassung kann auch aus anderen wichtigen Gründen widerrufen werden, insbesondere, wenn eine Auflage nicht erfüllt worden ist. [3] Durch den Widerruf oder die Rücknahme der Zulassung werden die Rechte der Freiwilligen nach diesem Gesetz nicht berührt.

(5) Bestehende Zulassungen von Trägern nach dem Gesetz zur Förderung eines freiwilligen sozialen Jahres oder nach dem Gesetz zur Förderung eines freiwilligen ökologischen Jahres bleiben unberührt.

§ 11 Vereinbarung, Bescheinigung, Zeugnis. (1) [1] Der zugelassene Träger des Jugendfreiwilligendienstes und die oder der Freiwillige schließen vor Beginn des Jugendfreiwilligendienstes eine schriftliche Vereinbarung ab. [2] Sie muss enthalten:

1. Vor- und Familienname, Geburtsdatum und Anschrift der oder des Freiwilligen,
2. die Bezeichnung des Trägers des Jugendfreiwilligendienstes und der Einsatzstelle,

3. die Angabe des Zeitraumes, für den die oder der Freiwillige sich zum Jugendfreiwilligendienst verpflichtet hat, sowie Regelungen für den Fall der vorzeitigen Beendigung des Dienstes,
4. die Erklärung, dass die Bestimmungen dieses Gesetzes während der Durchführung des Jugendfreiwilligendienstes einzuhalten sind,
5. die Angabe des Zulassungsbescheides des Trägers oder der gesetzlichen Zulassung,
6. Angaben zur Art und Höhe der Geld- und Sachleistungen für Unterkunft, Verpflegung, Arbeitskleidung und Taschengeld,
7. die Angabe der Anzahl der Urlaubstage und
8. die Ziele des Dienstes und die wesentlichen der Zielerreichung dienenden Maßnahmen.

(2) [1]Die Vereinbarung nach Absatz 1 kann auch als gemeinsame Vereinbarung zwischen dem zugelassenen Träger, der Einsatzstelle und der oder dem Freiwilligen geschlossen werden, in der die Einsatzstelle die Geld- und Sachleistungen für Unterkunft, Verpflegung, Arbeitskleidung und Taschengeld auf eigene Rechnung übernimmt. [2]Der Träger haftet für die Erfüllung dieser Pflichten gegenüber der oder dem Freiwilligen und Dritten wie ein selbstschuldnerischer Bürge.

(3) [1]Der Träger stellt der Freiwilligen oder dem Freiwilligen nach Abschluss des Dienstes eine Bescheinigung aus. [2]Absatz 1 Satz 2 Nr. 4 und 5 gilt entsprechend; außerdem muss die Bescheinigung den Zeitraum des Dienstes enthalten.

(4) [1]Bei Beendigung des Jugendfreiwilligendienstes kann die Freiwillige oder der Freiwillige von dem Träger ein schriftliches Zeugnis über die Art und Dauer des Jugendfreiwilligendienstes fordern. [2]Die Einsatzstelle soll bei der Zeugniserstellung angemessen beteiligt werden; im Falle des § 11 Abs. 2 ist das Zeugnis im Einvernehmen mit der Einsatzstelle zu erstellen. [3]Das Zeugnis ist auf Verlangen auf die Leistungen und die Führung während der Dienstzeit zu erstrecken. [4]Dabei sind in das Zeugnis berufsqualifizierende Merkmale des Jugendfreiwilligendienstes aufzunehmen.

§ 12 Datenschutz. [1]Der Träger des Jugendfreiwilligendienstes darf personenbezogene Daten nach § 11 Abs. 1 Satz 2 verarbeiten, soweit dies für die Förderung nach § 9 in Verbindung mit den dort genannten Vorschriften erforderlich ist. [2]Die Daten sind nach Abwicklung des Jugendfreiwilligendienstes zu löschen.

§ 13 Anwendung arbeitsrechtlicher und arbeitsschutzrechtlicher Bestimmungen. [1]Für eine Tätigkeit im Rahmen eines Jugendfreiwilligendienstes im Sinne dieses Gesetzes sind die Arbeitsschutzbestimmungen und das Bundesurlaubsgesetz entsprechend anzuwenden. [2]Für Schäden bei der Ausübung ihrer Tätigkeit haften Freiwillige nur wie Arbeitnehmerinnen und Arbeitnehmer.

§§ 14, 15 *(aufgehoben)*

28. Berufsbildungsgesetz (BBiG)[1)]

Vom 4. Mai 2020[2)]
(BGBl. I S. 920)

FNA 806-22

geänd. durch Art. 16 RegistermodernisierungsG v. 28.3.2021 (BGBl. I S. 591[1)])

– Auszug –

Teil 1. Allgemeine Vorschriften

§ 1 Ziele und Begriffe der Berufsbildung. (1) Berufsbildung im Sinne dieses Gesetzes sind die Berufsausbildungsvorbereitung, die Berufsausbildung, die berufliche Fortbildung und die berufliche Umschulung.

(2) Die Berufsausbildungsvorbereitung dient dem Ziel, durch die Vermittlung von Grundlagen für den Erwerb beruflicher Handlungsfähigkeit an eine Berufsausbildung in einem anerkannten Ausbildungsberuf heranzuführen.

(3) [1] Die Berufsausbildung hat die für die Ausübung einer qualifizierten beruflichen Tätigkeit in einer sich wandelnden Arbeitswelt notwendigen beruflichen Fertigkeiten, Kenntnisse und Fähigkeiten (berufliche Handlungsfähigkeit) in einem geordneten Ausbildungsgang zu vermitteln. [2] Sie hat ferner den Erwerb der erforderlichen Berufserfahrungen zu ermöglichen.

(4) Die berufliche Fortbildung soll es ermöglichen,

1. die berufliche Handlungsfähigkeit durch eine Anpassungsfortbildung zu erhalten und anzupassen oder
2. die berufliche Handlungsfähigkeit durch eine Fortbildung der höherqualifizierenden Berufsbildung zu erweitern und beruflich aufzusteigen.

(5) Die berufliche Umschulung soll zu einer anderen beruflichen Tätigkeit befähigen.

§ 2 Lernorte der Berufsbildung. (1) Berufsbildung wird durchgeführt

1. in Betrieben der Wirtschaft, in vergleichbaren Einrichtungen außerhalb der Wirtschaft, insbesondere des öffentlichen Dienstes, der Angehörigen freier Berufe und in Haushalten (betriebliche Berufsbildung),
2. in berufsbildenden Schulen (schulische Berufsbildung) und
3. in sonstigen Berufsbildungseinrichtungen außerhalb der schulischen und betrieblichen Berufsbildung (außerbetriebliche Berufsbildung).

(2) Die Lernorte nach Absatz 1 wirken bei der Durchführung der Berufsbildung zusammen (Lernortkooperation).

(3) [1] Teile der Berufsausbildung können im Ausland durchgeführt werden, wenn dies dem Ausbildungsziel dient. [2] Ihre Gesamtdauer soll ein Viertel der in der Ausbildungsordnung festgelegten Ausbildungsdauer nicht überschreiten.

[1)] Änderungen, die nach dem 31.12.2023 in Kraft treten, sind hier nicht wiedergegeben.
[2)] Neubekanntmachung des BerufsbildungsG v. 23.3.2005 (BGBl. I S. 931) in der ab 1.1.2020 geltenden Fassung.

§ 3 Anwendungsbereich. (1) Dieses Gesetz gilt für die Berufsbildung, soweit sie nicht in berufsbildenden Schulen durchgeführt wird, die den Schulgesetzen der Länder unterstehen.

(2) Dieses Gesetz gilt nicht für

1. die Berufsbildung, die in berufsqualifizierenden oder vergleichbaren Studiengängen an Hochschulen auf der Grundlage des Hochschulrahmengesetzes und der Hochschulgesetze der Länder durchgeführt wird,
2. die Berufsbildung in einem öffentlich-rechtlichen Dienstverhältnis,
3. die Berufsbildung auf Kauffahrteischiffen, die nach dem Flaggenrechtsgesetz die Bundesflagge führen, soweit es sich nicht um Schiffe der kleinen Hochseefischerei oder der Küstenfischerei handelt.

(3) Für die Berufsbildung in Berufen der Handwerksordnung[1)] gelten die §§ 4 bis 9, 27 bis 49, 53 bis 70, 76 bis 80 sowie 101 Absatz 1 Nummer 1 bis 4 sowie Nummer 6 bis 10 nicht; insoweit gilt die Handwerksordnung[1)].

Teil 2. Berufsbildung

Kapitel 1. Berufsausbildung

Abschnitt 1. Ordnung der Berufsausbildung; Anerkennung von Ausbildungsberufen

§ 4 Anerkennung von Ausbildungsberufen. (1) Als Grundlage für eine geordnete und einheitliche Berufsausbildung kann das Bundesministerium für Wirtschaft und Energie oder das sonst zuständige Fachministerium im Einvernehmen mit dem Bundesministerium für Bildung und Forschung durch Rechtsverordnung, die nicht der Zustimmung des Bundesrates bedarf, Ausbildungsberufe staatlich anerkennen und hierfür Ausbildungsordnungen nach § 5 erlassen.

(2) Für einen anerkannten Ausbildungsberuf darf nur nach der Ausbildungsordnung ausgebildet werden.

(3) In anderen als anerkannten Ausbildungsberufen dürfen Jugendliche unter 18 Jahren nicht ausgebildet werden, soweit die Berufsausbildung nicht auf den Besuch weiterführender Bildungsgänge vorbereitet.

(4) Wird die Ausbildungsordnung eines Ausbildungsberufs aufgehoben oder geändert, so sind für bestehende Berufsausbildungsverhältnisse weiterhin die Vorschriften, die bis zum Zeitpunkt der Aufhebung oder der Änderung gelten, anzuwenden, es sei denn, die ändernde Verordnung sieht eine abweichende Regelung vor.

(5) Das zuständige Fachministerium informiert die Länder frühzeitig über Neuordnungskonzepte und bezieht sie in die Abstimmung ein.

§ 5 Ausbildungsordnung. (1) [1] Die Ausbildungsordnung hat festzulegen

1. die Bezeichnung des Ausbildungsberufes, der anerkannt wird,
2. die Ausbildungsdauer; sie soll nicht mehr als drei und nicht weniger als zwei Jahre betragen,

---

[1)] Auszugsweise abgedruckt unter Nr. **30**.

3. die beruflichen Fertigkeiten, Kenntnisse und Fähigkeiten, die mindestens Gegenstand der Berufsausbildung sind (Ausbildungsberufsbild),
4. eine Anleitung zur sachlichen und zeitlichen Gliederung der Vermittlung der beruflichen Fertigkeiten, Kenntnisse und Fähigkeiten (Ausbildungsrahmenplan),
5. die Prüfungsanforderungen.

[2] Bei der Festlegung der Fertigkeiten, Kenntnisse und Fähigkeiten nach Satz 1 Nummer 3 ist insbesondere die technologische und digitale Entwicklung zu beachten.

(2) [1] Die Ausbildungsordnung kann vorsehen,

1. dass die Berufsausbildung in sachlich und zeitlich besonders gegliederten, aufeinander aufbauenden Stufen erfolgt; nach den einzelnen Stufen soll ein Ausbildungsabschluss vorgesehen werden, der sowohl zu einer qualifizierten beruflichen Tätigkeit im Sinne des § 1 Absatz 3 befähigt als auch die Fortsetzung der Berufsausbildung in weiteren Stufen ermöglicht (Stufenausbildung),
2. dass die Abschlussprüfung in zwei zeitlich auseinander fallenden Teilen durchgeführt wird,

2a. dass im Fall einer Regelung nach Nummer 2 bei nicht bestandener Abschlussprüfung in einem drei- oder dreieinhalbjährigen Ausbildungsberuf, der auf einem zweijährigen Ausbildungsberuf aufbaut, der Abschluss des zweijährigen Ausbildungsberufs erworben wird, sofern im ersten Teil der Abschlussprüfung mindestens ausreichende Prüfungsleistungen erbracht worden sind,

2b. dass Auszubildende bei erfolgreichem Abschluss eines zweijährigen Ausbildungsberufs vom ersten Teil der Abschlussprüfung oder einer Zwischenprüfung eines darauf aufbauenden drei- oder dreieinhalbjährigen Ausbildungsberufs befreit sind,

3. dass abweichend von § 4 Absatz 4 die Berufsausbildung in diesem Ausbildungsberuf unter Anrechnung der bereits zurückgelegten Ausbildungszeit fortgesetzt werden kann, wenn die Vertragsparteien dies vereinbaren,
4. dass auf die Dauer der durch die Ausbildungsordnung geregelten Berufsausbildung die Dauer einer anderen abgeschlossenen Berufsausbildung ganz oder teilweise anzurechnen ist,
5. dass über das in Absatz 1 Nummer 3 beschriebene Ausbildungsberufsbild hinaus zusätzliche berufliche Fertigkeiten, Kenntnisse und Fähigkeiten vermittelt werden können, die die berufliche Handlungsfähigkeit ergänzen oder erweitern,
6. dass Teile der Berufsausbildung in geeigneten Einrichtungen außerhalb der Ausbildungsstätte durchgeführt werden, wenn und soweit es die Berufsausbildung erfordert (überbetriebliche Berufsausbildung).

[2] Im Fall des Satzes 1 Nummer 2a bedarf es eines Antrags der Auszubildenden. [3] Im Fall des Satzes 1 Nummer 4 bedarf es der Vereinbarung der Vertragsparteien. [4] Im Rahmen der Ordnungsverfahren soll stets geprüft werden, ob Regelungen nach Nummer 1, 2, 2a, 2b und 4 sinnvoll und möglich sind.

§ 6 Erprobung neuer Ausbildungs- und Prüfungsformen. Zur Entwicklung und Erprobung neuer Ausbildungs- und Prüfungsformen kann das Bundesministerium für Wirtschaft und Energie oder das sonst zuständige Fachministerium im Einvernehmen mit dem Bundesministerium für Bildung und Forschung nach Anhörung des Hauptausschusses des Bundesinstituts für Berufsbildung durch Rechtsverordnung, die nicht der Zustimmung des Bundesrates bedarf, Ausnahmen von § 4 Absatz 2 und 3 sowie den §§ 5, 37 und 48 zulassen, die auch auf eine bestimmte Art und Zahl von Ausbildungsstätten beschränkt werden können.

§ 7 Anrechnung beruflicher Vorbildung auf die Ausbildungsdauer.

(1) [1] Die Landesregierungen können nach Anhörung des Landesausschusses für Berufsbildung durch Rechtsverordnung bestimmen, dass der Besuch eines Bildungsganges berufsbildender Schulen oder die Berufsausbildung in einer sonstigen Einrichtung ganz oder teilweise auf die Ausbildungsdauer angerechnet wird. [2] Die Ermächtigung kann durch Rechtsverordnung auf oberste Landesbehörden weiter übertragen werden.

(2) [1] Ist keine Rechtsverordnung nach Absatz 1 erlassen, kann eine Anrechnung durch die zuständige Stelle im Einzelfall erfolgen. [2] Für die Entscheidung über die Anrechnung auf die Ausbildungsdauer kann der Hauptausschuss des Bundesinstituts für Berufsbildung Empfehlungen beschließen.

(3) [1] Die Anrechnung bedarf des gemeinsamen Antrags der Auszubildenden und der Ausbildenden. [2] Der Antrag ist an die zuständige Stelle zu richten. [3] Er kann sich auf Teile des höchstzulässigen Anrechnungszeitraums beschränken.

(4) Ein Anrechnungszeitraum muss in ganzen Monaten durch sechs teilbar sein.

§ 7a Teilzeitberufsausbildung. (1) [1] Die Berufsausbildung kann in Teilzeit durchgeführt werden. [2] Im Berufsausbildungsvertrag ist für die gesamte Ausbildungszeit oder für einen bestimmten Zeitraum der Berufsausbildung die Verkürzung der täglichen oder der wöchentlichen Ausbildungszeit zu vereinbaren. [3] Die Kürzung der täglichen oder der wöchentlichen Ausbildungszeit darf nicht mehr als 50 Prozent betragen.

(2) [1] Die Dauer der Teilzeitberufsausbildung verlängert sich entsprechend, höchstens jedoch bis zum Eineinhalbfachen der Dauer, die in der Ausbildungsordnung für die betreffende Berufsausbildung in Vollzeit festgelegt ist. [2] Die Dauer der Teilzeitberufsausbildung ist auf ganze Monate abzurunden. [3] § 8 Absatz 2 bleibt unberührt.

(3) Auf Verlangen der Auszubildenden verlängert sich die Ausbildungsdauer auch über die Höchstdauer nach Absatz 2 Satz 1 hinaus bis zur nächsten möglichen Abschlussprüfung.

(4) Der Antrag auf Eintragung des Berufsausbildungsvertrages nach § 36 Absatz 1 in das Verzeichnis der Berufsausbildungsverhältnisse für eine Teilzeitberufsausbildung kann mit einem Antrag auf Verkürzung der Ausbildungsdauer nach § 8 Absatz 1 verbunden werden.

§ 8 Verkürzung oder Verlängerung der Ausbildungsdauer. (1) Auf gemeinsamen Antrag der Auszubildenden und der Ausbildenden hat die zuständige Stelle die Ausbildungsdauer zu kürzen, wenn zu erwarten ist, dass das Ausbildungsziel in der gekürzten Dauer erreicht wird.

(2) [1] In Ausnahmefällen kann die zuständige Stelle auf Antrag Auszubildender die Ausbildungsdauer verlängern, wenn die Verlängerung erforderlich ist,

um das Ausbildungsziel zu erreichen. [2] Vor der Entscheidung über die Verlängerung sind die Ausbildenden zu hören.

(3) Für die Entscheidung über die Verkürzung oder Verlängerung der Ausbildungsdauer kann der Hauptausschuss des Bundesinstituts für Berufsbildung Empfehlungen beschließen.

§ 9 Regelungsbefugnis. Soweit Vorschriften nicht bestehen, regelt die zuständige Stelle die Durchführung der Berufsausbildung im Rahmen dieses Gesetzes.

Abschnitt 2. Berufsausbildungsverhältnis

Unterabschnitt 1. Begründung des Ausbildungsverhältnisses

§ 10 Vertrag. (1) Wer andere Personen zur Berufsausbildung einstellt (Ausbildende), hat mit den Auszubildenden einen Berufsausbildungsvertrag zu schließen.

(2) Auf den Berufsausbildungsvertrag sind, soweit sich aus seinem Wesen und Zweck und aus diesem Gesetz nichts anderes ergibt, die für den Arbeitsvertrag geltenden Rechtsvorschriften und Rechtsgrundsätze anzuwenden.

(3) Schließen die gesetzlichen Vertreter oder Vertreterinnen mit ihrem Kind einen Berufsausbildungsvertrag, so sind sie von dem Verbot des § 181 des Bürgerlichen Gesetzbuchs befreit.

(4) Ein Mangel in der Berechtigung, Auszubildende einzustellen oder auszubilden, berührt die Wirksamkeit des Berufsausbildungsvertrages nicht.

(5) Zur Erfüllung der vertraglichen Verpflichtungen der Ausbildenden können mehrere natürliche oder juristische Personen in einem Ausbildungsverbund zusammenwirken, soweit die Verantwortlichkeit für die einzelnen Ausbildungsabschnitte sowie für die Ausbildungszeit insgesamt sichergestellt ist (Verbundausbildung).

§ 11 Vertragsniederschrift. (1) [1] Ausbildende haben unverzüglich nach Abschluss des Berufsausbildungsvertrages, spätestens vor Beginn der Berufsausbildung, den wesentlichen Inhalt des Vertrages gemäß Satz 2 schriftlich niederzulegen; die elektronische Form ist ausgeschlossen. [2] In die Niederschrift sind mindestens aufzunehmen

1. Art, sachliche und zeitliche Gliederung sowie Ziel der Berufsausbildung, insbesondere die Berufstätigkeit, für die ausgebildet werden soll,
2. Beginn und Dauer der Berufsausbildung,
3. Ausbildungsmaßnahmen außerhalb der Ausbildungsstätte,
4. Dauer der regelmäßigen täglichen Ausbildungszeit,
5. Dauer der Probezeit,
6. Zahlung und Höhe der Vergütung,
7. Dauer des Urlaubs,
8. Voraussetzungen, unter denen der Berufsausbildungsvertrag gekündigt werden kann,
9. ein in allgemeiner Form gehaltener Hinweis auf die Tarifverträge, Betriebs- oder Dienstvereinbarungen, die auf das Berufsausbildungsverhältnis anzuwenden sind,
10. die Form des Ausbildungsnachweises nach § 13 Satz 2 Nummer 7.

(2) Die Niederschrift ist von den Ausbildenden, den Auszubildenden und deren gesetzlichen Vertretern und Vertreterinnen zu unterzeichnen.

(3) Ausbildende haben den Auszubildenden und deren gesetzlichen Vertretern und Vertreterinnen eine Ausfertigung der unterzeichneten Niederschrift unverzüglich auszuhändigen.

(4) Bei Änderungen des Berufsausbildungsvertrages gelten die Absätze 1 bis 3 entsprechend.

§ 12 Nichtige Vereinbarungen. (1) [1] Eine Vereinbarung, die Auszubildende für die Zeit nach Beendigung des Berufsausbildungsverhältnisses in der Ausübung ihrer beruflichen Tätigkeit beschränkt, ist nichtig. [2] Dies gilt nicht, wenn sich Auszubildende innerhalb der letzten sechs Monate des Berufsausbildungsverhältnisses dazu verpflichten, nach dessen Beendigung mit den Ausbildenden ein Arbeitsverhältnis einzugehen.

(2) Nichtig ist eine Vereinbarung über

1. die Verpflichtung Auszubildender, für die Berufsausbildung eine Entschädigung zu zahlen,
2. Vertragsstrafen,
3. den Ausschluss oder die Beschränkung von Schadensersatzansprüchen,
4. die Festsetzung der Höhe eines Schadensersatzes in Pauschbeträgen.

Unterabschnitt 2. Pflichten der Auszubildenden

§ 13 Verhalten während der Berufsausbildung. [1] Auszubildende haben sich zu bemühen, die berufliche Handlungsfähigkeit zu erwerben, die zum Erreichen des Ausbildungsziels erforderlich ist. [2] Sie sind insbesondere verpflichtet,

1. die ihnen im Rahmen ihrer Berufsausbildung aufgetragenen Aufgaben sorgfältig auszuführen,
2. an Ausbildungsmaßnahmen teilzunehmen, für die sie nach § 15 freigestellt werden,
3. den Weisungen zu folgen, die ihnen im Rahmen der Berufsausbildung von Ausbildenden, von Ausbildern oder Ausbilderinnen oder von anderen weisungsberechtigten Personen erteilt werden,
4. die für die Ausbildungsstätte geltende Ordnung zu beachten,
5. Werkzeug, Maschinen und sonstige Einrichtungen pfleglich zu behandeln,
6. über Betriebs- und Geschäftsgeheimnisse Stillschweigen zu wahren,
7. einen schriftlichen oder elektronischen Ausbildungsnachweis zu führen.

Unterabschnitt 3. Pflichten der Ausbildenden

§ 14 Berufsausbildung. (1) Ausbildende haben

1. dafür zu sorgen, dass den Auszubildenden die berufliche Handlungsfähigkeit vermittelt wird, die zum Erreichen des Ausbildungsziels erforderlich ist, und die Berufsausbildung in einer durch ihren Zweck gebotenen Form planmäßig, zeitlich und sachlich gegliedert so durchzuführen, dass das Ausbildungsziel in der vorgesehenen Ausbildungszeit erreicht werden kann,
2. selbst auszubilden oder einen Ausbilder oder eine Ausbilderin ausdrücklich damit zu beauftragen,

3. Auszubildenden kostenlos die Ausbildungsmittel, insbesondere Werkzeuge, Werkstoffe und Fachliteratur zur Verfügung zu stellen, die zur Berufsausbildung und zum Ablegen von Zwischen- und Abschlussprüfungen, auch soweit solche nach Beendigung des Berufsausbildungsverhältnisses stattfinden, erforderlich sind,
4. Auszubildende zum Besuch der Berufsschule anzuhalten,
5. dafür zu sorgen, dass Auszubildende charakterlich gefördert sowie sittlich und körperlich nicht gefährdet werden.

(2) [1] Ausbildende haben Auszubildende zum Führen der Ausbildungsnachweise nach § 13 Satz 2 Nummer 7 anzuhalten und diese regelmäßig durchzusehen. [2] Den Auszubildenden ist Gelegenheit zu geben, den Ausbildungsnachweis am Arbeitsplatz zu führen.

(3) Auszubildenden dürfen nur Aufgaben übertragen werden, die dem Ausbildungszweck dienen und ihren körperlichen Kräften angemessen sind.

§ 15 Freistellung, Anrechnung. (1) [1] Ausbildende dürfen Auszubildende vor einem vor 9 Uhr beginnenden Berufsschulunterricht nicht beschäftigen. [2] Sie haben Auszubildende freizustellen

1. für die Teilnahme am Berufsschulunterricht,
2. an einem Berufsschultag mit mehr als fünf Unterrichtsstunden von mindestens je 45 Minuten, einmal in der Woche,
3. in Berufsschulwochen mit einem planmäßigen Blockunterricht von mindestens 25 Stunden an mindestens fünf Tagen,
4. für die Teilnahme an Prüfungen und Ausbildungsmaßnahmen, die auf Grund öffentlich-rechtlicher oder vertraglicher Bestimmungen außerhalb der Ausbildungsstätte durchzuführen sind, und
5. an dem Arbeitstag, der der schriftlichen Abschlussprüfung unmittelbar vorangeht.

[3] Im Fall von Satz 2 Nummer 3 sind zusätzliche betriebliche Ausbildungsveranstaltungen bis zu zwei Stunden wöchentlich zulässig.

(2) Auf die Ausbildungszeit der Auszubildenden werden angerechnet

1. die Berufsschulunterrichtszeit einschließlich der Pausen nach Absatz 1 Satz 2 Nummer 1,
2. Berufsschultage nach Absatz 1 Satz 2 Nummer 2 mit der durchschnittlichen täglichen Ausbildungszeit,
3. Berufsschulwochen nach Absatz 1 Satz 2 Nummer 3 mit der durchschnittlichen wöchentlichen Ausbildungszeit,
4. die Freistellung nach Absatz 1 Satz 2 Nummer 4 mit der Zeit der Teilnahme einschließlich der Pausen und
5. die Freistellung nach Absatz 1 Satz 2 Nummer 5 mit der durchschnittlichen täglichen Ausbildungszeit.

(3) Für Auszubildende unter 18 Jahren gilt das Jugendarbeitsschutzgesetz[1].

§ 16 Zeugnis. (1) [1] Ausbildende haben den Auszubildenden bei Beendigung des Berufsausbildungsverhältnisses ein schriftliches Zeugnis auszustellen. [2] Die

---

[1] Nr. 22.

elektronische Form ist ausgeschlossen. [3] Haben Ausbildende die Berufsausbildung nicht selbst durchgeführt, so soll auch der Ausbilder oder die Ausbilderin das Zeugnis unterschreiben.

(2) [1] Das Zeugnis muss Angaben enthalten über Art, Dauer und Ziel der Berufsausbildung sowie über die erworbenen beruflichen Fertigkeiten, Kenntnisse und Fähigkeiten der Auszubildenden. [2] Auf Verlangen Auszubildender sind auch Angaben über Verhalten und Leistung aufzunehmen.

Unterabschnitt 4. Vergütung

§ 17 Vergütungsanspruch und Mindestvergütung. (1) [1] Ausbildende haben Auszubildenden eine angemessene Vergütung zu gewähren. [2] Die Vergütung steigt mit fortschreitender Berufsausbildung, mindestens jährlich, an.

(2) [1] Die Angemessenheit der Vergütung ist ausgeschlossen, wenn sie folgende monatliche Mindestvergütung unterschreitet:

1. im ersten Jahr einer Berufsausbildung
   a) 515 Euro, wenn die Berufsausbildung im Zeitraum vom 1. Januar 2020 bis zum 31. Dezember 2020 begonnen wird,
   b) 550 Euro, wenn die Berufsausbildung im Zeitraum vom 1. Januar 2021 bis zum 31. Dezember 2021 begonnen wird,
   c) 585 Euro, wenn die Berufsausbildung im Zeitraum vom 1. Januar 2022 bis zum 31. Dezember 2022 begonnen wird, und
   d) 620 Euro, wenn die Berufsausbildung im Zeitraum vom 1. Januar 2023 bis zum 31. Dezember 2023 begonnen wird,
2. im zweiten Jahr einer Berufsausbildung den Betrag nach Nummer 1 für das jeweilige Jahr, in dem die Berufsausbildung begonnen worden ist, zuzüglich 18 Prozent,
3. im dritten Jahr einer Berufsausbildung den Betrag nach Nummer 1 für das jeweilige Jahr, in dem die Berufsausbildung begonnen worden ist, zuzüglich 35 Prozent und
4. im vierten Jahr einer Berufsausbildung den Betrag nach Nummer 1 für das jeweilige Jahr, in dem die Berufsausbildung begonnen worden ist, zuzüglich 40 Prozent.

[2] Die Höhe der Mindestvergütung nach Satz 1 Nummer 1 wird zum 1. Januar eines jeden Jahres, erstmals zum 1. Januar 2024, fortgeschrieben. [3] Die Fortschreibung entspricht dem rechnerischen Mittel der nach § 88 Absatz 1 Satz 1 Nummer 1 Buchstabe g erhobenen Ausbildungsvergütungen im Vergleich der beiden dem Jahr der Bekanntgabe vorausgegangenen Kalenderjahre. [4] Dabei ist der sich ergebende Betrag bis unter 0,50 Euro abzurunden sowie von 0,50 Euro an aufzurunden. [5] Das Bundesministerium für Bildung und Forschung gibt jeweils spätestens bis zum 1. November eines jeden Kalenderjahres die Höhe der Mindestvergütung nach Satz 1 Nummer 1 bis 4, die für das folgende Kalenderjahr maßgebend ist, im Bundesgesetzblatt bekannt. [6] Die nach den Sätzen 2 bis 5 fortgeschriebene Höhe der Mindestvergütung für das erste Jahr einer Berufsausbildung gilt für Berufsausbildungen, die im Jahr der Fortschreibung begonnen werden. [7] Die Aufschläge nach Satz 1 Nummer 2 bis 4 für das zweite bis vierte Jahr einer Berufsausbildung sind auf der Grundlage dieses Betrages zu berechnen.

(3) [1]Angemessen ist auch eine für den Ausbildenden nach § 3 Absatz 1 des Tarifvertragsgesetzes geltende tarifvertragliche Vergütungsregelung, durch die die in Absatz 2 genannte jeweilige Mindestvergütung unterschritten wird. [2]Nach Ablauf eines Tarifvertrages nach Satz 1 gilt dessen Vergütungsregelung für bereits begründete Ausbildungsverhältnisse weiterhin als angemessen, bis sie durch einen neuen oder ablösenden Tarifvertrag ersetzt wird.

(4) Die Angemessenheit der vereinbarten Vergütung ist auch dann, wenn sie die Mindestvergütung nach Absatz 2 nicht unterschreitet, in der Regel ausgeschlossen, wenn sie die Höhe der in einem Tarifvertrag geregelten Vergütung, in dessen Geltungsbereich das Ausbildungsverhältnis fällt, an den der Ausbildende aber nicht gebunden ist, um mehr als 20 Prozent unterschreitet.

(5) [1]Bei einer Teilzeitberufsausbildung kann eine nach den Absätzen 2 bis 4 zu gewährende Vergütung unterschritten werden. [2]Die Angemessenheit der Vergütung ist jedoch ausgeschlossen, wenn die prozentuale Kürzung der Vergütung höher ist als die prozentuale Kürzung der täglichen oder der wöchentlichen Arbeitszeit.

(6) Sachleistungen können in Höhe der nach § 17 Absatz 1 Satz 1 Nummer 4 des Vierten Buches Sozialgesetzbuch festgesetzten Sachbezugswerte angerechnet werden, jedoch nicht über 75 Prozent der Bruttovergütung hinaus.

(7) Eine über die vereinbarte regelmäßige tägliche Ausbildungszeit hinausgehende Beschäftigung ist besonders zu vergüten oder durch die Gewährung entsprechender Freizeit auszugleichen.

§ 18 Bemessung und Fälligkeit der Vergütung. (1) [1]Die Vergütung bemisst sich nach Monaten. [2]Bei Berechnung der Vergütung für einzelne Tage wird der Monat zu 30 Tagen gerechnet.

(2) Ausbildende haben die Vergütung für den laufenden Kalendermonat spätestens am letzten Arbeitstag des Monats zu zahlen.

(3) [1]Gilt für Ausbildende nicht nach § 3 Absatz 1 des Tarifvertragsgesetzes eine tarifvertragliche Vergütungsregelung, sind sie verpflichtet, den bei ihnen beschäftigten Auszubildenden spätestens zu dem in Absatz 2 genannten Zeitpunkt eine Vergütung mindestens in der bei Beginn der Berufsausbildung geltenden Höhe der Mindestvergütung nach § 17 Absatz 2 Satz 1 zu zahlen. [2]Satz 1 findet bei einer Teilzeitberufsausbildung mit der Maßgabe Anwendung, dass die Vergütungshöhe mindestens dem prozentualen Anteil an der Arbeitszeit entsprechen muss.

§ 19 Fortzahlung der Vergütung. (1) Auszubildenden ist die Vergütung auch zu zahlen

1. für die Zeit der Freistellung (§ 15),
2. bis zur Dauer von sechs Wochen, wenn sie
   a) sich für die Berufsausbildung bereithalten, diese aber ausfällt oder
   b) aus einem sonstigen, in ihrer Person liegenden Grund unverschuldet verhindert sind, ihre Pflichten aus dem Berufsausbildungsverhältnis zu erfüllen.

(2) Können Auszubildende während der Zeit, für welche die Vergütung fortzuzahlen ist, aus berechtigtem Grund Sachleistungen nicht abnehmen, so sind diese nach den Sachbezugswerten (§ 17 Absatz 6) abzugelten.

Unterabschnitt 5. Beginn und Beendigung des Ausbildungsverhältnisses

§ 20 Probezeit. [1] Das Berufsausbildungsverhältnis beginnt mit der Probezeit. [2] Sie muss mindestens einen Monat und darf höchstens vier Monate betragen.

§ 21 Beendigung. (1) [1] Das Berufsausbildungsverhältnis endet mit dem Ablauf der Ausbildungsdauer. [2] Im Falle der Stufenausbildung endet es mit Ablauf der letzten Stufe.

(2) Bestehen Auszubildende vor Ablauf der Ausbildungsdauer die Abschlussprüfung, so endet das Berufsausbildungsverhältnis mit Bekanntgabe des Ergebnisses durch den Prüfungsausschuss.

(3) Bestehen Auszubildende die Abschlussprüfung nicht, so verlängert sich das Berufsausbildungsverhältnis auf ihr Verlangen bis zur nächstmöglichen Wiederholungsprüfung, höchstens um ein Jahr.

§ 22 Kündigung. (1) Während der Probezeit kann das Berufsausbildungsverhältnis jederzeit ohne Einhalten einer Kündigungsfrist gekündigt werden.

(2) Nach der Probezeit kann das Berufsausbildungsverhältnis nur gekündigt werden

1. aus einem wichtigen Grund ohne Einhalten einer Kündigungsfrist,
2. von Auszubildenden mit einer Kündigungsfrist von vier Wochen, wenn sie die Berufsausbildung aufgeben oder sich für eine andere Berufstätigkeit ausbilden lassen wollen.

(3) Die Kündigung muss schriftlich und in den Fällen des Absatzes 2 unter Angabe der Kündigungsgründe erfolgen.

(4) [1] Eine Kündigung aus einem wichtigen Grund ist unwirksam, wenn die ihr zugrunde liegenden Tatsachen dem zur Kündigung Berechtigten länger als zwei Wochen bekannt sind. [2] Ist ein vorgesehenes Güteverfahren vor einer außergerichtlichen Stelle eingeleitet, so wird bis zu dessen Beendigung der Lauf dieser Frist gehemmt.

§ 23 Schadensersatz bei vorzeitiger Beendigung. (1) [1] Wird das Berufsausbildungsverhältnis nach der Probezeit vorzeitig gelöst, so können Ausbildende oder Auszubildende Ersatz des Schadens verlangen, wenn die andere Person den Grund für die Auflösung zu vertreten hat. [2] Dies gilt nicht im Falle des § 22 Absatz 2 Nummer 2.

(2) Der Anspruch erlischt, wenn er nicht innerhalb von drei Monaten nach Beendigung des Berufsausbildungsverhältnisses geltend gemacht wird.

Unterabschnitt 6. Sonstige Vorschriften

§ 24 Weiterarbeit. Werden Auszubildende im Anschluss an das Berufsausbildungsverhältnis beschäftigt, ohne dass hierüber ausdrücklich etwas vereinbart worden ist, so gilt ein Arbeitsverhältnis auf unbestimmte Zeit als begründet.

§ 25 Unabdingbarkeit. Eine Vereinbarung, die zuungunsten Auszubildender von den Vorschriften dieses Teils des Gesetzes abweicht, ist nichtig.

§ 26 Andere Vertragsverhältnisse. Soweit nicht ein Arbeitsverhältnis vereinbart ist, gelten für Personen, die eingestellt werden, um berufliche Fertigkeiten, Kenntnisse, Fähigkeiten oder berufliche Erfahrungen zu erwerben, ohne dass es sich um eine Berufsausbildung im Sinne dieses Gesetzes handelt, die §§ 10 bis 16 und 17 Absatz 1, 6 und 7 sowie die §§ 18 bis 23 und 25 mit der Maßgabe, dass die gesetzliche Probezeit abgekürzt, auf die Vertragsniederschrift verzichtet und bei vorzeitiger Lösung des Vertragsverhältnisses nach Ablauf der Probezeit abweichend von § 23 Absatz 1 Satz 1 Schadensersatz nicht verlangt werden kann.

Abschnitt 3. Eignung von Ausbildungsstätte und Ausbildungspersonal

§ 27 Eignung der Ausbildungsstätte. (1) Auszubildende dürfen nur eingestellt und ausgebildet werden, wenn

1. die Ausbildungsstätte nach Art und Einrichtung für die Berufsausbildung geeignet ist und
2. die Zahl der Auszubildenden in einem angemessenen Verhältnis zur Zahl der Ausbildungsplätze oder zur Zahl der beschäftigten Fachkräfte steht, es sei denn, dass anderenfalls die Berufsausbildung nicht gefährdet wird.

(2) Eine Ausbildungsstätte, in der die erforderlichen beruflichen Fertigkeiten, Kenntnisse und Fähigkeiten nicht im vollen Umfang vermittelt werden können, gilt als geeignet, wenn diese durch Ausbildungsmaßnahmen außerhalb der Ausbildungsstätte vermittelt werden.

(3) [1] Eine Ausbildungsstätte ist nach Art und Einrichtung für die Berufsausbildung in Berufen der Landwirtschaft, einschließlich der ländlichen Hauswirtschaft, nur geeignet, wenn sie von der nach Landesrecht zuständigen Behörde als Ausbildungsstätte anerkannt ist. [2] Das Bundesministerium für Ernährung und Landwirtschaft kann im Einvernehmen mit dem Bundesministerium für Bildung und Forschung nach Anhörung des Hauptausschusses des Bundesinstituts für Berufsbildung durch Rechtsverordnung, die nicht der Zustimmung des Bundesrates bedarf, Mindestanforderungen für die Größe, die Einrichtung und den Bewirtschaftungszustand der Ausbildungsstätte festsetzen.

(4) [1] Eine Ausbildungsstätte ist nach Art und Einrichtung für die Berufsausbildung in Berufen der Hauswirtschaft nur geeignet, wenn sie von der nach Landesrecht zuständigen Behörde als Ausbildungsstätte anerkannt ist. [2] Das Bundesministerium für Wirtschaft und Energie kann im Einvernehmen mit dem Bundesministerium für Bildung und Forschung nach Anhörung des Hauptausschusses des Bundesinstituts für Berufsbildung durch Rechtsverordnung, die nicht der Zustimmung des Bundesrates bedarf, Mindestanforderungen für die Größe, die Einrichtung und den Bewirtschaftungszustand der Ausbildungsstätte festsetzen.

§ 28 Eignung von Ausbildenden und Ausbildern oder Ausbilderinnen.

(1) [1] Auszubildende darf nur einstellen, wer persönlich geeignet ist. [2] Auszubildende darf nur ausbilden, wer persönlich und fachlich geeignet ist.

(2) Wer fachlich nicht geeignet ist oder wer nicht selbst ausbildet, darf Auszubildende nur dann einstellen, wenn er persönlich und fachlich geeignete Ausbilder oder Ausbilderinnen bestellt, die die Ausbildungsinhalte in der Ausbildungsstätte unmittelbar, verantwortlich und in wesentlichem Umfang vermitteln.

(3) Unter der Verantwortung des Ausbilders oder der Ausbilderin kann bei der Berufsausbildung mitwirken, wer selbst nicht Ausbilder oder Ausbilderin ist, aber abweichend von den besonderen Voraussetzungen des § 30 die für die

Vermittlung von Ausbildungsinhalten erforderlichen beruflichen Fertigkeiten, Kenntnisse und Fähigkeiten besitzt und persönlich geeignet ist.

§ 29 Persönliche Eignung. Persönlich nicht geeignet ist insbesondere, wer

1. Kinder und Jugendliche nicht beschäftigen darf oder
2. wiederholt oder schwer gegen dieses Gesetz oder die auf Grund dieses Gesetzes erlassenen Vorschriften und Bestimmungen verstoßen hat.

§ 30 Fachliche Eignung. (1) Fachlich geeignet ist, wer die beruflichen sowie die berufs- und arbeitspädagogischen Fertigkeiten, Kenntnisse und Fähigkeiten besitzt, die für die Vermittlung der Ausbildungsinhalte erforderlich sind.

(2) Die erforderlichen beruflichen Fertigkeiten, Kenntnisse und Fähigkeiten besitzt, wer

1. die Abschlussprüfung in einer dem Ausbildungsberuf entsprechenden Fachrichtung bestanden hat,
2. eine anerkannte Prüfung an einer Ausbildungsstätte oder vor einer Prüfungsbehörde oder eine Abschlussprüfung an einer staatlichen oder staatlich anerkannten Schule in einer dem Ausbildungsberuf entsprechenden Fachrichtung bestanden hat,
3. eine Abschlussprüfung an einer deutschen Hochschule in einer dem Ausbildungsberuf entsprechenden Fachrichtung bestanden hat oder
4. im Ausland einen Bildungsabschluss in einer dem Ausbildungsberuf entsprechenden Fachrichtung erworben hat, dessen Gleichwertigkeit nach dem Berufsqualifikationsfeststellungsgesetz oder anderen rechtlichen Regelungen festgestellt worden ist

und eine angemessene Zeit in seinem Beruf praktisch tätig gewesen ist.

(3) Das Bundesministerium für Wirtschaft und Energie oder das sonst zuständige Fachministerium kann im Einvernehmen mit dem Bundesministerium für Bildung und Forschung nach Anhörung des Hauptausschusses des Bundesinstituts für Berufsbildung durch Rechtsverordnung, die nicht der Zustimmung des Bundesrates bedarf, in den Fällen des Absatzes 2 Nummer 2 bestimmen, welche Prüfungen für welche Ausbildungsberufe anerkannt werden.

(4) Das Bundesministerium für Wirtschaft und Energie oder das sonst zuständige Fachministerium kann im Einvernehmen mit dem Bundesministerium für Bildung und Forschung nach Anhörung des Hauptausschusses des Bundesinstituts für Berufsbildung durch Rechtsverordnung, die nicht der Zustimmung des Bundesrates bedarf, für einzelne Ausbildungsberufe bestimmen, dass abweichend von Absatz 2 die für die fachliche Eignung erforderlichen beruflichen Fertigkeiten, Kenntnisse und Fähigkeiten nur besitzt, wer

1. die Voraussetzungen des Absatzes 2 Nummer 2 oder 3 erfüllt und eine angemessene Zeit in seinem Beruf praktisch tätig gewesen ist oder
2. die Voraussetzungen des Absatzes 2 Nummer 3 erfüllt und eine angemessene Zeit in seinem Beruf praktisch tätig gewesen ist oder
3. für die Ausübung eines freien Berufes zugelassen oder in ein öffentliches Amt bestellt ist.

(5) [1] Das Bundesministerium für Bildung und Forschung kann nach Anhörung des Hauptausschusses des Bundesinstituts für Berufsbildung durch Rechts-

verordnung, die nicht der Zustimmung des Bundesrates bedarf, bestimmen, dass der Erwerb berufs- und arbeitspädagogischer Fertigkeiten, Kenntnisse und Fähigkeiten gesondert nachzuweisen ist. [2]Dabei können Inhalt, Umfang und Abschluss der Maßnahmen für den Nachweis geregelt werden.

(6) Die nach Landesrecht zuständige Behörde kann Personen, die die Voraussetzungen des Absatzes 2, 4 oder 5 nicht erfüllen, die fachliche Eignung nach Anhörung der zuständigen Stelle widerruflich zuerkennen.

§ 31 Europaklausel. (1) [1]In den Fällen des § 30 Absatz 2 und 4 besitzt die für die fachliche Eignung erforderlichen beruflichen Fertigkeiten, Kenntnisse und Fähigkeiten auch, wer die Voraussetzungen für die Anerkennung seiner Berufsqualifikation nach der Richtlinie 2005/36/EG des Europäischen Parlaments und des Rates vom 7. September 2005 über die Anerkennung von Berufsqualifikationen (ABl. EU Nr. L 255 S. 22) erfüllt, sofern er eine angemessene Zeit in seinem Beruf praktisch tätig gewesen ist. [2]§ 30 Absatz 4 Nummer 3 bleibt unberührt.

(2) Die Anerkennung kann unter den in Artikel 14 der in Absatz 1 genannten Richtlinie aufgeführten Voraussetzungen davon abhängig gemacht werden, dass der Antragsteller oder die Antragstellerin zunächst einen höchstens dreijährigen Anpassungslehrgang ableistet oder eine Eignungsprüfung ablegt.

(3) [1]Die Entscheidung über die Anerkennung trifft die zuständige Stelle. [2]Sie kann die Durchführung von Anpassungslehrgängen und Eignungsprüfungen regeln.

§ 31a Sonstige ausländische Vorqualifikationen. [1]In den Fällen des § 30 Absatz 2 und 4 besitzt die für die fachliche Eignung erforderlichen Fertigkeiten, Kenntnisse und Fähigkeiten, wer die Voraussetzungen von § 2 Absatz 1 in Verbindung mit § 9 des Berufsqualifikationsfeststellungsgesetzes erfüllt und nicht in einem anderen Mitgliedstaat der Europäischen Union oder einem anderen Vertragsstaat des Europäischen Wirtschaftsraums oder der Schweiz seinen Befähigungsnachweis erworben hat, sofern er eine angemessene Zeit in seinem Beruf praktisch tätig gewesen ist. [2]§ 30 Absatz 4 Nummer 3 bleibt unberührt.

§ 32 Überwachung der Eignung. (1) Die zuständige Stelle hat darüber zu wachen, dass die Eignung der Ausbildungsstätte sowie die persönliche und fachliche Eignung vorliegen.

(2) [1]Werden Mängel der Eignung festgestellt, so hat die zuständige Stelle, falls der Mangel zu beheben und eine Gefährdung Auszubildender nicht zu erwarten ist, Ausbildende aufzufordern, innerhalb einer von ihr gesetzten Frist den Mangel zu beseitigen. [2]Ist der Mangel der Eignung nicht zu beheben oder ist eine Gefährdung Auszubildender zu erwarten oder wird der Mangel nicht innerhalb der gesetzten Frist beseitigt, so hat die zuständige Stelle dies der nach Landesrecht zuständigen Behörde mitzuteilen.

§ 33 Untersagung des Einstellens und Ausbildens. (1) Die nach Landesrecht zuständige Behörde kann für eine bestimmte Ausbildungsstätte das Einstellen und Ausbilden untersagen, wenn die Voraussetzungen nach § 27 nicht oder nicht mehr vorliegen.

(2) Die nach Landesrecht zuständige Behörde hat das Einstellen und Ausbilden zu untersagen, wenn die persönliche oder fachliche Eignung nicht oder nicht mehr vorliegt.

(3) [1] Vor der Untersagung sind die Beteiligten und die zuständige Stelle zu hören. [2] Dies gilt nicht im Falle des § 29 Nummer 1.

Abschnitt 4. Verzeichnis der Berufsausbildungsverhältnisse

§ 34 Einrichten, Führen. (1) [1] Die zuständige Stelle hat für anerkannte Ausbildungsberufe ein Verzeichnis der Berufsausbildungsverhältnisse einzurichten und zu führen, in das der Berufsausbildungsvertrag einzutragen ist. [2] Die Eintragung ist für Auszubildende gebührenfrei.

(2) Die Eintragung umfasst für jedes Berufsausbildungsverhältnis

1. Name, Vorname, Geburtsdatum, Anschrift der Auszubildenden,
2. Geschlecht, Staatsangehörigkeit, allgemeinbildender Schulabschluss, vorausgegangene Teilnahme an berufsvorbereitender Qualifizierung oder beruflicher Grundbildung, vorherige Berufsausbildung sowie vorheriges Studium, Anschlussvertrag bei Anrechnung einer zuvor absolvierten dualen Berufsausbildung nach diesem Gesetz oder nach der Handwerksordnung einschließlich Ausbildungsberuf,
3. Name, Vorname und Anschrift der gesetzlichen Vertreter und Vertreterinnen,
4. Ausbildungsberuf einschließlich Fachrichtung,
5. Berufsausbildung im Rahmen eines ausbildungsintegrierenden dualen Studiums,
6. Tag, Monat und Jahr des Abschlusses des Ausbildungsvertrages, Ausbildungsdauer, Dauer der Probezeit, Verkürzung der Ausbildungsdauer, Teilzeitberufsausbildung,
7. die bei Abschluss des Berufsausbildungsvertrages vereinbarte Vergütung für jedes Ausbildungsjahr,
8. Tag, Monat und Jahr des vertraglich vereinbarten Beginns und Endes der Berufsausbildung sowie Tag, Monat und Jahr einer vorzeitigen Auflösung des Ausbildungsverhältnisses,
9. Art der Förderung bei überwiegend öffentlich, insbesondere auf Grund des Dritten Buches Sozialgesetzbuch[1] geförderten Berufsausbildungsverhältnissen,
10. Name und Anschrift der Ausbildenden, Anschrift und amtliche Gemeindeschlüssel der Ausbildungsstätte, Wirtschaftszweig, Betriebsnummer der Ausbildungsstätte nach § 18i Absatz 1 oder § 18k Absatz 1 des Vierten Buches Sozialgesetzbuch, Zugehörigkeit zum öffentlichen Dienst,
11. Name, Vorname, Geschlecht und Art der fachlichen Eignung der Ausbilder und Ausbilderinnen.

§ 35 Eintragen, Ändern, Löschen. (1) Ein Berufsausbildungsvertrag und Änderungen seines wesentlichen Inhalts sind in das Verzeichnis einzutragen, wenn

---

[1] Auszugsweise abgedruckt unter Nr. **29**.

1. der Berufsausbildungsvertrag diesem Gesetz und der Ausbildungsordnung entspricht,
2. die persönliche und fachliche Eignung sowie die Eignung der Ausbildungsstätte für das Einstellen und Ausbilden vorliegen und
3. für Auszubildende unter 18 Jahren die ärztliche Bescheinigung über die Erstuntersuchung nach § 32 Absatz 1 des Jugendarbeitsschutzgesetzes[1] zur Einsicht vorgelegt wird.

(2) [1] Die Eintragung ist abzulehnen oder zu löschen, wenn die Eintragungsvoraussetzungen nicht vorliegen und der Mangel nicht nach § 32 Absatz 2 behoben wird. [2] Die Eintragung ist ferner zu löschen, wenn die ärztliche Bescheinigung über die erste Nachuntersuchung nach § 33 Absatz 1 des Jugendarbeitsschutzgesetzes nicht spätestens am Tage der Anmeldung der Auszubildenden zur Zwischenprüfung oder zum ersten Teil der Abschlussprüfung zur Einsicht vorgelegt und der Mangel nicht nach § 32 Absatz 2 behoben wird.

(3) [1] Die nach § 34 Absatz 2 Nummer 1, 4, 8 und 10 erhobenen Daten werden zur Verbesserung der Ausbildungsvermittlung, zur Verbesserung der Zuverlässigkeit und Aktualität der Ausbildungsvermittlungsstatistik sowie zur Verbesserung der Feststellung von Angebot und Nachfrage auf dem Ausbildungsmarkt an die Bundesagentur für Arbeit übermittelt. [2] Bei der Datenübermittlung sind dem jeweiligen Stand der Technik entsprechende Maßnahmen zur Sicherstellung von Datenschutz und Datensicherheit, insbesondere nach den Artikeln 24, 25 und 32 der Verordnung (EU) 2016/679 des Europäischen Parlaments und des Rates vom 27. April 2016 zum Schutz natürlicher Personen bei der Verarbeitung personenbezogener Daten, zum freien Datenverkehr und zur Aufhebung der Richtlinie 95/46/EG (Datenschutz-Grundverordnung) (ABl. L 119 vom 4.5.2016, S. 1), zu treffen, die insbesondere die Vertraulichkeit, Unversehrtheit und Zurechenbarkeit der Daten gewährleisten.

§ 36 Antrag und Mitteilungspflichten. (1) [1] Ausbildende haben unverzüglich nach Abschluss des Berufsausbildungsvertrages die Eintragung in das Verzeichnis zu beantragen. [2] Der Antrag kann schriftlich oder elektronisch gestellt werden; eine Kopie der Vertragsniederschrift ist jeweils beizufügen. [3] Auf einen betrieblichen Ausbildungsplan im Sinne von § 11 Absatz 1 Satz 2 Nummer 1, der der zuständigen Stelle bereits vorliegt, kann dabei Bezug genommen werden. [4] Entsprechendes gilt bei Änderungen des wesentlichen Vertragsinhalts.

(2) Ausbildende und Auszubildende sind verpflichtet, den zuständigen Stellen die zur Eintragung nach § 34 erforderlichen Tatsachen auf Verlangen mitzuteilen.

Abschnitt 5. Prüfungswesen

§ 37 Abschlussprüfung. (1) [1] In den anerkannten Ausbildungsberufen sind Abschlussprüfungen durchzuführen. [2] Die Abschlussprüfung kann im Falle des Nichtbestehens zweimal wiederholt werden. [3] Sofern die Abschlussprüfung in zwei zeitlich auseinander fallenden Teilen durchgeführt wird, ist der erste Teil der Abschlussprüfung nicht eigenständig wiederholbar.

(2) [1] Dem Prüfling ist ein Zeugnis auszustellen. [2] Ausbildenden werden auf deren Verlangen die Ergebnisse der Abschlussprüfung der Auszubildenden

---

[1] Nr. **22**.

übermittelt. [3] Sofern die Abschlussprüfung in zwei zeitlich auseinander fallenden Teilen durchgeführt wird, ist das Ergebnis der Prüfungsleistungen im ersten Teil der Abschlussprüfung dem Prüfling schriftlich mitzuteilen.

(3) [1] Dem Zeugnis ist auf Antrag des Auszubildenden eine englischsprachige und eine französischsprachige Übersetzung beizufügen. [2] Auf Antrag des Auszubildenden ist das Ergebnis berufsschulischer Leistungsfeststellungen auf dem Zeugnis auszuweisen. [3] Der Auszubildende hat den Nachweis der berufsschulischen Leistungsfeststellungen dem Antrag beizufügen.

(4) Die Abschlussprüfung ist für Auszubildende gebührenfrei.

§ 38 Prüfungsgegenstand. [1] Durch die Abschlussprüfung ist festzustellen, ob der Prüfling die berufliche Handlungsfähigkeit erworben hat. [2] In ihr soll der Prüfling nachweisen, dass er die erforderlichen beruflichen Fertigkeiten beherrscht, die notwendigen beruflichen Kenntnisse und Fähigkeiten besitzt und mit dem im Berufsschulunterricht zu vermittelnden, für die Berufsausbildung wesentlichen Lehrstoff vertraut ist. [3] Die Ausbildungsordnung ist zugrunde zu legen.

§ 39 Prüfungsausschüsse, Prüferdelegationen. (1) [1] Für die Durchführung der Abschlussprüfung errichtet die zuständige Stelle Prüfungsausschüsse. [2] Mehrere zuständige Stellen können bei einer von ihnen gemeinsame Prüfungsausschüsse errichten.

(2) Prüfungsausschüsse oder Prüferdelegationen nach § 42 Absatz 2 nehmen die Prüfungsleistungen ab.

(3) [1] Prüfungsausschüsse oder Prüferdelegationen nach § 42 Absatz 2 können zur Bewertung einzelner, nicht mündlich zu erbringender Prüfungsleistungen gutachterliche Stellungnahmen Dritter, insbesondere berufsbildender Schulen, einholen. [2] Im Rahmen der Begutachtung sind die wesentlichen Abläufe zu dokumentieren und die für die Bewertung erheblichen Tatsachen festzuhalten.

§ 40 Zusammensetzung, Berufung. (1) [1] Der Prüfungsausschuss besteht aus mindestens drei Mitgliedern. [2] Die Mitglieder müssen für die Prüfungsgebiete sachkundig und für die Mitwirkung im Prüfungswesen geeignet sein.

(2) [1] Dem Prüfungsausschuss müssen als Mitglieder Beauftragte der Arbeitgeber und der Arbeitnehmer in gleicher Zahl sowie mindestens eine Lehrkraft einer berufsbildenden Schule angehören. [2] Mindestens zwei Drittel der Gesamtzahl der Mitglieder müssen Beauftragte der Arbeitgeber und der Arbeitnehmer sein. [3] Die Mitglieder haben Stellvertreter oder Stellvertreterinnen.

(3) [1] Die Mitglieder werden von der zuständigen Stelle längstens für fünf Jahre berufen. [2] Die Beauftragten der Arbeitnehmer werden auf Vorschlag der im Bezirk der zuständigen Stelle bestehenden Gewerkschaften und selbständigen Vereinigungen von Arbeitnehmern mit sozial- oder berufspolitischer Zwecksetzung berufen. [3] Die Lehrkraft einer berufsbildenden Schule wird im Einvernehmen mit der Schulaufsichtsbehörde oder der von ihr bestimmten Stelle berufen. [4] Werden Mitglieder nicht oder nicht in ausreichender Zahl innerhalb einer von der zuständigen Stelle gesetzten angemessenen Frist vorgeschlagen, so beruft die zuständige Stelle insoweit nach pflichtgemäßem Ermessen. [5] Die Mitglieder der Prüfungsausschüsse können nach Anhören der an ihrer Berufung Beteiligten aus wichtigem Grund abberufen werden. [6] Die Sätze 1 bis 5 gelten für die stellvertretenden Mitglieder entsprechend.

(4) [1]Die zuständige Stelle kann weitere Prüfende für den Einsatz in Prüferdelegationen nach § 42 Absatz 2 berufen. [2]Die Berufung weiterer Prüfender kann auf bestimmte Prüf- oder Fachgebiete beschränkt werden. [3]Absatz 3 ist entsprechend anzuwenden.

(5) [1]Die für die Berufung von Prüfungsausschussmitgliedern Vorschlagsberechtigten sind über die Anzahl und die Größe der einzurichtenden Prüfungsausschüsse sowie über die Zahl der von ihnen vorzuschlagenden weiteren Prüfenden zu unterrichten. [2]Die Vorschlagsberechtigten werden von der zuständigen Stelle darüber unterrichtet, welche der von ihnen vorgeschlagenen Mitglieder, Stellvertreter und Stellvertreterinnen sowie weiteren Prüfenden berufen wurden.

(6) [1]Die Tätigkeit im Prüfungsausschuss oder in einer Prüferdelegation ist ehrenamtlich. [2]Für bare Auslagen und für Zeitversäumnis ist, soweit eine Entschädigung nicht von anderer Seite gewährt wird, eine angemessene Entschädigung zu zahlen, deren Höhe von der zuständigen Stelle mit Genehmigung der obersten Landesbehörde festgesetzt wird. [3]Die Entschädigung für Zeitversäumnis hat mindestens im Umfang von § 16 des Justizvergütungs- und -entschädigungsgesetzes in der jeweils geltenden Fassung zu erfolgen.

(6a) Prüfende sind von ihrem Arbeitgeber von der Erbringung der Arbeitsleistung freizustellen, wenn

1. es zur ordnungsgemäßen Durchführung der ihnen durch das Gesetz zugewiesenen Aufgaben erforderlich ist und
2. wichtige betriebliche Gründe nicht entgegenstehen.

(7) Von Absatz 2 darf nur abgewichen werden, wenn anderenfalls die erforderliche Zahl von Mitgliedern des Prüfungsausschusses nicht berufen werden kann.

§ 41 Vorsitz, Beschlussfähigkeit, Abstimmung. (1) [1]Der Prüfungsausschuss wählt ein Mitglied, das den Vorsitz führt, und ein weiteres Mitglied, das den Vorsitz stellvertretend übernimmt. [2]Der Vorsitz und das ihn stellvertretende Mitglied sollen nicht derselben Mitgliedergruppe angehören.

(2) [1]Der Prüfungsausschuss ist beschlussfähig, wenn zwei Drittel der Mitglieder, mindestens drei, mitwirken. [2]Er beschließt mit der Mehrheit der abgegebenen Stimmen. [3]Bei Stimmengleichheit gibt die Stimme des vorsitzenden Mitglieds den Ausschlag.

§ 42 Beschlussfassung, Bewertung der Abschlussprüfung. (1) Der Prüfungsausschuss fasst die Beschlüsse über

1. die Noten zur Bewertung einzelner Prüfungsleistungen, die er selbst abgenommen hat,
2. die Noten zur Bewertung der Prüfung insgesamt sowie
3. das Bestehen oder Nichtbestehen der Abschlussprüfung.

(2) [1]Die zuständige Stelle kann im Einvernehmen mit den Mitgliedern des Prüfungsausschusses die Abnahme und abschließende Bewertung von Prüfungsleistungen auf Prüferdelegationen übertragen. [2]Für die Zusammensetzung von Prüferdelegationen und für die Abstimmungen in der Prüferdelegation sind § 40 Absatz 1 und 2 sowie § 41 Absatz 2 entsprechend anzuwenden. [3]Mitglieder von Prüferdelegationen können die Mitglieder des Prüfungsausschusses,

deren Stellvertreter und Stellvertreterinnen sowie weitere Prüfende sein, die durch die zuständige Stelle nach § 40 Absatz 4 berufen worden sind.

(3) [1]Die zuständige Stelle hat vor Beginn der Prüfung über die Bildung von Prüferdelegationen über deren Mitglieder sowie über deren Stellvertreter und Stellvertreterinnen zu entscheiden. [2]Prüfende können Mitglieder mehrerer Prüferdelegationen sein. [3]Sind verschiedene Prüfungsleistungen derart aufeinander bezogen, dass deren Beurteilung nur einheitlich erfolgen kann, so müssen diese Prüfungsleistungen von denselben Prüfenden abgenommen werden.

(4) [1]Nach § 47 Absatz 2 Satz 2 erstellte oder ausgewählte Antwort-Wahl-Aufgaben können automatisiert ausgewertet werden, wenn das Aufgabenerstellungs- oder Aufgabenauswahlgremium festgelegt hat, welche Antworten als zutreffend anerkannt werden. [2]Die Ergebnisse sind vom Prüfungsausschuss zu übernehmen.

(5) [1]Der Prüfungsausschuss oder die Prüferdelegation kann einvernehmlich die Abnahme und Bewertung einzelner schriftlicher oder sonstiger Prüfungsleistungen, deren Bewertung unabhängig von der Anwesenheit bei der Erbringung erfolgen kann, so vornehmen, dass zwei seiner oder ihrer Mitglieder die Prüfungsleistungen selbstständig und unabhängig bewerten. [2]Weichen die auf der Grundlage des in der Prüfungsordnung vorgesehenen Bewertungsschlüssels erfolgten Bewertungen der beiden Prüfenden um nicht mehr als 10 Prozent der erreichbaren Punkte voneinander ab, so errechnet sich die endgültige Bewertung aus dem Durchschnitt der beiden Bewertungen. [3]Bei einer größeren Abweichung erfolgt die endgültige Bewertung durch ein vorab bestimmtes weiteres Mitglied des Prüfungsausschusses oder der Prüferdelegation.

(6) Sieht die Ausbildungsordnung vor, dass Auszubildende bei erfolgreichem Abschluss eines zweijährigen Ausbildungsberufs vom ersten Teil der Abschlussprüfung eines darauf aufbauenden drei- oder dreieinhalbjährigen Ausbildungsberufs befreit sind, so ist das Ergebnis der Abschlussprüfung des zweijährigen Ausbildungsberufs vom Prüfungsausschuss als das Ergebnis des ersten Teils der Abschlussprüfung des auf dem zweijährigen Ausbildungsberuf aufbauenden drei- oder dreieinhalbjährigen Ausbildungsberufs zu übernehmen.

§ 43 Zulassung zur Abschlussprüfung. (1) Zur Abschlussprüfung ist zuzulassen,

1. wer die Ausbildungsdauer zurückgelegt hat oder wessen Ausbildungsdauer nicht später als zwei Monate nach dem Prüfungstermin endet,
2. wer an vorgeschriebenen Zwischenprüfungen teilgenommen sowie einen vom Ausbilder und Auszubildenden unterzeichneten Ausbildungsnachweis nach § 13 Satz 2 Nummer 7 vorgelegt hat und
3. wessen Berufsausbildungsverhältnis in das Verzeichnis der Berufsausbildungsverhältnisse eingetragen oder aus einem Grund nicht eingetragen ist, den weder die Auszubildenden noch deren gesetzliche Vertreter oder Vertreterinnen zu vertreten haben.

(2) [1]Zur Abschlussprüfung ist ferner zuzulassen, wer in einer berufsbildenden Schule oder einer sonstigen Berufsbildungseinrichtung ausgebildet worden ist, wenn dieser Bildungsgang der Berufsausbildung in einem anerkannten Ausbildungsberuf entspricht. [2]Ein Bildungsgang entspricht der Berufsausbildung in einem anerkannten Ausbildungsberuf, wenn er

1. nach Inhalt, Anforderung und zeitlichem Umfang der jeweiligen Ausbildungsordnung gleichwertig ist,
2. systematisch, insbesondere im Rahmen einer sachlichen und zeitlichen Gliederung, durchgeführt wird und
3. durch Lernortkooperation einen angemessenen Anteil an fachpraktischer Ausbildung gewährleistet.

§ 44 Zulassung zur Abschlussprüfung bei zeitlich auseinander fallenden Teilen. (1) Sofern die Abschlussprüfung in zwei zeitlich auseinander fallenden Teilen durchgeführt wird, ist über die Zulassung jeweils gesondert zu entscheiden.

(2) Zum ersten Teil der Abschlussprüfung ist zuzulassen, wer die in der Ausbildungsordnung vorgeschriebene, erforderliche Ausbildungsdauer zurückgelegt hat und die Voraussetzungen des § 43 Absatz 1 Nummer 2 und 3 erfüllt.

(3) [1] Zum zweiten Teil der Abschlussprüfung ist zuzulassen, wer

1. über die Voraussetzungen des § 43 Absatz 1 hinaus am ersten Teil der Abschlussprüfung teilgenommen hat,
2. auf Grund einer Rechtsverordnung nach § 5 Absatz 2 Satz 1 Nummer 2b von der Ablegung des ersten Teils der Abschlussprüfung befreit ist oder
3. aus Gründen, die er nicht zu vertreten hat, am ersten Teil der Abschlussprüfung nicht teilgenommen hat.

[2] Im Fall des Satzes 1 Nummer 3 ist der erste Teil der Abschlussprüfung zusammen mit dem zweiten Teil abzulegen.

§ 45 Zulassung in besonderen Fällen. (1) Auszubildende können nach Anhörung der Ausbildenden und der Berufsschule vor Ablauf ihrer Ausbildungszeit zur Abschlussprüfung zugelassen werden, wenn ihre Leistungen dies rechtfertigen.

(2) [1] Zur Abschlussprüfung ist auch zuzulassen, wer nachweist, dass er mindestens das Eineinhalbfache der Zeit, die als Ausbildungsdauer vorgeschrieben ist, in dem Beruf tätig gewesen ist, in dem die Prüfung abgelegt werden soll. [2] Als Zeiten der Berufstätigkeit gelten auch Ausbildungszeiten in einem anderen, einschlägigen Ausbildungsberuf. [3] Vom Nachweis der Mindestzeit nach Satz 1 kann ganz oder teilweise abgesehen werden, wenn durch Vorlage von Zeugnissen oder auf andere Weise glaubhaft gemacht wird, dass der Bewerber oder die Bewerberin die berufliche Handlungsfähigkeit erworben hat, die die Zulassung zur Prüfung rechtfertigt. [4] Ausländische Bildungsabschlüsse und Zeiten der Berufstätigkeit im Ausland sind dabei zu berücksichtigen.

(3) Soldaten oder Soldatinnen auf Zeit und ehemalige Soldaten oder Soldatinnen sind nach Absatz 2 Satz 3 zur Abschlussprüfung zuzulassen, wenn das Bundesministerium der Verteidigung oder die von ihm bestimmte Stelle bescheinigt, dass der Bewerber oder die Bewerberin berufliche Fertigkeiten, Kenntnisse und Fähigkeiten erworben hat, welche die Zulassung zur Prüfung rechtfertigen.

§ 46 Entscheidung über die Zulassung. (1) [1] Über die Zulassung zur Abschlussprüfung entscheidet die zuständige Stelle. [2] Hält sie die Zulassungsvoraussetzungen nicht für gegeben, so entscheidet der Prüfungsausschuss.

(2) Auszubildenden, die Elternzeit in Anspruch genommen haben, darf bei der Entscheidung über die Zulassung hieraus kein Nachteil erwachsen.

§ 47 Prüfungsordnung. (1) [1]Die zuständige Stelle hat eine Prüfungsordnung für die Abschlussprüfung zu erlassen. [2]Die Prüfungsordnung bedarf der Genehmigung der zuständigen obersten Landesbehörde.

(2) [1]Die Prüfungsordnung muss die Zulassung, die Gliederung der Prüfung, die Bewertungsmaßstäbe, die Erteilung der Prüfungszeugnisse, die Folgen von Verstößen gegen die Prüfungsordnung und die Wiederholungsprüfung regeln. [2]Sie kann vorsehen, dass Prüfungsaufgaben, die überregional oder von einem Aufgabenerstellungsausschuss bei der zuständigen Stelle erstellt oder ausgewählt werden, zu übernehmen sind, sofern diese Aufgaben von Gremien erstellt oder ausgewählt werden, die entsprechend § 40 Absatz 2 zusammengesetzt sind.

(3) [1]Im Fall des § 73 Absatz 1 erlässt das Bundesministerium des Innern, für Bau und Heimat oder das sonst zuständige Fachministerium die Prüfungsordnung durch Rechtsverordnung, die nicht der Zustimmung des Bundesrates bedarf. [2]Das Bundesministerium des Innern, für Bau und Heimat oder das sonst zuständige Fachministerium kann die Ermächtigung nach Satz 1 durch Rechtsverordnung auf die von ihm bestimmte zuständige Stelle übertragen.

(4) [1]Im Fall des § 73 Absatz 2 erlässt die zuständige Landesregierung die Prüfungsordnung durch Rechtsverordnung. [2]Die Ermächtigung nach Satz 1 kann durch Rechtsverordnung auf die von ihr bestimmte zuständige Stelle übertragen werden.

(5) [1]Wird im Fall des § 71 Absatz 8 die zuständige Stelle durch das Land bestimmt, so erlässt die zuständige Landesregierung die Prüfungsordnung durch Rechtsverordnung. [2]Die Ermächtigung nach Satz 1 kann durch Rechtsverordnung auf die von ihr bestimmte zuständige Stelle übertragen werden.

(6) Der Hauptausschuss des Bundesinstituts für Berufsbildung erlässt für die Prüfungsordnung Richtlinien.

§ 48 Zwischenprüfungen. (1) [1]Während der Berufsausbildung ist zur Ermittlung des Ausbildungsstandes eine Zwischenprüfung entsprechend der Ausbildungsordnung durchzuführen. [2]Die §§ 37 bis 39 gelten entsprechend.

(2) Die Zwischenprüfung entfällt, sofern

1. die Ausbildungsordnung vorsieht, dass die Abschlussprüfung in zwei zeitlich auseinanderfallenden Teilen durchgeführt wird, oder
2. die Ausbildungsordnung vorsieht, dass auf die Dauer der durch die Ausbildungsordnung geregelten Berufsausbildung die Dauer einer anderen abgeschlossenen Berufsausbildung im Umfang von mindestens zwei Jahren anzurechnen ist, und die Vertragsparteien die Anrechnung mit mindestens dieser Dauer vereinbart haben.

(3) Umzuschulende sind auf ihren Antrag zur Zwischenprüfung zuzulassen.

§ 49 Zusatzqualifikationen. (1) [1]Zusätzliche berufliche Fertigkeiten, Kenntnisse und Fähigkeiten nach § 5 Absatz 2 Nummer 5 werden gesondert geprüft und bescheinigt. [2]Das Ergebnis der Prüfung nach § 37 bleibt unberührt.

(2) § 37 Absatz 3 und 4 sowie die §§ 39 bis 42 und 47 gelten entsprechend.

§ 50 Gleichstellung von Prüfungszeugnissen. (1) Das Bundesministerium für Wirtschaft und Energie oder das sonst zuständige Fachministerium kann im Einvernehmen mit dem Bundesministerium für Bildung und Forschung nach Anhörung des Hauptausschusses des Bundesinstituts für Berufsbildung durch Rechtsverordnung außerhalb des Anwendungsbereichs dieses Gesetzes erworbene Prüfungszeugnisse den entsprechenden Zeugnissen über das Bestehen der Abschlussprüfung gleichstellen, wenn die Berufsausbildung und die in der Prüfung nachzuweisenden beruflichen Fertigkeiten, Kenntnisse und Fähigkeiten gleichwertig sind.

(2) Das Bundesministerium für Wirtschaft und Energie oder das sonst zuständige Fachministerium kann im Einvernehmen mit dem Bundesministerium für Bildung und Forschung nach Anhörung des Hauptausschusses des Bundesinstituts für Berufsbildung durch Rechtsverordnung im Ausland erworbene Prüfungszeugnisse den entsprechenden Zeugnissen über das Bestehen der Abschlussprüfung gleichstellen, wenn die in der Prüfung nachzuweisenden beruflichen Fertigkeiten, Kenntnisse und Fähigkeiten gleichwertig sind.

§ 50a Gleichwertigkeit ausländischer Berufsqualifikationen. Ausländische Berufsqualifikationen stehen einer bestandenen Aus- oder Fortbildungsprüfung nach diesem Gesetz gleich, wenn die Gleichwertigkeit der beruflichen Fertigkeiten, Kenntnisse und Fähigkeiten nach dem Berufsqualifikationsfeststellungsgesetz festgestellt wurde.

Abschnitt 6. Interessenvertretung

§ 51 Interessenvertretung. (1) Auszubildende, deren praktische Berufsbildung in einer sonstigen Berufsbildungseinrichtung außerhalb der schulischen und betrieblichen Berufsbildung (§ 2 Absatz 1 Nummer 3) mit in der Regel mindestens fünf Auszubildenden stattfindet und die nicht wahlberechtigt zum Betriebsrat nach § 7 des Betriebsverfassungsgesetzes, zur Jugend- und Auszubildendenvertretung nach § 60 des Betriebsverfassungsgesetzes oder zur Mitwirkungsvertretung nach § 52 des Neunten Buches Sozialgesetzbuch sind (außerbetriebliche Auszubildende), wählen eine besondere Interessenvertretung.

(2) Absatz 1 findet keine Anwendung auf Berufsbildungseinrichtungen von Religionsgemeinschaften sowie auf andere Berufsbildungseinrichtungen, soweit sie eigene gleichwertige Regelungen getroffen haben.

§ 52 Verordnungsermächtigung. Das Bundesministerium für Bildung und Forschung kann durch Rechtsverordnung, die nicht der Zustimmung des Bundesrates bedarf, die Fragen bestimmen, auf die sich die Beteiligung erstreckt, die Zusammensetzung und die Amtszeit der Interessenvertretung, die Durchführung der Wahl, insbesondere die Feststellung der Wahlberechtigung und der Wählbarkeit sowie Art und Umfang der Beteiligung.

Kapitel 2. Berufliche Fortbildung

Abschnitt 1. Fortbildungsordnungen des Bundes

§ 53 Fortbildungsordnungen der höherqualifizierenden Berufsbildung. (1) Als Grundlage für eine einheitliche höherqualifizierende Berufsbildung kann das Bundesministerium für Bildung und Forschung im Einvernehmen mit dem Bundesministerium für Wirtschaft und Energie oder mit dem sonst zuständigen Fachministerium nach Anhörung des Hauptausschusses des Bundesinstituts für Berufsbildung durch Rechtsverordnung, die nicht der Zustimmung des Bundesrates bedarf, Abschlüsse der höherqualifizierenden Berufsbildung anerkennen und hierfür Prüfungsregelungen erlassen (Fortbildungsordnungen).

(2) Die Fortbildungsordnungen haben festzulegen:

1. die Bezeichnung des Fortbildungsabschlusses,
2. die Fortbildungsstufe,
3. das Ziel, den Inhalt und die Anforderungen der Prüfung,
4. die Zulassungsvoraussetzungen für die Prüfung und
5. das Prüfungsverfahren.

(3) Abweichend von Absatz 1 werden Fortbildungsordnungen

1. in den Berufen der Landwirtschaft, einschließlich der ländlichen Hauswirtschaft, durch das Bundesministerium für Ernährung und Landwirtschaft im Einvernehmen mit dem Bundesministerium für Bildung und Forschung erlassen und
2. in Berufen der Hauswirtschaft durch das Bundesministerium für Wirtschaft und Energie im Einvernehmen mit dem Bundesministerium für Bildung und Forschung erlassen.

§ 53a Fortbildungsstufen. (1) Die Fortbildungsstufen der höherqualifizierenden Berufsbildung sind

1. als erste Fortbildungsstufe der Geprüfte Berufsspezialist und die Geprüfte Berufsspezialistin,
2. als zweite Fortbildungsstufe der Bachelor Professional und
3. als dritte Fortbildungsstufe der Master Professional.

(2) Jede Fortbildungsordnung, die eine höherqualifizierende Berufsbildung der ersten Fortbildungsstufe regelt, soll auf einen Abschluss der zweiten Fortbildungsstufe hinführen.

§ 53b Geprüfter Berufsspezialist und Geprüfte Berufsspezialistin.

(1) Den Fortbildungsabschluss des Geprüften Berufsspezialisten oder der Geprüften Berufsspezialistin erlangt, wer eine Prüfung der ersten beruflichen Fortbildungsstufe besteht.

(2) [1]In der Fortbildungsprüfung der ersten beruflichen Fortbildungsstufe wird festgestellt, ob der Prüfling

1. die Fertigkeiten, Kenntnisse und Fähigkeiten, die er in der Regel im Rahmen der Berufsausbildung erworben hat, vertieft hat und
2. die in der Regel im Rahmen der Berufsausbildung erworbene berufliche Handlungsfähigkeit um neue Fertigkeiten, Kenntnisse und Fähigkeiten ergänzt hat.

[2]Der Lernumfang für den Erwerb dieser Fertigkeiten, Kenntnisse und Fähigkeiten soll mindestens 400 Stunden betragen.

(3) Als Voraussetzung zur Zulassung für eine Prüfung der ersten beruflichen Fortbildungsstufe ist als Regelzugang der Abschluss in einem anerkannten Ausbildungsberuf vorzusehen.

(4) [1] Die Bezeichnung eines Fortbildungsabschlusses der ersten beruflichen Fortbildungsstufe beginnt mit den Wörtern „Geprüfter Berufsspezialist für" oder „Geprüfte Berufsspezialistin für". [2] Die Fortbildungsordnung kann vorsehen, dass dieser Abschlussbezeichnung eine weitere Abschlussbezeichnung vorangestellt wird. [3] Diese Abschlussbezeichnung der ersten beruflichen Fortbildungsstufe darf nur führen, wer

1. die Prüfung der ersten beruflichen Fortbildungsstufe bestanden hat oder
2. die Prüfung einer gleichwertigen beruflichen Fortbildung auf der Grundlage bundes- oder landesrechtlicher Regelungen, die diese Abschlussbezeichnung vorsehen, bestanden hat.

§ 53c Bachelor Professional. (1) Den Fortbildungsabschluss Bachelor Professional erlangt, wer eine Prüfung der zweiten beruflichen Fortbildungsstufe erfolgreich besteht.

(2) [1] In der Fortbildungsprüfung der zweiten beruflichen Fortbildungsstufe wird festgestellt, ob der Prüfling in der Lage ist, Fach- und Führungsfunktionen zu übernehmen, in denen zu verantwortende Leitungsprozesse von Organisationen eigenständig gesteuert werden, eigenständig ausgeführt werden und dafür Mitarbeiter und Mitarbeiterinnen geführt werden. [2] Der Lernumfang für den Erwerb dieser Fertigkeiten, Kenntnisse und Fähigkeiten soll mindestens 1 200 Stunden betragen.

(3) Als Voraussetzung zur Zulassung für eine Prüfung der zweiten beruflichen Fortbildungsstufe ist als Regelzugang vorzusehen:

1. der Abschluss in einem anerkannten Ausbildungsberuf oder
2. ein Abschluss der ersten beruflichen Fortbildungsstufe.

(4) [1] Die Bezeichnung eines Fortbildungsabschlusses der zweiten beruflichen Fortbildungsstufe beginnt mit den Wörtern „Bachelor Professional in". [2] Die Fortbildungsordnung kann vorsehen, dass dieser Abschlussbezeichnung eine weitere Abschlussbezeichnung vorangestellt wird. [3] Die Abschlussbezeichnung der zweiten beruflichen Fortbildungsstufe darf nur führen, wer

1. die Prüfung der zweiten beruflichen Fortbildungsstufe bestanden hat oder
2. die Prüfung einer gleichwertigen beruflichen Fortbildung auf der Grundlage bundes- oder landesrechtlicher Regelungen, die diese Abschlussbezeichnung vorsehen, bestanden hat.

§ 53d Master Professional. (1) Den Fortbildungsabschluss Master Professional erlangt, wer die Prüfung der dritten beruflichen Fortbildungsstufe besteht.

(2) [1] In der Fortbildungsprüfung der dritten beruflichen Fortbildungsstufe wird festgestellt, ob der Prüfling

1. die Fertigkeiten, Kenntnisse und Fähigkeiten, die er in der Regel mit der Vorbereitung auf eine Fortbildungsprüfung der zweiten Fortbildungsstufe erworben hat, vertieft hat und
2. neue Fertigkeiten, Kenntnisse und Fähigkeiten erworben hat, die erforderlich sind für die verantwortliche Führung von Organisationen oder zur Bearbei-

tung von neuen, komplexen Aufgaben- und Problemstellungen wie der Entwicklung von Verfahren und Produkten.

[2]Der Lernumfang für den Erwerb dieser Fertigkeiten, Kenntnisse und Fähigkeiten soll mindestens 1 600 Stunden betragen.

(3) Als Voraussetzung zur Zulassung für eine Prüfung der dritten beruflichen Fortbildungsstufe ist als Regelzugang ein Abschluss auf der zweiten beruflichen Fortbildungsstufe vorzusehen.

(4) [1]Die Bezeichnung eines Fortbildungsabschlusses der dritten beruflichen Fortbildungsstufe beginnt mit den Wörtern „Master Professional in". [2]Die Fortbildungsordnung kann vorsehen, dass dieser Abschlussbezeichnung eine weitere Abschlussbezeichnung vorangestellt wird. [3]Die Abschlussbezeichnung der dritten beruflichen Fortbildungsstufe darf nur führen, wer

1. die Prüfung der dritten beruflichen Fortbildungsstufe bestanden hat oder
2. die Prüfung einer gleichwertigen beruflichen Fortbildung auf der Grundlage bundes- oder landesrechtlicher Regelungen, die diese Abschlussbezeichnung vorsehen, bestanden hat.

§ 53e Anpassungsfortbildungsordnungen. (1) Als Grundlage für eine einheitliche Anpassungsfortbildung kann das Bundesministerium für Bildung und Forschung im Einvernehmen mit dem Bundesministerium für Wirtschaft und Energie oder dem sonst zuständigen Fachministerium nach Anhörung des Hauptausschusses des Bundesinstituts für Berufsbildung durch Rechtsverordnung, die nicht der Zustimmung des Bundesrates bedarf, Fortbildungsabschlüsse anerkennen und hierfür Prüfungsregelungen erlassen (Anpassungsfortbildungsordnungen).

(2) Die Anpassungsfortbildungsordnungen haben festzulegen:

1. die Bezeichnung des Fortbildungsabschlusses,
2. das Ziel, den Inhalt und die Anforderungen der Prüfung,
3. die Zulassungsvoraussetzungen und
4. das Prüfungsverfahren.

(3) Abweichend von Absatz 1 werden Anpassungsfortbildungsordnungen

1. in den Berufen der Landwirtschaft, einschließlich der ländlichen Hauswirtschaft, durch das Bundesministerium für Ernährung und Landwirtschaft im Einvernehmen mit dem Bundesministerium für Bildung und Forschung erlassen und
2. in Berufen der Hauswirtschaft durch das Bundesministerium für Wirtschaft und Energie im Einvernehmen mit dem Bundesministerium für Bildung und Forschung erlassen.

Abschnitt 2. Fortbildungsprüfungsregelungen der zuständigen Stellen

§ 54 Fortbildungsprüfungsregelungen der zuständigen Stellen.

(1) [1]Sofern für einen Fortbildungsabschluss weder eine Fortbildungsordnung noch eine Anpassungsfortbildungsordnung erlassen worden ist, kann die zuständige Stelle Fortbildungsprüfungsregelungen erlassen. [2]Wird im Fall des § 71 Absatz 8 als zuständige Stelle eine Landesbehörde bestimmt, so erlässt die zuständige Landesregierung die Fortbildungsprüfungsregelungen durch

Rechtsverordnung. [3]Die Ermächtigung nach Satz 2 kann durch Rechtsverordnung auf die von ihr bestimmte zuständige Stelle übertragen werden.

(2) Die Fortbildungsprüfungsregelungen haben festzulegen:

1. die Bezeichnung des Fortbildungsabschlusses,
2. das Ziel, den Inhalt und die Anforderungen der Prüfungen,
3. die Zulassungsvoraussetzungen für die Prüfung und
4. das Prüfungsverfahren.

(3) [1]Bestätigt die zuständige oberste Landesbehörde,

1. dass die Fortbildungsprüfungsregelungen die Voraussetzungen des § 53b Absatz 2 und 3 sowie des § 53a Absatz 2 erfüllen, so beginnt die Bezeichnung des Fortbildungsabschlusses mit den Wörtern „Geprüfter Berufsspezialist für“ oder „Geprüfte Berufsspezialistin für“,
2. dass die Fortbildungsprüfungsregelungen die Voraussetzungen des § 53c Absatz 2 und 3 erfüllen, so beginnt die Bezeichnung des Fortbildungsabschlusses mit den Wörtern „Bachelor Professional in“,
3. dass die Fortbildungsprüfungsregelungen die Voraussetzungen des § 53d Absatz 2 und 3 erfüllen, so beginnt die Bezeichnung des Fortbildungsabschlusses mit den Wörtern „Master Professional in“.

[2]Der Abschlussbezeichnung nach Satz 1 ist in Klammern ein Zusatz beizufügen, aus dem sich zweifelsfrei die zuständige Stelle ergibt, die die Fortbildungsprüfungsregelungen erlassen hat. [3]Die Fortbildungsprüfungsregelungen können vorsehen, dass dieser Abschlussbezeichnung eine weitere Abschlussbezeichnung vorangestellt wird.

(4) Eine Abschlussbezeichnung, die in einer von der zuständigen obersten Landesbehörde bestätigten Fortbildungsprüfungsregelung enthalten ist, darf nur führen, wer die Prüfung bestanden hat.

Abschnitt 3. Ausländische Vorqualifikationen, Prüfungen

§ 55 Berücksichtigung ausländischer Vorqualifikationen. Sofern Fortbildungsordnungen, Anpassungsfortbildungsordnungen oder Fortbildungsprüfungsregelungen nach § 54 Zulassungsvoraussetzungen zu Prüfungen vorsehen, sind ausländische Bildungsabschlüsse und Zeiten der Berufstätigkeit im Ausland zu berücksichtigen.

§ 56 Fortbildungsprüfungen. (1) [1]Für die Durchführung von Prüfungen im Bereich der beruflichen Fortbildung errichtet die zuständige Stelle Prüfungsausschüsse. [2]§ 37 Absatz 2 Satz 1 und 2 und Absatz 3 Satz 1 sowie § 39 Absatz 1 Satz 2, Absatz 2 und 3 und die §§ 40 bis 42, 46 und 47 sind entsprechend anzuwenden.

(2) Der Prüfling ist auf Antrag von der Ablegung einzelner Prüfungsbestandteile durch die zuständige Stelle zu befreien, wenn

1. er eine andere vergleichbare Prüfung vor einer öffentlichen oder einer staatlich anerkannten Bildungseinrichtung oder vor einem staatlichen Prüfungsausschuss erfolgreich abgelegt hat und
2. die Anmeldung zur Fortbildungsprüfung innerhalb von zehn Jahren nach der Bekanntgabe des Bestehens der Prüfung erfolgt.

§ 57 Gleichstellung von Prüfungszeugnissen. Das Bundesministerium für Wirtschaft und Energie oder das sonst zuständige Fachministerium kann im Einvernehmen mit dem Bundesministerium für Bildung und Forschung nach Anhörung des Hauptausschusses des Bundesinstituts für Berufsbildung durch Rechtsverordnung Prüfungszeugnisse, die außerhalb des Anwendungsbereichs dieses Gesetzes oder im Ausland erworben worden sind, den entsprechenden Zeugnissen über das Bestehen einer Fortbildungsprüfung auf der Grundlage der §§ 53b bis 53e und 54 gleichstellen, wenn die in der Prüfung nachzuweisenden beruflichen Fertigkeiten, Kenntnisse und Fähigkeiten gleichwertig sind.

Kapitel 3. Berufliche Umschulung

§ 58 Umschulungsordnung. Als Grundlage für eine geordnete und einheitliche berufliche Umschulung kann das Bundesministerium für Bildung und Forschung im Einvernehmen mit dem Bundesministerium für Wirtschaft und Energie oder dem sonst zuständigen Fachministerium nach Anhörung des Hauptausschusses des Bundesinstituts für Berufsbildung durch Rechtsverordnung, die nicht der Zustimmung des Bundesrates bedarf,

1. die Bezeichnung des Umschulungsabschlusses,
2. das Ziel, den Inhalt, die Art und Dauer der Umschulung,
3. die Anforderungen der Umschulungsprüfung und die Zulassungsvoraussetzungen sowie
4. das Prüfungsverfahren der Umschulung

unter Berücksichtigung der besonderen Erfordernisse der beruflichen Erwachsenenbildung bestimmen (Umschulungsordnung).

§ 59 Umschulungsprüfungsregelungen der zuständigen Stellen. [1] Soweit Rechtsverordnungen nach § 58 nicht erlassen sind, kann die zuständige Stelle Umschulungsprüfungsregelungen erlassen. [2] Wird im Fall des § 71 Absatz 8 als zuständige Stelle eine Landesbehörde bestimmt, so erlässt die zuständige Landesregierung die Umschulungsprüfungsregelungen durch Rechtsverordnung. [3] Die Ermächtigung nach Satz 2 kann durch Rechtsverordnung auf die von ihr bestimmte zuständige Stelle übertragen werden. [4] Die zuständige Stelle regelt die Bezeichnung des Umschulungsabschlusses, Ziel, Inhalt und Anforderungen der Prüfungen, die Zulassungsvoraussetzungen sowie das Prüfungsverfahren unter Berücksichtigung der besonderen Erfordernisse beruflicher Erwachsenenbildung.

§ 60 Umschulung für einen anerkannten Ausbildungsberuf. [1] Sofern sich die Umschulungsordnung (§ 58) oder eine Regelung der zuständigen Stelle (§ 59) auf die Umschulung für einen anerkannten Ausbildungsberuf richtet, sind das Ausbildungsberufsbild (§ 5 Absatz 1 Nummer 3), der Ausbildungsrahmenplan (§ 5 Absatz 1 Nummer 4) und die Prüfungsanforderungen (§ 5 Absatz 1 Nummer 5) zugrunde zu legen. [2] Die §§ 27 bis 33 gelten entsprechend.

§ 61 Berücksichtigung ausländischer Vorqualifikationen. Sofern die Umschulungsordnung (§ 58) oder eine Regelung der zuständigen Stelle (§ 59) Zulassungsvoraussetzungen vorsieht, sind ausländische Bildungsabschlüsse und Zeiten der Berufstätigkeit im Ausland zu berücksichtigen.

§ 62 Umschulungsmaßnahmen; Umschulungsprüfungen. (1) Maßnahmen der beruflichen Umschulung müssen nach Inhalt, Art, Ziel und Dauer den besonderen Erfordernissen der beruflichen Erwachsenenbildung entsprechen.

(2) [1] Umschulende haben die Durchführung der beruflichen Umschulung vor Beginn der Maßnahme der zuständigen Stelle schriftlich anzuzeigen. [2] Die Anzeigepflicht erstreckt sich auf den wesentlichen Inhalt des Umschulungsverhältnisses. [3] Bei Abschluss eines Umschulungsvertrages ist eine Ausfertigung der Vertragsniederschrift beizufügen.

(3) [1] Für die Durchführung von Prüfungen im Bereich der beruflichen Umschulung errichtet die zuständige Stelle Prüfungsausschüsse. [2] § 37 Absatz 2 und 3 sowie § 39 Absatz 2 und die §§ 40 bis 42, 46 und 47 gelten entsprechend.

(4) Der Prüfling ist auf Antrag von der Ablegung einzelner Prüfungsbestandteile durch die zuständige Stelle zu befreien, wenn er eine andere vergleichbare Prüfung vor einer öffentlichen oder staatlich anerkannten Bildungseinrichtung oder vor einem staatlichen Prüfungsausschuss erfolgreich abgelegt hat und die Anmeldung zur Umschulungsprüfung innerhalb von zehn Jahren nach der Bekanntgabe des Bestehens der anderen Prüfung erfolgt.

§ 63 Gleichstellung von Prüfungszeugnissen. Das Bundesministerium für Wirtschaft und Energie oder das sonst zuständige Fachministerium kann im Einvernehmen mit dem Bundesministerium für Bildung und Forschung nach Anhörung des Hauptausschusses des Bundesinstituts für Berufsbildung durch Rechtsverordnung außerhalb des Anwendungsbereichs dieses Gesetzes oder im Ausland erworbene Prüfungszeugnisse den entsprechenden Zeugnissen über das Bestehen einer Umschulungsprüfung auf der Grundlage der §§ 58 und 59 gleichstellen, wenn die in der Prüfung nachzuweisenden beruflichen Fertigkeiten, Kenntnisse und Fähigkeiten gleichwertig sind.

Kapitel 4. Berufsbildung für besondere Personengruppen

Abschnitt 1. Berufsbildung behinderter Menschen

§ 64 Berufsausbildung. Behinderte Menschen (§ 2 Absatz 1 Satz 1 des Neunten Buches Sozialgesetzbuch) sollen in anerkannten Ausbildungsberufen ausgebildet werden.

§ 65 Berufsausbildung in anerkannten Ausbildungsberufen. (1) [1] Regelungen nach den §§ 9 und 47 sollen die besonderen Verhältnisse behinderter Menschen berücksichtigen. [2] Dies gilt insbesondere für die zeitliche und sachliche Gliederung der Ausbildung, die Dauer von Prüfungszeiten, die Zulassung von Hilfsmitteln und die Inanspruchnahme von Hilfeleistungen Dritter wie Gebärdensprachdolmetscher für hörbehinderte Menschen.

(2) [1] Der Berufsausbildungsvertrag mit einem behinderten Menschen ist in das Verzeichnis der Berufsausbildungsverhältnisse (§ 34) einzutragen. [2] Der behinderte Mensch ist zur Abschlussprüfung auch zuzulassen, wenn die Voraussetzungen des § 43 Absatz 1 Nummer 2 und 3 nicht vorliegen.

§ 66 Ausbildungsregelungen der zuständigen Stellen. (1) [1] Für behinderte Menschen, für die wegen Art und Schwere ihrer Behinderung eine Ausbildung in einem anerkannten Ausbildungsberuf nicht in Betracht kommt, treffen die zuständigen Stellen auf Antrag der behinderten Menschen oder ihrer gesetzlichen Vertreter oder Vertreterinnen Ausbildungsregelungen entsprechend den Empfehlungen des Hauptausschusses des Bundesinstituts für Berufsbildung. [2] Die Ausbildungsinhalte sollen unter Berücksichtigung von Lage und Entwicklung des allgemeinen Arbeitsmarktes aus den Inhalten anerkannter Ausbildungsberufe entwickelt werden. [3] Im Antrag nach Satz 1 ist eine Ausbildungsmöglichkeit in dem angestrebten Ausbildungsgang nachzuweisen.

(2) § 65 Absatz 2 Satz 1 gilt entsprechend.

§ 67 Berufliche Fortbildung, berufliche Umschulung. Für die berufliche Fortbildung und die berufliche Umschulung behinderter Menschen gelten die §§ 64 bis 66 entsprechend, soweit es Art und Schwere der Behinderung erfordern.

Abschnitt 2. Berufsausbildungsvorbereitung

§ 68 Personenkreis und Anforderungen. (1) [1] Die Berufsausbildungsvorbereitung richtet sich an lernbeeinträchtigte oder sozial benachteiligte Personen, deren Entwicklungsstand eine erfolgreiche Ausbildung in einem anerkannten Ausbildungsberuf noch nicht erwarten lässt. [2] Sie muss nach Inhalt, Art, Ziel und Dauer den besonderen Erfordernissen des in Satz 1 genannten Personenkreises entsprechen und durch umfassende sozialpädagogische Betreuung und Unterstützung begleitet werden.

(2) Für die Berufsausbildungsvorbereitung, die nicht im Rahmen des Dritten Buches Sozialgesetzbuch[1)] oder anderer vergleichbarer, öffentlich geförderter Maßnahmen durchgeführt wird, gelten die §§ 27 bis 33 entsprechend.

§ 69 Qualifizierungsbausteine, Bescheinigung. (1) Die Vermittlung von Grundlagen für den Erwerb beruflicher Handlungsfähigkeit (§ 1 Absatz 2) kann insbesondere durch inhaltlich und zeitlich abgegrenzte Lerneinheiten erfolgen, die aus den Inhalten anerkannter Ausbildungsberufe entwickelt werden (Qualifizierungsbausteine).

(2) [1] Über vermittelte Grundlagen für den Erwerb beruflicher Handlungsfähigkeit stellt der Anbieter der Berufsausbildungsvorbereitung eine Bescheinigung aus. [2] Das Nähere regelt das Bundesministerium für Bildung und Forschung im Einvernehmen mit den für den Erlass von Ausbildungsordnungen zuständigen Fachministerien nach Anhörung des Hauptausschusses des Bundesinstituts für Berufsbildung durch Rechtsverordnung, die nicht der Zustimmung des Bundesrates bedarf.

§ 70 Überwachung, Beratung. (1) Die nach Landesrecht zuständige Behörde hat die Berufsausbildungsvorbereitung zu untersagen, wenn die Voraussetzungen des § 68 Absatz 1 nicht vorliegen.

(2) [1] Der Anbieter hat die Durchführung von Maßnahmen der Berufsausbildungsvorbereitung vor Beginn der Maßnahme der zuständigen Stelle schriftlich anzuzeigen. [2] Die Anzeigepflicht erstreckt sich auf den wesentlichen Inhalt des Qualifizierungsvertrages.

(3) Die Absätze 1 und 2 sowie § 76 finden keine Anwendung, soweit die Berufsausbildungsvorbereitung im Rahmen des Dritten Buches Sozialgesetz-

---

[1)] Auszugsweise abgedruckt unter Nr. **29**.

buch[1] oder anderer vergleichbarer, öffentlich geförderter Maßnahmen durchgeführt wird.

Teil 3. Organisation der Berufsbildung

Kapitel 1. Zuständige Stellen; zuständige Behörden

Abschnitt 1. Bestimmung der zuständigen Stelle

§ 71 Zuständige Stellen. (1) Für die Berufsbildung in Berufen der Handwerksordnung[2] ist die Handwerkskammer zuständige Stelle im Sinne dieses Gesetzes.

(2) Für die Berufsbildung in nichthandwerklichen Gewerbeberufen ist die Industrie- und Handelskammer zuständige Stelle im Sinne dieses Gesetzes.

(3) Für die Berufsbildung in Berufen der Landwirtschaft, einschließlich der ländlichen Hauswirtschaft, ist die Landwirtschaftskammer zuständige Stelle im Sinne dieses Gesetzes.

(4) Für die Berufsbildung der Fachangestellten im Bereich der Rechtspflege sind jeweils für ihren Bereich die Rechtsanwalts-, Patentanwalts- und Notarkammern und für ihren Tätigkeitsbereich die Notarkassen zuständige Stelle im Sinne dieses Gesetzes.

(5) Für die Berufsbildung der Fachangestellten im Bereich der Wirtschaftsprüfung und Steuerberatung sind jeweils für ihren Bereich die Wirtschaftsprüferkammern und die Steuerberaterkammern zuständige Stelle im Sinne dieses Gesetzes.

(6) Für die Berufsbildung der Fachangestellten im Bereich der Gesundheitsdienstberufe sind jeweils für ihren Bereich die Ärzte-, Zahnärzte-, Tierärzte- und Apothekerkammern zuständige Stelle im Sinne dieses Gesetzes.

(7) Soweit die Berufsausbildungsvorbereitung, die Berufsausbildung und die berufliche Umschulung in Betrieben zulassungspflichtiger Handwerke, zulassungsfreier Handwerke und handwerksähnlicher Gewerbe durchgeführt wird, ist abweichend von den Absätzen 2 bis 6 die Handwerkskammer zuständige Stelle im Sinne dieses Gesetzes.

(8) Soweit Kammern für einzelne Berufsbereiche der Absätze 1 bis 6 nicht bestehen, bestimmt das Land die zuständige Stelle.

(9) [1] Zuständige Stellen können vereinbaren, dass die ihnen jeweils durch Gesetz zugewiesenen Aufgaben im Bereich der Berufsbildung durch eine von ihnen für die Beteiligten wahrgenommen werden. [2] Die Vereinbarung bedarf der Genehmigung durch die zuständigen obersten Bundes- oder Landesbehörden.

§ 72 Bestimmung durch Rechtsverordnung. Das zuständige Fachministerium kann im Einvernehmen mit dem Bundesministerium für Bildung und Forschung durch Rechtsverordnung mit Zustimmung des Bundesrates für Berufsbereiche, die durch § 71 nicht geregelt sind, die zuständige Stelle bestimmen.

---

[1] Auszugsweise abgedruckt unter Nr. **29**.
[2] Auszugsweise abgedruckt unter Nr. **30**.

§ 73 Zuständige Stellen im Bereich des öffentlichen Dienstes.

(1) Im öffentlichen Dienst bestimmt für den Bund die oberste Bundesbehörde für ihren Geschäftsbereich die zuständige Stelle

1. in den Fällen der §§ 32, 33 und 76 sowie der §§ 23, 24 und 41a der Handwerksordnung[1)],
2. für die Berufsbildung in anderen als den durch die §§ 71 und 72 erfassten Berufsbereichen;

dies gilt auch für die der Aufsicht des Bundes unterstehenden Körperschaften, Anstalten und Stiftungen des öffentlichen Rechts.

(2) [1] Im öffentlichen Dienst bestimmen die Länder für ihren Bereich sowie für die Gemeinden und Gemeindeverbände die zuständige Stelle für die Berufsbildung in anderen als den durch die §§ 71 und 72 erfassten Berufsbereichen. [2] Dies gilt auch für die der Aufsicht der Länder unterstehenden Körperschaften, Anstalten und Stiftungen des öffentlichen Rechts.

(3) § 71 Absatz 9 gilt entsprechend.

§ 74 Erweiterte Zuständigkeit. § 73 gilt entsprechend für Ausbildungsberufe, in denen im Bereich der Kirchen und sonstigen Religionsgemeinschaften des öffentlichen Rechts oder außerhalb des öffentlichen Dienstes nach Ausbildungsordnungen des öffentlichen Dienstes ausgebildet wird.

§ 75 Zuständige Stellen im Bereich der Kirchen und sonstigen Religionsgemeinschaften des öffentlichen Rechts. [1] Die Kirchen und sonstigen Religionsgemeinschaften des öffentlichen Rechts bestimmen für ihren Bereich die zuständige Stelle für die Berufsbildung in anderen als den durch die §§ 71, 72 und 74 erfassten Berufsbereichen. [2] Die §§ 77 bis 80 finden keine Anwendung.

Abschnitt 2. Überwachung der Berufsbildung

§ 76 Überwachung, Beratung. (1) [1] Die zuständige Stelle überwacht die Durchführung

1. der Berufsausbildungsvorbereitung,
2. der Berufsausbildung und
3. der beruflichen Umschulung

und fördert diese durch Beratung der an der Berufsbildung beteiligten Personen. [2] Sie hat zu diesem Zweck Berater oder Beraterinnen zu bestellen.

(2) Ausbildende, Umschulende und Anbieter von Maßnahmen der Berufsausbildungsvorbereitung sind auf Verlangen verpflichtet, die für die Überwachung notwendigen Auskünfte zu erteilen und Unterlagen vorzulegen sowie die Besichtigung der Ausbildungsstätten zu gestatten.

(3) [1] Die Durchführung von Auslandsaufenthalten nach § 2 Absatz 3 überwacht und fördert die zuständige Stelle in geeigneter Weise. [2] Beträgt die Dauer eines Ausbildungsabschnitts im Ausland mehr als acht Wochen, ist hierfür ein mit der zuständigen Stelle abgestimmter Plan erforderlich.

(4) Auskunftspflichtige können die Auskunft auf solche Fragen verweigern, deren Beantwortung sie selbst oder einen der in § 52 der Strafprozessordnung

[1)] Nr. **30**.

bezeichneten Angehörigen der Gefahr strafgerichtlicher Verfolgung oder eines Verfahrens nach dem Gesetz über Ordnungswidrigkeiten[1)] aussetzen würde.

(5) Die zuständige Stelle teilt der Aufsichtsbehörde nach dem Jugendarbeitsschutzgesetz[2)] Wahrnehmungen mit, die für die Durchführung des Jugendarbeitsschutzgesetzes von Bedeutung sein können.

Abschnitt 3. Berufsbildungsausschuss der zuständigen Stelle

§ 77 Errichtung. (1) [1]Die zuständige Stelle errichtet einen Berufsbildungsausschuss. [2]Ihm gehören sechs Beauftragte der Arbeitgeber, sechs Beauftragte der Arbeitnehmer und sechs Lehrkräfte an berufsbildenden Schulen an, die Lehrkräfte mit beratender Stimme.

(2) Die Beauftragten der Arbeitgeber werden auf Vorschlag der zuständigen Stelle, die Beauftragten der Arbeitnehmer auf Vorschlag der im Bezirk der zuständigen Stelle bestehenden Gewerkschaften und selbständigen Vereinigungen von Arbeitnehmern mit sozial- oder berufspolitischer Zwecksetzung, die Lehrkräfte an berufsbildenden Schulen von der nach Landesrecht zuständigen Behörde längstens für vier Jahre als Mitglieder berufen.

(3) [1]Die Tätigkeit im Berufsbildungsausschuss ist ehrenamtlich. [2]Für bare Auslagen und für Zeitversäumnis ist, soweit eine Entschädigung nicht von anderer Seite gewährt wird, eine angemessene Entschädigung zu zahlen, deren Höhe von der zuständigen Stelle mit Genehmigung der obersten Landesbehörde festgesetzt wird.

(4) Die Mitglieder können nach Anhören der an ihrer Berufung Beteiligten aus wichtigem Grund abberufen werden.

(5) [1]Die Mitglieder haben Stellvertreter oder Stellvertreterinnen. [2]Die Absätze 1 bis 4 gelten für die Stellvertreter und Stellvertreterinnen entsprechend.

(6) [1]Der Berufsbildungsausschuss wählt ein Mitglied, das den Vorsitz führt, und ein weiteres Mitglied, das den Vorsitz stellvertretend übernimmt. [2]Der Vorsitz und seine Stellvertretung sollen nicht derselben Mitgliedergruppe angehören.

§ 78 Beschlussfähigkeit, Abstimmung. (1) [1]Der Berufsbildungsausschuss ist beschlussfähig, wenn mehr als die Hälfte seiner stimmberechtigten Mitglieder anwesend ist. [2]Er beschließt mit der Mehrheit der abgegebenen Stimmen.

(2) Zur Wirksamkeit eines Beschlusses ist es erforderlich, dass der Gegenstand bei der Einberufung des Ausschusses bezeichnet ist, es sei denn, dass er mit Zustimmung von zwei Dritteln der stimmberechtigten Mitglieder nachträglich auf die Tagesordnung gesetzt wird.

§ 79 Aufgaben. (1) [1]Der Berufsbildungsausschuss ist in allen wichtigen Angelegenheiten der beruflichen Bildung zu unterrichten und zu hören. [2]Er hat im Rahmen seiner Aufgaben auf eine stetige Entwicklung der Qualität der beruflichen Bildung hinzuwirken.

(2) Wichtige Angelegenheiten, in denen der Berufsbildungsausschuss anzuhören ist, sind insbesondere:

---

1) Auszugsweise abgedruckt unter Nr. **39**.
2) Nr. **22**.

1. Erlass von Verwaltungsgrundsätzen über die Eignung von Ausbildungs- und Umschulungsstätten, für das Führen von Ausbildungsnachweisen nach § 13 Satz 2 Nummer 7, für die Verkürzung der Ausbildungsdauer, für die vorzeitige Zulassung zur Abschlussprüfung, für die Durchführung der Prüfungen, zur Durchführung von über- und außerbetrieblicher Ausbildung sowie Verwaltungsrichtlinien zur beruflichen Bildung,
2. Umsetzung der vom Landesausschuss für Berufsbildung empfohlenen Maßnahmen,
3. wesentliche inhaltliche Änderungen des Ausbildungsvertragsmusters.

(3) Wichtige Angelegenheiten, in denen der Berufsbildungsausschuss zu unterrichten ist, sind insbesondere:

1. Zahl und Art der der zuständigen Stelle angezeigten Maßnahmen der Berufsausbildungsvorbereitung und beruflichen Umschulung sowie der eingetragenen Berufsausbildungsverhältnisse,
2. Zahl und Ergebnisse von durchgeführten Prüfungen sowie hierbei gewonnene Erfahrungen,
3. Tätigkeit der Berater und Beraterinnen nach § 76 Absatz 1 Satz 2,
4. für den räumlichen und fachlichen Zuständigkeitsbereich der zuständigen Stelle neue Formen, Inhalte und Methoden der Berufsbildung,
5. Stellungnahmen oder Vorschläge der zuständigen Stelle gegenüber anderen Stellen und Behörden, soweit sie sich auf die Durchführung dieses Gesetzes oder der auf Grund dieses Gesetzes erlassenen Rechtsvorschriften beziehen,
6. Bau eigener überbetrieblicher Berufsbildungsstätten,
7. Beschlüsse nach Absatz 5 sowie beschlossene Haushaltsansätze zur Durchführung der Berufsbildung mit Ausnahme der Personalkosten,
8. Verfahren zur Beilegung von Streitigkeiten aus Ausbildungsverhältnissen,
9. Arbeitsmarktfragen, soweit sie die Berufsbildung im Zuständigkeitsbereich der zuständigen Stelle berühren.

(4) [1] Der Berufsbildungsausschuss hat die auf Grund dieses Gesetzes von der zuständigen Stelle zu erlassenden Rechtsvorschriften für die Durchführung der Berufsbildung zu beschließen. [2] Gegen Beschlüsse, die gegen Gesetz oder Satzung verstoßen, kann die zur Vertretung der zuständigen Stelle berechtigte Person innerhalb einer Woche Einspruch einlegen. [3] Der Einspruch ist zu begründen und hat aufschiebende Wirkung. [4] Der Berufsbildungsausschuss hat seinen Beschluss zu überprüfen und erneut zu beschließen.

(5) [1] Beschlüsse, zu deren Durchführung die für Berufsbildung im laufenden Haushalt vorgesehenen Mittel nicht ausreichen, bedürfen für ihre Wirksamkeit der Zustimmung der für den Haushaltsplan zuständigen Organe. [2] Das Gleiche gilt für Beschlüsse, zu deren Durchführung in folgenden Haushaltsjahren Mittel bereitgestellt werden müssen, die die Ausgaben für Berufsbildung des laufenden Haushalts nicht unwesentlich übersteigen.

(6) Abweichend von § 77 Absatz 1 haben die Lehrkräfte Stimmrecht bei Beschlüssen zu Angelegenheiten der Berufsausbildungsvorbereitung und Berufsausbildung, soweit sich die Beschlüsse unmittelbar auf die Organisation der schulischen Berufsbildung auswirken.

§ 80 Geschäftsordnung. [1] Der Berufsbildungsausschuss gibt sich eine Geschäftsordnung. [2] Sie kann die Bildung von Unterausschüssen vorsehen und bestimmen, dass ihnen nicht nur Mitglieder des Ausschusses angehören. [3] Für die Unterausschüsse gelten § 77 Absatz 2 bis 6 und § 78 entsprechend.

Abschnitt 4. Zuständige Behörden

§ 81 Zuständige Behörden. (1) Im Bereich des Bundes ist die oberste Bundesbehörde oder die von ihr bestimmte Behörde die zuständige Behörde im Sinne des § 30 Absatz 6, der §§ 32, 33, 40 Absatz 6 und der §§ 47, 54 Absatz 3 und des § 77 Absatz 2 und 3.

(2) Ist eine oberste Bundesbehörde oder eine oberste Landesbehörde zuständige Stelle im Sinne dieses Gesetzes, so bedarf es im Fall des § 40 Absatz 6, des § 47 Absatz 1 und des § 77 Absatz 3 keiner Genehmigung und im Fall des § 54 keiner Bestätigung.

Kapitel 2. Landesausschüsse für Berufsbildung

§ 82 Errichtung, Geschäftsordnung, Abstimmung. (1) [1] Bei der Landesregierung wird ein Landesausschuss für Berufsbildung errichtet. [2] Er setzt sich zusammen aus einer gleichen Zahl von Beauftragten der Arbeitgeber, der Arbeitnehmer und der obersten Landesbehörden. [3] Die Hälfte der Beauftragten der obersten Landesbehörden muss in Fragen des Schulwesens sachverständig sein.

(2) [1] Die Mitglieder des Landesausschusses werden längstens für vier Jahre von der Landesregierung berufen, die Beauftragten der Arbeitgeber auf Vorschlag der auf Landesebene bestehenden Zusammenschlüsse der Kammern, der Arbeitgeberverbände und der Unternehmerverbände, die Beauftragten der Arbeitnehmer auf Vorschlag der auf Landesebene bestehenden Gewerkschaften und selbständigen Vereinigungen von Arbeitnehmern mit sozial- oder berufspolitischer Zwecksetzung. [2] Die Tätigkeit im Landesausschuss ist ehrenamtlich. [3] Für bare Auslagen und für Zeitversäumnis ist, soweit eine Entschädigung nicht von anderer Seite gewährt wird, eine angemessene Entschädigung zu zahlen, deren Höhe von der Landesregierung oder der von ihr bestimmten obersten Landesbehörde festgesetzt wird. [4] Die Mitglieder können nach Anhören der an ihrer Berufung Beteiligten aus wichtigem Grund abberufen werden. [5] Der Ausschuss wählt ein Mitglied, das den Vorsitz führt, und ein weiteres Mitglied, das den Vorsitz stellvertretend übernimmt. [6] Der Vorsitz und seine Stellvertretung sollen nicht derselben Mitgliedergruppe angehören.

(3) [1] Die Mitglieder haben Stellvertreter oder Stellvertreterinnen. [2] Die Absätze 1 und 2 gelten für die Stellvertreter und Stellvertreterinnen entsprechend.

(4) [1] Der Landesausschuss gibt sich eine Geschäftsordnung, die der Genehmigung der Landesregierung oder der von ihr bestimmten obersten Landesbehörde bedarf. [2] Sie kann die Bildung von Unterausschüssen vorsehen und bestimmen, dass ihnen nicht nur Mitglieder des Landesausschusses angehören. [3] Absatz 2 Satz 2 gilt für die Unterausschüsse hinsichtlich der Entschädigung entsprechend. [4] An den Sitzungen des Landesausschusses und der Unterausschüsse können Vertreter der beteiligten obersten Landesbehörden, der Gemeinden und Gemeindeverbände sowie der Agentur für Arbeit teilnehmen.

(5) [1] Der Landesausschuss ist beschlussfähig, wenn mehr als die Hälfte seiner Mitglieder anwesend ist. [2] Er beschließt mit der Mehrheit der abgegebenen Stimmen.

§ 83 Aufgaben. (1) [1]Der Landesausschuss hat die Landesregierung in den Fragen der Berufsbildung zu beraten, die sich für das Land ergeben. [2]Er hat im Rahmen seiner Aufgaben auf eine stetige Entwicklung der Qualität der beruflichen Bildung hinzuwirken.

(2) [1]Er hat insbesondere im Interesse einer einheitlichen Berufsbildung auf eine Zusammenarbeit zwischen der schulischen Berufsbildung und der Berufsbildung nach diesem Gesetz sowie auf eine Berücksichtigung der Berufsbildung bei der Neuordnung und Weiterentwicklung des Schulwesens hinzuwirken. [2]Der Landesausschuss kann zur Stärkung der regionalen Ausbildungs- und Beschäftigungssituation Empfehlungen zur inhaltlichen und organisatorischen Abstimmung und zur Verbesserung der Ausbildungsangebote aussprechen.

Teil 6. Bußgeldvorschriften

§ 101 Bußgeldvorschriften. (1) Ordnungswidrig handelt, wer

1. entgegen § 11 Absatz 1 Satz 1, auch in Verbindung mit Absatz 4, den wesentlichen Inhalt des Vertrages oder eine wesentliche Änderung nicht, nicht richtig, nicht vollständig, nicht in der vorgeschriebenen Weise oder nicht rechtzeitig niederlegt,
2. entgegen § 11 Absatz 3, auch in Verbindung mit Absatz 4, eine Ausfertigung der Niederschrift nicht oder nicht rechtzeitig aushändigt,
3. entgegen § 14 Absatz 3 Auszubildenden eine Verrichtung überträgt, die dem Ausbildungszweck nicht dient,
4. entgegen § 15 Absatz 1 Satz 1 oder 2 Auszubildende beschäftigt oder nicht freistellt,
5. entgegen § 18 Absatz 3 Satz 1, auch in Verbindung mit Satz 2, eine dort genannte Vergütung nicht, nicht richtig, nicht vollständig oder nicht rechtzeitig zahlt,
6. entgegen § 28 Absatz 1 oder 2 Auszubildende einstellt oder ausbildet,
7. einer vollziehbaren Anordnung nach § 33 Absatz 1 oder 2 zuwiderhandelt,
8. entgegen § 36 Absatz 1 Satz 1 oder 2, jeweils auch in Verbindung mit Satz 3, die Eintragung in das dort genannte Verzeichnis nicht oder nicht rechtzeitig beantragt oder eine Ausfertigung der Vertragsniederschrift nicht beifügt,
9. entgegen § 53b Absatz 4 Satz 3, § 53c Absatz 4 Satz 3, § 53d Absatz 4 Satz 3 und § 54 Absatz 4 eine Abschlussbezeichnung führt oder
10. entgegen § 76 Absatz 2 eine Auskunft nicht, nicht richtig, nicht vollständig oder nicht rechtzeitig erteilt, eine Unterlage nicht, nicht richtig, nicht vollständig oder nicht rechtzeitig vorlegt oder eine Besichtigung nicht oder nicht rechtzeitig gestattet.

(2) Die Ordnungswidrigkeit kann in den Fällen des Absatzes 1 Nummer 3 bis 7 mit einer Geldbuße bis zu fünftausend Euro, in den übrigen Fällen mit einer Geldbuße bis zu tausend Euro geahndet werden.

Teil 7. Übergangs- und Schlussvorschriften

§ 102 Gleichstellung von Abschlusszeugnissen im Rahmen der deutschen Einheit. Prüfungszeugnisse nach der Systematik der Ausbildungsberufe und der Systematik der Facharbeiterberufe und Prüfungszeugnisse nach § 37 Absatz 2 stehen einander gleich.

§ 103 Fortgeltung bestehender Regelungen. (1) [1]Die vor dem 1. September 1969 anerkannten Lehrberufe und Anlernberufe oder vergleichbar geregelten Ausbildungsberufe gelten als Ausbildungsberufe im Sinne des § 4. [2]Die Berufsbilder, die Berufsbildungspläne, die Prüfungsanforderungen und die Prüfungsordnungen für diese Berufe sind bis zum Erlass von Ausbildungsordnungen nach § 4 und der Prüfungsordnungen nach § 47 anzuwenden.

(2) Die vor dem 1. September 1969 erteilten Prüfungszeugnisse in Berufen, die nach Absatz 1 als anerkannte Ausbildungsberufe gelten, stehen Prüfungszeugnissen nach § 37 Absatz 2 gleich.

(3) Auf Ausbildungsverträge, die vor dem 30. September 2017 abgeschlossen wurden oder bis zu diesem Zeitpunkt abgeschlossen werden, sind § 5 Absatz 2 Satz 1, § 11 Absatz 1 Satz 2, § 13 Satz 2, die §§ 14, 43 Absatz 1 Nummer 2, § 79 Absatz 2 Nummer 1 sowie § 101 Absatz 1 Nummer 3 in ihrer bis zum 5. April 2017 geltenden Fassung weiter anzuwenden.

§ 104 Übertragung von Zuständigkeiten. Die Landesregierungen werden ermächtigt, durch Rechtsverordnung die nach diesem Gesetz den nach Landesrecht zuständigen Behörden übertragenen Zuständigkeiten nach den §§ 27, 30, 32, 33 und 70 auf zuständige Stellen zu übertragen.

§ 105 Evaluation. Die Regelungen zur Mindestvergütung, zu Prüferdelegationen und die Regelung des § 5 Absatz 2 Satz 1 Nummer 2a werden vom Bundesinstitut für Berufsbildung fünf Jahre nach dem Inkrafttreten des Gesetzes zur Modernisierung und Stärkung der beruflichen Bildung wissenschaftlich evaluiert.

§ 106 Übergangsregelung. (1) Auf Berufsausbildungsverträge, die bis zum Ablauf des 31. Dezember 2019 abgeschlossen werden, ist § 17 in der bis dahin geltenden Fassung anzuwenden.

(2) [1]Für Berufsausbildungsverträge mit Ausbildungsbeginn ab dem 1. Januar 2020 gelten § 34 Absatz 2 Nummer 7 und § 88 Absatz 1 Satz 1 Nummer 1 Buchstabe g in der ab dem 1. Januar 2020 geltenden Fassung. [2]Im Übrigen sind für Berufsausbildungsverträge mit Ausbildungsbeginn bis zum Ablauf des 31. Dezember 2020 die §§ 34, 35 Absatz 3 Satz 1 und § 88 in der am 31. Dezember 2019 geltenden Fassung weiterhin anzuwenden.

(3) [1]Sofern für einen anerkannten Fortbildungsabschluss eine Fortbildungsordnung auf Grund des § 53 in der bis zum Ablauf des 31. Dezember 2019 geltenden Fassung erlassen worden ist, ist diese Fortbildungsordnung bis zum erstmaligen Erlass einer Fortbildungsordnung nach § 53 in der ab dem 1. Januar 2020 geltenden Fassung weiterhin anzuwenden. [2]Sofern eine Fortbildungsprüfungsregelung nach § 54 in der bis zum Ablauf des 31. Dezember 2019 geltenden Fassung erlassen worden ist, ist diese Fortbildungsprüfungsregelung bis zum erstmaligen Erlass einer Fortbildungsprüfungsregelung nach § 54 in der ab dem 1. Januar 2020 geltenden Fassung weiterhin anzuwenden.

29. Sozialgesetzbuch (SGB) Drittes Buch (III) – Arbeitsförderung –[1] [2]

Vom 24. März 1997
(BGBl. I S. 594)

FNA 860-3

zuletzt geänd. durch Art. 12a G zur Stärkung der Impfprävention gegen COVID-19 und zur Änd. weiterer Vorschriften im Zusammenhang mit der COVID-19-Pandemie v. 10.12.2021 (BGBl. I S. 5162)

– Auszug –

Drittes Kapitel. Aktive Arbeitsförderung

Dritter Abschnitt. Berufswahl und Berufsausbildung

Zweiter Unterabschnitt. Berufsvorbereitung

§ 51 Berufsvorbereitende Bildungsmaßnahmen. (1) Die Agentur für Arbeit kann förderungsberechtigte junge Menschen durch berufsvorbereitende Bildungsmaßnahmen fördern, um sie auf die Aufnahme einer Berufsausbildung vorzubereiten oder, wenn die Aufnahme einer Berufsausbildung wegen in ihrer Person liegender Gründe nicht möglich ist, ihnen die berufliche Eingliederung zu erleichtern.

(2) [1] Eine berufsvorbereitende Bildungsmaßnahme ist förderungsfähig, wenn sie

1. nicht den Schulgesetzen der Länder unterliegt und
2. nach Aus- und Fortbildung sowie Berufserfahrung der Leitung und der Lehr- und Fachkräfte, nach Gestaltung des Lehrplans, nach Unterrichtsmethode und Güte der zum Einsatz vorgesehenen Lehr- und Lernmittel eine erfolgreiche berufliche Bildung erwarten lässt.

[2] Eine berufsvorbereitende Bildungsmaßnahme, die teilweise im Ausland durchgeführt wird, ist auch für den im Ausland durchgeführten Teil förderungsfähig, wenn dieser Teil im Verhältnis zur Gesamtdauer der berufsvorbereitenden Bildungsmaßnahme angemessen ist und die Hälfte der vorgesehenen Förderdauer nicht übersteigt.

(3) Eine berufsvorbereitende Bildungsmaßnahme kann zur Erleichterung der beruflichen Eingliederung auch allgemeinbildende Fächer enthalten und auf den nachträglichen Erwerb des Hauptschulabschlusses oder eines gleichwertigen Schulabschlusses vorbereiten.

(4) Betriebliche Praktika können abgestimmt auf den individuellen Förderbedarf in angemessenem Umfang vorgesehen werden.

---

[1] Verkündet als Art. 1 G v. 24.3.1997 (BGBl. I S. 594); Inkrafttreten gem. Art. 83 dieses G am 1.1. 1998, Ausnahmen gem. Abs. 2 und 3 dieses Artikels betreffen hier nicht wiedergegebene Vorschriften.

[2] Änderungen, die nach dem 31.12.2023 in Kraft treten, sind hier nicht wiedergegeben.

§ 52 Förderungsberechtigte junge Menschen. (1) Förderungsberechtigt sind junge Menschen,

1. bei denen die berufsvorbereitende Bildungsmaßnahme zur Vorbereitung auf eine Berufsausbildung oder, wenn die Aufnahme einer Berufsausbildung wegen in ihrer Person liegender Gründe nicht möglich ist, zur beruflichen Eingliederung erforderlich ist,
2. die die Vollzeitschulpflicht nach den Gesetzen der Länder erfüllt haben und
3. deren Fähigkeiten erwarten lassen, dass sie das Ziel der Maßnahme erreichen.

(2) [1] Ausländerinnen und Ausländer sind förderungsberechtigt, wenn die Voraussetzungen nach Absatz 1 vorliegen und sie eine Erwerbstätigkeit ausüben dürfen oder ihnen eine Erwerbstätigkeit erlaubt werden kann. [2] Zudem müssen Ausländerinnen und Ausländer, die zum Zeitpunkt der Entscheidung über die Förderberechtigung eine Aufenthaltsgestattung nach dem Asylgesetz besitzen,

1. sich seit mindestens 15 Monaten erlaubt, gestattet oder geduldet im Bundesgebiet aufhalten und
2. schulische Kenntnisse und Kenntnisse der deutschen Sprache besitzen, die einen erfolgreichen Übergang in eine Berufsausbildung erwarten lassen.

[3] Gestattete Ausländerinnen oder Ausländer, die vor dem 1. August 2019 in das Bundesgebiet eingereist sind, müssen sich abweichend von Satz 2 Nummer 1 seit mindestens drei Monaten erlaubt, gestattet oder geduldet dort aufhalten. [4] Für Ausländerinnen und Ausländer, die zum Zeitpunkt der Entscheidung über die Förderberechtigung eine Duldung besitzen, gilt Satz 2 mit der Maßgabe, dass abweichend von Nummer 1 ihre Abschiebung seit mindestens neun Monaten ausgesetzt ist. [5] Für geduldete Ausländerinnen oder Ausländer, die vor dem 1. August 2019 in das Bundesgebiet eingereist sind, muss abweichend von Satz 4 ihre Abschiebung seit mindestens drei Monaten ausgesetzt sein.

§ 53 Vorbereitung auf einen Hauptschulabschluss im Rahmen einer berufsvorbereitenden Bildungsmaßnahme. [1] Förderungsberechtigte junge Menschen ohne Schulabschluss haben einen Anspruch, im Rahmen einer berufsvorbereitenden Bildungsmaßnahme auf den nachträglichen Erwerb des Hauptschulabschlusses oder eines gleichwertigen Schulabschlusses vorbereitet zu werden. [2] Die Leistung wird nur erbracht, soweit sie nicht für den gleichen Zweck durch Dritte erbracht wird. [3] Die Agentur für Arbeit hat darauf hinzuwirken, dass sich die für die allgemeine Schulbildung zuständigen Länder an den Kosten der Maßnahme beteiligen. [4] Leistungen Dritter zur Aufstockung der Leistung bleiben anrechnungsfrei.

Dritter Unterabschnitt. Berufsausbildungsbeihilfe

§ 56 Berufsausbildungsbeihilfe. (1) Auszubildende haben Anspruch auf Berufsausbildungsbeihilfe während einer Berufsausbildung, wenn

1. die Berufsausbildung förderungsfähig ist,
2. sie zum förderungsberechtigten Personenkreis gehören und
3. ihnen die erforderlichen Mittel zur Deckung des Bedarfs für den Lebensunterhalt, die Fahrkosten und die sonstigen Aufwendungen (Gesamtbedarf) nicht anderweitig zur Verfügung stehen.

(2) [1] Auszubildende haben Anspruch auf Berufsausbildungsbeihilfe während einer berufsvorbereitenden Bildungsmaßnahme nach § 51. [2] Teilnehmende an

einer Vorphase nach § 74 Absatz 1 Satz 2 haben Anspruch auf Berufsausbildungsbeihilfe wie Auszubildende in einer berufsvorbereitenden Bildungsmaßnahme. [3] Ausländerinnen und Ausländer, die eine Aufenthaltsgestattung nach dem Asylgesetz besitzen, sind in den Fällen der Sätze 1 und 2 nicht zum Bezug von Berufsausbildungsbeihilfe berechtigt.

§ 57 Förderungsfähige Berufsausbildung. (1) Eine Berufsausbildung ist förderungsfähig, wenn sie in einem nach dem Berufsbildungsgesetz[1)], der Handwerksordnung[2)] oder dem Seearbeitsgesetz staatlich anerkannten Ausbildungsberuf betrieblich oder außerbetrieblich oder nach Teil 2, auch in Verbindung mit Teil 5, des Pflegeberufegesetzes oder dem Altenpflegegesetz betrieblich durchgeführt wird und der dafür vorgeschriebene Berufsausbildungsvertrag abgeschlossen worden ist.

(2) [1] Förderungsfähig ist die erste Berufsausbildung. [2] Eine zweite Berufsausbildung kann gefördert werden, wenn zu erwarten ist, dass eine berufliche Eingliederung dauerhaft auf andere Weise nicht erreicht werden kann und durch die zweite Berufsausbildung die berufliche Eingliederung erreicht wird.

(3) Nach der vorzeitigen Lösung eines Berufsausbildungsverhältnisses darf erneut gefördert werden, wenn für die Lösung ein berechtigter Grund bestand.

§ 58 Förderung im Ausland. (1) Eine Berufsausbildung, die teilweise im Ausland durchgeführt wird, ist auch für den im Ausland durchgeführten Teil förderungsfähig, wenn dieser Teil im Verhältnis zur Gesamtdauer der Berufsausbildung angemessen ist und die Dauer von einem Jahr nicht übersteigt.

(2) Eine betriebliche Berufsausbildung, die vollständig im angrenzenden Ausland oder in den übrigen Mitgliedstaaten der Europäischen Union durchgeführt wird, ist förderungsfähig, wenn

1. eine nach Bundes- oder Landesrecht zuständige Stelle bestätigt, dass die Berufsausbildung einer entsprechenden betrieblichen Berufsausbildung gleichwertig ist und
2. die Berufsausbildung im Ausland dem Erreichen des Bildungsziels und der Beschäftigungsfähigkeit besonders dienlich ist.

§ 59 *(aufgehoben)*

§ 60 Förderungsberechtigter Personenkreis bei Berufsausbildung.

(1) Die oder der Auszubildende ist bei einer Berufsausbildung förderungsberechtigt, wenn sie oder er

1. außerhalb des Haushalts der Eltern oder eines Elternteils wohnt und
2. die Ausbildungsstätte von der Wohnung der Eltern oder eines Elternteils aus nicht in angemessener Zeit erreichen kann.

(2) Absatz 1 Nummer 2 gilt nicht, wenn die oder der Auszubildende

1. 18 Jahre oder älter ist,
2. verheiratet oder in einer Lebenspartnerschaft verbunden ist oder war,
3. mit mindestens einem Kind zusammenlebt oder

[1)] Auszugsweise abgedruckt unter Nr. **28**.
[2)] Auszugsweise abgedruckt unter Nr. **30**.

4. aus schwerwiegenden sozialen Gründen nicht auf die Wohnung der Eltern oder eines Elternteils verwiesen werden kann.

(3) [1] Ausländerinnen und Ausländer, die eine Aufenthaltsgestattung nach dem Asylgesetz besitzen, sind während einer Berufsausbildung nicht zum Bezug von Berufsausbildungsbeihilfe berechtigt. [2] Geduldete Ausländerinnen und Ausländer sind während einer Berufsausbildung zum Bezug von Berufsausbildungsbeihilfe berechtigt, wenn die Voraussetzungen nach Absatz 1 in Verbindung mit Absatz 2 vorliegen und sie sich seit mindestens 15 Monaten ununterbrochen erlaubt, gestattet oder geduldet im Bundesgebiet aufhalten.

§ 61 Bedarf für den Lebensunterhalt bei Berufsausbildung. (1) Ist die oder der Auszubildende während der Berufsausbildung außerhalb des Haushalts der Eltern oder eines Elternteils untergebracht, wird der jeweils geltende Bedarf nach § 13 Absatz 1 Nummer 1 und Absatz 2 Nummer 2 des Bundesausbildungsförderungsgesetzes[1] zugrunde gelegt.

(2) [1] Ist die oder der Auszubildende mit voller Verpflegung in einem Wohnheim, einem Internat oder in einer anderen sozialpädagogisch begleiteten Wohnform im Sinne des Achten Buches[2] untergebracht, werden abweichend von Absatz 1 als Bedarf für den Lebensunterhalt die im Rahmen der §§ 78a bis 78g des Achten Buches vereinbarten Entgelte für Verpflegung und Unterbringung ohne sozialpädagogische Begleitung zuzüglich 103 Euro monatlich für sonstige Bedürfnisse zugrunde gelegt. [2] Als Bedarf für den Lebensunterhalt von Auszubildenden unter 27 Jahren werden zusätzlich die Entgelte für die sozialpädagogische Begleitung zugrunde gelegt, soweit diese nicht von Dritten erstattet werden. [3] Ist die oder der Auszubildende bereits in einer anderen sozialpädagogisch begleiteten Wohnform untergebracht, werden Leistungen für junge Menschen, die die Voraussetzungen des § 13 Absatz 1 des Achten Buchs erfüllen, vorrangig nach § 13 Absatz 3 des Achten Buches erbracht.

§ 62 Bedarf für den Lebensunterhalt bei berufsvorbereitenden Bildungsmaßnahmen. (1) Ist die oder der Auszubildende während einer berufsvorbereitenden Bildungsmaßnahme im Haushalt der Eltern oder eines Elternteils untergebracht, wird der jeweils geltende Bedarf nach § 12 Absatz 1 Nummer 1 des Bundesausbildungsförderungsgesetzes[1] zugrunde gelegt.

(2) Ist die oder der Auszubildende außerhalb des Haushalts der Eltern oder eines Elternteils untergebracht, wird als Bedarf für den Lebensunterhalt der jeweils geltende Bedarf nach § 12 Absatz 2 Nummer 1 des Bundesausbildungsförderungsgesetzes zugrunde gelegt.

(3) [1] Ist die oder der Auszubildende mit voller Verpflegung in einem Wohnheim oder einem Internat untergebracht, werden abweichend von Absatz 2 als Bedarf für den Lebensunterhalt die im Rahmen der §§ 78a bis 78g des Achten Buches[2] vereinbarten Entgelte für Verpflegung und Unterbringung ohne sozialpädagogische Begleitung zuzüglich 103 Euro monatlich für sonstige Bedürfnisse zugrunde gelegt. [2] Als Bedarf für den Lebensunterhalt von Auszubildenden unter 18 Jahren werden zusätzlich die Entgelte für die sozialpädagogische Begleitung zugrunde gelegt, soweit diese nicht von Dritten erstattet werden.

---

[1] Nr. **31**.
[2] Nr. **10**.

§ 63 Fahrkosten. (1) [1] Als Bedarf für Fahrkosten werden folgende Kosten der oder des Auszubildenden zugrunde gelegt:

1. Kosten für Fahrten zwischen Unterkunft, Ausbildungsstätte und Berufsschule (Pendelfahrten),
2. bei einer erforderlichen auswärtigen Unterbringung Kosten für die An- und Abreise und für eine monatliche Familienheimfahrt oder anstelle der Familienheimfahrt für eine monatliche Fahrt einer oder eines Angehörigen zum Aufenthaltsort der oder des Auszubildenden.

[2] Eine auswärtige Unterbringung ist erforderlich, wenn die Ausbildungsstätte vom Familienwohnort aus nicht in angemessener Zeit erreicht werden kann.

(2) [1] Abweichend von Absatz 1 Nummer 2 werden bei einer Förderung im Ausland folgende Kosten der oder des Auszubildenden zugrunde gelegt:

1. bei einem Ausbildungsort innerhalb Europas die Kosten für eine Hin- und Rückreise je Ausbildungshalbjahr,
2. bei einem Ausbildungsort außerhalb Europas die Kosten für eine Hin- und Rückreise je Ausbildungsjahr.

[2] In besonderen Härtefällen können die notwendigen Aufwendungen für eine weitere Hin- und Rückreise zugrunde gelegt werden.

(3) [1] Die Fahrkosten werden in Höhe des Betrags zugrunde gelegt, der bei Benutzung des zweckmäßigsten regelmäßig verkehrenden öffentlichen Verkehrsmittels in der niedrigsten Klasse zu zahlen ist; bei Benutzung sonstiger Verkehrsmittel wird für Fahrkosten die Höhe der Wegstreckenentschädigung nach § 5 Absatz 1 des Bundesreisekostengesetzes zugrunde gelegt. [2] Bei nicht geringfügigen Fahrpreiserhöhungen hat auf Antrag eine Anpassung zu erfolgen, wenn der Bewilligungszeitraum noch mindestens zwei weitere Monate andauert. [3] Kosten für Pendelfahrten werden nur bis zur Höhe des Betrags zugrunde gelegt, der nach § 86 insgesamt erbracht werden kann.

§ 64 Sonstige Aufwendungen. (1) Bei einer Berufsausbildung wird als Bedarf für sonstige Aufwendungen eine Pauschale für Kosten der Arbeitskleidung in Höhe von 14 Euro monatlich zugrunde gelegt.

(2) Bei einer berufsvorbereitenden Bildungsmaßnahme werden als Bedarf für sonstige Aufwendungen bei Auszubildenden, deren Schutz im Krankheits- oder Pflegefall nicht anderweitig sichergestellt ist, die Beiträge für eine freiwillige Krankenversicherung ohne Anspruch auf Krankengeld und die Beiträge zur Pflegepflichtversicherung bei einem Träger der gesetzlichen Kranken- und Pflegeversicherung oder, wenn dort im Einzelfall ein Schutz nicht gewährleistet ist, bei einem privaten Krankenversicherungsunternehmen zugrunde gelegt.

(3) [1] Bei einer Berufsausbildung und einer berufsvorbereitenden Bildungsmaßnahme werden als Bedarf für sonstige Aufwendungen die Kosten für die Betreuung der aufsichtsbedürftigen Kinder der oder des Auszubildenden in Höhe von 150 Euro monatlich je Kind zugrunde gelegt. [2] Darüber hinaus können sonstige Kosten anerkannt werden,

1. soweit sie durch die Berufsausbildung oder die Teilnahme an der berufsvorbereitenden Bildungsmaßnahme unvermeidbar entstehen,
2. soweit die Berufsausbildung oder die Teilnahme an der berufsvorbereitenden Bildungsmaßnahme andernfalls gefährdet ist und

3. wenn die Aufwendungen von der oder dem Auszubildenden oder ihren oder seinen Erziehungsberechtigten zu tragen sind.

§ 65 Besonderheiten beim Besuch des Berufsschulunterrichts in Blockform. (1) Für die Zeit des Berufsschulunterrichts in Blockform wird ein Bedarf zugrunde gelegt, der für Zeiten ohne Berufsschulunterricht zugrunde zu legen wäre.

(2) Eine Förderung allein für die Zeit des Berufsschulunterrichts in Blockform ist ausgeschlossen.

§ 66 Anpassung der Bedarfssätze. Für die Anpassung der Bedarfssätze gilt § 35 Satz 1 und 2 des Bundesausbildungsförderungsgesetzes[1)] entsprechend.

§ 67 Einkommensanrechnung. (1) Auf den Gesamtbedarf sind die Einkommen der folgenden Personen in der Reihenfolge ihrer Nennung anzurechnen:

1. der oder des Auszubildenden,
2. der Person, mit der die oder der Auszubildende verheiratet oder in einer Lebenspartnerschaft verbunden ist und von der sie oder er nicht dauernd getrennt lebt, und
3. der Eltern der oder des Auszubildenden.

(2) [1] Für die Ermittlung des Einkommens und dessen Anrechnung sowie die Berücksichtigung von Freibeträgen gelten § 11 Absatz 4 sowie die Vorschriften des Vierten Abschnitts des Bundesausbildungsförderungsgesetzes mit den hierzu ergangenen Rechtsverordnungen entsprechend. [2] Abweichend von

1. § 21 Absatz 1 des Bundesausbildungsförderungsgesetzes[1)] werden Werbungskosten der oder des Auszubildenden auf Grund der Berufsausbildung nicht berücksichtigt;
2. § 22 Absatz 1 des Bundesausbildungsförderungsgesetzes ist das Einkommen der oder des Auszubildenden maßgebend, das zum Zeitpunkt der Antragstellung absehbar ist; Änderungen bis zum Zeitpunkt der Entscheidung sind zu berücksichtigen;
3. § 23 Absatz 3 des Bundesausbildungsförderungsgesetzes bleiben 66 Euro der Ausbildungsvergütung und abweichend von § 25 Absatz 1 des Bundesausbildungsförderungsgesetzes zusätzlich 709 Euro anrechnungsfrei, wenn die Ausbildungsstätte von der Wohnung der Eltern oder eines Elternteils aus nicht in angemessener Zeit erreicht werden kann;
4. § 23 Absatz 4 Nummer 2 des Bundesausbildungsförderungsgesetzes werden Leistungen Dritter, die zur Aufstockung der Berufsausbildungsbeihilfe erbracht werden, nicht angerechnet.

(3) Bei einer Berufsausbildung im Betrieb der Eltern, der Ehefrau oder des Ehemanns oder der Lebenspartnerin oder des Lebenspartners ist für die Feststellung des Einkommens der oder des Auszubildenden mindestens die tarifliche Bruttoausbildungsvergütung als vereinbart zugrunde zu legen oder, soweit eine tarifliche Regelung nicht besteht, die ortsübliche Bruttoausbildungsvergütung, die in diesem Ausbildungsberuf bei einer Berufsausbildung in einem fremden Betrieb geleistet wird.

[1)] Nr. **31**.

(4) [1] Für an berufsvorbereitenden Bildungsmaßnahmen Teilnehmende wird von einer Anrechnung des Einkommens abgesehen. [2] Satz 1 gilt nicht für Einkommen der Teilnehmenden aus einer nach diesem Buch oder vergleichbaren öffentlichen Programmen geförderten Maßnahme.

(5) [1] Das Einkommen der Eltern bleibt außer Betracht, wenn ihr Aufenthaltsort nicht bekannt ist oder sie rechtlich oder tatsächlich gehindert sind, im Inland Unterhalt zu leisten. [2] Das Einkommen ist ferner nicht anzurechnen, soweit ein Unterhaltsanspruch nicht besteht oder dieser verwirkt ist.

§ 68 Vorausleistung von Berufsausbildungsbeihilfe. (1) [1] Macht die oder der Auszubildende glaubhaft, dass ihre oder seine Eltern den nach den Vorschriften dieses Buches angerechneten Unterhaltsbetrag nicht leisten, oder kann das Einkommen der Eltern nicht berechnet werden, weil diese die erforderlichen Auskünfte nicht erteilen oder Urkunden nicht vorlegen, und ist die Berufsausbildung, auch unter Berücksichtigung des Einkommens der Ehefrau oder des Ehemanns oder der Lebenspartnerin oder des Lebenspartners im Bewilligungszeitraum, gefährdet, so wird nach Anhörung der Eltern ohne Anrechnung dieses Betrags Berufsausbildungsbeihilfe geleistet. [2] Von der Anhörung der Eltern kann aus wichtigem Grund abgesehen werden.

(2) [1] Ein Anspruch der oder des Auszubildenden auf Unterhaltsleistungen gegen ihre oder seine Eltern geht bis zur Höhe des anzurechnenden Unterhaltsanspruchs zusammen mit dem unterhaltsrechtlichen Auskunftsanspruch mit der Zahlung der Berufsausbildungsbeihilfe auf die Agentur für Arbeit über. [2] Die Agentur für Arbeit hat den Eltern die Förderung anzuzeigen. [3] Der Übergang wird nicht dadurch ausgeschlossen, dass der Anspruch nicht übertragen, nicht verpfändet oder nicht gepfändet werden kann. [4] Ist die Unterhaltsleistung trotz des Rechtsübergangs mit befreiender Wirkung an die Auszubildende oder den Auszubildenden gezahlt worden, hat die oder der Auszubildende diese insoweit zu erstatten.

(3) Für die Vergangenheit können die Eltern der oder des Auszubildenden nur von dem Zeitpunkt an in Anspruch genommen werden, ab dem

1. die Voraussetzungen des bürgerlichen Rechts vorgelegen haben oder
2. sie bei dem Antrag auf Ausbildungsförderung mitgewirkt haben oder von ihm Kenntnis erhalten haben und darüber belehrt worden sind, unter welchen Voraussetzungen dieses Buch eine Inanspruchnahme von Eltern ermöglicht.

(4) Berufsausbildungsbeihilfe wird nicht vorausgeleistet, soweit die Eltern bereit sind, Unterhalt entsprechend einer nach § 1612 Absatz 2 des Bürgerlichen Gesetzbuchs[1)] getroffenen Bestimmung zu leisten.

(5) [1] Die Agentur für Arbeit kann den auf sie übergegangenen Unterhaltsanspruch im Einvernehmen mit der oder dem Unterhaltsberechtigten auf diese oder diesen zur gerichtlichen Geltendmachung rückübertragen und sich den geltend gemachten Unterhaltsanspruch abtreten lassen. [2] Kosten, mit denen die oder der Unterhaltsberechtigte dadurch selbst belastet wird, sind zu übernehmen.

[1)] Nr. 2.

§ 69 Dauer der Förderung. (1) [1] Anspruch auf Berufsausbildungsbeihilfe besteht für die Dauer der Berufsausbildung oder die Dauer der berufsvorbereitenden Bildungsmaßnahme. [2] Über den Anspruch wird bei Berufsausbildung in der Regel für 18 Monate, im Übrigen in der Regel für ein Jahr (Bewilligungszeitraum) entschieden.

(2) Für Fehlzeiten besteht in folgenden Fällen Anspruch auf Berufsausbildungsbeihilfe:

1. bei Krankheit längstens bis zum Ende des dritten auf den Eintritt der Krankheit folgenden Kalendermonats, im Fall einer Berufsausbildung jedoch nur, solange das Berufsausbildungsverhältnis fortbesteht,
2. für Zeiten einer Schwangerschaft oder nach der Entbindung, wenn
   a) bei einer Berufsausbildung die Fehlzeit durch ein Beschäftigungsverbot oder eine Schutzfrist aufgrund der Schwangerschaft oder der Geburt entsteht oder
   b) bei einer berufsvorbereitenden Bildungsmaßnahme die Maßnahme nicht länger als 14 Wochen, im Fall von Früh- oder Mehrlingsgeburten oder, wenn vor Ablauf von acht Wochen nach der Entbindung bei dem Kind eine Behinderung im Sinne von § 2 Absatz 1 des Neunten Buches Sozialgesetzbuch ärztlich festgestellt wird, nicht länger als 18 Wochen (§ 3 des Mutterschutzgesetzes) unterbrochen wird,
3. wenn bei einer Berufsausbildung die oder der Auszubildende aus einem sonstigen Grund der Berufsausbildung fernbleibt und die Ausbildungsvergütung weitergezahlt oder an deren Stelle eine Ersatzleistung erbracht wird oder
4. wenn bei einer berufsvorbereitenden Bildungsmaßnahme ein sonstiger wichtiger Grund für das Fernbleiben der oder des Auszubildenden vorliegt.

§ 70 Berufsausbildungsbeihilfe für Arbeitslose. [1] Arbeitslose, die zu Beginn der berufsvorbereitenden Bildungsmaßnahme anderenfalls Anspruch auf Arbeitslosengeld gehabt hätten, der höher ist als der zugrunde zu legende Bedarf für den Lebensunterhalt, haben Anspruch auf Berufsausbildungsbeihilfe in Höhe des Arbeitslosengeldes. [2] In diesem Fall wird Einkommen, das die oder der Arbeitslose aus einer neben der berufsvorbereitenden Bildungsmaßnahme ausgeübten Beschäftigung oder selbständigen Tätigkeit erzielt, in gleicher Weise angerechnet wie bei der Leistung von Arbeitslosengeld.

Vierter Unterabschnitt. Berufsausbildung

§ 73 Zuschüsse zur Ausbildungsvergütung für Menschen mit Behinderungen und schwerbehinderte Menschen. (1) Arbeitgeber können für die betriebliche Aus- oder Weiterbildung von Menschen mit Behinderungen und schwerbehinderten Menschen im Sinne des § 187 Absatz 1 Nummer 3 Buchstabe e des Neunten Buches durch Zuschüsse zur Ausbildungsvergütung oder zu einer vergleichbaren Vergütung gefördert werden, wenn die Aus- oder Weiterbildung sonst nicht zu erreichen ist.

(2) [1] Die monatlichen Zuschüsse sollen regelmäßig 60 Prozent, bei schwerbehinderten Menschen 80 Prozent der monatlichen Ausbildungsvergütung für das letzte Ausbildungsjahr oder der vergleichbaren Vergütung einschließlich des darauf entfallenden pauschalierten Arbeitgeberanteils am Gesamtsozialversicherungsbeitrag nicht übersteigen. [2] In begründeten Ausnahmefällen können Zu-

schüsse jeweils bis zur Höhe der Ausbildungsvergütung für das letzte Ausbildungsjahr erbracht werden.

(3) Bei Übernahme schwerbehinderter Menschen in ein Arbeitsverhältnis durch den ausbildenden oder einen anderen Arbeitgeber im Anschluss an eine abgeschlossene Aus- oder Weiterbildung kann ein Eingliederungszuschuss in Höhe von bis zu 70 Prozent des zu berücksichtigenden Arbeitsentgelts (§ 91) für die Dauer von einem Jahr erbracht werden, sofern während der Aus- oder Weiterbildung Zuschüsse erbracht wurden.

§ 74 Assistierte Ausbildung. (1) [1] Die Agentur für Arbeit kann förderungsberechtige junge Menschen und deren Ausbildungsbetriebe während einer betrieblichen Berufsausbildung oder einer Einstiegsqualifizierung (begleitende Phase) durch Maßnahmen der Assistierten Ausbildung fördern. [2] Die Maßnahme kann auch eine vorgeschaltete Phase enthalten, die die Aufnahme einer betrieblichen Berufsausbildung unterstützt (Vorphase).

(2) [1] Ziele der Assistierten Ausbildung sind

1. die Aufnahme einer Berufsausbildung und
2. die Hinführung auf den Abschluss der betrieblichen Berufsausbildung.

[2] Das Ziel der Assistierten Ausbildung ist auch erreicht, wenn der junge Mensch seine betriebliche Berufsausbildung ohne die Unterstützung fortsetzen und abschließen kann.

(3) [1] Förderungsberechtigt sind junge Menschen, die ohne Unterstützung

1. eine Berufsausbildung nicht aufnehmen oder fortsetzen können oder voraussichtlich Schwierigkeiten haben werden, die Berufsausbildung abzuschließen, oder
2. wegen in ihrer Person liegender Gründe
   a) nach der vorzeitigen Lösung eines betrieblichen Berufsausbildungsverhältnisses eine weitere Berufsausbildung nicht aufnehmen oder
   b) nach Abschluss einer mit Assistierter Ausbildung unterstützten Berufsausbildung ein Arbeitsverhältnis nicht begründen oder festigen können.

[2] Förderungsberechtigt sind auch junge Menschen, die wegen in ihrer Person liegender Gründe während einer Einstiegsqualifizierung zusätzlicher Unterstützung bedürfen. [3] Die Förderungsberechtigung endet im Fall des Satzes 1 Nummer 2 Buchstabe b spätestens sechs Monate nach Begründung eines Arbeitsverhältnisses oder spätestens ein Jahr nach Ende der Berufsausbildung.

(4) [1] Der junge Mensch wird, auch im Betrieb, individuell und kontinuierlich unterstützt und sozialpädagogisch begleitet. [2] Ihm steht beim Träger der Assistierten Ausbildung über die gesamte Laufzeit der Förderung insbesondere eine feste Ausbildungsbegleiterin oder ein fester Ausbildungsbegleiter zur Verfügung.

(5) § 57 Absatz 1 gilt entsprechend.

(6) Mit der Durchführung von Maßnahmen der Assistierten Ausbildung beauftragt die Agentur für Arbeit Träger unter Anwendung des Vergaberechts.

(7) [1] Die Bundesagentur soll bei der Umsetzung der Assistierten Ausbildung mit den Ländern zusammenarbeiten. [2] Durch die Zusammenarbeit sollen unter Berücksichtigung regionaler Besonderheiten Möglichkeiten einer Koordination der Akteure eröffnet und dadurch eine hohe Wirksamkeit der Maßnahme

im Ausbildungsmarkt erreicht werden. [3]Die Bundesagentur kann ergänzende Leistungen der Länder berücksichtigen. [4]Das gilt insbesondere für Leistungen der Länder zur Förderung nicht nach Absatz 5 förderungsfähiger Berufsausbildungen.

§ 75 Begleitende Phase der Assistierten Ausbildung. (1) In der begleitenden Phase sind auch junge Menschen förderungsberechtigt, die zusätzlich zu der in § 74 Absatz 3 Satz 1 Nummer 1 genannten Voraussetzung abweichend von § 30 Absatz 1 des Ersten Buches[1)] ihren Wohnsitz und ihren gewöhnlichen Aufenthalt außerhalb von Deutschland haben, deren Ausbildungsbetrieb aber in Deutschland liegt.

(2) Die begleitende Phase umfasst

1. sozialpädagogische Begleitung,
2. Maßnahmen zur Stabilisierung des Berufsausbildungsverhältnisses oder der Einstiegsqualifizierung,
3. Angebote zum Abbau von Bildungs- und Sprachdefiziten und
4. Angebote zur Vermittlung fachtheoretischer Fertigkeiten, Kenntnissen und Fähigkeiten.

(3) [1]Die Agentur für Arbeit legt die erforderlichen Unterstützungselemente nach Beratung des förderungsberechtigten jungen Menschen in Abstimmung mit dem Träger der Maßnahme im Einzelfall fest. [2]Sie überprüft die Erforderlichkeit regelmäßig in Abstimmung mit dem Träger.

(4) Die individuelle Unterstützung des jungen Menschen ist durch den Träger der Maßnahme mit dem Ausbildungsbetrieb abzustimmen.

(5) In den Fällen des § 74 Absatz 3 Satz 1 Nummer 2 in Verbindung mit Satz 3 kann der junge Mensch in der begleitenden Phase gefördert werden, ohne dass ein betriebliches Berufsausbildungsverhältnis besteht oder eine Einstiegsqualifizierung durchgeführt wird.

(6) Aufgaben des Ausbildungsbetriebes bei der und Verantwortung desselben für die Durchführung der Berufsausbildung oder der Einstiegsqualifizierung bleiben unberührt.

(7) Betriebe, die einen mit Assistierter Ausbildung geförderten jungen Menschen ausbilden, können bei der Durchführung der Berufsausbildung oder der Einstiegsqualifizierung

1. administrativ und organisatorisch sowie
2. zur Stabilisierung des Berufsausbildungsverhältnisses oder der Einstiegsqualifizierung

unterstützt werden.

§ 75a Vorphase der Assistierten Ausbildung. (1) [1]In der Vorphase sind junge Menschen förderungsberechtigt, wenn sie zusätzlich zu der in § 74 Absatz 3 Satz 1 Nummer 1 genannten Voraussetzung die Vollzeitschulpflicht nach den Gesetzen der Länder erfüllt haben. [2]Ausländerinnen und Ausländer sind förderungsberechtigt, wenn die Voraussetzungen nach Satz 1 vorliegen und sie eine Erwerbstätigkeit ausüben dürfen oder ihnen eine Erwerbstätigkeit erlaubt werden kann. [3]Für eine Unterstützung in dieser Phase müssen Aus-

---

1) Nr. **12**.

länderinnen und Ausländer, die eine Aufenthaltsgestattung nach dem Asylgesetz oder eine Duldung besitzen, zudem

1. sich seit mindestens 15 Monaten erlaubt, gestattet oder geduldet im Bundesgebiet aufhalten und
2. schulische Kenntnisse und Kenntnisse der deutschen Sprache besitzen, die einen erfolgreichen Übergang in eine Berufsausbildung erwarten lassen.

4 Gestattete oder geduldete Ausländerinnen oder Ausländer, die vor dem 1. August 2019 in das Bundesgebiet eingereist sind, müssen sich abweichend von Satz 3 Nummer 1 seit mindestens drei Monaten erlaubt, gestattet oder geduldet dort aufhalten.

(2) 1 In der Vorphase wird der junge Mensch bei der Suche nach und Aufnahme einer betrieblichen Berufsausbildung unterstützt. 2 Abgestimmt auf den individuellen Förderbedarf sind in angemessenem Umfang betriebliche Praktika vorzusehen.

(3) 1 Die Vorphase darf eine Dauer von bis zu sechs Monaten umfassen. 2 Konnte der junge Mensch in dieser Zeit nicht in eine betriebliche Berufsausbildung vermittelt werden, kann die ausbildungsvorbereitende Phase bis zu zwei weitere Monate fortgesetzt werden.

(4) Die Vorphase darf nicht den Schulgesetzen der Länder unterliegen.

(5) Betriebe, die das Ziel verfolgen, einen förderungsberechtigten jungen Menschen auszubilden, können bei der Vorbereitung zur Aufnahme der Berufsausbildung durch den jungen Menschen durch die Vorphase im Sinne von § 75 Absatz 7 unterstützt werden.

§ 76 Außerbetriebliche Berufsausbildung. (1) 1 Die Agentur für Arbeit kann förderungsberechtigte junge Menschen durch eine nach § 57 Absatz 1 förderungsfähige Berufsausbildung in einer außerbetrieblichen Einrichtung (außerbetriebliche Berufsausbildung) fördern. 2 Der Anteil betrieblicher Ausbildungsphasen je Ausbildungsjahr muss angemessen sein.

(2) 1 Während der Durchführung einer außerbetrieblichen Berufsausbildung sind alle Möglichkeiten wahrzunehmen, um den Übergang der oder des Auszubildenden in ein betriebliches Berufsausbildungsverhältnis zu unterstützen. 2 Die Agentur für Arbeit zahlt dem Träger, der die außerbetriebliche Berufsausbildung durchführt, für jede vorzeitige und nachhaltige Vermittlung aus einer außerbetrieblichen Berufsausbildung in eine betriebliche Berufsausbildung eine Pauschale in Höhe von 2 000 Euro. 3 Die Vermittlung gilt als vorzeitig, wenn die oder der Auszubildende spätestens zwölf Monate vor dem vertraglichen Ende der außerbetrieblichen Berufsausbildung vermittelt worden ist. 4 Die Vermittlung gilt als nachhaltig, wenn das Berufsausbildungsverhältnis länger als vier Monate fortbesteht. 5 Die Pauschale wird für jede Auszubildende und jeden Auszubildenden nur einmal gezahlt.

(2a) Die Gestaltung des Lehrplans, die Unterrichtsmethode und die Güte der zum Einsatz vorgesehenen Lehr- und Lernmittel müssen eine erfolgreiche Berufsausbildung erwarten lassen.

(3) Ist ein betriebliches oder außerbetriebliches Berufsausbildungsverhältnis vorzeitig gelöst worden, kann die Agentur für Arbeit die Auszubildende oder den Auszubildenden auch durch Fortsetzung der Berufsausbildung in einer außerbetrieblichen Einrichtung fördern.

(4) Wird ein außerbetriebliches Berufsausbildungsverhältnis vorzeitig gelöst, hat der Träger der Maßnahme eine Bescheinigung über bereits erfolgreich absolvierte Teile der Berufsausbildung auszustellen.

(5) Förderungsberechtigt sind junge Menschen,

1. die lernbeeinträchtigt oder sozial benachteiligt sind und wegen in ihrer Person liegender Gründe auch mit ausbildungsfördernden Leistungen nach diesem Buch eine Berufsausbildung in einem Betrieb nicht aufnehmen können oder
2. deren betriebliches oder außerbetriebliches Berufsausbildungsverhältnis vorzeitig gelöst worden ist und deren Eingliederung in betriebliche Berufsausbildung auch mit ausbildungsfördernden Leistungen nach diesem Buch aussichtslos ist, sofern zu erwarten ist, dass sie die Berufsausbildung erfolgreich abschließen können.

(6) [1] Nicht förderungsberechtigt sind

1. Ausländerinnen und Ausländer, die weder in der Bundesrepublik Deutschland Arbeitnehmerinnen, Arbeitnehmer oder Selbständige noch auf Grund des § 2 Absatz 3 des Freizügigkeitsgesetzes/EU freizügigkeitsberechtigt sind, und ihre Familienangehörigen für die ersten drei Monate ihres Aufenthalts,
2. Ausländerinnen und Ausländer,
   a) die kein Aufenthaltsrecht haben oder
   b) deren Aufenthaltsrecht sich allein aus dem Zweck der Arbeitsuche, der Suche nach einem Ausbildungs- oder Studienplatz, der Ausbildung oder des Studiums ergibt,

   und ihre Familienangehörigen,
3. Leistungsberechtigte nach § 1 des Asylbewerberleistungsgesetzes.

[2] Satz 1 Nummer 1 gilt nicht für Ausländerinnen und Ausländer, die sich mit einem Aufenthaltstitel nach Kapitel 2 Abschnitt 5 des Aufenthaltsgesetzes in der Bundesrepublik Deutschland aufhalten. [3] Abweichend von Satz 1 Nummer 2 können Ausländerinnen und Ausländer und ihre Familienangehörigen gefördert werden, wenn sie seit mindestens fünf Jahren ihren gewöhnlichen Aufenthalt im Bundesgebiet haben; dies gilt nicht, wenn der Verlust des Rechts nach § 2 Absatz 1 des Freizügigkeitsgesetzes/EU festgestellt wurde. [4] Die Frist nach Satz 3 beginnt mit der Anmeldung bei der zuständigen Meldebehörde. [5] Zeiten des nicht rechtmäßigen Aufenthalts, in denen eine Ausreisepflicht besteht, werden auf Zeiten des gewöhnlichen Aufenthalts nicht angerechnet.

(7) [1] Die Agentur für Arbeit erstattet dem Träger, der die außerbetriebliche Berufsausbildung durchführt, die von diesem an die Auszubildende oder den Auszubildenden zu zahlende Ausbildungsvergütung, jedoch höchstens den Betrag nach § 17 Absatz 2 des Berufsbildungsgesetzes[1)]. [2] Der Betrag erhöht sich um den vom Träger zu tragenden Anteil am Gesamtsozialversicherungsbeitrag.

(8) Mit der Durchführung von Maßnahmen der außerbetrieblichen Berufsausbildung beauftragt die Agentur für Arbeit Träger unter Anwendung des Vergaberechts.

---

1) Nr. **28**.

Siebter Abschnitt. Teilhabe von Menschen mit Behinderungen am Arbeitsleben

Dritter Unterabschnitt. Besondere Leistungen

Dritter Titel. Teilnahmekosten für Maßnahmen

§ 127 Teilnahmekosten für Maßnahmen. (1) [1] Teilnahmekosten bestimmen sich nach den §§ 49, 64, 73 und 74 des Neunten Buches. [2] Sie beinhalten auch weitere Aufwendungen, die wegen Art und Schwere der Behinderung unvermeidbar entstehen, sowie Kosten für Unterkunft und Verpflegung bei anderweitiger auswärtiger Unterbringung.

(2) Die Teilnahmekosten nach Absatz 1 können Aufwendungen für erforderliche eingliederungsbegleitende Dienste während der und im Anschluss an die Maßnahme einschließen.

30. Gesetz zur Ordnung des Handwerks (Handwerksordnung)[1)]

In der Fassung der Bekanntmachung vom 24. September 1998[2)]
(BGBl. I S. 3074, ber. 2006 I S. 2095)

FNA 7110-1

zuletzt geänd. durch Art. 1 Fünftes G zur Änd. der HandwerksO und anderer handwerksrechtlicher Vorschriften v. 9.6.2021 (BGBl. I S. 1654)

– Auszug –

Zweiter Teil. Berufsbildung im Handwerk

Erster Abschnitt. Berechtigung zum Einstellen und Ausbilden

§ 21 [Eignung der Ausbildungsstätte] (1) Lehrlinge (Auszubildende) dürfen nur eingestellt und ausgebildet werden, wenn

1. die Ausbildungsstätte nach Art und Einrichtung für die Berufsausbildung geeignet ist, und
2. die Zahl der Lehrlinge (Auszubildenden) in einem angemessenen Verhältnis zur Zahl der Ausbildungsplätze oder zur Zahl der beschäftigten Fachkräfte steht, es sei denn, dass anderenfalls die Berufsausbildung nicht gefährdet wird.

(2) Eine Ausbildungsstätte, in der die erforderlichen beruflichen Fertigkeiten, Kenntnisse und Fähigkeiten nicht in vollem Umfang vermittelt werden können, gilt als geeignet, wenn diese durch Ausbildungsmaßnahmen außerhalb der Ausbildungsstätte vermittelt werden.

§ 22 [Persönliche und fachliche Eignung] (1) [1] Lehrlinge (Auszubildende) darf nur einstellen, wer persönlich geeignet ist. [2] Lehrlinge (Auszubildende) darf nur ausbilden, wer persönlich und fachlich geeignet ist.

(2) Wer fachlich nicht geeignet ist oder wer nicht selbst ausbildet, darf Lehrlinge (Auszubildende) nur dann einstellen, wenn er persönlich und fachlich geeignete Ausbilder bestellt, die die Ausbildungsinhalte unmittelbar, verantwortlich und in wesentlichem Umfang vermitteln.

(3) Unter der Verantwortung des Ausbilders kann bei der Berufsausbildung mitwirken, wer selbst nicht Ausbilder ist, aber abweichend von den besonderen Voraussetzungen des § 22b die für die Vermittlung von Ausbildungsinhalten erforderlichen beruflichen Fertigkeiten, Kenntnisse und Fähigkeiten besitzt und persönlich geeignet ist.

§ 22a [Persönliche Eignung] Persönlich nicht geeignet ist insbesondere, wer

1. Kinder und Jugendliche nicht beschäftigen darf oder

[1)] Die Änderungen durch G v. 28.3.2021 (BGBl. I S. 591) treten erst **mit noch unbestimmtem Datum** in Kraft und sind im Text noch nicht berücksichtigt.

[2)] Neubekanntmachung der HandwerksO idF der Bek. v. 28.12.1965 (BGBl. 1966 I S. 1) in der ab 1.4.1998 geltenden Fassung.

2. wiederholt oder schwer gegen dieses Gesetz oder die auf Grund dieses Gesetzes erlassenen Vorschriften und Bestimmungen verstoßen hat.

§ 22b [Fachliche Eignung] (1) Fachlich geeignet ist, wer die beruflichen sowie die berufs- und arbeitspädagogischen Fertigkeiten, Kenntnisse und Fähigkeiten besitzt, die für die Vermittlung der Ausbildungsinhalte erforderlich sind.

(2) In einem zulassungspflichtigen Handwerk besitzt die fachliche Eignung, wer

1. die Meisterprüfung in dem zulassungspflichtigen Handwerk, in dem ausgebildet werden soll, oder in einem mit diesem verwandten Handwerk bestanden hat oder
2. in dem zulassungspflichtigen Handwerk, in dem ausgebildet werden soll, oder in einem mit diesem verwandten Handwerk
   a) die Voraussetzungen zur Eintragung in die Handwerksrolle nach § 7 erfüllt oder
   b) eine Ausübungsberechtigung nach § 7a oder § 7b erhalten hat oder
   c) eine Ausnahmebewilligung nach § 8 oder nach § 9 Abs. 1 Satz 1 Nr. 1 erhalten hat

und den Teil IV der Meisterprüfung oder eine gleichwertige andere Prüfung, insbesondere eine Ausbildereignungsprüfung auf der Grundlage einer nach § 30 Abs. 5 des Berufsbildungsgesetzes[1] erlassenen Rechtsverordnung, bestanden hat.

(3) [1] In einem zulassungsfreien Handwerk oder einem handwerksähnlichen Gewerbe besitzt die für die fachliche Eignung erforderlichen beruflichen Fertigkeiten, Kenntnisse und Fähigkeiten, wer

1. die Meisterprüfung in dem zulassungsfreien Handwerk oder in dem handwerksähnlichen Gewerbe, in dem ausgebildet werden soll, bestanden hat,
2. die Gesellen- oder Abschlussprüfung in einer dem Ausbildungsberuf entsprechenden Fachrichtung bestanden hat,
3. eine anerkannte Prüfung an einer Ausbildungsstätte oder vor einer Prüfungsbehörde oder eine Abschlussprüfung an einer staatlichen oder staatlich anerkannten Schule in einer dem Ausbildungsberuf entsprechenden Fachrichtung bestanden hat,
4. eine Abschlussprüfung an einer deutschen Hochschule in einer dem Ausbildungsberuf entsprechenden Fachrichtung bestanden hat oder
5. eine Gleichwertigkeitsfeststellung nach § 51g oder einen Bildungsabschluss besitzt, dessen Gleichwertigkeit nach anderen rechtlichen Regelungen festgestellt worden ist

und im Falle der Nummern 2 bis 5 eine angemessene Zeit in seinem Beruf praktisch tätig gewesen ist. [2] Der Abschlussprüfung an einer deutschen Hochschule gemäß Satz 1 Nr. 4 gleichgestellt sind Diplome nach § 7 Abs. 2 Satz 4. [3] Für den Nachweis der berufs- und arbeitspädagogischen Fertigkeiten, Kenntnisse und Fähigkeiten finden die auf der Grundlage des § 30 Abs. 5 des Berufsbildungsgesetzes[1] erlassenen Rechtsverordnungen Anwendung.

---

[1] Nr. **28**.

(4) [1] Das Bundesministerium für Wirtschaft und Energie kann nach Anhörung des Hauptausschusses des Bundesinstituts für Berufsbildung durch Rechtsverordnung, die nicht der Zustimmung des Bundesrates bedarf, bestimmen, dass der Erwerb berufs- und arbeitspädagogischer Fertigkeiten, Kenntnisse und Fähigkeiten gesondert nachzuweisen ist. [2] Dabei können Inhalt, Umfang und Abschluss der Maßnahmen für den Nachweis geregelt werden. [3] Das Bestehen des Teils IV der Meisterprüfung gilt als Nachweis.

(5) Die nach Landesrecht zuständige Behörde kann Personen, die die Voraussetzungen der Absätze 2, 3 und 4 nicht erfüllen, die fachliche Eignung nach Anhören der Handwerkskammer widerruflich zuerkennen.

§ 22c [Anerkennung der Berufsqualifikation] (1) In den Fällen des § 22b Abs. 3 besitzt die für die fachliche Eignung erforderlichen beruflichen Fertigkeiten, Kenntnisse und Fähigkeiten auch, wer die Voraussetzungen für die Anerkennung seiner Berufsqualifikation nach der Richtlinie 2005/36/EG erfüllt, sofern er eine angemessene Zeit in seinem Beruf praktisch tätig gewesen ist.

(2) Die Anerkennung kann unter den in Artikel 14 der in Absatz 1 genannten Richtlinie aufgeführten Voraussetzungen davon abhängig gemacht werden, dass der Antragsteller oder die Antragstellerin zunächst einen höchstens dreijährigen Anpassungslehrgang ableistet oder eine Eignungsprüfung ablegt.

(3) [1] Die Entscheidung über die Anerkennung trifft die Handwerkskammer. [2] Sie kann die Durchführung von Anpassungslehrgängen und Eignungsprüfungen regeln.

§ 23 [Eignungsfeststellung] (1) Die Handwerkskammer hat darüber zu wachen, dass die Eignung der Ausbildungsstätte sowie die persönliche und fachliche Eignung vorliegen.

(2) [1] Werden Mängel der Eignung festgestellt, so hat die Handwerkskammer, falls der Mangel zu beheben und eine Gefährdung des Lehrlings (Auszubildenden) nicht zu erwarten ist, den Ausbildenden aufzufordern, innerhalb einer von ihr gesetzten Frist den Mangel zu beseitigen. [2] Ist der Mangel der Eignung nicht zu beheben oder ist eine Gefährdung des Lehrlings (Auszubildenden) zu erwarten oder wird der Mangel nicht innerhalb der gesetzten Frist beseitigt, so hat die Handwerkskammer der nach Landesrecht zuständigen Behörde dies mitzuteilen.

§ 24 [Untersagung des Einstellens und Ausbildens] (1) Die nach Landesrecht zuständige Behörde kann für eine bestimmte Ausbildungsstätte das Einstellen und Ausbilden untersagen, wenn die Voraussetzungen nach § 21 nicht oder nicht mehr vorliegen.

(2) Die nach Landesrecht zuständige Behörde hat das Einstellen und Ausbilden zu untersagen, wenn die persönliche oder fachliche Eignung nicht oder nicht mehr vorliegt.

(3) [1] Vor der Untersagung sind die Beteiligten und die Handwerkskammer zu hören. [2] Dies gilt nicht in den Fällen des § 22a Nr. 1.

Zweiter Abschnitt. Ausbildungsordnung, Änderung der Ausbildungszeit

§ 25 [Ausbildungsordnung] (1) [1] Als Grundlage für eine geordnete und einheitliche Berufsausbildung kann das Bundesministerium für Wirtschaft und Energie im Einvernehmen mit dem Bundesministerium für Bildung und Forschung durch Rechtsverordnung, die nicht der Zustimmung des Bundesrates bedarf, für Gewerbe der Anlage A und der Anlage B Ausbildungsberufe staatlich anerkennen und hierfür Ausbildungsordnungen nach § 26 erlassen. [2] Dabei können in einem Gewerbe mehrere Ausbildungsberufe staatlich anerkannt werden, soweit dies wegen der Breite des Gewerbes erforderlich ist; die in diesen Berufen abgelegten Gesellenprüfungen sind Prüfungen im Sinne des § 49 Abs. 1 oder § 51a Abs. 5 Satz 1.

(2) Für einen anerkannten Ausbildungsberuf darf nur nach der Ausbildungsordnung ausgebildet werden.

(3) In anderen als anerkannten Ausbildungsberufen dürfen Jugendliche unter 18 Jahren nicht ausgebildet werden, soweit die Berufsausbildung nicht auf den Besuch weiterführender Bildungsgänge vorbereitet.

(4) Wird die Ausbildungsordnung eines Ausbildungsberufs aufgehoben oder geändert oder werden Gewerbe in der Anlage A oder in der Anlage B gestrichen, zusammengefasst oder getrennt, so sind für bestehende Berufsausbildungsverhältnisse weiterhin die bis zu dem Zeitpunkt der Aufhebung oder Änderung geltenden Vorschriften anzuwenden, es sei denn, die ändernde Verordnung sieht eine abweichende Regelung vor.

(5) Das Bundesministerium für Wirtschaft und Energie informiert die Länder frühzeitig über Neuordnungskonzepte und bezieht sie in die Abstimmung ein.

§ 26 [Inhalt der Ausbildungsordnung] (1) [1] Die Ausbildungsordnung hat festzulegen

1. die Bezeichnung des Ausbildungsberufes, der anerkannt wird; sie kann von der Gewerbebezeichnung abweichen, muss jedoch inhaltlich von der Gewerbebezeichnung abgedeckt sein,
2. die Ausbildungsdauer; sie soll nicht mehr als drei und nicht weniger als zwei Jahre betragen,
3. die beruflichen Fertigkeiten, Kenntnisse und Fähigkeiten, die mindestens Gegenstand der Berufsausbildung sind (Ausbildungsberufsbild),
4. eine Anleitung zur sachlichen und zeitlichen Gliederung der Vermittlung der beruflichen Fertigkeiten, Kenntnisse und Fähigkeiten (Ausbildungsrahmenplan),
5. die Prüfungsanforderungen.

[2] Bei der Festlegung der Fertigkeiten, Kenntnisse und Fähigkeiten nach Satz 1 Nummer 3 ist insbesondere die technologische und digitale Entwicklung zu beachten.

(2) [1] Die Ausbildungsordnung kann vorsehen,

1. dass die Berufsausbildung in sachlich und zeitlich besonders gegliederten, aufeinander aufbauenden Stufen erfolgt; nach den einzelnen Stufen soll ein

Ausbildungsabschluss vorgesehen werden, der sowohl zu einer qualifizierten beruflichen Tätigkeit im Sinne des § 1 Abs. 3 des Berufsbildungsgesetzes[1)] befähigt, als auch die Fortsetzung der Berufsausbildung in weiteren Stufen ermöglicht (Stufenausbildung),

2. dass die Gesellenprüfung in zwei zeitlich auseinander fallenden Teilen durchgeführt wird,

2a. dass im Fall einer Regelung nach Nummer 2 bei nicht bestandener Gesellenprüfung in einem drei- oder dreieinhalbjährigen Ausbildungsberuf, der auf einem zweijährigen Ausbildungsberuf aufbaut, der Abschluss des zweijährigen Ausbildungsberufs erworben wird, sofern im ersten Teil der Gesellenprüfung mindestens ausreichende Prüfungsleistungen erbracht worden sind,

2b. dass Auszubildende bei erfolgreichem Abschluss eines zweijährigen Ausbildungsberufs vom ersten Teil der Gesellenprüfung oder einer Zwischenprüfung eines darauf aufbauenden drei- oder dreieinhalbjährigen Ausbildungsberufs befreit sind,

3. dass abweichend von § 25 Abs. 4 die Berufsausbildung in diesem Ausbildungsberuf unter Anrechnung der bereits zurückgelegten Ausbildungszeit fortgesetzt werden kann, wenn die Vertragsparteien dies vereinbaren,

4. dass auf die Dauer der durch die Ausbildungsordnung geregelten Berufsausbildung die Dauer einer anderen abgeschlossenen Berufsausbildung ganz oder teilweise anzurechnen ist,

5. dass über das in Absatz 1 Nr. 3 beschriebene Ausbildungsberufsbild hinaus zusätzliche berufliche Fertigkeiten, Kenntnisse und Fähigkeiten vermittelt werden können, die die berufliche Handlungsfähigkeit ergänzen oder erweitern,

6. dass Teile der Berufsausbildung in geeigneten Einrichtungen außerhalb der Ausbildungsstätte durchgeführt werden, wenn und soweit es die Berufsausbildung erfordert (überbetriebliche Berufsausbildung).

[2] Im Fall des Satzes 1 Nummer 2a bedarf es eines Antrags der Lehrlinge (Auszubildenden). [3] Im Fall des Satzes 1 Nummer 4 bedarf es der Vereinbarung der Vertragsparteien. [4] Im Rahmen der Ordnungsverfahren soll stets geprüft werden, ob Regelungen nach Nummer 1, 2, 2a, 2b und 4 sinnvoll und möglich sind.

§ 27 [Ausnahmen] Zur Entwicklung und Erprobung neuer Ausbildungs- und Prüfungsformen kann das Bundesministerium für Wirtschaft und Energie im Einvernehmen mit dem Bundesministerium für Bildung und Forschung nach Anhörung des Hauptausschusses des Bundesinstituts für Berufsbildung durch Rechtsverordnung, die nicht der Zustimmung des Bundesrates bedarf, Ausnahmen von § 25 Abs. 2 und 3 sowie den §§ 26, 31 und 39 zulassen, die auch auf eine bestimmte Art und Zahl von Ausbildungsstätten beschränkt werden können.

§ 27a [Anrechnung auf die Ausbildungszeit] (1) [1] Die Landesregierungen können nach Anhörung des Landesausschusses für Berufsbildung durch Rechtsverordnung bestimmen, dass der Besuch eines Bildungsganges berufs-

---

1) Nr. **28**.

bildender Schulen oder die Berufsausbildung in einer sonstigen Einrichtung ganz oder teilweise auf die Ausbildungsdauer angerechnet wird. [2]Die Ermächtigung kann durch Rechtsverordnung auf oberste Landesbehörden weiter übertragen werden.

(2) [1]Ist keine Rechtsverordnung nach Absatz 1 erlassen, kann eine Anrechnung der Ausbildungsdauer durch die zuständige Stelle im Einzelfall erfolgen. [2]Für die Entscheidung über die Anrechnung kann der Hauptausschuss des Bundesinstituts für Berufsbildung Empfehlungen beschließen.

(3) [1]Die Anrechnung bedarf des gemeinsamen Antrags des Lehrlings (Auszubildenden) und des Ausbildenden. [2]Der Antrag ist an die Handwerkskammer zu richten. [3]Er kann sich auf Teile des höchstzulässigen Anrechnungszeitraums beschränken.

(4) Ein Anrechnungszeitraum muss in ganzen Monaten durch sechs teilbar sein.

§ 27b [Verkürzung und Verlängerung der Ausbildungszeit] (1) [1]Die Berufsausbildung kann in Teilzeit durchgeführt werden. [2]Im Berufsausbildungsvertrag ist dazu für die gesamte Ausbildungszeit oder für einen bestimmten Zeitraum der Berufsausbildung die Verkürzung der täglichen oder der wöchentlichen Ausbildungszeit zu vereinbaren. [3]Die Kürzung der täglichen oder der wöchentlichen Ausbildungszeit darf nicht mehr als 50 Prozent betragen.

(2) [1]Die Dauer der Teilzeitberufsausbildung verlängert sich entsprechend, höchstens jedoch bis zum Eineinhalbfachen der Dauer, die in der Ausbildungsordnung für die betreffende Berufsausbildung in Vollzeit festgelegt ist. [2]Die Dauer der Teilzeitberufsausbildung ist auf ganze Monate abzurunden. [3]§ 27c Absatz 2 bleibt unberührt.

(3) Auf Verlangen des Lehrlings (Auszubildenden) verlängert sich die Ausbildungsdauer auch über die Höchstdauer nach Absatz 2 Satz 1 hinaus bis zur nächsten möglichen Gesellenprüfung.

(4) Der Antrag auf Eintragung des Berufsausbildungsvertrages nach § 30 Absatz 1 in das Verzeichnis der Berufsausbildungsverhältnisse (Lehrlingsrolle) für eine Teilzeitberufsausbildung kann mit einem Antrag auf Verkürzung der Ausbildungsdauer nach § 27c Absatz 1 verbunden werden.

§ 27c [Verkürzung] (1) Auf gemeinsamen Antrag des Lehrlings (Auszubildenden) und des Ausbildenden hat die Handwerkskammer die Ausbildungsdauer zu kürzen, wenn zu erwarten ist, dass das Ausbildungsziel in der gekürzten Dauer erreicht wird.

(2) [1]In Ausnahmefällen kann die Handwerkskammer auf Antrag des Lehrlings (Auszubildenden) die Ausbildungsdauer verlängern, wenn die Verlängerung erforderlich ist, um das Ausbildungsziel zu erreichen. [2]Vor der Entscheidung nach Satz 1 ist der Ausbildende zu hören.

(3) Für die Entscheidung über die Verkürzung oder Verlängerung der Ausbildungsdauer kann der Hauptausschuss des Bundesinstituts für Berufsbildung Empfehlungen beschließen.

§ 27d [Verkürzte Gesamtausbildungszeit] [1]Werden in einem Betrieb zwei verwandte Handwerke ausgeübt, so kann in beiden Handwerken in einer verkürzten Gesamtausbildungszeit gleichzeitig ausgebildet werden. [2]Das Bundesministerium für Wirtschaft und Energie bestimmt im Einvernehmen mit dem Bundesministerium für Bildung und Forschung durch Rechtsverordnung für welche verwandte Handwerke eine Gesamtausbildungszeit vereinbart werden kann und die Dauer der Gesamtausbildungszeit.

Dritter Abschnitt. Verzeichnis der Berufsausbildungsverhältnisse

§ 28 [Einrichten, Führen, Datenschutz] (1) [1] Die Handwerkskammer hat zur Regelung, Überwachung, Förderung und zum Nachweis der Berufsausbildung in anerkannten Ausbildungsberufen ein Verzeichnis der in ihrem Bezirk bestehenden Berufsausbildungsverhältnisse nach Maßgabe der Anlage D Abschnitt III zu diesem Gesetz einzurichten und zu führen (Lehrlingsrolle). [2] Die Eintragung ist für den Lehrling (Auszubildenden) gebührenfrei.

(2) [1] Die nach Absatz 1 gespeicherten Daten sind an öffentliche Stellen und an nicht-öffentliche Stellen zu übermitteln, soweit dies zu den in Absatz 1 genannten Zwecken erforderlich ist. [2] Werden Daten an nicht-öffentliche Stellen übermittelt, so ist die jeweils betroffene Person unbeschadet der Verordnung (EU) 2016/679 hiervon zu benachrichtigen, es sei denn, dass sie von der Übermittlung auf andere Weise Kenntnis erlangt.

(3) [1] Die Übermittlung von Daten durch öffentliche Stellen an nicht-öffentliche Stellen ist zulässig, wenn der jeweilige Empfänger sich gegenüber der übermittelnden öffentlichen Stelle verpflichtet hat, die Daten nur für den Zweck zu verarbeiten, zu dessen Erfüllung sie ihm übermittelt werden. [2] Öffentliche Stellen dürfen die ihnen übermittelten Daten nur zu dem Zweck verarbeiten, zu dessen Erfüllung sie ihnen übermittelt wurden.

(4) Für das Verändern und das Einschränken der Verarbeitung der Daten in der Lehrlingsrolle gelten unbeschadet der Verordnung (EU) 2016/679 die Datenschutzgesetze der Länder.

(5) Die Eintragungen sind am Ende des Kalenderjahres, in dem das Berufsausbildungsverhältnis beendet wird, in der Lehrlingsrolle zu löschen.

(6) [1] Die nach Absatz 5 gelöschten Daten sind in einem gesonderten Dateisystem zu speichern, solange und soweit dies für den Nachweis der Berufsausbildung erforderlich ist, höchstens jedoch 60 Jahre. [2] Die Übermittlung von Daten ist nur unter den Voraussetzungen des Absatzes 2 zulässig.

(7) [1] Zur Verbesserung der Ausbildungsvermittlung, zur Verbesserung der Zuverlässigkeit und Aktualität der Ausbildungsvermittlungsstatistik sowie zur Verbesserung der Feststellung von Angebot und Nachfrage auf dem Ausbildungsmarkt übermittelt die Handwerkskammer folgende Daten aus der Lehrlingsrolle an die Bundesagentur für Arbeit:

1. Name, Geburtsname, Vorname, Geburtsdatum und Anschrift des Lehrlings (Auszubildenden),
2. Name und Anschrift der Ausbildenden, Name, Anschrift und Amtlicher Gemeindeschlüssel der Ausbildungsstätte, Wirtschaftszweig, Betriebsnummer der Ausbildungsstätte nach § 18i Absatz 1 oder § 18k Absatz 1 des Vierten Buches Sozialgesetzbuch, Zugehörigkeit zum öffentlichen Dienst,
3. Ausbildungsberuf einschließlich Fachrichtung sowie
4. Tag, Monat und Jahr des vertraglich vereinbarten Beginns und Endes der Berufsausbildung sowie Tag, Monat und Jahr einer vorzeitigen Auflösung des Ausbildungsverhältnisses.

[2] Bei der Datenübermittlung sind dem jeweiligen Stand der Technik entsprechende Maßnahmen zur Sicherstellung von Datenschutz und Datensicherheit nach den Artikeln 24, 25 und 32 der Verordnung (EU) 2016/679 zu treffen, die insbesondere die Vertraulichkeit, Unversehrtheit und Zurechenbarkeit der Daten gewährleisten.

(8) Im Übrigen darf die Handwerkskammer Daten aus dem Berufsausbildungsvertrag, die nicht nach Absatz 1 oder Absatz 6 gespeichert sind, nur für die in Absatz 1 genannten Zwecke sowie in den Fällen des § 88 Abs. 2 des Berufsbildungsgesetzes übermitteln.

§ 29 [Eintragen, Ändern, Löschen] (1) Ein Berufsausbildungsvertrag und Änderungen seines wesentlichen Inhalts sind in die Lehrlingsrolle einzutragen, wenn

1. der Berufsausbildungsvertrag den gesetzlichen Vorschriften und der Ausbildungsordnung entspricht,
2. die persönliche und fachliche Eignung sowie die Eignung der Ausbildungsstätte für das Einstellen und Ausbilden vorliegen und
3. für Auszubildende unter 18 Jahren die ärztliche Bescheinigung über die Erstuntersuchung nach § 32 Abs. 1 des Jugendarbeitsschutzgesetzes[1)] zur Einsicht vorgelegt wird.

(2) [1] Die Eintragung ist abzulehnen oder zu löschen, wenn die Eintragungsvoraussetzungen nicht vorliegen und der Mangel nicht nach § 23 Abs. 2 behoben wird. [2] Die Eintragung ist ferner zu löschen, wenn die ärztliche Bescheinigung über die erste Nachuntersuchung nach § 33 Abs. 1 des Jugendarbeitsschutzgesetzes nicht spätestens am Tag der Anmeldung des Auszubildenden zur Zwischenprüfung oder zum ersten Teil der Gesellenprüfung zur Einsicht vorgelegt und der Mangel nicht nach § 23 Abs. 2 behoben wird.

§ 30 [Antrag] (1) [1] Der Ausbildende hat unverzüglich nach Abschluß des Berufsausbildungsvertrags die Eintragung in die Lehrlingsrolle zu beantragen. [2] Der Antrag kann schriftlich oder elektronisch gestellt werden; eine Kopie der Vertragsniederschrift ist jeweils beizufügen. [3] Auf einen betrieblichen Ausbildungsplan im Sinne des § 11 Absatz 1 Satz 2 Nummer 1 des Berufsbildungsgesetzes[2)], der der zuständigen Stelle bereits vorliegt, kann dabei Bezug genommen werden. [4] Entsprechendes gilt bei Änderungen des wesentlichen Vertragsinhalts.

(2) Der Ausbildende hat anzuzeigen

1. eine vorausgegangene allgemeine und berufliche Ausbildung des Lehrlings (Auszubildenden),
2. die Bestellung von Ausbildern.

Vierter Abschnitt. Prüfungswesen

§ 31 [Gesellenprüfung] (1) [1] In den anerkannten Ausbildungsberufen (Gewerbe der Anlage A oder der Anlage B) sind Gesellenprüfungen durchzuführen. [2] Die Prüfung kann im Falle des Nichtbestehens zweimal wiederholt

---

[1)] Nr. **22**.
[2)] Nr. **28**.

werden. [3] Sofern die Gesellenprüfung in zwei zeitlich auseinander fallenden Teilen durchgeführt wird, ist der erste Teil der Gesellenprüfung nicht eigenständig wiederholbar.

(2) [1] Dem Prüfling ist ein Zeugnis auszustellen. [2] Dem Ausbildenden werden auf dessen Verlangen die Ergebnisse der Gesellenprüfung des Lehrlings (Auszubildenden) übermittelt. [3] Sofern die Gesellenprüfung in zwei zeitlich auseinander fallenden Teilen durchgeführt wird, ist das Ergebnis der Prüfungsleistung im ersten Teil der Gesellenprüfung dem Prüfling schriftlich mitzuteilen.

(3) [1] Dem Zeugnis ist auf Antrag des Lehrlings (Auszubildenden) eine englischsprachige und eine französischsprachige Übersetzung beizufügen. [2] Auf Antrag des Lehrlings (Auszubildenden) ist das Ergebnis berufsschulischer Leistungsfeststellungen auf dem Zeugnis auszuweisen. [3] Der Lehrling (Auszubildende) hat den Nachweis der berufsschulischen Leistungsfeststellungen dem Antrag beizufügen.

(4) Die Prüfung ist für den Lehrling (Auszubildenden) gebührenfrei.

§ 32 [Prüfungsgegenstand] [1] Durch die Gesellenprüfung ist festzustellen, ob der Prüfling die berufliche Handlungsfähigkeit im Sinne des § 1 Abs. 3 des Berufsbildungsgesetzes[1)] erworben hat. [2] In ihr soll der Prüfling nachweisen, dass er die erforderlichen beruflichen Fertigkeiten beherrscht, die notwendigen beruflichen Kenntnisse und Fähigkeiten besitzt und mit dem im Berufsschulunterricht zu vermittelnden, für die Berufsausbildung wesentlichen Lehrstoff vertraut ist. [3] Die Ausbildungsordnung ist zugrunde zu legen.

§ 33 [Gesellenprüfungsausschüsse] (1) [1] Für die Durchführung der Gesellenprüfung errichtet die Handwerkskammer Prüfungsausschüsse. [2] Mehrere Handwerkskammern können bei einer von ihnen gemeinsame Prüfungsausschüsse errichten. [3] Die Handwerkskammer kann Handwerksinnungen ermächtigen, Prüfungsausschüsse zu errichten, wenn die Leistungsfähigkeit der Handwerksinnung die ordnungsgemäße Durchführung der Prüfung sicherstellt.

(2) Werden von einer Handwerksinnung Prüfungsausschüsse errichtet, so sind sie für die Abnahme der Gesellenprüfung aller Lehrlinge (Auszubildenden) der in der Handwerksinnung vertretenen Handwerke ihres Bezirks zuständig, soweit nicht die Handwerkskammer etwas anderes bestimmt.

(3) Prüfungsausschüsse oder Prüferdelegationen nach § 35a Absatz 2 nehmen die Prüfungsleistungen ab.

(4) [1] Prüfungsausschüsse oder Prüferdelegationen nach § 35a Absatz 2 können zur Bewertung einzelner, nicht mündlich zu erbringender Prüfungsleistungen gutachterliche Stellungnahmen Dritter, insbesondere berufsbildender Schulen, einholen. [2] Im Rahmen der Begutachtung nach Satz 1 sind die wesentlichen Abläufe zu dokumentieren und die für die Bewertung erheblichen Tatsachen festzuhalten.

§ 34 [Zusammensetzung, Berufung] (1) [1] Der Prüfungsausschuß besteht aus mindestens drei Mitgliedern. [2] Die Mitglieder müssen für die Prüfungsgebiete sachkundig und für die Mitwirkung im Prüfungswesen geeignet sein.

---

1) Nr. **28**.

(2) [1]Dem Prüfungsausschuss müssen als Mitglieder für zulassungspflichtige Handwerke Arbeitgeber oder Betriebsleiter und Arbeitnehmer in gleicher Zahl, für zulassungsfreie Handwerke oder handwerksähnliche Gewerbe Beauftragte der Arbeitgeber und Arbeitnehmer in gleicher Zahl sowie mindestens eine Lehrkraft einer berufsbildenden Schule angehören. [2]Mindestens zwei Drittel der Gesamtzahl der Mitglieder müssen in zulassungspflichtigen Handwerken Arbeitgeber und Arbeitnehmer, in zulassungsfreien Handwerken oder handwerksähnlichen Gewerben Beauftragte der Arbeitgeber und der Arbeitnehmer sein. [3]Die Mitglieder haben Stellvertreter. [4]Die Mitglieder und die Stellvertreter werden längstens für fünf Jahre berufen oder gewählt.

(3) [1]Die Arbeitgeber müssen in dem zulassungspflichtigen Handwerk, für das der Prüfungsausschuß errichtet ist, die Meisterprüfung abgelegt haben oder zum Ausbilden berechtigt sein. [2]In dem zulassungsfreien Handwerk oder in dem handwerksähnlichen Gewerbe, für das der Prüfungsausschuss errichtet ist, müssen die Arbeitgeber oder die Beauftragten der Arbeitgeber die Gesellenprüfung oder eine entsprechende Abschlussprüfung in einem anerkannten Ausbildungsberuf nach § 4 des Berufsbildungsgesetzes[1)] bestanden haben und in diesem Handwerk oder in diesem Gewerbe tätig sein. [3]Die Arbeitnehmer und die Beauftragten der Arbeitnehmer müssen die Gesellenprüfung in dem zulassungspflichtigen oder zulassungsfreien Handwerk oder in dem handwerksähnlichen Gewerbe, für das der Prüfungsausschuss errichtet ist, oder eine entsprechende Abschlussprüfung in einem anerkannten Ausbildungsberuf nach § 4 des Berufsbildungsgesetzes[1)] bestanden haben und in diesem Handwerk oder in diesem Gewerbe tätig sein. [4]Arbeitnehmer, die eine entsprechende ausländische Befähigung erworben haben und handwerklich tätig sind, können in den Prüfungsausschuß berufen werden.

(4) [1]Die Mitglieder werden von der Handwerkskammer berufen. [2]Die Arbeitnehmer und die Beauftragten der Arbeitnehmer der von der Handwerkskammer errichteten Prüfungsausschüsse werden auf Vorschlag der Mehrheit der Gesellenvertreter in der Vollversammlung der Handwerkskammer berufen. [3]Vorschläge der im Bezirk der Handwerkskammer bestehenden Gewerkschaften und selbständigen Vereinigungen von Arbeitnehmern mit sozial- oder berufspolitischer Zwecksetzung sollen berücksichtigt werden. [4]Die Lehrkraft einer berufsbildenden Schule wird im Einvernehmen mit der Schulaufsichtsbehörde oder der von ihr bestimmten Stelle berufen.

(5) [1]Für die mit Ermächtigung der Handwerkskammer von der Handwerksinnung errichteten Prüfungsausschüsse werden die Arbeitgeber und die Beauftragten der Arbeitgeber von der Innungsversammlung, die Arbeitnehmer und die Beauftragten der Arbeitnehmer von dem Gesellenausschuß gewählt. [2]Vorschläge der im Bezirk der Handwerksinnung bestehenden Gewerkschaften und selbständigen Vereinigungen von Arbeitnehmern mit sozial- oder berufspolitischer Zwecksetzung sollen berücksichtigt werden. [3]Die Lehrkraft einer berufsbildenden Schule wird im Einvernehmen mit der Schulaufsichtsbehörde oder der von ihr bestimmten Stelle nach Anhörung der Handwerksinnung von der Handwerkskammer berufen.

(6) [1]Die Mitglieder der Prüfungsausschüsse können nach Anhörung der an ihrer Berufung Beteiligten aus wichtigem Grund abberufen werden. [2]Satz 1 und die Absätze 4 und 5 gelten für die Stellvertreter entsprechend.

---

1) Nr. **28**.

(7) [1]Die Handwerkskammer oder die nach § 33 Absatz 1 Satz 3 von der Handwerkskammer zur Errichtung von Prüfungsausschüssen ermächtigte Handwerksinnung kann weitere Prüfende für den Einsatz in Prüferdelegationen nach § 35a Absatz 2 berufen. [2]Die Berufung weiterer Prüfender kann auf bestimmte Prüf- oder Fachgebiete beschränkt werden. [3]Die Absätze 4 bis 6 sind entsprechend anzuwenden.

(8) [1]Die für die Berufung von Prüfungsausschussmitgliedern Vorschlagsberechtigten sind über die Anzahl und die Größe der einzurichtenden Prüfungsausschüsse sowie über die Zahl der von ihnen vorzuschlagenden weiteren Prüfenden zu unterrichten. [2]Die Vorschlagsberechtigten werden von der Handwerkskammer oder im Fall des § 33 Absatz 1 Satz 3 von der Innung darüber unterrichtet, welche der von ihnen vorgeschlagenen Mitglieder sowie Stellvertreter und Stellvertreterinnen und weiteren Prüfenden berufen wurden.

(9) [1]Die Tätigkeit im Prüfungsausschuss oder in einer Prüferdelegation ist ehrenamtlich. [2]Für bare Auslagen und für Zeitversäumnis ist, soweit eine Entschädigung nicht von anderer Seite gewährt wird, eine angemessene Entschädigung zu zahlen, deren Höhe von der Handwerkskammer mit Genehmigung der obersten Landesbehörde festgesetzt wird. [3]Die Entschädigung für Zeitversäumnis hat mindestens im Umfang von § 16 des Justizvergütungs- und -entschädigungsgesetzes in der jeweils geltenden Fassung zu erfolgen.

(9a) Prüfende sind von ihrem Arbeitgeber von der Erbringung der Arbeitsleistung freizustellen, wenn

1. es zur ordnungsgemäßen Durchführung der ihnen durch das Gesetz zugewiesenen Aufgaben erforderlich ist und
2. wichtige betriebliche Gründe nicht entgegenstehen.

(10) Von Absatz 2 darf nur abgewichen werden, wenn anderenfalls die erforderliche Zahl von Mitgliedern des Prüfungsausschusses nicht berufen werden kann.

§ 35 [Vorsitzender; Stellvertreter] [1]Der Prüfungsausschuß wählt aus seiner Mitte einen Vorsitzenden und dessen Stellvertreter. [2]Der Vorsitzende und sein Stellvertreter sollen nicht derselben Mitgliedergruppe angehören. [3]Der Prüfungsausschuß ist beschlußfähig, wenn zwei Drittel der Mitglieder, mindestens drei, mitwirken. [4]Er beschließt mit der Mehrheit der abgegebenen Stimmen. [5]Bei Stimmengleichheit gibt die Stimme des Vorsitzenden den Ausschlag.

§ 35a [Bewertung von Prüfungsleistungen] (1) Der Prüfungsausschuss fasst die Beschlüsse über

1. die Noten zur Bewertung einzelner Prüfungsleistungen, die er selbst abgenommen hat,
2. die Noten zur Bewertung der Prüfung insgesamt sowie
3. das Bestehen oder Nichtbestehen der Gesellenprüfung.

(2) [1]Die Handwerkskammer oder im Fall des § 33 Absatz 1 Satz 3 die Handwerksinnung kann im Einvernehmen mit den Mitgliedern des Prüfungsausschusses die Abnahme und abschließende Bewertung von Prüfungsleistungen auf Prüferdelegationen übertragen. [2]Für die Zusammensetzung von Prüferdelegationen und für die Abstimmungen in der Prüferdelegation sind § 34 Absatz 1 bis 3 und § 35 Satz 3 und 4 entsprechend anzuwenden. [3]Mitglieder von Prüferdelegationen können die Mitglieder des Prüfungsausschusses, deren

Stellvertreter und Stellvertreterinnen sowie weitere Prüfende sein, die durch die Handwerkskammer oder durch die nach § 33 Absatz 1 Satz 3 zur Errichtung von Prüfungsausschüssen ermächtigte Handwerksinnung nach § 34 Absatz 7 berufen worden sind.

(3) [1] Die Handwerkskammer oder im Fall des § 33 Absatz 1 Satz 3 die Handwerksinnung hat vor Beginn der Prüfung über die Bildung von Prüferdelegationen, über deren Mitglieder sowie über deren Stellvertreter und Stellvertreterinnen zu entscheiden. [2] Prüfende können Mitglieder mehrerer Prüferdelegationen sein. [3] Sind verschiedene Prüfungsleistungen derart aufeinander bezogen, dass deren Beurteilung nur einheitlich erfolgen kann, so müssen diese Prüfungsleistungen von denselben Prüfenden abgenommen werden.

(4) [1] Nach § 38 Absatz 2 Satz 2 erstellte oder ausgewählte Antwort-Wahl-Aufgaben können automatisiert ausgewertet werden, wenn das Aufgabenerstellungs- oder Aufgabenauswahlgremium festgelegt hat, welche Antworten als zutreffend anerkannt werden. [2] Die Ergebnisse sind vom Prüfungsausschuss zu übernehmen.

(5) [1] Der Prüfungsausschuss oder die Prüferdelegation kann einvernehmlich die Abnahme und Bewertung einzelner schriftlicher oder sonstiger Prüfungsleistungen, deren Bewertung unabhängig von der Anwesenheit bei der Erbringung erfolgen kann, so vornehmen, dass zwei seiner oder ihrer Mitglieder die Prüfungsleistungen selbständig und unabhängig bewerten. [2] Weichen die auf der Grundlage des in der Prüfungsordnung vorgesehenen Bewertungsschlüssels erfolgten Bewertungen der beiden Prüfenden um nicht mehr als 10 Prozent der erreichbaren Punkte voneinander ab, so errechnet sich die endgültige Bewertung aus dem Durchschnitt der beiden Bewertungen. [3] Bei einer größeren Abweichung erfolgt die endgültige Bewertung durch ein vorab bestimmtes weiteres Mitglied des Prüfungsausschusses oder der Prüferdelegation.

(6) Sieht die Ausbildungsordnung vor, dass Auszubildende bei erfolgreichem Abschluss eines zweijährigen Ausbildungsberufs vom ersten Teil der Gesellenprüfung eines darauf aufbauenden drei- oder dreieinhalbjährigen Ausbildungsberufs befreit sind, so ist das Ergebnis der Gesellenprüfung des zweijährigen Ausbildungsberufs vom Prüfungsausschuss als das Ergebnis des ersten Teils der Gesellenprüfung des auf dem zweijährigen Ausbildungsberuf aufbauenden drei- oder dreieinhalbjährigen Ausbildungsberufs zu übernehmen.

§ 36 [Zulassung zur Gesellenprüfung] (1) Zur Gesellenprüfung ist zuzulassen,

1. wer die Ausbildungsdauer zurückgelegt hat oder wessen Ausbildungsdauer nicht später als zwei Monate nach dem Prüfungstermin endet,
2. wer an vorgeschriebenen Zwischenprüfungen teilgenommen sowie einen vom Ausbilder und Auszubildenden unterzeichneten Ausbildungsnachweis nach § 13 Satz 2 Nummer 7 des Berufsbildungsgesetzes[1)] vorgelegt hat und
3. wessen Berufsausbildungsverhältnis in die Lehrlingsrolle eingetragen oder aus einem Grund nicht eingetragen ist, den weder der Lehrling (Auszubildende) noch dessen gesetzlicher Vertreter zu vertreten hat.

(2) [1] Zur Gesellenprüfung ist ferner zuzulassen, wer in einer berufsbildenden Schule oder einer sonstigen Berufsbildungseinrichtung ausgebildet worden ist,

---

[1)] Nr. **28**.

wenn dieser Bildungsgang der Berufsausbildung in einem anerkannten Ausbildungsberuf (Gewerbe der Anlage A oder der Anlage B) entspricht. [2] Ein Bildungsgang entspricht der Berufsausbildung in einem anerkannten Ausbildungsberuf, wenn er

1. nach Inhalt, Anforderung und zeitlichem Umfang der jeweiligen Ausbildungsordnung gleichwertig ist,
2. systematisch, insbesondere im Rahmen einer sachlichen und zeitlichen Gliederung durchgeführt wird, und
3. durch Lernortkooperation einen angemessenen Anteil an fachpraktischer Ausbildung gewährleistet.

§ 36a [Zulassung zu einzelnen Teilen der Gesellenprüfung] (1) Sofern die Gesellenprüfung in zwei zeitlich auseinander fallenden Teilen durchgeführt wird, ist über die Zulassung jeweils gesondert zu entscheiden.

(2) Zum ersten Teil der Gesellenprüfung ist zuzulassen, wer die in der Ausbildungsordnung vorgeschriebene, erforderliche Ausbildungsdauer zurückgelegt hat und die Voraussetzungen des § 36 Abs. 1 Nr. 2 und 3 erfüllt.

(3) [1] Zum zweiten Teil der Gesellenprüfung ist zuzulassen, wer

1. über die Voraussetzungen des § 36 Absatz 1 hinaus am ersten Teil der Gesellenprüfung teilgenommen hat,
2. auf Grund einer Rechtsverordnung nach § 26 Absatz 2 Satz 1 Nummer 2b von der Ablegung des ersten Teils der Gesellenprüfung befreit ist oder
3. aus Gründen, die er nicht zu vertreten hat, am ersten Teil der Gesellenprüfung nicht teilgenommen hat.

[2] Im Fall des Satzes 1 Nummer 3 ist der erste Teil der Gesellenprüfung zusammen mit dem zweiten Teil abzulegen.

§ 37 [Zulassung in besonderen Fällen] (1) Der Lehrling (Auszubildende) kann nach Anhörung des Ausbildenden und der Berufsschule vor Ablauf seiner Ausbildungszeit zur Gesellenprüfung zugelassen werden, wenn seine Leistungen dies rechtfertigen.

(2) [1] Zur Gesellenprüfung ist auch zuzulassen, wer nachweist, dass er mindestens das Eineinhalbfache der Zeit, die als Ausbildungsdauer vorgeschrieben ist, in dem Beruf tätig gewesen ist, in dem er die Prüfung ablegen will. [2] Als Zeiten der Berufstätigkeit gelten auch Ausbildungszeiten in einem anderen, einschlägigen Ausbildungsberuf. [3] Vom Nachweis der Mindestzeit nach Satz 1 kann ganz oder teilweise abgesehen werden, wenn durch Vorlage von Zeugnissen oder auf andere Weise glaubhaft gemacht wird, dass der Bewerber die berufliche Handlungsfähigkeit erworben hat, die die Zulassung zur Prüfung rechtfertigt. [4] Ausländische Bildungsabschlüsse und Zeiten der Berufstätigkeit im Ausland sind dabei zu berücksichtigen.

(3) Soldaten auf Zeit und ehemalige Soldaten sind nach Absatz 2 Satz 3 zur Gesellenprüfung zuzulassen, wenn das Bundesministerium der Verteidigung oder die von ihm bestimmte Stelle bescheinigt, dass der Bewerber berufliche Fertigkeiten, Kenntnisse und Fähigkeiten erworben hat, welche die Zulassung zur Prüfung rechtfertigen.

§ 37a [Entscheidung über die Zulassung] (1) [1] Über die Zulassung zur Gesellenprüfung entscheidet der Vorsitzende des Prüfungsausschusses. [2] Hält er die Zulassungsvoraussetzungen nicht für gegeben, so entscheidet der Prüfungsausschuss.

(2) Auszubildenden, die Elternzeit in Anspruch genommen haben, darf bei der Entscheidung über die Zulassung hieraus kein Nachteil erwachsen.

§ 38 [Prüfungsordnung] (1) [1] Die Handwerkskammer hat eine Prüfungsordnung für die Gesellenprüfung zu erlassen. [2] Die Prüfungsordnung bedarf der Genehmigung der zuständigen obersten Landesbehörde.

(2) [1] Die Prüfungsordnung muss die Zulassung, die Gliederung der Prüfung, die Bewertungsmaßstäbe, die Erteilung der Prüfungszeugnisse, die Folgen von Verstößen gegen die Prüfungsordnung und die Wiederholungsprüfung regeln. [2] Sie kann vorsehen, dass Prüfungsaufgaben, die überregional oder von einem Aufgabenerstellungsausschuss bei der Handwerkskammer erstellt oder ausgewählt werden, zu übernehmen sind, sofern diese Aufgaben von Gremien erstellt oder ausgewählt werden, die entsprechend § 34 Abs. 2 zusammengesetzt sind.

(3) Der Hauptausschuss des Bundesinstituts für Berufsbildung erlässt für die Prüfungsordnung Richtlinien.

§ 39 [Zwischenprüfung] (1) [1] Während der Berufsausbildung ist zur Ermittlung des Ausbildungsstands eine Zwischenprüfung entsprechend der Ausbildungsordnung durchzuführen. [2] Die §§ 31 bis 33 gelten entsprechend.

(2) Die Zwischenprüfung entfällt, sofern

1. die Ausbildungsordnung vorsieht, dass die Gesellenprüfung in zwei zeitlich auseinanderfallenden Teilen durchgeführt wird, oder
2. die Ausbildungsordnung vorsieht, dass auf die Dauer der durch die Ausbildungsordnung geregelten Berufsausbildung die Dauer einer anderen abgeschlossenen Berufsausbildung im Umfang von mindestens zwei Jahren anzurechnen ist, und die Vertragsparteien die Anrechnung mit mindestens dieser Dauer vereinbart haben.

(3) Umzuschulende sind auf ihren Antrag zur Zwischenprüfung zuzulassen.

§ 39a [Gesonderte Prüfung] (1) [1] Zusätzliche berufliche Fertigkeiten, Kenntnisse und Fähigkeiten nach § 26 Abs. 2 Nr. 5 werden gesondert geprüft und bescheinigt. [2] Das Ergebnis der Prüfung nach § 31 bleibt unberührt.

(2) § 31 Abs. 3 und 4 sowie die §§ 33 bis 35a und 38 gelten entsprechend.

§ 40 [Gleichstellung von Prüfungszeugnissen] (1) Das Bundesministerium für Wirtschaft und Energie kann im Einvernehmen mit dem Bundesministerium für Bildung und Forschung nach Anhörung des Hauptausschusses des Bundesinstituts für Berufsbildung durch Rechtsverordnung außerhalb des Anwendungsbereichs dieses Gesetzes erworbene Prüfungszeugnisse den entsprechenden Zeugnissen über das Bestehen der Gesellenprüfung gleichstellen, wenn die Berufsausbildung und die in der Prüfung nachzuweisenden beruflichen Fertigkeiten, Kenntnisse und Fähigkeiten gleichwertig sind.

(2) Das Bundesministerium für Wirtschaft und Energie kann im Einvernehmen mit dem Bundesministerium für Bildung und Forschung nach Anhörung des Hauptausschusses des Bundesinstituts für Berufsbildung durch Rechtsverordnung im Ausland erworbene Prüfungszeugnisse den entsprechenden Zeugnissen über das Bestehen der Gesellenprüfung gleichstellen, wenn die in der

Prüfung nachzuweisenden beruflichen Fertigkeiten, Kenntnisse und Fähigkeiten gleichwertig sind.

§ 40a [Ausländische Ausbildungsnachweise] [1] Ausländische Ausbildungsnachweise stehen der Gesellenprüfung im Sinne dieses Gesetzes und der auf ihm beruhenden Rechtsverordnungen gleich, wenn ihre Gleichwertigkeit festgestellt wurde. [2] § 50c Absatz 4 gilt entsprechend. [3] Die Vorschriften des Berufsqualifikationsfeststellungsgesetzes für nicht reglementierte Berufe sowie § 17 sind anzuwenden.

Fünfter Abschnitt. Regelung und Überwachung der Berufsausbildung

§ 41 [Regelung der Berufsausbildung] Soweit Vorschriften nicht bestehen, regelt die Handwerkskammer die Durchführung der Berufsausbildung im Rahmen der gesetzlichen Vorschriften.

§ 41a [Überwachung der Berufsausbildung] (1) [1] Die Handwerkskammer überwacht die Durchführung

1. der Berufsausbildungsvorbereitung,
2. der Berufsausbildung und
3. der beruflichen Umschulung

und fördert diese durch Beratung der an der Berufsbildung beteiligten Personen. [2] Sie hat zu diesem Zweck Berater zu bestellen. [3] § 111 ist anzuwenden.

(2) Ausbildende, Umschulende und Anbieter von Maßnahmen der Berufsausbildungsvorbereitung sind auf Verlangen verpflichtet, die für die Überwachung notwendigen Auskünfte zu erteilen und Unterlagen vorzulegen sowie die Besichtigung der Ausbildungsstätten zu gestatten.

(3) [1] Die Durchführung von Auslandsaufenthalten nach § 2 Abs. 3 des Berufsbildungsgesetzes[1)] überwacht und fördert die Handwerkskammer in geeigneter Weise. [2] Beträgt die Dauer eines Ausbildungsabschnitts im Ausland mehr als acht Wochen, ist hierfür ein mit der Handwerkskammer abgestimmter Plan erforderlich.

(4) Die Handwerkskammer teilt der Aufsichtsbehörde nach dem Jugendarbeitsschutzgesetz[2)] Wahrnehmungen mit, die für die Durchführung des Jugendarbeitsschutzgesetzes von Bedeutung sein können.

Sechster Abschnitt. Berufliche Fortbildung, berufliche Umschulung

§ 42 [Fortbildungsordnung] (1) Als Grundlage für eine einheitliche höherqualifizierende Berufsbildung kann das Bundesministerium für Bildung und Forschung im Einvernehmen mit dem Bundesministerium für Wirtschaft und Energie nach Anhörung des Hauptausschusses des Bundesinstituts für Berufsbildung durch Rechtsverordnung, die nicht der Zustimmung des Bundesrates bedarf, Abschlüsse der höherqualifizierenden Berufsbildung anerkennen und hierfür Prüfungsregelungen erlassen (Fortbildungsordnungen).

(2) Die Fortbildungsordnungen haben festzulegen:

1. die Bezeichnung des Fortbildungsabschlusses,

[1)] Nr. **28**.
[2)] Nr. **22**.

2. die Fortbildungsstufe,
3. das Ziel, den Inhalt und die Anforderungen der Prüfung,
4. die Zulassungsvoraussetzungen für die Prüfung und
5. das Prüfungsverfahren.

§ 42a [Fortbildungsstufen höherqualifizierter Berufsbildung]

(1) Die Fortbildungsstufen der höherqualifizierenden Berufsbildung sind
1. als erste Fortbildungsstufe der Geprüfte Berufsspezialist und die Geprüfte Berufsspezialistin,
2. als zweite Fortbildungsstufe der Bachelor Professional und
3. als dritte Fortbildungsstufe der Master Professional.

(2) Jede Fortbildungsordnung, die eine höherqualifizierende Berufsbildung der ersten Fortbildungsstufe regelt, soll auf einen Abschluss der zweiten Fortbildungsstufe hinführen.

§ 42b [Erste berufliche Fortbildungsstufe] (1) Den Fortbildungsabschluss des Geprüften Berufsspezialisten oder der Geprüften Berufsspezialistin erlangt, wer eine Prüfung der ersten beruflichen Fortbildungsstufe besteht.

(2) [1] In der Fortbildungsprüfung der ersten beruflichen Fortbildungsstufe wird festgestellt, ob der Prüfling
1. die Fertigkeiten, Kenntnisse und Fähigkeiten, die er in der Regel im Rahmen der Berufsausbildung erworben hat, vertieft hat und
2. die in der Regel im Rahmen der Berufsausbildung erworbene berufliche Handlungsfähigkeit um neue Fertigkeiten, Kenntnisse und Fähigkeiten ergänzt hat.

[2] Der Lernumfang für den Erwerb dieser Fertigkeiten, Kenntnisse und Fähigkeiten soll mindestens 400 Stunden betragen.

(3) Als Zulassungsvoraussetzung für eine Prüfung der ersten beruflichen Fortbildungsstufe ist als Regelzugang der Abschluss in einem anerkannten Ausbildungsberuf vorzusehen.

(4) [1] Die Bezeichnung eines Fortbildungsabschlusses der ersten beruflichen Fortbildungsstufe beginnt mit den Wörtern „Geprüfter Berufsspezialist für“ oder „Geprüfte Berufsspezialistin für“. [2] Die Fortbildungsordnung kann vorsehen, dass dieser Abschlussbezeichnung eine weitere Abschlussbezeichnung vorangestellt wird. [3] Die Abschlussbezeichnung der ersten beruflichen Fortbildungsstufe darf nur führen, wer
1. die Prüfung der ersten beruflichen Fortbildungsstufe bestanden hat oder
2. die Prüfung einer gleichwertigen beruflichen Fortbildung auf der Grundlage bundes- oder landesrechtlicher Regelungen, die diese Abschlussbezeichnung vorsehen, bestanden hat.

§ 42c [Zweite berufliche Fortbildungsstufe] (1) Den Fortbildungsabschluss Bachelor Professional erlangt, wer eine Prüfung der zweiten beruflichen Fortbildungsstufe erfolgreich besteht.

(2) [1] In der Fortbildungsprüfung der zweiten beruflichen Fortbildungsstufe wird festgestellt, ob der Prüfling in der Lage ist, Fach- und Führungsfunktionen zu übernehmen, in denen zu verantwortende Leitungsprozesse von Organisa-

tionen eigenständig gesteuert werden, eigenständig ausgeführt werden und dafür Mitarbeiter und Mitarbeiterinnen geführt werden. [2]Der Lernumfang für den Erwerb dieser Fertigkeiten, Kenntnisse und Fähigkeiten soll mindestens 1 200 Stunden betragen.

(3) Als Voraussetzung zur Zulassung für eine Prüfung der zweiten beruflichen Fortbildungsstufe ist als Regelzugang vorzusehen:

1. der Abschluss in einem anerkannten Ausbildungsberuf oder
2. ein Abschluss der ersten beruflichen Fortbildungsstufe.

(4) [1]Die Bezeichnung eines Fortbildungsabschlusses der zweiten beruflichen Fortbildungsstufe beginnt mit den Wörtern „Bachelor Professional in". [2]Die Fortbildungsordnung kann vorsehen, dass dieser Abschlussbezeichnung eine weitere Abschlussbezeichnung vorangestellt wird. [3]Die Abschlussbezeichnung der zweiten beruflichen Fortbildungsstufe darf nur führen, wer

1. die Prüfung der zweiten beruflichen Fortbildungsstufe bestanden hat oder
2. die Prüfung einer gleichwertigen beruflichen Fortbildung auf der Grundlage bundes- oder landesrechtlicher Regelungen, die diese Abschlussbezeichnung vorsehen, bestanden hat.

[4]Die §§ 51 und 51d bleiben unberührt.

§ 42d [Fortbildungsabschluss Master Professional] (1) Den Fortbildungsabschluss Master Professional erlangt, wer die Prüfung der dritten beruflichen Fortbildungsstufe besteht.

(2) [1]In der Fortbildungsprüfung der dritten beruflichen Fortbildungsstufe wird festgestellt, ob der Prüfling

1. die Fertigkeiten, Kenntnisse und Fähigkeiten, die er in der Regel mit der Vorbereitung auf eine Fortbildungsprüfung der zweiten Fortbildungsstufe erworben hat, vertieft hat und
2. neue Fertigkeiten, Kenntnisse und Fähigkeiten erworben hat, die erforderlich sind für die verantwortliche Führung von Organisationen oder zur Bearbeitung von neuen, komplexen Aufgaben- und Problemstellungen wie der Entwicklung von Verfahren und Produkten.

[2]Der Lernumfang für den Erwerb dieser Fertigkeiten, Kenntnisse und Fähigkeiten soll mindestens 1 600 Stunden betragen.

(3) Als Voraussetzung zur Zulassung für eine Prüfung der dritten beruflichen Fortbildungsstufe ist als Regelzugang ein Abschluss auf der zweiten beruflichen Fortbildungsstufe oder eine bestandene Meisterprüfung vorzusehen.

(4) [1]Die Bezeichnung eines Fortbildungsabschlusses der dritten beruflichen Fortbildungsstufe beginnt mit den Wörtern „Master Professional in". [2]Die Fortbildungsordnung kann vorsehen, dass dieser Abschlussbezeichnung eine weitere Abschlussbezeichnung vorangestellt wird. [3]Die Abschlussbezeichnung der dritten beruflichen Fortbildungsstufe darf führen, wer

1. die Prüfung der dritten beruflichen Fortbildungsstufe bestanden hat oder
2. die Prüfung einer gleichwertigen beruflichen Fortbildung auf der Grundlage bundes- oder landesrechtlicher Regelungen, die diese Abschlussbezeichnung vorsehen, bestanden hat.

§ 42e [Einheitliche Anpassungsfortbildung] (1) Als Grundlage für eine einheitliche Anpassungsfortbildung kann das Bundesministerium für Bildung und Forschung im Einvernehmen mit dem Bundesministerium für Wirtschaft und Energie nach Anhörung des Hauptausschusses des Bundesinstituts für Berufsbildung durch Rechtsverordnung, die nicht der Zustimmung des Bundesrates bedarf, Fortbildungsabschlüsse anerkennen und hierfür Prüfungsregelungen erlassen (Anpassungsfortbildungsordnungen).

(2) Die Anpassungsfortbildungsordnungen haben festzulegen:

1. die Bezeichnung des Fortbildungsabschlusses,
2. das Ziel, den Inhalt und die Anforderungen der Prüfung,
3. die Zulassungsvoraussetzungen und
4. das Prüfungsverfahren.

§ 42f [Fortbildungsprüfungsregelungen] (1) Sofern für einen Fortbildungsabschluss weder eine Fortbildungsordnung noch eine Anpassungsfortbildungsordnung erlassen worden ist, kann die Handwerkskammer Fortbildungsprüfungsregelungen erlassen.

(2) Die Fortbildungsprüfungsregelungen haben festzulegen:

1. die Bezeichnung des Fortbildungsabschlusses,
2. das Ziel, den Inhalt und die Anforderungen der Prüfungen,
3. die Zulassungsvoraussetzungen für die Prüfung und
4. das Prüfungsverfahren.

(3) [1] Bestätigt die zuständige oberste Landesbehörde,

1. dass die Fortbildungsprüfungsregelungen die Voraussetzungen des § 42b Absatz 2 und 3 sowie des § 42a Absatz 2 erfüllen, so beginnt die Bezeichnung des Fortbildungsabschlusses mit den Wörtern „Geprüfter Berufsspezialist für" oder „Geprüfte Berufsspezialistin für",
2. dass die Fortbildungsprüfungsregelungen die Voraussetzungen des § 42c Absatz 2 und 3 erfüllen, so beginnt die Bezeichnung des Fortbildungsabschlusses mit den Wörtern „Bachelor Professional in",
3. dass die Fortbildungsprüfungsregelungen die Voraussetzungen des § 42d Absatz 2 und 3 erfüllen, so beginnt die Bezeichnung des Fortbildungsabschlusses mit den Wörtern „Master Professional in".

[2] Der Abschlussbezeichnung nach Satz 1 ist in Klammern ein Zusatz beizufügen, aus dem sich zweifelsfrei die Handwerkskammer ergibt, die die Fortbildungsprüfungsregelungen erlassen hat. [3] Die Fortbildungsprüfungsregelungen können vorsehen, dass dieser Abschlussbezeichnung eine weitere Abschlussbezeichnung vorangestellt wird.

(4) [1] Eine Abschlussbezeichnung, die in einer von der zuständigen obersten Landesbehörde bestätigten Fortbildungsprüfungsregelung enthalten ist, darf nur führen, wer die Prüfung bestanden hat. [2] § 42c Absatz 4 Satz 2 und 3 sowie § 42d Absatz 4 Satz 2 und 3 bleiben unberührt.

§ 42g [Auslandserfahrung] Sofern Fortbildungsordnungen, Anpassungsfortbildungsordnungen oder Fortbildungsprüfungsregelungen nach § 42f Zulassungsvoraussetzungen zu Prüfungen vorsehen, sind ausländische Bildungsabschlüsse und Zeiten der Berufstätigkeit im Ausland zu berücksichtigen.

§ 42h [Prüfungsausschüsse] (1) [1] Für die Durchführung von Prüfungen im Bereich der beruflichen Fortbildung errichtet die Handwerkskammer Prüfungsausschüsse. [2] § 31 Absatz 2 Satz 1 und 2 und Absatz 3 Satz 1 sowie § 33 Absatz 1 Satz 2, Absatz 3 und 4 und die §§ 34 bis 35a, 37a und 38 sind entsprechend anzuwenden.

(2) Der Prüfling ist auf Antrag von der Ablegung einzelner Prüfungsbestandteile durch die Handwerkskammer zu befreien, wenn

1. er eine andere vergleichbare Prüfung vor einer öffentlichen oder einer staatlich anerkannten Bildungseinrichtung oder vor einem staatlichen Prüfungsausschuss erfolgreich abgelegt hat und
2. die Anmeldung zur Fortbildungsprüfung innerhalb von zehn Jahren nach der Bekanntgabe des Bestehens der Prüfung erfolgt.

§ 42i [Gleichstellung ausländischer Bildungsabschlüsse] Das Bundesministerium für Wirtschaft und Energie kann im Einvernehmen mit dem Bundesministerium für Bildung und Forschung nach Anhörung des Hauptausschusses des Bundesinstituts für Berufsbildung durch Rechtsverordnung Prüfungszeugnisse, die außerhalb des Anwendungsbereichs dieses Gesetzes oder im Ausland erworben worden sind, den entsprechenden Zeugnissen über das Bestehen einer Fortbildungsprüfung auf der Grundlage der §§ 42b bis 42f gleichstellen, wenn die in der Prüfung nachzuweisenden beruflichen Fertigkeiten, Kenntnisse und Fähigkeiten gleichwertig sind.

§ 42j [Berufliche Umschulung] Als Grundlage für eine geordnete und einheitliche berufliche Umschulung kann das Bundesministerium für Bildung und Forschung im Einvernehmen mit dem Bundesministerium für Wirtschaft und Energie nach Anhörung des Hauptausschusses des Bundesinstituts für Berufsbildung durch Rechtsverordnung, die nicht der Zustimmung des Bundesrates bedarf,

1. die Bezeichnung des Umschulungsabschlusses,
2. das Ziel, den Inhalt, die Art und Dauer der Umschulung,
3. die Anforderungen der Umschulungsprüfung und ihre Zulassungsvoraussetzungen sowie
4. das Prüfungsverfahren der Umschulung

unter Berücksichtigung der besonderen Erfordernisse der beruflichen Erwachsenenbildung bestimmen (Umschulungsordnung).

§ 42k [Umschulungsprüfungsregelungen] [1] Soweit Rechtsverordnungen nach § 42j nicht erlassen sind, kann die Handwerkskammer Umschulungsprüfungsregelungen erlassen. [2] Die Handwerkskammer regelt die Bezeichnung des Umschulungsabschlusses, Ziel, Inhalt und Anforderungen der Prüfungen, ihre Zulassungsvoraussetzungen sowie das Prüfungsverfahren unter Berücksichtigung der besonderen Erfordernisse beruflicher Erwachsenenbildung.

§ 42l [Umschulung für einen anerkannten Ausbildungsberuf] [1] Sofern sich die Umschulungsordnung (§ 42j) oder eine Regelung der Handwerkskammer (§ 42k) auf die Umschulung für einen anerkannten Ausbildungsberuf (Gewerbe der Anlage A oder der Anlage B) richtet, sind das Ausbildungsberufsbild (§ 26 Abs. 1 Nr. 3), der Ausbildungsrahmenplan (§ 26 Abs. 1 Nr. 4) und die Prüfungsanforderungen (§ 26 Abs. 1 Nr. 5) zugrunde zu legen. [2]Die §§ 21 bis 24 gelten entsprechend.

§ 42m [Berücksichtigung ausländischer Bildungsabschlüsse] Sofern die Umschulungsordnung (§ 42j) oder eine Regelung der Handwerkskammer (§ 42k) Zulassungsvoraussetzungen vorsieht, sind ausländische Bildungsabschlüsse und Zeiten der Berufstätigkeit im Ausland zu berücksichtigen.

§ 42n [Berufliche Umschulung] (1) Maßnahmen der beruflichen Umschulung müssen nach Inhalt, Art, Ziel und Dauer den besonderen Erfordernissen der beruflichen Erwachsenenbildung entsprechen.

(2) [1]Der Umschulende hat die Durchführung der beruflichen Umschulung unverzüglich vor Beginn der Maßnahme der Handwerkskammer schriftlich anzuzeigen. [2]Die Anzeigepflicht erstreckt sich auf den wesentlichen Inhalt des Umschulungsverhältnisses. [3]Bei Abschluss eines Umschulungsvertrages ist eine Ausfertigung der Vertragsniederschrift beizufügen.

(3) [1]Für die Durchführung von Prüfungen im Bereich der beruflichen Umschulung errichtet die Handwerkskammer Prüfungsausschüsse. [2]§ 31 Abs. 2 und 3 sowie § 33 Absatz 3 und die §§ 34 bis 35a, 37a und 38 gelten entsprechend.

(4) Der Prüfling ist auf Antrag von der Ablegung einzelner Prüfungsbestandteile durch die Handwerkskammer zu befreien, wenn er eine andere vergleichbare Prüfung vor einer öffentlichen oder staatlich anerkannten Bildungseinrichtung oder vor einem staatlichen Prüfungsausschuss erfolgreich abgelegt hat und die Anmeldung zur Umschulungsprüfung innerhalb von zehn Jahren nach der Bekanntgabe des Bestehens der anderen Prüfung erfolgt.

§ 42o [Gleichwertige Prüfungszeugnisse] Das Bundesministerium für Wirtschaft und Energie kann im Einvernehmen mit dem Bundesministerium für Bildung und Forschung nach Anhörung des Hauptausschusses des Bundesinstituts für Berufsbildung durch Rechtsverordnung außerhalb des Anwendungsbereichs dieses Gesetzes oder im Ausland erworbene Prüfungszeugnisse den entsprechenden Zeugnissen über das Bestehen einer Umschulungsprüfung auf der Grundlage der §§ 42j und 42k gleichstellen, wenn die in der Prüfung nachzuweisenden beruflichen Fertigkeiten, Kenntnisse und Fähigkeiten gleichwertig sind.

Siebenter Abschnitt. Berufliche Bildung behinderter Menschen, Berufsausbildungsvorbereitung

§ 42p [Ausbildung] Behinderte Menschen (§ 2 Abs. 1 Satz 1 des Neunten Buches Sozialgesetzbuch) sollen in anerkannten Ausbildungsberufen ausgebildet werden.

§ 42q [Behindertengerechte Regelung der Ausbildung] (1) [1]Regelungen nach den §§ 38 und 41 sollen die besonderen Verhältnisse behinderter Menschen berücksichtigen. [2]Dies gilt insbesondere für die zeitliche und sachliche Gliederung der Ausbildung, die Dauer von Prüfungszeiten, die Zulassung von Hilfsmitteln und die Inanspruchnahme von Hilfeleistungen Dritter, wie Gebärdendolmetscher für hörbehinderte Menschen.

(2) [1] Der Berufsausbildungsvertrag mit einem behinderten Menschen ist in die Lehrlingsrolle (§ 28) einzutragen. [2] Der behinderte Mensch ist zur Gesellenprüfung auch zuzulassen, wenn die Voraussetzungen des § 36 Abs. 1 Nr. 2 und 3 nicht vorliegen.

Fünfter Teil. Bußgeld-, Übergangs- und Schlußvorschriften

Erster Abschnitt. Bußgeldvorschriften

§§ 117 *(hier nicht wiedergegeben)*

§ 118 [Weitere Ordnungswidrigkeiten] (1) Ordnungswidrig handelt, wer

1. eine Anzeige nach § 16 Abs. 2 oder § 18 Abs. 1 nicht, nicht richtig, nicht vollständig oder nicht rechtzeitig erstattet,
2. entgegen § 17 Abs. 1 oder Abs. 2 Satz 2, § 111 Abs. 1 oder Abs. 2 Satz 2 oder § 113 Abs. 2 Satz 11, auch in Verbindung mit § 73 Abs. 3, eine Auskunft nicht, nicht richtig, nicht vollständig oder nicht rechtzeitig erteilt, Unterlagen nicht vorlegt oder das Betreten von Grundstücken oder Geschäftsräumen oder die Vornahme von Prüfungen oder Besichtigungen nicht duldet,
3. Lehrlinge (Auszubildende) einstellt oder ausbildet, obwohl er nach § 22a Nr. 1 persönlich oder nach § 22b Abs. 1 fachlich nicht geeignet ist,
4. entgegen § 22 Abs. 2 einen Lehrling (Auszubildenden) einstellt,
5. Lehrlinge (Auszubildende) einstellt oder ausbildet, obwohl ihm das Einstellen oder Ausbilden nach § 24 untersagt worden ist,
6. entgegen § 30 die Eintragung in die Lehrlingsrolle nicht oder nicht rechtzeitig beantragt oder eine Ausfertigung der Vertragsniederschrift nicht beifügt,
7. einer Rechtsverordnung nach § 9 Abs. 1 Satz 1 Nr. 2 zuwiderhandelt, soweit sie für einen bestimmten Tatbestand auf diese Bußgeldvorschrift verweist.

(2) Die Ordnungswidrigkeiten nach Absatz 1 Nr. 1, 2, 6 und 7 können mit einer Geldbuße bis zu eintausend Euro, die Ordnungswidrigkeiten nach Absatz 1 Nr. 3 bis 5 können mit einer Geldbuße bis zu fünftausend Euro geahndet werden.

§ 118a [Unterrichtung der Handwerkskammer] [1] Die zuständige Behörde unterrichtet die zuständige Handwerkskammer über die Einleitung von und die abschließende Entscheidung in Verfahren wegen Ordnungswidrigkeiten nach den §§ 117 und 118. [2] Gleiches gilt für Verfahren wegen Ordnungswidrigkeiten nach dem Gesetz zur Bekämpfung der Schwarzarbeit in der Fassung der Bekanntmachung vom 29. Januar 1982, zuletzt geändert durch Anlage I Kapitel VIII Sachgebiet E Nr. 3 des Einigungsvertrages vom 31. August 1990 in Verbindung mit Artikel 1 des Gesetzes vom 23. September 1990 (BGBl. 1990 II S. 885, 1038), in seiner jeweils geltenden Fassung, soweit Gegenstand des Verfahrens eine handwerkliche Tätigkeit ist.

31. Bundesgesetz über individuelle Förderung der Ausbildung (Bundesausbildungsförderungsgesetz – BAföG)

In der Fassung der Bekanntmachung vom 7. Dezember 2010[1)] [2)]
(BGBl. I S. 1952, ber. BGBl. 2012 I S. 197)

FNA 2212-2

zuletzt geänd. durch Art. 15 G zur Änd. des InfektionsschutzG und weiterer Gesetze anlässlich der Aufhebung der Feststellung der epidemischen Lage von nationaler Tragweite v. 22.11.2021 (BGBl. I S. 4906)

Nichtamtliche Inhaltsübersicht

§ 1 Grundsatz. Auf individuelle Ausbildungsförderung besteht für eine der Neigung, Eignung und Leistung entsprechende Ausbildung ein Rechtsanspruch nach Maßgabe dieses Gesetzes, wenn dem Auszubildenden die für seinen Lebensunterhalt und seine Ausbildung erforderlichen Mittel anderweitig nicht zur Verfügung stehen.

Abschnitt I. Förderungsfähige Ausbildung

§ 2 Ausbildungsstätten. (1) [1] Ausbildungsförderung wird geleistet für den Besuch von

1. weiterführenden allgemeinbildenden Schulen und Berufsfachschulen, einschließlich der Klassen aller Formen der beruflichen Grundbildung, ab Klasse 10 sowie von Fach- und Fachoberschulklassen, deren Besuch eine abgeschlossene Berufsausbildung nicht voraussetzt, wenn der Auszubildende die Voraussetzungen des Absatzes 1a erfüllt,
2. Berufsfachschulklassen und Fachschulklassen, deren Besuch eine abgeschlossene Berufsausbildung nicht voraussetzt, sofern sie in einem zumindest zweijährigen Bildungsgang einen berufsqualifizierenden Abschluss vermitteln,
3. Fach- und Fachoberschulklassen, deren Besuch eine abgeschlossene Berufsausbildung voraussetzt,

---

1) Neubekanntmachung des BAföG idF der Bek. v. 6.6.1983 (BGBl. I S. 645, ber. S. 1680) in der ab 28.10.2010 geltenden Fassung.

2) Änderungen, die nach dem 31.12.2023 in Kraft treten, sind hier nicht wiedergegeben.

4. Abendhauptschulen, Berufsaufbauschulen, Abendrealschulen, Abendgymnasien und Kollegs,
5. Höheren Fachschulen sowie von Akademien, die Abschlüsse verleihen, die nicht nach Landesrecht Hochschulabschlüssen gleichgestellt sind,
6. Hochschulen sowie von Akademien, die Abschlüsse verleihen, die nach Landesrecht Hochschulabschlüssen gleichgestellt sind.

[2] Maßgebend für die Zuordnung sind Art und Inhalt der Ausbildung. [3] Ausbildungsförderung wird geleistet, wenn die Ausbildung an einer öffentlichen Einrichtung – mit Ausnahme nichtstaatlicher Hochschulen – oder einer genehmigten Ersatzschule durchgeführt wird.

(1a) [1] Für den Besuch der in Absatz 1 Nummer 1 bezeichneten Ausbildungsstätten wird Ausbildungsförderung nur geleistet, wenn der Auszubildende nicht bei seinen Eltern wohnt und

1. von der Wohnung der Eltern aus eine entsprechende zumutbare Ausbildungsstätte nicht erreichbar ist,
2. einen eigenen Haushalt führt und verheiratet oder in einer Lebenspartnerschaft verbunden ist oder war,
3. einen eigenen Haushalt führt und mit mindestens einem Kind zusammenlebt.

[2] Die Bundesregierung kann durch Rechtsverordnung ohne Zustimmung des Bundesrates bestimmen, dass über Satz 1 hinaus Ausbildungsförderung für den Besuch der in Absatz 1 Nummer 1 bezeichneten Ausbildungsstätten auch in Fällen geleistet wird, in denen die Verweisung des Auszubildenden auf die Wohnung der Eltern aus schwerwiegenden sozialen Gründen unzumutbar ist.

(2) [1] Für den Besuch von Ergänzungsschulen und nichtstaatlichen Hochschulen sowie von nichtstaatlichen Akademien im Sinne des Absatzes 1 Satz 1 Nummer 6 wird Ausbildungsförderung nur geleistet, wenn die zuständige Landesbehörde anerkennt, dass der Besuch der Ausbildungsstätte dem Besuch einer in Absatz 1 bezeichneten Ausbildungsstätte gleichwertig ist. [2] Die Prüfung der Gleichwertigkeit nach Satz 1 erfolgt von Amts wegen im Rahmen des Bewilligungsverfahrens oder auf Antrag der Ausbildungsstätte.

(3) Das Bundesministerium für Bildung und Forschung kann durch Rechtsverordnung ohne Zustimmung des Bundesrates bestimmen, dass Ausbildungsförderung geleistet wird für den Besuch von

1. Ausbildungsstätten, die nicht in den Absätzen 1 und 2 bezeichnet sind,
2. Ausbildungsstätten, an denen Schulversuche durchgeführt werden,

wenn er dem Besuch der in den Absätzen 1 und 2 bezeichneten Ausbildungsstätten gleichwertig ist.

(4) [1] Ausbildungsförderung wird auch für die Teilnahme an einem Praktikum geleistet, das in Zusammenhang mit dem Besuch einer der in den Absätzen 1 und 2 bezeichneten oder nach Absatz 3 bestimmten Ausbildungsstätten gefordert wird und dessen Inhalt in Ausbildungsbestimmungen geregelt ist. [2] Wird das Praktikum in Zusammenhang mit dem Besuch einer in Absatz 1 Nummer 1 bezeichneten Ausbildungsstätte gefordert, wird Ausbildungsförderung nur geleistet, wenn der Auszubildende nicht bei seinen Eltern wohnt.

(5) [1] Ausbildungsförderung wird nur geleistet, wenn der Ausbildungsabschnitt mindestens ein Schul- oder Studienhalbjahr dauert und die Aus-

bildung die Arbeitskraft des Auszubildenden im Allgemeinen voll in Anspruch nimmt. [2] Ausbildungsabschnitt im Sinne dieses Gesetzes ist die Zeit, die an Ausbildungsstätten einer Ausbildungsstättenart einschließlich der im Zusammenhang hiermit geforderten Praktika bis zu einem Abschluss oder Abbruch verbracht wird. [3] Ein Masterstudiengang nach § 7 Absatz 1a gilt im Verhältnis zu dem Studiengang, auf den er aufbaut, in jedem Fall als eigener Ausbildungsabschnitt.

(6) Ausbildungsförderung wird nicht geleistet, wenn der Auszubildende

1. Unterhaltsgeld, Arbeitslosengeld bei beruflicher Weiterbildung nach dem Dritten Buch Sozialgesetzbuch[1)] oder Arbeitslosengeld II bei beruflicher Weiterbildung nach dem Zweiten Buch Sozialgesetzbuch[2)] erhält,
2. Leistungen von den Begabtenförderungswerken erhält,
3. als Beschäftigter im öffentlichen Dienst Anwärterbezüge oder ähnliche Leistungen aus öffentlichen Mitteln erhält oder
4. als Gefangener Anspruch aus Ausbildungsbeihilfe nach den §§ 44, 176 Abs. 4 des Strafvollzugsgesetzes hat.

§ 3 Fernunterricht. (1) Ausbildungsförderung wird für die Teilnahme an Fernunterrichtslehrgängen geleistet, soweit sie unter denselben Zugangsvoraussetzungen auf denselben Abschluss vorbereiten wie die in § 2 Absatz 1 bezeichneten oder nach § 2 Absatz 3 bestimmten Ausbildungsstätten.

(2) Ausbildungsförderung wird nur für die Teilnahme an Lehrgängen geleistet, die nach § 12 des Fernunterrichtsschutzgesetzes zugelassen sind oder, ohne unter die Bestimmungen des Fernunterrichtsschutzgesetzes zu fallen, von einem öffentlich-rechtlichen Träger veranstaltet werden.

(3) [1] Ausbildungsförderung wird nur geleistet, wenn

1. der Auszubildende in den sechs Monaten vor Beginn des Bewilligungszeitraumes erfolgreich an dem Lehrgang teilgenommen hat und er die Vorbereitung auf den Ausbildungsabschluss in längstens zwölf Monaten beenden kann,
2. die Teilnahme an dem Lehrgang die Arbeitskraft des Auszubildenden voll in Anspruch nimmt und diese Zeit zumindest drei aufeinanderfolgende Kalendermonate dauert.

[2] Das ist durch eine Bescheinigung des Fernlehrinstituts nachzuweisen.

(4) [1] Die zuständige Landesbehörde entscheidet, den Auszubildenden welcher Ausbildungsstättenart die Teilnehmer an dem jeweiligen Fernunterrichtslehrgang gleichzustellen sind. [2] Auszubildende, die an Lehrgängen teilnehmen, die

1. auf den Hauptschulabschluss vorbereiten, werden nach Vollendung des 17. Lebensjahres den Schülern von Abendhauptschulen,
2. auf den Realschulabschluss vorbereiten, werden nach Vollendung des 18. Lebensjahres den Schülern von Abendrealschulen,
3. auf die Fachhochschulreife vorbereiten, werden nach Vollendung des 19. Lebensjahres den Schülern von Fachoberschulklassen, deren Besuch eine abgeschlossene Berufsausbildung voraussetzt,

---

1) Auszugsweise abgedruckt unter Nr. **29**.
2) Auszugsweise abgedruckt unter Nr. **13**.

4. auf die allgemeine oder eine fachgebundene Hochschulreife vorbereiten, werden nach Vollendung des 21. Lebensjahres den Schülern von Abendgymnasien

gleichgestellt.

(5) § 2 Absatz 4 und 6 ist entsprechend anzuwenden.

§ 4 Ausbildung im Inland. Ausbildungsförderung wird vorbehaltlich der §§ 5 und 6 für die Ausbildung im Inland geleistet.

§ 5 Ausbildung im Ausland. (1) Der ständige Wohnsitz im Sinne dieses Gesetzes ist an dem Ort begründet, der nicht nur vorübergehend Mittelpunkt der Lebensbeziehungen ist, ohne dass es auf den Willen zur ständigen Niederlassung ankommt; wer sich lediglich zum Zwecke der Ausbildung an einem Ort aufhält, hat dort nicht seinen ständigen Wohnsitz begründet.

(2) [1] Auszubildenden, die ihren ständigen Wohnsitz im Inland haben, wird Ausbildungsförderung geleistet für den Besuch einer im Ausland gelegenen Ausbildungsstätte, wenn

1. er der Ausbildung nach dem Ausbildungsstand förderlich ist und außer bei Schulen mit gymnasialer Oberstufe und bei Fachoberschulen zumindest ein Teil dieser Ausbildung auf die vorgeschriebene oder übliche Ausbildungszeit angerechnet werden kann oder
2. im Rahmen der grenzüberschreitenden Zusammenarbeit einer deutschen und mindestens einer ausländischen Ausbildungsstätte die aufeinander aufbauenden Lehrveranstaltungen einer einheitlichen Ausbildung abwechselnd von den beteiligten deutschen und ausländischen Ausbildungsstätten angeboten werden oder
3. eine Ausbildung an einer Ausbildungsstätte in einem Mitgliedstaat der Europäischen Union oder in der Schweiz aufgenommen oder fortgesetzt wird.

[2] Die Ausbildung muss mindestens sechs Monate oder ein Semester dauern; findet sie im Rahmen einer mit der besuchten Ausbildungsstätte vereinbarten Kooperation statt, muss sie mindestens zwölf Wochen dauern. [3] Satz 1 ist auf die in § 8 Absatz 1 Nummer 1 bis 5 bezeichneten Auszubildenden auch dann anzuwenden, wenn sie ihren ständigen Wohnsitz nicht im Inland haben, aber nach den besonderen Umständen des Einzelfalls ihre hinreichende Verbundenheit zum Inland anderweitig nachweisen. [4] Satz 1 Nummer 3 gilt für die in § 8 Absatz 1 Nummer 6 und 7, Absatz 2 und 3 bezeichneten Auszubildenden nur, wenn sie die Zugangsvoraussetzungen für die geförderte Ausbildung im Inland erworben haben oder eine Aufenthaltserlaubnis nach § 25 Absatz 1 und 2 des Aufenthaltsgesetzes besitzen.

(3) (weggefallen)

(4) [1] Absatz 2 Nummer 1 und 2 gilt nur für den Besuch von Ausbildungsstätten, der dem Besuch von folgenden im Inland gelegenen Ausbildungsstätten nach § 2 gleichwertig ist:

1. Schulen mit gymnasialer Oberstufe ab Klasse 11,
2. Schulen mit gymnasialer Oberstufe ab Klasse 10, soweit die Hochschulzugangsberechtigung nach 12 Schuljahren erworben werden kann,
3. Berufsfachschulen,
4. Fach- und Fachoberschulklassen,

5. Höheren Fachschulen, Akademien oder Hochschulen;

Absatz 2 Nummer 3 gilt nur für den Besuch von Ausbildungsstätten, der dem Besuch der Ausbildungsstätten in den Nummern 3 bis 5 gleichwertig ist, wobei die Fachoberschulklassen ausgenommen sind. [2]Die Prüfung der Gleichwertigkeit erfolgt von Amts wegen im Rahmen des Bewilligungsverfahrens.

(5) [1]Wird im Zusammenhang mit dem Besuch einer im Inland gelegenen Berufsfachschule, einer Fachschulklasse, einer Höheren Fachschule, Akademie oder Hochschule oder mit dem nach Absatz 2 Satz 1 Nummer 3 geförderten Besuch einer in einem Mitgliedstaat der Europäischen Union gelegenen vergleichbaren Ausbildungsstätte ein Praktikum gefordert, so wird für die Teilnahme an einem Praktikum im Ausland Ausbildungsförderung nur geleistet, wenn die Ausbildungsstätte oder die zuständige Prüfungsstelle anerkennt, dass diese fachpraktische Ausbildung den Anforderungen der Prüfungsordnung an die Praktikantenstelle genügt. [2]Das Praktikum im Ausland muss der Ausbildung nach dem Ausbildungsstand förderlich sein und mindestens zwölf Wochen dauern.

§ 5a Unberücksichtigte Ausbildungszeiten. [1]Bei der Leistung von Ausbildungsförderung für eine Ausbildung im Inland bleibt die Zeit einer Ausbildung, die der Auszubildende im Ausland durchgeführt hat, längstens jedoch bis zu einem Jahr, unberücksichtigt. [2]Wenn während einer Ausbildung, die im Inland begonnen wurde und nach § 5 Absatz 2 Nummer 1 im Ausland fortgesetzt wird, die Förderungshöchstdauer erreicht würde, verlängert sich diese um die im Ausland verbrachte Ausbildungszeit, höchstens jedoch um ein Jahr. [3]Insgesamt bleibt nach den Sätzen 1 und 2 höchstens ein Jahr unberücksichtigt; dies gilt auch bei mehrfachem Wechsel zwischen In- und Ausland. [4]Die Sätze 1 und 2 gelten nicht, wenn der Auslandsaufenthalt in Ausbildungsbestimmungen als ein notwendig im Ausland durchzuführender Teil der Ausbildung vorgeschrieben ist.

§ 6 Förderung der Deutschen im Ausland. [1]Deutschen im Sinne des Grundgesetzes, die ihren ständigen Wohnsitz in einem ausländischen Staat haben und dort oder von dort aus in einem Nachbarstaat eine Ausbildungsstätte besuchen, ohne dass ein Anspruch nach § 5 besteht, kann Ausbildungsförderung geleistet werden, wenn die besonderen Umstände des Einzelfalles dies rechtfertigen. [2]Art und Dauer der Leistungen sowie die Anrechnung des Einkommens und Vermögens richten sich nach den besonderen Verhältnissen im Aufenthaltsland. [3]§ 9 Absatz 1 und 2 sowie § 48 sind entsprechend, die §§ 36 bis 38 sind nicht anzuwenden.

§ 7 Erstausbildung, weitere Ausbildung. (1) [1]Ausbildungsförderung wird für die weiterführende allgemeinbildende und zumindest für drei Schul- oder Studienjahre berufsbildender Ausbildung im Sinne der §§ 2 und 3 bis zu einem daran anschließenden berufsqualifizierenden Abschluss geleistet, längstens bis zum Erwerb eines Hochschulabschlusses oder eines damit gleichgestellten Abschlusses. [2]Berufsqualifizierend ist ein Ausbildungsabschluss auch dann, wenn er im Ausland erworben wurde und dort zur Berufsausübung befähigt. [3]Satz 2 ist nicht anzuwenden, wenn der Auszubildende eine im Inland begonnene Ausbildung fortsetzt, nachdem er im Zusammenhang mit einer nach § 5 Absatz 2 Nummer 1 und 2 dem Grunde nach förderungsfähigen Ausbildung einen berufsqualifizierenden Abschluss erworben hat.

(1a) [1] Für einen Master- oder Magisterstudiengang oder für einen postgradualen Diplomstudiengang sowie jeweils für vergleichbare Studiengänge in Mitgliedstaaten der Europäischen Union und der Schweiz wird Ausbildungsförderung geleistet, wenn

1. er auf einem Bachelor- oder Bakkalaureusabschluss aufbaut oder im Rahmen einer Ausbildung nach § 5 Absatz 2 Nummer 1 oder Nummer 3 erfolgt und auf einem noch nicht abgeschlossenen einstufigen Inlandsstudium aufbaut, das von der aufnehmenden Hochschule oder der aufnehmenden Akademie im Sinne des § 2 Absatz 1 Satz 1 Nummer 6 als einem Bachelorabschluss entsprechend anerkannt wird, und
2. der Auszubildende bislang ausschließlich einen Bachelor- oder Bakkalaureusstudiengang abgeschlossen oder im Sinne der Nummer 1 eine Anerkennung des bisherigen Studiums als einem solchen Abschluss entsprechend erreicht hat.

[2] Für nach Satz 1 förderungsfähige Ausbildungen findet Absatz 3 Satz 1 Nummer 1 keine Anwendung. [3] Auszubildenden, die von der Ausbildungsstätte auf Grund vorläufiger Zulassung für einen nach Satz 1 förderungsfähigen Studiengang eingeschrieben worden sind, wird Ausbildungsförderung unter dem Vorbehalt der Rückforderung bis zu einer endgültigen Entscheidung über die Zulassung geleistet, längstens jedoch für zwölf Monate.

(1b) [1] Für einen Studiengang, der ganz oder teilweise mit einer staatlichen Prüfung abschließt (Staatsexamensstudiengang), wird Ausbildungsförderung auch geleistet, nachdem Auszubildende einen Bachelor- oder Bakkalaureusstudiengang abgeschlossen haben. [2] Voraussetzung der Leistung ist, dass der Studiengang durch Studien- oder Prüfungsordnung in der Weise vollständig in den Staatsexamensstudiengang integriert ist, dass innerhalb der Regelstudienzeit des Bachelor- oder Bakkalaureusstudiengangs auch sämtliche Ausbildungs- und Prüfungsleistungen zu erbringen sind, die für den Staatsexamensstudiengang in der Studien- oder Prüfungsordnung für denselben Zeitraum vorgesehen sind.

(2) [1] Für eine einzige weitere Ausbildung wird Ausbildungsförderung längstens bis zu einem berufsqualifizierenden Abschluss geleistet,

1. (weggefallen)
2. wenn sie eine Hochschulausbildung oder eine dieser nach Landesrecht gleichgestellte Ausbildung insoweit ergänzt, als dies für die Aufnahme des angestrebten Berufs rechtlich erforderlich ist,
3. wenn im Zusammenhang mit der vorhergehenden Ausbildung der Zugang zu ihr eröffnet worden ist, sie in sich selbständig ist und in derselben Richtung fachlich weiterführt,
4. wenn der Auszubildende
   a) eine Fachoberschulklasse, deren Besuch eine abgeschlossene Berufsausbildung voraussetzt, eine Abendhauptschule, eine Berufsaufbauschule, eine Abendrealschule, ein Abendgymnasium oder ein Kolleg besucht oder
   b) die Zugangsvoraussetzungen für die zu fördernde weitere Ausbildung an einer in Buchstabe a genannten Ausbildungsstätte, durch eine Nichtschülerprüfung oder durch eine Zugangsprüfung zu einer Hochschule oder zu einer Akademie im Sinne des § 2 Absatz 1 Satz 1 Nummer 6 erworben hat oder

5. wenn der Auszubildende als erste berufsbildende eine zumindest dreijährige Ausbildung an einer Berufsfachschule oder in einer Fachschulklasse, deren Besuch eine abgeschlossene Berufsausbildung nicht voraussetzt, abgeschlossen hat.

[2] Im übrigen wird Ausbildungsförderung für eine einzige weitere Ausbildung nur geleistet, wenn die besonderen Umstände des Einzelfalles, insbesondere das angestrebte Ausbildungsziel, dies erfordern.

(3) [1] Hat der Auszubildende

1. aus wichtigem Grund oder
2. aus unabweisbarem Grund

die Ausbildung abgebrochen oder die Fachrichtung gewechselt, so wird Ausbildungsförderung für eine andere Ausbildung geleistet; bei Auszubildenden an Höheren Fachschulen, Akademien und Hochschulen gilt Nummer 1 nur bis zum Beginn des vierten Fachsemesters. [2] Ein Auszubildender bricht die Ausbildung ab, wenn er den Besuch von Ausbildungsstätten einer Ausbildungsstättenart einschließlich der im Zusammenhang hiermit geforderten Praktika endgültig aufgibt. [3] Ein Auszubildender wechselt die Fachrichtung, wenn er einen anderen berufsqualifizierenden Abschluss oder ein anderes bestimmtes Ausbildungsziel eines rechtlich geregelten Ausbildungsganges an einer Ausbildungsstätte derselben Ausbildungsstättenart anstrebt. [4] Beim erstmaligen Fachrichtungswechsel oder Abbruch der Ausbildung wird in der Regel vermutet, dass die Voraussetzungen nach Nummer 1 erfüllt sind; bei Auszubildenden an Höheren Fachschulen, Akademien und Hochschulen gilt dies nur, wenn der Wechsel oder Abbruch bis zum Beginn des dritten Fachsemesters erfolgt. [5] Bei der Bestimmung des nach den Sätzen 1 und 4 maßgeblichen Fachsemesters wird die Zahl der Semester abgezogen, die nach Entscheidung der Ausbildungsstätte aus der ursprünglich betriebenen Fachrichtung auf den neuen Studiengang angerechnet werden.

Abschnitt II. Persönliche Voraussetzungen

§ 8 Staatsangehörigkeit. (1) Ausbildungsförderung wird geleistet

1. Deutschen im Sinne des Grundgesetzes[1)],
2. Unionsbürgern, die ein Recht auf Daueraufenthalt im Sinne des Freizügigkeitsgesetzes/EU besitzen sowie anderen Ausländern, die eine Niederlassungserlaubnis oder eine Erlaubnis zum Daueraufenthalt – EU nach dem Aufenthaltsgesetz besitzen,
3. Unionsbürgern, die nach § 2 Absatz 2 des Freizügigkeitsgesetzes/EU als Arbeitnehmer oder Selbständige unionsrechtlich freizügigkeitsberechtigt sind, sowie deren Ehegatten, Lebenspartnern und Kindern, die unter den Voraussetzungen des § 3 Absatz 1 und 3 des Freizügigkeitsgesetzes/EU unionsrechtlich freizügigkeitsberechtigt sind oder denen diese Rechte als Kinder nur deshalb nicht zustehen, weil sie 21 Jahre oder älter sind und von ihren Eltern oder deren Ehegatten oder Lebenspartnern keinen Unterhalt erhalten,

---

[1)] Auszugsweise abgedruckt unter Nr. **1**.

4. Unionsbürgern, die vor dem Beginn der Ausbildung im Inland in einem Beschäftigungsverhältnis gestanden haben, dessen Gegenstand mit dem der Ausbildung in inhaltlichem Zusammenhang steht,
5. Staatsangehörigen eines anderen Vertragsstaates des Abkommens über den Europäischen Wirtschaftsraum unter den Voraussetzungen der Nummern 2 bis 4,
6. Ausländern, die ihren gewöhnlichen Aufenthalt im Inland haben und die außerhalb des Bundesgebiets als Flüchtlinge im Sinne des Abkommens über die Rechtsstellung der Flüchtlinge vom 28. Juli 1951 (BGBl. 1953 II S. 559) anerkannt und im Gebiet der Bundesrepublik Deutschland nicht nur vorübergehend zum Aufenthalt berechtigt sind,
7. heimatlosen Ausländern im Sinne des Gesetzes über die Rechtsstellung heimatloser Ausländer im Bundesgebiet in der im Bundesgesetzblatt Teil III, Gliederungsnummer 243-1, veröffentlichten bereinigten Fassung, zuletzt geändert durch Artikel 7 des Gesetzes vom 30. Juli 2004 (BGBl. I S. 1950).

(2) Anderen Ausländern wird Ausbildungsförderung geleistet, wenn sie ihren ständigen Wohnsitz im Inland haben und

1. eine Aufenthaltserlaubnis nach den §§ 22, 23 Absatz 1, 2 oder 4, den §§ 23a, 25 Absatz 1 oder 2, den §§ 25a, 25b, 28, 37, 38 Absatz 1 Nummer 2, § 104a oder als Ehegatte oder Lebenspartner oder Kind eines Ausländers mit Niederlassungserlaubnis eine Aufenthaltserlaubnis nach § 30 oder den §§ 32 bis 34 des Aufenthaltsgesetzes besitzen,
2. eine Aufenthaltserlaubnis nach § 25 Absatz 3, Absatz 4 Satz 2 oder Absatz 5, § 31 des Aufenthaltsgesetzes oder als Ehegatte oder Lebenspartner oder Kind eines Ausländers mit Aufenthaltserlaubnis eine Aufenthaltserlaubnis nach § 30, den §§ 32 bis 34 oder nach § 36a des Aufenthaltsgesetzes besitzen und sich seit mindestens 15 Monaten in Deutschland ununterbrochen rechtmäßig, gestattet oder geduldet aufhalten.

(2a) Geduldeten Ausländern (§ 60a des Aufenthaltsgesetzes), die ihren ständigen Wohnsitz im Inland haben, wird Ausbildungsförderung geleistet, wenn sie sich seit mindestens 15 Monaten ununterbrochen rechtmäßig, gestattet oder geduldet im Bundesgebiet aufhalten.

(3) Im Übrigen wird Ausländern Ausbildungsförderung geleistet, wenn

1. sie selbst sich vor Beginn des förderungsfähigen Teils des Ausbildungsabschnitts insgesamt fünf Jahre im Inland aufgehalten haben und rechtmäßig erwerbstätig gewesen sind oder
2. zumindest ein Elternteil während der letzten sechs Jahre vor Beginn des förderungsfähigen Teils des Ausbildungsabschnitts sich insgesamt drei Jahre im Inland aufgehalten hat und rechtmäßig erwerbstätig gewesen ist, im Übrigen von dem Zeitpunkt an, in dem im weiteren Verlauf des Ausbildungsabschnitts diese Voraussetzungen vorgelegen haben. Die Voraussetzungen gelten auch für einen einzigen weiteren Ausbildungsabschnitt als erfüllt, wenn der Auszubildende in dem vorhergehenden Ausbildungsabschnitt die Zugangsvoraussetzungen erworben hat und danach unverzüglich den Ausbildungsabschnitt beginnt. Von dem Erfordernis der Erwerbstätigkeit des Elternteils während der letzten sechs Jahre kann abgesehen werden, wenn sie aus einem von ihm nicht zu vertretenden Grunde nicht

ausgeübt worden ist und er im Inland mindestens sechs Monate erwerbstätig gewesen ist.

(4) Auszubildende, die nach Absatz 1 oder 2 als Ehegatten oder Lebenspartner persönlich förderungsberechtigt sind, verlieren den Anspruch auf Ausbildungsförderung nicht dadurch, dass sie dauernd getrennt leben oder die Ehe oder Lebenspartnerschaft aufgelöst worden ist, wenn sie sich weiterhin rechtmäßig in Deutschland aufhalten.

(5) Rechts- und Verwaltungsvorschriften, nach denen anderen Ausländern Ausbildungsförderung zu leisten ist, bleiben unberührt.

§ 9 Eignung. (1) Die Ausbildung wird gefördert, wenn die Leistungen des Auszubildenden erwarten lassen, dass er das angestrebte Ausbildungsziel erreicht.

(2) [1] Dies wird in der Regel angenommen, solange der Auszubildende die Ausbildungsstätte besucht oder an dem Praktikum teilnimmt und bei dem Besuch einer Höheren Fachschule, Akademie oder Hochschule die den jeweiligen Ausbildungs- und Prüfungsordnungen entsprechenden Studienfortschritte erkennen lässt. [2] Hierüber sind die nach § 48 erforderlichen Nachweise zu erbringen.

(3) Bei der Teilnahme an Fernunterrichtslehrgängen wird dies angenommen, wenn der Auszubildende die Bescheinigung nach § 3 Absatz 3 beigebracht hat.

§ 10 Alter. (1) (weggefallen)

(2) (weggefallen)

(3) [1] Ausbildungsförderung wird nicht geleistet, wenn der Auszubildende bei Beginn des Ausbildungsabschnitts, für den er Ausbildungsförderung beantragt, das 30. Lebensjahr, bei Studiengängen nach § 7 Absatz 1a das 35. Lebensjahr vollendet hat. [2] Satz 1 gilt nicht, wenn

1. der Auszubildende die Zugangsvoraussetzungen für die zu fördernde Ausbildung an einer in § 7 Absatz 2 Satz 1 Nummer 4 Buchstabe a genannten Ausbildungsstätte, durch eine Nichtschülerprüfung oder durch eine Zugangsprüfung zu einer Hochschule oder zu einer Akademie im Sinne des § 2 Absatz 1 Satz 1 Nummer 6 erworben hat,

1a. der Auszubildende ohne Hochschulzugangsberechtigung auf Grund seiner beruflichen Qualifikation an einer Hochschule oder an einer Akademie im Sinne des § 2 Absatz 1 Satz 1 Nummer 6 eingeschrieben worden ist,

1b. der Auszubildende eine weitere Ausbildung nach § 7 Absatz 2 Nummer 2 oder 3 aufnimmt,

2. (weggefallen)

3. Auszubildende aus persönlichen oder familiären Gründen gehindert waren, den Ausbildungsabschnitt rechtzeitig zu beginnen; dies ist insbesondere der Fall, wenn sie bei Erreichen der Altersgrenzen bis zur Aufnahme der Ausbildung ein eigenes Kind unter 14 Jahren ohne Unterbrechung erziehen und während dieser Zeit bis zu höchstens 30 Wochenstunden im Monatsdurchschnitt erwerbstätig sind; Alleinerziehende dürfen auch mehr als 30 Wochenstunden erwerbstätig sein, um dadurch Unterstützung durch Leistungen der Grundsicherung zu vermeiden, oder

4. der Auszubildende infolge einer einschneidenden Veränderung seiner persönlichen Verhältnisse bedürftig geworden ist und noch keine Ausbildung,

die nach diesem Gesetz gefördert werden kann, berufsqualifizierend abgeschlossen hat.

[3]Satz 2 Nummer 1, 1b, 3 und 4 gilt nur, wenn der Auszubildende die Ausbildung unverzüglich nach Erreichen der Zugangsvoraussetzungen, dem Wegfall der Hinderungsgründe oder dem Eintritt einer Bedürftigkeit infolge einschneidender Veränderungen seiner persönlichen Verhältnisse aufnimmt.

Abschnitt III. Leistungen

§ 11 Umfang der Ausbildungsförderung. (1) Ausbildungsförderung wird für den Lebensunterhalt und die Ausbildung geleistet (Bedarf).

(2) [1]Auf den Bedarf sind nach Maßgabe der folgenden Vorschriften Einkommen und Vermögen des Auszubildenden sowie Einkommen seines Ehegatten oder Lebenspartners und seiner Eltern in dieser Reihenfolge anzurechnen; die Anrechnung erfolgt zunächst auf den nach § 17 Absatz 2 Satz 1 als Zuschuss und Darlehen, dann auf den nach § 17 Absatz 3 als als Darlehen und anschließend auf den nach § 17 Absatz 1 als Zuschuss zu leistenden Teil des Bedarfs. [2]Als Ehegatte oder Lebenspartner im Sinne dieses Gesetzes gilt der nicht dauernd Getrenntlebende, sofern dieses Gesetz nichts anderes bestimmt.

(2a) Einkommen der Eltern bleibt außer Betracht, wenn ihr Aufenthaltsort nicht bekannt ist oder sie rechtlich oder tatsächlich gehindert sind, im Inland Unterhalt zu leisten.

(3) [1]Einkommen der Eltern bleibt ferner außer Betracht, wenn der Auszubildende

1. ein Abendgymnasium oder Kolleg besucht,
2. bei Beginn des Ausbildungsabschnitts das 30. Lebensjahr vollendet hat,
3. bei Beginn des Ausbildungsabschnitts nach Vollendung des 18. Lebensjahres fünf Jahre erwerbstätig war oder
4. bei Beginn des Ausbildungsabschnitts nach Abschluss einer vorhergehenden, zumindest dreijährigen berufsqualifizierenden Ausbildung drei Jahre oder im Falle einer kürzeren Ausbildung entsprechend länger erwerbstätig war.

[2]Satz 1 Nummer 3 und 4 gilt nur, wenn der Auszubildende in den Jahren seiner Erwerbstätigkeit in der Lage war, sich aus deren Ertrag selbst zu unterhalten.

(4) [1]Ist Einkommen des Ehegatten oder Lebenspartners, der Eltern oder eines Elternteils außer auf den Bedarf des Antragstellers auch auf den anderer Auszubildender anzurechnen, die in einer Ausbildung stehen, die nach diesem Gesetz oder nach § 56 des Dritten Buches Sozialgesetzbuch[1)] gefördert werden kann, so wird es zu gleichen Teilen angerechnet. [2]Dabei sind auch die Kinder des Einkommensbeziehers zu berücksichtigen, die Ausbildungsförderung ohne Anrechnung des Einkommens der Eltern erhalten können und nicht ein Abendgymnasium oder Kolleg besuchen oder bei Beginn der Ausbildung das 30. Lebensjahr vollendet haben. [3]Nicht zu berücksichtigen sind Auszubildende, die eine Universität der Bundeswehr oder Verwaltungsfachhochschule besuchen, sofern diese als Beschäftigte im öffentlichen Dienst Anwärterbezüge oder ähnliche Leistungen aus öffentlichen Mitteln erhalten.

[1)] Nr. **29**.

§ 12 Bedarf für Schüler. (1) Als monatlicher Bedarf gelten für Schüler

1. von Berufsfachschulen und Fachschulklassen, deren Besuch eine abgeschlossene Berufsausbildung nicht voraussetzt,	247 Euro,
2. von Abendhauptschulen, Berufsaufbauschulen, Abendrealschulen und von Fachoberschulklassen, deren Besuch eine abgeschlossene Berufsausbildung voraussetzt,	448 Euro.

(2) Als monatlicher Bedarf gelten, wenn der Auszubildende nicht bei seinen Eltern wohnt, für Schüler

1. von weiterführenden allgemeinbildenden Schulen und Berufsfachschulen sowie von Fach- und Fachoberschulklassen, deren Besuch eine abgeschlossene Berufsausbildung nicht voraussetzt,	585 Euro,
2. von Abendhauptschulen, Berufsaufbauschulen, Abendrealschulen und von Fachoberschulklassen, deren Besuch eine abgeschlossene Berufsausbildung voraussetzt,	681 Euro.

(3) (weggefallen)

(3a) Ein Auszubildender wohnt auch dann bei seinen Eltern, wenn der von ihm bewohnte Raum im Eigentum der Eltern steht.

(4) [1]Bei einer Ausbildung im Ausland wird für die Hinreise zum Ausbildungsort sowie für eine Rückreise ein Reisekostenzuschlag geleistet. [2]Der Reisekostenzuschlag beträgt jeweils 250 Euro bei einer Reise innerhalb Europas, sonst jeweils 500 Euro. [3]In besonderen Härtefällen können die notwendigen Aufwendungen für eine weitere Hin- und Rückreise geleistet werden.

§ 13 Bedarf für Studierende. (1) Als monatlicher Bedarf gelten für Auszubildende in

1. Fachschulklassen, deren Besuch eine abgeschlossene Berufsausbildung voraussetzt, Abendgymnasien und Kollegs	398 Euro,
2. Höheren Fachschulen, Akademien und Hochschulen	427 Euro.

(2) Die Bedarfe nach Absatz 1 erhöhen sich für die Unterkunft, wenn der Auszubildende

1. bei seinen Eltern wohnt, um monatlich	56 Euro,
2. nicht bei seinen Eltern wohnt, um monatlich	325 Euro.

(3) (weggefallen)

(3a) Ein Auszubildender wohnt auch dann bei seinen Eltern, wenn der von ihm bewohnte Raum im Eigentum der Eltern steht.

(4) Bei einer Ausbildung im Ausland nach § 5 Absatz 2 wird, soweit die Lebens- und Ausbildungsverhältnisse im Ausbildungsland dies erfordern, bei dem Bedarf ein Zu- oder Abschlag vorgenommen, dessen Höhe die Bundesregierung durch Rechtsverordnung[1)] ohne Zustimmung des Bundesrates bestimmt.

[1)] Siehe die VO über die Zuschläge zu dem Bedarf bei einer Ausbildung im Ausland (BAföG-AuslandzuschlagsV) v. 25.6.1986 (BGBl. I S. 935), zuletzt geänd. durch G v. 8.7.2019 (BGBl. I S. 1048).

§ 13a Kranken- und Pflegeversicherungszuschlag. (1) [1] Für Auszubildende, die in der gesetzlichen Krankenversicherung nach § 5 Absatz 1 Nummer 9 oder 10 des Fünften Buches Sozialgesetzbuch versichert sind, erhöht sich der Bedarf um 84 Euro monatlich für ihren Krankenversicherungsbeitrag. [2] Für ihren Versicherungsbeitrag als Pflichtmitglied in der sozialen Pflegeversicherung nach § 20 Absatz 1 Nummer 9 oder 10 des Elften Buches Sozialgesetzbuch erhöht sich der Bedarf um weitere 25 Euro monatlich. [3] Für Auszubildende, die als freiwilliges Mitglied in der gesetzlichen Krankenversicherung beitragspflichtig versichert sind und deren Kranken- und Pflegeversicherungsbeiträge nach § 240 Absatz 4 Satz 2 des Fünften Buches Sozialgesetzbuch und § 57 Absatz 4 des Elften Buches Sozialgesetzbuch berechnet werden, gelten die Sätze 1 und 2 entsprechend.

(2) [1] Für Auszubildende, die – außer in den Fällen des Absatzes 1 Satz 3 – als freiwilliges Mitglied oder nach § 5 Absatz 1 Nummer 13 des Fünften Buches Sozialgesetzbuch in der gesetzlichen Krankenversicherung beitragspflichtig versichert sind, erhöht sich der Bedarf um die nachgewiesenen Krankenversicherungsbeiträge, höchstens aber um 155 Euro. [2] Für ihren Versicherungsbeitrag als Pflichtmitglied in der sozialen Pflegeversicherung nach § 20 Absatz 1 Nummer 12 oder Absatz 3 des Elften Buches Sozialgesetzbuch – außer in den Fällen des Absatzes 1 Satz 3 – erhöht sich der Bedarf um die nachgewiesenen Pflegeversicherungsbeiträge, höchstens aber um weitere 34 Euro monatlich.

(3) [1] Für Auszubildende, die ausschließlich

1. beitragspflichtig bei einem privaten Krankenversicherungsunternehmen versichert sind, das die in § 257 Absatz 2a Satz 1 des Fünften Buches Sozialgesetzbuch genannten Voraussetzungen erfüllt, und
2. aus dieser Versicherung Leistungen beanspruchen können, die der Art nach den Leistungen des Fünften Buches Sozialgesetzbuch mit Ausnahme des Kranken- und Mutterschaftsgeldes entsprechen,

erhöht sich der Bedarf um 84 Euro monatlich. [2] Sind die in Satz 1 Nummer 2 genannten Leistungen auf einen bestimmten Anteil der erstattungsfähigen Kosten begrenzt, erhöht sich der Bedarf stattdessen um die nachgewiesenen Krankenversicherungsbeiträge, höchstens aber um den in Satz 1 genannten Betrag. [3] Für Auszubildende, die nach § 23 des Elften Buches Sozialgesetzbuch beitragspflichtig bei einem privaten Versicherungsunternehmen versichert sind, das die in § 61 Absatz 5 des Elften Buches Sozialgesetzbuch genannten Voraussetzungen erfüllt, erhöht sich der Bedarf um weitere 25 Euro monatlich. [4] Abweichend von den Sätzen 1 bis 3 gilt für Auszubildende, die die Altersgrenze des § 5 Absatz 1 Nummer 9 oder Nummer 10 des Fünften Buches Sozialgesetzbuch überschreiten, Absatz 2 entsprechend.

§ 14 Bedarf für Praktikanten. [1] Als monatlicher Bedarf für Praktikanten gelten die Beträge, die für Schüler und Studenten der Ausbildungsstätten geleistet werden, mit deren Besuch das Praktikum in Zusammenhang steht. [2] § 13 Absatz 4 ist entsprechend anzuwenden.

§ 14a Zusatzleistungen in Härtefällen. [1] Die Bundesregierung kann durch Rechtsverordnung[1)] ohne Zustimmung des Bundesrates bestimmen, dass bei einer Ausbildung im Inland Ausbildungsförderung über die Beträge nach § 12

[1)] Siehe die VO über Zusatzleistungen in Härtefällen nach dem BAföG (HärteV) (Nr. **32**).

Absatz 1 und 2, § 13 Absatz 1 und 2 sowie § 13a hinaus geleistet wird zur Deckung besonderer Aufwendungen des Auszubildenden

1. für seine Ausbildung, wenn sie hiermit in unmittelbarem Zusammenhang stehen und soweit dies zur Erreichung des Ausbildungszieles notwendig ist,
2. für seine Unterkunft, soweit dies zur Vermeidung unbilliger Härten erforderlich ist.

[2] In der Rechtsverordnung können insbesondere Regelungen getroffen werden über

1. die Ausbildungsgänge, für die ein zusätzlicher Bedarf gewährt wird,
2. die Arten der Aufwendungen, die allgemein als bedarfserhöhend berücksichtigt werden,
3. die Arten der Lern- und Arbeitsmittel, deren Anschaffungskosten als zusätzlicher Bedarf anzuerkennen sind,
4. die Verteilung des zusätzlichen Bedarfs auf den Ausbildungsabschnitt,
5. die Höhe oder die Höchstbeträge des zusätzlichen Bedarfs und die Höhe einer Selbstbeteiligung.

§ 14b Zusatzleistung für Auszubildende mit Kind (Kinderbetreuungszuschlag) (1) [1] Für Auszubildende, die mit mindestens einem eigenen Kind, das das 14. Lebensjahr noch nicht vollendet hat, in einem Haushalt leben, erhöht sich der Bedarf um monatlich 150 Euro für jedes dieser Kinder. [2] Der Zuschlag wird für denselben Zeitraum nur einem Elternteil gewährt. [3] Sind beide Elternteile nach diesem Gesetz dem Grunde nach förderungsberechtigt und leben in einem gemeinsamen Haushalt, bestimmen sie untereinander den Berechtigten.

(2) [1] Der Zuschlag nach Absatz 1 bleibt als Einkommen bei Sozialleistungen unberücksichtigt. [2] Für die Ermittlung eines Kostenbeitrags nach § 90 des Achten Buches Sozialgesetzbuch[1)] gilt dies jedoch nur, soweit der Kostenbeitrag für eine Kindertagesbetreuung an Wochentagen während der regulären Betreuungszeiten erhoben wird.

§ 15 Förderungsdauer. (1) Ausbildungsförderung wird vom Beginn des Monats an geleistet, in dem die Ausbildung aufgenommen wird, frühestens jedoch vom Beginn des Antragsmonats an.

(2) [1] Ausbildungsförderung wird für die Dauer der Ausbildung – einschließlich der unterrichts- und vorlesungsfreien Zeit – geleistet, bei Studiengängen an Hochschulen und an Akademien im Sinne des § 2 Absatz 1 Satz 1 Nummer 6 jedoch grundsätzlich nur bis zum Ende der Förderungshöchstdauer nach § 15a. [2] Für die Teilnahme an Einrichtungen des Fernunterrichts wird Ausbildungsförderung höchstens für 12 Kalendermonate geleistet.

(2a) Ausbildungsförderung wird auch geleistet, solange die Auszubildenden infolge von Erkrankung oder Schwangerschaft gehindert sind, die Ausbildung durchzuführen, nicht jedoch über das Ende des dritten Kalendermonats hinaus.

(3) Über die Förderungshöchstdauer hinaus wird für eine angemessene Zeit Ausbildungsförderung geleistet, wenn sie

1. aus schwerwiegenden Gründen,

[1)] Nr. **10**.

2. infolge der in häuslicher Umgebung erfolgenden Pflege eines oder einer pflegebedürftigen nahen Angehörigen im Sinne des § 7 Absatz 3 des Pflegezeitgesetzes, der oder die nach den §§ 14 und 15 des Elften Buches Sozialgesetzbuch – Soziale Pflegeversicherung – mindestens in Pflegegrad 3 eingeordnet ist,
3. infolge einer Mitwirkung in gesetzlich oder satzungsmäßig vorgesehenen Gremien und Organen
   a) der Hochschulen und der Akademien im Sinne des § 2 Absatz 1 Satz 1 Nummer 6,
   b) der Selbstverwaltung der Studierenden an Ausbildungsstätten im Sinne des Buchstabens a,
   c) der Studentenwerke und
   d) der Länder,
4. infolge des erstmaligen Nichtbestehens der Abschlussprüfung,
5. infolge einer Behinderung, einer Schwangerschaft oder der Pflege und Erziehung eines Kindes bis zu 14 Jahren

überschritten worden ist.

(3a) [1] Auszubildenden an Hochschulen und an Akademien im Sinne des § 2 Absatz 1 Satz 1 Nummer 6, die sich in einem in sich selbständigen Studiengang befinden, wird als Hilfe zum Studienabschluss für höchstens zwölf Monate Ausbildungsförderung auch nach dem Ende der Förderungshöchstdauer oder der Förderungsdauer nach Absatz 3 Nummer 1, 3 oder 5 geleistet, wenn die Auszubildenden spätestens innerhalb von vier Semestern nach diesem Zeitpunkt zur Abschlussprüfung zugelassen worden sind und die Prüfungsstelle bescheinigt, dass sie die Ausbildung innerhalb der Dauer der Hilfe zum Studienabschluss abschließen können. [2] Ist eine Abschlussprüfung nicht vorgesehen, gilt Satz 1 unter der Voraussetzung, dass die Auszubildenden eine Bestätigung der Ausbildungsstätte darüber vorlegen, dass sie die Ausbildung innerhalb der Dauer der Hilfe zum Studienabschluss abschließen können.

§ 15a Förderungshöchstdauer. (1) Die Förderungshöchstdauer entspricht der Regelstudienzeit nach § 10 Absatz 2 des Hochschulrahmengesetzes oder einer vergleichbaren Festsetzung.

(2) [1] Auf die Förderungshöchstdauer sind anzurechnen

1. Zeiten, die der Auszubildende vor Förderungsbeginn in der zu fördernden Ausbildung verbracht hat,
2. Zeiten, die durch die zuständige Stelle auf Grund einer vorangegangenen Ausbildung oder berufspraktischen Tätigkeit oder eines vorangegangenen Praktikums für die zu fördernde Ausbildung anerkannt werden,
3. in Fällen der Förderung eines nach dem 31. Dezember 2007 aufgenommenen Masterstudiengangs nach § 5 Absatz 2 Nummer 1 und 3 Zeiten, die der Auszubildende in einem gemäß § 7 Absatz 1a Nummer 1 als einem Bachelorabschluss entsprechend anerkannten einstufigen Studiengang über das achte Fachsemester hinaus verbracht hat.

[2] Zeiten, in denen der Auszubildende eine Teilzeitausbildung durchgeführt hat, sind in Vollzeitausbildungszeiten umzurechnen. [3] Legt der Auszubildende eine Anerkennungsentscheidung im Sinne des Satzes 1 Nummer 2 nicht vor, setzt das Amt für Ausbildungsförderung die anzurechnenden Zeiten unter Berück-

sichtigung der jeweiligen Studien- und Prüfungsordnungen sowie der Umstände des Einzelfalles fest. [4]Weicht eine spätere Anerkennungsentscheidung der zuständigen Stelle von der Festsetzung nach Satz 3 ab, so ist sie zu berücksichtigen, wenn der Auszubildende nachweist, dass er den Antrag auf Anerkennung zu dem für ihn frühestmöglichen Zeitpunkt gestellt hat.

(3) [1]Setzt ein Studiengang Sprachkenntnisse über die Sprachen Deutsch, Englisch, Französisch oder Latein hinaus voraus und werden diese Kenntnisse von dem Auszubildenden während des Besuchs der Hochschule erworben, verlängert sich die Förderungshöchstdauer für jede Sprache um ein Semester. [2]Satz 1 gilt für Auszubildende, die die Hochschulzugangsberechtigung vor dem 1. Oktober 2001 in dem in Artikel 3 des Einigungsvertrages genannten Gebiet erworben haben, mit der Maßgabe, dass auch der Erwerb erforderlicher Lateinkenntnisse während des Besuchs der Hochschule zu einer Verlängerung der Förderungshöchstdauer führt.

§ 15b Aufnahme und Beendigung der Ausbildung. (1) Die Ausbildung gilt im Sinne dieses Gesetzes als mit dem Anfang des Monats aufgenommen, in dem Unterricht oder Vorlesungen tatsächlich begonnen werden.

(2) [1]Liegt zwischen dem Ende eines Ausbildungsabschnitts und dem Beginn eines anderen nur ein Monat, so gilt die Ausbildung abweichend von Absatz 1 als bereits zu Beginn dieses Monats aufgenommen. [2]Der Kalendermonat ist in den ersten Bewilligungszeitraum des späteren Ausbildungsabschnitts einzubeziehen.

(2a) [1]Besucht ein Auszubildender zwischen dem Ende einer Ausbildung im Ausland und dem frühestmöglichen Beginn der anschließenden Ausbildung im Inland für längstens vier Monate keine Ausbildungsstätte, so wird ihm längstens für die Dauer der beiden Monate vor Beginn der anschließenden Ausbildung Ausbildungsförderung geleistet. [2]Die beiden Kalendermonate sind in den folgenden Bewilligungszeitraum einzubeziehen.

(3) [1]Die Ausbildung endet mit dem Ablauf des Monats, in dem die Abschlussprüfung des Ausbildungsabschnitts bestanden wurde, oder, wenn eine solche nicht vorgesehen ist, mit dem Ablauf des Monats, in dem der Ausbildungsabschnitt tatsächlich planmäßig geendet hat. [2]Abweichend von Satz 1 ist, sofern ein Prüfungs- oder Abgangszeugnis erteilt wird, das Datum dieses Zeugnisses maßgebend. [3]Eine Hochschulausbildung ist abweichend von den Sätzen 1 und 2 mit Ablauf des Monats beendet, in dem das Gesamtergebnis des erfolgreich abgeschlossenen Ausbildungsabschnitts bekannt gegeben wird, spätestens jedoch mit Ablauf des zweiten Monats nach dem Monat, in dem der letzte Prüfungsteil abgelegt wurde.

(4) Die Ausbildung ist ferner beendet, wenn der Auszubildende die Ausbildung abbricht (§ 7 Absatz 3 Satz 2) und sie nicht an einer Ausbildungsstätte einer anderen Ausbildungsstättenart weiterführt.

§ 16 Förderungsdauer im Ausland. (1) [1]Für eine Ausbildung im Ausland nach § 5 Absatz 2 Nummer 1 oder Absatz 5 wird Ausbildungsförderung längstens für die Dauer eines Jahres geleistet. [2]Innerhalb eines Ausbildungsabschnitts gilt Satz 1 nur für einen einzigen zusammenhängenden Zeitraum, soweit nicht der Besuch von Ausbildungsstätten in mehreren Ländern für die Ausbildung von besonderer Bedeutung ist.

(2) Darüber hinaus kann während drei weiterer Semester Ausbildungsförderung geleistet werden für den Besuch einer Ausbildungsstätte, die den im Inland gelegenen Hochschulen gleichwertig ist, wenn er für die Ausbildung von besonderer Bedeutung ist.

(3) In den Fällen des § 5 Absatz 2 Nummer 2 und 3 wird Ausbildungsförderung ohne die zeitliche Begrenzung der Absätze 1 und 2 geleistet.

§ 17 Förderungsarten. (1) Ausbildungsförderung wird vorbehaltlich der Absätze 2 und 3 als Zuschuss geleistet.

(2) [1] Bei dem Besuch von Höheren Fachschulen, Akademien und Hochschulen sowie bei der Teilnahme an einem Praktikum, das im Zusammenhang mit dem Besuch dieser Ausbildungsstätten steht, wird der monatliche Förderungsbetrag vorbehaltlich des Absatzes 3 zur Hälfte als Darlehen geleistet. [2] Satz 1 gilt nicht

1. für den Zuschlag zum Bedarf nach § 13 Absatz 4 für nachweisbar notwendige Studiengebühren,
2. für die Ausbildungsförderung, die nach § 15 Absatz 3 Nummer 5 über die Förderungshöchstdauer hinaus geleistet wird,
3. für den Kinderbetreuungszuschlag nach § 14b.

(3) [1] Bei dem Besuch von Höheren Fachschulen, Akademien und Hochschulen sowie bei der Teilnahme an einem Praktikum, das im Zusammenhang mit dem Besuch dieser Ausbildungsstätten steht, erhält der Auszubildende Ausbildungsförderung ausschließlich als Darlehen

1. *(aufgehoben)*
2. für eine andere Ausbildung nach § 7 Absatz 3, soweit die Semesterzahl der hierfür maßgeblichen Förderungshöchstdauer, die um die Fachsemester der vorangegangenen, nicht abgeschlossenen Ausbildung zu kürzen ist, überschritten wird,
3. nach Überschreiten der Förderungshöchstdauer in den Fällen des § 15 Absatz 3a.

[2] Nummer 2 gilt nicht, wenn der Auszubildende erstmalig aus wichtigem Grund oder aus unabweisbarem Grund die Ausbildung abgebrochen oder die Fachrichtung gewechselt hat. [3] Satz 1 gilt nicht für den Kinderbetreuungszuschlag nach § 14b und die Ausbildungsförderung, die nach § 15 Absatz 3 Nummer 5 über die Förderungshöchstdauer hinaus geleistet wird.

§ 18 Darlehensbedingungen. (1) Für

1. nach § 17 Absatz 2 Satz 1 geleistete Darlehen gelten die Absätze 2 bis 14 und die §§ 18a und 18b,
2. nach § 17 Absatz 3 Satz 1 geleistete Darlehen gelten die Absätze 2 bis 12, 14 und § 18a.

(2) [1] Die Darlehen sind nicht zu verzinsen. [2] Wenn Darlehensnehmende einen Zahlungstermin um mehr als 45 Tage überschritten haben, ist abweichend von Satz 1 jeweils der gesamte bis zu diesem Zeitpunkt noch nicht getilgte Betrag, höchstens jedoch der nach Maßgabe des Absatzes 13 Satz 1 zu tilgende Rückzahlungsbetrag – vorbehaltlich des Gleichbleibens der Rechtslage – mit 6 vom Hundert für das Jahr zu verzinsen. [3] Für nach § 17 Absatz 3 Satz 1 geleistete Darlehen gilt die Pflicht zur Verzinsung für den gesamten noch zu

tilgenden Rückzahlungsbetrag. [4] Kosten für die Geltendmachung der Darlehensforderung sind durch die Verzinsung nicht abgegolten.

(3) [1] Die Darlehen sind – vorbehaltlich des Gleichbleibens der Rechtslage – in gleichbleibenden monatlichen Raten von mindestens 130 Euro innerhalb von 20 Jahren zurückzuzahlen. [2] Für die Rückzahlung gelten als ein Darlehen jeweils alle nach § 17 Absatz 2 Satz 1 und alle nach § 17 Absatz 3 Satz 1 geleisteten Darlehen. [3] Von der Verpflichtung zur Rückzahlung sind Darlehensnehmende auf Antrag freizustellen, solange sie Leistungen nach diesem Gesetz erhalten.

(4) [1] Für die Tilgung des nach § 17 Absatz 2 Satz 1 geleisteten Darlehens ist die erste Rate

1. bei einer Ausbildung an einer Hochschule oder an einer Akademie im Sinne des § 2 Absatz 1 Satz 1 Nummer 6 fünf Jahre nach dem Ende der Förderungshöchstdauer,
2. bei einer Ausbildung an einer Höheren Fachschule oder an einer Akademie im Sinne des § 2 Absatz 1 Satz 1 Nummer 5 fünf Jahre nach dem Ende der in der Ausbildungs- und Prüfungsordnung vorgesehenen Ausbildungszeit

zu zahlen. [2] Maßgeblich ist jeweils der zuletzt mit Darlehen geförderte Ausbildungs- oder Studiengang. [3] Wurden Darlehensbeträge nach § 17 Absatz 2 Satz 1 in mehreren Ausbildungsabschnitten geleistet, ist jeweils das Ende derjenigen Förderungshöchstdauer oder vorgesehenen Ausbildungszeit maßgeblich, die für den ersten Ausbildungsabschnitt zuletzt gegolten hat.

(5) Wurden ausschließlich nach § 17 Absatz 3 Satz 1 Darlehen geleistet, so ist die erste Rate drei Jahre nach dem Ende der Förderungshöchstdauer oder der vorgesehenen Ausbildungszeit zu zahlen.

(6) [1] Wurden sowohl nach § 17 Absatz 2 Satz 1 als auch nach § 17 Absatz 3 Satz 1 Darlehen geleistet, ist zunächst das nach § 17 Absatz 2 Satz 1 geleistete Darlehen zurückzuzahlen. [2] Die erste Rate des nach § 17 Absatz 3 Satz 1 geleisteten Darlehens ist in diesem Fall in dem Monat zu leisten, der auf die Fälligkeit der letzten Rate des nach § 17 Absatz 2 Satz 1 geleisteten Darlehens folgt.

(7) Nach Aufforderung durch das Bundesverwaltungsamt sind die Raten für jeweils drei aufeinanderfolgende Monate in einer Summe zu entrichten.

(8) Die Zinsen nach Absatz 2 sind sofort fällig.

(9) [1] Nach dem Ende der Förderungshöchstdauer erteilt das Bundesverwaltungsamt den Darlehensnehmenden – unbeschadet der Fälligkeit nach den Absätzen 4 bis 6 – jeweils einen Bescheid, in dem die Höhe der Darlehensschuld und die Förderungshöchstdauer festgestellt werden. [2] Nach Eintritt der Unanfechtbarkeit des Bescheides sind diese Feststellungen nicht mehr zu überprüfen; insbesondere gelten die Vorschriften des § 44 des Zehnten Buches Sozialgesetzbuch nicht. [3] Ist für ein Kalenderjahr ein Betrag geleistet worden, auf das sich die Feststellung der Höhe der Darlehensschuld nach Satz 1 nicht erstreckt, so wird diese insoweit durch einen ergänzenden Bescheid festgestellt; Satz 2 gilt entsprechend.

(10) [1] Die nach § 17 Absatz 2 Satz 1 oder Absatz 3 Satz 1 geleisteten Darlehen können jeweils ganz oder teilweise vorzeitig zurückgezahlt werden. [2] Auf Antrag ist ein Nachlass auf die verbleibende Darlehensschuld zu gewähren.

(11) Mit dem Tod der Darlehensnehmenden erlischt die verbliebene Darlehensschuld einschließlich etwaiger Kosten und Zinsen.

(12) [1]Darlehensnehmenden, die während des Rückzahlungszeitraums nach Absatz 3 Satz 1 ihren Zahlungs- und Mitwirkungspflichten jeweils rechtzeitig und vollständig nachgekommen sind, ist die verbleibende Darlehensschuld zu erlassen. [2]Sind die Voraussetzungen des Satzes 1 nicht erfüllt, ist dies durch Bescheid festzustellen. [3]Auf Antrag kann zur Vermeidung einer unbilligen Härte die verbleibende Darlehensschuld auch dann erlassen werden, wenn im Rückzahlungsverfahren in nur geringfügigem Umfang gegen die Zahlungs- und Mitwirkungspflichten verstoßen wurde. [4]Der Antrag nach Satz 3 ist binnen eines Monats nach Bekanntgabe eines ablehnenden Bescheids nach Satz 2 zu stellen.

(13) [1]Bereits vor Ablauf der nach Absatz 3 je nach Höhe der Darlehensschuld planmäßigen Rückzahlungsdauer ist Darlehensnehmenden, die Tilgungsleistungen in 77 monatlichen Raten in jeweils der nach Absatz 3 geschuldeten Höhe erbracht haben, die noch verbleibende Darlehensschuld zu erlassen. [2]Für Zeiträume, in denen eine Freistellung nach § 18a Absatz 1 mit verminderter Ratenzahlung gewährt wurde, genügen für einen Erlass nach Satz 1 Tilgungsleistungen jeweils in Höhe der vom Bundesverwaltungsamt zugleich festgesetzten verminderten Rückzahlungsraten; Absatz 10 bleibt unberührt.

(14) Das Bundesministerium für Bildung und Forschung kann durch Rechtsverordnung ohne Zustimmung des Bundesrates für die Aufgaben gemäß § 39 Absatz 2 das Nähere bestimmen über

1. den Beginn und das Ende der Verzinsung sowie den Verzicht auf Zinsen aus besonderen Gründen,
2. das Verfahren zur Verwaltung und Einziehung der Darlehen – einschließlich der erforderlichen Nachweise oder der Zulässigkeit des Glaubhaftmachens mittels der Versicherung an Eides statt sowie der Maßnahmen zur Sicherung der Rückzahlungsansprüche – sowie zur Rückleitung der eingezogenen Beträge an Bund und Länder und
3. die Erhebung von Kostenpauschalen für die Ermittlung der jeweiligen Anschrift der Darlehensnehmenden und für das Mahnverfahren.

§ 18a Einkommensabhängige Rückzahlung. (1) [1]Auf Antrag sind Darlehensnehmende während der Rückzahlungsfrist des § 18 Absatz 3 Satz 1 bis spätestens zu deren Ablauf von der Verpflichtung zur Rückzahlung freizustellen, soweit ihr Einkommen monatlich jeweils den Betrag von 1 330 Euro nicht um mindestens 42 Euro übersteigt. [2]Der in Satz 1 bezeichnete Betrag erhöht sich für

1. Ehegattinnen, Ehegatten, Lebenspartnerinnen oder Lebenspartner um 665 Euro,
2. jedes Kind der Darlehensnehmenden um 605 Euro,

wenn sie nicht in einer Ausbildung stehen, die nach diesem Gesetz oder nach § 56 des Dritten Buches Sozialgesetzbuch[1)] gefördert werden kann. [3]Die Beträge nach Satz 2 mindern sich um das Einkommen der Ehegattinnen, Ehegatten, Lebenspartnerinnen oder Lebenspartner und Kinder. [4]Als Kinder

[1)] Nr. **29**.

gelten insoweit außer eigenen Kindern der Darlehensnehmenden die in § 25 Absatz 5 Nummer 1 bis 3 bezeichneten Personen. [5] § 47 Absatz 4 und 5 gilt entsprechend.

(2) Auf besonderen Antrag erhöht sich der in Absatz 1 Satz 1 bezeichnete Betrag

1. bei behinderten Menschen um den Betrag der behinderungsbedingten Aufwendungen entsprechend § 33b des Einkommensteuergesetzes,
2. bei Alleinstehenden um den Betrag der notwendigen Aufwendungen für die Dienstleistungen zur Betreuung eines zum Haushalt gehörenden Kindes, das das 16. Lebensjahr noch nicht vollendet hat, bis zur Höhe von monatlich 175 Euro für das erste und je 85 Euro für jedes weitere Kind.

(3) [1] Auf den Antrag nach Absatz 1 Satz 1 erfolgt die Freistellung vom Beginn des Antragsmonats an in der Regel für ein Jahr, rückwirkend erfolgt sie für längstens vier Monate vor dem Antragsmonat (Freistellungszeitraum). [2] Das im Antragsmonat erzielte Einkommen gilt vorbehaltlich des Absatzes 4 als monatliches Einkommen für alle Monate des Freistellungszeitraums. [3] Die Darlehensnehmenden haben das Vorliegen der Freistellungsvoraussetzungen nachzuweisen, soweit nicht durch Rechtsverordnung auf Grund des § 18 Absatz 14 Nummer 2 etwas Abweichendes geregelt ist. [4] Soweit eine Glaubhaftmachung mittels der Versicherung an Eides statt zugelassen ist, ist das Bundesverwaltungsamt für die Abnahme derselben zuständig.

(4) [1] Ändert sich ein für die Freistellung maßgeblicher Umstand nach der Antragstellung, so wird der Bescheid vom Beginn des Monats an geändert, in dem die Änderung eingetreten ist. [2] Nicht als Änderung im Sinne des Satzes 1 gelten Regelanpassungen gesetzlicher Renten und Versorgungsbezüge.

§ 18b Teilerlass des Darlehens. (1) (weggefallen)

(2) [1] Auszubildenden, die die Abschlussprüfung bis zum 31. Dezember 2012 bestanden haben und nach ihrem Ergebnis zu den ersten 30 vom Hundert aller Prüfungsabsolventen gehören, die diese Prüfung in demselben Kalenderjahr abgeschlossen haben, wird auf Antrag der für diesen Ausbildungsabschnitt geleistete Darlehensbetrag teilweise erlassen. [2] Der Erlass beträgt von dem nach dem 31. Dezember 1983 für diesen Ausbildungsabschnitt geleisteten Darlehensbetrag

1. 25 vom Hundert, wenn innerhalb der Förderungshöchstdauer,
2. 20 vom Hundert, wenn innerhalb von sechs Monaten nach dem Ende der Förderungshöchstdauer,
3. 15 vom Hundert, wenn innerhalb von zwölf Monaten nach dem Ende der Förderungshöchstdauer

die Abschlussprüfung bestanden wurde. [3] Der Antrag ist innerhalb eines Monats nach Bekanntgabe des Bescheids nach § 18 Absatz 9 zu stellen. [4] Abweichend von Satz 1 erhalten Auszubildende, die zu den ersten 30 vom Hundert der Geförderten gehören, unter den dort genannten Voraussetzungen den Erlass

a) in Ausbildungs- und Studiengängen, in denen als Gesamtergebnis der Abschlussprüfung nur das Bestehen festgestellt wird, nach den in dieser Prüfung erbrachten Leistungen,
b) in Ausbildungs- und Studiengängen ohne Abschlussprüfung nach den am Ende der planmäßig abgeschlossenen Ausbildung ausgewiesenen Leistungen;

dabei ist eine differenzierte Bewertung über die Zuordnung zu den ersten 30 vom Hundert der Geförderten hinaus nicht erforderlich.

[5] Auszubildende, die ihre Ausbildung an einer im Ausland gelegenen Ausbildungsstätte bestanden haben, erhalten den Teilerlass nicht. [6] Abweichend von Satz 5 wird den Auszubildenden, die eine nach § 5 Absatz 1 oder 3 in der bis zum 31. Dezember 2007 geltenden Fassung des Gesetzes oder eine nach § 6 förderungsfähige Ausbildung vor dem 1. April 2001 aufgenommen haben, die Abschlussprüfung an einer im Ausland gelegenen Ausbildungsstätte bestanden haben und zu den ersten 30 vom Hundert der Geförderten gehören, der Teilerlass nach Satz 1 gewährt, wenn der Besuch der im Ausland gelegenen Ausbildungsstätte dem einer im Inland gelegenen Höheren Fachschule, Akademie oder Hochschule gleichwertig ist. [7] Die Funktion der Prüfungsstelle nimmt in diesen Fällen das nach § 45 zuständige Amt für Ausbildungsförderung wahr.

(2a) Für Auszubildende an Akademien gilt Absatz 2 mit der Maßgabe, dass der Teilerlass unabhängig vom Zeitpunkt des Bestehens der Abschlussprüfung 20 vom Hundert beträgt.

(3) [1] *Beendet der Auszubildende bis zum 31. Dezember 2012 die Ausbildung vier Monate vor dem Ende der Förderungshöchstdauer mit dem Bestehen der Abschlussprüfung oder, wenn eine solche nicht vorgesehen ist, nach den Ausbildungsvorschriften planmäßig, so werden auf seinen Antrag 2 560 Euro des Darlehens erlassen.*[1)] [2] Beträgt der in Satz 1 genannte Zeitraum nur zwei Monate, werden 1 025 Euro erlassen. [3] Der Antrag ist innerhalb eines Monats nach Bekanntgabe des Bescheides nach § 18 Absatz 9 zu stellen.

(4) [1] Ist für eine Ausbildung eine Mindestausbildungszeit im Sinne von Absatz 5 festgelegt und liegen zwischen deren Ende und dem Ende der Förderungshöchstdauer weniger als vier Monate, wird auf Antrag der Erlass nach Absatz 3 Satz 1 auch gewährt, wenn die Ausbildung mit Ablauf der Mindestausbildungszeit beendet wurde. [2] Der Erlass nach Absatz 3 Satz 2 wird auf Antrag auch gewährt, wenn die Mindestausbildungszeit um höchstens zwei Monate überschritten wurde. [3] Der Antrag ist innerhalb eines Monats nach Bekanntgabe des Bescheides nach § 18 Absatz 9 zu stellen. [4] Ist der Bescheid vor dem 21. Juni 2011 nicht bestandskräftig oder rechtskräftig geworden, aber vor dem 13. Dezember 2011 bekannt gegeben worden, ist der Antrag bis zum 13. Januar 2012 zu stellen.

(5) [1] Mindestausbildungszeit ist die durch Rechtsvorschrift festgelegte Zeit, vor deren Ablauf die Ausbildung nicht durch Abschlussprüfung oder sonst planmäßig beendet werden kann. [2] Bei Ausbildungen, für die eine Mindeststudienzeit im Sinne von Satz 3 bestimmt ist und zugleich eine Abschlussprüfung vorgeschrieben ist, die insgesamt oder hinsichtlich bestimmter Prüfungsteile erst nach der Mindeststudienzeit begonnen werden darf, gilt die Mindeststudienzeit zuzüglich der Prüfungszeit im Sinne von Satz 4 als Mindest-

---

1) Gem. Ent. des BVerfG – 1 BvR 2035/07 – v. 21.6.2011 (BGBl. I S. 1726) ist § 18b Abs. 3 Satz 1 BAföG idF des 12. BAföGÄndG v. 22. Mai 1990 (BGBl. I S. 936) in dieser und den nachfolgenden Fassungen mit Art. 3 Abs. 1 des Grundgesetzes unvereinbar, soweit er den großen Teilerlass der Rückforderung von Förderungsdarlehen davon abhängig macht, dass Auszubildende die Ausbildung vier Monate vor dem Ende der Förderungshöchstdauer mit Bestehen der Abschlussprüfung beenden, obwohl in dem betreffenden Studiengang die gesetzlich festgelegte Mindeststudienzeit weniger als vier Monate vor dem Ende der Förderungshöchstdauer endet.

ausbildungszeit. [3]Mindeststudienzeit ist die durch Rechtsvorschrift festgelegte Mindestzeit für die reinen Ausbildungsleistungen, einschließlich geforderter Praktika, ohne Abschlussprüfung. [4]Prüfungszeit ist die Zeit, die ab dem frühestmöglichen Beginn der Prüfung oder der bestimmten Prüfungsteile bis zum letzten Prüfungsteil regelmäßig erforderlich ist; wenn die Prüfungszeit nicht durch Rechtsvorschrift festgelegt ist, wird vermutet, dass sie drei Monate beträgt.

(5a) Absatz 4 ist nicht anzuwenden, wenn über die Gewährung eines Teilerlasses nach Absatz 3 vor dem 21. Juni 2011 bestandskräftig oder rechtskräftig entschieden worden ist.

(6) [1]Das Bundesministerium für Bildung und Forschung bestimmt durch Rechtsverordnung ohne Zustimmung des Bundesrates das Nähere über das Verfahren, insbesondere über die Mitwirkung der Prüfungsstellen. [2]Diese sind zur Auskunft und Mitwirkung verpflichtet, soweit dies für die Durchführung dieses Gesetzes erforderlich ist.

§ 18c Bankdarlehen. (1) Bankdarlehen der Kreditanstalt für Wiederaufbau für Förderungsleistungen im Sinne des § 17 Absatz 3 Satz 1 in der am 31. Juli 2019 geltenden Fassung sind nach Maßgabe der Absätze 1a bis 11 zurückzuzahlen.

(1a) Auszubildende und die Kreditanstalt für Wiederaufbau können von den Absätzen 2 bis 11 abweichende Darlehensbedingungen vereinbaren.

(2) [1]Das Bankdarlehen nach Absatz 1 ist von der Auszahlung an zu verzinsen. [2]Bis zum Beginn der Rückzahlung werden die Zinsen gestundet. [3]Die Darlehensschuld erhöht sich jeweils zum 31. März und 30. September um die gestundeten Zinsen.

(3) [1]Als Zinssatz für den jeweiligen Darlehensgesamtbetrag gelten – vorbehaltlich des Gleichbleibens der Rechtslage – ab 1. April und 1. Oktober jeweils für ein halbes Jahr die Euro Interbank Offered Rate-Sätze für die Beschaffung von Sechsmonatsgeld von ersten Adressen in den Teilnehmerstaaten der Europäischen Währungsunion (EURIBOR) mit einer Laufzeit von sechs Monaten zuzüglich eines Aufschlags von 1 vom Hundert. [2]Falls die in Satz 1 genannten Termine nicht auf einen Tag fallen, an dem ein EURIBOR-Satz ermittelt wird, so gilt der nächste festgelegte EURIBOR-Satz.

(4) [1]Vom Beginn der Rückzahlung an ist auf Antrag des Darlehensnehmers ein Festzins für die (Rest-)Laufzeit, längstens jedoch für zehn Jahre zu vereinbaren. [2]Der Antrag kann jeweils zum 1. April und 1. Oktober gestellt werden und muss einen Monat im Voraus bei der Kreditanstalt für Wiederaufbau eingegangen sein. [3]Es gilt – vorbehaltlich des Gleichbleibens der Rechtslage – der Zinssatz für Bankschuldverschreibungen mit entsprechender Laufzeit, zuzüglich eines Aufschlags von eins vom Hundert.

(5) [1]§ 18 Absatz 3 Satz 3 und Absatz 11 ist entsprechend anzuwenden. [2]Für die Rückzahlung gelten alle nach § 17 Absatz 3 Satz 1 in der am 31. Juli 2019 geltenden Fassung geleisteten Darlehen als ein Darlehen.

(6) [1]Das Bankdarlehen ist einschließlich der Zinsen – vorbehaltlich des Gleichbleibens der Rechtslage – in möglichst gleichbleibenden monatlichen Raten von mindestens 130 Euro innerhalb von 20 Jahren zurückzuzahlen. [2]Die erste Rate ist achtzehn Monate nach dem Ende des Monats, für den der Auszubildende zuletzt mit Bankdarlehen gefördert worden ist, zu zahlen.

(7) [1] Hat jemand ein in Absatz 1 bezeichnetes Darlehen und ein in § 18 Absatz 1 Nummer 1 bezeichnetes Darlehen erhalten, ist deren Rückzahlung so aufeinander abzustimmen, dass ein in Absatz 1 bezeichnetes Darlehen vor einem in § 18 Absatz 1 Nummer 1 bezeichneten Darlehen und beide Darlehen einschließlich der Zinsen in möglichst gleichbleibenden monatlichen Raten von – vorbehaltlich des Gleichbleibens der Rechtslage – mindestens 130 Euro innerhalb von 22 Jahren zurückzuzahlen sind. [2] Die erste Rate des in § 18 Absatz 1 Nummer 1 bezeichneten Darlehens ist in dem Monat zu leisten, der auf die Fälligkeit der letzten Rate des in Absatz 1 bezeichneten Darlehens folgt. [3] Wird das in Absatz 1 bezeichnete Darlehen vor diesem Zeitpunkt getilgt, ist die erste Rate des in § 18 Absatz 1 Nummer 1 bezeichneten Darlehens am Ende des Monats zu leisten, der auf den Monat der Tilgung folgt. [4] § 18 Absatz 4 bleibt unberührt.

(8) [1] Vor Beginn der Rückzahlung teilt die Kreditanstalt für Wiederaufbau dem Darlehensnehmer – unbeschadet der Fälligkeit nach Absatz 6 – die Höhe der Darlehensschuld und der gestundeten Zinsen, die für ihn geltende Zinsregelung, die Höhe der monatlichen Zahlungsbeträge sowie den Rückzahlungszeitraum mit. [2] Nach Aufforderung durch die Kreditanstalt für Wiederaufbau sind die Raten für jeweils drei aufeinanderfolgende Monate in einer Summe zu entrichten.

(9) Das Darlehen kann jederzeit ganz oder teilweise zurückgezahlt werden.

(10) [1] Auf Verlangen der Kreditanstalt für Wiederaufbau ist ihr die Darlehens- und Zinsschuld eines Darlehensnehmers zu zahlen, von dem eine termingerechte Zahlung nicht zu erwarten ist. [2] Dies ist insbesondere der Fall, wenn

1. der Darlehensnehmer fällige Rückzahlungsraten für sechs aufeinanderfolgende Monate nicht geleistet hat oder für diesen Zeitraum mit einem Betrag in Höhe des Vierfachen der monatlichen Rückzahlungsrate im Rückstand ist,
2. der Darlehensvertrag von der Kreditanstalt für Wiederaufbau entsprechend den gesetzlichen Bestimmungen wirksam gekündigt worden ist,
3. die Rückzahlung des Darlehens infolge der Erwerbs- oder Arbeitsunfähigkeit oder einer Erkrankung des Darlehensnehmers von mehr als einem Jahr Dauer nachhaltig erschwert oder unmöglich geworden ist,
4. der Darlehensnehmer zahlungsunfähig geworden ist oder seit mindestens einem Jahr Hilfe zum Lebensunterhalt nach dem Zwölften Buch Sozialgesetzbuch[1)] oder Leistungen zur Sicherung des Lebensunterhalts nach dem Zweiten Buch Sozialgesetzbuch[2)] erhält oder
5. der Aufenthalt des Darlehensnehmers seit mehr als sechs Monaten nicht ermittelt werden konnte.

[3] Mit der Zahlung nach Satz 1 geht der Anspruch aus dem Darlehensvertrag auf den Bund über.

(11) Das Bundesministerium für Bildung und Forschung bestimmt durch Rechtsverordnung ohne Zustimmung des Bundesrates das Nähere über die Anpassung der Höhe der Aufschläge nach den Absätzen 3 und 4 an die tatsächlichen Kosten.

[1)] Auszugsweise abgedruckt unter Nr. **14**.
[2)] Auszugsweise abgedruckt unter Nr. **13**.

§ 18d Kreditanstalt für Wiederaufbau. (1) Die nach § 18c Absatz 10 auf den Bund übergegangenen Darlehensbeträge werden von der Kreditanstalt für Wiederaufbau verwaltet und eingezogen.

(2) Der Kreditanstalt für Wiederaufbau werden erstattet:

1. die Darlehensbeträge, die in entsprechender Anwendung von § 18 Absatz 11 erlöschen, und
2. die Darlehens- und Zinsbeträge nach § 18c Absatz 10 Satz 1.

(3) Verwaltungskosten werden der Kreditanstalt für Wiederaufbau nur für die Verwaltung der nach § 18c Absatz 10 auf den Bund übergegangenen Darlehensbeträge erstattet, soweit die Kosten nicht von den Darlehensnehmern getragen werden.

(4) [1] Die Kreditanstalt für Wiederaufbau übermittelt den Ländern nach Ablauf eines Kalenderjahres eine Aufstellung sowohl über die Höhe der nach Absatz 1 für den Bund eingezogenen Beträge und Zinsen aus den Darlehen, deren Erstattung nach Absatz 2 sie bis zum 31. Dezember 2014 verlangt hat, als auch über deren Aufteilung nach Maßgabe des § 56 Absatz 2a. [2] Sie zahlt zum Ende des jeweiligen Kalenderjahres jedem Land einen Abschlag in Höhe des ihm voraussichtlich zustehenden Betrages, bis zum 30. Juni des folgenden Jahres den Restbetrag.

§ 19 Aufrechnung. [1] Mit einem Anspruch auf Erstattung von Ausbildungsförderung (§ 50 des Zehnten Buches Sozialgesetzbuch und § 20) kann gegen den Anspruch auf Ausbildungsförderung für abgelaufene Monate abweichend von § 51 des Ersten Buches Sozialgesetzbuch in voller Höhe aufgerechnet werden. [2] Ist der Anspruch auf Ausbildungsförderung von einem Auszubildenden an einen Träger der Sozialhilfe zum Ausgleich seiner Aufwendungen abgetreten worden, kann das Amt für Ausbildungsförderung gegenüber dem Träger der Sozialhilfe mit einem Anspruch auf Erstattung von Ausbildungsförderung nicht aufrechnen. [3] Die Sätze 1 und 2 gelten nicht für Bankdarlehen nach § 18c.

§ 20 Rückzahlungspflicht. (1) [1] Haben die Voraussetzungen für die Leistung von Ausbildungsförderung an keinem Tage des Kalendermonats vorgelegen, für den sie gezahlt worden ist, so ist – außer in den Fällen der §§ 44 bis 50 des Zehnten Buches Sozialgesetzbuch – insoweit der Bewilligungsbescheid aufzuheben und der Förderungsbetrag zu erstatten, als

1. (weggefallen)
2. (weggefallen)
3. der Auszubildende Einkommen im Sinne des § 21 erzielt hat, das bei der Bewilligung der Ausbildungsförderung nicht berücksichtigt worden ist; Regelanpassungen gesetzlicher Renten und Versorgungsbezüge bleiben hierbei außer Betracht,
4. Ausbildungsförderung unter dem Vorbehalt der Rückforderung geleistet worden ist.

[2] Die Regelung über die Erstattungspflicht gilt nicht für Bankdarlehen nach § 18c.

(2) [1] Der Förderungsbetrag ist für den Kalendermonat oder den Teil eines Kalendermonats zurückzuzahlen, in dem der Auszubildende die Ausbildung

aus einem von ihm zu vertretenden Grund unterbrochen hat. [2]Die Regelung über die Erstattungspflicht gilt nicht für Bankdarlehen nach § 18c.

Abschnitt IV. Einkommensanrechnung

§ 21 Einkommensbegriff. (1) [1]Als Einkommen gilt – vorbehaltlich des Satzes 3, der Absätze 2a, 3 und 4 – die Summe der positiven Einkünfte im Sinne des § 2 Absatz 1 und 2 des Einkommensteuergesetzes. [2]Ein Ausgleich mit Verlusten aus anderen Einkunftsarten und mit Verlusten des zusammenveranlagten Ehegatten oder Lebenspartners ist nicht zulässig. [3]Abgezogen werden können:

1. der Altersentlastungsbetrag (§ 24a des Einkommensteuergesetzes),
2. *(aufgehoben)*
3. die für den Berechnungszeitraum zu leistende Einkommensteuer, Kirchensteuer und Gewerbesteuer,
4. die für den Berechnungszeitraum zu leistenden Pflichtbeiträge zur Sozialversicherung und zur Bundesagentur für Arbeit sowie die geleisteten freiwilligen Aufwendungen zur Sozialversicherung und für eine private Kranken-, Pflege-, Unfall- oder Lebensversicherung in angemessenem Umfang und
5. geförderte Altersvorsorgebeiträge nach § 82 des Einkommensteuergesetzes, soweit sie den Mindesteigenbeitrag nach § 86 des Einkommensteuergesetzes nicht überschreiten.

[4]Leibrenten, einschließlich Unfallrenten, und Versorgungsrenten gelten in vollem Umfang als Einnahmen aus nichtselbständiger Arbeit.

(2) [1]Zur Abgeltung der Abzüge nach Absatz 1 Nummer 4 wird von der – um die Beträge nach Absatz 1 Nummer 1 und Absatz 4 Nummer 4 geminderten – Summe der positiven Einkünfte ein Betrag in Höhe folgender Vomhundertsätze dieses Gesamtbetrages abgesetzt:

1. für rentenversicherungspflichtige Arbeitnehmer und für Auszubildende 21,3 vom Hundert, höchstens jedoch ein Betrag von jährlich 14 600 Euro,
2. für nichtrentenversicherungspflichtige Arbeitnehmer und für Personen im Ruhestandsalter, die einen Anspruch auf Alterssicherung aus einer renten- oder nichtrentenversicherungspflichtigen Beschäftigung oder Tätigkeit haben, 15,5 vom Hundert, höchstens jedoch ein Betrag von jährlich 8 500 Euro,
3. für Nichtarbeitnehmer und auf Antrag von der Versicherungspflicht befreite oder wegen geringfügiger Beschäftigung versicherungsfreie Arbeitnehmer 37,7 vom Hundert, höchstens jedoch ein Betrag von jährlich 25 500 Euro,
4. für Personen im Ruhestandsalter, soweit sie nicht erwerbstätig sind, und für sonstige Nichterwerbstätige 15,5 vom Hundert, höchstens jedoch ein Betrag von jährlich 8 500 Euro.

[2]Jeder Einkommensbezieher ist nur einer der in den Nummern 1 bis 4 bezeichneten Gruppen zuzuordnen; dies gilt auch, wenn er die Voraussetzungen nur für einen Teil des Berechnungszeitraums erfüllt. [3]Einer Gruppe kann nur zugeordnet werden, wer nicht unter eine in den jeweils vorhergehenden Nummern bezeichnete Gruppe fällt.

(2a) [1]Als Einkommen gelten auch nur ausländischem Steuerrecht unterliegende Einkünfte eines Einkommensbeziehers, der seinen ständigen Wohnsitz im Ausland hat. [2]Von dem Bruttobetrag sind in entsprechender Anwendung des Einkommensteuergesetzes Beträge entsprechend der jeweiligen Einkunftsart, gegebenenfalls mindestens Beträge in Höhe der Pauschbeträge für Werbungskosten nach § 9a des Einkommensteuergesetzes, abzuziehen. [3]Die so ermittelte Summe der positiven Einkünfte vermindert sich um die gezahlten Steuern und den nach Absatz 2 entsprechend zu bestimmenden Pauschbetrag für die soziale Sicherung.

(3) [1]Als Einkommen gelten ferner in Höhe der tatsächlich geleisteten Beträge

1. Waisenrenten und Waisengelder, die der Antragsteller bezieht,
2. Ausbildungsbeihilfen und gleichartige Leistungen, die nicht nach diesem Gesetz gewährt werden; wenn sie begabungs- und leistungsabhängig nach von dem Geber allgemeingültig erlassenen Richtlinien ohne weitere Konkretisierung des Verwendungszwecks vergeben werden, gilt dies jedoch nur, soweit sie im Berechnungszeitraum einen Gesamtbetrag übersteigen, der einem Monatsdurchschnitt von 300 Euro entspricht; Absatz 4 Nummer 4 bleibt unberührt.
3. (weggefallen)
4. sonstige Einnahmen, die zur Deckung des Lebensbedarfs bestimmt sind, mit Ausnahme der Unterhaltsleistungen der Eltern des Auszubildenden und seines Ehegatten oder Lebenspartners, soweit sie das Bundesministerium für Bildung und Forschung in einer Rechtsverordnung ohne Zustimmung des Bundesrates bezeichnet hat.

[2]Die Erziehungsbeihilfe, die ein Beschädigter für ein Kind erhält (§ 27 des Bundesversorgungsgesetzes), gilt als Einkommen des Kindes.

(4) Nicht als Einkommen gelten

1. Grundrenten und Schwerstbeschädigtenzulage nach dem Bundesversorgungsgesetz und nach den Gesetzen, die das Bundesversorgungsgesetz für anwendbar erklären,
2. ein der Grundrente und der Schwerstbeschädigtenzulage nach dem Bundesversorgungsgesetz entsprechender Betrag, wenn diese Leistungen nach § 65 des Bundesversorgungsgesetzes ruhen,
3. Renten, die den Opfern nationalsozialistischer Verfolgung wegen einer durch die Verfolgung erlittenen Gesundheitsschädigung geleistet werden, bis zur Höhe des Betrages, der in der Kriegsopferversorgung bei gleicher Minderung der Erwerbsfähigkeit als Grundrente und Schwerstbeschädigtenzulage geleistet würde,
4. Einnahmen, deren Zweckbestimmung einer Anrechnung auf den Bedarf entgegensteht; dies gilt insbesondere für Einnahmen, die für einen anderen Zweck als für die Deckung des Bedarfs im Sinne dieses Gesetzes bestimmt sind,
5. zusätzliche Einnahmen aus einer Tätigkeit der Antragstellenden in systemrelevanten Branchen und Berufen, soweit die Tätigkeit zur Bekämpfung der COVID-19-Pandemie und deren sozialen Folgen seit dem 1. März 2020 aufgenommen oder in ihrem arbeitszeitlichen Umfang aufgestockt wurde, für die Dauer dieser Tätigkeit oder Arbeitszeitaufstockung.

§ 22 Berechnungszeitraum für das Einkommen des Auszubildenden.

(1) [1] Für die Anrechnung des Einkommens des Auszubildenden sind die Einkommensverhältnisse im Bewilligungszeitraum maßgebend. [2] Sind bei ihrer Ermittlung Pauschbeträge für Werbungskosten nach § 9a des Einkommensteuergesetzes zu berücksichtigen, so ist der Betrag abzuziehen, der sich ergibt, wenn ein Zwölftel des Jahrespauschbetrages mit der Zahl der Kalendermonate des Bewilligungszeitraumes vervielfacht wird.

(2) Auf den Bedarf jedes Kalendermonats des Bewilligungszeitraums wird der Betrag angerechnet, der sich ergibt, wenn das Gesamteinkommen durch die Zahl der Kalendermonate des Bewilligungszeitraums geteilt wird.

(3) Die Absätze 1 und 2 gelten entsprechend für die Berücksichtigung des Einkommens

1. der Kinder nach § 23 Absatz 2,
2. der Kinder, der in § 25 Absatz 5 Nummer 1 bis 3 bezeichneten Personen und der sonstigen Unterhaltsberechtigten nach § 25 Absatz 3.

§ 23 Freibeträge vom Einkommen des Auszubildenden. (1) [1] Vom Einkommen des Auszubildenden bleiben monatlich anrechnungsfrei

1. für den Auszubildenden selbst	290 Euro,
2. für den Ehegatten oder Lebenspartner des Auszubildenden	665 Euro,
3. für jedes Kind des Auszubildenden	605 Euro.

[2] Satz 1 Nummer 2 und 3 findet keine Anwendung auf Ehegatten oder Lebenspartner und Kinder, die in einer Ausbildung stehen, die nach diesem Gesetz oder nach § 56 des Dritten Buches Sozialgesetzbuch[1)] gefördert werden kann.

(2) Die Freibeträge nach Absatz 1 Nummer 2 und 3 mindern sich um Einnahmen des Auszubildenden sowie Einkommen des Ehegatten oder Lebenspartners und des Kindes, die dazu bestimmt sind oder üblicher- oder zumutbarerweise dazu verwendet werden, den Unterhaltsbedarf des Ehegatten oder Lebenspartners und der Kinder des Auszubildenden zu decken.

(3) Die Vergütung aus einem Ausbildungsverhältnis wird abweichend von den Absätzen 1 und 2 voll angerechnet.

(4) Abweichend von Absatz 1 werden

1. von der Waisenrente und dem Waisengeld der Auszubildenden, deren Bedarf sich nach § 12 Absatz 1 Nummer 1 bemisst, monatlich 210 Euro, anderer Auszubildender 150 Euro monatlich nicht angerechnet,
2. Ausbildungsbeihilfen und gleichartige Leistungen aus öffentlichen Mitteln oder von Förderungseinrichtungen, die hierfür öffentliche Mittel erhalten, sowie Förderungsleistungen ausländischer Staaten voll auf den Bedarf angerechnet; zu diesem Zweck werden Ausbildungsbeihilfen und gleichartige Leistungen, die zugleich aus öffentlichen und privaten Mitteln finanziert und dem Empfänger insgesamt als eine Leistung zugewendet werden, als einheitlich aus öffentlichen Mitteln erbracht behandelt. Voll angerechnet wird auch Einkommen, das aus öffentlichen Mitteln zum Zweck der Ausbildung bezogen wird,
3. (weggefallen)

---

1) Nr. **29**.

4. Unterhaltsleistungen des geschiedenen oder dauernd getrennt lebenden Ehegatten voll auf den Bedarf angerechnet; dasselbe gilt für Unterhaltsleistungen des Lebenspartners nach Aufhebung der Lebenspartnerschaft oder des dauernd getrennt lebenden Lebenspartners.

(5) Zur Vermeidung unbilliger Härten kann auf besonderen Antrag, der vor dem Ende des Bewilligungszeitraums zu stellen ist, abweichend von den Absätzen 1 und 4 ein weiterer Teil des Einkommens des Auszubildenden anrechnungsfrei gestellt werden, soweit er zur Deckung besonderer Kosten der Ausbildung erforderlich ist, die nicht durch den Bedarfssatz gedeckt sind, höchstens jedoch bis zu einem Betrag von 305 Euro monatlich.

§ 24 Berechnungszeitraum für das Einkommen der Eltern und des Ehegatten oder Lebenspartners. (1) Für die Anrechnung des Einkommens der Eltern und des Ehegatten oder Lebenspartners des Auszubildenden sind die Einkommensverhältnisse im vorletzten Kalenderjahr vor Beginn des Bewilligungszeitraums maßgebend.

(2) [1] Ist der Einkommensbezieher für diesen Zeitraum zur Einkommensteuer zu veranlagen, liegt jedoch der Steuerbescheid dem Amt für Ausbildungsförderung noch nicht vor, so wird unter Berücksichtigung der glaubhaft gemachten Einkommensverhältnisse über den Antrag entschieden. [2] Ausbildungsförderung wird insoweit – außer in den Fällen des § 18c – unter dem Vorbehalt der Rückforderung geleistet. [3] Sobald der Steuerbescheid dem Amt für Ausbildungsförderung vorliegt, wird über den Antrag abschließend entschieden.

(3) [1] Ist das Einkommen im Bewilligungszeitraum voraussichtlich wesentlich niedriger als in dem nach Absatz 1 maßgeblichen Zeitraum, so ist auf besonderen Antrag des Auszubildenden bei der Anrechnung von den Einkommensverhältnissen im Bewilligungszeitraum auszugehen; nach dessen Ende gestellte Anträge werden nicht berücksichtigt. [2] Der Auszubildende hat das Vorliegen der Voraussetzungen des Satzes 1 glaubhaft zu machen. [3] Ausbildungsförderung wird insoweit – außer in den Fällen des § 18c – unter dem Vorbehalt der Rückforderung geleistet. [4] Sobald sich das Einkommen in dem Bewilligungszeitraum endgültig feststellen lässt, wird über den Antrag abschließend entschieden.

(4) [1] Auf den Bedarf für jeden Kalendermonat des Bewilligungszeitraums ist ein Zwölftel des im Berechnungszeitraum erzielten Jahreseinkommens anzurechnen. [2] Abweichend von Satz 1 ist in den Fällen des Absatzes 3 der Betrag anzurechnen, der sich ergibt, wenn die Summe der Monatseinkommen des Bewilligungszeitraums durch die Zahl der Kalendermonate des Bewilligungszeitraums geteilt wird; als Monatseinkommen gilt ein Zwölftel des jeweiligen Kalenderjahreseinkommens.

§ 25 Freibeträge vom Einkommen der Eltern und des Ehegatten oder Lebenspartners. (1) Es bleiben monatlich anrechnungsfrei

1. vom Einkommen der miteinander verheirateten oder in einer Lebenspartnerschaft verbundenen Eltern, wenn sie nicht dauernd getrennt leben, 2 000 Euro,
2. vom Einkommen jedes Elternteils in sonstigen Fällen sowie vom Einkommen des Ehegatten oder Lebenspartners des Auszubildenden je 1 330 Euro.

(2) (weggefallen)

(3) [1] Die Freibeträge des Absatzes 1 erhöhen sich

1. für den nicht in Eltern-Kind-Beziehung zum Auszubildenden stehenden Ehegatten oder Lebenspartner des Einkommensbeziehers um 665 Euro,
2. für Kinder des Einkommensbeziehers sowie für weitere dem Einkommensbezieher gegenüber nach dem bürgerlichen Recht Unterhaltsberechtigte um je 605 Euro,

wenn sie nicht in einer Ausbildung stehen, die nach diesem Gesetz oder nach § 56 des Dritten Buches Sozialgesetzbuch[1)] gefördert werden kann. [2] Die Freibeträge nach Satz 1 mindern sich um das Einkommen des Ehegatten oder Lebenspartners, des Kindes oder des sonstigen Unterhaltsberechtigten.

(4) Das die Freibeträge nach den Absätzen 1, 3 und 6 übersteigende Einkommen der Eltern und des Ehegatten oder Lebenspartners bleibt anrechnungsfrei

1. zu 50 vom Hundert und
2. zu 5 vom Hundert für jedes Kind, für das ein Freibetrag nach Absatz 3 gewährt wird.

(5) Als Kinder des Einkommensbeziehers gelten außer seinen eigenen Kindern

1. Pflegekinder (Personen, mit denen er durch ein familienähnliches, auf längere Dauer berechnetes Band verbunden ist, sofern er sie in seinen Haushalt aufgenommen hat und das Obhuts- und Pflegeverhältnis zu den Eltern nicht mehr besteht),
2. in seinen Haushalt aufgenommene Kinder seines Ehegatten oder Lebenspartners,
3. in seinen Haushalt aufgenommene Enkel.

(6) [1] Zur Vermeidung unbilliger Härten kann auf besonderen Antrag, der vor dem Ende des Bewilligungszeitraums zu stellen ist, abweichend von den vorstehenden Vorschriften ein weiterer Teil des Einkommens anrechnungsfrei bleiben. [2] Hierunter fallen insbesondere außergewöhnliche Belastungen nach den §§ 33 bis 33b des Einkommensteuergesetzes sowie Aufwendungen für behinderte Personen, denen der Einkommensbezieher nach dem bürgerlichen Recht unterhaltspflichtig ist.

Abschnitt V. Vermögensanrechnung

§ 26 Umfang der Vermögensanrechnung. Vermögen des Auszubildenden wird nach Maßgabe der §§ 27 bis 30 angerechnet.

§ 27 Vermögensbegriff. (1) [1] Als Vermögen gelten alle

1. beweglichen und unbeweglichen Sachen,
2. Forderungen und sonstige Rechte.

[2] Ausgenommen sind Gegenstände, soweit der Auszubildende sie aus rechtlichen Gründen nicht verwerten kann.

[1)] Nr. **29**.

(2) Nicht als Vermögen gelten

1. Rechte auf Versorgungsbezüge, auf Renten und andere wiederkehrende Leistungen,
2. Übergangsbeihilfen nach den §§ 12 und 13 des Soldatenversorgungsgesetzes in der Fassung der Bekanntmachung vom 21. April 1983 (BGBl. I S. 457) sowie die Wiedereingliederungsbeihilfe nach § 4 Absatz 1 Nummer 2 des Entwicklungshelfer-Gesetzes,
3. Nießbrauchsrechte,
4. Haushaltsgegenstände.

§ 28 Wertbestimmung des Vermögens. (1) Der Wert eines Gegenstandes ist zu bestimmen

1. bei Wertpapieren auf die Höhe des Kurswertes,
2. bei sonstigen Gegenständen auf die Höhe des Zeitwertes.

(2) Maßgebend ist der Wert im Zeitpunkt der Antragstellung.

(3) [1]Von dem nach den Absätzen 1 und 2 ermittelten Betrag sind die im Zeitpunkt der Antragstellung bestehenden Schulden und Lasten abzuziehen. [2]Dies gilt nicht für das nach diesem Gesetz erhaltene Darlehen.

(4) Veränderungen zwischen Antragstellung und Ende des Bewilligungszeitraums bleiben unberücksichtigt.

§ 29 Freibeträge vom Vermögen. (1) [1]Von dem Vermögen bleiben anrechnungsfrei

1. für den Auszubildenden selbst	8 200 Euro,
2. für den Ehegatten oder Lebenspartner des Auszubildenden	2 300 Euro,
3. für jedes Kind des Auszubildenden	2 300 Euro.

[2]Maßgebend sind die Verhältnisse im Zeitpunkt der Antragstellung.

(2) (weggefallen)

(3) Zur Vermeidung unbilliger Härten kann ein weiterer Teil des Vermögens anrechnungsfrei bleiben.

§ 30 Monatlicher Anrechnungsbetrag. Auf den monatlichen Bedarf des Auszubildenden ist der Betrag anzurechnen, der sich ergibt, wenn der Betrag des anzurechnenden Vermögens durch die Zahl der Kalendermonate des Bewilligungszeitraums geteilt wird.

§§ 31–34 (weggefallen)

Abschnitt VI. [Anpassung der Bedarfssätze und Freibeträge]

§ 35 Anpassung der Bedarfssätze und Freibeträge. [1]Die Bedarfssätze, Freibeträge sowie die Vomhundertsätze und Höchstbeträge nach § 21 Absatz 2 sind alle zwei Jahre zu überprüfen und durch Gesetz gegebenenfalls neu festzusetzen. [2]Dabei ist der Entwicklung der Einkommensverhältnisse und der Vermögensbildung, den Veränderungen der Lebenshaltungskosten sowie der finanzwirtschaftlichen Entwicklung Rechnung zu tragen. [3]Die Bundesregierung hat hierüber dem Deutschen Bundestag und dem Bundesrat zu berichten. [4]Die im Jahr 2019 anstehende Berichterstattung erfolgt im Jahr 2021.

Abschnitt VII. Vorausleistung und Anspruchsübergang

§ 36 Vorausleistung von Ausbildungsförderung. (1) Macht der Auszubildende glaubhaft, dass seine Eltern den nach den Vorschriften dieses Gesetzes angerechneten Unterhaltsbetrag nicht leisten, und ist die Ausbildung – auch unter Berücksichtigung des Einkommens des Ehegatten oder Lebenspartners im Bewilligungszeitraum – gefährdet, so wird auf Antrag nach Anhörung der Eltern Ausbildungsförderung ohne Anrechnung dieses Betrages geleistet; nach Ende des Bewilligungszeitraumes gestellte Anträge werden nicht berücksichtigt.

(2) Absatz 1 ist entsprechend anzuwenden, wenn

1. der Auszubildende glaubhaft macht, dass seine Eltern den Bedarf nach den §§ 12 bis 14b nicht leisten, und die Eltern entgegen § 47 Absatz 4 die für die Anrechnung ihres Einkommens erforderlichen Auskünfte nicht erteilen oder Urkunden nicht vorlegen und darum ihr Einkommen nicht angerechnet werden kann, und wenn
2. Bußgeldfestsetzung oder Einleitung des Verwaltungszwangsverfahrens nicht innerhalb zweier Monate zur Erteilung der erforderlichen Auskünfte geführt haben oder rechtlich unzulässig sind, insbesondere weil die Eltern ihren ständigen Wohnsitz im Ausland haben.

(3) Ausbildungsförderung wird nicht vorausgeleistet, soweit die Eltern bereit sind, Unterhalt entsprechend einer gemäß § 1612 Absatz 2 des Bürgerlichen Gesetzbuches[1)] getroffenen Bestimmung zu leisten.

(4) Von der Anhörung der Eltern kann aus wichtigem Grund oder, wenn der Auszubildende in demselben Ausbildungsabschnitt für den vorhergehenden Bewilligungszeitraum Leistungen nach Absatz 1 oder 2 erhalten hat, abgesehen werden.

§ 37 Übergang von Unterhaltsansprüchen. (1) [1] Hat der Auszubildende für die Zeit, für die ihm Ausbildungsförderung gezahlt wird, nach bürgerlichem Recht einen Unterhaltsanspruch gegen seine Eltern, so geht dieser zusammen mit dem unterhaltsrechtlichen Auskunftsanspruch mit der Zahlung bis zur Höhe der geleisteten Aufwendungen auf das Land über, jedoch nur soweit auf den Bedarf des Auszubildenden das Einkommen der Eltern nach diesem Gesetz anzurechnen ist. [2] Die Zahlungen, welche die Eltern auf Grund der Mitteilung über den Anspruchsübergang erbringen, werden entsprechend § 11 Absatz 2 angerechnet. [3] Die Sätze 1 und 2 gelten nicht, soweit der Auszubildende Ausbildungsförderung als Bankdarlehen nach § 18c erhalten hat.

(2) (weggefallen)

(3) (weggefallen)

(4) Für die Vergangenheit können die Eltern des Auszubildenden nur von dem Zeitpunkt an in Anspruch genommen werden, in dem

1. die Voraussetzungen des bürgerlichen Rechts vorgelegen haben oder
2. sie bei dem Antrag auf Ausbildungsförderung mitgewirkt haben oder von ihm Kenntnis erhalten haben und darüber belehrt worden sind, unter wel-

---

1) Nr. **2**.

chen Voraussetzungen dieses Gesetz eine Inanspruchnahme von Eltern ermöglicht.

(5) (weggefallen)

(6) [1] Der Anspruch ist von der Fälligkeit an mit 6 vom Hundert zu verzinsen. [2] Zinsen werden jedoch erst vom Beginn des Monats an erhoben, der auf die Mitteilung des Amtes für Ausbildungsförderung über den erfolgten Anspruchsübergang folgt.

§ 38 Übergang von anderen Ansprüchen. [1] Hat der Auszubildende für die Zeit, für die ihm Ausbildungsförderung gezahlt wird, gegen eine öffentlich-rechtliche Stelle, die nicht Leistungsträger ist, Anspruch auf Leistung, die auf den Bedarf anzurechnen ist oder eine Leistung nach diesem Gesetz ausschließt, geht dieser mit der Zahlung in Höhe der geleisteten Aufwendungen auf das Land über. [2] Die §§ 104 und 115 des Zehnten Buches Sozialgesetzbuch bleiben unberührt.

Abschnitt VIII. Organisation

§ 39 Auftragsverwaltung. (1) Dieses Gesetz wird vorbehaltlich des Absatzes 2 im Auftrag des Bundes von den Ländern ausgeführt.

(2) [1] Die nach § 18 Absatz 1 geleisteten Darlehen werden durch das Bundesverwaltungsamt verwaltet und eingezogen. [2] Die zuständige Bundeskasse nimmt die Aufgaben der Kasse beim Einzug der Darlehen und deren Anmahnung für das Bundesverwaltungsamt wahr.

(3) Jedes Land bestimmt die zuständigen Behörden für die Entscheidungen nach § 2 Absatz 2 und § 3 Absatz 4 hinsichtlich der Ausbildungsstätten und Fernlehrinstitute, die ihren Sitz in diesem Land haben.

(4) Die Bundesregierung kann durch Allgemeine Verwaltungsvorschrift mit Zustimmung des Bundesrates eine einheitliche maschinelle Berechnung, Rückrechnung und Abrechnung der Leistungen nach diesem Gesetz in Form einer algorithmischen Darstellung materiellrechtlicher Regelungen (Programmablaufplan) regeln.

§ 40 Ämter für Ausbildungsförderung. (1) [1] Die Länder errichten für jeden Kreis und jede kreisfreie Stadt ein Amt für Ausbildungsförderung. [2] Die Länder können für mehrere Kreise oder kreisfreie Städte ein gemeinsames Amt für Ausbildungsförderung errichten. [3] Im Land Berlin können mehrere Ämter für Ausbildungsförderung errichtet werden. [4] In den Ländern Berlin, Bremen und Hamburg kann davon abgesehen werden, Ämter für Ausbildungsförderung zu errichten.

(2) [1] Für Auszubildende, die eine im Inland gelegene Hochschule besuchen, richten die Länder abweichend von Absatz 1 Ämter für Ausbildungsförderung bei staatlichen Hochschulen oder bei Studentenwerken ein; diesen kann auch die Zuständigkeit für andere Auszubildende übertragen werden, die Ausbildungsförderung wie Studierende an Hochschulen erhalten. [2] Die Länder können bestimmen, dass ein bei einer staatlichen Hochschule errichtetes Amt für Ausbildungsförderung ein Studentenwerk zur Durchführung seiner Aufgaben heranzieht. [3] Ein Studentenwerk kann Amt für Ausbildungsförderung nur sein, wenn

1. es eine Anstalt oder Stiftung des öffentlichen Rechts ist und
2. ein Bediensteter die Befähigung zu einem Richteramt nach dem Deutschen Richtergesetz oder für den höheren allgemeinen Verwaltungsdienst hat.

(3) Für Auszubildende, die eine im Ausland gelegene Ausbildungsstätte besuchen, können die Länder abweichend von Absatz 1 Ämter für Ausbildungsförderung bei staatlichen Hochschulen, Studentenwerken oder Landesämtern für Ausbildungsförderung einrichten.

§ 40a Landesämter für Ausbildungsförderung. [1]Die Länder können Landesämter für Ausbildungsförderung errichten. [2]Mehrere Länder können ein gemeinsames Landesamt für Ausbildungsförderung errichten. [3]Im Falle der Errichtung eines Landesamtes für Ausbildungsförderung nach Satz 1 findet § 40 Absatz 2 Satz 3 Nummer 2 keine Anwendung.

§ 41 Aufgaben der Ämter für Ausbildungsförderung. (1) [1]Das Amt für Ausbildungsförderung nimmt die zur Durchführung dieses Gesetzes erforderlichen Aufgaben wahr, soweit sie nicht anderen Stellen übertragen sind. [2]Bei der Bearbeitung der Anträge können zentrale Verwaltungsstellen herangezogen werden.

(2) Es trifft die zur Entscheidung über den Antrag erforderlichen Feststellungen, entscheidet über den Antrag und erlässt den Bescheid hierüber.

(3) Das Amt für Ausbildungsförderung hat die Auszubildenden und ihre Eltern über die individuelle Förderung der Ausbildung nach bundes- und landesrechtlichen Vorschriften zu beraten.

(4) [1]Die Ämter für Ausbildungsförderung dürfen Personen, die Leistungen nach diesem Gesetz beziehen, auch regelmäßig im Wege des automatisierten Datenabgleichs daraufhin überprüfen, ob und welche Daten nach § 45d Absatz 1 des Einkommensteuergesetzes dem Bundeszentralamt für Steuern übermittelt worden sind. [2]Die Ämter für Ausbildungsförderung dürfen zu diesem Zweck Namen, Vornamen, Geburtsdatum und Anschrift der Personen, die Leistungen nach diesem Gesetz beziehen, sowie die Amts- und Förderungsnummer an das Bundeszentralamt für Steuern übermitteln. [3]Die Übermittlung kann auch über eine von der zuständigen Landesbehörde bestimmte zentrale Landesstelle erfolgen. [4]Das Bundeszentralamt für Steuern hat die ihm überlassenen Daten und Datenträger nach Durchführung des Abgleichs unverzüglich zurückzugeben, zu löschen oder zu vernichten. [5]Die Ämter für Ausbildungsförderung dürfen die ihnen übermittelten Daten nur zur Überprüfung nach Satz 1 nutzen. [6]Die übermittelten Daten der Personen, bei denen die Überprüfung zu keinen abweichenden Feststellungen führt, sind unverzüglich zu löschen.

§§ 42 und 43 (weggefallen)

§ 44 Beirat für Ausbildungsförderung. (1) Das Bundesministerium für Bildung und Forschung kann durch Rechtsverordnung ohne Zustimmung des Bundesrates einen Beitrag für Ausbildungsförderung bilden, der es bei

1. der Durchführung des Gesetzes,
2. der weiteren Ausgestaltung der gesetzlichen Regelung der individuellen Ausbildungsförderung und
3. der Berücksichtigung neuer Ausbildungsformen

berät.

(2) In den Beirat sind Vertreter der an der Ausführung des Gesetzes beteiligten Landes- und Gemeindebehörden, des Deutschen Studentenwerkes e.V., der Bundesagentur für Arbeit, der Lehrkörper der Ausbildungsstätten, der Auszubildenden, der Elternschaft, der Rechts-, Wirtschafts- oder Sozialwissenschaften, der Arbeitgeber sowie der Arbeitnehmer zu berufen.

Abschnitt IX. Verfahren

§ 45 Örtliche Zuständigkeit. (1) [1] Für die Entscheidung über die Ausbildungsförderung ist das Amt für Ausbildungsförderung zuständig, in dessen Bezirk die Eltern des Auszubildenden oder, wenn nur noch ein Elternteil lebt, dieser den ständigen Wohnsitz haben. [2] Das Amt für Ausbildungsförderung, in dessen Bezirk der Auszubildende seinen ständigen Wohnsitz hat, ist zuständig, wenn

1. der Auszubildende verheiratet oder in einer Lebenspartnerschaft verbunden ist oder war,
2. seine Eltern nicht mehr leben,
3. dem überlebenden Elternteil die elterliche Sorge nicht zusteht oder bei Erreichen der Volljährigkeit des Auszubildenden nicht zustand,
4. nicht beide Elternteile ihren ständigen Wohnsitz in dem Bezirk desselben Amtes für Ausbildungsförderung haben,
5. kein Elternteil einen Wohnsitz im Inland hat,
6. der Auszubildende eine Fachschulklasse besucht, deren Besuch eine abgeschlossene Berufsausbildung voraussetzt,
7. der Auszubildende Ausbildungsförderung für die Teilnahme an Fernunterrichtslehrgängen erhält (§ 3).

[3] Hat in den Fällen des Satzes 2 der Auszubildende im Inland keinen ständigen Wohnsitz, so ist das Amt für Ausbildungsförderung zuständig, in dessen Bezirk die Ausbildungsstätte liegt.

(2) Abweichend von Absatz 1 ist für die Auszubildenden an

1. Abendgymnasien und Kollegs,
2. Höheren Fachschulen und Akademien

das Amt für Ausbildungsförderung zuständig, in dessen Bezirk die Ausbildungsstätte gelegen ist, die der Auszubildende besucht.

(3) [1] Abweichend von den Absätzen 1 und 2 ist das bei einer staatlichen Hochschule errichtete Amt für Ausbildungsförderung für die an dieser Hochschule immatrikulierten Auszubildenden zuständig; diese Zuständigkeit gilt auch für Auszubildende, die im Zusammenhang mit dem Hochschulbesuch ein Vor- oder Nachpraktikum ableisten. [2] Die Länder können bestimmen, dass das an einer staatlichen Hochschule errichtete Amt für Ausbildungsförderung auch zuständig ist für Auszubildende, die an anderen Hochschulen immatrikuliert sind, und andere Auszubildende, die Ausbildungsförderung wie Studierende an Hochschulen erhalten. [3] Ist das Amt für Ausbildungsförderung bei einem Studentenwerk errichtet, so wird dessen örtliche Zuständigkeit durch das Land bestimmt.

(4) [1] Für die Entscheidung über Ausbildungsförderung für eine Ausbildung im Ausland nach § 5 Absatz 2 und 5 sowie § 6 ist ausschließlich das durch das zuständige Land bestimmte Amt für Ausbildungsförderung örtlich zuständig. [2] Das Bundesministerium für Bildung und Forschung bestimmt durch Rechtsverordnung[1)] ohne Zustimmung des Bundesrates, welches Land das für alle Auszubildenden, die die in einem anderen Staat gelegenen Ausbildungsstätten besuchen, örtlich zuständige Amt bestimmt.

§ 45a Wechsel in der Zuständigkeit. (1) [1] Wird ein anderes Amt für Ausbildungsförderung zuständig, so tritt dieses Amt für sämtliche Verwaltungshandlungen einschließlich des Vorverfahrens an die Stelle des bisher zuständigen Amtes. [2] § 2 Absatz 2 des Zehnten Buches Sozialgesetzbuch bleibt unberührt.

(2) Hat die örtliche Zuständigkeit gewechselt, muss das bisher zuständige Amt die Leistungen noch solange erbringen, bis sie von dem nunmehr zuständigen Amt fortgesetzt werden.

(3) Sobald ein Amt zuständig ist, das in einem anderen Land liegt, gehen die Ansprüche nach § 50 Absatz 1 des Zehnten Buches Sozialgesetzbuch und § 20 auf dieses Land über.

§ 46 Antrag. (1) [1] Über die Leistung von Ausbildungförderung sowie über die Höhe der Darlehenssumme nach § 18c wird auf schriftlichen Antrag entschieden. [2] Die Länder sind verpflichtet, bis zum 1. August 2016 eine elektronische Antragstellung zu ermöglichen, die den Vorgaben des § 36a Absatz 2 Satz 4 Nummer 1 oder 2 des Ersten Buches Sozialgesetzbuch entspricht. [3] Der Auszubildende kann die Höhe des Darlehens nach § 18c begrenzen; die Erklärung ist für den Bewilligungszeitraum unwiderruflich.

(2) Der Antrag ist an das örtlich zuständige Amt für Ausbildungsförderung zu richten.

(3) Die zur Feststellung des Anspruchs erforderlichen Tatsachen sind auf den Formblättern anzugeben, die die Bundesregierung durch Allgemeine Verwaltungsvorschrift mit Zustimmung des Bundesrates bestimmt hat.

(4) (weggefallen)

(5) [1] Auf Antrag hat das Amt für Ausbildungsförderung dem Grunde nach vorab zu entscheiden, ob die Förderungsvoraussetzungen für eine nach Fachrichtung und Ausbildungsstätte bestimmt bezeichnete

1. Ausbildung im Ausland nach § 5 Absatz 2 und 5,
2. Ausbildung nach § 7 Absatz 1a,
3. weitere Ausbildung nach § 7 Absatz 2,
4. andere Ausbildung nach § 7 Absatz 3,
5. Ausbildung nach Überschreiten der Altersgrenze nach § 10 Absatz 3

vorliegen. [2] Die Entscheidung nach den Nummern 2 bis 5 ist für den ganzen Ausbildungsabschnitt zu treffen. [3] Das Amt ist an die Entscheidung nicht mehr gebunden, wenn der Auszubildende die Ausbildung nicht binnen eines Jahres nach Antragstellung beginnt.

---

1) Siehe die BAföG-AuslandszuständigkeitsV (Nr. **34**).

§ 47 Auskunftspflichten. (1) [1] Ausbildungsstätten, Fernlehrinstitute und Prüfungsstellen sind verpflichtet, die nach § 3 Absatz 3, § 15 Absatz 3a sowie den §§ 48 und 49 erforderlichen Bescheinigungen, Bestätigungen und gutachterlichen Stellungnahmen abzugeben. [2] Das jeweils nach Landesrecht zuständige hauptamtliche Mitglied des Lehrkörpers der Ausbildungsstätte stellt die Eignungsbescheinigung nach § 48 Absatz 1 Nummer 2 aus und legt für den Nachweis nach § 48 Absatz 1 Nummer 3 die zum jeweils maßgeblichen Zeitpunkt übliche Zahl an ECTS-Leistungspunkten fest.

(2) Ausbildungsstätten und Fernlehrinstitute sowie deren Träger sind verpflichtet, den zuständigen Behörden auf Verlangen alle Auskünfte zu erteilen und Urkunden vorzulegen sowie die Besichtigung der Ausbildungsstätte zu gestatten, soweit die Durchführung dieses Gesetzes, insbesondere des § 2 Absatz 2 und des § 3 Absatz 2 es erfordert.

(3) Ist dem Auszubildenden von einer der in § 2 Absatz 1 Nummer 1 bis 4 bezeichneten oder diesen nach § 2 Absatz 3 als gleichwertig bestimmten Ausbildungsstätten für Zwecke dieses Gesetzes bescheinigt worden, dass er sie besucht, so unterrichtet die Ausbildungsstätte das Amt für Ausbildungsförderung unverzüglich, wenn der Auszubildende die Ausbildung abbricht.

(4) § 60 des Ersten Buches Sozialgesetzbuch gilt auch für die Eltern und den Ehegatten oder Lebenspartner, auch den dauernd getrennt lebenden, des Auszubildenden.

(5) Soweit dies zur Durchführung des Gesetzes erforderlich ist, hat

1. der jeweilige Arbeitgeber auf Verlangen dem Auszubildenden, seinen Eltern und seinem Ehegatten oder Lebenspartner sowie dem Amt für Ausbildungsförderung eine Bescheinigung über den Arbeitslohn und den als Lohnsteuerabzugsmerkmal mitgeteilten Freibetrag auszustellen,
2. die jeweilige Zusatzversorgungseinrichtung des öffentlichen Dienstes oder öffentlich-rechtliche Zusatzversorgungseinrichtung dem Amt für Ausbildungsförderung Auskünfte über die von ihr geleistete Alters- und Hinterbliebenenversorgung des Auszubildenden, seiner Eltern und seines Ehegatten oder Lebenspartners zu erteilen.

(6) Das Amt für Ausbildungsförderung kann den in den Absätzen 2, 4 und 5 bezeichneten Institutionen und Personen eine angemessene Frist zur Erteilung von Auskünften und Vorlage von Urkunden setzen.

§ 47a Ersatzpflicht des Ehegatten oder Lebenspartners und der Eltern. [1] Haben der Ehegatte oder Lebenspartner oder die Eltern des Auszubildenden die Leistung von Ausbildungsförderung an den Auszubildenden dadurch herbeigeführt, dass sie vorsätzlich oder fahrlässig falsche oder unvollständige Angaben gemacht oder eine Anzeige nach § 60 Absatz 1 Nummer 2 des Ersten Buches Sozialgesetzbuch unterlassen haben, so haben sie den Betrag, der nach § 17 für den Auszubildenden als Förderungsbetrag zu Unrecht geleistet worden ist, dem Land zu ersetzen. [2] Der Betrag ist vom Zeitpunkt der zu Unrecht erfolgten Leistung an mit 6 vom Hundert für das Jahr zu verzinsen.

§ 48 Mitwirkung von Ausbildungsstätten. (1) [1] Vom fünften Fachsemester an wird Ausbildungsförderung für den Besuch einer Höheren Fachschule, Akademie oder einer Hochschule nur von dem Zeitpunkt an geleistet, in dem der Auszubildende vorgelegt hat

1. ein Zeugnis über eine bestandene Zwischenprüfung, die nach den Ausbildungsbestimmungen erst vom Ende des dritten Fachsemesters an abgeschlossen werden kann und vor dem Ende des vierten Fachsemesters abgeschlossen worden ist,
2. eine nach Beginn des vierten Fachsemesters ausgestellte Bescheinigung der Ausbildungsstätte darüber, dass er die bei geordnetem Verlauf seiner Ausbildung bis zum Ende des jeweils erreichten Fachsemesters üblichen Leistungen erbracht hat, oder
3. einen nach Beginn des vierten Fachsemesters ausgestellten Nachweis über die bis dahin erworbene Anzahl von Leistungspunkten nach dem Europäischen System zur Anrechnung von Studienleistungen (ECTS), wenn die bei geordnetem Verlauf der Ausbildung bis zum Ende des jeweils erreichten Fachsemesters übliche Zahl an ECTS-Leistungspunkten nicht unterschritten wird.

[2] Die Nachweise gelten als zum Ende des vorhergehenden Semesters vorgelegt, wenn sie innerhalb der ersten vier Monate des folgenden Semesters vorgelegt werden und sich aus ihnen ergibt, dass die darin ausgewiesenen Leistungen bereits in dem vorhergehenden Semester erbracht worden sind.

(2) Liegen Tatsachen vor, die voraussichtlich eine spätere Überschreitung der Förderungshöchstdauer nach § 15 Absatz 3 oder eine Verlängerung der Förderungshöchstdauer nach § 15a Absatz 3 rechtfertigen, kann das Amt für Ausbildungsförderung die Vorlage der Bescheinigung zu einem entsprechend späteren Zeitpunkt zulassen.

(3) Während des Besuchs einer Höheren Fachschule, Akademie und Hochschule kann das Amt für Ausbildungsförderung bei begründeten Zweifeln an der Eignung (§ 9) des Auszubildenden für die gewählte Ausbildung eine gutachtliche Stellungnahme der Ausbildungsstätte einholen, die der Auszubildende besucht.

(4) In den Fällen des § 5 Absatz 2 Nummer 2 und 3 sind die Absätze 1 und 2 entsprechend anzuwenden.

(5) In den Fällen des § 7 Absatz 2 Satz 2 und Absatz 3 kann das Amt für Ausbildungsförderung eine gutachtliche Stellungnahme der Ausbildungsstätte einholen.

(6) Das Amt für Ausbildungsförderung kann von der gutachtlichen Stellungnahme nur aus wichtigem Grund abweichen, der dem Auszubildenden schriftlich oder elektronisch mitzuteilen ist.

§ 49 Feststellung der Voraussetzungen der Förderung im Ausland.

(1) Der Auszubildende hat auf Verlangen des Amtes für Ausbildungsförderung eine gutachtliche Stellungnahme der Ausbildungsstätte, die er bisher besucht hat, darüber beizubringen, dass

1. die fachlichen Voraussetzungen für eine Ausbildung im Ausland vorliegen (§ 5 Absatz 2 Nummer 1),
2. (weggefallen)
3. der Besuch einer im Ausland gelegenen Hochschule während drei weiterer Semester für die Ausbildung von besonderer Bedeutung ist (§ 16 Absatz 2).

(1a) Der Auszubildende hat eine Bescheinigung der Ausbildungsstätte, die er besuchen will oder besucht hat, oder der zuständigen Prüfungsstelle darüber beizubringen, dass das von ihm beabsichtigte Auslandspraktikum den Erfordernissen des § 5 Absatz 5 entspricht.

(2) § 48 Absatz 6 ist anzuwenden.

§ 50 Bescheid. (1) [1]Die Entscheidung ist dem Antragsteller schriftlich oder elektronisch mitzuteilen (Bescheid). [2]Unter dem Vorbehalt der Rückforderung kann ein Bescheid nur ergehen, soweit dies in diesem Gesetz vorgesehen ist. [3]Ist in einem Bescheid dem Grunde nach über

1. eine Ausbildung nach § 7 Absatz 1a,
2. eine weitere Ausbildung nach § 7 Absatz 2,
3. eine andere Ausbildung nach § 7 Absatz 3 oder
4. eine Ausbildung nach Überschreiten der Altersgrenze nach § 10 Absatz 3

entschieden worden, so gilt diese Entscheidung für den ganzen Ausbildungsabschnitt.

(2) [1]In dem Bescheid sind anzugeben

1. die Höhe und Zusammensetzung des Bedarfs,
2. die Höhe des Einkommens des Auszubildenden, seines Ehegatten oder Lebenspartners und seiner Eltern sowie des Vermögens des Auszubildenden,
3. die Höhe der bei der Ermittlung des Einkommens berücksichtigten Steuern und Abzüge zur Abgeltung der Aufwendungen für die soziale Sicherung,
4. die Höhe der gewährten Freibeträge und des nach § 11 Absatz 4 auf den Bedarf anderer Auszubildender angerechneten Einkommens des Ehegatten oder Lebenspartners und der Eltern,
5. die Höhe der auf den Bedarf angerechneten Beträge vom Einkommen und Vermögen des Auszubildenden sowie vom Einkommen seines Ehegatten oder Lebenspartners und seiner Eltern.

[2]Satz 1 gilt nicht, wenn der Antrag auf Ausbildungsförderung dem Grunde nach abgelehnt wird. [3]Auf Verlangen eines Elternteils oder des Ehegatten oder Lebenspartners, für das Gründe anzugeben sind, entfallen die Angaben über das Einkommen dieser Personen mit Ausnahme des Betrages des angerechneten Einkommens; dies gilt nicht, soweit der Auszubildende im Zusammenhang mit der Geltendmachung seines Anspruchs auf Leistungen nach diesem Gesetz ein besonderes berechtigtes Interesse an der Kenntnis hat. [4]Besucht der Auszubildende eine Hochschule oder eine Akademie im Sinne des § 2 Absatz 1 Satz 1 Nummer 6, so ist in jedem Bescheid das Ende der Förderungshöchstdauer anzugeben.

(3) Über die Ausbildungsförderung wird in der Regel für ein Jahr (Bewilligungszeitraum) entschieden.

(4) [1]Endet ein Bewilligungszeitraum und ist ein neuer Bescheid nicht ergangen, so wird innerhalb desselben Ausbildungsabschnitts Ausbildungsförderung nach Maßgabe des früheren Bewilligungsbescheids unter dem Vorbehalt der Rückforderung geleistet. [2]Dies gilt nur, wenn der neue Antrag im Wesentlichen vollständig zwei Kalendermonate vor Ablauf des Bewilligungszeitraums gestellt war und ihm die erforderlichen Nachweise beigefügt wurden.

§ 51 Zahlweise. (1) Der Förderungsbetrag ist unbar monatlich im Voraus zu zahlen.

(2) Können bei der erstmaligen Antragstellung in einem Ausbildungsabschnitt oder nach einer Unterbrechung der Ausbildung die zur Entscheidung über den Antrag erforderlichen Feststellungen nicht binnen sechs Kalenderwochen getroffen oder Zahlungen nicht binnen zehn Kalenderwochen geleistet werden, so wird für vier Monate Ausbildungsförderung bis zur Höhe von monatlich vier Fünfteln des für die zu fördernde Ausbildung nach § 12 Absatz 1 und 2, § 13 Absatz 1 und 2 sowie nach den §§ 13a und 14b voraussichtlich zustehenden Bedarfs unter dem Vorbehalt der Rückforderung geleistet.

(3) Monatliche Förderungsbeträge, die nicht volle Euro ergeben, sind bei Restbeträgen bis zu 0,49 Euro abzurunden und von 0,50 Euro an aufzurunden.

(4) Nicht geleistet werden monatliche Förderungsbeträge unter 10 Euro.

§ 52 (weggefallen)

§ 53 Änderung des Bescheides. [1] Ändert sich ein für die Leistung der Ausbildungsförderung maßgeblicher Umstand, so wird der Bescheid geändert

1. zugunsten des Auszubildenden vom Beginn des Monats, in dem die Änderung eingetreten ist, rückwirkend jedoch höchstens für die drei Monate vor dem Monat, in dem sie dem Amt mitgeteilt wurde,
2. zuungunsten des Auszubildenden vom Beginn des Monats an, der auf den Eintritt der Änderung folgt.

[2] Nicht als Änderung im Sinne des Satzes 1 gelten Regelanpassungen gesetzlicher Renten und Versorgungsbezüge. [3] § 48 des Zehnten Buches Sozialgesetzbuch findet keine Anwendung; Erstattungen richten sich nach § 50 des Zehnten Buches Sozialgesetzbuch. [4] Abweichend von Satz 1 wird der Bescheid vom Beginn des Bewilligungszeitraums an geändert, wenn in den Fällen des § 22 Absatz 1 und des § 24 Absatz 3 eine Änderung des Einkommens oder in den Fällen des § 25 Absatz 6 eine Änderung des Freibetrages eingetreten ist. [5] In den Fällen des § 22 Absatz 3 gilt Satz 1 mit der Maßgabe, dass das Einkommen ab dem Zeitpunkt, ab dem der Bescheid zu ändern ist, durch die Zahl der verbleibenden Kalendermonate des Bewilligungszeitraums geteilt und auf diese angerechnet wird.

§ 54 Rechtsweg. Für öffentlich-rechtliche Streitigkeiten aus diesem Gesetz ist der Verwaltungsrechtsweg gegeben.

§ 55 Statistik. (1) Über die Ausbildungsförderung nach diesem Gesetz wird eine Bundesstatistik durchgeführt.

(2) Die Statistik erfasst jährlich für das vorausgegangene Kalenderjahr für jeden geförderten Auszubildenden folgende Erhebungsmerkmale:

1. von dem Auszubildenden: Geschlecht, Geburtsjahr, Staatsangehörigkeit, Familienstand, Unterhaltsberechtigtenverhältnis der Kinder, Wohnung während der Ausbildung, Art eines berufsqualifizierenden Ausbildungsabschlusses, Ausbildungsstätte nach Art und rechtlicher Stellung, Klasse bzw. (Fach-) Semester, Monat und Jahr des Endes der Förderungshöchstdauer, Höhe und Zusammensetzung des Einkommens nach § 21 und den Freibetrag nach § 23 Absatz 1 Satz 2 sowie, wenn eine Vermögensanrechnung erfolgt, die Höhe des Vermögens nach § 27 und des Härtefreibetrags nach § 29 Absatz 3,

2. von dem Ehegatten oder Lebenspartner des Auszubildenden: Berufstätigkeit oder Art der Ausbildung, Höhe und Zusammensetzung des Einkommens nach § 21 und des Härtefreibetrags nach § 25 Absatz 6, Unterhaltsberechtigtenverhältnis der Kinder und der weiteren nach dem bürgerlichen Recht Unterhaltsberechtigten, für die ein Freibetrag nach diesem Gesetz gewährt wird,
3. von den Eltern des Auszubildenden: Familienstand, Bestehen einer Ehe oder Lebenspartnerschaft zwischen den Eltern, Berufstätigkeit, Höhe und Zusammensetzung des Einkommens nach § 21 und des Härtefreibetrags nach § 25 Absatz 6, Unterhaltsberechtigtenverhältnis und Art der Ausbildung der weiteren unterhaltsberechtigten Kinder sowie der nach dem bürgerlichen Recht Unterhaltsberechtigten, für die ein Freibetrag nach diesem Gesetz gewährt wird,
4. Höhe und Zusammensetzung des monatlichen Gesamtbedarfs des Auszubildenden, Kennzeichnung, ob das Einkommen der Eltern bei der Berechnung des Bedarfs außer Betracht zu bleiben hatte, auf den Bedarf anzurechnende Beträge von Einkommen und Vermögen des Auszubildenden sowie vom Einkommen seines Ehegatten oder Lebenspartners und seiner Eltern, von den Eltern tatsächlich geleistete Unterhaltsbeträge, Monat und Jahr des Beginns und Endes des Bewilligungszeitraums, Monat des Zuständigkeitswechsels im Berichtszeitraum sowie Art und Höhe des Förderungsbetrags, gegliedert nach Monaten.

(3) Hilfsmerkmale sind Name und Anschrift der Ämter für Ausbildungsförderung.

(4) [1] Für die Durchführung der Statistik besteht Auskunftspflicht. [2] Auskunfspflichtig sind die Ämter für Ausbildungsförderung.

Abschnitt X. [Aufbringung der Mittel]

§ 56 Aufbringung der Mittel. (1) [1] Die für die Ausführung dieses Gesetzes erforderlichen Mittel, einschließlich der Erstattungsbeträge an die Kreditanstalt für Wiederaufbau nach § 18d Absatz 2, trägt der Bund. [2] Die Mittel für die Darlehen nach § 17 Absatz 2 und 3 Satz 1 können von der Kreditanstalt für Wiederaufbau bereitgestellt werden. [3] In diesen Fällen trägt der Bund die der Kreditanstalt für Wiederaufbau entstehenden Aufwendungen für die Bereitstellung der Mittel und das Ausfallrisiko.

(2) [1] Das Bundesverwaltungsamt hat von den ab dem Jahr 2015 eingezogenen Beträgen und Zinsen aus Darlehen nach § 17 Absatz 2 Satz 1 insgesamt 2,058 Milliarden Euro an die Länder abzuführen. [2] Dies hat in jährlichen Raten in Höhe des Betrages zu erfolgen, der für die Kalenderjahre 2012 bis 2014 nach der vor dem 1. Januar 2015 gültigen Fassung dieses Absatzes im Jahresdurchschnitt an die Länder weitergeleitet worden ist, höchstens jedoch in Höhe von jeweils 35 vom Hundert der in einem Kalenderjahr vom Bundesverwaltungsamt insgesamt eingezogenen Beträge und Zinsen. [3] Bleibt in einem Kalenderjahr wegen der vorgesehenen Begrenzung nach Satz 2 ein Differenzbetrag bis zum maßgeblichen Durchschnittsbetrag der Kalenderjahre 2012 bis 2014 offen, ist die Differenz im jeweils nächsten Kalenderjahr zusätzlich an die Länder abzuführen; für den Betrag, der daneben für dieses jeweils nächste Kalenderjahr abzuführen ist, bleibt Satz 2 unberührt. [4] Das Bundesverwaltungsamt hat den so

ermittelten jährlich abzuführenden Gesamtbetrag jeweils in dem Verhältnis an die Länder abzuführen, in dem die in den Jahren 2012 bis 2014 an das Bundesverwaltungsamt gemeldeten Darlehensleistungen der einzelnen Länder zueinander stehen.

(2a) Die Kreditanstalt für Wiederaufbau hat 35 vom Hundert der von ihr nach § 18d Absatz 1 für den Bund eingezogenen Beträge und Zinsen aus Darlehen, die ihr bis zum 31. Dezember 2014 erstattet wurden, in dem Verhältnis an die Länder abzuführen, in dem die auf Bewilligungsbescheide der Ämter aus den Jahren 2012 bis 2014 gezahlten Darlehensbeträge zueinander stehen.

(3) Das Land führt die auf Grund des § 50 des Zehnten Buches Sozialgesetzbuch sowie der §§ 20, 37, 38 und 47a eingezogenen Beträge an den Bund ab.

(4) Im Falle einer vor dem Jahr 2015 geleisteten Förderung nach § 5 Absatz 2 bis 5 erstattet das Land, in dem der Auszubildende seinen ständigen Wohnsitz hat, dem nach der Rechtsverordnung auf Grund des § 45 Absatz 4 Satz 2 zuständigen Land 35 vom Hundert der Ausgaben.

Abschnitt XI. Bußgeldvorschriften, Übergangs- und Schlussvorschriften

§ 57 (weggefallen)

§ 58 Ordnungswidrigkeiten. (1) Ordnungswidrig handelt, wer vorsätzlich oder fahrlässig

1. entgegen § 60 Absatz 1 des Ersten Buches Sozialgesetzbuch, jeweils auch in Verbindung mit § 47 Absatz 4, eine Angabe oder eine Änderungsmitteilung nicht, nicht richtig, nicht vollständig oder nicht rechtzeitig macht oder eine Beweisurkunde nicht, nicht richtig, nicht vollständig oder nicht rechtzeitig vorlegt;
2. entgegen § 47 Absatz 2 oder 5 Nummer 1 eine Auskunft nicht, nicht richtig, nicht vollständig oder nicht rechtzeitig erteilt oder eine Urkunde nicht oder nicht rechtzeitig vorlegt oder nicht oder nicht rechtzeitig ausstellt;

2a. entgegen § 47 Absatz 3 das Amt für Ausbildungsförderung nicht oder nicht rechtzeitig unterrichtet oder

3. einer Rechtsverordnung nach § 18 Absatz 14 Nummer 2 zuwiderhandelt, soweit sie für einen bestimmten Tatbestand auf diese Bußgeldvorschrift verweist.

(2) Die Ordnungswidrigkeit kann mit einer Geldbuße bis zu 2 500 Euro geahndet werden.

(3) Verwaltungsbehörde im Sinne des § 36 Absatz 1 Nummer 1 des Gesetzes über Ordnungswidrigkeiten ist in den Fällen des Absatzes 1 Nummer 1, 2 und 2a das Amt für Ausbildungsförderung, in den Fällen des Absatzes 1 Nummer 3 das Bundesverwaltungsamt.

§ 59 (weggefallen)

§ 60 Opfer politischer Verfolgung durch SED-Unrecht. Verfolgten nach § 1 des Beruflichen Rehabilitierungsgesetzes oder verfolgten Schülern nach § 3 des Beruflichen Rehabilitierungsgesetzes wird für Ausbildungsabschnitte, die vor dem 1. Januar 2003 beginnen,

1. Ausbildungsförderung ohne Anwendung der Altersgrenze des § 10 Absatz 3 Satz 1 geleistet, sofern sie eine Bescheinigung nach § 17 oder § 18 des Beruflichen Rehabilitierungsgesetzes erhalten haben; § 10 Absatz 3 Satz 2 Nummer 3 bleibt unberührt,
2. auf Antrag der nach dem 31. Dezember 1990 nach § 17 Absatz 2 geleistete Darlehensbetrag erlassen, sofern in der Bescheinigung nach § 17 des Beruflichen Rehabilitierungsgesetzes eine Verfolgungszeit oder verfolgungsbedingte Unterbrechung der Ausbildung vor dem 3. Oktober 1990 von insgesamt mehr als drei Jahren festgestellt wird; der Antrag ist innerhalb eines Monats nach Bekanntgabe des Bescheides nach § 18 Absatz 9 zu stellen,
3. auf Antrag der nach dem 31. Juli 1996 nach § 17 Absatz 3 in der am 31. Juli 2019 geltenden Fassung geleistete Darlehensbetrag unter den Voraussetzungen der Nummer 2 erlassen; der Antrag ist innerhalb eines Monats nach Erhalt der Mitteilung nach § 18c Absatz 8 an die Kreditanstalt für Wiederaufbau zu richten.

§§ 61 bis 64 (weggefallen)

§ 65 Weitergeltende Vorschriften. (1) Die Vorschriften über die Leistung individueller Förderung der Ausbildung nach

1. dem Bundesversorgungsgesetz,
2. den Gesetzen, die das Bundesversorgungsgesetz für anwendbar erklären,
3. (weggefallen)
4. dem Bundesentschädigungsgesetz sowie
5. dem Häftlingshilfegesetz in der Fassung der Bekanntmachung vom 2. Juni 1993 (BGBl. I S. 838), zuletzt geändert durch Artikel 4 des Gesetzes vom 17. Dezember 1999 (BGBl. I S. 2662)

werden durch dieses Gesetz nicht berührt.

(2) Die in Absatz 1 bezeichneten Vorschriften haben Vorrang vor diesem Gesetz.

§ 66 (weggefallen)

§ 66a Übergangs- und Anwendungsvorschrift; Verordnungsermächtigung. (1) [1] Für Auszubildende, denen bis zum 31. Juli 2016 nach zuvor bereits erworbenem Hochschulabschluss die Leistung von Ausbildungsförderung nach § 7 Absatz 1 bewilligt wurde, ist diese Vorschrift bis zum Ende des Ausbildungsabschnitts in der bis zum 31. Juli 2016 geltenden Fassung weiter anzuwenden. [2] Für Auszubildende, deren Bewilligungszeitraum vor dem 1. August 2016 begonnen hat, ist § 45 Absatz 1 Satz 2 Nummer 6 bis zum Ende des Ausbildungsabschnitts in der bis zum 31. Juli 2016 geltenden Fassung weiter anzuwenden.

(2) Die §§ 2, 7, 10, 11, 12, 13, 13a, 14b, 15, 17 Absatz 3, die §§ 18c, 21, 23, 25, 41, 47a, 50, 56 und 60 Nummer 3 in der durch Artikel 1 des Gesetzes vom 8. Juli 2019 (BGBl. I S. 1048) geänderten Fassung sind erst ab dem 1. August 2019 anzuwenden, soweit nachstehend nichts anderes bestimmt ist.

(3) § 17 Absatz 2, die §§ 18, 18a, 18b, 18d, 58 und 60 Nummer 2 in der durch Artikel 1 des Gesetzes vom 8. Juli 2019 (BGBl. I S. 1048) geänderten Fassung sind erst ab dem 1. September 2019 anzuwenden, soweit nachstehend nichts anderes bestimmt ist.

(4) [1] Für Bewilligungszeiträume, die vor dem 1. August 2019 begonnen haben, sind die §§ 11, 12, 13, 13a, 14b, 17 Absatz 3, die §§ 18c, 21, 23, 25, 41, 47a, 50, 56 und 60 Nummer 3 in der bis zum 31. Juli 2019 anzuwendenden Fassung vorbehaltlich des Satzes 2 weiter anzuwenden. [2] Ab dem 1. Oktober 2019 sind die §§ 12, 13, 13a, 14b, 21, 23 und 25 in der ab dem 1. August 2019 anzuwendenden Fassung auch für Bewilligungszeiträume anzuwenden, die vor dem 1. August 2019 begonnen haben. [3] Bei der Rückzahlung der Darlehen ist für die Einkommensfreistellung nach § 18a die Regelung des § 21 in der ab dem 1. August 2019 geltenden Fassung abweichend von Satz 1 bereits ab dem 1. September 2019 anzuwenden.

(5) [1] Für Auszubildende, denen für einen vor dem 1. August 2019 begonnenen Ausbildungsabschnitt Förderung geleistet wurde für den Besuch einer staatlichen Akademie, welche Abschlüsse verleiht, die nach Landesrecht Hochschulabschlüssen gleichgestellt sind, sind bis zum Ende dieses Ausbildungsabschnitts § 15 Absatz 2 Satz 1 und § 50 Absatz 2 Satz 4 in der am 31. Juli 2019 geltenden Fassung weiter anzuwenden. [2] § 18 Absatz 4 Satz 1 in der ab dem 1. September 2019 geltenden Fassung gilt für sie mit der Maßgabe, dass ausschließlich die Nummer 2 anzuwenden ist.

(6) Für Darlehensnehmende, denen vor dem 1. September 2019 Förderung nach § 17 Absatz 2 Satz 1 in der am 31. August 2019 anzuwendenden Fassung geleistet wurde, sind diese Regelung, § 18 mit Ausnahme des Absatzes 3 Satz 1 und des Absatzes 5c sowie § 18a Absatz 5, die §§ 18b, 58 Absatz 1 Nummer 3 und § 60 Nummer 2 in der am 31. August 2019 geltenden Fassung weiter anzuwenden; dies gilt auch, soweit die Förderungsleistungen jeweils auch noch über den 31. August 2019 hinaus erbracht werden.

(7) [1] Darlehensnehmende, denen Förderung mit Darlehen nach § 17 in einer vor dem 1. September 2019 geltenden Fassung geleistet wurde, mit Ausnahme von Bankdarlehen nach § 18c, können binnen einer Frist von sechs Monaten nach diesem Datum jeweils durch schriftliche oder elektronische Erklärung gegenüber dem Bundesverwaltungsamt verlangen, dass für die Rückzahlung des gesamten Darlehens § 18 Absatz 12 und § 18a in der am 1. September 2019 anzuwendenden Fassung anzuwenden sind. [2] Für Darlehensnehmende, die den dort genannten Rückzahlungszeitraum von 20 Jahren überschritten haben, gilt Satz 1 mit der Maßgabe, dass für den Erlass nach § 18 Absatz 12 Satz 1 in der ab dem 1. September 2019 anzuwendenden Fassung die Voraussetzungen für den gesamten Zeitraum vor Äußerung des Verlangens vorgelegen haben müssen.

(8) Abweichend von § 18 Absatz 3 Satz 1 und § 18c Absatz 6 und 7 beträgt die Rate bis zum 31. März 2020 105 Euro.

(8a) § 21 Absatz 4 Nummer 5 ist ab dem 1. April 2022 nicht mehr anzuwenden.

(8b) Die Bundesregierung wird ermächtigt, die Anwendung des § 21 Absatz 4 Nummer 5 durch Rechtsverordnung ohne Zustimmung des Bundesrates längstens bis zum Ablauf des 31. Dezember 2022 zu verlängern, soweit dies auf Grund fortbestehender Auswirkungen der COVID-19-Pandemie in der Bundesrepublik Deutschland erforderlich ist.

(9) [1] Für Bewilligungszeiträume, die vor dem 1. August 2020 begonnen haben, sind die §§ 12, 13, 14b Absatz 1 Satz 1, die §§ 23, 25 und 29 in der bis zum 31. Juli 2020 anzuwendenden Fassung vorbehaltlich des Satzes 2 weiter anzuwenden. [2] Ab dem 1. Oktober 2020 sind die in Satz 1 genannten Regelungen in der ab dem 1. August 2020 anzuwendenden Fassung auch für Bewilligungszeiträume anzuwenden, die vor dem 1. August 2020 begonnen haben.

(10) [1] Für Bewilligungszeiträume, die vor dem 1. August 2021 begonnen haben, sind die §§ 23 und 25 in der bis zum 31. Juli 2021 anzuwendenden Fassung weiter anzuwenden. [2] Ab dem 1. Oktober 2021 sind die in Satz 1 genannten Regelungen in der ab dem 1. August 2021 anzuwendenden Fassung auch für Bewilligungszeiträume anzuwenden, die vor dem 1. August 2021 begonnen haben.

§ 66b Übergangsvorschrift aus Anlass des Endes des Übergangszeitraums nach dem Abkommen über den Austritt des Vereinigten Königreichs Großbritannien und Nordirland aus der Europäischen Union und der Europäischen Atomgemeinschaft. Auszubildenden, die bis zum Ende des Übergangszeitraums nach Teil Vier des Abkommens über den Austritt des Vereinigten Königreichs Großbritannien und Nordirland aus der Europäischen Union und der Europäischen Atomgemeinschaft vom 24. Januar 2020 (ABl. L 29 vom 31.1.2020, S. 7) einen Ausbildungsabschnitt an einer Ausbildungsstätte im Vereinigten Königreich Großbritannien und Nordirland beginnen oder fortsetzen, wird Ausbildungsförderung nach § 5 Absatz 2 Satz 1 Nummer 3 noch bis zum Abschluss oder Abbruch dieses Ausbildungsabschnitts an einer dortigen Ausbildungsstätte nach Maßgabe der im Übrigen unverändert geltenden sonstigen Förderungsvoraussetzungen dieses Gesetzes gewährt.

§ 67 (weggefallen)

§ 68 (Inkrafttreten)

32. Verordnung über Zusatzleistungen in Härtefällen nach dem Bundesausbildungsförderungsgesetz (HärteV)

Vom 15. Juli 1974
(BGBl. I S. 1449)

BGBl. III/FNA 2212-2-9

zuletzt geänd. durch Art. 7 AusbildungsförderungsreformG v. 19.3.2001 (BGBl. I S. 390)

Auf Grund des § 14a des Bundesausbildungsförderungsgesetzes[1] vom 26. August 1971 (Bundesgesetzbl. I S. 1409)[2] und des Gesetzes zur Änderung des Bundesausbildungsförderungsgesetzes und des Arbeitsförderungsgesetzes vom 14. November 1973 (Bundesgesetzbl. I S. 1637), zuletzt geändert durch das Einführungsgesetz zum Strafgesetzbuch vom 2. März 1974 (Bundesgesetzbl. I S. 469), verordnet die Bundesregierung mit Zustimmung des Bundesrates:

§ 1 Schulgeld, Studiengebühren. (1) *(aufgehoben)*

(2) [1] Bei dem Besuch von privaten Schulen, denen ein Tagesheim organisatorisch angegliedert ist (Tagesheimschulen), wird Ausbildungsförderung für die neben dem Schulgeld zu entrichtenden Kosten bis zur Höhe von monatlich 77 Euro geleistet. [2] Falls diese Kosten Aufwendungen für die Verpflegung der Schüler umfassen, werden von dem in Satz 1 genannten Betrag 1 Euro je Verpflegungstag abgesetzt.

§§ 2–5 *(aufgehoben)*

§ 6 Voraussetzungen der Internatsunterbringung. (1) Ausbildungsförderung wird einem Auszubildenden geleistet, dessen Bedarf sich nach § 12 Abs. 2 oder nach § 13 Abs. 1 Nr. 1 in Verbindung mit Absatz 2 Nr. 2 des Gesetzes bemißt, zur Deckung der Kosten der Unterbringung in einem Internat oder einer gleichartigen Einrichtung, soweit sie den nach diesen Bestimmungen des Gesetzes maßgeblichen Bedarfssatz übersteigen.

(2) [1] Internat im Sinne des Absatzes 1 ist ein der besuchten Ausbildungsstätte angegliedertes Wohnheim, in dem der Auszubildende außerhalb der Unterrichtszeit pädagogisch betreut wird und in Gemeinschaft mit anderen Auszubildenden Verpflegung und Unterkunft erhält. [2] Einem Internat gleichgestellt ist ein selbständiges, keiner Ausbildungsstätte zugeordnetes Wohnheim, das einem gleichartigen Zweck dient.

(3) Als Internat oder einem Internat gleichgestellt gelten nur Wohnheime, die nach landesrechtlichen Vorschriften der Schulaufsicht oder gemäß § 78 des Gesetzes für Jugendwohlfahrt der Aufsicht des Landesjugendamtes unterstehen.

§ 7 Leistung bei Internatsunterbringung. (1) Kosten der Unterbringung sind die tatsächlich im Bewilligungszeitraum zu entrichtenden Kosten ohne Schulgeld (Heimkosten).

(2) [1] Als Ausbildungsförderung wird der den maßgeblichen Bedarfssatz übersteigende Betrag geleistet, der sich aus der Teilung des Heimkostenbetrages

---

[1] Nr. **31**.
[2] Jetzt i. d. F. vom 6.6.1983 (BGBl. I S. 645).

nach Absatz 1 durch die Zahl der Kalendermonate des Bewilligungszeitraums ergibt. [2]Dem so errechneten Monatsbedarf sind 41 Euro als Bedarf für die Ferienzeit, die der Auszubildende nicht im Internat verbringt, hinzuzurechnen.

(3) [1]Heimkosten werden nur berücksichtigt, wenn eine erheblich preisgünstigere Unterbringung in einem zumutbaren Internat (§ 6 Abs. 2 Satz 1) oder Wohnheim (§ 6 Abs. 2 Satz 2) mit im wesentlichen gleichen pädagogischen Leistungen ausgeschlossen ist. [2]Das Amt für Ausbildungsförderung kann die Berücksichtigung der geltend gemachten Aufwendungen nur verweigern, wenn es die Möglichkeit einer erheblich preisgünstigeren Unterbringung bei im wesentlichen gleichen pädagogischen Leistungen nachweist.

§§ 8-10 *(aufgehoben)*

§ 11 Berlin-Klausel. *(gegenstandslos)*

§ 12 Inkrafttreten. Diese Verordnung tritt am 1. Juli 1974 in Kraft.

33. Verordnung über die Einziehung der nach dem Bundesausbildungsförderungsgesetz[1] geleisteten Darlehen (BAföG-Darlehens-Verordnung – DarlehensV)[2]

In der Fassung der Bekanntmachung vom 28. Oktober 1983[3]
(BGBl. I S. 1340)

FNA 2212-2-8-3

zuletzt geänd. durch Art. 1 Sechste ÄndVO v. 16.7.2019 (BGBl. I S. 1095)

§ 1 Reihenfolge der Tilgung. (1) Zahlungen, die zur Tilgung der gesamten fälligen Schuld nicht ausreichen, werden zunächst auf das Darlehen, dann auf die Kosten und zuletzt auf die Zinsen angerechnet.

(2) Bei mehreren gleichartigen Darlehen ist das ältere vor dem jüngeren zu tilgen.

(3) [1]Vorzeitige Rückzahlungen sind zunächst auf bereits fällig gewordene Beträge anzurechnen. [2]Die Tilgungsreihenfolge nach Satz 1 und den Absätzen 1 und 2 kann nicht abbedungen werden.

§ 2 Geringfügiger Verstoß gegen die Zahlungs- und Mitwirkungspflichten. Ein im Sinne des § 18 Absatz 12 Satz 3 des Gesetzes nur geringfügiger Verstoß gegen die Zahlungs- und Mitwirkungspflichten ist insbesondere anzunehmen, wenn im gesamten Rückzahlungszeitraum

1. höchstens einmal eine Kostenpauschale für die Anschriftenermittlung nach § 12 Absatz 2 Satz 1 wegen Verstoßes gegen die Mitteilungsverpflichtung bei Änderungen der Wohnanschrift und des Familiennamens zu erheben war,
2. kein Bußgeld wegen Verstoßes gegen die Mitteilungsverpflichtung nach § 12 Absatz 1 Nummer 4 bei einer Änderung der nach § 18a des Gesetzes maßgeblichen Familien- und Einkommensverhältnisse bestandskräftig festgesetzt wurde und
3. sämtliche Zahlungsverpflichtungen einschließlich Kosten- und Zinsforderungen beglichen wurden und höchstens für die Dauer von 150 Tagen nach § 18 Absatz 2 Satz 2 und 3 des Gesetzes Zinsen wegen Überschreitung des Zahlungstermins angefallen sind.

§ 3 Nachweise für die Freistellung von der Rückzahlungsverpflichtung. (1) [1]Die für eine Freistellung nach § 18a Absatz 1 des Gesetzes maßgebliche Höhe ihres Einkommens können Darlehensnehmende insbesondere nachweisen durch die Vorlage von

1. Lohn- und Gehaltsbescheinigungen ihres Arbeitgebers im Fall eines Einkommens aus nichtselbständiger Erwerbstätigkeit,
2. Einkommensteuerbescheiden mit ausgewiesenen Gewinneinkünften im Fall eines Einkommens aus selbständiger Erwerbstätigkeit oder

---

[1] Nr. **31**.
[2] Die VO wurde erlassen auf Grund von § 18 Abs. 6 BAföG (Nr. **31**).
[3] Neubekanntmachung der DarlehensV v. 9.7.1980 (BGBl. I S. 895) in der ab 5.11.1983 geltenden Fassung.

3. Bescheiden über den Bezug staatlicher Transferleistungen, deren Zweckbestimmung einer Anrechnung auf den Bedarf im Sinne von § 21 Absatz 3 Satz 1 Nummer 4 des Gesetzes entgegensteht.

[2] Liegt im Fall von Einkommen aus selbständiger Erwerbstätigkeit kein Einkommensteuerbescheid vor, so können die Einkünfte anhand der Einnahmenüberschussrechnung nach § 4 Absatz 3 des Einkommensteuergesetzes nachgewiesen werden. [3] Es genügt im Regelfall die Vorlage einer Kopie.

(2) Die Nachweispflicht nach § 18a Absatz 3 Satz 3 des Gesetzes gilt nur für Freistellungszeiträume ab dem 1. September 2019.

(3) Soweit eine Vorlage von Unterlagen nicht möglich ist, haben Darlehensnehmende das Vorliegen der für die Feststellung der Voraussetzungen erheblichen Tatsachen des § 18a Absatz 1 des Gesetzes an Eides statt zu versichern.

§§ 4, 5 *(aufgehoben)*

§ 6 Vorzeitige Rückzahlung. (1) Über den Antrag auf Gewährung eines Nachlasses wegen vorzeitiger Rückzahlung der verbleibenden Darlehensschuld entscheidet das Bundesverwaltungsamt nach Maßgabe der folgenden Absätze und der Anlage[1)].

(2) [1] Die für die Höhe des Nachlasses maßgebliche verbleibende Darlehensschuld wird berücksichtigt

1. für Darlehen, die nach § 17 Absatz 2 Satz 1 des Gesetzes in der bis zum 31. Juli 2019 geltenden Fassung geleistet wurden, höchstens bis zu 10 000 Euro,
2. für Darlehen, die nach § 17 Absatz 2 Satz 1 des Gesetzes in der ab dem 1. August 2019 geltenden Fassung geleistet wurden, höchstens bis zu 10 010 Euro.

[2] Für die Bemessung des Nachlasses bleibt der Teil des geleisteten Zahlungsbetrags zur Ablösung der verbleibenden Darlehensschuld unberücksichtigt, der bereits nach § 1 Absatz 3 Satz 2 auf zuvor fällige Beträge angerechnet wurde. [3] Soweit ein Teil einer Rückzahlung, die nach dem 31. März 2020 vorzeitig geleistet wurde, auf Tilgungsraten entfällt, die zu diesem Zeitpunkt lediglich wegen vorausgegangener Freistellung von der Rückzahlungsverpflichtung nach § 18a Absatz 1 des Gesetzes noch nicht fällig waren, sind diese Tilgungsraten für die Bemessung des Nachlasses nicht zu berücksichtigen.

(3) [1] Wird die gesamte verbleibende Darlehensschuld nicht in einer Summe abgelöst, so ist der Nachlass nur für die Ablösung von mindestens 500 Euro zu gewähren. [2] Reichen vorzeitig zurückgezahlte Beträge nicht zur Ablösung der vollen verbleibenden Darlehensschuld aus, sind sie auf die zuletzt fällig werdenden Rückzahlungsraten anzurechnen. [3] Die verbleibende Darlehensschuld verringert sich um den vorzeitig geleisteten Zahlungsbetrag sowie den im Gegenzug gewährten Nachlass nach Maßgabe des § 18 Absatz 13 des Gesetzes.

§ 7 Vergleiche, Veränderungen von Ansprüchen. Der Abschluß von Vergleichen sowie die Stundung, Niederschlagung und der Erlaß von Ansprüchen richten sich nach den §§ 58 und 59 der Bundeshaushaltsordnung.

---

1) Nr. **33**.

§ 8 Zahlungsrückstand. (1) Nach dem Zahlungstermin werden gesondert erhoben:

1. Zinsen nach § 18 Absatz 2 des Gesetzes ab dem auf den Zahlungstermin folgenden Monat, wobei einem Kalendermonat 30 Tage zugrunde zu legen sind,
2. 5 Euro Mahnkosten.

(2) [1] Die Rechtsfolgen nach Absatz 1 treten unabhängig davon ein, ob dem Darlehensnehmer ein Bescheid nach § 10 zugegangen ist. [2] Abweichend von Satz 1 treten die Rechtsfolgen nicht ein, solange der Bescheid dem Darlehensnehmer aus von ihm nicht zu vertretenden Gründen nicht zugegangen ist.

§ 9 Datenermittlung. (1) Die Ämter für Ausbildungsförderung stellen nach Ablauf eines jeden Kalenderjahres bis zum 31. März dem Bundesverwaltungsamt die für die Zinsberechnung und den Darlehenseinzug erforderlichen Daten über

1. die in dem Kalenderjahr geleisteten Darlehen,
2. die in dem Kalenderjahr getroffenen Änderungen über in zurückliegenden Kalenderjahren geleistete Darlehen

auf für die elektronische Datenverarbeitung geeigneten, maschinell lesbaren Datenträgern zur Verfügung.

(2) Abweichend von Absatz 1 können die Ämter für Ausbildungsförderung in Einzelfällen, in denen die maschinelle Datenmitteilung wegen eines unverhältnismäßigen Verwaltungsaufwandes nicht vertretbar ist, die Datenmitteilung an das Bundesverwaltungsamt auf den Darlehenserfassungsbögen übermitteln.

(3) *(aufgehoben)*

(4) Werden an einen Auszubildenden innerhalb eines Kalenderjahres von mehreren Ämtern für Ausbildungsförderung Darlehen geleistet, so hat jedes Amt die Höhe des von ihm gezahlten Darlehens dem Bundesverwaltungsamt mitzuteilen.

(5) [1] Die Akten verbleiben bei dem Amt für Ausbildungsförderung, das zuletzt mit einer Entscheidung in der Förderungsangelegenheit befaßt war. [2] Sie sind dem Bundesverwaltungsamt auf Anforderung zu überlassen.

(6) *(aufgehoben)*

§ 10 Rückzahlungsbescheid. (1) Unbeschadet der nach § 18 Absatz 4 bis 6 des Gesetzes eintretenden Fälligkeit der Rückzahlungsraten erteilt das Bundesverwaltungsamt den Darlehensnehmenden jeweils einen Rückzahlungsbescheid.

(2) In dem Rückzahlungsbescheid werden festgestellt:

1. der Zeitpunkt des Beginns der Rückzahlung des Darlehens und
2. die Höhe der monatlichen oder vierteljährlichen Raten.

§ 11 Rückzahlungsbedingungen. (1) Die Rückzahlungsraten sind bei monatlicher Zahlungsweise jeweils am Ende des Monats, bei vierteljährlicher Zahlungsweise jeweils am Ende des dritten Monats in einer Summe zu leisten.

(2) [1] Der Rückzahlungsbetrag wird im Auftrag des Bundesverwaltungsamtes von der zuständigen Bundeskasse im Lastschrifteinzugsverfahren von einem laufenden Konto des Darlehensnehmers eingezogen. [2] Kann diesem die Ein-

richtung eines solchen Kontos nicht zugemutet werden, ist die unbare Zahlung auf ein vom Bundesverwaltungsamt bestimmtes Konto der Bundeskasse zuzulassen. [3]Die Zahlung gilt mit Eingang des Rückzahlungsbetrages bei der Bundeskasse als geleistet.

§ 12 Mitteilungspflichten. (1) Der Darlehensnehmer ist verpflichtet,

1. jede Änderung der Wohnanschrift und des Familiennamens,

2., 3. *(aufgehoben)*

4. während der Dauer der Freistellung von der Rückzahlungsverpflichtung jede nach der Geltendmachung eintretende Änderung seiner nach § 18a des Gesetzes maßgeblichen Familien- und Einkommensverhältnisse

dem Bundesverwaltungsamt unverzüglich schriftlich oder elektronisch mitzuteilen.

(2) [1]Kommt der Darlehensnehmer seinen Mitteilungspflichten nach Absatz 1 Nr. 1 nicht nach und muß seine Anschrift deshalb ermittelt werden, so hat er für die Ermittlung, sofern nicht höhere Kosten nachgewiesen werden, pauschal 25 Euro zu zahlen. [2]Anschriftenermittlungskosten sollen nicht erhoben werden, wenn der Darlehensnehmer seine Mitteilungspflichten nach Bekanntgabe des Bescheides nach § 18 Absatz 9 des Gesetzes und nach § 10 verletzt und das Darlehenskonto des Darlehensnehmers im Zeitpunkt der Notwendigkeit der Anschriftenermittlung keinen Zahlungsrückstand aufweist. [3]§ 8 Absatz 1 Nummer 2 gilt entsprechend.

§ 13 Aufteilung der eingezogenen Beträge. (1) [1]Das Bundesverwaltungsamt hat den Ländern nach Ablauf eines Kalenderjahres eine Aufstellung über die Höhe der eingezogenen Beträge und Zinsen (Darlehens- und Zahlungsrückstandszinsen) sowie über die Aufteilung nach Maßgabe des § 56 Absatz 2 des Gesetzes zu übermitteln. [2]Es hat zum Ende des jeweiligen Kalenderjahres jedem Land eine Abschlagszahlung in Höhe des ihm voraussichtlich zustehenden Betrages zu leisten und bis zum 30. Juni des laufenden Jahres den Restbetrag abzuführen, der ihm nach § 56 Absatz 2 Satz 4 zusteht.

(2) Kostenerstattungen nach § 8 Absatz 1 Nummer 2 und § 12 Absatz 2 sowie Bußgelder nach § 14 verbleiben in voller Höhe dem Bund.

§ 13a Übergangsvorschrift. Bis zum Ablauf des 31. März 2020 sind die §§ 6 und 8 und die Anlage in der am 31. August 2019 geltenden Fassung weiter anzuwenden.

§ 14 Ordnungswidrigkeiten. Ordnungswidrig im Sinne des § 58 Absatz 1 Nummer 3 des Bundesausbildungsförderungsgesetzes[1)] handelt, wer vorsätzlich oder fahrlässig entgegen § 12 Absatz 1 Nummer 4 eine Mitteilung nicht, nicht richtig, nicht vollständig, nicht in der vorgeschriebenen Weise oder nicht rechtzeitig macht.

§ 15 *(aufgehoben)*

[1)] Nr. **31**.

Anlage
(zu § 6 Absatz 1)

Ablösung des Darlehens bis zu einschließlich	Nachlass in Prozent zur Ablösung des Darlehensbetrages in Spalte[1)]	
Euro	Nachlass in Prozent	Orientierungswert für den Zahlungsbetrag in Euro[1)]
1	2	3
500	5,0	475
1 000	6,0	940
1 500	7,0	1 395
2 000	8,0	1 840
2 500	9,0	2 275
3 000	9,5	2 715
3 500	10,5	3 133
4 000	11,5	3 540
4 500	12,0	3 960
5 000	13,0	4 350
5 500	14,0	4 730
6 000	14,5	5 130
6 500	15,5	5 493
7 000	16,0	5 880
7 500	17,0	6 225
8 000	18,0	6 560
8 500	18,5	6 928
9 000	19,5	7 245
9 500	20,0	7 600
10 000	21,0	7 900
10 500	21,5	8 243
11 000	22,0	8 580
11 500	23,0	8 855
12 000	23,5	9 180
12 500	24,5	9 438
13 000	25,0	9 750
13 500	25,5	10 058
14 000	26,5	10 290
14 500	27,0	10 585
15 000	27,5	10 875
15 500	28,5	11 083
16 000	29,0	11 360
16 500	29,5	11 633
17 000	30,0	11 900
17 500	31,0	12 075
18 000	31,5	12 330
18 500	32,0	12 580
19 000	32,5	12 825
19 500	33,0	13 065
20 000	33,5	13 300
20 500	34,5	13 428

[1)] **Amtl. Anm.:** Der Orientierungswert in Spalte 3 benennt den Betrag, der bei Erreichen des jeweiligen in Spalte 1 bezeichneten Ablösungsbetrages unter Anwendung des entsprechenden Prozentsatzes der Spalte 2 zu zahlen ist.

Ablösung des Darlehens bis zu einschließlich	Nachlass in Prozent zur Ablösung des Darlehensbetrages in Spalte	
Euro	Nachlass in Prozent	Orientierungswert für den Zahlungsbetrag in Euro
1	2	3
21 000	35,0	13 650
21 500	35,5	13 868
22 000	36,0	14 080
22 500	36,5	14 288
23 000	37,0	14 490
23 500	37,5	14 688
24 000 (und mehr)	38,0	–

34. Verordnung über die örtliche Zuständigkeit für Ausbildungsförderung im Ausland (BAföG-AuslandszuständigkeitsV)

Vom 6. Januar 2004
(BGBl. I S. 42)

FNA 2212-2-20

geänd. durch Art. 1 Erste ÄndVO v. 19.10.2011 (BGBl. I S. 2098)

Auf Grund des § 45 Abs. 4 Satz 2 des Bundesausbildungsförderungsgesetzes[1] in der Fassung der Bekanntmachung vom 6. Juni 1983 (BGBl. I S. 645, 1680), der zuletzt durch Artikel 1 Nr. 12 des Gesetzes vom 7. Mai 1999 (BGBl. I S. 850) geändert worden ist, verordnet das Bundesministerium für Bildung und Forschung:

§ 1 Örtliche Zuständigkeit. (1) Das nach § 45 Abs. 4 des Bundesausbildungsförderungsgesetzes[1] örtlich zuständige Amt für Ausbildungsförderung wird bestimmt für Auszubildende, die eine Ausbildungsstätte besuchen, die gelegen ist

1. in Asien mit Ausnahme von Armenien, Aserbaidschan, Kasachstan, Kirgisistan, Tadschikistan, Turkmenistan und Usbekistan, in Spanien oder der Türkei
   durch das Land Baden-Württemberg,
2. in Liechtenstein, Österreich oder der Schweiz
   durch das Land Bayern,
3. in Italien, San Marino oder Vatikanstadt
   durch das Land Berlin,
4. in Afrika oder Ozeanien
   durch das Land Brandenburg,
5. in Amerika mit Ausnahme der Vereinigten Staaten von Amerika und mit Ausnahme von Kanada
   durch das Land Bremen,
6. in den Vereinigten Staaten von Amerika
   durch das Land Hamburg,
7. in Albanien, Bosnien und Herzegowina, Griechenland, Kosovo, Kroatien, Mazedonien, Montenegro, Serbien, Slowenien, Zypern oder Australien
   durch das Land Hessen,
8. in Schweden
   durch das Land Mecklenburg-Vorpommern,
9. in Großbritannien oder Irland
   durch das Land Niedersachsen,
10. in Belgien, Luxemburg oder den Niederlanden
    durch das Land Nordrhein-Westfalen,
11. in Andorra, Frankreich oder Monaco
    durch das Land Rheinland-Pfalz,

---

[1] Nr. **31**.

12. in Malta oder Portugal
    durch das Saarland,
13. in Finnland
    durch das Land Sachsen-Anhalt,
14. in Armenien, Aserbaidschan, Bulgarien, Estland, Georgien, Kasachstan, Kirgisistan, Lettland, Litauen, der Moldau, Polen, Rumänien, der Russischen Föderation, der Slowakei, Tadschikistan, Tschechien, Turkmenistan, der Ukraine, Ungarn, Usbekistan oder Weißrussland
    durch das Land Sachsen,
15. in Dänemark, Island oder Norwegen
    durch das Land Schleswig-Holstein,
16. in Kanada
    durch das Land Thüringen.

(2) Wird ein neuer Staat gebildet, so besteht für Auszubildende, die eine auf seinem Gebiet gelegene Ausbildungsstätte besuchen, die örtliche Zuständigkeit des nach Absatz 1 bestimmten Amtes für Ausbildungsförderung fort.

§ 2 Zeitlicher Anwendungsbereich. [1] Diese Verordnung gilt bei Entscheidungen über Bewilligungszeiträume, die nach dem 31. Dezember 2011 beginnen. [2] Für Bewilligungszeiträume, die in der Zeit zwischen dem 31. März 2004 und dem 1. Januar 2012 begonnen haben, gilt diese Verordnung in der bis zum 31. Dezember 2011 geltenden Fassung.

§ 3 Inkrafttreten, Außerkrafttreten. [1] Diese Verordnung tritt am 1. April 2004 in Kraft. [2] Gleichzeitig tritt die Verordnung über die örtliche Zuständigkeit für Ausbildungsförderung im Ausland vom 27. Oktober 1971 (BGBl. I S. 1699), geändert durch die Verordnung vom 4. Dezember 1991 (BGBl. I S. 2160), außer Kraft.

Der Bundesrat hat zugestimmt.

35. Verordnung über den leistungsabhängigen Teilerlaß von Ausbildungsförderungsdarlehen (BAföG-TeilerlaßV)

Vom 14. Dezember 1983
(BGBl. I S. 1439, ber. S. 1575)

FNA 2212-2-12

zuletzt geänd. durch Art. 72 G zum Abbau verzichtbarer Anordnungen der Schriftform im Verwaltungsrecht des Bundes v. 29.3.2017 (BGBl. I S. 626)

Auf Grund des § 18b Abs. 1 des Bundesausbildungsförderungsgesetzes[1)] in der Fassung der Bekanntmachung vom 6. Juni 1983 (BGBl. I S. 645) verordnet die Bundesregierung mit Zustimmung des Bundesrates:

§ 1 Prüfungsstelle. Prüfungsstelle ist die Behörde, bei Prüfungen im kirchlichen oder privaten Bereich die Einrichtung, die das Gesamtergebnis der Abschlußprüfung in einem in sich selbständigen oder ergänzenden Ausbildungs- oder Studiengang an einer Höheren Fachschule, Akademie oder Hochschule feststellt.

§ 2 Abschlußprüfung. (1) [1] Abschlußprüfung ist diejenige Prüfung, die dazu bestimmt ist, einen Ausbildungs- oder Studiengang abzuschließen. [2] In der einstufigen Juristenausbildung ist Abschlußprüfung die Prüfung, die den gesamten Ausbildungsgang abschließt. [3] Abschlußprüfung ist auch die Juristische Zwischenprüfung nach dem Prüfungsrecht des Landes Bayern.

(2) [1] Abgeschlossen ist die Prüfung nur dann, wenn ihr Bestehen oder Nichtbestehen festgestellt worden ist. [2] Werden in einem festgelegten Prüfungsabschnitt mehrere Kandidaten geprüft, so gilt die Prüfung als zu dem Zeitpunkt abgeschlossen, in dem für alle Kandidaten dieses Abschnitts das Ergebnis festgestellt ist.

(3) Die Wiederholungsprüfung im Falle des Nichtbestehens der Abschlußprüfung ist eine Abschlußprüfung im Sinne dieser Verordnung, nicht dagegen eine Wiederholungsprüfung, die lediglich zum Zwecke der Notenverbesserung durchgeführt wird.

§ 3 Prüfungsabsolvent/Geförderter. (1) Prüfungsabsolvent im Sinne dieser Verordnung ist jeder Auszubildende, der eine Abschlußprüfung im Sinne des § 2 abgeschlossen hat.

(2) Geförderter im Sinne dieser Verordnung ist, wer nach dem 31. Dezember 1983 Darlehensleistungen nach dem Bundesausbildungsförderungsgesetz[1)] erhalten hat.

§ 4 Kalenderjahr. [1] Die Abschlußprüfung ist dem Kalenderjahr zuzurechnen, in dem das Gesamtergebnis dieser Prüfung von der Prüfungsstelle festgestellt wird. [2] Dies gilt auch für eine angefochtene Prüfungsentscheidung.

§ 5 Vergleichsgruppen. (1) [1] Die Prüfungsstelle hat, vorbehaltlich des Satzes 2 und der Absätze 2 und 3 für jeden Ausbildungs- oder Studiengang eine Ver-

---

[1)] Nr. **31**.

gleichsgruppe aus allen Prüfungsabsolventen eines Kalenderjahres zu bilden. [2] Sie kann mit Zustimmung einer von dem Land bestimmten Behörde

1. wenn die Abschlußprüfungen vergleichbar sind, für mehrere Ausbildungs- oder Studiengänge eine gemeinsame Vergleichsgruppe oder
2. wenn dies im Hinblick auf die Vergleichbarkeit der Abschlußprüfungen erforderlich ist, für einen Ausbildungs- oder Studiengang mehrere Vergleichsgruppen sowie bei Lehramtsstudiengängen, auch an einzelnen Hochschulen, Vergleichsgruppen für Fachrichtungen oder Fächerkombinationen

bilden.

(2) In den Magisterstudiengängen wird eine eigene Vergleichsgruppe gebildet für jedes Fach, in dem nach der jeweiligen Prüfungsordnung die Haus- oder Magisterarbeit angefertigt werden konnte; Absatz 1 Satz 2 ist entsprechend anzuwenden.

(3) Abweichend von Absatz 1 ist in den Fällen des § 18b Abs. 2 Satz 4 und 6 des Gesetzes eine Vergleichsgruppe aus allen Geförderten zu bilden, bei denen das Bestehen oder Nichtbestehen der Abschlußprüfung festgestellt worden ist; Absatz 1 Satz 2 und Absatz 2 sind entsprechend anzuwenden.

§ 6 Bildung der Rangfolge. (1) [1] Die Rangfolge ist grundsätzlich nach der im Zeugnis der Abschlußprüfung ausgewiesenen oder nach der Prüfungsordnung festgesetzten Prüfungsgesamtnote zu bilden. [2] Nur soweit diese Note im Einzelfall nicht ausreicht für die Entscheidung, wer von mehreren Prüfungsabsolventen den ersten 30 vom Hundert zuzurechnen ist, ist nach Absatz 2 oder Absatz 3 zu verfahren. [3] Ist eine Prüfungsgesamtnote weder im Zeugnis der Abschlußprüfung ausgewiesen noch nach der Prüfungsordnung festgesetzt, so ist nach Absatz 3 zu verfahren.

(2) Ist nach der Prüfungsordnung die Prüfungsgesamtnote gerundet, wird die Rangfolge unter Einbeziehung der durch die Rundung weggefallenen, höchstens jedoch zwei Stellen hinter dem Komma gebildet.

(3) [1] In den Fällen des Absatzes 1 Satz 3 ist die Rangfolge wie folgt nach dem rechnerisch zu ermittelnden Gesamtergebnis der zu berücksichtigenden Teilleistungen der Abschlußprüfung zu bilden: Die Ergebnisse der einzelnen Teilleistungen sind zu addieren und durch die Gesamtzahl der Teilleistungen zu dividieren. [2] Werden einzelne Teilleistungen nach der Prüfungsordnung besonders gewichtet, so sind die Addition und Division unter Berücksichtigung dieser Gewichtung vorzunehmen. [3] Sind im Rahmen der Gesamtbewertung Ergebnisse von Teilleistungen oder das Gesamtergebnis angehoben oder gesenkt worden, so ist dies ebenfalls rechnerisch zu berücksichtigen. [4] Das Gesamtergebnis ist bis auf eine Stelle hinter dem Komma zu errechnen.

(4) Soweit bei der Einordnung nach den Absätzen 2 und 3 nur eine Stelle hinter dem Komma zur Verfügung steht, geht bei Ranggleichheit in der Rangfolge jeweils der Prüfungsabsolvent, der seine Ausbildung in der geringeren Zahl von Fachsemestern abgeschlossen hat, dem Prüfungsabsolventen mit der nächst größeren Zahl von Fachsemestern vor.

§ 7 Besonderheiten bei der Vergleichsgruppen- und Rangfolgenbildung. (1) In Ausbildungs- oder Studiengängen, in denen als Gesamtergebnis der Abschlußprüfung nur das Bestehen festgestellt wird oder in denen eine Abschlußprüfung nicht vorgesehen oder nicht vorgeschrieben ist, und in Fällen, in denen der Auszubildende die Abschlußprüfung an einer außerhalb des Geltungsbereichs des Gesetzes gelegenen Ausbildungsstätte abgelegt hat (§ 18b Abs. 2 Satz 4 und 6 des Gesetzes), ist diese Verordnung mit der Maßgabe entsprechend anzuwenden, daß bei der Vergleichsgruppen- und Rangfolgenbildung nach den §§ 5 und 6 nur die geförderten Prüfungsabsolventen zu berücksichtigen sind.

(2) Soweit als Gesamtergebnis der Abschlußprüfung nur das Bestehen festgestellt wird (§ 18b Abs. 2 Satz 4 Buchstabe a des Gesetzes), hat die Prüfungsstelle die Rangfolge nach den in dieser Prüfung erbrachten Leistungen mit Zustimmung einer vom Land bestimmten Behörde zu bilden.

(3) [1] In Ausbildungs- oder Studiengängen, in denen eine Abschlußprüfung nicht vorgesehen oder nicht vorgeschrieben ist (§ 18b Abs. 2 Satz 4 Buchstabe b des Gesetzes), wird bei der Rangfolgenbildung die Funktion der Prüfungsstelle von der jeweiligen Ausbildungsstätte wahrgenommen. [2] Bei der Zuordnung kann sich die Ausbildungsstätte von ihr zu berufender Kommission bedienen. [3] Die Bildung der Vergleichsgruppen und die Berufung der Kommissionen bedürfen der Zustimmung einer vom Land bestimmten Behörde.

§ 8 Ranggleichheit. (1) Besteht in der nach den §§ 6 und 7 gebildeten Rangfolge eine Ranggleichheit an der Stelle, bis zu der die ersten 30 vom Hundert der Prüfungsabsolventen oder Geförderten reichen, so gelten alle, die sich an dieser Stelle den gleichen Rang teilen, als zu den ersten 30 vom Hundert gehörig.

(2) Falls 30 vom Hundert der Zahl der Prüfungsabsolventen oder Geförderten keine ganze Zahl ergeben, sind die 30 vom Hundert auf die nächste ganze Zahl aufzurunden.

§ 9 *(aufgehoben)*

§ 10 Anfechtungswirkungen. Führt die Änderung einer prüfungs- oder förderungsrechtlichen Entscheidung dazu, daß ein Geförderter den für ein Kalenderjahr ermittelten ersten 30 vom Hundert zuzurechnen ist, so wird die Zuordnung anderer Geförderter zu den ersten 30 vom Hundert dadurch nicht berührt.

§ 11 Auskunftspflichten. (1) Die Prüfungsstellen haben alle Prüfungsabsolventen auf die Möglichkeit eines leistungsabhängigen Teilerlasses von Ausbildungsförderungsdarlehen hinzuweisen und darauf hinzuwirken, daß die Geförderten eine schriftliche oder elektronische Erklärung abgeben, mit der sie die zur Vorbereitung der Entscheidung über den Darlehensteilerlaß notwendigen Angaben machen.

(2) [1] In den in § 18b Abs. 2 Satz 4 und 6 des Gesetzes genannten Fällen sind die Prüfungsteilnehmer, die nach dem 31. Dezember 1983 Ausbildungsförderung erhalten haben, verpflichtet, der zuständigen Prüfungsstelle bei der Anmeldung zur Abschlußprüfung hiervon Kenntnis zu geben. [2] Als Nachweis ist dieser Erklärung ein Bewilligungsbescheid oder eine entsprechende Bescheinigung des Amtes für Ausbildungsförderung beizufügen, das zuletzt mit einer Entscheidung über die Förderung befaßt war.

(3) Die Prüfungsstellen haben in den in § 18b Abs. 2 Satz 4 und 6 des Gesetzes genannten Fällen alle Prüfungsteilnehmer im Zusammenhang mit der Meldung zur Abschlußprüfung zu befragen, ob sie nach dem 31. Dezember 1983 Ausbildungsförderung als Darlehen für den Ausbildungsabschnitt, der durch die Prüfung abgeschlossen wird, erhalten haben und auf die Folgen einer Verletzung der Mitteilungspflicht nach Absatz 4 hinzuweisen.

(4) Kommt ein Prüfungsteilnehmer seiner Mitteilungspflicht nach Absatz 2 Satz 1 nicht nach, so ist er auf Dauer von einer ihm günstigen Berücksichtigung als Geförderter ausgeschlossen.

§ 12 Festlegung der Rangfolge. (1) [1]Die Prüfungsstelle ermittelt nach den §§ 6 und 8 dieser Verordnung für jede Vergleichsgruppe die Prüfungsgesamtnote des Prüfungsabsolventen, der als letzter zu den ersten 30 vom Hundert der Vergleichsgruppe gehört (Ecknote). [2]Unter Berücksichtigung der Ecknote ermittelt sie die Prüfungsergebnisse der zu dieser Vergleichsgruppe gehörenden geförderten Prüfungsabsolventen, die die Erklärung nach § 11 Abs. 1 abgegeben haben. [3]Die Prüfungsstelle hat nach § 6 Abs. 2 bis 4 zu verfahren, wenn dies für die Zuordnung der Geförderten zu den ersten 30 vom Hundert aller Prüfungsabsolventen der jeweiligen Vergleichsgruppe notwendig ist.

(2) Abweichend von Absatz 1 ermittelt die Prüfungsstelle in den in § 18b Abs. 2 Satz 4 und 6 des Gesetzes genannten Fällen nach den §§ 7 und 8 für jede Vergleichsgruppe die Rangfolge der Geförderten und stellt fest, wer zu den ersten 30 vom Hundert der Geförderten gehört.

(3) Sie teilt dem Bundesverwaltungsamt bis Ende April des auf die Feststellung des Gesamtergebnisses der Abschlußprüfung folgenden Kalenderjahres die für die weitere Durchführung des § 18b Abs. 2 des Gesetzes erforderlichen und nach Absatz 1 oder 2 festgestellten Daten auf für die elektronische Datenverarbeitung geeigneten, maschinell lesbaren Datenträgern mit.

(4) Abweichend von Absatz 3 kann die Prüfungsstelle die Daten auf standardisierten Erfassungsbögen übermitteln, wenn die maschinelle Datenmitteilung wegen eines unverhältnismäßigen Verwaltungsaufwandes nicht vertretbar ist.

(5) Über den Darlehensteilerlaß entscheidet das Bundesverwaltungsamt.

§ 13 *(aufgehoben)*

§ 14 Übergangsregelung. [1]In den Ausbildungsgängen für Ärzte und Apotheker sind, soweit noch nicht alle Teilabschnitte der ärztlichen oder pharmazeutischen Prüfung nach der Approbationsordnung für Ärzte oder der Approbationsordnung für Apotheker in der nach dem 31. Dezember 1983 jeweils geltenden Fassung differenziert bewertet sind, bei der Bildung der Rangfolge nach § 6 die differenziert bewerteten Teilabschnitte zugrundezulegen. [2]Bei der rechnerischen Ermittlung des Gesamtergebnisses ist die Gewichtung zu berücksichtigen, die sich aus den in den Approbationsordnungen für die einzelnen Prüfungsabschnitte zur Gesamtnotenbildung festgesetzten Multiplikations-, Divisions- und Additionswerten ergibt.

§ 15 Berlin-Klausel. *(gegenstandslos)*

§ 16 Inkrafttreten. Diese Verordnung tritt am 1. Januar 1984 mit der Maßgabe in Kraft, daß sie für alle nach dem 31. Dezember 1983 abgeschlossenen Abschlußprüfungen anzuwenden ist.

§ 17 *(aufgehoben)*

36. Verordnung über die Ausbildungsförderung für den Besuch von Ausbildungsstätten für Psychotherapie und Kinder- und Jugendlichenpsychotherapie (PsychThV)

Vom 27. Juli 2000

(BGBl. I S. 1237)

BGBl. III/FNA 2212-2-19

Auf Grund des § 2 Abs. 3 Nr. 1 des Bundesausbildungsförderungsgesetzes[1] in der Fassung der Bekanntmachung vom 6. Juni 1983 (BGBl. I S. 645, 1680), der zuletzt durch Artikel 1 Nr. 12 des Zwanzigsten Gesetzes zur Änderung des Bundesausbildungsförderungsgesetzes vom 7. Mai 1999 (BGBl. I S. 850) geändert worden ist, verordnet das Bundesministerium für Bildung und Forschung:

§ 1 Ausbildungsstätten. (1) Ausbildungsförderung nach dem Bundesausbildungsförderungsgesetz[1] wird geleistet für den Besuch von Ausbildungsstätten für Psychotherapie und Kinder- und Jugendlichenpsychotherapie, die andere Einrichtungen im Sinne des § 6 des Psychotherapeutengesetzes vom 16. Juni 1998 (BGBl. I S. 1311) sind.

(2) Ausbildungsförderung wird nur geleistet, wenn die Ausbildung an einer durch die zuständige Landesbehörde staatlich anerkannten Einrichtung durchgeführt wird.

§ 2 Förderungsrechtliche Stellung der Auszubildenden. Die Auszubildenden erhalten Ausbildungsförderung wie Studierende an Hochschulen.

§ 3 Inkrafttreten. Diese Verordnung tritt am Tag nach der Verkündung[2] in Kraft.

Der Bundesrat hat zugestimmt.

---

[1] Nr. **31**.

[2] Verkündet am 10.8.2000.

37. Jugendgerichtsgesetz (JGG)

In der Fassung der Bekanntmachung vom 11. Dezember 1974[1)]
(BGBl. I S. 3427)

FNA 451-1

zuletzt geänd. durch Art 21 G zur Fortentwicklung der StrafprozessO und zur Änd. weiterer Vorschriften v. 25.6.2021 (BGBl. I S. 2099)

Nichtamtliche Inhaltsübersicht

[1)] Neubekanntmachung des JGG v. 4.8.1953 (BGBl. I S. 751) in der ab 1.1.1975 geltenden Fassung.

Erster Teil. Anwendungsbereich

§ 1 Persönlicher und sachlicher Anwendungsbereich (1) Dieses Gesetz gilt, wenn ein Jugendlicher oder ein Heranwachsender eine Verfehlung begeht, die nach den allgemeinen Vorschriften mit Strafe bedroht ist.

(2) Jugendlicher ist, wer zur Zeit der Tat vierzehn, aber noch nicht achtzehn, Heranwachsender, wer zur Zeit der Tat achtzehn, aber noch nicht einundzwanzig Jahre alt ist.

(3) Ist zweifelhaft, ob der Beschuldigte zur Zeit der Tat das achtzehnte Lebensjahr vollendet hat, sind die für Jugendliche geltenden Verfahrensvorschriften anzuwenden.

§ 2 Ziel des Jugendstrafrechts; Anwendung des allgemeinen Strafrechts. (1) [1] Die Anwendung des Jugendstrafrechts soll vor allem erneuten Straftaten eines Jugendlichen oder Heranwachsenden entgegenwirken. [2] Um dieses Ziel zu erreichen, sind die Rechtsfolgen und unter Beachtung des elterlichen Erziehungsrechts auch das Verfahren vorrangig am Erziehungsgedanken auszurichten.

(2) Die allgemeinen Vorschriften gelten nur, soweit in diesem Gesetz nichts anderes bestimmt ist.

Zweiter Teil. Jugendliche

Erstes Hauptstück. Verfehlungen Jugendlicher und ihre Folgen

Erster Abschnitt. Allgemeine Vorschriften

§ 3 Verantwortlichkeit. [1]Ein Jugendlicher ist strafrechtlich verantwortlich, wenn er zur Zeit der Tat nach seiner sittlichen und geistigen Entwicklung reif genug ist, das Unrecht der Tat einzusehen und nach dieser Einsicht zu handeln. [2]Zur Erziehung eines Jugendlichen, der mangels Reife strafrechtlich nicht verantwortlich ist, kann der Richter dieselben Maßnahmen anordnen wie das Familiengericht.

§ 4 Rechtliche Einordnung der Taten Jugendlicher. Ob die rechtswidrige Tat eines Jugendlichen als Verbrechen oder Vergehen anzusehen ist und wann sie verjährt, richtet sich nach den Vorschriften des allgemeinen Strafrechts.

§ 5 Die Folgen der Jugendstraftat. (1) Aus Anlaß der Straftat eines Jugendlichen können Erziehungsmaßregeln angeordnet werden.

(2) Die Straftat eines Jugendlichen wird mit Zuchtmitteln oder mit Jugendstrafe geahndet, wenn Erziehungsmaßregeln nicht ausreichen.

(3) Von Zuchtmitteln und Jugendstrafe wird abgesehen, wenn die Unterbringung in einem psychiatrischen Krankenhaus oder einer Entziehungsanstalt die Ahndung durch den Richter entbehrlich macht.

§ 6 Nebenfolgen. (1) [1]Auf Unfähigkeit, öffentliche Ämter zu bekleiden, Rechte aus öffentlichen Wahlen zu erlangen oder in öffentlichen Angelegenheiten zu wählen oder zu stimmen, darf nicht erkannt werden. [2]Die Bekanntgabe der Verurteilung darf nicht angeordnet werden.

(2) Der Verlust der Fähigkeit, öffentliche Ämter zu bekleiden und Rechte aus öffentlichen Wahlen zu erlangen (§ 45 Abs. 1 des Strafgesetzbuches), tritt nicht ein.

§ 7 Maßregeln der Besserung und Sicherung. (1) Als Maßregeln der Besserung und Sicherung im Sinne des allgemeinen Strafrechts können die Unterbringung in einem psychiatrischen Krankenhaus oder einer Entziehungsanstalt, die Führungsaufsicht oder die Entziehung der Fahrerlaubnis angeordnet werden (§ 61 Nr. 1, 2, 4 und 5 des Strafgesetzbuches).

(2) [1]Das Gericht kann im Urteil die Anordnung der Sicherungsverwahrung vorbehalten, wenn

1. der Jugendliche zu einer Jugendstrafe von mindestens sieben Jahren verurteilt wird wegen oder auch wegen eines Verbrechens
   a) gegen das Leben, die körperliche Unversehrtheit oder die sexuelle Selbstbestimmung oder
   b) nach § 251 des Strafgesetzbuches, auch in Verbindung mit § 252 oder § 255 des Strafgesetzbuches,

durch welches das Opfer seelisch oder körperlich schwer geschädigt oder einer solchen Gefahr ausgesetzt worden ist, und
2. die Gesamtwürdigung des Jugendlichen und seiner Tat oder seiner Taten ergibt, dass er mit hoher Wahrscheinlichkeit erneut Straftaten der in Nummer 1 bezeichneten Art begehen wird.

[2] Das Gericht ordnet die Sicherungsverwahrung an, wenn die Gesamtwürdigung des Verurteilten, seiner Tat oder seiner Taten und ergänzend seiner Entwicklung bis zum Zeitpunkt der Entscheidung ergibt, dass von ihm Straftaten der in Satz 1 Nummer 1 bezeichneten Art zu erwarten sind; § 66a Absatz 3 Satz 1 des Strafgesetzbuches gilt entsprechend. [3] Für die Prüfung, ob die Unterbringung in der Sicherungsverwahrung am Ende des Vollzugs der Jugendstrafe auszusetzen ist, und für den Eintritt der Führungsaufsicht gilt § 67c Absatz 1 des Strafgesetzbuches entsprechend.

(3) [1] Wird neben der Jugendstrafe die Anordnung der Sicherungsverwahrung vorbehalten und hat der Verurteilte das siebenundzwanzigste Lebensjahr noch nicht vollendet, so ordnet das Gericht an, dass bereits die Jugendstrafe in einer sozialtherapeutischen Einrichtung zu vollziehen ist, es sei denn, dass die Resozialisierung des Verurteilten dadurch nicht besser gefördert werden kann. [2] Diese Anordnung kann auch nachträglich erfolgen. [3] Solange der Vollzug in einer sozialtherapeutischen Einrichtung noch nicht angeordnet oder der Gefangene noch nicht in eine sozialtherapeutische Einrichtung verlegt worden ist, ist darüber jeweils nach sechs Monaten neu zu entscheiden. [4] Für die nachträgliche Anordnung nach Satz 2 ist die Strafvollstreckungskammer zuständig, wenn der Betroffene das vierundzwanzigste Lebensjahr vollendet hat, sonst die für die Entscheidung über Vollzugsmaßnahmen nach § 92 Absatz 2 zuständige Jugendkammer. [5] Im Übrigen gelten zum Vollzug der Jugendstrafe § 66c Absatz 2 und § 67a Absatz 2 bis 4 des Strafgesetzbuches entsprechend.

(4) Ist die wegen einer Tat der in Absatz 2 bezeichneten Art angeordnete Unterbringung in einem psychiatrischen Krankenhaus nach § 67d Abs. 6 des Strafgesetzbuches für erledigt erklärt worden, weil der die Schuldfähigkeit ausschließende oder vermindernde Zustand, auf dem die Unterbringung beruhte, im Zeitpunkt der Erledigungsentscheidung nicht bestanden hat, so kann das Gericht nachträglich die Unterbringung in der Sicherungsverwahrung anordnen, wenn
1. die Unterbringung des Betroffenen nach § 63 des Strafgesetzbuches wegen mehrerer solcher Taten angeordnet wurde oder wenn der Betroffene wegen einer oder mehrerer solcher Taten, die er vor der zur Unterbringung nach § 63 des Strafgesetzbuches führenden Tat begangen hat, schon einmal zu einer Jugendstrafe von mindestens drei Jahren verurteilt oder in einem psychiatrischen Krankenhaus untergebracht worden war und
2. die Gesamtwürdigung des Betroffenen, seiner Taten und ergänzend seiner Entwicklung bis zum Zeitpunkt der Entscheidung ergibt, dass er mit hoher Wahrscheinlichkeit erneut Straftaten der in Absatz 2 bezeichneten Art begehen wird.

(5) Die regelmäßige Frist zur Prüfung, ob die weitere Vollstreckung der Unterbringung in der Sicherungsverwahrung zur Bewährung auszusetzen oder für erledigt zu erklären ist (§ 67e des Strafgesetzbuches), beträgt in den Fällen der Absätze 2 und 4 sechs Monate, wenn die untergebrachte Person bei Beginn des Fristlaufs das vierundzwanzigste Lebensjahr noch nicht vollendet hat.

§ 8 Verbindung von Maßnahmen und Jugendstrafe. (1) [1]Erziehungsmaßregeln und Zuchtmittel, ebenso mehrere Erziehungsmaßregeln oder mehrere Zuchtmittel können nebeneinander angeordnet werden. [2]Mit der Anordnung von Hilfe zur Erziehung nach § 12 Nr. 2 darf Jugendarrest nicht verbunden werden.

(2) [1]Neben Jugendstrafe können nur Weisungen und Auflagen erteilt und die Erziehungsbeistandschaft angeordnet werden. [2]Unter den Voraussetzungen des § 16a kann neben der Verhängung einer Jugendstrafe oder der Aussetzung ihrer Verhängung auch Jugendarrest angeordnet werden. [3]Steht der Jugendliche unter Bewährungsaufsicht, so ruht eine gleichzeitig bestehende Erziehungsbeistandschaft bis zum Ablauf der Bewährungszeit.

(3) [1]Neben Erziehungsmaßregeln, Zuchtmitteln und Jugendstrafe kann auf die nach diesem Gesetz zulässigen Nebenstrafen und Nebenfolgen erkannt werden. [2]Ein Fahrverbot darf die Dauer von drei Monaten nicht überschreiten.

Zweiter Abschnitt. Erziehungsmaßregeln

§ 9 Arten. Erziehungsmaßregeln sind

1. die Erteilung von Weisungen,
2. die Anordnung, Hilfe zur Erziehung im Sinne des § 12 in Anspruch zu nehmen.

§ 10 Weisungen. (1) [1]Weisungen sind Gebote und Verbote, welche die Lebensführung des Jugendlichen regeln und dadurch seine Erziehung fördern und sichern sollen. [2]Dabei dürfen an die Lebensführung des Jugendlichen keine unzumutbaren Anforderungen gestellt werden. [3]Der Richter kann dem Jugendlichen insbesondere auferlegen,

1. Weisungen zu befolgen, die sich auf den Aufenthaltsort beziehen,
2. bei einer Familie oder in einem Heim zu wohnen,
3. eine Ausbildungs- oder Arbeitsstelle anzunehmen,
4. Arbeitsleistungen zu erbringen,
5. sich der Betreuung und Aufsicht einer bestimmten Person (Betreuungshelfer) zu unterstellen,
6. an einem sozialen Trainingskurs teilzunehmen,
7. sich zu bemühen, einen Ausgleich mit dem Verletzten zu erreichen (Täter-Opfer-Ausgleich),
8. den Verkehr mit bestimmten Personen oder den Besuch von Gast- oder Vergnügungsstätten zu unterlassen oder
9. an einem Verkehrsunterricht teilzunehmen.

(2) [1]Der Richter kann dem Jugendlichen auch mit Zustimmung des Erziehungsberechtigten und des gesetzlichen Vertreters auferlegen, sich einer heilerzieherischen Behandlung durch einen Sachverständigen oder einer Entziehungskur zu unterziehen. [2]Hat der Jugendliche das sechzehnte Lebensjahr vollendet, so soll dies nur mit seinem Einverständnis geschehen.

§ 11 Laufzeit und nachträgliche Änderung von Weisungen; Folgen der Zuwiderhandlung. (1) [1]Der Richter bestimmt die Laufzeit der Weisungen. [2]Die Laufzeit darf zwei Jahre nicht überschreiten; sie soll bei einer Weisung nach § 10 Abs. 1 Satz 3 Nr. 5 nicht mehr als ein Jahr, bei einer Weisung nach § 10 Abs. 1 Satz 3 Nr. 6 nicht mehr als sechs Monate betragen.

(2) Der Richter kann Weisungen ändern, von ihnen befreien oder ihre Laufzeit vor Ablauf bis auf drei Jahre verlängern, wenn dies aus Gründen der Erziehung geboten ist.

(3) [1] Kommt der Jugendliche Weisungen schuldhaft nicht nach, so kann Jugendarrest verhängt werden, wenn eine Belehrung über die Folgen schuldhafter Zuwiderhandlung erfolgt war. [2] Hiernach verhängter Jugendarrest darf bei einer Verurteilung insgesamt die Dauer von vier Wochen nicht überschreiten. [3] Der Richter sieht von der Vollstreckung des Jugendarrestes ab, wenn der Jugendliche nach Verhängung des Arrestes der Weisung nachkommt.

§ 12 Hilfe zur Erziehung. Der Richter kann dem Jugendlichen nach Anhörung des Jugendamts auch auferlegen, unter den im Achten Buch Sozialgesetzbuch genannten Voraussetzungen Hilfe zur Erziehung

1. in Form der Erziehungsbeistandschaft im Sinne des § 30 des Achten Buches Sozialgesetzbuch[1)] oder
2. in einer Einrichtung über Tag und Nacht oder in einer sonstigen betreuten Wohnform im Sinne des § 34 des Achten Buches Sozialgesetzbuch

in Anspruch zu nehmen.

Dritter Abschnitt. Zuchtmittel

§ 13 Arten und Anwendung. (1) Der Richter ahndet die Straftat mit Zuchtmitteln, wenn Jugendstrafe nicht geboten ist, dem Jugendlichen aber eindringlich zum Bewußtsein gebracht werden muß, daß er für das von ihm begangene Unrecht einzustehen hat.

(2) Zuchtmittel sind

1. die Verwarnung,
2. die Erteilung von Auflagen,
3. der Jugendarrest.

(3) Zuchtmittel haben nicht die Rechtswirkungen einer Strafe.

§ 14 Verwarnung. Durch die Verwarnung soll dem Jugendlichen das Unrecht der Tat eindringlich vorgehalten werden.

§ 15 Auflagen. (1) [1] Der Richter kann dem Jugendlichen auferlegen,

1. nach Kräften den durch die Tat verursachten Schaden wiedergutzumachen,
2. sich persönlich bei dem Verletzten zu entschuldigen,
3. Arbeitsleistungen zu erbringen oder
4. einen Geldbetrag zugunsten einer gemeinnützigen Einrichtung zu zahlen.

[2] Dabei dürfen an den Jugendlichen keine unzumutbaren Anforderungen gestellt werden.

(2) Der Richter soll die Zahlung eines Geldbetrages nur anordnen, wenn

---

1) Nr. **10**.

1. der Jugendliche eine leichte Verfehlung begangen hat und anzunehmen ist, daß er den Geldbetrag aus Mitteln zahlt, über die er selbständig verfügen darf, oder
2. dem Jugendlichen der Gewinn, den er aus der Tat erlangt, oder das Entgelt, das er für sie erhalten hat, entzogen werden soll.

(3) [1]Der Richter kann nachträglich Auflagen ändern oder von ihrer Erfüllung ganz oder zum Teil befreien, wenn dies aus Gründen der Erziehung geboten ist. [2]Bei schuldhafter Nichterfüllung von Auflagen gilt § 11 Abs. 3 entsprechend. [3]Ist Jugendarrest vollstreckt worden, so kann der Richter die Auflagen ganz oder zum Teil für erledigt erklären.

§ 16 Jugendarrest. (1) Der Jugendarrest ist Freizeitarrest, Kurzarrest oder Dauerarrest.

(2) Der Freizeitarrest wird für die wöchentliche Freizeit des Jugendlichen verhängt und auf eine oder zwei Freizeiten bemessen.

(3) [1]Der Kurzarrest wird statt des Freizeitarrestes verhängt, wenn der zusammenhängende Vollzug aus Gründen der Erziehung zweckmäßig erscheint und weder die Ausbildung noch die Arbeit des Jugendlichen beeinträchtigt werden. [2]Dabei stehen zwei Tage Kurzarrest einer Freizeit gleich.

(4) [1]Der Dauerarrest beträgt mindestens eine Woche und höchstens vier Wochen. [2]Er wird nach vollen Tagen oder Wochen bemessen.

§ 16a Jugendarrest neben Jugendstrafe. (1) Wird die Verhängung oder die Vollstreckung der Jugendstrafe zur Bewährung ausgesetzt, so kann abweichend von § 13 Absatz 1 daneben Jugendarrest verhängt werden, wenn

1. dies unter Berücksichtigung der Belehrung über die Bedeutung der Aussetzung zur Bewährung und unter Berücksichtigung der Möglichkeit von Weisungen und Auflagen geboten ist, um dem Jugendlichen seine Verantwortlichkeit für das begangene Unrecht und die Folgen weiterer Straftaten zu verdeutlichen,
2. dies geboten ist, um den Jugendlichen zunächst für eine begrenzte Zeit aus einem Lebensumfeld mit schädlichen Einflüssen herauszunehmen und durch die Behandlung im Vollzug des Jugendarrests auf die Bewährungszeit vorzubereiten, oder
3. dies geboten ist, um im Vollzug des Jugendarrests eine nachdrücklichere erzieherische Einwirkung auf den Jugendlichen zu erreichen oder um dadurch bessere Erfolgsaussichten für eine erzieherische Einwirkung in der Bewährungszeit zu schaffen.

(2) Jugendarrest nach Absatz 1 Nummer 1 ist in der Regel nicht geboten, wenn der Jugendliche bereits früher Jugendarrest als Dauerarrest verbüßt oder sich nicht nur kurzfristig im Vollzug von Untersuchungshaft befunden hat.

Vierter Abschnitt. Die Jugendstrafe

§ 17 Form und Voraussetzungen. (1) Die Jugendstrafe ist Freiheitsentzug in einer für ihren Vollzug vorgesehenen Einrichtung.

(2) Der Richter verhängt Jugendstrafe, wenn wegen der schädlichen Neigungen des Jugendlichen, die in der Tat hervorgetreten sind, Erziehungsmaß-

regeln oder Zuchtmittel zur Erziehung nicht ausreichen oder wenn wegen der Schwere der Schuld Strafe erforderlich ist.

§ 18 Dauer der Jugendstrafe. (1) [1]Das Mindestmaß der Jugendstrafe beträgt sechs Monate, das Höchstmaß fünf Jahre. [2]Handelt es sich bei der Tat um ein Verbrechen, für das nach dem allgemeinen Strafrecht eine Höchststrafe von mehr als zehn Jahren Freiheitsstrafe angedroht ist, so ist das Höchstmaß zehn Jahre. [3]Die Strafrahmen des allgemeinen Strafrechts gelten nicht.

(2) Die Jugendstrafe ist so zu bemessen, daß die erforderliche erzieherische Einwirkung möglich ist.

§ 19 *(aufgehoben)*

Fünfter Abschnitt. Aussetzung der Jugendstrafe zur Bewährung

§ 20 (weggefallen)

§ 21 Strafaussetzung. (1) [1]Bei der Verurteilung zu einer Jugendstrafe von nicht mehr als einem Jahr setzt das Gericht die Vollstreckung der Strafe zur Bewährung aus, wenn zu erwarten ist, daß der Jugendliche sich schon die Verurteilung zur Warnung dienen lassen und auch ohne die Einwirkung des Strafvollzugs unter der erzieherischen Einwirkung in der Bewährungszeit künftig einen rechtschaffenen Lebenswandel führen wird. [2]Dabei sind namentlich die Persönlichkeit des Jugendlichen, sein Vorleben, die Umstände seiner Tat, sein Verhalten nach der Tat, seine Lebensverhältnisse und die Wirkungen zu berücksichtigen, die von der Aussetzung für ihn zu erwarten sind. [3]Das Gericht setzt die Vollstreckung der Strafe auch dann zur Bewährung aus, wenn die in Satz 1 genannte Erwartung erst dadurch begründet wird, dass neben der Jugendstrafe ein Jugendarrest nach § 16a verhängt wird.

(2) Das Gericht setzt unter den Voraussetzungen des Absatzes 1 auch die Vollstreckung einer höheren Jugendstrafe, die zwei Jahre nicht übersteigt, zur Bewährung aus, wenn nicht die Vollstreckung im Hinblick auf die Entwicklung des Jugendlichen geboten ist.

(3) [1]Die Strafaussetzung kann nicht auf einen Teil der Jugendstrafe beschränkt werden. [2]Sie wird durch eine Anrechnung von Untersuchungshaft oder einer anderen Freiheitsentziehung nicht ausgeschlossen.

§ 22 Bewährungszeit. (1) [1]Der Richter bestimmt die Dauer der Bewährungszeit. [2]Sie darf drei Jahre nicht überschreiten und zwei Jahre nicht unterschreiten.

(2) [1]Die Bewährungszeit beginnt mit der Rechtskraft der Entscheidung über die Aussetzung der Jugendstrafe. [2]Sie kann nachträglich bis auf ein Jahr verkürzt oder vor ihrem Ablauf bis auf vier Jahre verlängert werden. [3]In den Fällen des § 21 Abs. 2 darf die Bewährungszeit jedoch nur bis auf zwei Jahre verkürzt werden.

§ 23 Weisungen und Auflagen. (1) [1]Der Richter soll für die Dauer der Bewährungszeit die Lebensführung des Jugendlichen durch Weisungen erzieherisch beeinflussen. [2]Er kann dem Jugendlichen auch Auflagen erteilen. [3]Diese Anordnungen kann er auch nachträglich treffen, ändern oder aufheben. [4]Die §§ 10, 11 Abs. 3 und § 15 Abs. 1, 2, 3 Satz 2 gelten entsprechend.

(2) Macht der Jugendliche Zusagen für seine künftige Lebensführung oder erbietet er sich zu angemessenen Leistungen, die der Genugtuung für das begangene Unrecht dienen, so sieht der Richter in der Regel von entsprechenden Weisungen oder Auflagen vorläufig ab, wenn die Erfüllung der Zusagen oder des Anerbietens zu erwarten ist.

§ 24 Bewährungshilfe. (1) [1]Der Richter unterstellt den Jugendlichen in der Bewährungszeit für höchstens zwei Jahre der Aufsicht und Leitung eines hauptamtlichen Bewährungshelfers. [2]Er kann ihn auch einem ehrenamtlichen Bewährungshelfer unterstellen, wenn dies aus Gründen der Erziehung zweckmäßig erscheint. [3]§ 22 Abs. 2 Satz 1 gilt entsprechend.

(2) [1]Der Richter kann eine nach Absatz 1 getroffene Entscheidung vor Ablauf der Unterstellungszeit ändern oder aufheben; er kann auch die Unterstellung des Jugendlichen in der Bewährungszeit erneut anordnen. [2]Dabei kann das in Absatz 1 Satz 1 bestimmte Höchstmaß überschritten werden.

(3) [1]Der Bewährungshelfer steht dem Jugendlichen helfend und betreuend zur Seite. [2]Er überwacht im Einvernehmen mit dem Richter die Erfüllung der Weisungen, Auflagen, Zusagen und Anerbieten. [3]Der Bewährungshelfer soll die Erziehung des Jugendliche fördern und möglichst mit dem Erziehungsberechtigten und dem gesetzlichen Vertreter vertrauensvoll zusammenwirken. [4]Er hat bei der Ausübung seines Amtes das Recht auf Zutritt zu dem Jugendlichen. [5]Er kann von dem Erziehungsberechtigten, dem gesetzlichen Vertreter, der Schule, dem Ausbildenden Auskunft über die Lebensführung des Jugendlichen verlangen.

§ 25 Bestellung und Pflichten des Bewährungshelfers. [1]Der Bewährungshelfer wird vom Richter bestellt. [2]Der Richter kann ihm für seine Tätigkeit nach § 24 Abs. 3 Anweisungen erteilen. [3]Der Bewährungshelfer berichtet über die Lebensführung des Jugendlichen in Zeitabständen, die der Richter bestimmt. [4]Gröbliche oder beharrliche Verstöße gegen Weisungen, Auflagen, Zusagen oder Anerbieten teilt er dem Richter mit.

§ 26 Widerruf der Strafaussetzung. (1) [1]Das Gericht widerruft die Aussetzung der Jugendstrafe, wenn der Jugendliche

1. in der Bewährungszeit eine Straftat begeht und dadurch zeigt, daß die Erwartung, die der Strafaussetzung zugrunde lag, sich nicht erfüllt hat,
2. gegen Weisungen gröblich oder beharrlich verstößt oder sich der Aufsicht und Leitung des Bewährungshelfers beharrlich entzieht und dadurch Anlaß zu der Besorgnis gibt, daß er erneut Straftaten begehen wird, oder
3. gegen Auflagen gröblich oder beharrlich verstößt.

[2]Satz 1 Nr. 1 gilt entsprechend, wenn die Tat in der Zeit zwischen der Entscheidung über die Strafaussetzung und deren Rechtskraft begangen worden ist. [3]Wurde die Jugendstrafe nachträglich durch Beschluss ausgesetzt, ist auch § 57 Absatz 5 Satz 2 des Strafgesetzbuches entsprechend anzuwenden.

(2) Das Gericht sieht jedoch von dem Widerruf ab, wenn es ausreicht,

1. weitere Weisungen oder Auflagen zu erteilen,
2. die Bewährungs- oder Unterstellungszeit bis zu einem Höchstmaß von vier Jahren zu verlängern oder

3. den Jugendlichen vor Ablauf der Bewährungszeit erneut einem Bewährungshelfer zu unterstellen.

(3) [1] Leistungen, die der Jugendliche zur Erfüllung von Weisungen, Auflagen, Zusagen oder Anerbieten (§ 23) erbracht hat, werden nicht erstattet. [2] Das Gericht kann jedoch, wenn es die Strafaussetzung widerruft, Leistungen, die der Jugendliche zur Erfüllung von Auflagen oder entsprechenden Anerbieten erbracht hat, auf die Jugendstrafe anrechnen. [3] Jugendarrest, der nach § 16a verhängt wurde, wird in dem Umfang, in dem er verbüßt wurde, auf die Jugendstrafe angerechnet.

§ 26a Erlaß der Jugendstrafe. [1] Widerruft der Richter die Strafaussetzung nicht, so erläßt er die Jugendstrafe nach Ablauf der Bewährungszeit. [2] § 26 Abs. 3 Satz 1 ist anzuwenden.

Sechster Abschnitt. Aussetzung der Verhängung der Jugendstrafe

§ 27 Voraussetzungen. Kann nach Erschöpfung der Ermittlungsmöglichkeiten nicht mit Sicherheit beurteilt werden, ob in der Straftat eines Jugendlichen schädliche Neigungen von einem Umfang hervorgetreten sind, daß eine Jugendstrafe erforderlich ist, so kann der Richter die Schuld des Jugendlichen feststellen, die Entscheidung über die Verhängung der Jugendstrafe aber für eine von ihm zu bestimmende Bewährungszeit aussetzen.

§ 28 Bewährungszeit. (1) Die Bewährungszeit darf zwei Jahre nicht überschreiten und ein Jahr nicht unterschreiten.

(2) [1] Die Bewährungszeit beginnt mit der Rechtskraft des Urteils, in dem die Schuld des Jugendlichen festgestellt wird. [2] Sie kann nachträglich bis auf ein Jahr verkürzt oder vor ihrem Ablauf bis auf zwei Jahre verlängert werden.

§ 29 Bewährungshilfe. [1] Der Jugendliche wird für die Dauer oder einen Teil der Bewährungszeit der Aufsicht und Leitung eines Bewährungshelfers unterstellt. [2] Die §§ 23, 24 Abs. 1 Satz 1 und 2, Abs. 2 und 3 und die §§ 25, 28 Abs. 2 Satz 1 sind entsprechend anzuwenden.

§ 30 Verhängung der Jugendstrafe; Tilgung des Schuldspruchs.

(1) [1] Stellt sich vor allem durch schlechte Führung des Jugendlichen während der Bewährungszeit heraus, daß die in dem Schuldspruch mißbilligte Tat auf schädliche Neigungen von einem Umfang zurückzuführen ist, daß eine Jugendstrafe erforderlich ist, so erkennt das Gericht auf die Strafe, die es im Zeitpunkt des Schuldspruchs bei sicherer Beurteilung der schädlichen Neigungen des Jugendlichen ausgesprochen hätte. [2] § 26 Absatz 3 Satz 3 gilt entsprechend.

(2) Liegen die Voraussetzungen des Absatzes 1 Satz 1 nach Ablauf der Bewährungszeit nicht vor, so wird der Schuldspruch getilgt.

Siebenter Abschnitt. Mehrere Straftaten

§ 31 Mehrere Straftaten eines Jugendlichen. (1) [1] Auch wenn ein Jugendlicher mehrere Straftaten begangen hat, setzt das Gericht nur einheitlich Erziehungsmaßregeln, Zuchtmittel oder eine Jugendstrafe fest. [2] Soweit es dieses Gesetz zuläßt (§ 8), können ungleichartige Erziehungsmaßregeln und Zuchtmittel nebeneinander angeordnet oder Maßnahmen mit der Strafe verbunden werden. [3] Die gesetzlichen Höchstgrenzen des Jugendarrestes und der Jugendstrafe dürfen nicht überschritten werden.

(2) [1] Ist gegen den Jugendlichen wegen eines Teils der Straftaten bereits rechtskräftig die Schuld festgestellt oder eine Erziehungsmaßregel, ein Zuchtmittel oder eine Jugendstrafe festgesetzt worden, aber noch nicht vollständig ausgeführt, verbüßt oder sonst erledigt, so wird unter Einbeziehung des Urteils in gleicher Weise nur einheitlich auf Maßnahmen oder Jugendstrafe erkannt. [2] Die Anrechnung bereits verbüßten Jugendarrestes steht im Ermessen des Gerichts, wenn es auf Jugendstrafe erkennt. [3] § 26 Absatz 3 Satz 3 und § 30 Absatz 1 Satz 2 bleiben unberührt.

(3) [1] Ist es aus erzieherischen Gründen zweckmäßig, so kann das Gericht davon absehen, schon abgeurteilte Straftaten in die neue Entscheidung einzubeziehen. [2] Dabei kann es Erziehungsmaßregeln und Zuchtmittel für erledigt erklären, wenn es auf Jugendstrafe erkennt.

§ 32 Mehrere Straftaten in verschiedenen Alters- und Reifestufen.

[1] Für mehrere Straftaten, die gleichzeitig abgeurteilt werden und auf die teils Jugendstrafrecht und teils allgemeines Strafrecht anzuwenden wäre gilt einheitlich das Jugendstrafrecht, wenn das Schwergewicht bei den Straftaten liegt, die nach Jugendstrafrecht zu beurteilen wären. [2] Ist dies nicht der Fall, so ist einheitlich das allgemeine Strafrecht anzuwenden.

Zweites Hauptstück. Jugendgerichtsverfassung und Jugendstrafverfahren

Erster Abschnitt. Jugendgerichtsverfassung

§ 33 Jugendgerichte. (1) Über Verfehlungen Jugendlicher entscheiden die Jugendgerichte.

(2) Jugendgerichte sind der Strafrichter als Jugendrichter, das Schöffengericht (Jugendschöffengericht) und die Strafkammer (Jugendkammer).

(3) [1] Die Landesregierungen werden ermächtigt, durch Rechtsverordnung zu regeln, daß ein Richter bei einem Amtsgericht zum Jugendrichter für den Bezirk mehrerer Amtsgerichte (Bezirksjugendrichter) bestellt und daß bei einem Amtsgericht ein gemeinsames Jugendschöffengericht für den Bezirk mehrerer Amtsgerichte eingerichtet wird. [2] Die Landesregierungen können die Ermächtigung durch Rechtsverordnung auf die Landesjustizverwaltungen übertragen.[1)]

[1)] Die Länder haben hierzu ua folgende Vorschriften erlassen: **Baden-Württemberg:** §§ 21 und 23 ZuVOJu v. 20.11.1998 (GBl. S. 680), zuletzt geänd. durch VO v. 26.11.2020 (GBl. S. 1099); **Bayern:** GZVJu v. 11.6.2012 (GVBl. S. 295), zuletzt geänd. durch V v. 8.9.2021 (GVBl. S. 583); **Berlin:** ZuwV v. 8.5.2008 (GVBl. S. 116), zuletzt geänd. durch VO v. 16.9.2019 (GVBl. S. 627); **Brandenburg:** GerZV v. 2.9.2014 (GVBl. II Nr. 62), zuletzt geänd. durch VO v. 28.9.2021 (GVBl. II Nr. 84); **Hamburg:** WeiterübertragungsVO-JugendgerichtsG v. 22.1.2002 (HmbGVBl. S. 11), zuletzt geänd. durch VO v. 6.10.2020 (HmbGVBl. S. 523), VO über die Zuständigkeit des Amtsgerichts Hamburg in Strafsachen gegen Jugendliche und Heranwachsende v. 18.3.2004 (HmbGVBl. S. 182); **Hessen:** JuZuV v. 3.6.2013 (GVBl. S. 386), zuletzt geänd. durch G v. 8.10.2020 (GVBl. S. 710); **Niedersachsen:** SubdelegationsVO-Justiz v. 6.7.2007 (Nds. GVBl. S. 244), zuletzt geänd. durch VO v. 14.9.2021 (Nds. GVBl. S. 644); **Nordrhein-Westfalen:** VO über die Zuständigkeit der Amtsgerichte in Strafsachen gegen Erwachsene, in Jugendstrafsachen, in Bußgeldverfahren und Abschiebungshaftsachen v. 5.7.2010 (GV. NRW. S. 422), zuletzt geänd. durch VO v. 9.11.2021 (GV. NRW. S. 1243); **Rheinland-Pfalz:** LandesVO über die gerichtliche Zuständigkeit in Strafsachen und Bußgeldver- →

§ 33a Besetzung des Jugendschöffengerichts. (1) [1]Das Jugendschöffengericht besteht aus dem Jugendrichter als Vorsitzenden und zwei Jugendschöffen. [2]Als Jugendschöffen sollen zu jeder Hauptverhandlung ein Mann und eine Frau herangezogen werden.

(2) Bei Entscheidungen außerhalb der Hauptverhandlung wirken die Jugendschöffen nicht mit.

§ 33b Besetzung der Jugendkammer. (1) Die Jugendkammer ist mit drei Richtern einschließlich des Vorsitzenden und zwei Jugendschöffen (große Jugendkammer), in Verfahren über Berufungen gegen Urteile des Jugendrichters mit dem Vorsitzenden und zwei Jugendschöffen (kleine Jugendkammer) besetzt.

(2) [1]Bei der Eröffnung des Hauptverfahrens beschließt die große Jugendkammer über ihre Besetzung in der Hauptverhandlung. [2]Ist das Hauptverfahren bereits eröffnet, beschließt sie hierüber bei der Anberaumung des Termins zur Hauptverhandlung. [3]Sie beschließt eine Besetzung mit drei Richtern einschließlich des Vorsitzenden und zwei Jugendschöffen, wenn

1. die Sache nach den allgemeinen Vorschriften einschließlich der Regelung des § 74e des Gerichtsverfassungsgesetzes zur Zuständigkeit des Schwurgerichts gehört,
2. ihre Zuständigkeit nach § 41 Absatz 1 Nummer 5 begründet ist oder
3. nach dem Umfang oder der Schwierigkeit der Sache die Mitwirkung eines dritten Richters notwendig erscheint.

[4]Im Übrigen beschließt die große Jugendkammer eine Besetzung mit zwei Richtern einschließlich des Vorsitzenden und zwei Jugendschöffen.

(3) Die Mitwirkung eines dritten Richters ist nach Absatz 2 Satz 3 Nummer 3 in der Regel notwendig, wenn

1. die Jugendkammer die Sache nach § 41 Absatz 1 Nummer 2 übernommen hat,
2. die Hauptverhandlung voraussichtlich länger als zehn Tage dauern wird oder
3. die Sache eine der in § 74c Absatz 1 Satz 1 des Gerichtsverfassungsgesetzes genannten Straftaten zum Gegenstand hat.

(4) [1]In Verfahren über die Berufung gegen ein Urteil des Jugendschöffengerichts gilt Absatz 2 entsprechend. [2]Die große Jugendkammer beschließt ihre Besetzung mit drei Richtern einschließlich des Vorsitzenden und zwei Jugendschöffen auch dann, wenn mit dem angefochtenen Urteil auf eine Jugendstrafe von mehr als vier Jahren erkannt wurde.

(5) Hat die große Jugendkammer eine Besetzung mit zwei Richtern einschließlich des Vorsitzenden und zwei Jugendschöffen beschlossen und ergeben sich vor Beginn der Hauptverhandlung neue Umstände, die nach Maßgabe der Absätze 2 bis 4 eine Besetzung mit drei Richtern einschließlich des Vorsitzen-

---

(Fortsetzung der Anm. von voriger Seite)
fahren v. 19.11.1985 (GVBl. S. 265), zuletzt geänd. durch VO v. 11.8.2017 (GVBl. S. 186); **Sachsen-Anhalt:** VO zur Übertragung von Verordnungsermächtigungen im Bereich der Justiz v. 28.3.2008 (GVBl. LSA S. 137), zuletzt geänd. durch G v. 8.3.2021 (GVBl. LSA S. 88); **Schleswig-Holstein:** JErmÜVO v. 4.12.1996 (GVOBl. Schl.-H. S. 720), zuletzt geänd. durch VO v. 26.11.2020 (GVOBl. Schl.-H. S. 923).

den und zwei Jugendschöffen erforderlich machen, beschließt sie eine solche Besetzung.

(6) Ist eine Sache vom Revisionsgericht zurückverwiesen oder die Hauptverhandlung ausgesetzt worden, kann die jeweils zuständige Jugendkammer erneut nach Maßgabe der Absätze 2 bis 4 über ihre Besetzung beschließen.

(7) § 33a Abs. 1 Satz 2, Abs. 2 gilt entsprechend.

§ 34 Aufgaben des Jugendrichters. (1) Dem Jugendrichter obliegen alle Aufgaben, die ein Richter beim Amtsgericht im Strafverfahren hat.

(2) [1] Dem Jugendrichter sollen für die Jugendlichen die familiengerichtlichen Erziehungsaufgaben übertragen werden. [2] Aus besonderen Gründen, namentlich wenn der Jugendrichter für den Bezirk mehrerer Amtsgerichte bestellt ist, kann hiervon abgewichen werden.

(3) Familiengerichtliche Erziehungsaufgaben sind

[Nr. 1 bis 31.12.2022:]

1. die Unterstützung der Eltern, des Vormundes und des Pflegers durch geeignete Maßnahmen (§ 1631 Abs. 3, §§ 1800, 1915 des Bürgerlichen Gesetzbuches[1)]),

[Nr. 1 ab 1.1.2023:]

1. *die Unterstützung der Eltern, des Vormunds und des Pflegers durch geeignete Maßnahmen (§ 1631 Absatz 3, § 1802 Absatz 1 Satz 1, § 1813 Absatz 1 des Bürgerlichen Gesetzbuchs[1)]),*
2. die Maßnahmen zur Abwendung einer Gefährdung des Jugendlichen (§§ 1666, 1666a, ***[bis 31.12.2022:*** 1837 Abs. 4, § 1915***][ab 1.1.2023:*** *auch in Verbindung mit § 1802 Absatz 2 Satz 3 und § 1813 Absatz 1]* des Bürgerlichen Gesetzbuches[1)]).

§ 35 Jugendschöffen. (1) [1] Die Schöffen der Jugendgerichte (Jugendschöffen) werden auf Vorschlag des Jugendhilfeausschusses für die Dauer von fünf Geschäftsjahren von dem in § 40 des Gerichtsverfassungsgesetzes vorgesehenen Ausschuß gewählt. [2] Dieser soll eine gleiche Anzahl von Männern und Frauen wählen.

(2) [1] Der Jugendhilfeausschuß soll ebensoviele Männer wie Frauen und muss mindestens die doppelte Anzahl von Personen vorschlagen, die als Jugendschöffen und Jugendersatzschöffen benötigt werden. [2] Die Vorgeschlagenen sollen erzieherisch befähigt und in der Jugenderziehung erfahren sein.

(3) [1] Die Vorschlagsliste des Jugendhilfeausschusses gilt als Vorschlagsliste im Sinne des § 36 des Gerichtsverfassungsgesetzes. [2] Für die Aufnahme in die Liste ist die Zustimmung von zwei Dritteln der anwesenden stimmberechtigten Mitglieder, mindestens jedoch der Hälfte aller stimmberechtigten Mitglieder des Jugendhilfeausschusses erforderlich. [3] Die Vorschlagsliste ist im Jugendamt eine Woche lang zu jedermanns Einsicht aufzulegen. [4] Der Zeitpunkt der Auflegung ist vorher öffentlich bekanntzumachen.

(4) Bei der Entscheidung über Einsprüche gegen die Vorschlagsliste des Jugendhilfeausschusses und bei der Wahl der Jugendschöffen und Jugendersatzschöffen führt der Jugendrichter den Vorsitz in dem Schöffenwahlausschuß.

[1)] Nr. **2**.

(5) Die Jugendschöffen werden in besondere für Männer und Frauen getrennt zu führende Schöffenlisten aufgenommen.

(6) Die Wahl der Jugendschöffen erfolgt gleichzeitig mit der Wahl der Schöffen für die Schöffengerichte und die Strafkammern.

§ 36 Jugendstaatsanwalt. (1) [1] Für Verfahren, die zur Zuständigkeit der Jugendgerichte gehören, werden Jugendstaatsanwälte bestellt. [2] Richter auf Probe und Beamte auf Probe sollen im ersten Jahr nach ihrer Ernennung nicht zum Jugendstaatsanwalt bestellt werden.

(2) [1] Jugendstaatsanwaltliche Aufgaben dürfen Amtsanwälten nur übertragen werden, wenn diese die besonderen Anforderungen erfüllen, die für die Wahrnehmung jugendstaatsanwaltlicher Aufgaben an Staatsanwälte gestellt werden. [2] Referendaren kann im Einzelfall die Wahrnehmung jugendstaatsanwaltlicher Aufgaben unter Aufsicht eines Jugendstaatsanwalts übertragen werden. [3] Die Sitzungsvertretung in Verfahren vor den Jugendgerichten dürfen Referendare nur unter Aufsicht und im Beisein eines Jugendstaatsanwalts wahrnehmen.

§ 37 Auswahl der Jugendrichter und Jugendstaatsanwälte. (1) [1] Die Richter bei den Jugendgerichten und die Jugendstaatsanwälte sollen erzieherisch befähigt und in der Jugenderziehung erfahren sein. [2] Sie sollen über Kenntnisse auf den Gebieten der Kriminologie, Pädagogik und Sozialpädagogik sowie der Jugendpsychologie verfügen. [3] Einem Richter oder Staatsanwalt, dessen Kenntnisse auf diesen Gebieten nicht belegt sind, sollen die Aufgaben eines Jugendrichters oder Jugendstaatsanwalts erstmals nur zugewiesen werden, wenn der Erwerb der Kenntnisse durch die Wahrnehmung von einschlägigen Fortbildungsangeboten oder eine anderweitige einschlägige Weiterqualifizierung alsbald zu erwarten ist.

(2) Von den Anforderungen des Absatzes 1 kann bei Richtern und Staatsanwälten, die nur im Bereitschaftsdienst zur Wahrnehmung jugendgerichtlicher oder jugendstaatsanwaltlicher Aufgaben eingesetzt werden, abgewichen werden, wenn andernfalls ein ordnungsgemäßer und den betroffenen Richtern und Staatsanwälten zumutbarer Betrieb des Bereitschaftsdiensts nicht gewährleistet wäre.

(3) [1] Als Jugendrichter beim Amtsgericht oder als Vorsitzender einer Jugendkammer sollen nach Möglichkeit Personen eingesetzt werden, die bereits über Erfahrungen aus früherer Wahrnehmung jugendgerichtlicher oder jugendstaatsanwaltlicher Aufgaben verfügen. [2] Davon kann bei Richtern, die nur im Bereitschaftsdienst Geschäfte des Jugendrichters wahrnehmen, abgewichen werden. [3] Ein Richter auf Probe darf im ersten Jahr nach seiner Ernennung Geschäfte des Jugendrichters nicht wahrnehmen.

§ 37a Zusammenarbeit in gemeinsamen Gremien. (1) Jugendrichter und Jugendstaatsanwälte können zum Zweck einer abgestimmten Aufgabenwahrnehmung fallübergreifend mit öffentlichen Einrichtungen und sonstigen Stellen, deren Tätigkeit sich auf die Lebenssituation junger Menschen auswirkt, zusammenarbeiten, insbesondere durch Teilnahme an gemeinsamen Konferenzen und Mitwirkung in vergleichbaren gemeinsamen Gremien.

(2) An einzelfallbezogener derartiger Zusammenarbeit sollen Jugendstaatsanwälte teilnehmen, wenn damit aus ihrer Sicht die Erreichung des Ziels nach § 2 Absatz 1 gefördert wird.

§ 38 Jugendgerichtshilfe. (1) Die Jugendgerichtshilfe wird von den Jugendämtern im Zusammenwirken mit den Vereinigungen für Jugendhilfe ausgeübt.

(2) [1] Die Vertreter der Jugendgerichtshilfe bringen die erzieherischen, sozialen und sonstigen im Hinblick auf die Ziele und Aufgaben der Jugendhilfe bedeutsamen Gesichtspunkte im Verfahren vor den Jugendgerichten zur Geltung. [2] Sie unterstützen zu diesem Zweck die beteiligten Behörden durch Erforschung der Persönlichkeit, der Entwicklung und des familiären, sozialen und wirtschaftlichen Hintergrundes des Jugendlichen und äußern sich zu einer möglichen besonderen Schutzbedürftigkeit sowie zu den Maßnahmen, die zu ergreifen sind.

(3) [1] Sobald es im Verfahren von Bedeutung ist, soll über das Ergebnis der Nachforschungen nach Absatz 2 möglichst zeitnah Auskunft gegeben werden. [2] In Haftsachen berichten die Vertreter der Jugendgerichtshilfe beschleunigt über das Ergebnis ihrer Nachforschungen. [3] Bei einer wesentlichen Änderung der nach Absatz 2 bedeutsamen Umstände führen sie nötigenfalls ergänzende Nachforschungen durch und berichten der Jugendstaatsanwaltschaft und nach Erhebung der Anklage auch dem Jugendgericht darüber.

(4) [1] Ein Vertreter der Jugendgerichtshilfe nimmt an der Hauptverhandlung teil, soweit darauf nicht nach Absatz 7 verzichtet wird. [2] Entsandt werden soll die Person, die die Nachforschungen angestellt hat. [3] Erscheint trotz rechtzeitiger Mitteilung nach § 50 Absatz 3 Satz 1 kein Vertreter der Jugendgerichtshilfe in der Hauptverhandlung und ist kein Verzicht nach Absatz 7 erklärt worden, so kann dem Träger der öffentlichen Jugendhilfe auferlegt werden, die dadurch verursachten Kosten zu ersetzen; § 51 Absatz 2 der Strafprozessordnung gilt entsprechend.

(5) [1] Soweit nicht ein Bewährungshelfer dazu berufen ist, wacht die Jugendgerichtshilfe darüber, dass der Jugendliche Weisungen und Auflagen nachkommt. [2] Erhebliche Zuwiderhandlungen teilt sie dem Jugendgericht mit. [3] Im Fall der Unterstellung nach § 10 Absatz 1 Satz 3 Nummer 5 übt sie die Betreuung und Aufsicht aus, wenn das Jugendgericht nicht eine andere Person damit betraut. [4] Während der Bewährungszeit arbeitet sie eng mit dem Bewährungshelfer zusammen. [5] Während des Vollzugs bleibt sie mit dem Jugendlichen in Verbindung und nimmt sich seiner Wiedereingliederung in die Gemeinschaft an.

(6) [1] Im gesamten Verfahren gegen einen Jugendlichen ist die Jugendgerichtshilfe heranzuziehen. [2] Dies soll so früh wie möglich geschehen. [3] Vor der Erteilung von Weisungen (§ 10) sind die Vertreter der Jugendgerichtshilfe stets zu hören; kommt eine Betreuungsweisung in Betracht, sollen sie sich auch dazu äußern, wer als Betreuungshelfer bestellt werden soll.

(7) [1] Das Jugendgericht und im Vorverfahren die Jugendstaatsanwaltschaft können auf die Erfüllung der Anforderungen des Absatzes 3 und auf Antrag der Jugendgerichtshilfe auf die Erfüllung der Anforderungen des Absatzes 4 Satz 1 verzichten, soweit dies auf Grund der Umstände des Falles gerechtfertigt und mit dem Wohl des Jugendlichen vereinbar ist. [2] Der Verzicht ist der Jugendgerichtshilfe und den weiteren am Verfahren Beteiligten möglichst frühzeitig mitzuteilen. [3] Im Vorverfahren kommt ein Verzicht insbesondere in Betracht, wenn zu erwarten ist, dass das Verfahren ohne Erhebung der öffentlichen Klage abgeschlossen wird. [4] Der Verzicht auf die Anwesenheit eines Vertreters der Jugendgerichtshilfe in der Hauptverhandlung kann sich auf Teile der Haupt-

verhandlung beschränken. [5]Er kann auch während der Hauptverhandlung erklärt werden und bedarf in diesem Fall keines Antrags.

Zweiter Abschnitt. Zuständigkeit

§ 39 Sachliche Zuständigkeit des Jugendrichters. (1) [1]Der Jugendrichter ist zuständig für Verfehlungen Jugendlicher, wenn nur Erziehungsmaßregeln, Zuchtmittel, nach diesem Gesetz zulässige Nebenstrafen und Nebenfolgen oder die Entziehung der Fahrerlaubnis zu erwarten sind und der Staatsanwalt Anklage beim Strafrichter erhebt. [2]Der Jugendrichter ist nicht zuständig in Sachen, die nach § 103 gegen Jugendliche und Erwachsene verbunden sind, wenn für die Erwachsenen nach allgemeinen Vorschriften der Richter beim Amtsgericht nicht zuständig wäre. [3]§ 209 Abs. 2 der Strafprozeßordnung gilt entsprechend.

(2) Der Jugendrichter darf auf Jugendstrafe von mehr als einem Jahr nicht erkennen; die Unterbringung in einem psychiatrischen Krankenhaus darf er nicht anordnen.

§ 40 Sachliche Zuständigkeit des Jugendschöffengerichts. (1) [1]Das Jugendschöffengericht ist zuständig für alle Verfehlungen, die nicht zur Zuständigkeit eines anderen Jugendgerichts gehören. [2]§ 209 der Strafprozeßordnung gilt entsprechend.

(2) Das Jugendschöffengericht kann bis zur Eröffnung des Hauptverfahrens von Amts wegen die Entscheidung der Jugendkammer darüber herbeiführen, ob sie eine Sache wegen ihres besonderen Umfangs übernehmen will.

(3) Vor Erlaß des Übernahmebeschlusses fordert der Vorsitzende der Jugendkammer den Angeschuldigten auf, sich innerhalb einer zu bestimmenden Frist zu erklären, ob er die Vornahme einzelner Beweiserhebungen vor der Hauptverhandlung beantragen will.

(4) [1]Der Beschluß, durch den die Jugendkammer die Sache übernimmt oder die Übernahme ablehnt, ist nicht anfechtbar. [2]Der Übernahmebeschluß ist mit dem Eröffnungsbeschluß zu verbinden.

§ 41 Sachliche Zuständigkeit der Jugendkammer. (1) Die Jugendkammer ist als erkennendes Gericht des ersten Rechtszuges zuständig in Sachen,

1. die nach den allgemeinen Vorschriften einschließlich der Regelung des § 74e des Gerichtsverfassungsgesetzes zur Zuständigkeit des Schwurgerichts gehören,
2. die sie nach Vorlage durch das Jugendschöffengericht wegen ihres besonderen Umfangs übernimmt (§ 40 Abs. 2),
3. die nach § 103 gegen Jugendliche und Erwachsene verbunden sind, wenn für die Erwachsenen nach allgemeinen Vorschriften eine große Strafkammer zuständig wäre,
4. bei denen die Staatsanwaltschaft wegen der besonderen Schutzbedürftigkeit von Verletzten der Straftat, die als Zeugen in Betracht kommen, Anklage bei der Jugendkammer erhebt und
5. bei denen dem Beschuldigten eine Tat der in § 7 Abs. 2 bezeichneten Art vorgeworfen wird und eine höhere Strafe als fünf Jahre Jugendstrafe oder die Unterbringung in einem psychiatrischen Krankenhaus zu erwarten ist.

(2) [1] Die Jugendkammer ist außerdem zuständig für die Verhandlung und Entscheidung über das Rechtsmittel der Berufung gegen die Urteile des Jugendrichters und des Jugendschöffengerichts. [2] Sie trifft auch die in § 73 Abs. 1 des Gerichtsverfassungsgesetzes bezeichneten Entscheidungen.

§ 42 Örtliche Zuständigkeit. (1) Neben dem Richter, der nach dem allgemeinen Verfahrensrecht oder nach besonderen Vorschriften zuständig ist, sind zuständig

1. der Richter, dem die familiengerichtlichen Erziehungsaufgaben für den Beschuldigten obliegen,
2. der Richter, in dessen Bezirk sich der auf freiem Fuß befindliche Beschuldigte zur Zeit der Erhebung der Anklage aufhält,
3. solange der Beschuldigte eine Jugendstrafe noch nicht vollständig verbüßt hat, der Richter, dem die Aufgaben des Vollstreckungsleiters obliegen.

(2) Der Staatsanwalt soll die Anklage nach Möglichkeit vor dem Richter erheben, dem die familiengerichtlichen Erziehungsaufgaben obliegen, solange aber der Beschuldigte eine Jugendstrafe noch nicht vollständig verbüßt hat, vor dem Richter, dem die Aufgaben des Vollstreckungsleiters obliegen

(3) [1] Wechselt der Angeklagte seinen Aufenthalt, so kann der Richter das Verfahren mit Zustimmung des Staatsanwalts an den Richter abgeben, in dessen Bezirk sich der Angeklagte aufhält. [2] Hat der Richter, an den das Verfahren abgegeben worden ist, gegen die Übernahme Bedenken, so entscheidet das gemeinschaftliche obere Gericht.

Dritter Abschnitt. Jugendstrafverfahren

Erster Unterabschnitt. Das Vorverfahren

§ 43 Umfang der Ermittlungen. (1) [1] Nach Einleitung des Verfahrens sollen so bald wie möglich die Lebens- und Familienverhältnisse, der Werdegang, das bisherige Verhalten des Beschuldigten und alle übrigen Umstände ermittelt werden, die zur Beurteilung seiner seelischen, geistigen und charakterlichen Eigenart dienen können. [2] Der Erziehungsberechtigte und der gesetzliche Vertreter, die Schule und der Ausbildende sollen, soweit möglich, gehört werden. [3] Die Anhörung der Schule oder des Ausbildenden unterbleibt, wenn der Jugendliche davon unerwünschte Nachteile, namentlich den Verlust seines Ausbildungs- oder Arbeitsplatzes, zu besorgen hätte. [4] § 38 Absatz 6 und § 70 Absatz 2 sind zu beachten.

(2) [1] Soweit erforderlich, ist eine Untersuchung des Beschuldigten, namentlich zur Feststellung seines Entwicklungsstandes oder anderer für das Verfahren wesentlicher Eigenschaften, herbeizuführen. [2] Nach Möglichkeit soll ein zur Untersuchung von Jugendlichen befähigter Sachverständiger mit der Durchführung der Anordnung beauftragt werden.

§ 44 Vernehmung des Beschuldigten bei zu erwartender Jugendstrafe. Ist Jugendstrafe zu erwarten, so soll der Staatsanwalt oder der Vorsitzende des Jugendgerichts den Beschuldigten vernehmen, ehe die Anklage erhoben wird.

§ 45 Absehen von der Verfolgung. (1) Der Staatsanwalt kann ohne Zustimmung des Richters von der Verfolgung absehen, wenn die Voraussetzungen des § 153 der Strafprozeßordnung vorliegen.

(2) [1] Der Staatsanwalt sieht von der Verfolgung ab, wenn eine erzieherische Maßnahme bereits durchgeführt oder eingeleitet ist und er weder eine Beteiligung des Richters nach Absatz 3 noch die Erhebung der Anklage für erforderlich hält. [2] Einer erzieherischen Maßnahme steht das Bemühen des Jugendlichen gleich, einen Ausgleich mit dem Verletzten zu erreichen.

(3) [1] Der Staatsanwalt regt die Erteilung einer Ermahnung, von Weisungen nach § 10 Abs. 1 Satz 3 Nr. 4, 7 und 9 oder von Auflagen durch den Jugendrichter an, wenn der Beschuldigte geständig ist und der Staatsanwalt die Anordnung einer solchen richterlichen Maßnahme für erforderlich, die Erhebung der Anklage aber nicht für geboten hält. [2] Entspricht der Jugendrichter der Anregung, so sieht der Staatsanwalt von der Verfolgung ab, bei Erteilung von Weisungen oder Auflagen jedoch nur, nachdem der Jugendliche ihnen nachgekommen ist. [3] § 11 Abs. 3 und § 15 Abs. 3 Satz 2 sind nicht anzuwenden. [4] § 47 Abs. 3 findet entsprechende Anwendung.

§ 46 Wesentliches Ergebnis der Ermittlungen. Der Staatsanwalt soll das wesentliche Ergebnis der Ermittlungen in der Anklageschrift (§ 200 Abs. 2 der Strafprozeßordnung) so darstellen, daß die Kenntnisnahme durch den Beschuldigten möglichst keine Nachteile für seine Erziehung verursacht.

§ 46a Anklage vor Berichterstattung der Jugendgerichtshilfe. [1] Abgesehen von Fällen des § 38 Absatz 7 darf die Anklage auch dann vor einer Berichterstattung der Jugendgerichtshilfe nach § 38 Absatz 3 erhoben werden, wenn dies dem Wohl des Jugendlichen dient und zu erwarten ist, dass das Ergebnis der Nachforschungen spätestens zu Beginn der Hauptverhandlung zur Verfügung stehen wird. [2] Nach Erhebung der Anklage ist der Jugendstaatsanwaltschaft und dem Jugendgericht zu berichten.

Zweiter Unterabschnitt. Das Hauptverfahren

§ 47 Einstellung des Verfahrens durch den Richter. (1) [1] Ist die Anklage eingereicht, so kann der Richter das Verfahren einstellen, wenn

1. die Voraussetzungen des § 153 der Strafprozeßordnung vorliegen,
2. eine erzieherische Maßnahme im Sinne des § 45 Abs. 2, die eine Entscheidung durch Urteil entbehrlich macht, bereits durchgeführt oder eingeleitet ist,
3. der Richter eine Entscheidung durch Urteil für entbehrlich hält und gegen den geständigen Jugendlichen eine in § 45 Abs. 3 Satz 1 bezeichnete Maßnahme anordnet oder
4. der Angeklagte mangels Reife strafrechtlich nicht verantwortlich ist.

[2] In den Fällen von Satz 1 Nr. 2 und 3 kann der Richter mit Zustimmung des Staatsanwalts das Verfahren vorläufig einstellen und dem Jugendlichen eine Frist von höchstens sechs Monaten setzen, binnen der er den Auflagen, Weisungen oder erzieherischen Maßnahmen nachzukommen hat. [3] Die Entscheidung ergeht durch Beschluß. [4] Der Beschluß ist nicht anfechtbar. [5] Kommt der Jugendliche den Auflagen, Weisungen oder erzieherischen Maßnahmen nach, so stellt der Richter das Verfahren ein. [6] § 11 Abs. 3 und § 15 Abs. 3 Satz 2 sind nicht anzuwenden.

(2) [1] Die Einstellung bedarf der Zustimmung des Staatsanwalts, soweit er nicht bereits der vorläufigen Einstellung zugestimmt hat. [2] Der Einstellungs-

beschluß kann auch in der Hauptverhandlung ergehen. [3]Er wird mit Gründen versehen und ist nicht anfechtbar. [4]Die Gründe werden dem Angeklagten nicht mitgeteilt, soweit davon Nachteile für die Erziehung zu befürchten sind.

(3) Wegen derselben Tat kann nur auf Grund neuer Tatsachen oder Beweismittel von neuem Anklage erhoben werden.

§ 47a Vorrang der Jugendgerichte. [1]Ein Jugendgericht darf sich nach Eröffnung des Hauptverfahrens nicht für unzuständig erklären, weil die Sache vor ein für allgemeine Strafsachen zuständiges Gericht gleicher oder niedrigerer Ordnung gehöre. [2]§ 103 Abs. 2 Satz 2, 3 bleibt unberührt.

§ 48 Nichtöffentlichkeit. (1) Die Verhandlung vor dem erkennenden Gericht einschließlich der Verkündung der Entscheidungen ist nicht öffentlich.

(2) [1]Neben den am Verfahren Beteiligten ist dem Verletzten, seinem Erziehungsberechtigten und seinem gesetzlichen Vertreter und, falls der Angeklagte der Aufsicht und Leitung eines Bewährungshelfers oder der Betreuung und Aufsicht eines Betreuungshelfers untersteht oder für ihn ein Erziehungsbeistand bestellt ist, dem Helfer und dem Erziehungsbeistand die Anwesenheit gestattet. [2]Das gleiche gilt in den Fällen, in denen dem Jugendlichen Hilfe zur Erziehung in einem Heim oder einer vergleichbaren Einrichtung gewährt wird, für den Leiter der Einrichtung. [3]Andere Personen kann der Vorsitzende aus besonderen Gründen, namentlich zu Ausbildungszwecken, zulassen.

(3) [1]Sind in dem Verfahren auch Heranwachsende oder Erwachsene angeklagt, so ist die Verhandlung öffentlich. [2]Die Öffentlichkeit kann ausgeschlossen werden, wenn dies im Interesse der Erziehung jugendlicher Angeklagter geboten ist.

§ 49 *(aufgehoben)*

§ 50 Anwesenheit in der Hauptverhandlung. (1) Die Hauptverhandlung kann nur dann ohne den Angeklagten stattfinden, wenn dies im allgemeinen Verfahren zulässig wäre, besondere Gründe dafür vorliegen und die Jugendstaatsanwaltschaft zustimmt.

(2) [1]Der Vorsitzende soll auch die Ladung der Erziehungsberechtigten und der gesetzlichen Vertreter anordnen. [2]Die Vorschriften über die Ladung, die Folgen des Ausbleibens und die Entschädigung von Zeugen gelten entsprechend.

(3) [1]Der Jugendgerichtshilfe sind Ort und Zeit der Hauptverhandlung in angemessener Frist vor dem vorgesehenen Termin mitzuteilen. [2]Der Vertreter der Jugendgerichtshilfe erhält in der Hauptverhandlung auf Verlangen das Wort. [3]Ist kein Vertreter der Jugendgerichtshilfe anwesend, kann unter den Voraussetzungen des § 38 Absatz 7 Satz 1 ein schriftlicher Bericht der Jugendgerichtshilfe in der Hauptverhandlung verlesen werden.

(4) [1]Nimmt ein bestellter Bewährungshelfer an der Hauptverhandlung teil, so soll er zu der Entwicklung des Jugendlichen in der Bewährungszeit gehört werden. [2]Satz 1 gilt für einen bestellten Betreuungshelfer und den Leiter eines sozialen Trainingskurses, an dem der Jugendliche teilnimmt, entsprechend.

§ 51 Zeitweilige Ausschließung von Beteiligten. (1) [1]Der Vorsitzende soll den Angeklagten für die Dauer solcher Erörterungen von der Verhandlung ausschließen, aus denen Nachteile für die Erziehung entstehen können. [2]Er hat ihn von dem, was in seiner Abwesenheit verhandelt worden ist, zu unterrichten, soweit es für seine Verteidigung erforderlich ist.

(2) [1] Der Vorsitzende kann auch Erziehungsberechtigte und gesetzliche Vertreter des Angeklagten von der Verhandlung ausschließen, soweit

1. erhebliche erzieherische Nachteile drohen, weil zu befürchten ist, dass durch die Erörterung der persönlichen Verhältnisse des Angeklagten in ihrer Gegenwart eine erforderliche künftige Zusammenarbeit zwischen den genannten Personen und der Jugendgerichtshilfe bei der Umsetzung zu erwartender jugendgerichtlicher Sanktionen in erheblichem Maße erschwert wird,
2. sie verdächtig sind, an der Verfehlung des Angeklagten beteiligt zu sein, oder soweit sie wegen einer Beteiligung verurteilt sind,
3. eine Gefährdung des Lebens, des Leibes oder der Freiheit des Angeklagten, eines Zeugen oder einer anderen Person oder eine sonstige erhebliche Beeinträchtigung des Wohls des Angeklagten zu besorgen ist,
4. zu befürchten ist, dass durch ihre Anwesenheit die Ermittlung der Wahrheit beeinträchtigt wird, oder
5. Umstände aus dem persönlichen Lebensbereich eines Verfahrensbeteiligten, Zeugen oder durch eine rechtswidrige Tat Verletzten zur Sprache kommen, deren Erörterung in ihrer Anwesenheit schutzwürdige Interessen verletzen würde, es sei denn, das Interesse der Erziehungsberechtigten und gesetzlichen Vertreter an der Erörterung dieser Umstände in ihrer Gegenwart überwiegt.

[2] Der Vorsitzende kann in den Fällen des Satzes 1 Nr. 3 bis 5 auch Erziehungsberechtigte und gesetzliche Vertreter des Verletzten von der Verhandlung ausschließen, im Fall der Nummer 3 auch dann, wenn eine sonstige erhebliche Beeinträchtigung des Wohls des Verletzten zu besorgen ist. [3] Erziehungsberechtigte und gesetzliche Vertreter sind auszuschließen, wenn die Voraussetzungen des Satzes 1 Nr. 5 vorliegen und der Ausschluss von der Person, deren Lebensbereich betroffen ist, beantragt wird. [4] Satz 1 Nr. 5 gilt nicht, soweit die Personen, deren Lebensbereiche betroffen sind, in der Hauptverhandlung dem Ausschluss widersprechen.

(3) § 177 des Gerichtsverfassungsgesetzes gilt entsprechend.

(4) [1] In den Fällen des Absatzes 2 ist vor einem Ausschluss auf ein einvernehmliches Verlassen des Sitzungssaales hinzuwirken. [2] Der Vorsitzende hat die Erziehungsberechtigten und gesetzlichen Vertreter des Angeklagten, sobald diese wieder anwesend sind, in geeigneter Weise von dem wesentlichen Inhalt dessen zu unterrichten, was während ihrer Abwesenheit ausgesagt oder sonst verhandelt worden ist.

(5) Der Ausschluss von Erziehungsberechtigten und gesetzlichen Vertretern nach den Absätzen 2 und 3 ist auch zulässig, wenn sie zum Beistand (§ 69) bestellt sind.

(6) [1] Werden die Erziehungsberechtigten und die gesetzlichen Vertreter für einen nicht unerheblichen Teil der Hauptverhandlung ausgeschlossen, so ist für die Dauer ihres Ausschlusses von dem Vorsitzenden einer anderen für den Schutz der Interessen des Jugendlichen geeigneten volljährigen Person die Anwesenheit zu gestatten. [2] Dem Jugendlichen soll Gelegenheit gegeben werden, eine volljährige Person seines Vertrauens zu bezeichnen. [3] Die anwesende andere geeignete Person erhält in der Hauptverhandlung auf Verlangen das Wort. [4] Wird keiner sonstigen anderen Person nach Satz 1 die Anwesenheit

gestattet, muss ein für die Betreuung des Jugendlichen in dem Jugendstrafverfahren zuständiger Vertreter der Jugendhilfe anwesend sein.

(7) Sind in der Hauptverhandlung keine Erziehungsberechtigten und keine gesetzlichen Vertreter anwesend, weil sie binnen angemessener Frist nicht erreicht werden konnten, so gilt Absatz 6 entsprechend.

§ 51a Neubeginn der Hauptverhandlung. Ergibt sich erst während der Hauptverhandlung, dass die Mitwirkung eines Verteidigers nach § 68 Nummer 5 notwendig ist, so ist mit der Hauptverhandlung von neuem zu beginnen, wenn der Jugendliche nicht von Beginn der Hauptverhandlung an verteidigt war.

§ 52 Berücksichtigung von Untersuchungshaft bei Jugendarrest. Wird auf Jugendarrest erkannt und ist dessen Zweck durch Untersuchungshaft oder eine andere wegen der Tat erlittene Freiheitsentziehung ganz oder teilweise erreicht, so kann der Richter im Urteil aussprechen, daß oder wieweit der Jugendarrest nicht vollstreckt wird.

§ 52a Anrechnung von Untersuchungshaft bei Jugendstrafe. (1) [1] Hat der Angeklagte aus Anlaß einer Tat, die Gegenstand des Verfahrens ist oder gewesen ist, Untersuchungshaft oder eine andere Freiheitsentziehung erlitten, so wird sie auf die Jugendstrafe angerechnet. [2] Der Richter kann jedoch anordnen, daß die Anrechnung ganz oder zum Teil unterbleibt, wenn sie im Hinblick auf das Verhalten des Angeklagten nach der Tat oder aus erzieherischen Gründen nicht gerechtfertigt ist. [3] Erzieherische Gründe liegen namentlich vor, wenn bei Anrechnung der Freiheitsentziehung die noch erforderliche erzieherische Einwirkung auf den Angeklagten nicht gewährleistet ist.

(2) *(aufgehoben)*

§ 53 Überweisung an das Familiengericht. [1] Der Richter kann dem Familiengericht im Urteil die Auswahl und Anordnung von Erziehungsmaßregeln überlassen, wenn er nicht auf Jugendstrafe erkennt. [2] Das Familiengericht muß dann eine Erziehungsmaßregel anordnen, soweit sich nicht die Umstände, die für das Urteil maßgebend waren, verändert haben.

§ 54 Urteilsgründe. (1) [1] Wird der Angeklagte schuldig gesprochen, so wird in den Urteilsgründen auch ausgeführt, welche Umstände für seine Bestrafung, für die angeordneten Maßnahmen, für die Überlassung ihrer Auswahl und Anordnung an das Familiengericht oder für das Absehen von Zuchtmitteln und Strafe bestimmend waren. [2] Dabei soll namentlich die seelische, geistige und körperliche Eigenart des Angeklagten berücksichtigt werden.

(2) Die Urteilsgründe werden dem Angeklagten nicht mitgeteilt, soweit davon Nachteile für die Erziehung zu befürchten sind.

Dritter Unterabschnitt. Rechtsmittelverfahren

§ 55 Anfechtung von Entscheidungen. (1) [1] Eine Entscheidung, in der lediglich Erziehungsmaßregeln oder Zuchtmittel angeordnet oder die Auswahl und Anordnung von Erziehungsmaßregeln dem Familiengericht überlassen sind, kann nicht wegen des Umfangs der Maßnahmen und nicht deshalb angefochten werden, weil andere oder weitere Erziehungsmaßregeln oder Zuchtmittel hätten angeordnet werden sollen oder weil die Auswahl und

Anordnung der Erziehungsmaßregeln dem Familiengericht überlassen worden sind. [2]Diese Vorschrift gilt nicht, wenn der Richter angeordnet hat, Hilfe zur Erziehung nach § 12 Nr. 2 in Anspruch zu nehmen.

(2) [1]Wer eine zulässige Berufung eingelegt hat, kann gegen das Berufungsurteil nicht mehr Revision einlegen. [2]Hat der Angeklagte, der Erziehungsberechtigte oder der gesetzliche Vertreter eine zulässige Berufung eingelegt, so steht gegen das Berufungsurteil keinem von ihnen das Rechtsmittel der Revision zu.

(3) Der Erziehungsberechtigte oder der gesetzliche Vertreter kann das von ihm eingelegte Rechtsmittel nur mit Zustimmung des Angeklagten zurücknehmen.

(4) Soweit ein Beteiligter nach Absatz 1 Satz 1 an der Anfechtung einer Entscheidung gehindert ist oder nach Absatz 2 kein Rechtsmittel gegen die Berufungsentscheidung einlegen kann, gilt § 356a der Strafprozessordnung entsprechend.

§ 56 Teilvollstreckung einer Einheitsstrafe. (1) [1]Ist ein Angeklagter wegen mehrerer Straftaten zu einer Einheitsstrafe verurteilt worden, so kann das Rechtsmittelgericht vor der Hauptverhandlung das Urteil für einen Teil der Strafe als vollstreckbar erklären, wenn die Schuldfeststellungen bei einer Straftat oder bei mehreren Straftaten nicht beanstandet worden sind. [2]Die Anordnung ist nur zulässig, wenn sie dem wohlverstandenen Interesse des Angeklagten entspricht. [3]Der Teil der Strafe darf nicht über die Strafe hinausgehen, die einer Verurteilung wegen der Straftaten entspricht, bei denen die Schuldfeststellungen nicht beanstandet worden sind.

(2) Gegen den Beschluß ist sofortige Beschwerde zulässig.

Vierter Unterabschnitt. Verfahren bei Aussetzung der Jugendstrafe zur Bewährung

§ 57 Entscheidung über die Aussetzung. (1) [1]Die Aussetzung der Jugendstrafe zur Bewährung wird im Urteil oder, solange der Strafvollzug noch nicht begonnen hat, nachträglich durch Beschluß angeordnet. [2]Ist die Entscheidung über die Aussetzung nicht im Urteil vorbehalten worden, so ist für den nachträglichen Beschluss das Gericht zuständig, das in der Sache im ersten Rechtszug erkannt hat; die Staatsanwaltschaft und der Jugendliche sind zu hören.

(2) Hat das Gericht die Entscheidung über die Aussetzung nicht einem nachträglichen Beschluss vorbehalten oder die Aussetzung im Urteil oder in einem nachträglichen Beschluss abgelehnt, so ist ihre nachträgliche Anordnung nur zulässig, wenn seit Erlaß des Urteils oder des Beschlusses Umstände hervorgetreten sind, die allein oder in Verbindung mit den bereits bekannten Umständen eine Aussetzung der Jugendstrafe zur Bewährung rechtfertigen.

(3) [1]Kommen Weisungen oder Auflagen (§ 23) in Betracht, so ist der Jugendliche in geeigneten Fällen zu befragen, ob er Zusagen für seine künftige Lebensführung macht oder sich zu Leistungen erbietet, die der Genugtuung für das begangene Unrecht dienen. [2]Kommt die Weisung in Betracht, sich einer heilerzieherischen Behandlung oder einer Entziehungskur zu unterziehen, so ist der Jugendliche, der das sechzehnte Lebensjahr vollendet hat, zu befragen, ob er hierzu seine Einwilligung gibt.

(4) § 260 Abs. 4 Satz 4 und § 267 Abs. 3 Satz 4 der Strafprozeßordnung gelten entsprechend.

§ 58 Weitere Entscheidungen. (1) [1] Entscheidungen, die infolge der Aussetzung erforderlich werden (§§ 22, 23, 24, 26, 26a), trifft der Richter durch Beschluß. [2] Der Staatsanwalt, der Jugendliche und der Bewährungshelfer sind zu hören. [3] Wenn eine Entscheidung nach § 26 oder die Verhängung von Jugendarrest in Betracht kommt, ist dem Jugendlichen Gelegenheit zur mündlichen Äußerung vor dem Richter zu geben. [4] Der Beschluß ist zu begründen.

(2) Der Richter leitet auch die Vollstreckung der vorläufigen Maßnahmen nach § 453c der Strafprozeßordnung.

(3) [1] Zuständig ist der Richter, der die Aussetzung angeordnet hat. [2] Er kann die Entscheidungen ganz oder teilweise dem Jugendrichter übertragen, in dessen Bezirk sich der Jugendliche aufhält. [3] § 42 Abs. 3 Satz 2 gilt entsprechend.

§ 59 Anfechtung. (1) [1] Gegen eine Entscheidung, durch welche die Aussetzung der Jugendstrafe angeordnet oder abgelehnt wird, ist, wenn sie für sich allein oder nur gemeinsam mit der Entscheidung über die Anordnung eines Jugendarrests nach § 16a angefochten wird, sofortige Beschwerde zulässig. [2] Das gleiche gilt, wenn ein Urteil nur deshalb angefochten wird, weil die Strafe nicht ausgesetzt worden ist.

(2) [1] Gegen eine Entscheidung über die Dauer der Bewährungszeit (§ 22), die Dauer der Unterstellungszeit (§ 24), die erneute Anordnung der Unterstellung in der Bewährungszeit (§ 24 Abs. 2) und über Weisungen oder Auflagen (§ 23) ist Beschwerde zulässig. [2] Sie kann nur darauf gestützt werden, daß die Bewährungs- oder die Unterstellungszeit nachträglich verlängert, die Unterstellung erneut angeordnet worden oder daß eine getroffene Anordnung gesetzwidrig ist.

(3) Gegen den Widerruf der Aussetzung der Jugendstrafe (§ 26 Abs. 1) ist sofortige Beschwerde zulässig.

(4) Der Beschluß über den Straferlaß (§ 26a) ist nicht anfechtbar.

(5) Wird gegen ein Urteil eine zulässige Revision und gegen eine Entscheidung, die sich auf eine in dem Urteil angeordnete Aussetzung der Jugendstrafe zur Bewährung bezieht, Beschwerde eingelegt, so ist das Revisionsgericht auch zur Entscheidung über die Beschwerde zuständig.

§ 60 Bewährungsplan. (1) [1] Der Vorsitzende stellt die erteilten Weisungen und Auflagen in einem Bewährungsplan zusammen. [2] Er händigt ihn dem Jugendlichen aus und belehrt ihn zugleich über die Bedeutung der Aussetzung, die Bewährungs- und Unterstellungszeit, die Weisungen und Auflagen sowie über die Möglichkeit des Widerrufs der Aussetzung. [3] Zugleich ist ihm aufzugeben, jeden Wechsel seines Aufenthalts, Ausbildungs- oder Arbeitsplatzes während der Bewährungszeit anzuzeigen. [4] Auch bei nachträglichen Änderungen des Bewährungsplans ist der Jugendliche über den wesentlichen Inhalt zu belehren.

(2) Der Name des Bewährungshelfers wird in den Bewährungsplan eingetragen.

(3) [1] Der Jugendliche soll durch seine Unterschrift bestätigen, daß er den Bewährungsplan gelesen hat, und versprechen, daß er den Weisungen und

Auflagen nachkommen will. [2] Auch der Erziehungsberechtigte und der gesetzliche Vertreter sollen den Bewährungsplan unterzeichnen.

§ 61 Vorbehalt der nachträglichen Entscheidung über die Aussetzung.

(1) Das Gericht kann im Urteil die Entscheidung über die Aussetzung der Jugendstrafe zur Bewährung ausdrücklich einem nachträglichen Beschluss vorbehalten, wenn

1. nach Erschöpfung der Ermittlungsmöglichkeiten die getroffenen Feststellungen noch nicht die in § 21 Absatz 1 Satz 1 vorausgesetzte Erwartung begründen können und
2. auf Grund von Ansätzen in der Lebensführung des Jugendlichen oder sonstiger bestimmter Umstände die Aussicht besteht, dass eine solche Erwartung in absehbarer Zeit (§ 61a Absatz 1) begründet sein wird.

(2) Ein entsprechender Vorbehalt kann auch ausgesprochen werden, wenn

1. in der Hauptverhandlung Umstände der in Absatz 1 Nummer 2 genannten Art hervorgetreten sind, die allein oder in Verbindung mit weiteren Umständen die in § 21 Absatz 1 Satz 1 vorausgesetzte Erwartung begründen könnten,
2. die Feststellungen, die sich auf die nach Nummer 1 bedeutsamen Umstände beziehen, aber weitere Ermittlungen verlangen und
3. die Unterbrechung oder Aussetzung der Hauptverhandlung zu erzieherisch nachteiligen oder unverhältnismäßigen Verzögerungen führen würde.

(3) [1] Wird im Urteil der Vorbehalt ausgesprochen, gilt § 16a entsprechend. [2] Der Vorbehalt ist in die Urteilsformel aufzunehmen. [3] Die Urteilsgründe müssen die dafür bestimmenden Umstände anführen. [4] Bei der Verkündung des Urteils ist der Jugendliche über die Bedeutung des Vorbehalts und seines Verhaltens in der Zeit bis zu der nachträglichen Entscheidung zu belehren.

§ 61a Frist und Zuständigkeit für die vorbehaltene Entscheidung.

(1) [1] Die vorbehaltene Entscheidung ergeht spätestens sechs Monate nach Eintritt der Rechtskraft des Urteils. [2] Das Gericht kann mit dem Vorbehalt eine kürzere Höchstfrist festsetzen. [3] Aus besonderen Gründen und mit dem Einverständnis des Verurteilten kann die Frist nach Satz 1 oder 2 durch Beschluss auf höchstens neun Monate seit Eintritt der Rechtskraft des Urteils verlängert werden.

(2) Zuständig für die vorbehaltene Entscheidung ist das Gericht, in dessen Urteil die zugrunde liegenden tatsächlichen Feststellungen letztmalig geprüft werden konnten.

§ 61b Weitere Entscheidungen bei Vorbehalt der Entscheidung über die Aussetzung. (1) [1] Das Gericht kann dem Jugendlichen für die Zeit zwischen Eintritt der Rechtskraft des Urteils und dem Ablauf der nach § 61a Absatz 1 maßgeblichen Frist Weisungen und Auflagen erteilen; die §§ 10, 15 Absatz 1 und 2, § 23 Absatz 1 Satz 1 bis 3, Absatz 2 gelten entsprechend. [2] Das Gericht soll den Jugendlichen für diese Zeit der Aufsicht und Betreuung eines Bewährungshelfers unterstellen; darauf soll nur verzichtet werden, wenn ausreichende Betreuung und Überwachung durch die Jugendgerichtshilfe gewährleistet sind. [3] Im Übrigen sind die §§ 24 und 25 entsprechend anzuwenden. [4] Bewährungshilfe und Jugendgerichtshilfe arbeiten eng zusammen. [5] Dabei dürfen sie wechselseitig auch personenbezogene Daten über den Verurteilten übermitteln, soweit dies für eine sachgemäße Erfüllung der Betreuungs- und Überwachungsaufgaben der jeweils anderen Stelle erforderlich ist. [6] Für die Entscheidungen nach diesem Absatz gelten § 58 Absatz 1 Satz 1, 2 und 4, Absatz 3 Satz 1 und § 59 Absatz 2 und 5 entsprechend. [7] Die Vorschriften des § 60 sind sinngemäß anzuwenden.

(2) Ergeben sich vor Ablauf der nach § 61a Absatz 1 maßgeblichen Frist hinreichende Gründe für die Annahme, dass eine Aussetzung der Jugendstrafe zur Bewährung abgelehnt wird, so gelten § 453c der Strafprozessordnung und § 58 Absatz 2 und 3 Satz 1 entsprechend.

(3) Wird die Jugendstrafe zur Bewährung ausgesetzt, so wird die Zeit vom Eintritt der Rechtskraft des Urteils, in dem die Aussetzung einer nachträglichen Entscheidung vorbehalten wurde, bis zum Eintritt der Rechtskraft der Entscheidung über die Aussetzung auf die nach § 22 bestimmte Bewährungszeit angerechnet.

(4) [1] Wird die Aussetzung abgelehnt, so kann das Gericht Leistungen, die der Jugendliche zur Erfüllung von Weisungen, Auflagen, Zusagen oder Anerbieten erbracht hat, auf die Jugendstrafe anrechnen. [2] Das Gericht hat die Leistungen anzurechnen, wenn die Rechtsfolgen der Tat andernfalls das Maß der Schuld übersteigen würden. [3] Im Hinblick auf Jugendarrest, der nach § 16a verhängt wurde (§ 61 Absatz 3 Satz 1), gilt § 26 Absatz 3 Satz 3 entsprechend.

Fünfter Unterabschnitt. Verfahren bei Aussetzung der Verhängung der Jugendstrafe

§ 62 Entscheidungen. (1) [1] Entscheidungen nach den §§ 27 und 30 ergehen auf Grund einer Hauptverhandlung durch Urteil. [2] Für die Entscheidung über die Aussetzung der Verhängung der Jugendstrafe gilt § 267 Abs. 3 Satz 4 der Strafprozeßordnung sinngemäß.

(2) Mit Zustimmung des Staatsanwalts kann die Tilgung des Schuldspruchs nach Ablauf der Bewährungszeit auch ohne Hauptverhandlung durch Beschluß angeordnet werden.

(3) Ergibt eine während der Bewährungszeit durchgeführte Hauptverhandlung nicht, daß eine Jugendstrafe erforderlich ist (§ 30 Abs. 1), so ergeht der Beschluß, daß die Entscheidung über die Verhängung der Strafe ausgesetzt bleibt.

(4) Für die übrigen Entscheidungen, die infolge einer Aussetzung der Verhängung der Jugendstrafe erforderlich werden, gilt § 58 Abs. 1 Satz 1, 2 und 4 und Abs. 3 Satz 1 sinngemäß.

§ 63 Anfechtung. (1) Ein Beschluß, durch den der Schuldspruch nach Ablauf der Bewährungszeit getilgt wird (§ 62 Abs. 2) oder die Entscheidung über die Verhängung der Jugendstrafe ausgesetzt bleibt (§ 62 Abs. 3), ist nicht anfechtbar.

(2) Im übrigen gilt § 59 Abs. 2 und 5 sinngemäß.

§ 64 Bewährungsplan. [1] § 60 gilt sinngemäß. [2] Der Jugendliche ist über die Bedeutung der Aussetzung, die Bewährungs- und Unterstellungszeit, die Weisungen und Auflagen sowie darüber zu belehren, daß er die Festsetzung einer Jugendstrafe zu erwarten habe, wenn er sich während der Bewährungszeit schlecht führe.

Sechster Unterabschnitt. Ergänzende Entscheidungen

§ 65 Nachträgliche Entscheidungen über Weisungen und Auflagen.

(1) [1]Nachträgliche Entscheidungen, die sich auf Weisungen (§ 11 Abs. 2, 3) oder Auflagen (§ 15 Abs. 3) beziehen, trifft der Richter des ersten Rechtszuges nach Anhören des Staatsanwalts und des Jugendlichen durch Beschluß. [2]Soweit erforderlich, sind der Vertreter der Jugendgerichtshilfe, der nach § 10 Abs. 1 Satz 3 Nr. 5 bestellte Betreuungshelfer und der nach § 10 Abs. 1 Satz 3 Nr. 6 tätige Leiter eines sozialen Trainingskurses zu hören. [3]Wenn die Verhängung von Jugendarrest in Betracht kommt, ist dem Jugendlichen Gelegenheit zur mündlichen Äußerung vor dem Richter zu geben. [4]Der Richter kann das Verfahren an den Jugendrichter abgeben, in dessen Bezirk sich der Jugendliche aufhält, wenn dieser seinen Aufenthalt gewechselt hat. [5]§ 42 Abs. 3 Satz 2 gilt entsprechend.

(2) [1]Hat der Richter die Änderung von Weisungen abgelehnt, so ist der Beschluß nicht anfechtbar. [2]Hat er Jugendarrest verhängt, so ist gegen den Beschluß sofortige Beschwerde zulässig. [3]Diese hat aufschiebende Wirkung.

§ 66 Ergänzung rechtskräftiger Entscheidungen bei mehrfacher Verurteilung. (1) [1]Ist die einheitliche Festsetzung von Maßnahmen oder Jugendstrafe (§ 31) unterblieben und sind die durch die rechtskräftigen Entscheidungen erkannten Erziehungsmaßregeln, Zuchtmittel und Strafen noch nicht vollständig ausgeführt, verbüßt oder sonst erledigt, so trifft der Richter eine solche Entscheidung nachträglich. [2]Dies gilt nicht, soweit der Richter nach § 31 Abs. 3 von der Einbeziehung rechtskräftig abgeurteilter Straftaten abgesehen hatte.

(2) [1]Die Entscheidung ergeht auf Grund einer Hauptverhandlung durch Urteil, wenn der Staatsanwalt es beantragt oder der Vorsitzende es für angemessen hält. [2]Wird keine Hauptverhandlung durchgeführt, so entscheidet der Richter durch Beschluß. [3]Für die Zuständigkeit und das Beschlußverfahren gilt dasselbe wie für die nachträgliche Bildung einer Gesamtstrafe nach den allgemeinen Vorschriften. [4]Ist eine Jugendstrafe teilweise verbüßt, so ist der Richter zuständig, dem die Aufgaben des Vollstreckungsleiters obliegen.

Siebenter Unterabschnitt. Gemeinsame Verfahrensvorschriften

§ 67 Stellung der Erziehungsberechtigten und der gesetzlichen Vertreter. (1) Soweit der Beschuldigte ein Recht darauf hat, gehört zu werden oder Fragen und Anträge zu stellen, steht dieses Recht auch den Erziehungsberechtigten und den gesetzlichen Vertretern zu.

(2) Die Rechte der gesetzlichen Vertreter zur Wahl eines Verteidigers und zur Einlegung von Rechtsbehelfen stehen auch den Erziehungsberechtigten zu.

(3) [1]Bei Untersuchungshandlungen, bei denen der Jugendliche ein Recht darauf hat, anwesend zu sein, namentlich bei seiner Vernehmung, ist den Erziehungsberechtigten und den gesetzlichen Vertretern die Anwesenheit gestattet, soweit

1. dies dem Wohl des Jugendlichen dient und
2. ihre Anwesenheit das Strafverfahren nicht beeinträchtigt.

[2]Die Voraussetzungen des Satzes 1 Nummer 1 und 2 sind in der Regel erfüllt, wenn keiner der in § 51 Absatz 2 genannten Ausschlussgründe und keine entsprechend § 177 des Gerichtsverfassungsgesetzes zu behandelnde Missachtung einer zur Aufrechterhaltung der Ordnung getroffenen Anordnung vor-

liegt. [3] Ist kein Erziehungsberechtigter und kein gesetzlicher Vertreter anwesend, weil diesen die Anwesenheit versagt wird oder weil binnen angemessener Frist kein Erziehungsberechtigter und kein gesetzlicher Vertreter erreicht werden konnte, so ist einer anderen für den Schutz der Interessen des Jugendlichen geeigneten volljährigen Person die Anwesenheit zu gestatten, wenn die Voraussetzungen des Satzes 1 Nummer 1 und 2 im Hinblick auf diese Person erfüllt sind.

(4) [1] Das Jugendgericht kann die Rechte nach den Absätzen 1 bis 3 Erziehungsberechtigten und gesetzlichen Vertretern entziehen, soweit sie verdächtig sind, an der Verfehlung des Beschuldigten beteiligt zu sein, oder soweit sie wegen einer Beteiligung verurteilt sind. [2] Liegen die Voraussetzungen des Satzes 1 bei einem Erziehungsberechtigten oder einem gesetzlichen Vertreter vor, so kann der Richter die Entziehung gegen beide aussprechen, wenn ein Mißbrauch der Rechte zu befürchten ist. [3] Stehen den Erziehungsberechtigten und den gesetzlichen Vertretern ihre Rechte nicht mehr zu, so bestellt das Familiengericht einen Pfleger zur Wahrnehmung der Interessen des Beschuldigten im anhängigen Strafverfahren. [4] Die Hauptverhandlung wird bis zur Bestellung des Pflegers ausgesetzt.

(5) [1] Sind mehrere erziehungsberechtigt, so kann jeder von ihnen die in diesem Gesetz bestimmten Rechte der Erziehungsberechtigten ausüben. [2] In der Hauptverhandlung oder in einer sonstigen gerichtlichen Verhandlung werden abwesende Erziehungsberechtigte als durch anwesende vertreten angesehen. [3] Sind Mitteilungen oder Ladungen vorgeschrieben, so genügt es, wenn sie an eine erziehungsberechtigte Person gerichtet werden.

§ 67a Unterrichtung der Erziehungsberechtigten und der gesetzlichen Vertreter. (1) Ist eine Mitteilung an den Beschuldigten vorgeschrieben, so soll die entsprechende Mitteilung an die Erziehungsberechtigten und die gesetzlichen Vertreter gerichtet werden.

(2) [1] Die Informationen, die der Jugendliche nach § 70a zu erhalten hat, sind jeweils so bald wie möglich auch den Erziehungsberechtigten und den gesetzlichen Vertretern zu erteilen. [2] Wird dem Jugendlichen einstweilig die Freiheit entzogen, sind die Erziehungsberechtigten und die gesetzlichen Vertreter so bald wie möglich über den Freiheitsentzug und die Gründe hierfür zu unterrichten.

(3) Mitteilungen und Informationen nach den Absätzen 1 und 2 an Erziehungsberechtigte und gesetzliche Vertreter unterbleiben, soweit

1. auf Grund der Unterrichtung eine erhebliche Beeinträchtigung des Wohls des Jugendlichen zu besorgen wäre, insbesondere bei einer Gefährdung des Lebens, des Leibes oder der Freiheit des Jugendlichen oder bei Vorliegen der Voraussetzungen des § 67 Absatz 4 Satz 1 oder 2,
2. auf Grund der Unterrichtung der Zweck der Untersuchung erheblich gefährdet würde oder
3. Erziehungsberechtigte oder gesetzliche Vertreter binnen angemessener Frist nicht erreicht werden können.

(4) [1] Werden nach Absatz 3 weder Erziehungsberechtigte noch gesetzliche Vertreter unterrichtet, so ist eine andere für den Schutz der Interessen des Jugendlichen geeignete volljährige Person zu unterrichten. [2] Dem Jugendlichen soll zuvor Gelegenheit gegeben werden, eine volljährige Person seines Ver-

trauens zu bezeichnen. [3]Eine andere geeignete volljährige Person kann auch der für die Betreuung des Jugendlichen in dem Jugendstrafverfahren zuständige Vertreter der Jugendgerichtshilfe sein.

(5) [1]Liegen Gründe, aus denen Mitteilungen und Informationen nach Absatz 3 unterbleiben können, nicht mehr vor, so sind im weiteren Verfahren vorgeschriebene Mitteilungen und Informationen auch wieder an die betroffenen Erziehungsberechtigten und gesetzlichen Vertreter zu richten. [2]Außerdem erhalten sie in diesem Fall nachträglich auch solche Mitteilungen und Informationen, die der Jugendliche nach § 70a bereits erhalten hat, soweit diese im Laufe des Verfahrens von Bedeutung bleiben oder sobald sie Bedeutung erlangen.

(6) Für den dauerhaften Entzug der Rechte nach den Absätzen 1 und 2 findet das Verfahren nach § 67 Absatz 4 entsprechende Anwendung.

§ 68 Notwendige Verteidigung. Ein Fall der notwendigen Verteidigung liegt vor, wenn

1. im Verfahren gegen einen Erwachsenen ein Fall der notwendigen Verteidigung vorliegen würde,
2. den Erziehungsberechtigten und den gesetzlichen Vertretern ihre Rechte nach diesem Gesetz entzogen sind,
3. die Erziehungsberechtigten und die gesetzlichen Vertreter nach § 51 Abs. 2 von der Verhandlung ausgeschlossen worden sind und die Beeinträchtigung in der Wahrnehmung ihrer Rechte durch eine nachträgliche Unterrichtung (§ 51 Abs. 4 Satz 2) oder die Anwesenheit einer anderen geeigneten volljährigen Person nicht hinreichend ausgeglichen werden kann,
4. zur Vorbereitung eines Gutachtens über den Entwicklungsstand des Beschuldigten (§ 73) seine Unterbringung in einer Anstalt in Frage kommt oder
5. die Verhängung einer Jugendstrafe, die Aussetzung der Verhängung einer Jugendstrafe oder die Anordnung der Unterbringung in einem psychiatrischen Krankenhaus oder in einer Entziehungsanstalt zu erwarten ist.

§ 68a Zeitpunkt der Bestellung eines Pflichtverteidigers. (1) [1]In den Fällen der notwendigen Verteidigung wird dem Jugendlichen, der noch keinen Verteidiger hat, ein Pflichtverteidiger spätestens bestellt, bevor eine Vernehmung des Jugendlichen oder eine Gegenüberstellung mit ihm durchgeführt wird. [2]Dies gilt nicht, wenn ein Fall der notwendigen Verteidigung allein deshalb vorliegt, weil dem Jugendlichen ein Verbrechen zur Last gelegt wird, ein Absehen von der Strafverfolgung nach § 45 Absatz 2 oder 3 zu erwarten ist und die Bestellung eines Pflichtverteidigers zu dem in Satz 1 genannten Zeitpunkt auch unter Berücksichtigung des Wohls des Jugendlichen und der Umstände des Einzelfalls unverhältnismäßig wäre.

(2) § 141 Absatz 2 Satz 2 der Strafprozessordnung ist nicht anzuwenden.

§ 68b Vernehmungen und Gegenüberstellungen vor der Bestellung eines Pflichtverteidigers. [1]Abweichend von § 68a Absatz 1 dürfen im Vorverfahren Vernehmungen des Jugendlichen oder Gegenüberstellungen mit ihm vor der Bestellung eines Pflichtverteidigers durchgeführt werden, soweit dies auch unter Berücksichtigung des Wohls des Jugendlichen

1. zur Abwehr schwerwiegender nachteiliger Auswirkungen auf Leib oder Leben oder die Freiheit einer Person dringend erforderlich ist oder
2. ein sofortiges Handeln der Strafverfolgungsbehörden zwingend geboten ist, um eine erhebliche Gefährdung eines sich auf eine schwere Straftat beziehenden Strafverfahrens abzuwenden.

[2] Das Recht des Jugendlichen, jederzeit, auch schon vor der Vernehmung, einen von ihm zu wählenden Verteidiger zu befragen, bleibt unberührt.

§ 69 Beistand. (1) Der Vorsitzende kann dem Beschuldigten in jeder Lage des Verfahrens einen Beistand bestellen, wenn kein Fall der notwendigen Verteidigung vorliegt.

(2) Der Erziehungsberechtigte und der gesetzliche Vertreter dürfen nicht zum Beistand bestellt werden, wenn hierdurch ein Nachteil für die Erziehung zu erwarten wäre.

(3) [1] Dem Beistand kann Akteneinsicht gewährt werden. [2] Im übrigen hat er in der Hauptverhandlung die Rechte eines Verteidigers. [3] Zu einer Vertretung des Angeklagten ist er nicht befugt.

§ 70 Mitteilungen an amtliche Stellen. (1) [1] Die Jugendgerichtshilfe, in geeigneten Fällen auch das Familiengericht und die Schule werden von der Einleitung und dem Ausgang des Verfahrens unterrichtet. [2] Sie benachrichtigen die Jugendstaatsanwaltschaft, wenn ihnen bekannt wird, daß gegen den Beschuldigten noch ein anderes Strafverfahren anhängig ist. [3] Das Familiengericht teilt der Jugendstaatsanwaltschaft ferner familiengerichtliche Maßnahmen sowie ihre Änderung und Aufhebung mit, soweit nicht für das Familiengericht erkennbar ist, daß schutzwürdige Interessen des Beschuldigten oder einer sonst von der Mitteilung betroffenen Person oder Stelle an dem Ausschluß der Übermittlung überwiegen.

(2) [1] Von der Einleitung des Verfahrens ist die Jugendgerichtshilfe spätestens zum Zeitpunkt der Ladung des Jugendlichen zu seiner ersten Vernehmung als Beschuldigter zu unterrichten. [2] Im Fall einer ersten Beschuldigtenvernehmung ohne vorherige Ladung muss die Unterrichtung spätestens unverzüglich nach der Vernehmung erfolgen.

(3) [1] Im Fall des einstweiligen Entzugs der Freiheit des Jugendlichen teilen die den Freiheitsentzug durchführenden Stellen der Jugendstaatsanwaltschaft und dem Jugendgericht von Amts wegen Erkenntnisse mit, die sie auf Grund einer medizinischen Untersuchung erlangt haben, soweit diese Anlass zu Zweifeln geben, ob der Jugendliche verhandlungsfähig oder bestimmten Untersuchungshandlungen oder Maßnahmen gewachsen ist. [2] Im Übrigen bleibt § 114e der Strafprozessordnung unberührt.

§ 70a Unterrichtung des Jugendlichen. (1) [1] Wenn der Jugendliche davon in Kenntnis gesetzt wird, dass er Beschuldigter ist, so ist er unverzüglich über die Grundzüge eines Jugendstrafverfahrens zu informieren. [2] Über die nächsten anstehenden Schritte in dem gegen ihn gerichteten Verfahren wird er ebenfalls unverzüglich informiert, sofern der Zweck der Untersuchung dadurch nicht gefährdet wird. [3] Außerdem ist der Jugendliche unverzüglich darüber zu unterrichten, dass

1. nach Maßgabe des § 67a die Erziehungsberechtigten und die gesetzlichen Vertreter oder eine andere geeignete volljährige Person zu informieren sind,

2. er in den Fällen notwendiger Verteidigung (§ 68) nach Maßgabe des § 141 der Strafprozessordnung und des § 68a die Mitwirkung eines Verteidigers und nach Maßgabe des § 70c Absatz 4 die Verschiebung oder Unterbrechung seiner Vernehmung für eine angemessene Zeit verlangen kann,
3. nach Maßgabe des § 48 die Verhandlung vor dem erkennenden Gericht grundsätzlich nicht öffentlich ist und dass er bei einer ausnahmsweise öffentlichen Hauptverhandlung unter bestimmten Voraussetzungen den Ausschluss der Öffentlichkeit oder einzelner Personen beantragen kann,
4. er nach § 70c Absatz 2 Satz 4 dieses Gesetzes in Verbindung mit § 58a Absatz 2 Satz 6 und Absatz 3 Satz 1 der Strafprozessordnung der Überlassung einer Kopie der Aufzeichnung seiner Vernehmung in Bild und Ton an die zur Akteneinsicht Berechtigten widersprechen kann und dass die Überlassung der Aufzeichnung oder die Herausgabe von Kopien an andere Stellen seiner Einwilligung bedarf,
5. er nach Maßgabe des § 67 Absatz 3 bei Untersuchungshandlungen von seinen Erziehungsberechtigten und seinen gesetzlichen Vertretern oder einer anderen geeigneten volljährigen Person begleitet werden kann,
6. er wegen einer mutmaßlichen Verletzung seiner Rechte durch eine der beteiligten Behörden oder durch das Gericht eine Überprüfung der betroffenen Maßnahmen und Entscheidungen verlangen kann.

(2) Soweit dies im Verfahren von Bedeutung ist oder sobald dies im Verfahren Bedeutung erlangt, ist der Jugendliche außerdem so früh wie möglich über Folgendes zu informieren:

1. die Berücksichtigung seiner persönlichen Verhältnisse und Bedürfnisse im Verfahren nach Maßgabe der §§ 38, 43 und 46a,
2. das Recht auf medizinische Untersuchung, das ihm nach Maßgabe des Landesrechts oder des Rechts der Polizeien des Bundes im Fall des einstweiligen Entzugs der Freiheit zusteht, sowie über das Recht auf medizinische Unterstützung, sofern sich ergibt, dass eine solche während dieses Freiheitsentzugs erforderlich ist,
3. die Geltung des Verhältnismäßigkeitsgrundsatzes im Fall des einstweiligen Entzugs der Freiheit, namentlich
   a) des Vorrangs anderer Maßnahmen, durch die der Zweck des Freiheitsentzugs erreicht werden kann,
   b) der Begrenzung des Freiheitsentzugs auf den kürzesten angemessenen Zeitraum und
   c) der Berücksichtigung der besonderen Belastungen durch den Freiheitsentzug im Hinblick auf sein Alter und seinen Entwicklungsstand sowie der Berücksichtigung einer anderen besonderen Schutzwürdigkeit,
4. die zur Haftvermeidung in geeigneten Fällen generell in Betracht kommenden anderen Maßnahmen,
5. die vorgeschriebenen Überprüfungen von Amts wegen in Haftsachen,
6. das Recht auf Anwesenheit der Erziehungsberechtigten und der gesetzlichen Vertreter oder einer anderen geeigneten volljährigen Person in der Hauptverhandlung,
7. sein Recht auf und seine Pflicht zur Anwesenheit in der Hauptverhandlung nach Maßgabe des § 50 Absatz 1 und des § 51 Absatz 1.

(3) Wird Untersuchungshaft gegen den Jugendlichen vollstreckt, so ist er außerdem darüber zu informieren, dass

1. nach Maßgabe des § 89c seine Unterbringung getrennt von Erwachsenen zu erfolgen hat,
2. nach Maßgabe der Vollzugsgesetze der Länder
   a) Fürsorge für seine gesundheitliche, körperliche und geistige Entwicklung zu leisten ist,
   b) sein Recht auf Erziehung und Ausbildung zu gewährleisten ist,
   c) sein Recht auf Familienleben und dabei die Möglichkeit, seine Erziehungsberechtigten und seine gesetzlichen Vertreter zu treffen, zu gewährleisten ist,
   d) ihm der Zugang zu Programmen und Maßnahmen zu gewährleisten ist, die seine Entwicklung und Wiedereingliederung fördern, und
   e) ihm die Religions- und Weltanschauungsfreiheit zu gewährleisten ist.

(4) Im Fall eines anderen einstweiligen Entzugs der Freiheit als der Untersuchungshaft ist der Jugendliche über seine dafür geltenden Rechte entsprechend Absatz 3 Nummer 2 zu informieren, im Fall einer polizeilichen Ingewahrsamnahme auch über sein Recht auf die von Erwachsenen getrennte Unterbringung nach den dafür maßgeblichen Vorschriften.

(5) § 70b dieses Gesetzes und § 168b Absatz 3 der Strafprozessordnung gelten entsprechend.

(6) Sofern einem verhafteten Jugendlichen eine schriftliche Belehrung nach § 114b der Strafprozessordnung ausgehändigt wird, muss diese auch die zusätzlichen Informationen nach diesem Paragrafen enthalten.

(7) Sonstige Informations- und Belehrungspflichten bleiben von den Bestimmungen dieses Paragrafen unberührt.

§ 70b Belehrungen. (1) [1] Vorgeschriebene Belehrungen des Jugendlichen müssen in einer Weise erfolgen, die seinem Alter und seinem Entwicklungs- und Bildungsstand entspricht. [2] Sie sind auch an seine anwesenden Erziehungsberechtigten und gesetzlichen Vertreter zu richten und müssen dabei in einer Weise erfolgen, die es diesen ermöglicht, ihrer Verantwortung im Hinblick auf den Gegenstand der Belehrung gerecht zu werden. [3] Sind Erziehungsberechtigte und gesetzliche Vertreter bei der Belehrung des Jugendlichen über die Bedeutung vom Gericht angeordneter Rechtsfolgen nicht anwesend, muss ihnen die Belehrung darüber schriftlich erteilt werden.

(2) Sind bei einer Belehrung über die Bedeutung der Aussetzung einer Jugendstrafe zur Bewährung oder über die Bedeutung des Vorbehalts einer diesbezüglichen nachträglichen Entscheidung auch jugendliche oder heranwachsende Mitangeklagte anwesend, die nur zu Erziehungsmaßregeln oder Zuchtmitteln verurteilt werden, soll die Belehrung auch ihnen ein Verständnis von der Bedeutung der Entscheidung vermitteln.

§ 70c Vernehmung des Beschuldigten. (1) Die Vernehmung des Beschuldigten ist in einer Art und Weise durchzuführen, die seinem Alter und seinem Entwicklungs- und Bildungsstand Rechnung trägt.

(2) [1] Außerhalb der Hauptverhandlung kann die Vernehmung in Bild und Ton aufgezeichnet werden. [2] Andere als richterliche Vernehmungen sind in Bild

und Ton aufzuzeichnen, wenn zum Zeitpunkt der Vernehmung die Mitwirkung eines Verteidigers notwendig ist, ein Verteidiger aber nicht anwesend ist. [3]Im Übrigen bleibt § 136 Absatz 4 Satz 2 der Strafprozessordnung, auch in Verbindung mit § 163a Absatz 3 Satz 2 oder Absatz 4 Satz 2 der Strafprozessordnung, unberührt. [4]Wird die Vernehmung in Bild und Ton aufgezeichnet, gilt § 58a Absatz 2 und 3 der Strafprozessordnung entsprechend.

(3) [1]Eine Aufzeichnung in Bild und Ton nach Absatz 2 lässt die Vorschriften der Strafprozessordnung über die Protokollierung von Untersuchungshandlungen unberührt. [2]Wird eine Vernehmung des Beschuldigten außerhalb der Hauptverhandlung nicht in Bild und Ton aufgezeichnet, ist über sie stets ein Protokoll aufzunehmen.

(4) [1]Ist oder wird die Mitwirkung eines Verteidigers zum Zeitpunkt einer Vernehmung des Beschuldigten oder einer Gegenüberstellung (§ 58 Absatz 2 der Strafprozessordnung) notwendig, ist diese für eine angemessene Zeit zu verschieben oder zu unterbrechen, wenn ein Verteidiger nicht anwesend ist und kein Fall des § 68b vorliegt. [2]Satz 1 gilt nicht, wenn der Verteidiger ausdrücklich auf seine Anwesenheit verzichtet hat.

§ 71 Vorläufige Anordnungen über die Erziehung. (1) Bis zur Rechtskraft des Urteils kann der Richter vorläufige Anordnungen über die Erziehung des Jugendlichen treffen oder die Gewährung von Leistungen nach dem Achten Buch Sozialgesetzbuch anregen.

(2) [1]Der Richter kann die einstweilige Unterbringung in einem geeigneten Heim der Jugendhilfe anordnen, wenn dies auch im Hinblick auf die zu erwartenden Maßnahmen geboten ist, um den Jugendlichen vor einer weiteren Gefährdung seiner Entwicklung, insbesondere vor der Begehung neuer Straftaten, zu bewahren. [2]Für die einstweilige Unterbringung gelten die §§ 114 bis 115a, 117 bis 118b, 120, 125 und 126 der Strafprozeßordnung sinngemäß. [3]Die Ausführung der einstweiligen Unterbringung richtet sich nach den für das Heim der Jugendhilfe geltenden Regelungen.

§ 72 Untersuchungshaft. (1) [1]Untersuchungshaft darf nur verhängt und vollstreckt werden, wenn ihr Zweck nicht durch eine vorläufige Anordnung über die Erziehung oder durch andere Maßnahmen erreicht werden kann. [2]Bei der Prüfung der Verhältnismäßigkeit (§ 112 Abs. 1 Satz 2 der Strafprozeßordnung) sind auch die besonderen Belastungen des Vollzuges für Jugendliche zu berücksichtigen. [3]Wird Untersuchungshaft verhängt, so sind im Haftbefehl die Gründe anzuführen, aus denen sich ergibt, daß andere Maßnahmen, insbesondere die einstweilige Unterbringung in einem Heim der Jugendhilfe, nicht ausreichen und die Untersuchungshaft nicht unverhältnismäßig ist.

(2) Solange der Jugendliche das sechzehnte Lebensjahr noch nicht vollendet hat, ist die Verhängung von Untersuchungshaft wegen Fluchtgefahr nur zulässig, wenn er

1. sich dem Verfahren bereits entzogen hatte oder Anstalten zur Flucht getroffen hat oder
2. im Geltungsbereich dieses Gesetzes keinen festen Wohnsitz oder Aufenthalt hat.

(3) Über die Vollstreckung eines Haftbefehls und über die Maßnahmen zur Abwendung seiner Vollstreckung entscheidet der Richter, der den Haftbefehl

erlassen hat, in dringenden Fällen der Jugendrichter, in dessen Bezirk die Untersuchungshaft vollzogen werden müßte.

(4) [1] Unter denselben Voraussetzungen, unter denen ein Haftbefehl erlassen werden kann, kann auch die einstweilige Unterbringung in einem Heim der Jugendhilfe (§ 71 Abs. 2) angeordnet werden. [2] In diesem Falle kann der Richter den Unterbringungsbefehl nachträglich durch einen Haftbefehl ersetzen, wenn sich dies als notwendig erweist.

(5) Befindet sich ein Jugendlicher in Untersuchungshaft, so ist das Verfahren mit besonderer Beschleunigung durchzuführen.

(6) Die richterlichen Entscheidungen, welche die Untersuchungshaft betreffen, kann der zuständige Richter aus wichtigen Gründen sämtlich oder zum Teil einem anderen Jugendrichter übertragen.

§ 72a Heranziehung der Jugendgerichtshilfe in Haftsachen. [1] Die Jugendgerichtshilfe ist unverzüglich von der Vollstreckung eines Haftbefehls zu unterrichten; ihr soll bereits der Erlaß eines Haftbefehls mitgeteilt werden. [2] Von der vorläufigen Festnahme eines Jugendlichen ist die Jugendgerichtshilfe zu unterrichten, wenn nach dem Stand der Ermittlungen zu erwarten ist, daß der Jugendliche gemäß § 128 der Strafprozeßordnung dem Richter vorgeführt wird.

§ 72b Verkehr mit Vertretern der Jugendgerichtshilfe, dem Betreuungshelfer und dem Erziehungsbeistand. [1] Befindet sich ein Jugendlicher in Untersuchungshaft, so ist auch den Vertretern der Jugendgerichtshilfe der Verkehr mit dem Beschuldigten in demselben Umfang wie einem Verteidiger gestattet. [2] Entsprechendes gilt, wenn der Beschuldigte der Betreuung und Aufsicht eines Betreuungshelfers untersteht oder für ihn ein Erziehungsbeistand bestellt ist, für den Helfer oder den Erziehungsbeistand.

§ 73 Unterbringung zur Beobachtung. (1) [1] Zur Vorbereitung eines Gutachtens über den Entwicklungsstand des Beschuldigten kann der Richter nach Anhören eines Sachverständigen und des Verteidigers anordnen, daß der Beschuldigte in eine zur Untersuchung Jugendlicher geeignete Anstalt gebracht und dort beobachtet wird. [2] Im vorbereitenden Verfahren entscheidet der Richter, der für die Eröffnung des Hauptverfahrens zuständig wäre.

(2) [1] Gegen den Beschluß ist sofortige Beschwerde zulässig. [2] Sie hat aufschiebende Wirkung.

(3) Die Verwahrung in der Anstalt darf die Dauer von sechs Wochen nicht überschreiten.

§ 74 Kosten und Auslagen. Im Verfahren gegen einen Jugendlichen kann davon abgesehen werden, dem Angeklagten Kosten und Auslagen aufzuerlegen.

Achter Unterabschnitt. Vereinfachtes Jugendverfahren

§ 75 (weggefallen)

§ 76 Voraussetzungen des vereinfachten Jugendverfahrens. [1] Der Staatsanwalt kann bei dem Jugendrichter schriftlich oder mündlich beantragen, im vereinfachten Jugendverfahren zu entscheiden, wenn zu erwarten ist, daß der Jugendrichter ausschließlich Weisungen erteilen, Hilfe zur Erziehung im Sinne des § 12 Nr. 1 anordnen, Zuchtmittel verhängen, auf ein Fahrverbot erkennen, die Fahrerlaubnis entziehen und eine Sperre von nicht mehr als zwei Jahren festsetzen oder die Einziehung aussprechen wird. [2] Der Antrag des Staatsanwalts steht der Anklage gleich.

§ 77 Ablehnung des Antrags. (1) [1] Der Jugendrichter lehnt die Entscheidung im vereinfachten Verfahren ab, wenn sich die Sache hierzu nicht eignet, namentlich wenn die Anordnung von Hilfe zur Erziehung im Sinne des § 12 Nr. 2 oder die Verhängung von Jugendstrafe wahrscheinlich oder eine umfangreiche Beweisaufnahme erforderlich ist. [2] Der Beschluß kann bis zur Verkündung des Urteils ergehen. [3] Er ist nicht anfechtbar.

(2) Lehnt der Jugendrichter die Entscheidung im vereinfachten Verfahren ab, so reicht der Staatsanwalt eine Anklageschrift ein.

§ 78 Verfahren und Entscheidung. (1) [1] Der Jugendrichter entscheidet im vereinfachten Jugendverfahren auf Grund einer mündlichen Verhandlung durch Urteil. [2] Er darf auf Hilfe zur Erziehung im Sinne des § 12 Nr. 2, Jugendstrafe oder Unterbringung in einer Entziehungsanstalt nicht erkennen.

(2) [1] Der Staatsanwalt ist nicht verpflichtet, an der Verhandlung teilzunehmen. [2] Nimmt er nicht teil, so bedarf es seiner Zustimmung zu einer Einstellung des Verfahrens in der Verhandlung oder zur Durchführung der Verhandlung in Abwesenheit des Angeklagten nicht.

(3) [1] Zur Vereinfachung, Beschleunigung und jugendgemäßen Gestaltung des Verfahrens darf von Verfahrensvorschriften abgewichen werden, soweit dadurch die Erforschung der Wahrheit nicht beeinträchtigt wird. [2] Die Vorschriften über die Anwesenheit des Angeklagten (§ 50), die Stellung der Erziehungsberechtigten und der gesetzlichen Vertreter und deren Unterrichtung (§§ 67, 67a), die Mitteilungen an amtliche Stellen (§ 70) und die Unterrichtung des Jugendlichen (§ 70a) müssen beachtet werden. [3] Bleibt der Beschuldigte der mündlichen Verhandlung fern und ist sein Fernbleiben nicht genügend entschuldigt, so kann die Vorführung angeordnet werden, wenn dies mit der Ladung angedroht worden ist.

Neunter Unterabschnitt. Ausschluß von Vorschriften des allgemeinen Verfahrensrechts

§ 79 Strafbefehl und beschleunigtes Verfahren. (1) Gegen einen Jugendlichen darf kein Strafbefehl erlassen werden.

(2) Das beschleunigte Verfahren des allgemeinen Verfahrensrechts ist unzulässig.

§ 80 Privatklage und Nebenklage. (1) [1] Gegen einen Jugendlichen kann Privatklage nicht erhoben werden. [2] Eine Verfehlung, die nach den allgemeinen Vorschriften durch Privatklage verfolgt werden kann, verfolgt der Staatsanwalt auch dann, wenn Gründe der Erziehung oder ein berechtigtes Interesse des Verletzten, das dem Erziehungszweck nicht entgegensteht, es erfordern.

(2) [1] Gegen einen jugendlichen Privatkläger ist Widerklage zulässig. [2] Auf Jugendstrafe darf nicht erkannt werden.

(3) [1] Der erhobenen öffentlichen Klage kann sich als Nebenkläger nur anschließen, wer verletzt worden ist

1. durch ein Verbrechen gegen das Leben, die körperliche Unversehrtheit oder die sexuelle Selbstbestimmung oder nach § 239 Absatz 3, § 239a oder § 239b des Strafgesetzbuches, durch welches das Opfer seelisch oder körperlich schwer geschädigt oder einer solchen Gefahr ausgesetzt worden ist,
2. durch einen besonders schweren Fall eines Vergehens nach § 177 Absatz 6 des Strafgesetzbuches[1)], durch welches das Opfer seelisch oder körperlich schwer geschädigt oder einer solchen Gefahr ausgesetzt worden ist, oder
3. durch ein Verbrechen nach § 251 des Strafgesetzbuches, auch in Verbindung mit § 252 oder § 255 des Strafgesetzbuches.

[2] Im Übrigen gelten § 395 Absatz 2 Nummer 1, Absatz 4 und 5 und §§ 396 bis 402 der Strafprozessordnung entsprechend.

§ 81 Adhäsionsverfahren. Die Vorschriften der Strafprozeßordnung über das Adhäsionsverfahren (§§ 403 bis 406c der Strafprozeßordnung) werden im Verfahren gegen einen Jugendlichen nicht angewendet.

Zehnter Unterabschnitt. Anordnung der Sicherungsverwahrung

§ 81a Verfahren und Entscheidung. Für das Verfahren und die Entscheidung über die Anordnung der Unterbringung in der Sicherungsverwahrung gelten § 275a der Strafprozessordnung und die §§ 74f und 120a des Gerichtsverfassungsgesetzes sinngemäß.

Drittes Hauptstück. Vollstreckung und Vollzug

Erster Abschnitt. Vollstreckung

Erster Unterabschnitt. Verfassung der Vollstreckung und Zuständigkeit

§ 82 Vollstreckungsleiter. (1) [1] Vollstreckungsleiter ist der Jugendrichter. [2] Er nimmt auch die Aufgaben wahr, welche die Strafprozeßordnung der Strafvollstreckungskammer zuweist.

(2) Soweit der Richter Hilfe zur Erziehung im Sinne des § 12 angeordnet hat, richtet sich die weitere Zuständigkeit nach den Vorschriften des Achten Buches Sozialgesetzbuch.

(3) In den Fällen des § 7 Abs. 2 und 4 richten sich die Vollstreckung der Unterbringung und die Zuständigkeit hierfür nach den Vorschriften der Strafprozessordnung, wenn der Betroffene das einundzwanzigste Lebensjahr vollendet hat.

§ 83 Entscheidungen im Vollstreckungsverfahren. (1) Die Entscheidungen des Vollstreckungsleiters nach den §§ 86 bis 89a und 89b Abs. 2 sowie nach den §§ 462a und 463 der Strafprozeßordnung sind jugendrichterliche Entscheidungen.

(2) Für die bei der Vollstreckung notwendig werdenden gerichtlichen Entscheidungen gegen eine vom Vollstreckungsleiter getroffene Anordnung ist die Jugendkammer in den Fällen zuständig, in denen

1. der Vollstreckungsleiter selbst oder unter seinem Vorsitz das Jugendschöffengericht im ersten Rechtszug erkannt hat,

---

1) Nr. **38**.

2. der Vollstreckungsleiter in Wahrnehmung der Aufgaben der Strafvollstreckungskammer über seine eigene Anordnung zu entscheiden hätte.

(3) [1] Die Entscheidungen nach den Absätzen 1 und 2 können, soweit nichts anderes bestimmt ist, mit sofortiger Beschwerde angefochten werden. [2] Die §§ 67 bis 69 gelten sinngemäß.

§ 84 Örtliche Zuständigkeit. (1) Der Jugendrichter leitet die Vollstreckung in allen Verfahren ein, in denen er selbst oder unter seinem Vorsitz das Jugendschöffengericht im ersten Rechtszuge erkannt hat.

(2) [1] Soweit, abgesehen von den Fällen des Absatzes 1, die Entscheidung eines anderen Richters zu vollstrecken ist, steht die Einleitung der Vollstreckung dem Jugendrichter des Amtsgerichts zu, dem die familiengerichtlichen Erziehungsaufgaben obliegen. [2] Ist in diesen Fällen der Verurteilte volljährig, steht die Einleitung der Vollstreckung dem Jugendrichter des Amtsgerichts zu, dem die familiengerichtlichen Erziehungsaufgaben bei noch fehlender Volljährigkeit oblägen.

(3) In den Fällen der Absätze 1 und 2 führt der Jugendrichter die Vollstreckung durch, soweit § 85 nichts anderes bestimmt.

§ 85[1] Abgabe und Übergang der Vollstreckung. (1) Ist Jugendarrest zu vollstrecken, so gibt der zunächst zuständige Jugendrichter die Vollstreckung an den Jugendrichter ab, der nach § 90 Abs. 2 Satz 2 als Vollzugsleiter zuständig ist.

(2) [1] Ist Jugendstrafe zu vollstrecken, so geht nach der Aufnahme des Verurteilten in die Einrichtung für den Vollzug der Jugendstrafe die Vollstreckung auf den Jugendrichter des Amtsgerichts über, in dessen Bezirk die Einrichtung für den Vollzug der Jugendstrafe liegt. [2] Die Landesregierungen werden ermächtigt, durch Rechtsverordnung zu bestimmen, daß die Vollstreckung auf den Jugendrichter eines anderen Amtsgerichts übergeht, wenn dies aus verkehrsmäßigen Gründen günstiger erscheint. [3] Die Landesregierungen können die Ermächtigung durch Rechtsverordnung auf die Landesjustizverwaltungen übertragen.[2]

(3) [1] Unterhält ein Land eine Einrichtung für den Vollzug der Jugendstrafe auf dem Gebiet eines anderen Landes, so können die beteiligten Länder vereinbaren, daß der Jugendrichter eines Amtsgerichts des Landes, das die Einrichtung für den Vollzug der Jugendstrafe unterhält, zuständig sein soll. [2] Wird eine solche Vereinbarung getroffen, so geht die Vollstreckung auf den Jugendrichter des Amtsgerichts über, in dessen Bezirk die für die Einrichtung für den Vollzug

---

[1] **Amtl. Anm.:** Soweit § 85 Abs. 2 Ermächtigungen der obersten Landesbehörden zum Erlaß von Rechtsverordnungen vorsieht, sind die Landesregierungen zum Erlaß dieser Rechtsverordnungen ermächtigt. Die Landesregierungen können die Ermächtigungen auf oberste Landesbehörden übertragen (Gesetz über Rechtsverordnungen im Bereich der Gerichtsbarkeit vom 1.7.1960, BGBl. I S. 481).

[2] **Brandenburg:** Justiz-ZuständigkeitsübertragungsVO v. 9.4.2014 (GVBl. II Nr. 23), zuletzt geänd. durch VO v. 11.12.2020 (GVBl. II Nr. 121); **Bremen:** VO über die Bestimmung des Vollstreckungsleiters der Jugendvollzugsanstalt Blockland v. 14.1.1986 (Brem.GBl. S. 15); **Hamburg:** WeiterübertragungsVO-JugendgerichtsG v. 22.1.2002 (HmbGVBl. S. 11), zuletzt geänd. durch VO v. 6.10. 2020 (HmbGVBl. S. 523); **Niedersachsen:** SubdelegationsVO-Justiz v. 6.7.2007 (Nds. GVBl. S. 244), zuletzt geänd. durch VO v. 14.9.2021 (Nds. GVBl. S. 644); **Rheinland-Pfalz:** LandesVO über die Vollstreckungsleitung für die Abteilung für Jugendstrafvollzug bei der Justiz Vollzugsanstalt Zweibrücken v. 5.3.1996 (GVBl. S. 160).

der Jugendstrafe zuständige Aufsichtsbehörde ihren Sitz hat. [3]Die Regierung des Landes, das die Einrichtung für den Vollzug der Jugendstrafe unterhält, wird ermächtigt, durch Rechtsverordnung zu bestimmen, daß der Jugendrichter eines anderen Amtsgerichts zuständig wird, wenn dies aus verkehrsmäßigen Gründen günstiger erscheint. [4]Die Landesregierung kann die Ermächtigung durch Rechtsverordnung auf die Landesjustizverwaltung übertragen.

(4) Absatz 2 gilt entsprechend bei der Vollstreckung einer Maßregel der Besserung und Sicherung nach § 61 Nr. 1 oder 2 des Strafgesetzbuches.

(5) Aus wichtigen Gründen kann der Vollstreckungsleiter die Vollstreckung widerruflich an einen sonst nicht oder nicht mehr zuständigen Jugendrichter abgeben.

(6) [1]Hat der Verurteilte das vierundzwanzigste Lebensjahr vollendet, so kann der nach den Absätzen 2 bis 4 zuständige Vollstreckungsleiter die Vollstreckung einer nach den Vorschriften des Strafvollzugs für Erwachsene vollzogenen Jugendstrafe oder einer Maßregel der Besserung und Sicherung an die nach den allgemeinen Vorschriften zuständige Vollstreckungsbehörde abgeben, wenn der Straf- oder Maßregelvollzug voraussichtlich noch länger dauern wird und die besonderen Grundgedanken des Jugendstrafrechts unter Berücksichtigung der Persönlichkeit des Verurteilten für die weiteren Entscheidungen nicht mehr maßgebend sind; die Abgabe ist bindend. [2]Mit der Abgabe sind die Vorschriften der Strafprozeßordnung und des Gerichtsverfassungsgesetzes über die Strafvollstreckung anzuwenden.

(7) Für die Zuständigkeit der Staatsanwaltschaft im Vollstreckungsverfahren gilt § 451 Abs. 3 der Strafprozeßordnung entsprechend.

Zweiter Unterabschnitt. Jugendarrest

§ 86 Umwandlung des Freizeitarrestes. Der Vollstreckungsleiter kann Freizeitarrest in Kurzarrest umwandeln, wenn die Voraussetzungen des § 16 Abs. 3 nachträglich eingetreten sind.

§ 87 Vollstreckung des Jugendarrestes. (1) Die Vollstreckung des Jugendarrestes wird nicht zur Bewährung ausgesetzt.

(2) Für die Anrechnung von Untersuchungshaft auf Jugendarrest gilt § 450 der Strafprozeßordnung sinngemäß.

(3) [1]Der Vollstreckungsleiter sieht von der Vollstreckung des Jugendarrestes ganz oder, ist Jugendarrest teilweise verbüßt, von der Vollstreckung des Restes ab, wenn seit Erlaß des Urteils Umstände hervorgetreten sind, die allein oder in Verbindung mit den bereits bekannten Umständen ein Absehen von der Vollstreckung aus Gründen der Erziehung rechtfertigen. [2]Sind seit Eintritt der Rechtskraft sechs Monate verstrichen, sieht er von der Vollstreckung ganz ab, wenn dies aus Gründen der Erziehung geboten ist. [3]Von der Vollstreckung des Jugendarrestes kann er ganz absehen, wenn zu erwarten ist, daß der Jugendarrest neben einer Strafe, die gegen den Verurteilten wegen einer anderen Tat verhängt worden ist oder die er wegen einer anderen Tat zu erwarten hat, seinen erzieherischen Zweck nicht mehr erfüllen wird. [4]Vor der Entscheidung hört der Vollstreckungsleiter nach Möglichkeit das erkennende Gericht, die Staatsanwaltschaft und die Vertretung der Jugendgerichtshilfe.

(4) [1]Die Vollstreckung des Jugendarrestes ist unzulässig, wenn seit Eintritt der Rechtskraft ein Jahr verstrichen ist. [2]Im Falle des § 16a darf nach Ablauf

von drei Monaten seit Eintritt der Rechtskraft der Vollzug nicht mehr begonnen werden. [3]Jugendarrest, der nach § 16a verhängt wurde und noch nicht verbüßt ist, wird nicht mehr vollstreckt, wenn das Gericht

1. die Aussetzung der Jugendstrafe widerruft (§ 26 Absatz 1),
2. auf eine Jugendstrafe erkennt, deren Verhängung zur Bewährung ausgesetzt worden war (§ 30 Absatz 1 Satz 1), oder
3. die Aussetzung der Jugendstrafe in einem nachträglichen Beschluss ablehnt (§ 61a Absatz 1).

Dritter Unterabschnitt. Jugendstrafe

§ 88 Aussetzung des Restes der Jugendstrafe. (1) Der Vollstreckungsleiter kann die Vollstreckung des Restes der Jugendstrafe zur Bewährung aussetzen, wenn der Verurteilte einen Teil der Strafe verbüßt hat und dies im Hinblick auf die Entwicklung des Jugendlichen, auch unter Berücksichtigung des Sicherheitsinteresses der Allgemeinheit, verantwortet werden kann.

(2) [1]Vor Verbüßung von sechs Monaten darf die Aussetzung der Vollstreckung des Restes nur aus besonders wichtigen Gründen angeordnet werden. [2]Sie ist bei einer Jugendstrafe von mehr als einem Jahr nur zulässig, wenn der Verurteilte mindestens ein Drittel der Strafe verbüßt hat.

(3) [1]Der Vollstreckungsleiter soll in den Fällen der Absätze 1 und 2 seine Entscheidung so frühzeitig treffen, daß die erforderlichen Maßnahmen zur Vorbereitung des Verurteilten auf sein Leben nach der Entlassung durchgeführt werden können. [2]Er kann seine Entscheidung bis zur Entlassung des Verurteilten wieder aufheben, wenn die Aussetzung aufgrund neu eingetretener oder bekanntgewordener Tatsachen im Hinblick auf die Entwicklung des Jugendlichen, auch unter Berücksichtigung des Sicherheitsinteresses der Allgemeinheit, nicht mehr verantwortet werden kann.

(4) [1]Der Vollstreckungsleiter entscheidet nach Anhören des Staatsanwalts und des Vollzugsleiters. [2]Dem Verurteilten ist Gelegenheit zur mündlichen Äußerung zu geben.

(5) Der Vollstreckungsleiter kann Fristen von höchstens sechs Monaten festsetzen, vor deren Ablauf ein Antrag des Verurteilten, den Strafrest zur Bewährung auszusetzen, unzulässig ist.

(6) [1]Ordnet der Vollstreckungsleiter die Aussetzung der Vollstreckung des Restes der Jugendstrafe an, so gelten § 22 Abs. 1, 2 Satz 1 und 2 sowie die §§ 23 bis 26a sinngemäß. [2]An die Stelle des erkennenden Richters tritt der Vollstreckungsleiter. [3]Auf das Verfahren und die Anfechtung von Entscheidungen sind die §§ 58, 59 Abs. 2 bis 4 und § 60 entsprechend anzuwenden. [4]Die Beschwerde der Staatsanwaltschaft gegen den Beschluß, der die Aussetzung des Strafrestes anordnet, hat aufschiebende Wirkung.

§ 89 Jugendstrafe bei Vorbehalt der Entscheidung über die Aussetzung. [1]Hat das Gericht die Entscheidung über die Aussetzung der Jugendstrafe einem nachträglichen Beschluss vorbehalten, darf die Jugendstrafe vor Ablauf der nach § 61a Absatz 1 maßgeblichen Frist nicht vollstreckt werden. [2]Dies gilt nicht, wenn die Aussetzung zuvor in einem auf Grund des Vorbehalts ergangenen Beschluss abgelehnt wurde.

§ 89a Unterbrechung und Vollstreckung der Jugendstrafe neben Freiheitsstrafe. (1) [1] Ist gegen den zu Jugendstrafe Verurteilten auch Freiheitsstrafe zu vollstrecken, so wird die Jugendstrafe in der Regel zuerst vollstreckt. [2] Der Vollstreckungsleiter unterbricht die Vollstreckung der Jugendstrafe, wenn die Hälfte, mindestens jedoch sechs Monate, der Jugendstrafe verbüßt sind. [3] Er kann die Vollstreckung zu einem früheren Zeitpunkt unterbrechen, wenn die Aussetzung des Strafrestes in Betracht kommt. [4] Ein Strafrest, der auf Grund des Widerrufs seiner Aussetzung vollstreckt wird, kann unterbrochen werden, wenn die Hälfte, mindestens jedoch sechs Monate, des Strafrestes verbüßt sind und eine erneute Aussetzung in Betracht kommt. [5] § 454b Absatz 4 der Strafprozeßordnung gilt entsprechend.

(2) [1] Ist gegen einen Verurteilten außer lebenslanger Freiheitsstrafe auch Jugendstrafe zu vollstrecken, so wird, wenn die letzte Verurteilung eine Straftat betrifft, die der Verurteilte vor der früheren Verurteilung begangen hat, nur die lebenslange Freiheitsstrafe vollstreckt; als Verurteilung gilt das Urteil in dem Verfahren, in dem die zugrundeliegenden tatsächlichen Feststellungen letztmals geprüft werden konnten. [2] Wird die Vollstreckung des Restes der lebenslangen Freiheitsstrafe durch das Gericht zur Bewährung ausgesetzt, so erklärt das Gericht die Vollstreckung der Jugendstrafe für erledigt.

(3) In den Fällen des Absatzes 1 gilt § 85 Abs. 6 entsprechend mit der Maßgabe, daß der Vollstreckungsleiter die Vollstreckung der Jugendstrafe abgeben kann, wenn der Verurteilte das einundzwanzigste Lebensjahr vollendet hat.

§ 89b Ausnahme vom Jugendstrafvollzug. (1) [1] An einem Verurteilten, der das 18. Lebensjahr vollendet hat und sich nicht für den Jugendstrafvollzug eignet, kann die Jugendstrafe statt nach den Vorschriften für den Jugendstrafvollzug nach den Vorschriften des Strafvollzuges für Erwachsene vollzogen werden. [2] Hat der Verurteilte das 24. Lebensjahr vollendet, so soll Jugendstrafe nach den Vorschriften des Strafvollzuges für Erwachsene vollzogen werden.

(2) Über die Ausnahme vom Jugendstrafvollzug entscheidet der Vollstreckungsleiter.

Vierter Unterabschnitt. Untersuchungshaft

§ 89c Vollstreckung der Untersuchungshaft. (1) [1] Solange zur Tatzeit Jugendliche das 21. Lebensjahr noch nicht vollendet haben, wird die Untersuchungshaft nach den Vorschriften für den Vollzug der Untersuchungshaft an jungen Gefangenen und nach Möglichkeit in den für junge Gefangene vorgesehenen Einrichtungen vollzogen. [2] Ist die betroffene Person bei Vollstreckung des Haftbefehls 21, aber noch nicht 24 Jahre alt, kann die Untersuchungshaft nach diesen Vorschriften und in diesen Einrichtungen vollzogen werden.

(2) [1] Hat der Jugendliche das 18. Lebensjahr noch nicht vollendet, darf er mit jungen Gefangenen, die das 18. Lebensjahr vollendet haben, nur untergebracht werden, wenn eine gemeinsame Unterbringung seinem Wohl nicht widerspricht. [2] Mit Gefangenen, die das 24. Lebensjahr vollendet haben, darf er nur untergebracht werden, wenn dies seinem Wohl dient.

(3) [1] Die Entscheidung nach Absatz 1 Satz 2 trifft das Gericht. [2] Die für die Aufnahme vorgesehene Einrichtung und die Jugendgerichtshilfe sind vor der Entscheidung zu hören.

Zweiter Abschnitt. Vollzug

§ 90[1)] Jugendarrest. (1) [1]Der Vollzug des Jugendarrestes soll das Ehrgefühl des Jugendlichen wecken und ihm eindringlich zum Bewußtsein bringen, daß er für das von ihm begangene Unrecht einzustehen hat. [2]Der Vollzug des Jugendarrestes soll erzieherisch gestaltet werden. [3]Er soll dem Jugendlichen helfen, die Schwierigkeiten zu bewältigen, die zur Begehung der Straftat beigetragen haben.

(2) [1]Der Jugendarrest wird in Jugendarrestanstalten oder Freizeitarresträumen der Landesjustizverwaltung vollzogen. [2]Vollzugsleiter ist der Jugendrichter am Ort des Vollzugs.

§ 91 *(aufgehoben)*

§ 92 Rechtsbehelfe im Vollzug. (1) [1]Gegen eine Maßnahme zur Regelung einzelner Angelegenheiten auf dem Gebiet des Jugendarrestes, der Jugendstrafe und der Maßregeln der Unterbringung in einem psychiatrischen Krankenhaus oder in einer Entziehungsanstalt (§ 61 Nr. 1 und 2 des Strafgesetzbuches) oder in der Sicherungsverwahrung kann gerichtliche Entscheidung beantragt werden. [2]Für die Überprüfung von Vollzugsmaßnahmen gelten die §§ 109 und 111 bis 120 Abs. 1 des Strafvollzugsgesetzes sowie § 67 Absatz 1, 2 und 5 und § 67a Absatz 1 entsprechend; das Landesrecht kann vorsehen, dass der Antrag erst nach einem Verfahren zur gütlichen Streitbeilegung gestellt werden kann.

(2) [1]Über den Antrag entscheidet die Jugendkammer, in deren Bezirk die beteiligte Vollzugsbehörde ihren Sitz hat. [2]Die Jugendkammer ist auch für Entscheidungen nach § 119a des Strafvollzugsgesetzes zuständig. [3]Unterhält ein Land eine Einrichtung für den Vollzug der Jugendstrafe auf dem Gebiet eines

---

[1)] Die Länder haben auf dem Gebiet des Jugendarrestvollzugs bisher ua folgende Vorschriften erlassen:
- **Berlin:** Berliner JugendarrestvollzugsG v. 27.9.2021 (GVBl. S. 1135), gem. Art. 125a Abs. 1 Satz 2 GG ersetzt dieses G nach seinem § 58 in seinem Geltungsbereich § 90 JGG
- **Hamburg:** Hamburgisches JugendarrestvollzugsG v. 29.12.2014 (HmbGVBl. S. 542), zuletzt geänd. durch G v. 27.4.2021 (HmbGVBl. S. 285), gem. Art. 125a Abs. 1 Satz 2 GG ersetzt dieses G nach seinem § 55 in seinem Geltungsbereich § 90 JGG
- **Hessen:** Hessisches JugendarrestvollzugsG v. 27.5.2015 (GVBl. S. 223), zuletzt geänd. durch G v. 12.11.2020 (GVBl. S. 778), gem. Art. 125a Abs. 1 Satz 2 GG ersetzt dieses G nach seinem § 44 Abs. 1 in seinem Geltungsbereich § 90 Abs. 1 und 2 Satz 1 JGG
- **Mecklenburg-Vorpommern:** JugendarrestvollzugsG Mecklenburg-Vorpommern v. 27.5.2016 (GVOBl. M-V S. 302), geänd. durch G v. 21.11.2020 (GVOBl. M-V S. 1254), gem. Art. 125a Abs. 1 Satz 2 GG ersetzt dieses G nach seinem § 43 Abs. 1 in seinem Geltungsbereich § 90 JGG
- **Rheinland-Pfalz:** LandesjugendarrestvollzugsG v. 6.10.2015 (GVBl. S. 354), zuletzt geänd. durch G v. 15.10.2020 (GVBl. S. 571), gem. Art. 125a Abs. 1 Satz 2 GG ersetzt dieses G nach seinem § 41 Nr. 1 in seinem Geltungsbereich § 90 JGG
- **Saarland:** Saarländisches JugendarrestvollzugsG v. 20.1.2016 (Amtsbl. I S. 132), zuletzt geänd. durch G v. 16.6.2021 (Amtsbl. I S. 1822), gem. Art. 125a Abs. 1 Satz 2 GGersetzt dieses G nach seinem § 53 Abs. 1 in seinem Geltungsbereich § 90 JGG
- **Sachsen:** Sächsisches JugendarrestvollzugsG v. 5.3.2019 (SächsGVBl. S. 158), geänd. durch G v. 22.8.2019 (SächsGVBl. S. 663), gem. Art. 125a Abs. 1 Satz 2 GG ersetzt dieses G nach seinem § 63 Satz 1 in seinem Geltungsbereich § 90 JGG
- **Sachsen-Anhalt:** Drittes Buch Justizvollzugsgesetzbuch Sachsen-Anhalt v. 11.11.2020 (GVBl. LSA S. 644), gem. Art. 125a Abs. 1 Satz 2 GG ersetzt dieses G nach seinem § 42 Nr. 1 in seinem Geltungsbereich § 90 JGG
- **Thüringen:** Thüringer JugendarrestvollzugsG v. 19.3.2019 (GVBl. S. 9), gem. Art. 125a Abs. 1 Satz 2 GG ersetzt dieses G nach seinem § 44 Abs. 1 in seinem Geltungsbereich § 90 JGG

anderen Landes, können die beteiligten Länder vereinbaren, dass die Jugendkammer bei dem Landgericht zuständig ist, in dessen Bezirk die für die Einrichtung zuständige Aufsichtsbehörde ihren Sitz hat.

(3) [1]Die Jugendkammer entscheidet durch Beschluss. [2]Sie bestimmt nach Ermessen, ob eine mündliche Verhandlung durchgeführt wird. [3]Auf Antrag des Jugendlichen ist dieser vor einer Entscheidung persönlich anzuhören. [4]Hierüber ist der Jugendliche zu belehren. [5]Wird eine mündliche Verhandlung nicht durchgeführt, findet die Anhörung in der Regel in der Vollzugseinrichtung statt.

(4) [1]Die Jugendkammer ist außer in den Fällen des Absatzes 2 Satz 2 mit einem Richter besetzt. [2]Ein Richter auf Probe darf dies nur sein, wenn ihm bereits über einen Zeitraum von einem Jahr Rechtsprechungsaufgaben in Strafverfahren übertragen worden sind. [3]Weist die Sache besondere Schwierigkeiten rechtlicher Art auf oder kommt ihr grundsätzliche Bedeutung zu, legt der Richter die Sache der Jugendkammer zur Entscheidung über eine Übernahme vor. [4]Liegt eine der Voraussetzungen für eine Übernahme vor, übernimmt die Jugendkammer den Antrag. [5]Sie entscheidet hierüber durch Beschluss. [6]Eine Rückübertragung ist ausgeschlossen.

(5) Für die Kosten des Verfahrens gilt § 121 des Strafvollzugsgesetzes mit der Maßgabe, dass entsprechend § 74 davon abgesehen werden kann, dem Jugendlichen Kosten und Auslagen aufzuerlegen.

(6) [1]Wird eine Jugendstrafe gemäß § 89b Abs. 1 nach den Vorschriften des Strafvollzugs für Erwachsene vollzogen oder hat der Jugendliche im Vollzug einer freiheitsentziehenden Maßregel das vierundzwanzigste Lebensjahr vollendet, sind die Absätze 1 bis 5 nicht anzuwenden. [2]Für die Überprüfung von Vollzugsmaßnahmen gelten die Vorschriften der §§ 109 bis 121 des Strafvollzugsgesetzes.

§ 93 Gerichtliche Zuständigkeit und gerichtliches Verfahren bei Maßnahmen, die der vorherigen gerichtlichen Anordnung oder der gerichtlichen Genehmigung bedürfen. [1]Beim Vollzug des Jugendarrestes, der Jugendstrafe und der Maßregeln der Unterbringung in einem psychiatrischen Krankenhaus oder in einer Entziehungsanstalt oder in der Sicherungsverwahrung ist, soweit nach den Vollzugsgesetzen eine Maßnahme der vorherigen gerichtlichen Anordnung oder der gerichtlichen Genehmigung bedarf, das Amtsgericht zuständig, in dessen Bezirk die Maßnahme durchgeführt wird. [2]Unterhält ein Land eine Einrichtung für den Vollzug der in Satz 1 genannten Freiheitsentziehung auf dem Gebiet eines anderen Landes, können die beteiligten Länder vereinbaren, dass das Amtsgericht zuständig ist, in dessen Bezirk die für die Einrichtung zuständige Aufsichtsbehörde ihren Sitz hat. [3]Für das Verfahren gelten § 121b des Strafvollzugsgesetzes sowie § 67 Absatz 1, 2 und 5 sowie § 67a Absatz 1, 3 und 5 entsprechend.

§ 93a Unterbringung in einer Entziehungsanstalt. (1) Die Maßregel nach § 61 Nr. 2 des Strafgesetzbuches wird in einer Einrichtung vollzogen, in der die für die Behandlung suchtkranker Jugendlicher erforderlichen besonderen therapeutischen Mittel und sozialen Hilfen zur Verfügung stehen.

(2) Um das angestrebte Behandlungsziel zu erreichen, kann der Vollzug aufgelockert und weitgehend in freien Formen durchgeführt werden.

Viertes Hauptstück. Beseitigung des Strafmakels

§§ 94 bis 96 (weggefallen)

§ 97 Beseitigung des Strafmakels durch Richterspruch. (1) [1]Hat der Jugendrichter die Überzeugung erlangt, daß sich ein zu Jugendstrafe verurteilter Jugendlicher durch einwandfreie Führung als rechtschaffener Mensch erwiesen hat, so erklärt er von Amts wegen oder auf Antrag des Verurteilten, des Erziehungsberechtigten oder des gesetzlichen Vertreters den Strafmakel als beseitigt. [2]Dies kann auch auf Antrag des Staatsanwalts oder, wenn der Verurteilte im Zeitpunkt der Antragstellung noch minderjährig ist, auf Antrag des Vertreters der Jugendgerichtshilfe geschehen. [3]Die Erklärung ist unzulässig, wenn es sich um eine Verurteilung nach den §§ 174 bis 180 oder 182 des Strafgesetzbuches[1)] handelt.

(2) [1]Die Anordnung kann erst zwei Jahre nach Verbüßung oder Erlaß der Strafe ergehen, es sei denn, daß der Verurteilte sich der Beseitigung des Strafmakels besonders würdig gezeigt hat. [2]Während des Vollzugs oder während einer Bewährungszeit ist die Anordnung unzulässig.

§ 98 Verfahren. (1) [1]Zuständig ist der Jugendrichter des Amtsgerichts, dem die familiengerichtlichen Erziehungsaufgaben für den Verurteilten obliegen. [2]Ist der Verurteilte volljährig, so ist der Jugendrichter zuständig, in dessen Bezirk der Verurteilte seinen Wohnsitz hat.

(2) [1]Der Jugendrichter beauftragt mit den Ermittlungen über die Führung des Verurteilten und dessen Bewährung vorzugsweise die Stelle, die den Verurteilten nach der Verbüßung der Strafe betreut hat. [2]Er kann eigene Ermittlungen anstellen. [3]Er hört den Verurteilten und, wenn dieser minderjährig ist, den Erziehungsberechtigten und den gesetzlichen Vertreter, ferner die Schule und die zuständige Verwaltungsbehörde.

(3) Nach Abschluß der Ermittlungen ist der Staatsanwalt zu hören.

§ 99 Entscheidung. (1) Der Jugendrichter entscheidet durch Beschluß.

(2) Hält er die Voraussetzungen für eine Beseitigung des Strafmakels noch nicht für gegeben, so kann er die Entscheidung um höchstens zwei Jahre aufschieben.

(3) Gegen den Beschluß ist sofortige Beschwerde zulässig.

§ 100 Beseitigung des Strafmakels nach Erlaß einer Strafe oder eines Strafrestes. [1]Wird die Strafe oder ein Strafrest bei Verurteilung zu nicht mehr als zwei Jahren Jugendstrafe nach Aussetzung zur Bewährung erlassen, so erklärt der Richter zugleich den Strafmakel als beseitigt. [2]Dies gilt nicht, wenn es sich um eine Verurteilung nach den §§ 174 bis 180 oder 182 des Strafgesetzbuches[1)] handelt.

§ 101 Widerruf. [1]Wird der Verurteilte, dessen Strafmakel als beseitigt erklärt worden ist, vor der Tilgung des Vermerks wegen eines Verbrechens oder vorsätzlichen Vergehens erneut zu Freiheitsstrafe verurteilt, so widerruft der Richter in dem Urteil oder nachträglich durch Beschluß die Beseitigung des Strafmakels. [2]In besonderen Fällen kann er von dem Widerruf absehen.

[1)] Nr. **38**.

Fünftes Hauptstück. Jugendliche vor Gerichten, die für allgemeine Strafsachen zuständig sind

§ 102 Zuständigkeit. [1]Die Zuständigkeit des Bundesgerichtshofes und des Oberlandesgerichts werden durch die Vorschriften dieses Gesetzes nicht berührt. [2]In den zur Zuständigkeit von Oberlandesgerichten im ersten Rechtszug gehörenden Strafsachen (§ 120 Abs. 1 und 2 des Gerichtsverfassungsgesetzes) entscheidet der Bundesgerichtshof auch über Beschwerden gegen Entscheidungen dieser Oberlandesgerichte, durch welche die Aussetzung der Jugendstrafe zur Bewährung angeordnet oder abgelehnt wird (§ 59 Abs. 1).

§ 103 Verbindung mehrerer Strafsachen. (1) Strafsachen gegen Jugendliche und Erwachsene können nach den Vorschriften des allgemeinen Verfahrensrechts verbunden werden, wenn es zur Erforschung der Wahrheit oder aus anderen wichtigen Gründen geboten ist.

(2) [1]Zuständig ist das Jugendgericht. [2]Dies gilt nicht, wenn die Strafsache gegen Erwachsene nach den allgemeinen Vorschriften einschließlich der Regelung des § 74e des Gerichtsverfassungsgesetzes zur Zuständigkeit der Wirtschaftsstrafkammer oder der Strafkammer nach § 74a des Gerichtsverfassungsgesetzes gehört; in einem solchen Fall sind diese Strafkammern auch für die Strafsache gegen den Jugendlichen zuständig. [3]Für die Prüfung der Zuständigkeit der Wirtschaftsstrafkammer und der Strafkammer nach § 74a des Gerichtsverfassungsgesetzes gelten im Falle des Satzes 2 die §§ 6a, 225a Abs. 4, § 270 Abs. 1 Satz 2 der Strafprozeßordnung entsprechend; § 209a der Strafprozeßordnung ist mit der Maßgabe anzuwenden, daß diese Strafkammern auch gegenüber der Jugendkammer einem Gericht höherer Ordnung gleichstehen.

(3) Beschließt der Richter die Trennung der verbundenen Sachen, so erfolgt zugleich Abgabe der abgetrennten Sache an den Richter, der ohne die Verbindung zuständig gewesen wäre.

§ 104 Verfahren gegen Jugendliche. (1) In Verfahren gegen Jugendliche vor den für allgemeine Strafsachen zuständigen Gerichten gelten die Vorschriften dieses Gesetzes über

1. Verfehlungen Jugendlicher und ihre Folgen (§§ 3 bis 32),
2. die Heranziehung und die Rechtsstellung der Jugendgerichtshilfe (§§ 38, 46a, 50 Abs. 3),
3. den Umfang der Ermittlungen im Vorverfahren (§ 43),
4. das Absehen von der Verfolgung und die Einstellung des Verfahrens durch den Richter (§§ 45, 47),

4a. den Ausschluss der Öffentlichkeit (§ 48 Absatz 3 Satz 2),

5. die Untersuchungshaft (§§ 52, 52a, 72, 89c),
6. die Urteilsgründe (§ 54),
7. das Rechtsmittelverfahren (§§ 55, 56),
8. das Verfahren bei Aussetzung der Jugendstrafe zur Bewährung und der Verhängung der Jugendstrafe (§§ 57 bis 64),
9. die Beteiligung und die Rechtsstellung der Erziehungsberechtigten und der gesetzlichen Vertreter (§ 50 Absatz 2, § 51 Absatz 2 bis 7, §§ 67, 67a),
10. die notwendige Verteidigung (§§ 68, 68a),
11. Mitteilungen an amtliche Stellen (§ 70),

11a. die Unterrichtung des Jugendlichen (§ 70a),
11b. Belehrungen (§ 70b),
11c. die Vernehmung des Beschuldigten (§ 70c),
12. die Unterbringung zur Beobachtung (§ 73),
13. Kosten und Auslagen (§ 74),
14. den Ausschluß von Vorschriften des allgemeinen Verfahrensrechts (§§ 79 bis 81) und
15. Verfahren und Entscheidung bei Anordnung der Sicherungsverwahrung (§ 81a).

(2) Die Anwendung weiterer Verfahrensvorschriften dieses Gesetzes steht im Ermessen des Gerichts.

(3) Soweit es aus Gründen der Staatssicherheit geboten und mit dem Wohl des Jugendlichen vereinbar ist, kann das Gericht anordnen, dass die Heranziehung der Jugendgerichtshilfe unterbleibt und dass die in § 67 Absatz 1 und 2 genannten Rechte der Erziehungsberechtigten und der gesetzlichen Vertreter ruhen.

(4) [1] Hält das Gericht Erziehungsmaßregeln für erforderlich, so hat es deren Auswahl und Anordnung dem Familiengericht zu überlassen. [2] § 53 Satz 2 gilt entsprechend.

(5) Dem Jugendrichter, in dessen Bezirk sich der Jugendliche aufhält, sind folgende Entscheidungen zu übertragen:
1. Entscheidungen, die nach einer Aussetzung der Jugendstrafe zur Bewährung erforderlich werden;
2. Entscheidungen, die nach einer Aussetzung der Verhängung der Jugendstrafe erforderlich werden, mit Ausnahme der Entscheidungen über die Festsetzung der Strafe und die Tilgung des Schuldspruchs (§ 30);
3. Entscheidungen, die nach dem Vorbehalt einer nachträglichen Entscheidung über die Aussetzung der Jugendstrafe erforderlich werden, mit Ausnahme der vorbehaltenen Entscheidung selbst (§ 61a).

Dritter Teil. Heranwachsende

Erster Abschnitt. Anwendung des sachlichen Strafrechts

§ 105 Anwendung des Jugendstrafrechts auf Heranwachsende.

(1) Begeht ein Heranwachsender eine Verfehlung, die nach den allgemeinen Vorschriften mit Strafe bedroht ist, so wendet der Richter die für einen Jugendlichen geltenden Vorschriften der §§ 4 bis 8, 9 Nr. 1, §§ 10, 11 und 13 bis 32 entsprechend an, wenn
1. die Gesamtwürdigung der Persönlichkeit des Täters bei Berücksichtigung auch der Umweltbedingungen ergibt, daß er zur Zeit der Tat nach seiner sittlichen und geistigen Entwicklung noch einem Jugendlichen gleichstand, oder
2. es sich nach der Art, den Umständen oder den Beweggründen der Tat um eine Jugendverfehlung handelt.

(2) § 31 Abs. 2 Satz 1, Abs. 3 ist auch dann anzuwenden, wenn der Heranwachsende wegen eines Teils der Straftaten bereits rechtskräftig nach allgemeinem Strafrecht verurteilt worden ist.

(3) [1]Das Höchstmaß der Jugendstrafe für Heranwachsende beträgt zehn Jahre. [2]Handelt es sich bei der Tat um Mord und reicht das Höchstmaß nach Satz 1 wegen der besonderen Schwere der Schuld nicht aus, so ist das Höchstmaß 15 Jahre.

§ 106 Milderung des allgemeinen Strafrechts für Heranwachsende; Sicherungsverwahrung. (1) Ist wegen der Straftat eines Heranwachsenden das allgemeine Strafrecht anzuwenden, so kann das Gericht an Stelle von lebenslanger Freiheitsstrafe auf eine Freiheitsstrafe von zehn bis zu fünfzehn Jahren erkennen.

(2) Das Gericht kann anordnen, daß der Verlust der Fähigkeit, öffentliche Ämter zu bekleiden und Rechte aus öffentlichen Wahlen zu erlangen (§ 45 Abs. 1 des Strafgesetzbuches), nicht eintritt.

(3) [1]Sicherungsverwahrung darf neben der Strafe nicht angeordnet werden. [2]Das Gericht kann im Urteil die Anordnung der Sicherungsverwahrung vorbehalten, wenn

1. der Heranwachsende zu einer Freiheitsstrafe von mindestens fünf Jahren verurteilt wird wegen eines oder mehrerer Verbrechen
   a) gegen das Leben, die körperliche Unversehrtheit oder die sexuelle Selbstbestimmung oder
   b) nach § 251 des Strafgesetzbuches, auch in Verbindung mit § 252 oder § 255 des Strafgesetzbuches,

   durch welche das Opfer seelisch oder körperlich schwer geschädigt oder einer solchen Gefahr ausgesetzt worden ist, und
2. auf Grund der Gesamtwürdigung des Heranwachsenden und seiner Tat oder seiner Taten mit hinreichender Sicherheit feststellbar oder zumindest wahrscheinlich ist, dass bei ihm ein Hang zu Straftaten der in Nummer 1 bezeichneten Art vorliegt und er infolgedessen zum Zeitpunkt der Verurteilung für die Allgemeinheit gefährlich ist.

(4) Unter den übrigen Voraussetzungen des Absatzes 3 Satz 2 kann das Gericht einen solchen Vorbehalt auch aussprechen, wenn

1. die Verurteilung wegen eines oder mehrerer Vergehen nach den §§ 176a und 176b des Strafgesetzbuches[1)] erfolgt,
2. die übrigen Voraussetzungen des § 66 Absatz 3 des Strafgesetzbuches erfüllt sind, soweit dieser nicht auf § 66 Absatz 1 Satz 1 Nummer 4 des Strafgesetzbuches verweist, und
3. es sich auch bei den maßgeblichen früheren und künftig zu erwartenden Taten um solche der in Nummer 1 oder Absatz 3 Satz 2 Nummer 1 genannten Art handelt, durch welche das Opfer seelisch oder körperlich schwer geschädigt oder einer solchen Gefahr ausgesetzt worden ist oder würde.

(5) [1]Wird neben der Strafe die Anordnung der Sicherungsverwahrung vorbehalten und hat der Verurteilte das siebenundzwanzigste Lebensjahr noch

---

1) Nr. **38**.

nicht vollendet, so ordnet das Gericht an, dass bereits die Strafe in einer sozialtherapeutischen Einrichtung zu vollziehen ist, es sei denn, dass die Resozialisierung des Täters dadurch nicht besser gefördert werden kann. [2]Diese Anordnung kann auch nachträglich erfolgen. [3]Solange der Vollzug in einer sozialtherapeutischen Einrichtung noch nicht angeordnet oder der Gefangene noch nicht in eine sozialtherapeutische Einrichtung verlegt worden ist, ist darüber jeweils nach sechs Monaten neu zu entscheiden. [4]Für die nachträgliche Anordnung nach Satz 2 ist die Strafvollstreckungskammer zuständig. [5]§ 66c Absatz 2 und § 67a Absatz 2 bis 4 des Strafgesetzbuches bleiben unberührt.

(6) Das Gericht ordnet die Sicherungsverwahrung an, wenn die Gesamtwürdigung des Verurteilten, seiner Tat oder seiner Taten und ergänzend seiner Entwicklung bis zum Zeitpunkt der Entscheidung ergibt, dass von ihm Straftaten der in Absatz 3 Satz 2 Nummer 1 oder Absatz 4 bezeichneten Art zu erwarten sind; § 66a Absatz 3 Satz 1 des Strafgesetzbuches gilt entsprechend.

(7) Ist die wegen einer Tat der in Absatz 3 Satz 2 Nr. 1 bezeichneten Art angeordnete Unterbringung in einem psychiatrischen Krankenhaus nach § 67d Abs. 6 des Strafgesetzbuches für erledigt erklärt worden, weil der die Schuldfähigkeit ausschließende oder vermindernde Zustand, auf dem die Unterbringung beruhte, im Zeitpunkt der Erledigungsentscheidung nicht bestanden hat, so kann das Gericht die Unterbringung in der Sicherungsverwahrung nachträglich anordnen, wenn

1. die Unterbringung des Betroffenen nach § 63 des Strafgesetzbuches wegen mehrerer solcher Taten angeordnet wurde oder wenn der Betroffene wegen einer oder mehrerer solcher Taten, die er vor der zur Unterbringung nach § 63 des Strafgesetzbuches führenden Tat begangen hat, schon einmal zu einer Freiheitsstrafe von mindestens drei Jahren verurteilt oder in einem psychiatrischen Krankenhaus untergebracht worden war und
2. die Gesamtwürdigung des Betroffenen, seiner Taten und ergänzend seiner Entwicklung bis zum Zeitpunkt der Entscheidung ergibt, dass er mit hoher Wahrscheinlichkeit erneut Straftaten der in Absatz 3 Satz 2 Nr. 1 bezeichneten Art begehen wird.

Zweiter Abschnitt. Gerichtsverfassung und Verfahren

§ 107 Gerichtsverfassung. Von den Vorschriften über die Jugendgerichtsverfassung gelten die §§ 33 bis 34 Abs. 1 und §§ 35 bis 38 für Heranwachsende entsprechend.

§ 108 Zuständigkeit. (1) Die Vorschriften über die Zuständigkeit der Jugendgerichte (§§ 39 bis 42) gelten auch bei Verfehlungen Heranwachsender.

(2) Der Jugendrichter ist für Verfehlungen Heranwachsender auch zuständig, wenn die Anwendung des allgemeinen Strafrechts zu erwarten ist und nach § 25 des Gerichtsverfassungsgesetzes der Strafrichter zu entscheiden hätte.

(3) [1]Ist wegen der rechtswidrigen Tat eines Heranwachsenden das allgemeine Strafrecht anzuwenden, so gilt § 24 Abs. 2 des Gerichtsverfassungsgesetzes. [2]Ist im Einzelfall eine höhere Strafe als vier Jahre Freiheitsstrafe oder die Unterbringung des Beschuldigten in einem psychiatrischen Krankenhaus, allein oder neben einer Strafe, oder in der Sicherungsverwahrung (§ 106 Absatz 3, 4, 7) zu erwarten, so ist die Jugendkammer zuständig. [3]Der Beschluss einer verminderten Besetzung in der Hauptverhandlung (§ 33b) ist nicht zulässig, wenn

die Anordnung der Unterbringung in der Sicherungsverwahrung, deren Vorbehalt oder die Anordnung der Unterbringung in einem psychiatrischen Krankenhaus zu erwarten ist.

§ 109 Verfahren. (1) [1]Von den Vorschriften über das Jugendstrafverfahren (§§ 43 bis 81a) sind im Verfahren gegen einen Heranwachsenden die §§ 43, 46a, 47a, 50 Absatz 3 und 4, die §§ 51a, 68 Nummer 1, 4 und 5, die §§ 68a, 68b, 70 Absatz 2 und 3, die §§ 70a, 70b Absatz 1 Satz 1 und Absatz 2, die §§ 70c, 72a bis 73 und 81a entsprechend anzuwenden. [2]Die Bestimmungen des § 70a sind nur insoweit anzuwenden, als sich die Unterrichtung auf Vorschriften bezieht, die nach dem für die Heranwachsenden geltenden Recht nicht ausgeschlossen sind. [3]Die Jugendgerichtshilfe und in geeigneten Fällen auch die Schule werden von der Einleitung und dem Ausgang des Verfahrens unterrichtet. [4]Sie benachrichtigen den Staatsanwalt, wenn ihnen bekannt wird, daß gegen den Beschuldigten noch ein anderes Strafverfahren anhängig ist. [5]Die Öffentlichkeit kann ausgeschlossen werden, wenn dies im Interesse des Heranwachsenden geboten ist.

(2) [1]Wendet der Richter Jugendstrafrecht an (§ 105), so gelten auch die §§ 45, 47 Abs. 1 Satz 1 Nr. 1, 2 und 3, Abs. 2, 3, §§ 52, 52a, 54 Abs. 1, §§ 55 bis 66, 74 und 79 Abs. 1 entsprechend. [2]§ 66 ist auch dann anzuwenden, wenn die einheitliche Festsetzung von Maßnahmen oder Jugendstrafe nach § 105 Abs. 2 unterblieben ist. [3]§ 55 Abs. 1 und 2 ist nicht anzuwenden, wenn die Entscheidung im beschleunigten Verfahren des allgemeinen Verfahrensrechts ergangen ist. [4]§ 74 ist im Rahmen einer Entscheidung über die Auslagen des Antragstellers nach § 472a der Strafprozessordnung nicht anzuwenden.

(3) In einem Verfahren gegen einen Heranwachsenden findet § 407 Abs. 2 Satz 2 der Strafprozeßordnung keine Anwendung.

Dritter Abschnitt. Vollstreckung, Vollzug und Beseitigung des Strafmakels

§ 110 Vollstreckung und Vollzug. (1) Von den Vorschriften über die Vollstreckung und den Vollzug bei Jugendlichen gelten § 82 Abs. 1, §§ 83 bis 93a für Heranwachsende entsprechend, soweit der Richter Jugendstrafrecht angewendet (§ 105) und nach diesem Gesetz zulässige Maßnahmen oder Jugendstrafe verhängt hat.

(2) Für die Vollstreckung von Untersuchungshaft an zur Tatzeit Heranwachsenden gilt § 89c Absatz 1 und 3 entsprechend.

§ 111 Beseitigung des Strafmakels. Die Vorschriften über die Beseitigung des Strafmakels (§§ 97 bis 101) gelten für Heranwachsende entsprechend, soweit der Richter Jugendstrafe verhängt hat.

Vierter Abschnitt. Heranwachsende vor Gerichten, die für allgemeine Strafsachen zuständig sind

§ 112 Entsprechende Anwendung. [1]Die §§ 102, 103, 104 Abs. 1 bis 3 und 5 gelten für Verfahren gegen Heranwachsende entsprechend. [2]Die in § 104 Abs. 1 genannten Vorschriften sind nur insoweit anzuwenden, als sie nach dem für die Heranwachsenden geltenden Recht nicht ausgeschlossen sind. [3]Hält der Richter die Erteilung von Weisungen für erforderlich, so überläßt er die Auswahl und Anordnung dem Jugendrichter, in dessen Bezirk sich der Heranwachsende aufhält.

Vierter Teil. Sondervorschriften für Soldaten der Bundeswehr

§ 112a Anwendung des Jugendstrafrechts. Das Jugendstrafrecht (§§ 3 bis 32, 105) gilt für die Dauer des Wehrdienstverhältnisses eines Jugendlichen oder Heranwachsenden mit folgenden Abweichungen:

1. Hilfe zur Erziehung im Sinne des § 12 darf nicht angeordnet werden.
2. *(aufgehoben)*
3. Bei der Erteilung von Weisungen und Auflagen soll der Richter die Besonderheiten des Wehrdienstes berücksichtigen. Weisungen und Auflagen, die bereits erteilt sind, soll er diesen Besonderheiten anpassen.
4. Als ehrenamtlicher Bewährungshelfer kann ein Soldat bestellt werden. Er untersteht bei seiner Tätigkeit (§ 25 Satz 2) nicht den Anweisungen des Richters.
5. Von der Überwachung durch einen Bewährungshelfer, der nicht Soldat ist, sind Angelegenheiten ausgeschlossen, für welche die militärischen Vorgesetzten des Jugendlichen oder Heranwachsenden zu sorgen haben. Maßnahmen des Disziplinarvorgesetzten haben den Vorrang.

§ 112b *(aufgehoben)*

§ 112c Vollstreckung. (1) Der Vollstreckungsleiter sieht davon ab, Jugendarrest, der wegen einer vor Beginn des Wehrdienstverhältnisses begangenen Tat verhängt ist, gegenüber Soldaten der Bundeswehr zu vollstrecken, wenn die Besonderheiten des Wehrdienstes es erfordern und ihnen nicht durch einen Aufschub der Vollstreckung Rechnung getragen werden kann.

(2) Die Entscheidung des Vollstreckungsleiters nach Absatz 1 ist eine jugendrichterliche Entscheidung im Sinne des § 83.

§ 112d Anhörung des Disziplinarvorgesetzten. Bevor der Richter oder der Vollstreckungsleiter einem Soldaten der Bundeswehr Weisungen oder Auflagen erteilt, von der Vollstreckung des Jugendarrestes nach § 112c Absatz 1 absieht oder einen Soldaten als Bewährungshelfer bestellt, soll er den nächsten Disziplinarvorgesetzten des Jugendlichen oder Heranwachsenden hören.

§ 112e Verfahren vor Gerichten, die für allgemeine Strafsachen zuständig sind. In Verfahren gegen Jugendliche oder Heranwachsende vor den für allgemeine Strafsachen zuständigen Gerichten (§ 104) sind die §§ 112a und 112d anzuwenden.

Fünfter Teil. Schluß- und Übergangsvorschriften

§ 113 Bewährungshelfer. [1] Für den Bezirk eines jeden Jugendrichters ist mindestens ein hauptamtlicher Bewährungshelfer anzustellen. [2] Die Anstellung kann für mehrere Bezirke erfolgen oder ganz unterbleiben, wenn wegen des geringen Anfalls von Strafsachen unverhältnismäßig hohe Aufwendungen entstehen würden. [3] Das Nähere über die Tätigkeit des Bewährungshelfers ist durch Landesgesetz zu regeln.

§ 114 Vollzug von Freiheitsstrafe in der Einrichtung für den Vollzug der Jugendstrafe. In der Einrichtung für den Vollzug der Jugendstrafe dürfen an Verurteilten, die das vierundzwanzigste Lebensjahr noch nicht vollendet haben und sich für den Jugendstrafvollzug eignen, auch Freiheitsstrafen vollzogen werden, die nach allgemeinem Strafrecht verhängt worden sind.

§ 115 *(aufgehoben)*

§ 116[1] **Zeitlicher Geltungsbereich.** Das Gesetz wird auch auf Verfehlungen angewendet, die vor seinem Inkrafttreten begangen worden sind.

§§ 117–120 *(aufgehoben)*

§ 121 Übergangsvorschrift. (1) Für am 1. Januar 2008 bereits anhängige Verfahren auf gerichtliche Entscheidung über die Rechtmäßigkeit von Maßnahmen im Vollzug der Jugendstrafe, des Jugendarrestes und der Unterbringung in einem psychiatrischen Krankenhaus oder einer Entziehungsanstalt sind die Vorschriften des Dritten Abschnitts des Einführungsgesetzes zum Gerichtsverfassungsgesetz in ihrer bisherigen Fassung weiter anzuwenden.

(2) Für Verfahren, die vor dem 1. Januar 2012 bei der Jugendkammer anhängig geworden sind, ist § 33b Absatz 2 in der bis zum 31. Dezember 2011 geltenden Fassung anzuwenden.

(3) Hat die Staatsanwaltschaft in Verfahren, in denen über die im Urteil vorbehaltene oder die nachträgliche Anordnung der Sicherungsverwahrung zu entscheiden ist, die Akten dem Vorsitzenden des zuständigen Gerichts vor dem 1. Januar 2012 übergeben, ist § 74f des Gerichtsverfassungsgesetzes in der bis zum 31. Dezember 2011 geltenden Fassung entsprechend anzuwenden.

§§ 122–124 *(aufgehoben)*

§ 125[2] **Inkrafttreten.** Dieses Gesetz tritt am 1. Oktober 1953 in Kraft.

---

[1] Für das Gebiet der ehem. DDR findet § 116 nach dem Einigungsvertrag v. 31.8 1990 (BGBl. II S. 885, 889), zuletzt geänd. durch G v. 8.7.2016 (BGBl. I S. 1594) keine Anwendung.

[2] **Amtl. Anm.:** § 125 betrifft das Inkrafttreten des Gesetzes in der ursprünglichen Fassung vom 4. August 1953 (BGBl. I S. 751). Der Zeitpunkt des Inkrafttretens der späteren Änderungen ergibt sich aus den Änderungsgesetzen.

38. Strafgesetzbuch (StGB)

In der Fassung der Bekanntmachung vom 13. November 1998[1)]
(BGBl. I S. 3322)

FNA 450-2

zuletzt geänd. durch Art. 2 G zur Änd. des InfektionsschutzG und weiterer Gesetze anlässlich der Aufhebung der Feststellung der epidemischen Lage von nationaler Tragweite v. 22.11.2021 (BGBl. I S. 4906)

– Auszug –

Allgemeiner Teil

Zweiter Abschnitt. Die Tat

Erster Titel. Grundlagen der Strafbarkeit

§ 19 Schuldunfähigkeit des Kindes. Schuldunfähig ist, wer bei Begehung der Tat noch nicht vierzehn Jahre alt ist.

Vierter Abschnitt. Strafantrag, Ermächtigung, Strafverlangen

§ 77 Antragsberechtigte. (1) Ist die Tat nur auf Antrag verfolgbar, so kann, soweit das Gesetz nichts anderes bestimmt, der Verletzte den Antrag stellen.

(2) [1] Stirbt der Verletzte, so geht sein Antragsrecht in den Fällen, die das Gesetz bestimmt, auf den Ehegatten, den Lebenspartner und die Kinder über. [2] Hat der Verletzte weder einen Ehegatten, oder einen Lebenspartner noch Kinder hinterlassen oder sind sie vor Ablauf der Antragsfrist gestorben, so geht das Antragsrecht auf die Eltern und, wenn auch sie vor Ablauf der Antragsfrist gestorben sind, auf die Geschwister und die Enkel über. [3] Ist ein Angehöriger an der Tat beteiligt oder ist seine Verwandtschaft erloschen, so scheidet er bei dem Übergang des Antragsrechts aus. [4] Das Antragsrecht geht nicht über, wenn die Verfolgung dem erklärten Willen des Verletzten widerspricht.

(3) Ist der Antragsberechtigte geschäftsunfähig oder beschränkt geschäftsfähig, so können der gesetzliche Vertreter in den persönlichen Angelegenheiten und derjenige, dem die Sorge für die Person des Antragsberechtigten zusteht, den Antrag stellen.

(4) Sind mehrere antragsberechtigt, so kann jeder den Antrag selbständig stellen.

Besonderer Teil

Siebenter Abschnitt. Straftaten gegen die öffentliche Ordnung

§ 131 Gewaltdarstellung. (1) [1] Mit Freiheitsstrafe bis zu einem Jahr oder mit Geldstrafe wird bestraft, wer

---

[1)] Neubekanntmachung des StGB idF der Bek. v. 10.3.1987 (BGBl. I S. 945, 1160) in der seit 1.1.1999 geltenden Fassung.

1. einen Inhalt (§ 11 Absatz 3)[1], der grausame oder sonst unmenschliche Gewalttätigkeiten gegen Menschen oder menschenähnliche Wesen in einer Art schildert, die eine Verherrlichung oder Verharmlosung solcher Gewalttätigkeiten ausdrückt oder die das Grausame oder Unmenschliche des Vorgangs in einer die Menschenwürde verletzenden Weise darstellt,
   a) verbreitet oder der Öffentlichkeit zugänglich macht,
   b) einer Person unter achtzehn Jahren anbietet, überlässt oder zugänglich macht oder
2. einen in Nummer 1 bezeichneten Inhalt (§ 11 Absatz 3)[1] herstellt, bezieht, liefert, vorrätig hält, anbietet, bewirbt oder es unternimmt, diesen ein- oder auszuführen, um ihn im Sinne der Nummer 1 zu verwenden oder einer anderen Person eine solche Verwendung zu ermöglichen.

²In den Fällen des Satzes 1 Nummer 1 ist der Versuch strafbar.

(2) Absatz 1 gilt nicht, wenn die Handlung der Berichterstattung über Vorgänge des Zeitgeschehens oder der Geschichte dient.

(3) Absatz 1 Satz 1 Nummer 1 Buchstabe b ist nicht anzuwenden, wenn der zur Sorge für die Person Berechtigte handelt; dies gilt nicht, wenn der Sorgeberechtigte durch das Anbieten, Überlassen oder Zugänglichmachen seine Erziehungspflicht gröblich verletzt.

§ 138 Nichtanzeige geplanter Straftaten. (1) Wer von dem Vorhaben oder der Ausführung

1. *(aufgehoben)*
2. eines Hochverrats in den Fällen der §§ 81 bis 83 Abs. 1,
3. eines Landesverrats oder einer Gefährdung der äußeren Sicherheit in den Fällen der §§ 94 bis 96, 97a oder 100,
4. einer Geld- oder Wertpapierfälschung in den Fällen der §§ 146, 151, 152 oder einer Fälschung von Zahlungskarten mit Garantiefunktion in den Fällen des § 152b Abs. 1 bis 3,
5. eines Mordes (§ 211) oder Totschlags (§ 212) oder eines Völkermordes (§ 6 des Völkerstrafgesetzbuches) oder eines Verbrechens gegen die Menschlichkeit (§ 7 des Völkerstrafgesetzbuches) oder eines Kriegsverbrechens (§§ 8, 9, 10, 11 oder 12 des Völkerstrafgesetzbuches) oder eines Verbrechens der Aggression (§ 13 des Völkerstrafgesetzbuches),
6. einer Straftat gegen die persönliche Freiheit in den Fällen des § 232 Absatz 3 Satz 2, des § 232a Absatz 3, 4 oder 5, des § 232b Absatz 3 oder 4, des § 233a Absatz 3 oder 4, jeweils soweit es sich um Verbrechen handelt, der §§ 234, 234a, 239a oder 239b,
7. eines Raubes oder einer räuberischen Erpressung (§§ 249 bis 251 oder 255) oder
8. einer gemeingefährlichen Straftat in den Fällen der §§ 306 bis 306c oder 307 Abs. 1 bis 3, des § 308 Abs. 1 bis 4, des § 309 Abs. 1 bis 5, der §§ 310, 313, 314 oder 315 Abs. 3, des § 315b Abs. 3 oder der §§ 316a oder 316c

---

[1] § 11 Abs. 3 StGB lautet: „(3) Inhalte im Sinne der Vorschriften, die auf diesen Absatz verweisen, sind solche, die in Schriften, auf Ton- oder Bildträgern, in Datenspeichern, Abbildungen oder anderen Verkörperungen enthalten sind oder auch unabhängig von einer Speicherung mittels Informations- oder Kommunikationstechnik übertragen werden."

zu einer Zeit, zu der die Ausführung oder der Erfolg noch abgewendet werden kann, glaubhaft erfährt und es unterläßt, der Behörde oder dem Bedrohten rechtzeitig Anzeige zu machen, wird mit Freiheitsstrafe bis zu fünf Jahren oder mit Geldstrafe bestraft.

(2) [1] Ebenso wird bestraft, wer

1. von der Ausführung einer Straftat nach § 89a oder
2. von dem Vorhaben oder der Ausführung einer Straftat nach § 129a, auch in Verbindung mit § 129b Abs. 1 Satz 1 und 2,

zu einer Zeit, zu der die Ausführung noch abgewendet werden kann, glaubhaft erfährt und es unterlässt, der Behörde unverzüglich Anzeige zu erstatten. [2] § 129b Abs. 1 Satz 3 bis 5 gilt im Fall der Nummer 2 entsprechend.

(3) Wer die Anzeige leichtfertig unterläßt, obwohl er von dem Vorhaben oder der Ausführung der rechtswidrigen Tat glaubhaft erfahren hat, wird mit Freiheitsstrafe bis zu einem Jahr oder mit Geldstrafe bestraft.

Zwölfter Abschnitt. Straftaten gegen den Personenstand, die Ehe und die Familie

§ 170 Verletzung der Unterhaltspflicht. (1) Wer sich einer gesetzlichen Unterhaltspflicht entzieht, so daß der Lebensbedarf des Unterhaltsberechtigten gefährdet ist oder ohne die Hilfe anderer gefährdet wäre, wird mit Freiheitsstrafe bis zu drei Jahren oder mit Geldstrafe bestraft.

(2) Wer einer Schwangeren zum Unterhalt verpflichtet ist und ihr diesen Unterhalt in verwerflicher Weise vorenthält und dadurch den Schwangerschaftsabbruch bewirkt, wird mit Freiheitsstrafe bis zu fünf Jahren oder mit Geldstrafe bestraft.

§ 171 Verletzung der Fürsorge- oder Erziehungspflicht. Wer seine Fürsorge- oder Erziehungspflicht gegenüber einer Person unter sechzehn Jahren gröblich verletzt und dadurch den Schutzbefohlenen in die Gefahr bringt, in seiner körperlichen oder psychischen Entwicklung erheblich geschädigt zu werden, einen kriminellen Lebenswandel zu führen oder der Prostitution nachzugehen, wird mit Freiheitsstrafe bis zu drei Jahren oder mit Geldstrafe bestraft.

§§ 172 *(hier nicht wiedergegeben)*

§ 173 Beischlaf zwischen Verwandten. (1) Wer mit einem leiblichen Abkömmling den Beischlaf vollzieht, wird mit Freiheitsstrafe bis zu drei Jahren oder mit Geldstrafe bestraft.

(2) [1] Wer mit einem leiblichen Verwandten aufsteigender Linie den Beischlaf vollzieht, wird mit Freiheitsstrafe bis zu zwei Jahren oder mit Geldstrafe bestraft; dies gilt auch dann, wenn das Verwandtschaftsverhältnis erloschen ist. [2] Ebenso werden leibliche Geschwister bestraft, die miteinander den Beischlaf vollziehen.

(3) Abkömmlinge und Geschwister werden nicht nach dieser Vorschrift bestraft, wenn sie zur Zeit der Tat noch nicht achtzehn Jahre alt waren.

Dreizehnter Abschnitt. Straftaten gegen die sexuelle Selbstbestimmung

§ 174 Sexueller Mißbrauch von Schutzbefohlenen. (1) [1]Wer sexuelle Handlungen

1. an einer Person unter achtzehn Jahren, die ihm zur Erziehung oder zur Betreuung in der Lebensführung anvertraut ist,
2. an einer Person unter achtzehn Jahren, die ihm im Rahmen eines Ausbildungs-, Dienst- oder Arbeitsverhältnisses untergeordnet ist, unter Missbrauch einer mit dem Ausbildungs-, Dienst- oder Arbeitsverhältnis verbundenen Abhängigkeit oder
3. an einer Person unter achtzehn Jahren, die sein leiblicher oder rechtlicher Abkömmling ist oder der seines Ehegatten, seines Lebenspartners oder einer Person, mit der er in eheähnlicher oder lebenspartnerschaftsähnlicher Gemeinschaft lebt,

vornimmt oder an sich von dem Schutzbefohlenen vornehmen läßt, wird mit Freiheitsstrafe von drei Monaten bis zu fünf Jahren bestraft. [2]Ebenso wird bestraft, wer unter den Voraussetzungen des Satzes 1 den Schutzbefohlenen dazu bestimmt, dass er sexuelle Handlungen an oder vor einer dritten Person vornimmt oder von einer dritten Person an sich vornehmen lässt.

(2) [1]Mit Freiheitsstrafe von drei Monaten bis zu fünf Jahren wird eine Person bestraft, der in einer dazu bestimmten Einrichtung die Erziehung, Ausbildung oder Betreuung in der Lebensführung von Personen unter achtzehn Jahren anvertraut ist, und die sexuelle Handlungen

1. an einer Person unter sechzehn Jahren, die zu dieser Einrichtung in einem Rechtsverhältnis steht, das ihrer Erziehung, Ausbildung oder Betreuung in der Lebensführung dient, vornimmt oder an sich von ihr vornehmen lässt oder
2. unter Ausnutzung ihrer Stellung an einer Person unter achtzehn Jahren, die zu dieser Einrichtung in einem Rechtsverhältnis steht, das ihrer Erziehung, Ausbildung oder Betreuung in der Lebensführung dient, vornimmt oder an sich von ihr vornehmen lässt.

[2]Ebenso wird bestraft, wer unter den Voraussetzungen des Satzes 1 den Schutzbefohlenen dazu bestimmt, dass er sexuelle Handlungen an oder vor einer dritten Person vornimmt oder von einer dritten Person an sich vornehmen lässt.

(3) Wer unter den Voraussetzungen des Absatzes 1 oder 2

1. sexuelle Handlungen vor dem Schutzbefohlenen vornimmt, um sich oder den Schutzbefohlenen hierdurch sexuell zu erregen, oder
2. den Schutzbefohlenen dazu bestimmt, daß er sexuelle Handlungen vor ihm vornimmt,

wird mit Freiheitsstrafe bis zu drei Jahren oder mit Geldstrafe bestraft.

(4) Der Versuch ist strafbar.

(5) In den Fällen des Absatzes 1 Satz 1 Nummer 1, des Absatzes 2 Satz 1 Nummer 1 oder des Absatzes 3 in Verbindung mit Absatz 1 Satz 1 Nummer 1 oder mit Absatz 2 Satz 1 Nummer 1 kann das Gericht von einer Bestrafung nach dieser Vorschrift absehen, wenn das Unrecht der Tat gering ist.

§ 174a Sexueller Mißbrauch von Gefangenen, behördlich Verwahrten oder Kranken und Hilfsbedürftigen in Einrichtungen. (1) Wer sexuelle Handlungen an einer gefangenen oder auf behördliche Anordnung verwahrten Person, die ihm zur Erziehung, Ausbildung, Beaufsichtigung oder Betreuung anvertraut ist, unter Mißbrauch seiner Stellung vornimmt oder an sich von der gefangenen oder verwahrten Person vornehmen läßt oder die gefangene oder verwahrte Person zur Vornahme oder Duldung sexueller Handlungen an oder von einer dritten Person bestimmt, wird mit Freiheitsstrafe von drei Monaten bis zu fünf Jahren bestraft.

(2) Ebenso wird bestraft, wer eine Person, die in einer Einrichtung für kranke oder hilfsbedürftige Menschen aufgenommen und ihm zur Beaufsichtigung oder Betreuung anvertraut ist, dadurch mißbraucht, daß er unter Ausnutzung der Krankheit oder Hilfsbedürftigkeit dieser Person sexuelle Handlungen an ihr vornimmt oder an sich von ihr vornehmen läßt oder diese Person zur Vornahme oder Duldung sexueller Handlungen an oder von einer dritten Person bestimmt.

(3) Der Versuch ist strafbar.

§ 174b Sexueller Mißbrauch unter Ausnutzung einer Amtsstellung.

(1) Wer als Amtsträger, der zur Mitwirkung an einem Strafverfahren oder an einem Verfahren zur Anordnung einer freiheitsentziehenden Maßregel der Besserung und Sicherung oder einer behördlichen Verwahrung berufen ist, unter Mißbrauch der durch das Verfahren begründeten Abhängigkeit sexuelle Handlungen an demjenigen, gegen den sich das Verfahren richtet, vornimmt oder an sich von dem anderen vornehmen läßt oder die Person zur Vornahme oder Duldung sexueller Handlungen an oder von einer dritten Person bestimmt, wird mit Freiheitsstrafe von drei Monaten bis zu fünf Jahren bestraft.

(2) Der Versuch ist strafbar.

§ 174c Sexueller Mißbrauch unter Ausnutzung eines Beratungs-, Behandlungs- oder Betreuungsverhältnisses. (1) Wer sexuelle Handlungen an einer Person, die ihm wegen einer geistigen oder seelischen Krankheit oder Behinderung einschließlich einer Suchtkrankheit oder wegen einer körperlichen Krankheit oder Behinderung zur Beratung, Behandlung oder Betreuung anvertraut ist, unter Mißbrauch des Beratungs-, Behandlungs- oder Betreuungsverhältnisses vornimmt oder an sich von ihr vornehmen läßt oder diese Person zur Vornahme oder Duldung sexueller Handlungen an oder von einer dritten Person bestimmt, wird mit Freiheitsstrafe von drei Monaten bis zu fünf Jahren bestraft.

(2) Ebenso wird bestraft, wer sexuelle Handlungen an einer Person, die ihm zur psychotherapeutischen Behandlung anvertraut ist, unter Mißbrauch des Behandlungsverhältnisses vornimmt oder an sich von ihr vornehmen läßt oder diese Person zur Vornahme oder Duldung sexueller Handlungen an oder von einer dritten Person bestimmt.

(3) Der Versuch ist strafbar.

§ 175 (weggefallen)

§ 176 Sexueller Missbrauch von Kindern. (1) Mit Freiheitsstrafe nicht unter einem Jahr wird bestraft, wer

1. sexuelle Handlungen an einer Person unter vierzehn Jahren (Kind) vornimmt oder an sich von dem Kind vornehmen lässt,
2. ein Kind dazu bestimmt, dass es sexuelle Handlungen an einer dritten Person vornimmt oder von einer dritten Person an sich vornehmen lässt,
3. ein Kind für eine Tat nach Nummer 1 oder Nummer 2 anbietet oder nachzuweisen verspricht.

(2) In den Fällen des Absatzes 1 Nummer 1 kann das Gericht von Strafe nach dieser Vorschrift absehen, wenn zwischen Täter und Kind die sexuelle Handlung einvernehmlich erfolgt und der Unterschied sowohl im Alter als auch im Entwicklungsstand oder Reifegrad gering ist, es sei denn, der Täter nutzt die fehlende Fähigkeit des Kindes zur sexuellen Selbstbestimmung aus.

§ 176a Sexueller Missbrauch von Kindern ohne Körperkontakt mit dem Kind. (1) Mit Freiheitsstrafe von sechs Monaten bis zu zehn Jahren wird bestraft, wer

1. sexuelle Handlungen vor einem Kind vornimmt oder vor einem Kind von einer dritten Person an sich vornehmen lässt,
2. ein Kind dazu bestimmt, dass es sexuelle Handlungen vornimmt, soweit die Tat nicht nach § 176 Absatz 1 Nummer 1 oder Nummer 2 mit Strafe bedroht ist, oder
3. auf ein Kind durch einen pornographischen Inhalt (§ 11 Absatz 3)[1)] oder durch entsprechende Reden einwirkt.

(2) Ebenso wird bestraft, wer ein Kind für eine Tat nach Absatz 1 anbietet oder nachzuweisen verspricht oder wer sich mit einem anderen zu einer solchen Tat verabredet.

(3) [1]Der Versuch ist in den Fällen des Absatzes 1 Nummer 1 und 2 strafbar. [2]Bei Taten nach Absatz 1 Nummer 3 ist der Versuch in den Fällen strafbar, in denen eine Vollendung der Tat allein daran scheitert, dass der Täter irrig annimmt, sein Einwirken beziehe sich auf ein Kind.

§ 176b Vorbereitung des sexuellen Missbrauchs von Kindern.

(1) Mit Freiheitsstrafe von drei Monaten bis zu fünf Jahren wird bestraft, wer auf ein Kind durch einen Inhalt (§ 11 Absatz 3)[1)] einwirkt, um

1. das Kind zu sexuellen Handlungen zu bringen, die es an oder vor dem Täter oder an oder vor einer dritten Person vornehmen oder von dem Täter oder einer dritten Person an sich vornehmen lassen soll, oder
2. eine Tat nach § 184b Absatz 1 Satz 1 Nummer 3 oder nach § 184b Absatz 3 zu begehen.

(2) Ebenso wird bestraft, wer ein Kind für eine Tat nach Absatz 1 anbietet oder nachzuweisen verspricht oder wer sich mit einem anderen zu einer solchen Tat verabredet.

[1)] § 11 Abs. 3 StGB lautet: „(3) Inhalte im Sinne der Vorschriften, die auf diesen Absatz verweisen, sind solche, die in Schriften, auf Ton- oder Bildträgern, in Datenspeichern, Abbildungen oder anderen Verkörperungen enthalten sind oder auch unabhängig von einer Speicherung mittels Informations- oder Kommunikationstechnik übertragen werden.."

(3) Bei Taten nach Absatz 1 ist der Versuch in den Fällen strafbar, in denen eine Vollendung der Tat allein daran scheitert, dass der Täter irrig annimmt, sein Einwirken beziehe sich auf ein Kind.

§ 176c Schwerer sexueller Missbrauch von Kindern. (1) Der sexuelle Missbrauch von Kindern wird in den Fällen des § 176 Absatz 1 Nummer 1 und 2 mit Freiheitsstrafe nicht unter zwei Jahren bestraft, wenn

1. der Täter innerhalb der letzten fünf Jahre wegen einer solchen Straftat rechtskräftig verurteilt worden ist,
2. der Täter mindestens achtzehn Jahre alt ist und
   a) mit dem Kind den Beischlaf vollzieht oder ähnliche sexuelle Handlungen an ihm vornimmt oder an sich von ihm vornehmen lässt, die mit einem Eindringen in den Körper verbunden sind, oder
   b) das Kind dazu bestimmt, den Beischlaf mit einem Dritten zu vollziehen oder ähnliche sexuelle Handlungen, die mit einem Eindringen in den Körper verbunden sind, an dem Dritten vorzunehmen oder von diesem an sich vornehmen zu lassen,
3. die Tat von mehreren gemeinschaftlich begangen wird oder
4. der Täter das Kind durch die Tat in die Gefahr einer schweren Gesundheitsschädigung oder einer erheblichen Schädigung der körperlichen oder seelischen Entwicklung bringt.

(2) Ebenso wird bestraft, wer in den Fällen des § 176 Absatz 1 Nummer 1 oder Nummer 2, des § 176a Absatz 1 Nummer 1 oder Nummer 2 oder Absatz 3 Satz 1 als Täter oder anderer Beteiligter in der Absicht handelt, die Tat zum Gegenstand eines pornographischen Inhalts (§ 11 Absatz 3) zu machen, der nach § 184b Absatz 1 oder 2 verbreitet werden soll.

(3) Mit Freiheitsstrafe nicht unter fünf Jahren wird bestraft, wer das Kind in den Fällen des § 176 Absatz 1 Nummer 1 oder Nummer 2 bei der Tat körperlich schwer misshandelt oder durch die Tat in die Gefahr des Todes bringt.

(4) [1] In die in Absatz 1 Nummer 1 bezeichnete Frist wird die Zeit nicht eingerechnet, in welcher der Täter auf behördliche Anordnung in einer Anstalt verwahrt worden ist. [2] Eine Tat, die im Ausland abgeurteilt worden ist, steht in den Fällen des Absatzes 1 Nummer 1 einer im Inland abgeurteilten Tat gleich, wenn sie nach deutschem Strafrecht eine solche nach § 176 Absatz 1 Nummer 1 oder Nummer 2 wäre.

§ 176d Sexueller Missbrauch von Kindern mit Todesfolge. Verursacht der Täter durch den sexuellen Missbrauch (§§ 176 bis 176c) mindestens leichtfertig den Tod eines Kindes, so ist die Strafe lebenslange Freiheitsstrafe oder Freiheitsstrafe nicht unter zehn Jahren.

§ 176e Verbreitung und Besitz von Anleitungen zu sexuellem Missbrauch von Kindern. (1) Wer einen Inhalt (§ 11 Absatz 3)[1)] verbreitet oder der Öffentlichkeit zugänglich macht, der geeignet ist, als Anleitung zu einer in

---

[1)] § 11 Abs. 3 StGB lautet: „(3) Inhalte im Sinne der Vorschriften, die auf diesen Absatz verweisen, sind solche, die in Schriften, auf Ton- oder Bildträgern, in Datenspeichern, Abbildungen oder anderen Verkörperungen enthalten sind oder auch unabhängig von einer Speicherung mittels Informations- oder Kommunikationstechnik übertragen werden..“

den §§ 176 bis 176d genannten rechtswidrigen Tat zu dienen, und der dazu bestimmt ist, die Bereitschaft anderer zu fördern oder zu wecken, eine solche Tat zu begehen, wird mit Freiheitsstrafe bis zu drei Jahren oder mit Geldstrafe bestraft.

(2) Ebenso wird bestraft, wer

1. einen Inhalt (§ 11 Absatz 3)[1)], der geeignet ist, als Anleitung zu einer in den §§ 176 bis 176d genannten rechtswidrigen Tat zu dienen, verbreitet oder der Öffentlichkeit zugänglich macht oder
2. öffentlich oder in einer Versammlung zu einer in den §§ 176 bis 176d genannten rechtswidrigen Tat eine Anleitung gibt,

um die Bereitschaft anderer zu fördern oder zu wecken, eine solche Tat zu begehen.

(3) Wer einen in Absatz 1 bezeichneten Inhalt abruft, besitzt, einer anderen Person zugänglich macht oder einer anderen Person den Besitz daran verschafft, wird mit Freiheitsstrafe bis zu zwei Jahren oder mit Geldstrafe bestraft.

(4) Absatz 3 gilt nicht für Handlungen, die ausschließlich der rechtmäßigen Erfüllung von Folgendem dienen:

1. staatlichen Aufgaben,
2. Aufgaben, die sich aus Vereinbarungen mit einer zuständigen staatlichen Stelle ergeben, oder
3. dienstlichen oder beruflichen Pflichten.

(5) Die Absätze 1 und 3 gelten nicht für dienstliche Handlungen im Rahmen von strafrechtlichen Ermittlungsverfahren, wenn

1. kein kinderpornographischer Inhalt, der ein tatsächliches Geschehen wiedergibt oder der unter Verwendung einer Bildaufnahme eines Kindes oder Jugendlichen hergestellt worden ist, einer anderen Person oder der Öffentlichkeit zugänglich gemacht, verbreitet oder einer anderen Person der Besitz daran verschafft wird, und
2. die Aufklärung des Sachverhalts auf andere Weise aussichtslos oder wesentlich erschwert wäre.

(6) [1] Gegenstände, auf die sich eine Straftat nach Absatz 3 bezieht, werden eingezogen. [2] § 74a ist anzuwenden.

§ 177 Sexueller Übergriff; sexuelle Nötigung; Vergewaltigung.

(1) Wer gegen den erkennbaren Willen einer anderen Person sexuelle Handlungen an dieser Person vornimmt oder von ihr vornehmen lässt oder diese Person zur Vornahme oder Duldung sexueller Handlungen an oder von einem Dritten bestimmt, wird mit Freiheitsstrafe von sechs Monaten bis zu fünf Jahren bestraft.

(2) Ebenso wird bestraft, wer sexuelle Handlungen an einer anderen Person vornimmt oder von ihr vornehmen lässt oder diese Person zur Vornahme oder Duldung sexueller Handlungen an oder von einem Dritten bestimmt, wenn

---

[1)] § 11 Abs. 3 StGB lautet: „(3) Inhalte im Sinne der Vorschriften, die auf diesen Absatz verweisen, sind solche, die in Schriften, auf Ton- oder Bildträgern, in Datenspeichern, Abbildungen oder anderen Verkörperungen enthalten sind oder auch unabhängig von einer Speicherung mittels Informations- oder Kommunikationstechnik übertragen werden..“

1. der Täter ausnutzt, dass die Person nicht in der Lage ist, einen entgegenstehenden Willen zu bilden oder zu äußern,
2. der Täter ausnutzt, dass die Person auf Grund ihres körperlichen oder psychischen Zustands in der Bildung oder Äußerung des Willens erheblich eingeschränkt ist, es sei denn, er hat sich der Zustimmung dieser Person versichert,
3. der Täter ein Überraschungsmoment ausnutzt,
4. der Täter eine Lage ausnutzt, in der dem Opfer bei Widerstand ein empfindliches Übel droht, oder
5. der Täter die Person zur Vornahme oder Duldung der sexuellen Handlung durch Drohung mit einem empfindlichen Übel genötigt hat.

(3) Der Versuch ist strafbar.

(4) Auf Freiheitsstrafe nicht unter einem Jahr ist zu erkennen, wenn die Unfähigkeit, einen Willen zu bilden oder zu äußern, auf einer Krankheit oder Behinderung des Opfers beruht.

(5) Auf Freiheitsstrafe nicht unter einem Jahr ist zu erkennen, wenn der Täter

1. gegenüber dem Opfer Gewalt anwendet,
2. dem Opfer mit gegenwärtiger Gefahr für Leib oder Leben droht oder
3. eine Lage ausnutzt, in der das Opfer der Einwirkung des Täters schutzlos ausgeliefert ist.

(6) [1] In besonders schweren Fällen ist auf Freiheitsstrafe nicht unter zwei Jahren zu erkennen. [2] Ein besonders schwerer Fall liegt in der Regel vor, wenn

1. der Täter mit dem Opfer den Beischlaf vollzieht oder vollziehen lässt oder ähnliche sexuelle Handlungen an dem Opfer vornimmt oder von ihm vornehmen lässt, die dieses besonders erniedrigen, insbesondere wenn sie mit einem Eindringen in den Körper verbunden sind (Vergewaltigung), oder
2. die Tat von mehreren gemeinschaftlich begangen wird.

(7) Auf Freiheitsstrafe nicht unter drei Jahren ist zu erkennen, wenn der Täter

1. eine Waffe oder ein anderes gefährliches Werkzeug bei sich führt,
2. sonst ein Werkzeug oder Mittel bei sich führt, um den Widerstand einer anderen Person durch Gewalt oder Drohung mit Gewalt zu verhindern oder zu überwinden, oder
3. das Opfer in die Gefahr einer schweren Gesundheitsschädigung bringt.

(8) Auf Freiheitsstrafe nicht unter fünf Jahren ist zu erkennen, wenn der Täter

1. bei der Tat eine Waffe oder ein anderes gefährliches Werkzeug verwendet oder
2. das Opfer
   a) bei der Tat körperlich schwer misshandelt oder
   b) durch die Tat in die Gefahr des Todes bringt.

(9) In minder schweren Fällen der Absätze 1 und 2 ist auf Freiheitsstrafe von drei Monaten bis zu drei Jahren, in minder schweren Fällen der Absätze 4 und 5 ist auf Freiheitsstrafe von sechs Monaten bis zu zehn Jahren, in minder schwe-

ren Fällen der Absätze 7 und 8 ist auf Freiheitsstrafe von einem Jahr bis zu zehn Jahren zu erkennen.

§ 180 Förderung sexueller Handlungen Minderjähriger. (1) [1] Wer sexuellen Handlungen einer Person unter sechzehn Jahren an oder vor einem Dritten oder sexuellen Handlungen eines Dritten an einer Person unter sechzehn Jahren

1. durch seine Vermittlung oder
2. durch Gewähren oder Verschaffen von Gelegenheit

Vorschub leistet, wird mit Freiheitsstrafe bis zu drei Jahren oder mit Geldstrafe bestraft. [2] Satz 1 Nr. 2 ist nicht anzuwenden, wenn der zur Sorge für die Person Berechtigte handelt; dies gilt nicht, wenn der Sorgeberechtigte durch das Vorschubleisten seine Erziehungspflicht gröblich verletzt.

(2) Wer eine Person unter achtzehn Jahren bestimmt, sexuelle Handlungen gegen Entgelt an oder vor einem Dritten vorzunehmen oder von einem Dritten an sich vornehmen zu lassen, oder wer solchen Handlungen durch seine Vermittlung Vorschub leistet, wird mit Freiheitsstrafe bis zu fünf Jahren oder mit Geldstrafe bestraft.

(3) Im Fall des Absatzes 2 ist der Versuch strafbar.

§ 180a Ausbeutung von Prostituierten. (1) Wer gewerbsmäßig einen Betrieb unterhält oder leitet, in dem Personen der Prostitution nachgehen und in dem diese in persönlicher oder wirtschaftlicher Abhängigkeit gehalten werden, wird mit Freiheitsstrafe bis zu drei Jahren oder mit Geldstrafe bestraft.

(2) Ebenso wird bestraft, wer

1. einer Person unter achtzehn Jahren zur Ausübung der Prostitution Wohnung, gewerbsmäßig Unterkunft oder gewerbsmäßig Aufenthalt gewährt oder
2. eine andere Person, der er zur Ausübung der Prostitution Wohnung gewährt, zur Prostitution anhält oder im Hinblick auf sie ausbeutet.

§§ 181a–181c *(hier nicht wiedergegeben)*

§ 182 Sexueller Mißbrauch von Jugendlichen. (1) Wer eine Person unter achtzehn Jahren dadurch missbraucht, dass er unter Ausnutzung einer Zwangslage

1. sexuelle Handlungen an ihr vornimmt oder an sich von ihr vornehmen lässt oder
2. diese dazu bestimmt, sexuelle Handlungen an einem Dritten vorzunehmen oder von einem Dritten an sich vornehmen zu lassen,

wird mit Freiheitsstrafe bis zu fünf Jahren oder mit Geldstrafe bestraft.

(2) Ebenso wird eine Person über achtzehn Jahren bestraft, die eine Person unter achtzehn Jahren dadurch missbraucht, dass sie gegen Entgelt sexuelle Handlungen an ihr vornimmt oder an sich von ihr vornehmen lässt.

(3) Eine Person über einundzwanzig Jahre, die eine Person unter sechzehn Jahren dadurch mißbraucht, daß sie

1. sexuelle Handlungen an ihr vornimmt oder an sich von ihr vornehmen läßt oder

2. diese dazu bestimmt, sexuelle Handlungen an einem Dritten vorzunehmen oder von einem Dritten an sich vornehmen zu lassen,

und dabei die ihr gegenüber fehlende Fähigkeit des Opfers zur sexuellen Selbstbestimmung ausnutzt, wird mit Freiheitsstrafe bis zu drei Jahren oder mit Geldstrafe bestraft.

(4) Der Versuch ist strafbar.

(5) In den Fällen des Absatzes 3 wird die Tat nur auf Antrag verfolgt, es sei denn, daß die Strafverfolgungsbehörde wegen des besonderen öffentlichen Interesses an der Strafverfolgung ein Einschreiten von Amts wegen für geboten hält.

(6) In den Fällen der Absätze 1 bis 3 kann das Gericht von Strafe nach diesen Vorschriften absehen, wenn bei Berücksichtigung des Verhaltens der Person, gegen die sich die Tat richtet, das Unrecht der Tat gering ist.

§§ 183, 183a *(hier nicht wiedergegeben)*

§ 184 Verbreitung pornographischer Inhalte. (1) Wer einen pornographischen Inhalt (§ 11 Absatz 3)[1)]

1. einer Person unter achtzehn Jahren anbietet, überläßt oder zugänglich macht,
2. an einem Ort, der Personen unter achtzehn Jahren zugänglich ist oder von ihnen eingesehen werden kann, zugänglich macht,
3. im Einzelhandel außerhalb von Geschäftsräumen, in Kiosken oder anderen Verkaufsstellen, die der Kunde nicht zu betreten pflegt, im Versandhandel oder in gewerblichen Leihbüchereien oder Lesezirkeln einem anderen anbietet oder überläßt,

3a. im Wege gewerblicher Vermietung oder vergleichbarer gewerblicher Gewährung des Gebrauchs, ausgenommen in Ladengeschäften, die Personen unter achtzehn Jahren nicht zugänglich sind und von ihnen nicht eingesehen werden können, einem anderen anbietet oder überläßt,

4. im Wege des Versandhandels einzuführen unternimmt,
5. öffentlich an einem Ort, der Personen unter achtzehn Jahren zugänglich ist oder von ihnen eingesehen werden kann, oder durch Verbreiten von Schriften außerhalb des Geschäftsverkehrs mit dem einschlägigen Handel anbietet oder bewirbt,
6. an einen anderen gelangen läßt, ohne von diesem hierzu aufgefordert zu sein,
7. in einer öffentlichen Filmvorführung gegen ein Entgelt zeigt, das ganz oder überwiegend für diese Vorführung verlangt wird,
8. herstellt, bezieht, liefert, vorrätig hält oder einzuführen unternimmt, um diesen im Sinne der Nummern 1 bis 7 zu verwenden oder einer anderen Person eine solche Verwendung zu ermöglichen, oder

---

[1)] § 11 Abs. 3 StGB lautet: „(3) Inhalte im Sinne der Vorschriften, die auf diesen Absatz verweisen, sind solche, die in Schriften, auf Ton- oder Bildträgern, in Datenspeichern, Abbildungen oder anderen Verkörperungen enthalten sind oder auch unabhängig von einer Speicherung mittels Informations- oder Kommunikationstechnik übertragen werden..“

9. auszuführen unternimmt, um diesen im Ausland unter Verstoß gegen die dort geltenden Strafvorschriften zu verbreiten oder der Öffentlichkeit zugänglich zu machen oder eine solche Verwendung zu ermöglichen,

wird mit Freiheitsstrafe bis zu einem Jahr oder mit Geldstrafe bestraft[1)].

(2) [1] Absatz 1 Nummer 1 und 2 ist nicht anzuwenden, wenn der zur Sorge für die Person Berechtigte handelt; dies gilt nicht, wenn der Sorgeberechtigte durch das Anbieten, Überlassen oder Zugänglichmachen seine Erziehungspflicht gröblich verletzt. [2] Absatz 1 Nr. 3a gilt nicht, wenn die Handlung im Geschäftsverkehr mit gewerblichen Entleihern erfolgt.

§§ 184a *(hier nicht wiedergegeben)*

§ 184b Verbreitung, Erwerb und Besitz kinderpornographischer Inhalte. (1) [1] Mit Freiheitsstrafe von einem Jahr bis zu zehn Jahren wird bestraft, wer

1. einen kinderpornographischen Inhalt verbreitet oder der Öffentlichkeit zugänglich macht; kinderpornographisch ist ein pornographischer Inhalt (§ 11 Absatz 3)[2)], wenn er zum Gegenstand hat:
   a) sexuelle Handlungen von, an oder vor einer Person unter vierzehn Jahren (Kind),
   b) die Wiedergabe eines ganz oder teilweise unbekleideten Kindes in aufreizend geschlechtsbetonter Körperhaltung oder
   c) die sexuell aufreizende Wiedergabe der unbekleideten Genitalien oder des unbekleideten Gesäßes eines Kindes,
2. es unternimmt, einer anderen Person einen kinderpornographischen Inhalt, der ein tatsächliches oder wirklichkeitsnahes Geschehen wiedergibt, zugänglich zu machen oder den Besitz daran zu verschaffen,
3. einen kinderpornographischen Inhalt, der ein tatsächliches Geschehen wiedergibt, herstellt oder
4. einen kinderpornographischen Inhalt herstellt, bezieht, liefert, vorrätig hält, anbietet, bewirbt oder es unternimmt, diesen ein- oder auszuführen, um ihn im Sinne der Nummer 1 oder der Nummer 2 zu verwenden oder einer anderen Person eine solche Verwendung zu ermöglichen, soweit die Tat nicht nach Nummer 3 mit Strafe bedroht ist.

[2] Gibt der kinderpornographische Inhalt in den Fällen von Absatz 1 Satz 1 Nummer 1 und 4 kein tatsächliches oder wirklichkeitsnahes Geschehen wieder, so ist auf Freiheitsstrafe von drei Monaten bis zu fünf Jahren zu erkennen.

(2) Handelt der Täter in den Fällen des Absatzes 1 Satz 1 gewerbsmäßig oder als Mitglied einer Bande, die sich zur fortgesetzten Begehung solcher Taten verbunden hat, und gibt der Inhalt in den Fällen des Absatzes 1 Satz 1 Nummer 1, 2 und 4 ein tatsächliches oder wirklichkeitsnahes Geschehen wieder, so ist auf Freiheitsstrafe nicht unter zwei Jahren zu erkennen.

---

1) Vgl. auch §§ 27 und 28 JugendschutzG (Nr. **18**).

2) § 11 Abs. 3 StGB lautet: „(3) Inhalte im Sinne der Vorschriften, die auf diesen Absatz verweisen, sind solche, die in Schriften, auf Ton- oder Bildträgern, in Datenspeichern, Abbildungen oder anderen Verkörperungen enthalten sind oder auch unabhängig von einer Speicherung mittels Informations- oder Kommunikationstechnik übertragen werden..“

(3) Wer es unternimmt, einen kinderpornographischen Inhalt, der ein tatsächliches oder wirklichkeitsnahes Geschehen wiedergibt, abzurufen oder sich den Besitz an einem solchen Inhalt zu verschaffen oder wer einen solchen Inhalt besitzt, wird mit Freiheitsstrafe von einem Jahr bis zu fünf Jahren bestraft.

(4) Der Versuch ist in den Fällen des Absatzes 1 Satz 2 in Verbindung mit Satz 1 Nummer 1 strafbar.

(5) Absatz 1 Satz 1 Nummer 2 und Absatz 3 gelten nicht für Handlungen, die ausschließlich der rechtmäßigen Erfüllung von Folgendem dienen:

1. staatlichen Aufgaben,
2. Aufgaben, die sich aus Vereinbarungen mit einer zuständigen staatlichen Stelle ergeben, oder
3. dienstlichen oder beruflichen Pflichten.

(6) Absatz 1 Satz 1 Nummer 1, 2 und 4 und Satz 2 gilt nicht für dienstliche Handlungen im Rahmen von strafrechtlichen Ermittlungsverfahren, wenn

1. die Handlung sich auf einen kinderpornographischen Inhalt bezieht, der kein tatsächliches Geschehen wiedergibt und auch nicht unter Verwendung einer Bildaufnahme eines Kindes oder Jugendlichen hergestellt worden ist, und
2. die Aufklärung des Sachverhalts auf andere Weise aussichtslos oder wesentlich erschwert wäre.

(7) [1] Gegenstände, auf die sich eine Straftat nach Absatz 1 Satz 1 Nummer 2 oder 3 oder Absatz 3 bezieht, werden eingezogen. [2] § 74a ist anzuwenden.

§ 184c Verbreitung, Erwerb und Besitz jugendpornographischer Inhalte. (1) Mit Freiheitsstrafe bis zu drei Jahren oder mit Geldstrafe wird bestraft, wer

1. einen jugendpornographischen Inhalt verbreitet oder der Öffentlichkeit zugänglich macht; jugendpornographisch ist ein pornographischer Inhalt (§ 11 Absatz 3)[1)], wenn er zum Gegenstand hat:
   a) sexuelle Handlungen von, an oder vor einer vierzehn, aber noch nicht achtzehn Jahre alten Person,
   b) die Wiedergabe einer ganz oder teilweise unbekleideten vierzehn, aber noch nicht achtzehn Jahre alten Person in aufreizend geschlechtsbetonter Körperhaltung oder
   c) die sexuell aufreizende Wiedergabe der unbekleideten Genitalien oder des unbekleideten Gesäßes einer vierzehn, aber noch nicht achtzehn Jahre alten Person,
2. es unternimmt, einer anderen Person einen jugendpornographischen Inhalt, der ein tatsächliches oder wirklichkeitsnahes Geschehen wiedergibt, zugänglich zu machen oder den Besitz daran zu verschaffen,
3. einen jugendpornographischen Inhalt, der ein tatsächliches Geschehen wiedergibt, herstellt oder
4. einen jugendpornographischen Inhalt herstellt, bezieht, liefert, vorrätig hält, anbietet, bewirbt oder es unternimmt, diesen ein- oder auszuführen, um ihn

---

[1)] § 11 Abs. 3 StGB lautet: „(3) Inhalte im Sinne der Vorschriften, die auf diesen Absatz verweisen, sind solche, die in Schriften, auf Ton- oder Bildträgern, in Datenspeichern, Abbildungen oder anderen Verkörperungen enthalten sind oder auch unabhängig von einer Speicherung mittels Informations- oder Kommunikationstechnik übertragen werden..“

im Sinne der Nummer 1 oder 2 zu verwenden oder einer anderen Person eine solche Verwendung zu ermöglichen, soweit die Tat nicht nach Nummer 3 mit Strafe bedroht ist.

(2) Handelt der Täter in den Fällen des Absatzes 1 gewerbsmäßig oder als Mitglied einer Bande, die sich zur fortgesetzten Begehung solcher Taten verbunden hat, und gibt der Inhalt in den Fällen des Absatzes 1 Nummer 1, 2 und 4 ein tatsächliches oder wirklichkeitsnahes Geschehen wieder, so ist auf Freiheitsstrafe von drei Monaten bis zu fünf Jahren zu erkennen.

(3) Wer es unternimmt, einen jugendpornographischen Inhalt, der ein tatsächliches Geschehen wiedergibt, abzurufen oder sich den Besitz an einem solchen Inhalt zu verschaffen, oder wer einen solchen Inhalt besitzt, wird mit Freiheitsstrafe bis zu zwei Jahren oder mit Geldstrafe bestraft.

(4) Absatz 1 Nummer 3, auch in Verbindung mit Absatz 5, und Absatz 3 sind nicht anzuwenden auf Handlungen von Personen in Bezug auf einen solchen jugendpornographischen Inhalt, den sie ausschließlich zum persönlichen Gebrauch mit Einwilligung der dargestellten Personen hergestellt haben.

(5) Der Versuch ist strafbar; dies gilt nicht für Taten nach Absatz 1 Nummer 2 und 4 sowie Absatz 3.

(6) § 184b Absatz 5 bis 7 gilt entsprechend.

§ 184d *(aufgehoben)*

§ 184e Veranstaltung und Besuch kinder- und jugendpornographischer Darbietungen. (1) [1] Nach § 184b Absatz 1 wird auch bestraft, wer eine kinderpornographische Darbietung veranstaltet. [2] Nach § 184c Absatz 1 wird auch bestraft, wer eine jugendpornographische Darbietung veranstaltet.

(2) [1] Nach § 184b Absatz 3 wird auch bestraft, wer eine kinderpornographische Darbietung besucht. [2] Nach § 184c Absatz 3 wird auch bestraft, wer eine jugendpornographische Darbietung besucht. [3] § 184b Absatz 5 Nummer 1 und 3 gilt entsprechend.

§ 184f Ausübung der verbotenen Prostitution. Wer einem durch Rechtsverordnung erlassenen Verbot, der Prostitution an bestimmten Orten überhaupt oder zu bestimmten Tageszeiten nachzugehen, beharrlich zuwiderhandelt, wird mit Freiheitsstrafe bis zu sechs Monaten oder mit Geldstrafe bis zu einhundertachtzig Tagessätzen bestraft.

§ 184g Jugendgefährdende Prostitution. Wer der Prostitution

1. in der Nähe einer Schule oder anderen Örtlichkeit, die zum Besuch durch Personen unter achtzehn Jahren bestimmt ist, oder
2. in einem Haus, in dem Personen unter achtzehn Jahren wohnen,

in einer Weise nachgeht, die diese Personen sittlich gefährdet, wird mit Freiheitsstrafe bis zu einem Jahr oder mit Geldstrafe bestraft.

Fünfzehnter Abschnitt. Verletzung des persönlichen Lebens- und Geheimbereichs

§ 201a Verletzung des höchstpersönlichen Lebensbereichs und von Persönlichkeitsrechten durch Bildaufnahmen. (1) Mit Freiheitsstrafe bis zu zwei Jahren oder mit Geldstrafe wird bestraft, wer

1. von einer anderen Person, die sich in einer Wohnung oder einem gegen Einblick besonders geschützten Raum befindet, unbefugt eine Bildaufnahme herstellt oder überträgt und dadurch den höchstpersönlichen Lebensbereich der abgebildeten Person verletzt,
2. eine Bildaufnahme, die die Hilflosigkeit einer anderen Person zur Schau stellt, unbefugt herstellt oder überträgt und dadurch den höchstpersönlichen Lebensbereich der abgebildeten Person verletzt,
3. eine Bildaufnahme, die in grob anstößiger Weise eine verstorbene Person zur Schau stellt, unbefugt herstellt oder überträgt,
4. eine durch eine Tat nach den Nummern 1 bis 3 hergestellte Bildaufnahme gebraucht oder einer dritten Person zugänglich macht oder
5. eine befugt hergestellte Bildaufnahme der in den Nummern 1 bis 3 bezeichneten Art wissentlich unbefugt einer dritten Person zugänglich macht und in den Fällen der Nummern 1 und 2 dadurch den höchstpersönlichen Lebensbereich der abgebildeten Person verletzt.

(2) [1] Ebenso wird bestraft, wer unbefugt von einer anderen Person eine Bildaufnahme, die geeignet ist, dem Ansehen der abgebildeten Person erheblich zu schaden, einer dritten Person zugänglich macht. [2] Dies gilt unter den gleichen Voraussetzungen auch für eine Bildaufnahme von einer verstorbenen Person.

(3) Mit Freiheitsstrafe bis zu zwei Jahren oder mit Geldstrafe wird bestraft, wer eine Bildaufnahme, die die Nacktheit einer anderen Person unter achtzehn Jahren zum Gegenstand hat,
1. herstellt oder anbietet, um sie einer dritten Person gegen Entgelt zu verschaffen, oder
2. sich oder einer dritten Person gegen Entgelt verschafft.

(4) Absatz 1 Nummer 2 und 3, auch in Verbindung mit Absatz 1 Nummer 4 oder 5, Absatz 2 und 3 gelten nicht für Handlungen, die in Wahrnehmung überwiegender berechtigter Interessen erfolgen, namentlich der Kunst oder der Wissenschaft, der Forschung oder der Lehre, der Berichterstattung über Vorgänge des Zeitgeschehens oder der Geschichte oder ähnlichen Zwecken dienen.

(5) [1] Die Bildträger sowie Bildaufnahmegeräte oder andere technische Mittel, die der Täter oder Teilnehmer verwendet hat, können eingezogen werden. [2] § 74a ist anzuwenden.

§ 203 Verletzung von Privatgeheimnissen. (1) Wer unbefugt ein fremdes Geheimnis, namentlich ein zum persönlichen Lebensbereich gehörendes Geheimnis oder ein Betriebs- oder Geschäftsgeheimnis, offenbart, das ihm als

1.–3. ...

4. Ehe-, Familien-, Erziehungs- oder Jugendberater sowie Berater für Suchtfragen in einer Beratungsstelle, die von einer Behörde oder Körperschaft, Anstalt oder Stiftung des öffentlichen Rechts anerkannt ist,

5.–7. ...

anvertraut worden oder sonst bekanntgeworden ist, wird mit Freiheitsstrafe bis zu einem Jahr oder mit Geldstrafe bestraft.

(2) ...

(3) [1] Kein Offenbaren im Sinne dieser Vorschrift liegt vor, wenn die in den Absätzen 1 und 2 genannten Personen Geheimnisse den bei ihnen berufsmäßig tätigen Gehilfen oder den bei ihnen zur Vorbereitung auf den Beruf tätigen Personen zugänglich machen. [2] Die in den Absätzen 1 und 2 Genannten dürfen fremde Geheimnisse gegenüber sonstigen Personen offenbaren, die an ihrer beruflichen oder dienstlichen Tätigkeit mitwirken, soweit dies für die Inanspruchnahme der Tätigkeit der sonstigen mitwirkenden Personen erforderlich ist; das Gleiche gilt für sonstige mitwirkende Personen, wenn diese sich weiterer Personen bedienen, die an der beruflichen oder dienstlichen Tätigkeit der in den Absätzen 1 und 2 Genannten mitwirken.

(4) [1] Mit Freiheitsstrafe bis zu einem Jahr oder mit Geldstrafe wird bestraft, wer unbefugt ein fremdes Geheimnis offenbart, das ihm bei der Ausübung oder bei Gelegenheit seiner Tätigkeit als mitwirkende Person oder als bei den in den Absätzen 1 und 2 genannten Personen tätiger Datenschutzbeauftragter bekannt geworden ist. [2] Ebenso wird bestraft, wer

1. als in den Absätzen 1 und 2 genannte Person nicht dafür Sorge getragen hat, dass eine sonstige mitwirkende Person, die unbefugt ein fremdes, ihr bei der Ausübung oder bei Gelegenheit ihrer Tätigkeit bekannt gewordenes Geheimnis offenbart, zur Geheimhaltung verpflichtet wurde; dies gilt nicht für sonstige mitwirkende Personen, die selbst eine in den Absätzen 1 oder 2 genannte Person sind,
2. als im Absatz 3 genannte mitwirkende Person sich einer weiteren mitwirkenden Person, die unbefugt ein fremdes, ihr bei der Ausübung oder bei Gelegenheit ihrer Tätigkeit bekannt gewordenes Geheimnis offenbart, bedient und nicht dafür Sorge getragen hat, dass diese zur Geheimhaltung verpflichtet wurde; dies gilt nicht für sonstige mitwirkende Personen, die selbst eine in den Absätzen 1 oder 2 genannte Person sind, oder
3. nach dem Tod der nach Satz 1 oder nach den Absätzen 1 oder 2 verpflichteten Person ein fremdes Geheimnis unbefugt offenbart, das er von dem Verstorbenen erfahren oder aus dessen Nachlass erlangt hat.

(5) Die Absätze 1 bis 4 sind auch anzuwenden, wenn der Täter das fremde Geheimnis nach dem Tod des Betroffenen unbefugt offenbart.

(6) Handelt der Täter gegen Entgelt oder in der Absicht, sich oder einen anderen zu bereichern oder einen anderen zu schädigen, so ist die Strafe Freiheitsstrafe bis zu zwei Jahren oder Geldstrafe.

Sechzehnter Abschnitt. Straftaten gegen das Leben

§ 221 Aussetzung. (1) Wer einen Menschen

1. in eine hilflose Lage versetzt oder
2. in einer hilflosen Lage im Stich läßt, obwohl er ihn in seiner Obhut hat oder ihm sonst beizustehen verpflichtet ist,

und ihn dadurch der Gefahr des Todes oder einer schweren Gesundheitsschädigung aussetzt, wird mit Freiheitsstrafe von drei Monaten bis zu fünf Jahren bestraft.

(2) Auf Freiheitsstrafe von einem Jahr bis zu zehn Jahren ist zu erkennen, wenn der Täter

1. die Tat gegen sein Kind oder eine Person begeht, die ihm zur Erziehung oder zur Betreuung in der Lebensführung anvertraut ist, oder

2. durch die Tat eine schwere Gesundheitsschädigung des Opfers verursacht.

(3) Verursacht der Täter durch die Tat den Tod des Opfers, so ist die Strafe Freiheitsstrafe nicht unter drei Jahren.

(4) In minder schweren Fällen des Absatzes 2 ist auf Freiheitsstrafe von sechs Monaten bis zu fünf Jahren, in minder schweren Fällen des Absatzes 3 auf Freiheitsstrafe von einem Jahr bis zu zehn Jahren zu erkennen.

Siebzehnter Abschnitt. Straftaten gegen die körperliche Unversehrtheit

§ 225 Mißhandlung von Schutzbefohlenen. (1) Wer eine Person unter achtzehn Jahren oder eine wegen Gebrechlichkeit oder Krankheit wehrlose Person, die

1. seiner Fürsorge oder Obhut untersteht,
2. seinem Hausstand angehört,
3. von dem Fürsorgepflichtigen seiner Gewalt überlassen worden oder
4. ihm im Rahmen eines Dienst- oder Arbeitsverhältnisses untergeordnet ist,

quält oder roh mißhandelt, oder wer durch böswillige Vernachlässigung seiner Pflicht, für sie zu sorgen, sie an der Gesundheit schädigt, wird mit Freiheitsstrafe von sechs Monaten bis zu zehn Jahren bestraft.

(2) Der Versuch ist strafbar.

(3) Auf Freiheitsstrafe nicht unter einem Jahr ist zu erkennen, wenn der Täter die schutzbefohlene Person durch die Tat in die Gefahr

1. des Todes oder einer schweren Gesundheitsschädigung oder
2. einer erheblichen Schädigung der körperlichen oder seelischen Entwicklung

bringt.

(4) In minder schweren Fällen des Absatzes 1 ist auf Freiheitsstrafe von drei Monaten bis zu fünf Jahren, in minder schweren Fällen des Absatzes 3 auf Freiheitsstrafe von sechs Monaten bis zu fünf Jahren zu erkennen.

§ 226a Verstümmelung weiblicher Genitalien. (1) Wer die äußeren Genitalien einer weiblichen Person verstümmelt, wird mit Freiheitsstrafe nicht unter einem Jahr bestraft.

(2) In minder schweren Fällen ist auf Freiheitsstrafe von sechs Monaten bis zu fünf Jahren zu erkennen.

Achtzehnter Abschnitt. Straftaten gegen die persönliche Freiheit

§ 232 Menschenhandel. (1) [1] Mit Freiheitsstrafe von sechs Monaten bis zu fünf Jahren wird bestraft, wer eine andere Person unter Ausnutzung ihrer persönlichen oder wirtschaftlichen Zwangslage oder ihrer Hilflosigkeit, die mit dem Aufenthalt in einem fremden Land verbunden ist, oder wer eine andere Person unter einundzwanzig Jahren anwirbt, befördert, weitergibt, beherbergt oder aufnimmt, wenn

1. diese Person ausgebeutet werden soll
   a) bei der Ausübung der Prostitution oder bei der Vornahme sexueller Handlungen an oder vor dem Täter oder einer dritten Person oder bei der Duldung sexueller Handlungen an sich selbst durch den Täter oder eine dritte Person,

b) durch eine Beschäftigung,
c) bei der Ausübung der Bettelei oder
d) bei der Begehung von mit Strafe bedrohten Handlungen durch diese Person,

2. diese Person in Sklaverei, Leibeigenschaft, Schuldknechtschaft oder in Verhältnissen, die dem entsprechen oder ähneln, gehalten werden soll oder
3. dieser Person rechtswidrig ein Organ entnommen werden soll.

[2] Ausbeutung durch eine Beschäftigung im Sinne des Satzes 1 Nummer 1 Buchstabe b liegt vor, wenn die Beschäftigung aus rücksichtslosem Gewinnstreben zu Arbeitsbedingungen erfolgt, die in einem auffälligen Missverhältnis zu den Arbeitsbedingungen solcher Arbeitnehmer stehen, welche der gleichen oder einer vergleichbaren Beschäftigung nachgehen (ausbeuterische Beschäftigung).

(2) Mit Freiheitsstrafe von sechs Monaten bis zu zehn Jahren wird bestraft, wer eine andere Person, die in der in Absatz 1 Satz 1 Nummer 1 bis 3 bezeichneten Weise ausgebeutet werden soll,

1. mit Gewalt, durch Drohung mit einem empfindlichen Übel oder durch List anwirbt, befördert, weitergibt, beherbergt oder aufnimmt oder
2. entführt oder sich ihrer bemächtigt oder ihrer Bemächtigung durch eine dritte Person Vorschub leistet.

(3) [1] In den Fällen des Absatzes 1 ist auf Freiheitsstrafe von sechs Monaten bis zu zehn Jahren zu erkennen, wenn

1. das Opfer zur Zeit der Tat unter achtzehn Jahren alt ist,
2. der Täter das Opfer bei der Tat körperlich schwer misshandelt oder durch die Tat oder eine während der Tat begangene Handlung wenigstens leichtfertig in die Gefahr des Todes oder einer schweren Gesundheitsschädigung bringt oder
3. der Täter gewerbsmäßig handelt oder als Mitglied einer Bande, die sich zur fortgesetzten Begehung solcher Taten verbunden hat.

[2] In den Fällen des Absatzes 2 ist auf Freiheitsstrafe von einem Jahr bis zu zehn Jahren zu erkennen, wenn einer der in Satz 1 Nummer 1 bis 3 bezeichneten Umstände vorliegt.

(4) In den Fällen der Absätze 1, 2 und 3 Satz 1 ist der Versuch strafbar.

§ 232a Zwangsprostitution. (1) Mit Freiheitsstrafe von sechs Monaten bis zu zehn Jahren wird bestraft, wer eine andere Person unter Ausnutzung ihrer persönlichen oder wirtschaftlichen Zwangslage oder ihrer Hilflosigkeit, die mit dem Aufenthalt in einem fremden Land verbunden ist, oder wer eine andere Person unter einundzwanzig Jahren veranlasst,

1. die Prostitution aufzunehmen oder fortzusetzen oder
2. sexuelle Handlungen, durch die sie ausgebeutet wird, an oder vor dem Täter oder einer dritten Person vorzunehmen oder von dem Täter oder einer dritten Person an sich vornehmen zu lassen.

(2) Der Versuch ist strafbar.

(3) Mit Freiheitsstrafe von einem Jahr bis zu zehn Jahren wird bestraft, wer eine andere Person mit Gewalt, durch Drohung mit einem empfindlichen Übel

oder durch List zu der Aufnahme oder Fortsetzung der Prostitution oder den in Absatz 1 Nummer 2 bezeichneten sexuellen Handlungen veranlasst.

(4) In den Fällen des Absatzes 1 ist auf Freiheitsstrafe von einem Jahr bis zu zehn Jahren und in den Fällen des Absatzes 3 auf Freiheitsstrafe nicht unter einem Jahr zu erkennen, wenn einer der in § 232 Absatz 3 Satz 1 Nummer 1 bis 3 bezeichneten Umstände vorliegt.

(5) In minder schweren Fällen des Absatzes 1 ist auf Freiheitsstrafe von drei Monaten bis zu fünf Jahren zu erkennen, in minder schweren Fällen der Absätze 3 und 4 auf Freiheitsstrafe von sechs Monaten bis zu zehn Jahren.

(6) [1] Mit Freiheitsstrafe von drei Monaten bis zu fünf Jahren wird bestraft, wer an einer Person, die Opfer

1. eines Menschenhandels nach § 232 Absatz 1 Satz 1 Nummer 1 Buchstabe a, auch in Verbindung mit § 232 Absatz 2, oder
2. einer Tat nach den Absätzen 1 bis 5

geworden ist und der Prostitution nachgeht, gegen Entgelt sexuelle Handlungen vornimmt oder von ihr an sich vornehmen lässt und dabei deren persönliche oder wirtschaftliche Zwangslage oder deren Hilflosigkeit, die mit dem Aufenthalt in einem fremden Land verbunden ist, ausnutzt. [2] Verkennt der Täter bei der sexuellen Handlung zumindest leichtfertig die Umstände des Satzes 1 Nummer 1 oder 2 oder die persönliche oder wirtschaftliche Zwangslage des Opfers oder dessen Hilfslosigkeit, so ist die Strafe Freiheitsstrafe bis zu drei Jahren oder Geldstrafe. [3] Nach den Sätzen 1 und 2 wird nicht bestraft, wer eine Tat nach Satz 1 Nummer 1 oder 2, die zum Nachteil der Person, die nach Satz 1 der Prostitution nachgeht, begangen wurde, freiwillig bei der zuständigen Behörde anzeigt oder freiwillig eine solche Anzeige veranlasst, wenn nicht diese Tat zu diesem Zeitpunkt ganz oder zum Teil bereits entdeckt war und der Täter dies wusste oder bei verständiger Würdigung der Sachlage damit rechnen musste.

§ 232b Zwangsarbeit. (1) Mit Freiheitsstrafe von sechs Monaten bis zu zehn Jahren wird bestraft, wer eine andere Person unter Ausnutzung ihrer persönlichen oder wirtschaftlichen Zwangslage oder ihrer Hilflosigkeit, die mit dem Aufenthalt in einem fremden Land verbunden ist, oder wer eine andere Person unter einundzwanzig Jahren veranlasst,

1. eine ausbeuterische Beschäftigung (§ 232 Absatz 1 Satz 2) aufzunehmen oder fortzusetzen,
2. sich in Sklaverei, Leibeigenschaft, Schuldknechtschaft oder in Verhältnisse, die dem entsprechen oder ähneln, zu begeben oder
3. die Bettelei, bei der sie ausgebeutet wird, aufzunehmen oder fortzusetzen.

(2) Der Versuch ist strafbar.

(3) Mit Freiheitsstrafe von einem Jahr bis zu zehn Jahren wird bestraft, wer eine andere Person mit Gewalt, durch Drohung mit einem empfindlichen Übel oder durch List veranlasst,

1. eine ausbeuterische Beschäftigung (§ 232 Absatz 1 Satz 2) aufzunehmen oder fortzusetzen,
2. sich in Sklaverei, Leibeigenschaft, Schuldknechtschaft oder in Verhältnisse, die dem entsprechen oder ähneln, zu begeben oder
3. die Bettelei, bei der sie ausgebeutet wird, aufzunehmen oder fortzusetzen.

(4) § 232a Absatz 4 und 5 gilt entsprechend.

§ 233 Ausbeutung der Arbeitskraft. (1) Mit Freiheitsstrafe bis zu drei Jahren oder mit Geldstrafe wird bestraft, wer eine andere Person unter Ausnutzung ihrer persönlichen oder wirtschaftlichen Zwangslage oder ihrer Hilflosigkeit, die mit dem Aufenthalt in einem fremden Land verbunden ist, oder wer eine andere Person unter einundzwanzig Jahren ausbeutet

1. durch eine Beschäftigung nach § 232 Absatz 1 Satz 2,
2. bei der Ausübung der Bettelei oder
3. bei der Begehung von mit Strafe bedrohten Handlungen durch diese Person.

(2) Auf Freiheitsstrafe von sechs Monaten bis zu zehn Jahren ist zu erkennen, wenn

1. das Opfer zur Zeit der Tat unter achtzehn Jahren alt ist,
2. der Täter das Opfer bei der Tat körperlich schwer misshandelt oder durch die Tat oder eine während der Tat begangene Handlung wenigstens leichtfertig in die Gefahr des Todes oder einer schweren Gesundheitsschädigung bringt,
3. der Täter das Opfer durch das vollständige oder teilweise Vorenthalten der für die Tätigkeit des Opfers üblichen Gegenleistung in wirtschaftliche Not bringt oder eine bereits vorhandene wirtschaftliche Not erheblich vergrößert oder
4. der Täter als Mitglied einer Bande handelt, die sich zur fortgesetzten Begehung solcher Taten verbunden hat.

(3) Der Versuch ist strafbar.

(4) In minder schweren Fällen des Absatzes 1 ist auf Freiheitsstrafe bis zu zwei Jahren oder auf Geldstrafe zu erkennen, in minder schweren Fällen des Absatzes 2 auf Freiheitsstrafe von drei Monaten bis zu fünf Jahren.

(5) [1] Mit Freiheitsstrafe bis zu zwei Jahren oder mit Geldstrafe wird bestraft, wer einer Tat nach Absatz 1 Nummer 1 Vorschub leistet durch die

1. Vermittlung einer ausbeuterischen Beschäftigung (§ 232 Absatz 1 Satz 2),
2. Vermietung von Geschäftsräumen oder
3. Vermietung von Räumen zum Wohnen an die auszubeutende Person.

[2] Satz 1 gilt nicht, wenn die Tat bereits nach anderen Vorschriften mit schwererer Strafe bedroht ist.

§ 235 Entziehung Minderjähriger. (1) Mit Freiheitsstrafe bis zu fünf Jahren oder mit Geldstrafe wird bestraft, wer

1. eine Person unter achtzehn Jahren mit Gewalt, durch Drohung mit einem empfindlichen Übel oder durch List oder
2. ein Kind, ohne dessen Angehöriger zu sein,

den Eltern, einem Elternteil, dem Vormund oder dem Pfleger entzieht oder vorenthält.

(2) Ebenso wird bestraft, wer ein Kind den Eltern, einem Elternteil, dem Vormund oder dem Pfleger

1. entzieht, um es in das Ausland zu verbringen, oder

2. im Ausland vorenthält, nachdem es dorthin verbracht worden ist oder es sich dorthin begeben hat.

(3) In den Fällen des Absatzes 1 Nr. 2 und des Absatzes 2 Nr. 1 ist der Versuch strafbar.

(4) Auf Freiheitsstrafe von einem Jahr bis zu zehn Jahren ist zu erkennen, wenn der Täter

1. das Opfer durch die Tat in die Gefahr des Todes oder einer schweren Gesundheitsschädigung oder einer erheblichen Schädigung der körperlichen oder seelischen Entwicklung bringt oder
2. die Tat gegen Entgelt oder in der Absicht begeht, sich oder einen Dritten zu bereichern.

(5) Verursacht der Täter durch die Tat den Tod des Opfers, so ist die Strafe Freiheitsstrafe nicht unter drei Jahren.

(6) In minder schweren Fällen des Absatzes 4 ist auf Freiheitsstrafe von sechs Monaten bis zu fünf Jahren, in minder schweren Fällen des Absatzes 5 auf Freiheitsstrafe von einem Jahr bis zu zehn Jahren zu erkennen.

(7) Die Entziehung Minderjähriger wird in den Fällen der Absätze 1 bis 3 nur auf Antrag verfolgt, es sei denn, daß die Strafverfolgungsbehörde wegen des besonderen öffentlichen Interesses an der Strafverfolgung ein Einschreiten von Amts wegen für geboten hält.

§ 236 Kinderhandel. (1) [1] Wer sein noch nicht achtzehn Jahre altes Kind oder seinen noch nicht achtzehn Jahre alten Mündel oder Pflegling unter grober Vernachlässigung der Fürsorge- oder Erziehungspflicht einem anderen auf Dauer überlässt und dabei gegen Entgelt oder in der Absicht handelt, sich oder einen Dritten zu bereichern, wird mit Freiheitsstrafe bis zu fünf Jahren oder mit Geldstrafe bestraft. [2] Ebenso wird bestraft, wer in den Fällen des Satzes 1 das Kind, den Mündel oder Pflegling auf Dauer bei sich aufnimmt und dafür ein Entgelt gewährt.

(2) [1] Wer unbefugt

1. die Adoption einer Person unter achtzehn Jahren vermittelt oder
2. eine Vermittlungstätigkeit ausübt, die zum Ziel hat, daß ein Dritter eine Person unter achtzehn Jahren auf Dauer bei sich aufnimmt,

und dabei gegen Entgelt oder in der Absicht handelt, sich oder einen Dritten zu bereichern, wird mit Freiheitsstrafe bis zu drei Jahren oder mit Geldstrafe bestraft. [2] Ebenso wird bestraft, wer als Vermittler der Adoption einer Person unter achtzehn Jahren einer Person für die Erteilung der erforderlichen Zustimmung zur Adoption ein Entgelt gewährt. [3] Bewirkt der Täter in den Fällen des Satzes 1, daß die vermittelte Person in das Inland oder in das Ausland verbracht wird, so ist die Strafe Freiheitsstrafe bis zu fünf Jahren oder Geldstrafe.

(3) Der Versuch ist strafbar.

(4) Auf Freiheitsstrafe von sechs Monaten bis zu zehn Jahren ist zu erkennen, wenn der Täter

1. aus Gewinnsucht, gewerbsmäßig oder als Mitglied einer Bande handelt, die sich zur fortgesetzten Begehung eines Kinderhandels verbunden hat, oder

2. das Kind oder die vermittelte Person durch die Tat in die Gefahr einer erheblichen Schädigung der körperlichen oder seelischen Entwicklung bringt.

(5) In den Fällen der Absätze 1 und 3 kann das Gericht bei Beteiligten und in den Fällen der Absätze 2 und 3 bei Teilnehmern, deren Schuld unter Berücksichtigung des körperlichen oder seelischen Wohls des Kindes oder der vermittelten Person gering ist, die Strafe nach seinem Ermessen mildern (§ 49 Abs. 2) oder von Strafe nach den Absätzen 1 bis 3 absehen.

39. Gesetz über Ordnungswidrigkeiten (OWiG)

In der Fassung der Bekanntmachung vom 19. Februar 1987[1)]
(BGBl. I S. 602)

FNA 454-1

zuletzt geänd. durch Art. 31 G zum Ausbau des elektronischen Rechtsverkehrs mit den Gerichten und zur Änd. weiterer Vorschriften v. 5.10.2021 (BGBl. I S. 4607)

– Auszug –

Erster Teil. Allgemeine Vorschriften

Erster Abschnitt. Geltungsbereich

§ 1 Begriffsbestimmung. (1) Eine Ordnungswidrigkeit ist eine rechtswidrige und vorwerfbare Handlung, die den Tatbestand eines Gesetzes verwirklicht, das die Ahndung mit einer Geldbuße zuläßt.

(2) Eine mit Geldbuße bedrohte Handlung ist eine rechtswidrige Handlung, die den Tatbestand eines Gesetzes im Sinne des Absatzes 1 verwirklicht, auch wenn sie nicht vorwerfbar begangen ist.

Zweiter Abschnitt. Grundlagen der Ahndung

§ 12 Verantwortlichkeit. (1) [1] Nicht vorwerfbar handelt, wer bei Begehung einer Handlung noch nicht vierzehn Jahre alt ist. [2] Ein Jugendlicher handelt nur unter den Voraussetzungen des § 3 Satz 1 des Jugendgerichtsgesetzes[2)] vorwerfbar.

(2) Nicht vorwerfbar handelt, wer bei Begehung der Handlung wegen einer krankhaften seelischen Störung, wegen einer tiefgreifenden Bewußtseinsstörung oder wegen einer Intelligenzminderung oder einer schweren anderen seelischen Störung unfähig ist, das Unerlaubte der Handlung einzusehen oder nach dieser Einsicht zu handeln.

Zweiter Teil. Bußgeldverfahren

Zweiter Abschnitt. Allgemeine Verfahrensvorschriften

§ 46 Anwendung der Vorschriften über das Strafverfahren. (1) Für das Bußgeldverfahren gelten, soweit dieses Gesetz nichts anderes bestimmt, sinngemäß die Vorschriften der allgemeinen Gesetze über das Strafverfahren, namentlich der Strafprozeßordnung, des Gerichtsverfassungsgesetzes und des Jugendgerichtsgesetzes[2)].

(2)–(5) ...

(6) Im Verfahren gegen Jugendliche und Heranwachsende kann von der Heranziehung der Jugendgerichtshilfe (§ 38 des Jugendgerichtsgesetzes) abgesehen werden, wenn ihre Mitwirkung für die sachgemäße Durchführung des Verfahrens entbehrlich ist.

[1)] Neubekanntmachung des OWiG v. 24.5.1968 (BGBl. I S. 481) in der ab 1.4.1987 geltenden Fassung.

[2)] Nr. **37**.

(7), (8) ...

Fünfter Abschnitt. Einspruch und gerichtliches Verfahren

I. Einspruch

§ 68 Zuständiges Gericht. (1) [1]Bei einem Einspruch gegen den Bußgeldbescheid entscheidet das Amtsgericht, in dessen Bezirk die Verwaltungsbehörde ihren Sitz hat. [2]Der Richter beim Amtsgericht entscheidet allein.

(2) Im Verfahren gegen Jugendliche und Heranwachsende ist der Jugendrichter zuständig.

(3) ...

II. Hauptverfahren

§ 71 Hauptverhandlung. (1) Das Verfahren nach zulässigem Einspruch richtet sich, soweit dieses Gesetz nichts anderes bestimmt, nach den Vorschriften der Strafprozeßordnung, die nach zulässigem Einspruch gegen einen Strafbefehl gelten.

(2) [1]Zur besseren Aufklärung der Sache kann das Gericht

1. einzelne Beweiserhebungen anordnen,
2. von Behörden und sonstigen Stellen die Abgabe von Erklärungen über dienstliche Wahrnehmungen, Untersuchungen und Erkenntnisse (§ 77a Abs. 2) verlangen.

[2]Zur Vorbereitung der Hauptverhandlung kann das Gericht auch dem Betroffenen Gelegenheit geben, sich innerhalb einer zu bestimmenden Frist dazu zu äußern, ob und welche Tatsachen und Beweismittel er zu seiner Entlastung vorbringen will; § 69 Abs. 2 Satz 3 Halbsatz 2 ist anzuwenden.

§ 77 Umfang der Beweisaufnahme. (1) [1]Das Gericht bestimmt, unbeschadet der Pflicht, die Wahrheit von Amts wegen zu erforschen, den Umfang der Beweisaufnahme. [2]Dabei berücksichtigt es auch die Bedeutung der Sache.

(2) Hält das Gericht den Sachverhalt nach dem bisherigen Ergebnis der Beweisaufnahme für geklärt, so kann es außer in den Fällen des § 244 Abs. 3 der Strafprozeßordnung einen Beweisantrag auch dann ablehnen, wenn

1. nach seinem pflichtgemäßen Ermessen die Beweiserhebung zur Erforschung der Wahrheit nicht erforderlich ist oder
2. nach seiner freien Würdigung das Beweismittel oder die zu beweisende Tatsache ohne verständigen Grund so spät vorgebracht wird, daß die Beweiserhebung zur Aussetzung der Hauptverhandlung führen würde.

(3) Die Begründung für die Ablehnung eines Beweisantrages nach Absatz 2 Nr. 1 kann in dem Gerichtsbeschluß (§ 244 Abs. 6 der Strafprozeßordnung) in der Regel darauf beschränkt werden, daß die Beweiserhebung zur Erforschung der Wahrheit nicht erforderlich ist.

§ 77a Vereinfachte Art der Beweisaufnahme. (1) Die Vernehmung eines Zeugen, Sachverständigen oder Mitbetroffenen darf durch Verlesung von Protokollen über eine frühere Vernehmung sowie von Urkunden, die eine von ihnen stammende Äußerung enthalten, ersetzt werden.

(2) Erklärungen von Behörden und sonstigen Stellen über ihre dienstlichen Wahrnehmungen, Untersuchungen und Erkenntnisse sowie über diejenigen ihrer Angehörigen dürfen auch dann verlesen werden, wenn die Voraussetzungen des § 256 der Strafprozeßordnung nicht vorliegen.

(3) [1] Das Gericht kann eine behördliche Erklärung (Absatz 2) auch fernmündlich einholen und deren wesentlichen Inhalt in der Hauptverhandlung bekanntgeben. [2] Der Inhalt der bekanntgegebenen Erklärung ist auf Antrag in das Protokoll aufzunehmen.

(4) [1] Das Verfahren nach den Absätzen 1 bis 3 bedarf der Zustimmung des Betroffenen, des Verteidigers und der Staatsanwaltschaft, soweit sie in der Hauptverhandlung anwesend sind. [2] § 251 Absatz 1 Nummer 3 und 4, Abs. 2 Nr. 1 und 2, Abs. 3 und 4 sowie die §§ 252 und 253 der Strafprozeßordnung bleiben unberührt.

§ 77b Absehen von Urteilsgründen. (1) [1] Von einer schriftlichen Begründung des Urteils kann abgesehen werden, wenn alle zur Anfechtung Berechtigten auf die Einlegung der Rechtsbeschwerde verzichten oder wenn innerhalb der Frist Rechtsbeschwerde nicht eingelegt wird. [2] Hat die Staatsanwaltschaft an der Hauptverhandlung nicht teilgenommen, so ist ihre Verzichterklärung entbehrlich; eine schriftliche Begründung des Urteils ist jedoch erforderlich, wenn die Staatsanwaltschaft dies vor der Hauptverhandlung beantragt hat. [3] Die Verzichtserklärung des Betroffenen ist entbehrlich, wenn er von der Verpflichtung zum Erscheinen in der Hauptverhandlung entbunden worden ist, im Verlaufe der Hauptverhandlung von einem Verteidiger vertreten worden ist und im Urteil lediglich eine Geldbuße von nicht mehr als zweihundertfünfzig Euro festgesetzt worden ist.

(2) Die Urteilsgründe sind innerhalb der in § 275 Abs. 1 Satz 2 der Strafprozeßordnung vorgesehenen Frist zu den Akten zu bringen, wenn gegen die Versäumung der Frist für die Rechtsbeschwerde Wiedereinsetzung in den vorigen Stand gewährt, in den Fällen des Absatzes 1 Satz 2 erster Halbsatz von der Staatsanwaltschaft oder in den Fällen des Absatzes 1 Satz 3 von dem Betroffenen Rechtsbeschwerde eingelegt wird.

§ 78 Weitere Verfahrensvereinfachungen. (1) [1] Statt der Verlesung einer Urkunde kann das Gericht dessen wesentlichen Inhalt bekanntgeben; dies gilt jedoch nicht, soweit es auf den Wortlaut der Urkunde ankommt. [2] Haben der Betroffene, der Verteidiger und der in der Hauptverhandlung anwesende Vertreter der Staatsanwaltschaft von dem Wortlaut der Urkunde Kenntnis genommen oder dazu Gelegenheit gehabt, so genügt es, die Feststellung hierüber in das Protokoll aufzunehmen. [3] Soweit die Verlesung von Urkunden von der Zustimmung der Verfahrensbeteiligten abhängig ist, gilt dies auch für das Verfahren nach den Sätzen 1 und 2.

(2) § 243 Absatz 4 der Strafprozessordnung gilt nur, wenn eine Erörterung stattgefunden hat; § 273 Absatz 1a Satz 3 und Absatz 2 der Strafprozessordnung ist nicht anzuwenden.

(3) Im Verfahren gegen Jugendliche gilt § 78 Abs. 3 des Jugendgerichtsgesetzes[1)] entsprechend.

---

1) Nr. **37**.

(4) Wird gegen einen Jugendlichen oder Heranwachsenden eine Geldbuße festgesetzt, so kann der Jugendrichter zugleich eine Vollstreckungsanordnung nach § 98 Abs. 1 treffen.

Neunter Abschnitt. Vollstreckung der Bußgeldentscheidungen

§ 91 Vollstreckung der gerichtlichen Bußgeldentscheidung. Für die Vollstreckung der gerichtlichen Bußgeldentscheidung gelten § 451 Abs. 1 und 2, die §§ 459 und 459g Abs. 1 sowie Abs. 2 in Verbindung mit § 459 der Strafprozeßordnung, im Verfahren gegen Jugendliche und Heranwachsende auch § 82 Abs. 1, § 83 Abs. 2 sowie die §§ 84 und 85 Abs. 5 des Jugendgerichtsgesetzes[1] sinngemäß.

§ 96 Anordnung von Erzwingungshaft. (1) Nach Ablauf der in § 95 Abs. 1 bestimmten Frist kann das Gericht auf Antrag der Vollstreckungsbehörde oder, wenn ihm selbst die Vollstreckung obliegt, von Amts wegen Erzwingungshaft anordnen, wenn

1. die Geldbuße oder der bestimmte Teilbetrag einer Geldbuße nicht gezahlt ist,
2. der Betroffene seine Zahlungsunfähigkeit nicht dargetan hat (§ 66 Abs. 2 Nr. 2 Buchstabe b),
3. er nach § 66 Abs. 2 Nr. 3 belehrt ist und
4. keine Umstände bekannt sind, welche seine Zahlungsunfähigkeit ergeben.

(2) [1] Ergibt sich, daß dem Betroffenen nach seinen wirtschaftlichen Verhältnissen nicht zuzumuten ist, den zu zahlenden Betrag der Geldbuße sofort zu entrichten, so bewilligt das Gericht eine Zahlungserleichterung oder überläßt die Entscheidung darüber der Vollstreckungsbehörde. [2] Eine bereits ergangene Anordnung der Erzwingungshaft wird aufgehoben.

(3) [1] Die Dauer der Erzwingungshaft wegen einer Geldbuße darf sechs Wochen, wegen mehrerer in einer Bußgeldentscheidung festgesetzter Geldbußen drei Monate nicht übersteigen. [2] Sie wird, auch unter Berücksichtigung des zu zahlenden Betrages der Geldbuße, nach Tagen bemessen und kann nachträglich nicht verlängert, jedoch abgekürzt werden. [3] Wegen desselben Betrages darf die Erzwingungshaft nicht wiederholt werden.

§ 97 Vollstreckung der Erzwingungshaft. (1) Für die Vollstreckung der Erzwingungshaft gilt § 451 Abs. 1 und 2 der Strafprozeßordnung, im Verfahren gegen Jugendliche und Heranwachsende gelten auch § 82 Abs. 1, § 83 Abs. 2 sowie die §§ 84 und 85 Abs. 5 des Jugendgerichtsgesetzes[1] sinngemäß.

(2) Der Betroffene kann die Vollstreckung der Erzwingungshaft jederzeit dadurch abwenden, daß er den zu zahlenden Betrag der Geldbuße entrichtet.

(3) [1] Macht der Betroffene nach Anordnung der Erzwingungshaft geltend, daß ihm nach seinen wirtschaftlichen Verhältnissen nicht zuzumuten ist, den zu zahlenden Betrag der Geldbuße sofort zu entrichten, so wird dadurch die Vollziehung der Anordnung nicht gehemmt. [2] Das Gericht kann jedoch die Vollziehung aussetzen.

---

[1] Nr. **37**.

§ 98 Vollstreckung gegen Jugendliche und Heranwachsende. (1) [1] Wird die gegen einen Jugendlichen festgesetzte Geldbuße auch nach Ablauf der in § 95 Abs. 1 bestimmten Frist nicht gezahlt, so kann der Jugendrichter auf Antrag der Vollstreckungsbehörde oder, wenn ihm selbst die Vollstreckung obliegt, von Amts wegen dem Jugendlichen auferlegen, an Stelle der Geldbuße

1. Arbeitsleistungen zu erbringen,
2. nach Kräften den durch die Handlung verursachten Schaden wiedergutzumachen,
3. bei einer Verletzung von Verkehrsvorschriften an einem Verkehrsunterricht teilzunehmen,
4. sonst eine bestimmte Leistung zu erbringen,

wenn die Bewilligung einer Zahlungserleichterung, die Beitreibung der Geldbuße oder die Anordnung der Erzwingungshaft nicht möglich oder angebracht erscheint. [2] Der Jugendrichter kann die Anordnungen nach Satz 1 nebeneinander treffen und nachträglich ändern.

(2) [1] Kommt der Jugendliche einer Anordnung nach Absatz 1 schuldhaft nicht nach und zahlt er auch nicht die Geldbuße, so kann Jugendarrest (§ 16 Jugendgerichtsgesetz[1)]) gegen ihn verhängt werden, wenn er entsprechend belehrt worden ist. [2] Hiernach verhängter Jugendarrest darf bei einer Bußgeldentscheidung eine Woche nicht übersteigen. [3] Vor der Verhängung von Jugendarrest ist dem Jugendlichen Gelegenheit zur mündlichen Äußerung vor dem Richter zu geben.

(3) [1] Wegen desselben Betrags darf Jugendarrest nicht wiederholt angeordnet werden. [2] Der Richter sieht von der Vollstreckung des Jugendarrests ab, wenn der Jugendliche nach Verhängung der Weisung nachkommt oder die Geldbuße zahlt. [3] Ist Jugendarrest vollstreckt worden, so kann der Jugendrichter die Vollstreckung der Geldbuße ganz oder zum Teil für erledigt erklären.

(4) Die Absätze 1 bis 3 gelten auch für die Vollstreckung der gegen einen Heranwachsenden festgesetzten Geldbuße.

§ 104 Verfahren bei gerichtlicher Entscheidung. (1) Die bei der Vollstreckung notwendig werdenden gerichtlichen Entscheidungen werden erlassen

1. von dem nach § 68 zuständigen Gericht, wenn ein Bußgeldbescheid zu vollstrecken ist,
2. von dem Gericht des ersten Rechtszuges, wenn eine gerichtliche Bußgeldentscheidung zu vollstrecken ist,
3. von dem Jugendrichter, dem die Vollstreckung einer gerichtlichen Bußgeldentscheidung obliegt, soweit nicht eine Entscheidung nach § 100 Abs. 1 Nr. 2 zu treffen ist,
4. von dem Gericht des ersten Rechtszuges im Strafverfahren, wenn eine Entscheidung nach § 102 Abs. 2 zu treffen ist.

(2) [1] Die Entscheidung ergeht ohne mündliche Verhandlung. [2] Vor der Entscheidung ist den Beteiligten Gelegenheit zu geben, Anträge zu stellen und zu begründen.

(3) [1] Die sofortige Beschwerde ist zulässig gegen die

---

1) Nr. **37**.

1. Anordnung der Erzwingungshaft und die Verhängung des Jugendarrestes,
2. nachträgliche Entscheidung über die Einziehung (§ 100 Abs. 1 Nr. 2),
3. gerichtliche Entscheidung in den Fällen des § 103 Abs. 1 Nr. 2 in Verbindung mit § 99 Abs. 2;

dies gilt in den Fällen der Nummern 2 und 3 jedoch nur dann, wenn der Wert des Beschwerdegegenstandes zweihundertfünfzig Euro übersteigt. [2] In den übrigen Fällen ist die Entscheidung nicht anfechtbar.

Zehnter Abschnitt. Kosten

I. Verfahren der Verwaltungsbehörde

§ 105 Kostenentscheidung. (1) Im Verfahren der Verwaltungsbehörde gelten § 464 Abs. 1 und 2, § 464a, § 464c, soweit die Kosten für Gebärdensprachdolmetscher betroffen sind, die §§ 464d, 465, 466, 467a Abs. 1 und 2, § 469 Abs. 1 und 2 sowie die §§ 470, 472b und 473 Abs. 7 der Strafprozeßordnung sinngemäß, im Verfahren gegen Jugendliche und Heranwachsende ferner § 74 des Jugendgerichtsgesetzes[1)].

(2) Die notwendigen Auslagen, die nach Absatz 1 in Verbindung mit § 465 Abs. 2, § 467a Abs. 1 und 2 sowie den §§ 470 und 472b der Strafprozeßordnung die Staatskasse zu tragen hat, werden, soweit das Gesetz nichts anderes bestimmt, der Bundeskasse auferlegt, wenn eine Verwaltungsbehörde des Bundes das Verfahren durchführt, sonst der Landeskasse.

---

1) Nr. **37**.

40. Verordnung über den Vollzug des Jugendarrestes (Jugendarrestvollzugsordnung – JAVollzO)[1) 2)]

In der Fassung der Bekanntmachung vom 30. November 1976[3)]
(BGBl. I S. 3270)

FNA 451-1-1

zuletzt geänd. durch Art. 53 Bundesrecht-BereinigungsG v. 8.12.2010 (BGBl. I S. 1864)

[1)] Die VO wurde erlassen auf Grund von § 115 Abs. 1 und 2 JGG.

[2)] Nach der Neuregelung der Art. 72 ff. GG durch das FöderalismusreformG v. 28.8.2006 (BGBl. I S. 2034) fällt der Jugendarrestvollzug in die Gesetzgebungskompetenz der Länder (Art. 74 Abs. 1 Nr. 1 iVm Art. 70 Abs. 1 GG).

Die JAVollzO gilt gem. Art. 125a Abs. 1 GG seit dem 1.9.2006 als Bundesrecht fort, kann aber durch Landesrecht ersetzt werden. Der Bundesgesetzgeber besitzt nach dem 31.8.2006 für Änderungen der JAVollzO keine Gesetzgebungskompetenz mehr.

Die Länder haben auf dem Gebiet des Jugendarrestvollzugs bisher ua folgende Vorschriften erlassen:

- **Baden-Württemberg:** JugendarrestG v. 25.11.2014 (GBl. S. 582), geänd. durch G v. 21.5.2019 (GBl. S. 189)
- **Bayern:** Bayerisches JugendarrestvollzugsG v. 26.6.2018 (GVBl. S. 438), geänd. durch G v. 8.7.2020 (GVBl. S. 330)
- **Berlin:**
  - G zu dem Staatsvertrag der Länder Berlin und Brandenburg über die Errichtung und den Betrieb einer gemeinsamen Jugendarrestanstalt v. 15.12.2015 (GVBl. S. 589); AV zum Jugendarrestvollzug v. 3.2.2015 (ABl. S. 275)
  - Berliner JugendarrestvollzugsG v. 27.9.2021 (GVBl. S. 1135), gem. Art. 125a Abs. 1 Satz 2 GG ersetzt dieses G nach seinem § 58 in seinem Geltungsbereich die JAVollzO mit Ausnahme der Vorschriften über die Vollstreckung des Jugendarrests (§ 4, § 17 Absatz 4, § 25 Absatz 1, Absatz 3 Satz 1 bis 3 und Absatz 4)
- **Brandenburg:** Brandenburgisches JugendarrestvollzugsG v. 10.7.2014 (GVBl. I Nr. 34)
- **Hamburg:** Hamburgisches JugendarrestvollzugsG v. 29.12.2014 (HmbGVBl. S. 542), zuletzt geänd. durch G v. 27.4.2021 (HmbGVBl. S. 285), gem. Art. 125a Abs. 1 Satz 2 GG ersetzt dieses G nach seinem § 55 in seinem Geltungsbereich die JAVollzO mit Ausnahme der Vorschriften über die Vollstreckung des Jugendarrests (§ 4, § 17 Abs. 4 und § 25 Abs. 1, 3 und 4)
- **Hessen:** Hessisches JugendarrestvollzugsG v. 27.5.2015 (GVBl. S. 223), zuletzt geänd. durch G v. 12.11.2020 (GVBl. S. 778), gem. Art. 125a Abs. 1 Satz 2 GG ersetzt dieses G nach seinem § 44 Abs. 2 in seinem Geltungsbereich die JAVollzO mit Ausnahme der Bestimmungen über die Vollstreckung des Jugendarrests (§ 4, § 5 Abs. 3, § 17 Abs. 4 und § 25 Abs. 1, 3 und 4)
- **Mecklenburg-Vorpommern:** JugendarrestvollzugsG Mecklenburg-Vorpommern v. 27.5.2016 (GVOBl. M-V S. 302), geänd. durch G v. 21.11.2020 (GVOBl. M-V S. 1254), gem. Art. 125a Abs. 1 Satz 2 GG ersetzt dieses G nach seinem § 43 Abs. 2 in seinem Geltungsbereich die JAVollzO mit Ausnahme der Bestimmungen über die Vollstreckung des Jugendarrestes (§ 4, § 5 Abs. 3, § 17 Abs. 4, § 25 Abs. 1, 3 und 4)
- **Niedersachsen:** Niedersächsisches JugendarrestvollzugsG v. 17.2.2016 (Nds. GVBl. S. 38, ber. 2016, S. 75), zuletzt geänd. durch G v. 20.5.2019 (Nds. GVBl. S. 88)
- **Nordrhein-Westfalen:** JugendarrestvollzugsG Nordrhein-Westfalen v. 30.4.2013 (GV. NRW. S. 203), zuletzt geänd. durch G v. 1.12.2021 (GV. NRW. S. 1353)
- **Rheinland-Pfalz:** LandesjugendarrestvollzugsG v. 6.10.2015 (GVBl. S. 354), zuletzt geänd. durch G v. 15.10.2020 (GVBl. S. 571), gem. Art. 125a Abs. 1 Satz 2 GG ersetzt dieses G nach seinem § 41 Nr. 2 in seinem Geltungsbereich die JAVollzO mit Ausnahme der Bestimmungen über die Vollstreckung des Jugendarrests (§§ 4 und 5 Abs. 3, § 17 Abs. 4 und § 25 Abs. 1, 3 und 4)
- **Saarland:** Saarländisches JugendarrestvollzugsG v. 20.1.2016 (Amtsbl. I S. 132), zuletzt geänd. durch G v. 16.6.2021 (Amtsbl. I S. 1822), gem. Art. 125a Abs. 1 Satz 2 GG ersetzt dieses G nach seinem § 53 Abs. 2 in seinem Geltungsbereich die JAVollzO mit Ausnahme der Bestimmungen über die Vollstreckung des Jugendarrests (§ 4, § 5 Abs. 3, § 17 Abs. 4 und § 25 Abs. 1, 3 und 4)
- **Sachsen:** Sächsisches JugendarrestvollzugsG v. 5.3.2019 (SächsGVBl. S. 158), geänd. durch G v. 22.8.2019 (SächsGVBl. S. 663), gem. Art. 125a Abs. 1 Satz 2 GG ersetzt dieses G nach seinem § 63 →

§ 1 Vollzugseinrichtungen. (1) [1] Dauerarrest und Kurzarrest von mehr als zwei Tagen werden in Jugendarrestanstalten, Freizeitarrest und Kurzarrest bis zu zwei Tagen in Freizeitarresträumen vollzogen. [2] Freizeitarrest und Kurzarrest bis zu zwei Tagen können auch in einer Jugendarrestanstalt vollzogen werden.

(2) [1] Jugendarrestanstalten dürfen nicht, Freizeitarresträume dürfen nicht gleichzeitig dem Vollzug von Strafe oder dem Vollzug an Erwachsenen dienen. [2] Jugendarrestanstalten und Freizeitarresträume dürfen nicht in Straf- oder Untersuchungshaftanstalten, auch nicht im Verwaltungsteil dieser Anstalten, eingerichtet werden.

(3) [1] Männliche und weibliche Jugendliche werden getrennt. [2] Hiervon darf abgesehen werden, um Jugendlichen die Teilnahme an religiösen Veranstaltungen und an erzieherischen Maßnahmen zu ermöglichen.

(4) Jugendarrestanstalten sollen nicht weniger als 10 und nicht mehr als 60 Jugendliche aufnehmen können.

§ 2 Leitung des Vollzuges. (1) [1] Vollzugsleiter ist der Jugendrichter am Ort des Vollzuges. [2] Ist dort kein Jugendrichter oder sind mehrere tätig, so ist Vollzugsleiter der Jugendrichter, den die oberste Behörde der Landesjustizverwaltung dazu bestimmt.

(2) [1] Der Vollzugsleiter ist für den gesamten Vollzug verantwortlich. [2] Er kann bestimmte Aufgaben einzelnen oder mehreren Mitarbeitern gemeinschaftlich übertragen.

(3) Die Zusammenarbeit aller an der Erziehung Beteiligten soll durch regelmäßige Besprechungen gefördert werden.

§ 3 Mitarbeiter. (1) [1] Die Mitarbeiter des Vollzugsleiters sollen erzieherisch befähigt und in der Jugenderziehung erfahren sein. [2] Sie sollen so ausgewählt und angeleitet werden, daß sie mit dem Vollzugsleiter in einer erzieherischen Einheit vertrauensvoll zusammenarbeiten.

(2) [1] Männliche Jugendliche werden von Männern, weibliche Jugendliche von Frauen beaufsichtigt. [2] Hiervon darf abgewichen werden, wenn Unzuträglichkeiten nicht zu befürchten sind.

(3) Nach Bedarf werden Psychologen, Sozialpädagogen, Sozialarbeiter, Lehrer und andere Fachkräfte als Mitarbeiter bestellt.

(4) Ehrenamtliche Mitarbeiter können zur Mitwirkung an der Erziehungsarbeit herangezogen werden.

(Fortsetzung der Anm. von voriger Seite)
die JAVollzO mit Ausnahme der Bestimmungen über die Vollstreckung des Jugendarrests (§ 4, § 5 Abs. 3, § 17 Abs. 4 und § 25 Abs. 1, 3 und 4)
- **Sachsen-Anhalt:** Drittes Buch Justizvollzugsgesetzbuch Sachsen-Anhalt v. 11.11.2020 (GVBl. LSA S. 644), gem. Art. 125a Abs. 1 Satz 2 GG ersetzt dieses G nach seinem § 42 Nr. 2 die JAVollzO mit Ausnahme der Bestimmungen über die Vollstreckung des Jugendarrests (§ 4, § 5 Abs. 3, § 17 Abs. 4 und § 25 Abs. 1, 3 und 4)
- **Schleswig-Holstein:** JugendarrestvollzugsG v. 2.12.2014 (GVOBl. Schl.-H. S. 356), geänd. durch G v. 23.9.2021 (GVOBl. Schl.-H. S. 1170)
- **Thüringen:** Thüringer JugendarrestvollzugsG v. 19.3.2019 (GVBl. S. 9), gem. Art. 125a Abs. 1 Satz 2 GG ersetzt dieses G nach seinem § 44 Abs. 2 in seinem Geltungsbereich die JAVollzO mit Ausnahme der Bestimmungen über die Vollstreckung des Jugendarrests (§ 4, § 5 Abs. 3, § 17 Abs. 4 und § 25 Abs. 1, 3 und 4)

[3] Neubekanntmachung der JAVollzO v. 12.8.1966 (BGBl. I S. 505) in der ab 1.1.1977 geltenden Fassung.

§ 4 Nachdrückliche Vollstreckung. Der Jugendarrest ist in der Regel unmittelbar nach Rechtskraft des Urteils zu vollziehen.

§ 5 Aufnahme. (1) [1]Der Jugendliche hat sämtliche eingebrachten Sachen, die er während des Vollzuges nicht benötigt, bei der Aufnahme abzugeben und, soweit tunlich, selbst zu verzeichnen. [2]Sie werden außerhalb des Arrestraumes verwahrt. [3]Der Jugendliche wird über seine Rechte und Pflichten unterrichtet. [4]Anschließend wird er, nach Möglichkeit ohne Entkleiden, gründlich, aber schonend durchsucht. [5]Männliche Jugendliche dürfen nur von Männern, weibliche Jugendliche nur von Frauen durchsucht werden. [6]Gegenstände der eingebrachten Sachen, die einem berechtigten Bedürfnis dienen, können dem Jugendlichen belassen werden.

(2) Fürsorgemaßnahmen, die infolge der Freiheitsentziehung erforderlich werden, sind rechtzeitig zu veranlassen.

(3) Weibliche Jugendliche, die über den fünften Monat hinaus schwanger sind, vor weniger als sechs Wochen entbunden haben oder ihr Kind selbst nähren, dürfen nicht aufgenommen werden.

§ 6 Unterbringung. (1) Der Jugendliche wird während der Nacht allein in einem Arrestraum untergebracht, sofern nicht sein körperlicher oder seelischer Zustand eine gemeinsame Unterbringung erfordert.

(2) [1]Während des Tages soll der Jugendliche bei der Arbeit und bei gemeinschaftlichen Veranstaltungen mit anderen Jugendlichen zusammen untergebracht werden, sofern Aufsicht gewährleistet ist und erzieherische Gründe nicht entgegenstehen. [2]Im Freizeitarrest und Kurzarrest bis zu zwei Tagen kann er auch während des Tages allein untergebracht werden. [3]Erfordert sein körperlicher oder seelischer Zustand eine gemeinsame Unterbringung, so ist er auch während des Tages mit anderen Jugendlichen zusammen unterzubringen.

§ 7 Persönlichkeitserforschung. Der Vollzugsleiter und die an der Erziehung beteiligten Mitarbeiter sollen alsbald ein Bild von dem Jugendlichen und seinen Lebensverhältnissen zu gewinnen versuchen, soweit dies für die Behandlung des Jugendlichen während des Arrestes und für eine Nachbetreuung notwendig ist.

§ 8 Behandlung. (1) An den Jugendlichen sind während des Vollzuges dieselben Anforderungen zu stellen, die bei wirksamer Erziehung in der Freiheit an ihn gestellt werden müssen.

(2) Der Jugendliche ist mit „Sie" anzureden, soweit nicht der Vollzugsleiter etwas anderes bestimmt.

(3) Alle Mitarbeiter haben wichtige Wahrnehmungen, die einen Jugendlichen betreffen, unverzüglich dem Vollzugsleiter zu melden.

§ 9 Verhaltensvorschriften. (1) [1]Der Jugendliche soll durch sein Verhalten zu einem geordneten Zusammenleben in der Anstalt beitragen. [2]Er darf die Ordnung in der Anstalt nicht stören.

(2) [1]Die Anforderungen, die an das Verhalten des Jugendlichen gestellt werden, sind durch die Vollzugsbehörde in besonderen Verhaltensvorschriften zusammenzufassen, die in jedem Arrestraum ausgehängt werden. [2]Diese Verhaltensvorschriften sind so abzufassen, daß sie einem Jugendlichen verständlich

sind. 3 Der Sinn der Verhaltensvorschriften und der Anordnungen der Vollzugsbediensteten soll dem Jugendlichen nahegebracht werden.

(3) Der Jugendliche hat die Anordnungen der Vollzugsbediensteten zu befolgen und die Verhaltensvorschriften zu beachten.

§ 10 Erziehungsarbeit. (1) Der Vollzug soll so gestaltet werden, daß die körperliche, geistige und sittliche Entwicklung des Jugendlichen gefördert wird.

(2) 1 Die Erziehungsarbeit soll im Kurzarrest von mehr als zwei Tagen und im Dauerarrest neben Aussprachen mit dem Vollzugsleiter namentlich soziale Einzelhilfe, Gruppenarbeit und Unterricht umfassen. 2 Beim Vollzug des Freizeitarrestes und des Kurzarrestes bis zu zwei Tagen soll eine Aussprache mit dem Vollzugsleiter nach Möglichkeit stattfinden.

§ 11 Arbeit und Ausbildung. (1) 1 Der Jugendliche wird zur Arbeit oder nach Möglichkeit zum Unterricht oder zu anderen ausbildenden Veranstaltungen herangezogen. 2 Er ist verpflichtet, fleißig und sorgfältig mitzuarbeiten.

(2) Im Freizeitarrest und während der ersten beiden Tage des Kurzarrestes und des Dauerarrestes kann von der Zuweisung von Arbeit und von der Teilnahme am Unterricht oder an anderen ausbildenden Veranstaltungen abgesehen werden.

(3) Arbeit, Unterricht und andere ausbildende Veranstaltungen außerhalb des Anstaltsbereichs kann der Vollzugsleiter aus erzieherischen Gründen mit Zustimmung des Jugendlichen zulassen.

(4) Der Jugendliche erhält kein Arbeitsentgelt.

§ 12 Lebenshaltung. (1) 1 Der Jugendliche trägt eigene Kleidung und eigene Wäsche. 2 Während der Arbeit trägt er Anstaltssachen. 3 Dasselbe gilt, wenn die eigene Kleidung oder Wäsche unangemessen ist.

(2) 1 Der Jugendliche erhält ausreichende Kost. 2 Selbstbeköstigung und zusätzliche eigene Verpflegung sind ausgeschlossen. 3 Alkoholgenuß ist nicht gestattet. 4 Rauchen kann Jugendlichen über 16 Jahren gestattet werden.

(3) Der Jugendliche erhält das anstaltsübliche Bettlager und, soweit erforderlich, Mittel zur Körperpflege.

(4) 1 Der Aufenthalt im Freien beträgt, soweit die Witterung es zuläßt und gesundheitliche Gründe nicht entgegenstehen, täglich mindestens eine Stunde. 2 Am Zugangs- und Abgangstag sowie bei Freizeit- und Kurzarrest bis zu zwei Tagen kann von dem Aufenthalt im Freien abgesehen werden.

(5) Der Jugendliche hat die notwendigen Maßnahmen zum Gesundheitsschutz und zur Hygiene zu unterstützen.

§§ 13-15 (weggefallen)

§ 16 Sport. (1) 1 Im Vollzug des Jugendarrestes wird nach Möglichkeit Sport getrieben. 2 Der Jugendliche ist verpflichtet, daran teilzunehmen.

(2) Wenn in der Jugendarrestanstalt keine geeigneten Anlagen für sportliche Übungen vorhanden sind, kann der Vollzugsleiter mit Zustimmung des Jugendlichen gestatten, Sporteinrichtungen außerhalb der Anstalt zu benutzen.

§ 17 Gesundheitspflege. (1) Der Jugendliche wird bei der Aufnahme oder bald danach und nach Möglichkeit vor der Entlassung ärztlich untersucht und während des Vollzugs, soweit erforderlich, ärztlich behandelt.

(2) Bei Freizeit- und Kurzarrest bis zu zwei Tagen kann der Vollzugsleiter von der Aufnahme- und Entlassungsuntersuchung absehen.

(3) Aus Gründen der Gesundheit des Jugendlichen kann der Vollzugsleiter auf Empfehlung des Arztes von Vollzugsvorschriften abweichen.

(4) Erkrankt der Jugendliche und kann er in der Jugendarrestanstalt nicht behandelt werden, so ordnet der Vollstreckungsleiter die Unterbrechung der Vollstreckung an.

§ 18 Freizeit. (1) [1] Der Jugendliche erhält Gelegenheit, seine Freizeit sinnvoll zu verbringen. [2] Er wird hierzu angeleitet. [3] Aus erzieherischen Gründen kann seine Teilnahme an gemeinschaftlichen Veranstaltungen angeordnet werden.

(2) Die Teilnahme an Veranstaltungen außerhalb der Jugendarrestanstalt kann der Vollzugsleiter aus erzieherischen Gründen mit Zustimmung des Jugendlichen zulassen.

(3) [1] Der Jugendliche kann die Anstaltsbücherei benutzen. [2] Aus erzieherischen Gründen kann ihm auch eigener Lesestoff belassen werden.

§ 19 Seelsorge. (1) Eine geordnete Seelsorge ist zu gewährleisten.

(2) Der Jugendliche hat das Recht, den Zuspruch des bestellten Geistlichen seines jetzigen oder früheren Bekenntnisses zu empfangen und an gemeinschaftlichen Gottesdiensten und anderen religiösen Veranstaltungen seines Bekenntnisses in der Anstalt teilzunehmen.

(3) Wenn ein Geistlicher dieses Bekenntnisses nicht bestellt ist, so kann der Jugendliche durch einen Geistlichen seines Bekenntnisses besucht werden.

§ 20 Verkehr mit der Außenwelt. (1) [1] Der Verkehr mit der Außenwelt wird auf dringende Fälle beschränkt. [2] Im Kurzarrest von mehr als zwei Tagen und im Dauerarrest können Schriftwechsel und Besuche aus erzieherischen Gründen zugelassen werden.

(2) [1] Die Entscheidung über die Zulassung des Schriftwechsels und der Besuche ist dem Vollzugsleiter vorbehalten. [2] Ist dieser nicht erreichbar, so trifft der dazu bestimmte Vollzugsbedienstete die Entscheidung.

§ 21 Ausgang und Ausführung. [1] Fordern wichtige unaufschiebbare Angelegenheiten die persönliche Anwesenheit des Jugendlichen außerhalb der Anstalt, so kann der Vollzugsleiter ihm einen Ausgang gestatten oder ihn ausführen lassen. [2] § 20 Abs. 2 Satz 2 ist anzuwenden.

§ 22 Sicherungsmaßnahmen. (1) [1] Die Jugendlichen, ihre Sachen und die Arresträume dürfen jederzeit durchsucht werden. [2] § 5 Abs. 1 Satz 5 ist anzuwenden.

(2) [1] Gegen einen Jugendlichen, der die Sicherheit oder Ordnung gefährdet oder bei dem die Gefahr der Selbstbeschädigung besteht, können Sicherungsmaßnahmen getroffen werden. [2] Sie dürfen nur so lange aufrechterhalten werden, wie sie notwendig sind.

(3) Als Sicherungsmaßnahmen sind nur zulässig

1. Entziehung von Gegenständen, die der Jugendliche zu Gewalttätigkeiten oder sonst mißbrauchen könnte;
2. Absonderung oder Zusammenlegung mit anderen Jugendlichen;
3. die Unterbringung in einem besonders gesicherten Arrestraum ohne gefährdende Gegenstände.

(4) [1] Die Sicherungsmaßnahmen ordnet der Vollzugsleiter an. [2] Bei Gefahr im Verzug darf sie vorläufig auch der die Aufsicht führende Vollzugsbedienstete anordnen. [3] Die Entscheidung des Vollzugsleiters ist unverzüglich einzuholen.

(5) Soweit das Verhalten oder der Zustand des Jugendlichen dies erfordert, ist ein Arzt zu hören.

(6) Die gesetzlichen Vorschriften über die Anwendung unmittelbaren Zwanges bleiben unberührt.

§ 23 Hausstrafen. (1) [1] Gegen einen Jugendlichen, der schuldhaft seine Pflichten verletzt, kann der Vollzugsleiter eine Hausstrafe verhängen. [2] Der Jugendliche wird vorher gehört.

(2) [1] Die Hausstrafe wird durch schriftliche Verfügung verhängt. [2] Diese wird dem Jugendlichen mit kurzer Begründung eröffnet.

(3) Hausstrafen sind

1. der Verweis,
2. die Beschränkung oder Entziehung des Lesestoffes auf bestimmte Dauer,
3. Verbot des Verkehrs mit der Außenwelt bis zu zwei Wochen,
4. Ausschluß von Gemeinschaftsveranstaltungen und
5. abgesonderte Unterbringung.

(4) Ist eine Hausstrafe teilweise vollzogen, so kann der Vollzugsleiter von der weiteren Vollstreckung absehen, wenn der Zweck der Hausstrafe bereits durch den teilweisen Vollzug erreicht ist.

§ 24 Bitten und Beschwerden. Dem Jugendlichen wird Gelegenheit gegeben, Bitten und Vorstellungen sowie Beschwerden in Angelegenheiten, die ihn selbst betreffen, an den Vollzugsleiter zu richten.

§ 25 Zeitpunkt der Aufnahme und der Entlassung. (1) [1] Für die Vollstreckung von Dauerarrest und Kurzarrest wird der Tag zu 24 Stunden, die Woche zu sieben Tagen gerechnet. [2] Die Arrestzeit wird von der Annahme zum Vollzug ab nach Tagen und Stunden berechnet. [3] Die Stunde, in deren Verlauf der Jugendliche angenommen worden ist, wird voll angerechnet.

(2) Der Jugendliche wird am Tage des Ablaufs der Arrestzeit vorzeitig entlassen, soweit das nach den Verkehrsverhältnissen oder zur alsbaldigen Wiederaufnahme der beruflichen Arbeit des Jugendlichen erforderlich ist.

(3) [1] Der Freizeitarrest beginnt am Sonnabend um 8.00 Uhr oder, wenn der Jugendliche an diesem Tag vormittags arbeitet oder die Schule besuchen muß, um 15.00 Uhr. [2] Ausnahmen werden nur zugelassen, soweit die Verkehrsverhältnisse dazu zwingen. [3] Der Freizeitarrest endet am Montag um 7.00 Uhr. [4] Der Jugendliche kann vorzeitig, auch schon am Sonntagabend entlassen werden, wenn er nur so seine Arbeitsstätte oder die Schule am Montag rechtzeitig erreichen kann.

(4) Absatz 3 gilt entsprechend, wenn die Freizeit des Jugendlichen auf andere Tage fällt.

§ 26 Fürsorge für die Zeit nach der Entlassung. (1) Fürsorgemaßnahmen, die für die Zeit nach der Entlassung des Jugendlichen notwendig und nicht schon anderweitig veranlaßt worden sind, werden in Zusammenarbeit mit den Trägern der öffentlichen und freien Jugendhilfe vorbereitet.

(2) Ist es den Umständen nach angemessen, daß der Jugendliche nach der Entlassung ein öffentliches Verkehrsmittel nach seinem Wohn- oder Arbeitsort benutzt, so wird ihm eine Fahrkarte aus Haushaltsmitteln beschafft, wenn die eigenen Mittel des Jugendlichen nicht ausreichen oder aus Billigkeitsgründen nicht in Anspruch genommen werden sollen.

(3) Maßnahmen nach den Absätzen 1 und 2 sind, soweit erforderlich, auch im Fall des § 17 Abs. 4 zu veranlassen.

§ 27 Schlußbericht. (1) [1] Bei Dauerarrest faßt der Vollzugsleiter über jeden Jugendlichen einen Schlußbericht ab, in dem er sich zu dessen Führung und, soweit dies möglich ist, auch zu dessen Persönlichkeit sowie zur Wirkung des Arrestvollzuges äußert. [2] Der Bericht wird zu den Vollzugs- und den Strafakten gebracht. [3] Eine Abschrift ist dem Jugendamt, bei unter Bewährungsaufsicht stehenden Jugendlichen auch dem zuständigen Bewährungshelfer zuzuleiten.

(2) Bei Freizeit- und Kurzarrest wird ein Schlußbericht nur bei besonderem Anlaß abgefaßt.

§ 28 *(aufgehoben)*

§ 29 (weggefallen)

§ 30 Heranwachsende. Die Vorschriften dieser Verordnung gelten auch für Heranwachsende.

§ 31 (weggefallen)

§ 32 *(aufgehoben)*

§ 33 Inkrafttreten. Diese Verordnung tritt am 1. Oktober 1966[1)] in Kraft.

[1)] **Amtl. Anm.:** § 33 betrifft das Inkrafttreten der Verordnung in der ursprünglichen Fassung vom 12. August 1966. Der Zeitpunkt des Inkrafttretens der späteren Änderungen ergibt sich aus den Änderungsverordnungen.

41. Verordnung über den Vollzug von Freiheitsstrafe, Strafarrest, Jugendarrest und Disziplinararrest durch Behörden der Bundeswehr – Bundeswehrvollzugsordnung (BwVollzO) –

Vom 29. November 1972
(BGBl. I S. 2205)

FNA 452-3

geänd. durch § 184 StrafvollzugsG v. 16. März 1976 (BGBl. IS. 581)

Nichtamtliche Inhaltsübersicht

Auf Grund des Artikels 7 des Einführungsgesetzes zum Wehrstrafgesetz vom 30. März 1957 (Bundesgesetzbl. I S. 306) und des § 115 des Jugendgerichtsgesetzes[1] vom 4. August 1953 (Bundesgesetzbl. I S. 751), beide zuletzt geändert durch das Gesetz zur Neuordnung des Wehrdisziplinarrechts vom 21. August 1972 (Bundesgesetzbl. I S. 1481), wird von der Bundesregierung mit Zustimmung des Bundesrates und

auf Grund des § 49 Abs. 4 der Wehrdisziplinarordnung in der Fassung der Bekanntmachung vom 4. September 1972 (Bundesgesetzbl. I S. 1665) von dem Bundesminister der Verteidigung verordnet:

§ 1 Geltungsbereich Diese Verordnung gilt für den Vollzug von Freiheitsstrafe, Strafarrest und Jugendarrest sowie für den Vollzug von Disziplinararrest an Soldaten durch Behörden der Bundeswehr.

---

[1] Nr. **37**.

§ 2 Behandlungsgrundsatz. (1) Im Vollzug soll die Bereitschaft des Soldaten gefördert werden, ein gesetzmäßiges Leben zu führen, namentlich seine soldatischen Pflichten zu erfüllen.

(2) Der Soldat nimmt in der Regel am Dienst teil.

§ 3 Vollzugseinrichtungen. (1) Der Vollzug wird in militärischen Anlagen und Einrichtungen und, soweit der Soldat am Dienst teilnimmt, bei einer militärischen Einheit oder Dienststelle durchgeführt.

(2) Der Soldat wird von anderen Soldaten getrennt in einem Arrestraum untergebracht, soweit er nicht wegen der Teilnahme am Dienst oder wegen seiner Beschäftigung außerhalb des Arrestraumes eingesetzt wird.

§ 4 Vollzugsleiter und Vollzugshelfer. (1) Die Vollzugsbehörden der Bundeswehr bestellen Vollzugsleiter und Vollzugshelfer; der Vollzugsleiter und die Vollzugshelfer sind für die Dauer des Vollzuges Vorgesetzte des Soldaten nach § 3 der Verordnung über die Regelung des militärischen Vorgesetztenverhältnisses.

(2) Der Vollzugsleiter ist für die ordnungsgemäße Durchführung des Vollzuges verantwortlich; er trifft die im Rahmen des Vollzuges erforderlichen Entscheidungen.

(3) Die Vollzugshelfer unterstützen den Vollzugsleiter nach dessen Weisungen in der Durchführung des Vollzuges.

§ 5 Dauer der Freiheitsentziehung. (1) Die Dauer der Freiheitsentziehung wird nach Tagen berechnet; dabei ist die Woche mit sieben Tagen, der Monat nach der Kalenderzeit zu berechnen.

(2) Der Tag, an dem sich der Soldat zum Vollzug meldet, und der Tag, an dem er entlassen wird, sind voll anzurechnen; das gleiche gilt, wenn der Vollzug unterbrochen wird.

(3) Der Freizeitarrest beginnt am Sonnabend um 8.00 Uhr und endet am Montag eine Stunde vor Dienstbeginn.

(4) Wird Freiheitsstrafe, Strafarrest oder Jugendarrest vollzogen und fällt der Entlassungszeitpunkt auf den ersten Werktag nach Ostern oder Pfingsten oder in die Zeit vom 22. Dezember bis zum 2. Januar, so kann der Soldat an dem diesem Tag oder Zeitraum vorhergehenden Werktag entlassen werden, wenn dies nach der Länge der Freiheitsentziehung vertretbar ist und keine Nachteile für die Disziplin zu besorgen sind.

§ 6 Vollzugsplan. [1] Der Vollzugsleiter hat einen auf die Persönlichkeit des Soldaten ausgerichteten Vollzugsplan zu erstellen, soweit dies wegen der Teilnahme des Soldaten am Dienst oder wegen seiner Beschäftigung geboten erscheint. [2] Der Vollzugsplan ist dem Soldaten zu eröffnen. [3] Die Anordnungen im Vollzugsplan können widerrufen oder geändert werden, soweit die Persönlichkeit des Soldaten, die Sicherheit oder Ordnung im Vollzug oder die militärische Ordnung dies erfordern; dies ist unter Angabe der Gründe im Vollzugsplan zu vermerken.

§ 7 Ärztliche Untersuchung vor Beginn des Vollzuges. [1] Der Disziplinarvorgesetzte veranlaßt vor Beginn des Vollzuges eine ärztliche Untersuchung, wenn ihm Anhaltspunkte dafür bekannt geworden sind, daß der Gesundheitszustand des Soldaten den Vollzug nicht zuläßt. [2]Ist der Soldat nicht vollzugstauglich, so hat

1. der vollstreckende Vorgesetzte, wenn Disziplinararrest zu vollziehen ist, die Vollstreckung aufzuschieben,
2. der Vollzugsleiter, wenn Freiheitsstrafe oder Strafarrest zu vollziehen ist, die Entscheidung der Vollstreckungsbehörde, wenn Jugendarrest zu vollziehen ist, die Entscheidung des Vollstreckungsleiters herbeizuführen.

§ 8 Mitnahme dienstlicher und persönlicher Gegenstände. (1) [1]Der Soldat hat zum Vollzug nur die Gegenstände mitzubringen, die für den dienstlichen und persönlichen Gebrauch als notwendig bestimmt worden sind. [2]Lichtbilder nahestehender Personen, Erinnerungsstücke von persönlichem Wert sowie Gegenstände des religiösen Gebrauchs sind ihm zu belassen. [3]Der Besitz von Büchern und anderen Gegenständen zur Fortbildung oder zur sonstigen Freizeitbeschäftigung ist ihm in angemessenem Umfang zu gestatten, soweit der Besitz oder die Überlassung oder Benutzung nicht mit Strafe oder Geldbuße bedroht ist oder die Sicherheit oder Ordnung im Vollzug oder die militärische Ordnung gefährden würde.

(2) Entscheidungen nach Absatz 1 können eingeschränkt oder widerrufen werden, soweit sich nachträglich ergibt, daß die Voraussetzungen für die Entscheidung nicht mehr gegeben sind.

(3) [1]Der Soldat, seine Sachen und der Arrestraum dürfen durchsucht werden. [2]Gegenstände, die der Soldat nicht besitzen darf, sind ihm abzunehmen und für ihn aufzubewahren.

§ 9 Pflichten und Rechte des Soldaten. Der Soldat hat auch während des Vollzuges die Pflichten und Rechte des Soldaten, soweit sich nicht aus den Vorschriften über den Vollzug etwas anderes ergibt.

§ 10 Teilnahme am Dienst und Beschäftigung. (1) [1]Der Soldat soll während des Vollzuges in seiner Ausbildung gefördert werden. [2]In der Regel soll er bei einer militärischen Einheit, wenn dies nicht möglich oder nicht tunlich ist, bei einer militärischen Dienststelle am Dienst teilnehmen; die Teilnahme kann auf bestimmte Arten des Dienstes oder auf eine bestimmte Zeit beschränkt werden. [3]Ist die Teilnahme am Dienst wegen der Persönlichkeit des Soldaten, der Art des Dienstes, der Kürze des Vollzuges oder aus anderen Gründen nicht tunlich, so soll der Soldat nach Möglichkeit in einer Weise beschäftigt werden, die seine Ausbildung fördert.

(2) Soweit der Soldat nicht am Dienst teilnimmt oder in anderer Weise beschäftigt wird, kann er innerhalb dienstlicher Unterkünfte und Anlagen zu Arbeiten herangezogen werden, die dem Erziehungszweck und den Fähigkeiten des Soldaten angemessen sind.

(3) Der Soldat darf nicht zum Wachdienst eingeteilt und nicht zu Sicherheitsaufgaben herangezogen werden.

§ 11 Aufenthalt im Freien. [1]Dem Soldaten wird täglich mindestens eine Stunde Aufenthalt im Freien ermöglicht, wenn die Witterung dies zu der festgesetzten Zeit zuläßt. [2]Der Aufenthalt im Freien kann versagt werden, wenn der Soldat während des Dienstes oder seiner Beschäftigung sich schon mindestens eine Stunde im Freien aufgehalten hat.

§ 12 Verpflegung, persönlicher Bedarf. [1] Der Soldat erhält Truppenverpflegung; Tabakwaren, andere Genußmittel, zusätzliche Nahrungsmittel und Mittel zur Körperpflege sind in angemessenem Umfang gestattet. [2] Gegenstände, die die Sicherheit oder Ordnung im Vollzug gefährden, können ausgeschlossen werden. [3] Besitz und Genuß alkoholischer Getränke sowie anderer Rauschmittel sind untersagt.

§ 13 Seelsorgerische Betreuung. (1) [1] Der Soldat hat Anspruch auf seelsorgerische Betreuung durch einen Militärgeistlichen seiner Religionsgemeinschaft. [2] Ist ein solcher Militärgeistlicher nicht bestellt, so ist dem Soldaten nach Möglichkeit zu helfen, mit einem Seelsorger seines Bekenntnisses in Verbindung zu treten.

(2) Dem Soldaten ist Gelegenheit zu geben, am Gottesdienst und an anderen religiösen Veranstaltungen seines Bekenntnisses innerhalb der militärischen Anlage oder Einrichtung, in der der Vollzug durchgeführt wird, teilzunehmen.

(3) Besteht an Sonntagen oder gesetzlichen Feiertagen keine Möglichkeit zur Teilnahme am Gottesdienst innerhalb der militärischen Anlage oder Einrichtung, so darf der Soldat im Standort an einem Gottesdienst seines Bekenntnisses teilnehmen; das gilt auch an sonstigen kirchlichen Feiertagen, soweit ihm außerhalb des Vollzuges Dienstbefreiung zu erteilen wäre.

(4) [1] Die Teilnahme an Gottesdiensten und religiösen Veranstaltungen kann aus Gründen der Sicherheit oder Ordnung untersagt werden. [2] Die Teilnahme am Gottesdienst im Standort kann auch zeitlich oder auf den Gottesdienst in einer bestimmten Kirche beschränkt werden.

§ 14 Ärztliche Betreuung. (1) Der Soldat erhält ärztliche Betreuung durch den Truppenarzt im Rahmen der freien Heilfürsorge.

(2) Aus Gründen der Gesundheit des Soldaten kann der Vollzugsleiter auf Vorschlag des Truppenarztes von Vollzugsvorschriften abweichen; solche Abweichungen sind im Vollzugsplan zu vermerken.

§ 15 Brief- und Paketpost. (1) [1] Der Soldat darf Brief- und Paketpost empfangen und absenden. [2] Sein Schriftverkehr wird nicht überwacht. [3] Pakete und Päckchen darf der Soldat nur unter Aufsicht öffnen oder verpacken; dies gilt nicht, wenn Disziplinararrest vollzogen wird.

(2) Ist gegen den Soldaten in einer anderen Sache die Untersuchungshaft angeordnet, so gelten die Bestimmungen des Absatzes 1 nur, soweit nicht der Richter hinsichtlich der Überwachung des Postverkehrs des Soldaten andere Anordnungen trifft.

§ 16 Empfang von Besuchen. (1) [1] Der Soldat darf wöchentlich einmal Besuch empfangen. [2] Weitere Besuche können gestattet werden, insbesondere wenn ein wichtiger Grund vorliegt und der Vollzug nicht gefährdet wird. [3] Besuche können untersagt oder überwacht werden, soweit dies für die Sicherheit oder Ordnung im Vollzug notwendig ist; die Unterhaltung des Soldaten mit Besuchern darf nur dann überwacht werden, wenn es aus diesen Gründen unerläßlich ist.

(2) [1] Die Beschränkungen des Absatzes 1 gelten nicht für Besuche von Verteidigern sowie von Rechtsanwälten und Notaren in einer den Soldaten betreffenden Rechtssache. [2] Sie gelten ferner nicht für Besuche von Vertretern der

Jugendgerichtshilfe und, wenn der Soldat unter Bewährungsaufsicht steht oder Erziehungshilfe angeordnet ist, für Besuche des Bewährungshelfers und des Erziehungshelfers.

(3) Ist gegen den Soldaten in einer anderen Sache die Untersuchungshaft angeordnet, so gelten die Bestimmungen des Absatzes 1 nur, soweit nicht der Richter hinsichtlich der Überwachung der Besuche andere Anordnungen trifft.

§ 17 Vollzugserleichterungen. (1) [1]Der Vollzugsleiter kann dem Soldaten wegen dringender persönlicher Gründe Urlaub bis zu sieben Tagen erteilen. [2]Durch den Urlaub wird die Vollstreckung nicht unterbrochen.

(2) [1]Ist Strafe oder Arrest mehr als einen Monat ununterbrochen vollzogen worden, so können dem Soldaten bei guter Führung auch andere Vollzugserleichterungen bewilligt werden, soweit dies mit der Sicherheit und Ordnung im Vollzug vereinbar ist. [2]Als besondere Erleichterungen können das Verlassen des Arrestgebäudes oder der militärischen Anlage oder Einrichtung auch außerhalb der Dienstzeit und für jeden Monat ununterbrochenen Vollzuges ein Tag Urlaub bewilligt werden. [3]Der Urlaub ist auf den Jahresurlaub anzurechnen; Absatz 1 Satz 2 gilt entsprechend.

(3) Die Vollzugserleichterungen können eingeschränkt oder widerrufen werden, soweit sich nachträglich ergibt, daß die Voraussetzungen für ihre Bewilligung nicht mehr gegeben sind.

§ 18 Vollzugsuntauglichkeit. (1) Wird der Soldat wegen Krankheit in ein Bundeswehrkrankenhaus oder in eine andere Krankenanstalt verbracht oder ist er nach Feststellung des Truppenarztes sonst nicht mehr vollzugstauglich, so hat der Vollzugsleiter, wenn Disziplinararrest vollzogen wird, die Entscheidung des vollstreckenden Vorgesetzten, wenn Freiheitsstrafe oder Strafarrest vollzogen wird, die Entscheidung der Vollsteckungsbehörde, und wenn Jugendarrest vollzogen wird, die Entscheidung des Vollstreckungsleiters herbeizuführen, ob die Vollstreckung unterbrochen wird.

(2) Bis zur Entscheidung über die Unterbrechung der Vollstreckung kann von den Vollzugsvorschriften abgewichen werden.

§ 19 Ordnung und Sicherheit im Vollzug. (1) [1]Verstößt ein Soldat gegen die Ordnung oder gefährdet er die Sicherheit im Vollzug, so können besondere Maßnahmen getroffen werden. [2]Sie dürfen nur insoweit und solange aufrechterhalten werden, als notwendig ist, um die Sicherheit oder Ordnung im Vollzug zu gewährleisten oder wiederherzustellen.

(2) [1]Als besondere Maßnahmen sind zulässig:

1. der Entzug oder die Vorenthaltung von Gegenständen, die der Soldat zu Gewalttätigkeiten, zur Flucht, zum Selbstmord oder zur Selbstbeschädigung oder sonst mißbrauchen könnte,
2. die Beobachtung bei Nacht,
3. der Entzug oder die Beschränkung des Aufenthalts im Freien,
4. die Unterbringung in einem besonders gesicherten Arrestraum ohne gefährdende Gegenstände.

[2]Maßnahmen nach den Nummern 1 und 2 sind unzulässig, wenn der Soldat nur gegen die Ordnung im Vollzug verstößt.

(3) [1]Mehrere Maßnahmen können nebeneinander angeordnet werden, soweit die Ordnung oder Sicherheit im Vollzug nur dadurch gewährleistet oder wiederhergestellt werden kann. [2]Eine in ihrer Wirkung schärfere Maßnahme darf nur angeordnet werden, wenn eine leichtere keinen Erfolg verspricht.

(4) [1]Die Anordnungen sind unter Angabe der Gründe im Vollzugsplan zu vermerken oder sonst aktenkundig zu machen. [2]Sie können bei Gefahr im Verzug auch vorläufig von den Vollzugshelfern getroffen werden; in diesen Fällen ist die Entscheidung des Vollzugsleiters unverzüglich einzuholen.

§ 20 Behandlung von Beschwerden. Für Beschwerden gegen unrichtige Behandlung durch militärische Vorgesetzte oder Dienststellen der Bundeswehr im Vollzug gelten die Vorschriften der Wehrbeschwerdeordnung.

§ 21 Einschränkung von Grundrechten. Das Grundrecht der körperlichen Unversehrtheit (Artikel 2 Abs. 2 Satz 1 des Grundgesetzes[1)]) sowie das Grundrecht des Postgeheimnisses (Artikel 10 Abs. 1 des Grundgesetzes) werden nach Maßgabe dieser Verordnung eingeschränkt.

§ 22 *(aufgehoben)*

§ 23 Inkrafttreten. (1) Diese Verordnung tritt am Tage nach ihrer Verkündung[2)] in Kraft.

(2) Gleichzeitig treten die Rechtsverordnung über den Vollzug des Strafarrestes vom 25. August 1958 (Bundesgesetzbl. I S. 647) und § 29 der Verordnung über den Vollzug des Jugendarrestes vom 12. August 1966 (Bundesgesetzbl. I S. 505) außer Kraft.

[1)] Nr. 1.
[2)] Verkündet am 2.12.1972.

42. Gesetz über das Zentralregister und das Erziehungsregister (Bundeszentralregistergesetz – BZRG)

In der Fassung der Bekanntmachung vom 21. September 1984[1)]
(BGBl. I S. 1229, ber. 1985 I S. 195)

FNA 312-7

zuletzt geänd. durch Art. 2 G zur Durchführung der VO (EU) 2019/816 sowie zur Änd. weiterer Vorschriften v. 10.8.2021 (BGBl. I S. 3420)

– Auszug –

Erster Teil. Registerbehörde

§ 1 Bundeszentralregister. (1) Für den Geltungsbereich dieses Gesetzes führt das Bundesamt für Justiz ein Zentralregister und ein Erziehungsregister (Bundeszentralregister).

(2) [1] Die näheren Bestimmungen trifft das Bundesministerium der Justiz und für Verbraucherschutz. [2] Soweit die Bestimmungen die Erfassung und Aufbereitung der Daten sowie die Auskunftserteilung betreffen, werden sie von der Bundesregierung mit Zustimmung des Bundesrates erlassen.

§ 2 *(aufgehoben)*

Zweiter Teil. Das Zentralregister

Erster Abschnitt. Inhalt und Führung des Registers

§ 3 Inhalt des Registers. In das Register werden eingetragen

1. strafgerichtliche Verurteilungen (§§ 4 bis 7),
2. *(aufgehoben)*
3. Entscheidungen von Verwaltungsbehörden und Gerichten (§ 10),
4. gerichtliche Entscheidungen und Verfügungen von Strafverfolgungsbehörden wegen Schuldunfähigkeit (§ 11),
5. gerichtliche Feststellungen nach § 17 Abs. 2, § 18,
6. nachträgliche Entscheidungen und Tatsachen, die sich auf eine der in den Nummern 1 bis 4 genannten Eintragungen beziehen (§§ 12 bis 16, § 17 Abs. 1).

§ 4 Verurteilungen. In das Register sind die rechtskräftigen Entscheidungen einzutragen, durch die ein deutsches Gericht im Geltungsbereich dieses Gesetzes wegen einer rechtswidrigen Tat

1. auf Strafe erkannt,
2. eine Maßregel der Besserung und Sicherung angeordnet,
3. jemanden nach § 59 des Strafgesetzbuchs mit Strafvorbehalt verwarnt oder

---

[1)] Neubekanntmachung des BZRG v. 18.3.1971 (BGBl. I S. 243) in der ab 31.1.1985 geltenden Fassung.

4. nach § 27 des Jugendgerichtsgesetzes[1)] die Schuld eines Jugendlichen oder Heranwachsenden festgestellt

hat.

§ 5 Inhalt der Eintragung. (1) Einzutragen sind

1. die Personendaten der betroffenen Person; dazu gehören der Geburtsname, ein hiervon abweichender Familienname, die Vornamen, das Geschlecht, das Geburtsdatum, der Geburtsort, die Staatsangehörigkeit und die Anschrift sowie abweichende Personendaten,
2. die entscheidende Stelle samt Geschäftsnummer,
3. der Tag der (letzten) Tat,
4. der Tag des ersten Urteils; bei Strafbefehlen gilt als Tag des ersten Urteils der Tag der Unterzeichnung durch den Richter; ist gegen den Strafbefehl Einspruch eingelegt worden, so ist der Tag der auf den Einspruch ergehenden Entscheidung Tag des ersten Urteils, außer wenn der Einspruch verworfen wurde,
5. der Tag der Rechtskraft,
6. die rechtliche Bezeichnung der Tat, deren die verurteilte Person schuldig gesprochen worden ist, unter Angabe der angewendeten Strafvorschriften,
7. die verhängten Strafen, die nach § 59 des Strafgesetzbuchs vorbehaltene Strafe sowie alle kraft Gesetzes eintretenden oder in der Entscheidung neben einer Strafe oder neben Freisprechung oder selbständig angeordneten oder vorbehaltenen Maßnahmen (§ 11 Abs. 1 Nr. 8 des Strafgesetzbuchs) und Nebenfolgen***[bis 30.9.2022: .][ab 1.10.2022: ,]***

[Nr. 8 ab 1.10.2022:]

8. *bei Drittstaatsangehörigen im Sinne des Artikels 3 Nummer 7 der Verordnung (EU) 2019/816 des Europäischen Parlaments und des Rates vom 17. April 2019 zur Einrichtung eines zentralisierten Systems für die Ermittlung der Mitgliedstaaten, in denen Informationen zu Verurteilungen von Drittstaatsangehörigen und Staatenlosen (ECRIS-TCN) vorliegen, zur Ergänzung des Europäischen Strafregisterinformationssystems und zur Änderung der Verordnung (EU) 2018/1726 (ABl. L 135 vom 22.5.2019, S. 1), die durch die Verordnung (EU) 2019/818 (ABl. L 135 vom 22.5.2019, S. 85) geändert worden ist, oder Personen, die neben einer Unionsstaatsangehörigkeit auch die Staatsangehörigkeit eines Drittstaats besitzen, die daktyloskopische Nummer, wenn sie für die Erstellung eines Datensatzes gemäß Artikel 5 Absatz 1 Buchstabe b der Verordnung (EU) 2019/816 erforderlich ist.*

(2) Die Anordnung von Erziehungsmaßregeln und Zuchtmitteln sowie von Nebenstrafen und Nebenfolgen, auf die bei Anwendung von Jugendstrafrecht erkannt worden ist, wird in das Register eingetragen, wenn sie mit einem Schuldspruch nach § 27 des Jugendgerichtsgesetzes[1)], einer Verurteilung zu Jugendstrafe oder der Anordnung einer Maßregel der Besserung und Sicherung verbunden ist.

(3) [1] Ist auf Geldstrafe erkannt, so sind die Zahl der Tagessätze und die Höhe eines Tagessatzes einzutragen. [2] Ist auf Vermögensstrafe erkannt, so sind deren Höhe und die Dauer der Ersatzfreiheitsstrafe einzutragen.

[1)] Nr. **37**.

§ 6 Gesamtstrafe und Einheitsstrafe. Wird aus mehreren Einzelstrafen nachträglich eine Gesamtstrafe gebildet oder eine einheitliche Jugendstrafe festgesetzt, so ist auch diese in das Register einzutragen.

§ 7 Aussetzung zur Bewährung; Vorbehalt der Entscheidung über die Aussetzung. (1) [1]Wird die Vollstreckung einer Strafe oder eine Maßregel der Besserung und Sicherung zur Bewährung ausgesetzt oder wird die Entscheidung über die Aussetzung einer Jugendstrafe zur Bewährung im Urteil einem nachträglichen Beschluss vorbehalten, so ist dies in das Register einzutragen. [2]Dabei ist das Ende der Bewährungszeit, der Führungsaufsicht oder einer vom Gericht für die Entscheidung über die Aussetzung einer Jugendstrafe zur Bewährung gesetzten Frist zu vermerken.

(2) Hat das Gericht den Verurteilten nach § 56d des Strafgesetzbuchs oder nach § 61b Absatz 1 Satz 2 des Jugendgerichtsgesetzes[1)] der Aufsicht und Leitung eines Bewährungshelfers unterstellt, so ist auch diese Entscheidung einzutragen.

(3) Wird jemand mit Strafvorbehalt verwarnt (§ 59 des Strafgesetzbuchs) oder wird die Entscheidung über die Verhängung einer Jugendstrafe zur Bewährung ausgesetzt (§ 27 des Jugendgerichtsgesetzes), so ist das Ende der Bewährungszeit einzutragen.

§ 10 Entscheidungen von Verwaltungsbehörden und Gerichten.

(1) [1]In das Register sind die vollziehbaren und die nicht mehr anfechtbaren Entscheidungen einer Verwaltungsbehörde einzutragen, durch die

1. von einer deutschen Behörde die Entfernung eines Mitgliedes einer Truppe oder eines zivilen Gefolges der Stationierungsstreitkräfte nach Artikel III Abs. 5 des NATO-Truppenstatuts verlangt wird,
2. ein Paß versagt, entzogen oder in seinem Geltungsbereich beschränkt oder angeordnet wird, daß ein Personalausweis nicht zum Verlassen des Gebiets des Geltungsbereichs des Grundgesetzes[2)] über eine Auslandsgrenze berechtigt,
3. a) nach dem Waffengesetz[3)] der Besitz und Erwerb von Waffen und Munition untersagt wird,
   b) die Erteilung einer Waffenbesitzkarte, eines Munitionserwerbscheins, eines Waffenscheins, eines Jagdscheins oder einer Erlaubnis nach § 27 des Sprengstoffgesetzes wegen Unzuverlässigkeit oder fehlender persönlicher Eignung abgelehnt oder nach § 34 des Sprengstoffgesetzes zurückgenommen oder widerrufen wird.

[2]Einzutragen sind auch der Verzicht auf die Erlaubnis zum Erwerb und Besitz von Waffen (§ 10 Absatz 1 des Waffengesetzes) oder Munition (§ 10 Absatz 3 des Waffengesetzes), zum Führen einer Waffe (§ 10 Absatz 4 des Waffengesetzes), zur Ausübung der Jagd (§ 15 des Bundesjagdgesetzes) sowie der Verzicht auf die Erlaubnis nach § 27 des Sprengstoffgesetzes, wenn der jeweilige Verzicht während eines Rücknahme- oder Widerrufsverfahrens wegen Unzuverlässig-

[1)] Nr. **37**.
[2)] Auszugsweise abgedruckt unter Nr. **1**.
[3)] Auszugsweise abgedruckt unter Nr. **17**.

keit oder fehlender persönlicher Eignung oder nach § 34 des Sprengstoffgesetzes erfolgt.

(2) [1] In das Register sind auch die vollziehbaren und die nicht mehr anfechtbaren Entscheidungen einer Verwaltungsbehörde sowie rechtskräftige gerichtliche Entscheidungen einzutragen, durch die wegen Unzuverlässigkeit, Ungeeignetheit oder Unwürdigkeit

1. ein Antrag auf Zulassung zu einem Beruf abgelehnt oder eine erteilte Erlaubnis zurückgenommen oder widerrufen,
2. die Ausübung eines Berufes untersagt,
3. die Befugnis zur Einstellung oder Ausbildung von Auszubildenden entzogen oder
4. die Beschäftigung, Beaufsichtigung, Anweisung oder Ausbildung von Kindern und Jugendlichen verboten

wird; richtet sich die Entscheidung nicht gegen eine natürliche Person, so ist die Eintragung bei der vertretungsberechtigten natürlichen Person vorzunehmen, die unzuverlässig, ungeeignet oder unwürdig ist. [2] Einzutragen sind auch Verzichte auf eine Zulassung zu einem Beruf während eines Rücknahme- oder Widerrufsverfahrens wegen Unzuverlässigkeit, Ungeeignetheit oder Unwürdigkeit.

(3) Wird eine nach Absatz 1 oder 2 eingetragene vollziehbare Entscheidung unanfechtbar, so ist dies in das Register einzutragen.

§ 11[1)] Schuldunfähigkeit. (1) [1] In das Register sind einzutragen

1. gerichtliche Entscheidungen und Verfügungen einer Strafverfolgungsbehörde, durch die ein Strafverfahren wegen erwiesener oder nicht auszuschließender Schuldunfähigkeit oder auf psychischer Krankheit beruhender Verhandlungsunfähigkeit ohne Verurteilung abgeschlossen wird,
2. gerichtliche Entscheidungen, durch die der Antrag der Staatsanwaltschaft, eine Maßregel der Besserung und Sicherung selbständig anzuordnen (§ 413 der Strafprozessordnung), mit der Begründung abgelehnt wird, dass von dem Beschuldigten erhebliche rechtswidrige Taten nicht zu erwarten seien oder dass er für die Allgemeinheit trotzdem nicht gefährlich sei,

sofern die Entscheidung oder Verfügung auf Grund eines medizinischen Sachverständigengutachtens in einem Strafverfahren ergangen ist und das Gutachten bei der Entscheidung nicht älter als fünf Jahre ist. [2] Das Datum des Gutachtens ist einzutragen. [3] Verfügungen der Staatsanwaltschaft werden eingetragen, wenn auf Grund bestimmter Tatsachen davon auszugehen ist, dass weitere Ermittlungen zur Erhebung der öffentlichen Klage führen würden. [4] § 5 findet entsprechende Anwendung. [6] Ferner ist einzutragen, ob es sich bei der Tat um ein Vergehen oder ein Verbrechen handelt.

(2) Die Registerbehörde unterrichtet die betroffene Person von der Eintragung.

(3) Absatz 1 gilt nicht, wenn lediglich die fehlende Verantwortlichkeit eines Jugendlichen (§ 3 des Jugendgerichtsgesetzes[2)]) festgestellt wird oder nicht ausgeschlossen werden kann.

[1)] Beachte hierzu Übergangsvorschrift in § 69 Abs. 3.
[2)] Nr. **37**.

§ 13 Nachträgliche Entscheidungen nach Jugendstrafrecht. (1) In das Register sind einzutragen

1. die Aussetzung der Jugendstrafe zur Bewährung durch Beschluß; dabei ist das Ende der Bewährungszeit zu vermerken,
2. die Aussetzung des Strafrestes; dabei ist das Ende der Bewährungszeit zu vermerken,
3. die Abkürzung oder Verlängerung der Bewährungszeit,
4. der Erlaß oder Teilerlaß der Jugendstrafe,
5. die Beseitigung des Strafmakels,
6. der Widerruf der Aussetzung einer Jugendstrafe oder eines Strafrestes und der Beseitigung des Strafmakels,
7. Entscheidungen über eine vorbehaltene Sicherungsverwahrung,
8. die nachträgliche Anordnung der Unterbringung in der Sicherungsverwahrung.

(2) [1] Wird nach § 30 Abs. 1 des Jugendgerichtsgesetzes[1)] auf Jugendstrafe erkannt, so ist auch diese in das Register einzutragen; § 7 Abs. 1 gilt entsprechend. [2] Die Eintragung über einen Schuldspruch wird aus dem Register entfernt, wenn der Schuldspruch

1. nach § 30 Abs. 2 des Jugendgerichtsgesetzes getilgt wird oder
2. nach § 31 Abs. 2, § 66 des Jugendgerichtsgesetzes in eine Entscheidung einbezogen wird, die in das Erziehungsregister einzutragen ist.

(3) Die Eintragung über eine Verurteilung wird aus dem Register entfernt, wenn diese in eine Entscheidung einbezogen wird, die in das Erziehungsregister einzutragen ist.

Dritter Abschnitt. Auskunft aus dem Register

1. Führungszeugnis

§ 30 Antrag. (1) [1] Jeder Person, die das 14. Lebensjahr vollendet hat, wird auf Antrag ein Zeugnis über den sie betreffenden Inhalt des Registers erteilt (Führungszeugnis). [2] Hat sie eine gesetzliche Vertretung, ist auch diese antragsberechtigt. [3] Ist die Person geschäftsunfähig, ist nur ihre gesetzliche Vertretung antragsberechtigt.

(2) [1] Wohnt die antragstellende Person innerhalb des Geltungsbereichs dieses Gesetzes, ist der Antrag persönlich oder mit amtlich oder öffentlich beglaubigter Unterschrift schriftlich bei der Meldebehörde zu stellen. [2] Bei der Antragstellung sind die Identität und im Fall der gesetzlichen Vertretung die Vertretungsmacht nachzuweisen. [3] Die antragstellende Person und ihre gesetzliche Vertretung können sich bei der Antragstellung nicht durch Bevollmächtigte vertreten lassen. [4] Die Meldebehörde nimmt die Gebühr für das Führungszeugnis entgegen, behält davon zwei Fünftel ein und führt den Restbetrag an die Bundeskasse ab.

(3) [1] Wohnt die antragstellende Person außerhalb des Geltungsbereichs dieses Gesetzes, so kann sie den Antrag unmittelbar bei der Registerbehörde stellen. [2] Absatz 2 Satz 2 und 3 gilt entsprechend.

[1)] Nr. **37**.

(4) Die Übersendung des Führungszeugnisses ist nur an die antragstellende Person zulässig.

(5) [1] Wird das Führungszeugnis zur Vorlage bei einer Behörde beantragt, so ist es der Behörde unmittelbar zu übersenden. [2] Die Behörde hat der antragstellenden Person auf Verlangen Einsicht in das Führungszeugnis zu gewähren. [3] Die antragstellende Person kann verlangen, daß das Führungszeugnis, wenn es Eintragungen enthält, zunächst an ein von ihr benanntes Amtsgericht zur Einsichtnahme durch sie übersandt wird. [4] Die Meldebehörde hat die antragstellende Person in den Fällen, in denen der Antrag bei ihr gestellt wird, auf diese Möglichkeit hinzuweisen. [5] Das Amtsgericht darf die Einsicht nur der antragstellenden Person persönlich gewähren. [6] Nach Einsichtnahme ist das Führungszeugnis an die Behörde weiterzuleiten oder, falls die antragstellende Person dem widerspricht, vom Amtsgericht zu vernichten.

(6) [1] Wohnt die antragstellende Person außerhalb des Geltungsbereichs dieses Gesetzes, so kann sie verlangen, dass das Führungszeugnis, wenn es Eintragungen enthält, zunächst an eine von ihr benannte amtliche Vertretung der Bundesrepublik Deutschland zur Einsichtnahme durch sie übersandt wird. [2] Absatz 5 Satz 5 und 6 gilt für die amtliche Vertretung der Bundesrepublik Deutschland entsprechend.

§ 30a Antrag auf ein erweitertes Führungszeugnis. (1) Einer Person wird auf Antrag ein erweitertes Führungszeugnis erteilt,

1. wenn die Erteilung in gesetzlichen Bestimmungen unter Bezugnahme auf diese Vorschrift vorgesehen ist oder
2. wenn dieses Führungszeugnis benötigt wird für
   a) eine berufliche oder ehrenamtliche Beaufsichtigung, Betreuung, Erziehung oder Ausbildung Minderjähriger oder
   b) eine Tätigkeit, die in einer Buchstabe a vergleichbaren Weise geeignet ist, Kontakt zu Minderjährigen aufzunehmen.

(2) [1] Wer einen Antrag auf Erteilung eines erweiterten Führungszeugnisses stellt, hat eine schriftliche Aufforderung vorzulegen, in der die Person, die das erweiterte Führungszeugnis von der antragstellenden Person verlangt, bestätigt, dass die Voraussetzungen nach Absatz 1 vorliegen. [2] Im Übrigen gilt § 30 entsprechend.

§ 30b Europäisches Führungszeugnis. (1) [1] Sofern der Mitgliedstaat eine Übermittlung nach seinem Recht vorsieht, wird in das Führungszeugnis nach § 30 oder § 30a Absatz 1 die Mitteilung über Eintragungen in den Strafregistern anderer Mitgliedstaaten der Europäischen Union vollständig und in der übermittelten Sprache (Europäisches Führungszeugnis) für die folgenden Personen aufgenommen:

1. für Personen, die die Staatsangehörigkeit eines anderen Mitgliedstaates der Europäischen Union besitzen, sowie
2. für Drittstaatsangehörige.

[2] Nicht aufgenommen werden Entscheidungen deutscher Gerichte. [3] § 30 gilt entsprechend.

(2) Ersuchen der Registerbehörde um Übermittlung der nach Absatz 1 in das Führungszeugnis zusätzlich aufzunehmenden Eintragungen für ein Euro-

päisches Führungszeugnis von Personen, die die Staatsangehörigkeit eines anderen Mitgliedstaates der Europäischen Union besitzen, sind an den Herkunftsmitgliedstaat zu richten.

(3) Ersuchen der Registerbehörde um Übermittlung der nach Absatz 1 in das Führungszeugnis zusätzlich aufzunehmenden Eintragungen für ein Führungszeugnis von Drittstaatsangehörigen sind unter Nutzung des zentralisierten Systems für die Ermittlung der Mitgliedstaaten, die über Informationen zu Verurteilungen von Drittstaatsangehörigen verfügen, an die an diesem System teilnehmenden Mitgliedstaaten der Europäischen Union zu richten.

(4) [1] Das Führungszeugnis soll spätestens 20 Werktage nach der Übermittlung der Ersuchen der Registerbehörde erteilt werden. [2] Haben die Mitgliedstaaten keine Auskunft aus ihrem Strafregister erteilt, ist hierauf im Führungszeugnis hinzuweisen.

§ 30c Elektronische Antragstellung. (1) [1] Erfolgt die Antragstellung abweichend von § 30 Absatz 2 oder Absatz 3 elektronisch, ist der Antrag unter Nutzung des im Internet angebotenen Zugangs unmittelbar bei der Registerbehörde zu stellen. [2] Die antragstellende Person kann sich nicht durch Bevollmächtigte vertreten lassen. [3] Handelt sie in gesetzlicher Vertretung, hat sie ihre Vertretungsmacht nachzuweisen.

(2) [1] Der elektronische Identitätsnachweis nach § 18 des Personalausweisgesetzes, nach § 12 des eID-Karte-Gesetzes oder nach § 78 Absatz 5 des Aufenthaltsgesetzes ist zu führen. [2] Dabei müssen aus dem elektronischen Speicher- und Verarbeitungsmedium des Personalausweises, der eID-Karte oder des elektronischen Aufenthaltstitels an die Registerbehörde übermittelt werden:

1. die Daten nach § 18 Absatz 3 Satz 1 des Personalausweisgesetzes, nach § 12 Absatz 3 Satz 2 des eID-Karte-Gesetzes in Verbindung mit § 18 Absatz 3 Satz 1 des Personalausweisgesetzes oder nach § 78 Absatz 5 Satz 2 des Aufenthaltsgesetzes in Verbindung mit § 18 Absatz 3 Satz 1 des Personalausweisgesetzes und
2. Familienname, Geburtsname, Vornamen, Geburtsort sowie Geburtsdatum, Staatsangehörigkeit und Anschrift.

[3] Lässt das elektronische Speicher- und Verarbeitungsmedium die Übermittlung des Geburtsnamens nicht zu, ist der Geburtsname im Antrag anzugeben und nachzuweisen. [4] Bei der Datenübermittlung ist ein dem jeweiligen Stand der Technik entsprechendes sicheres Verfahren zu verwenden, das die Vertraulichkeit und Integrität des elektronisch übermittelten Datensatzes gewährleistet.

(3) [1] Vorzulegende Nachweise sind gleichzeitig mit dem Antrag elektronisch einzureichen und ihre Echtheit sowie inhaltliche Richtigkeit sind an Eides statt zu versichern. [2] Bei vorzulegenden Schriftstücken kann die Registerbehörde im Einzelfall die Vorlage des Originals verlangen.

(4) [1] Die näheren Einzelheiten des elektronischen Verfahrens regelt die Registerbehörde. [2] Im Übrigen gilt § 30 entsprechend.

§ 31 Erteilung des Führungszeugnisses und des erweiterten Führungszeugnisses an Behörden. (1) [1] Behörden erhalten über eine bestimmte Person ein Führungszeugnis, soweit sie es zur Erledigung ihrer hoheitlichen Aufgaben benötigen und eine Aufforderung an die betroffene Person, ein Führungszeugnis vorzulegen, nicht sachgemäß ist oder erfolglos bleibt. [2] Die Behörde hat der betroffenen Person auf Verlangen Einsicht in das Führungszeugnis zu gewähren.

(2) [1] Behörden erhalten zum Zweck des Schutzes Minderjähriger ein erweitertes Führungszeugnis unter den Voraussetzungen des Absatzes 1. [2] Absatz 1 Satz 2 gilt entsprechend.

§ 32 Inhalt des Führungszeugnisses. (1) [1] In das Führungszeugnis werden die in den §§ 4 bis 16 bezeichneten Eintragungen aufgenommen. [2] Soweit in Absatz 2 Nr. 3 bis 9 hiervon Ausnahmen zugelassen werden, gelten diese nicht bei Verurteilungen wegen einer Straftat nach den §§ 174 bis 180 oder 182 des Strafgesetzbuches[1)].

(2) Nicht aufgenommen werden

1. die Verwarnung mit Strafvorbehalt nach § 59 des Strafgesetzbuchs,
2. der Schuldspruch nach § 27 des Jugendgerichtsgesetzes[2)],
3. Verurteilungen, durch die auf Jugendstrafe von nicht mehr als zwei Jahren erkannt worden ist, wenn die Vollstreckung der Strafe oder eines Strafrestes gerichtlich oder im Gnadenwege zur Bewährung ausgesetzt oder nach § 35 des Betäubungsmittelgesetzes zurückgestellt und diese Entscheidung nicht widerrufen worden ist,
4. Verurteilungen, durch die auf Jugendstrafe erkannt worden ist, wenn der Strafmakel gerichtlich oder im Gnadenwege als beseitigt erklärt und die Beseitigung nicht widerrufen worden ist,
5. Verurteilungen, durch die auf
   a) Geldstrafe von nicht mehr als neunzig Tagessätzen,
   b) Freiheitsstrafe oder Strafarrest von nicht mehr als drei Monaten

   erkannt worden ist, wenn im Register keine weitere Strafe eingetragen ist,
6. Verurteilungen, durch die auf Freiheitsstrafe von nicht mehr als zwei Jahren erkannt worden ist, wenn die Vollstreckung der Strafe oder eines Strafrestes
   a) nach § 35 oder § 36 des Betäubungsmittelgesetzes zurückgestellt oder zur Bewährung ausgesetzt oder
   b) nach § 56 oder § 57 des Strafgesetzbuchs zur Bewährung ausgesetzt worden ist und sich aus dem Register ergibt, daß der Verurteilte die Tat oder bei Gesamtstrafen alle oder den ihrer Bedeutung nach überwiegenden Teil der Taten auf Grund einer Betäubungsmittelabhängigkeit begangen hat,

   diese Entscheidungen nicht widerrufen worden sind und im Register keine weitere Strafe eingetragen ist,
7. Verurteilungen, durch die neben Jugendstrafe oder Freiheitsstrafe von nicht mehr als zwei Jahren die Unterbringung in einer Entziehungsanstalt angeordnet worden ist, wenn die Vollstreckung der Strafe, des Strafrestes oder der Maßregel nach § 35 des Betäubungsmittelgesetzes zurückgestellt worden ist und im übrigen die Voraussetzungen der Nummer 3 oder 6 erfüllt sind,
8. Verurteilungen, durch die Maßregeln der Besserung und Sicherung, Nebenstrafen oder Nebenfolgen allein oder in Verbindung miteinander oder

---

1) Nr. **38**.
2) Nr. **37**.

in Verbindung mit Erziehungsmaßregeln oder Zuchtmitteln angeordnet worden sind,
9. Verurteilungen, bei denen die Wiederaufnahme des gesamten Verfahrens vermerkt ist; ist die Wiederaufnahme nur eines Teils des Verfahrens angeordnet, so ist im Führungszeugnis darauf hinzuweisen,
10. abweichende Personendaten gemäß § 5 Abs. 1 Nr. 1***[ab 1.10.2022:** und die Angabe nach § 5 Absatz 1 Nummer 8]*,
11. Eintragungen nach den §§ 10 und 11,
12. die vorbehaltene Sicherungsverwahrung, falls von der Anordnung der Sicherungsverwahrung rechtskräftig abgesehen worden ist.

(3) In ein Führungszeugnis für Behörden (§ 30 Abs. 5, § 31) sind entgegen Absatz 2 auch aufzunehmen
1. Verurteilungen, durch die eine freiheitsentziehende Maßregel der Besserung und Sicherung angeordnet worden ist,
2. Eintragungen nach § 10, wenn die Entscheidung oder der Verzicht nicht länger als zehn Jahre zurückliegt,
3. Eintragungen nach § 11, wenn die Entscheidung oder Verfügung nicht länger als fünf Jahre zurückliegt,
4. abweichende Personendaten gemäß § 5 Abs. 1 Nr. 1, sofern unter diesen Daten Eintragungen erfolgt sind, die in ein Führungszeugnis für Behörden aufzunehmen sind.

(4) In ein Führungszeugnis für Behörden (§ 30 Abs. 5, § 31) sind ferner die in Absatz 2 Nr. 5 bis 9 bezeichneten Verurteilungen wegen Straftaten aufzunehmen, die
1. bei oder in Zusammenhang mit der Ausübung eines Gewerbes oder dem Betrieb einer sonstigen wirtschaftlichen Unternehmung oder
2. bei der Tätigkeit in einem Gewerbe oder einer sonstigen wirtschaftlichen Unternehmung
   a) von einem Vertreter oder Beauftragten im Sinne des § 14 des Strafgesetzbuchs oder
   b) von einer Person, die in einer Rechtsvorschrift ausdrücklich als verantwortlich bezeichnet ist,

begangen worden sind, wenn das Führungszeugnis für die in § 149 Abs. 2 Satz 1 Nr. 1 der Gewerbeordnung bezeichneten Entscheidungen bestimmt ist.

(5) Soweit in Absatz 2 Nummer 3 bis 9 Ausnahmen für die Aufnahme von Eintragungen zugelassen werden, gelten diese nicht bei einer Verurteilung wegen einer Straftat nach den §§ 171, 180a, 181a, 183 bis 184g, ***[bis 30.6.2022:*** 184i bis 184k***][ab 1.7.2022:** 184i bis 184l]*, 201a Absatz 3, den §§ 225, 232 bis 233a, 234, 235 oder § 236 des Strafgesetzbuchs[1], wenn ein erweitertes Führungszeugnis nach § 30a oder § 31 Absatz 2 erteilt wird.

§ 33 Nichtaufnahme von Verurteilungen nach Fristablauf. (1) Nach Ablauf einer bestimmten Frist werden Verurteilungen nicht mehr in das Führungszeugnis aufgenommen.

(2) Dies gilt nicht bei Verurteilungen, durch die

---

[1] Nr. **38**.

1. auf lebenslange Freiheitsstrafe erkannt worden ist, wenn der Strafrest nicht nach § 57a Abs. 3 Satz 2 in Verbindung mit § 56g des Strafgesetzbuches oder im Gnadenwege erlassen ist,
2. Sicherungsverwahrung angeordnet worden ist***[bis 30.6.2022:*** oder***][ab 1.7. 2022: ,]***
3. die Unterbringung in einem psychiatrischen Krankenhaus angeordnet worden ist, wenn ein Führungszeugnis für Behörden (§ 30 Abs. 5, § 31) beantragt wird***[bis 30.6.2022: .][ab 1.7.2022:*** *oder]*

[Nr. 4 ab 1.7.2022:]

4. *wegen einer Straftat nach den §§ 176c oder 176d des Strafgesetzbuches erkannt worden ist*
   a) auf Freiheitsstrafe von mindestens fünf Jahren oder
   b) auf Freiheitsstrafe von mindestens drei Jahren bei zwei oder mehr im Register eingetragenen Verurteilungen nach den §§ 176c oder 176d des Strafgesetzbuches,

   wenn ein erweitertes Führungszeugnis oder ein erweitertes Führungszeugnis für Behörden (§ 30 Absatz 5, § 31) beantragt wird.

§ 34 Länge der Frist. (1) Die Frist, nach deren Ablauf eine Verurteilung nicht mehr in das Führungszeugnis aufgenommen wird, beträgt

1. drei Jahre bei
   a) Verurteilungen zu
      aa) Geldstrafe und
      bb) Freiheitsstrafe oder Strafarrest von nicht mehr als drei Monaten,

      wenn die Voraussetzungen des § 32 Absatz 2 nicht vorliegen,
   b) Verurteilungen zu Freiheitsstrafe oder Strafarrest von mehr als drei Monaten, aber nicht mehr als einem Jahr, wenn die Vollstreckung der Strafe oder eines Strafrestes gerichtlich oder im Gnadenweg zur Bewährung ausgesetzt, diese Entscheidung nicht widerrufen worden und im Register nicht außerdem Freiheitsstrafe, Strafarrest oder Jugendstrafe eingetragen ist,
   c) Verurteilungen zu Jugendstrafe von nicht mehr als einem Jahr, wenn die Voraussetzungen des § 32 Absatz 2 nicht vorliegen,
   d) Verurteilungen zu Jugendstrafe von mehr als zwei Jahren, wenn ein Strafrest nach Ablauf der Bewährungszeit gerichtlich oder im Gnadenweg erlassen worden ist,
2. zehn Jahre bei Verurteilungen wegen einer Straftat nach den §§ 174 bis 180 oder 182 des Strafgesetzbuches[1)] zu einer Freiheitsstrafe oder Jugendstrafe von mehr als einem Jahr,
3. fünf Jahre in den übrigen Fällen.

[Abs. 2 bis 30.6.2022:]

(2) Die Frist, nach deren Ablauf eine Verurteilung wegen einer Straftat nach den §§ 171, 180a, 181a, 183 bis 184g, 184i bis 184k, 201a Absatz 3, den §§ 225, 232 bis 233a, 234, 235 oder § 236 des Strafgesetzbuchs zu einer Freiheitsstrafe oder Jugendstrafe von mehr als einem Jahr nicht mehr in ein erweitertes Führungszeugnis aufgenommen wird, beträgt zehn Jahre.

---

1) Nr. **38**.

[Abs. 2 ab 1.7.2022:]

(2) Die Frist, nach deren Ablauf eine Verurteilung wegen einer Straftat nach den §§ 171, 174 bis 180a, 181a, 182 bis 184g, 184i bis 184l, 201a Absatz 3, den §§ 225, 232 bis 233a, 234, 235 oder § 236 des Strafgesetzbuches[1)] nicht mehr in ein erweitertes Führungszeugnis aufgenommen wird, beträgt

1. zehn Jahre

a) bei Verurteilungen zu Geldstrafe oder Freiheitsstrafe oder Strafarrest oder Jugendstrafe,

b) bei einer Verurteilung, durch die eine freiheitsentziehende Maßregel der Besserung und Sicherung allein angeordnet worden ist,

2. zwanzig Jahre bei einer Verurteilung wegen einer Straftat nach den §§ 176 bis 176d des Strafgesetzbuches[1)] zu Freiheitsstrafe oder Jugendstrafe von mehr als einem Jahr.

(3) ***[Satz 1 bis 30.6.2022:]*** [1] In den Fällen des Absatzes 1 Nr. 1 Buchstabe d, Nr. 2, Nr. 3 und des Absatzes 2 verlängert sich die Frist um die Dauer der Freiheitsstrafe, des Strafarrestes oder der Jugendstrafe. ***[Satz 1 ab 1.7.2022:]*** *[1] In den Fällen des Absatzes 1 Nummer 1 Buchstabe d, Nummer 2 und 3 verlängert sich die Frist um die Dauer der Freiheitsstrafe, des Strafarrests oder der Jugendstrafe.* ***[Satz 2 ab 1.7.2022:]*** *[2] In den Fällen des Absatzes 2 verlängert sich die Frist bei einer Verurteilung zu einer Freiheitsstrafe oder Jugendstrafe von mehr als einem Jahr um die Dauer der Freiheitsstrafe oder der Jugendstrafe.* [2 *[ab 1.7.2022: 3]*] Bei Erlaß des Restes einer lebenslangen Freiheitsstrafe verlängert sich die Frist um den zwischen dem Tag des ersten Urteils und dem Ende der Bewährungszeit liegenden Zeitraum, mindestens jedoch um zwanzig Jahre.

§ 35 Gesamtstrafe, Einheitsstrafe und Nebenentscheidungen. (1) Ist eine Gesamtstrafe oder eine einheitliche Jugendstrafe gebildet oder ist nach § 30 Abs. 1 des Jugendgerichtsgesetzes[2)] auf Jugendstrafe erkannt worden, so ist allein die neue Entscheidung für § 32 Abs. 2 und § 34 maßgebend.

(2) Bei der Feststellung der Frist nach § 34 bleiben Nebenstrafen, Nebenfolgen und neben Freiheitsstrafe oder Strafarrest ausgesprochene Geldstrafen sowie Maßregeln der Besserung und Sicherung unberücksichtigt.

§ 36 Beginn der Frist. [1] Die Frist beginnt mit dem Tag des ersten Urteils (§ 5 Abs. 1 Nr. 4). [2] Dieser Tag bleibt auch maßgebend, wenn

1. eine Gesamtstrafe oder eine einheitliche Jugendstrafe gebildet,
2. nach § 30 Abs. 1 des Jugendgerichtsgesetzes[2)] auf Jugendstrafe erkannt wird oder
3. eine Entscheidung im Wiederaufnahmeverfahren ergeht, die eine registerpflichtige Verurteilung enthält.

§ 37 Ablaufhemmung. (1) Haben Verurteilte infolge der Verurteilung die Fähigkeit, öffentliche Ämter zu bekleiden und Rechte aus öffentlichen Wahlen zu erlangen, oder das Recht, in öffentlichen Angelegenheiten zu wählen oder zu stimmen, verloren, so läuft die Frist nicht ab, solange sie diese Fähigkeit oder dieses Recht nicht wiedererlangt haben.

[1)] Nr. **38**.
[2)] Nr. **37**.

(2) Die Frist läuft ferner nicht ab, solange sich aus dem Register ergibt, daß die Vollstreckung einer Strafe oder eine der in § 61 des Strafgesetzbuchs aufgeführten Maßregeln der Besserung und Sicherung mit Ausnahme der Sperre für die Erteilung einer Fahrerlaubnis noch nicht erledigt oder die Strafe noch nicht erlassen ist.

§ 38 Mehrere Verurteilungen. (1) Sind im Register mehrere Verurteilungen eingetragen, so sind sie alle in das Führungszeugnis aufzunehmen, solange eine von ihnen in das Zeugnis aufzunehmen ist.

(2) Außer Betracht bleiben

1. Verurteilungen, die nur in ein Führungszeugnis für Behörden aufzunehmen sind (§ 32 Abs. 3, 4, § 33 Abs. 2 Nr. 3),
2. Verurteilungen in den Fällen des § 32 Abs. 2 Nr. 1 bis 4,
3. Verurteilungen, durch die auf Geldstrafe von nicht mehr als neunzig Tagessätzen oder auf Freiheitsstrafe oder Strafarrest von nicht mehr als drei Monaten erkannt worden ist.

§ 39 Anordnung der Nichtaufnahme. (1) [1] Die Registerbehörde kann auf Antrag oder von Amts wegen anordnen, daß Verurteilungen und Eintragungen nach § 11 entgegen diesem Gesetz nicht in das Führungszeugnis aufgenommen werden. [2] Dies gilt nicht, soweit das öffentliche Interesse der Anordnung entgegensteht. [3] Die Anordnung kann auf Führungszeugnisse ohne Einbeziehung der Führungszeugnisse für Behörden, auf Führungszeugnisse ohne Einbeziehung der erweiterten Führungszeugnisse, auf Führungszeugnisse ohne Einbeziehung der erweiterten Führungszeugnisse für Behörden oder auf die einmalige Erteilung eines Führungszeugnisses beschränkt werden. [4] Die Registerbehörde soll das erkennende Gericht und die sonst zuständige Behörde hören. [5] Betrifft die Eintragung eine solche der in § 11 bezeichneten Art oder eine Verurteilung, durch die eine freiheitsentziehende Maßregel der Besserung und Sicherung angeordnet worden ist, soll sie auch die Stellungnahme eines oder einer in der Psychiatrie erfahrenen medizinischen Sachverständigen einholen.

(2) Haben Verurteilte infolge der Verurteilung durch ein Gericht im Geltungsbereich dieses Gesetzes die Fähigkeit, öffentliche Ämter zu bekleiden und Rechte aus öffentlichen Wahlen zu erlangen, oder das Recht, in öffentlichen Angelegenheiten zu wählen oder zu stimmen, verloren, so darf eine Anordnung nach Absatz 1 nicht ergehen, solange sie diese Fähigkeit oder dieses Recht nicht wiedererlangt haben.

(3) [1] Gegen die Ablehnung einer Anordnung nach Absatz 1 steht der antragstellenden Person innerhalb zwei Wochen nach der Bekanntgabe der Entscheidung die Beschwerde zu. [2] Hilft die Registerbehörde der Beschwerde nicht ab, so entscheidet das Bundesministerium der Justiz und für Verbraucherschutz.

§ 40 Nachträgliche Eintragung. [1] Wird eine weitere Verurteilung im Register eingetragen oder erfolgt eine weitere Eintragung nach § 11, so kommt der betroffenen Person eine Anordnung nach § 39 nicht zugute, solange die spätere Eintragung in das Führungszeugnis aufzunehmen ist. [2] § 38 Abs. 2 gilt entsprechend.

2. Unbeschränkte Auskunft aus dem Register

§ 41 Umfang der Auskunft. (1) Eintragungen, die in ein Führungszeugnis nicht aufgenommen werden, sowie Suchvermerke dürfen, unbeschadet der §§ 42 und 57, nur zur Kenntnis gegeben werden

1. den Gerichten, Gerichtsvorständen, Staatsanwaltschaften, dem nationalen Mitglied nach Maßgabe des § 5 Absatz 1 Nummer 2 des Eurojust-Gesetzes, den Aufsichtsstellen nach § 68a des Strafgesetzbuchs sowie der Bewährungshilfe für Zwecke der Rechtspflege sowie den Justizvollzugsbehörden für Zwecke des Strafvollzugs einschließlich der Überprüfung aller im Strafvollzug tätigen Personen,
2. den obersten Bundes- und Landesbehörden,
3. den Verfassungsschutzbehörden des Bundes und der Länder, dem Bundesnachrichtendienst und dem Militärischen Abschirmdienst für die diesen Behörden übertragenen Sicherheitsaufgaben,
4. den Finanzbehörden für die Verfolgung von Straftaten, die zu ihrer Zuständigkeit gehören,
5. den Kriminaldienst verrichtenden Dienststellen der Polizei für Zwecke der Verhütung und Verfolgung von Straftaten,
6. den Einbürgerungsbehörden für Einbürgerungsverfahren,
7. den Ausländerbehörden***[ab 1.10.2022:** , den mit der polizeilichen Kontrolle des grenzüberschreitenden Verkehrs beauftragten Behörden]* und dem Bundesamt für Migration und Flüchtlinge, wenn sich die Auskunft auf einen Ausländer bezieht,
8. den Gnadenbehörden für Gnadensachen,
9. den für waffenrechtliche oder sprengstoffrechtliche Erlaubnisse, für die Erteilung von Jagdscheinen, für Erlaubnisse zum Halten eines gefährlichen Hundes oder für Erlaubnisse für das Bewachungsgewerbe und die Überprüfung des Bewachungspersonals zuständigen Behörden,
10. dem Bundesinstitut für Arzneimittel und Medizinprodukte im Rahmen des Erlaubnisverfahrens nach dem Betäubungsmittelgesetz,
11. den Rechtsanwaltskammern oder der Patentanwaltskammer für Entscheidungen in Zulassungs-, Aufnahme- und Aufsichtsverfahren nach der Bundesrechtsanwaltsordnung, der Patentanwaltsordnung, dem Gesetz über die Tätigkeit europäischer Rechtsanwälte in Deutschland oder dem Gesetz über die Tätigkeit europäischer Patentanwälte in Deutschland,
12. dem Bundesamt für die Sicherheit der nuklearen Entsorgung, dem Eisenbahn-Bundesamt und den zuständigen Landesbehörden im Rahmen der atom- und strahlenschutzrechtlichen Zuverlässigkeitsüberprüfung nach dem Atomgesetz und dem Strahlenschutzgesetz,
13. den Luftsicherheitsbehörden für Zwecke der Zuverlässigkeitsüberprüfung nach § 7 des Luftsicherheitsgesetzes,
14. der Zentralstelle für Finanztransaktionsuntersuchungen zur Erfüllung ihrer Aufgaben nach dem Geldwäschegesetz.

(2) [1] Eintragungen nach § 17 und Verurteilungen zu Jugendstrafe, bei denen der Strafmakel als beseitigt erklärt ist, dürfen nicht nach Absatz 1 mitgeteilt werden; über sie wird nur noch den Strafgerichten und Staatsanwaltschaften für ein Strafverfahren gegen die betroffene Person Auskunft erteilt. [2] Dies gilt nicht für Verurteilungen wegen einer Straftat nach den §§ 171, 174 bis 180a, 181a,

182 bis 184g, ***[bis 30.6.2022:*** 184i bis 184k***][ab 1.7.2022:*** *184i bis 184l]*, 201a Absatz 3, den §§ 225, 232 bis 233a, 234, 235 oder § 236 des Strafgesetzbuchs[1)]. ***[Satz 3 ab 1.10.2022:]*** *[3] Die Angabe nach § 5 Absatz 1 Nummer 8 darf nicht nach Absatz 1 mitgeteilt werden.*

(3) [1] Die Auskunft nach den Absätzen 1 und 2 wird nur auf ausdrückliches Ersuchen erteilt. [2] Die in Absatz 1 genannten Stellen haben den Zweck anzugeben, für den die Auskunft benötigt wird; sie darf nur für diesen Zweck verwertet werden.

§ 42 Auskunft an die betroffene Person. [1] Das Auskunftsrecht nach Artikel 15 Absatz 1 der Verordnung (EU) 2016/679 wird dadurch gewährleistet, dass der betroffenen Person mitgeteilt wird, welche Eintragungen über sie im Register enthalten sind. [2] Für die Antragsberechtigung und das Verfahren gilt § 30 Absatz 1, für den Umfang der Auskunft gilt § 30b Absatz 1 Satz 1 und Absatz 2 bis 4 entsprechend. [3] Erfolgt die Mitteilung nicht durch Einsichtnahme bei der Registerbehörde, so ist sie, wenn die antragstellende Person im Geltungsbereich dieses Gesetzes wohnt, an ein von ihr benanntes Amtsgericht zu senden, bei dem sie die Mitteilung persönlich einsehen kann. [4] Befindet sich die betroffene Person in amtlichem Gewahrsam einer Justizbehörde, so tritt die Anstaltsleitung an die Stelle des Amtsgerichts. [5] Wohnt die antragstellende Person außerhalb des Geltungsbereichs dieses Gesetzes, so ist die Mitteilung an eine von ihr benannte amtliche Vertretung der Bundesrepublik Deutschland zu senden, bei der sie die Mitteilung persönlich einsehen kann. [6] Nach Einsichtnahme ist die Mitteilung vom Amtsgericht, der Anstaltsleitung oder der amtlichen Vertretung der Bundesrepublik Deutschland zu vernichten. [7] Zum Schutz der betroffenen Personen ist die Aushändigung der Mitteilung oder einer Kopie unzulässig.

§ 42a Auskunft für wissenschaftliche Zwecke. (1) [1] Die Übermittlung personenbezogener Daten aus dem Register an Hochschulen, andere Einrichtungen, die wissenschaftliche Forschung betreiben, und öffentliche Stellen ist zulässig, soweit

1. dies für die Durchführung bestimmter wissenschaftlicher Forschungsarbeiten erforderlich ist,
2. eine Nutzung anonymisierter Daten zu diesem Zweck nicht möglich oder die Anonymisierung mit einem unverhältnismäßigen Aufwand verbunden ist und
3. das öffentliche Interesse an der Forschungsarbeit das schutzwürdige Interesse der betroffenen Person an dem Ausschluss der Übermittlung erheblich überwiegt.

[2] Bei der Abwägung nach Satz 1 Nr. 3 ist im Rahmen des öffentlichen Interesses das wissenschaftliche Interesse an dem Forschungsvorhaben besonders zu berücksichtigen.

(1a) [1] Die mehrfache Übermittlung von personenbezogenen Daten für eine wissenschaftliche Forschungsarbeit kann für einen angemessenen Zeitraum nach Anhörung des Bundesbeauftragten für den Datenschutz und die Informa-

---

1) Nr. **38**.

tionsfreiheit mit Zustimmung des Bundesministeriums der Justiz und für Verbraucherschutz zugelassen werden, wenn

1. die Voraussetzungen von Absatz 1 Nummer 1 und 2 vorliegen,
2. ein bedeutendes öffentliches Interesse an der Forschungsarbeit besteht und
3. das bedeutende öffentliche Interesse an der Forschungsarbeit das schutzwürdige Interesse der betroffenen Personen an dem Ausschluss der Übermittlung erheblich überwiegt.

[2] Die übermittelten Daten sollen pseudonymisiert werden; ein Verzicht auf eine Pseudonymisierung ist nur zulässig, wenn dies zur Erreichung des Forschungszweckes unerlässlich ist. [3] Absatz 1 Satz 2 gilt entsprechend. [4] Der Zeitraum ist insbesondere unter Berücksichtigung des Forschungszweckes, einer beabsichtigten Pseudonymisierung der Daten, der Schwere der untersuchten Straftaten und der Länge der gesetzlichen Tilgungsfristen festzusetzen; ein Übermittlungszeitraum, der im Ergebnis die Tilgungsfristen mehr als verdoppelt, ist in der Regel nicht mehr angemessen. [5] Die Sätze 1 bis 4 gelten entsprechend, wenn bei einmaliger Übermittlung personenbezogene Daten mit früher übermittelten, noch nicht anonymisierten Daten eines anderen Forschungsvorhabens zusammengeführt werden sollen.

(2) [1] Personenbezogene Daten werden nur an solche Personen übermittelt, die Amtsträger oder für den öffentlichen Dienst besonders Verpflichtete sind oder die zur Geheimhaltung verpflichtet worden sind. [2] § 1 Abs. 2, 3 und Abs. 4 Nr. 2 des Verpflichtungsgesetzes findet auf die Verpflichtung zur Geheimhaltung entsprechende Anwendung.

(3) [1] Die personenbezogenen Daten dürfen nur für den Zweck verarbeitet werden, für den sie übermittelt worden sind. [2] Die Verarbeitung für andere Forschungsvorhaben oder die Weitergabe richtet sich nach den Absätzen 1 und 2 und bedarf der Zustimmung der Registerbehörde; Absatz 1a gilt entsprechend, wenn mehrfach von der Registerbehörde übermittelte personenbezogene Daten verknüpft werden sollen.

(4) [1] Die Daten sind gegen unbefugte Kenntnisnahme durch Dritte zu schützen. [2] Die wissenschaftliche Forschung betreibende Stelle hat dafür zu sorgen, dass die Verarbeitung der personenbezogenen Daten räumlich und organisatorisch getrennt von der Erfüllung solcher Verwaltungsaufgaben oder Geschäftszwecke erfolgt, für die diese Daten gleichfalls von Bedeutung sein können.

(5) [1] Sobald der Forschungszweck es erlaubt, sind die personenbezogenen Daten zu anonymisieren. [2] Solange dies noch nicht möglich ist, sind die Merkmale gesondert aufzubewahren, mit denen Einzelangaben über persönliche oder sachliche Verhältnisse einer bestimmten oder bestimmbaren Person zugeordnet werden können. [3] Sie dürfen mit den Einzelangaben nur zusammengeführt werden, soweit der Forschungszweck dies erfordert.

(6) [1] Wer nach den Absätzen 1 und 2 personenbezogene Daten erhalten hat, darf diese nur veröffentlichen, wenn dies für die Darstellung von Forschungsergebnissen über Ereignisse der Zeitgeschichte unerlässlich ist. [2] Die Veröffentlichung bedarf der Zustimmung der Registerbehörde.

(7) Ist der Empfänger eine nichtöffentliche Stelle, finden die Vorschriften der Verordnung (EU) 2016/679 auch Anwendung für die nichtautomatisierte Verarbeitung personenbezogener Daten, die nicht in einem Dateisystem gespeichert sind oder gespeichert werden sollen.

(8) Ist es der Registerbehörde mit vertretbarem Aufwand möglich, kann sie mit den Registerdaten vorbereitende Analysen durchführen.

§ 42b Auskünfte zur Vorbereitung von Rechtsvorschriften und allgemeinen Verwaltungsvorschriften. [1]Die Registerbehörde kann öffentlichen Stellen zur Vorbereitung und Überprüfung von Rechtsvorschriften und allgemeinen Verwaltungsvorschriften Auskünfte in anonymisierter Form erteilen. [2]§ 42a Abs. 8 gilt entsprechend.

§ 42c *(aufgehoben)*

§ 43 Weiterleitung von Auskünften. Oberste Bundes- oder Landesbehörden dürfen Eintragungen, die in ein Führungszeugnis nicht aufgenommen werden, einer nachgeordneten oder ihrer Aufsicht unterstehenden Behörde nur mitteilen, wenn dies zur Vermeidung von Nachteilen für den Bund oder ein Land unerläßlich ist oder wenn andernfalls die Erfüllung öffentlicher Aufgaben erheblich gefährdet oder erschwert würde.

3. Auskünfte an Behörden

§ 43a Verfahrensübergreifende Mitteilungen von Amts wegen.

(1) In Verfahren nach den §§ 25, 39, 49, 55 Absatz 2 und § 63 Absatz 3 ist die Übermittlung personenbezogener Daten zulässig, wenn die Kenntnis der Daten aus der Sicht der übermittelnden Stelle

1. zur Verfolgung einer Straftat,
2. zur Abwehr eines erheblichen Nachteils für das Gemeinwohl oder einer Gefahr für die öffentliche Sicherheit,
3. zur Abwehr einer schwerwiegenden Beeinträchtigung der Rechte einer anderen Person,
4. zur Abwehr einer erheblichen Gefährdung des Wohls einer minderjährigen Person oder
5. zur Erledigung eines Suchvermerks

erforderlich ist.

(2) Die §§ 18 bis 22 des Einführungsgesetzes zum Gerichtsverfassungsgesetz gelten entsprechend.

§ 44 Vertrauliche Behandlung der Auskünfte. Auskünfte aus dem Register an Behörden (§ 30 Abs. 5, §§ 31, 41, 43) dürfen nur den mit der Entgegennahme oder Bearbeitung betrauten Bediensteten zur Kenntnis gebracht werden.

4. Versagung der Auskunft zu Zwecken des Zeugenschutzes

§ 44a Versagung der Auskunft. (1) Die Registerbehörde sperrt den Datensatz einer im Register eingetragenen Person für die Auskunftserteilung, wenn eine Zeugenschutzstelle mitteilt, dass dies zum Schutz der Person als Zeuge oder Zeugin erforderlich ist.

(2) [1]Die Registerbehörde soll die Erteilung einer Auskunft aus dem Register über die gesperrten Personendaten versagen, soweit entgegenstehende öffentliche Interessen oder schutzwürdige Interessen Dritter nicht überwiegen. [2]Sie gibt der Zeugenschutzstelle zuvor Gelegenheit zur Stellungnahme; die Beur-

teilung der Zeugenschutzstelle, dass die Versagung der Auskunft für Zwecke des Zeugenschutzes erforderlich ist, ist für die Registerbehörde bindend. [3] Die Versagung der Auskunft bedarf keiner Begründung.

(3) [1] Die Registerbehörde legt über eine Person, über die keine Eintragung vorhanden ist, einen besonders gekennzeichneten Personendatensatz an, wenn die Zeugenschutzstelle darlegt, dass dies zum Schutze dieser Person als Zeuge oder Zeugin vor Ausforschung durch missbräuchliche Auskunftsersuchen erforderlich ist. [2] Über diesen Datensatz werden Auskünfte nicht erteilt. [3] Die Registerbehörde unterrichtet die Zeugenschutzstelle über jeden Antrag auf Erteilung einer Auskunft, der zu dieser Person oder zu sonst von der Zeugenschutzstelle bestimmten Daten eingeht.

(4) Die §§ 161, 161a der Strafprozessordnung bleiben unberührt.

Vierter Abschnitt. Tilgung

§ 45 Tilgung nach Fristablauf. (1) Eintragungen über Verurteilungen (§ 4) werden nach Ablauf einer bestimmten Frist getilgt.

(2) [1] Eine zu tilgende Eintragung wird ein Jahr nach Eintritt der Tilgungsreife aus dem Register entfernt. [2] Während dieser Zeit darf über die Eintragung nur der betroffenen Person Auskunft erteilt werden.

(3) Absatz 1 gilt nicht

1. bei Verurteilungen zu lebenslanger Freiheitsstrafe,
2. bei Anordnung der Unterbringung in der Sicherungsverwahrung oder in einem psychiatrischen Krankenhaus***[bis 30.6.2022: .][ab 1.7.2022:*** *oder]*

[Nr. 3 ab 1.7.2022:]

3. *bei Verurteilungen wegen einer Straftat nach den §§ 176c oder 176d des Strafgesetzbuches, durch die erkannt worden ist*
   a) *auf Freiheitsstrafe von mindestens fünf Jahren oder*
   b) *auf Freiheitsstrafe von mindestens drei Jahren bei zwei oder mehr im Register eingetragenen Verurteilungen nach den §§ 176c oder 176d des Strafgesetzbuches.*

§ 46 Länge der Tilgungsfrist. (1) Die Tilgungsfrist beträgt

1. fünf Jahre
   bei Verurteilungen
   a) zu Geldstrafe von nicht mehr als neunzig Tagessätzen, wenn keine Freiheitsstrafe, kein Strafarrest und keine Jugendstrafe im Register eingetragen ist,
   b) zu Freiheitsstrafe oder Strafarrest von nicht mehr als drei Monaten, wenn im Register keine weitere Strafe eingetragen ist,
   c) zu Jugendstrafe von nicht mehr als einem Jahr,
   d) zu Jugendstrafe von nicht mehr als zwei Jahren, wenn die Vollstreckung der Strafe oder eines Strafrestes gerichtlich oder im Gnadenwege zur Bewährung ausgesetzt worden ist,
   e) zu Jugendstrafe von mehr als zwei Jahren, wenn ein Strafrest nach Ablauf der Bewährungszeit gerichtlich oder im Gnadenwege erlassen worden ist,
   f) zu Jugendstrafe, wenn der Strafmakel gerichtlich oder im Gnadenwege als beseitigt erklärt worden ist,

g) durch welche eine Maßnahme (§ 11 Abs. 1 Nr. 8 des Strafgesetzbuchs) mit Ausnahme der Sperre für die Erteilung einer Fahrerlaubnis für immer und des Berufsverbots für immer, eine Nebenstrafe oder eine Nebenfolge allein oder in Verbindung miteinander oder in Verbindung mit Erziehungsmaßregeln oder Zuchtmitteln angeordnet worden ist,

[Nr. 1a ab 1.7.2022:]

1a. zehn Jahre
bei Verurteilungen wegen einer Straftat nach den §§ 171, 174 bis 180a, 181a, 182 bis 184g, 184i bis 184l, 201a Absatz 3, den §§ 225, 232 bis 233a, 234, 235 oder § 236 des Strafgesetzbuches[1], wenn

a) es sich um Fälle der Nummer 1 Buchstabe a bis f handelt,

b) durch sie allein die Unterbringung in einer Entziehungsanstalt angeordnet worden ist,

2. zehn Jahre
bei Verurteilungen zu

a) Geldstrafe und Freiheitsstrafe oder Strafarrest von nicht mehr als drei Monaten, wenn die Voraussetzungen der Nummer 1 Buchstabe a und b nicht vorliegen,

b) Freiheitsstrafe oder Strafarrest von mehr als drei Monaten, aber nicht mehr als einem Jahr, wenn die Vollstreckung der Strafe oder eines Strafrestes gerichtlich oder im Gnadenwege zur Bewährung ausgesetzt worden und im Register nicht außerdem Freiheitsstrafe, Strafarrest oder Jugendstrafe eingetragen ist,

c) Jugendstrafe von mehr als einem Jahr, außer in den Fällen der Nummer 1 Buchstabe d bis f,

[Buchst. d bis 30.6.2022:]

d) Jugendstrafe bei Verurteilungen wegen einer Straftat nach den §§ 171, 180a, 181a, 183 bis 184g, 184i bis 184k, 201a Absatz 3, den §§ 225, 232 bis 233a, 234, 235 oder § 236 des Strafgesetzbuchs von mehr als einem Jahr in Fällen der Nummer 1 Buchstabe d bis f,

3. zwanzig Jahre bei Verurteilungen wegen einer Straftat nach den §§ 174 bis 180 oder 182 des Strafgesetzbuches zu einer Freiheitsstrafe oder Jugendstrafe von mehr als einem Jahr,

4. fünfzehn Jahre
in allen übrigen Fällen.

(2) Die Aussetzung der Strafe oder eines Strafrestes zur Bewährung oder die Beseitigung des Strafmakels bleiben bei der Berechnung der Frist unberücksichtigt, wenn diese Entscheidungen widerrufen worden sind.

(3) *[ab 1.7.2022: 1]* In den Fällen des Absatzes 1 Nr. 1 Buchstabe e, Nr. 2 Buchstabe c ***[bis 30.6.2022:*** und d***]*** sowie Nummer 3 und 4 verlängert sich die Frist um die Dauer der Freiheitsstrafe, des Strafarrestes oder der Jugendstrafe. ***[Satz 2 ab 1.7.2022:]*** *2 In den Fällen des Absatzes 1 Nummer 1a verlängert sich die Frist bei einer Verurteilung zu einer Jugendstrafe von mehr als einem Jahr um die Dauer der Jugendstrafe.*

---

[1] Nr. **38**.

§ 47 Feststellung der Frist und Ablaufhemmung. (1) Für die Feststellung und Berechnung der Frist gelten die §§ 35, 36 entsprechend.

(2) [1]Die Tilgungsfrist läuft nicht ab, solange sich aus dem Register ergibt, daß die Vollstreckung einer Strafe oder eine der in § 61 des Strafgesetzbuchs aufgeführten Maßregeln der Besserung und Sicherung noch nicht erledigt oder die Strafe noch nicht erlassen ist. [2]§ 37 Abs. 1 gilt entsprechend.

(3) [1]Sind im Register mehrere Verurteilungen eingetragen, so ist die Tilgung einer Eintragung erst zulässig, wenn für alle Verurteilungen die Voraussetzungen der Tilgung vorliegen. [2]Die Eintragung einer Verurteilung, durch die eine Sperre für die Erteilung der Fahrerlaubnis für immer angeordnet worden ist, hindert die Tilgung anderer Verurteilungen nur, wenn zugleich auf eine Strafe erkannt worden ist, für die allein die Tilgungsfrist nach § 46 noch nicht abgelaufen wäre.

Fünfter Abschnitt. Rechtswirkungen der Tilgung

§ 51 Verwertungsverbot. (1) Ist die Eintragung über eine Verurteilung im Register getilgt worden oder ist sie zu tilgen, so dürfen die Tat und die Verurteilung der betroffenen Person im Rechtsverkehr nicht mehr vorgehalten und nicht zu ihrem Nachteil verwertet werden.

(2) Aus der Tat oder der Verurteilung entstandene Rechte Dritter, gesetzliche Rechtsfolgen der Tat oder der Verurteilung und Entscheidungen von Gerichten oder Verwaltungsbehörden, die im Zusammenhang mit der Tat oder der Verurteilung ergangen sind, bleiben unberührt.

§ 52 Ausnahmen. (1) Die frühere Tat darf abweichend von § 51 Abs. 1 nur berücksichtigt werden, wenn

1. die Sicherheit der Bundesrepublik Deutschland oder eines ihrer Länder eine Ausnahme zwingend gebietet,
2. in einem erneuten Strafverfahren ein Gutachten über die Voraussetzungen der §§ 20, 21, 63, 64, 66, 66a oder 66b des Strafgesetzbuchs zu erstatten ist, falls die Umstände der früheren Tat für die Beurteilung der Schuldfähigkeit oder Gefährlichkeit der betroffenen Person von Bedeutung sind,
3. die Wiederaufnahme des früheren Verfahrens beantragt wird,
4. die betroffene Person die Zulassung zu einem Beruf oder einem Gewerbe, die Einstellung in den öffentlichen Dienst oder die Erteilung einer Waffenbesitzkarte, eines Munitionserwerbscheins, Waffenscheins, Jagdscheins oder einer Erlaubnis nach § 27 des Sprengstoffgesetzes beantragt, falls die Zulassung, Einstellung oder Erteilung der Erlaubnis sonst zu einer erheblichen Gefährdung der Allgemeinheit führen würde; das gleiche gilt, wenn die betroffene Person die Aufhebung einer die Ausübung eines Berufes oder Gewerbes untersagenden Entscheidung beantragt oder
5. dies in gesetzlichen Bestimmungen unter Bezugnahme auf diese Vorschrift vorgesehen ist.

(2) [1]Abweichend von § 51 Absatz 1 darf eine frühere Tat ferner

1. in einem Verfahren, das die Erteilung oder Entziehung einer Fahrerlaubnis zum Gegenstand hat,
2. zur Ergreifung von Maßnahmen nach dem Fahreignungs-Bewertungssystem nach § 4 Absatz 5 des Straßenverkehrsgesetzes

berücksichtigt werden, solange die Verurteilung nach den Vorschriften der §§ 28 bis 30b des Straßenverkehrsgesetzes verwertet werden darf. [2] Außerdem dürfen für die Prüfung der Berechtigung zum Führen von Kraftfahrzeugen Entscheidungen der Gerichte nach den §§ 69 bis 69b des Strafgesetzbuches verwertet werden.

Sechster Abschnitt. Begrenzung von Offenbarungspflichten des Verurteilten

§ 53 Offenbarungspflicht bei Verurteilungen. (1) Verurteilte dürfen sich als unbestraft bezeichnen und brauchen den der Verurteilung zugrunde liegenden Sachverhalt nicht zu offenbaren, wenn die Verurteilung

1. nicht in das Führungszeugnis oder nur in ein Führungszeugnis nach § 32 Abs. 3, 4 aufzunehmen oder
2. zu tilgen ist.

(2) Soweit Gerichte oder Behörden ein Recht auf unbeschränkte Auskunft haben, können Verurteilte ihnen gegenüber keine Rechte aus Absatz 1 Nr. 1 herleiten, falls sie hierüber belehrt werden.

Dritter Teil. Das Erziehungsregister

§ 59 Führung des Erziehungsregisters. Für das Erziehungsregister gelten die Vorschriften des Zweiten Teils, soweit die §§ 60 bis 64 nicht etwas anderes bestimmen.

§ 60 Eintragungen in das Erziehungsregister. (1) In das Erziehungsregister werden die folgenden Entscheidungen und Anordnungen eingetragen, soweit sie nicht nach § 5 Abs. 2 in das Zentralregister einzutragen sind:

1. die Anordnung von Maßnahmen nach § 3 Satz 2 des Jugendgerichtsgesetzes[1)],
2. die Anordnung von Erziehungsmaßregeln oder Zuchtmitteln sowie eines diesbezüglich verhängten Ungehorsamsarrestes (§§ 9 bis 16 des Jugendgerichtsgesetzes), Nebenstrafen oder Nebenfolgen (§ 8 Abs. 3, § 76 des Jugendgerichtsgesetzes) allein oder in Verbindung miteinander,
3. der Schuldspruch, der nach § 13 Absatz 2 Satz 2 aus dem Zentralregister entfernt worden ist, sowie die Entscheidung, die nach § 13 Absatz 3 aus dem Zentralregister entfernt worden ist,
4. Entscheidungen, in denen das Gericht die Auswahl und Anordnung von Erziehungsmaßregeln dem Familiengericht überläßt (§§ 53, 104 Abs. 4 des Jugendgerichtsgesetzes),
5. Anordnungen des Familiengerichts, die auf Grund einer Entscheidung nach Nummer 4 ergehen,
6. der Freispruch wegen mangelnder Reife und die Einstellung des Verfahrens aus diesem Grunde (§ 3 Satz 1 des Jugendgerichtsgesetzes),
7. das Absehen von der Verfolgung nach § 45 des Jugendgerichtsgesetzes und die Einstellung des Verfahrens nach § 47 des Jugendgerichtsgesetzes,
8. *(aufgehoben)*

[1)] Nr. **37**.

9. vorläufige und endgültige Entscheidungen des Familiengerichts nach § 1666 Abs. 1 und § 1666a des Bürgerlichen Gesetzbuchs[1] sowie Entscheidungen des Familiengerichts nach ***[bis 31.12.2022:*** § 1837 Abs. 4***][ab 1.1.2023:*** *§ 1802 Absatz 2 Satz 3]* in Verbindung mit § 1666 Abs. 1 und § 1666a des Bürgerlichen Gesetzbuchs[1], welche die Sorge für die Person des Minderjährigen betreffen; ferner die Entscheidungen, durch welche die vorgenannten Entscheidungen aufgehoben oder geändert werden.

(2) In den Fällen des Absatzes 1 Nr. 7 ist zugleich die vom Gericht nach § 45 Abs. 3 oder § 47 Abs. 1 Satz 1 Nr. 3 des Jugendgerichtsgesetzes getroffene Maßnahme einzutragen.

(3) Ist ein Jugendarrest angeordnet worden, wird auch seine vollständige Nichtvollstreckung eingetragen.

§ 61 Auskunft aus dem Erziehungsregister. (1) Eintragungen im Erziehungsregister dürfen – unbeschadet der §§ 21a, 42a – nur mitgeteilt werden

1. den Strafgerichten und Staatsanwaltschaften für Zwecke der Rechtspflege sowie den Justizvollzugsbehörden für Zwecke des Strafvollzugs einschließlich der Überprüfung aller im Strafvollzug tätigen Personen,
2. den Familiengerichten für Verfahren, welche die Sorge für die Person des im Register Geführten betreffen,
3. den Jugendämtern und den Landesjugendämtern für die Wahrnehmung von Erziehungsaufgaben der Jugendhilfe,
4. den Gnadenbehörden für Gnadensachen,
5. den für waffen- und sprengstoffrechtliche Erlaubnisse sowie den für luftsicherheitsrechtliche Zuverlässigkeitsüberprüfungen zuständigen Behörden mit der Maßgabe, dass nur Entscheidungen und Anordnungen nach § 60 Abs. 1 Nr. 1 bis 7 mitgeteilt werden dürfen,
6. den Verfassungsschutzbehörden des Bundes und der Länder, dem Bundesnachrichtendienst und dem Militärischen Abschirmdienst für die diesen Behörden übertragenen Sicherheitsaufgaben, wenn eine Auskunft nach § 41 Absatz 1 Nummer 3 im Einzelfall nicht ausreicht, und mit der Maßgabe, dass nur Entscheidungen und Anordnungen nach § 60 Absatz 1 Nummer 1 bis 7 mitgeteilt werden dürfen.

(2) Soweit Behörden sowohl aus dem Zentralregister als auch aus dem Erziehungsregister Auskunft zu erteilen ist, werden auf ein Ersuchen um Auskunft aus dem Zentralregister (§ 41 Absatz 3) auch die in das Erziehungsregister aufgenommenen Eintragungen mitgeteilt.

(3) Auskünfte aus dem Erziehungsregister dürfen nicht an andere als die in Absatz 1 genannten Behörden weitergeleitet werden.

§ 62 Suchvermerke. Im Erziehungsregister können Suchvermerke unter den Voraussetzungen des § 27 nur von den Behörden gespeichert werden, denen Auskunft aus dem Erziehungsregister erteilt wird.

§ 63 Entfernung von Eintragungen. (1) Eintragungen im Erziehungsregister werden entfernt, sobald die betroffene Person das 24. Lebensjahr vollendet hat.

---

[1] Nr. 2.

(2) Die Entfernung unterbleibt, solange im Zentralregister eine Verurteilung zu Freiheitsstrafe, Strafarrest oder Jugendstrafe oder eine freiheitsentziehende Maßregel der Besserung und Sicherung eingetragen ist.

(3) [1] Die Registerbehörde kann auf Antrag oder von Amts wegen anordnen, daß Eintragungen vorzeitig entfernt werden, wenn die Vollstreckung erledigt ist und das öffentliche Interesse einer solchen Anordnung nicht entgegensteht. [2] § 49 Abs. 3 ist anzuwenden.

(4) Die §§ 51, 52 gelten entsprechend.

§ 64 Begrenzung von Offenbarungspflichten der betroffenen Person.

(1) Eintragungen in das Erziehungsregister und die ihnen zugrunde liegenden Sachverhalte braucht die betroffene Person nicht zu offenbaren.

(2) Soweit Gerichte oder Behörden ein Recht auf Auskunft aus dem Erziehungsregister haben, kann die betroffene Person ihnen gegenüber keine Rechte aus Absatz 1 herleiten, falls sie hierüber belehrt wird.

Vierter Teil. Übernahme des Strafregisters beim Generalstaatsanwalt der Deutschen Demokratischen Republik

§ 64a Strafregister der Deutschen Demokratischen Republik.

(1) Die Registerbehörde ist für das Speichern, Verändern, Übermitteln, Sperren und Löschen der Eintragungen und der zugrunde liegenden Unterlagen des bisher beim Generalstaatsanwalt der Deutschen Demokratischen Republik geführten Strafregisters zuständig; sie trägt als speichernde Stelle insoweit die datenschutzrechtliche Verantwortung.

(2) [1] Eintragungen des bisher beim Generalstaatsanwalt der Deutschen Demokratischen Republik geführten Strafregisters werden in das Zentralregister oder das Erziehungsregister übernommen. [2] Die Übernahme der Eintragungen in das Zentralregister oder das Erziehungsregister erfolgt spätestens anlässlich der Bearbeitung einer Auskunft aus dem Zentralregister oder dem Erziehungsregister nach Prüfung durch die Registerbehörde unter Beachtung von Absatz 3. [3] Die Entscheidung über die Übernahme aller Eintragungen hat innerhalb von drei Jahren zu erfolgen.

(3) [1] Nicht übernommen werden Eintragungen

1. über Verurteilungen oder Erkenntnisse, bei denen der zugrunde liegende Sachverhalt im Zeitpunkt der Übernahme dieses Gesetzes nicht mehr mit Strafe bedroht oder mit Ordnungsmitteln belegt ist,
2. über Verurteilungen oder Erkenntnisse, bei denen sich ergibt, daß diese mit rechtsstaatlichen Maßstäben nicht vereinbar sind,
3. von Untersuchungsorganen und von Staatsanwaltschaften im Sinne des Strafregistergesetzes der Deutschen Demokratischen Republik.

[2] Für Verurteilungen, die nicht übernommen wurden, gelten die §§ 51 bis 53.

(4) [1] Bis zur Entscheidung über die Übernahme sind die Eintragungen nach Absatz 1 außerhalb des Zentralregisters oder des Erziehungsregisters zu speichern und für Auskünfte nach diesem Gesetz zu sperren. [2] Dies gilt auch für Eintragungen, deren Übernahme abgelehnt worden ist. [3] Die in das Zentralregister oder das Erziehungsregister zu übernehmenden Eintragungen werden

vom Zeitpunkt der Übernahmeentscheidung an nach den Vorschriften dieses Gesetzes behandelt.

(5) [1] Die Tilgungsfrist berechnet sich weiterhin nach den bisherigen Bestimmungen (§§ 26 bis 34 des Strafregistergesetzes der Deutschen Demokratischen Republik). [2] Erfolgt eine Neueintragung nach Übernahme des Bundeszentralregistergesetzes, gelten für die Feststellung und Berechnung der Tilgungsfrist die Vorschriften dieses Gesetzes.

§ 64b Eintragungen und Eintragungsunterlagen. (1) [1] Die nach § 64a Absatz 1 gespeicherten Eintragungen und Eintragungsunterlagen aus dem ehemaligen Strafregister der Deutschen Demokratischen Republik dürfen den für die Rehabilitierung zuständigen Stellen für Zwecke der Rehabilitierung übermittelt werden. [2] Eine Verarbeitung für andere Zwecke ist nur mit Einwilligung der betroffenen Person zulässig.

(2) [1] Auf Anforderung darf den zuständigen Stellen mitgeteilt werden, welche Eintragungen gemäß § 64a Abs. 3 nicht in das Zentralregister oder das Erziehungsregister übernommen worden sind, soweit dies bei Richtern und Staatsanwälten wegen ihrer dienstlichen Tätigkeit in der Deutschen Demokratischen Republik für dienstrechtliche Maßnahmen oder zur Rehabilitierung betroffener Personen erforderlich ist. [2] Die Mitteilung kann alle Eintragungen, die die anfordernde Stelle für ihre Entscheidung nach Satz 1 benötigt, oder nur solche Eintragungen umfassen, die bestimmte, von der anfordernden Stelle vorgegebene Eintragungsmerkmale erfüllen.

Fünfter Teil. Übergangs- und Schlußvorschriften

§ 65 Übernahme von Eintragungen in das Zentralregister. (1) Eintragungen, die vor dem Inkrafttreten dieses Gesetzes in das Strafregister aufgenommen worden sind, werden in das Zentralregister übernommen.

(2) Nicht übernommen werden Eintragungen über Verurteilungen zu

1. Geldstrafe, die mehr als zwei Jahre vor dem Inkrafttreten dieses Gesetzes ausgesprochen worden ist, wenn die Ersatzfreiheitsstrafe nicht mehr als drei Monate beträgt und keine weitere Eintragung im Register enthalten ist,
2. Geldstrafe, bei der die Voraussetzungen der Nummer 1 nicht vorliegen, Freiheitsstrafe und Jugendstrafe von nicht mehr als neun Monaten sowie Strafarrest, wenn die Strafe mehr als fünf Jahre vor dem Inkrafttreten dieses Gesetzes ausgesprochen worden ist,
3. Freiheitsstrafe und Jugendstrafe von mehr als neun Monaten, aber nicht mehr als drei Jahren, die mehr als zehn Jahre vor dem Inkrafttreten dieses Gesetzes ausgesprochen worden ist,
4. Freiheitsstrafe und Jugendstrafe von mehr als drei, aber nicht mehr als fünf Jahren, die mehr als fünfzehn Jahre vor dem Inkrafttreten dieses Gesetzes ausgesprochen worden ist.

(3) Absatz 2 gilt nicht, wenn

1. die betroffene Person als gefährlicher Gewohnheitsverbrecher oder innerhalb der letzten zehn Jahre vor dem Inkrafttreten dieses Gesetzes zu Freiheitsstrafe oder Jugendstrafe von mehr als neun Monaten verurteilt worden ist,

2. gegen die betroffene Person auf Unterbringung in einer Heil- oder Pflegeanstalt oder auf Untersagung der Erteilung der Fahrerlaubnis für immer erkannt worden ist.

(4) Nicht übernommen werden ferner Eintragungen über Entscheidungen von Verwaltungsbehörden aus der Zeit bis zum 23. Mai 1945.

(5) Die in das Zentralregister zu übernehmenden Eintragungen werden nach den Vorschriften dieses Gesetzes behandelt.

§ 66 Bei Inkrafttreten dieses Gesetzes getilgte oder tilgungsreife Eintragungen. Für die Verurteilungen, die bei dem Inkrafttreten dieses Gesetzes im Strafregister getilgt oder tilgungsreif sind oder die nach § 65 Abs. 2 nicht in das Zentralregister übernommen werden, gelten die §§ 51 bis 53.

§ 67 Eintragungen in der Erziehungskartei. Die bei dem Inkrafttreten dieses Gesetzes vorhandenen Eintragungen in der gerichtlichen Erziehungskartei sind in das Erziehungsregister zu übernehmen.

§ 68 Bestimmungen und Bezeichnungen in anderen Vorschriften.

Soweit in anderen Vorschriften auf das Gesetz über beschränkte Auskunft aus dem Strafregister und die Tilgung von Strafvermerken oder auf Bestimmungen des Jugendgerichtsgesetzes[1)], welche die Behandlung von Verurteilungen nach Jugendstrafrecht im Strafregister betreffen, verwiesen wird oder Bezeichnungen verwendet werden, die durch dieses Gesetz aufgehoben oder geändert werden, treten an ihre Stelle die entsprechenden Bestimmungen und Bezeichnungen dieses Gesetzes.

§ 69 Übergangsvorschriften. (1) Sind strafrechtliche Verurteilungen, die nicht durch deutsche Gerichte im Geltungsbereich dieses Gesetzes ergangen sind, vor dem 1. August 1984 in das Zentralregister oder das Erziehungsregister eingetragen worden, so ist die Eintragung nach den bis zum Inkrafttreten des Zweiten Gesetzes zur Änderung des Bundeszentralregistergesetzes vom 17. Juli 1984 (BGBl. I S. 990) geltenden Vorschriften zu behandeln.

(2) [1] Verurteilungen wegen einer Straftat nach den §§ 174 bis 180 oder § 182 des Strafgesetzbuches[2)] zu einer Freiheitsstrafe oder Jugendstrafe, die vor dem 1. Juli 1998 in das Zentralregister eingetragen wurden, werden nach den Vorschriften dieses Gesetzes in der ab dem 1. Juli 1998 gültigen Fassung behandelt. [2] In ein Führungszeugnis oder eine unbeschränkte Auskunft werden vor dem 30. Januar 1998 erfolgte Verurteilungen nur aufgenommen, soweit sie zu diesem Zeitpunkt in ein Führungszeugnis oder eine unbeschränkte Auskunft aufzunehmen waren.

(3) [1] Eintragungen nach § 11, die vor dem 1. Oktober 2002 erfolgt sind, werden nach 20 Jahren aus dem Zentralregister entfernt. [2] Die Frist beginnt mit dem Tag der Entscheidung oder Verfügung. [3] § 24 Abs. 4 gilt entsprechend.

[Abs. 4 bis 30.6.2022:]

(4) Verurteilungen wegen einer Straftat nach den §§ 171, 180a, 181a, 183 bis 184f, 225, 232 bis 233a, 234, 235 oder § 236 des Strafgesetzbuchs, die vor dem 1. Mai 2010 in das Zentralregister eingetragen wurden, werden nach den

---

[1)] Nr. **37**.
[2)] Nr. **38**.

Vorschriften dieses Gesetzes in der ab 1. Mai 2010 geltenden Fassung behandelt.

[Abs. 4 ab 1.7.2022:]

(4) Verurteilungen wegen einer Straftat nach den §§ 171, 174 bis 180a, 181a, 182 bis 184g, 184i bis 184k, 201a Absatz 3, den §§ 225, 232 bis 233a, 234, 235 oder § 236 des Strafgesetzbuches[1], die vor dem 1. Juli 2022 in das Zentralregister eingetragen wurden, werden nach den Vorschriften dieses Gesetzes in der ab 1. Juli 2022 geltenden Fassung behandelt.

(5) [1] § 21 Satz 2 in der ab dem 29. Juli 2017 geltenden Fassung ist erst ab dem 1. Mai 2018 anzuwenden. [2] Bis zum 30. April 2018 ist § 21a Satz 2 in der am 20. November 2015 geltenden Fassung weiter anzuwenden.

[1] Nr. **38**.

43. Übersicht zu den Jugendstrafvollzugsregelungen der Länder

Nach der Neuregelung der Art. 72ff. GG durch das FöderalismusreformG v. 28.8. 2006 (BGBl. I S. 2034) fällt der Strafvollzug einschließlich des Untersuchungshaftvollzugs in die Gesetzgebungskompetenz der Länder (Art. 74 Abs. 1 Nr. 1 iVm Art. 70 Abs. 1 GG).

– *Baden-Württemberg*
Gesetzbuch über den Justizvollzug in Baden-Württemberg (Justizvollzugsgesetzbuch - JVollzGB) [Buch 4. Jugendstrafvollzug] v. 10.11.2009 (GBl. S. 545, 597), zuletzt geänd. durch G v. 17.12.2020 (GBl. 2021 S. 1)

– *Bayern*
Art. 121–158 Gesetz über den Vollzug der Freiheitsstrafe, der Jugendstrafe und der Sicherungsverwahrung (Bayerisches Strafvollzugsgesetz - BayStVollzG) (auszugsweise abgedruckt unter Nr. *45*)

– *Berlin*
Gesetz über den Vollzug der Jugendstrafe in Berlin (Berliner Jugendstrafvollzugsgesetz - JStVollzG Bln) v. 4.4.2016 (GVBl. S. 152, 171), geänd. durch G v. 27.9.2021 (GVBl. S. 1145)

– *Brandenburg*
Gesetz über den Vollzug der Freiheitsstrafe, der Jugendstrafe und der Untersuchungshaft im Land Brandenburg (Brandenburgisches Justizvollzugsgesetz - BbgJVollzG) v. 24.4.2013 (GVBl. I Nr. 14), zuletzt geänd. durch G v. 19.6. 2019 (GVBl. I Nr. 43)

– *Bremen*
Gesetz über den Vollzug der Jugendstrafe im Land Bremen (Bremisches Jugendstrafvollzugsgesetz - BremJStVollzG) v. 27.3.2007 (Brem.GBl. S. 233), geänd. durch G v. 14.7.2020 (Brem.GBl. S. 721)

– *Hamburg*
Gesetz über den Vollzug der Jugendstrafe (Hamburgisches Jugendstrafvollzugsgesetz - HmbJStVollzG) v. 14.7.2009 (HmbGVBl. S. 257, 280), zuletzt geänd. durch G v. 27.4.2021 (HmbGVBl. S. 285)

– *Hessen*
Hessisches Jugendstrafvollzugsgesetz (HessJStVollzG) v. 19.11.2007 (GVBl. I S. 758), zuletzt geänd. durch G v. 12.11.2020 (GVBl. S. 778)

– *Mecklenburg-Vorpommern*
Gesetz über den Vollzug der Jugendstrafe (Jugendstrafvollzugsgesetz Mecklenburg-Vorpommern - JStVollzG M-V) v. 14.12.2007 (GVOBl. M-V S. 427), zuletzt geänd. durch G v. 21.11.2020 (GVOBl. M-V S. 1254)

– *Niedersachsen*
§§ 113–132 Niedersächsisches Justizvollzugsgesetz (NJVollzG) idF der Bek. v. 8.4.2014 (Nds. GVBl. S. 106), zuletzt geänd. durch G v. 20.5.2019 (Nds. GVBl. S. 88)

– *Nordrhein-Westfalen*
Gesetz zur Regelung des Jugendstrafvollzuges in Nordrhein-Westfalen (Jugendstrafvollzugsgesetz Nordrhein-Westfalen - JStVollzG NRW) (Nr. *44*)

– *Rheinland-Pfalz*
LandesjustizvollzugsG v. 8.5.2013 (GVBl. S. 79), zuletzt geänd. durch G v. 15.10.2020 (GVBl. S. 571)

– *Saarland*
Gesetz über den Vollzug der Jugendstrafe (Saarländisches Jugendstrafvollzugsgesetz – SJStVollzG) v. 30.10.2007 (Amtsbl. S. 2370), zuletzt geänd. durch G v. 16.6.2021 (Amtsbl. I S. 1822)

– *Sachsen*
Sächsisches Gesetz über den Vollzug der Jugendstrafe (Sächsisches Jugendstrafvollzugsgesetz – SächsJStVollzG) v. 12.12.2007 (SächsGVBl. S. 558), zuletzt geänd. durch G v. 22.8.2019 (SächsGVBl. S. 663)

– *Sachsen-Anhalt*
Justizvollzugsgesetzbuch Sachsen-Anhalt (JVollzGB LSA) v. 18.12.2015 (GVBl. LSA S. 666), zuletzt geänd. durch G v. 25.3.2021 (GVBl. LSA S. 120)

– *Schleswig-Holstein*
Gesetz über den Vollzug der Jugendstrafe in Schleswig-Holstein - Jugendstrafvollzugsgesetz - (JStVollzG) v. 23.9.2021 (GVOBl. Schl.-H. S. 1170, 1177)

– *Thüringen*
Thüringer Justizvollzugsgesetzbuch (ThürJVollzGB) v. 27.2.2014 (GVBl. S. 13)

44. Gesetz zur Regelung des Jugendstrafvollzuges in Nordrhein-Westfalen (Jugendstrafvollzugsgesetz Nordrhein-Westfalen – JStVollzG NRW)[1]

Vom 7. April 2017
(GV. NRW. S. 511)

SGV. NRW. 46

zuletzt geänd. durch Art. 6 G zur Verbesserung des Rechtsschutzes bei Fixierungen im Justiz- und Maßregelvollzug und bei öffentlich-rechtlichen Unterbringungen in psychiatrischen Einrichtungen v. 2.7.2019 (GV. NRW. S. 339)

Inhaltsübersicht

---

[1] Verkündet als Art. 1 G v. 7.4.2017 (GV. NRW. S. 511).
[2] Nr. **37**.

Abschnitt 1. Anwendungsbereich, Grundsätze des Vollzuges

§ 1 Anwendungsbereich. [1] Dieses Gesetz regelt den Vollzug der Jugendstrafe sowie der Freiheitsstrafe, soweit diese in Anstalten des Jugendstrafvollzuges nach § 59 vollzogen wird. [2] Wird die Jugendstrafe in einer Einrichtung des Vollzuges in freien Formen außerhalb der Landesjustizverwaltung vollzogen, finden die nachfolgenden Vorschriften nur Anwendung, soweit Zweck und Eigenart des Vollzuges der Jugendstrafe in freien Formen und die Organisation der Einrichtung nicht entgegenstehen.

§ 2 Vollzugsziel. [1] Der Vollzug der Jugendstrafe dient dem Ziel, die Gefangenen zu befähigen, künftig in sozialer Verantwortung ein Leben ohne Straftaten zu führen. [2] Er trägt durch eine an den Entwicklungspotentialen der Gefangenen orientierte Förderung dazu bei, individuelle Benachteiligungen zu vermeiden oder abzubauen.

§ 3 Grundsätze der Vollzugsgestaltung. (1) [1] Der Vollzug der Jugendstrafe ist erzieherisch nach anerkannten Grundsätzen der Jugendpädagogik zu gestalten. [2] Zur Erreichung des Vollzugsziels ist die Bereitschaft der Gefangenen zu einer eigenverantwortlichen und gemeinschaftsfähigen Lebensführung in Achtung der Rechte anderer zu wecken und zu fördern. [3] Sinnvolle Beschäftigungsmöglichkeiten sollen ihre Gesundheit, ihre Selbstachtung sowie Fähigkeiten und Fertigkeiten erhalten und stärken und ihnen helfen, sich als sozial verantwortungsvolle Mitglieder der Gesellschaft zu entwickeln.

(2) [1] Das Leben im Vollzug ist den allgemeinen Lebensverhältnissen soweit wie möglich anzugleichen. [2] Der Vollzug ist von Beginn an darauf auszurichten, dass er den Gefangenen hilft, sich in das Leben in Freiheit einzugliedern. [3] Schädlichen Folgen des Freiheitsentzuges ist entgegenzuwirken.

(3) [1] Die Persönlichkeit und die Würde der Gefangenen sind zu achten. [2] Bei der Ausgestaltung des Vollzuges werden die unterschiedlichen Lebenslagen und Bedürfnisse der Gefangenen, insbesondere im Hinblick auf Geschlecht, Entwicklungsstand, Zuwanderungshintergrund, Religion, Behinderung und sexuelle Identität in angemessenem Umfang berücksichtigt.

(4) Alle im Vollzug Tätigen arbeiten zusammen und wirken mit, das Vollzugsziel zu erreichen.

(5) Personelle Ausstattung, sachliche Mittel und Organisation der Einrichtungen des Jugendstrafvollzuges werden an dessen Zielsetzung und Aufgaben sowie den altersspezifischen besonderen Bedürfnissen der Gefangenen ausgerichtet.

(6) [1] Gefangene unterliegen den in diesem Gesetz vorgesehenen Beschränkungen ihrer Freiheit. [2] Soweit das Gesetz eine besondere Regelung nicht enthält, können ihnen Beschränkungen auferlegt werden, die zur Aufrechterhaltung der Sicherheit oder zur Abwendung einer schwerwiegenden Störung der Ordnung der Anstalt erforderlich sind.

(7) [1] Von mehreren gleich geeigneten Maßnahmen ist diejenige zu wählen, die die Gefangenen voraussichtlich am wenigsten beeinträchtigt. [2] Eine Maßnahme darf nicht zu einem Nachteil führen, der zu dem angestrebten Erfolg erkennbar außer Verhältnis steht. [3] Sie ist nur so lange zulässig, bis ihr Zweck erreicht ist oder nicht mehr erreicht werden kann.

§ 4 Förderung und Erziehung, Mitwirkung und Motivierung. (1) Grundlage der Förderung und Erziehung im Vollzug der Jugendstrafe sind alle Maßnahmen und Programme, welche die Fähigkeiten und Fertigkeiten der Gefangenen im Hinblick auf die Erreichung des Vollzugsziels entwickeln und stärken.

(2) Durch differenzierte Angebote wird auf den jeweiligen Entwicklungsstand und den unterschiedlichen Förder- und Erziehungsbedarf der Gefangenen eingegangen.

(3) Förderung und Erziehung sind zukunftsorientiert auszugestalten und sind insbesondere auf die Auseinandersetzung mit den Straftaten der Gefangenen und ihren Folgen, schulische Bildung, berufliche Qualifizierung und arbeitstherapeutische Angebote, soziale Rehabilitation und die verantwortliche Gestaltung des alltäglichen Zusammenlebens, der freien Zeit sowie der Außenkontakte ausgerichtet.

(4) [1] Die Gefangenen sollen an Maßnahmen zur Erreichung des Vollzugsziels und der Gestaltung des Vollzuges mitwirken. [2] Die Bereitschaft der Gefangenen ist fortwährend durch eine auf Ermutigung zur aktiven Mitwirkung abstellende individuelle Förderplanung, motivierende Lerngelegenheiten und sonstige Angebote und Maßnahmen, die dem jeweiligen Entwicklungsstand der Gefangenen entsprechen, zu wecken und zu fördern.

§ 5 Soziale Hilfe. (1) [1] Die Gefangenen sollen befähigt werden, ihre Angelegenheiten eigenständig zu ordnen und zu regeln. [2] Sie werden bei der Bewältigung ihrer persönlichen, wirtschaftlichen und sozialen Schwierigkeiten angeleitet und motiviert, angebotene Hilfe anzunehmen.

(2) [1] Die Maßnahmen des Vollzuges sind den Gefangenen zu erläutern. [2] Die Vorschriften und die innere Organisation der Anstalt, die Ziele und Methoden der angewandten Förder- und Erziehungsmaßnahmen, die Bedeutung freiwilliger Mitwirkung sowie die vorgeschriebenen Wege, Auskunft zu erhalten und Beschwerden vorzubringen, sind ihnen zu erklären, damit sie ihre Rechte und Pflichten während des Vollzuges in vollem Umfang wahrnehmen können.

(3) [1] Die Gefangenen sind über die Auswirkungen der Inhaftierung auf die Sozialversicherung und die insoweit bestehenden Mitwirkungspflichten zu beraten. [2] Die Beratung soll sich auch auf die Benennung der für Sozialleistungen zuständigen Stellen erstrecken.

§ 6 Einbeziehung Dritter. (1) [1] Die Anstalten arbeiten eng mit öffentlichen Stellen, freien Trägern sowie anderen Organisationen und Personen zusammen, die der Eingliederung der Gefangenen förderlich sein können. [2] Die Anstalten wirken rechtzeitig auf einen Austausch der erforderlichen Informationen hin.

(2) [1] Die Arbeit ehrenamtlicher Betreuerinnen und Betreuer wird unterstützt. [2] Sie sind verpflichtet, außerhalb ihrer Tätigkeit über alle Angelegenheiten, die vertraulich sind, insbesondere über Namen und Persönlichkeit der Gefangenen Verschwiegenheit zu bewahren. [3] Dies gilt auch nach Beendigung ihrer Tätigkeit.

(3) Die Personensorgeberechtigten sind, soweit möglich, in die Planung und Gestaltung des Vollzuges einzubeziehen.

(4) [1] Zur Förderung der Eingliederung der Gefangenen wird die Bereitstellung von Angeboten und Leistungen Dritter in den Anstalten angestrebt. [2] Die hierfür erforderlichen Netzwerke und Strukturen sind einzurichten und fortzuentwickeln.

§ 7 Sicherheit. (1) Der Vollzug der Jugendstrafe dient auch dem Schutz der Allgemeinheit vor weiteren Straftaten.

(2) Die Sicherheit der Bevölkerung, der Bediensteten und der übrigen Mitarbeiterinnen und Mitarbeiter sowie der Gefangenen wird erreicht durch

1. baulich-technische Vorkehrungen,
2. organisatorische Regelungen und deren Umsetzung und
3. soziale und behandlungsfördernde Strukturen.

(3) [1] Die Sicherheitsstandards haben sich an den jeweiligen Aufgaben der Anstalten und den zu bewältigenden Gefahren zu orientieren. [2] Der innere Aufbau der Anstalten soll eine Binnendifferenzierung ermöglichen. [3] Bei der Festlegung der Sicherheitsstandards sind insbesondere altersspezifische Belange, besondere Belange weiblicher Gefangener und Gefangener mit Behinderungen sowie die besonderen Anforderungen des Wohngruppenvollzuges einzubeziehen.

(4) Anstalten des offenen Vollzuges sehen keine oder nur verminderte Vorkehrungen gegen Entweichungen vor.

(5) [1] Die Sicherheit in den Anstalten soll ein gewaltfreies Klima fördern und die Gefangenen vor Übergriffen Mitgefangener schützen. [2] Den Gefangenen sollen Möglichkeiten aufgezeigt werden, Einstellungen und Fertigkeiten für sozial angemessene Verhaltensweisen zu entwickeln. [3] Ihre Fähigkeit zu gewaltfreier Konfliktlösung und einvernehmlicher Streitbeilegung sowie ihr Bewusstsein für Gefährdungen, die durch Fehlverhalten im Gewalt- oder Drogenbereich entstehen, sind zu entwickeln und zu stärken.

§ 8 Opferbezogene Gestaltung. (1) [1] Die berechtigten Belange der Opfer sind bei der Gestaltung des Vollzuges, insbesondere bei vollzugsöffnenden Maßnahmen und bei der Erteilung von Weisungen sowie bei der Eingliederung und Entlassung der Gefangenen, zu berücksichtigen. [2] Dem Schutzinteresse gefährdeter Dritter ist Rechnung zu tragen.

(2) [1] Die Einsicht der Gefangenen in das Unrecht der Tat und deren Folgen für die Opfer soll geweckt oder vertieft werden. [2] Dabei sollen das Einfühlungsvermögen der Gefangenen in die Situation der Opfer von Straftaten und ihre Selbstachtung in einer dem Entwicklungsstand der Gefangenen entsprechenden Weise gefördert werden. [3] Durch geeignete Förder- und Erziehungsmaßnahmen sollen die Gefangenen auch dazu angehalten werden, Verantwortung für ihre Tat zu übernehmen. [4] Sie sind dabei zu unterstützen, den verursachten materiellen und immateriellen Schaden auszugleichen.

(3) Maßnahmen des Opferschutzes und des Tatausgleichs sind mit dem Ziel der Eingliederung der Gefangenen in Einklang zu bringen.

(4) Für Fragen des Opferschutzes und des Tatausgleichs sollen Ansprechpartnerinnen oder Ansprechpartner in den Anstalten zur Verfügung stehen.

(5) Opfer, die sich an die Anstalten wenden, sind in geeigneter Form, auch durch die Ansprechpartnerin oder den Ansprechpartner, auf ihre Rechte nach diesem Gesetz hinzuweisen.

Abschnitt 2. Aufnahme und Vollzugsplanung

§ 9 Erstgespräch. (1) Unmittelbar nach dem Eintritt der Gefangenen in die Anstalt werden die Gefangenen vorläufig aufgenommen und es ist mit ihnen ein

Erstgespräch zu führen, das insbesondere dazu dient, ihnen erste Informationen zu erteilen, einen Eindruck von ihrer aktuellen persönlichen Verfassung zu gewinnen sowie Selbstgefährdung und Selbsttötung abzuwenden.

(2) [1] Bei dem Erstgespräch dürfen andere Gefangene nicht zugegen sein. [2] Ausnahmen bedürfen der Einwilligung der betroffenen Gefangenen.

(3) Die Gefangenen sollen dabei unterstützt werden, etwa notwendige Maßnahmen für hilfsbedürftige Angehörige sowie sonstige dringend erforderliche Maßnahmen zu veranlassen.

§ 10 Aufnahme. (1) [1] Mit neu aufgenommenen Gefangenen ist möglichst am Tag der Aufnahme ein Zugangsgespräch zu führen, in dem in einer ihnen verständlichen Sprache ihre aktuelle Lebenssituation erörtert wird und sie über ihre Rechte und Pflichten informiert werden. [2] Ihnen ist die Hausordnung auszuhändigen und ein Exemplar dieses Gesetzes zugänglich zu machen. [3] Gefangene werden alsbald ärztlich untersucht.

(2) Für die weitere Aufnahme, die ärztliche Untersuchung und das Zugangsgespräch gilt § 9 Absatz 2 entsprechend.

(3) Die Personensorgeberechtigten und das Jugendamt, das nach § 87b des Achten Buches Sozialgesetzbuch – Kinder- und Jugendhilfe –[1)] in der Fassung der Bekanntmachung vom 11. September 2012 (BGBl. I S. 2022) in der jeweils geltenden Fassung für die Mitwirkung in dem Verfahren nach dem Jugendgerichtsgesetz[2)] in der Fassung der Bekanntmachung vom 11. Dezember 1974 (BGBl. I S. 3427) in der jeweils geltenden Fassung örtlich zuständig war, werden von der Aufnahme unverzüglich unterrichtet.

§ 11 Feststellung des Förder- und Erziehungsbedarfs. (1) [1] An das Aufnahmeverfahren schließt sich zur Vorbereitung der Vollzugsplanung die Feststellung des Förder- und Erziehungsbedarfs an. [2] Sie dient insbesondere der Feststellung der Entwicklungsmöglichkeiten der Gefangenen, die für eine planvolle und wirksame Förderung der Gefangenen im Vollzug und für ihre Eingliederung nach der Entlassung notwendig ist. [3] Zur Förderung ihrer Mitwirkungsbereitschaft werden den Gefangenen das Vollzugsziel, die Bedeutung des Vollzugsplans, die vorhandenen schulischen und beruflichen Aus- und Weiterbildungsangebote, Beschäftigungsmöglichkeiten sowie die weiteren Förder- und Erziehungsangebote erläutert. [4] Der Förder- und Erziehungsbedarf der Gefangenen wird, soweit dies nicht bereits in der Untersuchungshaft im Rahmen des Auswahlverfahrens geschehen ist, regelmäßig innerhalb der ersten vier Wochen nach der Aufnahme ermittelt. [5] Soweit erforderlich, sind die Fachdienste frühzeitig zu beteiligen.

(2) [1] Die Feststellungen zum Förder- und Erziehungsbedarf erstrecken sich insbesondere auf die Persönlichkeit und die Lebensverhältnisse der Gefangenen, die Ursachen und Umstände der zu der Inhaftierung führenden Straftaten, die Lebenssituation bei der Entlassung und die Eignung für sozialtherapeutische Maßnahmen. [2] Die Fähigkeiten und Entwicklungsmöglichkeiten der Gefangenen sowie weitere Umstände, deren Stärkung zu einer Lebensführung ohne Straftaten beitragen kann, sollen ermittelt werden. [3] Erkenntnisse aus dem Vollzug vorangegangener Freiheitsentziehungen sowie Erkenntnisse Dritter, insbesondere des

---

[1)] Nr. **10**.
[2)] Nr. **37**.

ambulanten Sozialen Dienstes der Justiz, der Jugendgerichtshilfe und der Jugendämter, sind nach Möglichkeit einzubeziehen.

(3) [1]Die Ergebnisse der Feststellungen zum Förder- und Erziehungsbedarf werden mit den Gefangenen erörtert. [2]Sinnvolle Anregungen und Vorschläge der Gefangenen werden aufgegriffen und bei der Vollzugsplanung angemessen berücksichtigt.

§ 12 Vollzugsplan. (1) [1]Auf der Grundlage des festgestellten Förder- und Erziehungsbedarfs wird unverzüglich ein Vollzugsplan erstellt. [2]Die zur Erreichung des Vollzugsziels geeigneten und erforderlichen Maßnahmen sind zu benennen und Perspektiven für die künftige Entwicklung der Gefangenen aufzuzeigen. [3]Die für die Eingliederung und Entlassung zu treffenden Vorbereitungen sind frühzeitig in die Planung einzubeziehen.

(2) Der Vollzugsplan enthält je nach Stand des Vollzuges Angaben insbesondere zu folgenden Bereichen:

1. festgestellter Förder- und Erziehungsbedarf,
2. Vollzugsform,
3. Art der Unterbringung im Vollzug, insbesondere in Wohn- oder Behandlungsgruppen oder in einer sozialtherapeutischen Einrichtung,
4. Teilnahme an schulischer oder beruflicher Bildung, Zuweisung von Arbeit sowie arbeitstherapeutische Förderung,
5. Art und Umfang der Teilnahme an therapeutischer Behandlung oder anderen Förder- und Erziehungsmaßnahmen,
6. Art und Umfang der Teilnahme an Sport- und Freizeitangeboten,
7. vollzugsöffnende Maßnahmen,
8. Maßnahmen zur Pflege der familiären Kontakte und zur Gestaltung der Außenkontakte, insbesondere bei heimatferner Unterbringung,
9. ehrenamtliche Betreuung,
10. Opferbezogene Förder- und Erziehungsmaßnahmen sowie Maßnahmen und Angebote zum Ausgleich von Tatfolgen,
11. Maßnahmen zur Sicherung berechtigter Schutzinteressen von Opfern oder gefährdeten Dritten,
12. Schuldnerberatung und Schuldenregulierung,
13. Maßnahmen zur Haftverkürzung,
14. Suchtberatung und Maßnahmen der Gesundheitsförderung,
15. voraussichtlicher Entlassungszeitpunkt,
16. Maßnahmen zur arbeitsmarktorientierten Vorbereitung der Entlassung, insbesondere die Fortsetzung oder Aufnahme einer beruflichen oder schulischen Ausbildung oder einer beruflichen Tätigkeit nach der Entlassung, sowie weitere Maßnahmen zur Stabilisierung der Lebensführung und frühzeitige Vorlagefristen,
17. Empfehlungen zur Wahrnehmung von Angeboten und Leistungen Dritter zur Sicherung der Eingliederung nach der Entlassung,
18. Bestimmung der für die Koordination der Entlassungsplanung zuständigen Person und
19. Fristen zur Fortschreibung des Vollzugsplans.

(3) [1]Der Vollzugsplan und seine Umsetzung sind regelmäßig zu überprüfen und der Entwicklung der Gefangenen anzupassen sowie mit weiteren für die Förderung und Erziehung bedeutsamen Erkenntnissen in Einklang zu halten. [2]Zur Fortschreibung des Vollzugsplans sind angemessene Fristen vorzusehen. [3]Diese dürfen einen Zeitraum von sechs Monaten nicht überschreiten.

(4) [1]Zur Vorbereitung der Aufstellung und Fortschreibung des Vollzugsplans werden Konferenzen mit den an der Vollzugsgestaltung maßgeblich Beteiligten durchgeführt. [2]Personen und Stellen außerhalb des Vollzuges, die an der Förderung und Erziehung, der Entlassungsvorbereitung sowie der Eingliederung der Gefangenen mitwirken, sollen in die Planung einbezogen werden. [3]Mit Einwilligung der Gefangenen können sie auch an den Konferenzen beteiligt werden.

(5) [1]Die Personensorgeberechtigten erhalten Gelegenheit, Anregungen und Vorschläge einzubringen. [2]Diese sollen, soweit sie mit dem Vollzugsziel und der Gestaltung des Vollzuges vereinbar sind, berücksichtigt werden.

(6) [1]Die Vollzugsplanung wird mit den Gefangenen erörtert. [2]Sind verschiedene Maßnahmen der Förderung gleichermaßen geeignet, soll die Wahl im Einvernehmen mit den Gefangenen getroffen werden. [3]Deren Anliegen und Vorschläge werden auch im Übrigen angemessen berücksichtigt. [4]Betroffenen Gefangenen kann die Teilnahme an der Vollzugsplankonferenz ermöglicht werden. [5]Eine Ausfertigung des Vollzugsplans und seiner Fortschreibungen ist ihnen auszuhändigen. [6]Er ist den Vollstreckungsleitungen zu übermitteln und auf Verlangen der Personensorgeberechtigten diesen schriftlich bekannt zu geben.

§ 13 Verlegung, Überstellung, Ausantwortung. (1) Gefangene können abweichend vom Vollstreckungsplan in eine andere für den Vollzug der Jugendstrafe zuständige Anstalt verlegt werden, wenn

1. ihre Behandlung während des Vollzuges oder die Eingliederung nach der Entlassung hierdurch gefördert wird,
2. in erhöhtem Maße Fluchtgefahr gegeben ist oder sonst das Verhalten der Gefangenen oder ihr Zustand eine Gefahr für die Sicherheit oder Ordnung der Anstalt darstellt und die aufnehmende Anstalt zur sicheren Unterbringung der Gefangenen besser geeignet ist
   oder
3. Gründe der Vollzugsorganisation oder andere wichtige Gründe eine Verlegung erforderlich machen.

(2) Die Personensorgeberechtigten, das Jugendamt und die Vollstreckungsleitung werden von der Verlegung der Gefangenen unverzüglich unterrichtet.

(3) Im Einvernehmen mit der aufnehmenden Anstalt dürfen Gefangene aus wichtigem Grund, insbesondere zur Durchführung medizinischer Maßnahmen, zur Begutachtung oder Besuchszusammenführung, in eine andere Anstalt überstellt werden.

(4) Gefangene dürfen befristet dem Gewahrsam einer anderen Behörde überlassen werden, wenn diese Behörde ihrerseits befugt ist, die Gefangenen in amtlichem Gewahrsam zu halten (Ausantwortung).

(5) [1]Vor Verlegungen und Überstellungen sind die Gefangenen anzuhören. [2]Bei einer Gefährdung der Sicherheit kann dies auch nachgeholt werden.

Abschnitt 3. Unterbringung

§ 14 Offener und geschlossener Vollzug, Vollzug in freien Formen.

(1) [1] Gefangene werden im offenen oder geschlossenen Vollzug untergebracht. [2] Sie werden in einer Anstalt oder einer Abteilung des offenen Vollzuges untergebracht, wenn dies verantwortet werden kann, sie namentlich den besonderen Anforderungen des offenen Vollzuges genügen und nicht zu befürchten ist, dass sie sich dem Vollzug der Jugendstrafe entziehen oder die besonderen Verhältnisse des offenen Vollzuges zur Begehung von Straftaten missbrauchen werden.

(2) [1] Zur Vorbereitung der Entlassung sollen Gefangene frühzeitig in den offenen Vollzug verlegt werden. [2] Absatz 1 Satz 2 gilt entsprechend. [3] Die Missbrauchsgefahren sind insbesondere bei einer unmittelbar bevorstehenden Entlassung mit den Risiken einer unerprobten Entlassung abzuwägen.

(3) [1] Kann eine Unterbringung im offenen Vollzug noch nicht verantwortet werden, sind die tragenden Gründe zu dokumentieren und den Gefangenen die noch zu erfüllenden Voraussetzungen in verständlicher Form zu vermitteln. [2] Die Bereitschaft der Gefangenen zur Verlegung in den offenen Vollzug ist zu wecken und fortlaufend zu fördern.

(4) [1] Gefangene, die sich für den offenen Vollzug nicht eignen, werden im geschlossenen Vollzug untergebracht. [2] Für den offenen Vollzug geeignete Gefangene dürfen ausnahmsweise im geschlossenen Vollzug verbleiben, dorthin verlegt oder zurückverlegt werden, wenn dies für ihre Förderung oder Erziehung notwendig ist. [3] Sie sind zu verlegen, wenn sie den Anforderungen nach Absatz 1 Satz 2 nicht entsprechen. [4] § 13 Absatz 5 gilt entsprechend.

(5) Gefangene können mit ihrer Zustimmung im Vollzug in freien Formen untergebracht werden, wenn sie dessen besonderen erzieherischen Anforderungen genügen.

(6) Die Gründe für eine Verlegung in den offenen Vollzug oder in den Vollzug in freien Formen sowie die Gründe für eine Rückverlegung in den geschlossenen Vollzug sind ebenfalls zu dokumentieren.

§ 15 Sozialtherapie. (1) Gefangene, die wegen erheblicher Straftaten gegen das Leben, die körperliche Unversehrtheit oder die sexuelle Selbstbestimmung verurteilt worden sind, werden in eine sozialtherapeutische Einrichtung des Jugendstrafvollzuges verlegt, wenn eine sozialtherapeutische Behandlung zur Eingliederung und Förderung der Gefangenen angezeigt und erfolgversprechend ist.

(2) [1] Andere Gefangene sollen mit ihrer Zustimmung in eine sozialtherapeutische Einrichtung des Jugendstrafvollzuges verlegt werden, wenn deren Teilnahme an den dortigen Behandlungsprogrammen zu ihrer Eingliederung und zur Verringerung erheblicher Gefahren, die von den Gefangenen für die Allgemeinheit ausgehen, angezeigt und erfolgversprechend ist. [2] Erhebliche Gefahren für die Allgemeinheit bestehen insbesondere dann, wenn auf Grund einer Störung der sozialen und persönlichen Entwicklung der oder des Gefangenen weitere erhebliche Straftaten zu erwarten sind.

(3) Die Bereitschaft der Gefangenen zur Teilnahme an einer sozialtherapeutischen Behandlung und zur Unterbringung in einer sozialtherapeutischen Einrichtung ist zu wecken und durch vorbereitende Maßnahmen zu fördern.

(4) Die Unterbringung soll zu einem Zeitpunkt erfolgen, der entweder den Abschluss der Behandlung zum voraussichtlichen Entlassungszeitpunkt erwarten lässt oder die Fortsetzung der Behandlung nach der Entlassung ermöglicht.

(5) Die Unterbringung der Gefangenen in der sozialtherapeutischen Einrichtung endet, wenn der Zweck der Behandlung aus Gründen, die in ihrer Person liegen, nicht erreicht werden kann.

(6) [1] Sozialtherapeutische Behandlung wird in besonderen Abteilungen der Jugendstrafvollzugsanstalten (sozialtherapeutische Einrichtungen) vollzogen. [2] Der Vollzug erfolgt in überschaubaren Wohngruppen, deren Ausgestaltung an den Grundsätzen sozialtherapeutischer Behandlung auszurichten ist. [3] Die Wohngruppen werden jeweils durch eine Mitarbeiterin oder einen Mitarbeiter des Sozialen Dienstes, eine Psychologin oder einen Psychologen und fest zugeordnete Bedienstete des allgemeinen Vollzugsdienstes betreut. [4] Die Diagnostik soll durch Personen erfolgen, die nicht an der therapeutischen Betreuung der Gefangenen beteiligt sind.

(7) [1] Gefangenen kann zur Vorbereitung der Entlassung aus einer sozialtherapeutischen Einrichtung Langzeitausgang bis zu sechs Monaten gewährt werden, insbesondere wenn ihre Unterkunft gesichert, ein Arbeits- oder Weiterbildungsplatz vorhanden und das soziale Umfeld für ihre Eingliederung förderlich ist. [2] § 42 Absatz 1 und 6 bis 9 dieses Gesetzes und § 56 des Strafvollzugsgesetzes Nordrhein-Westfalen gelten entsprechend. [3] Gefangenen sollen für den Langzeitausgang Weisungen (§ 44) erteilt werden. [4] Sie sollen insbesondere angewiesen werden, sich einer von der Einrichtung bestimmten Betreuungsperson zu unterstellen und für eine bestimmte Zeit in die sozialtherapeutische Einrichtung zurückzukehren. [5] Der Langzeitausgang wird widerrufen, wenn dies aus Gründen der Behandlung der Gefangenen erforderlich ist. [6] § 83 des Strafvollzugsgesetzes Nordrhein-Westfalen über den Widerruf von Maßnahmen bleibt unberührt.

(8) [1] Die sozialtherapeutischen Einrichtungen sollen nach Entlassung der Gefangenen die in der Einrichtung begonnene Betreuung und Behandlung auf Antrag der Gefangenen vorübergehend fortführen, wenn das Ziel der früheren Behandlung gefährdet ist und die Betreuung nicht anderweitig sichergestellt werden kann. [2] Die nachgehende Betreuung kann in sozialtherapeutischen Nachsorgeambulanzen in den sozialtherapeutischen Einrichtungen durchgeführt werden.

(9) [1] Eine vorübergehende Aufnahme auf freiwilliger Grundlage nach der Entlassung der Gefangenen ist zulässig, wenn das Ziel der vorangegangenen Behandlung ansonsten gefährdet ist. [2] § 48 Absatz 1 Satz 2 und Absatz 3 bis 6 gilt entsprechend.

§ 16 Besondere Vorschriften für Gefangene mit vorbehaltener Sicherungsverwahrung. (1) Ist bei Gefangenen im Vollzug der Jugendstrafe die Anordnung der Sicherungsverwahrung vorbehalten, gelten §§ 91 und 92 des Strafvollzugsgesetzes Nordrhein-Westfalen entsprechend.

(2) § 7 Absatz 3 und § 106 Absatz 5 des Jugendgerichtsgesetzes[1)] bleiben unberührt.

§ 17 Unterbringung, Aufenthalt, Wohngruppenvollzug. (1) [1] Gefangene werden in Einrichtungen des geschlossenen Vollzuges während der Ruhezeit in

[1)] Nr. **37**.

ihren Hafträumen allein untergebracht. [2] Eine gemeinsame Unterbringung ist zulässig, wenn

1. eine Gefahr für Leben oder Gesundheit der Gefangenen besteht,
2. Gefangene hilfsbedürftig sind,
3. dies aus Gründen der Förderung oder Erziehung erforderlich ist,
4. dies im Einzelfall aus zwingenden Gründen der Anstaltsorganisation vorübergehend erforderlich ist oder
5. sich die Gefangenen im Justizvollzugskrankenhaus oder in Kranken- oder Pflegeabteilungen von Justizvollzugseinrichtungen befinden,

und eine schädliche Beeinflussung der Gefangenen nicht zu befürchten ist. [3] Die Gefangenen müssen für die gemeinschaftliche Unterbringung geeignet sein, insbesondere dürfen weder körperliche Übergriffe noch die Ausübung psychischen Zwangs zu erwarten sein.

(2) Für den Aufenthalt während der Arbeit und Freizeit in Gemeinschaft gilt § 14 Absatz 2 und 3 des Strafvollzugsgesetzes Nordrhein-Westfalen entsprechend.

(3) [1] Weibliche Gefangene werden getrennt von männlichen Gefangenen untergebracht. [2] Gemeinsame Förderangebote, insbesondere eine gemeinsame Schul- und Berufsausbildung, sowie gemeinsame kulturelle oder religiöse Veranstaltungen sind zulässig. [3] § 86 des Strafvollzugsgesetzes Nordrhein-Westfalen gilt entsprechend.

(4) [1] Geeignete Gefangene werden in überschaubaren Wohngruppen untergebracht, die das Alter, die voraussichtliche Dauer der Inhaftierung und die Straftat der Gefangenen berücksichtigen. [2] Der Wohngruppenvollzug dient insbesondere der Einübung sozialverträglichen Zusammenlebens sowie der Übernahme von Verantwortung für sich und andere und ermöglicht den dort untergebrachten Gefangenen, ihren Vollzugsalltag weitgehend selbstständig zu regeln. [3] Zu einer Wohngruppe gehören neben Hafträumen weitere Räume und Einrichtungen zur gemeinsamen Nutzung. [4] Sie soll durch fest zugeordnete Bedienstete betreut werden.

§ 18 Unterbringung von Gefangenen mit Kindern. (1) [1] Ist das Kind einer Gefangenen oder eines Gefangenen noch nicht schulpflichtig, kann es mit Zustimmung der aufenthaltsbestimmungsberechtigten Person in der Anstalt untergebracht werden, in der sich seine Mutter oder sein Vater befindet, wenn dies dem Wohl des Kindes entspricht. [2] Vor der Aufnahme ist das Jugendamt zu hören.

(2) [1] Die Kosten der Unterbringung des Kindes einschließlich der Gesundheitsfürsorge trägt die oder der zum Unterhalt des Kindes Verpflichtete. [2] Von der Erhebung der Kosten kann abgesehen werden, wenn hierdurch die gemeinsame Unterbringung der oder des Gefangenen mit dem Kind gefährdet würde.

(3) Ist das Kind in ein Krankenhaus außerhalb des Vollzuges zu bringen, kann gestattet werden, dass die oder der Gefangene das Kind begleitet, wenn dies erforderlich ist.

§ 19 Persönlicher Bereich. (1) [1] Gefangene tragen Anstaltskleidung. [2] Das Tragen eigener Kleidung innerhalb der Anstalt kann gestattet werden, soweit die Gefangenen für Reinigung und Instandhaltung auf eigene Kosten sorgen. [3] Bei Ausführungen und Vorführungen ist ihnen zu gestatten, eigene Kleidung zu tragen, wenn zu erwarten ist, dass sie nicht entweichen.

(2) [1] Gefangene dürfen ihren Haftraum in angemessenem Umfang mit eigenen Sachen ausstatten. [2] Sie dürfen nur in Gewahrsam haben, was ihnen von der Anstalt oder mit deren Erlaubnis überlassen worden ist. [3] Gegenstände, die die Übersichtlichkeit des Haftraums behindern, eine unverhältnismäßig aufwändige Überprüfung erfordern, sonst die Sicherheit oder Ordnung der Anstalt oder die Erreichung des Vollzugsziels gefährden können, dürfen sie nicht in Gewahrsam haben.

(3) [1] Eingebrachte Sachen, die Gefangene nicht in Gewahrsam haben dürfen, sind für sie aufzubewahren. [2] Lassen die Verhältnisse der Anstalt eine Aufbewahrung nicht zu und weigern sich Gefangene, die Sachen zu versenden, werden diese auf Kosten der Gefangenen vernichtet, verwertet oder aus der Anstalt entfernt.

(4) Aufzeichnungen und andere Gegenstände, die Kenntnisse über Sicherungsvorkehrungen einer Anstalt vermitteln, dürfen vernichtet oder unbrauchbar gemacht werden.

§ 20 Verpflegung. (1) [1] Gefangene erhalten Anstaltsverpflegung. [2] Zusammensetzung und Nährwert der Anstaltsverpflegung werden ärztlich überwacht. [3] Ernährungsberatung ist Bestandteil der allgemeinen Angebote für Gefangene. [4] Auf ärztliche Anordnung wird besondere Verpflegung gewährt. [5] Den Gefangenen ist zu ermöglichen, Speisevorschriften ihrer Religionsgemeinschaft zu befolgen oder sich vegetarisch zu ernähren.

(2) Im offenen Vollzug untergebrachten Gefangenen kann gestattet werden, sich auf eigene Kosten selbst zu verpflegen, soweit dies der Förderung und Erziehung dient und Gründe der Sicherheit oder Ordnung der Anstalt nicht entgegenstehen.

§ 21 Einkauf. (1) [1] Gefangene dürfen von ihrem Hausgeld oder von ihrem Taschengeld aus einem von der Anstalt vermittelten Angebot Nahrungs- und Genussmittel sowie Mittel zur Körperpflege kaufen. [2] Für ein Einkaufsangebot, das die Wünsche und Bedürfnisse der Gefangenen angemessen berücksichtigt, ist zu sorgen. [3] Im offenen Vollzug untergebrachten Gefangenen kann der Einkauf auch ohne Vermittlung der Anstalt gestattet werden.

(2) Verfügen Gefangene ohne eigenes Verschulden nicht über Haus- oder Taschengeld, wird ihnen gestattet, in angemessenem Umfang vom Eigengeld einzukaufen.

(3) Im Einzelfall kann Gefangenen auf Antrag gestattet werden, andere als in Absatz 1 genannte Gegenstände über sichere Bezugsquellen zu erwerben.

(4) Gegenstände, welche die Sicherheit oder Ordnung der Anstalt gefährden, sind vom Einkauf ausgeschlossen.

Abschnitt 4. Außenkontakte

§ 22 Grundsatz. (1) Gefangene dürfen nach Maßgabe der Vorschriften dieses Abschnitts

1. regelmäßig Besuch empfangen,
2. Schreiben absenden und empfangen,
3. Einrichtungen der Telekommunikation nutzen und
4. Pakete versenden und empfangen.

(2) Der Kontakt zu Angehörigen und Personen, von denen ein günstiger Einfluss auf die Gefangenen zu erwarten ist, wird besonders gefördert.

(3) [1] Die Kosten des Schrift- und Paketverkehrs sowie der Telekommunikation tragen die Gefangenen. [2] Bei bedürftigen Gefangenen sollen die Kosten in angemessenem Umfang übernommen werden.

§ 23 Besuche. (1) [1] Die Gesamtdauer der Besuche beträgt mindestens vier Stunden im Monat. [2] Besuchsmöglichkeiten sind auch an mindestens zwei Wochenenden im Monat vorzusehen. [3] Das Nähere regelt die Anstalt.

(2) [1] Besuchskontakte zwischen Gefangenen und ihren Kindern werden besonders gefördert. [2] Diese Besuche werden nicht auf die Regelbesuchszeiten angerechnet. [3] Ein familiengerechter Umgang zum Wohl der minderjährigen Kinder ist zu gestatten. [4] Bei der Ausgestaltung der Besuchsmöglichkeiten, namentlich der Besuchszeiten und der Rahmenbedingungen der Besuche, sind die Bedürfnisse der minderjährigen Kinder der Gefangenen zu berücksichtigen.

(3) Besuche sollen darüber hinaus zugelassen werden, wenn sie die Erziehung oder Eingliederung der Gefangenen fördern oder persönlichen, rechtlichen oder geschäftlichen Angelegenheiten dienen, die von den Gefangenen nicht schriftlich erledigt, durch Dritte wahrgenommen oder bis zur Entlassung der Gefangenen aufgeschoben werden können.

(4) Den Gefangenen können zudem mehrstündige, unbeaufsichtigte Besuche (Langzeitbesuche) ermöglicht werden, wenn dies zur Förderung familiärer, partnerschaftlicher oder anderer gleichwertiger Kontakte der Gefangenen geboten erscheint und verantwortet werden kann.

(5) Aus Gründen der Sicherheit oder Ordnung der Anstalt kann die Zulassung einer Person zum Besuch von ihrer Durchsuchung oder einer Sicherheitsanfrage nach § 21 des Justizvollzugsdatenschutzgesetzes Nordrhein-Westfalen vom 12. Oktober 2018 (GV. NRW. S. 555) abhängig gemacht werden.

(6) Die Anstalt kann die Anzahl der gleichzeitig zum Besuch zugelassenen Personen beschränken.

(7) Für die Überwachung von Besuchen gilt § 20 des Strafvollzugsgesetzes Nordrhein-Westfalen entsprechend.

§ 24 Schriftwechsel. Die Regelungen des Strafvollzugsgesetzes Nordrhein-Westfalen über den Schriftwechsel (§ 21), die Überwachung des Schriftwechsels (§ 22) und das Anhalten von Schreiben (§ 23) gelten entsprechend.

§ 25 Telekommunikation. Die Regelungen des Strafvollzugsgesetzes Nordrhein-Westfalen über die Telefongespräche (§ 24) und andere Formen der Telekommunikation (§ 27) gelten entsprechend.

§ 26 Pakete. § 28 des Strafvollzugsgesetzes Nordrhein-Westfalen gilt entsprechend.

§ 27 Kontaktverbote. Kontakte können untersagt oder beschränkt werden, wenn im Einzelfall

1. die Sicherheit oder Ordnung der Anstalt gefährdet würde,
2. zu befürchten ist, dass der Kontakt mit Personen, die nicht Angehörige der Gefangenen gemäß § 11 Absatz 1 Nummer 1 des Strafgesetzbuchs sind, einen schädlichen Einfluss auf die Gefangenen hat oder ihre Eingliederung behindert,

3. die Gefangenen mit Opfern von Straftaten der Gefangenen in Verbindung treten wollen und durch den Kontakt nachteilige Auswirkungen auf die Opfer oder gefährdete Dritte zu befürchten sind oder diese einer Kontaktaufnahme widersprochen haben,
4. bei minderjährigen Gefangenen Personensorgeberechtigte aus nachvollziehbaren Gründen nicht mit dem Kontakt einverstanden sind oder
5. zu befürchten ist, dass der Kontakt Bestrebungen im Sinne des § 3 Absatz 1 in Verbindung mit Absatz 5 des Verfassungsschutzgesetzes *Nordrhein Westfalen*[1] vom 20. Dezember 1994 (GV. NRW. 1995, S. 28) in der jeweils geltenden Fassung oder entsprechende Verhaltensweisen fördert.

§ 28 Kontakt mit Verteidigerinnen oder Verteidigern, Beiständen nach § 69 des Jugendgerichtsgesetzes und bestimmten Personen und Institutionen. (1) Für die Kontakte der Gefangenen mit ihren Verteidigerinnen und Verteidigern, Rechtsanwältinnen und Rechtsanwälten, Notarinnen und Notaren sowie mit bestimmten Personen und Institutionen gilt § 26 des Strafvollzugsgesetzes Nordrhein-Westfalen entsprechend.

(2) Betreuungspersonen, Erziehungsbeiständen, Beiständen nach § 69 des Jugendgerichtsgesetzes[2] und Personen, die Aufgaben der Jugendgerichtshilfe wahrnehmen, ist der Kontakt mit Gefangenen in demselben Umfang zu gestatten, wie er einer Verteidigerin oder einem Verteidiger zu gestatten ist.

Abschnitt 5. Beschäftigung, Vergütung, Gelder der Gefangenen

§ 29 Schulische und berufliche Aus- und Weiterbildung, Arbeit.

(1) [1]Der Förder- und Erziehungsauftrag des Jugendstrafvollzuges wird insbesondere durch schulische und berufliche Bildung und eine zielgerichtet qualifizierende Beschäftigung der Gefangenen verwirklicht. [2]Analphabeten sollen das Lesen und Schreiben erlernen können. [3]Gefangenen, die der deutschen Sprache nicht mächtig sind, sollen Deutschkurse angeboten werden. [4]Die Gefangenen sind in dem Bemühen zu unterstützen, einen anerkannten Abschluss oder eine anschlussfähige, für den weiteren Bildungsweg oder den Arbeitsmarkt relevante Teilqualifikation zu erlangen.

(2) [1]Die Gefangenen sind während der Arbeitszeit vorrangig zur Teilnahme an schulischen und beruflichen Orientierungs-, Aus- und Weiterbildungsmaßnahmen oder speziellen Maßnahmen zur Förderung ihrer schulischen, beruflichen oder persönlichen Entwicklung verpflichtet, im Übrigen zur Arbeit oder arbeitstherapeutischen Beschäftigung, soweit sie dazu in der Lage sind. [2]Die Gefangenen können im Vollstreckungsjahr bis zu drei Monaten zu Hilfstätigkeiten in der Anstalt verpflichtet werden, mit ihrer Zustimmung auch darüber hinaus. [3]Bei der Zuweisung einer Beschäftigung sind die jeweiligen Fähigkeiten, Fertigkeiten und Interessen der Gefangenen zu berücksichtigen. [4]Die gesetzlichen Beschäftigungsverbote zum Schutz erwerbstätiger Mütter sowie die Regelungen des Jugendarbeitsschutzgesetzes[3] vom 12. April 1976 (BGBl. I S. 965) in der jeweils geltenden Fassung finden Anwendung.

---

[1] Richtig wohl: „Nordrhein-Westfalen".
[2] Nr. **37**.
[3] Nr. **22**.

(3) Zeugnisse und Nachweise über schulische und berufliche Bildung enthalten keine Hinweise auf eine Inhaftierung.

(4) [1] Gefangenen soll gestattet werden, einer Arbeit oder beruflichen Aus- oder Weiterbildungsmaßnahme auf der Grundlage eines freien Beschäftigungsverhältnisses außerhalb der Anstalt nachzugehen oder sich selbst zu beschäftigen, wenn sie hierfür geeignet sind. [2] § 42 Absatz 1 und Absatz 2 Nummer 4 gilt entsprechend. [3] Die Anstalt kann verlangen, dass ihr das Entgelt zur Gutschrift für die Gefangenen überwiesen wird.

(5) § 29 Absatz 5 des Strafvollzugsgesetzes Nordrhein-Westfalen gilt entsprechend.

§ 30 Vergütung. (1) [1] Gefangene, die eine zugewiesene Arbeit oder eine Hilfstätigkeit ausüben, erhalten ein Arbeitsentgelt, welches auf Grundlage von neun Prozent der Bezugsgröße nach § 18 des Vierten Buchs Sozialgesetzbuch – Gemeinsame Vorschriften für die Sozialversicherung – in der Fassung der Bekanntmachung vom 12. November 2009 (BGBl. I S. 3710, 3973; 2011 I S. 363) in der jeweils geltenden Fassung bemessen wird (Eckvergütung). [2] Ein Tagessatz ist der zweihundertfünfzigste Teil der Eckvergütung.

(2) [1] Gefangenen, die während der Arbeitszeit ganz oder teilweise an einer schulischen oder beruflichen Orientierungs-, Aus- und Weiterbildungsmaßnahme oder einer sonstigen Maßnahme zur Förderung ihrer schulischen, beruflichen oder persönlichen Entwicklung teilnehmen, wird Ausbildungsbeihilfe gewährt, soweit ihnen keine Leistungen zum Lebensunterhalt zustehen, die nicht inhaftierten Personen aus solchem Anlass gewährt werden. [2] Für die Bemessung der Ausbildungsbeihilfe gilt Absatz 1 entsprechend.

(3) Gefangene, die an einer arbeitstherapeutischen Maßnahme teilnehmen, erhalten ein Arbeitsentgelt, soweit dies der Art ihrer Tätigkeit und ihrer Arbeitsleistung entspricht.

(4) [1] § 32 Absatz 4 Satz 1 und 2 sowie Absatz 5 und 6 des Strafvollzugsgesetzes Nordrhein-Westfalen gilt entsprechend. [2] Das Justizministerium wird ermächtigt, zur Umsetzung der Vorschriften über die Vergütung eine Rechtsverordnung über die Bemessung des Arbeitsentgeltes, die Ausbildungsbeihilfe, die anrechenbaren Arbeitszeiten, die Zeiteinheiten in Stunden oder Minuten, die Entgeltart als Zeit- oder Leistungsentgelt, die Vergütungsstufen und die Gewährung von Zulagen zu erlassen.

§ 31 Freistellung. (1) [1] Gefangene, die ein Jahr lang an einer schulischen oder beruflichen Orientierungs-, Aus- und Weiterbildungsmaßnahme teilgenommen oder eine zugewiesene Arbeit, arbeitstherapeutische Beschäftigung oder eine Hilfstätigkeit ausgeübt haben, sind innerhalb des darauffolgenden Jahres auf Antrag 20 Arbeitstage von der Arbeit freizustellen. [2] Bei der Festsetzung des Zeitpunktes der Freistellung sind der Stand der Bildungsmaßnahmen sowie die betrieblichen Belange zu berücksichtigen.

(2) § 33 Absatz 2 bis 4 und 6 des Strafvollzugsgesetzes Nordrhein-Westfalen gilt entsprechend.

§ 32 Anerkennung von Arbeit und Bildung, Ausgleichsentschädigung.

(1) [1] Als zusätzliche Anerkennung neben der Vergütung nach § 30 und der Freistellung nach § 31 erhalten Gefangene auf Antrag für drei Monate zusammenhängender Teilnahme an einer schulischen oder beruflichen Orientierungs-, Aus-

und Weiterbildungsmaßnahme oder Ausübung einer zugewiesenen Arbeit, arbeitstherapeutischen Beschäftigung oder einer Hilfstätigkeit unter Fortzahlung der Vergütung zwei Tage

1. Freistellung von der Arbeitspflicht oder
2. Langzeitausgang, soweit dessen Voraussetzungen vorliegen.

[2]Stellen Gefangene keinen Antrag oder kann Langzeitausgang nicht gewährt werden, wird der Entlassungszeitpunkt vorverlegt. [3]Durch Zeiten, in denen Gefangene ohne ihr Verschulden an der Ausübung ihrer Beschäftigung nach § 29 gehindert sind, wird die Frist nach Satz 1 gehemmt. [4]Beschäftigungszeiträume von unter drei Monaten bleiben unberücksichtigt. [5]Langzeitausgang nach Satz 1 Nummer 2 wird nicht auf die Höchstdauer des Langzeitausgangs nach § 42 Absatz 3 angerechnet.

(2) Eine Vorverlegung des Entlassungszeitpunktes ist ausgeschlossen, wenn

1. bei einer Aussetzung der Vollstreckung des Restes einer Strafe zur Bewährung wegen des von der Entscheidung des Gerichts bis zur Entlassung verbleibenden Zeitraums eine Anrechnung nicht mehr möglich ist,
2. dies vom Gericht angeordnet wird, weil bei einer Aussetzung der Vollstreckung des Restes einer Strafe zur Bewährung die Lebensverhältnisse der Gefangenen oder die Wirkungen, die von der Aussetzung für sie zu erwarten sind, die Vollstreckung bis zu einem bestimmten Zeitpunkt erfordern,
3. nach § 2 des Jugendgerichtsgesetzes[1)] in Verbindung mit § 456a Absatz 1 der Strafprozessordnung von der Vollstreckung abgesehen wird oder
4. Gefangene im Gnadenwege aus der Haft entlassen werden.

(3) [1]Soweit eine Vorverlegung des Entlassungszeitpunktes nach Absatz 2 ausgeschlossen ist, erhalten Gefangene bei ihrer Entlassung zusätzlich eine Ausgleichsentschädigung von 15 Prozent der Bezüge, die sie für die geleistete Tätigkeit, die Grundlage für die Gewährung der Freistellungstage nach Absatz 1 gewesen ist, erhalten haben. [2]Der Anspruch entsteht erst mit der Entlassung. [3]Vor der Entlassung ist der Anspruch nicht verzinslich. [4]§ 57 Absatz 4 des Strafgesetzbuchs gilt entsprechend.

§ 33 Gelder der Gefangenen, Haftkostenbeitrag. [1]Die Regelungen des Strafvollzugsgesetzes Nordrhein-Westfalen zum Taschengeld (§ 35), Hausgeld (§ 36), Überbrückungsgeld (§ 37) sowie zum Eigengeld (§ 38) gelten entsprechend. [2]Ein Haftkostenbeitrag wird nur erhoben, soweit dies mit der Förderung und Erziehung der Gefangenen zu vereinbaren ist. [3]Im Übrigen gilt § 39 Absatz 1, 2, 4 und 5 des Strafvollzugsgesetzes Nordrhein-Westfalen entsprechend.

Abschnitt 6. Religionsausübung

§ 34 Seelsorge, religiöse Veranstaltungen, Weltanschauungsgemeinschaften. Die Vorschriften des Strafvollzugsgesetzes Nordrhein-Westfalen über die Seelsorge (§ 40), religiöse Veranstaltungen (§ 41) und Weltanschauungsgemeinschaften (§ 42) gelten entsprechend.

[1)] Nr. 37.

Abschnitt 7. Gesundheitsfürsorge

§ 35 Gesundheitsfürsorge, Aufenthalt im Freien. (1) [1] Für das körperliche, seelische, geistige und soziale Wohlergehen der Gefangenen ist zu sorgen. [2] Gefangene haben die notwendigen Maßnahmen zum Gesundheitsschutz und zur Hygiene zu unterstützen.

(2) [1] Die Bedeutung einer gesunden Lebensführung ist den Gefangenen in geeigneter Form zu vermitteln. [2] Dabei wird die besondere Gefährdung durch Infektionen sowie legale und illegale Drogen berücksichtigt. [3] Es werden speziell auf die Bedürfnisse der Altersgruppe zugeschnittene Beratungs-, Behandlungs- und Betreuungsangebote unterbreitet.

(3) Den Gefangenen wird täglich mindestens eine Stunde Aufenthalt im Freien ermöglicht, wenn die Witterung dem nicht zwingend entgegensteht.

§ 36 Medizinische Leistungen, Kostenbeteiligung, Aufwendungsersatz.

(1) [1] Die Vorschriften des Strafvollzugsgesetzes Nordrhein-Westfalen über die suchtmedizinische Behandlung (§ 44), die medizinischen Leistungen und die Kostenbeteiligung (§ 45), die Überstellung und Verlegung aus medizinischen Gründen (§ 46), die Krankenbehandlung während vollzugsöffnender Maßnahmen (§ 47) und die medizinische Behandlung zur sozialen Eingliederung (§ 48) gelten entsprechend. [2] Von einer Kostenbeteiligung minderjähriger Gefangener für medizinische Leistungen ist abzusehen.

(2) [1] Gefangene sind verpflichtet, der Anstalt Aufwendungen zu ersetzen, die sie durch eine vorsätzliche oder grob fahrlässige Selbstverletzung oder Verletzung anderer Gefangener verursacht haben. [2] Bei der Geltendmachung dieser Forderung kann auch ein den dreifachen Tagessatz der Eckvergütung nach § 30 Absatz 1 dieses Gesetzes übersteigender Teil des Hausgeldes in Anspruch genommen werden. [3] Ansprüche aus sonstigen Rechtsvorschriften bleiben unberührt. [4] Von der Geltendmachung und Vollstreckung der in Satz 1 und 3 genannten Forderungen ist abzusehen, soweit hierdurch die Förderung und Erziehung der Gefangenen behindert wird.

§ 37 Rechte der Personensorgeberechtigten, Benachrichtigung bei Erkrankung und Todesfall. (1) [1] Vor ärztlichen Eingriffen bei minderjährigen Gefangenen sind die Rechte der Personensorgeberechtigten zu beachten. [2] Dies gilt insbesondere im Hinblick auf deren Aufklärung und Einwilligung.

(2) [1] Erkranken Gefangene schwer oder versterben sie, sind die Personensorgeberechtigten oder Angehörige unverzüglich zu unterrichten. [2] Im Fall schwerer Erkrankung nicht unter Personensorge stehender Gefangener kann von der Benachrichtigung abgesehen werden, wenn dies ihrem ausdrücklich erklärten Willen entspricht.

(3) Dem Wunsch der Gefangenen, auch andere Personen zu benachrichtigen, soll entsprochen werden, soweit nicht die Personensorgeberechtigten aus nachvollziehbaren Gründen der Benachrichtigung widersprechen.

Abschnitt 8. Sport, Freizeit

§ 38 Sport. [1] Es sind ausreichende und freizeitpädagogisch sinnvolle Sportangebote vorzuhalten. [2] Den Gefangenen ist mindestens drei Stunden wöchentlich eine Teilnahme, auch an Wochenenden und Feiertagen, zu ermöglichen. [3]Die Gefangenen sollen insbesondere durch Mannschaftssport lernen, Gemeinschaftssinn zu entwickeln, Regeln einzuhalten und Rücksicht auf andere zu nehmen. [4]Ihre Bereitschaft zur Teilnahme am Sport ist zu fördern.

§ 39 Freizeit, Förderung der Kreativität. (1) [1]Gefangene erhalten Gelegenheit, ihre Freizeit sinnvoll zu gestalten. [2]Es sind ausreichende Freizeitangebote vorzuhalten, auch an den Wochenenden und Feiertagen sowie in den frühen Abendstunden.

(2) [1]Angebote zur Förderung der Kreativität im Rahmen kultureller Formen sind zu entwickeln. [2]Hierfür können Freizeitgruppen in ästhetischen Bereichen, namentlich in denen der Literatur, des Theaters, der Musik und des Malens, eingerichtet werden.

(3) [1]Die Gefangenen sind zur Teilnahme und Mitwirkung an Angeboten der Freizeitgestaltung, insbesondere auch an Gruppenveranstaltungen anzuregen. [2]Sie sollen auch Gelegenheit erhalten, den verantwortungsvollen Umgang mit neuen Medien zu erlernen und auszuüben. [3]Die Benutzung einer bedarfsgerecht ausgestatteten Bibliothek ist zu ermöglichen.

§ 40 Hörfunk, Fernsehen. (1) [1]Der Zugang zum Hörfunk- und Fernsehempfang ist zu ermöglichen. [2]Die Anstalt entscheidet über die Einspeisung einzelner Hörfunk- und Fernsehprogramme, soweit eine Empfangsanlage vorhanden ist. [3]Die Wünsche und Bedürfnisse der Gefangenen sind angemessen zu berücksichtigen.

(2) [1]Eigene Hörfunk- und Fernsehgeräte der Gefangenen können unter den Voraussetzungen des § 19 Absatz 2 zugelassen werden. [2]Gefangene können auf ein Haftraummediensystem verwiesen werden. [3]Der Betrieb von Empfangsanlagen und Haftraummediensystemen sowie die Ausgabe von Hörfunk- und Fernsehgeräten können auf Dritte übertragen werden. [4]In diesen Fällen ist Gefangenen der Besitz eigener Geräte in der Regel nicht gestattet.

(3) Gefangene können an den Kosten für die Überlassung, die Überprüfung und den Betrieb von Hörfunkgeräten, Fernsehgeräten und Haftraummediensystemen sowie die Bereitstellung des Hörfunk- und Fernsehempfangs beteiligt werden.

§ 41 Gegenstände zur Freizeitbeschäftigung, Zeitungen, Zeitschriften.

(1) [1]Gefangene dürfen nach Maßgabe der Anstalt in angemessenem Umfang sonstige Geräte der Informations- und Unterhaltungselektronik, Bücher sowie andere Gegenstände zur Aus- und Fortbildung oder Freizeitgestaltung besitzen. [2]§ 19 Absatz 2 und 4 gilt entsprechend.

(2) Gefangene dürfen Zeitungen und Zeitschriften durch Vermittlung der Anstalt in angemessenem Umfang auf eigene Kosten beziehen.

(3) [1]Ausgeschlossen sind Zeitungen und Zeitschriften, deren Verbreitung mit Strafe oder Geldbuße bedroht ist. [2]Einzelne Ausgaben oder Teile von Zeitungen oder Zeitschriften können Gefangenen vorenthalten werden, wenn sie die Sicherheit oder Ordnung der Anstalt oder das Vollzugsziel erheblich gefährden würden.

(4) Für Geräte der Informations- und Unterhaltungselektronik gilt § 40 Absatz 2 Satz 2 bis 4 und Absatz 3 entsprechend.

Abschnitt 9. Vollzugsöffnende Maßnahmen

§ 42 Vollzugsöffnende Maßnahmen. (1) [1] Mit Zustimmung der Gefangenen können vollzugsöffnende Maßnahmen gewährt werden, wenn verantwortet werden kann zu erproben, dass die Gefangenen sich dem Vollzug der Strafe nicht entziehen oder die vollzugsöffnenden Maßnahmen nicht zur Begehung von Straftaten missbrauchen werden. [2] Bei der Entscheidung über die Gewährung der Maßnahmen sind die Belange der Gefangenen mit den Schutzinteressen der Allgemeinheit abzuwägen, insbesondere sind die Persönlichkeit der Gefangenen, der individuelle und soziale Entwicklungsstand, ihre Mitwirkungsbereitschaft, ihr sonstiges Vollzugsverhalten, die Vollzugsdauer, die Art der Maßnahme sowie Aspekte der Förderung der Gefangenen zu berücksichtigen.

(2) Als vollzugsöffnende Maßnahmen kommen namentlich in Betracht:

1. das Verlassen der Anstalt für eine bestimmte Tageszeit unter der ständigen und unmittelbaren Aufsicht von Bediensteten (Ausführung),
2. das Verlassen der Anstalt für eine bestimmte Tageszeit in Begleitung einer von der Anstalt zugelassenen Person (Begleitausgang) oder ohne Begleitung (Ausgang),
3. das Verlassen der Anstalt für mehr als einen Tag (Langzeitausgang),
4. die regelmäßige Beschäftigung außerhalb der Anstalt unter Aufsicht Bediensteter (Außenbeschäftigung) oder ohne Aufsicht (Freigang) und
5. der Aufenthalt außerhalb der Anstalt ohne Aufsicht von Bediensteten zur Durchführung von Förder- und Erziehungsmaßnahmen (Bildungs- und Förderausgang).

(3) [1] Langzeitausgang kann an bis zu 24 Kalendertagen in einem Vollstreckungsjahr gewährt werden. [2] Tage, an denen die Gefangenen den Langzeitausgang antreten, werden nicht mitgerechnet. [3] Bildungs- und Förderausgang wird nicht auf die Höchstdauer nach Satz 1 angerechnet. [4] Durch Langzeitausgang wird die Strafvollstreckung nicht unterbrochen.

(4) [1] Können vollzugsöffnende Maßnahmen nach Absatz 2 Nummer 2 bis 5 noch nicht verantwortet werden, sind insbesondere langjährig im Vollzug befindlichen Gefangenen Ausführungen zu gewähren, um schädlichen Auswirkungen des Freiheitsentzuges frühzeitig entgegenzuwirken und ihre Lebenstüchtigkeit zu erhalten und zu festigen. [2] Die Ausführungen unterbleiben, wenn die zur Sicherung erforderlichen Maßnahmen den Zweck der Ausführung gefährden.

(5) Bei Ausführungen zur Erhaltung der Lebenstüchtigkeit kann den Gefangenen, um Entweichungen entgegenzuwirken, nach Maßgabe des § 27 des Justizvollzugsdatenschutzgesetzes Nordrhein-Westfalen aufgegeben werden, die für eine elektronische Überwachung ihres Aufenthaltsortes erforderlichen technischen Mittel ständig in betriebsbereitem Zustand bei sich zu führen und deren Funktionsfähigkeit nicht zu beeinträchtigen.

(6) Kommen vollzugsöffnende Maßnahmen nicht in Betracht, sind die tragenden Gründe zu dokumentieren und den Gefangenen die noch zu erfüllenden Voraussetzungen in verständlicher Form zu vermitteln.

(7) Bei der Ausgestaltung vollzugsöffnender Maßnahmen ist den berechtigten Schutzinteressen der Opfer und gefährdeter Dritter Rechnung zu tragen.

(8) [1] Gefangene tragen die Reisekosten, die Kosten für ihren Lebensunterhalt und andere Aufwendungen während ihres Aufenthalts außerhalb der Anstalt. [2] Die Kosten von Ausführungen können den Gefangenen in angemessenem Umfang auferlegt werden, soweit dies die Förderung und Erziehung oder die Eingliederung nicht behindert. [3] Bedürftigen Gefangenen kann die Anstalt zu ihren Aufwendungen eine Beihilfe in angemessenem Umfang gewähren.

(9) Vollzugsöffnende Maßnahmen werden nur zum Aufenthalt im Inland gewährt.

(10) § 56 des Strafvollzugsgesetzes Nordrhein-Westfalen gilt entsprechend.

§ 43 Vollzugsöffnende Maßnahmen aus wichtigem Anlass. (1) [1] Vollzugsöffnende Maßnahmen nach § 42 Absatz 2 Nummer 1 bis 3 können auch aus wichtigem Anlass gewährt werden. [2] Wichtige Anlässe sind insbesondere die Teilnahme an gerichtlichen Terminen, die medizinische Behandlung der Gefangenen sowie der Tod oder die lebensgefährliche Erkrankung naher Angehöriger der Gefangenen. [3] § 42 Absatz 1 und 3 Satz 4 gilt entsprechend.

(2) Bei Ausführungen aus wichtigem Anlass gilt § 42 Absatz 5 (elektronische Aufenthaltsüberwachung) entsprechend.

(3) Ausführungen aus wichtigem Anlass sind auch ohne Zustimmung der Gefangenen zulässig, wenn dies aus besonderen Gründen notwendig ist.

(4) [1] Langzeitausgang aus wichtigem Anlass, der nicht zur Teilnahme an gerichtlichen Terminen oder anlässlich des Todes oder der lebensgefährlichen Erkrankung naher Angehöriger gewährt wird, darf sieben Tage im Vollstreckungsjahr nicht übersteigen. [2] Er wird nicht auf die Höchstdauer nach § 42 Absatz 3 Satz 1 angerechnet.

§ 44 Weisungen. [1] Für vollzugsöffnende Maßnahmen können Weisungen erteilt werden. [2] Soweit Freigang, Begleitausgang oder Bildungs- und Förderausgang von Dritten beaufsichtigt wird, kann die Weisung auch darin bestehen, dass von ihnen erteilte Anordnungen zu befolgen sind.

Abschnitt 10. Entlassung und soziale Eingliederung

§ 45 Vorbereitung der Entlassung, soziale Eingliederung. (1) [1] Die Anstalten bereiten gemeinsam mit den Gefangenen deren Entlassung vor. [2] Den Gefangenen sollen Kontakte zu außervollzuglichen Organisationen und Bildungsstätten sowie Stellen und Personen ermöglicht werden, die ihnen nach der Entlassung persönliche und soziale Hilfestellung leisten können. [3] Die Personensorgeberechtigten und, soweit erforderlich, das Jugendamt sowie der ambulante Soziale Dienst der Justiz sind von der bevorstehenden Entlassung zu unterrichten und nach Möglichkeit in die Planungen einzubeziehen. [4] § 5 Absatz 1 gilt entsprechend.

(2) [1] Frühzeitig vor dem voraussichtlichen Entlassungstermin arbeiten die Anstalten mit öffentlichen Stellen, freien Trägern sowie anderen Organisationen und Personen zusammen, um insbesondere zu erreichen, dass die Gefangenen über eine geeignete Ausbildungsstätte oder Arbeit, eine angemessene Unterkunft und ein stabilisierendes soziales Umfeld verfügen. [2] Zur Integration in den Arbeitsmarkt sollen durch vollzugsübergreifende Zusammenarbeit die Ausbildungs- und Beschäftigungsperspektiven der Gefangenen verbessert werden.

(3) [1] Die für die Vermittlung in Hilfs- und Bildungsangebote Dritter nach der Entlassung erforderlichen Strukturen und Netzwerke sind einzurichten und fortzuentwickeln (§ 6 Absatz 4 Satz 2). [2] Für die Koordination der Entlassungsplanung stehen Ansprechpartnerinnen oder Ansprechpartner in den Anstalten zur Verfügung. [3] Die Vermittlung in nachsorgende Maßnahmen umfasst Möglichkeiten einer nachgehenden Betreuung unter Mitwirkung von Bediensteten.

§ 46 Vollzugsöffnende Maßnahmen zur Entlassungsvorbereitung.

(1) Um die Entlassung vorzubereiten, sollen vollzugsöffnende Maßnahmen (§ 42) gewährt werden.

(2) [1] Zur Vorbereitung der Entlassung können die Gefangenen für die Teilnahme an Eingliederungsmaßnahmen über § 42 Absatz 3 hinaus bis zu zwei Wochen Langzeitausgang erhalten. [2] Gefangenen, welche die Voraussetzungen des Freigangs erfüllen, kann innerhalb von neun Monaten vor der voraussichtlichen Entlassung Langzeitausgang bis zu sechs Tagen im Monat gewährt werden. [3] Vollzugsöffnende Maßnahmen nach den Sätzen 1 und 2 können nicht nebeneinander gewährt werden.

(3) [1] Die Missbrauchsgefahren sind insbesondere bei einer unmittelbar bevorstehenden Entlassung mit den Risiken einer unerprobten Entlassung abzuwägen. [2] § 42 Absatz 1, 6 bis 9 sowie § 44 dieses Gesetzes und § 56 des Strafvollzugsgesetzes Nordrhein-Westfalen gelten entsprechend.

§ 47 Entlassung, Schlussbericht. (1) Die Gefangenen sollen am Tag ihrer Entlassung möglichst frühzeitig, jedenfalls noch am Vormittag, entlassen werden.

(2) Fällt das Strafende auf einen Samstag oder Sonntag, einen gesetzlichen Feiertag, den ersten Werktag nach Ostern oder Pfingsten oder in die Zeit vom 22. Dezember bis zum 6. Januar, können Gefangene an dem diesen Tagen oder Zeiträumen vorhergehenden Werktag entlassen werden, wenn dies nach der Länge der Strafzeit vertretbar ist und fürsorgerische Gründe nicht entgegenstehen.

(3) Der Entlassungszeitpunkt kann bis zu zwei Tage vorverlegt werden, wenn dringende Gründe dafür vorliegen, dass Gefangene zu ihrer Eingliederung hierauf angewiesen sind.

(4) [1] Die Anstalt erstellt zum Ende des Vollzuges einen an den Fähigkeiten und Entwicklungsmöglichkeiten der Gefangenen ausgerichteten Schlussbericht. [2] Dieser enthält in standardisierter Form Angaben über den fortbestehenden Förderbedarf, namentlich eine Darstellung der Art und der Ergebnisse der angebotenen und durchgeführten Maßnahmen sowie der Angebote und Leistungen Dritter (§ 12 Absatz 2 Nummer 17), soweit sie für die Förderung und Erziehung sowie Eingliederung der Gefangenen von Bedeutung sind.

(5) [1] Eine Ausfertigung des Berichts ist den Gefangenen auszuhändigen und erforderlichenfalls dem Jugendamt sowie den Personensorgeberechtigten zu übersenden. [2] Bei angeordneter Bewährungs- oder Führungsaufsicht ist eine Ausfertigung der zuständigen Leiterin oder dem zuständigen Leiter des ambulanten Sozialen Dienstes der Justiz zuzuleiten. [3] Mit Einwilligung der Gefangenen oder der Personensorgeberechtigten soll eine Ausfertigung des Berichts auch anderen Beteiligten zugeleitet werden, die an der Eingliederung und Erziehung der Gefangenen mitwirken.

(6) Gefangene erhalten, soweit ihre eigenen Mittel nicht ausreichen, von der Anstalt bei ihrer Entlassung einen Reisekostenzuschuss, für die Entlassung ausreichende Kleidung oder eine sonstige notwendige Unterstützung.

§ 48 Teilnahme an Ausbildungsmaßnahmen, Aufnahme auf freiwilliger Grundlage. (1) [1] Nach der Entlassung aus der Anstalt kann ehemaligen Gefangenen auf ihren Antrag vorübergehend bis zu drei Monaten gestattet werden, eine in der Anstalt begonnene schulische und berufliche Orientierungs-, Aus- und Weiterbildungsmaßnahme oder sonstige Förder- und Erziehungsmaßnahme abzuschließen. [2] Der Antrag und die Gestattung sind jederzeit widerruflich.

(2) [1] Frühere Gefangene können innerhalb von sechs Monaten nach ihrer Entlassung zur Bewältigung einer Krisensituation auf ihren Antrag vorübergehend bis zu drei Monate wieder in die Anstalt aufgenommen werden, um die bislang erreichten Erfolge vollzuglicher Förder- und Erziehungsmaßnahmen nicht zu gefährden. [2] Absatz 1 Satz 2 gilt entsprechend.

(3) Gegen aufgenommene Personen dürfen Maßnahmen des Vollzuges nicht mit unmittelbarem Zwang durchgesetzt werden.

(4) Auf ihren Antrag sind die aufgenommenen Personen unverzüglich zu entlassen.

(5) [1] An den Kosten ihrer Unterbringung können die Aufgenommenen beteiligt werden, soweit dies mit ihrer Förderung und Erziehung zu vereinbaren ist. [2] § 39 Absatz 4 des Strafvollzugsgesetzes Nordrhein-Westfalen gilt entsprechend.

(6) Bei minderjährigen Gefangenen erfolgt die Unterbringung mit Einwilligung der Personensorgeberechtigten.

Abschnitt 11. Sicherheit und Ordnung, unmittelbarer Zwang

§ 49 Grundsatz, Verhaltensvorschriften. (1) [1] Sicherheit und Ordnung bilden die Grundlage eines gewalt- und konfliktfreien Zusammenlebens in der Anstalt. [2] Die Anstalt trifft die erforderlichen Maßnahmen, um ein Entweichen der Gefangenen zu verhindern und die Sicherheit (§ 7) zu gewährleisten. [3] Die Anstalt ist befugt, zur Erfüllung ihrer Aufgaben die Identität aller Personen, die Zugang begehren, festzustellen.

(2) [1] Die Gefangenen haben sich nach der Tageseinteilung der Anstalt zu richten. [2] Sie sollen durch die Tageseinteilung auch an eine eigenverantwortliche Lebensgestaltung herangeführt werden. [3] Sie dürfen durch ihr Verhalten gegenüber Bediensteten, anderen Gefangenen und Dritten das geordnete Miteinander in der Anstalt nicht stören. [4] Das Verantwortungsbewusstsein der Gefangenen für ein entsprechendes Verhalten ist zu wecken und zu fördern.

(3) [1] Die Gefangenen haben die Anordnungen der Bediensteten zu befolgen, auch wenn sie sich beschwert fühlen. [2] Einen ihnen zugewiesenen Bereich dürfen sie nicht ohne Erlaubnis verlassen.

(4) Gefangene sind verpflichtet, ihren Haftraum und die ihnen von der Anstalt überlassenen Gegenstände in Ordnung zu halten und schonend zu behandeln.

(5) Die Gefangenen haben Umstände, die eine Gefahr für das Leben oder eine erhebliche Gefahr für die Gesundheit einer Person bedeuten, unverzüglich zu melden.

§ 50 Maßnahmen zur Aufrechterhaltung der Sicherheit. Die Vorschriften des Strafvollzugsgesetzes Nordrhein-Westfalen über die Durchsuchung (§ 64), die Maßnahmen zur Feststellung von Suchtmittelkonsum (§ 65) und die Maßnahmen zur Verhinderung unerlaubter Telekommunikation (§ 67) gelten entsprechend.

§ 51 Besondere Sicherungsmaßnahmen. [1] Die Vorschriften des Strafvollzugsgesetzes Nordrhein-Westfalen über die besonderen Sicherungsmaßnahmen (§ 69), die Anordnung besonderer Sicherungsmaßnahmen und das Verfahren (§ 70) sowie die medizinische und psychologische Überwachung (§ 71) gelten entsprechend. [2] Gerichtliche Zuständigkeit und gerichtliches Verfahren bei Fixierungen, durch die die Bewegungsfreiheit der Gefangenen absehbar nicht nur kurzfristig aufgehoben wird, richten sich nach § 93 des Jugendgerichtsgesetzes[1)].

§ 52 Unmittelbarer Zwang, Handeln auf Anordnung, Festnahmerecht.

(1) Die Vorschriften des Strafvollzugsgesetzes Nordrhein-Westfalen über die Begriffsbestimmungen (§ 72), die allgemeinen Voraussetzungen (§ 73), den Grundsatz der Verhältnismäßigkeit (§ 74) und die Androhung (§ 75) von unmittelbarem Zwang gelten entsprechend.

(2) [1] Zur Vereitelung einer Flucht oder zur Wiederergreifung von Gefangengen dürfen Schusswaffen nicht gebraucht werden. [2] Im Übrigen gelten die allgemeinen Vorschriften für den Schusswaffengebrauch (§ 76) und die besonderen Vorschriften für den Schusswaffengebrauch (§ 77) des Strafvollzugsgesetzes Nordrhein-Westfalen entsprechend.

(3) [1] Wird unmittelbarer Zwang von einer oder einem Vorgesetzten oder einer sonst befugten Person angeordnet, sind Bedienstete verpflichtet, ihn anzuwenden, es sei denn, die Anordnung verletzt die Menschenwürde oder ist nicht zu dienstlichen Zwecken erteilt worden. [2] Die Anordnung darf nicht befolgt werden, wenn dadurch eine Straftat begangen würde. [3] Befolgen Bedienstete die Anordnung trotzdem, trifft die Bediensteten eine Schuld nur, wenn sie erkennen oder wenn es nach den ihnen bekannten Umständen offensichtlich ist, dass dadurch eine Straftat begangen wird.

(4) [1] Bedenken gegen die Rechtmäßigkeit der Anordnung haben Bedienstete der oder dem Anordnenden gegenüber vorzubringen, soweit das nach den Umständen möglich ist. [2] Abweichende Vorschriften des allgemeinen Beamtenrechts über die Mitteilung solcher Bedenken an Vorgesetzte sind nicht anzuwenden.

(5) Gefangene, die entwichen sind oder sich sonst ohne Erlaubnis außerhalb der Anstalt aufhalten, können durch die Anstalt oder auf ihre Veranlassung hin festgenommen und zurückgebracht werden.

(6) [1] Für Zwangsmaßnahmen zur Gefahrenabwehr auf dem Gebiet der Gesundheitsfürsorge gilt § 78 des Strafvollzugsgesetzes Nordrhein-Westfalen entsprechend. [2] Vor der Durchführung von Zwangsmaßnahmen nach § 78 des Strafvollzugsgesetzes Nordrhein-Westfalen muss bei minderjährigen Gefangenen erfolglos versucht worden sein, die Einwilligung der Personensorgeberechtigten einzuholen. [3] Kann diese nicht rechtzeitig eingeholt werden, sind die Vorschriften des Bürgerlichen Gesetzbuches[2)] anzuwenden.

---

1) Nr. **37**.
2) Auszugsweise abgedruckt unter Nr. **2**.

Abschnitt 12. Erzieherisches Gespräch, Konfliktregelung, Disziplinarmaßnahmen

§ 53 Pflichtverstöße, erzieherisches Gespräch, Konfliktregelung.

(1) [1] Verstoßen Gefangene schuldhaft gegen Pflichten, die ihnen durch oder aufgrund dieses Gesetzes auferlegt sind, wird versucht, diese Pflichtverstöße zeitnah im erzieherischen Gespräch aufzuarbeiten. [2] Verbleibende, schwerwiegende oder wiederholte Konflikte sollen im Wege der Konfliktregelung geschlichtet werden. [3] Dabei können ausgleichende Maßnahmen, insbesondere eine Entschuldigung, Mediation, Schadensbeseitigung oder -wiedergutmachung, vereinbart werden. [4] Zudem können erzieherische Maßnahmen angeordnet werden, die den Gefangenen das Fehlverhalten durch lernende Vorgaben unter Berücksichtigung des individuellen Förderbedarfs vor Augen führen.

(2) Die Anstaltsleiterin oder der Anstaltsleiter legt fest, welche Bediensteten befugt sind, erzieherische Maßnahmen anzuordnen.

§ 54 Disziplinarmaßnahmen. (1) Disziplinarmaßnahmen dürfen nur angeordnet werden, wenn Maßnahmen nach § 53 nicht ausreichen, um den Gefangenen das Unrecht ihrer Handlung zu verdeutlichen.

(2) Eine Disziplinarmaßnahme ist auch zulässig, wenn wegen derselben Verfehlung ein Straf- oder Bußgeldverfahren eingeleitet wird.

(3) Zulässige Disziplinarmaßnahmen sind

1. die Beschränkung der Verfügung über das Hausgeld bis zu 75 Prozent des monatlich zur Verfügung stehenden Betrags bis zu einem Monat,
2. die Beschränkung oder der Entzug der Teilnahme an gemeinsamen Veranstaltungen bis zu sechs Wochen,
3. die getrennte Unterbringung während der Freizeit bis zu vier Wochen,
4. die Beschränkung oder der Entzug der Gegenstände für eine Beschäftigung in der Freizeit mit Ausnahme des Lesestoffs bis zu vier Wochen,
5. die Beschränkung oder der Entzug des Hörfunk- oder Fernsehempfangs bis zu sechs Wochen und
6. Arrest bis zu zwei Wochen.

(4) Arrest darf nur wegen schwerer oder mehrfach wiederholter Verfehlungen verhängt werden.

(5) Mehrere Disziplinarmaßnahmen können miteinander verbunden werden.

§ 55 Verfahren. (1) [1] Der Sachverhalt ist zu klären. [2] Hierbei sind sowohl belastende als auch entlastende Umstände zu ermitteln. [3] Die Gefangenen werden gehört. [4] Sie werden darüber unterrichtet, welche Verfehlungen ihnen zur Last gelegt werden. [5] Sie sind darauf hinzuweisen, dass es ihnen freisteht sich zu äußern oder nicht zur Sache auszusagen. [6] Die Äußerungen der Gefangenen und die Ergebnisse der Ermittlungen sind zu dokumentieren.

(2) [1] Disziplinarmaßnahmen ordnet die Anstaltsleitung an. [2] Die Aufsichtsbehörde entscheidet, wenn sich die Verfehlung Gefangener gegen die Anstaltsleiterin oder den Anstaltsleiter richtet. [3] Bei einer Verfehlung der Gefangenen auf dem Weg in eine andere Anstalt ist die Anstaltsleitung der Bestimmungsanstalt zuständig.

(3) Die Anstaltsleitung soll sich bei schweren Verstößen vor der Entscheidung in einer Konferenz mit Personen besprechen, die maßgeblich an der Förderung und Erziehung der Gefangenen mitwirken.

(4) Vor der Anordnung einer Disziplinarmaßnahme gegen Gefangene, die sich in medizinischer Behandlung befinden, oder gegen eine Schwangere oder eine Gefangene, die unlängst entbunden hat, ist der ärztliche Dienst zu hören.

(5) [1] Disziplinarmaßnahmen sollen in einem engen zeitlichen Zusammenhang mit der Pflichtverletzung angeordnet werden. [2] Mehrere Verfehlungen, die gleichzeitig zu beurteilen sind, sollen durch eine Entscheidung geahndet werden.

(6) [1] Die tragenden Gründe der Entscheidung werden schriftlich abgefasst und den Gefangenen mündlich eröffnet. [2] Auf Verlangen ist den Gefangenen die schriftliche Begründung auszuhändigen.

§ 56 Vollzug der Disziplinarmaßnahmen. (1) [1] Disziplinarmaßnahmen werden in der Regel sofort vollstreckt. [2] Die Vollstreckung ist auszusetzen, soweit es zur Gewährung eines effektiven Rechtsschutzes erforderlich ist.

(2) [1] Disziplinarmaßnahmen können ganz oder teilweise bis zu sechs Monaten zur Bewährung ausgesetzt werden. [2] Die Aussetzung zur Bewährung kann ganz oder teilweise widerrufen werden, wenn die Gefangenen erneut gegen Pflichten verstoßen.

(3) Wird die Verfügung über das Hausgeld beschränkt, ist das in dieser Zeit anfallende Hausgeld dem Überbrückungsgeld hinzuzurechnen.

(4) [1] Bevor Arrest (§ 54 Absatz 3 Nummer 6) vollzogen wird, ist der ärztliche Dienst der Anstalt zu hören. [2] Während des Arrestes stehen die Gefangenen unter ärztlicher Aufsicht. [3] Der Arrest unterbleibt oder wird unterbrochen, wenn ansonsten die Gesundheit der Gefangenen gefährdet würde.

(5) [1] Für die Dauer des Arrestes werden die Gefangenen abgesondert. [2] Die Gefangenen werden für die Dauer des Arrestes pädagogisch betreut. [3] Die Gefangenen können in einem besonderen Arrestraum untergebracht werden, der den Anforderungen entsprechen muss, die an einen zum Aufenthalt bei Tag und Nacht bestimmten Haftraum gestellt werden. [4] Soweit nichts anderes angeordnet wird, ruhen die Befugnisse der Gefangenen zur Beschäftigung, zur Teilnahme an Gemeinschaftsveranstaltungen, zum Einkauf, zum Fernsehempfang, zur Ausstattung des Haftraums mit persönlichen Gegenständen und zum Besitz persönlicher Gegenstände. [5] Der Zugang zu Büchern, Zeitungen und Zeitschriften ist zu ermöglichen. [6] Die Rechte zur Teilnahme an unaufschiebbaren Förder- und Erziehungsmaßnahmen, zur Teilnahme am Gottesdienst und zum Aufenthalt im Freien nach § 35 Absatz 3 bleiben unberührt.

(6) [1] Disziplinarmaßnahmen, die gegen Gefangene in einer anderen Anstalt oder während des Vollzuges von Untersuchungshaft angeordnet worden sind, werden auf Ersuchen der abgebenden Anstalt vollstreckt. [2] Absatz 2 bleibt unberührt.

Abschnitt 13. Aufhebung von Maßnahmen, Beschwerderecht

§ 57 Widerruf, Rücknahme. § 83 des Strafvollzugsgesetzes Nordrhein-Westfalen gilt entsprechend.

§ 58 Beschwerderecht. [1] Die Gefangenen erhalten Gelegenheit, sich mit Wünschen, Anregungen und Beschwerden in Angelegenheiten, die sie selbst betreffen, an die Anstaltsleitung oder die von ihr beauftragten Personen zu wenden. [2] Die Möglichkeit, sich an die Justizvollzugsbeauftragte oder den Justizvollzugsbeauftragten des Landes Nordrhein-Westfalen zu wenden, bleibt unberührt.

Abschnitt 14. Organisation

§ 59 Anstalten und Einrichtungen. (1) [1] Die Jugendstrafe wird in hierfür bestimmten, selbstständigen Anstalten der Landesjustizverwaltung vollzogen, die entsprechend ihrem Zweck und den Erfordernissen des Jugendstrafvollzuges auszugestalten sind und eine auf die unterschiedlichen Bedürfnisse der Gefangenen abgestimmte Behandlung gewährleisten. [2] Sie kann auch in anderen geeigneten Einrichtungen außerhalb der Landesjustizverwaltung in freien Formen vollzogen werden.

(2) [1] Weibliche Gefangene können in getrennten Abteilungen des Strafvollzuges für erwachsene Frauen untergebracht werden; einer Unterbringung in getrennten Abteilungen bedarf es nicht, wenn es sich um eine Einrichtung des offenen Frauenvollzuges handelt. [2] In den Fällen des Satzes 1 erfolgt der Vollzug nach den Vorschriften dieses Gesetzes. [3] Wird Jugendstrafe in Einrichtungen des Erwachsenenstrafvollzuges vollzogen, bleiben die Vorschriften dieses Gesetzes anwendbar.

(3) [1] Es ist eine bedarfsgerechte Anzahl und Ausstattung von Plätzen, insbesondere für therapeutische Maßnahmen, für Maßnahmen der Beschäftigung, Freizeit, Sport, Seelsorge und Besuche, vorzusehen. [2] Räume für den Aufenthalt während der Ruhe- und Freizeit sowie Gemeinschafts- und Besuchsräume sind wohnlich und zweckentsprechend auszustatten.

(4) [1] Die bauliche Gestaltung und das Außengelände der Vollzugseinrichtung müssen in Einklang mit dem Ziel der anstaltsinternen Förderung und Erziehung stehen. [2] Hierzu sollen die Abteilungen in Wohngruppen gegliedert sein.

(5) [1] Im Jugendstrafvollzug werden, soweit hierfür Bedarf besteht, sozialtherapeutische Einrichtungen vorgehalten. [2] Die organisatorischen, personellen und baulichen Mindeststandards sind auf die jugendspezifischen Besonderheiten zugeschnitten.

§ 60 Arbeitsbetriebe, Einrichtungen zur schulischen und beruflichen Bildung. (1) Ein bedarfsgerechtes Angebot an Arbeitsplätzen für zugewiesene Tätigkeiten, an Plätzen für Schul- und Berufsschulunterricht und an Plätzen für berufliche Ausbildung sowie für arbeitstherapeutische Maßnahmen wird vorgehalten.

(2) [1] Die Betriebe und Einrichtungen zur schulischen und beruflichen Bildung sind den Verhältnissen außerhalb der Anstalten anzugleichen. [2] Die Arbeitsschutz- und Unfallverhütungsvorschriften sind zu beachten.

(3) [1] Bildung und Beschäftigung können auch in geeigneten Einrichtungen privater Unternehmen erfolgen. [2] In den von privaten Unternehmen unterhaltenen Betrieben und sonstigen Einrichtungen kann die technische und fachliche Leitung Angehörigen dieser Unternehmen übertragen werden.

(4) [1] Bei der schulischen und beruflichen Bildung sollen die Anstalten in Zusammenarbeit mit Einrichtungen der Jugendhilfe und der Jugendberufshilfe, Schulen, Sonderschulen, Volkshochschulen, Einrichtungen der Jugendkulturarbeit und des Sports sowie mit Fachhochschulen und Universitäten ein differenziertes Lern- und Betätigungsangebot bereitstellen. [2] Sie sollen ferner mit den örtlichen Arbeitgebern und Einrichtungen, die Gefangene beschäftigen, Beschäftigung vermitteln oder berufliche Eingliederung fördern können, eng zusammenarbeiten.

§ 61 Festsetzung der Belegungsfähigkeit, Verbot der Überbelegung.

(1) Die Aufsichtsbehörde setzt die Belegungsfähigkeit unter Berücksichtigung von § 17 Absatz 1 und § 59 Absatz 3 für jede Anstalt fest.

(2) [1] Hafträume dürfen nicht mit mehr Personen als zugelassen belegt werden. [2] Ausnahmen hiervon sind nur vorübergehend aus zwingenden Gründen zulässig, wenn dies wegen eines unvorhersehbaren Ereignisses erforderlich ist. [3] Die Ausnahmen sind zu dokumentieren.

Abschnitt 15. Innerer Aufbau, Personal, Aufsicht

§ 62 Bedienstete. (1) [1] Die Aufgaben der Anstalten werden von Vollzugsbeamtinnen und Vollzugsbeamten wahrgenommen. [2] Aus besonderen Gründen können sie auch anderen Anstaltsbediensteten sowie nebenamtlich oder vertraglich verpflichteten Personen übertragen werden.

(2) [1] Den Anstalten werden für die Erfüllung ihrer Aufgaben in dem erforderlichen Umfang geeignete Bedienstete zur Verfügung gestellt. [2] Die Bediensteten sollen mit der Behandlung von jungen Gefangenen nur betraut werden, wenn sie für den Umgang mit jungen Menschen besonders geeignet sind und über pädagogische Kenntnisse für die Arbeit im Jugendstrafvollzug verfügen. [3] Die Bediensteten werden fortgebildet und erhalten Praxisberatung und -begleitung sowie Gelegenheit zur Supervision. [4] Die Zahl der Fachkräfte ist so zu bemessen, dass eine nachgehende Betreuung früherer Gefangener der sozialtherapeutischen Einrichtungen (§ 15) und früherer Gefangener mit vorbehaltener Sicherungsverwahrung (§ 16) ermöglicht werden kann.

(3) [1] Die Bediensteten sollen den einzelnen Abteilungen und den Arbeits- und Ausbildungsstätten fest zugeordnet werden. [2] Sie sollen dort alle dem jeweiligen Aufgabenbereich obliegenden Vollzugsaufgaben eigenverantwortlich wahrnehmen und ihre Diensteinteilung möglichst selbstständig regeln.

(4) Bei der Diensteinteilung im Übrigen hat die Anstalt auch darauf zu achten, dass eine Beeinträchtigung der Beschäftigung nach § 29 Absatz 1 und 2 durch zeitliche Überschneidungen mit anderen Maßnahmen nach Möglichkeit vermieden wird.

§ 63 Anstaltsleitung. (1) [1] Für jede Anstalt ist eine Beamtin oder ein Beamter zur hauptamtlichen Leiterin oder zum hauptamtlichen Leiter zu bestellen, die oder der die Voraussetzungen der Laufbahngruppe 2, zweites Einstiegsamt, erfüllt. [2] Aus besonderen Gründen kann eine Anstalt auch von einer Beamtin oder einem Beamten der Laufbahngruppe 2, erstes Einstiegsamt, geleitet werden.

(2) [1] Die Anstaltsleitung vertritt die Anstalt nach außen und trägt die Verantwortung für den gesamten Vollzug. [2] Im Innenverhältnis kann sie die Verantwortung für bestimmte Aufgabenbereiche auf andere Bedienstete übertragen.

(3) Die Befugnis, die Durchsuchung nach § 50 dieses Gesetzes in Verbindung mit § 64 Absatz 2 des Strafvollzugsgesetzes Nordrhein-Westfalen, die besonderen Sicherungsmaßnahmen nach § 51 dieses Gesetzes in Verbindung mit § 69 des Strafvollzugsgesetzes Nordrhein-Westfalen und die Disziplinarmaßnahmen nach § 54 anzuordnen, darf nur mit Zustimmung der Aufsichtsbehörde übertragen werden.

§ 64 Seelsorge. (1) Seelsorgerinnen und Seelsorger werden im Einvernehmen mit der jeweiligen Religionsgemeinschaft im Hauptamt bestellt oder vertraglich verpflichtet.

(2) Wenn die geringe Zahl der Angehörigen einer Religionsgemeinschaft eine Seelsorge nach Absatz 1 nicht rechtfertigt, ist die seelsorgerische Betreuung auf andere Weise zuzulassen.

(3) Mit Zustimmung der Anstaltsleitung dürfen sich die Seelsorgerinnen und Seelsorger freier Seelsorgehelferinnen und Seelsorgehelfer bedienen und für Gottesdienste sowie für andere religiöse Veranstaltungen Seelsorgerinnen oder Seelsorger von außen hinzuziehen.

§ 65 Medizinische Versorgung. (1) [1]Die ärztliche Versorgung ist durch hauptamtliche Ärztinnen oder Ärzte sicherzustellen. [2]Sie kann aus besonderen Gründen nebenamtlichen oder vertraglich verpflichteten Ärztinnen oder Ärzten übertragen werden.

(2) [1]Die Pflege erkrankter Gefangener soll von Krankenpflegekräften im Sinne des Krankenpflegegesetzes vom 16. Juli 2003 (BGBl. I S. 1442) in der jeweils geltenden Fassung ausgeübt werden. [2]Stehen solche Kräfte nicht zur Verfügung, können Bedienstete des Vollzuges oder sonstige Kräfte eingesetzt werden, soweit sie eine entsprechende Qualifikation besitzen.

§ 66 Konferenzen. [1]Zur Aufstellung und Überprüfung des Vollzugsplans sowie zur Vorbereitung anderer wichtiger Entscheidungen im Vollzug, insbesondere bei erstmaliger Gewährung von vollzugsöffnenden Maßnahmen, Verlegung in den offenen Vollzug oder bei Maßnahmen zur Entlassungsvorbereitung, führt die Anstaltsleitung Konferenzen mit an der Förderung und Erziehung maßgeblich Beteiligten durch. [2]§ 6 gilt entsprechend. [3]Das Konferenzergebnis und die tragenden Gründe der jeweiligen Entscheidung sind zu dokumentieren.

§ 67 Gefangenenmitverantwortung. (1) [1]Gefangenen wird ermöglicht, eine Vertretung zu wählen. [2]Diese kann in Angelegenheiten von gemeinsamem Interesse, die sich ihrer Eigenart und der Aufgabe der Anstalt nach für eine Mitwirkung eignen, der Anstaltsleitung Vorschläge und Anregungen unterbreiten. [3]Diese sollen mit der Vertretung erörtert werden.

(2) [1]Die Gefangenen werden zur aktiven Mitwirkung angeregt. [2]Die Anstalt fördert die Übernahme der Mitverantwortung in differenzierten und gestuften Formen der Mitwirkung, insbesondere bei der Gestaltung alltäglicher Abläufe.

§ 68 Hausordnung. [1]Die Anstaltsleitung erlässt eine Hausordnung. [2]Diese informiert in verständlicher Form namentlich über die Rechte und Pflichten der Gefangenen und enthält Erläuterungen zur Organisation des Besuchs, zur Arbeitszeit, Freizeit und Ruhezeit sowie Hinweise zu den Möglichkeiten, Anträge und Beschwerden anzubringen.

§ 69 Aufsichtsbehörde. (1) Das Justizministerium führt die Aufsicht über die Anstalten und sichert gemeinsam mit ihnen die Qualität des Vollzuges.

(2) [1] An der Aufsicht über die Fachdienste sind eigene Fachkräfte zu beteiligen. [2] Soweit die Aufsichtsbehörde nicht über eigene Fachkräfte verfügt, ist fachliche Beratung sicherzustellen.

(3) Die Aufsicht über die Einrichtungen im Vollzug in freien Formen außerhalb der Landesjustizverwaltung wird im Einvernehmen mit der für die Jugendhilfe zuständigen obersten Aufsichtsbehörde geregelt.

§ 70 Vollstreckungsplan. (1) Die örtliche und sachliche Zuständigkeit der Anstalten wird durch die Aufsichtsbehörde in einem Vollstreckungsplan nach allgemeinen Merkmalen geregelt.

(2) [1] Der Vollstreckungsplan bestimmt insbesondere, welche Anstalten und Abteilungen sozialtherapeutische Einrichtungen oder solche des offenen Vollzuges sind. [2] Ferner legt er fest, inwieweit Gefangene, die sich freiwillig zum Strafantritt stellen, zunächst bis zum Abschluss der Diagnostik in eine Anstalt oder Abteilung des offenen Vollzuges aufzunehmen sind.

(3) Die für den Vollzug sachlich und örtlich zuständige Anstalt kann auch im Rahmen eines Auswahlverfahrens in der Untersuchungshaft bestimmt werden.

Abschnitt 16. Beiräte

§ 71 Aufgaben und Befugnisse der Beiräte. Die Vorschriften des Strafvollzugsgesetzes Nordrhein-Westfalen über die Aufgaben der Beiräte (§ 105), die Befugnisse (§ 106) und die Pflicht zur Verschwiegenheit (§ 107) gelten entsprechend.

Abschnitt 17. Kriminologischer Dienst, Schlussbestimmungen

§ 72 Kriminologischer Dienst. (1) Im Interesse einer Erfolgskontrolle und wissenschaftlichen Fortentwicklung lassen die Vollzugsbehörden den Jugendstrafvollzug, insbesondere seine Aufgabenerfüllung und Gestaltung, seine Behandlungsmethoden, die Umsetzung seiner Leitlinien und die Förder- und Erziehungsmaßnahmen für die Gefangenen sowie deren Wirkungen auf das Vollzugsziel regelmäßig unter Berücksichtigung empirisch messbarer Leistungsstandards und Ergebnisindikatoren durch den kriminologischen Dienst, durch Hochschulen oder durch andere Stellen wissenschaftlich begleiten, erforschen und bewerten.

(2) § 19 des Justizvollzugsdatenschutzgesetzes Nordrhein-Westfalen gilt entsprechend.

§ 73 Einschränkung von Grundrechten. Durch dieses Gesetz werden die Grundrechte aus Artikel 2 Absatz 2 Satz 1 und 2 (körperliche Unversehrtheit und Freiheit der Person), Artikel 5 Absatz 1 Satz 1 (Informationsfreiheit) und Artikel 10 Absatz 1 (Brief-, Post- und Fernmeldegeheimnis) des Grundgesetzes[1)] eingeschränkt.

[1)] Auszugsweise abgedruckt unter Nr. **1**.

§ 74 Verhältnis zum Bundesrecht. Dieses Gesetz ersetzt nach Artikel 125a Absatz 1 Satz 2 des Grundgesetzes in seinem Geltungsbereich zugleich das Strafvollzugsgesetz vom 16. März 1976 (BGBl. I S. 581, 2088), das zuletzt durch Artikel 152 der Verordnung vom 31. August 2015 (BGBl. I S. 1474) geändert worden ist, mit Ausnahme der Vorschriften über

1. den Pfändungsschutz (§ 43 Absatz 11 Satz 2, § 50 Absatz 2 Satz 5, § 51 Absatz 4 und 5),
2. das gerichtliche Verfahren (§§ 92, 110 Absatz 1 des Jugendgerichtsgesetzes[1] in Verbindung mit §§ 109 bis 121 des Strafvollzugsgesetzes) und
3. den Vollzug des Strafarrestes sowie von Ordnungs-, Sicherungs-, Zwangs- und Erzwingungshaft (§§ 171 bis 175, 178 Absatz 2),

auch soweit sie über §§ 176 und 178 Absatz 1 des Strafvollzugsgesetzes Anwendung finden.

§ 75 Inkrafttreten, Außerkrafttreten. [1] Dieses Gesetz tritt am ersten Tag des vierten auf die Verkündung[2] folgenden Kalendermonats in Kraft. [2] Gleichzeitig tritt das Jugendstrafvollzugsgesetz Nordrhein-Westfalen vom 20. November 2007 (GV. NRW. S. 539), das zuletzt durch Artikel 6 des Gesetzes vom 14. Juni 2016 (GV. NRW. S. 310) geändert worden ist, außer Kraft.

[1] Nr. **37**.
[2] Verkündet am 5.5.2017.

45. Gesetz über den Vollzug der Freiheitsstrafe und der Jugendstrafe (Bayerisches Strafvollzugsgesetz – BayStVollzG)

Vom 10. Dezember 2007
(GVBl. S. 866)

BayRS 312-2-1-J

zuletzt geänd. durch § 6 G zur Änderung des Bayerischen Familiengeldgesetzes und anderer Gesetze v. 8.7.2020 (GVBl. S. 330)

– Auszug –

Teil 3. Vollzug der Jugendstrafe

Art. 121 Aufgaben des Jugendstrafvollzugs. [1]Der Vollzug der Jugendstrafe dient dem Schutz der Allgemeinheit vor weiteren Straftaten. [2]Die Gefangenen im Vollzug der Jugendstrafe (junge Gefangene) sollen dazu erzogen werden, künftig einen rechtschaffenen Lebenswandel in sozialer Verantwortung zu führen (Erziehungsauftrag).

Art. 122 Anwendung anderer Vorschriften. Für den Vollzug der Jugendstrafe gelten die Vorschriften des Teils 2 über den Vollzug der Freiheitsstrafe entsprechend, soweit in diesem Teil nichts anderes bestimmt ist.

Art. 123 Behandlung im Vollzug der Jugendstrafe. (1) Für die Behandlung gilt Art. 3 entsprechend.

(2) Die jungen Gefangenen sind verpflichtet, an der Erfüllung des Erziehungsauftrags mitzuwirken.

(3) [1]Die jungen Gefangenen sind während der Arbeitszeit zur Teilnahme an schulischen und beruflichen Maßnahmen oder speziellen Maßnahmen zur Förderung ihrer schulischen, beruflichen oder persönlichen Entwicklung oder zur Arbeit, arbeitstherapeutischen oder sonstigen Beschäftigung verpflichtet, soweit sie dazu körperlich und geistig in der Lage sind. [2]Bei gleichermaßen geeigneten Maßnahmen zur Erfüllung des Erziehungsauftrags hat die Ausbildung Vorrang.

(4) Weibliche junge Gefangene können auch an den Behandlungsmaßnahmen für weibliche erwachsene Gefangene teilnehmen.

Art. 124 Ausstattung des Jugendstrafvollzugs. Personelle Ausstattung, sachliche Mittel und Organisation werden am Erziehungsauftrag und an den besonderen Bedürfnissen junger Gefangener ausgerichtet.

Art. 125 Stellung der jungen Gefangenen. (1) [1]Die jungen Gefangenen unterliegen den in diesem Gesetz vorgesehenen Beschränkungen ihrer Freiheit. [2]Soweit dieses Gesetz keine besonderen Regelungen enthält, dürfen ihnen nur Beschränkungen auferlegt werden, die zur Aufrechterhaltung der Sicherheit oder zur Abwendung einer Störung der Ordnung der Jugendstrafvollzugsanstalt erforderlich sind.

(2) Vollzugliche Maßnahmen sollen den jungen Gefangenen erläutert werden.

Art. 126 Zusammenarbeit mit Behörden und freien Trägern.

(1) [1] Die Jugendstrafvollzugsanstalten arbeiten mit fachbezogenen außervollzuglichen Einrichtungen und Organisationen eng zusammen. [2] Dies gilt insbesondere für Schulen und Schulaufsichtsbehörden, Einrichtungen für berufliche Bildung, Behörden und Stellen der staatlichen und privaten Straffälligenhilfe, die Jugendgerichtshilfe, Träger der öffentlichen und freien Jugendhilfe, Polizeibehörden, Agenturen für Arbeit, Gesundheits- und Ausländerbehörden, Suchtberatungsstellen und Schuldnerberatung, Ausländer- und Integrationsbeauftragte, Träger der Sozialversicherung und der Sozialhilfe, Hilfeeinrichtungen anderer Behörden und Träger der freien Wohlfahrtspflege.

(2) [1] Die Personensorgeberechtigten werden in die Planung und Gestaltung des Vollzugs einbezogen, soweit dies zweckmäßig ist. [2] Dies ist zwingend, wenn die Personensorgeberechtigten anders ihrer gesetzlichen Verpflichtung nicht nachkommen können.

Art. 127 Ehrenamtliche Mitarbeit. (1) Die Jugendstrafvollzugsanstalten arbeiten in besonderer Weise mit Personen und Vereinen, deren Einfluss die Eingliederung der jungen Gefangenen fördern kann, zusammen.

(2) Jungen Gefangenen, die den sozialen Anschluss verloren haben, sollen durch die Anstalt nach Möglichkeit vertrauenswürdige Personen vermittelt werden, die sie bei der Wiedereingliederung in die Gesellschaft unterstützen (ehrenamtliche Betreuer).

(3) Zur Unterstützung bei der Erfüllung des Erziehungsauftrags sollen nach Möglichkeit vertrauenswürdige Personen in der Anstalt mitarbeiten, die in der Lage sind, die Erziehungsmaßnahmen der Jugendstrafvollzugsanstalt sinnvoll zu ergänzen (ehrenamtliche Mitarbeiter).

Art. 128 Aufnahmeverfahren. [1] Für das Aufnahmeverfahren gilt Art. 7 entsprechend. [2] Das für die Mitwirkung in dem Verfahren nach dem Jugendgerichtsgesetz (JGG)[1)] nach § 87b des Achten Buches Sozialgesetzbuch[2)] zuständige Jugendamt wird von der Aufnahme unterrichtet. [3] Die Personensorgeberechtigten sollen von der Aufnahme unterrichtet werden.

Art. 129 Behandlungsuntersuchung, Beteiligung der jungen Gefangenen, Zugangsabteilung. (1) Nach dem Aufnahmeverfahren werden den jungen Gefangenen der Erziehungsauftrag der Jugendstrafvollzugsanstalt sowie die vorhandenen Unterrichts-, Bildungs-, Arbeits- und Freizeitmaßnahmen erläutert.

(2) [1] Die Untersuchung zur Vorbereitung der Erziehung erstreckt sich auf die Persönlichkeit, die Lebensverhältnisse sowie alle Umstände, deren Kenntnis für eine planvolle Behandlung und für die Eingliederung nach der Entlassung notwendig erscheint. [2] Es ist zu prüfen, ob eine Verlegung in eine sozialtherapeutische Einrichtung nach Art. 132 oder andere therapeutische Maßnahmen angezeigt sind.

(3) [1] Die Planung der Behandlung und die Bedeutung des Vollzugsplans werden den jungen Gefangenen mitgeteilt. [2] Sie sollen zu sinnvollen Anregungen und Vorschlägen ermutigt werden.

---

1) Nr. **37**.
2) Nr. **10**.

(4) Die jungen Gefangenen sollen bei Strafantritt in der Jugendstrafvollzugsanstalt für wenigstens eine Woche in einer hierfür eingerichteten eigenen Abteilung (Zugangsabteilung) untergebracht werden.

Art. 130 Vollzugsplan. (1) Für den Vollzugsplan gelten Art. 9 Abs. 1 und 2 entsprechend mit der Maßgabe, dass bei den pädagogischen Maßnahmen auch aufzunehmen ist, welche schulischen, berufsorientierenden, -qualifizierenden oder arbeitstherapeutischen Maßnahmen zu ergreifen sind.

(2) [1] Die Personensorgeberechtigten können Anregungen und Vorschläge einbringen. [2] Auf Verlangen können die Regelungen des Vollzugsplans den Personensorgeberechtigten bekannt gegeben werden, wenn hierdurch die Erfüllung des Erziehungsauftrags nicht beeinträchtigt wird.

(3) Über eine Verlegung in eine sozialtherapeutische Einrichtung gemäß Art. 132 Abs. 1 oder 2 ist jeweils nach Ablauf von sechs Monaten neu zu entscheiden.

Art. 131 Verlegung, Überstellung, Ausantwortung. (1) [1] Junge Gefangene können abweichend vom Vollstreckungsplan in eine andere Jugendstrafvollzugsanstalt verlegt werden, wenn die Erfüllung des Erziehungsauftrags oder die Eingliederung nach der Entlassung hierdurch gefördert wird, eine Störung der Ordnung der Jugendstrafvollzugsanstalt auf andere Weise nicht vermieden werden kann oder wenn Gründe der Vollzugsorganisation oder andere wichtige Gründe eine Verlegung erforderlich machen. [2] Auf die Struktur der aufnehmenden Anstalt ist Rücksicht zu nehmen.

(2) Junge Gefangene dürfen aus wichtigem Grund, insbesondere zur Erleichterung einer schulischen oder beruflichen Maßnahme, in eine andere Jugendstrafvollzugsanstalt oder in eine Anstalt für den Vollzug von Freiheitsstrafe überstellt werden.

(3) Für die Ausantwortung gilt Art. 10 Abs. 3 entsprechend.

(4) [1] Die Jugendämter werden von der Verlegung unterrichtet. [2] Die Personensorgeberechtigten sollen von der Verlegung unterrichtet werden.

Art. 132 Verlegung in eine sozialtherapeutische Einrichtung. (1) Junge Gefangene sind in eine sozialtherapeutische Einrichtung einer Jugendstrafvollzugsanstalt zu verlegen, wenn die Wiederholung einer Straftat nach den §§ 174 bis 180 oder § 182 StGB[1)] zu befürchten und die Behandlung in einer sozialtherapeutischen Einrichtung nach Art. 129 Abs. 2 Satz 2 oder Art. 130 Abs. 3 angezeigt ist.

(2) Andere junge Gefangene, von denen schwerwiegende Straftaten gegen Leib oder Leben oder gegen die sexuelle Selbstbestimmung zu erwarten sind, sollen in eine sozialtherapeutische Einrichtung einer Jugendstrafvollzugsanstalt verlegt werden, wenn deren besondere therapeutische Mittel und soziale Hilfen zu ihrer Resozialisierung angezeigt sind.

(3) Art. 11 Abs. 3 bis 5 und Art. 117 gelten entsprechend.

Art. 133 Geschlossener Vollzug und offener Vollzug. Art. 12 gilt entsprechend mit der Maßgabe, dass zu einer Unterbringung in einer Einrichtung

---

[1)] Nr. **38**.

des offenen Vollzugs die Zustimmung der jungen Gefangenen nicht erforderlich ist.

Art. 134 Lockerungen des Vollzugs. (1) Für die Lockerungen des Vollzugs gilt Art. 13 Abs. 1 entsprechend.

(2) Die Lockerungen dürfen zur Erfüllung des Erziehungsauftrags oder zur Förderung der Wiedereingliederung mit Zustimmung der jungen Gefangenen gewährt werden, wenn verantwortet werden kann zu erproben, dass sie sich nicht dem Vollzug der Jugendstrafe entziehen und die Lockerungen nicht zur Begehung von Straftaten missbrauchen werden.

(3) Art. 15 und 16 gelten entsprechend.

Art. 135 Urlaub aus der Haft. (1) Jungen Gefangenen kann Urlaub aus der Haft als Behandlungsmaßnahme bis zu 21 Kalendertagen im Vollstreckungsjahr gewährt werden.

(2) [1] Jungen Gefangenen, die zum Freigang (Art. 13 Abs. 1 Nr. 1) zugelassen sind, kann innerhalb von neun Monaten vor der Entlassung weiterer Urlaub bis zu sechs Tagen im Monat gewährt werden. [2] Art. 136 Abs. 5 Satz 1 findet keine Anwendung.

(3) Art. 15, 16 und 134 Abs. 2 gelten entsprechend.

(4) Durch den Urlaub wird die Vollstreckung der Jugendstrafe nicht unterbrochen.

Art. 136 Entlassungsvorbereitung. (1) [1] Rechtzeitig vor dem voraussichtlichen Entlassungstermin arbeiten die Jugendstrafvollzugsanstalten mit vertrauenswürdigen Dritten und Institutionen außerhalb des Vollzugs zusammen, um zu erreichen, dass die jungen Gefangenen bei der Entlassung über eine geeignete Unterbringung und eine Arbeits- oder Ausbildungsstelle verfügen. [2] Die Jugendämter und, soweit angeordnet, die Bewährungshilfe werden unterrichtet. [3] Die Personensorgeberechtigten werden unterrichtet, wenn dies nicht der Erfüllung des Erziehungsauftrags widerspricht.

(2) Um die Entlassung vorzubereiten, soll der Vollzug gelockert werden (Art. 134).

(3) Junge Gefangene können in den offenen Vollzug (Art. 133 in Verbindung mit Art. 12 Abs. 2) verlegt werden, wenn dies der Vorbereitung der Entlassung dient.

(4) Die Jugendstrafvollzugsanstalten können eigene Abteilungen einrichten, in die die jungen Gefangenen kurz vor ihrer Entlassung verlegt werden (Entlassungsabteilung).

(5) [1] Innerhalb von vier Monaten vor der Entlassung kann zu deren Vorbereitung Sonderurlaub bis zu einem Monat gewährt werden. [2] Art. 15, 16, 134 Abs. 2 und Art. 135 Abs. 4 gelten entsprechend.

Art. 137 Entlassung, Unterbringung auf freiwilliger Grundlage.

(1) Für den Entlassungszeitpunkt und die Entlassungsbeihilfe gelten Art. 18 und 80 entsprechend.

(2) [1] Die Jugendstrafvollzugsanstalt kann auf Antrag der jungen Gefangenen nach Entlassung die im Vollzug begonnene Betreuung vorübergehend fortführen, soweit diese nicht anderweitig durchgeführt werden kann. [2] Hierzu können

junge Gefangene auf Antrag auch vorübergehend über den Entlassungszeitpunkt hinaus in einer Abteilung des offenen Vollzugs verbleiben oder in einer solchen nach Entlassung wieder aufgenommen werden, wenn der Erfolg der Erziehung gefährdet und ein Aufenthalt in der Jugendstrafvollzugsanstalt aus diesem Grund gerechtfertigt ist. [3]Ein Widerruf des Antrags darf nicht zur Unzeit erfolgen. [4]Nach dem Entlassungszeitpunkt oder der Wiederaufnahme sind die nach diesem Gesetz geltenden Vorschriften mit der Maßgabe entsprechend anzuwenden, dass Maßnahmen des Vollzugs nicht mit unmittelbarem Zwang durchgesetzt werden dürfen. [5]Art. 101 Abs. 2 und 3 bleiben unberührt.

Art. 138 Unterbringung während der Ausbildung, Arbeit und Freizeit. (1) [1]Unterricht, Berufsausbildung, berufliche Fortbildung, Umschulung, Arbeit sowie arbeitstherapeutische und sonstige Beschäftigung während der Arbeitszeit finden in Gemeinschaft statt. [2]Die gemeinsame Schul- und Berufsausbildung weiblicher und männlicher junger Gefangener ist zulässig.

(2) [1]Während der Freizeit können sich die jungen Gefangenen in Gemeinschaft mit anderen aufhalten. [2]Für die Teilnahme an gemeinschaftlichen Veranstaltungen kann der Anstaltsleiter oder die Anstaltsleiterin mit Rücksicht auf die räumlichen, personellen und organisatorischen Verhältnisse der Anstalt besondere Regelungen treffen.

(3) Die gemeinschaftliche Unterbringung während der Arbeitszeit und Freizeit kann eingeschränkt werden, wenn

1. ein schädlicher Einfluss auf andere junge Gefangene zu befürchten ist,
2. junge Gefangene nach Art. 129 untersucht werden, aber nicht länger als zwei Monate,
3. es die Sicherheit oder Ordnung der Anstalt erfordert oder
4. die jungen Gefangenen zustimmen.

(4) Die gemeinschaftliche Unterbringung kann ferner eingeschränkt werden, wenn dies aus erzieherischen Gründen angezeigt ist.

Art. 139 Unterbringung während der Ruhezeit. (1) Für die Unterbringung in der Ruhezeit gilt Art. 20 entsprechend.

(2) [1]Weibliche junge Gefangene können in getrennten Abteilungen des Strafvollzugs für erwachsene Frauen untergebracht werden. [2]Weibliche junge und erwachsene Gefangene, die gemeinsam mit ihren Kindern untergebracht sind (Art. 151 Abs. 1 Satz 1, Art. 86 Abs. 1 Satz 1), können gemeinsam in einer getrennten Abteilung des Strafvollzugs für erwachsene Frauen untergebracht werden. [3]Männliche junge Gefangene können vorübergehend in einer Anstalt für den Vollzug von Freiheitsstrafe an erwachsenen Männern untergebracht werden, wenn dies zur Aufnahme oder Fortführung einer schulischen oder beruflichen Ausbildung oder einer Erwerbstätigkeit erforderlich ist. [4]Der Vollzug erfolgt nach den Vorschriften dieses Teils.

Art. 140 Unterbringung in Wohngruppen. (1) Geeignete junge Gefangene können in Wohngruppen untergebracht werden, deren Größe sich nach dem Erziehungsauftrag bemisst.

(2) Wohngruppenvollzug wird von pädagogisch ausgebildeten Bediensteten geleitet, verfügt über Räume für gemeinschaftliche Beschäftigung und bietet besondere Behandlungs- und Freizeitangebote.

(3) Nicht für die Unterbringung in der Wohngruppe geeignet sind in der Regel junge Gefangene, die auf Grund ihres Verhaltens nicht gruppenfähig sind oder eine Gefährdung der Sicherheit oder Ordnung der Jugendstrafvollzugsanstalt darstellen oder die die Freiräume der Wohngruppe wiederholt missbrauchen.

Art. 141 Ausstattung des Haftraums und persönlicher Besitz. Art. 21 gilt entsprechend mit der Maßgabe, dass auch Vorkehrungen und Gegenstände ausgeschlossen werden können, die die Erfüllung des Erziehungsauftrags gefährden.

Art. 142 Kleidung. [1]Art. 22 gilt entsprechend mit der Maßgabe, dass der Anstaltsleiter oder die Anstaltsleiterin in der Jugendstrafvollzugsanstalt oder in bestimmten Abteilungen mit Zustimmung der Aufsichtsbehörde das Tragen eigener Kleidung allgemein zulassen kann. [2]Dies gilt insbesondere in Wohngruppen (Art. 140).

Art. 143 Anstaltsverpflegung. [1]Zusammensetzung und Nährwert der Anstaltsverpflegung werden ärztlich überwacht und entsprechen den besonderen Anforderungen an eine gesunde Ernährung junger Menschen. [2]Auf ärztliche Anordnung wird besondere Verpflegung gewährt. [3]Den jungen Gefangenen ist zu ermöglichen, Speisevorschriften ihrer Religionsgemeinschaft zu befolgen.

Art. 144 Besuch, Schriftwechsel, Pakete, Urlaub, Ausgang und Ausführung aus wichtigem Anlass. (1) Art. 26 bis 38 gelten entsprechend, soweit sich aus den folgenden Absätzen nicht etwas anderes ergibt.

(2) [1]Abweichend von Art. 27 Abs. 1 Satz 2 beträgt die Gesamtdauer des Besuchs mindestens vier Stunden im Monat. [2]Hierauf können Ausführungen oder Ausgänge, die den jungen Gefangenen gewährt wurden, angerechnet werden. [3]Abweichend von Art. 28 kann der Anstaltsleiter oder die Anstaltsleiterin Besuche auch untersagen, wenn bei minderjährigen Gefangenen Personensorgeberechtigte nicht einverstanden sind.

(3) [1]Für Kinder junger Gefangener können Sonderbesuche vorgesehen werden, die auf die Regelbesuchszeiten nicht angerechnet werden, wenn dies mit dem Erziehungsauftrag und dem Kindeswohl vereinbar ist. [2]Durch eine Bescheinigung des Jugendamts muss nachgewiesen werden, dass der Sonderbesuch dem Kindeswohl entspricht.

(4) [1]Auf Besuche von Beiständen nach § 69 JGG[1)] findet Art. 29 entsprechende Anwendung. [2]Art. 29 Sätze 1 und 2 gelten auch für Angehörige der Jugendgerichtshilfe. [3]Für Besuche der in Satz 1 und 2 genannten Personen gelten Art. 30 Abs. 5 und 6 entsprechend.

(5) Abweichend von Art. 30 Abs. 4 darf ein Besuch auch abgebrochen werden, wenn von der besuchenden Person ein schädlicher Einfluss auf den jungen Gefangenen oder die jungen Gefangene ausgeübt wird.

[1)] Nr. **37**.

(6) Abweichend von Art. 31 Abs. 2 kann der Anstaltsleiter oder die Anstaltsleiterin den Schriftwechsel mit bestimmten Personen auch untersagen, wenn bei minderjährigen Gefangenen Personensorgeberechtigte nicht einverstanden sind.

(7) Auf den Schriftverkehr mit Beiständen nach § 69 JGG findet Art. 32 Abs. 1 entsprechende Anwendung.

(8) Art. 37 und 38 gelten entsprechend mit der Maßgabe, dass an die Stelle der dort genannten Art. 13 Abs. 2 und Art. 14 Abs. 5 die Art. 134 Abs. 2 und Art. 135 Abs. 4 treten.

Art. 145 Unterricht, Ausbildung. (1) Dem Unterricht kommt im Jugendstrafvollzug besondere Bedeutung zu.

(2) [1] Schulpflichtige junge Gefangene erhalten Mittelschul-, Förderschul- und Berufsschulunterricht in Anlehnung an die für öffentliche Schulen geltenden Vorschriften. [2] An dem Unterricht können auch nicht schulpflichtige junge Gefangene teilnehmen.

(3) Daneben soll nach Möglichkeit Unterricht zur Erlangung anderer staatlich anerkannter Schulabschlüsse sowie lebenskundlicher Unterricht, soziales Training, berufsbildender Unterricht auf Einzelgebieten und Deutschunterricht erteilt werden.

(4) Bei der beruflichen Ausbildung oder Umschulung ist berufsbildender Unterricht vorzusehen; dies gilt auch für die berufliche Weiterbildung, soweit die Art der Maßnahme es erfordert.

(5) Art. 40 Abs. 4 und Art. 41 gelten entsprechend.

Art. 146 Beschäftigung. (1) Geeigneten jungen Gefangenen soll Gelegenheit zur Berufsausbildung, beruflichen Weiterbildung oder Teilnahme an anderen ausbildenden oder weiterbildenden Maßnahmen gegeben werden.

(2) [1] Die in den Einrichtungen des Vollzugs Auszubildenden sollen auf die Abschlussprüfungen nach dem Berufsbildungsgesetz oder der Handwerksordnung vorbereitet werden. [2] Die für die Zulassung zur Prüfung erforderliche Bescheinigung wird von der Jugendstrafvollzugsanstalt ausgestellt, wenn der oder die Auszubildende die Voraussetzungen erfüllt.

(3) Art. 39 Abs. 1, 2, 3 und 5, Art. 43 Sätze 2, 3 und 4 Alternative 2 sowie Art. 45 gelten für die Arbeit in den Jugendstrafvollzugsanstalten entsprechend.

Art. 147 Freies Beschäftigungsverhältnis. Art. 42 Abs. 1 und 3 gelten entsprechend mit der Maßgabe, dass an die Stelle des dort genannten Art. 13 Abs. 2 Art. 134 Abs. 2 tritt.

Art. 148 Ablösung. Art. 44 gilt entsprechend mit der Maßgabe, dass eine Ablösung auch erfolgen kann, wenn dies aus erzieherischen Gründen angezeigt ist.

Art. 149 Arbeitsentgelt, Arbeitsurlaub, Anrechnung der Freistellung auf den Entlassungszeitpunkt, Ausbildungsbeihilfe, Taschengeld.

(1) [1] Üben junge Gefangene eine ihnen zugewiesene Arbeit aus, so erhalten sie unbeschadet der Vorschriften des Jugendarbeitsschutzgesetzes über die Akkordarbeit und tempoabhängige Arbeit ein nach Art. 46 Abs. 2 und 3 zu bemessendes Arbeitsentgelt. [2] Üben sie eine sonstige zugewiesene Beschäfti-

gung oder Hilfstätigkeit aus, so erhalten sie ein Arbeitsentgelt nach Satz 1, soweit dies der Art ihrer Beschäftigung und ihrer Arbeitsleistung entspricht. [3]Art. 46 Abs. 5 bis 11 gelten entsprechend.

(2) Art. 47 gilt entsprechend mit der Maßgabe, dass der Anstaltsleiter oder die Anstaltsleiterin den jungen Gefangenen auch dann eine Ausbildungsbeihilfe gewähren kann, wenn sie an therapeutischen Maßnahmen teilnehmen.

(3) Art. 54 gilt für das Taschengeld entsprechend.

Art. 150 Haftkostenbeitrag, Gelder. Art. 49 bis 53 gelten entsprechend mit der Maßgabe, dass

1. aus besonderen Gründen, insbesondere zur Förderung von Unterhaltszahlungen, Schadenswiedergutmachung, sonstiger Schuldenregulierung oder für besondere Aufwendungen zur Wiedereingliederung, ganz oder teilweise von der Erhebung eines Haftkostenbeitrags abgesehen werden kann,
2. die Jugendstrafvollzugsanstalt das Überbrückungsgeld ganz oder teilweise auch den Personensorgeberechtigten überweisen kann, die darüber entscheiden, wie das Geld innerhalb der ersten vier Wochen nach der Entlassung an die jungen Gefangenen ausgezahlt wird.

Art. 151 Gesundheitsfürsorge. (1) [1]Art. 58, Art. 59 Abs. 2 bis 5, Art. 60, Art. 62 bis 65, Art. 67 und 68 sowie Art. 82 bis 86 gelten entsprechend. [2]Art. 61 gilt entsprechend mit der Maßgabe, dass ein Verschulden der jungen Gefangenen in der Regel unbeachtlich bleiben kann und nicht für junge Gefangene gilt, die das 18. Lebensjahr noch nicht vollendet haben.

(2) Junge Gefangene, die das 18. Lebensjahr noch nicht vollendet haben, können sich zur Verhütung von Zahnerkrankungen einmal in jedem Kalenderhalbjahr zahnärztlich untersuchen lassen.

(3) [1]Die Rechte der Personensorgeberechtigten werden beachtet. [2]Insbesondere werden die Personensorgeberechtigten stets von einer schweren Erkrankung oder dem Tod minderjähriger Gefangener benachrichtigt.

(4) Arbeiten junge Gefangene nicht im Freien, so haben sie sich täglich mindestens eine Stunde, an arbeits- und ausbildungsfreien Tagen mindestens zwei Stunden im Freien aufzuhalten, wenn die Witterung dies zu der festgesetzten Zeit zulässt.

Art. 152 Freizeit. (1) [1]Junge Gefangene sind zur Teilnahme und Mitwirkung an Angeboten der Freizeitgestaltung zu motivieren und anzuleiten. [2]Sie sollen insbesondere am Unterricht, am Fernunterricht, an Lehrgängen und sonstigen Veranstaltungen der Fortbildung, an Freizeitgruppen und Gruppengesprächen teilnehmen und ermutigt werden, eine Bücherei zu benutzen sowie den verantwortungsvollen Umgang mit neuen Medien zu erlernen, soweit dies mit der Sicherheit in der Jugendstrafvollzugsanstalt vereinbar ist.

(2) [1]Art. 70, 72 und 73 gelten entsprechend. [2]Art. 71 gilt entsprechend mit der Maßgabe, dass der Anstaltsleiter oder die Anstaltsleiterin festlegen kann, ob und unter welchen zusätzlichen Voraussetzungen eigene Fernsehgeräte zugelassen werden. [3]Elektronische Unterhaltungsmedien, die keinen pädagogischen Wert haben, sind nicht zugelassen.

Art. 153 Sport. (1) [1]Der sportlichen Betätigung kommt im Jugendstrafvollzug besondere Bedeutung zu. [2]Hierfür sind ausreichende Angebote vorzuhalten.

(2) Junge Gefangene sind, soweit sie dazu körperlich in der Lage sind, zur Teilnahme an Sportveranstaltungen anzuhalten.

(3) Insbesondere während des Aufenthalts im Freien (Art. 151 Abs. 4) ist den jungen Gefangenen Gelegenheit zur sportlichen Betätigung zu geben.

Art. 154 Sicherheit und Ordnung; unmittelbarer Zwang. (1) Art. 87 bis 100 gelten entsprechend mit der Maßgabe, dass Art. 100 Abs. 2 auch in den Fällen des Art. 97 Abs. 2 anzuwenden ist.

(2) [1]Art. 108 gilt entsprechend mit der Maßgabe, dass bei minderjährigen Gefangenen die Personensorgeberechtigten an die Stelle der Personen nach Art. 108 Abs. 4 Satz 1 Nr. 2 treten. [2]Der Durchführung von Maßnahmen nach Art. 108 Abs. 1 Nr. 1 müssen sie zustimmen. [3]Bei Gefahr in Verzug kann von Satz 2 abgewichen werden.

Art. 155 Erzieherische Maßnahmen. (1) [1]Verstoßen junge Gefangene schuldhaft gegen Pflichten, die ihnen durch dieses Gesetz oder auf Grund dieses Gesetzes auferlegt sind, kann unmittelbar auf die Pflichtverletzung eine Maßnahme angeordnet werden, die geeignet ist, ihnen ihr Fehlverhalten bewusst zu machen (erzieherische Maßnahme). [2]Erzieherische Maßnahmen sind insbesondere die Erteilung von Weisungen und Auflagen sowie beschränkende Anordnungen in Bezug auf die Freizeit bis zur Dauer einer Woche.

(2) Der Anstaltsleiter oder die Anstaltsleiterin legt fest, welche Bediensteten befugt sind, Maßnahmen nach Abs. 1 anzuordnen.

Art. 156 Disziplinarmaßnahmen. (1) Reichen bei schuldhaften Pflichtverstößen Maßnahmen nach Art. 155 nicht aus, kann der Anstaltsleiter oder die Anstaltsleiterin gegen junge Gefangene Disziplinarmaßnahmen anordnen.

(2) Art. 109 Abs. 3 gilt entsprechend.

(3) Die zulässigen Disziplinarmaßnahmen sind:

1. die Beschränkung oder der Entzug der Verfügung über das Hausgeld und des Einkaufs gemäß Art. 122 in Verbindung mit Art. 24 und 25 bis zu zwei Monaten,
2. die Beschränkung oder der Entzug des Hörfunk- und Fernsehempfangs bis zu drei Monaten,
3. die Beschränkung oder der Entzug der Gegenstände für eine Beschäftigung in der Freizeit oder der Teilnahme an gemeinschaftlichen Veranstaltungen bis zu drei Monaten,
4. die getrennte Unterbringung während der Freizeit bis zu vier Wochen,
5. der Entzug der zugewiesenen Arbeit oder Beschäftigung bis zu vier Wochen unter Wegfall der in diesem Gesetz geregelten Bezüge,
6. die Beschränkung des Verkehrs mit Personen außerhalb der Anstalt auf dringende Fälle bis zu drei Monaten,
7. Arrest bis zu zwei Wochen.

(4) Art. 110 Abs. 2 und 3, Art. 111 bis 114 gelten entsprechend mit der Maßgabe, dass die Höchstfrist der Aussetzung zur Bewährung nach Art. 111 Abs. 2 drei Monate beträgt.

Art. 157 Vollzugsbedienstete. Die Bediensteten müssen für die Erfüllung des Erziehungsauftrags geeignet und ausgebildet sein.

Art. 158 Gefangenenvertretung. [1] Den jungen Gefangenen soll ermöglicht werden, Vertreter zu wählen, die die gemeinsamen Interessen der jungen Gefangenen an den Anstaltsleiter oder die Anstaltsleiterin herantragen. [2] Die Vorschläge sollen mit den Vertretern erörtert werden.

Sachverzeichnis

Stand: Januar 2022
Die fettgedruckte Zahl nach dem Stichwort bezeichnet die Nummer der Vorschrift, die magere Ziffer den Paragraphen bzw. Artikel. Die Buchstaben ä, ö, ü sind wie a, o und u in das Alphabet eingeordnet.

Ehe, Familie und Partnerschaft

FamR · Familienrecht
Ehe, Scheidung, Unterhalt, Versorgungsausgleich, Internationales Recht.
Textausgabe TOPTITEL
20. Aufl. 2021. 932 S.
€ 15,90. dtv 5577

Die 20. Auflage der Textausgabe ist umfassend aktualisiert und bietet ein ausführliches Sachverzeichnis für den schnellen, gezielten Zugriff sowie eine aktualisierte Einführung von Universitätsprofessorin Dr. Dagmar Coester-Waltjen.

Grziwotz
Rechtsfragen zur Ehe
Voreheliches Zusammenleben, Ehevermögensrecht, Unterhalt, Vereinbarungen.
Rechtsberater TOPTITEL
5. Aufl. 2019. 201 S.
€ 14,90. dtv 51214
Auch als **ebook** erhältlich.

Dieser aktuelle Ratgeber informiert **allgemeinverständlich und praxisnah** über alle Rechtsfragen rund um die Eheschließung, Eintragung der Lebenspartnerschaft, Vollmachten in der Ehe, Familienunterhalt, Namensrecht und Güterrecht.

Zahlreiche Beispiele und praktische Tipps machen die Ausführungen anschaulich.

Grziwotz/Kappler/Kappler
Trennung und Scheidung richtig gestalten
Getrenntleben, Scheidung, Lebenspartnerschaftsaufhebung, Vermögensauseinandersetzung und Unterhalt.
Rechtsberater
9. Aufl. 2018. 301 S.
€ 14,90. dtv 51229
Auch als **ebook** erhältlich.

Schwab/Görtz-Leible
Meine Rechte bei Trennung und Scheidung
Unterhalt · Ehewohnung · Sorge · Zugewinn- und Versorgungsausgleich.
Rechtsberater
9. Aufl. 2017. 326 S.
€ 15,90. dtv 51208
Auch als **ebook** erhältlich.

Strecker
Versöhnliche Scheidung
Trennung, Scheidung und deren Folgen einvernehmlich regeln.
Rechtsberater
5. Aufl. 2014. 349 S.
€ 16,90. dtv 50759
Auch als **ebook** erhältlich.

Schlickum
Scheidungsberater für Männer
Meine Rechte und Ansprüche bei Trennung und Scheidung.
Rechtsberater
4. Aufl. 2018. 194 S.
€ 14,90. dtv 51220
Auch als **ebook** erhältlich.

Dahmen-Lösche
Scheidungsberater für Frauen
Ihre Rechte und Ansprüche bei Trennung und Scheidung.
Rechtsberater
3. Aufl. 2016. 166 S.
€ 11,90. dtv 50753
Auch als **ebook** erhältlich.

Dieses Buch berät umfassend mit vielen Beispielen, Mustern und Checklisten.

Wernitznig
Meine Rechte und Pflichten als Vater
Vaterschaft, Sorgerecht, Umgang, Namensrecht, Unterhaltsfragen, erbrechtliche und steuerrechtliche Fragen.
Rechtsberater
2. Aufl. 2014. 148 S.
€ 11,90. dtv 50756
Auch als **ebook** erhältlich.

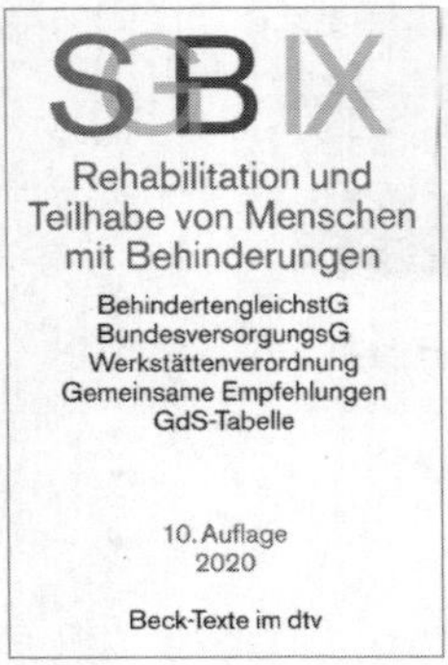

Behinderung

SGB IX · Rehabilitation und Teilhabe von Menschen mit Behinderungen
Textausgabe TOPTITEL
10. Aufl. 2020. 947 S.
€ 19,90. dtv 5755

Auf dem Stand Januar 2020 beinhaltet die Textausgabe die für das Recht schwerbehinderter Menschen relevanten Normtexte, zum Teil in Auszügen. Aufgrund der Neufassung des SGB IX wurde die Textsammlung vollständig neu konzipiert und inhaltlich erweitert.

Greß
Recht und Förderung für mein behindertes Kind
Elternratgeber für alle Lebensphasen – Sozialleistungen, Betreuung und Behindertentestament.
Rechtsberater TOPTITEL
3. Aufl. 2018. 328 S.
€ 19,90. dtv 51232
Auch als **ebook** erhältlich.

Kompetenter Rechtsrat für Eltern mit behinderten Kindern in den einzelnen Lebenssituationen, wie z. B. Geburt, Schulbesuch, Ausbildung, Volljährigkeit und Auszug aus dem Elternhaus.

Betreuung und Alter

BtR · Betreuungsrecht
Mit Bürgerlichem Gesetzbuch (Auszug), mit Einführungsgesetz zum BGB (Auszug), Gerichtsverfassungsgesetz (Auszug), Rechtspflegergesetz (Auszug), FamFG (Auszug), Betreuungsbehördengesetz, Gerichts- und Notarkostengesetz (Auszug), Vormünder- und Betreuervergütungsgesetz.
Textausgabe TOPTITEL
16. Aufl. 2020. 165 S.
€ 7,90. dtv 5570

Zimmermann
Betreuungsrecht von A–Z
Rund 470 Stichwörter zum aktuellen Recht.
Rechtsberater
5. Aufl. 2014. 389 S.
€ 19,90. dtv 50757
Auch als **ebook** erhältlich.

Der Ratgeber informiert lexikalisch umfassend und leicht verständlich über alle wesentlichen Fragen der Betreuung.

Lindemann-Hinz/Wabbel
Elternunterhalt
Das müssen Kinder für ihre Eltern zahlen.
Rechtsberater TOPTITEL
4. Aufl. 2020. XIV, 163 S.
€ 15,90. dtv 51246
Auch als **ebook** erhältlich.

Erfahren Sie hier, wie viel Unterhalt Sie für Ihre Eltern zahlen müssen, wenn diese sich nicht mehr selbst unterhalten können. Von der Erteilung der Auskunft über das eigene Einkommen und Vermögen über die Freibeträge und die eigene Altersvorsorge bis zum Zugriff auf Immobilienvermögen behandelt der Band alle relevanten Themen.

Zahlreiche Tipps lassen den Betroffenen nicht im Regen stehen. Viele Beispiele mit **Musterberechnungen** machen die Ausführungen anschaulich.

Kempchen/Krahmer
Mein Recht bei Pflegebedürftigkeit
Leitfaden zu Leistungen der Pflegeversicherung.
Rechtsberater
4. Aufl. 2018. 296 S.
€ 18,90. dtv 50775
Auch als **ebook** erhältlich.

Behandelt das Thema leicht verständlich und erklärt es anhand von vielen Beispielen.

Winkler
Betreuung in Frage und Antwort
Alle wichtigen rechtlichen Aspekte für Betreute und Betreuer.
Rechtsberater
2. Aufl. 2017. 250 S.
€ 15,90. dtv 51203
Auch als **ebook** erhältlich.

Mit zahlreichen Beispielen und Checklisten.

GG · Grundgesetz
Textausgabe
52. Aufl. 2022. 433 S.
€ 8,90. dtv 5003

TOPTITEL NEU

Mit Menschenrechtskonvention, Verfahrensordnung Europäischer Gerichtshof für Menschenrechte, BundesverfassungsgerichtsG, ParteienG, UntersuchungsausschussG, Vertrag über die Europäische Union i.d.F. des Vertrags von Lissabon, Vertrag über die Arbeitsweise der Europäischen Union und Charta der Grundrechte der Europäischen Union.

VwGO · Verwaltungsgerichtsordnung – Verwaltungsverfahrensgesetz
Textausgabe
46. Aufl. 2021. 414 S.
€ 10,90. dtv 5526
Neu im Oktober 2021

TOPTITEL NEU

Mit VerwaltungszustellungsG, Verwaltungs-VollstreckungsG, Deutschem RichterG, Justizvergütungs- und -entschädigungsG, E-Government-G, MediationsG, Umwelt-RechtsbehelfsG, GerichtsverfassungsG (Auszug), Zivilprozessordnung (Auszug), Streitwertkatalog.

ÖffR · Basistexte Öffentliches Recht
Textausgabe
32. Aufl. 2021. 917 S.
€ 17,90. dtv 5756
Neu im September 2021

TOPTITEL NEU

Mit allen wichtigen Verwaltungsgesetzen einschließlich der EU-Verträge und der EMRK auf aktuellem Stand.

StAG · Staatsangehörigkeitsgesetz
Textausgabe
2009. 335 S.
€ 11,90. dtv 5776

WaffR · Waffenrecht
Textausgabe
19. Aufl. 2021. 488 S.
€ 14,90. dtv 5032

TOPTITEL